Reclams Lexikon
der deutschsprachigen Autoren

Reclams Lexikon der deutschsprachigen Autoren

Von Volker Meid

Philipp Reclam jun. Stuttgart

RECLAMS UNIVERSAL-BIBLIOTHEK Nr. 17664

2., aktualisierte und erweiterte Auflage

Gesamtherstellung: Reclam, Ditzingen. Printed in Germany 2006
RECLAM, UNIVERSAL-BIBLIOTHEK und
RECLAMS UNIVERSAL-BIBLIOTHEK sind eingetragene Marken
der Philipp Reclam jun. GmbH & Co., Stuttgart
ISBN-13: 978-3-15-017664-1
ISBN-10: 3-15-017664-6

www.reclam.de

Vorwort zur ersten Auflage

Reclams Lexikon der deutschsprachigen Autoren enthält rund 900 Artikel über Autorinnen und Autoren der deutschen bzw. deutschsprachigen Literatur von den Anfängen bis zur Gegenwart. Die Auswahl orientiert sich an den Bedürfnissen von Schülern, Studenten und Literaturinteressierten. Sie können sich hier einen ersten und doch durchaus fundierten Überblick über Leben und Werk der Autoren verschaffen, die ihnen bei ihrer täglichen Lektüre oder Arbeit begegnen. Dabei entschieden sich Autor und Verlag im Konflikt zwischen Anzahl und Ausführlichkeit der Artikel für einen Mittelweg. Die Zahl von 900 Autorinnen und Autoren, vorwiegend aus dem engeren Bereich der so genannten schönen Literatur, macht es möglich, die literarische Tradition in einer angemessenen Breite zu berücksichtigen, lässt aber zugleich den einzelnen Artikeln Raum für ausreichende und genaue Informationen. Die Auswahl schließt auch Autoren der lateinischen Dichtungstradition in Mittelalter und Früher Neuzeit ein; sie ist integraler Bestandteil der deutschen Literaturgeschichte. Der Schwerpunkt liegt gleichwohl, entsprechend der Zunahme der literarisch Schaffenden, auf der neueren deutschen Literatur; mehr als die Hälfte der aufgenommenen Autoren gehört dem Zeitraum vom Naturalismus bis zur Gegenwart an. Keine Frage, dass manche Wünsche – auch eigene – offen bleiben mussten, dass man gelegentlich auch andere Akzente hätte setzen können …

Die Artikel selbst versuchen, lexikalische Knappheit und Konzentration mit Lesbarkeit zu verbinden und so auch zum Weiterblättern und -lesen anzuregen. Sie beginnen mit einer biographischen Skizze und geben anschließend einen Überblick über das literarische Werk, knapper bei den Autoren zweiten oder dritten Ranges, ausführlicher bei den großen Gestalten, wobei freilich nicht immer direkt von der Länge eines Artikels auf die Bedeutung eines Autors geschlossen werden sollte: Ein verschlungener Lebensweg ist nicht unbedingt ein Anzeichen für literarische Größe. Am Ende der Artikel folgt ein Verzeichnis der Erstdrucke, d. h. in der Regel der selbständigen Veröffentlichungen, sowie der wichtigsten Werkausgaben. Die Titelangaben sind möglichst genau, wenn sich auch Kürzungen – etwa bei den Barocktiteln – oft nicht vermeiden ließen. Die Werkverzeichnisse erheben keinen Anspruch auf Vollständigkeit und können, gerade bei den produktivsten Autorinnen und Autoren, nur eine Auswahl bieten. Gelegentlich ist die Abgrenzung von Werken und Ausgaben problematisch. In der Regel stehen unter der Rubrik »Ausgaben« von Herausgebern betreute kritische Ausgaben oder Leseausgaben, während von den Autoren selbst initiierte Zusammenstellungen (meist Teilausgaben) in die Chronologie der Werke eingefügt werden (etwa Goethes *Schriften*, 1787–90, oder Brechts *Gesammelte Werke*, 1937). Aber es gibt Grenzfälle, etwa wenn sich Ausgaben letzter Hand zu postumen Gesamtausgaben entwickeln. Hier wurde, je nach Fall, pragmatisch entschieden.

Das vorliegende Autorenlexikon stützt sich, wie alle derartigen Unternehmungen, auf die Arbeit zahlreicher anderer Wissenschaftler, d. h. auf eine Vielzahl biographischer, bibliographischer und literaturgeschichtlicher Darstellungen und Spezialstudien, auf die großen lexikalischen Bestandsaufnahmen der deutschen Literatur im Ganzen und auf die Lexika zu verschiedenen Teilbereichen. Daneben lieferte, gerade für die neueste Literatur, die Literaturkritik wichtiges Material, zugänglich gemacht u. a. in den Jahresüberblicken *Deutsche Literatur*[1] bei Re-

1 Deutsche Literatur. [Ein] Jahresüberblick 1982 [–1998]. Hrsg. von Volker Hage [u. a.; wechselnde Hrsg.]. Stuttgart 1983–99.

clam und verarbeitet in den Beiträgen zum *Kritischen Lexikon zur deutschsprachigen Gegenwartsliteratur.* Zu den Werken, denen ich besonderen Dank schulde, zählen darüber hinaus das von Walther Killy herausgegebene *Literaturlexikon*, das umfassendste neuere Handbuch dieser Art, sowie das *Verfasserlexikon* zur Literatur des Mittelalters und das *Lexikon der deutschsprachigen Gegenwartsliteratur seit 1945*, die ihre jeweiligen Gegenstände in großer Breite behandeln. Diese Werke und zahlreiche weitere einschlägige Kompendien sind in den weiterführenden Literaturhinweisen im Anhang verzeichnet.

Vorwort zur zweiten Auflage

Die zweite Auflage des *Lexikons der deutschsprachigen Autoren* enthält eine Reihe neuer Artikel; sie gelten ausschließlich zeitgenössischen Schriftstellerinnen und Schriftstellern. Außerdem wurden Versehen korrigiert, Bibliographien ergänzt und zahlreiche Artikel auf den neuesten Stand gebracht.

Juni 2006

Abkürzungen

ahd.	althochdeutsch
AT	Altes Testament
Bd.	Band
dän.	dänisch
dt.	deutsch
engl.	englisch
entst.	entstanden
Fragm.	Fragment
frz.	französisch
griech.	griechisch
H.	Heft
Hrsg., hrsg.	Herausgeber, herausgegeben
Hs., Hss.	Handschrift, -en
ital.	italienisch
Jh.	Jahrhundert
lat.	lateinisch
mhd.	mittelhochdeutsch
nhd.	neuhochdeutsch
NT	Neues Testament
reg.	regierte
röm.	römisch
russ.	russisch
span.	spanisch
Tl.	Teil
UA	Uraufführung
u. d. T.	unter dem Titel
Übers.	Übersetzung
Zs.	Zeitschrift
Zus.arb.	Zusammenarbeit

MF	Des Minnesangs Frühling. Unter Benutzung der Ausg. von Karl Lachmann und Moritz Haupt [u. a.] bearb. von Hugo Moser und Helmut Tervooren. 36., neugest. und erw. Aufl. Bd. 1: Texte. Bd. 2: Editionsprinzipien, Melodien, Handschriften, Erläuterungen. Stuttgart 1977.

Schlacht von Kunersdorf die Schrift *Vom Tode fürs Vaterland*, die die bedingungslose Vaterlandsliebe glorifizierte und A. bekannt machte. Anschließend nahm er eine Professur für Mathematik an der Universität in Rinteln an; hier entstand sein Hauptwerk *Vom Verdienste* (1765), eine Auseinandersetzung mit radikalen Positionen der frz. Aufklärung. 1765 wurde er als Hof-, Regierungs- und Konsistorialrat nach Bückeburg berufen.

Werke: Vom Tode fürs Vaterland. 1761. – Vom Einflusse des Schönen auf die strengern Wissenschaften. 1762. – Vom Verdienste. 1765. – Fragment der ältesten Begebenheiten des menschlichen Geschlechts. 1766.
Ausgabe: Vermischte Werke. Hrsg. von Friedrich Nicolai. Berlin/Stettin. 6 Tle. in 4 Bdn. 1768–81.

Abraham a Sancta Clara (d. i. Johann Ulrich Megerle), 2. 7. 1644 Kreenheinstetten bei Meßkirch (Baden) – 1. 12. 1709 Wien. Der Gastwirtssohn trat nach dem Besuch der Lateinschule in Meßkirch, des Jesuitengymnasiums in Ingolstadt und des Benediktinergymnasiums in Salzburg 1662 in den Orden der Reformierten Augustiner-Barfüßer ein. Nach Studien in Wien, Prag und Ferrara wurde er 1668 zum Priester geweiht. Wien stand fortan im Mittelpunkt seines Wirkens, wenn er auch vorübergehend Aufgaben an anderen Orten wahrnahm (1670–72 Wallfahrtsprediger im Kloster Taxa bei Augsburg, seit 1683 Prediger und von 1686 bis 1689 Prior in Graz). 1677 wurde er zum Kaiserlichen Prediger und zum Subprior des Wiener Klosters ernannt; nach seiner Grazer Zeit diente er dem Orden in verschiedenen hohen Funktionen, u. a. als Vorsteher der deutsch-böhmischen Ordensprovinz (Sitz in Wien). A. verstand sich vor allem als Prediger; Drucke seiner Predigten erschienen von 1673 an. Sein Publikum erreichte er durch eine unwiderstehliche Verbindung von Ernst und Komik, von tiefer Frömmigkeit, gezielter Satire und ›barocker‹ Sprachgewalt; dem intendierten moralischen und geistlichen Nutzen seiner Predigten dienten

A

Aal, Johannes, um 1500 Bremgarten (Aargau) – 28. 5. 1551 Solothurn. Der Sohn eines Bremgartener Bürgers schlug die geistliche Laufbahn ein und wurde 1529 Dekan in seiner Heimatstadt. Da er beim alten Glauben blieb, verlor er mit der Einführung der Reformation sein Amt. Nach einem Studium in Freiburg i. Br. (seit 1536) u. a. bei dem Humanisten Heinrich Loriti (Glareanus) ging er 1538 als Stiftsprediger nach Solothurn (1544 Probst, 1550 Kanonikus). Literarhistorische Bedeutung erlangte er durch ein effektvolles, die Sache der Gegenreformation propagierendes Schauspiel über Johannes den Täufer in der Tradition des mittelalterlichen geistlichen Spiels (7090 Reimpaarverse). Es war auf zwei Tage Dauer angelegt und wurde am 21. und 22. 7. 1549 unter A.s Leitung im Freien von Solothurner Bürgern gespielt.

Werke: Tragoedia. Joannis des Heiligen vorläuffers und Töuffers Christi warhaffte Histori. 1549.
Ausgabe: Tragoedia Johannis des Täufers. 1549. Hrsg. von Ernst Meyer. Halle a. d. S. 1929.

Abbt, Thomas, 25. 11. 1738 Ulm – 3. 11. 1766 Bückeburg. Nach dem Besuch des Gymnasiums in Ulm studierte der einzige Sohn eines wohlhabenden Perückenmachers seit 1756 zunächst Theologie, dann Philosophie und Mathematik in Halle. 1759 wurde er mit einer theologischen Schrift von der philosophischen Fakultät promoviert, doch von da an schrieb der von der aufklärerischen Philosophie Christian Wolffs geprägte A. nur noch über weltliche Themen (Pädagogik, Philosophie, Geschichte, Literatur), u. a. für die *Briefe, die Neueste Litteratur betreffend* (1759–65). Als Professor im preußischen Frankfurt a. d. O. verfasste er nach der Niederlage Friedrichs II. in der auch die Verwendung emblematischer Bildlichkeit, die zahlreichen Gedichteinlagen und die exemplarischen Geschichten und Wundererzählungen (›Predigtmärlein‹). Seine bekanntesten Schriften entstanden aus aktuellem Anlass, der Pestepidemie von 1679 und der Belagerung Wiens durch die Türken 1683. Darüber hinaus pflegte A. den Marienkult, belebte die traditionelle Ständesatire und die Narrenliteratur. Großen Erfolg hatte er mit Handbüchern und Exempel- und Predigtsammlungen. Das herausragende Beispiel dieser Werkgruppe ist *Judas Der Ertz-Schelm*, eine Art Predigthandbuch, das die Lebensgeschichte des Judas als formalen Rahmen benutzt. Schiller fand in A.s Werk Sprachmaterial für den Auftritt des Kapuziners in *Wallensteins Lager* (1798).

Werke: Astriacus Austriacus Himmelreichischer Oesterreicher. 1673. – Mercks Wienn. 1680. – Lösch Wienn. 1680. – Auff / auff Ihr Christen! 1683. – Reimb dich / Oder Ich liß dich. 1684. [Sammlung früher veröffentlichter Schriften.] – Judas Der Ertz-Schelm. 4 Tle. 1686–95. – Grammatica religiosa. 1691. – Etwas für Alle. 3 Tle. 1699–1711. – Neu-eröffnete Welt-Galleria. 1703. – Wunderlicher Traum Von einem grossen Narren-Nest. 1703. – Heilsames Gemisch Gemasch. 1704. – Huy! und Pfuy! Der Welt. 1707. – Geistlicher Kramer-Laden. 1710.

Ausgaben: Sämtliche Werke. 21 Tle. Passau 1835–54. – Werke. In Auslese. Hrsg. von Hans Strigl. 6 Bde. Wien 1904–07. – Werke. Aus dem handschriftl. Nachlaß hrsg. von der Akad. der Wiss. Wien. Bearb. von Karl Bertsche. 3 Bde. Wien 1943–45.

Abschatz, Hans Aßmann Freiherr von, 4. 2. 1646 Breslau – 22. 4. 1699 Liegnitz. Der aus einem alten schlesischen Adelsgeschlecht stammende protestantische A. besuchte das Gymnasium in Liegnitz, studierte von 1664 an Jura in Straßburg und wechselte dann nach Leiden. Bevor er 1669 nach Schlesien zurückkehrte, unternahm er mit Freunden eine mehrjährige Bildungsreise nach Frankreich und Italien. In Schlesien verwaltete er, seit 1669 verheiratet, die ererbten Güter und übte verschiedene öffentliche Ämter aus. Für diese Tätigkeiten wurde er 1695 in den erblichen

Freiherrenstand erhoben. Seinen literarischen Ruhm verdankt A. vor allem der Übertragung von Giovanni Battista Guarinis Schäferdrama *Il pastor fido* (1580). Erst nach A.' Tod erschien, hrsg. von Ch. Gryphius, eine Gesamtausgabe seiner geistlichen und weltlichen Dichtungen. Sie zeigen A. als einen eigenständigen Lyriker, der sich zwar von der Formkunst und der rhythmischen Verfeinerung Hoffmannswaldaus inspirieren ließ, sich zugleich aber durch seine zurückhaltende Bildersprache vom ital. Marinismus (einer Form des Manierismus) distanzierte und außerdem im Geist alter deutscher Tugenden deutliche Kritik an der absolutistischen Hofkultur übte.

Werke: Der Teutsch-redende Schäffer. o. J. [zwischen 1672 und 1678.] – Poetische Ubersetzungen und Gedichte. 1704.

Ausgabe: Poetische Übersetzungen und Gedichte. Faks.-Ausg. nach der Gesamtausg. von 1704 mit der Vorrede von Christian Gryphius. Hrsg. von Erika A. Metzger. Bern 1970.

Achleitner, Friedrich, * 23. 5. 1930 Schalchen (Oberösterreich). A. besuchte die höhere Schule in Salzburg, studierte Architektur an der Akademie der Bildenden Künste in Wien (Diplom 1953) und arbeitete dann als Architekt. 1955 kam er über G. Rühm in Kontakt mit den Avantgardisten der »Wiener Gruppe« und beteiligte sich an Gemeinschaftsarbeiten, u. a. für das 1959 gegründete »literarische cabaret«. A. wurde von der konkreten Poesie beeinflusst und schrieb zunächst »Konstellationen« im Sinn E. Gomringers. Zugleich wandte er die formalen Mittel der experimentellen Poesie auch auf seine auf wenige sprachliche Elemente reduzierten Dialektgedichte an. Mit seinem *quadratroman* zog er ironisch-spielerisch die Summe aus seinen literarischen Experimenten. Seit 1960 wirkte A. vornehmlich als Architekturkritiker; 1983 übernahm er eine Professur für Geschichte und Theorie der Architektur an der Wiener Hochschule für angewandte Kunst; 1998 wurde er emeritiert.

Werke: hosn rosn baa. 1959. [Mit H. C. Artmann und G. Rühm.] – Die Wiener Gruppe. Hrsg. von Gerhard Rühm. 1967. [Gemeinschaftsarbeiten.] – prosa, konstellationen, montagen, dialektgedichte, studien. 1970. – quadratroman. 1972. – quadratstudie. 1974. – super rekord 50 + 50. 1981. [Mit G. Rühm.] – Aufforderung zum Vertrauen. Aufsätze zur Architektur. 1987. – Die Plotteggs kommen. Ein Bericht. 1995. – einschlafgeschichten. 2003. – wiener linien. 2004. – und oder oder und. 2006.

Achternbusch, Herbert, * 23. 11. 1938 München. Nach dem Abitur (Cham 1960) studierte A., Sohn eines Zahnarztes und einer Sportlehrerin, Malerei an der Kunstakademie in Nürnberg; er lebt heute als Schriftsteller und Filmemacher in Ambach am Starnberger See. Sein umfangreiches literarisches Werk umfasst Prosa, Filme und Arbeiten für das Theater. Es bezieht vielfach autobiographische Züge ein, ohne ihnen eine eigene literarische Wirklichkeit zu geben. A. weigert sich, seinen Texten eine Ordnung zu geben oder eine abstrakte Intention unterzulegen. Er unterscheidet nicht zwischen Fiktion und Realität und macht, indem er das Erzählen kommentiert, das Schreiben selbst zum Gegenstand seines Werkes. Dabei besteht er provokativ auf einer betont (bzw. scheinbar) unkünstlerischen Erzählhaltung, hält sich nicht an die üblichen formal- und gattungsästhetischen Konventionen und verbindet auf eine eigentümliche Weise naive, subjektivistische und anarchische Tendenzen. Wiederkehrende Themen sind Heimatlosigkeit und die Suche nach (weit entfernten) Ersatzheimaten. Seine Kritik gilt den politischen, gesellschaftlichen und kulturellen Verhältnissen Nachkriegsdeutschlands, insbesondere Bayerns mit seiner – nach A. – katholisch-reaktionären Bigotterie; einen Skandal löste der als blasphemisch empfundene Film *Das Gespenst* (1983) aus. Seine Prosatexte dienen häufig als Grundlage für Filme, Hörspiele oder Theaterstücke.

Werke: Das Kamel. 1970. – Die Macht des Löwengebrülls. 1970. – Die Alexanderschlacht. 1971. – L'état c'est moi. 1972. – Der Tag wird kommen. 1973. – Das Andechser Gefühl. 1974.

[Film.] – Die Stunde des Todes. 1975. – Land in Sicht. 1977. – Servus Bayern. 1977. – Der Komantsche. 1979. – Das letzte Loch. 1982. – Der Depp. 1983. – Wellen. 1983. – Weg. 1985. – Breitenbach. 1986. – Die blaue Blume. 1987. – Ich bin da. 1992. [Film.] – Ab nach Tibet. 1994. [Film.] – Hundstage. 1995. – Der letzte Schliff. 1997. – Schlag 7 Uhr. 1998. – Die Reise zweier Mönche. Bilder & Geschichten. 2000. – Herberts Hellas. Achternbusch trifft Apollon. 2001. [Film; zus. mit Andreas Ströhl.] – Ist es nicht schön zu sehen wie den Feind die Kraft verläßt. Zeitungsartikel. Hrsg. von Richard Pils. 2003. – Der Weltmeister. Ein Theaterstück zu Adolf Hitler. 2004.

Ausgabe: Gesamtausgabe. Hrsg. von Richard Pils. Weitra 2002 ff.

Aichinger, Ilse, * 1. 11. 1921 Wien. Die Tochter einer jüdischen Ärztin und eines Lehrers wuchs zunächst in Linz auf und ging dann in Wien zur Schule (Abitur 1939). Als ›Halbjüdin‹ war ihr ein Studium verwehrt; sie wurde dienstverpflichtet. Nach dem Krieg studierte sie einige Semester Medizin; danach übernahm sie eine Lektorenstelle bei S. Fischer in Frankfurt a. M. und arbeitete am Aufbau der neu gegründeten Ulmer Hochschule für Gestaltung mit. Auf einer Tagung der »Gruppe 47« lernte sie G. Eich kennen; sie heirateten 1953 und zogen 1963 nach Großgmain bei Salzburg. 1984 verlegte sie ihren Wohnsitz nach Frankfurt a. M., 1989 nach Wien. Sie erhielt zahlreiche hohe Auszeichnungen und Preise, beginnend 1952 mit dem Preis der »Gruppe 47«. Ihr Werk umfasst erzählende Prosa, Hörspiele und Lyrik. Sie debütierte mit dem autobiographisch fundierten Roman *Die größere Hoffnung*, der die Geschichte eines Mädchens und ihrer jüdischen Mutter in Wien unter der ständigen Bedrohung der Deportation in einer expressiven Bildersprache erzählt. In den folgenden Erzählungen, Hörspielen, Gedichten tritt der Bezug zur Wirklichkeit zurück, parabolische Züge werden bestimmend, die Texte reduzieren sich – in z. T. absurden, irrealen oder traumartigen Szenarien – auf Situationen und Vorgänge existentieller Art. Erzählungen wie *Der Gefesselte* oder *Spiegelgeschichte* übten einen wesentlichen Einfluss auf die Entwicklung der dt. Kurzgeschichte aus. In ihren späten Texten zeigt sich eine Tendenz zu sprachlicher Verknappung und reduzierter Bildlichkeit. In den »Blitzlichtern« lösen Filme oder Schauspielerporträts Erinnerungen aus, die Segmente der Vergangenheit erhellen und das Kino als A.s Zufluchtsort in der Jugend erscheinen lassen. In den Prosaminiaturen *Unglaubwürdige Reisen*, ebenfalls zuerst als Zeitungskolumnen veröffentlicht, führen Assoziationen und Gedankenreisen u. a. zu zentralen Themen ihrer Lebensgeschichte – Kindheit in Wien, Österreich, Antisemitismus, Verfolgung.

Werke: Die größere Hoffnung. 1948. – Rede unter dem Galgen. 1952. Neuausg. u. d. T.: Der Gefesselte. 1953. – Zu keiner Stunde. 1957. Erw. Ausg. 1980. – Besuch im Pfarrhaus. Ein Hörspiel. Drei Dialoge. 1961. – Wo ich wohne. Erzählungen. Gedichte. Dialoge. 1963. – Eliza Eliza. 1965. – Nachrichten vom Tag. 1970. – Schlechte Wörter. Prosa und das Hörspiel ›Gare maritime‹. 1976. – Verschenkter Rat. 1978. – Meine Sprache und ich. 1978. – Kleist, Moos, Fasane. 1987. Erw. 1996. – Film und Verhängnis. Blitzlichter auf ein Leben. 2001. – Kurzschlüsse. Wien. Hrsg. von Simone Fässler. 2001. – Unglaubwürdige Reisen. Hrsg. von S. Fässler und Franz Hammerbacher. 2005.

Ausgabe: Werke. Hrsg. von Richard Reichensperger. 8 Bde. Frankfurt a. M. 1991.

Albertinus, Aegidius, 1560 Deventer (Niederlande) – 9. 3. 1620 München. Über A.' Leben vor seiner Anstellung zum Hofkanzlisten Herzog Wilhelms V. von Bayern im Jahr 1593 ist kaum etwas bekannt. Er verließ seine Heimat zwischen 1570 und 1580, gelangte über die südlichen Niederlande nach Spanien und von dort nach Österreich und schließlich nach Bayern. In München heiratete er kurz nach seiner Anstellung, erwarb das Bürgerrecht und diente in verschiedenen Funktionen am Hof (1595 Sekretär am Geheimen Rat, 1597 Hofratssekretär, 1601–06 zusätzlich Hofbibliothekar, 1612 zusätzlich Sekretär des Geistlichen

Rats). Daneben entfaltete er eine fruchtbare schriftstellerische Tätigkeit und legte zwischen 1594 und 1618 mehr als 50, z. T. mehrfach aufgelegte deutsche Schriften vor, Übersetzungen v. a. aus dem Spanischen und Französischen, Kompilationen und eigene Texte. Es handelt sich fast ausschließlich um Werke der geistlichen Literatur, um didaktische, auf die religiöse und gesellschaftliche Praxis hin ausgerichtete moralisch-aszetische Texte. Zu den erfolgreichsten Werken gehören die Übersetzungen von Werken Antonio de Guevaras, des Hofpredigers von Karl V., die wesentliche Elemente einer katholisch-barocken Geistigkeit in den deutschen Sprachraum trugen. Sie wirkten ebenso auf Grimmelshausens *Simplicissimus* (1668–69) wie A.' vom Geist der Gegenreformation geprägte dt. Version des span. Pikaroromans *Guzmán de Alfarache* (1599–1604) von Mateo Alemán.

Werke: Deß Irrenden Ritters Raiß. 1594. – Zwey schöne Tractätly dern das eine: Contemptus Vitae Aulicae, & Laus Ruris: intituliert. 1598. – Guldene Sendtschreiben. 1598–99. – Lustgarten vnd Weckuhr. 1599. – Institutiones Vitae Aulicae, Oder HofSchul. 1600. – Hauspolicey. 1602. – Der Zeitkürtzer. 1603. – Spiegel eines Christlichen Fürsten. 1604. – Weiblicher Lustgarten. 1605. – Nosce te ipsum. 1607. – Himlisch Frawenzimmer. 1611. – Der Teutschen recreation oder Lusthauß. 1612. – Triumph Christi. 1612. – Der Welt Tummel: vnd Schaw-Platz. 1612. – Historia Vom Vrsprung / auff- vnd abnemmen der Ketzereyen. 1614. – Der Welt Thurnierplatz. 1614. – Der Landtstörtzer. Gusman von Alfarche oder Picaro genannt. 1615. – Lucifers Königreich vnd Seelengejaidt. 1616. – Christi [...] Königreich vnd Seelengejaidt. 1618. – Newes [...] Closter- vnd Hofleben. 1618. – Hirnschleiffer. 1618.

Alberus, Erasmus, um 1500 in der Wetterau (Hessen) – 5. 6. 1553 Neubrandenburg. A. kam 1520 als Theologiestudent nach Wittenberg und schloss sich aus Überzeugung Luther an. Nach dem Studium war er seit 1522 in verschiedenen Orten als Lehrer tätig, dann von 1529 an elf Jahre als Pfarrer in Sprendlingen (Hessen). Danach kam es wegen seiner eifernden Art zu häufigem Ämterwechsel

(Neustadt-Brandenburg 1541–42, Staden 1543, Babenhausen 1544–45, Magdeburg 1548–51, 1552 Neubrandenburg). 1543 wurde er in Wittenberg zum Doktor der Theologie promoviert. Sein literarisches Werk umfasst eine Reihe von Satiren auf die Gegner der Reformation, geistliche Lieder (*Steht auf ir lieben Kinderlein* u. a.), katechetische und schuldidaktische Schriften, geistlich allegorische Betrachtungen und Fabeln. A. stützt sich bei seiner Fabeldichtung auf lat. Äsopbearbeitungen des 16. Jh.s, erweitert aber die knappe Form durch ausführliche Landschafts- und Ortsbeschreibungen und zeichnet so lebendige Bilder einer kleinen geordneten Welt. Die Lehre zielt dabei auf Tugend und Weisheit, bezogen auf ein tätiges, obrigkeitstreues und gottesfürchtiges bürgerliches Leben.

Werke: Etliche Fabel Esopi verteutscht vnnd ynn Rheymen bracht. 1534. – Ein gůt bůch von der Ehe. 1536. – Von der Schlangen Verfürung, vnd Gnade Christi vnsers Heilands. 1541. – Der Barfuser Münche Eulenspiegel vnd Alcoran. 1542. – Das buch von der Tugent vnd Weißheit, nemlich, Neunvndviertzig Fabeln. 1550. – Der Holdseligen Blummen der Treyfeltigkeyt bedeutung. 1550. – Vom Wintervogel Halcyon. 1552.

Albrecht, 13. Jh. Autor des um 1270–90 entstandenen *Jüngeren Titurel*, eines mhd. Versepos. A. stammte wahrscheinlich aus dem ostmitteldt. Sprachraum und war vermutlich Mönch oder Priester mit lateinischer Bildung. Er stand bis 1272 im Dienst des Wettiner Hofes (Thüringen-Meißen) und schrieb hier wohl auf Geheiß seiner Mäzene unter der Maske Wolframs v. Eschenbach. Erst gegen Ende des Epos nennt er den eigenen Namen; der *Jüngere Titurel* galt lange als Werk Wolframs. Aufgegeben wurde die früher von der Forschung vorgenommene Gleichsetzung des *Titurel*-Dichters mit Albrecht von Scharfenberg, von dem im Übrigen nur die Titel zweier Werke überliefert sind. Der groß angelegte *Jüngere Titurel* mit seinen über 6100 vierzeiligen Strophen baut die von Wolfram in *Parzival* und *Titurel* dargestellten bzw. angedeuteten

Handlungskomplexe durch Zusätze aus anderen Quellen und eigener Erfindung weiter aus und endet mit einer nach Indien führenden Fortsetzung der Gralsgeschichte. Das Werk verbindet betonte Lehrhaftigkeit mit der Darbietung gewaltiger Stoffmassen. Seinen Ruhm im Spätmittelalter verdankte es seinem manieristischen Stil.

Ausgaben: Der ›Jüngere Titurel‹. Hrsg. von Karl August Hahn. Leipzig 1842. – Albrechts von Scharfenberg ›Jüngerer Titurel‹. Hrsg. von Werner Wolf und Kurt Nyholm. Berlin 1955ff.

Albrecht von Johansdorf (Johannsdorf), geb. um 1165. Der Minnesänger stammte aus einem niederbayerischen Ministerialengeschlecht. Man schließt aus seinen Kreuzliedern, dass er möglicherweise an einem Kreuzzug teilnahm (1189/90 oder vielleicht 1197). Von A. sind – je nach Interpretation der Überlieferung – 13 bis 16 Lieder überliefert; zentral ist die Kreuzzugsthematik, der Konflikt zwischen der Verpflichtung zum Kreuzzug und der Minnebeziehung, der aber – anders als bei Friedrich v. Hausen oder Hartmann v. Aue – zu einer ›harmonischen‹ Lösung führt: Kreuznahme und Liebe, Gottes- und Frauenliebe lassen sich miteinander vereinbaren.

Ausgaben: MF. Bd. 1. S. 178–195. – Die mhd. Minnelyrik. Hrsg. von Günther Schweikle. Bd. 1: Die frühe Minnelyrik. Darmstadt 1977. S. 326–351.

Alexis, Willibald (d. i. Georg Wilhelm Heinrich Häring), 29. 6. 1798 Breslau – 16. 12. 1871 Arnstadt (Thüringen). Der Sohn eines Breslauer Kanzleidirektors nahm nach dem Besuch des Gymnasiums (Berlin) 1815 an den Freiheitskriegen teil, studierte dann in Berlin und Breslau Jura und Geschichte und wurde 1820 Referendar am Berliner Kammergericht. Nach dem Erfolg seines ersten Romans 1824 gab er die Beamtenlaufbahn auf, schrieb für Zeitungen, machte zahlreiche Reisen (Reiseberichte und -feuilletons). Sein Haus in Berlin war nach seiner Heirat 1838 mit der Engländerin Laetitia Perceval wichtiger literarischer Treffpunkt. 1853 zog er sich, enttäuscht von der Entwicklung der Politik, nach Arnstadt zurück. Ein (zweiter) Schlaganfall machte ihn 1860 arbeitsunfähig. Im Mittelpunkt seines Schaffens stand der historische Roman, zunächst in enger Anlehnung an Walter Scott, dann in einer eigenständigen Ausprägung. Seine »Vaterländischen Romane« behandeln Themen aus der brandenburg-preußischen Geschichte vom Mittelalter bis zur jüngsten Vergangenheit. Sie zeichnen sich durch die Verbindung verschiedener Handlungsstränge und Personenkreise zu einem anschaulichen, mit epischer Breite geschilderten Zeit- und Gesellschaftsbild aus, das sich zugleich kritisch auf die Gegenwart bezieht. Zusammen mit Julius Eduard Hitzig gab er 1842–62 den *Neuen Pitaval* mit den »interessantesten Criminalgeschichten aller Länder und Völker« heraus, Stoffquelle für den späteren Kriminalroman, aber auch für Autoren wie Th. Fontane.

Werke: Die Treibjagd. 1820. – Walladmor. 1824. – Schloß Avalon. 1827. – Herbstreise durch Skandinavien. 1828. – Cabanis. 1832. – Wiener Bilder. 1833. – Das Haus Düsterweg. 1835. – Zwölf Nächte. 1838. – Der Roland von Berlin. 1840. – Der falsche Woldemar. 1842. – Der neue Pitaval. 1842–62. – Urban Grandier, oder die Besessenen von Loudun. 1843. – Die Hosen des Herrn von Bredow. 1846. – Der Wärwolf. 1848. – Ruhe ist die erste Bürgerpflicht. 1852. – Isegrimm. 1854. – Dorothee. 1856.
Ausgabe: Vaterländische Romane. Hrsg. von Ludwig Lorenz und Adolf Bartels. 10 Bde. Leipzig 1912–25.

Altenberg, Peter (d. i. Richard Engländer), 9. 3. 1859 Wien – 8. 1. 1919 ebd. Der Sohn eines Großkaufmanns studierte einige Semester ohne Erfolg Jura und Medizin; auch seine Versuche, ins bürgerliche Berufsleben einzusteigen, schlugen fehl. Er trennte sich von der Familie und führte seit 1890 in Wiener Kaffeehäusern das Leben eines Bohemiens, befreundet oder zumindest bekannt mit Egon Friedell, K. Kraus und den Dichtern des »Jungen Wien«. Mit Unterbrechungen lebte er seit 1910 in Nervenheilanstalten, z. T. gegen seinen Willen. Seine Prosaskizzen (»Extracte des Lebens«) bieten, sensitiv auf die Umwelt reagierend und auch vom scheinbar Kleinsten inspiriert, Momentaufnahmen der aristokratischen und bürgerlichen Gesellschaft Wiens, Szenen aus dem Proletariat, Psychogramme des modernen Menschen. Dialogisches herrscht vor; Andeuten, Verhüllen, Weglassen sind die künstlerischen Prinzipien einer virtuosen Prosa, die A. als konsequenten deutschsprachigen Vertreter des frz. »poème en prose« ausweisen.

Werke: Wie ich es sehe. 1896. – Ashantee. 1897. – Was der Tag mir zuträgt. 1901. – Prodromos. 1905. – Märchen des Lebens. 1908. – Bilderbögen des kleinen Lebens. 1909. – Neues und Altes. 1911. – Semmering. 1912. – Vita ipsa. 1918. – Mein Lebensabend. 1919.

Ausgabe: Gesammelte Werke. Hrsg. von Werner J. Schweiger. 5 Bde. Wien / Frankfurt a. M. 1987ff.

Andersch, Alfred, 4. 2. 1914 München – 21. 2. 1980 Berzona (Tessin). Nachdem er 1928 das Gymnasium nach der Untertertia verlassen hatte, absolvierte A. eine Buchhandelslehre. Anschließend war er arbeitslos. Er engagierte sich politisch in der KPD und wurde Organisationsleiter des Kommunistischen Jugendverbandes von Südbayern. Nach dem Reichstagsbrand 1933 war er für drei Monate im KZ Dachau inhaftiert. Nach der Haft löste er sich von der KPD und arbeitete in München und Hamburg als Angestellter. Nach einer kurzen Zeit bei der Wehrmacht in Frankreich (1940) lebte er als Angestellter in Frankfurt a. M., bis er 1943 wieder einberufen wurde. 1944 desertierte er in Italien (vgl. *Die Kirschen der Freiheit*); während seiner Gefangenschaft in den USA arbeitete er an der Kriegsgefangenenzeitschrift *Der Ruf* mit. Nach Kriegsende war er zunächst Redaktionsassistent bei E. Kästner am Feuilleton der *Neuen Zeitung* in München, dann 1946–47 Mitherausgeber der Zeitschrift *Der Ruf*. Seit 1948 arbeitete er für den Rundfunk zunächst in Frankfurt (»Abendstudio«), dann 1955–58 in Stuttgart (»Radio-Essay«). Danach lebte er als freier Schriftsteller in Berzona (1972 Schweizer Staatsbürgerschaft). Ausbruch aus kollektiven oder privaten Zwängen, Flucht in die Freiheit ist nicht nur das Thema seines »Berichts« *Die Kirschen der Freiheit*, der von seiner Desertion erzählt, sondern bleibt ein zentrales Thema seines erzählerischen Werkes und seiner Hörspiele. Damit verbinden sich Auseinandersetzungen mit Kommunismus und Nationalsozialismus, aber auch mit der dt. Gegenwart (und der in ihr weiterlebenden Vergangenheit), wie sie sich etwa in dem Gesellschaftsroman *Die Rote* oder dem Bericht des als Journalist nach Deutschland zurückgekehrten jüdischen Emigranten Efraim spiegelt. Die Frage, die der Humanist in der autobiographischen »Schulgeschichte« *Der Vater eines Mörders* stellt, bleibt aktuell: »Schützt Humanismus denn vor gar nichts?« A. erprobte verschiedene Möglichkeiten des modernen Erzählens, von dem an Gertrude Stein und Hemingway geschulten, betont einfachen Erzählgestus seines ersten Romans *Sansibar* bis hin zur komplexen Montage von zeitlich versetzten Erzählsegmenten, Dokumenten und Sachbuchzitaten in seinem letzten Roman *Winterspelt*. Neben der erzählenden Prosa und den Hörspielen entstanden zahlreiche essayistische Arbeiten, Reisebücher und Übersetzungen.

Werke: Die Kirschen der Freiheit. Ein Bericht. 1952. – Piazza San Gaetano. Suite. 1957. – Sansibar oder der letzte Grund. 1957. – Fahrerflucht. 1958. – Geister und Leute. Zehn Geschichten. 1958. – Die Rote. 1960. – Die Blindheit des Kunstwerks und andere Aufsätze. 1965. – Aus einem römischen Winter. Reisebilder. 1966. – Efraim. 1967. – Winterspelt. 1974. – empört euch der himmel ist blau. Gedichte und Nachdichtungen 1946–1977. 1977. – Der Vater eines Mörders. Eine Schulgeschichte. 1980.

Ausgaben: Studienausgabe. 15 Bde. Zürich 1979. – Gesammelte Werke. Kommentierte Ausg. Hrsg. von Dieter Lamping. 10 Bde. Zürich 2004.

Andreae, Johann Valentin, 17. 8. 1586 Herrenberg (Württemberg) – 27. 6. 1654 Stuttgart. A. stammte aus einer angesehenen lutherischen Gelehrten- und Theologenfamilie. Er studierte von 1602 an in Tübingen (Magister 1605), musste aber sein Theologiestudium 1607 zunächst abbrechen (Vorwürfe wegen unmoralischen Verhaltens u. Ä.). Erst 1613 konnte er, inzwischen weit gereist, sein Studium wieder aufnehmen. Nach Studienabschluss übernahm er zunächst eine Diakonstelle in Vaihingen an der Enz (1614–20) und wurde dann zum Superintendenten von Calw ernannt (1620–39). Er setzte sich in einer Reihe von Schriften für eine innere und äußere Reorganisation der Landeskirche ein und suchte Kontakt mit gleichgesinnten Vertretern der Reformorthodoxie. Außerdem entwickelte sich eine enge Beziehung zu Herzog August v. Braunschweig-Lüneburg, der ihm 1646 die Aufnahme in die Geistlichen im Allgemeinen verschlossene »Fruchtbringende Gesellschaft« vermittelte (Gesellschaftsname: »Der Mürbe«). Seit 1639 wirkte A. als Hofprediger in Stuttgart, für ihn eine Zeit der »Sklaverei«. Die letzten Lebensjahre verbrachte er als Abt in Bebenhausen bei Tübingen (1650–54) und Adelberg bei Göppingen (1654). A.s Reformideen waren von Johann Arndts Vorstellungen von einem vertieften, gelebten Christentum, kalvinistischer Sittenstrenge, humanistischen Sozietätsgedanken und verschiedenen mystischen und schwärmerischen Strömungen beeinflusst. Sie fanden zunächst Ausdruck in einer Reihe von anonymen Rosenkreuzerschriften, die auf der Basis einer neuen Universalwissenschaft eine zweite umfassende Reformation propagierten, dann in dem utopischen Modell einer neuen christlichen Welt (*Christianopolis*) und schließlich in einer Reihe von praktischen Reformschriften mit dem Ziel, die Verbindung von christlicher Wissenschaft und evangelischer Frömmigkeit in der wirklichen Welt in kleinen Schritten voranzubringen. Der bereits 1622 entstandene, aber erst 1649 gedruckte lat. Dialog *Theophilus* kann als Zusammenfassung dieser religiösen, geistigen und gesellschaftlichen Reformanliegen gelten. Die Kehrseite, die Missstände in Staat, Kirche und Schulwesen, beleuchten A.s Satiren (*Menippus*) und sein lat. Theaterstück *Turbo*, das das Problem der neuzeitlichen wissenschaftlichen Neugierde (›curiositas‹) thematisiert.

Werke: Allgemeine vnd General Reformation, der gantzen weiten Welt. Beneben der Fama Fraternitatis, Deß Löblichen Ordens des Rosenkreutzes. 1614. – Confessio Fraternitatis. 1615. – Chymische Hochzeit: Christiani Rosencreütz. Anno 1459. 1616. – Turbo. 1616. – Invitatio fraternitatis Christi ad sacri amoris candidatos. 1617. – Menippus sive dialogorum satyricorum centuria inanitatum nostratium speculum. 1617. – Reipublicae Christianopolitanae descriptio. 1619. – Turris Babel sive Judiciorum de Fraternitate Rosaceae Crucis Chaos. 1619. – Christenburg. Das ist: Ein schön geistlich Gedicht. 1626. [1620?] – Threni Calvenses. 1635. – Theophilus. 1649.
Ausgabe: Gesammelte Schriften. In Zus.arb. mit Fachgelehrten hrsg. von Wilhelm Schmidt-Biggemann. Stuttgart-Bad Cannstatt 1994ff.

Andreas-Salomé, Lou(ise), 12. 2. 1861 St. Petersburg – 5. 2. 1937 Göttingen. Die Tochter eines russ. Generals und seiner dt.-dän. Frau wuchs zweisprachig auf (dt. und frz.); auf dem Gymnasium lernte sie Russisch. 1881 verließ sie mit ihrer Mutter Russland, um in Zürich Philosophie und Religionsgeschichte zu studieren. Sie lernte den Philosophen Paul Rée und seinen Freund Nietzsche kennen. 1882–85 lebte sie in Berlin mit Rée zusammen, 1887 heiratete sie den Orientalisten Friedrich Carl Andreas († 1930) und verkehrte im Kreis der Naturalisten. Ihre Beziehung zu Rilke begann 1897 in München; sie unternahmen 1899 und 1900 gemeinsame Russlandreisen. Die Trennung erfolgte 1901. Seit 1903 lebte A. in Göttingen. Ihr Interesse an der Tiefenpsychologie führte sie 1911 zum Studium bei Sigmund Freud; seit 1914 praktizierte sie als Psychoanalytikerin. A.-S.s wissenschaftliches und kritisch-essayistisches Werk gilt religionspsychologischen Problemen, der weiblichen Sexualität und später auch der psychoanalytischen Theorie. Auch ihre literaturkritischen Arbeiten beziehen die Frauenfrage ein; mit ihrem Buch über Nietzsche beginnt die wissenschaftliche Beschäftigung mit dem Philosophen. Ihre Erzählungen, Romane und Schauspiele nehmen die Themen der wissenschaftlichen und essayistischen Arbeiten auf: Es geht um Probleme der Gotteserfahrung und des Glaubensverlustes, um die Liebe, die Stellung der Frau zwischen traditionellem Rollenverständnis und geistiger und körperlicher Selbstbestimmung. In Erinnerungen bleibt auch Russland ein Thema ihrer Prosa.

Werke: Im Kampfe um Gott. 1885. – Henrik Ibsens Frauen-Gestalten. 1892. – Friedrich Nietzsche in seinen Werken. 1894. – Fenitschka. Eine Ausschweifung. 1898. – Menschenkinder. 1899. – Aus fremder Seele. Eine Spätherbstgeschichte. 1901. – Im Zwischenland. Fünf Geschichten aus dem Seelenleben halbwüchsiger Mädchen. 1902. – Die Erotik. 1910. – Das Haus. 1919. – Die Stunde ohne Gott und andere Kindergeschichten. 1922. – Rodinka. Russische Erinnerung. 1923. – Rainer Maria Rilke. 1928. – Mein Dank an Freud. 1931. – Lebensrückblick. Aus dem Nachlaß. 1951.

Andres, Stefan, 26. 6. 1906 Breitwies bei Trier – 29. 6. 1970 Rom. Der Sohn eines Müllers wuchs in einer katholisch geprägten bäuerlich-dörflichen Umwelt auf und war von seinen Eltern zur geistlichen Laufbahn bestimmt. Er trat in den Kapuzinerkonvent in Krefeld ein (1926–28), entschied sich aber nach dem Noviziat, den Orden zu verlassen und Germanistik zu studieren (1929–1932 Köln, Jena, Berlin; kein Abschluss). Da seine Frau, die er 1932 geheiratet hatte, ›Halbjüdin‹ war, verlor er 1935 seine Stellung beim Reichssender Köln. 1937 gelang es ihm, mit seiner Familie Deutschland zu verlassen und nach Italien überzusiedeln (Positano). 1950 kehrte er nach Deutschland zurück (Unkel am Rhein), seit 1961 lebte er in Rom. In A.' umfangreichem Werk dominiert die Erzählprosa: Romane, Novellen, Erzählungen. Behandelten die frühen Romane und Novellen noch unpolitische, autobiographisch bestimmte Themen aus der heimatlichen Mosellandschaft oder existentielle Fragen ohne ausdrücklich politischen Bezug (Schuldigwerden des Einzelnen und seine Wiedereingliederung in die Ordnung, Schuld und Sühne u. Ä.), so setzte sich A. mit Novellen wie *El Greco malt den Großinquisitor* und *Wir sind Utopia* offen mit dem Konflikt zwischen Geist und Macht auseinander. In den Nachkriegswerken machte er seine christlich begründete Kritik am Nationalsozialismus explizit und wandte sich auch anderen aktuellen Fragen zu (Bedrohung durch die Atombombe, gesellschaftliche Entwicklung in Nachkriegsdeutschland).

Werke: Bruder Luzifer. 1932. – Eberhard im Kontrapunkt. 1933. – Die Löwenkanzel. 1933. – Die unsichtbare Mauer. 1934. – El Greco malt den Großinquisitor. 1936. – Moselländische Novellen. 1937. – Der Mann von Asteri. 1939. – Wir sind Utopia. 1943. – Die Hochzeit der Feinde. 1947. – Die Sintflut. 3 Bde. 1949, 1951, 1959. – Der Knabe im Brunnen. 1953. – Die Reise nach Portiuncula. 1954. – Sperrzonen. 1957. – Der Mann im Fisch. 1963. – Der Taubenturm. 1966. – Die Dumme. 1969. – Die Versuchung des Synesios. 1971.

Angelus Silesius (d. i. Johannes Scheffler), getauft 25. 12. 1624 Breslau – 9. 7. 1677 ebd. Der Sohn eines polnischen Adeligen und einer Schlesierin besuchte das Breslauer Elisabeth-Gymnasium, studierte in Straßburg (1643–44), Leiden (1644–46) und Padua (1647–48; Dr. phil., Dr. med.). Anschließend trat er eine Stelle als herzoglicher Hof- und Leibmedicus in Oels bei Breslau an (1649–52). Am 12. 6. 1653 konvertierte er in einem öffentlichen, demonstrativen Akt zum Katholizismus. Von nun an nannte er sich Johannes Angelus Silesius. 1661 empfing er die Priesterweihe, von 1664 bis 1666 stand er als Rat und Hofmarschall im Dienst des Offizials und Generalvikars von Schlesien, Sebastian v. Rostock, danach betreute er als Arzt und Priester Arme und Kranke im Breslauer

St.-Matthias-Stift. Die Begegnung mit dem Böhme-Anhänger A. v. Franckenberg führte zu einer vertieften Beschäftigung mit der mystischen und pansophischen Tradition; außerdem lernte A. durch Franckenberg D. Czepko und dessen (im 17. Jh. ungedruckte) mystische Epigrammatik kennen. Vom mystischen Weg zu Gott handeln die beiden Hauptwerke A.': Im *Cherubinischen Wandersmann* geschieht dies spekulativ, den Intellekt ansprechend in der Form des ›geistreichen‹, d. h. spitzfindigen, scharfsinnigen, antithetisch-pointierten, paradoxen Alexandrinerepigramms, die *Geistlichen Hirten-Lieder Der in jhren Jesum verliebten Psyche* beschreiben den affektiven Weg zu Gott und stehen im Zeichen einer durch das Hohelied legitimierten Brautmystik, die Formen und Motive der weltlichen Pastoral- und Liebesdichtung parodiert und dem geistlichen Zweck nutzbar macht. Die späteren schriftstellerischen Arbeiten sind, sieht man von der Versdichtung *Sinnliche Beschreibung Der Vier Letzten Dinge* ab, kontroverstheologische Traktate und Polemiken im Dienst der Gegenreformation.

Werke: Geistreiche Sinn- vnd Schlussr[e]ime. 1657. – Heilige Seelen-Lust Oder Geistliche Hirten-Lieder Der in jhren Jesum verliebten Psyche. 1657. – Cherubinischer Wandersmann oder Geist-Reiche Sinn- und Schluß-Reime zur Göttlichen beschauligkeit anleitende. 1675. – Sinnliche Betrachtung Der Vier Letzten Dinge. 1675. – Ecclesiologia Oder Kirchen-Beschreibung. 1677. [Enthält 39 von insgesamt 55 Traktaten.]

Ausgaben: Sämtliche poetische Werke und eine Auswahl aus seinen Streitschriften. Mit einem Lebensbilde hrsg. von Georg Ellinger. 2 Bde. Berlin 1923. – Sämtliche poetische Werke. Hrsg. und eingel. von Hans Ludwig Held. 3 Bde. 3., erw. Aufl. München 1949–52.

Anton Ulrich, Herzog zu Braunschweig und Lüneburg, 4. 10. 1633 Hitzacker (Niedersachsen) – 27. 3. 1714 Salzdahlum bei Wolfenbüttel. Der zweite Sohn Herzog Augusts d. J. erhielt eine anspruchsvolle Erziehung, für die der Philologe und Jurist J. G. Schottelius, zeitweise unterstützt durch S. v. Birken, verantwortlich war. An ihrem Ende stand die Kavalierstour, die A. U. 1655–56 nach Paris führte. Nach dem Tod des Vaters 1666 übernahm der älteste Sohn Rudolf August die Herrschaft, doch wurde A. U. in die Leitung der Staatsgeschäfte einbezogen, zunächst inoffiziell, dann von 1685 an förmlich als Mitregent. Er spielte bald die führende Rolle, wobei seinen politischen Projekten und Intrigen wenig Erfolg beschieden war. Nach dem Tod seines Bruders übernahm A. U. 1704 die alleinige Regentschaft. Durch eine überlegte Heiratspolitik suchte er seinen Einfluss im Reich zu mehren; auch um seinen Übertritt zum Katholizismus (1710) ranken sich politische Spekulationen. Die Begegnung mit der überlegenen höfischen Kultur Frankreichs auf seiner Bildungsreise führte zunächst zu einer Hinwendung zum Theater (Singspiele, Ballette). Für den frommen lutherischen Geist am Wolfenbütteler Hof des Vaters steht A. U.s Sammlung *Geistlicher Lieder*, die ursprünglich 1655 dem Herzog handschriftlich als Neujahrsgabe überreicht worden war. Seit den 60er-Jahren stand sein literarisches Schaffen im Zeichen der beiden großen Romane *Aramena* und *Octavia*. In ihnen manifestiert sich die repräsentative barocke Hofkultur, zugleich verstehen sie sich in ihren personenreichen labyrinthischen Konstruktionen, indem sie hinter einer scheinbar chaotischen Welt das Wirken der göttlichen Vorsehung sichtbar machen, als Abbild der göttlichen Weltordnung. An der Konzeption der *Aramena* war A. U.s Schwester Sibylla Ursula zumindest beteiligt, während Birken die Manuskripte für den Druck bearbeitete und ein romantheoretisch bedeutsames Vorwort beisteuerte. Die Handlung der *Aramena* ist in biblischen Zeiten angesiedelt, *Octavia* verwendet das Rom Neros und die Welt des frühen Christentums als Folie für die kombinatorische Romankomposition. Der Herzog starb über der Arbeit an seinem letzten Roman, ohne dass das vielsträngige Geschehen auch nach annähernd 7000 Druckseiten einen krönenden Abschluss gefunden hätte.

Werke: Frühlings-Ballet. 1656. – Amelinde. 1657. – Andromeda. 1659. – Orpheus. 1659. – Iphigenia. 1661. – Selimena. 1663. – Der Hoffman Daniel. 1663. – Hocherleuchtete Geistliche Lieder. 1665. Erw. Ausg. u. d. T.: ChristFürstliches Davids-Harpfen-Spiel. 1667. – Die Durchleuchtige Syrerinn Aramena. 5 Tle. 1669–73. – Die Verstörte Irmenseul; oder Das Bekehrte Sachsenland. o. J. [um 1670.] – Octavia Römische Geschichte. Tl. 1–3. 1677–79. Tl. 4–6. 1703–07. Neue Fassung u. d. T.: Die Römische Octavia. Tl. 1–6: 1712–14. Tl. 7: 1762. [Fragm.]

Ausgabe: Werke. Hist.-krit. Ausg. in Verb. mit Hans-Henrik Krummacher hrsg. von Rolf Tarot. Stuttgart 1982 ff.

Anzengruber, Ludwig, 29. 11. 1839 Wien – 10. 12. 1889 ebd. A. konnte wegen finanzieller Probleme der Familie die Oberrealschule nicht beenden, brach dann auch eine Buchhändlerlehre ab und versuchte sich von 1856 an bei Wandertruppen und Provinzbühnen als Schauspieler. Seit 1866 lebte er wieder in Wien, u. a. als Mitarbeiter von Zeitschriften. 1869–71 war er im Polizeidienst, gab die Beamtenstellung aber nach seinem ersten großen Bühnenerfolg auf (*Der Pfarrer von Kirchfeld*, UA 1870). 1878 erhielt er den Schiller-, 1887 den Grillparzerpreis. Aus materiellen Gründen musste er in den 80er-Jahren seine journalistische Arbeit wieder aufnehmen (u. a. Redakteur des Familienblatts *Die Heimat*). A. ging von der Tradition des Wiener Volksstücks aus, die er um eine volksaufklärerische sozialkritische (und antiklerikale) Tendenz bereicherte und in Stücken wie *Der Meineidbauer* (UA 1871) und *Das vierte Gebot* (UA 1877) in die Tragödie überführte. Auch in den Prosawerken näherte sich A. mit den genauen Milieuschilderungen und der illusionslosen Darstellung der sozialen Probleme auf dem Land, verbunden mit einer scharfsichtigen Analyse psychologischer Mechanismen, dem Naturalismus.

Werke: Der Pfarrer von Kirchfeld. 1871. – Der Meineidbauer. 1872. – Die Kreuzelschreiber. 1872. – Der G'wissenswurm. 1874. –

Doppelselbstmord. 1876. – Der Schandfleck. 1877. Neufassung 1884. – Das vierte Gebot. 1878. – Dorfgänge. 1879. – Die Märchen des Steinklopferhanns. 1884. – Der Sternsteinhof. 1885.

Ausgabe: Sämtliche Werke. Hrsg. von Rudolf Latzke und Otto Rommel. 15 Bde. [in 17 Bdn.] Wien/Leipzig 1920–22.

Apitz, Bruno, 28.4.1900 Leipzig – 7.4.1979 Berlin. Mit 17 Jahren wurde A., der aus einer kinderreichen Arbeiterfamilie stammte, wegen Antikriegspropaganda verhaftet und zu einer Gefängnisstrafe verurteilt; 1927 trat er in die KPD ein und leitete den Zentralverlag der Roten Hilfe. 1933 wurde er drei Monate lang in Konzentrationslagern festgehalten; 1934 erneut verhaftet, verbrachte er drei Jahre im Zuchthaus und die letzten acht Jahre der NS-Herrschaft im KZ Buchenwald. Nach dem Krieg lebte er in der DDR zunächst als Redakteur, Verwaltungsdirektor (Städtische Bühnen Leipzig) und Dramaturg (DEFA), dann seit 1955 als freier Schriftsteller. Mit dem 1963 auch verfilmten Roman *Nackt unter Wölfen*, der Erfahrungen der Lagerzeit mit einer holzschnittartig erzählten, spannenden Handlung effektvoll verbindet, erzielte er einen Welterfolg (Übersetzungen in 28 Sprachen).

Werke: Nackt unter Wölfen. 1958. – Esther. 1959. – Der Regenbogen. 1976. – Schwelbrand. 1984.

Archipoeta, 12. Jh. Der Geburtsname des Dichters ist nicht bekannt. Die Bezeichnung A. stammt aus einer Handschrift des 12. Jh.s. Die überlieferten Texte (9 Gedichte und eine Stabat-mater-Strophe) des mittellat. Lyrikers beziehen sich sämtlich auf den Reichskanzler und Kölner Erzbischof Reinald v. Dassel, in dessen Umgebung sie zwischen 1161 und 1167 entstanden sind. Es ist möglich, dass der Dichter zusammen mit Reinald und einem großen Teil des kaiserlichen Heeres im August 1167 bei einer Epidemie vor Rom ums Leben kam. Die Gedichte des A. gehören zur so genannten Vagantenlyrik und sind von einer höchst diesseitigen Lebensauffassung getragen.

Zu den bevorzugten poetischen Mitteln gehört die Parodie von Formen wie Predigt und Beichte. Berühmt wurde die *Vagantenbeichte*, in der die Absage an die Sünden parodistisch eher das Gegenteil meint. Einen Einblick in die kaiserliche Reichspropaganda bietet der *Kaiserhymnus*.

Ausgaben: Die Gedichte des Archipoeta Hrsg. von Heinrich Watenphul und Heinrich Krefeld. Heidelberg 1958. – Die Lieder des Archipoeta. Hrsg. von Karl Langosch. Lat. und dt. Stuttgart 1965 [u. ö.].

Arendt, Erich, 15. 4. 1903 Neuruppin – 25. 9. 1984 Berlin. Nach einer Lehrerausbildung bekam der Sohn eines Heizers und Hausmeisters zunächst keine Anstellung und arbeitete in verschiedenen Berufen. 1926 ging er nach Berlin, wurde Mitglied der KPD und Lehrer an einer sozialistischen Versuchsschule. 1928 trat er dem »Bund proletarisch-revolutionärer Schriftsteller« bei. 1933 verließ er Deutschland und gelangte über die Schweiz 1934 nach Spanien, nahm am Bürgerkrieg 1936–39 teil und emigrierte 1941 über Frankreich nach Kolumbien. 1950 kehrte er nach Berlin (DDR) zurück. Seine frühesten Gedichte veröffentlichte A. 1926 in H. Waldens expressionistischer Zeitschrift *Der Sturm*. Die Lyrik der Emigrationszeit, geprägt von den Erfahrungen des Bürgerkriegs und des südamerikanischen Exils, hat eher konventionellen Charakter. Wichtig wurde die Beschäftigung mit der romanischen und südamerikanischen Poesie, die er durch zahlreiche Übersetzungen dem dt. Publikum vermittelte (Rafael Alberti, Vincente Aleixandre, Jorge Guillén, Pablo Neruda). Durch eine Verbindung neu gewonnener Eindrücke der Mittelmeerlandschaft und ihrer Mythen (mehrere Griechenlandaufenthalte) mit einer auf der modernen span. und frz. Poesie und der Dichtung P. Celans beruhenden Ästhetik der Abstraktion und Reduktion erreichte A. dann in Gedichtbüchern wie *Flug-Oden* oder *Ägäis* den eigenen Ton. Diese Texte mit ihrer Versteinerungsmetaphorik, ihrer Evokation der archaischen Mythen und der Untaten der Geschichte verweigern sich, skeptisch gegenüber der Kraft des Humanen in der Geschichte, jeglichem Optimismus: »Geschichtsschreibung von der Leidseite her, der Erleidensseite her« (A.).

Werke: Trug doch die Nacht den Albatros. 1951. – Bergwindballade. 1952. – Über Asche und Zeit. 1957. – Gesang der sieben Inseln. 1957. – Flug-Oden. 1959. – Ägäis. 1967. – Gedichte. 1973. Erw. Ausgaben 1976, 1983. – Memento und Bild. 1976. – Zeitsaum. 1978. – Starrend von Zeit und Helle. 1980.

Ausgabe: Kritische Werkausgabe. Hrsg. von Manfred Schlösser. 2 Bde. Berlin 2003.

Arndt, Ernst Moritz, 26. 12. 1769 Schoritz (Rügen) – 29. 1. 1860 Bonn. Der Sohn eines früheren Leibeigenen, der es bis zum Gutspächter brachte, wurde nach dem Studium der Theologie und Geschichte 1791–94 im damals schwed. Greifswald und in Jena und einer mehrjährigen Reise durch verschiedene europäische Länder 1800 Privatdozent, 1805 ordentlicher Professor für Geschichte und Philosophie in Greifswald. Mit seiner Schrift über die Leibeigenschaft trug er wesentlich zu ihrer Aufhebung in den schwedischen Teilen Pommerns bei. Ausgelöst durch die napoleonische Vorherrschaft in Europa, trat an die Stelle von A.s sozialem Engagement das politisch-patriotische, das sich mit einem militanten Franzosenhass verband. Nach der preußischen Niederlage 1806 ging A. vorübergehend nach Schweden, kehrte aber 1809 nach Deutschland zurück und nahm Verbindung zu preußischen Patrioten auf. Mit seinen politischen Forderungen (Verfassung, stärkere politische Einheit der dt. Staaten) geriet er in Konflikt mit der Restauration und wurde 1820 von seiner Bonner Professur für Geschichte, die er seit 1818 innehatte, suspendiert (Rehabilitation 1840). 1848 saß er für das rechte Zentrum im Frankfurter Parlament und trat für eine konstitutionelle Monarchie unter preußischer Führung ein. Bis 1854 lehrte er wieder in Bonn. Neben seiner politischen Publizistik fand seine propagandistische, ressentimentgeladene Lyrik große Resonanz über die Aufbruchsstimmung der Freiheitskriege hinaus. Ihre Einseitigkeit fehlt seinen Reiseschilderungen und den späten Erinnerungen.

Werke: Reisen durch einen Theil Teutschlands, Ungarns, Italiens und Frankreichs. 1801–03. – Versuch einer Geschichte der Leibeigenschaft in Pommern und Rügen. 1803. – Fragmente über Menschenbildung. 1805–19. – Geist der Zeit. 1806–18. – Gedichte. 1811. – Katechismus für den teutschen Kriegs- und Wehrmann. 1813. – Lieder für Teutsche. 1813. – Märchen und Jugenderinnerungen. 1818. Tl. 2. 1843. – Erinnerungen aus dem äußeren Leben. 1840. – Das Turnwesen. 1842. – Gedichte. Neue Auswahl. 1850. – Schriften für und an seine lieben Deutschen. 1845–55. – Geistliche Lieder. 1855. – Meine Wanderungen und Wandelungen mit dem Reichsfreiherrn [...] von Stein. 1858.
Ausgabe: Werke. Hrsg. von Hugo Rösch und Heinrich Meisner. 14 Bde. Magdeburg/Leipzig 1892–1909.

Arnim (Ludwig) Achim von, 26. 1. 1781 Berlin – 21. 1. 1831 Wiepersdorf (Kreis Jüterbog). Der aus einem alten brandenburgischen Adelsgeschlecht stammende A. wuchs in Berlin bei der Großmutter auf und studierte zunächst Jura und Naturwissenschaften in Halle (1798–99) und von 1800 an Mathematik in Göttingen, wandte sich jedoch unter dem Eindruck einer Begegnung mit Goethe und der Freundschaft mit C. Brentano der Literatur zu. Nach Reisen mit seinem Bruder durch Europa (1801–04) begann 1804 in Heidelberg die gemeinsame Arbeit mit Brentano an der Liedersammlung *Des Knaben Wunderhorn.* Nach seiner Rückkehr nach Berlin 1809 scheiterte der Versuch, in den Staatsdienst übernommen zu werden. 1811 heiratete er Bettine Brentano; 1814 siedelte die Familie auf das Gut Wiepersdorf über, lebte jedoch Teile des Jahres in Berlin. Hinter A.s vielseitigem Werk steht die Hoffnung einer nationalen, politischen Regeneration durch die Kunst, durch eine Wiederbelebung und schöpferische Erneuerung des überlieferten poetischen Materials. Dieser nationale Impuls prägt bereits die Werke der Heidelberger Zeit, neben der Liederanthologie die von A. herausgegebene *Zeitschrift für Einsiedler* (*Tröst-Einsamkeit* in der Buchausgabe) und die Novellensammlung *Der Wintergarten* (1809) mit ihren Adaptionen alter Texte. Bekannter allerdings wurden einzelne Novellen (z. B. *Isabella von Ägypten*) mit ihrer Verbindung von phantastisch-surrealen, historischen und kritischen Momenten. Neben den Novellen stehen zwei große Romane, die sich mit den Krisenerscheinungen der Gegenwart auseinandersetzen, als Ehe- und Zeitroman der eine (*Gräfin Dolores*), als historischer Roman der unvollendete zweite (*Die Kronenwächter*). A.s dramatisches Schaffen umfasst eine Sammlung von Bearbeitungen älterer Stücke und Stoffe, das auf Gryphius' *Cardenio und Celinde* basierende Schauspiel *Halle und Jerusalem* und das Schicksalsdrama *Die Gleichen.*

Werke: Hollin's Liebeleben. 1802. – Ariel's Offenbarungen. 1804. – Des Knaben Wunderhorn. 3 Bde. 1806 [recte 1805] – 08. [Mit C. Brentano.] – Tröst-Einsamkeit. 1808. – Der Wintergarten. 1809. – Armuth Reichthum Schuld und Buße der Gräfin Dolores. 1810. – Halle und Jerusalem. 1811. – Isabella von Aegypten. 1812. – Schaubühne. 1813. – Die Kronenwächter. Bd. 1. 1817. – Die Gleichen. 1819. – Landhausleben. 1826.

Ausgaben: Sämmtliche Werke. Hrsg. von Wilhelm Grimm. 22 Bde. Berlin [u. a.] 1839–56. Nachtr.-Bd. Tübingen 1976. – Werke. Hrsg. von Roswitha Burwick [u. a.]. 6 Bde. Frankfurt a. M. 1989–94. – Werke und Briefwechsel. Hist.-krit. Ausg. in Zus.arb. mit der Stiftung Weimarer Klassik hrsg. von Roswitha Burwick [u. a.]. Tübingen 2000 ff.

Arnim, Bettine von (geb. Brentano), 4. 4. 1785 Frankfurt a. M. – 20. 1. 1859 Berlin. Die aus einer wohlhabenden Kaufmannsfamilie stammende A. wurde nach dem Tod ihrer Mutter zunächst in einem Pensionat in Fritzlar, dann seit 1797 bei ihrer Großmutter S. v. La Roche in Offenbach erzogen. Seit 1802 lebte sie vorwiegend in Frankfurt. Enge Beziehungen zu ihrem Bruder C. Brentano, zu K. v.

Günderrode, zu Goethes Mutter und zu Goethe selbst prägten ihre persönliche Entwicklung und ihre späteren schriftstellerischen Arbeiten. 1811 heiratete sie A. v. Arnim, den sie bereits 1802 kennengelernt hatte. 1814 zog die Familie auf Arnims Gut Wiepersdorf, doch kehrte Bettine v. a. 1817 mit den Kindern (sieben wurden zwischen 1812 und 1827 geboren) wieder ganz nach Berlin zurück, während Achim v. a. einen Teil des Jahres auf dem Gut verbrachte. Erst nach dem Tod ihres Mannes trat A. als Schriftstellerin hervor, zunächst mit frei bearbeiteten und mit eigenen Erfindungen angereicherten Briefwechseln mit Goethe (bzw. seiner Mutter), K. v. Günderrode und ihrem Bruder. Ihr starkes soziales Engagement dokumentieren u. a. das dem preußischen König gewidmete Werk *Dies Buch gehört dem König*, das in fiktiven Gesprächen die sozialen Probleme in Preußen diskutiert, und die 1844 begonnenen Vorarbeiten für ein *Armenbuch*. Eine Fortsetzung des Königsbuches erschien 1852. Bei den Autoren des Jungen Deutschland stand sie wegen ihrer fortschrittlichen sozialen Ideen in hohem Ansehen.

Werke: Goethe's Briefwechsel mit einem Kinde. 1835. – Die Günderode. 1840. – Dies Buch gehört dem König. 1843. – Clemens Brentano's Frühlingskranz. 1844. – Ilius Pamphilius und die Ambrosia. 1847–48. – Gespräche mit Dämonen. Des Königsbuches zweiter Band. 1852.
Ausgaben: Werke und Briefe. Hrsg. von Gustav Konrad und Joachim Müller. 5 Bde. Frechen 1958–63. – Werke und Briefe. Hrsg. von Walter Schmitz und Sibylle v. Steinsdorff. 4 Bde. Frankfurt a. M. 1986–95.

Arnold, Gottfried, 5. 9. 1666 Annaberg (Meißen) – 30. 5. 1714 Perleberg. Nach der Gymnasialzeit in Gera studierte A. Theologie und philologische Fächer in Wittenberg (1685–89) und schloss sich danach dem Pietismus an. Philipp Jacob Spener vermittelte ihm Erzieherstellen in Dresden und Quedlinburg. 1697 erhielt er eine Professur für Geschichte an der Universität Gießen, kehrte jedoch ein Jahr später wieder nach Quedlinburg zurück, um sich als Privatgelehrter seinen mystischen Interessen zu widmen. Diese spiritualistische Phase endete 1701 mit der Heirat A.s und der Übernahme von Prediger- und Pfarrstellen (1701–05 Hofprediger bei der verwitweten Herzogin Sophie-Charlotte v. Sachsen-Eisenach in Allstedt; 1705 Pfarrer und Inspektor in Werben, Altmark; 1707 Pfarrer und Diözesaninspektor in Perleberg). A. trug mit seinen Schriften und seinen geistlichen Liedern wesentlich zur Verbreitung mystischen Gedankenguts im Pietismus bei. Sein Hauptwerk, die *Unpartheyische Kirchen- und Ketzer-Historie*, stellt im Geist des mystischen Spiritualismus die Geschichte der Kirche als Geschichte des Abfalls von dem in der Urkirche verwirklichten Idealtypus des Christentums dar. Die von der institutionalisierten Kirche verfolgten Häretiker und Ketzer repräsentieren »die unsichtbare rechte heilige Gemeinde Christi«; ihre Biographien stellen einen wichtigen Aspekt des Werkes dar.

Werke: Die Erste Liebe. Das ist: Wahre Abbildung Der Ersten Christen. 1696. – Göttliche Liebes-Funcken. 1698. – Unpartheyische Kirchen- und Ketzer-Historie. 1699–1700. – Das Geheimniß Der Göttlichen Sophia. 1700. – Das Leben Der Gläubigen. 1701. – Historie und Beschreibung Der Mystischen Theologie. 1703. – Die geistliche Gestalt Eines Evangelischen Lehrers. 1704. – Neuer Kern wahrer Geister-Gebete. 1704. – Die Verklärung Jesu Christi in der Seele / aus denen gewöhnlichen Sonn- und Fest-Tags-Episteln. 1704. – Das wahre Christenthum Altes Testaments. 1707. – Paradiesischer Lust-Garten / voller andächtiger Gebete und Gesänge. 1709. – Wahre Abbildung des inwendigen Christenthums. 1709.
Ausgabe: Hauptschriften in Einzelausgaben. Stuttgart-Bad Cannstatt 1963 ff.

Arp, Hans (auch: Jean A.), 16. 9. 1887 Straßburg – 7. 6. 1966 Basel. Zwischen 1904 und 1909 erhielt A. seine Ausbildung an verschiedenen Kunstakademien (Straßburg, Weimar, Paris). Er lernte Wassily Kandinsky 1912 in München kennen, beteiligte sich an der zweiten Ausstellung des »Blauen Reiters« und arbeitete 1913 an H. Waldens Zeitschrift *Der Sturm* mit. 1915 fand die erste Ausstellung seiner Werke in Zürich statt; hier gehörte er auch zu den Begründern des »Cabaret Voltaire« und des Dadaismus. Nach dem Krieg beteiligte er sich mit Max Ernst auch an der Kölner Dada-Bewegung und nahm auch an anderen Dada-Veranstaltungen teil. Seit 1926 lebte er mit seiner Frau Sophie Taeuber-Arp (verheiratet seit 1922) in Paris bzw. Meudon bei Paris (heute Sitz der »Fondation Arp« in dem von Sophie Taeuber entworfenen Haus). 1940 flohen sie nach Grasse in der Provence, 1942 in die Schweiz. A.s Frau starb 1943 in Zürich. 1946 kehrte A. nach Meudon zurück; nach einer zweiten Heirat 1959 lebte A. v. a. in Solduno bei Locarno. Mit seinem dichterischen Werk gehört A. zu den bedeutendsten Autoren des Dadaismus. Kennzeichen seiner Dichtung sind assoziative Wort- und Bildfolgen, ins Absurde führende Kombinationen, phantasievolle Manipulationen des Wortmaterials, mit denen er gegen die überkommenen Sprech- und Denkweisen opponierte. Später ergeben sich durchaus auch konkrete inhaltliche Aspekte wie die Warnung vor der Bedrohung der Natur und der Kunst durch die gesellschaftlichen und technischen Entwicklungen.

Werke: der vogel selbdritt. 1920. – die wolkenpumpe. 1920. – Der Pyramidenrock. 1924. – gedichte. weisst du schwarzt du. 1930. – Konfigurationen. 1930. – muscheln und schirme. 1939. – 1924–1925–1926–1943. 1944. [Gedichte.] – rire de coquille. 1944. – On my way. Poetry and essays 1912–1947. 1948. – Die Engelschrift. 1952. – wortträume und schwarze sterne. Auswahl [...] 1911–1952. 1953. – Auf einem Bein. 1955. – Unsern täglichen Traum. Erinnerungen, Dichtungen und Betrachtungen aus den Jahren 1914–1954. 1955. – Worte mit und ohne Anker. 1957. – Mondsand. 1959. – Sinnende Flammen. 1961. – Vers le blanc infini. 1961.

Ausgabe: Gesammelte Gedichte. Hrsg. von Marguerite Arp-Hagenbach und Peter Schifferli. 3 Bde. Zürich/Wiesbaden 1963–83.

Artmann, H(ans) C(arl), 12. 6. 1921 Wien – 4. 12. 2000 ebd. Der Sohn eines Schuhmachermeisters aus dem Wiener Vorort Breitensee wurde nach Hauptschulabschluss und Schuhmacherlehre (begleitet vom autodidaktischen Studium exotischer Sprachen) 1940 zum Militär eingezogen und geriet 1945 in amerikanische Gefangenschaft. Ende des Jahres kehrte er nach Wien zurück und lebte von Gelegenheitsarbeiten und Arbeitslosenunterstützung. 1952 lernte er G. Rühm, K. Bayer und andere Autoren kennen, die die »Wiener Gruppe« bildeten. Nach 1958, dem Erscheinungsjahr seines erfolgreichen ersten Gedichtbandes, nahm A. nicht mehr an Gemeinschaftsarbeiten teil. 1961 zog er nach Stockholm; in den nächsten Jahren lebte er u. a. in Berlin, Malmö und Graz. 1972 ließ er sich in der Nähe von Salzburg nieder. 1997 erhielt er den Georg-Büchner-Preis. Die Sprachexperimente und Montagetechniken der »Wiener Gruppe« bilden den Hintergrund der frühen Lyrik A.s. Das gilt auch für die Dialektgedichte, bei denen sich die Entdeckung der sprachlichen Reize des Dialekts der Vorstadt mit Elementen des Surrealismus und der ›schwarzen Romantik‹ verbindet. Auch sein umfangreiches nicht dialektgebundenes Werk – Lyrik, Prosa, Theatertexte – hat seinen Ausgangspunkt in der Sprachphantasie des Autors, seiner Lust an Maskerade und Rollenspiel. Auf diese Weise gelingt ihm in höchst einfallsreicher und artifizieller Weise die Anverwandlung unterschiedlichster Genres von der Troubadourdichtung über den Schelmenroman und die Barockepigrammatik bis hin zu den verschiedenen Ausprägungen des Trivialromans und der Welt der Comics.

Werke: med ana schwoazzn dintn. 1958. – hosn rosn baa. 1959. [Mit F. Achleitner und G. Rühm.] – das suchen nach dem gestrigen tag oder schnee auf einem heißen brotwecken. eintragungen eines bizarren liebhabers. 1964. – Dracula Dracula, ein transsylvanisches Abenteuer. 1966. – allerleirausch. Neue schöne Kinderreime. 1967. Erw. 1993. – Fleiß und Industrie. 1967. – ein lilienweißer brief aus lincolnshire. Gedichte aus 21 jahren. 1969. – die fahrt zur insel nantucket. Theater. 1969. – Das im Wald verlorene Totem. Prosadichtungen 1949–53. 1970. – How much, schatzi? 1971. – Aus meiner Botanisiertrommel. 1975. – Die Jagd nach Dr. U. oder Ein seltsamer Spiegel, in dem sich der Tag reflektiert. 1977. – Nachrichten aus Nord und Süd. 1978. – Grammatik der Rosen. Gesammelte Prosa. Hrsg. von Klaus Reichert. 3 Bde. 1979. – Im Schatten der Burenwurst. Skizzen aus Wien. 1982. – das prahlen des urwalds im dschungel. 1983. – Nachtwindsucher. 61 österreichische Haiku. 1984. – gedichte von der wollust des dichtens in worte gefaßt. 1989. – Grünverschlossene Botschaft. 90 Träume. 1989. – Wiener Vorstadtballade. 1991. – Die Zerstörung einer Schneiderpuppe. Poetisches Theater. 1992. – Schlüssel zum Paradies. 1993. – nebel und petunien. 1995. – Goethe trifft Lilo Pulver und wandert mit ihr durch den Spessart nach Mespelbrunn. 1996. – Schauerromane. Hrsg. von Klaus G. Renner. 1997. – Eine Lektion in Poesie wird vorbereitet. 1998.

Ausgaben: Das poetische Werk. Gesammelte Gedichte. Hrsg. von Klaus Reichert. 10 Bde. 1994. – Sämtliche Gedichte. Hrsg. von K. Reichert. Salzburg/Wien 2003.

Aston, Louise (geb. Hoche), 26. 11. 1814 Gröningen bei Halberstadt – 21. 12. 1871 Wangen (Allgäu). Die Tochter eines Pfarrers und einer Gräfin heiratete 1835 (gegen ihren Willen) den in Magdeburg lebenden engl. Fabrikanten Samuel Aston. Nach der Scheidung 1845 zog sie mit ihrer Tochter nach Berlin und führte ein derart unbürgerliches Leben – sie trug Männerkleidung, rauchte Zigarren, liebte Abwechslung in der Liebe und lehnte die organisierte Religion ab –, dass sie 1846 als »staatsgefährdende Person« ausgewiesen wurde. Sie nahm an den Barrikadenkämpfen der 48er-Revolution in Berlin und an dem Krieg gegen Dänemark teil. 1850 heiratete sie einen Arzt, Dr. Eduard Meier, den sie in Schleswig-Holstein kennengelernt hatte; mit ihm lebte sie in Russland, Polen, Österreich und Ungarn, bis sich beide 1871 A.s Gesundheit wegen im Allgäu niederließen. A.s Werk erschien zwischen 1846 und 1849 und umfasst zwei Lyrikbände, drei Romane, eine Streitschrift und einen Zeitschriftenjahrgang. Durchgängiges

Thema ist die Emanzipation, die Selbstbestimmung der Frau – auch in der Liebe – und damit zusammenhängend eine neue, gerechte soziale Ordnung.

Werke: Meine Emancipation, Verweisung und Rechtfertigung. 1846. – Wilde Rosen. 1846. – Aus dem Leben einer Frau. 1847. – Der Freischärler. 1848. [Zs.] – Lydia. 1848. – Revolution und Contrerevolution. 1849. – Freischärler-Reminiscenzen. 1850.

Atabay, Cyrus, 6. 9. 1929 Sadabad bei Teheran – 26. 1. 1996 München. Der Iraner A., Neffe des letzten Shahs der Pahlewi-Dynastie, besuchte 1936–45 eine Schule in Berlin, lebte dann im Iran und in der Schweiz, bis er 1951 nach Deutschland zurückkam und in München bis 1960 Literaturwissenschaft studierte. Ein längerer Aufenthalt im Iran fand mit der Revolution 1978 ein Ende. A. ging zunächst nach London, 1983 wieder nach München, als ihm die zunächst verweigerte Aufenthaltserlaubnis erteilt worden war. A. dichtete von Anfang an in dt. Sprache und behauptete stets eine eigene Position. Er hielt Abstand vom metaphorischen Stil der 50er-Jahre wie später von der Instrumentalisierung der Lyrik für politische Zwecke. Er verstand sich als Dichter des Universellen, Bewohner eines imaginären Reichs. Die Gestalten seiner Dichtung sind vielfach, wie er selbst, Außenseiter, Fremde, Einzelgänger, wie Prospero Bewohner eines poetischen Inselreichs. Die Evokation einer eigenen poetischen Welt, für die A. ein leichter Ton zur Verfügung steht, verdeckt keineswegs die melancholische Einsicht in die Beschaffenheit der Realität (dass nämlich »die Instrumente darauf hindeuten / daß unsere Zerstörung schon beschlossen ist«).

Werke: Einige Schatten. 1956. – An- und Abflüge. 1958. – Gegenüber der Sonne. 1964. – Doppelte Wahrheit. 1969. – An diesem Tage lasen wir keine Zeile mehr. 1974. – Das Auftauchen an einem anderen Ort. 1977. – Die Leidenschaft der Neugierde. 1981. – Stadtplan von Samarkand. 1983. – Prosperos Tagebuch. 1985. – Die Linien des Lebens. 1986. – Gedichte. 1991. – Die Wege des Leichtsinns. Zerstreutes äolisches Material. 1994.

Auerbach, Berthold, 28. 2. 1812 Nordstetten (Schwarzwald) – 8. 2. 1882 Cannes. Der aus einer jüdischen Kaufmannsfamilie stammende A. studierte nach seiner Stuttgarter Gymnasialzeit in Tübingen Jura, Philosophie und jüdische Theologie (als einziger Student). 1833 wurde er als Burschenschaftler wegen politischer Aktivitäten verhaftet und von der Universität verwiesen, konnte aber bis zur Verurteilung in Heidelberg weiterstudieren; das Rabbinerexamen gelang ihm jedoch nicht. 1837 verbüßte er eine zweimonatige Gefängnisstrafe auf dem Hohenasperg. A. lebte nun als Journalist und freiberuflicher Schriftsteller in verschiedenen Städten (u. a. 1838 Frankfurt a. M., 1840 Bonn, 1841–45 Karlsruhe, 1847 Breslau, 1848 Wien, Dresden, 1859 Berlin, 1866–69 Bingen, 1881 aus Gesundheitsgründen Cannes). Nach einer Schrift zum Thema der jüdischen Emanzipation und einem historischen Roman über Spinoza erzielte er mit den *Schwarzwälder Dorfgeschichten* 1843 seinen Durchbruch; er wurde zur europäischen Berühmtheit. Zahlreiche weitere kürzere oder längere Dorfgeschichten bzw. -romane folgten. Sie stellen vor dem Hintergrund der dörflichen Welt und ihrer sozialen Probleme in moralisierender Form einfache, überschaubare Konflikte dar – Liebe, Auswanderung, Integration usw. – und führen sie zu einem guten, harmonischen Ende. Dabei laufen sie Gefahr, den sozialkritischen Gehalt durch einen idyllisierenden Grundton und den von ihm selbst geforderten »versöhnlichen Abschluß« zu verdecken. Sein übriges Werk – Romane, Dramen, patriotische Tagebücher – fand wenig Resonanz.

Werke: Das Judenthum und die neueste deutsche Literatur. 1836. – Spinoza. 1837. – Schwarzwälder Dorfgeschichten. 4 Bde. 1843–54. – Schrift und Volk. 1846. – Andreas Hofer. 1850. – Neues Leben. 1851. – Gesammelte Schriften. 20 Bde. 1857–58. Neuausg. in 22 Bdn. 1864. – Volkskalender. 1861–65. – Der Wahlbruder. 1855. – Barfüßele. 1856. – Auf der Höhe. 1865. – Das Landhaus am Rhein. 1869. – Wieder unser! 1871. – Nach dreißig Jahren. Neue Dorfgeschichten. 1876.

Augustin, Ernst, * 31. 10. 1927 Hirschberg (Schlesien), heute: Jelenia Góra, Polen. Der Sohn eines Studienrats studierte nach dem Abitur in Schwerin (1947) Medizin in Rostock und Berlin (DDR) und promovierte 1952 mit einer Dissertation über das Thema *Das elementare Zeichnen bei den Schizophrenen.* Von 1955 bis 1958 arbeitete er als Assistenzarzt an der Nervenklinik der Berliner Charité und nach seiner Flucht in den Westen als Leiter eines amerikanischen Krankenhauses in Afghanistan (1958–61). Nach einer kurzen Zeit als Stationsarzt an der Münchener Universitäts-Nervenklinik (1961–62) war er bis zu seiner Pensionierung 1985 als psychiatrischer Gutachter tätig. Seine beruflichen Erfahrungen als Psychiater sowie seine Reisen und Auslandsaufenthalte (Afghanistan, Indien, London, USA, Costa Rica u. a.) schlagen sich in seinem literarischen Werk nieder, in dem die Form des Romans dominiert. A. ist ein Erzähler, bei dem der Übergang von Wirklichkeit zu Traum oder Albtraum immer möglich ist und den gerade die Zweifel an der Realität und ihrer Erzählbarkeit zur Erfindung von Phantasiewelten (und ihrer Alternativen gleich mit) anzuregen scheinen: »Die Kunst ist die einzige wirkliche und wahre Magie, nicht schwarz, sondern weiß und erlaubt, ja mehr als erlaubt«, heißt es in dem Roman *Eastend.* Dabei verbindet sich die Erschaffung von Kunstwelten mit Zeitkritik. Die existentielle Bedrohtheit des Menschen macht A.s erster Roman *Der Kopf* in apokalyptischen, angstvollen Visionen zum Thema. Die folgenden Romane *Das Badehaus* und *Mamma* erzählen Biographien, Variationen der Parabel vom verlorenen Sohn bzw. phantastische, tödliche und doch nicht endende Lebensgeschichten von Drillingen. Ins therapeutische Milieu begibt sich A. mit dem Roman *Raumlicht,* in dem sich die Geschichte der Behandlung einer schizophrenen Patientin mit der des Arztes verbindet. Von den negativen Aspekten moderner Gruppentherapeutik in westlicher und östlicher Form handeln, nicht ohne satirische Übertreibung und Komik, *Eastend* und *Die Schule der Nackten*. Die Fähigkeit der Kunst, sich über die Wirklichkeit hinwegzusetzen, zeigt exemplarisch der Roman *Der amerikanische Traum*, in dem sich der Geist eines 1944 von Tieffliegern erschossenen kleinen Jungen eine Existenz als amerikanischer Privatdetektiv sucht und seine Mörder aufspürt.

Werke: Der Kopf. 1962. – Das Badehaus. 1963. – Sommerlicher Tod in Arlbeck. 1963. – Mamma. 1970. – Raumlicht. Der Fall Evelyne B. 1976. – Eastend. 1982. – Der amerikanische Traum. 1989. – Mahmud der Schlächter oder Der feine Weg. 1992. Neuausg. u. d. T. Mahmud der Bastard. 2003. – Gutes Geld. Roman in drei Anleitungen. 1996. – Die Schule der Nackten. 2003. – Der Künzler am Werk. Eine Menagerie. 2004. – Badehaus Zwei. 2006.

Ausländer, Rose (geb. Rosalie Scherzer), 11. 5. 1901 Czernowitz (Bukowina) – 3. 1. 1988 Düsseldorf. Die aus einer dt.-jüdischen Beamtenfamilie stammende A. musste nach dem Tod ihres Vaters das Philosophiestudium abbrechen und emigrierte 1921 in die USA. Sie arbeitete als Bankangestellte in New York und heiratete 1923 ihren Studienfreund Ignaz Ausländer; die Ehe hielt nur drei Jahre. 1931 kehrte sie nach Czernowitz zurück, um ihre Mutter zu pflegen; von 1941 bis 1944 lebte sie im Ghetto von Czernowitz, das letzte Jahr in einem Kellerversteck. Nach dem Krieg ging sie erneut in die USA (1946–64), kehrte aber 1964 wieder nach Europa zurück und ließ sich nach einem Aufenthalt in Wien 1965 in Düsseldorf nieder. Ihr erster, 1939 erschienener Gedichtband *Der Regenbogen* gilt als verschollen. Nach den Schrecken des Krieges und der Verfolgung verstummte sie. Dann schrieb sie zunächst nur in engl. Sprache; erst 1956 kehrte sie zur dt. Sprache zurück. 1957 traf sie Celan wieder, den sie bereits im Czernowitzer Ghetto kennen gelernt hatte. Er machte sie mit den neuesten Strömungen der dt. Lyrik vertraut. Seit 1961 widmete sich A. ganz dem Schreiben. Ausgangspunkt waren zunächst Alltagserfahrungen, Gedanken und Gefühle, dann erhielt das Thema der Sprache eine immer größere Bedeutung. Sprache wurde zum Ersatz für die erlittenen Verluste und das dichterische Wort selbst zum Gegenstand des lyrischen Sprechens. Daneben kennt ihre Dichtung eine Vielzahl weiterer Themen: die Erfahrung der Verfolgung und die Vernichtung des Judentums, Landschaften und Städte, Liebe, Freundschaft. Ihre Texte zeigen seit den 70er-Jahren zunehmend eine Tendenz zu Reduktion und Konzentration.

Werke: Der Regenbogen. 1939. – Blinder Sommer. 1965. – 36 Gerechte. 1967. – Inventar. 1972. – Andere Zeichen. 1974. – Es bleibt noch viel zu sagen. 1977. – Doppelspiel. 1977. – Mutterland. 1978. – Ein Stück weiter. 1979. – Mein Atem heißt jetzt. 1981. – Im Atemhaus wohnen. 1981. – Mein Venedig versinkt nicht. 1982. – Ich zähl die Sterne meiner Worte. Gedichte 1983. 1985. – Meine Toten schweigen tief. 1988. – Jeder Tropfen ein Tag. Gedichte aus dem Nachlaß 1990.
Ausgabe: Gesammelte Werke. Hrsg. von Helmut Braun. 7 Bde. und 1 Erg.-Bd. Frankfurt a. M. 1984–90.

Ava (auch: Frau Ava), † wahrscheinlich 1127 in der Gegend von Melk (Niederösterreich). Die Verfasserin nennt ihren Namen in einem ihrer Werke (*Jüngstes Gericht*); hier bittet sie auch um Fürbitte für ihre beiden Söhne. Ihre Angaben, sie habe in der Welt gelebt und sich dann einer zurückgezogenen, geistlichen Lebensführung zugewandt, wird durch die »Melker Annalen« bestätigt, die in einem Eintrag vom Tod einer »Ava inclusa« im Jahr 1127 berichten. A. hinterließ einen ›Zyklus‹ von vier bzw. fünf Dichtungen in Reimpaarversen über die christliche Heilsgeschichte vom *Leben Johannes' des Täufers* über das Erscheinen des *Antichrist* bis hin zum Ausbruch der ewigen Herrlichkeit nach dem *Jüngsten Gericht*. Der bei weitem umfangreichste Teil (2418 Verse) behandelt das *Leben Jesu* (mit abschließenden Versen über *Die sieben Gaben des Hl. Geistes*). Die Darstellung folgt den Perikopen des Kirchenjahres und behandelt alle heilsgeschichtlich bedeutsamen Stationen, wobei die theologischen und lehrhaften Aspekte hinter dem andächtigen Nachvollzug des Heilsgeschehens zurücktreten.

Ausgaben: Die Dichtungen der Frau Ava. Hrsg. von Friedrich Maurer. Tübingen 1966. – Die Dichtungen der Frau Ava. Hrsg. von Kurt Schacks. Graz 1986.

Avancini, Nicolaus von, 1. 12. 1611 Brez bei Trient – 6. 12. 1686 Rom. Der Sohn aus einer reichen Südtiroler Adelsfamilie trat im Alter von 16 Jahren in den Jesuitenorden ein, absolvierte die philosophische und theologische Ausbildung in Graz (1630–33) und Wien (1637–40), unterbrochen durch eigene Lehrtätigkeit (Triest, Agram, Laibach). 1664 begann sein Aufstieg im Orden: Rektor in Passau, Wien und Graz, Visitator für Böhmen, Provinzial für Österreich (1676–80) und schließlich »Assistens Germaniae« beim Ordensgeneral in Rom. Seit 1640 bemühte er sich in seinen verschiedenen Positionen um das Ordenstheater. Der Höhepunkt seines eigenen dramatischen Schaffens ist mit dem Wiener Kaiserhof verbunden. Dieser ermöglichte durch Subventionen den Ausbau des Jesuitentheaters zum Hoftheater. A.s lat. *Ludi Caesarei* wurden mit großem bühnentechnischen Aufwand gespielt, Stücke, die Glaubenspropaganda mit einem Eintreten für den Absolutismus und einem Preis des Hauses Habsburg verbinden. Meist liegen den Dramen biblische oder historische Stoffe zugrunde; 27 wurden in den fünf Bänden seiner *Poesis Dramatica* gedruckt. Das bekannteste Stück handelt vom Sieg des rechtmäßigen Kaisers Konstantin über den ›Tyrannen‹ Maxentius, durchaus Präfiguration der Gegenwart (*Pietas victrix*, 1659). Daneben trat A. als neulat. Lyriker und als Verfasser von rhetorischen und theologischen Schriften hervor.

Werke: Hetacombe Odarum. 1651. – Effigies, ac Elogia quinquaginta Germanico-Romanorum Caesarum. 1658. – Poesis lyrica. 1659. – Orationes. 1660. – Vita et doctrina Jesu Christi. 1665. – Nucleus rhetoricus. 1666. – Poesis Dramatica. 1675–86.

B

Bachmann, Ingeborg, 25. 6. 1926 Klagenfurt – 17. 10. 1973 Rom. Die Tochter eines Schuldirektors studierte nach dem Abitur (1944) von 1945 an in Innsbruck, Graz und Wien Philosophie und Psychologie, daneben auch Germanistik und Staatswissenschaften. Sie beschäftigte sich u. a. nachhaltig mit der sprachkritischen Philosophie Ludwig Wittgensteins und promovierte 1950 mit einer Arbeit über die Rezeption der Philosophie Martin Heideggers. Danach arbeitete sie zunächst für die amerikanische Besatzungsbehörde und den Rundfunk. Nach ihren ersten schriftstellerischen Erfolgen (1953 Preis der »Gruppe 47«) ging sie als freie Schriftstellerin nach Italien, 1957–58 war sie Dramaturgin beim Bayerischen Fernsehen. Von 1958 bis 1963 lebte sie, abwechselnd in Zürich und Rom, in einer schwierigen Beziehung mit M. Frisch. 1959–60 hielt sie als erste Gastdozentin für Poetik Vorlesungen über *Probleme zeitgenössischer Dichtung* an der Frankfurter Universität. Nach ihrer Trennung von Frisch lebte sie zunächst in Berlin, dann seit 1965 in Rom. Hier kam sie bei einem Brand in ihrer Wohnung ums Leben. Sie erhielt zahlreiche Auszeichnungen, darunter den Georg-Büchner-Preis (1964) und den Großen Österreichischen Staatspreis für Literatur (1968). Berühmt wurde B. durch ihre beiden Gedichtbände *Die gestundete Zeit* und *Anrufung des großen Bären*, die hinter dem Glanz und der Schönheit ihrer Sprache eine – von den Rezipienten vielfach ignorierte – radikale Kritik an der politischen Restauration Westdeutschlands üben, das gestörte Verhältnis von Mensch und Umwelt beklagen und von Verlust und Entfremdung, von der Zerstörung der menschlichen Beziehungen sprechen. Zugleich rufen sie zum Widerstand auf und lassen in mythischer Bildlichkeit utopische

Hoffnung anklingen. Wegen der ihren Intentionen widersprechenden Rezeption wandte sie sich in der Folgezeit von der Lyrik ab, legte aber eine Übersetzung der Gedichte Giuseppe Ungarettis vor (1961). Zur frühen Schaffensphase gehören die Hörspiele. Mit der Produktion ihres ersten Hörspiels *Die Zikaden* mit der Musik von Hans Werner Henze begann die Zusammenarbeit mit dem Komponisten, für den sie Libretti für Opern und eine Ballettpantomime schrieb. Seit den 60er-Jahren stand die Prosa im Mittelpunkt ihres Schaffens und damit das Thema der Zerstörung der weiblichen Person in einer destruktiven männlichen Welt. Bereits der erste Band mit Erzählungen schlägt dieses Thema an – etwa in der Geschichte *Undine geht* –, das dann in der in der zweiten Hälfte der 60er-Jahre begonnenen Romantrilogie *Todesarten* ausgeführt werden sollte. An die Stelle des beinahe fertig gestellten ersten Teils (*Der Fall Franza*, postum 1978) trat der Roman *Malina*, der in dreifacher Variation ein weibliches Ich mit einem männlichen Gegenüber konfrontiert und drei verschiedene ›Todesarten‹ des weiblichen Ich zeigt. Die Vorstellung einer radikalen Destruktion, die auch durch das Schreiben nicht aufgehoben werden kann – die Literatur selbst ist Teil des patriarchalischen ›Mordsystems‹ –, erhält durch ein eingefügtes Märchen mit einer (allerdings gebrochenen) Vision eines Goldenen Zeitalters ein gewisses Gegengewicht.

Werke: Die gestundete Zeit. 1953. – Der Idiot. Ballett-Pantomime. 1955. – Die Zikaden. 1955. – Anrufung des großen Bären. 1956. – Der gute Gott von Manhattan. 1958. – Der Prinz von Homburg. 1960. [Opernlibretto nach H. v. Kleist.] – Das dreißigste Jahr. 1961. – Jugend in einer österreichischen Stadt. 1961. – Ein Ort für Zufälle. 1965. – Der junge Lord. 1965. [Opernlibretto nach W. Hauff.] – Malina. 1971. – Simultan. 1972.

Ausgaben: Werke. Hrsg. von Christine Koschel [u. a.]. 4 Bde. München/Zürich 1978. – Todesarten-Projekt. Krit. Ausg. unter der Leitung von Robert Pichl hrsg. von Monika Albrecht und Dirk Göttsche. 5 Bde. München 1995. – I. Bachmann / Hans Werner Henze: Briefe einer Freundschaft. Hrsg. von Hans Höller. München 2004. – Kritische Schriften. Hrsg. von M. Albrecht und D. Göttsche. München 2005.

Bächler, Wolfgang, * 22. 3. 1925 Augsburg. Der Sohn eines Staatsanwalts wurde nach dem Abitur eingezogen und 1944 in Frankreich schwer verwundet. Nach dem (nicht abgeschlossenen) Studium der Germanistik, Romanistik, Theaterwissenschaft und Kunstgeschichte in München (1945–48) schrieb er für Zeitungen und den Rundfunk; 1956–66 lebte er in Frankreich, seitdem meist in München. Er spielte in verschiedenen Fassbinder- und Schlöndorff-Filmen. Seine Lyrik nahm zunächst in hohem pathetischem Ton Anregungen des Expressionismus und des Existentialismus auf, fand dann aber zu zunehmender sprachlicher Konzentration und erweiterte das Themenspektrum durch die Einbeziehung der gesellschaftlichen und politischen Realität und ihrer angsterregenden Fremdheit. Am Anfang seiner Prosaarbeiten steht die umfangreiche Erzählung *Der nächtliche Gast*, eine »umgekehrte Ödipusvariation«; Romane mit autobiographischen Zügen folgten 1990. Die Aufzeichnungen eigener Träume, Therapie gegen seine schweren Depressionen, bilden die Grundlage seiner *Traumprotokolle*, die von einem beschädigten Leben berichten.

Werke: Tangenten am Traumkreis. 1950. – Die Zisterne. 1950. – Der nächtliche Gast. 1950. – Lichtwechsel. 1955. – Lichtwechsel II. 1960. – Türklingel. Balladen, Berichte, Romanzen. 1962. – Türen aus Rauch. 1963. – Traumprotokolle. 1972. – Ausbrechen. 1976. – Stadtbesetzung. 1979. – Nachtleben. 1982. – Im Schlaf. Traumprosa. 1988. – Auf der Suche nach meinem Henker. 1990. – Einer der auszog, sich köpfen zu lassen. 1990. – Wo die Wellenschrift endet. Ausgewählte Gedichte aus fünf Jahrzehnten. 2000.

Bahr, Hermann, 19. 7. 1863 Linz – 15. 1. 1934 München. Der Sohn eines Notars studierte von 1881 an Wirtschaftswissenschaften, Altphilologie und Philosophie in Wien, Graz, Czernowitz und Berlin. In Berlin (1884–87) stand er dem Naturalismus nahe und war mit A. Holz befreundet. In Paris 1888 entwickelte er unter dem Einfluss von Maurice Maeterlinck u. a. seinen Begriff der Moderne, der die Ablösung vom Naturalismus zugunsten einer Erkundung der »Seelenstände« und der Stimmungen propagierte. Durch seine impressionistischen Programmschriften mit ihrem Plädoyer für eine »Nervenkunst« wirkte er seit 1891 entscheidend auf die Literaten des »Jungen Wien« und die Künstler der Wiener »Secession« um die Jahrhundertwende. 1912 ging B. nach Salzburg, 1918 wurde er Erster Dramaturg am Wiener Burgtheater; seit 1922 lebte er in München. B. war ein ungemein produktiver Schriftsteller, der neben seinen kritischen und programmatischen Arbeiten über 30 Theaterstücke – vom sozialkritischen naturalistischen Drama *Die neuen Menschen* bis hin zu Konversationsstücken und Schwänken in der Wiener Komödientradition – sowie zahlreiche Novellen und Romane verfasste. Von seinen Salonstücken hatte *Das Konzert* lang andauernden Erfolg. Die Hinwendung zu einem barocken konservativ-katholischen Österreichbild wird in einem späten, nicht abgeschlossenen Romanzyklus manifest.

Werke: Die neuen Menschen. 1887. – Die große Sünde. 1888. – Fin de siècle. 1890. – Zur Kritik der Moderne. 1890. – Die Überwindung des Naturalismus. 1891. – Der neue Stil. 1893. – Das Tschaperl. 1898. – Der Franzl. 1900. – Secession. 1900. – Das Konzert. 1909. – Expressionismus. 1916. – Die Rotte Korahs. 1919. – Kritik der Gegenwart. 1922. – Der inwendige Garten. 1927. – Österreich in Ewigkeit. 1929.

Balde, Jacob, 4. 1. 1604 Ensisheim (Elsass) – 9. 8. 1668 Neuburg (Donau). Der aus einer vorderösterreichischen Beamtenfamilie stammende B. wechselte 1622 von der bischöflich-straßburgischen Universität Molsheim nach Ingolstadt, um dem Krieg auszuweichen und seine Jurastudien fortzusetzen. Er trat jedoch 1624 in den Jesuitenorden ein und machte die üblichen Ausbildungsstadien durch (Noviziat, Studium, Unterrichtstätigkeit, erneutes Studium). 1633 wurde er zum Priester geweiht, 1635 übernahm er eine Professur für Rhetorik in Ingolstadt. Hier wurde auch seine Tragödie *Iephtias* 1637 aufgeführt. Im selben Jahr ging er an das Münchner Gymnasium des Ordens und wurde zugleich fest an den Hof des bayerischen Kurfürsten Maximilian I. gebunden: seit 1637 als Prinzenerzieher, dann auch als Hofprediger (1638) und schließlich gegen seinen Willen als Hofhistoriograph (1640). 1650 verließ er München und gelangte über Landshut und Amberg schließlich 1654 an den Hof in Neuburg a. d. Donau, wo er bis zu seinem Tod als Hofprediger wirkte. B. galt Katholiken wie Protestanten des 17. Jh.s als einer der großen Dichter der neulat. Tradition. Seine großen Sammlungen neulat. Lyrik sind Zeugnisse einer Horaznachahmung, die – bei aller Distanz zu Horaz als Epikureer – die Verwandtschaft mit der Proteusnatur des römischen Dichters betonen. Entsprechend vielfältig sind die Themen, die er mit dem ganzen Apparat der klassischen Bildung und der Formkunst der römischen Dichtung behandelt. Er kommentiert, die Sache des Kaisers vertretend, die wichtigsten Ereignisse des Dreißigjährigen Krieges, evoziert in klassischer Form die Nichtigkeit menschlichen Lebens und das Grauen der Verwesung (A. Gryphius hat B.s Kirchhofsvisionen frei nachgedichtet) und reflektiert melancholisch über sein Leben. Als Höhepunkte seiner Dichtung gelten die Marienoden, die die Spannung von antikischem Gewand und christlicher Thematik austragen. Seine innere Unabhängigkeit (und seine Satiren) führten zu Schwierigkeiten mit den Ordenszensoren. Herder suchte B.s lyrisches Werk durch Übersetzungen und Studien der dt. literarischen Tradition zu erhalten (*Terpsichore*, 1795–96).

Werke: Poema de vanitate mundi. 1638. – Batrachomyomachia Homeri. 1637. – Ode dicta Agathyrsus de solatio macilentorum. 1638. – Ehrenpreiß Der Allerseligisten Jungfrawen vnd Mutter Gottes Mariae. 1640. – Lyricorum libri IV. Epodon liber unus.

1643. – Sylvarum libri VII [–IX]. 1643–46. – Chorea mortualis. 1649. – Medicinae gloria per satyras XXII. asserta. 1651. – Iephtias. Tragoedia. 1654. – Satyra contra abusum Tabaci. 1657. – Antagathyrsus. 1658. – Poemata. 1660. – Urania victrix. 1663. – Expeditio polemico-poëtica: sive castrum ignorantiae. 1664.
Ausgabe: Opera poetica omnia. Neudr. der Ausg. München 1729. Hrsg. von Wilhelm Kühlmann und Hermann Wiegand. 8 Bde. Frankfurt a. M. 1990.

Ball, Hugo, 22. 2. 1886 Pirmasens – 14. 9. 1927 Sant' Abbondio (Tessin). B. brach die ihm von seinen Eltern aufgezwungene Lehre in einem Lederwarengeschäft ab, holte das Abitur nach und studierte 1906–10 Germanistik, Soziologie und Philosophie in München und Heidelberg. Seine Dissertation über Nietzsche blieb unvollendet. Er ging an Max Reinhardts Schauspielschule in Berlin, war dann 1911–12 Dramaturg in Plauen und 1912–14 an den Münchner Kammerspielen. Im Ersten Weltkrieg arbeitete er zunächst als Redakteur in Berlin (er war kriegsuntauglich), emigrierte dann 1915 nach Zürich, wo er 1916 zum Mitbegründer des »Cabaret Voltaire« und damit des Dadaismus wurde. Nach 1917 zog er sich von den Dadaisten zurück und wirkte als politischer Journalist in Bern (1917–20 *Freie Zeitung*). Danach zog er sich, enttäuscht über die politische Entwicklung in der Weimarer Republik, mit seiner Frau Emmy Hennings ins Tessin zurück und wandte sich wieder dem strengen Katholizismus seines Elternhauses zu. Im Tessin schloss er Freundschaft mit Hesse. B.s Frühwerk – Dramen, hymnisch-ekstatische Lyrik – zeigt expressionistische Züge. Mit seinen avantgardistischen Texten und seiner Teilnahme an den kulturkritischen witzig-aggressiven Aktionsformen wurde B. zu einem der wichtigsten Künstler der frühen Dada-Bewegung. Seine Texte brechen die üblichen Sinnzusammenhänge spielerisch auf, Lautgedichte befreien die Sprache von vorgegebenen Übereinkünften und legen – etwa auch im Rückgriff auf Kinderlallen oder monotone religiöse Litaneien – ›sinnlose‹ Laut- und Klangstrukturen frei, unterminieren so kritisch die Konventionen der bürgerlichen Gesellschaft.

Werke: Die Nase des Michelangelo. 1911. – Flametti oder Vom Dandysmus der Armen. 1918. – Zur Kritik der deutschen Intelligenz. 1919. – Byzantinisches Christentum. 1923. – Die Folgen der Reformation. 1924. – Die Flucht aus der Zeit. 1927. – Hermann Hesse. Sein Leben und sein Werk. 1927. – Tenderenda der Phantast. 1967. – Nero. 1985.

Ausgaben: Gesammelte Gedichte. Hrsg. von Annemarie Schütt-Hennings. Zürich 1963. – Briefe 1904 bis 1927. Hrsg. und kommentiert von Gerhard Schaub und Ernst Teubner. 2 Bde. Göttingen 2003.

Barlach, Ernst, 2. 1. 1870 Wedel (Holstein) – 24. 10. 1938 Güstrow (Mecklenburg). Der Sohn eines Arztes erhielt seine künstlerische Ausbildung an der Gewerbeschule in Hamburg (1888–91) und der Kunstakademie in Dresden (1891–95). Nach zwei Parisaufenthalten lebte er in Hamburg, Berlin und Wedel. Erst eine Russlandreise 1906 und ein Aufenthalt in Florenz 1909 vermittelten ihm die Gewissheit, einen eigenen künstlerischen Weg gefunden zu haben. Ein Vertrag mit dem Kunsthändler und Verleger Ernst Cassirer gab ihm durch feste monatliche Zuwendungen eine finanzielle Sicherheit. Seit 1910 lebte er mit seiner Mutter und seinem unehelich geborenen Sohn in Güstrow (südlich von Rostock). 1924 erhielt er den Kleist-Preis; Professuren in Berlin und Dresden schlug er aus. Im Februar 1933 wurde er Ritter des Ordens Pour le Mérite. Nach der nationalsozialistischen Machtergreifung wurden seine Plastiken als »ostisch« und »entartet« diffamiert und aus Kirchen und Museen entfernt, seine Dramen durften nicht aufgeführt werden. B.s literarisches Werk umfasst Romane, Erzählungen, Autobiographisches und Dramatisches. Auf dem Gebiet des Dramas liegen, obwohl er keine unmittelbare Beziehung zum Theater besaß, seine bedeutendsten Leistungen. Dabei dienten ihm Güstrow und seine Menschen vielfach als Material, ebenso spielen autobiographische Momente und Widersprüche hinein. Doch über den scheinbaren Realismus hinaus zielen die Stücke auf etwas anderes: Es geht im Einklang mit dem expressionistischen Drama um das Thema des Werdens und der Wandlung, um eine existentielle Erneuerung des Menschen, des ›armen Vetters‹. Die Grundfragen bleiben sich ähnlich, ob es sich um an die Landschaft und die Menschen seiner Heimat gebundene Stücke (*Der arme Vetter*, *Die echten Sedemunds*, *Der blaue Boll*), um (pseudo)historische Texte (*Der Graf von Ratzeburg*), um Annäherungen an Mysterienspiele (*Der Findling*, *Die gute Zeit*) oder um eine auf die Diskussion kontroverser Gottesvorstellungen zugespitzte Darstellung biblischer Geschichte handelt (*Die Sündflut*).

Werke: Der tote Tag. 1912. – Der arme Vetter. 1918. – Die echten Sedemunds. 1920. – Der Findling. 1922. – Die Sündflut. 1924. – Der blaue Boll. 1926. – Ein selbsterzähltes Leben. 1928. – Die gute Zeit. 1929. – Russisches Tagebuch. 1940. – Güstrower Tagebuch 1914–1917. 1943. – Der gestohlene Mond. 1948. – Seespeck. 1948. – Der Graf von Ratzeburg. 1951.

Ausgaben: Das dichterische Werk. Hrsg. von Friedrich Droß [u. a.]. 3 Bde. München 1956–59. – Dramen. Hrsg. von Helmar Harald Fischer. 8 Bde. München 1987–88. – Sämtliche Werke. Krit. Ausg. hrsg. von Ulrich Bubrowski. Leipzig 1998 ff.

Barth, Caspar von, 22. 6. 1587 Küstrin – 18. 9. 1658 Sellerhausen bei Leipzig. Der aus einer adeligen Beamtenfamilie stammende B. unternahm nach kurzen klassisch-philologischen Studien (1607–09) in Wittenberg und Jena eine längere Bildungsreise (1609–1618/19: Niederlande, Italien, Frankreich; möglicherweise: England, Spanien), die zu Kontakten mit zahlreichen großen Gelehrten seiner Zeit führte. Dank seiner finanziellen Unabhängigkeit konnte er zeit seines Lebens seinen gelehrten und literarischen Interessen leben. Dabei zog er sich in seinen späteren Jahren immer stärker auf einen engen Kreis von Vertrauten zurück. Sein literarisches Werk umfasst Übersetzungen und eigene Dichtungen; daneben steht eine weitgespannte editorische und philologische Tätigkeit. B.s Interesse an der modernen europäischen Literatur zeigt sich in Übersetzungen aus dem Italienischen (Pietro Aretino: *Ragionamenti*) und Spanischen (Fernando de Rojas: *La Celestina*, Gaspar Gil Polo: *Diana Enamorada*) ins Neulateinische. Als neulat. Lyriker befreite er sich von der klassizistischen Schultradition und bediente sich in virtuoser Weise manieristischer Stilmittel. Zum Werk des Späthumanisten gehört auch ein umfangreiches dt. Lehrgedicht über den Vogel Phönix als christlichem Symbol, dessen Alexandriner den neuen, von Opitz gesetzten Standard verfehlen.

Werke: Epistola de lingua latina. 1608. – Soliloquiorum rerum divinarum. 1623. – Zodiacus vitae Christianae. 1623. – Pornodidascalus, seu colloquium muliebre Petri Aretini. 1623. – Adversariorum commentariorum libri XX [bzw. libri LX]. 1624 [bzw. 1648]. – Pornoboscodidascalus latinus […]. Lingua hispanica ab incerto auctore instar ludi conscriptus Celestinae titulo. 1624. – Erotodidascalus […] ad hispanicum Gasperis Gilli Poli. 1625. – Deutscher Phoenix. 1626.

Bartsch, Kurt, * 10. 7. 1937 Berlin. Der aus einer Arbeiterfamilie stammende B. verließ die Oberschule ohne Abschluss und war in vielen Berufen tätig, bis er 1964 am Johannes-R.-Becher-Literaturinstitut in Leipzig mit dem Literaturstudium begann. 1965 brach er das Studium ab und verfasste freiberuflich Texte für Kabarett und Theater sowie für die Ostberliner Zeitschrift *Sonntag*. 1979 wurde er aus dem DDR-Schriftstellerverband ausgeschlossen und erhielt Aufführungsverbot. Ein Jahr später siedelte er in den Westteil der Stadt über. Er begann als epigrammatisch-satirischer Lyriker, schrieb satirische Porträts verschiedener Gesellschaftsgruppen und parodierte stilsicher zahlreiche Schriftstellerkollegen. Später weitete er die Kleinform des Sketches zu Songspielen und satirischen

Schauspielen, die der Glosse zu dem gesellschaftskritischen Roman *Wadzeck* aus. In der *Kaderakte* protokollierte er nach dem Muster von DDR-Dossiers in knappen Lebensläufen das Schicksal der kleinen Leute und das Versagen ihres sozialistischen Staates. Eine von schwarzem Humor getragene Attacke auf deutsches Kulturgut stellt der Gedichtband *Weihnacht ist und Wotan reitet* dar. Zuletzt hatte er großen Erfolg mit Drehbüchern für Serien im Fernsehen (*Peter Strohm*, 1989; *Unser Lehrer Doktor Specht*, 1991–99). Daneben schreibt B. Kinderbücher.

Werke: Zugluft. Gedichte, Sprüche, Parodien. 1968. – Die Lachmaschine. 1971. – Kalte Küche. Parodien. 1974. – Der Bauch und andere Songspiele. 1977. – Kaderakte. 1979. – Wadzeck. 1980. – Die Hölderlinie. Deutschdeutsche Parodien. 1983. – Weihnachten ist und Wotan reitet. Märchenhafte Gedichte. 1985. – Checkpoint Charlie. 1986.

Bauer, Wolfgang, 18. 3. 1941 Graz – 26. 8. 2005 ebd. B., Sohn eines Gymnasiallehrerehepaars, studierte in Graz und Wien Theaterwissenschaft, Romanistik, Jura und Philosophie. Anfang der 60er-Jahre wurde er Mitglied der »Grazer Gruppe« um das Forum Stadtpark und entschied sich, unterstützt von A. Kolleritsch, für die Literatur. Seitdem lebt er, abgesehen von Aufenthalten in Paris, Wien und Berlin (Stipendium 1970), in Graz. B.s Anfänge sind vom absurden Theater geprägt; die ersten Einakter wurden 1962 im Forum Stadtpark uraufgeführt. In den folgenden Stücken verbinden sich Darstellungsformen des absurden Theaters mit Momenten des Horváthschen Volksstücks und einem krassen Realismus oder Naturalismus. Sein größter Erfolg wurde der Einakter *Magic Afternoon* (UA 1968), Darstellung einer schließlich in Mord endenden Sinnleere und Orientierungslosigkeit als Symptom für die Krise der bürgerlichen Konsumgesellschaft, ohne dass von B. eine ›Moral‹ zu erwarten wäre. Auch die späteren Arbeiten knüpfen mit ihrer Demaskierung des

Kulturbetriebs bzw. der z. T. grotesk-komischen Demonstration von Entfremdung, Sinnlosigkeit, Beziehungslosigkeit und Selbstbetrug an die gleichsam absichtslose Protesthaltung der früheren Stücke an.

Werke: mikrodramen. 1964. – Der Fieberkopf. Roman in Briefen. 1967. – Magic Afternoon. Change. Party for Six. 1969. – Der stille Schilf. 1969. – Gespenster. Silvester oder Das Massaker im Hotel Sacher. Film und Frau. 1974. – Das Herz. 1981. – Woher kommen wir? Wohin gehen wir? Dramen und Prosa mit bisher unveröffentlichten und neuen Stücken. 1982. – In Zeiten wie diesen. Ein Drehbuch. 1984. – Herr Faust spielt Roulette. 1987. – Die Zeit, die noch bleibt. Gedichte und Gedanken. 1989.
Ausgabe: Werke. Hrsg. von Gerhard Melzer. 8 Bde. 1986–96.

Bauernfeld, Eduard von, 13. 1. 1802 Wien – 9. 8. 1890 Oberdöbling bei Wien. Der Arztsohn trat nach dem Philosophie- und Jurastudium in Wien 1826 in den Staatsdienst ein und war schließlich, als er 1849 nach der Märzrevolution entlassen wurde, Direktor des Wiener Lottosteueramts. Seitdem lebte der großdeutsche Liberale als freier Schriftsteller in Wien, wo er schon seit den 30er-Jahren mit seinen Konversationslustspielen großen Erfolg hatte. Im Unterschied zu Eugène Scribe, an den er sich formal anlehnte, verliert die Intrige in seinen eher handlungsarmen Stücken zugunsten des Dialogs an Bedeutung. Vorherrschend sind Liebes- und Ehekonflikte. In ihnen spiegeln sich aktuelle Entwicklungen der Gegenwart; um entschiedene Gesellschaftskritik handelt es sich nicht. B. war der erfolgreichste Lustspielautor seiner Zeit. Das Wiener Burgtheater verzeichnet bis 1902 über 1100 Aufführungen seiner 43 Stücke. Darüber hinaus umfasst sein Werk Gedichte, Novellen, Romane, historische und andere Schauspiele, kritische Schriften.

Werke: Das Liebes-Protokoll. 1831. – Bekenntnisse. 1834. – Das Tagebuch. 1836. – Der literarische Salon. 1836. – Der Vater. 1840. – Zwei Familien. 1840. – Industrie und Herz. 1842. – Großjährig. 1846. – Die Republik der Thiere. 1848. – Franz von Sickingen. 1849. – Der kategorische Imperativ. 1851. – Gedichte. 1852. – Aus der Gesellschaft. 1867. – Landfrieden. 1870. – Gesammelte Schriften. 12 Bde. 1871–73. – Die Freigelassenen. 1875. – Novellenkranz. 1884.

Baum, Vicki, 24. 1. 1888 Wien – 29. 8. 1960 Hollywood. Die Beamtentochter erhielt eine Ausbildung als Musikerin am Konservatorium und wurde 1916 als Harfenistin an den Darmstädter Hof berufen. Von 1926 bis 1931 arbeitete sie als Zeitschriftenredakteurin im Ullstein Verlag in Berlin. Als ihr Buch *Menschen im Hotel* verfilmt wurde, ging sie 1931 nach Hollywood; seit 1933 lebte sie hier und erwarb 1938 die amerikanische Staatsbürgerschaft. Sie schrieb nun in engl. Sprache; ihre Bücher waren seit 1933 in Deutschland verboten. B.s Romane verbinden spannende Schilderungen von menschlichen Schicksalen mit genauer Gesellschaftsdarstellung. Dabei bedient sie sich fortgeschrittener, der Filmtechnik verwandter Schreibweisen, wenn sie in wechselnden Perspektiven zufällige Ereignisse und Begegnungen miteinander verknüpft und so in dem kaleidoskopartigen Wechsel den Rhythmus wie das beziehungslose Nebeneinander des modernen Lebens sichtbar macht. Ihr bekanntester Roman *Menschen im Hotel* gilt als hervorragendes Beispiel der gegen das expressionistische Pathos gerichteten Neuen Sachlichkeit der 20er-Jahre. Auch in anderen Romanen nahm sie dessen Erzählmuster – zufällige Begegnungen von Personen im öffentlichen Raum – auf (»group novel«).

Werke: stud. chem. Helene Willfüer. 1929. – Menschen im Hotel. Ein Kolportageroman mit Hintergründen. 1929. – Zwischenfall in Lohwinkel. 1930. – Das Leben ohne Geheimnis. 1932. – Die Karriere der Doris Hart. 1936. – Der große Ausverkauf. 1937. – Liebe und Tod auf Bali. 1937. – Hotel Shanghai. 1939. – Die große Pause. 1941. – Vor Rehen wird gewarnt. 1953. – Es war alles ganz anders. Erinnerungen. 1962.

Bayer, Konrad, 17. 12. 1932 Wien – 10. 10. 1964 ebd. Nach dem Abitur arbeitete B. zunächst als Bankangestellter; seit 1957 lebte er, bestärkt von H. C. Artmann und anderen Mitgliedern der »Wiener Gruppe«, als freier Schriftsteller und beteiligte sich an ihren Unternehmungen, etwa den 1958 und 1959 aufgeführten »literarischen cabarets«. Er beging Suizid. B. nahm Traditionen des Expressionismus, Dadaismus und Surrealismus auf, theoretisch interessierten ihn v. a. Fragen der Erkenntnis und der Erkenntniskritik. Sein Schaffen – vieles blieb fragmentarisch – umfasst romanartige Texte, Kurzprosa, Chansons, Lyrik, Filmszenen, Theaterstücke, wobei die Gattungsbezeichnungen allerdings eher problematisch bleiben. Entscheidend ist die Beschäftigung mit der Sprache und die Arbeit mit dem Sprachmaterial, verbunden mit dem grundsätzlichen Zweifel an der Möglichkeit der Kommunikation. B. verbindet das unterschiedlichen Quellen entnommene sprachliche Material assoziativ miteinander, unterwirft es z. T. mathematischen Konstruktionen und Reihungstechniken, entlarvt durch Manipulationen, Montagen und Spiele sprachliche Konventionen und Wahrnehmungsmuster und stellt damit zugleich experimentell die Frage, wie Bedeutung erzeugt und Sprache verstanden werden kann.

Werke: starker toback. kleine fibel für den ratlosen. 1962. [Mit Oswald Wiener.] – der stein der weisen. 1963. – montagen. 1956. [Mit H. C. Artmann und G. Rühm.] – Die Wiener Gruppe. Hrsg. von G. Rühm. 1967.

Ausgaben: Das Gesamtwerk. Hrsg. von Gerhard Rühm. Reinbek 1977. – Sämtliche Werke. Hrsg. von G. Rühm. 2 Bde. Wien/Stuttgart 1985. Überarb. Neuausg. Wien 1996.

Bebel, Heinrich, um 1472 Gut Bewinden bei Justingen – 1518 Tübingen. Der Bauernsohn von der Schwäbischen Alb ging nach dem Besuch einer Lateinschule im Alter von 16 Jahren auf die akademische Wanderschaft, die ihn u. a. nach Krakau (1492) und Basel (1495) führte. Seit 1496 dozierte er in einer untergeordneten Position an der Tübinger Universität über Beredsamkeit und Poesie. 1501 wurde er von Kaiser Maximilian 1501 in Innsbruck zum

Dichter gekrönt. In einer Reihe von programmatischen Schriften trat er für eine Erneuerung der lat. Sprache und eine humanistisch fundierte Bildung ein. Zu seinen dichterischen Werken zählen eine kunstvolle Bearbeitung alter Kirchenlieder und die 2000 Hexameter umfassende Verssatire *Triumphus* Veneris. Großen Erfolg hatte er mit lat. Schwankgeschichten, mit denen er an die *Facetiae* (um 1450) des italienischen Humanisten Giovanni Francesco Poggio Bracciolini anknüpfte. Indem er deren pointierte, witzige Form mit Stoffen der einheimischen Schwanküberlieferung und schwäbischem Lokalkolorit verband, erzielte B. durch die Diskrepanz zwischen eleganter Latinität und volkstümlich-derbem Inhalt einen zusätzlichen komischen Effekt.

Werke: Commentaria de abusione linguae latinae apud Germanos. 1500. – Liber hymnorum in metra noviter redactorum. 1501. – Oratio de utilitate latinitatis. 1504. – De optimo studio iuvenum. 1504. – Oratio ad regem Maximilianum de laudibus atque amplitudine Germaniae. 1504. – Ars versificandi et carminum condendorum. 1506. – Proverbia germanica collecta atque in Latinum traducta. 1508. – Facetiae. 1508–14. – Triumphus Veneris seu voluptatis contra virtutes. 1509.

Becher, Johannes R(obert), 22. 5. 1891 München – 11. 10. 1958 Berlin (DDR). B., Sohn eines Amtsrichters (und späteren Oberlandesgerichtspräsidenten), wuchs in großbürgerlicher Umgebung auf und rebellierte früh gegen die autoritäre Erziehung. Nach dem Abitur 1910 erschoss er nach dem Vorbild Kleists seine Geliebte und unternahm darauf einen Suizidversuch, den er schwer verletzt überlebte. 1911 begann er mit dem Studium der Medizin (Berlin, München, Jena), das er jedoch nicht abschloss. Er verweigerte den Kriegsdienst, trat 1917 in die USPD ein, 1918 in den Spartakusbund und 1919 in die KPD. 1925 wurde er auf Grund eines Gedichtbandes (*Der Leichnam auf dem Thron*) wegen Hochverrats verhaftet. Der lang verschleppte Prozess wurde nach Protesten von

Brecht, Maxim Gorki, Th. Mann u. a. 1928 schließlich eingestellt. Inzwischen war Literatur für B. Teil der organisierten kommunistischen Parteiarbeit. 1927 nahm er am ersten »Internationalen Kongress revolutionärer Schriftsteller« in Moskau teil, 1928 wurde er Vorsitzender des »Bundes proletarisch-revolutionärer Schriftsteller« und gab dessen Zeitschrift *Die Linkskurve* heraus. Nach der Emigration 1933 lebte er von 1935 an in Moskau. Er arbeitete u. a. als Chefredakteur der dt. Ausgabe der Zeitschrift *Internationale Literatur* und gehörte 1943 zu den Mitbegründern des »Nationalkomitees Freies Deutschland«. Im Juni 1945 kehrte er nach Berlin zurück und entfaltete bedeutende kulturpolitische Aktivitäten (u. a. Gründung des »Kulturbunds zur demokratischen Erneuerung Deutschlands«, des Aufbau Verlags und 1949, zusammen mit Paul Wiegler, der Literaturzeitschrift *Sinn und Form*). Er dichtete 1949 die Nationalhymne der DDR (Musik Hanns Eisler), war 1952–54 Präsident der Deutschen Akademie der Künste und 1954–58 erster Kulturminister der DDR. In diesen Funktionen setzte er seine literaturpolitischen Vorstellungen durch, die sich auf der Basis des bürgerlich-humanistischen »Erbes« in einer neuen »Literaturgesellschaft« erfüllen sollten. B.s frühe Lyrik steht ganz im Zeichen expressionistischer Pathetik und sucht durch die Zerstörung der konventionellen Syntax, durch grelle Bilder und Disharmonien Aufmerksamkeit zu erregen und den Menschen für die Utopie einer neuen Menschheit und Menschlichkeit zu gewinnen. Dieser noch eher inhaltslose Wille zur Tat konkretisierte sich in der Weimarer Republik im Sinn der revolutionären Arbeiterbewegung. Der Prozess der Loslösung von seiner bürgerlichen Vergangenheit und seine Hinwendung zum Sozialismus sind auch Thema seines in Moskau entstandenen, autobiographisch geprägten Romans *Abschied*. Mit der Verpflichtung der Literatur für politische Zwecke schränkte B. seine eigenen sprachlichen und dichterischen

Möglichkeiten ein. Seine Deutschlandsonette der Emigrationszeit und seine Kriegsdichtungen orientieren sich an der klassischen dt. Literatursprache und bleiben vielfach, wie seine Nachkriegsdichtungen, in einem Pseudoklassizismus und konventioneller Volkstümlichkeit stecken.

Werke: Der Ringende. 1911. – Erde. 1912. – Die Gnade eines Frühlings. 1912. – De profundis Domine. 1913. – An Europa. 1916. – Die heilige Schar. 1918. – Gedichte für ein Volk. 1919. – Um Gott. 1921. – Am Grab Lenins. 1924. – Hymnen. 1924. – Vorwärts, du rote Front! 1924. – Der Leichnam auf dem Thron. 1925. – Die hungrige Stadt. 1927. – Graue Kolonnen. 1930. – Deutscher Totentanz. 1933. – Gewißheit des Siegs und Sicht auf große Tage. Gesammelte Sonette 1935–38. 1939. – Abschied. Einer deutschen Tragödie erster Teil. 1900–1914. 1940. – Dank an Stalingrad. 1943. – Neue deutsche Volkslieder. 1950. – Auf andere Art so große Hoffnung. Tagebuch 1950. 1951. – Deutsche Sonette. 1952. – Verteidigung der Poesie. 1952. – Drei Romane in Versen. 1953. – Das poetische Prinzip. 1957.
Ausgabe: Gesammelte Werke. Hrsg. vom Johannes-R.-Becher-Archiv. 18 Bde. Berlin/Weimar 1966–81.

Becher, Ulrich, 2. 1. 1910 Berlin – 15. 4. 1990 Basel. Nach dem Abitur studierte der Sohn eines dt. Juristen und einer Schweizer Pianistin Jura in Genf, Berlin und Leipzig. Daneben war er Schüler von George Grosz. Nach Hitlers Machtergreifung ging er als Journalist nach Wien, heiratete dort 1934 die Tochter des Satirikers Alexander Roda Roda und emigrierte nach dem »Anschluss« 1938 in die Schweiz und 1941 mit gefälschtem Pass nach Brasilien. Hier arbeitete er in der Nähe von Rio de Janeiro als Farmer und Journalist, bis er 1944 nach New York übersiedelte. 1948 kehrte er nach Europa zurück und lebte zunächst in Wien, dann seit 1954 in Basel. Sein erstes Buch, ein Band mit skurrilen Erzählungen, erschien noch vor dem Dritten Reich, wurde aber dann sogleich verboten (und verbrannt). Nach einer von ihm selbst illustrierten Anti-Hitler-Moritat, entstanden im brasilianischen Exil, setzte er seine satirisch-groteske Auseinandersetzung mit Hitler in dem erfolgreichen Stück *Der Bockerer* fort. Aus seinen weiteren Werken – Romane, Erzählungen, Dramen, Hörspiele –, die u. a. seine Exilerfahrungen verarbeiten und sich durch einen Sinn für sarkastischen Humor und die Groteske auszeichnen, ragt der autobiographisch geprägte Roman *Murmeljagd* hervor, der die Ohnmacht des Intellektuellen in »einer kriminellen Epoche« (B.) schildert.

Werke: Männer machen Fehler. 1932. – Die Eroberer. Geschichten aus Europa. 1936. – Das Maerchen vom Raeuber, der Schutzmann wurde. 1943. – Der Bockerer. 1946. – Nachtigall will zum Vater fliegen. Ein Zyklus New Yorker Novellen in vier Nächten. 1950. – Brasilianischer Romanzero. 1950. – Samba. 1951. – Feuerwasser. Deutsch-amerikanische Chronik. 1951. – Kurz nach 4. 1957. – Das Herz des Hais. 1960. – Murmeljagd. 1969. – Ihre Sache, Madame! und andere Erzählungen. 1973. – Das Profil. 1973. – William's Ex-Casino. 1973. – SIFF. Selektive Identifizierung von Freund und Feind. Aufsätze und Erinnerungen. 1978. – Die Ballade von Franz Patenkindt. 1979. – Vom Unzulänglichen der Wirklichkeit. Zehn nicht so nette Geschichten. 1983. – Abseits vom Rodeo. 1991.

Becker, Jürgen, * 10. 7. 1932 Köln. B. lebte mit seinen Eltern während der Kriegszeit in Erfurt. 1950 kehrte er nach Köln zurück und studierte nach dem Abitur (1953) zwei Semester Germanistik. Er schlug sich in verschiedenen Berufen durch, seit 1959 war er freier Mitarbeiter beim Westdeutschen Rundfunk. 1964–65 arbeitete er als Lektor beim Rowohlt Verlag, 1965–66 hielt er sich als Stipendiat der Villa Massimo in Rom auf. Anschließend lebte er in Köln als freier Schriftsteller, 1973 wurde er Leiter des Suhrkamp Theaterverlags, 1974 Leiter der Hörspielredaktion des Deutschlandfunks (bis 1994). Er lebt in Köln und Odenthal. Mit seiner frühen experimentellen Prosa, von James Joyce und H. Heißenbüttel beeinflusst, wandte er sich gegen traditionelle fiktionale Formen (»literarische Form der Lüge«). Auch seine Hörspiele verzichten auf zusammenhängende Fabeln und variieren experimentell Sprachmuster aus verschiedenen Bereichen. Seit den 70er-

Jahren wandte sich B. verstärkt der Lyrik zu, wobei visuelle Eindrücke vielfach den Auslöser für einen Assoziationsstrom werden, in dem sich Vergangenheit, Gegenwart und Zukunft in Momentaufnahmen, Wahrnehmungsfragmenten und Erinnerungssplittern überlagern. Der Bedeutung des Optischen – B. veröffentlichte auch einen Fotoband – entspricht die Hinwendung zu Natur und Landschaft, nicht verklärend, sondern als Protokoll der Zerstörung. In den späteren Prosatexten gibt es wieder rudimentäre epische Zusammenhänge; so entsteht – etwa in *Erzählen bis Ostende* – aus Erinnerungsfragmenten, Selbstgesprächen, Träumen, Assoziationen das Psychogramm eines zerrissenen Zeitgenossen. Von der Wiedergewinnung innerer Landschaften der Kindheit und Jugend sprechen die letzten Prosaarbeiten *Der fehlende Rest*, *Aus der Geschichte der Trennungen* und der »Journalroman« *Schnee in den Ardennen*, in denen B. deutsche Geschichte und Gegenwart auf komplexe Weise miteinander verbindet.

Werke: Felder. 1964. – Ränder. 1968. – Umgebungen. 1970. – Bilder Häuser Hausfreunde. 1969. – Eine Zeit ohne Wörter. 1971. – Die Zeit nach Harriman. 1971. – Schnee. 1971. – Das Ende der Landschaftsmalerei. 1974. – Erzähl mir nichts vom Krieg. 1977. – In der verbleibenden Zeit. 1979. – Erzählen bis Ostende. 1981. – Gedichte 1965–1980. 1981. – Fenster und Stimmen. 1982. – Die Türe zum Meer. 1983. – Odenthals Küste. 1986. – Das Gedicht von der wiedervereinigten Landschaft. 1988. – Das englische Fenster. 1990. – Foxtrott im Erfurter Stadion. 1993. – Der fehlende Rest. 1997. – Aus der Geschichte der Trennungen. 1999. – Journal der Wiederholungen. 1999. – Haus und Häuser. 2002. – Schnee in den Ardennen. 2003. – Die folgenden Seiten. Journalgeschichten. 2006.

Becker, Jurek, 30. 9. 1937 Łódż – 14. 3. 1997 Berlin. B. wuchs im Ghetto seiner Heimatstadt und in den Konzentrationslagern Ravensbrück und Sachsenhausen auf. Nach der Befreiung kam er mit seinen Eltern nach Berlin. Hier lernte er Deutsch, absolvierte das Gymnasium und studierte 1955–57 Philosophie. Von 1960 bis 1977 lebte er als freier Schriftsteller in Ostberlin, ging dann 1977 nach dem

Protest gegen die Biermann-Ausbürgerung und dem darauf folgenden Parteiausschluss in den Westteil der Stadt. Seine Romane zeigen ihn, ausgehend von seinem die Kriegs- und Ghettothematik souverän und ohne Pathos behandelnden Erstling *Jakob der Lügner*, als politisch engagierten Autor, der sich mit der dt.-dt. Gegenwart und der (in die Gegenwart hineinragenden) Vergangenheit auseinandersetzt. Dabei registrierte er immer stärker die Diskrepanz zwischen sozialistischer Programmatik und Realität in der DDR, reflektierte aber auch die Schwierigkeiten, die sich für ihn aus der Übersiedlung in die BRD ergaben (*Aller Welt Freund*). Entscheidend bleibt jedoch das Thema der faschistischen Vergangenheit und des Lebens der Opfer mit ihren Erinnerungen. Dabei gelingt es B., dem Leser die schwierige Thematik durch Distanz schaffende Kunstmittel und Erzählweisen, durch Witz, Ironie und Einfallsreichtum zu vermitteln. Die letztgenannten Eigenschaften ließen B. zu einem erfolgreichen Autor von Fernsehserien werden (*Liebling Kreuzberg*, 1986–90; *Wir sind auch nur ein Volk*, 1994).

Werke: Jakob der Lügner. 1969. – Irreführung der Behörden. 1973. – Der Boxer. 1976. – Schlaflose Tage. 1978. – Nach der ersten Zukunft. 1980. – Aller Welt Freund. 1982. – Bronsteins Kinder. 1986. – Warnung vor dem Schriftsteller. Frankfurter Vorlesungen. 1990. – Amanda herzlos. 1992. – Ende des Größenwahns. Aufsätze, Vorträge. 1996.

Beer, Johann, 28. 2. (oder 28. 3.) 1655 St. Georgen (Oberösterreich) – 6. 8. 1700 Weißenfels. Der Sohn eines Gastwirts besuchte die benediktinischen Klosterschulen in Lambach bzw. Reichersberg (Inn) und die Lateinschule in Passau, bis die protestantische Familie Beer oder Bähr 1670 aus religiösen Gründen nach Regensburg übersiedelte. Hier absolvierte B. das Gymnasium Poeticum. 1676 ging er mit einem Stipendium zum Theologiestudium nach Leipzig, trat jedoch schon im Herbst des Jahres als Altist in die Hofkapelle Herzog Augusts von Sachsen-

Weißenfels in Halle ein, heiratete drei Jahre später und machte nach der Verlegung des Hofes nach Weißenfels (1680) Karriere als Hofmusikus (Konzertmeister 1685, seit 1697 auch Hofbibliothekar). Er starb an den Folgen eines Unfalls bei einem Schützenfest. B.s literarisches Werk umfasst, neben einer Reihe musikalischer Schriften und Polemiken, etwa 20 Romane, Epigramme und ein Passionsoratorium. Als Romanautor versteckte sich B. hinter verschiedenen Pseudonymen. B. begann in der Nachfolge Grimmelshausens und verstand sich wie dieser als satirischer Schriftsteller. Sein Romanschaffen – Pikaroromane, parodistische Rittergeschichten und äußerlich dem so genannten politischen Roman verpflichtete Satiren – gipfelt in den beiden Romanen *Teutsche Winternächte* und *Die kurtzweiligen Sommer-Täge*, bei denen das Kompositionsprinzip des geselligen Erzählens an die Stelle der üblichen pikarischen Abenteuerfolge tritt und die – wie die anderen Texte B.s – einen Abschied von der asketischen Weltinterpretation gegenreformatorisch geprägter Pikaroromane bedeuten.

Werke: Der Simplicianische Welt-Kucker. 1677–79. – Der Abentheuerliche / wunderbare / und unerhörte Ritter Hopffen-Sack von der Speck-Seiten. o. J. [1677.] – Printz Adimantus. 1678. – Ritter Spiridon aus Perusina. 1679. – Artlicher Pokazi. 1679–80. – Die vollkommene Comische Geschicht Des Corylo. 1679–80. – Jucundi Jucundissimi Wunderliche Lebens-Beschreibung. 1680. – Wolauspolirte Weiberhächel. 1680. – Der neuausgefertigte Jungfern-Hobel. 1681. – Bestia Civitatis. 1681. – Der Berühmte Narren-Spital. 1681. – Der Politische Feuermäuer-Kehrer. 1682. – Der Politische Bratenwender. 1682. – Teutsche Winternächte. 1682. – Die kurtzweiligen Sommer-Täge. 1683. – Deutsche Epigrammata. 1691. – Das bittere Leyden und Sterben unsers Herren und Heylandes Jesu Christi. 1695. – Ursus murmurat. 1697. – Ursus vulpinatur. 1697. – Die Geschicht und Histori von Land-Graff Ludwig dem Springer. 1698. – Der verkehrte Staats-Mann. 1700. – Der Kurtzweilige Bruder Blaumantel. 1700. – Bellum Musicum Oder Musicalischer Krieg. 1701. – Der Verliebte Oesterreicher. 1704. – Musicalische Discurse. 1719.

Ausgabe: Sämtliche Werke. Hrsg. von Ferdinand van Ingen und Hans-Gert Roloff. Bern [u. a.] 1981 ff.

Beer-Hofmann, Richard, 11. 7. 1866 Wien – 26. 9. 1945 New York. Der Sohn des Rechtsanwalts Hermann Beer wurde nach dem Tod der Mutter von deren Schwester und ihrem Mann Alois Hofmann erzogen. B. studierte von 1883 an Jura in Wien, promovierte 1890 und lebte danach, finanziell unabhängig, als freier Autor in Wien. 1897 heiratete er Paula Lissy, 1924–32 übernahm er einige Inszenierungen in Wien und Salzburg. Nach seiner Konversion zum jüdischen Glauben besuchte er 1936 Palästina. 1938 verließ die Familie Österreich; seine Frau starb 1939 in Zürich, B. emigrierte in die USA (New York). Kurz vor seinem Tod wurde er amerikanischer Staatsbürger. B. gehörte mit H. v. Hofmannsthal und A. Schnitzler, mit denen er befreundet war, zu den Autoren des »Jungen Wien«. Seine 1893 begonnene frühe Erzählung *Der Tod Georgs* stellt mit ihrer Auseinandersetzung mit der Fragwürdigkeit der ästhetischen Existenz eines der wichtigsten Zeugnisse der Literatur- und Lebensauffassung der Jahrhundertwende dar. Dabei verschachtelt der komplexe Text Visionen, Träume, Tagträume, Empfindungen derart ineinander, dass die Unterschiede zwischen Traum und Wirklichkeit, zwischen Realität und Phantasie eingeebnet werden. Zugleich entsteht durch ein Netz sich wiederholender Motive, Requisiten und Bausteine die dem Jugendstil eigene Ästhetik des Ornaments. Die Krise des einsamen Menschen ist auch Gegenstand des nach einer elisabethanischen Vorlage verfassten historischen Dramas *Der Graf von Charolais.* Die Beschäftigung mit der jüdischen Tradition, die sich im *Tod Georgs* bereits angedeutet hatte, setzte sich dann später in B.s Fragment gebliebener David-Trilogie fort.

Werke: Novellen. 1893. – Der Tod Georgs. 1900. – Der Graf von Charolais. 1904. – Jaákobs Traum. Ein Vorspiel. 1918. – Schlaflied für Mirjam. 1919. – Der junge David. 1933. – Vorspiel auf dem Theater zu König David. 1936. – Paula. 1949. – Das goldene Pferd. 1955.

Ausgaben: Gesammelte Werke. 2 Bde. Hrsg. von Otto Kallir. Frankfurt a. M. 1963. – Werke. Hrsg. von Günter Helmes [u. a.]. 6 Bde. Oldenburg 1993–98.

Beheim, Michel, 19. 9. 1420 Sülzbach bei Weinsberg – um 1474 ebd. B. erlernte das Weberhandwerk, wurde aber dann um 1445 Berufsdichter bzw. -sänger, der im Lauf seines Wirkens zwölf Herren diente (u. a. Herzog Albrecht III. v. Bayern, König Ladislaus von Böhmen und Ungarn, Kaiser Friedrich III., Kurfürst Friedrich I. v. der Pfalz), bis er 1472 nach Sülzbach zurückkehrte. Seine insgesamt 452 Lieder sind teilweise in eigenhändigen Handschriften überliefert, dazu auch alle elf von ihm komponierten Melodien. Die Texte, die sich durch eine einfache, klare Sprache auszeichnen, folgen der von den Meistersingern gepflegten Barform. Geistliche Inhalte überwiegen, daneben stehen Lieder mit politischen, historischen und autobiographischen Themen. Er sah sich in der Nachfolge Muskatbluts. Darüber hinaus verfasste B. nach 1462 drei strophische Reimchroniken (*Buch von den Wienern*, *Buch von der Stadt Triest*, *Pfälzische Reimchronik*). B.s Melodien lebten im Meistersang weiter.

Ausgabe: Die Gedichte des Michel Beheim. Hrsg. von Hans Gille und Ingeborg Spriewald. 3 Bde. Berlin 1968–72.

Bender, Hans, * 1. 7. 1919 Mühlhausen (Kraichgau). Der als Sohn einer Gastwirtsfamilie im dörflichen Milieu aufgewachsene B. begann nach dem Besuch katholischer Internate in Bruchsal und Sasbach Literatur- und Kunstgeschichte in Erlangen zu studieren. Er wurde jedoch nach wenigen Monaten 1940 zum Militär eingezogen, war fünf Jahre Soldat und verbrachte weitere vier Jahre in russ. Gefangenschaft. 1949 nahm er das Studium in Heidelberg wieder auf, brach es aber bald zugunsten seiner literarischen Pläne ab (1951 Gründung der Literaturzeitschrift

Konturen). Von 1954 bis 1980 war er Mitherausgeber (mit W. Höllerer, später Michael Krüger), zeitweise auch alleiniger Herausgeber der *Akzente. Zeitschrift für Dichtung.* Seit 1959 lebt Bender vorwiegend in Köln; 1960–62 war er Feuilletonredakteur der *Deutschen Zeitung*, 1963–64 Chefredakteurs des Magazins *Magnum*, dann für ein halbes Jahr Lektor im Münchner Hanser Verlag. Als Redakteur, Kritiker und Herausgeber (auch von vielen Anthologien) übte B. einen bedeutenden Einfluss auf das literarische Leben aus und bot zahlreichen Autoren, halbvergessenen Exulanten wie jungen Schriftstellern, Publikationsmöglichkeiten. Gegenstand seines eigenen Werkes – Erzählungen, Kurzgeschichten, Romane, Gedichte – sind die Erfahrungen und Beobachtungen aus der dörflichen Welt der Kindheit und der klösterlichen Internatszeit, dann v. a. aus der geraubten Lebenszeit der Kriegs- und Gefangenenjahre und schließlich der bundesrepublikanischen Gegenwart. Seine Lyrik ist unpathetisch, sachlich, ebenso seine Prosa. B. erzählt, auch von amerikanischen Beispielen angeregt, schmucklos, unspektakulär, scheinbar naiv aus der Perspektive des Kindes, des Unerfahrenen. Durch diese Technik der Verfremdung verhilft er dem Leser zu einem neuen, eindringlichen Blick auf die Erfahrungen einer ganzen Generation. Dass B.s Geschichten häufig in Lesebüchern abgedruckt sind, entspricht seinem Glauben an die zivilisierende Wirkung von Dichtung. In den 70er-Jahren erprobte B. eine neue Form von komprimierten Notaten: Beobachtungen, Notizen, Leseeindrücke, skizzenhafte Alltagsimpressionen.

Werke: Fremde soll vorüber sein. 1951. – Eine Sache wie die Liebe. 1954. – Der Brotholer. 1957. – Lyrische Biographie. 1957. – Wölfe und Tauben. 1957. – Wunschkost. 1959. – Das wiegende Haus. 1961. – Mit dem Postschiff. 1962. – Die Wölfe kommen zurück. 1965. – Worte, Bilder, Menschen. 1969. – Sonne, Mond und Sterne. 1976. – Einer von ihnen. Aufzeichnungen einiger Tage. 1979. – Der Hund von Toledo. 1983. – Bruderherz. 1987. – Postkarten aus Rom. Autobiographische Texte. 1989. – Die Orte, die Stunden. 1992. – Geschichten aus dem Kraichgau. 1995. – Wie die Linien meiner Hand. Aufzeichnungen 1988–1998. 1999. – Ich erzähle, ich erinnere mich. 2001. – Nachmittag, Ende September. Vierzeiler. 2002. – Verweilen, gehen. Gedichte. 2003 – Wunschkost. 2004.

Benjamin, Walter, 15. 7. 1892 Berlin – 26. 9. 1940 Port Bou (Spanien). Der Sohn einer großbürgerlich-jüdischen Familie studierte nach dem Abitur Philosophie, Germanistik und Kunstgeschichte in Freiburg i. Br., Berlin, München und Bern. Hier promovierte er 1919 über den *Begriff der Kunstkritik in der deutschen Romantik*. Bereits 1915 hatte er Gershom Scholem kennen gelernt, mit dem ihn eine lebenslange Freundschaft verband und der B. zur Beschäftigung mit der jüdischen Philosophie und Mystik anregte. B.s geplante akademische Karriere scheiterte, als seine Habilitationsschrift über das barocke Trauerspiel 1925 von der Philosophischen Fakultät der Universität Frankfurt a. M. abgelehnt wurde. Er schrieb für die *Literarische Welt* und die *Frankfurter Zeitung* und arbeitete seit 1929 regelmäßig für Rundfunkanstalten. Die Begegnungen mit der kommunistischen Regisseurin Asja Lacis, die seine Liebe nicht erwiderte, Brecht, Theodor W. Adorno und Max Horkheimer sowie die Beschäftigung mit marxistischer Geschichtsphilosophie führte ihn zu einem durchaus eigenwilligen Marxismus, der die kritischen Gehalte der bürgerlichen Tradition zu erhalten suchte. 1933 emigrierte B. nach Paris, wo ihm Aufträge und ein Stipendium des Instituts für Sozialforschung, das nach New York verlegt worden war, das Überleben sicherten. 1940 floh B. nach Marseille und suchte dann zusammen mit anderen Flüchtlingen nach Spanien zu gelangen, um über Lissabon in die USA zu emigrieren (Horkheimer hatte ihm ein Visum besorgt). Als die Gruppe an der span. Grenze zurückgewiesen wurde, nahm B. eine Überdosis Morphium; die amtliche Eintragung nennt Gehirnschlag als Todesursache.

Die Beschäftigung B.s mit der Frühromantik führte ihn zu einer eigenen Form der Kritik von Literatur und Kunst, die mit ihrer produktionsästhetischen Orientierung, ihrem subtilen Eindringen in literarische Techniken und ihrer geschichtsphilosophischen Dimension zu den bedeutendsten kritischen Leistungen der 20er-Jahre zählt. Beispielhaft ist der von H. v. Hofmannsthal u. a. bewunderte Essay *Goethes Wahlverwandtschaften*; mit der Hervorhebung der Form der Allegorie in seinem Trauerspielbuch beschrieb er indirekt auch den Bruch der Moderne mit der klassischen Ästhetik. Großen Einfluss hatte er seit den 60er-Jahren mit seiner neuen politischen Konzeption der Kunst, die im Zeitalter der technischen Reproduzierbarkeit ihre »Aura«, ihre Einmaligkeit und Distanz, verliert, zugleich aber neue politische Wirkungsmöglichkeiten gewinnt. Das im Exil geplante große *Passagen-Werk*, das anhand der Pariser Passagen als mythischen Verkörperungen des Kapitalismus eine Art Archäologie des 19. Jahrhunderts betreiben sollte, blieb fragmentarische Materialsammlung. In B.s Sprache, einer ausgesprochenen Kunstprosa, verbinden sich – nicht ohne eine gewisse Dunkelheit – theoretisch-abstrakte Reflexionen, bildhaft-poetische und surrealistische Elemente. Das sind auch Kennzeichen der von ihm gepflegten kleinen Prosaformen, die Alltagserfahrungen, etwa beim Gang durch die Großstadt oder auf Reisen, aphoristisch zu »Denkbildern« verdichten und in dem Versuch von autobiographischen Miniaturen (*Berliner Kindheit um Neunzehnhundert*) gipfeln. B.s Wirkung setzte, gefördert durch seinen Freund und Nachlassverwalter Adorno, erst in den 60er-Jahren ein.

Werke: Der Begriff der Kunstkritik in der deutschen Romantik. 1920. – Goethes Wahlverwandtschaften. In: Neue Deutsche Beiträge 2. 1924–25. – Einbahnstraße. 1928. – Ursprung des deutschen Trauerspiels. 1928. – Das Kunstwerk im Zeitalter der technischen Reproduzierbarkeit. In: Zs. für Sozialforschung 5. 1936. – Deut-

sche Menschen. Eine Folge von Briefen. 1936. [Hrsg., u. d. Pseud. Detlev Holz.] – Berliner Kindheit um Neunzehnhundert. 1950.
Ausgaben: Gesammelte Schriften. Hrsg. von Rolf Tiedemann und Hermann Schweppenhäuser. Frankfurt a. M. 1972 ff. – Gesammelte Briefe. Hrsg. vom Theodor W. Adorno Archiv. 6 Bde. Frankfurt a. M. 1995–2000.

Benn, Gottfried, 2. 5. 1886 Mansfeld (Westprignitz, Nordwestbrandenburg) – 7. 7. 1956 Berlin. B.s Vater war lutherischer Pfarrer, die Mutter eine aus der romanischen Schweiz stammende Erzieherin. Nach dem Abitur 1903 in Frankfurt a. d. O. studierte B. zunächst Theologie und Philosophie in Marburg und Berlin, wechselte dann 1905 zur Medizin (Kaiser-Wilhelm-Akademie für das militärische Bildungswesen). 1910 schloss er das Studium ab und arbeitete 1910–11 als Unterarzt in der Berliner Charité, dann 1911–12 als Militärarzt in Prenzlau. Im Februar 1912 promovierte er zum Dr. med. Aus Gesundheitsgründen verließ er den Militärdienst und war in den folgenden Jahren an verschiedenen Berliner Kliniken und als Schiffsarzt (1914) tätig. Bei Kriegsbeginn heiratete er Edith Osterloh; sein einziges Kind, Nele, wurde 1915 geboren (seine Frau starb 1922; später – 1938 bzw. 1946 – ging er zwei weitere Ehen ein). Von 1914 bis 1917 war er Militärarzt in Belgien; 1917 ließ er sich als Facharzt für Haut- und Geschlechtskrankheiten in Berlin nieder. 1932 wurde er in die Sektion Dichtkunst der Preußischen Akademie der Wissenschaften gewählt, die er nach dem Austritt Heinrich Manns im März 1933 für einige Monate kommissarisch leitete. Sein Eintreten für den Nationalsozialismus wich bald einer entschiedenen Ernüchterung. Auch um sich vor Angriffen zu schützen, ließ er sich wieder aktivieren (»die aristokratische Form der Emigrierung«) und arbeitete seit 1935 als Oberstabsarzt in Hannover und seit 1937 in Berlin. 1938 erhielt er mit dem Ausschluss aus der Reichsschrifttumskammer Publikationsverbot, 1943–45 wurde er nach Landsberg a. d. W. verlegt. Er kehrte 1945 nach Berlin zurück, wo er nach dem Krieg weiter praktizierte. 1951 wurde er, nachdem die anfängliche Zurückhaltung wegen seiner problematischen Haltung im Dritten Reich gewichen war, mit dem Georg-Büchner-Preis ausgezeichnet.

Erfahrungen seines Berufslebens gingen in seine aufsehenerregende erste kleine Gedichtsammlung *Morgue* ein, deren Texte mit ihren makabren Gegenständen, ihrer krassen Sachlichkeit, ihrer ›Ästhetik der Hässlichkeit‹ und ihrer provozierenden, montagehaften Darstellungsweise nicht nur den bürgerlichen Vorstellungen von Dichtung widersprachen, sondern darüber hinaus das bürgerliche Weltbild mit seinem Wissenschafts- und Fortschrittsglauben und seinem Verständnis von Tugend und Moral grundsätzlich in Frage stellten. B. setzte in weiteren Gedichtbänden, in denen sich auch der Einfluss der mit ihm 1912/13 in einem Liebesverhältnis verbundenen E. Lasker-Schüler spiegelt, die Destruktion der bürgerlichen Scheinwelt fort: »Wirklichkeitszertrümmerung« nannte er später sein poetisches Verfahren. Auch seine erzählenden Texte, die an C. Einsteins Vorstellungen von einer »autonomen Prosa« anknüpfen, zeigen am Beispiel des Arztes Werff Rönne, für den Ich und Welt, Sprache und Wirklichkeit auseinander treten, den Zerfall der Wirklichkeit, der mit einer Regression des Ich in eine innere Schicht mythischer Bilder und archaischer, dionysisch-rauschhafter Visionen und Träume korrespondiert. In den 20er-Jahren festigten Sammlungen von Gedichten und Prosawerken B.s literarische Stellung; außerdem schrieb er für Paul Hindemith den Text für das Oratorium *Das Unaufhörliche* (UA 1931). Doch eine neue produktive Phase begann erst mit der durch das Schreibverbot erzwungenen Isolation: B. zog sich aus der deprimierenden Realität des Dritten Reiches auf sich selbst und die Kunst zurück. Das Gedicht *Einsamer nie* reflektiert diesen Dualismus von Kunst und Leben, der B.s »Doppelleben« im Dritten Reich charakterisiert. Ausdruck findet diese Haltung dann in den in diesen Jahren entstandenen *Statischen Gedichten*, mit deren Erscheinen 1948 B.s Nachkriegswirkung begann: Kunstwerke sind statische Gebilde, widerstehen der Zeit und geschichtlichen Veränderungen, haben eine Schutzfunktion gegen die Welt. Dabei kommt im Bereich des »Geistes« der Form die entscheidende Bedeutung zu: »Form ist der höchste Inhalt«. B.s Nachkriegsplädoyer für die Tradition des modernen artistischen Gedichts übte große Wirkung auf die zeitgenössische Lyrik aus, die er selbst mit weiteren Gedichtbänden bereicherte. Gleichzeitig mit der Arbeit an den *Statischen Gedichten* entstanden drei Prosawerke, die B.s späte ›absolute Prosa‹ repräsentieren: eine monologische Abrechnung mit der weißen Rasse und insbesondere den Deutschen vor dem Hintergrund einer Geschichte ohne Sinn (*Weinhaus Wolf*), eine in freier Assoziation errichtete poetische Welt als Gegenentwurf gegen die konventionellen Ordnungsmuster (*Roman des Phänotyp*) und ein Dokument des elitären Ästhetizismus, das zugleich die trostlose Lage im Berlin der unmittelbaren Nachkriegszeit reflektiert (*Der Ptolemäer*).

Werke: Morgue und andere Gedichte. 1912. – Söhne. Neue Gedichte. 1913. – Gehirne. Novellen. 1916. – Fleisch. Gesammelte Lyrik. 1917. – Diesterweg. Eine Novelle. 1918. – Der Vermessungsdirigent. Erkenntnistheoretisches Drama. 1919. – Etappe. 1919. – Das moderne Ich. 1920. – Die gesammelten Schriften. 1922. – Schutt. 1924. – Betäubung. 1925. – Spaltung. Neue Gedichte. 1925. – Gesammelte Gedichte. 1927. – Gesammelte Prosa. 1928. – Das Unaufhörliche. Oratorium. 1931. – Der neue Staat und die Intellektuellen. 1933. – Kunst und Macht. 1934. – Gedichte. 1936. – Statische Gedichte. 1948. – Der Ptolemäer. 1949. – Ausdruckswelt. Essays und Aphorismen. 1949. – Doppelleben. Zwei Selbstdarstellungen. 1950. – Fragmente. Neue Gedichte. 1951. – Probleme der Lyrik. 1951. – Destillationen. Neue Gedichte. 1953. – Apréslude. 1955.

Ausgaben: Gesammelte Werke. Hrsg. von Dieter Wellershoff. 4 Bde. Wiesbaden 1958–61. – Gesammelte Werke in der Fassung der Erstdrucke. Hrsg. von Bruno Hillebrand. 4 Bde. Frankfurt a. M.

1982–90. – Sämtliche Werke. In Verb. mit Ilse Benn hrsg. von Gerhard Schuster. 7 Bde. Stuttgart 1986–2003. – Briefe. Hrsg. von Harald Steinhagen [u. a.]. 6 Bde. in 7 Tln. Wiesbaden [seit 1986 Stuttgart] 1977–2002. – Hernach. Briefe an Ursula Ziebarth. Mit Nachschriften zu diesen Briefen von U. Z. und einem Kommentar von Jochen Meyer. Göttingen 2001.

Bense, Max, 7. 2. 1910 Straßburg – 29. 4. 1990 Stuttgart. B. studierte Mathematik, Physik und Philosophie und promovierte 1937 in Bonn zum Dr. phil. rer. nat. Danach arbeitete er in der Industrie, war dann 1945–46 Kurator der Universität Jena und nach seiner Habilitation 1946–48 a. o. Professor. 1948 zog B. in den Westen und lehrte von 1949 bis zu seiner Emeritierung als Professor für Philosophie und Wissenschaftstheorie an der Technischen Hochschule/Universität Stuttgart. Nach zahlreichen philosophischen, geistesgeschichtlichen und mathematischen Veröffentlichungen der 30er- und 40er-Jahre wandte sich B. zunehmend auch der Literatur und der poetologischen Fundierung der experimentellen Poesie zu. Eine neue Sprechweise sollte zugleich eine Neuorientierung in der Welt ermöglichen. Er postulierte einen umfassenden, auf das Material der Sprache bezogenen Textbegriff, lehnte die hermeneutischen Verfahrensweisen der Literaturinterpretation ab und suchte stattdessen mit mathematischen, informationstheoretischen und naturwissenschaftlichen Kriterien eine ideologiefreie ›technologische Ästhetik‹ zu entwickeln. Durch seine theoretischen Arbeiten und seine poetischen Texte sowie durch praktische Zusammenarbeit übte er wesentlichen Einfluss auf Autoren der konkreten und visuellen Poesie aus (»Stuttgarter Gruppe«).

Werke: Raum und Ich. 1934. – Geist der Mathematik. 1939. – Sören Kierkegaard. 1942. – Über Leibniz. 1946. – Konturen einer Geistesgeschichte der Mathematik. 2 Bde. 1946–49. – Literaturmetaphysik. Der Schriftsteller in der technischen Welt. 1950. – Plakatwelt. 1952. – aesthetica. 4 Bde. 1954–60. Veränd. und erw. Bearb. u. d. T.: Aesthetica. Einführung in die neue Ästhetik. 1965. – Descartes und die Folgen. 1955. – Rationalismus und Sensibilität.

1956. – Modelle. 1961. – Entwurf einer Rheinlandschaft. 1962. – Theorie der Texte. 1962. – Die Zerstörung des Durstes durch Wasser. Einer Liebesgeschichte zufälliges Textereignis. 1967. – Einführung in die informationstheoretische Ästhetik. 1969. – Zeichen und Design. 1971. – Vermittlung der Realität. Semiotische Erkenntnistheorie. 1976. – Das Auge Epikurs. Indirektes über Malerei. 1979. – Zentrales und Occasionelles. 1981. – Das Universum der Zeichen. 1983.

Ausgabe: Ausgewählte Schriften. Hrsg. von Elisabeth Walther. 4 Bde. Stuttgart/Weimar 1997–98.

Bergengruen, Werner, 16. 9. 1892 Riga – 4. 9. 1964 Baden-Baden. Der Sohn eines Arztes aus der dt. Oberschicht Rigas studierte bis zum Kriegsausbruch 1914 in Marburg, München und Berlin Germanistik, Jura, Geschichte und Theologie, zog dann als Freiwilliger in den Krieg und trat 1919 in die baltische Landwehr ein, die in seiner Heimat gegen die Rote Armee kämpfte. Danach arbeitete er als Journalist in Tilsit, Memel und Berlin; seit 1927 lebte er als Schriftsteller zunächst in Berlin, dann seit 1936 in Solln bei München und nach der Zerstörung seines Hauses 1942 in Tirol. 1936 war er zum Katholizismus übergetreten, ein Jahr später aus der Reichsschrifttumskammer ausgeschlossen worden. Nach dem Krieg wohnte er zunächst in Zürich, dann von 1958 an in Baden-Baden. B. blieb zeitlebens der Kultur und Landschaft des Baltikums verbunden. Sein Frühwerk zeigt in der Erzählweise, der Vorliebe für skurrile Charaktere und der Neigung zum Unheimlichen und Geheimnisvollen Einflüsse der Romantik (E. T. A. Hoffmann, Jean Paul). Sein späteres Werk umfasst eine Reihe von Romanen und eine große Zahl von Novellen, denen vielfach historische Stoffe zugrunde liegen. Die Novellen orientieren sich an klassischen Formmustern, konzentrieren sich auf eine ›unerhörte Begebenheit‹ und demonstrieren die Gewissheit der göttlichen Vorsehung und die Eingebundenheit des Menschen in eine höhere Ordnung. B.s bekanntestes Werk, der ›Kriminalroman‹ *Der Großtyrann und das Gericht*, thematisiert in einer Art metaphysisch begründeter Auseinandersetzung mit dem Dritten Reich den Zusammenhang von Macht, Recht und Moral. B.s ablehnende Haltung gegenüber dem Nationalsozialismus, die sich auch in seinen anonym in Abschriften kursierenden Gedichten zeigte (*Der ewige Kaiser*), gründet auf einem religiös motivierten Konservatismus. Konservativ waren auch seine künstlerischen Mittel. Der Titel seiner Gedichtsammlung von 1950, *Die heile Welt*, wurde – durchaus gegen die Intention der Texte – zum Schlagwort in einer auf Verdrängung der Vergangenheit tendierenden gesellschaftlichen Atmosphäre. Daneben schrieb B. Kinder- und Reisebücher und übersetzte Werke russ. Erzähler des 19. Jh.s.

Werke: Das Gesetz des Atum. 1923. – Rosen am Galgenholz. 1923. – Das Brauthemd. 1925. – Das große Alkahest. 1926. Seit 1938 u. d. T.: Der Starost. – Das Buch Rodenstein. 1927. – Das Kaiserreich in Trümmern. 1927. – Herzog Karl der Kühne. 1930. Neufassung 1943. – Der goldene Griffel. 1931. – Die Feuerprobe. 1933. – Der Großtyrann und das Gericht. 1935. – Die drei Falken. 1937. – Der ewige Kaiser. 1937. – E. T. A. Hoffmann. 1939. – Der Tod von Reval. 1939. – Am Himmel wie auf Erden. 1940. – Der spanische Rosenstock. 1941. – Das Römische Erinnerungsbuch. 1949. – Die heile Welt. 1950. – Die lombardische Elegie. 1951. – Der letzte Rittmeister. 1952. – Schreibtischerinnerungen. 1961. – Dichtergehäuse. 1966.

Bernhard, Thomas, 9. 2. 1931 Heerlen (Niederlande) – 12. 2. 1989 Gmunden (Oberösterreich). B. war das uneheliche Kind Herta Bernhards, Tochter des österreichischen Schriftstellers Johannes Freumbichler, und des Tischlers Alois Zuckerstätter. Nach der frühen Kindheit im Pflegeheim und bei Pflegeeltern in Rotterdam wurde er von den Großeltern mütterlicherseits aufgenommen (Wien, Traunstein in Oberbayern), gefördert vom Großvater. Er besuchte als Internatsschüler von 1943 an das Gymnasium in Salzburg, entzog sich dann der verhassten Schule und wurde 1947 Lehrling in einem Lebensmittelgeschäft. Eine lebensbedrohende Lungenkrankheit überstand er v. a.

dank seines eigenen Selbstbehauptungswillens, der auch durch die nun einsetzende künstlerische Betätigung – Gesangsunterricht, Schreiben – gestärkt wurde. Die Geschichte seiner Kindheit und Jugend schildert ein fünfbändiges autobiographisches Werk. Von 1952 bis 1957 studierte B. Gesang, Regie und Schauspielkunst am Salzburger Mozarteum und arbeitete gleichzeitig als Gerichtsreporter und Kritiker für das *Demokratische Volksblatt*. Danach lebte B. nach einem Aufenthalt 1957–59 bei dem Komponisten Gerhard Lampersberg in Maria Saal als freier Schriftsteller u. a. in Wien und seit 1965 auf einem Gutshof im oberösterreichischen Ohlsdorf. 1970 erhielt er den Georg-Büchner-Preis. Gedichte, kurze Bühnenstücke, Prosaskizzen stehen am Anfang seines Werkes. Mit dem Roman *Frost* gelang ihm der Durchbruch als Prosaautor. In einer Folge von weiteren Prosatexten setzte B. die hier begonnene subjektiv-monologische Auseinandersetzung mit einer als chaotisch empfundenen Welt und Themen wie Verbrechen, Krankheit, Verfall, Tod im Allgemeinen und den österreichischen Verhältnissen und der dt.-österreichischen Kulturtradition im Besonderen fort. Der durch das Stilmittel der Übertreibung und den apodiktischen Ton charakterisierte Sprachduktus trug zur provozierenden Wirkung dieser Demontage kultureller, gesellschaftlicher und politischer Lebenslügen bei. Auch B.s Theaterstücke – der Erfolg setzte mit *Ein Fest für Boris* ein – variieren die bekannten Themen, handeln von Verfall, Wahnsinn, Tod, Scheitern und Selbstbehauptung in einer destruktiven, todverfallenen Welt. Es sind in gewisser Weise ›Endspiele‹, doch anders als bei Samuel Beckett spielen sie an einem realen Ort in einer realen Zeit und haben eine lineare, auf den Tod hinführende Struktur. Sie sind häufig monologischer Natur, zerstören Ansätze zum Dialog. In einigen skandalträchtigen Stücken mit Themen wie Terrorismus, Filbinger-Affäre oder faschistische Tendenzen im heutigen Österreich suchte B. die politische Auseinandersetzung.

Die meisten der häufig tragikomischen Theatertexte sind Künstlerdramen, die das schwierige Verhältnis von Künstlerfiguren wie Artisten, Schauspielern oder Autoren zur Welt und zur Gesellschaft gestalten.

Werke: Auf der Erde und in der Hölle. 1957. – In hora mortis. 1958. – Die rosen der einöde. fünf sätze für ballett, stimmen und orchester. 1959. – Frost. 1963. – Amras. 1964. – Verstörung. 1967. – An der Baumgrenze. 1969. – Watten. Ein Nachlaß. 1969. – Das Kalkwerk. 1970. – Ein Fest für Boris. 1970. – Der Ignorant und der Wahnsinnige. 1972. – Der Kulterer. Eine Filmgeschichte. 1974. – Die Jagdgesellschaft. 1974. – Die Macht der Gewohnheit. 1974. – Die Korrektur. 1975. – Der Präsident. 1975. – Die Ursache. Eine Andeutung. 1975. – Der Keller. Eine Entziehung. 1976. – Die Berühmten. 1976. – Minetti. Ein Portrait des Künstlers als alter Mann. 1977. – Der Atem. Eine Entscheidung. 1978. – Immanuel Kant. Komödie. 1978. – Der Stimmenimitator. 1978. – Der Weltverbesserer. 1979. – Die Erzählungen. 1979. – Vor dem Ruhestand. Eine Komödie von deutscher Seele. 1979. – Die Kälte. Eine Isolation. 1981. – Beton. 1982. – Ein Kind. 1982. – Wittgensteins Neffe. Eine Freundschaft. 1982. – Der Schein trügt. 1983. – Der Untergeher. 1983. – Der Theatermacher. 1984. – Holzfällen. Eine Erregung. 1984. – Ritter, Dene, Voss. 1984. – Alte Meister. 1985. – Auslöschung. Ein Zerfall. 1986. – Einfach kompliziert. 1986. – Der deutsche Mittagstisch. Dramolette. 1988. – Heldenplatz. 1988. – Claus Peymann kauft eine Hose und geht mit mir essen. Drei Dramolette. 1990.

Ausgaben: Stücke 1–4. Frankfurt a. M. 1988. – Gesammelte Gedichte. Hrsg. von Volker Bohn. Frankfurt a. M. 1991. – Werke. Hrsg. von Wendelin Schmidt-Dengler und Martin Huber. 22 Bde. Frankfurt a. M. 2004 ff.

Berthold von Regensburg, um 1210 – 14. 12. 1272 Regensburg. Über Herkunft und Ausbildung des franziskanischen Predigers ist nichts bekannt. Seit 1240 ist er in Augsburg bezeugt. In den folgenden Jahre wurde er zum populärsten Volksprediger seiner Zeit, der auf seinen zahlreichen Predigtreisen durch die deutschsprachigen Gebiete vor einem Massenpublikum sprach. Papst Urban IV. ernannte ihn (zusammen mit dem Dominikaner Albertus Magnus) 1263 zum Kreuzzugsprediger gegen die häretischen Bewegungen. Etwa 250 lat. Predigten B.s sind in der Sammlung *Rusticiani* (um 1250–55) erhalten; es handelt sich wohl nicht um tatsächlich gehaltene Predigten, sondern um ein Handbuch mit Musterpredigten zur Anleitung und Erbauung für seine Mitbrüder. Die unter seinem Namen überlieferten dt. Predigten sind nicht authentisch. Es handelt sich vielmehr um Arbeiten unbekannter Verfasser, die – vertraut mit B.s Redeweise – seine lat. Musterpredigten zu erbaulichen Lesetexten umformten oder an Nachschriften seiner Predigten anknüpften. Die besten dieser Texte gehören zu den großen Leistungen mittelalterlicher dt. Prosa. Sie üben grundsätzliche Kritik an einer aus den Fugen geratenen Zeit (Interregnum), warnen insbesondere vor den Folgen der auf Gewinnkalkulation und Profitdenken gegründeten neuen Geldwirtschaft und fordern zu einem einfachen, evangelischen Leben auf.

Ausgaben: Sermones ad Religiosos. Hrsg. von Petrus Hoetzl. München 1882. – Deutsche Predigten. Hrsg. von Franz Pfeiffer und Joseph Strobl. 2 Bde. Wien 1862, 1880. Neudr. mit einem Vorw., einer Bibl. und einem überlieferungsgeschichtlichen Beitrag von Kurt Ruh. Berlin 1965.

Besser, Johann von (geadelt 1690), 8. 5. 1654 Frauenburg (Kurland) – 10. 2. 1729 Dresden. Der aus einem protestantischen Pfarrhaus stammende B. studierte zunächst Theologie in Königsberg, begleitete dann aber 1675 einen Adeligen zum Jurastudium nach Leipzig. Kurfürst Friedrich Wilhelm v. Brandenburg ernannte ihn 1680 zum Legationsrat. In den folgenden Jahren führten ihn Reisen im Auftrag des Hofes u. a. nach London (Resident 1684/85) und Königsberg. Wegen seiner organisatorischen und poetischen Fähigkeiten wurde er 1690 zum Zeremonienmeister und Hofrat ernannt, verantwortlich für die Gestaltung aller höfischen Festlichkeiten. 1717 ging er als Geheimer Kriegsrat und Zeremonienmeister an den Hof Augusts des Starken nach Dresden. B.s literarisches Werk umfasst – mit seiner Funktion am Hof zusammenhängend – vor allem Singspiele, Ballette und Gelegenheitsgedichte. Seine erotisch-galanten Jugendgedichte erschienen, angeblich ohne sein Wissen, in der *Neukirchschen Sammlung* (Bd. 1–3: 1695, 1697, 1703).

Werke: Preussische Krönungs-Geschichte. 1702. – Schrifften. 1711. [Erw. Ausg. »Nebst dessen Leben … von Johann Ulrich v. König«. 2 Bde. 1732.]

Beyer, Marcel, * 23. 11. 1965 Tailfingen (Württemberg). Nach dem Studium der Germanistik, Anglistik und Allgemeinen Literaturwissenschaft in Siegen arbeitete B. als Herausgeber und Redakteur bei verschiedenen Projekten mit und lebt seit 1996, unterbrochen von Aufenthalten an englischen Universitäten, in Dresden. Bezugspunkt seiner literarischen Arbeiten ist immer wieder, sieht man von seinem ersten, unter dem Einfluss des frz. Nouveau roman entstandenen sprachexperimentellen Roman *Das Menschenfleisch* ab, die Zeit von 1933 bis 1945 bzw. die Spuren und Deformationen, die sie bis in die Gegenwart im Bewusstsein hinterlassen hat. Im Roman *Flughunde* führt der Fund des NS-Schallarchivs zu dem Tontechniker Hermann Karnau, dessen (fiktive) Karriere nicht nur die Rolle der Propaganda im »Dritten Reich« erhellt, sondern der selbst in einem größenwahnsinnigen Projekt – auch mit Hilfe von Foltermethoden – das gesamte Spektrum der menschlichen Stimme aufzuzeichnen sucht. Als Wachmann im Führerbunker erlebt Karnau das Ende von Hitler und Goebbels mit, und die Stimme der ältesten Goebbelstocher Helga, die das Lügengebäude ihres Vaters durchschaut, bildet mit ihrer Unschuld einen entschiedenen Kontrast zu der des monströsen Akustikers. Distanz schaffen eine vielstimmige Erzählweise, Perspektivenwechsel und die Montage von authentischem und fiktivem Material. Der Roman *Spione* setzt, vor der Folie der 70er-Jahre und mit ständigem Wechsel der Zeitebenen, die Auseinandersetzung mit der Vergangenheit fort, ausgelöst durch den Fund eines alten Fotoalbums mit vielen Leerstellen, die den Ich-Erzähler und seine drei Cousins zur Spurensuche animieren. Als Lyriker ist B. den experimentellen Techniken F. Mayröckers verpflichtet (deren lyrisches Gesamtwerk er 2004 herausgab). Der erste Gedichtband *Falsches Futter* führt in drei Zyklen ebenfalls zurück in die Geschichte, wobei dann auch die literarische Tradition – etwa in kritischem Bezug zu J. Weinheber – hineinspielt. Die Texte des folgenden Gedichtbuchs *Erdkunde* montieren Reiseeindrücke, Bilder, Zitate, literarische Anspielungen zu einer Topographie von Kriegsszenarien im östlichen Europa, wobei Vergangenheit und Gegenwart einander durchdringen.

Werke: Das Menschenfleisch. 1991. – Flughunde. 1995. – Falsches Futter. 1997. – Spione. 2000. – Erdkunde. 2002. – Nonfiction. 2003. – Vergeßt mich. 2006.

Bichsel, Peter, * 24. 3. 1935 Luzern. B. arbeitete nach einer entsprechenden Ausbildung bis 1968 als Volksschullehrer in Solothurn, dann als Journalist, Schriftsteller, Gastdozent (USA, BRD) und Berater eines sozialdemokratischen Bundesrats (1973–81). 1965 erhielt er den Preis der »Gruppe 47«. B. lebt als freier Schriftsteller und Journalist in Bellach bei Solothurn. Berühmt wurde der »Wenigschreiber«, so B.s Selbstcharakteristik, mit seinem kleinen Prosaband *Eigentlich möchte Frau Blum den Milchmann kennenlernen.* Die Prosaminiaturen zeigen Bilder einer erstarrten kleinbürgerlichen Welt und erzählen davon, dass das, worum es geht, nicht stattfindet: Kommunikation, Liebe, Leben. Andere Prosabände problematisieren das Erzählen selbst und handeln virtuos vom Scheitern des Versuchs, Realität darzustellen, bzw. schildern scheiternde Versuche, gegen das scheinbar Unabänderliche zu rebellieren. Die in den Geschichten manifeste Gesellschaftskritik äußert sich auch in B.s Essays und journalistischen Arbeiten.

Werke: Eigentlich möchte Frau Blum den Milchmann kennenlernen. 1964. – Die Jahreszeiten. 1967. – Des Schweizers Schweiz. 1969. Erw. Neufassung 1989. – Kindergeschichten. 1969. – Geschichten zur falschen Zeit. 1979. – Der Leser. Das Erzählen. 1982. – Der Busant. Von Trinkern, Polizisten und der schönen Magelone. 1985. – Schulmeistereien. 1985. – Irgendwo anderswo. Kolumnen 1980–85. 1986. – Im Gegenteil. Kolumnen 1986–1990. 1990. – Zur Stadt Paris. 1993. – Ein Tisch ist ein Tisch. 1995. – Gegen unseren Briefträger konnte man nichts machen. Kolumnen 1990–1994. 1995. – Die Totaldemokraten. Aufsätze über die Schweiz. 1998. – Cherubin Hammer und Cherubin Hammer. 1999. – Alles von mir gelernt. Kolumnen 1995–1999. 2000. – Eisenbahnfahrten. 2002. – Doktor Schleyers isabellenfarbige Winterschule. Kolumnen 2000–2002. 2003. – Kolumnen, Kolumnen. 2005.

Bidermann, Jacob, 1578 Ehingen bei Ulm – 20. 8. 1639 Rom. Nach dem Besuch des Jesuitengymnasiums in Augsburg trat B. 1594 in den Orden ein. Nach dem Noviziat in Landsberg (1594–96) und der Ausbildung in Ingolstadt (Studium der Philosophie 1597–1600), Augsburg (Unterrichtstätigkeit 1600–02) und wieder Ingolstadt (Theologiestudium 1603–06) lehrte er an den Kollegien in München (1606–14) und Dillingen (1615–25) Poesie und Rhetorik bzw. Philosophie und Theologie, bis er 1625 als Bücherzensor des Ordens nach Rom berufen wurde. Sein dramatisches Schaffen zählt 12 zwischen 1602 und 1619 entstandene Stücke (nicht alle erhalten); das bekannteste ist der 1602 in Augsburg aufgeführte *Cenodoxus*, ein Tendenzstück gegen den Geist des Humanismus und die Emanzipation des Individuums (1635 dt. von Joachim Meichel). Themen der anderen Dramen sind u. a. Aufstieg und Fall eines großen Feldherrn (*Belisarius*), die wunderbare Wandlung eines heidnischen Mimen zum christlichen Märtyrer (*Philemon Martyr*) oder das Leben vorbildlicher Eremiten (*Macarius Romanus*, *Joannes Calybita*, *Josaphatus*). Die Botschaft ist stets die gleiche: Das wahre Heil liegt in der Abkehr von der Welt und der Hinwendung zu Gott. Die Zeitgenossen kannten ihn v. a. als neulat. lyrischen und epischen Dichter. Epigramme, ein Herodes-Epos, Heldenbriefe und satirische Prosastücke mit dem Titel *Utopia* lagen lange vor seinen Dramen im Druck vor. Eine Sammlung seiner Stücke erschien erst postum 1666.

Werke: Epigrammatum libri tres. 1620. – Herodiados libri tres. 1622. – Heroum epistolae. 1630. – Silvulae hendecasyllaborum. 1630. – Utopia. 1640. – Ludi theatrales sacri. 1666.
Ausgabe: Ludi theatrales 1666. Hrsg. von Rolf Tarot. 2 Bde. Tübingen 1967.

Bieler, Manfred, 3. 7. 1934 Zerbst (Sachsen-Anhalt) – 22. 4. 2002 München. Nach dem Abitur in Dessau studierte B., Sohn eines Baumeisters, bis 1956 Germanistik an der Humboldt-Universität in Berlin (Dipl.-Phil.). Danach war er ein Jahr lang wissenschaftlicher Mitarbeiter beim DDR-Schriftstellerverband, bis er wegen seiner politischen Einstellung entlassen wurde. Er lebte nach ausgedehnten Reisen (u. a. auch als Fischverarbeiter auf einem Fangschiff nach Kanada) als freier Schriftsteller in Ostberlin. 1965 siedelte er aus privaten Gründen in die ČSSR über. Nach Auseinandersetzungen mit der SED, die »schädliche Tendenzen« in seinem Werk feststellte, wurde er 1967 tschechoslowakischer Staatsbürger, ging aber dann nach dem Einmarsch der Truppen des Warschauer Paktes in Prag 1968 mit seiner Frau in die Bundesrepublik und ließ sich in München nieder. B. schrieb zahlreiche Hörspiele und Drehbücher für Fernsehspiele, doch bekannt wurde er v. a. als Prosaautor, der sich durch genaue historische Fundierung und treffende Milieudarstellungen auszeichnet, dabei durchaus traditionell und unterhaltend erzählt und auch sein satirisch-parodistisches Sprachtalent nicht verleugnet. Literarische Parodien in der Nachfolge Robert Neumanns gehören zu seinen frühesten Veröffentlichungen. Auch sein erster Roman, der zeitkritische Schelmenroman *Bonifaz*, der zugleich in der DDR und der BRD veröffentlicht wurde, zeigt ihn als unterhaltsamen, witzigen Erzähler. Das gilt auch für seine satirisch-karikaturistische Auseinandersetzung mit der DDR im Roman *Maria Morzeck* von 1963, der ebenso wie die DEFA-Verfilmung unterdrückt wurde und erst 1969 in München erscheinen konnte. Sein erfolgreichster Roman, *Der Mädchenkrieg*, spiegelt die Zeitgeschichte in der Geschichte der Zerstörung einer Bankiersfamilie seit den 30er-Jahren aus der wechselnden Perspektive der Töchter. Auch der biographisch fundierte Roman *Der Bär* erzählt Familiengeschichte als Auseinandersetzung mit bzw. Anpassungsprozess an die geschichtlichen Veränderungen der Nachkriegszeit in der DDR.

Werke: Der Schuß auf die Kanzel oder Eigentum ist Diebstahl. Parodien. 1958. – Bonifaz oder Der Mann in der Flasche. 1963. – Der junge Roth. 1968. – Maria Morzeck oder Das Kaninchen bin ich. 1969. – Der Passagier. 1971. – Der Mädchenkrieg. 1975. – Der Kanal. 1978. – Ewig und drei Tage. 1980. – Der Bär. 1983. – Walhalla. Literarische Parodien. 1988. – Still wie die Nacht. Memoiren eines Kindes. 1989. – Naïda. Gesammelte Erzählungen. 1991.

Bienek, Horst, 7. 5. 1930 Gleiwitz (Oberschlesien) – 7. 12. 1990 München. Der Sohn einer Klavierlehrerin und eines preußischen Lokomotivführers wuchs in Gleiwitz auf, wurde 1945 als Demontagearbeiter zwangsverpflichtet und 1946 nach Köthen (Sachsen-Anhalt) umgesiedelt. Nach dem Abitur und einem Volontariat bei der Potsdamer *Tagespost* wurde er 1951 als Meisterschüler in Brechts Theaterklasse am Berliner Ensemble aufgenommen. Noch im selben Jahr verhaftete ihn der Staatssicherheitsdienst, und 1952 verurteilte ihn ein sowjetisches Militärgericht wegen »Spionage« und »Antisowjethetze« zu 25 Jahren Zwangsarbeit: Sein Name stand im Notizbuch eines in den Westen geflohenen SED-Abgeordneten. Nach vier Jahren Gefängnis und Arbeitslager in Workuta (Sibirien) wurde er im Rahmen einer Amnestie zusammen mit dt. Kriegsgefangenen in die BRD entlassen. Von 1957 bis 1961 arbeitete er als Redakteur beim Hessischen Rundfunk in Frankfurt a. M., danach als Lektor bzw. Cheflektor beim Deutschen Taschenbuchverlag und schließlich als freier Schriftsteller in München bzw. Ottobrunn. Die existentiellen Erfahrungen der Gefängnis- und Lagerzeit prägten zunächst B.s literarisches (und filmisches) Werk: die Prosaszenen und Gedichte des *Traumbuchs eines Gefangenen*, den Roman *Die Zelle* (Verfilmung unter B.s Regie 1971) und die Erzählungen des Bandes *Nachtstücke*. Die Befreiung aus der ›Zelle‹, die auch die im eigenen Ich gewachsenen Mauern bezeichnet, begann mit einem Zyklus von Gedichten (*Gleiwitzer Kindheit*), der den Weg in die Erinnerung und die Geschichte öffnete. Mit den vier Romanen seiner Oberschlesienchronik der Zeit von 1939 bis 1945 (*Die erste Polka*, *Septemberlicht*, *Zeit ohne Glocken*, *Erde und Feuer*) gelang B. dann 1975–82 im Rahmen einer ausgreifenden Familiengeschichte die Beschwörung einer vergangenen Welt mit ihrer Landschaft und ihren Städten, ihrer gemischten Bevölkerung, ihren Sprachen und ihrer Geschichte – ohne Sentimentalität und Beschönigung, ohne nationale Töne. Mit einem umfangreichen Kommentarband zu diesem Werk und einem Reisebuch setzte B. sein schlesisches Erinnerungs- und Erkundungswerk fort. Hörspiele und Essays ergänzen B.s umfangreiches Schaffen.

Werke: Traumbuch eines Gefangenen. 1957. – Nachtstücke. 1959. – Werkstattgespräche mit Schriftstellern. 1962. – Was war was ist. 1966. – Die Zelle. 1968. – Vorgefundene Gedichte. Poèmes trouvés. 1969. – Bakunin, eine Invention. 1970. – Die Zeit danach. Gedichte. 1974. – Die erste Polka. 1975. – Gleiwitzer Kindheit. Gedichte aus zwanzig Jahren. 1976. – Septemberlicht. 1977. – Zeit ohne Glocken. 1979. – Erde und Feuer. 1982. – Beschreibung einer Provinz. Aufzeichnungen, Materialien, Dokumente. 1983. – Königswald oder Die letzte Geschichte. 1984. – Der Blinde in der Bibliothek. Literarische Portraits. 1986. – Das allmähliche Ersticken von Schreien. Sprache und Exil heute. Münchener Poetik-Vorlesungen. 1987. – Reise in die Kindheit. Wiedersehen mit Schlesien. 1988. – Birken und Hochöfen. Eine Kindheit in Oberschlesien. 1990. – Die Zeit, der Fluß, der Wind. Neue Gedichte. 1990.

Bierbaum, Otto Julius, 28. 6. 1865 Grünberg (Schlesien) – 1. 2. 1910 Kötzschenbroda bei Dresden. B. studierte Jura, Philosophie und Chinesisch ohne Abschluss bis 1889 in Zürich, Leipzig, München und Berlin. Danach lebte er als Journalist, Zeitschriftenherausgeber und Schriftsteller in München, zwischen 1893 und 1900 auch in Berlin, Italien, Südtirol und Wien. Kurz vor seinem Tod zog er nach Dresden. Als Herausgeber und Rezensent propagierte er den Jugendstil; als Lyriker, Romancier und Dramatiker blieb er, in vielem epigonal, der literarischen Tradition von der Anakreontik über Goethe bis hin zum Jugendstil verpflichtet. Aus dem umfangreichen Schaffen, das auch zahlreiche Reisebücher umfasst, sind v. a. seine tragikomischen Bildungsromanversionen *Stilpe* und *Prinz Kuckuck* hervorzuheben, die ein Stück autobiographisches Berliner Boheme-Leben (*Stilpe*) bzw. ein kritisches Bild der wilhelminischen Gesellschaft um die Jahrhundertwende (*Prinz Kuckuck*) bieten.

Werke: Die Freiersfahrten und Freiersmeinungen des weiberfeindlichen Herrn Pankrazius Graunzer. 1896. – Die Schlangendame. 1896. – Stilpe. Ein Roman aus der Froschperspektive. 1897. – Das schöne Mädchen von Pao. 1899. – Deutsche Chansons. 1900. [Hrsg.] – Irrgarten der Liebe. 1901. – Eine empfindsame Reise im Automobil von Berlin nach Sorrent und zurück an den Rhein in Briefen an Freunde geschildert. 1903. – Stella und Antonie. 1903. – Prinz Kuckuck. Leben, Thaten, Meinungen und Höllenfahrt eines Wollüstlings. 1906–07. – Sonderbare Geschichten. 1908. – Die Yankeedoodle-Fahrt und andere Reisegeschichten. 1909.
Ausgabe: Gesammelte Werke. Hrsg. von Michael Georg Conrad und Hans Brandenburg. 7 Bde. München 1912–21.

Biermann, Wolf, * 15. 11. 1936 Hamburg. Der aus einer kommunistischen Arbeiterfamilie stammende B. – sein Vater wurde 1943 im Konzentrationslager Auschwitz ermordet – siedelte 1953 in die DDR um und studierte bis 1963 an der Berliner Humboldt-Universität Politische Ökonomie, Philosophie und Mathematik, unterbrochen von einer Tätigkeit als Regieassistent am Berliner Ensemble (1957–59). Die Begegnung mit dem Komponisten Hanns Eisler wurde von entscheidender Bedeutung für seine Entwicklung als Komponist. Sein Liedschaffen, das 1960 einsetzte, brachte ihn früh in Konflikt mit der SED (1963 Parteiausschluss); 1965 erhielt er nach der Veröffentlichung seines ersten Gedicht- und Liederbandes (im Westen) Auftrittsverbot. 1976 nutzte die DDR-Regierung eine Tournee in der Bundesrepublik, um B. »wegen feindseligen Auftretens« auszubürgern. Proteste gegen die Ausbürgerung führten in der DDR zu Maßregelungen, Parteiausschlüssen und einer Ausreisewelle von Künstlern und Schriftstellern. Erst am 1. und 2. Dezember 1989 durfte B. wieder in der DDR auftreten. 1991 erhielt er den Georg-Büchner-Preis. Er lebt in Hamburg und Frankreich. Zu den Vorbildern und Anregern des ›Liedermachers‹ und Lyrikers B. gehören der Chansondichter Jean Pierre de Béranger, Heine, Brecht und v. a. der spätmittelalterliche Balladendichter François Villon, den er auch zum Thema einer seiner Balladen machte. Heine erwies er seine Reverenz in den dt.-dt. *Wintermärchen*-Variationen. B.s Texte verbinden von Anfang an effektvoll das scheinbar nur Private mit dem Politischen, Sinnlichkeit und Dialektik, unmissverständliche Direktheit und Zartheit. Neben der fortschreitenden Kritik an der muffigen Republik und ihren »Betonköpfen«, dem Missverhältnis zwischen utopischem Anspruch und Alltagspraxis in der DDR, steht stets die Auseinandersetzung mit dem Kapitalismus und dem alten und neuen Faschismus. Nach Anpassungsschwierigkeiten in der BRD – dazu trug nicht zuletzt das Fehlen jeglicher Widerstände bei – gewann er dem Gegensatz von Öffentlichkeit und Privatheit neue Themen und eine kunstvolle Einfachheit der lyrischen Sprache ab. Sein Stück *Dra-Dra*, eine politische Parabel, lehnt sich an die 1943 entstandene Märchenkomödie *Der Drache* von Jewgenij Schwarz an.

Werke: Die Drahtharfe. 1965. – Mit Marx- und Engelszungen. 1968. – Der Dra-Dra. 1970. – Für meine Genossen. 1972. – Deutschland. Ein Wintermärchen. 1972. – Preußischer Ikarus. 1978. – Verdrehte Welt – das seh' ich gerne. 1982. – Affenfels und Barrikade. 1986. – Klartexte im Getümmel. 13 Jahre im Westen. 1990. – Über das Geld und andere Herzensdinge. 1991. – Alle Lieder. 1991. – Der Sturz des Dädalus. 1992. – Liebeslieder. 1995. – Alle Gedichte. 1995. – Wie man Verse macht und Lieder. Eine Poetik in acht Gängen. 1997. – Paradies uff Erden. Ein Berliner Bilderbogen. 1999. – Über Deutschland unter Deutschen. Essays. 2002. – Das ist die feinste Liebeskunst. 40 Shakespeare-Sonette. 2004. – Heimat. Neue Gedichte. 2006.

Birck, Sixt (Xystus Betulius bzw. Betuleius), 24. 2. 1501 Augsburg – 19. 6. 1554 ebd. Der Sohn eines Tuchwebers besuchte die Augsburger Domschule und erhielt die niederen Weihen, bevor er sich der protestantischen Bewegung anschloss. Nach Studien in Erfurt, Tübingen und Basel (u. a. Theologie, Jura, Hebräisch und Griechisch) wurde er zunächst Schulmeister (1530), dann Rektor des Pädagogiums (1534) in Klein-Basel, bis er 1636 den Magistertitel erwarb und zum Rektor des St.-Anna-Gymnasiums in Augsburg berufen wurde. B. verfasste neben geistlichen Liedern sechs deutschsprachige und fünf lat. Schuldramen. Sie zeichnen sich durch eine den moraldidaktischen und propagandistischen Zwecken dienende publikumswirksame Dramaturgie mit aktions- und personenreichen Szenen aus und suchen durch die Darstellung exemplarischer Verhaltensweisen bei Rats- oder Gerichtsversammlungen staatsbürgerliche Tugenden zu fördern.

Werke: [Dt.:] Die history von der frommen Gottsförchtigen frouwen Susanna. 1532. – Zorobabel. 1538. – Ezechias. 1539. – Judith. 1539. – Ioseph. 1539. – Beel. 1539. – [Lat.:] Iudith. o. J. – Susanna. 1537. – De vera nobilitate. 1538. – Eva. 1547. – Sapientia Salomonis. 1547.
Ausgabe: Sämtliche Dramen. Hrsg. von Manfred Brauneck. 3 Bde. Berlin 1969–80.

Birken, Sigmund (Betulius; seit 1655: von), 5. 5. 1626 Wildstein bei Eger (Böhmen) – 12. 6. 1681 Nürnberg. Die

Familie B.s – der Vater war lutherischer Pfarrer – wurde 1629 aus Böhmen vertrieben und ließ sich in Nürnberg nieder. Hier absolvierte B. die Lateinschule, studierte dann Theologie und Jura in Jena (1643/44), bis er das Studium aus finanziellen Gründen abbrechen musste. Durch Vermittlung G. Ph. Harsdörffers erhielt er eine Stelle als Prinzenerzieher in Wolfenbüttel (1645/46); mit Anton Ulrich zu Braunschweig arbeitete er bis zu seinem Tod zusammen. 1648 kehrte er nach Nürnberg zurück, wo er zunächst als Korrektor, Hauslehrer und Gelegenheitsdichter ein Auskommen fand, bis sich seine finanzielle Situation nach Nobilitierung (1655) und Aufnahme in die »Fruchtbringende Gesellschaft« (1658) durch einträgliche Auftragsschriften für die Höfe Brandenburg-Bayreuth, Dresden, Wien und Wolfenbüttel sowie durch die Heirat mit einer wohlhabenden Witwe entschieden verbesserte. Nach ihrem Tod heiratete er 1673 ein zweites Mal; seine Tagebücher geben einen Eindruck von dem unerfreulichen Ehealltag. Seit 1662 leitete er den »Pegnesischen Blumenorden«, den er zu einem kulturellen Zentrum der Stadt machte. Am Anfang seines ungemein umfangreichen Schaffens steht sein Beitrag zum *Pegnesischen Schäfergedicht* Harsdörffers und J. Klajs; auch später blieb die Schäferdichtung, vor allem in Form der Schäferei, eine bevorzugte Gattung. Daneben schrieb er zahlreiche geistliche und weltliche Gelegenheitsgedichte, Bühnenwerke (Schäfer-, Fest-, Singspiele, Ballette), repräsentative historiographisch-panegyrische Werke, geistliche Lieder und Erbauungsschriften. Seine Poetik zeigt einen christlich moralisierenden Charakter. Die *Aramena* Anton Ulrichs bearbeitete er für den Druck und leitete sie mit einer romantheoretisch bedeutsamen Vorrede ein (Bd. 1. 1669).

Werke: Fortsetzung Der Pegnitz-Schäferey. 1645. – Krieges- und Friedensbildung; in einer [...] offentlich vorgetragenen Rede / aufgestellet / Nebenst einer Schäferey. 1649. – Teutscher Kriegs Ab- und FriedensEinzug / [...] Schauspielweiß vorgestellt. 1650. –

Die Fried-erfreuete Teutonie. Eine Geschichtschrifft. 1652. – Geistlicher Weihrauchkörner Oder Andachtslieder I. Dutzet. 1652. – Ostländischer Lorbeerhäyn / Ein Ehrengedicht. 1657. – Die Truckene Trunkenheit. Eine aus Jacobi Balde [...] gedeutschte Satyra. 1658. – Der Donau-Strand mit Allen seinen Ein- und Zuflüssen / angelegenen Königreichen. 1664. – Spiegel der Ehren des [...] Ertzhauses Oesterreich oder Ausführliche Geschicht-Schrift. 1668. – HochFürstlicher Brandenburgischer Ulysses. 1668. – Guelfis oder NiderSächsischer Lorbeerhayn. 1669. – Pegnesis. 1673–79. – Der Norische Parnaß. 1677. – Chur- und Fürstlicher Sächsischer Helden-Saal. 1677. – Margenis oder Das vergnügte bekriegte und wiederbefriedigte Teutschland. 1679. – Teutsche Rede-bind und Dicht-Kunst. 1679.

Ausgabe: Werke und Korrespondenz. Hrsg. von Klaus Garber, Ferdinand van Ingen, Dietrich Jöns und Hartmut Laufhütte. Tübingen 1988 ff.

Blass, Ernst, 17. 10. 1890 Berlin – 23. 1. 1939 ebd. Der aus einer jüdischen Kaufmannsfamilie stammende B. studierte Jura (Dr. jur. Heidelberg 1916), meldete sich freiwillig zum Kriegsdienst, wurde jedoch wegen seines schlechten Gesundheitszustands nicht einberufen. Von 1915 bis 1920 war er Archivar bei der Dresdner Bank in Berlin, danach arbeitete er als Kritiker und Feuilletonist für verschiedene Berliner Zeitungen. Seit Mitte der 20er-Jahre verschlechterten sich seine Lebensumstände zunehmend (fortschreitende Erblindung, Scheidung, Geldnot); dazu kamen das weitgehende Fehlen von Publikationsmöglichkeiten und die soziale Isolierung im Dritten Reich. B. war Mitglied im »Neuen Club«, der ersten Vereinigung expressionistischer Autoren, und seit 1910 erschienen Texte B.' in fast allen wichtigen expressionistischen Zeitschriften und Anthologien. Sein erster Gedichtband von 1912 thematisiert die Großstadtwelt und die Existenzweise ihrer Bewohner, wobei auch das Alltägliche und Banale einbezogen wird. Die Gedichte operieren mit sprachlichen und inhaltlichen Dissonanzen und Gegensätzen, etwa von strenger Versform und Jargon, von Groteskem und Schlichtem, von Ironie und Weltschmerz usw. Später orientierte sich B. an Goethe, Hölderlin und S. George und vertrat einen neoklassizistischen Ästhetizismus. Als Kritiker und Zeitschriftenherausgeber setzte er sich früh u. a. für R. Musil, A. Döblin und James Joyce ein.

Werke: Die Straßen komme ich entlang geweht. 1912. – Die Argonauten. [Zs.] 1914–21. – Die Gedichte von Trennung und Licht. 1915. – Der paradiesische Augenblick. 1920. – Über den Stil Stefan Georges. 1920. – Das Wesen der neuen Tanzkunst. 1921. – Der offene Strom. 1921. – Kain. Ein Mysterium. [Byron-Übers.] 1938.
Ausgabe: Die Straße komme ich entlang geweht. Sämtliche Gedichte. München/Wien 1980.

Blatter, Silvio, * 25. 1. 1946 Bremgarten (Aargau). Der aus einer Arbeiterfamilie stammende B. unterrichtete nach dem Besuch eines Lehrerseminars in Aarau, studierte dann ohne Abschluss Germanistik in Zürich (1970–74) und arbeitete zeitweise als Fabrikarbeiter. 1975 ließ er sich zum Hörspielregisseur ausbilden, hielt sich dann in Amsterdam und Nordfriesland auf und lebt seit 1976 als freier Schriftsteller in Zürich. Seine Romane und Erzählungen schildern Alltag, Arbeitswelt und Gesellschaft der Schweiz und verbinden dabei vielfach dokumentarische und fiktionale Elemente. Die frühen Texte handeln von der Entfremdung und der Deformation des Menschen im Arbeitsprozess, andere nehmen aktuelle Geschehnisse oder Zeitungsmeldungen zum Anlass, gesellschaftliche Realitäten zu durchleuchten. Als B.s Hauptwerk gilt die Romantrilogie *Zunehmendes Heimweh*, *Kein schöner Land* und *Das sanfte Gesetz* (›Freiamt-Trilogie‹), die in einem katholischen Teil des Kantons Aargau spielt (Freiamt) und als eine Art ›kritischer Heimatroman‹ in einem breit angelegten Zeit- und Gesellschaftsbild den zunehmenden Verlust an Heimat beschreibt. Hoffnung verbleibt, wie spätere Romane zeigen, in der Erinnerung, in der Phantasie. Dagegen lässt in dem Roman *Zwölf Sekunden Stille* der Protagonist nach anfänglicher Orientierungslosigkeit, ausgelöst durch den Eintritt in den Ruhestand, die Vergangenheit hinter sich und wendet sich, durchaus optimistisch, einer neuen Lebensphase zu.

Werke: Brände kommen unerwartet. 1968. – Eine Wohnung im Erdgeschoß. 1970. – Schaltfehler. 1972. – Mary Long. 1973. – Flucht und Tod des Daniel Zoff – vorläufiges Protokoll eines ländlichen Todes. 1974. – Genormte Tage, verschüttete Zeit. 1976. – Zunehmendes Heimweh. 1976. – Love me tender. 1980. – Die Schneefalle. 1981. – Kein schöner Land. 1983. – Wassermann. 1986. – Das sanfte Gesetz. 1988. – Das blaue Haus. 1990. – Avenue America. 1992. – Die Glückszahl. 2001. – Zwölf Sekunden Stille. 2004.

Blei, Franz, 18. 1. 1871 Wien – 10. 7. 1942 Westbury (Long Island). Nach dem Schulbesuch im Kloster Melk und in Wien studierte der Sohn eines Schuhmachers und Bauhandwerkers Philosophie und Literaturgeschichte in Genf und Zürich (Dr. phil. 1894) und lebte nach einem dreijährigen Aufenthalt in den USA und in Paris abwechselnd in München und Berlin. 1933 ließ er sich zunächst auf Mallorca nieder, floh dann 1936 vor den Nationalsozialisten über Wien, Italien und Frankreich schließlich in die USA; seit 1941 wohnte er in New York. B., der sich gleichzeitig zum Kommunismus und zur katholischen Kirche bekannte, übte einen bedeutenden Einfluss auf das literarische Leben im ersten Jahrhundertdrittel aus. Er trat als Herausgeber bibliophiler Zeitschriften hervor und förderte als Lektor und Herausgeber Autoren wie R. Walser, F. Kafka, R. Musil und H. Broch und durch Übersetzungen und Editionen die Rezeption frz. Literatur in Deutschland (Stendhal, Charles Baudelaire, Maurice Barrès, Paul Claudel, André Gide). Erotik bzw. Kultur- und Sittengeschichte prägen die Inhalte seiner eigenen erzählenden und essayistischen Werke, unter denen die biographischen Porträts herausragen. Neben einer Reihe von im Ganzen wenig erfolgreichen Dramen schrieb er auch ein Opernlibretto für Paul Hindemith (*Das Nuschi-Nuschi*). Bekannt geblieben ist er v. a. mit seinen satirischen Schriftstellerporträts.

Werke: Die galante Zeit. 1904. – Das Lesebuch der Marquise. Ein Rokokobuch. 1908. – Vermischte Schriften. 6 Bde. München 1911–12. – Bestiarium Literaricum. 1920. Erw. Ausg. u. d. T.: Das große Bestiarium der modernen Literatur. 1922. – Das Nuschi-Nuschi. 1921. – Leben und Traum der Frauen. 1921. – Der Knabe Ganymed. 1923. – Lehrbücher der Liebe. 1923. – Das Kuriositäten-Kabinett der Literatur. 1924. – Frauen und Abenteurer. 1927. – Glanz und Elend berühmter Frauen. 1927. – Erzählung eines Lebens. 1930. – Formen der Liebe. 1930. – Talleyrand. 1932. – Zeitgenössische Bildnisse. 1940.

Ausgabe: Schriften in Auswahl. Hrsg. von Albert Paris Gütersloh. München 1960.

Blumauer, Aloys, 21. 12. 1755 Steyr – 16. 3. 1798 Wien.

B., Sohn eines Eisenwarenhändlers, besuchte das Jesuitengymnasium in Steyr (1767–72) und trat dann in Wien als Novize in den Orden ein, der ein Jahr später im Reich aufgelöst wurde. Er studierte an der philosophischen Fakultät in Wien und verdiente seinen Lebensunterhalt zunächst wohl als Hofmeister. 1781 wurde er Mitherausgeber des *Wiener Musenalmanachs*, 1782–84 redigierte er die aufklärerische *Realzeitung*, 1784–86 das *Journal für Freymaurer* (1782 war er in die Freimaurerloge »Zur wahren Eintracht« aufgenommen worden). Daneben hatte er seit 1782 die Stellung des k. k. Bücherzensors inne; er verlor sie wieder nach dem Tod Leopolds II. (1792). Im selben Jahr kaufte er die Buchhandlung Gräffer & Comp. B.s literarisches Wirken begann mit einem empfindsamen Trauerspiel. Bekannt wurde er jedoch als vielseitiger Lyriker der österreichischen Aufklärung und v. a. als Verfasser der Fragment gebliebenen Literaturtravestie nach Vergils *Äneis*, die – durchaus gegenwartsbezogen – die josephinische Politik gegen die Machtansprüche der Kirche unterstützte.

Werke: Erwine von Steinheim. 1780. – Beobachtungen über Österreichs Aufklärung und Litteratur. 1782. – Die Abentheuer des frommen Helden Aeneas. 1782. Erw. u. d. T.: Virgils Aeneis travestirt. 3 Bde. 1784–88. – Gedichte. 1782. – Freymaurergedichte. 1786. – Gedichte. 1787. – Gedichte. 1796.

Ausgabe: Sämmtliche Werke. 8 Bde. Hrsg. von K. L. M. Müller. Leipzig 1801–03. Nachdr. in 9 Bdn. Wien 1809.

Bobrowski, Johannes, 9. 4. 1917 Tilsit (Ostpreußen) – 2. 9. 1965 Berlin (DDR). Der Sohn eines Eisenbahnbeamten besuchte 1927–37 das humanistische Gymnasium in Königsberg und wurde 1936 Mitglied der ev. Bekennenden Kirche. Nach dem Abitur begann er mit dem Studium der Kunstgeschichte und nahm dann nach Arbeits- und Militärdienst als Gefreiter in einem Nachrichtenregiment am Krieg teil. 1945–49 arbeitete er als Kriegsgefangener im Kohlenrevier des Donezbeckens. Danach lebte er als Lektor in Friedrichshagen bei Berlin. Sein Verhältnis zur DDR blieb, trotz grundsätzlicher Bejahung, schwierig. Nach der frühen Veröffentlichung von einzelnen Gedichten in der Zeitschrift *Das innere Reich* (1944) fand B. Anfang der 50er-Jahre unter dem Einfluss F. G. Klopstocks und P. Huchels zu seinem eigenen Stil. Er verband Elemente der freirhythmischen Odendichtung und der symbolistischen Dichtungstradition mit der für sein Werk charakteristischen ›sarmatischen‹ Thematik (»die Deutschen und der europäische Osten«). Die Gedichte rufen die Landschaften der Kindheit zurück, sind aber keine Naturgedichte im Sinn eines Rückzugs von der geschichtlichen Welt, sondern zeichnen, realistisch und visionär zugleich, in Natur und Landschaft die »Blutspur« der Geschichte von der Ausrottung der Pruzzen bis zu den Schrecken des letzten Krieges nach. Dieser Themenkomplex, das Miteinander der Menschen verschiedener Nationalitäten in Grenzgebieten und das Hineinwirken der Vergangenheit in die Gegenwart, prägt auch B.s fiktive Prosa (Kleinprosa, Erzählungen, Romane) samt den damit verbundenen Reflexionen über Schuld und Verpflichtung für die Zukunft.

Werke: Sarmatische Zeit. 1961. – Schattenland Ströme. 1962. – Levins Mühle. 1964. – Boehlendorff und andere. 1965. – Mäusefest und andere Erzählungen. 1965. – Böhlendorff und Mäusefest.

1966. – Litauische Claviere. 1966. – Wetterzeichen. 1966 [recte 1967]. – Der Mahner. 1967. – Im Windgesträuch. Gedichte aus dem Nachlaß. 1970.

Ausgaben: Johannes Bobrowski – Peter Huchel: Briefwechsel. Hrsg. von Eberhard Haufe. Marbach a. N. 1993. – Gesammelte Werke. Hrsg. von E. Haufe [und Holger Gahler. Bd. 6]. 6 Bde. Stuttgart 1998–99.

Bodenstedt, Friedrich (seit 1867: von), 22. 4. 1819 Peine – 18. 4. 1892 Wiesbaden. Der Sohn eines Brauers führte nach einer Zeit als Kaufmannslehrling und kurzen Geschichts- und Fremdsprachenstudien ein höchst wechselvolles Leben (1840 Privatlehrer eines russ. Fürsten in Moskau, 1843 Gymnasiallehrer in Tiflis, anschließend Kleinasienreise). Seit 1846 hielt er sich als Mitarbeiter verschiedener Zeitungen in einer Reihe von dt. Städten und in Triest auf, bis er 1854 von König Maximilian II. nach München berufen wurde (Honorarprofessor für slawische Sprachen, dann für engl. Literatur). 1866–69 war B. Intendant des Meinunger Hoftheaters, seit 1876 lebte er in Wiesbaden (unterbrochen von einer USA-Reise 1880–82). Seine Reiseberichte zählen neben seinen Übersetzungen (Lermontow, Puschkin, Turgenjew, Beteiligung an einer Shakespeare-Neuausgabe u. a.) zu seinen wichtigsten Leistungen. Den größten Erfolg hatte er mit den als Übersetzungen ausgegebenen heiter-orientalisierenden *Liedern des Mirza-Schaffy* nach dem Vorbild von Goethes *Divan.*

Werke: Die Völker des Kaukasus und ihre Freiheitskämpfe gegen die Russen. 1848. – Tausend und Ein Tag im Orient. 1849–50. – Die Lieder des Mirza-Schaffy. 1851. – Gesammelte Schriften. 12 Bde. 1865–69. – Erzählungen und Romane. 7 Bde. 1871–72. – Aus dem Nachlasse Mirza Schaffy's. 1874. – Vom Atlantischen zum Stillen Ozean. 1882. – Erinnerungen aus meinem Leben. 1888–90.

Bodmer, Johann Jacob, 19. 7. 1698 Greifensee (Kanton Zürich) – 2. 1. 1783 Zürich. Der Pfarrerssohn verließ 1718 das Collegium Carolinum, die Züricher Gelehrtenschule, um in Lyon und Lugano kaufmännische Erfahrungen zu sammeln. Doch erwarb er v. a. literarische Kenntnisse. Nach seiner Rückkehr 1719 arbeitete er in der Züricher Staatskanzlei. Seit 1725 lehrte er am Collegium Carolinum, zunächst als Verweser, dann ab 1731 (bis 1775) als Inhaber des Lehrstuhls für Helvetische Geschichte. 1727 heiratete er Esther Orell. Das Haus der Bodmers war ein bedeutender literarischer Treffpunkt; bei den Versuchen, die Dichter der jüngeren Generation (Klopstock, Wieland) zu fördern, ging es allerdings nicht ohne Missverständnisse ab. B.s breites kritisches und literarisches Werk, vielfach in Zusammenarbeit mit J. J. Breitinger entstanden, nimmt eine wichtige Stellung in der ästhetischen und literarischen Diskussion der 1. Hälfte des 18. Jh.s ein. Zukunftsweisend waren v. a. die Erweiterung des Nachahmungsprinzips, die Vorstellungen von einer schöpferischen Einbildungskraft sowie vom Neuen, Wunderbaren und Erhabenen, die die Voraussetzungen für eine Subjektivierung der Dichtkunst schufen. Ansätze der ästhetischen Programmatik, an der sich ein Streit mit Gottsched und seinen Anhängern entzündete, gehen bis auf die *Discourse der Mahlern* zurück, eine der ersten dt. Moralischen Wochenschriften. In engem Zusammenhang mit dem kritisch-ästhetischen Werk stehen die Übersetzungen B.s – u. a. Milton und Homer – sowie sein Interesse für die ältere dt. Dichtung, die sich in kritischen Beiträgen, Editionen und Nachdichtungen niederschlug. B.s eigene Dichtungen – u. a. Patriarchaden, ein satirischer Roman und etwa 40 Dramen – blieben ohne Bedeutung.

Werke: Die Discourse der Mahlern. 1721–23. [Mit J. J. Breitinger u. a.] – Von dem Einfluß und Gebrauche Der Einbildungs-Krafft. 1727. [Mit J. J. Breitinger.] – Anklagung Des Verderbten Geschmackes. 1728. – Johann Miltons Verlust des Paradieses. 1732. Weitere, z. T. stark veränd. Ausg. 1742, 1754, 1759, 1769, 1780. – Character Der Teutschen Gedichte. 1734. – Helvetische Bibliotheck. 1735–41. [Mit J. J. Breitinger.] – Brief-Wechsel Von der Natur Des Poetischen Geschmackes. 1736. – Des Freiherrn von Canitz satirische und sämmtliche übrige Gedichte. 1737. – Historische und Critische Beyträge Zu der Historie Der Eydsgenossen. 1739. [Mit J. J. Breitinger.] – Critische Abhandlung von dem Wunderbaren in der Poesie. 1740. – Critische Betrachtungen über die Poetischen Gemählde Der Dichter. 1741. – Martin Opitzens [...] Gedichte. 1745. [Mit J. J. Breitinger.] – Critische Briefe. 1746. – Alexander Popens Duncias. 1747. – Neue Critische Briefe. 1749. – Noah ein Helden-Gedicht. 1750. – Edward Grandisons Geschichte in Görlitz. 1755. – Chriemhilden Rache, und Die Klage. 1757. – Fabeln aus den Zeiten der Minnesinger. 1757. [Mit J. J. Breitinger.] – Sammlung von Minnesingern [...] CXL Dichter enthaltend. 1758–59. [Mit J. J. Breitinger.] – Politische Schauspiele. 3 Bde. 1768. – Schweizerische Schauspiele. 1775. – Homers Werke. 1778.

Böhlau, Helene, 22. 11. 1859 Weimar – 26. 3. 1940 Widdersberg bei Herrsching (Ammersee). Die Tochter des Verlegers Hermann Böhlau heiratete 1886 den Arzt und Schriftsteller Friedrich Arndt (1839–1911), mit dem sie zunächst in Konstantinopel (1886–88), dann in Ingolstadt und München lebte. Bereits 1882 veröffentlichte sie *Novellen* nach dem Vorbild P. Heyses. In ihrem weiteren Werk bildeten sich zwei Schwerpunkte heraus: humoristische bürgerliche Unterhaltungslektüre vor dem Hintergrund der Gesellschaft Alt-Weimars und Romane, die entschieden für die Emanzipation der Frau eintraten. Später suchte B. die scharfe Gesellschaftskritik etwa in dem Roman *Halbtier!* herunterzuspielen; ihr nach dem Ersten Weltkrieg entstandenes Werk hat harmonisierenden Charakter.

Werke: Novellen. 1882. – Rathsmädelgeschichten. 1888. – Reines Herzens schuldig. 1888. – Herzenswahn. 1888. – In frischem Wasser. 1891. – Der Rangierbahnhof. 1895. – Das Recht der Mutter. 1896. – Altweimarische Liebes- und Ehegeschichten. 1897. – Halbtier! 1899. – Das Haus zur Flamm'. 1907. – Isebies. 1911. – Der gewürzige Hund. 1916. – Die leichtsinnige Eheliebste. 1925. – Gesammelte Werke. 9 Bde. 1927–29. – Die kleine Goethemutter. 1928. – Föhn. 1931. – Die drei Herrinnen. 1937.

Böhme, Jacob, 1575 Alt-Seidenberg bei Görlitz – 17. 11. 1624 Görlitz. Der aus einer offenbar recht wohlhabenden Bauernfamilie stammende B. erlernte wegen seiner schwachen Gesundheit das Schuhmacherhandwerk. Als Meister erwarb er 1599 das Bürgerrecht und Hausbesitz in Görlitz; später verlegte er sich mit Erfolg auf die Spekulation mit Garn und Leder und verschaffte sich dadurch eine gewisse soziale Unabhängigkeit. Bereits um 1600 hatte er eine Vision. Mit diesem Erlebnis ging B. zwölf Jahre um, bis ihm die »Auswickelung«, die Umsetzung des Geschauten in Sprache, möglich wurde. So entstand 1612 sein erstes Werk, *Aurora, oder Morgenröthe im Aufgang*, das bald in mehreren Kopien zirkulierte. Auf Betreiben der lutherisch-orthodoxen Geistlichkeit wurde das Manuskript 1615 konfisziert; B. erhielt Schreibverbot, das er seit 1618 allerdings ignorierte. Die Veröffentlichung des *Wegs zu Christo* Anfang 1624, der einzige Druck eines seiner Werke zu Lebzeiten, führte zu erneuten Untersuchungen. B. nahm daher eine Einladung an den Dresdener Hof an, die aber zu keinen Ergebnissen führte. B. erhob den Anspruch, durch göttliche Gnade »den Grund und Ungrund« der Schöpfung, ihr ganzes »Wesen in Bösem und Gutem«, die Auflösung der Widersprüche in einer übergreifenden Einheit geschaut und erkannt zu haben. Dabei weitete sich das mystische Erlebnis zu einem Versuch, die ganze Schöpfung zu beschreiben und zu deuten, und es entstand, nicht zuletzt angeregt durch die Frage nach der Herkunft des Bösen in der Welt, ein umfassender, sprachmächtiger Schöpfungsmythos, in dem sich mystische Erfahrungen mit alchimistisch-paracelsischen Strömungen verbanden. Unmittelbare Wirkung ging vor allem von B.s naturmystischen Vorstellungen aus, die sich in seiner von Paracelsus beeinflussten Signaturenlehre und dem daraus folgenden Konzept von der »Natur-Sprache« konkretisierten. Unter den Dichtern und Sprachtheoretikern des deutschen Barock sind insbesondere D. Czepko, J. Scheffler, J. Klaj und Q. Kuhlmann seinem Werk verpflichtet. Eine wichtige Vermittlerrolle spielte A. v. Franckenberg.

Werke: Aurora, oder Morgenröthe im Aufgang. 1612. – De tribus principiis, oder Beschreibung der Drey Principien göttliches Wesens. 1619. – De incarnatione verbi, oder Von der Menschwerdung Jesu Christi. 1620. – Mysterium pansophicum, oder Gründlicher Bericht von dem Irdischen und Himmlischen Mysterio. 1620. – Sex puncta theosophica, oder Von sechs Theosophischen Puncten hohe und tiefe Gründung. 1620. – De signatura rerum, oder Von der Geburt und Bezeichnung aller Wesen. 1622. – Mysterium magnum, oder Erklärung über Das Erste Buch Mosis. 1622/23. – De electione gratiae, oder Von der Gnaden-Wahl. 1623. – Quaestiones theosophicae, oder Betrachtung Göttlicher Offenbarung. 1624. – Der Weg zu Christo. 1624. [Die Daten sind, bis auf die Angabe zum letzten Text, Entstehungsdaten. Die Titel folgen im Wortlaut dem in den *Sämtlichen Schriften* von 1730.]

Ausgaben: Sämtliche Schriften. Faks.-Nachdr. der Ausg. von 1730 in 11 Bdn. Hrsg. von Will-Erich Peuckert. Stuttgart 1955–61. – Die Urschriften. Hrsg. von Werner Buddecke. 2 Bde. Stuttgart-Bad Cannstatt 1963–66. – Werke. Hrsg. von Ferdinand van Ingen. Frankfurt a. M. 1997. [Aurora, De Signatura Rerum.]

Böll, Heinrich, 21. 12. 1917 Köln – 16. 7. 1985 Langenbroich. Der Sohn eines Schreinermeisters und Bildhauers, der u. a. ein »Atelier für kirchliche Kunst« betrieb, wuchs in einer katholisch geprägten Umgebung auf und begann nach dem Abitur an einem humanistischen Gymnasium 1937 eine Buchhandelslehre, die er ein Jahr später abbrach. Nach der Absolvierung des Arbeitsdienstes (1938–39) begann er im Sommer 1939 in Köln mit dem Studium der Germanistik und Klassischen Philologie, wurde aber bereits im Herbst zur Wehrmacht eingezogen (Frankreich, UdSSR, Rumänien, Ungarn). Nach Kriegsende kehrte er, seit 1942 mit der Lehrerin Annemarie Çech verheiratet, nach Köln zurück; seine Frau ernährte die Familie, während er erst allmählich nach verschiedenen Gelegenheitsarbeiten zum Schreiben fand und seit 1951 (Preis der »Gruppe 47«) als freier Schriftsteller lebte. In den folgenden Jahren hielt er sich längere Zeit in Irland auf und unternahm einige weitere Reisen (u. a. in die Sowjetunion); zahlreiche Auszeichnungen unterstrichen seinen wachsenden Ruhm (1967 Georg-Büchner-Preis, 1972 Nobelpreis für Literatur). 1976 trat er aus der katholischen Kirche aus. Durch seine Bemühungen um eine Verständigung zwischen Deutschland und Osteuropa, sein Engagement für Minderheiten und Randgruppen, seine Hilfe für verfolgte Schriftsteller, seinen Protest gegen innenpolitische Repression und seine aktive Rolle in der Friedensbewegung wurde B. zugleich zu einer moralischen Instanz (und war insbesondere in der hysterischen Atmosphäre der Terroristenfahndung Gegenstand heftiger Angriffe v. a. der Springer-Presse). 1983 machte ihn die Stadt Köln nach heftigen parteipolitischen Auseinandersetzungen zum Ehrenbürger; die letzten Jahre lebte er in Bornheim-Merten.

In der ersten Schaffensphase schrieb B., so die eigene Formulierung, »Kriegs-, Heimkehrer- und Trümmerliteratur«, zunächst in der Form der lakonischen Kurzgeschichte, die er sich nach amerikanischen Vorbildern (Hemingway) erarbeitete. Neben der Darstellung der Sinnlosigkeit und Unmenschlichkeit des Krieges geraten früh die Entwicklungen in der Nachkriegszeit ins Blickfeld, wobei neben der Kontinuität gesellschaftlicher Strukturen die neuen, subtileren Zwänge der verwalteten Gesellschaft sichtbar gemacht oder satirisch entlarvt werden. Die Nachkriegsrealität ist auch der Gegenstand der Romane der 50er-Jahre, wobei sich Vergangenheitsaufarbeitung und Gegenwartskritik verbinden und eine viel kritisierte drastische Symbolik für Eindeutigkeit sorgt. Mit den *Ansichten eines Clowns*, einem aus Telefongesprächen und Erinnerungen komponierten Bewusstseinsmonolog, erreichte B.s moralisch fundierte Kritik an der westdeutschen Restaurationsgesellschaft, dem CDU-Staat, ihren Höhepunkt. Die Verteidigung des persönlichen Frei- und Lebensraums und der menschlichen Würde angesichts der politischen und gesellschaftlichen Bevormundung und Zwänge blieb im Sinn einer »Ästhetik des Humanen« ein konstantes Thema seiner weiteren Werke, seiner Satiren, seiner irischen Reiseschilderung, die zugleich eine indirekte Deutschlandkritik darstellt, und seiner weiteren Romane und Erzählungen. Dabei wurden, begründet auch durch persönliche Erfahrungen, die Perspektiven immer düsterer (*Fürsorgliche Belagerung*, *Frauen vor Flußlandschaft*). Unmittelbares Engagement zeigt sein breites publizistisches Werk, für das Titel wie *Einmischung erwünscht* oder *Die Fähigkeit zu trauern* beispielhaft stehen.

Werke: Der Zug war pünktlich. 1949. – Wanderer, kommst du nach Spa.... 1950. – Die schwarzen Schafe. 1951. – Wo warst du, Adam? 1951. – Und sagte kein einziges Wort. 1953. – Haus ohne Hüter. 1954. – Das Brot der frühen Jahre. 1955. – Irisches Tagebuch. 1957. – Doktor Murkes gesammeltes Schweigen. 1958. – Billard um halb zehn. 1959. – Brief an einen jungen Katholiken. 1961. – Ein Schluck Erde. 1962. – Ansichten eines Clowns. 1963. – Hierzulande. Aufsätze zur Zeit. 1963. – Entfernung von der Truppe. 1964. – Ende einer Dienstfahrt. 1966. – Frankfurter Vorlesungen. 1966. – Nicht nur zur Weihnachtszeit. 1966. – Aufsätze, Kritiken, Reden. 1967. – Gruppenbild mit Dame. 1971. – Gedichte. 1972. – Die verlorene Ehre der Katharina Blum oder: Wie Gewalt entstehen und wohin sie führen kann. 1974. – Bericht zur Gesinnungslage der Nation. 1975. – Einmischung erwünscht. Schriften zur Zeit. 1977. – Fürsorgliche Belagerung. 1979. – Das Vermächtnis. 1981. – Vermintes Gelände. 1982. – Die Verwundung und andere frühe Erzählungen. 1983. – Ein- und Zusprüche. 1984. – Frauen vor Flußlandschaft. 1985. – Die Fähigkeit zu trauern. 1986. – Der Engel schwieg. 1992. – Der blasse Hund. 1995.

Ausgaben: Werke. Hrsg. von Bernd Balzer. 10 Bde. Köln 1978. – Werke. Romane und Erzählungen 1–4. [1947–85.] Hrsg. von B. Balzer. 4 Bde. Köln 1987. – Briefe aus dem Krieg 1939–1945. Hrsg. von Jochen Schubert. 2 Bde. Köln 2001. – Werke. Kölner Ausgabe. Hrsg. von Árpád Bernáth [u. a.]. 27 Bde. Köln 2002 ff.

Börne, Ludwig, 24. 5. 1786 Frankfurt a. M. – 12. 2. 1837 Paris. Der als Juda Löw Baruch geborene B. – er gab den 6. 5. als Geburtstag an – wuchs im Frankfurter Ghetto auf, besuchte ein Internat in Gießen und studierte nach einem Aufenthalt in Berlin zunächst Medizin in Halle (1804–06), wechselte aber 1807 in Heidelberg das Fach und promovierte 1808 in Gießen in den Staats- und Kameralwissenschaften zum Dr. phil. Der Code Napoléon ermöglichte ihm den Eintritt in den Staatsdienst (1811 Polizeiaktuarius in Frankfurt), bis mit dem Wiener Kongress die alten Verhältnisse wiederhergestellt wurden und er 1815 Amt und Bürgerrechte verlor. 1818 trat er zum Protestantismus über und änderte seinen Namen. Im selben Jahr begann seine publizistische Tätigkeit als Zeitschriftenherausgeber, Redakteur und Mitarbeiter liberaler Zeitungen. Er trat entschieden für die bürgerlichen Freiheiten, für Pressefreiheit und Volksvertretung ein, übte Kritik an den reaktionären dt. Verhältnissen und verstand auch seine kultur-, literatur- und theaterkritischen Arbeiten als Mittel, eine politische Öffentlichkeit herzustellen. Der ständigen Behinderung durch die Zensur suchte er durch die Perfektionierung einer hintergründigen, von Witz und Satire bestimmten Schreibweise zu begegnen. Die Julirevolution von 1830 veranlasste ihn, nach Paris überzusiedeln. Aus der Korrespondenz mit seiner Freundin Jeanette Wohl entstanden die *Briefe aus Paris*, in denen B. als radikaler Republikaner die politischen Verhältnisse in Europa und speziell in Deutschland kommentierte und attackierte. Dafür wurde er auf dem Hambacher Fest 1832 als Vorkämpfer der dt. Freiheitsbewegung gefeiert. Die letzten Jahre des an einer Lungenkrankheit leidenden B. wurden von dem Zerwürfnis mit Heine überschattet. Postum erschien seine Abrechnung mit dem chauvinistischen Stuttgarter Literaturkritiker Wolfgang Menzel.

Werke: Die Wage. 1818–21. [Hrsg.]. – Gesammelte Schriften. 14 Bde. 1829–34. – Briefe aus Paris. 1832 [recte 1831] – 34. [In: Ges. Schriften. Bd. 9–14.] – La Balance. Revue allemande et française. 1836. [Hrsg.] – Menzel der Franzosenfresser. 1837.
Ausgabe: Sämtliche Schriften. Neu bearb. und hrsg. von Inge und Peter Rippmann. 5 Bde. Darmstadt 1964–68.

Bohse, August (Pseud. Talander), 2. 4. 1661 Halle a. d. S. – 11. 8. 1742 Liegnitz. Der aus einer Juristenfamilie stammende B. führte nach dem Abbruch seines Studiums 1681 (Pest in Leipzig) zunächst ein unruhiges Wanderleben, unterbrochen nur durch längere Aufenthalte in Hamburg (1685–88) und Weißenfels (1693–97, Sekretär am dortigen Hof). Erst 1708 erhielt er, 1700 in Jena zum Dr. jur. promoviert, eine feste Anstellung als Professor an der neu gegründeten Ritterakademie in Liegnitz. B. gehörte zu den ersten Schriftstellern, die – wenigstens für einen Abschnitt ihres Lebens – vom Ertrag ihrer Feder leben mussten. Die Produktion war entsprechend groß (Gelegenheitsgedichte, Romanübersetzungen, Anekdoten- und Geschichtensammlungen, Briefsteller u. a.). Seine insgesamt 15 eigenen Romane bezeichnen den Übergang vom höfisch-historischen zum galanten Roman mit seiner konformistischen Gesellschaftsmoral.

Werke: Der Liebe Irregarten. 1684. – Liebes-Cabinet der Damen. 1685. – Talanders Unglückselige Princessin Arsinoë. 1687. – Die Durchlauchtigste Alcestis. 1689. – Die Eiffersucht der Verliebten. 1689. – Der allzeitfertige Brieffsteller. 1690. – Amor An Hofe. 1690–91. – Der Durchlauchtigste Arsaces. 1691. – Der getreuen Bellamira wohlbelohnte Liebes-Probe. 1692. – Getreuer Wegweiser zur Teutschen Redekunst und Briefverfassung. 1692. – Schauplatz Der Unglückselig-Verliebten. 1693. – Aurorens [...] Staats- und Liebes-Geschichte. 1695. – Die getreue Sklavin Doris. 1696. – Die Amazoninnen aus dem Kloster. 1696. – Neu-Erleuterter Briefsteller. 1697. – Die Liebenswürdige Europäerin Constantine. 1698. – Ariadnens [...] Staats- und Liebes-Geschichte. 1699. – Die Durchlauchtigste Argenis. 1700. [Barclay-Übers.] – Der getreue Hoffmeister. 1703. – Talanders Letztes Liebes- und Helden-Gedichte. 1706. – Antonia de Palma. 1709.

Boner, Ulrich, zwischen 1324 und 1350 mehrfach in Berner Urkunden erwähnter Dominikaner. Er gilt als wahrscheinlicher Verfasser der ersten deutschsprachigen Sammlung äsopischer Fabeln (*Der Edelstein*, vollendet um 1350/51). Als Quellen benutzte er die lat. Fabelsammlungen des *Anonymus Neveleti* und des Avianus, aus denen er 100 Texte in dt. Reimpaarverse umsetzte. In Prolog und

Epilog spricht er vom Nutzen der Fabeldichtung, die am Beispiel der von Gott geschaffenen Natur belehren und zu Gott hinführen soll. Die Fabeln selbst folgen dem Schema Erzählung – Auslegung. *Der Edelstein* gehört zu den frühesten gedruckten Büchern (1461) und spielt auch noch in der Fabeldiskussion des 18. Jh.s eine Rolle.

Ausgabe: Der Edelstein. Hrsg. von Friedrich Pfeiffer. Leipzig 1844.

Borchardt, Rudolf, 9. 6. 1877 Königsberg – 10. 1. 1945 Trins (Tirol). Der aus einer Kaufmanns- und Bankiersfamilie jüdischer Herkunft stammende B. wurde, so er selbst, »in den Traditionen evangelischen Lebens und der Treue gegen den König« erzogen. Von 1895 an studierte er ohne Abschluss Klassische Philologie und Archäologie in Berlin, Bonn und Göttingen. Nach einer schweren Krankheit (1901) und dem Bruch mit dem Vater ging er nach Italien. Hier lebte er, finanziell unabhängig, bei Lucca bis zum Ausbruch des Ersten Weltkriegs (Kriegsdienst); 1921 kehrte er – in zweiter Ehe mit einer Nichte R. A. Schröders verheiratet – nach Italien zurück, das er nur zu Vortragsreisen verließ. Im August 1944 wurden er und seine Familie verhaftet und vorübergehend nach Innsbruck gebracht. Entscheidend für seine geistige und dichterische Entwicklung wurde die Begegnung mit Schriften J. G. Herders, H. v. Hofmannsthals und auch S. Georges. Nach den seit 1899 entstandenen *Jugendgedichten*, die sich durch eine Verbindung von Formstrenge und rauschhafter Sprachgewalt auszeichnen, entwickelte B. in Italien, konträr zu allen maßgebenden Konzepten der literarischen Moderne, ein konservatives Programm einer dichterischen Erneuerung auf der Basis der kulturellen Überlieferung der Antike und des Mittelalters, das er in einem umfangreichen, z. T. sprachschöpferisch-archaisierenden Übersetzungswerk, in historischen und philologischen Studien, in Anthologien und eigenen Dichtungen (Lyrik, Verserzählung, Erzählung, Drama) umsetzte. B.s elitäre »schöpferische Restauration«, von der zahlreiche Reden und Essays sprechen, betraf auf höchst missverständliche Weise auch den politischen Bereich.

Werke: Gespräch über Formen und Platons Lysis deutsch. 1905. – Rede über Hofmannsthal. 1905. – Buch Joram. 1907. – Jugendgedichte. 1913. – Swinburne deutsch. 1919. – Der Durant. 1920. – Verkündigung. 1920. – Die Schöpfung aus Liebe. 1923. – Altionische Götterlieder. 1924. – Die großen Trobadors. 1924. – Vermischte Gedichte. 1924. – Handlungen und Abhandlungen. 1928. – Das hoffnungslose Geschlecht. 1929. – Dante deutsch. 1930. – Pamela. 1934. – Vereinigung durch den Feind hindurch. 1937. – Pisa. 1938.
Ausgaben: Gesammelte Werke in Einzelbänden. Hrsg. von Marie Luise Borchardt [u. a.]. 14 Bde. Stuttgart 1955–90. – Gesammelte Briefe. Hrsg. von Gerhard Schuster und Hans Zimmermann. 20 Bde. München/Wien 1995 ff. – Gedichte. Textkrit. rev. Neuedition der Ausg. von 1957. Hrsg. von G. Schuster und Lars Korten. Stuttgart 2003.

Borchert, Wolfgang, 20. 5. 1921 Hamburg – 20. 11. 1947 Basel. Der Sohn einer niederdt. Heimatschriftstellerin und eines Lehrers verließ 1938 die Oberrealschule und entschied sich für eine Buchhandelslehre und eine Ausbildung als Schauspieler. Nach der Schauspielprüfung und einem kurzen Engagement in Lüneburg wurde er im Juni 1941 zur Wehrmacht eingezogen und an der Ostfront eingesetzt. Er verbüßte 1942 und 1944 mehrmonatige Gefängnisstrafen wegen Selbstverstümmelung bzw. regimefeindlicher Äußerungen. Gegen Kriegsende geriet er in frz. Gefangenschaft; er konnte fliehen und gelangte im Mai 1945 wieder nach Hamburg. Hier trat er zunächst in Kabaretts auf, doch machte eine schwere Leberkrankheit, die ihn seit Spätherbst 1945 an das Bett fesselte, weitere Schauspiel- und Regiepläne zunichte. Seine Prosatexte und sein Schau- bzw. Hörspiel *Draußen vor der Tür* (Erstsendung: NWDR, 13. 2. 1947; UA am 21. 11. 1947 Hamburger Kammerspiele) entstanden von Anfang 1946 bis Sommer 1947. Das Heimkehrerstück, das Momente des expressionistischen Stationendramas und der allegorisierenden Moralität verbindet, stellt mit dem Pathos des Leidens und der Empörung über Unrecht und Schuld die Erfahrungen einer betrogenen Generation dar, die zu Hause den Verdrängungsversuchen der anderen ausgesetzt ist, desillusioniert die Sinnfrage stellt und Traditionen und Autoritäten eine radikale Absage erteilt. Die formal vielfältigen Kurzgeschichten folgen mit ihrer lakonischen, lapidaren Sprache der zeitgenössischen Forderung nach einer konsequenten Vereinfachung der stilistischen Mittel, handeln von Außenseitern im Krieg und in der Trümmerlandschaft der Großstadt der Nachkriegszeit, thematisieren Gegensätze und Spannungen wie Krieg und Frieden, Ausgesetztsein und Sehnsucht nach Heimat, Freundschaft und Einsamkeit, Menschlichkeit und Überlebenswillen.

Werke: Laterne, Nacht und Sterne. Gedichte um Hamburg. 1946. – Die Hundeblume. Erzählungen aus unseren Tagen. 1947. – Draußen vor der Tür. 1947. – An diesem Dienstag. Neunzehn Geschichten. 1947. – Die traurigen Geranien und andere Geschichten aus dem Nachlaß. Hrsg. von Peter Rühmkorf. 1962.

Ausgabe: Das Gesamtwerk. Mit einem biographischen Nachwort von Bernhard Meyer-Marwitz. Hamburg 1949.

Born, Nicolas, 31. 12. 1937 Duisburg – 7. 12. 1979 Hamburg. Der Sohn eines Polizisten arbeitete von 1950 bis 1965 als Chemigraph in Essen. 1965 erhielt er den Förderpreis des Landes Nordrhein-Westfalen und ging als freier Schriftsteller nach Berlin. Hier lebte er, unterbrochen von Aufenthalten in den USA (1969–70) und der Villa Massimo in Rom, bis er sich 1974–75 in Dannenberg (Niedersachsen) niederließ. B. begann mit Texten, die nach dem Muster der »Kölner Schule« (und des Nouveau roman) Realität, Eindrücke, Ereignisse ohne Deutung zu registrieren schienen, jedoch durch ihre Reflexivität und zunehmende Subjektivität einen eigenen Charakter annahmen. Mit seinen Gedichten und Romanen der 70er-Jahre gilt B. als einer der bedeutendsten Vertreter der Neuen Innerlichkeit, zuletzt mit dem Roman *Die Fälschung*, der Geschichte eines Schriftstellers, der sich von allen Bindungen und überindividuellen Normsetzungen in einem qualvollen Prozess zu befreien und sich selbst zu finden sucht.

Werke: Der zweite Tag. 1965. – Marktlage. 1967. – Wo mir der Kopf steht. 1970. – Das Auge des Entdeckers. 1972. – Die erdabgewandte Seite der Geschichte. 1976. – Gedichte 1967–1978. 1978. – Die Fälschung. 1979. – Die Welt der Maschine. Aufsätze und Reden. 1980. – Täterskizzen. Erzählungen. 1983.
Ausgabe: Gedichte. Hrsg. von Katharina Born. Göttingen 2004.

Bote, Hermann (Hermen), vor 1467 Braunschweig – 1520 (?) ebd. Der Sohn eines Braunschweiger Schmiedemeisters und Ratsherrn wird 1488 zum ersten Mal urkundlich erwähnt. Eine Beschwerde gegen den Zollschreiber B. führte zu seiner Amtsenthebung. Danach hielt er sich wahrscheinlich im cellischen Amt Papenteich als Dorfrichter und Steuereinnehmer auf, bis er 1492/93 nach Braunschweig zurückkehrte und sich wieder vom Bierschenk im städtischen Ratskeller zum Zollschreiber (seit 1497) hocharbeitete, doch 1513 im Zusammenhang mit städtischen Unruhen erneut aus dem Amt vertrieben wurde. Von 1515 bis Juni 1520 ist er als Verwalter der städtischen Ziegelei nachweisbar. Da B. sich nur im Fall des amtlichen *Zollbuchs* (*Tollenboyk*) als Verfasser offen nannte, blieb der Umfang seines Schaffens jahrhundertelang unbekannt. Es umfasst Chroniken (etwa der städtischen Unruhen in Braunschweig: *Dat Schichtboick*), ein allegorisches Lehrgedicht und eine Spruchsammlung. Außerdem gilt B. auch als Verfasser bzw. Bearbeiter des Schwankromans *Ein kurtzweilig Lesen von Dyl Ulenspiegel.* Obwohl die älteste nachweisbare Druckfassung in hochdt. Sprache erschien, ist anzunehmen, dass B. den *Ulenspiegel*, wie seine anderen Werke, ursprünglich auf Niederdt. schrieb.

Werke: Dat Boek van veleme rade. Druck um 1492/93. – Braunschweiger Weltchronik. [Entst. um 1493 – 1502.] – Hannoversche

Weltchronik. [Entst. 1502 – um 1518.] – Tollenboyk. [Entst. 1502/03.] – Dat Schichtboick. [Abgeschl. 1510. Nachträge bis 1513/14.] – Ein kurtzweilig Lesen von Dyl Ulenspiegel. Druck 1510/11. – De Köker. [Entst. um 1520.]

Bräker, Ulrich, 22. 12. 1735 Wattwil (Kanton St. Gallen) – beerdigt ebd. 11. 9. 1798. B., Sohn eines armen Gebirgsbauern, wuchs ohne nennenswerte Schulbildung als Hirtenjunge auf, verdingte sich im Alter von 16 Jahren als Tagelöhner bei einem Bauern, wurde dann Salpetersieder und geriet im 20. Lebensjahr in die Hände eines Werbeoffiziers, der ihn dem preußischen König verkaufte. Mitten in der Schlacht von Lobositz (1. 10. 1756) zu Beginn des Siebenjährigen Krieges desertierte er und kehrte in die Schweiz zurück. Hier schlug er sich und seine Familie – seit 1761 war er eher unglücklich verheiratet – zunächst als Salpetersieder, dann als Garnhändler und später als Betreiber einer kleinen Baumwollmanufaktur durch. Aus den bedrückenden Erfahrungen des Alltags fand er den Weg zur Literatur; zu den eindrücklichsten Leseerfahrungen gehörten die Werke Shakespeares, die ihn zu dem unorthodoxen Kommentar *Etwas über William Shakespeares Schauspiele* (1780) inspirierten. In der Tradition pietistischer Selbstbeobachtung führte er ein Tagebuch (rund 4000 S.). Daraus entstand seit 1781 die für seine Kinder bestimmte Autobiographie, die mit ihrer inneren Wahrhaftigkeit, ihrer dialekt- und bibelnahen Sprache, der Lebendigkeit des Erzählens und der direkten Wiedergabe der Lebensverhältnisse der kleinen Leute ein bedeutendes literarischen Dokument darstellt. Versuche in großen literarischen Formen – Drama, Roman – glückten dem Autodidakten nicht.

Werke: Lebensgeschichte und Natürliche Ebentheuer des Armen Mannes im Tockenburg. Hrsg. von Hans Heinrich Füssli. 1789. – Tagebuch des Armen Mannes im Tockenburg. Hrsg. von Hans Heinrich Füssli. 1792. [= Sämmtliche Schriften des Armen Mannes im Tockenburg. Tl. 1–2.]

Ausgaben: Leben und Schriften Ulrich Bräkers, des Armen Mannes im Tockenburg. Dargest. und hrsg. von Samuel Voellmy. 3 Bde. Basel 1945. – Sämtliche Schriften. Hrsg. von Andreas Bürgi [u. a.]. 5 Bde. München/Bern 1998 ff.

Brandstetter, Alois, * 5. 12. 1938 Aichmühl bei Pichl (Oberösterreich). Der Sohn eines Müllers studierte Germanistik und Geschichte in Wien (Dr. phil. 1962), habilitierte sich 1970 in Saarbrücken mit einer Arbeit über die Rezeption der mittelalterlichen höfischen Epik und ist seit 1974 Ordinarius für Deutsche Philologie an der Universität Klagenfurt. Seine Romane und Geschichten, meist in Ichform gehalten, erzählen monologisierend und oft lamentierend von der Schlechtigkeit der Welt, d. h. über Vorkommnisse, Ärgernisse, Vorurteile des alltäglichen Lebens v. a. in der österreichischen Provinz. Mit den Mitteln der Groteske, der Ironie und Parodie werden dabei die scheinbar affirmative Erzählhaltung und das Bild der provinziellen Idylle unterlaufen. Die satirische Zeitkritik, die sich auch in B.s virtuos-entlarvenden Umgang mit der Alltagssprache äußert, gilt auch der Verdrängung der nationalsozialistischen Vergangenheit.

Werke: Ausfälle. Natur- und Kunstgeschichten. 1972. – Prosaauflösung. Studien zur Rezeption der höfischen Epik im frühneuhochdeutschen Prosaroman. 1974. – Zu Lasten der Briefträger. 1974. – Der Leumund des Löwen. Geschichten von großen Tieren und Menschen. 1976. – Die Abtei. 1977. – Die Mühle. 1981. – Über den grünen Klee der Kindheit. 1982. – Altenehrung. 1983. – Die Burg. 1986. – Kleine Menschenkunde. 1987. – So wahr ich Feuerbach heiße. 1988. – Stadt, Land, Fluß. Ein poetisches Wörterbuch. 1989. – Vom Manne aus Eicha. 1991. – Vom HörenSagen. Eine poetische Akustik. 1992. – Almträume. 1993. – Hier kocht der Wirt. 1995. – Schönschreiben. 1997. – Groß in Fahrt. 1998. – Die Zärtlichkeit des Eisenkeils. 2000.

Brant, Sebastian, 1457 Straßburg – 10. 5. 1521 ebd. Der aus einer Straßburger Ratsherren- und Gastwirtsfamilie stammende B. studierte in Basel klassische Sprachen und Jura (Lizentiat 1483/84); danach lehrte er hier Kirchen-

und Zivilrecht sowie Poesie. Er promovierte 1489 zum Doktor beider Rechte, wurde Dekan der juristischen Fakultät (1492) und 1496 Professor für römisches und kanonisches Recht. 1500 kehrte B. nach Straßburg zurück; 1501 übernahm er das Amt des Syndikus, 1503 wurde er Stadtschreiber. Als Berater, Korrektor und Lektor war er wesentlich an der Baseler Buchproduktion zwischen 1480 und 1500 beteiligt (Editionen u. a.). In seinem dichterischen Schaffen bediente sich B. zunächst der lat. Sprache. Thematische Schwerpunkte seiner Sammlungen neulat. Lyrik sind die Marien- und Heiligenverehrung und die bedrohliche politische Situation, der Maximilian, Adressat zahlreicher Lobgedichte, begegnen soll. Mit der Hinwendung zum Deutschen suchte er ein breiteres Publikum zu erreichen. Dies gelang ihm mit einer Reihe von illustrierten Flugblättern mit lat. und dt. Texten über sensationelle Naturereignisse sowie politische und religiöse Themen (zwischen 1488 und 1504), v. a. jedoch mit der Moralsatire *Das Narrenschiff*, seinem überaus erfolgreichen, ins Lateinische und zahlreiche europäische Volkssprachen übersetzten Hauptwerk. Es porträtiert in 112 (in späteren Auflagen 114) lose aneinandergereihten Kapiteln (paarweise gereimte Vierheber) im Rahmen einer Narrenschifffahrt einen ganzen Narrenkosmos, um den Leser zur Einsicht in seine Unvernunft und damit zur Selbsterkenntnis als Voraussetzung der Überwindung der ›Narrheit‹, der menschlichen Gebrechen und Laster, zu bringen.

Werke: In laudem gloriose virginis Mariae multorumque sanctorum varii generis carmina. 1494. – Das Narren Schyff. 1494. – Carmina. 1498. – Catho in latin. Durch Sebastianum Brant getützschet. 1498. – Esopi appologi sive mythologi cum quibusdam carminum et fabularum additionibus. 1501. – Der heilgen leben nüw mit vil me Heilgen. 1502. [Ed.]. – Ortulus anime Der selen gärtlin. 1502. [Ed., Übers.] – Publij Virgilj maronis opera. 1502. [Ed.] – Der Freidanck. 1508. [Ed.]. – [Ulrich Tengler:] Laÿen Spiegel Von rechtmässigen ordnungen in Burgerlichen und peinlichen regimenten. 1509. [Ed.] – Der Richterlich Clagspiegel. 1516. [Ed.] – Das Tugent Spyl. 1554.

Ausgabe: Kleine Texte. Hrsg. von Thomas Wilhelmi. 2 Bde. Stuttgart-Bad Cannstatt 1998.

Brasch, Thomas, 19. 2. 1945 Westow (Yorkshire) – 3. 11. 2001 Berlin. Die Eltern B.s, jüdische Emigranten, kehrten 1947 nach Deutschland zurück. Der Vater wurde hoher Parteifunktionär in der Sowjetischen Besatzungszone bzw. DDR, B. besuchte von 1956 bis 1960 die Elite-Kadettenschule der Nationalen Volksarmee. Danach arbeitete er u. a. als Setzer und Schlosser und begann 1964–65 ein Journalistikstudium in Leipzig. Wegen »existentialistischer Anschauungen« exmatrikuliert, schlug er sich in verschiedenen Berufen durch, studierte dann 1967–68 Dramaturgie an der Filmhochschule Babelsberg, wurde jedoch auch hier ausgeschlossen, weil er Flugblätter gegen den Einmarsch der Truppen des Warschauer Paktes in die ČSSR verteilte, und zu zwei Jahren und drei Monaten Gefängnis verurteilt. Auf Bewährung entlassen, arbeitete er wieder in der Produktion, 1971–72 auch im Brecht-Archiv; 1976 siedelte er im Zusammenhang mit der Ausbürgerung W. Biermanns nach Westberlin über und lebt seither als freier Schriftsteller, wobei er sich seit den 80er-Jahren stärker dem Film zuwandte. Die Auflehnung gegen jede Art von Einschränkung und Bevormundung, die B.s Biographie auszeichnet, schlägt sich in seinem literarischen und filmischen Werk nieder, wobei er es auch in der BRD stets ablehnte, sich von der Politik vereinnahmen zu lassen, und 1987, provoziert von Angriffen auf Christa Wolf, seine Absage an die westliche »Geldgesellschaft« mit einer Art Loyalitätserklärung für die DDR verband. Opposition gegen Spießertum und Egoismus, Kritik am DDR-Alltag im Geist einer neuen Jugend- und Außenseiterkultur charakterisieren seine frühen Gedichte, Dramen und Erzählungen. Seine Stücke konnten in der DDR nicht aufgeführt werden bzw. wurden nach wenigen

Aufführungen abgesetzt. Die anarchische Komponente in seinem Werk, für die u. a. der junge Brecht und Jean Genet als Bezugspunkte dienen, verbindet sich unter dem Einfluss der sowjetischen Avantgardisten und Heiner Müllers mit einer zunehmenden Artifizialität. Mittel sind u. a. sprachliche Vielfalt, Reduktion von Handlung und Personal, Montage und Collage, die parabolische Verwendung mythologischer Versatzstücke. Daneben übersetzte und bearbeitete B. eine Reihe von Dramen der Weltliteratur (Tschechow, Shakespeare u. a.).

Werke: Fünf Kunstmärchen. 1977. – Kargo. 32. Versuch auf einem untergehenden Schiff aus der eigenen Haut zu kommen. 1977. – Vor den Vätern sterben die Söhne. 1977. – Argentinische Straßengeschichten. 1978. – Lovely Rita. In: Spectaculum 28. 1978. – Rotter Und weiter. Ein Tagebuch, ein Stück, eine Aufführung. 1978. – Lieber Georg. In: Spectaculum 30. 1979. – Der schöne 27. September. 1980. – Engel aus Eisen. Buch und Film über einen Berliner Kriminalfall zur Zeit der Luftbrücke. 1981. – Domino. Ein Film. 1982. – Mercedes. In: Spectaculum 38. 1984. – Der Passagier – Welcome to Germany. 1988. [Film.] – Frauen. Krieg. Lustspiel. 1989. – Mädchenmörder Brunke. 1999. – Preiswert und Absonderlich. Stücke und Materialien. 2001. – Shakespeare-Übersetzungen. 2002. – Liebe, Macht, Tod. Stücke und Materialien. 2002. – Wer durch mein Leben will, muß durch mein Zimmer. Gedichte aus dem Nachlaß. Hrsg. von Katharina Thalbach und Fritz J. Raddatz. 2002.

Braun, Volker, * 7. 5. 1939 Dresden. B. arbeitete nach dem Abitur zunächst im Tiefbau (Kombinat »Schwarze Pumpe«) und als Maschinist im Bergbau und studierte dann Philosophie in Leipzig (1960–64). In der Folgezeit war er u. a. Mitarbeiter am Berliner Ensemble (1965–66), am Städtischen Theater Leipzig (1970–71) und am Deutschen Theater in Berlin (1973–77). Er lebt heute als freier Schriftsteller in Berlin. 2000 erhielt er den Georg-Büchner-Preis. Trotz vielfältiger Konflikte mit der Kulturbürokratie und seiner maßgeblichen Beteiligung an den Protesten gegen die Ausbürgerung W. Biermanns blieb B. in der DDR.

Dabei gelang es ihm immer wieder, gegen Widerstände von oben politische Tabus zu thematisieren. B.s Schwierigkeiten illustriert nicht zuletzt die langwierige Umarbeitungs- und Aufführungsgeschichte seiner Dramen, die die sozialistische »Praxis im Versuchsstadium« mit all ihren Konflikten vorführten und auf wenig Gegenliebe stießen (*Die Kipper*). Als Lyriker begann er 1965 mit verheißungsvollem Optimismus im Anschluss an Vladimir Majakovski und Brecht, doch bald wurde der Ton verhaltener und angesichts der Deformation der sozialistischen Industriegesellschaft, der Zerstörung der Natur und der allgemeinen Erstarrung immer kritischer und skeptischer, ohne die Utopie einer menschlichen Gemeinschaft aufzugeben. Dass diese nicht vom Kapitalismus zu erwarten ist, machen die nach der Wende entstandenen Gedichte des Bandes *Tumulus* deutlich, der zugleich den Verrat am Sozialismus in der verschwundenen DDR beklagt. Die erzählerische Auseinandersetzung mit den inneren Verhältnissen der DDR hat Höhepunkte in der an der Prosa H. v. Kleists und G. Büchners geschulten *Unvollendeten Geschichte*, die die systembedingte Deformierung des Individuums schildert, und der satirischen Variation von Denis Diderots Roman *Jacques le fataliste et son maître* im *Hinze-Kunze-Roman*, einem satirisch-witzigen Kommentar zur Realität des Sozialismus. Den Bruch mit der revolutionären Tradition reflektieren die drei Geschichten des Bandes *Das Wirklichgewollte* und der Gedichtband *Auf die schönen Possen*, dessen Titel auf ein Gedicht Sir Philip Sidneys anspielt. Gleichwohl bleibt die Hoffnung auf eine andere Welt bestehen, die B. in seinem Rückgriff auf eine Nachkriegsepisode der deutschen Geschichte (*Das unbesetzte Gebiet*) thematisiert und in die paradoxe – oder dialektische – Formulierung bringt: »Eine andere Welt ist nicht denkbar; aber möglich.«

Werke: Provokation für mich. 1965. – Kipper Paul Bauch. In: Forum 18. 1966. – Wir und nicht sie. 1970. – Das ungezwungene Leben Kasts. Drei Berichte. 1972. – Die Kipper. In: Sinn und Form

1972. – Freunde. 1972. – Gedichte. 1972. – Gegen die symmetrische Welt. 1974. – Es genügt nicht die einfache Wahrheit. Notate. 1975. – Stücke 1. 1975. – Unvollendete Geschichte. In: Sinn und Form 1975. Buchausg. 1977. – Gedichte. 1979. – Training des aufrechten Gangs. 1979. – Stücke 2. 1981. – Berichte von Hinze und Kunze. 1983. – Hinze-Kunze-Roman. 1985. – Langsamer knirschender Morgen. 1987. – Verheerende Folgen mangelnden Anscheins innerbetrieblicher Demokratie. 1988. – Anatomie. 1989. – Texte in zeitlicher Folge. 10 Bde. 1989–93. – Bodenloser Satz. 1990. – Der Stoff zum Leben 1–3. 1990. – Böhmen am Meer. 1992. – Der Wendehals. 1995. – Die vier Werkzeugmacher. 1996. – Die Unvollendete Geschichte und ihr Ende. 1998. – Wir befinden uns soweit wohl. Wir sind erst einmal am Ende. Äußerungen, Notizen, Aufsätze, Reden von 1989 bis 1997. 1998. – Tumulus. 1999. – Das Wirklichgewollte. 2000. – Wie es gekommen ist. Ausgewählte Prosa. 2002. – Das unbesetzte Gebiet. Im schwarzen Berg. 2004. – Auf die schönen Possen. 2005.

Brecht, Bertolt, 10. 2. 1898 Augsburg – 14. 8. 1956 Berlin (DDR). B. wurde nach der Konfession der Mutter ev. getauft, der Vater, ein kaufmännischer Angestellter und seit 1914 Direktor einer Papierfabrik, war katholisch. Nach dem Notabitur 1917 immatrikulierte sich B. in München zunächst an der Philosophischen, darauf auch an der Medizinischen Fakultät, wurde dann 1918 eingezogen und als Mediziner in einem Augsburger Seuchenlazarett eingesetzt. Er nahm nach dem Krieg das Medizinstudium nicht mehr ernsthaft auf, besuchte das theaterwissenschaftliche Seminar, verkehrte u. a. mit L. Feuchtwanger, dem Regisseur Erich Engel und dem Komiker K. Valentin und verfolgte seine dichterischen Pläne; 1921 wurde er exmatrikuliert. Nach dem Erfolg des Dramas *Trommeln in der Nacht* (UA und Kleist-Preis 1922) erhielt B. einen Vertrag als Dramaturg bei den Münchner Kammerspielen. 1924 zog er nach Berlin, wurde Dramaturg an dem von Max Reinhardt geleiteten Deutschen Theater; hier konnte er auch eigene Stücke aufführen. Nach der erfolgreichen Uraufführung der *Dreigroschenoper* im Theater am Schiffbauerdamm 1928 stand ihm dieses Theater bis 1933 für seine Arbeiten zur Verfügung. 1929 heiratete er die Schauspielerin Helene Weigel; ihr Sohn Stefan war 1924 geboren worden. Zu dieser Zeit war B. noch mit der Sängerin Marianne Zoff verheiratet (seit 1922, Geburt der Tochter Hanne 1923, Scheidung 1927). Die Heirat mit Paula Bannholzer (Geburt des Sohnes Frank 1919) hatten ihre Eltern verhindert. B.s Beziehungen zu Frauen, oft auch ausbeuterischer Art, spielten eine wesentliche Rolle für seine Theaterarbeit im Kollektiv. Wichtigen Anteil an seinem Werk haben v. a. Elisabeth Hauptmann (seit 1925), Margarete Steffin (seit 1931) und Ruth Berlau (seit 1933). 1933 emigrierte B. mit seiner Familie über Prag, Wien, Zürich und Frankreich nach Dänemark (Skovbostrand bei Svendborg). Von Dänemark siedelte er zunächst nach Schweden (1939), dann nach Finnland (1940) über und ließ sich schließlich nach einer Reise über Moskau und Wladiwostok in Santa Monica in Kalifornien nieder. Nach seinem Auftritt vor dem »Ausschuss für unamerikanische Umtriebe« am 30. 10. 1947 reiste er am 1. 11. über Paris nach Zürich. Ein Jahr später ging er über Prag in den Ostsektor von Berlin. Hier gründeten Helene Weigel und er 1949 das Berliner Ensemble (seit 1954 im Theater am Schiffbauerdamm), das, geleitet von H. Weigel, B. die Möglichkeit bot, Modellinszenierungen eigener und fremder Stücke (J. M. R. Lenz, Shakespeare, Molière u. a.) zu erarbeiten. 1950 wurde B. österreichischer Staatsbürger; im selben Jahr erwarb er ein Haus in Buckow (Märkische Schweiz). Trotz eines schwierigen Verhältnisses zur Staats- und Parteiführung erhielt er in den letzten Lebensjahren zahlreiche Ehrungen (1951 Nationalpreis 1. Klasse der DDR, 1954 Stalin-Friedenspreis).

B.s große internationale Wirkung beruht v. a. auf seinem dramatischen Werk und seiner Theaterkonzeption; daneben jedoch erstreckte sich sein Schaffen auf zahlreiche weitere literarische Gattungen. Gemeinsam ist dem dichterischen Werk die ausdrückliche Zeitbezogenheit, die sich auch in B.s Nutzung der neuen Medien Film (u. a. Drehbuch für den 1932 verbotenen Film *Kuhle Wampe*) und Rundfunk (»Radiolehrstück« *Flug der Lindberghs* mit der Musik von Paul Hindemith, UA 1929) ausdrückte. Neben dem direkten Bezug auf aktuelle Ereignisse gehörte die Auseinandersetzung mit der literarischen Tradition in Form von Gegenentwürfen oder Gegendichtungen, aber auch die Praxis der Veränderung und Aktualisierung eigener Werke zu seiner Dichtungspraxis. Dem entspricht auch der Titel *Versuche*, den er der Publikationsreihe gab, in der viele seiner Texte zuerst erschienen (Heft 1–15, 1930–56). Sein dramatisches Schaffen begann mit provozierend antibürgerlichen, anarchistischen Stücken, in denen sich der Einfluss F. Wedekinds und François Villons spiegelt. Die Kritik an der kapitalistischen bürgerlichen Gesellschaft liegt auch dem satirischen »Stück mit Musik« *Die Dreigroschenoper* (UA 1928) zugrunde, wobei allerdings die Musik Kurt Weills für eine entschieden ›kulinarische‹ Rezeption sorgte und B. zu Überlegungen über eine neue Dramenform anregte, die er dann in einer Reihe von »Lehrstücken« realisierte. In den *Anmerkungen zur Oper ›Aufstieg und Fall der Stadt Mahagonny‹* (1930) fand dann B.s Theorie des epischen Theaters ihre erste grundsätzliche Formulierung. Zugleich trugen B.s Marxismusstudien Früchte, so dass nun die antibürgerliche Haltung ihre politische Fundierung fand. Der *Heiligen Johanna der Schlachthöfe* (UA 1959), dem ersten konsequent marxistischen Stück, folgten dann im weiteren Verlauf der 30er-Jahre eine Reihe antifaschistischer Schauspiele, begleitet von weiteren Überlegungen zum epischen Theater, die schließlich im skandinavischen und amerikanischen Exil zu den Dramen führten, in denen sich das Lehrhafte und das Künstlerische zu einer Einheit verbindet und das epische Theater zu seiner ›klassischen‹ Form findet (*Mutter Courage und ihre Kinder* [UA 1941], *Der gute Mensch von Sezuan* [UA 1943], *Leben des Galilei* [UA 1943], *Der kaukasische Kreidekreis* [UA 1948]). Stufen seiner Lyrik bezeichnen die *Hauspostille*, die sein lyrisches Jugendwerk enthält und eine geläufige Form des protestantischen Erbauungsbuchs parodistisch adaptiert; die *Svendborger Gedichte* des Exils, die neben aktuellen, auf den Kampf gegen den Nationalsozialismus oder auf den Sozialismus bezogenen Texten eine Reihe der bekanntesten und bedeutendsten Gedichte und Balladen B.s enthalten (*Fragen eines lesenden Arbeiters*, *Legende von der Entstehung des Buches Taoteking auf dem Weg des Laotse in die Emigration*, *An die Nachgeborenen* usw.); die epigrammatischen *Buckower Elegien* mit ihren kritischen Reflexionen über den eigenen politischen Standpunkt und die politische und gesellschaftliche Situation in der DDR nach dem Aufstand vom 17. Juni 1953. Aus seinem erzählerischen Werk ragen die *Kalendergeschichten*, die die volkstümlich-belehrende Tradition dieses Genres mit zeitkritischem Gehalt erfüllen, und die aphoristischen *Geschichten von Herrn Keuner* heraus; Versuche in größeren epischen Formen blieben, bis auf den *Dreigroschenroman*, Fragment (*Die Geschäfte des Herrn Julius Caesar*, der enzyklopädisch angelegte *Tui-Roman* u. a.).

Werke: Baal. 1920 [nicht ausgeliefert] bzw. 1922. – Trommeln in der Nacht. 1922. – Leben Eduards des Zweiten von England. 1924. [Mit L. Feuchtwanger.] – Mann ist Mann. 1926. – Taschenpostille. 1926. – Im Dickicht der Städte. 1927. – Hauspostille. 1927. – Die Dreigroschenoper. 1929. – Aufstieg und Fall der Stadt Mahagonny. 1929. – Der Ozeanflug. [Zuerst: Der Flug der Lindberghs.] In: Versuche. H. 1. 1930. – Geschichten von Herrn Keuner. In: Versuche. H. 1. 1930; H. 5. 1932; H. 12. 1953. – Der Jasager. Der Neinsager. In: Versuche. H. 4. 1931. – Die Maßnahme. Ebd. – Die heilige Johanna der Schlachthöfe. In: Versuche. H. 5. 1932. – Die Mutter. In: Versuche. H. 7. 1932. – Dreigroschenroman. 1934. – Die Gewehre der Frau Carrar. 1937. – Gesammelte Werke. 2 Bde. 1937. – Die Rundköpfe und die Spitzköpfe. In: Gesammelte Werke. Bd. 2. 1937. – Svendborger Gedichte. 1939. – Furcht und Elend des Dritten Reiches. 1941. [Erste vollst. Ausg. 1945.] – Kalendergeschichten. 1948. – Der kaukasische Kreidekreis. In: Sinn und

Form. Sonderheft Bertolt Brecht. 1949. – Kleines Organon für das Theater. Ebd. – Die Geschäfte des Herrn Julius Caesar. Ebd. – Mutter Courage und ihre Kinder. In: Versuche. H. 9. 1949. – Herr Puntila und sein Knecht Matti. In: Versuche. H. 10. 1950. – Das Verhör des Lukullus. [Oper; Musik von Paul Dessau.] In: Versuche. H. 11. 1951. – Der gute Mensch von Sezuan. In: Versuche. H. 12. 1953. – Die Horatier und die Kuratier. In: Versuche. H. 14. 1955. – Leben des Galilei. Ebd. – Der aufhaltsame Aufstieg des Arturo Ui. In: Sinn und Form. 2. Sonderheft Bertolt Brecht. 1957. – Die Tage der Commune. In: Versuche. H. 15. 1957. – Schweyk im Zweiten Weltkrieg. In: Stücke. Bd. 10. 1957. – Turandot oder Der Kongreß der Weißwäscher. In: Spectaculum 10. 1967.

Ausgaben: [Werke.] 40 Bde. Frankfurt a. M. 1953–68. [Stücke. 14 Bde. Gedichte. 10 Bde. Prosa. 5 Bde. Schriften zum Theater. 7 Bde. Schriften zur Literatur und Kunst. 3 Bde. Schriften zur Politik und Gesellschaft. 1 Bd.]. – Gesammelte Werke. Hrsg. vom Suhrkamp Verlag in Zus.arb. mit Elisabeth Hauptmann. 20 Bde., 4 Suppl.-Bde. Frankfurt a. M. 1967–82. – Werke. Große kommentierte Berliner und Frankfurter Ausgabe. Hrsg. von Werner Hecht [u. a.]. 30 Bde. und 1 Reg.-Bd. Frankfurt a. M. / Berlin 1988–2000.

Bredel, Willi, 2. 5. 1901 Hamburg – 27. 10. 1964 Berlin. Der Hamburger Arbeitersohn war Metalldreher auf Hamburger Werften, trat 1919 in die KPD ein und wurde wegen seiner Teilnahme am Aufstand von 1923 zu zwei Jahren Haft verurteilt. Danach ging er für einige Monate zur See, schrieb als Arbeiterkorrespondent für die *Hamburger Volkszeitung* (KPD-Parteiorgan) und wurde schließlich Redakteur des Blattes. 1930–32 verbüßte er wegen angeblichen Landes- und Hochverrats eine weitere Gefängnisstrafe (im Gefängnis entstanden seine ersten Romane), 1933–34 wurde er im KZ Hamburg-Fuhlsbüttel inhaftiert. Nach seiner Entlassung floh B. über Prag nach Moskau; hier war er seit 1936 u. a. Mitherausgeber der Emigrantenzeitschrift *Das Wort*. 1937–39 nahm er als Kriegskommissar am Spanischen Bürgerkrieg teil. In Moskau wurde er 1943 Mitglied im »Nationalkomitee Freies Deutschland«; im Mai 1945 kehrte er nach Deutschland zurück und hatte wichtige Funktionen im Kulturleben der SBZ bzw. DDR inne (zuletzt 1962 Präsident der Akademie der Künste). Seine ersten Romane schildern die klassenkämpferischen Auseinandersetzungen am Ende der Weimarer Republik; Welterfolg hatte er mit dem autobiographischen Roman *Die Prüfung*, der als eines der ersten literarischen Werke drastisch die Lebensbedingungen in den nationalsozialistischen Konzentrationslagern beschrieb. Als B.s Hauptwerk gilt die Romantrilogie *Verwandte und Bekannte*, die über vier Generationen hin die (Fortschritts-)Geschichte von zwei Hamburger Arbeiterfamilien nach dem Muster des Bildungsromans verfolgt. Insbesondere der erste Teil, *Die Väter*, besitzt mit seiner humoristischen und realistischen Darstellung des Hamburger Arbeiterlebens um 1900 ein hohes Maß an Authentizität.

Werke: Maschinenfabrik N. & K. Ein Roman aus dem proletarischen Alltag. 1930. – Rosenhofstraße. Roman einer Hamburger Arbeiterstraße. 1931. – Die Prüfung. Roman aus einem Konzentrationslager. 1935. – Begegnung am Ebro. Aufzeichnungen eines Kriegskommissars. 1939. – Der Auswanderer. 1941. – Ernst Thälmann. 1948. – Verwandte und Bekannte. 1948–53. [Die Väter. 1948. Die Söhne. 1949. Die Enkel. 1953.] – Ein neues Kapitel. 1959. – Unter Türmen und Masten. Geschichte einer Stadt in Geschichten. 1960.
Ausgabe: Gesammelte Werke in Einzelausgaben. 14 Bde. Berlin 1961–76.

Brehme, Christian, 26. 4. 1613 Leipzig – 10. 9. 1667 Dresden. Der aus einer wohlhabenden lutherischen Bürgerfamilie stammende B. ging 1630 zum Studium (philologische Fächer, Jura) nach Wittenberg und wechselte dann 1632 nach Leipzig. 1633 schlug er die militärische Laufbahn ein und diente in verschiedenen Regimentern, bis er 1639 in Dresden als Kammerdiener und seit 1640 auch als Bibliothekar eine zivile Anstellung fand. Gleichzeitig machte er seit 1642 in verschiedenen Ämtern eine Karriere im Dienst der Stadt; zwischen 1657 und 1667 war er je viermal regierender und beisitzender Bürgermeister. Seine Stelle als Bibliothekar gab er 1654 ab, die als Kammerdiener 1660 mit seiner Berufung zum Kurfürstlichen Rat. B.s lyrisches Werk gehört in den Umkreis des Leipziger Dichterkreises, der sich Anfang der 30er-Jahre gebildet hatte und sich, formal an Opitz orientiert, vor allem einer geselligen Liedkunst widmete, die neben burschikosen Trink- und Liebesliedern auch den weiteren Bereich petrarkistischer Liebes- und Schäferdichtung abdeckte.

Werke: Winter-Tages Schäfferey. 1636. – Allerhandt Lustige / Trawrige / vnd nach gelegenheit der Zeit vorgekommene Gedichte. 1637. – Art vnd Weise Kurtze Brieflein zu schreiben. 1640. – Gründlicher Bericht Von Erfindung Der [...] Buchdruckerey. 1640. – Beicht vnd CommunionBüchlein. 1640. – Die Vier Tage Einer Newen und Lustigen Schäfferey. 1647. – Erster [– Dritter] Theil Christlicher Unterredungen. 1659–60.

Breitbach, Joseph (Pseud.: Jean Charlot Saleck), 20. 9. 1903 Koblenz-Ehrenbreitstein – 9. 5. 1980 München. B. wuchs zweisprachig auf; sein Vater, Rektor in Ehrenbreitstein, stammte aus Lothringen, die Mutter war Österreicherin. 1921 verließ B. ohne Abitur das Gymnasium und arbeitete als Journalist, dann als Buchhändler in Koblenz und Augsburg. Seine Verbindung zur KPD, Mitglied seit 1921, löste er 1929 wieder wegen der »Verbraucherfeindlichkeit« des Marxismus. Seit 1929 lebte er in Paris im Kreis um die *Nouvelle Revue Française*; daneben schrieb er politische Artikel für den *Figaro*. 1939 meldete er sich freiwillig zur frz. Armee und lebte dann versteckt in Frankreich. Die Gestapo beschlagnahmte 1940 umfangreiche Manuskripte, die seitdem verloren sind. 1945 wurde B. frz. Staatsbürger. Er widmete sich u. a. der Verständigung mit Deutschland und schrieb von 1948 bis 1951 für *Die Zeit*. Literarische Texte B.s erschienen seit 1929, sozialkritische Erzählungen und Romane in dt. Sprache, Theaterstücke auf Französisch. In der von Th. Mann herausgegebenen Emigrantenzeitschrift *Maß und Wert* veröffentlichte er 1936 ein Kapitel des verlorengegangenen Romans *Clemens*. In Deutschland fast vergessen, erregte B. erst wieder mit dem *Bericht für Bruno* die Aufmerksamkeit der literarischen Öffentlichkeit, einem kühl erzählten politischen Roman, der am Beispiel eines Generationenkonflikts die Problematik von Politik und Moral behandelt. Eine von B. selbst verfasste frz. Version erschien u. d. T. *Rapport sur Bruno* 1965. Mit Ironie nimmt der autobiographisch geprägte Schelmenroman *Das blaue Bidet* das Gegeneinander zweier Generationen auf. Unter B.s Theaterstücken sorgte die Komödie *Genosse Veygond* für Aufsehen, eine Auseinandersetzung mit der (kommunistischen) »Partei« bzw. dem Verhalten ihrer Funktionäre.

Werke: Rot gegen Rot. 1929. – Mademoiselle Schmidt. 1929. – Die Wandlung der Susanne Dasseldorf. 1932. Frz.: Rival et Rivale. 1936. – Clemens. 1958. [Romanfragment.] – Bericht über Bruno. 1962. – Die Jubilarin. Genosse Veygond. Requiem für die Kirche. 1972. – Die Rabenschlacht und andere Erzählungen. 1973. – Das blaue Bidet oder Das eigentliche Leben. 1978.

Breitinger, Johann Jacob, 1. oder 15. 3. 1701 Zürich – 14. 12. 1776 ebd. Der Sohn eines Zuckerbäckers und zeitweiligen Geheimsekretärs bei dem Herzog von Württemberg-Mömpelgard wurde nach Absolvierung des Collegium Carolinum, der Züricher Gelehrtenschule, 1720 für das geistliche Lehramt ordiniert. Zunächst gab er Privatunterricht; 1731 wurde er als Professor für Hebräisch an beide Züricher Kollegien, Collegium Humanitatis und Collegium Carolinum, berufen, 1740 kamen die Fächer Logik und Rhetorik dazu. Seit 1745 lehrte er auch Griechisch am Carolinum, zugleich wurde er zum Kanonikus des Stiftskapitels zum Großmünster gewählt. B.s Werk entstand in enger Zusammenarbeit mit J. J. Bodmer; das gilt für die historischen Arbeiten, die gegenwartsbezogen den republikanischen Staatsgedanken stärken sollten, wie für die dichtungstheoretischen Schriften. Die Ansätze der 20er- und 30er-Jahre fanden ihre systematische Zusammenfassung in den großen kritischen Schriften von 1740, die auf der Basis der rhetorisch-poetologischen Tradition und der aktuellen kunsttheoretischen Diskussion (Ludovico Muratori, Jean-Baptiste Dubos) eine Erweiterung des Nachahmungsbegriffs (durch eine Erweiterung des Begriffs von Welt) postulieren und u. a. durch die Betonung einer schöpferischen Einbildungskraft und die Forderung einer »herzrührenden Schreibart« die Voraussetzungen für die Subjektivierung der Dichtkunst schufen.

Werke: Die Discourse der Mahlern. 1721–23. [Mit J. J. Bodmer u. a.] – Von dem Einfluß und Gebrauche Der Einbildungs-Krafft. 1727. [Mit J. J. Bodmer.] – Vetus Testamentum ex versione septuaginta interpretum. 1730–32. – Helvetische Bibliotheck. 1735–41. [Mit J. J. Bodmer.] – Historische und Critische Beyträge Zu der Historie Der Eydsgenossen. 1739. [Mit J. J. Bodmer.] – Critische Dichtkunst. 1740. – Critische Abhandlung Von der Natur den Absichten und dem Gebrauche der Gleichnisse. 1740. – Zuverlässige Nachricht und Untersuchung von dem Alterthum der Stadt Zürich. 1741. – Vertheidigung der Schweitzerischen Muse, Hrn. D. Albrecht Hallers. 1744. – Martin Opitzens [...] Gedichte. 1745. [Mit J. J. Bodmer.] – Fabeln aus den Zeiten der Minnesinger. 1757. [Mit J. J. Bodmer.] – Sammlung von Minnesingern [...] CXL Dichter enthaltend. 1758–59. [Mit J. J. Bodmer.]

Brentano, Bernard von, 15. 10. 1901 Offenbach a. M. – 29. 12. 1964 Wiesbaden. B., Sohn eines hessischen Ministers und Nachkomme der romantischen Dichterfamilie, arbeitete nach dem Studium als Journalist, zunächst für die *Frankfurter Zeitung* (Berliner Redaktion), dann für das *Berliner Tageblatt* und andere Berliner Zeitungen (u. a. Kritiken, Reiseberichte). Reisen führten ihn nach Polen (1927, 1930) und in die Sowjetunion (1930, 1932). 1933 siedelte er in die Schweiz über (Zürich, Küßnacht); seit 1949 lebte er in Wiesbaden. Anders als seine frühen Dichtungen fanden seine gesellschaftskritischen Essays und sein kritisches Deutschlandbuch von 1932 große Resonanz. Unter seinen dichterischen Arbeiten – erzählende Prosa, Dramen, Lyrik – ragt die Familien- und Zeitchronik *Theodor Chindler* heraus, die als erster Band einer Trilogie gedacht war. Daneben schrieb er zahlreiche geistesgeschichtlich-biographische Studien und ein Erinnerungsbuch über seine im Ausland verbrachten Jahre (*Das Land der Liebe*).

Werke: Gedichte. 1923. – Geld. Komödie. 1924. – Gedichte an Ophelia. 1925. – Kapitalismus und schöne Literatur. 1930. – Der Beginn der Barbarei in Deutschland. 1932. – Berliner Novellen. 1934. – Theodor Chindler. Roman einer deutschen Familie. 1936. – Prozeß ohne Richter. 1937. – Die ewigen Gefühle. 1939. – August Wilhelm Schlegel. Geschichte eines romantischen Geistes. 1943. Erw. 1949. – Tagebuch mit Büchern. 1943. – Franziska Scheler. Roman einer deutschen Familie. 1945. – Goethe und Marianne von Willemer. 1945. Neubearb. u. d. T.: Daß ich eins und doppelt bin. Marianne von Willemer und Goethe. 1961. – Die Schwestern Usedom. 1948. – Sophie Charlotte und Dankelmann. Eine preußische Historie. 1949. – Du Land der Liebe. Bericht von Abschied und Heimkehr eines Deutschen. 1952. – Schöne Literatur und öffentliche Meinung. 1962.

Brentano, Clemens, 9. 9. 1778 Ehrenbreitstein bei Koblenz – 28. 7. 1842 Aschaffenburg. B., Sohn des Frankfurter Kaufmanns Peter Anton Brentano und dessen Frau Maximiliane (geb. La Roche), brach nach seiner Schulzeit am Koblenzer Jesuitengymnasium (1787–90) und dem Mannheimer Philanthropin (1791–93) mehrere Versuche einer bürgerlichen Berufsausbildung ab. Nach dem Tod von Mutter (1793) und Vater (1797) besuchte er, durch ein beträchtliches Erbe finanziell unabhängig, die Universitäten in Jena (1798–1800 Medizin) und Göttingen (1801 Philosophie), ohne einen festen Abschluss anzustreben. Wichtig für seine Entwicklung wurde vielmehr die Beziehung zum Kreis der Frühromantiker in Jena – hier lernte er auch seine spatere Frau Sophie Mereau kennen (Heirat 1803) – und die Freundschaft mit A. v. Arnim (Göttingen). Von 1804 bis 1808 kam es in Heidelberg zur intensiven Zusammenarbeit mit Arnim und weiteren romantischen Schriftstellern und Wissenschaftlern (J. Görres, Friedrich Creuzer). Neben heftigen literarischen Auseinandersetzungen mit J. H. Voß und seinen Anhängern trugen ein in turbulenter Form öffentlich ausgetragener Ehekonflikt dazu bei, den Aufenthalt in Heidelberg unmöglich zu machen (nach dem Tod S. Mereaus 1806 hatte B. 1807 Auguste Bußmann geheiratet; Trennung 1809, Scheidung 1812). Landshut (1808–09), Berlin (1809–11), Böhmen (1811–13), Wien (1813–14) und wieder Berlin (1814–18) waren die nächsten Stationen. Im Zusammenhang mit der unglücklichen Liebe zur protestantischen Pfarrerstochter Luise Hensel, die er 1816 kennenlernte, kam es zu einer tiefen Lebenskrise, die in eine Generalbeichte und die Rückkehr zum katholischen Glauben (1817) mündete. B. stellte seine Kunst von nun an in den Dienst der katholischen Erneuerung. Von 1818 bis 1824 hielt er sich im westfälischen Dülmen auf, um die Visionen der stigmatisierten Nonne Anna Katharina Emmerick aufzuzeichnen, Basis für eine (z. T. postum publizierte) erfolgreiche Trilogie eines Leben Jesu. Nach dem Tod der Nonne lebte er u. a. in Koblenz, Frankfurt und Regensburg, bis er 1833 nach München übersiedelte (Kreis um Görres) und in einer weiteren Liebesbeziehung, zur Baseler Malerin Emilie Linder, scheiterte. Er starb im Hauses seines Bruders in Aschaffenburg, wo er sich seit 1841 aufhielt.

B.s Schaffen stand zunächst unter dem Eindruck der frühromantischen Poetik, die er in der Literatursatire *Gustav Wasa* und dem ›verwilderten Roman‹ *Godwi* programmatisch umzusetzen suchte. Auch das melancholische Intrigenstück *Ponce de Leon* entspricht mit seinem auf die Spitze getriebenen Sprachwitz und seiner virtuosen Sprachbehandlung diesen Vorstellungen. Der experimentelle *Godwi* enthält – wie seine anderen Werke – zahlreiche lyrische Einlagen, darunter auch die bekannte Loreley-Erfindung *Zu Bacherach am Rheine*. In Zusammenarbeit mit Arnim schuf er auf der Basis ›alter deutscher Lieder‹ den kunstvollen Volksliedton, der charakteristisch für die Lyrik des 19. Jh.s werden sollte. Unvollendet blieb die lyrisch-epische Romanzendichtung *Die Romanzen vom*

Rosenkranz, an der er seit 1803 arbeitete. Ohne Abschluss blieben auch andere Projekte wie ein weiterer Romanversuch (*Der schiffbrüchige Galeerensklave*), verschiedene dramatische Dichtungen oder seine Märchendichtungen (»Italienische Märchen« nach Giambattista Basile und »Märchen vom Rhein«), die artistische Sprachkunst, Satire und überlieferte Sagen- und Märchenwelt miteinander verbinden. Als B.s erzählerisches Meisterwerk gilt die *Geschichte vom braven Kasperl und dem schönen Annerl*, die zugleich den poetischen Prozess selbst und die Situation des der Natur und dem Leben entfremdeten modernen Dichters zum Gegenstand hat. Den größten Erfolg hatte B. mit seinen Erbauungsschriften.

Werke: Satiren und poetische Spiele [...]. Gustav Wasa. 1800. – Godwi oder Das steinerne Bild der Mutter. 1801. – Die lustigen Musikanten. 1803. – Ponce de Leon. 1804 [recte 1803]. – Des Knaben Wunderhorn. 1806 [recte 1805] – 08. [Mit A. v. Arnim.] – Wunderbare Geschichte von BOGS dem Uhrmacher. 1807. – Der Goldfaden. 1809. [Wickram-Bearb.] – Der Philister vor, in und nach der Geschichte. 1811. – Rheinübergang. Kriegsrundgesang. 1814. – Geschichte vom braven Kasperl und dem schönen Annerl. In: Gaben der Milde. Hrsg. von Friedrich Wilhelm Gubitz. 1817. – Die Gründung Prags. 1815. – Trutz Nachtigall. 1818. [Spee-Ausg.] – Aus der Chronika eines fahrenden Gesellen. In: Sängerfahrt. Eine Neujahrsgabe [...]. 1818. – Fr. Spee's goldnes Tugendbuch. 1829. – Das bittere Leiden unsers Herrn Jesu Christi. Nach den Betrachtungen der gottseligen Anna Katharina Emmerich. 1833. – Gockel, Hinkel und Gackeleia. 1838. – Die Märchen. Hrsg. von Guido Görres. 1846–47. – Leben der heiligen Jungfrau Maria. Nach den Betrachtungen [...]. 1852. – Leben unseres Herrn und Heilandes Jesu Christi. Hrsg. von Karl Erhard Schmöger. 1858–60.
Ausgaben: Sämtliche Werke und Briefe. Hist.-krit. Ausg. Hrsg. von Jürgen Behrens [u. a.]. Stuttgart 1975 ff. – Werke. Hrsg. von Wolfgang Frühwald [u. a.]. 4 Bde. München ^{2}1978.

Brinkmann, Rolf Dieter, 16. 4. 1940 Vechta – 23. 4. 1975 London. Nach dem Abitur und einer Buchhändlerlehre in Essen studierte B. ab 1963 an der Pädagogischen Hochschule in Köln, wandte sich aber 1966 ganz der Literatur zu; 1972–73 lebte er in Rom als Stipendiat der Villa Massimo, 1974 war er Gastdozent an der University of Texas in Austin. Er starb an den Folgen eines Verkehrsunfalls. Als Erzähler begann B. mit Texten, die in den Umkreis des von D. Wellershoff propagierten ›neuen Realismus‹ gehören. Der Durchbruch gelang ihm mit *Keiner weiß mehr*, seinem einzigen Roman, der aus der Perspektive des Mannes die Krise einer Kleinfamilie in einem unaufhaltsamen, monomanischen Gedankenfluss beschreibt. Die Auflehnung gegen die bürgerliche Enge und Moral, die der Roman provozierend betreibt, findet in der Lyrik ihr Gegenstück in der Rezeption der amerikanischen Underground-Literatur und -Kultur, die B. in Anthologien und Übersetzungen vorstellte und für seine Arbeiten fruchtbar machte. Es geht ihm nach amerikanischem Muster zunächst um den unmittelbaren, durch Traditionen und »Reflexionsbarrieren« unbelasteten Zugang zur alltäglichen Erfahrungswelt (einschließlich von Versatzstücken der trivialen Bilder- und Medienkultur), um Schnappschüsse und Momentaufnahmen. Komplexer als diese Poplyrik sind die Texte in seinem letzten Gedichtband (*Westwärts 1 & 2*); hier verbinden sich die ›zufälligen‹ Realitätsausschnitte in einer Art Traumstruktur zu einer Geschichtsschreibung des Verfalls in Form einer lyrischen Autobiographie. B. blieb in seiner Suche nach einer »totalen Individualität« Einzelgänger im westdeutschen Literaturbetrieb. Was sich von diesem in seiner Außenstelle, der Villa Massimo, zeigte, attackierte er in dem postum erschienenen Collagenband *Rom. Blicke*.

Werke: Ihr nennt es Sprache. 1962. – Die Umarmung. 1965. – Was fraglich ist, wofür. 1967. – Keiner weiß mehr. 1968. – Die Piloten. Neue Gedichte. 1968. – Godzilla. 1968. – ACID. Neue amerikanische Szene. 1969. [Hrsg., mit Ralf Rainer Rygulla.] – Lunch Poems und andere Gedichte. 1969. [Frank O'Hara-Übers.] – Silver Screen. Neue amerikanische Lyrik. 1969. – Standphotos. 1969. –

Gras. 1970. – World's End. Aus dem Notizbuch Rom 1972/73. 1973. – Westwärts 1 & 2. 1975. Erw. Neuausg. 2005. – Rom. Blicke. 1979. – Der Film in Worten. Prosa, Erzählungen, Essays, Hörspiele, Fotos, Collagen. 1965–1974. 1982. – Erzählungen. 1985.

Britting, Georg, 17. 2. 1891 Regensburg – 27. 4. 1964 München. Der Beamtensohn meldete sich nach dem Studium der Nationalökonomie 1914 freiwillig zum Kriegsdienst und wurde zweimal schwer verwundet. Nach dem Krieg wirkte er zunächst im Arbeiter- und Soldatenrat in Regensburg mit und arbeitete als Theaterkritiker. Seit 1921 lebte er in München als Mitarbeiter verschiedener Zeitungen und Zeitschriften bzw. freier Schriftsteller. Während des Dritten Reiches publizierte er u. a. in der Zeitschrift *Das innere Reich*; er verstand sich seit der Weimarer Republik als unpolitischer Autor. Als Lyriker und Prosaist begann er in der Nachfolge des späten Expressionismus. Motive und Gegenstände seiner Dichtung spiegeln häufig Natur und Landschaften der Kindheit, wobei allerdings diese Welt pandämonisch aufgeladen, das Idyll dämonisiert wird. In seinen von einem nietzscheanischen Vitalismus geprägten Erzählungen reduziert er Personen und Geschehen vielfach auf elementare, z. T. archaische Konstellationen und parallelisiert sie mit Vorgängen der Natur. In seinem bedeutenden *Hamlet*-Roman verändert er die Vorlage gleichsam ins Vegetative: der fette Hamlet überwindet seinen Stiefvater im Fressduell. Mit seinen Gedichten etablierte sich B. in den 30er- und 40er-Jahren als eigenständiger Lyriker der ›naturmagischen‹ Richtung. Später wandte er sich anderen Themen zu (u. a. Wein-, Totentanzgedichte) und griff auf traditionelle Formen (Sonett, antike Odenstrophen) zurück.

Werke: Michael und das Fräulein und andere Erzählungen. 1927. – Gedichte. 1930. – Lebenslauf eines dicken Mannes, der Hamlet hieß. 1932. – Das treue Eheweib. 1933. – Die kleine Welt am Strom. 1933. – Der irdische Tag. 1935. – Der bekränzte Weiher. 1937. – Das gerettete Bild. 1938. – Rabe, Roß und Hahn. 1939. –

Der Schneckenweg. 1941. – Lob des Weins. 1944. – Die Begegnung. 1947. – Unter hohen Bäumen. 1951. – Afrikanische Elegie. 1953. – Anfang und Ende. Erzähltes und Dramatisches aus dem Nachlaß. 1967.

Ausgaben: Gesamtausgabe in Einzelbänden. 8 Bde. München 1957–67. – Sämtliche Werke. Hrsg. von Walter Schmitz [und Ingeborg Schuldt-Britting. Bd. 4 und 5]. 6 Bde. München 1987–96.

Broch, Hermann, 1. 11. 1886 Wien – 30. 5. 1951 New Haven (Connecticut). Der Sohn eines jüdischen Textilgroßhändlers wurde nach dem Abitur 1904 von seinem Vater zum Ingenieurstudium gedrängt, um später das Familienunternehmen übernehmen zu können. Nach Abschluss des Studiums 1907 wurde er Assistenzdirektor in der Spinnfabrik Teesdorf, die der Vater für seine Söhne gekauft hatte; seit 1915 leitete er die Fabrik als Verwaltungsrat. 1925 begann er mit dem Studium der Philosophie und Mathematik in Wien, 1927 verkaufte er die Textilfabrik. 1928 gab er das für ihn unbefriedigende Studium bei den Wiener Neopositivisten auf; für ihn wurde nun die Literatur das Medium, um die in der Philosophie vermisste Deutung der Epoche und der menschlichen Existenz und ihres Sinns zu unternehmen. Nach dem »Anschluss« Österreichs emigrierte B. 1938 über Großbritannien in die USA, lebte zunächst in New York, dann von 1942 an in Princeton. 1949 siedelte er nach New Haven um, wo ihn die Yale University zum – unbezahlten – Lektor für deutsche Literatur ernannt hatte. B.s Schaffen umfasst philosophisch-kritische und dichterische Arbeiten. Zugleich durchdringen sich im erzählerischen Werk, ganz im Sinn des modernen Romans, epische und essayistische (kulturphilosophische, erkenntnistheoretische) Passagen. Als einer der Prototypen des modernen Romans gilt B.s erstes großes Werk, die Trilogie *Die Schlafwandler*, ein philosophischer Roman, der den von B. diagnostizierten kulturellen Zerfallsprozess (»Zerfall der Werte«) in drei Stadien bis zum Untergang der alten Welt im Jahr 1918 verfolgt. Dabei macht er sich die neuen erzählerischen Techniken (innerer Monolog, erlebte Rede, Montage) nach dem Beispiel von A. Döblin, John Dos Passos und James Joyce zunutze, bricht die traditionellen realistischen Darstellungstechniken auf und reflektiert in seiner Erzählweise (figurenperspektivisches Erzählen, Diskontinuität, Montage von Parallelgeschichten und essayistischen Passagen usw.) den aus der Relativierung aller Wertvorstellungen folgenden Perspektivismus der Moderne. Auf die Machtübernahme der Nationalsozialisten reagierte B. mit publizistischen und politisch-theoretischen Arbeiten, aber auch mit dem Versuch eines Anti-Hitler-Romans, einer Parabel zum aktuellen Problem des Massenwahns (1934–1936; postum u. d. T. *Die Verzauberung* erschienen, auch als »Bergroman« bezeichnet). Seine Studien zur Massenpsychologie erschienen ebenfalls nach B.s Tod. Eine resignative Haltung kennzeichnet B.s zweiten großen Roman, *Tod des Vergil*, den er 1937 begann und der in einer Art innerem Monolog die letzten Stunden im Leben des Dichters darstellt, ein Werk, in dem sich zugleich die Gegenwart spiegelt: in der Exilsituation des Dichters (Vergil erscheint als Entwurzelter), in der Frage nach der ethischen Verantwortung und der Schuld des Dichters, in dem Bewusstsein, an einer Zeitenwende zu leben. Bezugspunkt hierzu ist die in der christlichen Überlieferung als Christus-Prophetie verstandene vierte Ekloge. Der »Roman in elf Erzählungen« *Die Schuldlosen*, den B. auf der Grundlage älterer Erzählungen nach dem Krieg schrieb, ist eine Reaktion auf die ihn enttäuschende Nachkriegsentwicklung: Verdrängung statt Einsicht und Wandlung. Der Titel ist ironisch gemeint.

Werke: Die Schlafwandler. 1931–32. [1888. Pasenow oder die Romantik. 1931. – 1903. Esch oder die Anarchie. 1931. – 1918. Huguenau oder die Sachlichkeit. 1932.] – Das Böse im Wertsystem der Kunst. In: Neue Rundschau 44. 1933. – Die unbekannte Größe. 1933. – James Joyce und die Gegenwart. 1936. – Der Tod des

Vergil. 1945. – Die Schuldlosen. Roman in elf Erzählungen. 1950. – Trotzdem: Humane Politik. Verwirklichung einer Utopie. In: Neue Rundschau 61. 1950. – Der Versucher. 1953. – Hofmannsthal und seine Zeit. 1955. – Massenwahntheorie. 1979.

Ausgaben: Gesammelte Werke. 10 Bde. Zürich 1952–61. – Kommentierte Werkausgabe. Hrsg. von Paul Michael Lützeler. 13 Bde. Frankfurt a. M. 1974–81.

Brockes, Barthold Heinrich (Hinrich), 22. 9. 1680 Hamburg – 16. 1. 1747 ebd. Der aus einer wohlhabenden Kaufmannsfamilie stammende B. studierte, durch privaten Unterricht und das Hamburger Akademische Gymnasium gut vorbereitet, von 1700 bis 1702 Jura und Philosophie in Halle, praktizierte dann ein halbes Jahr (1702) am Reichskammergericht in Wetzlar und erwarb am Ende einer Bildungsreise (Italien, Schweiz, Frankreich, Niederlande) 1704 in Leiden den Titel eines Lizentiaten der Rechte. Ende 1704 kehrte er nach Hamburg zurück und widmete sich seinen poetischen und künstlerischen Interessen. 1714 machte er die angestrebte gute Partie (Anna Ilsabe Lehmann). 1720 wurde er zum Ratsherrn gewählt; Gesandtschaftsreisen führten ihn an die Höfe von Wien, Berlin und Glückstadt. Im Kontrast dazu steht das Landleben nach seiner Ernennung zum Amtmann der hamburgischen Besitzung Ritzebüttel (1735–41). 1714 gründete er mit gelehrten Freunden die »Teutsch-übende Gesellschaft«, 1724 wurde er Mitglied der neu gegründeten »Patriotischen Gesellschaft« und schrieb Beiträge für ihr Organ, die Moralische Wochenschrift *Der Patriot*. Die Spannweite seines literarischen Werkes ist beträchtlich. Noch der Barocktradition verpflichtet sind sein Passionsoratorium, u. a. von Händel und Telemann vertont, und die Marino-Übersetzung; ein entschiedener Geschmackswandel und eine Hinwendung zum aufklärerischen Denken manifestieren sich dann in den Gedichten seines *Irdischen Vergnügens in Gott* und seinen Übersetzungen aus dem Englischen. Die Gedichte sind vielfach variierte physikotheologische »Erweise«, dass die bestehende die beste aller möglichen Welten sei und dass es in der Schönheit, Zweckmäßigkeit und Nützlichkeit der Natur den Schöpfer zu erkennen und zu loben gelte.

Werke: Der Für die Sünde der Welt / Gemarterte und Sterbende Jesus. 1712. – Verteutschter Bethlehemitischer Kinder-Mord des Ritters Marino. 1715. – Irdisches Vergnügen in Gott. 9 Bde. 1721–48. – Aus dem Englischen übersetzter Versuch vom Menschen des Herrn Alexander Pope. 1740. – Aus dem Englischen übersetzte Jahres-Zeiten des Herrn Thomson. 1745.

Brod, Max, 27. 5. 1884 Prag – 20. 12. 1968 Tel Aviv. Der Sohn eines höheren Bankangestellten studierte nach dem Abitur an der dt. Universität in Prag (Dr. jur. 1907), arbeitete von 1907 bis 1924 bei der Prager Postdirektion, dann als Kulturreferent des Ministerratspräsidiums und schließlich als Theater- und Musikkritiker beim *Prager Tagblatt.* 1939 emigrierte der aktive Zionist nach Israel und lebte als Dramaturg und Kritiker in Tel Aviv. Zu den großen Verdiensten B.s gehört die Rettung und Edition der Romane Kafkas und anderer Texte. Sein eigenes Werk ist ungemein umfangreich und vielfältig und umfasst neben Übersetzungen (z. B. von tschechischen Opernlibretti) und Bühnenbearbeitungen von Romanen Gedichte, Dramen, Romane, Erzählungen, Essays, biographische Werke und religionsgeschichtliche, literaturhistorische, kulturgeschichtliche und autobiographische Schriften. Bedeutend ist v. a. der Zyklus von sechs historischen Romanen, der mit *Tycho Brahes Weg zu Gott* beginnt und die Protagonisten in ihren ethischen Entscheidungen im Hinblick auf den Kampf um die Wahrheit schildert.

Werke: Tycho Brahes Weg zu Gott. 1915. – Das große Wagnis. 1918. – Im Kampf um das Judentum. 1920. – Heidentum, Christentum, Judentum. Ein Bekenntnisbuch. 1921. – Franzi oder eine Liebe zweiten Ranges. 1922. – Rëubeni, Fürst der Juden. Ein Renaissanceroman. 1925. – Stefan Rott, oder das Jahr der Entscheidung. 1931. – Franz Kafka. Eine Biographie. 1937. – Diesseits und Jenseits. 1947. – Galilei in Gefangenschaft. 1948. – Unambo. Roman aus dem jüdisch-arabischen Krieg. 1949. – Der Meister. 1951. – Armer Cicero. 1955. – Mira. Ein Roman um Hofmannsthal. 1958. – Streitbares Leben. 1960. Erw. 1969. – Der Prager Kreis. 1966. – Johannes Reuchlin und sein Kampf. 1966. – Über Franz Kafka. 1966.

Bronnen, Arnolt (d. i. A. Bronner), 19. 8. 1895 Wien – 12. 10. 1959 Berlin (DDR). Der Sohn des Gymnasiallehrers und Schriftstellers Ferdinand Bronner studierte in Wien Jura und Philosophie, nahm als Freiwilliger am Ersten Weltkrieg teil und lebte seit 1920 in Berlin. Hier entwickelte er sich vom anarchistischen Rebellen und Freund Brechts zum Anhänger des Nationalsozialismus (Freundschaft mit Joseph Goebbels seit 1929). Von 1928 bis 1933 war er Redakteur bei der UFA und beim Berliner Rundfunk, danach bei der Reichsrundfunkgesellschaft. 1937 erhielt er, mit Goebbels zerstritten, Berufsverbot als Schriftsteller. Nach dem Krieg wurde er Bürgermeister von Goisern (Oberösterreich), wo er seit 1943 gelebt hatte, und arbeitete als Redakteur für die Linzer *Neue Zeit* (1945–50). 1955 ging er, inzwischen Mitglied der österreichischen KP, auf Einladung Johannes R. Bechers nach Ostberlin. B.s Dramen und Erzählungen der frühen 20er-Jahre standen im Zeichen des Expressionismus und des pathetischen Protests gegen die Welt der Väter (den eigenen Vater im Besonderen) bzw. die bürgerliche Welt überhaupt. Sie suchten die Provokation mit ihrer tabubrechenden Darstellung von Themen wie Sexualität und Verbrechen und der von einer dynamischen Lebensphilosophie geprägten Verherrlichung der Macht. Eine Reihe von Inszenierungen seiner Stücke zwischen 1922–26 entstanden in Zusammenarbeit mit Brecht. Die Wende zu einer sachlichen Erzählweise brachte der Hollywood-Roman *Film und Leben Barabara La Marr.* Als B.s bedeutendstes episches Werk gilt seine perspektivenreiche Annäherung an den legendären griech. Fabeldichter Äsop.

Werke: Vatermord. 1920. – Die Geburt der Jugend. 1922. – Die Septembernovelle. 1923. – Die Exzesse. 1923. – Anarchie in Sillian. 1924. – Katalaunische Schlacht. 1924. – Napoleons Fall. 1924. – Rheinische Rebellen. 1925. – Reparationen. 1926. – Film und Leben Barbara La Marr. 1928. – O. S. [= Oberschlesien.] 1929. – Roßbach. 1930. – Erinnerung an eine Liebe. 1933. – Kampf mit dem Äther oder die Unsichtbaren. 1935. – Aisopos. Sieben Berichte aus Hellas. 1956. – Deutschland. Kein Wintermärchen. Eine Entdeckungsfahrt durch die Deutsche Demokratische Republik. 1956. – Tage mit Bertolt Brecht. Geschichte einer unvollendeten Freundschaft. 1960.
Ausgabe: Werke mit Zeugnissen zu Entstehung und Wirkung. Hrsg. von Friedbert Aspetsberger. 5 Bde. Klagenfurt o. J. [1989.]

Bruckner, Ferdinand (d. i. Theodor Tagger), 26. 8. 1891 Wien – 5. 12. 1958 Berlin. Der Sohn eines Fabrikanten studierte in Wien und Paris u. a. Philologie, Musik und Jura, arbeitete als Lektor und Zeitschriftenherausgeber in Berlin, bis er sich 1920 dem Theater zuwandte. Nach einer Tätigkeit als Dramaturg gründete er 1923 das Berliner Renaissancetheater, 1927 wurde er Direktor des Theaters am Kurfürstendamm. 1933 kehrte er zunächst wieder nach Österreich zurück, emigrierte dann über Frankreich 1936 in die USA. 1951 ging er nach Berlin und wirkte seit 1953 als Dramaturg am Schiller- und am Schlosspark-Theater. In den 20er- und 30er-Jahren gehörte B. mit seinen diagnostisch-kritischen Zeitstücken, die sich u. a. mit der Justiz (*Die Verbrecher*, UA 1928) und der Rassenideologie (*Die Rassen*, UA 1933) auseinandersetzten und moderne szenische Mittel (Simultanbühne, Adaption von filmischen Techniken) anwandten, zu den bedeutendsten modernen Theaterautoren. Zu den Zeitstücken traten historische Dramen mit gegenwartsbezogener politischer Wirkungsabsicht, von denen auch *Elisabeth von England* (UA 1930) die Simultantechnik effektvoll einsetzte, während die späteren Stücke formal konventioneller blieben. Im Spätwerk kehrte B. zu klassizistischen Formen zurück.

Werke: Der Herr in den Nebeln. 1917. – Das neue Geschlecht. Programmschrift gegen die Metapher. 1917. – Die Vollendung eines Herzens. 1917. – Der zerstörte Tasso. 1918. – 1920 oder die Komödie vom Untergang der Welt. Ein Zyklus. 1920. – Krankheit der Jugend. 1928. – Die Verbrecher. 1929. – Elisabeth von England. 1930. – Die Rassen. 1934. – Napoleon I. 1937. – Dramen unserer Zeit. 1945. – Simon Bolivar. 1945. – Dramatische Werke. 2 Bde. 1948. – Schauspiele. Nach historischen Stoffen. 1956.

Brückner, Christine (geb. Emde), 10. 12. 1921 Schmillinghausen (Waldeck) – 21. 12. 1996 Kassel. Die Pastorentochter besuchte das Gymnasium in Arolsen und Kassel (Abitur 1943). Während des Krieges wurde sie zu Arbeitseinsätzen verpflichtet, 1946 legte sie das Examen als Dipl.-Bibliothekarin ab und studierte anschließend in Marburg Germanistik, Kunstgeschichte und Psychologie. Danach war sie vorübergehend Leiterin der Mensa in Marburg, Mitarbeiterin an einem Universitätsinstitut und einer Nürnberger Frauenzeitschrift. Ihre Karriere als ungemein produktive und erfolgreiche Unterhaltungsschriftstellerin begann mit ihrer Teilnahme an einem Romanpreisausschreiben des Bertelsmann Verlags. Mit *Ehe die Spuren verwehen* gewann sie den ersten Preis; der große Erfolg des Buches ermöglichte es ihr, sich nun als freie Schriftstellerin zu etablieren. Sie lebte in Kassel. Ihre konventionell erzählten Romane kreisen vielfach um Frauenfragen, erzählen aus weiblicher Perspektive von den Problemen der Liebe und der Partnerschaft, von dem Umgang mit dem konventionellen Rollenbild und den Möglichkeiten weiblicher Emanzipation und Selbstverwirklichung. Während es meist darum geht, sich dem scheinbar Unabänderlichen zu fügen und das beste aus der Situation zu machen, zeigen ihre Monologe *Wenn du geredet hättest, Desdemona* die Fragwürdigkeit des traditionellen Rollenverständnisses. Ihre größten Erfolge hatte sie mit den drei »Poenichen«-Romanen, die Familien- und Zeitgeschichte miteinander verbinden.

Werke: Ehe die Spuren verwehen. 1954. – Die Zeit danach. 1961. – Letztes Jahr auf Ischia. 1964. – Der Kokon. 1966. – Überlebensgeschichten. 1973. – Jauche und Levkojen. 1975. – Nirgendwo ist Poenichen. 1978. – Wenn du geredet hättest, Desdemona. Ungehaltene Reden ungehaltener Frauen. 1983. – Die Quints. 1985. – Die letzte Strophe. 1989. – Früher oder später. 1994.

Brussig, Thomas, * 19. 12. 1965 Berlin (DDR). B. absolvierte nach der Schulzeit (1971–81) eine Berufsausbildung als Baufacharbeiter, machte das Abitur und lebte von 1984 bis 1990 – die Wehrdienstzeit ausgenommen – von Gelegenheitsarbeiten. Nach der Wende studierte er 1990–93 Soziologie an der Freien Universität Berlin, wechselte dann aber zum Dramaturgiestudium an die Filmhochschule in Potsdam-Babelsberg. Seit 1995 lebt B. als freier Schriftsteller in Berlin. Sein erster Roman *Wasserfarben* erschien unter dem Pseudonym Cordt Berneburger. Es ist eine melancholische Jugendgeschichte aus den letzten Jahren der DDR, die – orientiert an Jerome D. Salinger und U. Plenzdorf – von der Identitätssuche des Abiturienten Anton Glienicke erzählt. Einen völlig anderen Ton schlägt der Wende- und Erfolgsroman *Helden wie wir* an. Er nimmt die Tradition des pikaresken Erzählens auf und macht mit den Mitteln der Groteske und Satire – u. a. stehen John Irving und G. Grass im Hintergrund – die Banalität des DDR-Alltags und -Systems sichtbar, zu dessen Untergang das angeschwollene Geschlechtsorgan des Ich-Erzählers wesentlich beiträgt. Eine dramatisierte Version des Romans wurde 1996 uraufgeführt. Aus dem zusammen mit Leander Haußmann verfassten Drehbuch für den Film *Sonnenallee* (1999) entstand der episodische Roman *Am kürzeren Ende der Sonnenallee*, der in leiseren Tönen von der Jugend (und ihren Eltern) in der durch die Mauer zweigeteilten Sonnenallee erzählt, von ihrer Selbstdefinition durch Westprodukte und -philosophien (Existentialismus) und ihrem Rückzug in die Privatheit. Nach dem stammtischkonform schwadronierenden Monolog eines autoritären Fußballtrainers *Leben bis Männer* kehrte B. mit dem umfangreichen Roman *Wie es leuchtet* wieder zu den Wendejahren 1989 und 1990 zurück. Um eine Rahmenhandlung mit einem westlichen Starreporter und einer aufrechten ostdeutschen Physiotherapeutin entwirft B. ein personen- und episodenreiches Panorama, das zwischen Ernst und Satire changiert und zugleich die euphorische Stimmung der Zeit einzufangen sucht.

Werke: Wasserfarben. 1991. – Helden wie wir. 1995. – Am kürzeren Ende der Sonnenallee. 1999. – Heimsuchung. Schauspiel für fünf Personen. 2000. – Leben bis Männer. 2001. – Wie es leuchtet. 2004.

Bruyn, Günter de, * 1. 11. 1926 Berlin. Der Sohn eines Übersetzers nahm seit 1943 zunächst als Luftwaffenhelfer, dann als Soldat am Krieg teil. Nach kurzer Gefangenschaft arbeitete er 1945 als Landarbeiter in Hessen, nahm 1946 in Potsdam an einem Neulehrerkurs teil und unterrichtete bis 1949 in einem märkischen Dorf. Anschließend besuchte er die Bibliothekarsschule und arbeitete von 1953 bis 1961 als wissenschaftlicher Mitarbeiter am Zentralinstitut für Bibliothekswesen der DDR in Berlin. Seit 1961 lebt er hier und in einem Dorf bei Beeskow (Brandenburg) als freier Schriftsteller. Nach seinem frühen Roman *Der Hohlweg*, einem vom Autor selbst später verworfenen Versuch eines sozialistischen Entwicklungsromans, beschäftigt sich B.s weiteres Werk in ironischer und zugleich unaufdringlicher Weise mit der Situation des Einzelnen in der Gesellschaft der DDR. Es handelt von Selbstverwirklichung, individuellem Glücksverlangen und menschlicher Authentizität und ihrer Bedrohung im Rahmen von Verhältnissen, die sich immer weiter von den ursprünglich mit dem Aufbau des Sozialismus verbundenen Hoffnungen entfernten. Schauplatz ist meist eine märkische Alltagswelt, durchsichtig gemacht auf den Zustand der DDR und ihres Sozialismus. Daneben machte B. in biographischen Essays und der Erzählung *Märkische Forschungen* die literarische Tradition, auf die sich die DDR als kulturelles »Erbe« bezog, zum Maßstab der sozialistischen Gegenwart. Dazu kamen zahlreiche Editionen; u. a. war B. Mitherausgeber der Reihe »Märkischer Dichtergarten«. Mit seinen autobiographischen Büchern gelang ihm eine eindringliche Familien- und Entwicklungsgeschichte, in der sich zugleich die Geschichte einer Epoche vom Niedergang der Weimarer Republik bis zu dem der DDR spiegelt. Zuletzt setzte er in einer Reihe von Büchern seine Beschäftigung mit brandenburgisch-preußischen Themen und Traditionen fort.

Werke: Der Hohlweg. 1963. – Maskeraden. Parodien. 1966. – Buridans Esel. 1968. – Preisverleihung. 1972. – Das Leben des Jean Paul Richter. 1975. – Babylon. 1977. – Märkische Forschungen. Erzählung für Freunde der Literaturgeschichte. 1979. – Neue Herrlichkeit. 1984. – Lesefreuden. Über Bücher und Menschen. 1986. – Jubelschreie, Trauergesänge. Deutsche Befindlichkeiten. 1991. – Zwischenbilanz. Eine Jugend in Berlin. 1992. – Mein Brandenburg. 1993. – Das erzählte Ich. Über Wahrheit und Dichtung in der Autobiographie. 1995. – Vierzig Jahre. Ein Lebensbericht. 1996. – Deutsche Zustände. Über Erinnerungen und Tatsachen, Heimat und Literatur. 1999. – Die Finckensteins. Eine Familie im Dienste Preußens. 1999. – Preußens Luise. Vom Entstehen und Vergehen einer Legende. 2001. – Unzeitgemäßes. Betrachtungen über Vergangenheit und Gegenwart. 2001. – Unter den Linden. 2002. – Abseits. Liebeserklärung an eine Landschaft. 2005.

Buchner, Augustus, 2. 11. 1591 Dresden – 12. 2. 1661 Pollensdorf bei Wittenberg. Der Sohn eines Königlich Sächsischen Bau- und Oberzeugmeisters studierte nach dem Besuch des Landesgymnasiums zu Pforta in Wittenberg. Hier wurde er 1616, unmittelbar nach Erwerb des Magistergrads, zum Professor für Poesie ernannt; seit 1632 vertrat er auch das Fach Rhetorik. Auf der Basis der Poetik von Opitz, aber mit gewissen Erweiterungen hinsichtlich des Versbaus (Legitimierung daktylischer und anapästischer Verse), lehrte er das neue Regelsystem der deutschsprachigen Kunstdichtung und übte durch seinen Unterricht einen tiefgreifenden Einfluss auf eine ganze Generation (protestantischer) Barockdichter aus. 1641 wurde er als »Der Genossene« in die »Fruchtbringende Gesellschaft« aufgenommen. Seine Poetikvorlesungen erschienen erst postum. Für Heinrich Schütz schrieb er den Text zur 1638 in Dresden aufgeführten Ballettoper *Von dem Orpheo und der Eurydice* (veröffentlicht 1855 von A. H. Hoffmann v. Fallersleben). Daneben umfasst sein dichterisches Werk zahlreiche lat. Gelegenheitsgedichte. Als Gelehrter trat er mit einer Reihe von kommentierten Editionen und einer Vielzahl von lat. akademischen Reden hervor.

Werke: M. Acci Plauti Comoediae XX. superstites. 1640. – C. Plinii Caecilii Secundi Epistolarum libri X. 1644. – Dissertationum academicarum. 1650. – Kurzer Weg-Weiser zur Deutschen Tichtkunst. 1663. – De commutata ratione dicendi libri duo. 1664. – Anleitung Zur Deutschen Poeterey. 1665. – Poet. 1665. – Orationes panegyricae. 1668. – Epistolae. 1679. – Poemata selectiora. 1694.

Bucholtz, Andreas Heinrich (Henrich Buchholtz), 25. 11. 1607 Schöningen bei Braunschweig – 20. 5. 1671 Braunschweig. Der aus einem protestantischen Pfarrhaus stammende B. ließ sich nach dem Studium der Philosophie und Theologie in Wittenberg (Magister 1630) und einer längeren Übergangszeit (Konrektor der Stadtschule in Hameln, weitere Theologiestudien in Rostock, Rektor des Lemgoer Gymnasiums) 1639 in Rinteln (Weser) nieder. Hier wurde er 1641 Professor für Moralphilosophie und Poesie, 1645 außerordentlicher Professor für Theologie. Seit 1646 mit einer Patriziertochter aus Hannover verheiratet, ging er 1647 nach Braunschweig und stieg im Dienst der Kirche bis zum Superintendenten der Kirchen und Schulen (1663) auf. Sein literarisches Werk wurde mit zwei Horazübersetzungen eingeleitet, die das Opitz'sche

Reformprogramm vertraten. Ihnen schlossen sich vorwiegend religiöse Dichtungen, umfangreiche Erbauungsschriften und zwei ebenfalls mit christlichem Ethos und missionarischem Eifer erfüllte umfangreiche Romane an: Diese schon in den 40er-Jahre konzipierten »Wunder-Geschichten« verstehen sich als Gegenentwürfe zu dem unmoralischen und gottlosen *Amadís* und nehmen entwicklungsgeschichtlich eine Zwischenstellung zwischen dem Ritterroman des 16. Jh.s und dem höfisch-historischen Roman des Barock ein.

Werke: Verteutschte [...] Poetereykunst Des [...] Römischen Poeten Q. Horatius Flaccus. 1639. – Erstes Verdeutschtes [...] Odenbuch Des [...] Q. Horatius Flaccus. 1639. – Lucian von Samosata Warhafftige Geschichte. 1642. – Geistliche Teutsche Poëmata. 1651. – Des Christlichen Teutschen Groß-Fürsten Herkules Und Der Böhmischen Königlichen Fräulein Valiska Wunder-Geschichte. 1659–60. – Christliche Gottselige Hauß-Andachten. 1663. – Häußliche Sabbaths-Andachten. 1665. – Der Christlichen Königlichen Fürsten Herkuliskus Und Herkuladisla [...] Wunder-Geschichte. 1665.

Büchner, Georg, 17. 10. 1813 Goddelau bei Darmstadt – 19. 2. 1837 Zürich. Seit der Ernennung des Vaters zum Assessor des Großherzoglichen Medizinalkollegs 1816 lebte die Familie in Darmstadt. Nach der Schulzeit ging B. 1831 zum Medizinstudium nach Straßburg; hier verlobte er sich 1832 heimlich mit der Pfarrerstochter Minna Jaeglé. Im Herbst 1833 setzte er sein Studium an der Landesuniversität Gießen fort, wie es die Gesetze des Großherzogtums erforderten. Er beschäftigte sich mit Philosophie und der Geschichte der Französischen Revolution, lernte den Butzbacher Rektor Friedrich Ludwig Weidig, den führenden oberhessischen Oppositionellen, kennen und entschied sich im Frühjahr 1834 für die sozialrevolutionäre Agitation (Gründung von Sektionen der geheimen Gesellschaft für Menschenrechte in Darmstadt und Gießen, Entwurf der von Weidig dann abgeschwächten und von den

Gießener Sektionsmitgliedern verteilten Flugschrift *Der Hessische Landbote*). Angesichts der polizeilichen Verfolgungsmaßnahmen kehrte B. im September 1834 nach Darmstadt zurück, wo er sich äußerlich wissenschaftlichen Studien widmete, zugleich jedoch die Sektion der Menschenrechte leitete, mit dieser Pläne zur Gefangenenbefreiung vorbereitete und das Drama *Dantons Tod* schrieb. Nachdem er mehrere gerichtliche Vorladungen ignoriert hatte, floh er im Frühjahr 1835 nach Straßburg. Hier verband er literarische Arbeiten (Übersetzung von Dramen Victor Hugos; *Leonce und Lena*, *Lenz*, *Woyzeck*) mit dem Studium der Medizin, der Naturwissenschaften und der Philosophie. Für die Abhandlung *Sur le système nerveux du barbeau* erhielt er am 3. 9. 1836 den Doktorgrad der Philosophischen Fakultät der Universität Zürich. Im Oktober siedelte er nach Zürich über, wo er nach einer Probevorlesung »Über Schädelnerven« am 5. 11. 1836 als Privatdozent zugelassen wurde. Ende Januar 1837 erkrankte er an Typhus. Zu seinen Lebzeiten erschienen neben der revolutionären Flugschrift nur die Hugo-Übertragungen und, in einer von K. Gutzkow entstellten Form, das Drama *Dantons Tod*. Es behandelt, z. T. Quellenzitate montierend, einen Ausschnitt aus der Spätphase der jakobinischen Herrschaft, demaskiert die Motivationen, Selbsttäuschungen, Rollenspiele, die großen Gesten, die revolutionären Phrasen der Akteure und demonstriert zugleich den »gräßlichen Fatalismus der Geschichte«. Mit *Leonce und Lena*, aus Anlass eines Preisausschreibens des Cotta-Verlages 1836 entstanden, gelang B. eine die romantische Ironie potenzierende, anspielungsreiche, melancholische Literaturkomödie, die zugleich als Gesellschaftssatire zu verstehen ist. Fragment blieb der erst 1879 von K. E. Franzos in seiner Büchner-Ausgabe veröffentlichte *Woyzeck* (Franzos las fälschlich *Wozzeck*), ein in thematischer wie stilistischer Hinsicht revolutionäres Stück, das einen vorindustriellen Pauper, einen in die Psychose und zum

Mord getriebenen Menschen zum Helden hat und die Frage nach der Verantwortlichkeit von Moral, Religion, Wissenschaft und Gesellschaft für diese Leidensgeschichte stellt. Wie *Woyzeck* beruht auch B.s einzige Erzählung, *Lenz*, auf historischem Material, der Krankengeschichte des Sturm-und-Drang-Dichters J. M. R. Lenz, von B. zu einem seelischen Seismogramm gestaltet und kunstvoll aus einer Perspektive erzählt, bei der die Grenzen von Innen- und Außenwelt, von Vernunft und Wahnsinn zu zerfließen scheinen.

Werke: Dantons Tod. 1835. – Leonce und Lena. In: Telegraph für Deutschland. Mai 1838. – Lenz. In: Telegraph für Deutschland. Januar 1839. – Nachgelassene Schriften. Hrsg. von Ludwig Büchner. 1850.

Ausgaben: Sämmtliche Werke und handschriftlicher Nachlaß. Erste krit. Gesammtausg. Eingel. und hrsg. von Karl Emil Franzos. Frankfurt a. M. 1879. – Werke und Briefe. Gesamtausg. Neue durchges. Ausg. Hrsg. von Fritz Bergemann. Wiesbaden 1958 [u. ö.]. – Sämtliche Werke und Briefe. Hist.-krit. Ausg. Hrsg. von Werner R. Lehmann. 2 Bde. Hamburg 1967–71. – Gesammelte Werke. Erstdrucke und Erstausgaben in Faksimiles. Hrsg. von Thomas M. Mayer. 10 Bde. Frankfurt a. M. 1987. – Werke. Hrsg. von Henri Poschmann. 2 Bde. Frankfurt a. M. 1992–99. – Sämtliche Werke und Schriften. Marburger Ausgabe. Hrsg. von Burghard Dedner und Thomas Michael Meyer. Darmstadt 2000 ff.

Bürger, Gottfried August, 31. 12. 1747 Molmerswende bei Halberstadt – 8. 6. 1794 Göttingen. Nach dem Besuch des Pädagogiums in Halle (1760–63) studierte der Pfarrerssohn zunächst Theologie in Halle (1764–67) und von 1768 an Jura und Philosophie in Göttingen. Hier lernte er die (späteren) Mitglieder des 1772 gegründeten Hainbundes kennen und publizierte seit 1771 seine Gedichte im *Göttinger Musenalmanach*, den er von 1778 an auch herausgab. Sein Berufsleben verlief unbefriedigend (1772 Amtmann in der Gerichtshalterstelle im abgelegenen Gelliehausen, 1784 Privatdozent, 1789 unbesoldeter Professor der Ästhetik an der Universität Göttingen), sein Privatleben unglücklich und skandalerregend (1775 Heirat mit Dorette Leonhart [† 1784] bei gleichzeitiger Liebe zu ihrer Schwester Molly [d. i. Auguste], 1785 Heirat mit Molly Leonhart, 1786 Tod Mollys; 1790 Heirat mit Elise Hahn aus Stuttgart, Scheidung 1792). Bekannt wurde er mit den im Almanach veröffentlichten Gedichten, die den Eindruck der Unmittelbarkeit, Lebendigkeit, Ursprünglichkeit erwecken und in diesem Sinn »volksmäßig« sein sollten. Erklärt und differenziert wird der Begriff der »Popularität« in dem programmatischen »Herzensausguß über Volks-Poesie« (*Aus Daniel Wunderlichs Buch*, 1776) und den Vorreden zu den Gedichtsammlungen von 1778 und 1789. Seine bedeutendsten Leistungen liegen auf dem Gebiet der Ballade; *Lenore* (1773) steht am Anfang der dt. Kunstballade. Seine politische Lyrik, die für die Unterdrückten Partei ergreift, ist von provozierender Radikalität. Als Übersetzer wandte er sich früh Homers *Ilias* zu (Teilübersetzungen in Jamben und Hexametern); 1783 erschien seine Übertragung von Shakespeares *Macbeth*. Dass er der Übersetzer und Bearbeiter des *Münchhausen* von R. E. Raspe war, blieb den Zeitgenossen unbekannt.

Werke: Gedichte. 1778. – Macbeth. 1783. – Wunderbare Reisen zu Wasser und Lande, Feldzüge und lustige Abentheuer des Freyherrn von Münchhausen. 1786. Erw. Ausg. 1788. – Gedichte. 2 Bde. 1789. – Benjamin Franklin's Jugendjahre, von ihm selbst für seinen Sohn beschrieben. 1792. [Übers.]
Ausgaben: Sämmtliche Schriften. Hrsg. von Karl Reinhard. 4 Bde. Göttingen 1796–1802. – Sämtliche Werke. Hrsg. von Günter und Hiltrud Häntzschel. München 1987.

Burger, Hermann, * 10. 7. 1942 Menziken (Aargau) – 28. 2. 1989 Brunegg (Aargau). Der aus einer Familie von Tabak- und Textilfabrikanten stammende B. studierte zunächst Architektur, dann Germanistik und Kunstgeschichte und promovierte an der Universität Zürich mit einer Dissertation über P. Celan. Er habilitierte sich mit einer Arbeit über die Schweizer Gegenwartsliteratur und lehrte als Privatdozent an der Eidgenössischen Technischen Hochschule Zürich. Außerdem war er als Feuilletonredakteur beim *Aargauer Tagblatt* tätig. Er lebte zuletzt auf dem Schlossgut Brunegg. Wegen seiner immer stärker werdenden Depressionen wiederholt medizinisch behandelt, nahm er sich im Krankenhaus von Brunegg mit einer Überdosis Schlaftabletten das Leben. B., einer der sprachmächtigsten Autoren der Schweizer Literatur, bezeichnete Thomas Bernhard als seinen »Prosalehrer«. Diese Beziehung zeigt sich in der gelegentlich ins Rauschhafte gesteigerten Wortgewalt ebenso wie in der zwanghaften Faszination durch Untergangs- und Todesvorstellungen. Der Tod ist zentrales Thema bereits seines ersten Romans, *Schilten*, Bericht eines Lehrers, dessen Leben immer stärker vom Tod durchdrungen wird. Als eine Art Gegenentwurf lässt sich der Roman *Die Künstliche Mutter* sehen: als einen (gescheiterten) Versuch, existenzgefährdende, zum Tode führende Depressionen und körperliche Gebrechen zu heilen, unter denen der Held, ein ehemaliger Privatdozent für deutsche Literatur mit dem Nebenfach Eis- und Gletscherkunde, auf Grund seiner Kindheits- und Jugendgeschichte leidet. Von einer geplanten Romantetralogie konnte B. nur den ersten Band, *Brenner*, fertigstellen: Schilderung einer (depressiven) Vatergestalt und ihrer Lebensgeschichte vor dem kulturhistorischen Hintergrund einer Tabakdynastie und des wirtschaftlichen und kulturellen Lebens des Aargaus. Ein Jahr vor seinem Suizid setzte sich B. in den Aphorismen des *Tractatus logico suicidalis* auch diskursiv mit dem Thema auseinander.

Werke: Rauchsignale. 1967. – Bork. Prosastücke. 1970. – Schilten. Schulbericht zuhanden der Inspektorenkonferenz. 1976. – Diabelli. Prestidigitateur. Eine Abschiedsvolte für Baron Kesselring. 1979. – Kirchberger Idyllen. 1980. – Die Künstliche Mutter. 1982. – Ein Mann aus Wörtern. 1983. – Die allmähliche Verfertigung der Idee beim Schreiben. 1986. – Blankenburg. 1986. – Der

Schuß auf der Kanzel. 1988. – Tractatus logico-suicidalis. Über die Selbsttötung. 1988. – Brenner. Bd. 1: Brunsleben. 1989. Bd. 2: Menzenmang. 1992.

Busch, Wilhelm, 15. 4. 1832 Wiedensahl bei Hannover – 9. 1. 1908 Mechtshausen bei Seesen. Der Sohn eines Krämers brach das 1847 in Hannover begonnene Maschinenbaustudium 1851 ab und schrieb sich stattdessen an der Düsseldorfer Kunstakademie ein. 1852–53 setzte er das Studium in Antwerpen fort, 1854 wechselte er – nach einer durch Krankheit und Selbstzweifel bedingten Unterbrechung – nach München. Hier blieb er bis 1868, unterbrochen von längeren Aufenthalten in Wiedensahl und Wolfenbüttel. Von 1869 bis 1872 wohnte er, freundschaftlich verbunden mit der Bankiersgattin Johanna Keßler, in Frankfurt a. M. Danach lebte er mit seiner Schwester in Wiedensahl, bis er 1898 zu seinem Neffen nach Mechtshausen zog. Während er sich als Maler nicht durchsetzen konnte – annähernd 1000 meist kleinere Ölgemälde sind gleichwohl erhalten –, erregte sein Talent als Zeichner und Karikaturist die Aufmerksamkeit des Verlegers der humoristischen Zeitschrift *Fliegende Blätter*; 1859 erschienen hier und in den *Münchener Bilderbogen* seine ersten Arbeiten. Mit *Max und Moritz* (1865) begann die Zeit der eigenständigen großen Bildergeschichten, die die Tradition des komischen Epos aufnahmen und mit ihrer Satire zunächst indirekt, dann auch direkt auf das Bürgertum v. a. der Gründerzeit zielten. B.s pessimistische Grundtendenz, die Provokation durch das Grausame und Groteske standen seinem Erfolg nicht im Weg; sie wurden, nicht zuletzt auf Grund ihrer saloppen Sprachform mit Zitaten für alle Lebenslagen, als Humor missverstanden. Auch als Lyriker, von Heine beeinflusst, zeigte sich B. als Virtuose der Sprache. In den späteren Lebensjahren entstand autobiographische und dichterische Prosa.

Werke: Das A-B-C-Buch aus dem Thierreich. 1862. – Bilderpossen. 1864. – Max und Moritz. 1865. – Schnurrdiburr oder die

Bienen. 1869. – Der heilige Antonius von Padua. 1870. – Bilder zur Jobsiade. 1872. – Die Fromme Helene. 1872. – Pater Filucius. 1872. – Kritik des Herzens. 1874. – Abenteuer eines Junggesellen. 1875. – Herr und Frau Knopp. 1876. – Julchen. 1877. – Fipps der Affe. 1879. – Plisch und Plum. 1882. – Balduin Bählamm. 1883. – Maler Klecksel. 1884. – Eduards Traum. 1891. – Der Schmetterling. 1895. – Zu guter Letzt. 1904. – Schein und Sein. 1909.

Ausgaben: Hist.-krit. Gesamtausgabe. Hrsg. von Friedrich Bohne. 4 Bde. Hamburg 1959 [u. ö.]. – Sämtliche Briefe. Hrsg. von Friedrich Bohne. 2 Bde. Hannover 1968–69. – Die Bildergeschichten. Hist.-krit. Gesamtausg. Hrsg. von Herwig Guratzsch [u. a.]. 3 Bde. Hannover 2002.

C

Callenbach, Franz, 10. 1. 1663 Dittwar bei Tauberbischofsheim – 3. 2. 1743 Darmstadt. Nach dem Besuch des Jesuitengymnasiums in Würzburg trat der Sohn eines Amtsschreibers im Alter von 20 Jahren in den Orden ein. Von 1685 bis 1690 unterrichtete er am Jesuitengymnasium in Bamberg, anschließend beendete er seine Ausbildung mit dem Studium der Theologie in Würzburg. Von 1694 bis 1721 wirkte er, von wenigen Unterbrechungen abgesehen, als Prediger und Lehrer in Wetzlar, beauftragt mit der Erziehung der katholischen Mitglieder des Reichskammergerichts. 1721 wurde C. zum Rektor des Jesuitenkollegs in Würzburg berufen, von 1725 an lebte er als Sekretär des Provinzials der oberdeutschen Ordensprovinz vorwiegend in Bamberg. C. verfasste um 1710 eine Reihe von satirischen Schuldramen in oberdt. Sprache, die vor allem die Zustände am Reichskammergericht als Ausgangspunkt nahmen und die Situation des Reichs kritisch beleuchteten. Die Stücke, meist aus lose aneinandergereihten Szenen bestehend, wurden von seinen Wetzlarer Schülern aufgeführt; durch anonyme Drucke erlangten sie große Popularität.

Werke: Wurmatia Wurmland. 1714. – Quasi Sive Mundus Quasificatus, Das ist: Die quasificirte Welt. 1714. – Uti ante hac auff die alte Hack. 1714. – Genealogia nisibitarum Nisi-Stamm-Baum Gebuhrts-Brieff. 1714. – Quasi vero, Der Hinckende Bott Hat sich Wohl. Sive novellae politico-morales. 1714. – Puer centum annorum. 1714. – Allmanach Welt-Sitten-Staat-Marter-Calender. 1714.

Campe, Joachim Heinrich, 29. 6. 1746 Deensen bei Holzminden – 22. 10. 1818 Braunschweig. Der Sohn eines Kaufmanns (der auf seinen Adelstitel verzichtet hatte) und einer Pfarrerstochter besuchte die Klosterschule in Holzminden (1760–65) und studierte dann ev. Theologie und Philosophie in Helmstedt (1765–68) und Halle (1768–69). Er arbeitete abwechselnd als Hauslehrer (u. a. bei der Familie Humboldt) und Prediger, bis er sich für die aufgeklärte Pädagogik entschied: 1776 »Educationsrath« am Dessauer Philanthropinum, 1777 Leiter der Anstalt, 1778–83 Leiter einer eigenen Erziehungsanstalt bei Hamburg, 1786–1805 Schulrat in Braunschweig und Leiter der Braunschweigischen Schulbuchhandlung. 1789 reiste er mit Wilhelm v. Humboldt nach Paris und äußerte in seinen *Briefen aus Paris* seine Sympathien für die Revolution; 1792 erhielt er die Ehrenbürgerschaft der Französischen Republik. In der napoleonischen Ära war er Braunschweigischer Deputierter in Kassel, der Hauptstadt des Königreichs Westfalen. Sein Werk umfasst zahlreiche pädagogischen Werke, Kinder- und Jugendschriften, ein großes Wörterbuch und andere sprachwissenschaftliche Arbeiten (v. a. zur ›Sprachreinigung‹). Großen Erfolg hatte er mit seiner Robinson-Bearbeitung.

Werke: Satyren. 1768. – Die Empfindungs- und Erkenntnißkraft der menschlichen Seele. 1776. – Sittenbüchlein für Kinder aus gesitteten Ständen. 1777. – Über Empfindsamkeit und Empfindelei in pädagogischer Hinsicht. 1779. – Robinson der Jüngere. 1779–80. – Theophron oder der erfahrene Ratgeber für die unerfahrene Jugend. 1783. – Sammlung interessanter und zweckmäßig abgefaßter Reisebeschreibungen für die Jugend. 12 Tle. 1785–93. – Väterlicher Rath für meine Tochter. 1789. – Briefe aus Paris zur Zeit der Revolution geschrieben. 1790. – Über die Reinigung und Bereicherung der dt. Sprache. 1794. – Wörterbuch zur Erklärung und Verdeutschung der unserer Sprache aufgedrungenen fremden Ausdrücke. 1801. – Wörterbuch der dt. Sprache. 5 Bde. 1807–12. – Sämmtliche Kinder- und Jugendschriften. Ausg. d. letzten Hand. 30 Bde. 1817.

Canetti, Elias, 25. 7. 1905 Rustschuk (Bulgarien) – 14. 8. 1994 Zürich. Der Sohn einer jüdischen Kaufmannsfamilie sephardischer Herkunft kam mit seiner Familie 1911 nach Manchester; nach dem Tod des Vaters zog die

Mutter 1912 mit ihren drei Kindern über Lausanne nach Wien, 1916 nach Zürich und schließlich 1921 nach Frankfurt a. M. Hier machte C. 1924, der erst seit 1912 Deutsch gelernt hatte, das Abitur; anschließend studierte er Chemie in Wien, hörte aber auch Vorlesungen von K. Kraus. Nach seiner Promotion zum Dr. phil. rer. nat. 1929 lebte er als freier Schriftsteller in Wien, heiratete 1934 Veza Taubner-Calderon und emigrierte 1938 mit ihr über Paris nach London (1939). Nach ihrem Tod (1963) hielt er sich häufiger auch in Paris auf, und nach seiner Heirat mit Hera Buschor (1971) wurde Zürich neben London sein zweiter Wohnsitz. 1972 wurde er mit dem Georg-Büchner-Preis, 1981 mit dem Nobelpreis für Literatur ausgezeichnet. Die Beobachtungen und Erfahrungen seiner Wiener Studienzeit – das Phänomen der Großstadt und der ›Masse‹, der Brand des Justizpalastes und die damit verbundenen blutigen Auseinandersetzungen u. a. m. – schlagen sich in vielfältiger Form in seinem späteren Schaffen nieder. Sein großer Roman *Die Blendung*, 1930–31 entstanden und 1935 erschienen, schildert den grotesken Verteidigungskampf des Privatgelehrten Dr. Kien gegen die hereinbrechende Wirklichkeit, gegen das Pandämonium der Großstadt und gegen die ›Masse‹, die in Gestalt der geldgierigen, dummdreisten Haushälterin Therese in das Haus des weltfremden Gelehrten eindringt. Der Kampf des durch seine »Blendung« nur zur verzerrten Wahrnehmung fähigen, sich immer stärker selbstisolierenden, auf den Kopf reduzierten Wissenschaftlers endet in Wahnsinn und Selbstvernichtung; die von ihm inszenierte Verbrennung seiner Bibliothek, d. h. seiner Welt, und seiner eigenen Person angesichts der drohenden Masse steht für die Selbstzerstörung der Kultur überhaupt und kann als Vorwegnahme der kommenden Ereignisse gelten. Auch C.s Schauspiele haben diesen parabolischen Charakter, etwa das satirische Stück *Hochzeit*, eine Parabel auf die im Untergang endende Gier und Heuchelei der kleinbürgerlichen Gesellschaft. Die Uraufführung 1965 in Braunschweig löste einen Skandal aus. In der Emigration widmete sich C. ausgiebigen anthropologisch-sozialhistorischen Studien zu den Phänomenen ›Masse‹ und ›Macht‹; Überlegungen aus diesem bereits für den Roman wichtigen Themenbereich nehmen auch C.s Aphorismenbände auf. Seine dreibändige Autobiographie ist ein durchaus poetisches Werk, geprägt von der Spannung zwischen ›Wirklichkeit‹ und Fiktion und von der früh in der Kindheit einsetzenden Faszination von der Sprache.

Werke: Hochzeit. 1932. – Die Blendung. 1936 [recte 1935]. – Komödie der Eitelkeit. 1950. – Fritz Wotruba. 1955. – Masse und Macht. 1960. – Die Befristeten. 1964. – Dramen. 1964. – Aufzeichnungen 1942–1948. 1965. – Die Stimmen von Marrakesch. Aufzeichnungen nach einer Reise. 1968. – Der andere Prozeß. Kafkas Briefe an Felice. 1969. – Alle vergeudete Verehrung. Aufzeichnungen 1949–60. 1970. – Die gespaltene Zukunft. 1972. – Macht und Überleben. Drei Essays. 1972. – Die Provinz des Menschen. Aufzeichnungen 1942–1972. 1973. – Der Ohrenzeuge. Fünfzig Charaktere. 1974. – Das Gewissen der Worte. 1975. – Die gerettete Zunge. Geschichte einer Jugend. 1977. – Die Fackel im Ohr. Lebensgeschichte 1921–1931. 1980. – Das Augenspiel. Lebensgeschichte 1931–37. 1985. – Das Geheimherz der Uhr. Aufzeichnungen 1973–1985. 1987. – Die Fliegenpein. Aufzeichnungen. 1992. – Nachträge aus Hampstead. Aus den Aufzeichnungen 1954–1971. 1994. – Aufzeichnungen 1992–1993. 1996. – Aufzeichnungen 1973–1984. 1999. – Party im Blitz. Die englischen Jahre. 2003.
Ausgaben: Werke. 9 Bde. München 1992–95. – Werke. 8 Bde. München/Wien [o. J.].

Canitz, Friedrich Rudolph Ludwig von (seit 1698 Freiherr), 27. 1. 1654 Berlin – 11. 8. 1699 ebd. Der aus der preußischen Linie eines ursprünglich meißnischen Adelsgeschlechtes entstammende C. studierte zunächst in Leiden, dann in Leipzig (1672–74). Die anschließende Bildungsreise (1675–77) führte ihn nach Italien, Paris und London. Nach seiner Rückkehr trat er in den Dienst des brandenburgischen Staates (1680 Hof- und Legationsrat, 1688 Geheimer Rat, 1697 Geheimer Staatsrat), den er in zahlreichen diplomatischen Missionen vertrat. C. war der wichtigste Exponent eines am frz. Beispiel orientierten Klassizismus in der dt. Literatur des ausgehenden 17. Jh.s. Seine Gedichte, erst ein Jahr nach seinem Tod gedruckt, umfassen das zeitübliche Gattungsspektrum von geistlicher Poesie bis zu höfisch-galanter Lyrik. Als wichtigste Leistung C.s gelten dabei, neben der *Klag-Ode über den Tod seiner ersten Gemahlin*, die an Nicolas Boileau geschulten Satiren, die u. a. den topischen Gegensatz von Hof- und Landleben behandeln und der spätbarocken Poesie die Forderung nach einer ›vernünftigen‹, ›natürlichen‹ Schreibart entgegenstellen. C.s Gedichte erlebten als Musterbeispiel des ›guten Geschmacks‹ vor allem in der ersten Hälfte des 18. Jh.s zahlreiche Auflagen.

Werke: Dissertatio historico-politica de cautelis principium circa colloquia et congressus mutuos. o. J. [1674.] – Neben-Stunden Unterschiedener Gedichte. 1700.

Ausgabe: Gedichte. Hrsg. von Jürgen Stenzel. Tübingen 1982.

Carossa, Hans, 15. 12. 1878 Bad Tölz – 12. 9. 1956 Rittsteig bei Passau. Der Sohn eines Arztes und einer Lehrerin studierte nach dem Besuch des Landshuter humanistischen Gymnasiums Medizin in München, Würzburg und Leipzig (Dr. med. 1903) und lebte dann (zunächst in einer Art Doppelexistenz als Arzt und Schriftsteller) in Passau und München. Im Ersten Weltkrieg war er Militärarzt in Frankreich und Rumänien. Seit Ende der 20er-Jahre zog er sich aus München zurück und ließ sich schließlich in Rittsteig bei Passau nieder. Obwohl er den Nationalsozialismus ablehnte, ließ er sich vom Regime instrumentalisieren (Präsident des faschistischen Europäischen Schriftstellerverbandes). 1948 verlieh ihm die Philosophische Fakultät der Universität München die Ehrendoktorwürde. C. fühlte sich dem humanistisch-abendländischen Erbe verpflichtet und sah sein eigenes Werk in der Nachfolge Goethes und dessen Entwicklungsdenkens. Dichter wie

E. Mörike und A. Stifter galten ihm als Zeugen für eine idyllisch versöhnte Welt. Seine Lyrik steht in der klassisch-romantischen Tradition, seine autobiographische Prosa wie seine ebenfalls autobiographisch geprägten Romane und Erzählungen folgen Goetheschen Erzählmustern. Orte und Landschaften der Kindheit und Jugend, Schule, seine Existenz als Arzt (verstanden als Heiler in einer als organische Ganzheit verstandenen Welt) spiegeln sich in seinem Werk. Nicht zuletzt C.s Versuch, in Zeiten tiefgreifender Umbrüche am Überlieferten festzuhalten und die Moderne auszuschalten, trug zu seiner großen Beliebtheit bei.

Werke: Stella Mystica. 1907. – Gedichte. 1910. – Doktor Bürgers Ende. Letzte Blätter eines Tagebuchs. 1913. – Die Ahnfrau. 1916. – Eine Kindheit. 1922. – Der alte Brunnen. 1923. – Rumänisches Tagebuch. 1924. – Verwandlungen einer Jugend. 1928. – Die Schicksale Doktor Bürgers. 1930. – Der Arzt Gion. 1931. – Führung und Geleit. Ein Lebensgedenkbuch. 1933. – Geheimnisse des reifen Lebens. Aus den Aufzeichnungen Angermanns. 1936. – Gesammelte Gedichte. 1938. – Wirkungen Goethes in der Gegenwart. 1938. – Ferientage. Aus der Geschichte einer Jugend. 1939. – Das Jahr der schönen Täuschungen. 1941. – Aufzeichnungen aus Italien. 1946. – Ungleiche Welten. 1951. – Der Tag des jungen Arztes. Aus dem Schlußband einer Jugendgeschichte. 1953.

Ausgaben: Werke. 2 Bde. Frankfurt a. M. 1962 [u. ö.]. – Briefe. Hrsg. von Eva Kampmann-Carossa. 3 Bde. Frankfurt a. M. 1978–81. – Tagebücher. Hrsg. von E. Kampmann-Carossa. 2 Bde. Frankfurt a. M. 1986–93. – Werke. 12 Bde. Frankfurt a. M. 1992.

Celan, Paul (d. i. Paul Antschel bzw. Anczel in der rumänischen Schreibweise), 23. 11. 1920 Czernowitz (Bukowina) – 20. 4. [5. 5.?] 1970 Paris. Der Sohn deutschsprachiger Juden besuchte das Gymnasium in Czernowitz und begann 1938 mit dem Studium der Medizin in Tours, studierte dann nach Kriegsausbruch Romanistik in Czernowitz, das 1940 von der Sowjetunion annektiert wurde. Nach der Besetzung durch deutsche und rumänische Truppen 1941 wurde C. zur Zwangsarbeit in ein Arbeitslager gebracht. Nach seiner Entlassung 1944 kehrte er nach Czernowitz zurück, studierte Anglistik und ging 1945 als Verlagslektor und Übersetzer nach Bukarest. 1947 emigrierte er nach Wien; ein Jahr später ließ er sich in Paris nieder, erwarb die frz. Staatsbürgerschaft und arbeitete nach einem Studium der Germanistik und Sprachwissenschaft als freier Schriftsteller und Übersetzer (u. a. Georges Simenon, Arthur Rimbaud, Ossip Mandelstam, Paul Valéry) und seit 1959 als Lektor an der École Normale Supérieure. 1960 erhielt er den Georg-Büchner-Preis. C. nahm sich das Leben; über das Datum gibt es widersprechende Angaben. Seine ersten Gedichte entstanden 1938–44 (gesammelt in dem sog. *Typoskript 1944*). Die große öffentliche Wirkung C.s setzte mit dem Gedichtband *Mohn und Gedächtnis* von 1952 ein; die Sammlung *Der Sand aus den Urnen*, 1948 in Wien gedruckt, hatte C. wegen sinnentstellender Druckfehler zurückgezogen. Bezeichnend für diese frühen Texte C.s ist die beschwörende Kraft der Bilder und Klänge, die – meist in langzeiligen Versen – an die Traditionen des Symbolismus und Surrealismus anknüpfen, nicht um diese fortzusetzen, sondern um mit ihren dissonant organisierten Elementen die Schrecken des Nationalsozialismus und seiner Vernichtungslager zu vergegenwärtigen, denen viele von C.s Angehörigen zum Opfer fielen. Beispielhaft für diese Versuche, das Unfassbare zu evozieren, ist die berühmte *Todesfuge*. Im Verlauf seines weiteren Schaffens gelangte C. auf der Suche nach einer der Vereinnahmung sich entziehenden poetische Sprache zu einer immer stärkeren Reduktion des Ausdrucks, wobei die Tendenz zur sprachlichen Verknappung und einer eigenen Metaphern- und Chiffrensprache zu hermetisch abgeschlossenen, mehrdeutigen Gebilden führte. Im Spätwerk artikuliert sich dann wachsende Entfremdung; die Texte vermitteln, aggressiv und hoffnungslos, »Hörreste, Sehreste« einer deformierten Welt.

Werke: Der Sand aus den Urnen. 1948. – Mohn und Gedächtnis. 1952. – Von Schwelle zu Schwelle. 1955. – Sprachgitter. 1959. – Der Meridian. Rede anläßlich der Verleihung des Georg-Büchner-Preises 1960. 1961. – Die Niemandsrose. 1963. – Atemwende. 1967. – Fadensonnen. 1968. – Lichtzwang. 1970. – Schneepart. 1971. – Zeitgehöft. Späte Gedichte aus dem Nachlaß. 1976.

Ausgaben: Gesammelte Werke. Hrsg. von Beda Allemann und Stefan Reichert. 5 Bde. Frankfurt a. M. 1983. – Werke. Hist.-krit. Ausg. Begr. von Beda Allemann. Besorgt von der Bonner Arbeitsstelle für die Celan-Ausg. Frankfurt a. M. 1990 ff. – Werke. Tübinger Ausg. Hrsg. von Jürgen Wertheimer. 9 Bde. Frankfurt a. M. 1996–2004. – Die Gedichte. Hrsg. und kommentiert von Barbara Wiedemann. Frankfurt a. M. 2003. – »Mikrolithen sinds, Steinchen«. Die Prosa aus dem Nachlaß. Krit. Ausg. Hrsg. und kommentiert von B. Wiedemann und Bertrand Badiou. Frankfurt a. M. 2005.

Celtis, Conrad, 1. 2. 1459 Wipfeld bei Schweinfurt – 4. 2. 1508 Wien. Der Winzersohn studierte zunächst in Köln, brach aber das nach dem Baccalaureat (1479) begonnene Theologiestudium 1480 oder 1481 ab und ging nach einer Bildungsreise zu humanistischen Poetik-, Rhetorik- und Sprachstudien nach Heidelberg. Nach dem Magisterexamen (1485) lehrte er Poetik in Erfurt, Rostock und Leipzig; am 18. 4. 1487 wurde er von Kaiser Friedrich III. in Nürnberg als erster Deutscher zum Dichter gekrönt. Danach führte ihn eine weitere Bildungsreise zunächst zu humanistischen Studien nach Italien (Padua, Ferrara, Bologna, Florenz, Venedig, Rom), dann 1498 über Dalmatien, Kroatien und Ungarn an die Universität Krakau, wo er sich mathematischen und astronomischen Studien zuwandte. Nach seiner Rückkehr lehrte er u. a. in Ingolstadt und an der Regensburger Domschule, bis ihn Kaiser Maximilian I. 1497 als Professor an die Universität Wien berief; hier wurde er 1501 auch zum Leiter des neugegründeten »Collegium poetarum et mathematicorum« ernannt. Das vielseitige Werk des ›Erzhumanisten‹ C. ist dem Programm eines nationalen Humanismus (in lat. Sprache) verpflichtet. Dem Ziel der kulturellen Nachfolge Roms dienten Lehrbücher für den Universitätsunterricht und

Editionen von Texten zur Förderung der Kenntnis der Antike und der deutschen Vergangenheit (Tacitus, Seneca, Apuleius, Hrotsvit v. Gandersheim). Einen weiteren Beitrag auf dem Weg zur Erschließung der deutschen Kultur in Gegenwart und Vergangenheit stellten die landeskundlichen und topographischen Studien dar, die zum Projekt einer *Germania illustrata* gehörten. Auch sein lyrisches Hauptwerk, die formal dem Vorbild der römischen Liebeselegie folgenden *Amores* (1502), sah C. in diesem Zusammenhang. Ein zweiter großer Gedichtzyklus, Oden und Epoden, wurde erst postum gedruckt. Mit *Ludus Dianae* und *Rhapsodia*, zu Ehren Maximilians aufgeführt, machte C. auch Formen des höfischen ital. Festspiels und Musiktheaters nördlich der Alpen bekannt. Vom Vorbild der ital. Akademien beeinflusst sind seine Gründungen verschiedener ›Sodalitäten‹ zur Förderung literarischer und wissenschaftlicher Kommunikation.

Werke: Ars versificandi et carminum. 1486. – L. Annaei Senecae Tragoediae Hercules furens et Thyestes. 1487. – Epitoma in utramque Ciceronis rhetoricam cum arte memorativa nova et modo epistolandi utilissimo. 1492. – Oratio in gymnasio in Ingelstadio publice recitata. 1492. – L. Apuleji Epitoma de mundo seu cosmographia. 1497. [Lucius Apuleius-Ed.] – C. Cornelii Taciti Germania. 1500. [Ed.] – Opera Hrosvite. 1501. – Ludus Diane in modum comedie. 1501. – Quatuor libri amorum. 1502. – Rhapsodia. 1505. – Libri odarum quatuor, cum epodo, et saeculari carmine. 1513.

Chamisso, Adelbert von (d. i. Louis Charles Adélaïde de Chamisso de Boncourt), getauft 31. 1. 1781 Schloss Boncourt (Champagne) – 21. 8. 1838 Berlin. Die frz. Adelsfamilie verließ 1792 das revolutionäre Frankreich und kam über Umwege 1796 nach Berlin. Ch. wurde Page der Königin Luise; 1798 trat er ins preußische Heer ein (1801 Leutnant), bildete sich autodidaktisch weiter und quittierte 1806 den Dienst. In den folgenden Jahren lebte er abwechselnd in Deutschland und Frankreich. Nach einem Aufenthalt bei Madame de Staël am Genfer See

(1811–12) kehrte er nach Berlin zurück und begann im Herbst 1812 ein Studium der Botanik und Zoologie. 1815–18 nahm er als Naturforscher an einer Weltumsegelung teil, 1819 erhielt er eine Stelle als Kustos am Berliner Botanischen Garten (sowie den Ehrendoktor der Universität), 1835 wurde er in die Akademie der Wissenschaften aufgenommen. Bereits 1804–06 hatte Ch. mit Varnhagen v. Ense einen Musenalmanach herausgegeben; berühmt machte ihn die phantastische Erzählung *Peter Schlemihl's wundersame Geschichte*. Ch.s Lyrik, zuerst im Anhang der zweiten Auflage des *Schlemihl* (1827), zeigt eine deutliche Ablösung von romantischen Denk- und Ausdrucksformen hin zu Biedermeier und Vormärz. Frucht seiner Weltreise war eine bedeutende Reisebeschreibung.

Werke: Peter Schlemihl's wundersame Geschichte. 1814. – Gedichte. 1831. – Reise um die Welt. 1836. – Über die Hawaiische Sprache. 1837.
Ausgaben: Sämtliche Werke. Hrsg. von Volker Hoffmann und Jost Perfahl. 2 Bde. München 1975. – Sämtliche Werke. Hrsg. von Werner Feudel und Christel Laufer. 2 Bde. Leipzig 1980.

Chotjewitz, Peter O(tto), * 14. 6. 1934 Berlin. Nach einer Malerlehre im väterlichen Betrieb machte Ch. 1955 das Abitur nach und studierte Jura in Frankfurt a. M. und München (2. Staatsexamen 1965). Während der Referendariatszeit in Berlin studierte er Publizistik, Philosophie, Geschichte und Musik. 1967–68 war er Stipendiat der Villa Massimo in Rom und blieb dann bis 1973 in Italien. 1975 eröffnete er eine Anwaltspraxis in Kruspis (Hessen); er war u. a. Wahlverteidiger des RAF Mitglieds Andreas Baader und des Schriftstellers P.-P. Zahl. Er lebt in Stuttgart. Seine ersten Romane und Erzählungen zeigen Ch. als spielerisch-experimentellen Autor, der mit großer Sprachphantasie, mit Collagen von Versatzstücken aus den verschiedensten Bereichen traditionelle Erzählweisen unterläuft und sich zugleich durch eine genaue Kenntnis des Berliner Milieus und seiner Sprache(n) auszeichnet. Die

Hinwendung zu einem eher realistischen Erzählen zeigt sich dann in sozialkritischen Romanen, die die Fehlentwicklungen in der BRD, das Fortwirken der Vergangenheit (Nationalsozialismus, Antisemitismus) und die sozialen Gegensätze thematisieren. Aus Nachforschungen über das Schicksal der in den 30er-Jahren aus einem hessischen Dorf vertriebenen Juden entstand ein *Israelisches Reisejournal.* Das Hörspiel *Die Falle, oder die Studenten sind nicht an allem schuld* (1969), eine Collage der Ereignisse während des Schahbesuchs im Juni 1967, erregte einen politischen Skandal. Seine Italien- und Italienischkenntnisse machte Ch. für zahlreiche Übersetzungen u. a. von Stücken Dario Fos, die Nacherzählung eines dokumentarischen Berichts über einen Rebellen des 19. Jh.s und andere Bücher über italienische Themen fruchtbar.

Werke: Hommage à Frantek. Nachrichten für seine Freunde. 1965. – Die Insel. Erzählungen auf dem Bärenauge. 1968. – Roman. Ein Anpassungsmuster. 1968. – Die Trauer im Auge des Ochsen. 1972. – Malavita. Mafia zwischen gestern und morgen. 1973. – Reden ist tödlich, schweigen auch. 1974. – Die Briganten. 1976. – Durch Schaden wird man dumm. 1976. – Der dreißigjährige Friede. Biographischer Bericht. 1977. – Die Herren des Morgengrauens. 1978. – Saumlos. 1979. – Die mit Tränen säen. Israelisches Reisejournal. 1980. – Mein Mann ist verhindert. Ein Anfall. 1985. – Tod durch Leere. Romanstudien. 1986. – Die Juden von Rhina. 1988. – Das Wespennest. 1999. – Rom. Spaziergänge auf der Antike. 1999. – Als würdet ihr leben. 2001. – Machiavellis letzter Brief. 2003. – Alles über Leonardo aus Vinci. 2004.

Christ, Lena (d. i. Magdalena Pichler), 30. 10. 1881 Glonn (Oberbayern) – 30. 6. 1920 München. Die uneheliche geborene Ch. verbrachte eine glückliche Kindheit bei ihrem Großvater in ihrem Heimatort, bis die Mutter die Achtjährige nach München holte, sie als Hilfe in ihrer Gastwirtschaft einsetzte und in jeder Beziehung schlimm, grausam und ausbeuterisch behandelte. Depressionen und schwere Krankheiten waren die Folge. 1901 ging sie eine Ehe mit einem brutalen Trinker ein, die nach acht Jahren (und sechs Geburten) mit der Trennung endete. Erst die Begegnung mit dem Schriftsteller Peter Jerusalem bzw. – wie er sich später nannte – Peter Bendix brachte die Wende (Heirat 1912). Bendix erkannte ihr Erzähltalent; auf seine Anregung hin schrieb sie den autobiographischen Roman *Erinnerungen einer Überflüssigen*, einen unkommentierten, unmittelbaren, authentischen und sprachlich farbigen Bericht ihrer Lebenserfahrungen mit schonungslosen, realistischen Schilderungen des ländlichen und kleinbürgerlichen Lebens. L. Thoma vermittelte die Veröffentlichung des Buchs, das – wie ihre folgenden Werke – unter dem Pseudonym Lena Christ (Familienname nach dem mutmaßlichen Vater) erschien. Sie schrieb in rascher Folge, beeinflusst auch von Thoma, eine Reihe volkstümlich-bayerischer Romane und Erzählungen, die z. T. dem Entwicklungsschema verpflichtet sind und den sozialen Aufstieg der Romanfiguren gelingen lassen. Das gilt etwa für den Roman *Mathias Bichler*, mit dem sie ihrem Großvater ein Denkmal setzte. Gegen Ende des Krieges löste sie sich von Bendix; Geldnot, bedingt durch Krankheit und mangelnde literarische Erfolge, veranlasste sie zu plumpen Kunstfälschungen. Der Skandal und die zu erwartende Strafe waren möglicherweise die Ursache für ihren Suizid.

Werke: Erinnerungen einer Überflüssigen. 1912. – Lausdirndlgeschichten. 1913. – Mathias Bichler. 1914. – Unsere Bayern anno 14. 1914. – Unsere Bayern anno 14/15. 1915. – Rumplhanni. 1916. – Bauern. 1919. – Madame Bäuerin. 1919.

Ausgabe: Sämtliche Werke. [Bd. 2, 3 u. d. T.: Gesammelte Werke.] Hrsg. von Walter Schmitz. 3 Bde. München 1990.

Claudius, Eduard (d. i. Eduard Schmidt), 29. 7. 1911 Buer bei Gelsenkirchen – 13. 12. 1976 Berlin (DDR). Der gelernte Maurer schrieb in den 20er-Jahren als Arbeiterkorrespondent, trat 1932 in die KPD ein und nahm – nach Gefängnishaft in Deutschland und Emigration in die Schweiz – 1938 am Spanischen Bürgerkrieg teil. Von 1939 bis 1945 war er in der Schweiz interniert, wurde dann 1945 Pressechef der Entnazifizierungsstelle in München und siedelte 1947 nach Potsdam über. Er lebte zunächst als freier Schriftsteller und war dann zeitweise im diplomatischen Dienst tätig (u. a. Botschafter in Vietnam). Themen seiner Romane, Erzählungen, Reportagen, die vielfach auf eigenen Erfahrungen und Erlebnissen beruhen, sind v. a. der Bürgerkrieg in Spanien und die Entwicklungsprobleme in der DDR, die durchaus differenziert gesehen werden. In seiner Autobiographie *Ruhelose Jahre* setzte er sich u. a. kritisch mit der stalinistischen Kulturpolitik auseinander.

Werke: Grüne Oliven und nackte Berge. 1945. – Salz der Erde. 1948. – Vom schweren Anfang. 1950. – Menschen an unserer Seite. 1951. – Von der Liebe soll man nicht nur sprechen. 1957. – Wintermärchen auf Rügen. 1965. – Ruhelose Jahre. 1968.

Claudius, Matthias, 15. 8. 1740 Reinfeld (Holstein) – 21. 1. 1815 Hamburg. Der aus einem Pfarrhaus stammende C. studierte nach dem Besuch der Lateinschule in Plön von 1759 bis 1762 zunächst Theologie, später auch Jura, Philosophie und Kameralwissenschaften in Jena. Ohne Abschluss kehrte er 1763 ins Elternhaus zurück, war anschließend 1764–65 Sekretär des Grafen Holstein in Kopenhagen, lebte dann wieder zu Hause, bis er 1768 nach Hamburg ging und als Journalist seinen Lebensunterhalt verdiente. 1668–70 arbeitete er als Redakteur bei den *Hamburgischen Adreß-Comptoir-Nachrichten*, bei denen er freien Raum mit Gedichten und kleinen Prosastücken ausfüllte. Am 1. 1. 1771 übernahm er die Redaktion des *Wandsbecker Bothen*, für den er bedeutende Mitarbeiter gewinnen konnte, darunter seine Vorbilder Klopstock, Lessing und Herder, die er in Kopenhagen bzw. Hamburg kennengelernt hatte. Als die Zeitung 1775 eingestellt wurde, verschaffte ihm Herder 1776 eine Stelle in der Landkommission von Hessen-Darmstadt (Hrsg. der *Land-Zei-*

tung). Er kehrte jedoch 1777 nach Wandsbek zurück, und es gelang ihm, seit 1772 glücklich verheiratet, ohne feste Anstellung als Schriftsteller zu leben, unterstützt von Freunden und Gönnern und einer Jahrespension (seit 1785) des dän. Kronprinzen, der ihm auch 1788 die (nicht wirklich mit Arbeit verbundene, aber bezahlte) Stelle eines Revisors der Altonaer Bank verschaffte. An seine Texte für den *Wandsbecker Bothen* schließt seine achtteilige Sammlung von Gedichten, Briefen, Prosastücken und Rezensionen an, die auf Subskriptionsbasis von 1775 bis 1812 erschien. Während die ersten Teile im Einklang mit den aufklärerischen Strömungen der Zeit stehen, nimmt C.' publizistisches Werk später eine erbaulich-asketische und politisch konservative Wendung. Charakteristisch für die Gedichte, die seinen dichterischen Rang ausmachen, ist der bewusst volkstümliche Ton (z. B. *Kriegslied*, *Abendlied*). Daneben legte er eine Reihe größerer Übersetzungen aus dem Französischen vor.

Werke: Tändeleyen und Erzählungen. 1763. – Asmus omnia sua secum portans oder Sämmtliche Werke des Wandsbecker Bothen. Tl. 1–2: 1775, 3: 1778, 4: 1783, 5: 1790, 6: 1798, 7: 1803, 8: 1812. – Geschichte des egyptischen Königs Sethos. 1777–78. [Übers. nach Jean Terrasson.] – Die Reisen des Cyrus. 1780. [Übers. nach André Michel de Ramsay.] – Fenelon's Werke religiösen Inhalts. 1800–11.
Ausgabe: Sämtliche Werke. Mit Nachw. und Bibliogr. von Rolf Siebke. Anm. von Hansjörg Platschek. 6., überarb. Aufl. München 1987.

Clauren, H. (Anagramm; d. i. Carl [Gottlieb Samuel] Heun) 20. 3. 1771 Dobrilugk (Niederlausitz) – 2. 8. 1854 Berlin. Der Sohn eines kursächsischen Amtmanns studierte Jura in Göttingen und Leipzig, arbeitete dann u. a. als Gutsverwalter, Buchhändler und Redakteur und trat 1811 in den preußischen Staatsdienst (Hofrat 1813, 1815–19 preußischer Geschäftsträger in Sachsen, 1820 Hrsg. der *Allgemeinen Preußischen Staatszeitung* u. a.). C. gehörte zu den meistgelesenen Unterhaltungsschriftstellern seiner

Zeit, der v. a. mit seinen sentimentalen, vaterländisch-konservativen Erzählungen voll moralverbrämter Lüsternheit und klischeehaften Versatzstücken aus der literarischen Tradition den Publikumgsgeschmack traf. Er veröffentlichte sie zum großen Teil in der Sammlung *Scherz und Ernst* und dem jährlich erscheinenden Taschenbuch *Vergißmeinnicht*. Musterbeispiel ist die Erzählung *Mimili*, die W. Hauff mit seinem Roman *Der Mann im Monde* (1826) imitierte. Dass er diesen unter C.s Namen veröffentlichte, hatte einen Prozess zur Folge.

Werke: Mimili. 1816. – Lustspiele. 2 Bde. 1817. – Erzählungen. 6 Bde. 1818–20. – Scherz und Ernst. 40 Bde. 1818–28. [Hrsg.] – Vergißmeinnicht. 1818–34. [Hrsg.] – Gesammelte Schriften. 25 Bde. 1851.

Conrad, Michael Georg, 5.4.1846 Gnodstadt (Unterfranken) – 20.12.1927 München. Der Sohn eines Landwirts wirkte zunächst als Lehrer im bayerischen Schuldienst, dann seit 1868 in Genf und von 1871 bis 1878 in Neapel und Rom. Zugleich setzte er sein Philologie- und Philosophiestudium fort und promovierte zum Dr. phil. 1879 ging er nach Paris, wo er für verschiedene dt. Zeitungen schrieb und im Kreis um Emile Zola entscheidende Anregungen erhielt. 1882 ließ er sich in München nieder; 1893–98 war er Reichstagsabgeordneter der Demokratischen Volkspartei. C.s literarhistorische Bedeutung liegt in der Verbreitung und Popularisierung der Vorstellungen Zolas; die von C. 1885 gegründete und bis 1902 regelmäßig erscheinende Zeitschrift *Die Gesellschaft* wurde zu einem der wichtigsten Organe der naturalistischen Bewegung. Neben Zola waren F. Nietzsche, R. Wagner und Fjodor Dostojewskij seine wichtigsten Vorbilder. Seine thematisch weit gespannten Kritiken und Essays zeigen ein entschiedenes kultur- und gesellschaftskritisches Engagement mit freidenkerischer, antiklerikaler Tendenz. Mit dem Romanzyklus *Was die Isar rauscht* unternahm C. den

Versuch eines naturalistischen Großstadtromans, von dessen zehn geplanten Bänden drei erschienen.

Werke: Die Erziehung des Volkes zur Freiheit. 1870. – Die Loge im Kulturkampf. 1875. – Französische Charakterköpfe. 1881. – Lutetias Töchter. 1883. – Totentanz der Liebe. Münchener Novellen. 1885. – Die Gesellschaft. 1885–1902. [Hrsg.] – Was die Isar rauscht. 1887. – Die klugen Jungfrauen. 1889. – Die Beichte des Narren. 1890. – Die Sozialdemokratie und die Moderne. 1893. – In purpurner Finsterniß. 1895. – Von Emile Zola bis Gerhart Hauptmann. 1902. – Emile Zola. 1906. – Wagners Geist und Kunst in Bayreuth. 1906.

Contessa, Carl Wilhelm (Salice-Contessa), 19. 8. 1777 Hirschberg – 2. 6. 1825 Berlin. Der zweite Sohn eines reichen Leinwandhändlers ital. Herkunft besuchte das Gymnasium in Hirschberg und von 1795 an das Pädagogium in Halle. 1802 ließ er sich, finanziell unterstützt von seinem älteren Bruder Christian Jakob, in Weimar nieder, 1805 in Berlin, wo er 1814 u. a. F. de la Motte Fouqué, A. v. Chamisso und E. T. A. Hoffmann kennenlernte und an Gemeinschaftsarbeiten teilnahm. Nach dem Tod seiner zweiten Frau zog C. 1816 zu dem befreundeten Ernst v. Houwald auf dessen Niederlausitzer Landgüter in Sellendorf bzw. Neuhaus bei Lübben. Hoffmann setzte ihm in den *Serapionsbrüdern* (1819–21) unter dem Namen Sylvester ein Denkmal. Goethe nahm C.s Einakter *Das Räthsel* in das Repertoire des Weimarer Hoftheaters auf (UA 18. 9. 1805), doch trat C. in der Folgezeit v. a. als romantischer Novellist und Märchendichter hervor (u. a. in den *Kinder-Mährchen*, 2 Bde., 1816–17, von C., Fouqué und Hoffmann). Er beteiligte sich auch mit Hoffmann, Chamisso u. a. an dem Romanprojekt *Der Doppelroman der Vieren*. Für Hoffmann schrieb er 1817 das (nicht komponierte) Opernlibretto *Der Liebhaber nach dem Tode*.

Werke: Das Räthsel und Der unterbrochene Schwätzer. 1808. – Dramatische Spiele und Erzählungen 1811–14. – Kinder-Mährchen. 1816–17. [Mit E. T. A. Hoffmann und F. de la Motte Fouqué.] – Erzählungen. 2 Bde. 1819.

Ausgaben: Sämmtliche Schriften. Hrsg. von Ernst v. Houwald. 9 Bde. Leipzig 1826.

Courths-Mahler, Hedwig, 18. 2. 1867 Nebra (Unstrut) – 26. 11. 1950 Tegernsee. Die unehelich geborene C. wuchs bei Pflegeeltern auf, wurde Dienstmädchen und Gesellschafterin, schrieb mit 17 Jahren ihre ersten Erzählungen nach dem Muster E. Marlitts und heiratete 1889 den Dekorationsmaler und Gebrauchsgraphiker Fritz Courths. Die Familie lebte in Halle, dann seit 1894 in Chemnitz und seit 1905 in Berlin. Nach schwierigen Anfängen kamen finanzieller Erfolg und gesellschaftliche Anerkennung. Im Dritten Reich verweigerte sich C. dem Ansinnen, ihre Romane der nationalsozialistischen Ideologie anzupassen. Seit 1935 lebte sie auf ihrem Landgut am Tegernsee. C. schrieb über 200 Romane, die als moderne Märchen dem Leser und besonders der Leserin die Flucht in eine schöne, heile Welt (des Adels) ermöglichen und den Aufstieg der demütigen, entsagenden, passiven Heldin aus Armut und Leid zum Glück und ihren Sieg über die aktiv um den Mann kämpfende Nebenbuhlerin schildern. C. ist die auflagenstärkste dt. Autorin; ihre Werke finden bis in die Gegenwart als Taschenbücher und Romanhefte sowie in Film- und Fernsehversionen ihr Publikum.

Werke: Es irrt der Mensch. 1910. – Die Bettelprinzeß. 1914. – Unser Weg ging hinauf. 1914. – Deines Bruders Weib. 1915. – Die Kriegsbraut. 1915. – Griseldis. 1916. – Opfer der Liebe. 1921. – Wem nie durch Liebe Leid geschah. 1922. – Der verhängnisvolle Brief. 1924. – Ihr Retter in der Not. 1926. – Aschenbrödel und Dollarprinz. 1928. – Unschuldig-schuldig. 1931. – Heidelerche. 1935. – Nur aus Liebe, Marlies. 1939. – Flucht in den Frieden. 1948.

Cramer, Carl Gottlob, 3. 3. 1758 Pödelitz bei Naumburg – 7. 6. 1817 Dreißigacker bei Meiningen. Der aus einem Pfarrhaus stammende C. studierte von 1777 an zunächst in Wittenberg, dann ab 1778 in Leipzig Theologie, ohne zu einem Abschluss zu gelangen. Er wurde Berufsschriftsteller und hatte großen Anteil an der ersten Blütezeit des Trivialromans im ausgehenden 18. Jh. Seine umfangreiche Produktion umfasst v. a. zeitkritische Romane, historische Romane und Ritterromane, wobei die Beimischung von pikanten erotischen und humoristischen Szenen zum großen Erfolg beitrug. 1795 ernannte ihn der Herzog v. Meiningen zum Forstrat, 1809 wurde er Lehrer an der Forstakademie in Dreißigacker.

Werke: Geschichte Karl Saalfelds. 1782. – Leben und Meinungen, auch seltsamliche Abenteuer Erasmus Schleichers. 1789. – Der deutsche Alcibiades. 1791–92. – Hasper a Spada, eine Sage aus dem dreyzehnten Jahrhundert. 1792–93. – Leben und Meinungen, auch seltsamliche Abenteuer Paul Ysops, eines reducirten Hofnarren. 1792–93. – Adolph der Kühne, Rauhgraf von Dassel. 1792–93. – Leben, Thaten und Sittensprüche des lahmen Wachtel-Peters. 1794–96. – Der kluge Mann. 1795–97. – Fräulein Runkunkel und Baron Sturmdrang. 1799. – Rasereien der Liebe. 1801. – Leiden und Freuden des edlen Baron Just Friedrich auf der Semmelburg. 1817.

Cronegk, Johann Friedrich Reichsfreiherr von, 2. 9. 1731 Ansbach – 1. 1. 1758 Nürnberg. Der aus einem alten Adelsgeschlecht stammende C. studierte Jura in Halle (1749) und Leipzig (1750–52), verfolgte dabei aber zugleich seine literarischen Interessen im Verkehr mit C. F. Gellert, A. G. Kästner, G. W. Rabener und C. F. Weiße. Nach einer längeren Kavalierstour nach Italien und Frankreich trat er 1754 das Amt eines Justiz- und Hofrats in Ansbach an. C. war u. a. Hrsg. der Moralischen Wochenschrift *Der Freund* (1754–56); bekannt wurde er erst nach seinem Tod durch seine klassizistischen Alexandertragödien. *Codrus* erhielt von F. Nicolai einen Preis fur das beste dt. Trauerspiel, das Hamburger Nationaltheater wurde 1767 mit dem christlichen Märtyrerdrama *Olint und Sophronia* eröffnet (von Lessing scharf kritisiert). Daneben hinterließ C. anakreontische und empfindsame Lyrik, christliche und moralische Lehrgedichte und Betrachtungen, darunter zwei melancholische *Einsamkeiten* in Alexandrinern bzw. Hexametern im Anschluss an Edward Young.

Werke: Der Krieg. Ode. 1756. – Einsamkeiten in zween Gesängen. 1757. – Codrus 1760. – Blüthen des Geistes des Freiherrn v. C. 1775.
Ausgaben: Schriften. Hrsg. von J. P. Uz. 2 Bde. Ansbach/Leipzig 1761–63. – Schriften. Hrsg. von Werner Gundel. Ansbach 2003.

Crotus Rubeanus bzw. Rubianus (d. i. Johannes Jäger; Crotus = Schütze, Rubianus = aus Dornheim), um 1480 Dornheim bei Arnstadt (Thüringen) – um 1545 Halberstadt. Der Bauernsohn lernte während seines Studiums in Erfurt Anfang des 16. Jh.s Luther und U. v. Hutten kennen. Mit Hutten ging er im Wintersemester 1505 nach Köln. In Erfurt erwarb er 1507 den Magistergrad und verkehrte im Humanistenzirkel um Mutianus Rufus. Von 1510 bis 1516 leitete er die Stiftsschule in Fulda, 1517–20 unternahm er eine Italienreise (Dr. theol. Bologna 1519). Nach seiner Rückkehr schloss er sich der Reformation an und lehrte wieder in Erfurt (1520/21 Rektor der Universität). Weitere Stationen waren Fulda, dann seit 1524 Königsberg (Rat Albrechts v. Preußen) und – wieder zur alten Kirche zurückgekehrt – Halle (1531 Kanonikus der Stiftskirche) und Halberstadt (1537 Domherr). Seine literarisch bedeutendste Leistung ist sein Beitrag zu den zur Unterstützung von J. Reuchlin verfassten *Epistolae obscurorum virorum* (1515–1517), die in Zusammenarbeit mit Hutten und anderen Humanisten entstanden. Von C. R. stammt fast der ganze erste Teil der Briefe, Meisterwerke der indirekten Satire, in denen sich die Dunkelmänner in ihrer Rückständigkeit selbst entlarven. Eine Schrift gegen Luther (*Apologia*, 1531) löste heftige Polemiken von lutherischer Seite aus.

Werke: Epistolae obscurorum virorum. Tl. 1. 1515. – Apologia qua respondetur temeritati calumniatorum. 1531.

Csokor, Franz Theodor, 6. 9. 1885 Wien – 5. 1. 1969 ebd. Der Sohn eines Tierarztes studierte von 1905 an Kunstgeschichte und Germanistik in Wien, war im Ersten Weltkrieg zunächst Soldat, dann Mitarbeiter im Pressebüro des k. k. Kriegsarchivs. Von 1922 bis 1928 arbeitete er als Dramaturg in Wien. 1938 emigrierte er (Polen, Rumänien, Jugoslawien, Italien). In Rom war er von 1944 bis zu seiner Rückkehr nach Wien (1946) für die BBC tätig. Seine Rolle im österreichischen Kulturleben unterstrichen zahlreiche Preise und Ehrungen (u. a. 1955 Großer Österreichischer Staatspreis für Literatur). Nach frühen Gedichten im romantischen Ton bestimmten die Erfahrungen des Ersten Weltkriegs C.s Dichtung: expressionistische Lyrik mit leidenschaftlich-rhetorischem Engagement für Freiheit und Menschenwürde, Künstler- und Stationendramen im expressionistischen Stil, die mit ihrer Verbindung von Realem und Irrealem Einflüsse August Strindbergs erkennen lassen und in ihrer Gestaltung der Beziehung Mann-Frau auf Wedekind verweisen. Mit dem Büchner-Stück *Gesellschaft der Menschenrechte* begann eine Reihe von Dramen, die historische Ereignisse und soziale Konflikte in humanistischem Geist zum Gegenstand machten (Ruhrkampf, Zerfall der Donaumonarchie, Partisanenkampf). Die späten Dramen thematisieren weltgeschichtliche, religiöse und ethische Probleme. Essays, Übersetzungen, fiktive und autobiographische Prosa ergänzen das umfangreiche Werk.

Werke: Die Gewalten. 1912. – Der große Kampf. Ein Mysterienspiel. 1915. – Der Dolch und die Wunde. 1918. – Die rote Straße. 1918. – Die Sünde wider den Geist. 1918. – Der Baum der Erkenntnis. 1919. – Ewiger Aufbruch. Gesammelte Balladen. 1926. – Ballade von der Stadt Wien. 1928. – Gesellschaft der Menschenrechte. 1929. – Besetztes Gebiet. 1930. – Dritter November 1918. Ende der Armee Österreich-Ungarns. 1936. – Über die Schwelle. Erzählungen aus zwei Jahrzehnten. 1937. – Das schwarze Schiff. 1944. – Der verlorene Sohn. 1947. – Immer ist Anfang. Gedichte 1912–52. 1952. – Olymp und Golgatha. Trilogie einer Weltwende. 1954. – Auf fremden Straßen 1939–45. 1955. – Der Schlüssel zum Abgrund. 1955. – Das Zeichen an der Wand. 1962. – Alexander. 1969.

Czechowski, Heinz, * 7. 2. 1935 Dresden. Der Sohn eines Beamten arbeitete nach einer entsprechenden Ausbildung als Graphiker und Reklamemaler, studierte von 1958 bis 1961 am Johannes-R.-Becher-Literaturinstitut der Universität Leipzig und war danach Verlagslektor in Halle (1961–65) und von 1971 bis 1973 literarischer Mitarbeiter der Städtischen Bühnen Magdeburg, anschließend freier Schriftsteller in Leipzig. Heute lebt er in Schöppingen (Westfalen). Cz. gehört zur so genannten »Sächsischen Dichterschule«, die sich seit den 60er-Jahren unter dem Einfluss von Mentoren wie St. Hermlin und E. Arendt einen Freiraum für Experimente schuf. Dabei machte Cz., wie andere Lyriker dieser Generation, die dialektische Spannung zwischen Individuum und Gesellschaft zu einem zentralen Thema, verbunden mit einer zunehmenden Skepsis gegenüber den Verhältnissen in der DDR und einem Fortschrittsdenken auf Kosten der Natur und des Menschen. Die Folge war ein verstärkter Rückzug auf subjektive, aber keineswegs unpolitische Positionen. Dabei sind Landschaften und Orte – insbesondere Dresden – sowie ihre Geschichte Ausgangspunkt seiner lyrischen Selbstreflexion und Selbstvergewisserung. Seine großen Natur- und Landschaftsgedichte, seine lyrischen Porträts und historischen Reflexionen sind von einem Ton durchdringender Melancholie und einem immer stärker hervortretenden Lakonismus geprägt. Auch Prosaarbeiten – kritische Essays, Reiseberichte, autobiographische Erzählungen – nehmen diese Themen auf. Das Ende der DDR, von der er sich lange innerlich abgekehrt hatte, löste gleichwohl Skepsis aus.

Werke: Nachmittag eines Liebespaares. 1962. – Wasserfahrt. 1967. – Spruch und Widerspruch. Aufsätze und Besprechungen. 1974. – Schafe und Sterne. 1975. – Von Paris nach Montmartre. Erlebnis einer Stadt. 1981. – Was mich betrifft. 1981. – An Freund und Feind. 1983. – Herr Neithardt geht durch die Stadt. Landschaften und Porträts. 1983. – Kein näheres Zeichen. 1987. – Ich und die Folgen. 1987. – Mein Venedig. 1989. – Nachtspur. Gedichte und Prosa 1987–1992. 1993. – Wüste Mark Kolmen. 1997. – Mein Westfälischer Frieden. Ein Zyklus 1996–1998. 1998. – Das offene Geheimnis. Liebesgedichte. 1999. – Seumes Brille. Gedichte aus der Schöppinger Chronik (1999/2000). 2000. – Einmischungen. 2000. [Schriften. Bd. 1.] – Der Garten meines Vaters. Landschaften und Orte. 2003. [Schriften. Bd. 2.]

Czepko von Reigersfeld, Daniel, 23. 9. 1605 Koischwitz bei Liegnitz – 8. 9. 1660 Wohlau (Schlesien). Der Sohn eines lutherischen Pfarrers studierte 1623–24 Medizin in Leipzig, wechselte dann aber in Straßburg zur Rechtswissenschaft. Ende 1626 kehrte er nach Schlesien zurück; hier übernahm er verschiedene Hauslehrerstellen und wurde auf dem Gut des katholischen Barons Czigan v. Slupska in Dobroslawitz bei Cosel in einen Kreis von Böhme-Anhängern einbezogen. 1637 heiratete er in Schweidnitz die Arzttochter Anna Catharina Heintze, die vier Landgüter in die Ehe einbrachte. Nach dem Tod seiner Frau übernahm er 1657 eine Stelle als Rat der Herzöge von Brieg in Ohlau, die er 1658 als Gesandter in Wien vertrat. Hier wurde er, nachdem sein Anspruch auf den Adelstitel bereits 1656 bestätigt worden war, zum Kaiserlichen Rat ernannt. Er starb an den Folgen einer Gasvergiftung nach einer Bergwerksinspektion. Cz. setzte sich in Schriften und in amtlicher Tätigkeit für die protestantische Sache in Schlesien ein. Mit Ausnahme von Gelegenheitsgedichten und -schriften blieb Cz.s Werk, z. T. wegen Zensurschwierigkeiten, zu seinen Lebzeiten ungedruckt: das rund 9000 Verse umfassende Schäferepos *Coridon und Phyllis*, ein von der Sehnsucht nach Frieden und Gewissensfreiheit getragenes kritisches Zeitbild; der einzige dramatische Versuch *Pierie*, entstanden aus Anlass einer Fürstenhochzeit nach dem Vorbild von Opitz' *Dafne* und *Judith*; geistliche und weltliche Gedichte. Cz.s Neigung zu epigrammatischer Kürze und Zuspitzung zeigt sich insbesondere in den *Sexcenta Monodisticha Sapientum*, die den Weg der Seele zu Gott beschreiben und mit Hilfe von Stilmitteln wie Paradoxon, Antithese und Chiasmus die mystische Einheit der Gegensätze sichtbar zu machen suchen.

Cz.s Distichen waren das Vorbild für die Epigrammatik von Angelus Silesius.

Werke: Epigrammata. 1619–21. – Drey Rollen Verliebter Gedancken. 1632–34. – Pierie. 1636. – Coridon und Phyllis. 1636–48. – Kurtze Satyrische Gedichte. 1640–48. – Sexcenta Monodisticha Sapientum. 1640–47. – Semita Amoris Divini. 1657. [Alle Daten, bis auf die Angabe zu Pierie, sind Entstehungsdaten.]
Ausgaben: Geistliche Schriften. Hrsg. von Werner Milch. Breslau 1930. – Weltliche Dichtungen. Hrsg. von Werner Milch. Breslau 1932. – Sämtliche Werke. Unter Mitarb. von Ulrich Seelbach hrsg. von Hans-Gert Roloff und Marian Szyrocki. 6 Bde. Berlin/New York 1980–95.

Czernin, Franz Josef, * 7. 1. 1952 Wien. Nach der Matura (1971) studierte Cz. als Undergraduate von 1971 bis 1973 an der Indiana University (Bloomington, USA) und lebte dann nach seiner Rückkehr an verschiedenen Orten Österreichs, seit 1980 meist in Rettenegg (Steiermark). Sein literarisches Schaffen umfasst Lyrik, Aphorismen, Prosa sowie kritische und theoretische (und am Rande auch dramatische) Arbeiten. Im Mittelpunkt steht die Lyrik, die – wie seine Prosa – experimentellen Charakter besitzt und dabei an die Verfahrensweisen der literarischen Moderne einschließlich der Wiener Gruppe anknüpft. Zugleich ist Cz. in der Verwendung traditioneller Formen wie Sonett und Sonettenkranz, Terzine oder Sestine sowie Vorstellungen von einer systematischen und enzyklopädischen Ganzheit bei gleichzeitiger Nichtabschließbarkeit der Dichtung des Barock und der Poetik der Frühromantik verpflichtet. Cz. geht bei seiner Textproduktion von der Voraussetzung der Einheit von metaphorischer Sprache und Normalsprache, von wörtlichem und bildlichem Sprechen aus und sucht ein jeweils begrenztes Sprachmaterial in allen seinen syntaktischen und semantischen Möglichkeiten und seinem Beziehungsreichtum auszuschöpfen. Das gilt etwa für das groß angelegte Sonettprojekt ebenso wie für die Aphorismen und »Arabesken«.

Eine andere Art von Experiment führten Cz. und sein Kollege Ferdinand Schmatz durch, als sie 1987 dem Salzburger Residenz Verlag einen Band mit ihrer Meinung nach schlechten, die Lyrikproduktion des Verlags repräsentierenden Gedichten unterschoben und so dessen Urteilskriterien und den österreichischen Literaturbetrieb bloßstellten; danach ließen sie – in einem anderen Verlag – ein dokumentarisches Gegenstück folgen.

Werke: ossa und pelion. 1979. – die kunst des sonetts. 1985. – Die Reisen. In achtzig Gedichten um die ganze Welt. 1987. [Mit Ferdinand Schmatz.] – Die Reise. In achtzig flachen Hunden in die ganze tiefe Grube. 1987. [Mit Ferdinand Schmatz.] – das stück. ein theater. 1991. – Sechs tote Dichter. (Hausmann, Kafka, Kraus, Musil, Trakl, Priessnitz). 1992. – die aphorismen. eine einführung in die mechanik. 8 Bde. und 1 Reg.-Bd. 1992. – gedichte. (aus: die kunst des dichtens). 1992. – die kunst des sonetts, 2. teil. die kunst des sonetts, 3. teil. 1993. – TERZINEN. 1994. – Marcel Reich-Ranicki. Eine Kritik. 1995. – natur-gedichte. (aus: die kunst des dichtens). 1996. – Anna und Franz. Sechzehn Arabesken. 1998. – William Shakespeare / F. J. Cz.: Sonnets, Übersetzungen. 1999. – Kühlschrankpoesie. 480 Wortmagnete. 1999. – Apfelessen mit Swedenborg. Essays zur Literatur. 2000. – elemente, sonette. 2002. – Briefe zu Gedichten. 2003. [Mit Hans-Jost Frey.] – das labyrinth erst erfindet den roten faden. Einführung in die Organik. 2005.

D

Dach, Simon, 29. 7. 1605 Memel – 15. 4. 1659 Königsberg. Die schulische Ausbildung führte den Sohn eines schlecht besoldeten Gerichtsdolmetschers und einer Kaufmannstochter von Memel über Königsberg (Domschule) nach Wittenberg (1621–23 Stadtschule) und Magdeburg (1623–26 Gymnasium). Auf der Flucht vor Krieg und Pest kehrte er nach Königsberg zurück und begann mit dem Studium (Theologie, klassische Sprachen, Rhetorik, Poesie), ohne mit einem akademischen Grad abzuschließen. 1633 wurde er Lehrer an der Domschule; 1639 erhielt er auf Druck des Kurfürsten Georg Wilhelm eine Professur für (lat.) Poesie an der Universität (und 1658, inzwischen verheiratet, von seinem Nachfolger ein kleines Landgut). Die formalen Anforderungen für die Professur erfüllte er 1640 mit einer verspäteten Magisterpromotion. D. vertrat die Opitzsche Dichtungsreform in Preußen. In seinem Schaffen dominieren Auftrags- und Gelegenheitsdichtungen. Er schrieb Texte für festliche Singspiele und zahllose Gelegenheitsgedichte für das brandenburgische Fürstenhaus und die Angehörigen des gehobenen Königsberger Bürgertums. Neben liedhaften Texten, die für einen großen Teil seiner Lyrik charakteristisch sind, stehen große reflektierende Alexandrinergedichte, z. B. die *Klage über den endlichen Untergang vnd ruinirung der Mucicalischen Kürbs-Hütte vnd Gärtchens* (1641). Die Kürbishütte, deren Zerstörung beklagt wird und die gleichwohl im dichterischen Werk überdauert, war der Ort im Garten des Komponisten Heinrich Albert, an dem sich D. und seine Freunde zum Musizieren, Singen und Lesen ihrer Texte trafen. Dass Albert rund 120 Gedichte D.s in seinen *Arien* vertonte, trug wesentlich zum überregionalen Ruhm des Dichters bei.

Werke: H. Albert: Arien. 8 Tle. 1638–50. – Unterricht: Das Schawspiel Prussiarchus Welches zum Beschluß des Jubelfests [...] gespielet werden soll / desto besser zu verstehen. 1644. – Chur-Brandenburgische Rose, Adler / Löw und Scepter. o. J. [1681.]. ²1690. – Poetische Werke / Bestehend in Heroischen Gedichten / Denen beygefüget zwey seiner verfertigten Poetischen Schau-Spiele. 1696.

Ausgabe: Gedichte. Hrsg. von Walther Ziesemer. 4 Bde. Halle a. d. S. 1936–38.

Däubler, Theodor, 17. 8. 1876 Triest – 13. 6. 1934 St. Blasien (Schwarzwald). Der Sohn eines wohlhabenden Kaufmanns dt. Herkunft wuchs im damals österreichischen Triest zweisprachig auf, machte 1896 Abitur und lebte danach in verschiedenen italienischen Städten, dann ab 1901 in Paris und ab 1907 wieder in Italien, ohne Beruf, von Freunden und Gönnern unterstützt. Im Ersten Weltkrieg hielt er sich, vom Kriegsdienst freigestellt, in Berlin und Dresden auf und schrieb für den *Berliner Börsen-Courier* über moderne Kunst. Nach einem Aufenthalt in der Schweiz erhielt er eine Einladung nach Griechenland (1921–1925) und bereiste bei dieser Gelegenheit auch verschiedene Länder des Nahen Ostens. Seit 1927 lebte er in Berlin, unternahm jedoch weiterhin zahlreiche Reisen. D.s dichterisches Werk wird dem Expressionismus zugerechnet; zugleich bilden seine Italien- und Griechenlanderfahrungen – südliche Landschaft, antike Kultur und Mythologie – ein wesentliches Moment seines durch Formenreichtum, Musikalität und wortgewaltiges Pathos ausgezeichneten Werkes, das Lyrik, Romane, Erzählungen, Essays und Autobiographisches umfasst und in einem monumentalen, 30000 Verse umfassenden Epos gipfelt. An diesem Werk, *Das Nordlicht*, arbeitete D. sein ganzes Leben (drei Fassungen; die letzte, die ›Athener Ausgabe‹, 1930 vollendet, blieb ungedruckt). Hier stellt D. seine Privatmythologie dar, in der die Sonne als Lebensspender, als geistiges Prinzip schlechthin besungen und die Rettung der Menschheit durch den Geist als Aufgabe gestellt wird.

Werke: Das Nordlicht. 1910. [›Florentiner Ausgabe‹.] – Oden und Gesänge. 1913. – Wir wollen nicht verweilen. Autobiographische Fragmente. 1914. – Der sternhelle Weg. 1915. – Hymne an Italien. 1916. – Mit silberner Sichel. 1916. – Im Kampf um die moderne Kunst. 1919. – Die Treppe zum Nordlicht. 1920. – Das Nordlicht. 1921. [›Genfer Ausgabe‹.] – Der heilige Berg Athos. 1923. – Sparta. 1923. – Attische Sonette. 1924. – Päan und Dithyrambos. 1924. – Aufforderung zur Sonne. 1926. – L'Africana. 1928. – Der Marmorbruch. 1930. – Die Göttin mit der Fackel. 1931. – Can Grande della Scala. 1932.

Ausgaben: Dichtungen und Schriften. Hrsg. von Friedhelm Kemp. München 1956. – Der sternhelle Weg und andere Gedichte. Hrsg. von Harald Kaas. München 1985. – Im Kampf um die moderne Kunst und andere Schriften. Hrsg. von F. Kemp. Darmstadt 1988. – Kritische Ausgabe. Hrsg. von Paolo Chiarini [u. a.]. Dresden 2004 ff.

Dahn, Felix, 9. 2. 1834 Hamburg – 3. 1. 1912 Breslau. D. studierte in München und Berlin (Dr. jur.) und erhielt nach seiner Habilitation 1857 eine Dozentur an der Universität München. Er wurde Mitglied der literarischen »Gesellschaft der Krokodile«. Stationen seiner wissenschaftlichen Karriere als Professor für Dt. Recht u. a. waren Würzburg (1863), Königsberg (1872) und Breslau (1888). Zunächst verfasste D. fast nur wissenschaftliche Literatur. Vor allem seit den 70er-Jahren entfaltete er dazu eine große dichterische Produktivität, die Balladen, Dramen, Lustspiele, Opernlibretti und historische Romane umfasste, wie seine wissenschaftlichen Arbeiten thematisch weitgehend an die Zeit der ersten Jahrhunderte n. Chr. gebunden. Das erzählende Werk zeichnet sich durch Gelehrsamkeit (›Professorenroman‹), spannendes Erzählen, theatralische Inszenierung und einen pathetisch-patriotischen Grundton aus, der offenbar den Bedürfnissen eines breiten bürgerlichen Publikums nach der Reichsgründung entgegenkam. *Ein Kampf um Rom* brachte es bis 1900 auf 30 Auflagen.

Werke: Gedichte. 1857. – Studien zur Geschichte der germanischen Gottes-Urtheile. 1857. – Die Könige der Germanen. 12 Bde.

1861–1909. – König Roderich. 1875. – Ein Kampf um Rom. 1876. – Balladen und Lieder. 1878. – Kleine Romane aus der Völkerwanderungszeit. 13 Bde. 1882–1901. – Die Kreuzfahrer. 1884. – Erinnerungen. 5 Bde. 1890–95. – Sämtliche Werke poetischen Inhalts. 21 Bde. 1898–99.

Ausgabe: Gesammelte Werke. Erzählende und poetische Schriften. 2., völlig veränd. Aufl. 10 Bde. Leipzig 1921–24.

Dauthendey, Max, 25. 7. 1867 Würzburg – 29. 8. 1918 Malang (Java). Der Sohn eines erfolgreichen Würzburger Porträtphotographen sollte beruflich dem Beispiel seines Vaters folgen, entzog sich aber durch eine Flucht nach Berlin, der sich ein ausgedehntes Wanderleben als freier Schriftsteller anschloss (u. a. München, Paris, Skandinavien, Mittelamerika, Asien, Südpazifik). Auf seiner letzten großen Reise wurde D. bei Kriegsausbruch auf Java interniert. Seine frühe Lyrik, dem Vorbild S. Georges und Th. Däublers verpflichtet, nimmt mit ihrer Farbigkeit, Dynamik und ihrer verfremdeten Bildersprache Momente des Expressionismus vorweg, spätere Gedichte zeigen Züge des Impressionismus und der Ornamentik des Jugendstils. *Josa Gerth*, sein erster Roman, eine psychologische Entwicklungsstudie, zeigt enge Beziehungen zu Jens Peter Jacobsen. Bedeutende Anregungen für D.s Werk gingen von den Reisen aus. Reiseerzählungen aus Amerika und Asien und Geschichten aus Indien und Japan stellen mit ihren impressionistisch-farbigen Schilderungen eine exotische Welt vor, die dem zerstörerischen Einfluss der europäischen Zivilisation standhält und zu der dem Europäer letztlich der Zugang verwehrt bleibt. Als letzte Dichtung entstand auf Java das *Lied der Weltfestlichkeit*, die hymnische Beschwörung einer kosmischen Weltharmonie.

Werke: Josa Gert. 1893. – Ultra Violett. 1893. – Die Schwarze Sonne. 1897. – Reliquien. 1897. – Die ewige Hochzeit. Liebeslieder. 1905. – Lingam. Zwölf asiatische Novellen. 1909. – Lusamgärtlein. Frühlingslieder aus Franken. 1909. – Die geflügelte Erde. 1910. – Die acht Gesichter am Biwasee. 1911. – Raubmenschen. 1911. – Der Geist meines Vaters. 1912. – Gedankengut aus meinen

Wanderjahren. 1913. – Geschichten aus den vier Winden. 1915. – Lied der Weltfestlichkeit. 1917. – Erlebnisse auf Java. 1924. – Letzte Reise. Aus Tagebüchern, Briefen und Aufzeichnungen. 1925.

Ausgabe: Gesammelte Werke. 6 Bde. München 1925.

Dedekind, Friedrich, 1524 Neustadt am Rübenberge – 21. 2. 1598 Lüneburg. Der Metzgerssohn studierte in Marburg und Wittenberg (Magister artium 1550) und wirkte danach als Pfarrer in Neustadt (seit 1551) und später in Lüneburg (seit 1576), wo er zum Superintendenten der lutherischen Kirchen des Bistums aufstieg. Während die zwei späteren deutschsprachigen protestantischen Tendenzdramen D.s nur begrenzte Wirkung entfalteten, hatte er mit seiner in lat. elegischen Distichen verfassten Satire *Grobianus* lang anhaltenden Erfolg. Kaspar Scheit übertrug das Werk 1551 in dt. Reimpaare und erweiterte es dabei beträchtlich; davon ließ sich wiederum D. anregen (Ausgabe von 1552). Der Titel bezieht sich auf einen gleichnamigen ›Heiligen‹ im 72. Kapitel von S. Brants *Narrenschiff* (1494). Bei dem Werk selbst, das D. seinen Zeitgenossen als abschreckendes Spiegelbild vorhielt, handelt sich um eine parodistische Umkehrung der Anstands- und Tischzuchtenliteratur, um eine satirische Anleitung zum schlechtestmöglichen Benehmen vom Morgen bis zum Abend mit dem Akzent auf dem Verhalten bei Tisch.

Werke: Grobianus. De morum simplicitate libri duo. 1549. 1552. – Miles christianus. 1576. – Papista conversus. 1596.

Degenhardt, Franz Josef, * 3. 12. 1931 Schwelm (Westfalen). Der Sohn eines Finanzbeamten studierte nach dem Abitur von 1952 bis 1956 Jura in Freiburg i. Br. und Köln, arbeitete dann als Wissenschaftlicher Assistent an der Universität Saarbrücken und promovierte 1966. 1969 ließ er sich als Anwalt in Hamburg nieder, 1971 wurde er wegen seiner Nähe zur DKP aus der SPD ausgeschlossen. Er lebt in Quickborn. D. gehört seit den 60er-Jahren zu den profiliertesten dt. Liedermachern. Er begann mit Chansons und Balladen in der Nachfolge François Villons und des Bänkelsangs, die die kleinbürgerliche Enge der Wohlstandsgesellschaft satirisch und ideologiekritisch beleuchteten, verschärfte dann die Kritik an der Klassengesellschaft und der Deformation des Menschen und wurde zu einer der wichtigsten Gestalten der bundesdeutschen Protestbewegung der 60er- und 70er-Jahre. Neben der Tradition des politischen Liedes in Deutschland seit Walther v. der Vogelweide machte D. auch lateinamerikanische Formen der Volks- und Popmusik für seine politischen Balladen fruchtbar. Auch seine Romane werden vom Geist einer linken Protestbewegung getragen.

Werke: Zwischen Null Uhr und Mitternacht. 1964. – Väterchen Franz. 1966. – Spiel nicht mit den Schmuddelkindern. 1966. – Im Jahr der Schweine. 1970. – Zündschnüre. 1973. – Laßt nicht die roten Hähne flattern ehe der Habicht schreit. 1974. – Brandstellen. 1975. – Kommt an den Tisch unter Pflaumenbäumen. Alle Lieder. 1979. – Die Mißhandlung. 1979. – Der Liedermacher. 1982. – Die Abholzung. 1985. – Reiter wieder an der schwarzen Mauer. 1987. – August Heinrich Hoffmann, genannt von Fallersleben. 1991. – für ewig und drei tage. 1999.

Dehmel, Richard, 18. 11. 1863 Wendisch-Hermsdorf (Mark Brandenburg) – 8. 2. 1920 Hamburg-Blankenese. Der Försterssohn studierte Volkswirtschaft, Philosophie und Naturwissenschaften in Berlin und Leipzig. Nach seiner Promotion 1887 zum Dr. phil. war er zunächst als Sekretär bei einem Versicherungsverband in Berlin tätig, gab den Beruf aber 1895 auf und lebte nach verschiedenen Reisen seit 1901 als freier Schriftsteller in Blankenese bei Hamburg. 1889 heiratete er die später als Kinderbuchautorin hervorgetretene Paula Oppenheimer, nach der Trennung von ihr 1901 in zweiter Ehe Ida Auerbach. 1914 meldete er sich als Kriegsfreiwilliger und wurde bis 1916 an der westlichen Front eingesetzt. D., der auch zu den Begründern der Kunstzeitschrift *Pan* (1895) gehörte, galt um 1900 als einer der größten lebenden Lyriker in

Deutschland. In seinen seit 1891 publizierten Gedichten spricht sich in entschiedenem Gegensatz zu den Kunstvorstellungen des Naturalismus ein neuer Lebensenthusiasmus aus, der seinen intensivsten Ausdruck in den erotischen Texten findet. Ihre Missachtung konventioneller bürgerlicher Moral und ihre religiös-kultische Feier von Eros, Schönheit und Leben brachte ihm 1897 eine Verurteilung wegen Verletzung religiöser und sittlicher Gefühle ein. Der Lebenskult, ausgedrückt im rauschhaften Liebeserlebnis, erreichte seinen Höhepunkt in dem »Roman in Romanzen« *Zwei Menschen*. D.s Werk zeigt mit seiner Überhöhung des Ästhetischen, seiner Tendenz zur Stilisierung von Gefühlen und seiner Neigung zum ornamentalen Arrangement wesentliche Merkmale des Jugendstils. Die an Nietzsche anknüpfende vitalistische Komponente seiner Lyrik erlaubte es den Expressionisten, D. als einen ihrer Vorläufer zu reklamieren. Als Dramatiker errang er mit dem Stück *Die Menschenfreunde* einen großen Erfolg.

Werke: Erlösungen. Eine Seelenwanderung in Gedichten und Sprüchen. 1891. – Aber die Liebe. 1893. – Lebensblätter. Gedichte und Anderes. 1895. – Weib und Welt. 1896. – Zwei Menschen. Roman in Romanzen. 1903. – Michel Michael. Komödie. 1911. – Volksstimme – Gottesstimme. Kriegsgedichte. 1914. – Kriegs-Brevier. 1917. – Die Menschenfreunde. 1917. – Die Götterfamilie. Kosmopolitische Komödie. 1921.
Ausgabe: Gesammelte Werke. 10 Bde. Berlin 1906–09.

Delius, Friedrich Christian, * 13. 2. 1943 Rom. D. stammt aus einem Pfarrhaus, wuchs in Hessen auf und studierte 1963–70 Germanistik in Berlin (Dr. phil. 1971). Anschließend war er hier bis 1978 als Verlagslektor tätig und arbeitete dann als freier Schriftsteller zunächst in den Niederlanden, dann wieder in Berlin. Heute lebt er in Rom. D. geht es um politische Aufklärung. Seit Mitte der 60er-Jahre begleitet er als kritischer Chronist die politische und gesellschaftliche Entwicklung der Bundesrepublik mit politischer Lyrik, satirischen und polemischen Dokumentationen und Romanen. Eine Reihe von Romanen steht in engem Zusammenhang mit den Ereignissen des ›Deutschen Herbstes‹ von 1977 und seinen Folgen und sucht das politische und moralische Klima der Zeit anhand von Psychogrammen der Beteiligten, Täter wie Opfer, zu beschreiben. Mit der Wiedervereinigung bot sich D. ein neuer Themenbereich, dem er sich, z. T. vor einem literarhistorischen Hintergrund, zu nähern suchte. Aber die bundesrepublikanische Vergangenheit blieb auch weiterhin Thema seines Schaffens, etwa in der autobiographisch grundierten Erzählung über die Welt der 50er-Jahre (*Der Sonntag, an dem ich Weltmeister wurde*) oder der Schilderung des Justizmilieus in der BRD der 60er-Jahre (*Mein Jahr als Mörder*). Einen selbstkritischen Rückblick auf seine lyrische Produktion bietet der Band *Selbstporträt mit Luftbrücke*.

Werke: Kerbholz. 1965. – Wir Unternehmer. 1966. – Wenn wir, bei Rot. 1969. – Der Held und sein Wetter. Ein Kunstmittel und sein ideologischer Gebrauch im Roman des bürgerlichen Realismus. 1971. – Unsere Siemens-Welt. 1972. – Ein Bankier auf der Flucht. 1975. – Die unsichtbaren Blitze. 1981. – Ein Held der inneren Sicherheit. 1981. – Adenauerplatz. 1984. – Mogadischu Fensterplatz. 1987. – Konservativ in 30 Tagen. Ein Hand- und Wörterbuch Frankfurter Allgemeinplätze. 1988. – Japanische Rolltreppen. Tanka-Gedichte. 1989. – Die Birnen von Ribbeck. 1991. – Himmelfahrt eines Staatsfeindes. 1992. – Selbstporträt mit Luftbrücke. Ausgewählte Gedichte 1962–1992. 1993. – Der Sonntag, an dem ich Weltmeister wurde. 1994. – Der Spaziergang von Rostock nach Syrakus. 1995. – Die Verlockungen der Wörter oder Warum ich immer noch kein Zyniker bin. 1996. – Amerikahaus und der Tanz um die Frauen. 1997. – Die Flatterzunge. 1999. – Der Königsmacher. 2001. – Warum ich schon immer Recht hatte – und andere Irrtümer. 2003. – Mein Jahr als Mörder. 2004. – Bildnis der Mutter als junge Frau. 2006.

Demski, Eva (geb. Küfner), * 12. 5. 1944 Regensburg. D. studierte nach dem Abitur von 1964 bis 1968 Germanistik, Philosophie und Kunstgeschichte in Mainz und Freiburg i. Br. Danach arbeitete die Tochter eines Bühnenbildners und Regisseurs als Dramaturgieassistentin an den

Städtischen Bühnen Frankfurt, als Lektorin, Übersetzerin und Rundfunkjournalistin (von 1969 bis 1977 gehörte sie der Redaktion des Kulturmagazins »Titel, Thesen, Temperamente« des Hessischen Rundfunks an). Seit 1977 lebt sie als freie Schriftstellerin in Frankfurt a. M. Als Studentin war sie aktives Mitglied des SDS (Sozialistischer Deutscher Studentenbund); ihr Mann, der bereits 1974 verstorbene Jurist Reiner Demski, war u. a. Strafverteidiger Gudrun Ensslins und galt den Behörden als ›Sympathisant‹ der RAF (Rote Armee Fraktion). Diese Erfahrungen bestimmten, nach ihrem ersten Roman über das Scheitern eines Jungen unter den Bedingungen der Wirtschaftswunderwelt (*Goldkind*), das Verfahren der folgenden Romane, die Autobiographisches mit einem zeitgeschichtlich relevanten Thema verbinden. So wirft der Rückblick einer Erzieherin angesichts eines kriminellen Akts ihres Schützlings zugleich einen Blick auf die Geschichte der BRD (*Karneval*), während der Tod eines bekannten linken Anwalts zum Anlass wird, die Geschichte der 68er-Generation zu erzählen (*Scheintod*). *Hotel Hölle, Guten Tag* thematisiert die Kontinuität des Nationalsozialismus in der BRD, und *Afra* entwirft am Beispiel der Erfahrungen von drei Frauen ein Bild der deutschen Geschichte vom Kriegsende bis zur Gegenwart.

Werke: Goldkind. 1979. – Karneval. 1981. – Scheintod. 1984. – Hotel Hölle, Guten Tag. 1987. – Unterwegs. Erzählungen, Reportagen, Aufsätze. 1988. – Afra. 1992. – Das Narrenhaus. 1997. – Zettelchens Traum oder »Warum sollte der Mensch nicht sein Geheimnis haben? Oder ein Tagebuch?« Frankfurter Vorlesungen. 1999. – Mama Donau. 2001. – Von Liebe, Reichtum, Tod und Schminke. 2004. – Das siamesische Dorf. 2006.

Denis, Michael, 27. 9. 1729 Schärding (Oberösterreich) – 29. 9. 1800 Wien. D., Sohn eines Juristen, absolvierte das Passauer Jesuitengymnasium (1739–47), trat 1747 in Wien in den Orden ein (Priesterweihe 1757) und lehrte von 1759 an Rhetorik und schöne Wissenschaften am Wiener

Theresianum. Nach der Auflösung des Ordens (1773) wurde er Aufseher der Garellischen Bibliothek am Theresianum, 1784 Kustos an der Hofbibliothek in Wien (1791 Hofrat). D. setzte die neulat. Tradition der Jesuiten mit Schuldramen, einem didaktischen Hexameterepos und Lyrik fort. Mit seinem deutschsprachigen Werk orientierte er sich an den Normen des aufklärerischen dt. Nordens. Zunächst lieferte er ein österreichisches Gegenstück zur patriotisch preußischen Lyrik des Siebenjährigen Krieges. Bekannt wurde er durch die erste vollständige Ossianübersetzung (in Hexametern) und mit seinen Beiträgen zur Bardendichtung; von seinen Kirchenliedern werden einige noch heute gesungen (*Thauet, Himmel, den Gerechten* u. a.).

Werke: Poetische Bilder der meisten kriegerischen Vorgänge in Europa, seit dem Jahr 1756. 1760. – Die Gedichte Ossian's. 1768–69. – Die Lieder Sineds des Barden. 1772. – Einleitung in die Bücherkunde. 1777–78. – Wiens Buchdruckergeschichte von Anbeginn bis 1560. 1782. – Ossians und Sineds Lieder. 1784. – Carmina quaedam. 1794. – Literarischer Nachlaß. 1801–02.

Dietmar von Aist, 12. Jh. Unter D.s Namen sind 16 Minnelieder bzw. 42 Strophen überliefert. Der Name wird urkundlich zwischen 1139 und 1161 in südddt. und österreichischen Urkunden erwähnt. Es ist aber nicht sicher, ob es sich dabei um den Dichter handelt und ob sich die Zeugnisse auf einen oder mehrere Vertreter dieses Namens beziehen. Die Lieder D.s werden dem frühen donauländischen Minnesang zugeordnet (um 1160–80), doch stehen neben Texten, die diesen alteren Typus repräsentieren – z. B. paarweise gereimte Langzeilenstrophen, Liebe als unbefangenes Begehren und Gewähren –, Lieder neuerer Art, die nach romanischem Vorbild von der Liebe als läuternder Macht sprechen. Das Tagelied *Slâfest du, friedel ziere?* gilt als das älteste dt. Beispiel der Gattung.

Ausgaben: MF. Bd. 1. S. 56–69. – Die mhd. Minnelyrik. Hrsg. von Günther Schweikle. Bd. 1: Die frühe Minnelyrik. Darmstadt

1977. S. 136–159. – Früheste deutsche Lieddichtung. Hrsg. von Horst Brunner. Stuttgart 2005. S. 76–109.

Dingelstedt, Franz (seit 1876: Freiherr von), 30. 6. 1814 Halsdorf (Oberhessen) – 15. 5. 1881 Wien. Der Beamtensohn besuchte das Gymnasium in Rinteln und studierte dann bis 1834 Theologie in Marburg. Seit 1836 war er Lehrer am Fridericianum in Kassel, verließ jedoch 1841 den Schuldienst und ging als Korrespondent der *Allgemeinen Zeitung* Cottas nach Paris. 1843 wechselte der oppositionelle Literat die Seiten und nahm eine Stelle als Vorleser und Bibliothekar (Hofrat) am Stuttgarter Hof an. 1846 wurde er Dramaturg am Stuttgarter Hoftheater, 1851 Leiter des Münchner Hoftheaters, 1857 Generalintendant in Weimar, 1867 Hofopern- und 1870 Burgtheaterdirektor in Wien. Als Dramaturg und Regisseur trug er, u. a. mit bedeutenden Shakespeare-Inszenierungen, wesentlich zur Erneuerung des dt. Theaters bei. Seine Textbearbeitungen gelten dagegen als wenig glücklich. Seine dichterische Bedeutung liegt v. a. in seiner Vormärzlyrik mit ihrer scharfen und formal virtuosen satirischen Kritik an der politischen Restauration. Dieses Thema prägt auch eine Reihe von erzählenden Werken aus dieser Zeit.

Werke: Frauenspiegel. 1838. – Gedichte. 1838. – Licht und Schatten in der Liebe. 1838. – Die neuen Argonauten. Ein komischer Roman. 1839. – Unter der Erde. 1840. – Heptameron. Gesammelte Novellen. 1841. – Lieder eines kosmopolitischen Nachtwächters. 1842 [recte 1841]. – Gedichte. 1845. – Das Haus der Barneveldt. 1850. – Nacht und Morgen. Zeit-Gedichte. 1851. – Studien und Copien nach Shakespeare. 1858. – Shakespeares Historien. 1867. [Bearb.] – Die Amazone. 1868. – Eine Faust-Trilogie. Dramaturgische Studie. 1876. – Sämmtliche Werke. 12 Bde. 1877. – Literarisches Bilderbuch. 1878.

Doderer, Heimito (Ritter) von, 5. 9. 1896 Hadersdorf bei Wien – 23. 12. 1966 Wien. Der aus einer protestantischen Architekten- und Bauunternehmerfamilie stammende D. begann nach dem Besuch des humanistischen Gymnasiums 1914 in Wien mit dem Jurastudium, wurde jedoch 1915 zum Militär eingezogen und geriet 1916 als Kavallerist in russ. Gefangenschaft. Nach seiner Entlassung (1920) studierte er in Wien Geschichte (Dr. phil. 1925). Danach lebte er als freier Schriftsteller und schrieb für das Feuilleton verschiedener Wiener Tageszeitungen. Am 1. April 1933 trat er in die nationalsozialistische Partei ein, die bald darauf in Österreich verboten wurde. 1936 siedelte er nach Dachau über. Er distanzierte sich bald wieder vom Nationalsozialismus und konvertierte 1940 zum Katholizismus. Im selben Jahr wurde er zur Luftwaffe eingezogen. 1946 kehrte er nach Wien zurück und besuchte von 1948 bis 1950 Kurse am Institut für österreichische Geschichtsforschung. Zahlreiche Ehrungen – u. a. Großer Österreichischer Staatspreis für Literatur (1957) – bestätigten die Stellung, die er nun als Repräsentant der österreichischen Literatur der Nachkriegszeit erreicht hatte. Die Anfänge von D.s erzählerischem Werk gehen auf die 20er-Jahre zurück, doch wurden die frühen epischen Versuche (»Divertimenti«) wie manches andere erst postum veröffentlicht. In einer Reihe von Romanen und Erzählungen der folgenden Jahre steht jeweils ein Held im Mittelpunkt, der eine Lebenskrise zu bewältigen hat, die mit seiner »Menschwerdung« und zugleich auch mit seinem Tod ihre Lösung findet. Dazu gehört auch der psychologische ›Kriminalroman‹ *Ein Mord den jeder begeht*. Diesen von der Forschung als ›monographisch‹ bezeichneten Werken stehen die späten ›polyzentrischen‹ Romane gegenüber (*Die Strudlhofstiege*, *Die Dämonen*, die unvollendete Tetralogie *Roman No. 7*), groß angelegte Entwürfe der österreichischen bzw. Wiener Gesellschaft in der Zeit vor und nach dem Ersten Weltkrieg. Es sind komplexe, geschichten- und gestaltenreiche Romangefüge mit einer komplizierten, lineares Erzählen ausschließenden Zeitstruktur. Dabei laufen die verschiedenen Handlungsstränge jeweils auf ein Schlüsselereignis zu, einen Wendepunkt, an dem sich die Schicksale der Beteiligten klären bzw. ihre »Menschwerdung« sich vollendet. Trotz der Komplexität seiner Erzählweise hielt D. im Gegensatz zu R. Musil, Marcel Proust oder James Joyce an dem Postulat von der Erzählbarkeit der Welt fest. D.s von einer konservativen Grundhaltung getragenes Bestreben, Gegensätze harmonisch aufzulösen und jede politische Aussage zu vermeiden, steht im Einklang mit dem politischen Klima der 50er-Jahre in Österreich (Staatsvertrag, Große Koalition). Ein Gegenstück zu diesen Romanen entwarf D. mit der Romangroteske *Die Merowinger*.

Werke: Gassen und Landschaft. 1923. – Die Bresche. 1924. – Das Geheimnis des Reichs. 1930. – Der Fall Gütersloh. 1930. – Ein Mord den jeder begeht. 1938. – Ein Umweg. 1940. – Die erleuchteten Fenster oder Die Menschwerdung des Amtsrats Julius Zihal. 1951. – Die Strudlhofstiege oder Melzer und die Tiefe der Jahre. 1951. – Das letzte Abenteuer. 1953. – Die Dämonen. Nach der Chronik des Sektionsrates Geyrenhoff. 1956. – Ein Weg im Dunklen. Gedichte und epigrammatische Verse. 1957. – Die Posaunen von Jericho. Neues Divertimento. 1958. – Grundlagen und Funktion des Romans. 1959. – Die Merowinger oder Die totale Familie. 1962. – Roman N° 7. Tl. 1: Die Wasserfälle von Slunj. 1963. – Tangenten. Tagebuch eines Schriftstellers 1940–1950. 1964. – Meine neunzehn Lebensläufe und neun andere Geschichten. 1966. – Unter schwarzen Sternen. Erzählungen. 1966. – Roman No. 7. Tl. 2: Der Grenzwald. 1967. – Repertorium. Hrsg. von Dietrich Weber. 1969. – Commentarii 1951 bis 1956. Tagebücher aus dem Nachlaß. Bd. 1. Hrsg. von Wendelin Schmidt-Dengler. 1976. – Commentarii 1957 bis 1966. Tagebücher aus dem Nachlaß. Bd. 2. Hrsg. von W. Schmidt-Dengler. 1986. – Frühe Prosa. 1995. – Tagebücher 1920–1939. Hrsg. von W. Schmidt-Dengler [u. a.]. 2 Bde. 1996.

Ausgabe: Das erzählerische Werk. 9 Bde. München 1995.

Döblin, Alfred, 10. 8. 1878 Stettin – 26. 6. 1957 Emmendingen bei Freiburg i. Br. Als D.s Vater 1888 die Familie verließ, musste D. das Gymnasium aufgeben. Die Mutter zog mit den Kindern nach Berlin. Sie lebten in ärmlichen Verhältnissen; erst 1891 konnte D. seine Ausbildung fortsetzen und 1900 ein verspätetes Abitur machen. Von 1900 bis 1904 studierte er Medizin in Berlin, ging dann nach Freiburg und spezialisierte sich auf Neurologie und Psychiatrie (Dr. med. 1905 mit einer Arbeit über *Gedächtnisstörungen bei der Korsakoffschen Psychose*). Nach einem Jahr als Assistenzarzt in der Kreisirrenanstalt Prüll bei Regensburg arbeitete er ab Oktober 1906 in verschiedenen Berliner Krankenhäusern, bis er 1911 in Berlin eine eigene Kassenpraxis eröffnete. Zu Beginn des Ersten Weltkriegs meldete er sich freiwillig und wurde als Militärarzt eingesetzt. Nach seiner Rückkehr im November 1918 sympathisierte er mit der Räterepublik – er hatte bereits 1917 die Russische Revolution begrüßt –, begann wieder zu praktizieren (bis 1933) und engagierte sich politisch bei der USPD und dann bei der SPD. Unmittelbar nach dem Reichstagsbrand Ende Februar 1933 verließ D. Berlin, ging zunächst in die Schweiz und dann im November 1933 nach Paris. Er erhielt 1936 die frz. Staatsbürgerschaft, engagierte sich vorübergehend für die zionistische »Freilandbewegung« – D. war jüdischer Herkunft – und arbeitete 1939–40 für das frz. Informationsministerium unter Jean Giraudoux. Im Juni 1940 floh er über Spanien und Portugal in die USA (geschildert in dem Buch *Schicksalsreise*) und ließ sich in Hollywood nieder. Hier lebte er von Arbeitslosenunterstützung und Spenden; seine Konversion zum Katholizismus 1941 trug zu seiner Isolation unter den Exilschriftstellern bei. 1945 kehrte er nach Deutschland zurück und arbeitete für die frz. Militärregierung als Zensor und Zeitschriftenherausgeber. 1953 siedelte er wieder, verbittert und enttäuscht, nach Paris über. Die ersten Früchte der Bemühungen um die Wiederentdeckung seines Werkes und den Erfolg seines letzten Romans konnte D. noch erleben.

D. schrieb zahlreiche literarische und theoretische Beiträge für die von seinem Freund H. Walden 1910 gegründete expressionistische Zeitschrift *Der Sturm* und erwies sich mit seinem Sammelband früher Erzählungen *Die Ermordung der Butterblume* und dem Roman *Die drei Sprünge des Wang-lun* als einer der bedeutendsten Erzähler des Expressionismus. Charakteristisch sind neben dem Verzicht auf einfühlende Psychologie die Erzählerdistanz, das Tempo, ein neutral beobachtender ›Kinostil‹. Hier beginnt auch unter dem Einfluss des Futurismus eine Form des parataktischen Erzählens, die die Darstellung simultaner Vorgänge (Großstadt, Massenphänomene) ermöglichen sollte. Dem entspricht die Forderung einer »Wiedergeburt« des Romans »als Kunstwerk und modernes Epos« (*An Romanautoren und ihre Kritiker*, 1913), der er in den großen Geschichtsromanen *Wang-lun* und *Wallenstein*, dem mythisierenden negativen Zukunftsroman *Berge Meere und Giganten* und später in dem ›Amazonas‹-Roman *Das Land ohne Tod* und der Darstellung der dt. Novemberrevolution gerecht zu werden suchte. Modifiziert ist das Konzept in D.s bekanntestem und erfolgreichstem Werk *Berlin Alexanderplatz*. Hier gibt es noch einen Helden, eine Romanhandlung (hinter der – ironisch gebrochen – das Bildungsromanschema steht) und einen moralisierenden und kommentierenden Erzähler, der den Kampf des Individuums Franz Biberkopf gegen die Übermacht anonymer Kräfte im Pandämonium Berlin begleitet. Zugleich zeigen die verwendeten poetischen Verfahrensweisen wie innerer Monolog, erlebte Rede, Montage und Collage, Schnitttechnik, mythische und biblische Anspielungen seine Nähe zur modernen Romankunst (James Joyce, John Dos Passos). Mit seinem letzten, 1945–46 entstandenen *Hamlet*-Roman verlagert sich, Ausdruck auch der neuen katholischen Weltsicht, das Interesse auf die individuelle Heilsthematik; er zeigt am Beispiel eines verkrüppelten Kriegsheimkehrers im Rahmen einer dunklen Familienkonstellation den Prozess psychischer Heilung durch Geschichtenerzählen.

Werke: Lydia und Mäxchen. Tiefe Verbeugung in einem Akt. 1906. – Die Ermordung der Butterblume. 1913. – Die drei Sprünge des Wang-lun. 1915 [recte 1916]. – Die Lobensteiner reisen nach Böhmen. Zwölf Novellen und Geschichten. 1917. – Wadzeks Kampf mit der Dampfturbine. 1918. – Wallenstein. 1920. – Der deutsche Maskenball. 1921. – Staat und Schriftsteller. 1921. – Berge Meere und Giganten. 1924. – Reise in Polen. 1926. – Manas. Epische Dichtung. 1927. – Berlin Alexanderplatz. Geschichte von Franz Biberkopf. 1929. – Wissen und Verändern! Offene Briefe an einen jungen Menschen. 1931. – Die Ehe. Drei Szenen und ein Vorspiel. 1931. – Jüdische Erneuerung. 1933. – Babylonische Wandrung oder Hochmut kommt vor dem Fall. 1934. – Flucht und Sammlung des Judenvolks. 1935. – Pardon wird nicht gegeben. 1935. – Das Land ohne Tod. 1937–38. [Bd. 1: Die Fahrt ins Land ohne Tod. 1937. Bd. 2: Der blaue Tiger. 1938. Ausg. in 3 Bdn. 1947–48. Bd. 1: Das Land ohne Tod. 1947. Bd. 2: Der blaue Tiger. 1947. Bd. 3: Der Urwald. 1948.] – November 1918. Eine deutsche Revolution. Erzählwerk in drei Teilen. 1939–50. [Bd. 1: Bürger und Soldaten 1918. 1939. Bd. 2/1: Verratenes Volk. 1948. Bd. 2/2: Heimkehr der Fronttruppen. 1949. Bd. 3: Karl und Rosa. 1950.] – Nocturno. 1944. – Der Oberst und der Dichter oder Das menschliche Herz. 1946. – Der Nürnberger Lehrprozeß. 1946. – Der unsterbliche Mensch. Ein Religionsgespräch. 1946. – Sieger und Besiegte. Eine wahre Geschichte. 1946. – Die literarische Situation. 1947. – Unsere Sorge der Mensch. 1948. – Schicksalsreise. Bericht und Bekenntnis. 1949. – Hamlet oder Die lange Nacht nimmt ein Ende. 1956.

Ausgabe: Ausgewählte Werke in Einzelbänden. Hrsg. von Walter Muschg, Heinz Graber und Anthony Riley. Olten / Freiburg i. Br. 1960 ff.

Domin, Hilde (geb. Löwenstein), 27. 7. 1909 Köln – 22. 2. 2006 Heidelberg D., Tochter eines jüdischen Rechtsanwalts, studierte zunächst Jura, dann Wirtschaftstheorie, Soziologie und Philosophie in Heidelberg, Berlin, Rom und Florenz und promovierte hier – sie hatte Deutschland 1932 verlassen – 1935 über ein Thema zur Staatstheorie der Renaissance. Über England (1939) floh sie in die Dominikanische Republik (1940–54), wo sie als Übersetzerin, Fotografin und Mitarbeiterin ihres Mannes, des Archäologen und Philologen Erwin Walter Palm, arbeitete und aus

Dankbarkeit gegenüber dem Land, das ihr Asyl gewährte, den Namen Domin annahm. 1954 kehrte sie über die USA nach Deutschland zurück und ließ sich in Heidelberg nieder. D. wurde im Exil zur Lyrikerin. Sie beschrieb diesen Vorgang als zweite Geburt, als Heimkehr in das Wort. Die Stationen des Exils spiegeln sich in den stark autobiographisch geprägten Texten wider. Die Bildlichkeit der Gedichte D.s und die Leichtigkeit und Einfachheit ihrer Sprache verweisen auf ihre Vorbilder, die ital. und span. Symbolisten und Surrealisten (Jorge Guillén, Federico García Lorca, Giuseppe Ungaretti). Diese Eigenschaften verbinden sich mit Konzentration, sprachlicher Ökonomie und Genauigkeit in einem fortschreitenden Prozess der Verknappung. Die lyrische Produktion wird begleitet von poetologischen Reflexionen und autobiographischen Schriften.

Werke: Nur eine Rose als Stütze. 1959. – Rückkehr der Schiffe. 1962. – Hier. 1964. – Doppelinterpretationen. Das zeitgenössische deutsche Gedicht zwischen Autor und Leser. 1966. [Hrsg.] – Wozu Lyrik heute? Dichtung und Leser in der gesteuerten Gesellschaft. 1968. – Das zweite Paradies. Roman in Segmenten. 1968. Veränd. Neuausg. u. d. T.: Das zweite Paradies. Eine Rückkehr. 1980. – Ich will dich. 1970. – Die andalusische Katze. 1971. – Aber die Hoffnung. Autobiographisches. 1982. – Gesammelte Gedichte. 1987. – Das Gedicht als Augenblick der Freiheit. Frankfurter Poetik-Vorlesungen. 1988. – Gesammelte Werke. 1988. – Gesammelte autobiographische Schriften. Fast ein Lebenslauf. 1992. – Gesammelte Essays. Heimat in der Sprache. 1992. – Von der Natur nicht vorgesehen. Autobiographisches. 1993. – Der Baum blüht trotzdem. 1999.

Dorst, Tankred, * 19. 12. 1925 Oberlind bei Sonneberg (Thüringen). Der Sohn eines Ingenieurs und Maschinenfabrikanten wurde 1944 zum Militär eingezogen und machte nach seiner Entlassung (1947) aus engl. und amerikanischer Gefangenschaft 1950 sein Abitur nach. Anschließend studierte er in Bamberg, dann in München Germanistik, Theaterwissenschaft und Kunstgeschichte, ohne jedoch einen Abschluss zu machen. Er arbeitete zunächst als Autor beim Schwabinger Marionettentheater »Das kleine Spiel« mit und etablierte sich seit Anfang der 60er-Jahre als einer der bedeutendsten dt. Dramatiker der Gegenwart. Er lebt, unterbrochen von verschiedenen Gastdozenturen, seit 1952 in München. 1990 erhielt er den Georg-Büchner-Preis. D.s frühe Farcen, Grotesken und Parabeln stehen unter dem Einfluss des absurden Theaters und weisen Beziehungen zum Marionettentheater auf. Bestrebungen, die geschlossene Dramenform aufzubrechen, resultierten in *Toller*, einem revueartigen Stück über das Scheitern der Münchener Räterepublik, das einen Wendepunkt in D.s Schaffen darstellt. *Toller* bildete auch die Grundlage für das gemeinsam mit dem Regisseur Peter Zadek erarbeitete Fernsehspiel *Rotmord*. D. nahm das problematische Verhältnis von Künstlern bzw. Intellektuellen zur Revolution in weiteren Stücken auf. In einer sechsteiligen Chronik – z. T. Filmszenarien, z. T. Dramen – entwarf D. zwischen 1974 und 1985 am Beispiel seiner eigenen Familien- und Lebensgeschichte ein sozialpsychologisch akzentuiertes Panorama von der Zeit der Weimarer Republik bis zu den ersten Jahrzehnten der BRD. Parallel dazu entstanden sein Monumentaldrama *Merlin*, das anhand der Artussage »das Scheitern der Utopien« in Szene setzt, und die »Fragmente über d'Annunzio«, die von der Problematik des ästhetischen Lebens handeln (*Der verbotene Garten*). Die eher skeptische Sicht der Dinge bestimmt auch die folgenden Dramen, die die Defizite der menschlichen und insbesondere der künstlerischen Existenz thematisieren. Viele der späteren Werke entstanden in Zusammenarbeit mit der Autorin und Übersetzerin Ursula Ehler, mit der D. seit Anfang der 70er-Jahre zusammenlebt.

Werke: Gesellschaft im Herbst. 1961. – Große Schmährede an der Stadtmauer. Freiheit für Clemens. Die Kurve. 1962. – Der gestiefelte Kater oder Wie man das Stück spielt. 1963. – Die Mohrin. 1964. – Toller. Szenen aus einer deutschen Revolution. 1968. –

Rotmord oder I was a German. Ein Fernsehspiel. 1969. – Eiszeit. 1973. – Goncourt oder Die Abschaffung des Todes. 1977. – Auf dem Chimborazo. 1974. – Dorothea Merz. 1976. – Klaras Mutter. 1978. – Die Villa. 1980. – Mosch. 1980. – Merlin oder Das wüste Land. 1981. – Der verbotene Garten. 1983. – Heinrich oder Die Schmerzen der Phantasie. 1985. – Ich, Feuerbach. 1986. – Parzival. Auf der anderen Seite des Sees. 1987. – Korbes. 1988. – Herr Paul. 1993. – Die Schattenlinie. 1994. – Nach Jerusalem. 1994. – Die Legende vom armen Heinrich. 1996. – Was sollen wir tun. Variationen über ein Thema von Tolstoi. 1996. – Harrys Kopf. 1997. – Wegen Reichtum geschlossen. Eine metaphysische Komödie. 1998. – Große Szene am Fluß. 1999. – T. D. / Ursula Ehler: Werkstattberichte. Hrsg. von Günther Erken. 1999. – Die Freude am Leben. Kupsch. 2001. – Merlins Zauber. 2001. – Der schöne Ort. Erzählung. Mitarbeit Ursula Ehler. 2004.

Ausgabe: Werkausgabe. 6 Bde. Frankfurt a. M. 1985–95.

Drach, Albert, 17. 12. 1902 Wien – 27. 3. 1995 Mödling bei Wien. Nach dem Besuch des Akademischen Gymnasiums in Wien studierte der Sohn eines jüdischen Gymnasialprofessors Rechtswissenschaften und praktizierte nach Staatsexamen und Promotion als Anwalt in Mödling bei Wien. Im Oktober 1938 emigrierte er über Jugoslawien nach Frankreich; hier entging er der drohenden Deportation. 1948 kehrte er nach Mödling zurück und arbeitete wieder als Rechtsanwalt. Obwohl D. bereits seit 1919 mit Veröffentlichungen hervorgetreten war und H. H. Jahnn sein Drama *Marquis de Sade* für den Kleist-Preis vorgeschlagen hatte, fand sein Schaffen erst mit dem Erscheinen der *Gesammelten Werke* seit 1964 wieder Beachtung. 1988 wurde ihm der Georg-Büchner-Preis verliehen. D.s Werk umfasst Gedichte, Dramen (»Verkleidungen«), fiktionale, essayistische und autobiographische Prosa. Seine Prosaerzählungen und -romane bezeichnete D. selbst als »Protokolle«, und sie entsprechen dieser Bezeichnung mit ihrem artifiziellen, unmenschlichen Kanzlei- und Protokollstil, mit ihrer Darstellung von Fällen, die in satirisch-grotesker Weise zeigen, wie der Einzelne den Mechanismen der Bürokratie, der Justiz und der Vorurteile ausgeliefert ist. Als bedeutendstes Werk dieser Art gilt *Das große Protokoll gegen Zwetschkenbaum*. Gegenüber den immer zu Abschweifungen und Umwegen bereiten »Protokollen« zeichnen sich die autobiographischen Romane (*Unsentimentale Reise*, »*Z. Z.*«) durch einen ausgesprochen lakonischen Stil aus.

Werke: Kinder der Träume. Verse 1916–18. 1919. – Marquis de Sade. 1929. – Das große Protokoll gegen Zwetschkenbaum. 1964. – Das Spiel vom Meister Siebentot und weitere Verkleidungen. 1965. – Die kleinen Protokolle und das Goggelbuch. 1965. – Unsentimentale Reise. Ein Bericht. 1966. – »Z. Z.« das ist die Zwischenzeit. 1968. – Untersuchung an Mädeln. Kriminal-Protokoll. 1971. – Gottes Tod ein Unfall. Dramen und Gedichte. 1972. – Ja und Nein. 1992. – Das Beileid. 1993. – Ironie vom Glück. 1994. – »O Catilina«. Ein Lust- und Schaudertraum. 1995.
Ausgaben: Gesammelte Werke. 8 Bde. München [u. a.] 1964–72. – Werkausgabe. Hrsg. von Ingrid Cella [u. a.]. 10 Bde. Wien 2002 ff.

Drewitz, Ingeborg (geb. Neubert), 10. 1. 1923 Berlin – 26. 11. 1986 ebd. Die Tochter einer Pianistin und eines Ingenieurs promovierte nach dem Studium der Germanistik, Philosophie und Geschichte 1945 in Berlin, ihrem lebenslangen Wohnsitz, mit einer Arbeit über E. G. Kolbenheyer. Zunächst schrieb sie Dramen für eine kleine Theatergruppe – am bekanntesten wurde das 1955 uraufgeführte Stück *Alle Tore waren bewacht* über die Konzentrationslager des Dritten Reiches –, dann neben essayistischen Arbeiten v. a. erzählende Prosa. Themen ihrer meist in Berlin angesiedelten Romane sind die Einsamkeit und Anonymität des Großstadtlebens, aktuelle soziale und politische Probleme, Jugenderfahrungen im nationalsozialistischen Deutschland und – von besonderer Bedeutung – Fragen nach der Stellung der Frau in der Gesellschaft. Dabei verarbeitet D. vielfach autobiographisches Material; das gilt auch für ihr bekanntestes Werk *Gestern war Heute*, das vor dem Hintergrund von fünf Frauengenerationen und der Zeitgeschichte von 1923 bis 1978 den Emanzipationsprozess einer Journalistin zu schildern sucht.

Werke: Und hatte keinen Menschen. 1955. – Der Anstoß. 1958. – Das Karussell. 1962. – Im Zeichen der Wölfe. 1963. – Berliner Salons. 1965. – Eine fremde Braut. 1968. – Bettine von Arnim. Romantik – Revolution – Utopie. 1969. – Wer verteidigt Katrin Lambert. 1974. – Das Hochhaus. 1975. – Gestern war Heute. Hundert Jahre Gegenwart. 1978. – Zeitverdichtung. 1980. – Die zerstörte Kontinuität. Exilliteratur und Literatur des Widerstands. 1981. – Eis auf der Elbe. 1982. – Mein indisches Tagebuch. 1983. – Unter meiner Zeitlupe. Porträts und Panoramen. 1984. – Auch so ein Leben. Die fünfziger Jahre in Erzählungen. 1985. – Hinterm Fenster die Stadt. Aus einem Familienalbum. 1985. – Eingeschlossen. 1986.

Drexel, Jeremias, 15. 8. 1581 Augsburg – 19. 4. 1638 München. Der aus einer protestantischen Handwerkerfamilie stammende D. konvertierte wahrscheinlich während seiner Schulzeit am Augsburger Jesuitengymnasium zum Katholizismus. 1598 trat er in den Orden ein und übernahm nach seiner Ausbildung und mehrjähriger Lehrtätigkeit 1611 das Rektorat des Münchener Kollegs, wechselte dann 1613 an das Augsburger Kolleg, bis er 1615 als Hofprediger Herzog Maximilians I. nach München zurückkehrte. D. gehört zu den erfolgreichsten katholischen aszetischen Schriftstellern des 17. Jh.s. Es gelang ihm, in seiner unpolemischen, auf positive Orientierungen hinzielenden Art auch zahlreiche protestantische Leser zu gewinnen. Bis auf eine Ausnahme (*Tugendtspiegel*) schrieb D. seine Traktate in lat. Sprache; er ließ sie dann von Joachim Meichel, dem Kontroverstheologen Conrad Vetter u. a. ins Deutsche übertragen. Wichtig für die Frömmigkeitspraxis und die spätere katholische aszetische Literatur wurde seine Übernahme des Schemas der Ignatianischen Exerzitien. Seine Beobachtungen als Begleiter Maximilians auf dem böhmischen Feldzug 1620 hielt D. in einem sozialgeschichtlich bedeutenden Tagebuch fest.

Werke: Zodiacus christianus. 1618. – Nicetas. 1624. – Trismegistus christianus. 1624. – Heliotropium. 1627. – Aeternitatis prodromus. 1628. – Orbis Phaëton. 1629. – Gymnasium patientiae. 1630. – Infernus damnatorum. 1631. – Tribunal Christi. 1632. – Caelum, beatorum civitas. 1635. – Rhetorica caelestis. 1636. – Rosae selectissimarum virtutum. 1636–37. – Tugendtspiegel. 1636. – Deliciae gentis humanae Christus Iesus nascens, moriens, resurgens. 1638. – Noe architectus arcae. 1639. – Tobias morali doctrina illustratus. 1641. – Opera Omnia Germanica. 1645.

Dronke, Ernst, 17. 8. 1822 Koblenz – 3. 2. 1891 Liverpool. D., Sohn eines Gymnasiallehrers, studierte in Bonn und Marburg (Dr. jur.) und arbeitete anschließend (1843–1845) als Journalist in Berlin. Er wurde wegen »kommunistischer Umtriebe« ausgewiesen und 1847 wegen seiner Sozialreportage *Berlin* (1846) auf Betreiben der preußischen Regierung – er war nach Frankfurt a. M. ausgewichen – zu zwei Jahren Festungshaft verurteilt. 1848 konnte er aus der Haft in Wesel fliehen. Er hielt sich zunächst in Belgien auf; hier traf er Friedrich Engels. Während der Revolutionszeit war er Emissär des Bundes der Kommunisten. Außerdem schrieb er für die *Neue Rheinische Zeitung*. Von 1849 an lebte er in Paris, seit 1851 in London, wo er Karl Marx kennenlernte. 1857 wechselte er in das Geschäftsleben (1857 Glasgow: Kaufmann, ab 1860 Liverpool: Vertretung einer Kupfermine). Seine Sozialreportage über die Lebensverhältnisse und Klassengegensätze in der Großstadt und seine realitätsgesättigten sozialen Novellen, die den Menschen als Produkt seines Milieus zeigen und den Zusammenhang zwischen Armut und Verbrechen darstellen, weisen in manchen Zügen auf den frühen Naturalismus voraus.

Werke: Armensünder-Stimmen. 1845. – Aus dem Volk. 1846. – Der Ausgewiesene. 1846. – Berlin. 1846. – Die Maikönigin. 1846. – Polizei-Geschichten. 1846.

Droste-Hülshoff, Annette von, 10. 1. 1797 Wasserburg Hülshoff bei Münster – 24. 5. 1848 Meersburg (Bodensee). Die aus einem alten katholischen Adelsgeschlecht stammende Dichterin zeigte früh musikalische und dichterische Begabung und selbständiges Denken im Hinblick auf die gesellschaftlichen und geschlechtlichen Konventionen. Die Familie, der sie als exzentrische Außenseiterin galt, zeigte ihr die Grenzen, indem sie eine sich anbahnende Liebesbeziehung zu einem bürgerlichen Studenten 1819/20 vereitelte. Von nun an unterwarf sie sich der Familie (Reisebegleiterin der Mutter, Pflegedienste, Zensur ihrer Werke durch den Bruder), wobei sich nur wenige Freiräume ergaben: durch Reisen nach Köln und Bonn (1825–26, 1828) mit der daraus resultierenden Freundschaft zu Sibylle Mertens, durch die Freundschaft mit Levin Schücking seit 1839. Die bestimmenden Lebensbereiche der ständig von Krankheiten heimgesuchten D. waren das Münsterland (Hülshoff bzw. seit 1826 Haus Rüschhaus bei Münster, der Witwensitz der Mutter) und – ebenfalls durch Familienbeziehungen bestimmt – das Paderborner Land und das Rheinland sowie der Bodenseeraum. Hier – zunächst in Eppishausen (Schweiz), seit 1840 in Meersburg – lebte ihre Schwester als Ehefrau des Germanisten Joseph v. Laßberg; es kam zu längeren Aufenthalten der Dichterin in Eppishausen (1835–36) bzw. Meersburg (1841–42, 1843–44: Erwerb des »Fürstenhäusle«, 1846–48). D.s Schaffen umfasst erzählende Prosa, dramatische Versuche, eine Reihe von Versepen und – Zentrum ihres Werkes – geistliche und weltliche Lyrik. Ein Roman über eine junge Frau in der Restaurationszeit mit autobiographischen Zügen (*Ledwina*, um 1821) blieb Fragment, ebenso das Drama *Berta oder die Alpen* (um 1814). Die Versepen, Hauptbestandteil der *Gedichte* von 1838, zeigen die Dichterin auf dem Weg zu einer eigenen Sprache und zur Westfalen-Thematik der späteren Gedichte (*Die Schlacht im Loener Bruch*). Der Gedichtzyklus *Das geistliche Jahr*, begonnen 1820, abgeschlossen 1839, nimmt die Tradition der barocken religiösen Dichtung auf, verbunden mit der eigenen Lebens- und Glaubensproblematik der Dichterin. Ihr bedeutendes lyrisches Spätwerk, Naturlyrik und symbolische Bekenntnisgedichte, erschließt der Dichtung nicht nur eine Landschaft (Heide, Moor), sondern zeichnet sich zugleich durch eine neue Darstellungsweise aus, in der die genaue Wiedergabe des sinnlich Erfassbaren mit der bedrohlichen, unheimlichen Seite der Natur kontrastiert. Dabei haben die Dinge verweisenden, sinnbildlichen Charakter oder sind, in den bekenntnishaften Gedichten, Ausgangspunkt für Betrachtungen von suggestiver Bildlichkeit. Mit der *Judenbuche* gelang ihr eine Elemente der Schauerromantik und der Kriminalgeschichte einbeziehende, mehrdeutige Novelle von Schuld und Sühne.

Werke: Gedichte. 1838. – Die Judenbuche. In: Morgenblatt für gebildete Leser. April/Mai 1842. – Gedichte. 1844. – Das geistliche Jahr. 1851. – Letzte Gaben. 1860 [recte 1859].

Ausgaben: Hist.-krit. Ausgabe. Werke, Briefwechsel. Hrsg. von Winfried Woesler. Tübingen 1978 ff. – Sämtliche Werke. Hrsg. von Bodo Plachta und Winfried Woesler. 2 Bde. Frankfurt a. M. 1994.

Duden, Anne, * 1. 1. 1942 Oldenburg. D. wuchs in Berlin und in Ilsenburg (Harz) auf und siedelte mit ihrer Familie 1953 in die BRD über. Ab 1962 machte sie in Berlin eine Buchhandelslehre und studierte einige Semester Literatur und Soziologie. Sie war Mitbegründerin des Rotbuch Verlags (1973); seit 1978 lebt sie vorwiegend in London. Ihr schmales Werk umfasst neben Essayistischem erzählende Prosa und Lyrik. In ihren ersten beiden Erzählbänden stellt sie in einer kunstvollen und bilderreichen Sprache die Schrecken der alltäglichen Welt und das Leiden und die Angst des Individuums dar, das sich dem terroristischen Angriff dieser Wirklichkeit ausgeliefert sieht und körperlich und psychisch deformiert wird. Gleichsam als Gegenmittel gegen die Angst erscheint D.s beschwörendes, visionäres Erzählen in dem Band *Das Judasschaf*, in dem die Darstellung der individuellen Leid- und Angsterfahrungen und die Suche nach ihren Ursachen mit einmontiertem dokumentarischem Material aus dem Dritten Reich (Himmler-Rede, Erinnerungen eines KZ-Kommandanten) konfrontiert werden. Vom ohnmächtigen Kampf gegen das alltägliche Unglück, von der Verzweiflung über die Unheilbarkeit der Welt sprechen in suggestiver Weise auch ihre Gedichte.

Werke: Übergang. 1982. – Das Judasschaf. 1985. – Steinschlag. 1993. – Der wunde Punkt im Alphabet. 1995. – Wimpertier. 1995. – Hingegend. Gedichte. 1999. – Zungengewahrsam. Kleine Schriften zur Poetik und zur Kunst. 1999.

Dürrenmatt, Friedrich, 5. 1. 1921 Konolfingen bei Bern – 14. 12. 1990 Neuchâtel. Nach dem Abitur 1941 in Bern studierte der Pfarrerssohn Philosophie, Literatur und Naturwissenschaften in Zürich und Bern, brach aber das Studium nach zehn Semestern ab und begann zu schreiben und zu malen bzw. zu zeichnen. Von 1946 bis 1948 lebte er in Basel, dann in Ligerz am Bielersee und seit 1952 in Neuchâtel. Aus den anfänglichen finanziellen Schwierigkeiten verhalfen ihm Kriminalromane und Hörspiele, bis dann die großen Theatererfolge einsetzten. 1968–69 leitete er zusammen mit Werner Düggelin das Basler Theater, ein Versuch, der im Streit scheiterte. 1986 erhielt er den Georg-Büchner-Preis. Nach seinem ersten Stück, dem Wiedertäuferdrama *Es steht geschrieben* (UA 1947), fand D. mit *Romulus der Große* (UA 1949) zu der ihm gemäßen dramatischen Form, der Komödie. Aus dem heutigen Weltzustand, der durch Vermassung, Bürokratisierung, undurchsichtige Machtstrukturen, ungeklärte Verantwortlichkeiten den Charakter eines verwirrenden Labyrinths angenommen habe, in dem sich der Mensch unweigerlich verirre, sei allein die Komödie in der Lage, die notwendige Distanz zu vermitteln: »Uns kommt nur noch die Komödie bei«, resümierte er in den *Theaterproblemen* von 1954. Gezeigt wird eine groteske Welt – in manchen Stücken (*Die Physiker*, *Achterloo*) erscheint sie ausdrücklich als Irrenhaus –, auf die das Theater mit den Mitteln der Groteske antwortet, sie aber nicht verändern kann. Diese Sicht der Dinge bestimmt, mit zunehmend bitter werdendem Gelächter, die grotesken Komödien von *Romulus* über den Welterfolg *Der Besuch der alten Dame* zu der Darstellung der Weltgeschichte als Amoklauf, Schlachthaus oder Irrenanstalt und der Macht als grundsätzlich krimineller Veranstaltung in den *Physikern*, den Shakespeare-Bearbeitungen und den späten Stücken. Eine Geschichte sei erst dann zu Ende gedacht, beschrieb D. sein dramatisches Verfahren, »wenn sie ihre schlimmstmögliche Wendung genommen hat«. Er verstand sich durchaus als Moralist, der durch seine dramatisch-spielerischen Gegenentwürfe zur Realität dazu beizutragen suchte, im Menschen das Bewusstsein seiner Freiheit zu wecken, wobei diese Freiheit sich nicht zuletzt – das zeigen auch die Stücke selbst – im Scheitern verwirklicht. Fragen von Recht und Gerechtigkeit spielen dabei immer wieder eine Rolle, auch in den Kriminalromanen, mit denen D. dem Genre eine eigene, die übliche Fortschrittsgläubigkeit unterlaufende Note gibt.

Werke: Es steht geschrieben. 1947. – Der Richter und sein Henker. 1952. – Die Ehe des Herrn Mississippi. 1952. – Der Verdacht. 1953. – Ein Engel kommt nach Babylon. 1954. – Herkules und der Stall des Augias. 1954. – Grieche sucht Griechin. 1955. – Theaterprobleme. 1955. – Der Besuch der alten Dame. 1956. – Die Panne. 1956. – Romulus der Große. 1956. – Das Versprechen. Requiem auf den Kriminalroman. 1958. – Frank der Fünfte. Oper einer Privatbank. 1960. [Musik von Paul Burkhard.] – Gesammelte Hörspiele. 1961. – Die Physiker. 1962. – Der Meteor. 1966. – Die Wiedertäufer. 1967. – König Johann. Nach Shakespeare. 1968. – Play Strindberg. 1969. – Titus Andronicus. Eine Komödie nach Shakespeare. 1970. – Sätze aus Amerika. 1970. – Porträt eines Planeten. 1971. – Israel. Eine Rede. 1975. – Der Mitmacher. 1976. – Stoffe I–III. 1981. – Achterloo. 1983. – Justiz. 1985. – Minotaurus. Eine Ballade. Mit Zeichnungen des Autors. 1985. – Der Auftrag […]. Novelle in vierundzwanzig Sätzen. 1986. – Versuche. 1988. – Durcheinandertal. 1989. – Turmbau. Stoffe IV–IX. 1990. – Midas oder Die schwarze Leinwand. 1991. – Gedankenfuge. 1992. – Das Mögliche ist ungeheuer. Ausgewählte Gedichte. 1993. – Der Pensionierte. 1995. – Gespräche 1991–1990. 1996.

Ausgaben: Werkausgabe in dreißig Bänden. Zürich 1980. ^{4}1990. – Gesammelte Werke. Hrsg. von Franz Josef Görtz. 7 Bde. Zürich 1988. – Werkausgabe. 37 Bde. und 1 Reg.-Bd. Zürich 1998.

E

Eberlin von Günzburg, Johann, um 1470 Kleinkötz bei Günzburg – Oktober 1533 Leutershausen bei Ansbach. Nach Studien in Basel (Magister artium 1490) und Freiburg i. Br. (1493) trat E. in den Franziskanerorden ein. 1521 schloss er sich der Reformation an und immatrikulierte sich 1522 an der Wittenberger Universität. Nach seiner Heirat 1524 wirkte er als Prediger in Erfurt (1524), Wertheim (1526) und Leutershausen (1530). Im Zentrum seines literarischen Werkes stehen die reformatorischen Flugschriften aus den Jahren 1521 bis 1525. Am bekanntesten wurden die *XV bundtsgnossen* (1521) mit ihren polemischen und satirischen Angriffen auf Lehre und Praxis der katholischen Kirche. Ihnen steht der utopische Entwurf einer neuen geistlichen und weltlichen Ordnung im Lande »Wolfaria« (wo man ›wohl fährt‹) gegenüber. Spätere Schriften zeigen den Wandel vom radikalen Propagandisten zum christlich-moralisierenden Schriftsteller. Zu seinem Werk gehört auch die als Autograph erhaltene erste dt. Übersetzung der *Germania* des Tacitus.

Werke: Die XV bundtsgnossen. 1521. – Vom misbrauch Christlicher freyheyt. 1522. – Ein schoner spiegel eins christlichen Lebens. 1524. – Wie sich eyn diener Gottes wortts ynn all seynem thun halten soll. 1525. – Ein zamengelesen buochlin von der Teutschen Nation gelegenheit, Sitten vnd gebrauche. 1526. [Tacitus-Übers.; handschriftlich.]
Ausgabe: Sämtliche Schriften. Hrsg. von Ludwig Enders. 3 Bde. Halle a. d. S. 1896–1903.

Ebner-Eschenbach, Marie Freifrau von, geb. Freiin (seit 1843: Gräfin) von Dubsky 13. 9. 1830 Schloss Zdislawic (Mähren) – 12. 3. 1916 Wien. Die aus einer mährisch-sächsischen Adelsfamilie stammende E. wuchs in Mähren und Wien auf und heiratete 1848 ihren Cousin Moritz v.

Ebner-Eschenbach, der als Professor an der Militär-Ingenieur-Akademie unterrichtete. Sie lebten zunächst in Wien, von 1850 bis 1856 in Klosterbruck und Mähren, dann abwechselnd in Wien und Zdislawic. 1900 wurde sie als erste Frau mit dem Ehrendoktortitel der Wiener Universität ausgezeichnet. Nach der Veröffentlichung ihrer fiktiven satirischen Reisebriefe *Aus Franzensbad* (1858) schrieb sie lange ausschließlich für das Theater, wo sie allerdings mit ihren historischen Dramen und Gesellschaftsstücken nur Misserfolge erntete, so dass sie sich nach dem skandalerregenden, weil adelskritischen Stück *Das Waldfräulein* (UA 1873) der Erzählprosa zuwandte. Sie erzielte ihren Durchbruch 1880 mit dem kleinen Roman *Lotti, die Uhrmacherin* und setzte sich mit den folgenden Werken als führende Erzählerin des österreichischen Spätrealismus durch. Ihre Erzählungen und Kurzromane thematisieren die Auflösung der Ordnungsverhältnisse v. a. in der spannungsreichen Beziehung von Dorf- und Schlossbewohnern und schildern mit Einfühlungsvermögen und sozialkritischer Tendenz die Lebensbedingungen von Angehörigen der sozialen Unterschichten. Ihre Technik der Zuspitzung und Steigerung kam auch ihren Aphorismen zugute.

Werke: Aus Franzensbad. 1858. – Maria Stuart in Schottland. 1860. – Marie Roland. 1867. – Die Prinzessin von Banalien. 1872. – Doctor Ritter. 1872. – Erzählungen. 1875. – Boena. 1876. – Aphorismen. 1880. – Lotti, die Uhrmacherin. In: Deutsche Rundschau 1880. – Neue Erzählungen. 1881. – Dorf- und Schloßgeschichten. 1883. – Zwei Komtessen. 1884. – Neue Dorf- und Schloßgeschichten. 1886. – Das Gemeindekind. 2 Bde. 1887. – Unsühnbar. 1890. – Gesammelte Schriften. 6 Bde. 1893. – Meine Kinderjahre. 1906.

Ausgaben: Sämtliche Werke. 6 Bde. Berlin o. J. [1920.] – Gesammelte Werke. Hrsg. von Edgar Groß. 9 Bde. München 1961. – Kritische Texte und Deutungen. Hrsg. von Karl K. Polheim [u. a.]. Bonn bzw. [ab Bd. 4] Tübingen 1978 ff.

Eckhart, Meister (auch: Eckhart von Hochheim), vor 1260 Tambach bei Gotha – vor 1328 Avignon (?). Der aus ritterlichem Geschlecht stammende E. trat in Erfurt in den

Dominikanerorden ein und studierte in Köln und Paris. 1294 wurde er Prior des Erfurter Konvents, ab 1296 zugleich Vikar für Thüringen. 1302 ging er wieder nach Paris, wurde zum Magister der Theologie promoviert und lehrte 1302–03 auf dem für Ausländer vorbehaltenen Lehrstuhl der theologischen Fakultät. Von 1303 bis 1311 war er Provinzial der neugegründeten Ordensprovinz Saxonia, bis er 1311–13 erneut einer Berufung nach Paris folgte. Danach wurde er als Vikar des Ordensgenerals mit der Aufsicht über die süddt. Schwesternkonvente beauftragt; dieses Amt, das seinen Sitz in Straßburg hatte, übte er bis etwa 1323 aus. Anschließend lehrte er wahrscheinlich in Köln. Von eigenen Ordensgenossen der Häresie angeklagt, wurde 1326 ein Inquisitionsprozess gegen E. eröffnet, der schließlich 1329, nach E.s Tod, zur Verurteilung einer Reihe von seinen Lehrsätzen durch eine päpstliche Bulle in Avignon führte. Die Verurteilung E.s beeinträchtigte die Überlieferung seiner Schriften, die er – je nach Adressatenkreis und Zielsetzung – in lat. oder dt. Sprache verfasste. Zu wissenschaftlichen Zwecken bediente er sich des Lateinischen (z. B. *Opus tripartitum*, um 1311–13, unvollendet), Deutsch ist dagegen die Sprache seiner seelsorgerischen und mystischen Texte (u. a. *Die rede der underscheidunge*, vor 1298; *Buch der göttlichen Tröstung*, um 1318) und des größeren Teils seiner Predigten (etwa 100 gelten als authentisch). Der Grundbegriff der mystischen Lehre E.s ist der der Abgeschiedenheit, die vollständige Abkehr von sich selbst und allen Dingen, von Zeit und Ort. Diese radikale Abgeschiedenheit ist die Voraussetzung der Vereinigung mit Gott, der Rückkehr der Seele in den göttlichen Ursprung alles Seins. Für diese Vereinigung gebraucht E. das Bild von der Gottesgeburt im Seelengrund des Menschen. Das denkende Umkreisen Gottes im Bewusstsein der Unfassbarkeit des göttlichen Mysteriums bedurfte besonderer sprachlicher Ausdrucksmittel und führte zu einer Dynamisierung der Sprache durch häufig verwendete Bewegungsbegriffe, durch eine übersteigernde Redeweise, die jede Bestimmung wieder aufhebt, durch die Verwendung von Begriffshäufungen, Paradoxa, Hyperbeln, gewagten Bildern und Vergleichen. Darüber hinaus leistete E. einen wesentlichen Beitrag zur Erweiterung der Möglichkeiten abstrakten Sprechens im Deutschen durch eine Fülle von Wortneubildungen. Trotz der Verurteilung durch die Kirche sorgten E.-Anhänger unter den bedeutenden Theologen des 14. und 15. Jh.s (z. B. Heinrich Seuse) und Kölner Dominikaner für die Bewahrung und Überlieferung von E.s Werk.

Ausgaben: Die deutschen und lateinischen Werke. Hrsg. im Auftrag der DFG. Stuttgart 1936 ff. – Werke. Texte und Übersetzungen. Hrsg. von Niklaus Largier. 2 Bde. Frankfurt a. M. 1993.

Edschmid, Kasimir (d. i. Eduard Schmid), 5. 10. 1890 Darmstadt – 31. 8. 1966 Vulpera (Graubünden). Der Sohn eines Physiklehrers studierte Romanistik (München, Paris, Straßburg, Gießen) und arbeitete seit 1913 als Journalist für dt. und ausländische Zeitungen. Er unternahm zahlreiche Reisen (u. a. Mittelmeerländer, Afrika, Kleinasien, Südamerika) und lebte seit 1933 vorwiegend in Italien und Darmstadt. 1941 wurde er mit Schreibverbot belegt. E. hinterließ ein äußerst umfangreiches Werk (Romane, Erzählungen, Lyrik, Reisebücher, Essays); literarische Bedeutung besitzen dabei v. a. die frühen Novellen und Erzählungen, die den Rezensenten als erste exemplarische Verwirklichungen des Expressionismus galten. Ihre Kennzeichen sind: Ungeschichtlichkeit, Ablösung von sozialen Prozessen, ein kulturfeindlicher, irrationaler Vitalismus, sprachliche Exaltiertheit. Die theoretische Begründung lieferte E. in Aufsätzen und der von ihm herausgegebenen *Tribüne der Kunst und Zeit* (1919–23), wobei er neben der Ablehnung psychologischen Gestaltens die Rolle des von äußeren Einflüssen freien schöpferischen Subjekts betonte. In den 20er-Jahren löste sich E. vom Expressionismus, behielt aber weiterhin eine Vorliebe für heroisches Pathos,

z. B. in einer Rennfahrergeschichte oder seinem Byron-Roman. In seinen Reisebüchern und Länderdarstellungen verband er Historisches mit eigenen Erlebnissen. Sein spätes Erzählwerk umfasst v. a. historische Romane wie den Büchner-Roman *Wenn es Rosen sind, werden sie blühen.*

Werke: Die sechs Mündungen. 1915. – Das rasende Leben. 1916. – Timur. 1916. – Die Fürstin. 1918. – Die achatnen Kugeln. 1920. – Über den Expressionismus in der Literatur und die Neue Dichtung. 1919. – Die doppelköpfige Nymphe. 1920. – Kean. 1921. – Die Engel mit dem Spleen. 1923. – Basken, Stiere, Araber. 1927. – Die gespenstigen Abenteuer des Hofrat Brüstlein. 1927. – Sport um Gagaly. 1928. – Afrika nackt und angezogen. 1929. – Lord Byron. 1929. – Feine Leute oder die Großen dieser Erde. 1931. – Glanz und Elend Südamerikas. 1931. – Italien. 5 Bde. 1935–48. – Der Zauberfaden. 1949. – Wenn es Rosen sind, werden sie blühen. 1950. – Der Marschall und die Gnade. 1954. – Drei Kronen für Rico. 1958. – Tagebuch 1958–60. 1960. – Lebendiger Expressionismus. Auseinandersetzungen, Gestalten, Erinnerungen. 1961. – Portraits und Denksteine. 1962.

Ehrenstein, Albert, 23. 12. 1886 Wien – 8. 4. 1950 New York. Der Sohn einer aus Ungarn stammenden kleinbürgerlichen jüdischen Familie studierte Geschichte, Philologie und Philosophie und promovierte 1910 mit einer Arbeit über ungarische Geschichte. Er arbeitete als Kritiker, Lektor und freier Schriftsteller in Berlin, wandte sich gegen den Krieg und ging 1916–18 in die Schweiz. Nach dem Krieg kehrte er über Berlin nach Wien zurück, wo er sich mit seinem früheren Förderer K. Kraus überwarf. In den 20er-Jahren unternahm er im Auftrag dt. Zeitungen ausgedehnte Reisen (Europa, Naher Osten, Afrika, China). 1932 emigrierte er in die Schweiz, 1941 nach New York; hier starb er nach langer Krankheit in einem Armenhospital. Nach einer ersten Gedichtveröffentlichung 1910 in der *Fackel* von Kraus erzielte E. mit der stark autobiographischen bzw. selbstanalytischen Erzählung *Tubutsch*, von O. Kokoschka illustriert, ein Jahr später den Durchbruch: Bittere Reflexionen eines mit sich und der

Welt zerfallenen Ichs, das die Wirklichkeit nur als Folge sinnloser, grotesker Bilder und Impressionen erfährt. Als Lyriker findet E., ichzentriert, für sein Leiden und für sein Scheitern an der schlechten Gegenwart aggressive, sarkastische, verzweifelte Töne und eine expressionistisch-kühne Bildlichkeit, wobei die Erfahrungen des Ersten Weltkriegs zu einer äußersten Steigerung des expressiven Sprachgestus führten. Mit dem Scheitern der Utopie einer sozialistischen Revolution, von der Gedichtbände wie *Die rote Zeit* und *Den ermordeten Brüdern* sprachen, endete auch E.s fruchtbarste dichterische Periode. Ein neuer Schwerpunkt seiner Dichtung wurden Nachdichtungen aus dem Chinesischen (Lyrik, Romane).

Werke: Tubutsch. 1911. – Der Selbstmord eines Katers. 1912. Umgearb. u. d. T.: Bericht aus einem Tollhaus. 1919. – Die weiße Zeit. 1914. – Der Mensch schreit. 1916. – Die rote Zeit. 1917. – Den ermordeten Brüdern. 1919. – Die Gedichte. 1920. – Dem ewigen Olymp. 1921. – Die Nacht wird. 1921. – Briefe an Gott. 1922. – Schi-King. 1922. – Herbst. 1923. – Pe-Lo-Thien. 1923. – China klagt. 1924. – Menschen und Affen. 1926. – Ritter des Todes. Die Erzählungen 1900–1919. 1926. – Räuber und Soldaten. Roman frei nach dem Chinesischen. 1927. – Mein Lied. Gedichte 1900–1931. 1931. – Das gelbe Lied. 1933.

Ausgabe: Werke. Hrsg. von Hanni Mittelmann. 5 Bde. München 1989 ff.

Eich, Günter, 1. 2. 1907 Lebus a. d. O. – 20. 12. 1972 Salzburg. Der Sohn eines Guts- und Ziegeleipächters zog mit seiner Familie 1918 aus dem Oderbruch nach Berlin. Nach dem Abitur studierte er von 1925 an in Berlin und Paris Sinologie und Volkswirtschaft. 1932 gab er das Studium auf und schrieb als freier Schriftsteller für den Rundfunk, darunter zahlreiche Hörspiele nach literarischen Vorlagen. Im Zweiten Weltkrieg war er Soldat (Funker bei der Luftabwehr), geriet bei Kriegsende in amerikanische Gefangenschaft und wohnte nach der baldigen Entlassung bis 1954 in Geisenhausen bei Landshut. Danach lebte er, seit 1953 in zweiter Ehe mit I. Aichinger verheiratet, zunächst in Lenggries (Oberbayern), dann in Groß-Gmain bei Salzburg. E. gehörte zu den Gründungsmitgliedern der »Gruppe 47« und erhielt als erster 1950 den Preis der Gruppe; 1959 wurde er mit dem Georg-Büchner-Preis geehrt. E. begann Ende der 20er-Jahre nach eigener Aussage als »verspäteter Expressionist und Naturlyriker«; auch seine frühen Hörspiele – bis 1939 entstanden etwa 25 – haben einen unpolitischen Charakter. Mit den in Gefangenschaft entstandenen Gedichten wie *Lazarett*, *Latrine*, *Pfannkuchenrezept* oder *Inventur*, die die so genannte ›Kahlschlag‹-Poesie begründeten, setzte eine neue Phase seines Schaffens ein. Allerdings enthält seine erste Gedichtsammlung der Nachkriegszeit (*Abgelegene Gehöfte*) noch zahlreiche Gedichte der traditionellen, ›naturmagischen‹ Art. Natur und Naturbilder bleiben auch später ein wesentliches Moment der Lyrik E.s, aber in einer anderen, kritischen Funktion, ohne Trost, abweisend. Mit dem Band *Botschaften des Regens* setzt eine Hinwendung zur zeitgeschichtlichen Realität ein. Dichtung müsse, so heißt es in der Rede zur Verleihung des Georg-Büchner-Preises, als Kritik, »als Gegnerschaft und Widerstand, als unbequeme Frage und Herausforderung der Macht« verstanden werden, und Macht ist für E. »eine Institution des Bösen«. Die späten Gedichtsammlungen ziehen mit ihrem zunehmenden Lakonismus die Konsequenzen aus E.s Position des grundsätzlichen »Nichtmehreinverstandenseins«, wobei die Verweigerungshaltung die Tendenz zum Verstummen in sich trägt. Während E. als Lyriker immer mehr den Weg der Reduktion ging und sich so gegen das Einverständnis zur Wehr setzte, schuf er sich mit der kleinen Prosaform der »Maulwürfe« ein Instrument der Kritik, um die gelenkte, harmonisierende Sprache der Macht zu unterminieren. Zunehmende Radikalisierung charakterisiert auch E.s Hörspielwerk. Mit Texten wie *Träume*, *Blick auf Venedig*, *Die Mädchen aus Viterbo* oder *Festianus, Märtyrer* wurde E. in den 50er-Jahren zum bedeutendsten Repräsentanten des literarischen Hörspiels. Es sind poetische Texte, die verunsichern, die hinter der empirischen Realität eine neue, ungeahnte Wirklichkeit andeuten und den Zuhörer zur Wachsamkeit und zum Misstrauen gegen die scheinbar sichere Gegenwart auffordern. Bereits in *Träume* bahnt sich die Verweigerungshaltung an, die seine späteren Gedichte, die Kurzprosa und die letzten Hörspiele kennzeichnet.

Werke: Gedichte. 1930. – Katharina. 1936. – Abgelegene Gehöfte. 1948. – Untergrundbahn. 1949. – Träume. Vier Spiele. 1953. – Botschaften des Regens. 1955. – Die Brandung vor Setúbal. 1957. – Allah hat 100 Namen. 1958. – Stimmen. Sieben Hörspiele. 1958. – Zu den Akten. 1964. – Anlässe und Steingärten. 1966. – Maulwürfe. 1968. – Ein Tibeter in meinem Büro. 49 Maulwürfe. 1970. – Gesammelte Maulwürfe. 1972. – Nach Seumes Papieren. 1972. – Zeit und Kartoffeln. 1973.
Ausgaben: Gesammelte Werke. Hrsg. von Ilse Aichinger [u. a.]. 4 Bde. Frankfurt a. M. 1973. – Gesammelte Werke. Rev. Ausg. Hrsg. von Axel Vieregg. 4 Bde. Frankfurt a. M. 1991.

Eichendorff, Joseph Freiherr von, 10. 3. 1788 Schloss Lubowitz bei Ratibor (Oberschlesien) – 26. 11. 1857 Neiße (Schlesien). Der aus einer katholischen Adelsfamilie stammende E. studierte Jura in Halle (1805–06) und Heidelberg (1807–08) und beendete nach einer Bildungsreise (Paris, Wien) und Aufenthalten in Lubowitz und Berlin sein Studium in Wien (1810–12). Er nahm 1813–15 an den Befreiungskriegen teil, heiratete 1815 und trat danach in den preußischen Staatsdienst ein (1816 Referendar in Breslau bzw. ab 1819 in Berlin, 1821 Regierungsrat in Danzig, 1824 Oberpräsidialrat in Königsberg, 1831 Beschäftigung am ›Kultusministerium‹ in Berlin, 1841 Geheimer Regierungsrat, 1844 Pensionierung). 1846–47 hielt er sich in Wien auf und lebte dann bis zu seiner Übersiedlung nach Neiße 1855 wieder in Berlin. E. ist der bedeutendste Dichter der Spätromantik und – nicht zuletzt dank seiner häufig vertonten Lieder und der Erzählung *Aus dem Leben eines Taugenichts* – der bekannteste Dichter der Romantik überhaupt. Für seine Lyrik, häufig in seine erzählenden Werke integriert und erst spät separat gesammelt, wurde der Volksliedton von *Des Knaben Wunderhorn* von entscheidender Bedeutung. Hinter den einfachen Formen und der beschränkten, formelhaften Wörter- und Bilderwelt verbergen sich jedoch komplexe Sachverhalte, ein Netz von Metaphern und symbolischen Bezügen, mit denen der Dichter die Welt, die Natur deutet: als göttliche Urheimat, in der die menschliche Sehnsucht Erfüllung findet, aber auch als dämonischen Ort. Dem Verfahren der Lyrik entsprechend haben auch die Landschaften in den Romanen und Erzählungen von Anfang an ›hieroglyphischen‹ Charakter. Sie zeigen die Gefahren, die dem Menschen durch den Verlust seiner religiösen Bindungen und durch schrankenlosen Subjektivismus, aber auch – exemplarisch im ironischen *Taugenichts* – durch eine zunehmend von zweck- und nützlichkeitsorientiertem Handeln bestimmte Lebenshaltung drohen. Ohne Resonanz blieben E.s Tragödien und Versepen. In seinen späten Zeitgedichten und Satiren wandte er sich scharf gegen die revolutionären Bestrebungen der Epoche. Zuletzt trat er als (wenig beachteter) polemischer Literaturkritiker und -historiker im Geist der Katholischen Bewegung hervor.

Werke: Ahnung und Gegenwart. 1815. – Krieg den Philistern! 1824. – Aus dem Leben eines Taugenichts und Das Marmorbild. 1826. – Meierbeths Glück und Ende. 1827. – Ezelin von Romano. 1828. – Der letzte Held von Marienburg. 1830. – Viel Lärmen um Nichts. 1832. – Die Freier. 1833. – Dichter und ihre Gesellen. 1834. – Gedichte. 1837. – Werke. 4 Bde. 1841–42. – Geistliche Schauspiele von Don Pedro Calderon de la Barca. 2 Bde. 1846–53. – Über die ethische und religiöse Bedeutung der neueren romantischen Poesie in Deutschland. 1847. – Der deutsche Roman des 18. Jahrhunderts in seinem Verhältnis zum Christentum. 1851. – Julian. 1853. – Zur Geschichte des Dramas. 1854. – Robert und Guiscard. 1855. – Lucius. 1857. – Geschichte der poetischen Literatur Deutschlands. 1857.

Ausgaben: Sämtliche Werke. Hist.-krit. Ausg. Begr. von Wilhelm Kosch und August Sauer. Fortgef. und hrsg. von Hermann Kunisch und Helmut Koopmann. Regensburg [seit 1962 Stuttgart, seit 1996 Tübingen] 1908 ff. – Werke. Hrsg. von Ansgar Hillach und Klaus-Dieter Krabiel. 5 Bde. München 1970–88. – Werke. Hrsg. von Wolfgang Frühwald [u. a.]. 6 Bde. Frankfurt a. M. 1985–93.

Eichrodt, Ludwig, 2. 2. 1827 Durlach (Baden) – 2. 2. 1892 Lahr. E., Sohn eines hohen badischen Beamten (und späteren Innenministers), studierte Jura in Heidelberg und Freiburg i. Br., trat in den Staatsdienst und wurde schließlich Oberamtsrichter in Lahr. Er schrieb seit 1849 Gedichte für die *Fliegenden Blätter* in München, die dann gesammelt erschienen. Sie führten humoristisch und parodistisch die missglückende Aneignung bürgerlicher Welt- und Kulturvorstellungen aus der Perspektive des schwäbischen Dorfschulmeisters Gottlieb Biedermaier, des städtischen Präzeptors Schwartenmeier und des Buchbinders Horatius Treuherz vor und parodierten dabei zugleich die dt. Literatur seit der Klassik. »Biedermaier« wurde zur Epochenbezeichnung. Daneben verfasste E. Dramen und ernsthafte Gedichte in spätromantischem Stil.

Werke: Gedichte in allerlei Humoren. 1853. [Mit Adolf Kußmaul.] – Leben und Liebe. 1856. – Die Pfalzgrafen oder eine Nacht auf Heidelbergs Gassen. 1859. – Alboin. 1865. – Rheinschwäbisch. Humoristische Gedichte. 1868. – Biedermaiers Liederlust. Lyrische Karrikaturen. 1869. – Melodieen. 1875. – Gesammelte Dichtungen. 1890.

Eilhart von Oberg (Oberge), 2. Hälfte 12. Jh. Der Name des Verfassers der ältesten dt. Tristanversion ist nur aus der älteren Überlieferung bekannt. Das Umfeld E.s – der Braunschweiger Welfenhof, Niederrhein (Limburg) – ist ebenso umstritten wie die Entstehungszeit seines *Tristrant*, die man meist – mit unterschiedlichen Resultaten über die Priorität – im Verhältnis zur *Eneit* Heinrichs v. Veldeke zu bestimmen suchte. Zwei Datierungen – um

1170 bzw. um 1190 – werden diskutiert. Aus der Zeit um 1200 liegen nur Fragmente des Textes vor; in seiner Gesamtheit wird er erst durch Handschriften des 15. Jh.s überliefert. E.s Werk basiert auf einem verlorenen altfrz. Tristanroman, der so genannten *Estoire*, aus der Mitte des 12. Jh.s. Die Geschichte Tristrants und Isaldens wird nur ansatzweise psychologisch gedeutet und reflektiert. Mit der Darstellung des Konflikts zwischen individuellem Anspruch und gesellschaftlichen Normen führte E. die Thematik der Paradoxie und Dialektik der Minne in die erzählende dt. Literatur ein. Die Fortsetzer des *Tristan* von Gottfried v. Straßburg, Ulrich v. Türheim (um 1240) und Heinrich v. Freiberg (um 1290), griffen auf E.s *Tristrant* zurück, der auch die Grundlage des frühnhd. *Tristrant*-Prosaromans (erster Druck 1484) bildet.

Ausgaben: Tristrant. Hrsg. von Hadumod Bußmann. Tübingen 1969. – Tristrant. Hrsg. von Danielle Buschinger. Göppingen 1976.

Einstein, Carl, 26. 4. 1885 Neuwied – 3. 7. 1940 bei Lestelle-Bétharram (Basses Pyrenées). Der Sohn eines jüdischen Lehrers studierte von 1903 an Philosophie, Kunstgeschichte, Geschichte und Altphilologie in Berlin (wahrscheinlich ohne Examen) und verkehrte in expressionistischen Zirkeln. 1914 wurde er eingezogen, bei Verdun verwundet und 1916 in Brüssel stationiert. Im November 1918 war er Mitglied im Brüsseler Soldatenrat, lebte dann in Berlin zeitweise im Untergrund, beteiligte sich an Dada-Unternehmungen und arbeitete als Kunstkritiker. Sein Drama *Die schlimme Botschaft* brachte ihm 1922 eine Anklage wegen Gotteslästerung ein. 1928 zog er nach Paris; zu seinen Freunden gehörten hier Georges Braque, Michel Leiris, André und Clara Malraux. 1936 schloss er sich der republikanischen Seite im Spanischen Bürgerkrieg an. Nach Francos Sieg kehrte er 1940 nach Paris zurück und ertränkte sich auf der Flucht vor den dt. Truppen in Südfrankreich, da ihm der Ausweg nach Spanien verwehrt war. Sein literarisches und kritisches Werk zielt auf eine ästhetische Revolution, die E. parallel zu einer politischen Befreiung sah. Mit seinem (Anti-)Roman *Bebuquin* legte er einen der Schlüsseltexte der moderne Ästhetik vor, einen Roman, der die erzählerischen Konventionen seiner Zeit radikal durchbricht, Psychologie, Kausalität und den mimetischen Charakter von Kunst überhaupt verabschiedet und sich zugleich als Ort philosophischer und ästhetischer Diskussionen versteht. Wie E. damit – und mit entsprechenden programmatischen Aufsätzen – neue Maßstäbe für avantgardistisches Erzählen setzte, so bedeutete seine Studie *Negerplastik*, die die Verwandtschaft ›primitiver‹ Kunst mit dem Kubismus aufzeigte, auch in diesem Bereich eine Absage an das herkömmliche bürgerliche Kunstdenken. Als anerkannter Experte für moderne Kunst verfasste er 1926 den entsprechenden Band der Propyläen-Kunstgeschichte. Seine späteren ästhetischen Überlegungen zeigen ein tiefes Unbehagen an der modernen Kultur, der Vorherrschaft der wissenschaftlichen und ökonomischen Vernunft und der Vereinzelung des Individuums; dagegen stellt er, angeregt durch den Surrealismus, die Forderung einer halluzinativen, aus dem Unterbewussten schöpfenden Kunst.

Werke: Bebuquin oder die Dilettanten des Wunders. 1912. – Negerplastik. 1915. – Anmerkungen. 1916. – Der unentwegte Platoniker. 1918. – Die schlimme Botschaft. 1921. – Die Kunst des 20. Jahrhunderts. 1926. – Entwurf einer Landschaft. 1930. – L'Œuvre de George Braque. 1934.

Ausgabe: Werke. 5 Bde. Hrsg. von Hermann Haarmann und Klaus Siebenhaar. Berlin 1992–96.

Eisendle, Helmut, 12. 1. 1939 Graz – 20. 9. 2003 Wien. Zunächst Telefonmechaniker, holte der Sohn eines höheren Beamten das Abitur nach und studierte in Graz Psychologie und Zoologie (Promotion 1970). Seit 1973 arbeitete er als freier Schriftsteller u. a. in Amsterdam, Barcelona, Berlin, Friaul und München; 1981 kehrte er in die

Steiermark zurück und lebt heute vorwiegend in Wien. E. gehört zu den Autoren der avantgardistischen »Grazer Gruppe« um das Kunstzentrum Forum Stadtpark und wird zu den »literarischen Szientisten« gerechnet. Er geht von einem literarischen Charakter der Wissenschaft aus (»Wissenschaft ist Kunst«) und betreibt dabei radikale Wissenschaftskritik, etwa in dem Roman *Walder*, der die Unzulänglichkeit der Wissenschaft aufzeigt, die durch ihre reduktionistischen Methoden den Menschen und sein Leben nicht zu erfassen vermag. Darüber hinaus vertritt E. eine radikale sprachkritische Position, die von der Subjektivität jeder sprachlichen Äußerung ausgeht und die Wirkung auf den Leser als entscheidendes Kriterium zur Beurteilung von Literatur ansieht. Eine Reihe von Texten E.s inszenieren in spielerischer Weise Dialoge mit den Lesern. Neben den erzählenden Texten schrieb E. zahlreiche Hörspiele.

Werke: Walder oder Die stilisierte Entwicklung einer Neurose. Ein programmiertes Lehrbuch des Josef W. 1972. – Handbuch zum ordentlichen Leben. 1973. – Jenseits der Vernunft oder Gespräche über den menschlichen Verstand. 1976. – Exil oder Der braune Salon. Ein Unterhaltungsroman. 1977. – Das nachtländische Reich des Doktor Lipsky. 1979. – Das Verbot ist der Motor der Lust. 1980. – Der Narr auf dem Hügel. 1981. – Die Frau an der Grenze. 1984. – Die Gaunersprache der Intellektuellen. Sechs Dialoge. 1986. – Oh Hannah! 1988. – Beiläufige Gedanken über Etwas. 1989. – Magische Quadrate 1–100. 1990. – Block oder Die Melancholie. Ein Monolog. 1991. – Die vorletzte Fassung der Wunderwelt. Eine Camouflage. 1993. – Der Egoist. 1996. – Dschungel der Liebe. 1999. – Lauf, Alter, die Welt ist hinter dir her. 2000. – Gut und Böse sind Vorurteile der Götter. 2002. – Ein Stück des blauen Himmels. 2003.

Eisenreich, Herbert, 7. 2. 1925 Linz – 6. 6. 1986 Wien. E. wurde 1943 zuerst zum Arbeitsdienst, dann zur Wehrmacht einberufen und 1944 in Frankreich verwundet. 1946 holte er das Abitur nach und begann in Wien Germanistik, Altphilologie und Theaterwissenschaft zu studieren. Nach zwei Jahren brach er das Studium ab und lebte als freier Schriftsteller und Journalist; 1952–54 schrieb er in Hamburg u. a. für *Die Zeit* und verschiedene Rundfunkanstalten. 1956 kehrte er nach Wien zurück und arbeitete u. a. für die ORF-Sendung »Literarischer Salon«. E. war ein überzeugter Anwalt einer eigenständigen österreichischen Nationalliteratur und darüber hinaus ein entschiedener Gegner der modernen Literatur, die in ein »artistisches Ghetto« führe bzw. als engagierte politische Literatur nur Ausdruck einer »Epoche der Selbsttäuschung« sei. Sein dichterisches Werk umfasst Romane und Erzählungen bzw. Kurzgeschichten, die v. a. an Beispielen missglückter Beziehungen die Beschädigung des Menschen in der materialistischen modernen Welt thematisieren. Darum geht es auch in dem Hörspiel *Wovon wir leben und woran wir sterben*, das in unpathetischer Weise den Leerlauf einer Zweierbeziehung schildert und das so genannte Wirtschaftswunder entschieden in Frage stellt. Der Versuch, nach dem Muster seines Vorbilds H. v. Doderer ein Panorama der österreichischen Nachkriegsgesellschaft zu entwerfen (Arbeitstitel: *Sieger und Besiegte*), blieb Fragment (*Die abgelegte Zeit*). Seine zahlreichen Aphorismen spiegeln seine auch in anderen Werken genutzte Kunst der Entlarvung von Sprach- und Denkklischees.

Werke: Einladung, deutlich zu leben. 1952. – Auch in ihrer Sünde. 1953. – Böse schöne Welt. 1957. – Wovon wir leben und woran wir sterben. 1958. – Carnutum. Geist und Fleisch. 1960. – Der Urgroßvater. 1964. – Reaktionen. Essays zur Literatur. 1964. – Sozusagen Liebesgeschichten. 1965. – Die Freunde meiner Frau und neunzehn andere Kurzgeschichten. 1966. – Das kleine Stifterbuch. 1967. – Ein schöner Sieg und 21 andere Mißverständnisse. 1973. – Die blaue Distel der Romantik. 1976. – Verlorene Funde. Gedichte 1946–1952. 1976. – Groschenweisheiten. Aus dem Zettelkasten eines Sophisten. Hrsg. von Christine Fritsch. 1985. – Der alte Adam. Aus dem Zettelkasten […]. 1985. – Die abgelegte Zeit. Ein Fragment. Hrsg. von C. Fritsch. 1985. – Memoiren des Kopfes. Aus dem Zettelkasten […]. 1986.

Elisabeth, Gräfin von Nassau-Saarbrücken, um 1394 Vézelise bei Nancy – 17. 1. 1456 Saarbrücken. Die Eltern E.s, Herzog Friedrich V. v. Lothringen und Margarete v. Vaudémont und Joinville, waren literarisch interessiert, möglicherweise zweisprachig, und standen in Verbindung mit frz. und südwestdt. Kulturzentren. E. heiratete 1412 Graf Philipp I. v. Nassau-Saarbrücken und übernahm nach dem Tod ihres Mannes 1429 die Regentschaft bis zur Volljährigkeit der beiden Söhne (1438 bzw. 1442). Zwischen 1430 und 1437 übertrug E. Prosafassungen älterer frz. Heldenepen (»Chansons de geste«) aus dem Sagenkreis um Karl den Großen in dt. Prosa: *Herpin*, *Königin Sibille*, *Loher und Maller* und *Huge Scheppel*. Die größte Resonanz fand der *Huge Scheppel*, die Aufstiegsgeschichte der Kapetinger (Huge Scheppel: Hugues Capet). Die Übersetzungen E.s, zunächst für ein adeliges Publikum gedacht, stehen am Anfang des dt. Prosaromans; seit dem 16. Jh. fanden sie ein breiteres Publikum durch (gekürzte) Druckfassungen.

Werke: Herpin. – Königin Sibille. – Loher und Maller. – Huge Scheppel. [In der angegebenen Reihenfolge entstanden zwischen 1430 und 1437.]

Elisabeth Charlotte, Herzogin von Orléans (Liselotte von der Pfalz), 17. 5. 1652 Heidelberg – 8. 12. 1722 Saint-Cloud bei Paris. Die Tochter des reformierten Kurfürsten Karl Ludwig v. der Pfalz und seiner Frau Charlotte (geb. Prinzessin v. Hessen-Kassel) wurde nach ihrem Übertritt zum Katholizismus aus politischen Gründen 1671 mit Herzog Philippe v. Orléans (»Monsieur«), einem Bruder König Ludwigs XIV., verheiratet und lebte bis zu ihrem Tod, seit 1701 verwitwet, am frz. Hof. Ihre Briefe – etwa 4000 in dt. und frz. Sprache sind erhalten – schildern und kommentieren in z. T. drastischer Sprache die Verhältnisse und den Alltag am frz. Hof einschließlich der Intrigen und Klatschgeschichten und geben so, wenn auch z. T.

durch Gehässigkeit und Selbstmitleid gefärbt, ein lebendiges und kulturgeschichtlich aufschlussreiches Bild ihres Lebens und der höfischen Gesellschaft und Kultur des Absolutismus.

Ausgaben: Briefe. Hrsg. von Wilhelm Ludwig Holland. 6 Bde. Stuttgart 1867–81. – Aus den Briefen [...] an die Kurfürstin Sophie von Hannover. Hrsg. von Eduard Bodemann. 2 Bde. Hannover 1891. – Briefe. Hrsg. von Hans F. Helmholt. 2 Bde. Leipzig 1908.

Elsner, Gisela, 2. 5. 1937 Nürnberg – 13. 5. 1992 München. Nach dem Abitur 1956 studierte die Tochter eines Managers Germanistik, Philosophie und Theaterwissenschaft in Wien (ohne Abschluss) und lebte dann in Rom, London, Paris, Hamburg und (seit 1977) München als freie Schriftstellerin. Sie nahm sich das Leben. Bekannt wurde E. mit der Romangroteske *Die Riesenzwerge*, eine mit kühler Sachlichkeit vorgenommene satirische Entlarvung spießbürgerlicher Verhaltensweisen. Die Neigung zum Monströsen und die Steigerung des Alltäglichen zum Absurden teilen auch die nächsten Romane, doch setzt sich seit der Mitte der 70er-Jahre eine zunehmend realistische Schreibweise durch, mit deren Hilfe auch soziale und politische Vorgänge stärker einbezogen werden (Zynismus und Opportunismus in Wirtschaft und Politik, Entlarvung der Parolen über Wohlstand und Vermögensbildung, Überwachungsstaat usw.). Zuletzt legte E. einen von der Kritik vehement abgelehnten Versuch vor, gleichsam mit der satirischen Methode ihres frühen großen Romanerfolgs die Welt indoktrinierter Kindermonster im Zweiten Weltkrieg darzustellen (*Fliegeralarm*).

Werke: Die Riesenzwerge. 1964. – Der Nachwuchs. 1968. – Das Berührungsverbot. 1970. – Herr Leiselheimer und weitere Versuche, die Wirklichkeit zu bewältigen. 1973. – Der Punktsieg. 1977. – Die Zerreißprobe. 1980. – Abseits. 1982. – Die Zähmung. Chronik einer Ehe. 1984. – Das Windei. 1987. – Gefahrensphären. Aufsätze. 1988. – Fliegeralarm. 1989.

Endler, Adolf, * 10. 9. 1930 Düsseldorf. E. begann nach der mittleren Reife eine Buchhandelslehre, brach sie dann ab und verdiente seinen Unterhalt mit Gelegenheitsarbeiten. 1955 siedelte er in die DDR über, studierte bis 1957 am Johannes-R.-Becher-Institut für Literatur in Leipzig und arbeitete anschließend als freier Mitarbeiter für verschiedene Zeitungen und Zeitschriften in Leipzig. 1979 wurde er wegen seines Eintretens für St. Heym aus dem Schriftstellerverband der DDR ausgeschlossen. Er lebt heute in Berlin. Die positive Einschätzung der DDR im Gegensatz zur Bundesrepublik in den frühen Gedichten E.s wich nach dem Mauerbau einer immer stärker werdenden Distanz zu der gesellschaftlichen und politischen Entwicklung in beiden Teilen Deutschlands, dokumentiert etwa in dem zusammen mit K. Mickel herausgegebenen Band *In diesem besseren Land*. Wege aus der kulturellen Provinz wies er mit seinen Übersetzungen russ. und frz. Avantgardisten. In seinen eigenen Gedichten, etwa der Bände *Das Sandkorn* oder *akte endler*, sind saloppe Wendungen, ausgefallene Bilder, Metaphern und Reime die sprachlichen Mittel eines satirisch-ironischen Sprechens, das den individuellen Freiraum gegenüber der Bürokratie und der offiziellen Kulturpolitik verteidigt. Daneben begann E. seine Beobachtungen aus der DDR-Kulturszene aufzuzeichnen und in verschiedenen Prosabänden – im Westen – zu veröffentlichen. Von 1978 bis 1986 führte er eine Art Tagebuch, aus dem die »Sudelblätter« *Tarzan am Prenzlauer Berg* entstanden, die mit sarkastischem Humor und Witz die Literaturszene am Prenzlauer Berg und das Wirken der offiziellen Kulturpolitik kommentieren. Seit 1980 erscheinen Fragmente aus *Nebbich*, einem – so E. – »Prosa-Werk phantasmagorisch-collagenhaften Charakters«.

Werke: Erwacht ohne Furcht. 1960. – Weg in die Wische. Reportagen und Gedichte. 1960. – In diesem besseren Land. 1966. [Hrsg., mit Karl Mickel.] – Das Sandkorn. 1974. – Nackt mit Brille. 1975. – Zwei Versuche, über Georgien zu erzählen. 1976. – Verwirrte klare Botschaften. 1979. – Nadelkissen. Aus den Notizzetteln Bobbi Bergermanns. 1980. – Neue Nachrichten von NEBBICH. 1980. – akte endler. gedichte aus 25 jahren. 1981. – Bubi Blazezaks gedenkend. 1982. – Ohne Nennung von Gründen. Vermischtes aus dem poetischen Werk des Bobbi »Bumke« Bergermann. 1985. – Schichtenflotz. Papiere aus dem Seesack eines Hundertjährigen. 1987. – Den Tiger reiten. Aufsätze, Polemiken und Notizen zur Lyrik der DDR. 1990. – Vorbildlich schleimlösend. Nachrichten aus einer Hauptstadt 1972–2008. 1990. – Tarzan am Prenzlauer Berg. Sudelblätter 1981–1983. 1994. – Die Exzesse Bubi Blazezaks im Fokus des Kalten Krieges. Satirische Collagen und Capriccios 1976–1994. 1995. – Warnung vor Utah. 1996. – Der Pudding der Apokalypse. Gedichte 1963–1998. 1999. – Das Greisenalter, voilà. 2001. – Schweigen, Schreiben, Reden, Schweigen. Reden 1995–2001. 2003. – Nebbich. Eine deutsche Karriere. 2005.

Engel, Johann Jakob, 11. 9. 1741 Parchim (Mecklenburg) – 28. 6. 1802 ebd. Der Sohn eines Predigers wurde 1763 zum Doktor der Philosophie promoviert (Universität Bützow, Mecklenburg). Er ging 1765 nach Leipzig und versuchte sich als Schriftsteller zu etablieren, bis er 1776 eine Professur für Moralphilosophie und schöne Wissenschaften am Joachimsthalschen Gymnasium in Berlin erhielt und zeitweise (1790–94), zusammen mit K. W. Ramler, auch das Hoftheater leitete. 1794 wurde er von Friedrich Wilhelm II. entlassen, vier Jahre später aber von Friedrich Wilhelm III. wieder zurückberufen. E. hinterließ ein vielseitiges popularphilosophisches essayistisches Werk, dichtungstheoretische Schriften, darunter den bedeutenden poetologischen Essay *Über Handlung, Gespräch und Erzählung* (1774), Dramen und den im Kaufmannsmilieu spielenden Roman *Herr Lorenz Stark*, der auf eine psychologisch-kausal motivierte Charakterdarstellung und -entwicklung abzielt und dialogisierte Szenen mit auktorial erzählten Partien verbindet.

Werke: Der dankbare Sohn. Ein ländliches Lustspiel. 1771. – Der Diamant. 1772. – Die Apotheke. 1772. – Der Edelknabe. 1775. – Der Philosoph für die Welt. 4 Bde. 1775–1803. – Versuch einer Methode die Vernunftlehre aus Platonischen Dialogen zu entwickeln. 1780. – Anfangsgründe einer Theorie der Dichtungsarten. 1783. – Ideen zu einer Mimik. 1785–86. – Herr Lorenz Stark. In: Die Horen 1795–96. Erw. Buchausg. 1801. – Der Fürstenspiegel. 1798.

Ausgabe: Schriften. 12 Bde. Berlin 1801–06. Reprogr. Nachdr. Frankfurt a. M. 1971.

Engelke, Gerrit, 21. 10. 1890 Hannover – 13. 10. 1918 bei Cambrai (Frankreich). Nach dem Besuch der Volksschule erlernte E. das Malerhandwerk, betätigte sich daneben mit Erfolg als Kunstmaler und beschäftigte sich mit Literatur. Mit der Zeit trat die Dichtung in den Vordergrund, ermutigt u. a. von R. Dehmel und dem »Bund der Werkleute auf Haus Nyland« (einem westfälischen Bauernhof), der sich mit einer ›Literatur der Arbeitswelt‹ beschäftigte und z. T. dem Expressionismus nahestand. Seit 1915 war E. Soldat; er starb in einem engl. Lazarett. Nur ein geringer Teil seines lyrischen Werkes konnte zu seinen Lebzeiten erscheinen. E. ist ein Dichter des Maschinenzeitalters; seine Themen sind Großstadt, Technik, Arbeitswelt, wobei allerdings der Fortschritt zunehmend seine Faszination verliert. Darüber hinaus zielen E.s Gedichte mit ihrem an Walt Whitmann erinnernden Gefühl für Rhythmus auf etwas Höheres: auf eine Welt und Kosmos umspannende Einheit und Harmonie, eine umfassende »Menschenbrüderlichkeit« und »Gottgemeinschaft«.

Werke: Schulter an Schulter. Gedichte von drei Arbeitern. 1916. [Mit Heinrich Lersch und Karl Zielke.] – Rhythmus des neuen Europa. Hrsg. von Jakob Kneip. 1921.

Ausgabe: Das Gesamtwerk. Rhythmus des neuen Europa. Hrsg. von Hermann Blome. München 1960.

Enikel, Jans, 2. Hälfte 13. Jh. Der Verfasser zweier Chroniken war nach eigenen Angaben Wiener Bürger mit Hausbesitz. Seine über 25000 Verse umfassende *Weltchronik* (um 1270–80) stellt die biblische und weltliche Geschichte bis zu Kaiser Friedrich II. dar und folgt dabei in ihrer Gliederung der Lehre von den sieben Weltaltern. Zugleich fügt E. in die geschichtliche Darstellung ein reiches Repertoire an anekdotischem und legendärem Erzählmaterial ein; für die Geschichte von der Päpstin Johanna oder die Parabel von den drei Ringen findet sich hier der erste Beleg in der dt. Literatur. Mit dem zweiten, nur fragmentarisch überlieferten Werk vollzog E. den Übergang von der Welt- zur österreichischen Landesgeschichte (*Fürstenbuch*, um 1280).

Ausgabe: Jans Enikels Werke. Hrsg. von Philipp Strauch. Hannover/Leipzig 1900. Reprogr. Nachdr. München 1980.

Enzensberger, Hans Magnus, * 11. 11. 1929 Kaufbeuren (Allgäu). Nach einem Studium an verschiedenen Universitäten promovierte E. 1955 in Erlangen mit einer Arbeit *Über das dichterische Verfahren in Clemens Brentanos lyrischem Werk*. Danach gehörte er bis 1957 der Redaktion »Radio Essay« des Süddt. Rundfunks Stuttgart an, lehrte als Gastdozent an der Ulmer Hochschule für Gestaltung und lebte längere Zeit als freier Schriftsteller in Norwegen und Italien. 1960–61 war er Verlagslektor in Frankfurt a. M.; hier hatte er 1964–65 auch die Poetik-Dozentur inne. In Berlin gründete er 1965 die Zeitschrift *Kursbuch* (Hrsg. bis 1975), 1980 die Monatsschrift *TransAtlantik*. 1968–69 hielt er sich in Kuba auf, nachdem er vorher eine Gastprofessur in den USA niedergelegt hatte, 1974–75 in New York. Seit 1979 lebt er in München. 1963 erhielt er den Georg-Büchner-Preis. In E.s Werk verbindet sich poetische Praxis mit poetologischer und politischer Reflexion. Er begann als ›zorniger junger Mann‹ mit dem provokativen Gedichtband *verteidigung der wölfe*, dem mit *landessprache* und *blindenschrift* zwei weitere Bände folgten, die sich in einer souveränen Verbindung von Bennscher Artistik und Metaphorik und Brechtscher Dialektik aggressiv, böse, sarkastisch oder ironisch mit der restaurativen Ära Adenauer, der Wohlstands- und Untertanenmentalität, der Dummheit, Heuchelei und den Manipulationen der »Bewußtseins-Industrie« befassten. Wegen seines Zweifels an der gesellschaftlichen Wirkung von Dichtung führte E. in den folgenden Jahren die Auseinandersetzung mit der Realität der BRD, den Medien, dem Kapitalismus und Imperialismus mit den Mitteln der politischen Publizistik und dann auch der Dokumentarliteratur. Die Rückkehr zur Dichtung Mitte der 70er-Jahre ist verbunden mit einer differenzierten Haltung, mit Zweifel und Skepsis gegenüber dem geschichtlichen Fortschritt, dessen Dialektik in düsteren Variationen durchgespielt wird (*Mausoleum*, *Der Untergang der Titanic*, *Die Furie des Verschwindens*). Die spielerisch-ästhetischen Momente, die E. immer zu eigen waren, treten in seinen späten Gedichtbänden wieder stärker hervor, wenn er – wie in *Kiosk* – aus ständig wechselnder Perspektive auf die Welt und sich selbst sieht, wobei gerade der durch die verschiedenen Sprechhaltungen gewonnene Abstand Erkenntnis und Selbsterkenntnis ermöglicht. Zu E.s literarischem Werk gehören neben zahlreichen Hörspielen und einer Reihe von Dramen bzw. Dramenbearbeitungen nicht zuletzt seine Übersetzungen (u. a. César Vallejo, William Carlos Williams, Lars Gustafsson, Pablo Neruda u. a.). Aus den von ihm herausgegebenen Anthologien ragt das *Museum der modernen Poesie* heraus.

Werke: verteidigung der wölfe. 1957. – landessprache. 1960. – Museum der modernen Poesie. 1960. [Hrsg.] – Allerleirauh. Viele schöne Kinderreime. 1961. – Brentanos Poetik. 1961. – Einzelheiten. 1962. – blindenschrift. 1964. – Politik und Verbrechen. 1964. – Politische Kolportagen. 1966. – Deutschland, Deutschland unter anderm. Äußerungen zur Politik. 1967. – Das Verhör von Habana. 1970. – Gedichte 1955–1970. 1971. – Der kurze Sommer der Anarchie. Buenaventura Durutis Leben und Tod. 1972. – Palaver. Politische Überlegungen 1967–1973. 1974. – Mausoleum. Siebenunddreißig Balladen aus der Geschichte des Fortschritts. 1975. – Der Untergang der Titanic. Eine Komödie. 1978. – Molière: Der Menschenfeind. 1979. [Übers.] – Die Furie des Verschwindens. 1980. –

Dreiunddreißig Gedichte. 1981. – Politische Brosamen. 1982. – Die Gedichte. 1983. – Der Menschenfreund. Komödie. 1984. [Nach Diderot.] – Das Wasserzeichen der Poesie oder Die Kunst und das Vergnügen, Gedichte zu lesen. 1985. [U. d. Pseud. Andreas Thalmayr.] – Auferstanden über alles. Fünf Untersuchungen. 1986. – Gedichte 1950–1985. 1986. – Ach Europa! Wahrnehmungen aus sieben Ländern. Mit einem Epilog aus dem Jahre 2006. 1987. – Mittelmaß und Wahn. Gesammelte Erzählungen. 1988. – Requiem für eine Frau. Die Geschichte von Auguste Bussmann und Clemens Brentano. 1988. – Der fliegende Robert. Gedichte, Szenen, Essays. 1989. – Zukunftsmusik. 1991. – Die große Wanderung. Dreiunddreißig Markierungen. 1992. – Die Tochter Luft. Ein Schauspiel. Nach dem Spanischen des Calderón de la Barca. 1992. – Diderots Schatten. Unterhaltungen, Szenen, Essays. 1994. – Kiosk. Neue Gedichte. 1995. – Nieder mit Goethe! Eine Liebeserklärung. Requiem für eine romantische Frau. Ein Liebeskampf in sieben Sätzen. 1995. – Voltaires Neffe. Ein Stück. 1996. – Zickzack. Aufsätze. 1997. – Leichter als Luft. 1999. – Einladung zu einem Poesie-Automaten. 2000. – Die Elixiere der Wissenschaft. Seitenblicke in Poesie und Prosa. 2002. – Die Geschichte der Wolken. 99 Meditationen. 2003. – Dialoge zwischen Unsterblichen, Lebendigen und Toten. 2004. – Die Elixiere der Wissenschaft. Seitenblicke in Poesie und Prosa. 2004. – Heraus mit der Sprache. Ein bisschen Deutsch für Deutsche, Österreicher, Schweizer und andere Aus- und Inländer. 2005. – Josefine und ich. Eine Erzählung. 2006.

Erb, Elke, * 18. 2. 1938 Scherbach (Eifel). Die Tochter eines marxistischen Literaturhistorikers zog 1950 mit ihrer Familie in die DDR (Halle). Nach dem Russisch- und Deutschstudium für das Lehramt an der Universität Halle arbeitete sie von 1963 bis 1966 als Lektorin im Mitteldeutschen Verlag Halle und danach freiberuflich (Gutachten, Rezensionen). 1967 zog sie nach Berlin; 1967–78 war sie mit dem Schriftsteller A. Endler verheiratet. Sie lebt heute in Berlin und Wuischke (Sachsen). E.s Werk umfasst neben eigenen poetischen Texten zahlreiche Übersetzungen vor allem russischer Literatur der Moderne (Aleksandr A. Blok, Boris Pasternak, Anna Achmatowa u. a.). Ihre ersten eigenen Gedichte erschienen 1968; die Bücherveröffentlichungen (seit 1975) enthalten meist neben Lyrik auch

Kurzprosa. Damit wurde sie »für die DDR-Literatur zur Initiatorin und Protagonistin des miniaturhaften Prosa-Gedichts im Sinn Baudelaires und Rimbauds« (A. Endler). Während sie einerseits in engem Austausch mit Schriftstellern und Schriftstellerinnen stand (etwa mit Autoren der ›Sächsischen Dichterschule‹, der Prenzlauer-Berg-Szene, aber auch mit F. Mayröcker) und dies in einer Reihe von poetischen Dichterporträts oder Dialogen dokumentierte, war sie andererseits heftiger Kritik ausgesetzt, weil sich ihre Texte – hermetisch, unverständlich, privatistisch – der Kommunikation verweigerten (V. Braun: »poésie pure«). Ausgangspunkt ihres Schaffens ist die eigene subjektive Geschichte; Werk und Autor(in) seien, so liest sie es aus ihrem Vorbild A. von Droste-Hülshoff heraus, untrennbar miteinander verbunden. Subjektiven Wahrnehmungen der Alltagswelt bzw. der eigenen Innenwelt lösen nicht zuletzt vom Sprachmaterial ausgehende Assoziationsketten aus, wobei sie die Texte zunehmend mit Reflexionen und essayistischen Kommentaren begleitet, um – so ihre eigene Bezeichnung – ihr »prozessuales Schreiben« verständlich zu machen. Für die Weiterentwicklung ihres experimentellen poetischen Verfahrens wurde die Auseinandersetzung mit dem Werk F. Mayröckers bedeutsam, die sich u. a. in dem Band *Unschuld, du Licht meiner Augen* manifestiert. Mayröcker ihrerseits bescheinigte E.s Texten in einer Laudatio – gegen den Vorwurf hermetischer Dunkelheit mancher Kritiker gerichtet – »aufgeklärte Erleuchtung«.

Werke: Gutachten. Poesie und Prosa. 1975. Veränderte Fassung in der BRD u. d. T.: Einer schreit: Nicht! Geschichten und Gedichte. 1976. – Der Faden der Geduld. 1978. – Trost. Gedichte und Prosa. Ausgew. von Sarah Kirsch. 1982. – Vexierbild. 1983. – Winkelzüge oder Nichtvermutete aufschlußreiche Verhältnisse. 1991. [Privatdr. 1984.] – Berührung ist nur eine Randerscheinung. Neue Literatur aus der DDR. 1985. [Anthologie; zus. mit Sascha Anderson.] – Kastanienallee. Texte und Kommentare. 1987. – Gesichtszüge. 1987. – Unschuld, du Licht meiner Augen. 1994. – Der wilde

Forst, der tiefe Wald. Auskünfte in Prosa. 1995. – Mensch sein, nicht. 1998. – Sachverstand. 2000. – Parabel. 2002. – Die Crux. 2003. – Gänsesommer. 2005.

Ernst, Paul, 7. 3. 1866 Elbingerode (Harz) – 13. 5. 1933 St. Georgen an der Stiefing (Steiermark). Der Sohn eines Bergmanns studierte zunächst Theologie, wechselte dann aber 1887 zur Nationalökonomie und promovierte 1892 in Bern. Er gehörte in den 90er-Jahren dem linken Parteiflügel der SPD an und arbeitete als Journalist für eine sozialdemokratische Zeitung. Er wandte sich später von der SPD ab und etablierte sich als freier Schriftsteller in Berlin bzw. seit 1903 in Weimar, unterbrochen von einer kurzen Tätigkeit als Dramaturg in Düsseldorf (1905–06). Nach dem Ersten Weltkrieg lebte E. im Harz, dann in Oberbayern und von 1925 an auf seinem Schloss in der Steiermark. E. stand zunächst dem Naturalismus nahe. Der Bruch mit dem Sozialimus bedeutete dann zugleich die Abkehr vom Naturalismus und führte E. zur Rückbesinnung auf strenge klassische Form- und Gattungstraditionen (Neuklassik), die E. in seinen Essays *Der Weg zur Form* begründete. Sein Programm war ebenso gegen den Naturalismus wie gegen die »Nerven-Kunst« des Fin de Siècle gerichtet, an die Stelle von Psychologie und Subjektivismus sollten objektive Ideen und Werte treten. Zu verwirklichen suchte er diese Vorstellungen u. a. in zahlreichen Novellen, einem monumentalen Versepos (*Kaiserbuch*) und nicht zuletzt mit seinem dramatischen Schaffen (die Tragödie galt als höchste Dichtungsgattung). Erfolg hatte E. mit den Novellen; die Ideendramen konnten auf der Bühne nicht bestehen, fanden aber nach 1933 offizielle Förderung. Späte Romane wie *Das Glück von Lautenthal* ignorieren die früheren theoretischen Vorgaben des Verfassers.

Werke: Lumpenbagasch. 1898. – Polymeter. 1898. – Altitaliänische Novellen. 1902. [Hrsg., Übers.] – Der schmale Weg zum Glück. 1904. – Demetrios. 1905. – Der Weg zur Form. 1906. – Canossa. 1908. – Brunhild. 1909. – Ninon de Lenclos. 1910. – Ariadne auf Naxos. 1912. – Der Tod des Cosimo. 1912. – Preußengeist. 1915. – Chriemhild. 1918. – Der Zusammenbruch des Marxismus. 1919. – Komödiantengeschichten. 1920. – Spitzbubengeschichten. 1920. – Erdachte Gespräche. 1921. – Das Kaiserbuch. 1923–28. – Der Schatz im Morgenbrotstal. 1926. – Jugenderinnerungen. 1930. – Grundlagen der neuen Gesellschaft. 1930. – Der Heiland. Ein Epos in Versen. 1930. – Jünglingsjahre. 1931. – Das Glück von Lautenthal. 1933.

Ausgabe: Gesammelte Werke. 21 Bde. München 1928–42.

Essig, Hermann, 28. 8. 1878 Trochtelfingen (Schwäbische Alb) – 21. 6. 1918 Berlin. E. stammte aus einem Pfarrhaus und studierte nach Abitur und Militärdienst an der Technischen Hochschule Stuttgart. Nach einer schweren Krankheit brach er 1902 das Studium ab, ging 1904 nach Berlin, arbeitete vorübergehend als Ingenieur und suchte sich dann als freier Schriftsteller durchzusetzen. Sein Kriegsdienst 1914–18 wurde mehrfach durch Beurlaubungen wegen Lungenentzündung unterbrochen. Er starb im Reservelazarett Berlin-Lichterfelde. E. war ein fruchtbarer Dramatiker; seine Stücke fanden Anerkennung bei der Kritik und brachten ihm 1913 und 1914 den Kleist-Preis ein. Aufgeführt wurden sie aber angesichts der gültigen Zensurgesetze nicht. Das betraf insbesondere seine im schwäbischen Milieu spielenden Lustspiele, bissige, antiklerikale, z. T. groteske Volksstücke, die sich gegen Kleinstadtmuff und verlogene und lebensfeindliche Moral richten. Seine Werke erschienen meist im Selbstverlag; nach der Einberufung übernahm der »Sturm«-Verlag den Vertrieb. H. Walden druckte auch einige von E.s Kurzgeschichten und Grotesken im *Sturm*. Der postum veröffentlichte Roman *Der Taifun* beschäftigt sich satirisch mit dem »Sturm«-Kreis.

Werke: Mariä Heimsuchung. 1909. – Die Weiber von Weinsberg. 1909. – Die Glückskuh. 1910. – Furchtlos und treu. 1911. – Der Frauenmut. 1912. – Ihr stilles Glück –! 1912. – Napoleons Aufstieg. 1912. – Überteufel. 1912. – Der Held vom Wald. 1912. – Ein Taubenschlag. 1913. – Der Schweinepriester. 1915. – Des Kaisers Soldaten. 1915. – Pharao's Traum. 1916. – Zwölf Novellen. 1916. – Der Wetterfrosch. 1917. – Der Taifun. 1919. – Kätzi. 1922.

Ewers, Hanns Heinz, 3. 11. 1871 Düsseldorf – 12. 6. 1943 Berlin. Der Sohn eines Kunstmalers studierte Jura (Dr. jur. 1894), wurde dann aber Journalist und freier Schriftsteller. Er arbeitete um die Jahrhundertwende für Ernst v. Wolzogens Kabarett »Überbrettl« und unternahm nach dem Erfolg seiner ersten Bücher ausgedehnte Reisen (Europa, Afrika, Amerika). Im Ersten Weltkrieg wurde er, gerade auf einer Weltreise, in den USA interniert. Nach seiner Rückkehr lebte er vorwiegend in Düsseldorf und Berlin. Sein Nationalismus verstärkte sich nach Abschluss des Versailler Vertrags; 1931 trat er in die NSDAP ein, verfasste die Lebensgeschichte eines NS-Funktionärs (*Reiter in deutscher Nacht*) und – in Hitlers Auftrag – ein Buch über Horst Wessel. E. fiel aber, nicht zuletzt wegen seiner früheren Bücher, in Ungnade. Seine Spezialität waren phantastische Romane und Erzählungen, wobei – anders als bei seinen Vorbildern Edgar Allan Poe, E. T. A. Hoffmann und A. v. Chamisso – psychopathologische Aspekte der Sexualität im Vordergrund stehen und zudem die bewussten Verletzungen der Moral- und Geschmacksvorstellungen der wilhelminischen Gesellschaft einen eher oberflächlichen Charakter besitzen. Als bedeutend gelten E.s Leistungen als Filmautor. Bereits seit 1907 setzte er sich für den Film ein und arbeitete 1913 für die Filmfirma Deutsche Bioscop. Mit dem Drehbuch zu dem Stummfilm *Der Student von Prag* (1913) schrieb er die Vorlage für einen der ersten deutschen ›Künstlerfilme‹.

Werke: Fabelbuch. 1901. [Mit Theodor Etzel.] – Edgar Allan Poe. 1906. – Das Grauen. Seltsame Geschichten. 1909. – Der Zauberlehrling oder Die Teufelsjäger. 1909. – Alraune. Die Geschichte eines lebenden Wesens. 1911. – Indien und ich. 1911. – Galerie der Phantasten. 8 Bde. 1914–22. [Hrsg.] – Deutsche Kriegslieder. 1915. – Mein Begräbnis und andere seltsame Geschichten. 1917. – Vampir. Ein verwilderter Roman in Fetzen und Farben. 1921. –

Nachtmahr. 1922. – Die Ameisen. 1925. – Fundvogel. Die Geschichte einer Wandlung. 1928. – Gesammelte Werke. 8 Bde. 1928. – Der Student von Prag. Eine Idee. 1930. – Reiter in deutscher Nacht. 1932. – Horst Wessel. Ein deutsches Schicksal. 1932.

Eyb, Albrecht von, 24. 8. 1420 Schloss Sommersdorf bei Ansbach – 24. 7. 1475 Eichstätt. Nach Studien an der Universität Erfurt bzw. der Lateinschule in Rothenburg o. d. T. und seiner Ernennung zum Domherrn zu Eichstätt 1444 verbrachte der aus einer fränkischen Adelsfamilie stammende E. rund 15 Jahre in Italien, unterbrochen nur durch einen einjährigen Aufenthalt in Eichstätt, um seiner Residenzpflicht Genüge zu tun. In Bologna, Padua und Pavia widmete er sich humanistischen und juristischen Studien, die er 1459 mit der Promotion zum Doktor beider Rechte in Pavia abschloss. Während seines Zwischenaufenthalts in Bamberg 1451–52 entstanden seine ersten Texte im Geist des Humanismus: Frauenpreis bzw. -satire und Städtelob (*Tractatus de speciositate Barbarae puellulae*, *Appelacio mulierum Bambergensium*, *Ad laudem et commendationem Bambergae civitatis oratio*). 1559 stellte er sein lat. Hauptwerk zusammen, die 1472 gedruckte Anthologie *Margarita poetica*, eine Sammlung zahlreicher Textausschnitte aus Antike und italienischer Renaissance, die neben der humanistischen Stilkunst auch antike und humanistische Lebensauffassungen zu vermitteln suchte. Sein deutschsprachiges Hauptwerk behandelt in einer die Rolle der Frau in der Ehe respektierenden Weise die Frage *Ob einem manne sey zunemen ein eelichs weyb oder nicht* (auch als *Ehebüchlein* bezeichnet); ein Anhang enthält zwei Novellenübersetzungen aus dem Italienischen (*Guiscardus und Sigismunda*, *Marina*). Die 1474 entstandene, aber erst 1511 postum veröffentlichte Morallehre *Spiegel der Sitten* bringt im Anhang weitere Übersetzungen (Plautus, Ugolino v. Pisa).

Werke: Margarita poetica. 1472. – Ob einem manne sey zunemen ein eelichs weyb oder nicht. 1472. – Spiegel der Sitten. 1511.

Ausgabe: Deutsche Schriften. Hrsg. von Max Herrmann. 2 Bde. Berlin 1890.

Ezzo, 11. Jh., Bamberg. Verfasser des wohl in Bamberg um 1060 entstandenen *Ezzolieds*, eines frühmhd. Hymnus auf Christus und die Erlösung der Menschheit. Es existieren zwei Fassungen. Die ältere (Straßburg um 1130) ist mit 76 Versen unvollständig, die jüngere (Vorau, 2. Hälfte 12. Jh.) umfasst 420 Verse. Die Vorauer Hs. beginnt mit einem Prolog, der E. als Dichter der Verse, Wille als Erfinder der Melodie und Bischof Gunther v. Bamberg (Amtszeit 1057–65) als Auftraggeber nennt. Der Name E. erscheint mehrfach in Bamberger Urkunden der Zeit. Auch im Zusammenhang mit einem Pilgerzug ins Heilige Land, den Gunther und andere Bischöfe 1064–65 unternahmen (und auf dem Gunther starb), wird ein »canonicus« und »scholasticus Ezzo« erwähnt, der eine »cantilena de miraculis Christi« in der Muttersprache verfasst habe. Versuche, die ursprüngliche Fassung des Liedes zu rekonstruieren, sind zu widersprüchlichen Ergebnissen gekommen. Mit dem *Ezzolied* beginnt die frühmhd. Dichtung.

Ausgabe: Kleinere deutsche Gedichte des 11. und 12. Jahrhunderts. Nach der Auswahl von Albert Waag neu hrsg. von Werner Schröder. Bd. 1. Tübingen 1972. S. 1–26.

F

Fallada, Hans (d. i. Rudolf Ditzen), 21. 7. 1893 Greifswald – 5. 2. 1947 Berlin. Der Sohn eines Landgerichtsrats verließ ohne Schulabschluss das Gymnasium und wurde 1913 Landwirtschaftsschüler in Sachsen. In den folgenden Jahren arbeitete er auf Gütern in Mecklenburg, Westpreußen und Schlesien. Er war drogenabhängig (Alkohol, Morphium) und machte bereits 1917 und 1919 Entziehungskuren. Wegen Unterschlagung wurde er 1923 und 1926 zu Gefängnisstrafen verurteilt. Danach war er Adressenschreiber in Hamburg und Annoncenwerber und Lokalredakteur beim *Generalanzeiger* in Neumünster. 1933 konnte er sich nach literarischen Erfolgen einen Gutshof in Carwitz bei Feldberg (Mecklenburg) kaufen. Nach einem Mordversuch an seiner geschiedenen Frau Anna wurde er 1944 in eine Heilanstalt eingewiesen, war dann 1945 einige Monate Bürgermeister von Feldberg und ging anschließend nach Berlin. Hier schrieb er auf Vermittlung J. R. Bechers für die Ostberliner *Tägliche Rundschau.* Er starb an einer Herzlähmung, Folge seiner Drogensucht. Nach frühen, dem Expressionismus verpflichteten Romanen erzielte F. mit seinen sozialkritischen Romanen den Durchbruch. Der Erfolg von *Bauern, Bonzen und Bomben,* der Geschichte einer blutig endenden Bauerndemonstration und ihrer Folgen, wurde ein Jahr später durch den Welterfolg von *Kleiner Mann – was nun?* noch übertroffen. Der Roman erzählt mit naturalistischer Detailfreude von dem wenig lebenstüchtigen Angestellten Johannes Pinneberg, der im Elend der Weltwirtschaftskrise im Konkurrenzkampf um die wenigen Arbeitsplätze unterliegt, doch – betont apolitisch – Halt im kleinen, privaten Glück mit seinem »Lämmchen« findet. Ein weiterer großer Erfolg gelang F. mit dem Gefängnisroman *Wer ein-*

mal aus dem Blechnapf frißt, dessen aus dem Gefängnis entlassener Protagonist nach vergeblichen Versuchen, im bürgerlichen Leben Fuß zu fassen, gerne ins Gefängnis zurückkehrt. Nach der Ablehnung dieses Romans durch die NS-Kritik schrieb F. unverfängliche Unterhaltungsromane. Mit dem auf Anregung Bechers entstandenen Roman über die Widerstandsbewegung *Jeder stirbt für sich allein* verließ F. die bisher bestimmende Perspektive des unpolitischen, passiven kleinen Mannes, der allen Widrigkeiten zum Trotz seine Anständigkeit in der privaten Idylle bewahrt, und stellte starke, zu aktiver politischer Aktion bereite Arbeitergestalten in den Mittelpunkt.

Werke: Der junge Goedeschal. Ein Pubertäts-Roman. 1920. – Anton und Gerda. 1923. – Bauern, Bonzen und Bomben. 1931. – Kleiner Mann – was nun? 1932. – Wer einmal aus dem Blechnapf frißt. 1934. – Wir hatten mal ein Kind. 1934. – Märchen vom Stadtschreiber, der aufs Land flog. 1935. – Altes Herz geht auf Reise. 1936. – Wolf unter Wölfen. 1937. – Der eiserne Gustav. 1938. – Geschichten aus der Murkelei. 1938. – Kleiner Mann, Großer Mann – alles vertauscht. 1940. – Der ungeliebte Mann. 1940. – Damals bei uns daheim. 1943. – Der Alpdruck. 1947. – Jeder stirbt für sich allein. 1947. – Der Trinker. 1950. – Ein Mann will hinauf. Die Frauen und der Träumer. 1953. – Zwei zarte Lämmchen weiß wie Schnee. 1953.

Ausgaben: Ausgewählte Werke. Hrsg. von Günter Caspar. 10 Bde. Weimar 1962 ff. – Gesammelte Erzählungen. Hamburg 1967. – Falladas Frühwerk. Hrsg. von G. Caspar. 2 Bde. Weimar 1993.

Fassbinder, Rainer Werner, 31. 5. 1945 Bad Wörishofen – 10. 6. 1982 München. Der Sohn einer Übersetzerin und eines Arztes verließ die Schule kurz vor dem Abitur und nahm nach einer zweijährigen Tätigkeit in einem Kölner Hausverwaltungsbüro von 1964 bis 1966 Schauspielunterricht in München. 1967 arbeitete er am Münchener »Action Theater« mit, aus dem dann auf Grund seiner Initiative ein Jahr später das »antiteater« (1968–71) entstand, für das er zahlreiche Stücke verfasste und klassische Dramen bearbeitete. Ab 1971 lebte er, abgesehen von seiner kurzen Amtszeit als Direktor des Frankfurter Theaters am Turm, als freier Schriftsteller, Regisseur und Filmemacher vorwiegend in München. In den Stücken, die F. für das aus der Protestbewegung hervorgegangene »antiteater« schrieb, verstand er sich als Schüler M. Fleißers, die ihrerseits die Vertreter des neuen kritischen Volksstücks – F., F. X. Kroetz und M. Sperr – als ihre »Söhne« bezeichnete. Stücke wie *Katzelmacher* (UA 1968) oder *Anarchie in Bayern* (UA 1969) thematisieren Gewalt und Sexualität im Alltag von Kleinbürgern und v. a. von sozialen Randfiguren. Beeinflusst von Filmen Douglas Sirks veränderte sich nach 1971 F.s bisher bewusst kunstlose Dramaturgie durch die Einführung melodramatischer Elemente (*Bremer Freiheit*, UA 1971; *Die bitteren Tränen der Petra von Kant*, UA 1971). Nach der Auseinandersetzung um sein Stück *Der Müll, die Stadt und der Tod*, in dem antisemitische Tendenzen gesehen wurden und das nie eine reguläre Aufführung erlebte, widmete sich F. ganz der Filmarbeit, die von Anfang an seine schriftstellerische Tätigkeit begleitete. Er zählt zu den führenden Vertretern des neuen dt. Autorenfilms. Allein zwischen 1971 und 1981 drehte er mehr als 20 Filme für Kino und Fernsehen, darunter *Angst essen Seele auf* (1973), *Fontane Effi Briest* (1974), *Die Ehe der Maria Braun* (1978) und den Fernsehfilm in 13 Teilen und einem Epilog nach A. Döblins *Berlin Alexanderplatz* (1979–80).

Werke: Antiteater. Katzelmacher. Preparadise sorry now. Die Bettleroper. 1970. – Antiteater 2. Das Kaffeehaus. Bremer Freiheit. Blut am Hals der Katze. 1972. – Stücke 3. Die bitteren Tränen der Petra von Kant. Das brennende Dorf. Der Müll, die Stadt und der Tod. 1976. [Vom Verlag zurückgezogen.] – Anarchie in Bayern und andere Stücke. 1985. – Antiteater. Fünf Stücke nach Stücken. 1986.
Ausgabe: Sämtliche Stücke. Frankfurt a. M. 1991.

Feind, Barthold, 23. 11. 1678 Hamburg – 15. 10. 1721 ebd. F. besuchte das Johanneum und das Akademische

Gymnasium in Hamburg und studierte ab 1699 in Wittenberg und dann in Halle, wo er 1703 zum Lizentiaten der Rechte promovierte. Nach Reisen in Deutschland und nach Italien kehrte er 1705 nach Hamburg zurück. Er beteiligte sich mit Streitschriften an den innerstädtischen Auseinandersetzungen und wurde 1707 aus der Stadt verbannt. Nachdem die Ruhe wiederhergestellt war, konnte er 1708 zurückkehren und war wahrscheinlich als Anwalt tätig. 1717 wurde er, wohl weil er für Schweden eintrat, während des Nordischen Krieges in Schleswig von den Dänen verhaftet und vorübergehend gefangen gesetzt. F. griff mit Satiren und Streitschriften nicht nur in politische, sondern auch in literarische Fehden ein. Dabei ging es u. a. um Operntexte. Er selbst gehörte zu den bedeutendsten Librettisten der Hamburger Oper und betonte die Gleichrangigkeit von Text und Musik; seine *Lucretia* und *Octavia* wurden von Reinhard Keiser vertont. Daneben schrieb er unter dem biblischen Titel *Das verwirrte Haus Jacob* ein politisches Zeitstück. Als Lyriker stand er noch in der spätbarocken Tradition.

Werke: Das Lob Der Geld-Sucht. Satyre. 1702. – Das verwirrte Haus Jacob. 1703. – Die Römische Unruhe / oder: Die Edelmüthige Octavia. 1705. – Die Kleinmüthige Selbst-Mörderin Lucretia. 1705. – Masagniello furioso / Oder: Die Neapolitanische Fischer-Empörung. 1706. – La Costanza sforzata. Die Gezwungene Beständigkeit. 1706. – L'Amore ammalato. Die kranckende Liebe. 1708. – Deutsche Gedichte. 1708. [Enthält neben der Lyrik F.s u. a. auch die vorher aufgeführten Operntexte.] – L'Amore verso la patria, Die Liebe gegen das Vaterland. Oder: Der Sterbende Cato. 1711. – Rinaldo. 1715.

Fels, Ludwig, * 27. 11. 1946 Treuchtlingen (Altmühltal). Nach einer Malerlehre übernahm F. verschiedene Gelegenheitsarbeiten (Brauereiarbeiter, Maschinist) in seiner Heimatstadt. Von 1970 bis 1973 arbeitete er als Packer in Nürnberg. Danach lebte er hier als freier Schriftsteller, bis er 1983 nach Wien umzog. F. ist mit seinen Gedichten, dramatischen Werken (Dramen, Fernsehspiele, Hörspiele) und Prosaarbeiten ein sprachgewaltiger Chronist der Schattenseiten der so genannten Wohlstandsgesellschaft, der Kälte und Unmenschlichkeit des Alltags und der Arbeitswelt der von diesen Bedingungen geprägten, deformierten und deklassierten Menschen, die in ihren Träumen, Sehnsüchten und Ausbruchsversuchen scheitern. Das geschieht – auch sprachlich – oft in rüder Form; Elend, Ekel, Gewalt, Armseligkeit und beispiellose Trostlosigkeit werden in grellen, gewalttätigen Bildern beschworen, ohne freilich die Opfer des Konsumterrors und ihren menschlichen Kern zu denunzieren.

Werke: Anläufe. 1973. – Platzangst. 1974. – Die Sünden der Armut. 1975. – Ernüchterung. 1975. – Alles geht weiter. 1977. – Ich war nicht in Amerika. 1978. – Mein Land. Geschichten. 1978. – Zeitgedichte. 1979. – Ein Unding der Liebe. 1981. – Kanakenfauna. 1982. – Betonmärchen. 1983. – Lämmermann. 1983. – Der Anfang der Vergangenheit. 1984. – Der Affenmörder. 1985. – Rosen für Afrika. 1987. – Blaue Allee, versprengte Tataren. 1988. – Der Himmel war eine große Gegenwart. Ein Abschied. 1990. – Soliman. Lieblieb. Zwei Stücke. 1991. – Bleeding Heart. 1993. – Sturmwarnung. 1993. – Mister Joe. 1997. – Krums Versuchung. 2003. – Reise zum Mittelpunkt des Herzens. 2006.

Feuchtwanger, Lion, 7. 7. 1884 München – 21. 12. 1958 Los Angeles. F. distanzierte sich nach dem Abitur 1903 von seinem großbürgerlichen, orthodox jüdischen Elternhaus, studierte in Berlin Philosophie und Literatur und promovierte 1907 mit einer Arbeit über Heines *Rabbi von Bacherach*. Wegen der Beschränkungen, denen Juden an dt. Hochschulen unterlagen, verzichtete F. auf die Habilitation und arbeitete als Theaterkritiker. Im Ersten Weltkrieg gehörte F. zu den ersten dt. Autoren, die den patriotischen Überschwang kritisierten; er selbst wurde wegen Kurzsichtigkeit nach einigen Monaten aus dem Militärdienst entlassen. Die Revolution von 1918 erlebte F. in München, wo er seit 1920 u. a. mit Brecht und M. Fleißer Verbindung hatte; 1925 zog er nach Berlin. Nach der

Machtergreifung durch die Nationalsozialisten – F. befand sich gerade auf einer Vortragsreise durch die USA – wurde er ausgebürgert. Er ließ sich zunächst in Südfrankreich nieder (Sanary-sur-Mer); 1937 reiste er nach Moskau (1936–39 war er Mitherausgeber der hier erscheinenden Exilzeitschrift *Das Wort*). 1939–40 wurde er in Aix-en-Provence interniert, konnte dann aber auf eine Intervention Eleanor Roosevelts hin über Portugal in die USA emigrieren. Seit 1941 lebte er im Großraum Los Angeles (Pacific Palisades); eine Einbürgerung scheiterte in der McCarthy-Zeit an seinen Sympathien für den Kommunismus. Trotz zahlreicher Dramen und einer Reihe von gemeinsamen Theaterprojekten mit Brecht, der ihm Anregungen zum epischen Theater verdankte, war F. in erster Linie Romanschriftsteller, der mit dem Genre des historischen Romans Weltruhm erlangte. Dabei ging es ihm allerdings nicht um historistische, detailgetreue Geschichtsgemälde, sondern um die Erkenntnis überzeitlicher Wahrheiten im Rahmen eines auf vernünftige Humanität hin fortschreitenden Geschichtsverlaufs, aufgezeigt an historischen Themen und Gestalten und den sich aus den jeweiligen Konstellationen ergebenden Konflikten. Er habe nur ein Buch geschrieben, meinte F., »das Buch von dem Menschen, gestellt zwischen Tun und Nichtstun, zwischen Macht und Erkenntnis«. Den Durchbruch erzielte er mit *Jud Süß*, dem ein gleichnamiges Theaterstück vorausgegangen war. Zu den Höhepunkten seines Schaffens gehört der Roman *Erfolg*, der den Aufstieg der Nationalsozialismus in Bayern schildert und seine sozialpsychologischen Voraussetzungen und die Mechanismen des Zusammenspiels von Großindustrie, Politik und Justiz und den kriminellen »Wahrhaft Deutschen« analysiert. F. stellte *Erfolg* später mit den weiteren zeitgeschichtlichen Romanen *Die Geschwister Oppenheim* und *Exil* zur Trilogie *Der Wartesaal* zusammen. Als zentrales Werk F.s gilt die Josephus-Trilogie (*Der jüdische Krieg*, *Die Söhne*, *Der Tag wird kommen*), die mit ihrer Darstellung des Schicksals des jüdischen Schriftstellers Flavius Josephus in einer nichtjüdischen Welt auch die Gegenwart und die Motive von F.s eigenem Schaffen spiegelt.

Werke: Friede. Ein burleskes Spiel. 1918. – Jud Süß. 1918. [Drama.] – Die Kriegsgefangenen. 1919. – Thomas Wendt. Ein dramatischer Roman. 1920. – Die häßliche Herzogin Margarete Maultausch. 1923. – Jud Süß. 1925. – Drei angelsächsische Stücke. 1927. – Erfolg. Drei Jahre Geschichte einer Provinz. 1930. – Der jüdische Krieg. 1932. – Die Geschwister Oppenheim. 1933. [Später u. d. T.: Die Geschwister Oppermann.] – Die Söhne. 1935. – Der falsche Nero. 1936. – Stücke in Prosa. 1936. – Moskau 1937. Ein Reisebericht für meine Freunde. 1937. – Exil. 1940. – Simone. 1944. – Der Tag wird kommen. 1945. – Die Brüder Lautensack. 1945. – Venedig (Texas) und vierzehn andere Erzählungen. 1946. – Waffen für Amerika. 1947. – Wahn oder Der Teufel in Boston. 1948. – Goya oder Der arge Weg der Erkenntnis. 1951. – Narrenweisheit oder Tod und Verklärung des Jean-Jacques Rousseau. 1952. – Spanische Ballade. 1955. [Auch u. d. T.: Die Jüdin von Toledo.] – Die Witwe Capet. 1956. – Jefta und seine Tochter. 1957.

Ausgaben: Gesammelte Werke. 11 Bde. [von 18 Bdn.]. Amsterdam 1933–48. – Gesammelte Werke in Einzelausgaben. 14 Bde. Berlin/Weimar 1959–64.

Fichte, Hubert, 31. 3. 1935 Perleberg (Mark Brandenburg) – 8. 3. 1986 Hamburg. F. wuchs in einem Arbeiterbezirk Hamburgs auf, in den seine Mutter kurz nach seiner Geburt gezogen war. Während des Krieges brachte er im Rahmen einer Kinderlandverschickung ein Jahr in einem katholischen Waisenhaus in Oberbayern zu. Nach dem Krieg spielte er als Kinderdarsteller auf Hamburger Bühnen. 1949 lernte er H. H. Jahnn kennen, der einen prägenden Einfluss auf ihn ausübte. In den 50er-Jahren hielt er sich längere Zeit in Frankreich und in Schweden auf, wobei er v. a. in der Landwirtschaft arbeitete. Seit 1962 lebte F. als freier Schriftsteller in Hamburg, unterbrochen von einem Aufenthalt in der Villa Massimo in Rom (1967–68), zahlreichen ausgedehnten Studienreisen und Gastdozenturen im Ausland. Den Durchbruch erzielte F. mit dem Roman *Die*

Palette, dem mittleren von drei autobiographisch geprägten Romanen: vielstimmige, assoziationsreiche Erinnerungen an die »Palette«, eine Kneipe, und ihre Gäste aus der Hamburger Subkultur. Auch in seinem letzten zu Lebzeiten erschienenen Roman, dem *Versuch über die Pubertät*, knüpft F. an das autobiographische Verfahren seiner ersten Romane an, allerdings bereichert um die Erfahrungen und Eindrücke seiner Reisen in die Karibik und nach Brasilien. Dank dieser Erfahrungen gewinnt er der erinnerten Vergangenheit – uneheliche Geburt als ›Halbjude‹, Entdeckung der eigenen Homosexualität – neue Seiten ab; die exotischen Religionen und ihre Zauberkunst sind Mittel der Erkenntnis des eigenen Ich. In den 70er-Jahren begann F. mit der Arbeit an einem neunzehnbändigen Schriftenzyklus, der bei seinem Tod noch nicht abgeschlossen war: *Die Geschichte der Empfindlichkeit*. Die Bedeutung von »Empfindlichkeit« orientiert sich am frz. »sensibilité« und soll eine hochentwickelte Empfindungs- und Wahrnehmungsweise bezeichnen. Das Werk enthält neben Romanen und Romanfragmenten literarische und ethnographische Essays, Reiseberichte, Hörspiele, Glossen und Interviews. Dabei ist die Grundlage der Romane innerhalb des Werkzyklus, der die Summe von F.s Weltbegegnung bilden sollte, wiederum F.s eigene Sozialisations- und Lebensgeschichte.

Werke: Der Aufbruch nach Turku. 1963. – Das Waisenhaus. 1965. – Die Palette. 1968. – Detlevs Imitationen »Grünspan«. 1971. – Versuch über die Pubertät. 1974. – Xango. Die afroamerikanischen Religionen II. 1976. [Mit Leonore Mau.] – Hans Eppendorfer. Der Ledermann spricht mit Hubert Fichte. 1977. – Wolli, Indienfahrer. 1978. – Petersilie. Die afroamerikanischen Religionen III. 1980. [Mit L. Mau.] – Jean Genet. 1981. – Lazarus und die Waschmaschine – Kleine Einführung in die afroamerikanische Kultur. 1985.
Ausgabe: Die Geschichte der Empfindlichkeit. 19 Bde. Frankfurt a. M. 1987–2006.

Fischart, Johann, gen. Mentzer, 1546 Straßburg – 1590 oder 1591 Forbach. Nach dem Besuch des Straßburger

Gymnasiums und anschließendem privatem Unterricht unternahm F., Sohn eines wohlhabenden Gewürzhändlers, zwischen 1565 und 1570 ausgedehnte Bildungsreisen (Niederlande, London, Paris, Italien). Wahrscheinlich begann er in Siena 1568/69 mit dem Jurastudium, das er 1574 in Basel mit der Promotion zum Doktor beider Rechte abschloss. Er arbeitete als Korrektor und Autor in Frankfurt a. M., dann in der Druckerei Bernhard Jobins in Straßburg, bis er 1580 eine feste Anstellung am Reichskammergericht in Speyer erhielt; 1583, im Jahr seiner Heirat, ging er als Amtmann nach Forbach. F. war ein Schriftsteller von außergewöhnlicher Sprachgewalt, dessen umfangreiches, schwer überschaubares Werk in komplexer, vielfach gebrochener Form eine Art Summe des Wissens, der moralischen und religiösen Denkweisen, der geschichtlichen Erfahrungen und der literarischen Überlieferungen des 16. Jh.s darstellt. Es umfasst polemische und satirische Schriften, die aus kalvinistischer Perspektive gegen die katholische Kirche gerichtet sind, biblische Historien, Sprüche und geistliche Lehrschriften, Editionen bzw. Übersetzungen von Hexenschriften (Jean Bodin, *Hexenhammer*), humanistisches Städtelob, von protestantisch-bürgerlichem Geist geprägte Schriften zur Ehe- und Familienlehre und zur Kindererziehung. Vor allem jedoch bestimmt sein satirisches Werk, mit dem er an die oberrheinische Satiretradition anknüpfte, F.s literarischen Rang. Dazu zählen eine *Eulenspiegel*-Bearbeitung in Versen, die groteske ›Tierdichtung‹ *Flöh Haz / Weiber Traz*, das *Podagrammisch Trostbüchlin*, ein ironisches Enkomion, und eine von François Rabelais angeregte Satire auf Kalendermacherei und Wahrsagepraktiken. Den Höhepunkt bildet die Bearbeitung von Rabelais' *Gargantua* (1534), des ersten Buchs von *Gargantua und Pantagruel*. Sie erschien 1575, 1582 und 1590 in jeweils erweiterten Fassungen, bis sie schließlich den drei- bis vierfachen Umfang des frz. Originals erreichte. Dabei steigerte F. die bei Rabelais durchaus schon angelegten, aber das humanistische Programm keineswegs verwischenden grotesken Züge zu einer monströsen, absurden, wuchernden Sprachorgie ohne Beispiel in der dt. Literatur, verstanden als »verwirretes ungestaltes Muster der heut verwirrten ungestalten Welt«.

Werke: Nacht Rab oder Nebel Kräh. 1570. – Der Barfüsser Secten vnd Kuttenstreit. 1570. – Aller Practick Großmůtter. 1572. 1574. – Das Sechste Buch. Vom Amadis auß Franckreich. 1572. [Übers.] – Eulenspiegel Reimensweiß. 1572. – Flöh Haz / Weiber Traz. 1573. 1577. – Affenteurliche und Ungeheurliche Geschichtschrift. 1575. Titel der erw. Fassungen: Affentheurlich Naupengeheurliche Geschichtklitterung. 1582. 1590. [Rabelais-Bearb.] – Neue Künstliche Figuren Biblischer Historie. 1576. – Das Glückhafft Schiff von Zürich. 1577. – Podagrammisch Trostbüchlin. 1577. – Das Philosophisch Ehzuchtbüchlin. 1578. – Binenkorb. Des Heyl. Römischen Imenschwarms. 1579. – Das Jesuiterhütlein. 1580. – De Daemonomania Magorum. 1581. [Bodin-Übers.] – Catalogus Catalogorum. 1590.
Ausgabe: Sämtliche Werke. Hrsg. von Hans-Gert Roloff, Ulrich Seelbach und W. Eckehard Spengler. Bern [u. a.; seit 1999 Stuttgart-Bad Cannstatt] 1992 ff.

Flake, Otto, 29. 10. 1880 Metz – 10. 11. 1963 Baden-Baden. Nach der Schulzeit in Colmar studierte der Sohn eines Justizbeamten von 1900 an in Straßburg Germanistik, Philosophie und Kunstgeschichte sowie Sanskrit, ohne einen Abschluss zu machen. In dieser Zeit gehörte er mit R. Schickele und E. Stadler zum Kreis des »Jüngsten Elsaß« und war mit diesen Herausgeber der Zeitschrift *Der Stürmer* (seit 1902 *Der Merker*). 1906 wurde er Hauslehrer in St. Petersburg, 1907 Feuilletonchef des *Leipziger Tagblatts*. Seit 1909 lebte er als freier Schriftsteller und Korrespondent an verschiedenen Orten (1912–13 Konstantinopel). Im Krieg war er Theaterzensor in Brüssel, 1919 schloss er sich den Dadaisten in Zürich an und wohnte dann nach längeren Reisen (Russland, England, Frankreich) vorübergehend in Südtirol (1926–27). Nach der Ausweisung durch Mussolini – F. hatte im *Sommerroman* Partei für die deutschsprachige Bevölkerung Südtirols genommen – ließ er sich 1928 in Baden-Baden nieder. Die oberrheinische und badische Landschaft, in der F. aufwuchs und in der er den größten Teil seines Lebens verbrachte, bildet den Schauplatz zahlreicher Romane und Erzählungen, die er als fiktive Biographien verstand. Landschaft und genau geschilderte (Kultur-)Historie sind freilich nur »Freskowand für ein Einzelleben«, der Raum, in dem sich die Lebens- und Entwicklungsgeschichten seiner Helden und Heldinnen vollziehen: etwa in den fünf Romanen um *Ruland*, der *Hortense* oder dem *Fortunat*. F.s umfangreiches episches Schaffen wird durch ein großes essayistisches Werk, darunter viele kulturgeschichtlich fundierte Biographien, und zahlreiche Übersetzungen aus dem Französischen (Balzac, Dumas, Stendhal usw.) ergänzt.

Werke: Straßburg und das Elsaß. 1908. – Schritt für Schritt. 1912. – Ruland-Zyklus: Das Freitagskind. 1913. [Später u. d. T.: Eine Kindheit. 1928.] Ruland. 1922. Der gute Weg. 1924. Villa U. S. A. 1926. Freund aller Welt. 1928. – Horns Ring. 1916. – Das neuantike Weltbild. 1922. – Nein und Ja. Roman des Jahres 1917. Definitive Fassung. 1923. – Sommerroman. 1927. – Die erotische Freiheit. 1928. – Ulrich von Hutten. 1929. – Der Marquis de Sade. 1930. – Montijo oder Die Suche nach der Nation. 1931. – Hortense oder Die Rückkehr nach Baden-Baden. 1933. – Scherzo. 1936. – Große Damen des Barock. 1939. – Fortunat. 1946. – Versuch über Stendhal. 1946. – Nietzsche. Rückblick auf eine Philosophie. 1947. – Die Sanduhr. 1950. – Der Pianist. 1960. – Es wird Abend. Bericht aus einem langen Leben. 1960. – Spiel und Nachspiel. Zwei Romane. 1962.

Ausgabe: Werke. Hrsg. von Rolf Hochhuth und Peter Härtling. 5 Bde. Frankfurt a. M. 1973–76.

Fleck, Konrad, Verfasser des mhd. höfischen Romans *Flore und Blanscheflur* (um 1220). F. wird weder in Urkunden erwähnt noch nennt er sich selbst in seinem einzigen erhaltenen Versroman. Die einzigen Nachrichten über ihn – »Here Flec der guote Cuonrât« – stammen aus Literaturexkursen bei Rudolf v. Ems, wo ihm auch noch ein weiterer Roman (*Cliges*; nicht erhalten) zugeschrieben wird.

Flore und Blanscheflur (8006 Verse) ist die gefühlvolle Erzählung von der Liebe zwischen dem heidnischen Königssohn Flore (Blume) und der christlichen Sklaventochter Blanscheflur (Weißblume). Sie basiert auf einer frz. Version dieses ursprünglich aus dem Orient stammenden internationalen Erzählstoffs. Stilistisches Vorbild für F.s Exempel wahrer Liebe war Hartmann v. Aue.

Ausgabe: Flore und Blanscheflur. Hrsg. von Emil Sommer. Leipzig 1846.

Fleißer, Marieluise, 23. 11. 1901 Ingolstadt – 1. 2. 1974 ebd. Die Tochter eines Eisenwarenhändlers begann nach dem Abitur (Klosterinternat) in München Theaterwissenschaft, Germanistik und Philosophie zu studieren. Sie lernte 1922 L. Feuchtwanger und durch dessen Vermittlung 1924 Brecht kennen. Sie brach ihr Studium ab, um sich ganz dem Schreiben zu widmen, musste aber aus Geldnot nach Hause zurück. 1928 verlobte sie sich mit dem Tabakwarenhändler und Sportler Josef Haindl, ein Jahr später reiste sie zur Aufführung ihres Stückes *Pioniere in Ingolstadt* nach Berlin, das Brecht in einer das Publikum absichtsvoll provozierenden Weise bearbeitet hatte. Der Theaterskandal verunsicherte F., die bei B. kein Verständnis fand, und hatte heftige Reaktionen in Ingolstadt zur Folge. Nach einem Selbstmordversuch kehrte sie 1933 endgültig nach Ingolstadt zurück und heiratete Haindl 1935 aus finanziellen Gründen. Sie kam in den nächsten 20 Jahren kaum zum Schreiben: teilweises Schreibverbot, gesellschaftliche Ächtung, schwere körperliche Arbeit als Haus- und Geschäftsfrau, körperliche und psychische Erkrankungen, Unverständnis des Ehemanns. Nach Haindls Tod (1958) und öffentlicher Anerkennung (Literaturpreis der Bayerischen Akademie der Schönen Künste 1953, Kunstförderpreis der Stadt Ingolstadt 1961) fand F. wieder zur Literatur; Ende der 60er-Jahre erhielten ihre Werke im Zusammenhang mit dem so genannten kritischen Volksstück (M. Sperr, R. W. Fassbinder, F. X. Kroetz) eine neue Aktualität. 1981 stiftete ihre Heimatstadt den Marieluise-Fleißer-Preis. Thema ihrer frühen, autobiographisch geprägten Erzählungen ist die Auseinandersetzung mit der konservativen Haltung ihrer Umwelt, den autoritären Strukturen der Familie und der katholischen Kirche. Die beiden Ingolstädter Dramen führen diese Auseinandersetzung weiter. Das erste Stück, *Fegefeuer in Ingolstadt*, gibt mit seinem Personal von pubertierenden Schülern, Ministranten und seelisch beschädigten Eltern einen beklemmenden Eindruck vom katholisch-bigotten Milieu einer süddeutschen Kleinstadt und den aus dieser Lebensform absoluter sozialer Kontrolle resultierenden Deformationen, Verhaltensweisen und Konflikten; das zweite geht noch dazu pointiert auf die Beziehungen zwischen Männern und Frauen und die Mechanismen der Abhängigkeit und Unterdrückung ein. F.s einziger Roman *Mehlreisende Frieda Geier* zeigt eine Frau, die sich – anders als sie selbst – der faschistischen Kleinbürgeratmosphäre einer Ehe entzieht und ihre Selbständigkeit bewahrt.

Werke: Fegefeuer in Ingolstadt. 1926. – Pioniere in Ingolstadt. 1929. – Ein Pfund Orangen und neun andere Geschichten. 1929. – Mehlreisende Frieda Geier. 1931. Neufassung u. d. T.: Eine Zierde für den Verein. Roman vom Rauchen, Sporteln, Lieben und Verkaufen. 1972. – Andorranische Abenteuer. 1932. – Karl Stuart. 1946. – Avantgarde. 1963. – Abenteuer aus dem Englischen Garten. Geschichten. 1969.
Ausgaben: Gesammelte Werke. Hrsg. von Günther Rühle. 4 Bde. Frankfurt a. M. Bd. 1–3. 1972. Bd. 4. 1989. – Briefwechsel 1925–1974. Hrsg. von Günther Rühle. Frankfurt a. M. 2001.

Fleming, Paul, 5. 10. 1609 Hartenstein (Vogtland) – 2. 4. 1640 Hamburg. Der aus einem lutherischen Pfarrhaus stammende F. besuchte von 1622 an die Thomasschule und von 1628 bis 1633 die Universität in Leipzig, wo er sich nach der üblichen gelehrt-philologischen Ausbildung der Medizin zuwandte und sein Studium vorläufig mit dem Magistergrad abschloss (2. 5. 1633). Durch die Vermittlung von A. Olearius erhielt F. die Möglichkeit, an der holsteinischen Gesandtschaft nach Russland und Persien teilzunehmen (1633–39). Berühmt wurde das Unternehmen durch die Reisebeschreibung von Olearius, in der auch Gedichte F.s enthalten sind. Die Reise wurde durch lange Zwischenaufenthalte unterbrochen, wobei die in Reval 1636 und 1639 biographisch und dichterisch durch die Bekanntschaft mit der Familie des Kaufmanns Heinrich Niehusen besonders bedeutsam wurden. Auf der Rückreise 1639 verlobte sich F. mit Anna Niehusen, einer der drei Töchter der Familie, die anagrammatisch verschlüsselt eine wesentliche Rolle in seiner Dichtung spielen. Er reiste dann nach Leiden, wo er am 23. 2. 1640 auf Grund einer Disputation über Geschlechtskrankheiten zum Dr. med. promoviert wurde. Er starb auf der Rückreise nach Reval; von Klagen über Erkältungsbeschwerden wird berichtet. F. trat seit 1630 mit religiösen, patriotischen und erotischen Gedichten in dt. und lat. Sprache hervor. Mit der Ausnahmesituation der Reise verlor die patriotische Thematik allmählich an Bedeutung; die Reise und die Reisegesellschaft wurden selbst zum Gegenstand der Dichtung. Zugleich thematisiert er die Sehnsucht des »halb-verlorenen Sohns« nach seiner idealisierten Heimat und hält die Verbindung zu der/den fernen Geliebten durch eine Fülle von Gedichten aufrecht. Der Grundton der Liebeslyrik ist petrarkistisch, doch behauptet sich daneben v. a. in den Oden, d. h. Liedern, das Thema der Treue. Das Gegenbild des von widerstreitenden Affekten hin und her gerissenen petrarkistischen Liebhabers zeigen die weltanschaulich-philosophischen Sonette (*An Sich*, *Grabschrifft*) und einige der großen Alexandrinergedichte (*In grooß Neugart der Reussen*), die ein Tugendprogramm auf der Basis des Neostoizismus formulieren. Der ganze Umfang seines lyrischen Schaffens wurde erst nach seinem Tod in den von Olearius besorgten Ausgaben sichtbar.

Werke: Davids / Des Hebreischen Königs vnd Propheten Buszpsalme. 1631. – Germania exsulis ad suos filios sive proceres regni epistola / Schreiben Vertriebener Fr. Germanien an jhre Söhne. 1631. – Promus miscellaneorum epigrammatum et odarum. 1631. – Rubella, seu suaviorum liber I. 1631. – Gedichte Auff [...] Herrn Reineri Brockmans [...] Hochzeit. 1635. – D. Paul Flemings Poetischer Gedichten [...] Prodromus. 1641. – Teütsche Poemata. 1646. – Epigrammata latina. 1649.

Ausgaben: Lateinische Gedichte. Hrsg. von J. M. Lappenberg. Stuttgart 1863. Reprogr. Nachdr. Amsterdam 1969. – Deutsche Gedichte. Hrsg. von J. M. Lappenberg. 2 Bde. Stuttgart 1865. Reprogr. Nachdr. Darmstadt 1965.

Folz, Hans, um 1435/40 Worms – Januar 1513 Nürnberg. F. erlernte in Worms das Barbierhandwerk und ließ sich nach seinen Wanderjahren als Geselle in Nürnberg nieder. 1459 erhielt er das Bürgerrecht, 1486 wird der Barbier und Wundarzt als Meister bezeichnet. F. hatte sich auch ohne akademische Ausbildung ein beträchtliches Wissen angeeignet (Latein, akademisch-medizinische und literarische Kenntnisse), die sich in seinem umfangreichen Werk niederschlagen. Es entstand in den letzten Jahrzehnten des 15. Jh.s und umfasst Meisterlieder, Fastnachtsspiele und Reimpaardichtungen weltlichen und geistlichen Inhalts. Auch seine Fastnachtsspiele – zwölf lassen sich ihm sicher zuschreiben – nehmen geistliche Themen auf, wohl eine Neuerung. Einige Spiele wie das *Von König Salomon und Markolf* weisen eine geschlossene Handlung auf; die meisten sind einfache Reihenspiele. Häufig steht die Figur des Bauern im Mittelpunkt. Zu seinen Reimpaardichtungen zählen schwankartige Erzählungen, Minnereden und Reden über geistliche, historisch-politische und fachwissenschaftliche Themen. Der einzige überlieferte Prosatext ist ein Pestregimen, eine Schrift über die Pest und ihre Bekämpfung. F. besaß zeitweilig eine Druckerei, in der er viele seiner Werke druckte.

Ausgaben: Die Meisterlieder. Hrsg. von August L. Mayer. Berlin 1908. – Die Reimpaarsprüche. Hrsg. von Hanns Fischer. München 1961.

Fontane, Theodor (d. i. Henri Théodore F.), 30. 12. 1819 Neuruppin – 20. 9. 1898 Berlin. F.s Vorfahren waren zum größten Teil Nachkommen frz. Hugenotten. Sein Vater war Apotheker, und F. selbst absolvierte nach einer lückenhaften Schulbildung (1832 Gymnasium Neuruppin, 1833–36 Klödensche Gewerbeschule, Berlin) eine Apothekerlehre in Berlin (1836–40) und arbeitete an verschiedenen Orten als Apothekergehilfe, unterbrochen von dem einjährigen Militärdienst (1844–45). 1847 bestand er das Staatsexamen und unterrichtete anschließend Pharmazie in einem Berliner Krankenhaus, gab den Beruf jedoch 1849 auf und versuchte, sich als Schriftsteller zu etablieren. 1850 heiratete er Emilie Rouanet-Kummer und übernahm eine Anstellung im Presseapparat der preußischen Regierung, um sich und seine Familie ernähren zu können: eine entschiedene politische Wendung des 1848er-Demokraten. Immerhin verhalf sie ihm zu zwei für seine Entwicklung wichtigen Englandaufenthalten (1852, 1855–1859). Nach seiner Rückkehr wurde er 1860 Redakteur bei der *Neuen Preußischen Zeitung*, der so genannten *Kreuz-Zeitung*, für die er u. a. die verschiedenen preußischen Kriegsschauplätze bereiste. Von 1870 an schrieb er Theaterkritiken für die *Vossische Zeitung*, wobei er für Henrik Ibsen und die dt. Naturalisten eintrat. 1876 war er für wenige Monate Sekretär der Akademie der Künste in Berlin, seine letzte feste Anstellung. Die Philosophische Fakultät der Berliner Universität verlieh ihm 1894 den Titel eines Dr. h. c. Erstes – und nicht zuletzt durch die Aufnahme in Schullesebucher bis heute andauerndes – literarisches Ansehen gewann F. durch seine Balladen mit Stoffen aus der preußischen und engl.-schottischen Geschichte, die er im »Literarischen Sonntags-Verein zu Berlin Tunnel über der Spree« in den 40er- und 50er-Jahren vortrug; später erweiterte er das Spektrum um Sujets aus der nordischen Geschichte und der Moderne (Technik, Arbeitswelt). Die Reisebücher und Reisefeuilletons, die aus seinen England- und Schottlandaufenthalten erwuchsen, führten F. zur literarischen und historischen Erfassung der eigenen Heimat in den *Wanderungen durch die Mark Brandenburg* und können als Vorstufen seines Romanschaffens gelten. Die journalistische Kriegsberichterstattung mündete in umfangreichen Kriegsbeschreibungen und Erlebnisberichten. Mit seinem erst im Alter entstandenen Romanwerk, beginnend mit dem historischen Roman *Vor dem Sturm*, erreichte der dt. realistische Zeit- und Gesellschaftsroman seinen Höhepunkt, durchaus verspätet im europäischen Kontext. Vor dem Hintergrund der Geschichte und den gesellschaftlichen Entwicklungen der Gegenwart entwirft F. ein kritisches – und immer kritischer werdendes – Bild seiner Zeit und der preußischen Gesellschaft, ihrer Brüchigkeit und Phrasenhaftigkeit, eingefangen nicht zuletzt mit einer durch Ironie, Skepsis und Humor charakterisierte nuancen- und anspielungsreichen Dialog- und Sprachkunst.

Werke: Von der schönen Rosamunde. 1850. – Männer und Helden. 1850. – Gedichte. 1851. Erw. Aufl. 1875, 1889, 1892, 1898. – Ein Sommer in London. 1854. – Aus England. 1860. – Jenseit des Tweed. 1860. – Balladen. 1861. – Wanderungen durch die Mark Brandenburg. 1862 [recte 1861] – 1882 [recte 1881]. – Der Schleswig-Holsteinsche Krieg im Jahre 1864. 1866. – Der deutsche Krieg von 1866. 1870–71. – Kriegsgefangen. 1871. – Aus den Tagen der Occupation. 1871. – Der Krieg gegen Frankreich 1870–71. 1873–76. – Vor dem Sturm. 1878. – Grete Minde. 1880. – Ellernklipp. 1881. – L'Adultera. 1882. – Schach von Wuthenow. 1883. – Graf Petöfy. 1884. – Unterm Birnbaum. 1885. – Cécile. 1887. – Irrungen, Wirrungen. 1888. – Fünf Schlösser. 1889. – Stine. 1890. – Quitt. 1891. – Unwiederbringlich. 1892 [recte 1891]. – Frau Jenny Treibel. 1892. – Meine Kinderjahre. 1894. – Effi Briest. 1895. – Die Poggenpuhls. 1896. – Von Zwanzig bis Dreißig. 1898. – Der Stechlin. 1899 [recte 1898].

Ausgaben: Sämtliche Werke. Hrsg. von Edgar Groß [u. a.]. 30 Bde. München 1959–75. – Werke, Schriften, Briefe. Hrsg. von Walther Keitel und Helmuth Nürnberger. 20 Bde. München ²1970–94.

Forster, Georg, 27. 11. 1754 Nassenhuben bei Danzig – 10. 1. 1794 Paris. F. erwarb sein umfassendes naturwissenschaftliches Wissen, seine humanistische Bildung und seine großen Sprachkenntnisse nicht in Schulen oder an Universitäten – er erhielt insgesamt nur ein halbes Jahr Schulunterricht (in St. Petersburg) –, sondern durch seinen Vater Johann Reinhold Forster und durch die aktive Teilnahme an dessen Forschungsreisen und schriftstellerischen Arbeiten. Nach einer fast einjährigen Russlandreise kamen die Forsters 1766 nach England; 1772–75 nahmen sie an Cooks zweiter Erdumseglung teil. Nach der Rückkehr untersagte die Admiralität F.s Vater die Abfassung des offiziellen Reiseberichts, worauf F. auf der Grundlage von dessen Tagebüchern eine eigene Reisebeschreibung in engl. Sprache verfasste. Sie machte ihn berühmt. 1779 erhielt er eine Professur für Naturwissenschaften am Collegium Carolinum in Kassel, 1794 wechselte er zur Universität Wilna, und als eine für 1787 geplante große russ. Forschungsreise unter seiner Leitung nicht zustande kam, ging er 1788 als Universitätsbibliothekar nach Mainz. Die Sympathien für die Französische Revolution führten ihn 1792 nach der Einnahme von Mainz durch frz. Truppen zum rückhaltlosen Engagement für die revolutionäre Sache. Seit März 1793 vertrat er als Abgeordneter den Rheinisch-deutschen Nationalkonvent in Paris. Als sein bedeutendstes Werk gilt die Reisebeschreibung *Ansichten vom Niederrhein*, die von einzelnen Beobachtungen und Ansichten aufs Allgemeine zu schließen sucht und mit ihrer Darstellungsmethode wie ihrer Prosakunst wesentlich auf die Reisebeschreibungen und -bilder des 19. Jh.s wirkte. Mit seiner Übersetzung des Schauspiels *Sacontola* von Kalidasa regte er u. a. die Indienstudien der Brüder Schlegel an. Seine bedeutenden Reflexionen über Politik und seine Verteidigung der Revolution in den *Parisischen Umrissen* wurden postum veröffentlicht. Die *Darstellung der Revolution in Mainz* blieb Fragment.

Werke: A voyage round the world. 1777. Dt. Fassung: Reise um die Welt. 1778–80. – Ansichten vom Niederrhein, von Brabant, Flandern, Holland, England und Frankreich, im April, Mai und Junius 1790. 1791–94. – Sacontola oder der entscheidende Ring. Ein indisches Schauspiel. 1791. [Kalidasa-Übers. nach einer engl. Vorlage.] – Erinnerungen aus dem Jahr 1790. 1793. – Über die Beziehung der Staatskunst auf das Glück der Menschheit. In: Friedens-Präliminarien. Hrsg. von Ludwig Ferdinand Huber. 1794. – Parisische Umrisse. 1794.

Ausgaben: Werke. Sämtliche Schriften, Tagebücher, Briefe. 18 Bde. Hrsg. von der Dt. Akademie der Wissenschaften zu Berlin. Berlin 1958–93. – Werke. Hrsg. von Gerhard Steiner. 4 Bde. Frankfurt a. M. 1967–70.

Forte, Dieter, * 14. 6. 1935 Düsseldorf. F. absolvierte eine kaufmännische Lehre und arbeitete danach u. a. als Photograph und Werbefachmann sowie als Regieassistent am Düsseldorfer Schauspielhaus (1960–61) und in der Abteilung Fernsehspiel des NDR in Hamburg (1962–63). Nach dem großen Erfolg seines Schauspiels *Martin Luther und Thomas Müntzer* (UA 1970) war er von 1971 bis 1975 Hausautor des Basler Theaters. Seitdem lebt er als freier Schriftsteller in Basel. Seinem Werdegang entsprechend schrieb er zunächst Fernsehspiele, Hörspiele und Bühnentexte. Erst seit den 90er-Jahren tritt F. auch als Romanautor hervor. Während sich seine Spiele für Rundfunk und Fernsehen aufklärend Gegenwartsproblemen widmen, greifen die Theaterstücke zu historischen Stoffen, suchen am Beispiel repräsentativer Persönlichkeiten und Epochenkonflikte die wahren Hintergründe geschichtlicher Ereignisse und Epochen darzustellen. Exemplarisch für dieses Verfahren ist das Stück über Luther und Müntzer, das die Reformation auf politisch-ökonomische Faktoren und Luther auf das Maß eines opportunistischen Dieners der Macht des Kapitals und der Fürsten reduziert. Weitere Dramen befassen sich mit dem Gründer des Roten Kreuzes, der Geschichte Kaspar Hausers und dem unterschiedlichen Schicksal zweier Massenmörder: des

»Vampirs von Düsseldorf« Peter Kürten und Adolf Hitlers (*Das Labyrinth der Träume*). Mit seinen drei 1992–98 erschienenen Romanen erzählt F., im ersten Band bis ins 12. Jh. zurückgreifend (*Das Muster*), die v. a. in den letzten Bänden stark autobiographisch geprägte Geschichte einer Familie in der ersten Hälfte des 20. Jh.s mit dem Schwerpunkt auf den Jahren 1933–45 (*Der Junge mit den blutigen Schuhen*) und der Nachkriegszeit 1945–48 (*In der Erinnerung*). Der autobiographische Roman *Auf der anderen Seite der Welt* verbindet dann das eigene Leben, die Geschichte eines einer tödlichen Krankheit entronnenen jungen Mannes, mit einem Zeitbild der 50er-Jahre.

Werke: Martin Luther und Thomas Müntzer oder Die Einführung der Buchhaltung. 1971. – Die Wand. Porträt eines Nachmittags. Zwei Hörspiele. 1973. – Jean Henry Dunant oder Die Einführung der Zivilisation. 1978. – Kaspar Hausers Tod. 1979. – Fluchtversuche. 4 Fernsehspiele. 1980. – Das Labyrinth der Träume oder Wie man den Kopf vom Körper trennt. 1983. – Der Artist im Moment seines Absturzes. 1988. – Das Muster. 1992. – Der Junge mit den blutigen Schuhen. 1995. – In der Erinnerung. 1998. – Das Haus auf meinen Schultern. Romantrilogie. 1999. [Enth. die drei vorhergehenden Romane; der zweite trägt nun den Titel *Tagundnachtgleiche*.] – Schweigen oder sprechen. Hrsg. von Volker Hage. 2002. – Auf der anderen Seite der Welt. 2004.

Fouqué, Friedrich Baron de la Motte, 12. 2. 1777 Brandenburg (Havel) – 23. 1. 1843 Berlin. Der von einer normannischen Hugenottenfamilie abstammende F. wurde nach Privaterziehung Offizier, nahm 1802 seinen Abschied, heiratete 1803 (in zweiter Ehe) Caroline v. Rochow, geb. von Briest, und lebte die nächsten 30 Jahre auf dem (Briestschen) Gut Nennhausen bei Rathonow und in Berlin. Nach Carolines Tod (1831) und erneuter Heirat zog F. nach Halle (1833–41), dann nach Berlin. F. beteiligte sich an literarischen Gemeinschaftsarbeiten und Gesellschaften, gab Werke jüngerer Autoren heraus (A. v. Chamisso, J. v. Eichendorff) und übte bedeutenden Einfluss auf das literarische Leben durch Zeitschriften und Almanache aus. Sein eigenes umfangreiches Werk (Dramen, Romane, Erzählungen, Versepen, Gedichte) ist stark von seinem Interesse an skandinavischer Literatur und Mythologie und der Ritterwelt des Mittelalters geprägt, das durch die Verbindung mit moderner Psychologie eine besondere Note erhält. Der Roman *Der Zauberring* ist ein Vorläufer der Mythenromane des 20. Jh.s. Sein bekanntestes Werk, die Novelle *Undine*, variiert das für F. wichtige Thema der Frau als Verführerin und Zerstörerin. Für die Opernversion E. T. A. Hoffmanns (UA 1816) schrieb F. selbst das Libretto.

Werke: Alwin. 1808. – Der Held des Nordens. 1808–10. – Eginhard und Emma. 1811. – Undine. 1811. – Der Zauberring. 1813. – Corona. 1814. – Kleine Romane. 6 Bde. 1814–19. – Sängerliebe. 1816. – Die wunderbaren Begebenheiten des Grafen Alethes von Lindenstein. 1817. – Die vier Brüder von der Weserburg. 1820. – Der Sängerkrieg auf der Wartburg. 1828. – Lebensgeschichte. 1840.

Ausgaben: Werke. Hrsg. von Walther Ziesemer. Berlin 1908. Reprogr. Nachdr. Hildesheim 1973. – Sämtliche Romane und Novellenbücher. 19 Bde. Hrsg. von Wolfgang Möhrig. Hildesheim 1989 ff. – Ausgewählte Dramen und Epen. 9 Bde. Hrsg. von Christoph F. Lorenz. Hildesheim 1994–2000.

Francisci, Erasmus (d. i. Erasmus von Finx), 19. 11. 1627 Lübeck – 20. 12. 1694 Nürnberg. Der Sohn eines adeligen Juristen studierte an mehreren dt. Universitäten Jura, musste sich aber wegen des Todes seiner Eltern als Hofmeister und Reisebegleiter verdingen (Italien, Frankreich, Niederlande). 1657 ließ sich er sich als Korrektor des Verlagshauses Endter in Nürnberg nieder. Hier entwickelte er sich zu einem ungemein produktiven und erfolgreichen Schriftsteller, der flexibel auf die aktuellen Erfordernisse des Marktes reagierte und – meist in Form von Kompilationen – ein breites Themen- und Wissensspektrum in stilistisch gefälliger, absichtsvoll wenig systematischer Form für den gebildeten Laien aufbereitete. Dazu gehören – häufig großzügig illustrierte – Werke zu Geschichte, Politik, Geographie, Naturwissenschaft und Völkerkunde sowie Briefsteller, mit emblematischen Kupfern ausgestattete Erbauungsbücher und unterhaltend-belehrende Gesprächspiele in der Nachfolge G. Ph. Harsdörffers und J. Rists. Man hat eine Schreibleistung F.s von etwa 2000 Druckseiten pro Jahr errechnet.

Werke: Neu-erbauter Schau-Platz denckwürdiger Geschichte. 1663. – Die lustige Schau-Bühne von allerhand Curiositäten. 1663–73. – Die heran dringende Türcken-Gefahr. 1663. – Neue und kurtze Beschreibung des Königreichs Ungarn. 1664. – Türckisches Städt-Büchlein. 1664. – Der Hohe Traur-Saal / oder Steigen und Fallen grosser Herren. 1665–81. – Neuer Polnischer Florus. 1666. – Ost- und West-Indischer wie auch Sinesischer Lust- und Stats-Garten. 1668. – ›Monatsgespräche‹ Juli bis Dezember. 6 Tle. 1668–71. – Guineischer und Americanischer Blumen-Pusch. 1669. – Neu-polirter Geschicht- Kunst- und Sitten-Spiegel ausländischer Völcker. 1670. – Acerra exoticorum: Oder Historisches Rauchfaß. 1672–74. – Derer / Die nach der ewigen und beständigen Ruhe trachten / Seelen-labende Ruhstunden. 3 Tle. 1676–80. – Das eröffnete Lust-Haus Der Ober- und Nieder-Welt. 1676. – Das Unfehlbare Weh der Ewigkeit. 1682. – Das Ehr- und Freuden-reiche Wol der Ewigkeit. 1683. – Der Höllische Proteus. 1690.

Franck, Sebastian, um 1500 Donauwörth – Oktober 1543 Basel. Nach Studien in Ingolstadt und am Dominikanerkolleg in Heidelberg erhielt F., Sohn eines Webers, 1520 eine Stelle als Hilfsgeistlicher in Augsburg. Er schloss sich der Reformation an und heiratete 1527. Seit 1528 lebte er als Schriftsteller in Nürnberg. 1531 ging er nach Straßburg und erlernte die Buchdruckerkunst, doch mit der Veröffentlichung seiner *Chronica* im selben Jahr begannen die Verfolgungen wegen seiner spiritualistischen, jede Kirchenorganisation ablehnenden Haltung. Er wurde verhaftet und ausgewiesen, ein Vorgang, der sich 1539 in Ulm wiederholte, wo er 1535 Zuzugserlaubnis erhalten hatte. Er floh nach Basel; hier publizierte er nichts Kontroverses mehr, gelangte zu Reichtum und kaufte sich in die Safranzunft ein. F.s historisches und theologisches

Werk besteht zu einem großen Teil aus Kompilationen, Bearbeitungen und Übersetzungen mit ausführlichen eigenen Zutaten, in denen seine religiösen, sozialkritischen und geschichtsphilosophischen Anschauungen sichtbar werden. F. distanziert sich von der Schriftgläubigkeit des Luthertums und setzt ihr die Lehre vom göttlichen ›inneren Wort‹ entgegen, das dem Menschen eingeboren ist. Deutlichsten Ausdruck findet seine mystische Theologie in den *Paradoxa*. Einen großen Bucherfolg erzielte F. mit seiner Sprichwortsammlung.

Werke: Von dem greülichen laster der trunckenhayt. 1528. – Chronica vnnd beschreybung der Türkey. 1530. – Chronica / Zeÿtbůch vnnd geschÿchtbibel. 1531. – Weltbůch: spiegel vñ bildtniß des gantzen erdbodens. 1534. – Paradoxa ducenta octoginta / Das ist / CC. LXXX. Wunderred [...] auß der H. Schrifft. 1534. – Die Guldin Arch. 1538. – Germaniae Chronicon. 1538. – Das verbütschiert mit siben Sigeln verschlossen Bůch. 1539. – Krieg Büchlin des Friedes. 1539. – Sprichwörter / Schöne / Weise / Herrliche Clůgreden / vnnd Hoffsprüch. 1541.

Ausgabe: Sämtliche Werke. Krit. Ausg. mit Kommentar. Hrsg. von Hans-Gert Roloff und Peter Klaus Knauer. Bern [u. a.] 1992 ff.

Franckenberg, Abraham von, 24. 6. 1593 Schloss Ludwigsdorf bei Oels (Schlesien) – 25. 6. 1652 ebd. Nach dem Besuch des Gymnasiums in Brieg und Studienaufenthalten in Leipzig, Wittenberg, Jena und möglicherweise Straßburg zog sich F. 1617 auf das Familiengut Ludwigsdorf zurück. Hier lebte er, unterbrochen von einem durch den Krieg bedingten Aufenthalt in Danzig (1642–49), bis zu seinem Tod. In den letzten Lebensjahren entstand eine freundschaftliche Beziehung zu J. Scheffler, dem er einen Teil seiner Bibliothek vererbte. F.s Gedankenwelt wurde von J. Böhme, dem er 1623 begegnet war und dem er später eine Biographie widmete, den Spiritualisten des 16. Jh.s und der mittelalterlichen Mystik geprägt. Seine Naturauffassung verweist auf paracelsische Traditionen. Er war ein entschiedener Gegner der lutherischen Orthodoxie und aristotelischer Gelehrsamkeit, denen er Vorstellungen einer auf innere Erneuerung und mystische Vereinigung mit Gott gerichteten Lebensführung und die theosophische Konzeption einer Verbindung von Natur- und Gotteserkenntnis entgegensetzte.

Werke: Christliches vnd Andächtiges Beht-Gesänglin. 1633. – Kurtze erinnerung Des Lebens vnd Wandels Jacob Böhme. In: J. Böhme: Mysterium Magnum. 1640. – Oculus sidereus Oder / Neu-eröffnetes Stern-licht und Fern-gesicht. 1644. – Schrifft- und Glaubens-gemässe Betrachtung / Von dem Ohrte der Seelen / wann sie von dem Leibe geschieden. 1646. – Mir Nach. 1675. – Via veterum sapientum. 1675. – Raphael oder Artzt-Engel. 1676. – Jordans Steine. 1684.
Ausgabe: Briefwechsel. Eingel. und hrsg. von Joachim Telle. Stuttgart-Bad Cannstatt 1995.

François, Louise von, 27. 6. 1817 Herzberg (Sachsen) – 25. 9. 1893 Weißenfels. Die Tochter eines Majors hugenottischer Herkunft wuchs nach dem frühen Tod des Vaters und der Wiederverheiratung der Mutter in Weißenfels auf. Als entdeckt wurde, dass ihr Vormund ihr Vermögen veruntreut hatte, löste sie die Verlobung mit einem Offizier. Sie blieb unverheiratet und führte zunächst (1848–55) den Haushalt eines Onkels in Minden, Halberstadt und Potsdam. Nach dessen Tod kehrte sie nach Weißenfels zurück, pflegte ihre Mutter und ihren Stiefvater und fing aus finanziellen Gründen an zu schreiben. Die ersten Erzählungen erschienen 1855 im *Morgenblatt für gebildete Leser* und im *Deutschen Museum.* Ihre Romane und Erzählungen stellen mit Vorliebe starke Frauen in den Mittelpunkt und zeigen die Folgen, die sich aus den Konflikten zwischen persönlichem Schicksal bzw. Charakterhaltungen und geschichtlichen Entwicklungen ergeben.

Werke: Ausgewählte Novellen. 1868. – Die letzte Reckenburgerin. 1871. – Frau Erdmuthens Zwillingssöhne. 1873. – Hellstädt. 1874. – Stufenjahre eines Glücklichen. 1877. – Der Katzenjunker. 1879. – Der Posten der Frau. 1882.
Ausgabe: Gesammelte Werke. Hrsg. von Karl Weitzel. 5 Bde. 1918.

Frank, Leonhard, 4. 9. 1882 Würzburg – 18. 8. 1961 München. Das Kind eines Schreiners ging nach Volksschule und Schlosserlehre mit Hilfe eines Stipendiums 1905 nach München, um Malerei zu studieren. 1910 zog er nach Berlin und begann zu schreiben. Als entschiedener Pazifist floh er 1915 in die Schweiz; nach dem Krieg kehrte er nach Berlin zurück. 1933 emigrierte er wieder und hielt sich zunächst in Zürich und Paris auf. Nach der Flucht aus einem Internierungslager gelangte er 1940 über Lissabon in die USA. Bis 1945 schrieb er Drehbücher für Warner Brothers in Hollywood, danach lebte er in New York, seit 1950 wieder in Deutschland (Würzburg, München) als freier Schriftsteller. Der Empfang in Würzburg war nach F.s Abrechnung mit den überlebenden Nazis in dem Roman *Die Jünger Jesu* nicht gut. Wichtiges Thema seines z. T. autobiographisch geprägten literarischen Werkes ist seit dem ersten Roman *Die Räuberbande* die Bindung an Würzburg, einerseits die Erinnerung an die schlimmen Erlebnisse der Kindheit in Schule, Elternhaus und Lehrzeit, andererseits die nostalgische Sehnsucht nach der Heimatstadt. F. schrieb die Geschichte einzelner Mitglieder der Würzburger »Räuberbande« und ihrer Ausbruchsversuche in weiteren Romanen fort (*Das Ochsenfurter Männerquartett*, *Von drei Millionen Drei*). In der als Roman deklarierten Autobiographie *Links wo das Herz ist* schildert F. sein Leben unter dem Namen Michael Vierkant, der zentralen Figur der *Räuberbande*. F.s Kritik gilt einer Gesellschaft, die durch ihre erstarrten Normen in Bereichen wie Familie, Erziehung, Recht usw. die Ausbildung der Individualität, das Werden einer freien Persönlichkeit behindert. Von der Überwindung einer Welt des Krieges durch die Liebe handeln in emphatisch-expressionistischem Stil die Erzählungen des Bandes *Der Mensch ist gut*, der sofort nach Erscheinen 1917 in Deutschland verboten, doch 1920 mit dem Kleist-Preis ausgezeichnet wurde. Auch die Heimkehrererzählung

Karl und Anna, wie andere Werke von F. selbst später dramatisiert, sucht mit ihrer Darstellung der Macht der Liebe und ihrem Sieg über den Militarismus die Hoffnung auf eine neue, bessere Welt zu evozieren.

Werke: Fremde Mädchen am Meer und eine Kreuzigung. Farblithographien. 1913. – Die Räuberbande. 1914. – Die Ursache. 1915. [Dramatisierung 1929.] – Der Mensch ist gut. 1917. – Der Vater. 1918. – Die Mutter. 1919. – Der Bürger. 1924. – Der Beamte. 1925. – Die Schicksalsbrücke. 1925. – Karl und Anna. 1927. [Dramatisierung 1929.] – Das Ochsenfurter Männerquartett. 1927. – Der Streber und andere Erzählungen. 1928. – Bruder und Schwester. 1929. – Hufnägel. 1930. – Von drei Millionen Drei. 1932. – Traumgefährten. 1936. – Mathilde. 1948. – Die Jünger Jesu. 1949. – Links wo das Herz ist. 1952. – Deutsche Novelle. 1954. – Michaels Rückkehr. 1957.
Ausgabe: Ausgewählte Werke. 4 Bde. Berlin/Weimar 1991.

Franzos, Karl Emil, 25. 10. 1848 Czortkow (Galizien) – 28. 1. 1904 Berlin. F., Sohn eines assimilierten jüdischen Arztes, wuchs in Czernowitz auf und studierte Jura in Wien und Graz. Er wurde 1872 Journalist, als er wegen seiner Mitgliedschaft in der dt.-nationalen Burschenschaft keine Anstellung fand. Zunächst arbeitete er für die *Wiener Neue Freie Presse*, 1884–86 war er Hrsg. des Wochenblatts *Wiener Illustrierte Zeitung*. 1886 gründete er in Berlin die literarische Zeitschrift *Deutsche Dichtung*, die er bis zu seinem Tod redigierte. Seit 1877 war er mit Ottilie Benedikt verheiratet, die als F. Ottmer Novellen schrieb. Sein Hauptwerk ist der 1893 beendete, aber erst postum veröffentlichte Roman *Der Pojaz*, der – nicht ohne autobiographischen Hintergrund – den Versuch eines Ausbruchs aus der als zurückgeblieben charakterisierten ostjüdischen Ghettowelt schildert. Ziel ist, das machen auch andere Texte – Romane, Novellen, Reiseberichte – deutlich, die Annäherung an westliche Werte wie Emanzipation, Toleranz und Humanität, die er in der dt. Literatur- und Geistesgeschichte vorbildhaft verkörpert sah. Literarhistorisch bedeutsam ist seine Büchner-Ausgabe, die zum ersten Mal das Fragment des *Woyzeck* (u. d. T. *Wozzeck*) zugänglich machte.

Werke: Aus Halb-Asien. Kulturbilder aus Galizien, der Bukovina, Südrußland und Rumänien. 1876. – Vom Don zur Donau. Neue Kulturbilder aus Halb-Asien. 1877. – Die Juden von Barnow. 1877. – Georg Büchner: Sämmtliche Werke und handschriftlicher Nachlaß. 1879. [Ed.] – Moschko von Parma. 1880. – Ein Kampf ums Recht. 1882. – Tragische Novellen. 1886. – Judith Trachtenberg. 1891. – Der Wahrheitssucher. 1893. – Leib Weihnachtskuchen und sein Kind. 1896. – Der Pojaz. 1905.

Frauenlob (d. i. Heinrich von Meißen), um 1250 Meißen (?) – 29. 11. 1318 Mainz. Der schon im Mittelalter gebräuchliche ›Künstlername‹ verweist auf ein zentrales Thema im Schaffen des Berufssängers und seine Stellungnahme in der Kontroverse mit anderen Sängern über den Vorrang von »frouwe« bzw. »wîp«. Der Beiname »von Meißen« lässt seine Herkunft aus Meißen wahrscheinlich erscheinen; auch seine mitteldt. Sprache stützt die Annahme. Aus seiner Preislyrik mit Anreden der Adressaten und Mäzene kann man die Stationen seines Wanderlebens ungefähr erschließen. Er dichtete nur für Persönlichkeiten höchsten Ranges: König Rudolf v. Habsburg, König Wenzel II. v. Böhmen, Fürst Wizlav v. Rügen. Erzbischof Giselbert v. Bremen, Herzog Heinrich v. Breslau u. a. Sein Gönner in den letzten Jahren war Peter v. Aspelt, Erzbischof v. Mainz. F.s Werk umfasst über 400 Spruchstrophen, Minnelieder und drei Leichs (Marien-, Kreuz-, Minneleich). Eine Reihe von Sprüchen handelt von seinen ästhetischen Anschauungen und formuliert selbstbewusst eine neue, durch das Einbringen ›wissenschaftlicher‹ Erkenntnisse und Verfahrensweisen gekennzeichnete Kunstauffassung. F. ist einer der bedeutendsten Vertreter des ›geblümten Stils‹. Die Meistersinger zählten F. unter die »Zwölf alten Meister«.

Ausgabe: Leichs, Sangsprüche, Lieder. Auf Grund der Vorarbeiten von Helmut Thomas hrsg. von Karl Stackmann und Karl Bertau. 2 Bde. Göttingen 1981.

Freidank, Verfasser einer um 1220–30 entstandenen Spruchsammlung. F. stammt wahrscheinlich aus dem staufischen Herzogtum Schwaben. Ein Eintrag in den Annalen des Zisterzienserstifts Kaisheim bei Donauwörth, der für 1233 den Tod eines Meisters F. verzeichnet, kann sich auf den Dichter beziehen. Eine Gruppe von Sprüchen belegt Aufenthalte in Akkon 1228/29 und Rom im Zusammenhang mit dem Kreuzzug Kaiser Friedrichs II. Die Spruchsammlung trägt den Titel *Bescheidenheit* (›Urteils-, Unterscheidungsvermögen‹). Grundform der paarweise gereimten Sinnsprüche ist der Zweizeiler. Die Sprüche, die gültige Lebenserfahrung und Lebensweisheit in prägnanter Formulierung weitergeben wollen, basieren auf volkstümlichen Überlieferungen, Sprichwörtern, lat. Sentenzensammlungen, der Bibel u. a. F. gibt seiner Verhaltenslehre einen religiösen Rahmen, doch sein Hauptthema ist die ›Welt‹: die Gefährdung der überlieferten Ordnung durch das Erstarken der Territorialfürsten, das zügellose Treiben der Kurie in Rom, die Perversion der Kreuzzugsidee. F.s Texte, in zahlreichen Handschriften überliefert, wirkten lange nach und gingen vielfach in Spruch- und Sprichwörtersammlungen des 15. und 16. Jh.s ein. S. Brant brachte 1508 unter dem Titel *Der Freidanck* eine mehrfach aufgelegte Bearbeitung zum Druck.

Ausgaben: Fridankes Bescheidenheit. Hrsg. von H. E. Bezzenberger. Halle a. d. S. 1872. Reprogr. Nachdr. Aalen 1962. – Freidanks Bescheidenheit. Mhd./Nhd. Hrsg. von Wolfgang Spiewok. Greifswald 1996.

Freiligrath, Ferdinand, 17. 6. 1810 Detmold – 18. 3. 1876 Cannstatt (heute: Stuttgart-Bad Cannstatt). Der Sohn eines Lehrers musste aus finanziellen Gründen vorzeitig das Gymnasium verlassen und eine Kaufmannslehre machen. Von 1832 bis 1836 arbeitete er als Kontorist in einem Amsterdamer Handelshaus, von 1837 bis 1839 war er Buchhalter in Barmen. Er kündigte nach dem großen Erfolg seiner ersten Gedichtsammlung und ließ sich nach seiner Heirat 1841 zunächst in Darmstadt, zwei Jahre später in St. Goar nieder, seit 1842 unterstützt durch eine Pension des preußischen Königs. Als Folge seines zunehmenden Engagements für die liberale Opposition verzichtete er 1844 auf die Pension und emigrierte (Belgien, Schweiz, London). Begeistert von der Revolution kehrte er 1848 nach Deutschland zurück, wo er eine Reihe seiner Revolutionsgedichte in hoher Auflage als Flugblätter drucken ließ. Karl Marx nahm F. in die Redaktion der *Neuen Rheinischen Zeitung* auf. Nach deren Verbot und der Veröffentlichung weiterer Sammlungen mit politischen Gedichten ging er erneut, steckbrieflich gesucht, nach London. Hier blieb F. als kaufmännischer Angestellter, dann als Filialleiter einer Schweizer Bank und schließlich stellungslos bis 1868. Seine dt. Freunde ermöglichten ihm finanziell die Rückkehr. Seit 1874 lebte er in Cannstatt. Berühmt wurde F. bereits durch seine frühen Gedichte mit ihrem betonten Exotismus der Themen, Motive und Bilder. Als politischer Dichter bekannte er sich zunächst zur demokratisch-liberalen Opposition, um dann in der Emigration und während des Zwischenaufenthalts in Deutschland mit allegorischer Bildlichkeit und großem rhetorischen Pathos für die proletarische Revolution einzutreten. Anlässlich des Krieges 1870–71 und der Reichsgründung verfasste er patriotische, z. T. chauvinistische Lieder.

Werke: Gedichte. 1838. 8., verm. Aufl. 1845. – Ein Glaubensbekenntnis. 1844. – Ça ira. 1846. – Shakespeare's Venus und Adonis. 1849. [Übers.] – Zwischen den Garben. Eine Nachlese. 1849. – Neuere politische und soziale Gedichte. 1849–51. – Der Sang von Hiawatha. 1857 [Longfellow-Übers.]. – Gesammelte Dichtungen. 4 Bde. 1870. – Neue Gedichte. 1877.

Ausgaben: Sämtliche Werke. Hrsg. von Ludwig Schröder. 10 Bde. Leipzig 1906. – Werke in 6 Tln. Hrsg. von Julius Schwering. 2 Bde. Berlin [u. a.] o. J. [1909].

Freytag, Gustav, 13. 7. 1816 Kreuzburg (Schlesien) – 30. 4. 1895 Wiesbaden. Der Sohn eines Arztes studierte von 1835 an Germanistik, zunächst in Breslau, ab 1836 in Berlin (Promotion 1838). Nach seiner Habilitation über Hrotsvit v. Gandersheim (1839) war er bis 1844 Privatdozent in Breslau. 1848 übernahm er (mit Julian Schmidt) die Redaktion der nationalliberalen Zeitschrift *Die Grenzboten* (bis 1870), 1851 erwarb er den Besitz Siebleben bei Gotha, 1854 ernannte ihn Herzog Ernst II. v. Sachsen-Coburg-Gotha zum Hofrat. Von 1867 bis 1870 war er Abgeordneter der Nationalliberalen im Reichstag des Norddeutschen Bundes, 1870–71 nahm er als Berichterstatter am Krieg teil. Seit 1881 lebte er in Wiesbaden. Erste literarische Erfolge hatte F. als Theaterschriftsteller, v. a. mit dem politisch aktuellen Lustspiel *Die Journalisten* (UA 1852), das öffentliche und private Konflikte theaterwirksam miteinander verknüpfte; die Tragödie *Die Fabier* weist voraus auf die klassizistischen Doktrinen seiner einflussreichen *Technik des Dramas*. Seine ersten Romane sind Dokumente der Verklärung des Bürgertums, der arbeitsamen bürgerlichen Kaufmannswelt (*Soll und Haben*) bzw. des Bildungsbürgertums (*Die verlorene Handschrift*). Gleichsam die Genese des Bürgertums am Beispiel der Geschichte einer Familie seit der Völkerwanderungszeit stellt die sechsbändige Romanserie *Die Ahnen* dar. Historisches Material dafür boten seine eigenen *Bilder aus der deutschen Vergangenheit*.

Werke: De initiis scenicae poesis apud Germanos. 1838. – De Hrosuitha poetria. 1839. – Die Brautfahrt oder Kunz von der Rosen. 1844. – In Breslau. 1845. – Die Valentine. 1847. – Graf Waldemar. 1850. – Die Journalisten. 1854. – Soll und Haben. 1855. – Die Fabier. 1859. – Bilder aus der deutschen Vergangenheit. 5 Bde. 1859–67. – Die Technik des Dramas. 1863. – Die verlorene Handschrift. 1864. – Karl Mathy. Geschichte seines Lebens. 1869. – Die Ahnen. 1872–80. – Gesammelte Werke. 22 Bde. 1886–88.
Ausgabe: Gesammelte Werke. Hrsg. von Hanns Martin Elster. 12 Bde. 1926.

Fried, Erich, 6. 5. 1921 Wien – 22. 11. 1988 Baden-Baden. Der aus einer assimilierten jüdischen Familie stammende F. – der Vater war Spediteur, die Mutter Modellzeichnerin – musste im Mai 1938 das Gymnasium verlassen; der Vater starb im selben Monat an den Folgen eines Gestapoverhörs. F. emigrierte im August 1938 nach England. Er trat in den Kommunistischen Jugendverband ein, verließ ihn aber wieder 1944 und zog sich von der aktiven politischen Arbeit zurück. Seinen Lebensunterhalt verdiente er als Hilfsarbeiter, Chemiker, Bibliothekar und Glasarbeiter, bis er 1952 von der BBC für das (ost)deutsche Programm fest angestellt wurde. 1968 gab er die Stellung auf, da er nicht länger »Propagandist des Kalten Krieges« sein wollte. Er mischte sich nachdrücklich in die dt. politische Diskussion der kommenden Jahre ein und kritisierte die politische und gesellschaftliche Entwicklung in der BRD. Texte F.s erschienen seit 1940 in Exilzeitschriften und Anthologien, die ersten eigenen Lyrikbände 1944 und 1945. Die Übersetzungen engl. Dichtung (seit 1954) bilden neben der Lyrik den zweiten Schwerpunkt seines literarischen Werkes (u. a. Dylan Thomas, T. S. Eliot, Edith Sitwell, Sylvia Plath, 21 Dramen Shakespeares). Als politischer Lyriker erzielte F. in den 60er-Jahren mit Gedichtbänden wie *Warngedichte* und v. a. *und VIETNAM und* den Durchbruch beim dt. Publikum. Aufklärung durch Dialektik, durch Paradox und Satire kennzeichnet F.s poetisches Verfahren. Dabei stammt das Material für seine sprachlich bewusst einfachen, epigrammatisch verknappten und auf die politische Pointe ausgerichteten Gedichte aus der als bedrückend erfahrenen politischen, militärischen und sozialen Realität. Sein vom Kampf gegen den Faschismus geprägtes Engagement galt neben dem Vietnamkrieg und den dt. Verhältnissen zur Zeit des RAF-Terrorismus (*So kam ich unter die Deutschen*) auch der israelischen Politik gegenüber den Palästinensern. Seine Haltung brachte ihm im vergifteten politischen Klima jener Jahre heftige Angriffe ein. Eine intensive Auseinandersetzung mit der dt. Vergangenheit stellt F.s einziger Roman dar, an dem er 1946 zu arbeiten begonnen hatte und der nach mehrfacher Umarbeitung erst 1960 erschien (*Ein Soldat und ein Mädchen*). F. erhielt neben anderen Auszeichnungen 1986 den Österreichischen Staatspreis für Literatur und 1987 den Georg-Büchner-Preis.

Werke: Deutschland. 1944. – Österreich. 1945. – Gedichte. 1958. – Ein Soldat und ein Mädchen. 1960. – Reich der Steine. 1963. – Warngedichte. 1964. – und VIETNAM und. 1966. – Anfechtungen. 1967. – Zeitfragen. 1968. – Die Beine der größeren Lügen. Einundfünfzig Geschichten. 1969. – Die Freiheit den Mund aufzumachen. 1972. – Höre Israel! Gedichte und Fußnoten. 1974. – So kam ich unter die Deutschen. 1977. – Liebesgedichte. 1979. – Zur Zeit und zur Unzeit. 1981. – Beunruhigungen. 1984. – Frühe Gedichte. 1986. – Mitunter sogar Lachen. Zwischenfälle und Erinnerungen. 1986. – Am Rand unserer Lebenszeit. 1987. – Unverwundenes. Liebe, Trauer, Widersprüche. 1988. – Anfragen und Nachreden. Politische Texte. 1994.
Ausgaben: Gesammelte Gedichte. Hrsg. von Klaus Wagenbach. Berlin 1989. – Gesammelte Werke. Hrsg. von Volker Kaukoreit und K. Wagenbach. 4 Bde. 1993.

Friedlaender, Salomo (Pseud.: Mynona), 4. 5. 1871 Gollantsch bei Posen – 9. 9. 1946 Paris. Der aus einer jüdischen Arztfamilie stammende F. studierte zunächst Medizin, dann Zahnmedizin und schließlich Philosophie (Dr. phil. Jena 1902). Von 1906 an lebte er in Berlin, 1933 emigrierte er nach Paris. F. schrieb philosophische Werke und seit 1908 auch Gedichte, darunter formal strenge parodistische Sonette (*Hundert Bonbons*), Grotesken und vier Romane (unter dem Pseud. Mynona = anonym, von hinten gelesen). Seine literarischen Texte zeigen vielfach eine Nähe zum Dadaismus, vereinigen Satire, Wortwitz und aphoristischen Gedankenreichtum und stellen eine unterhaltsame, chaplineske Fortsetzung seiner Philosophie dar (»Fasching der Logik«), die – entwickelt in der Abhandlung *Schöpferische Indifferenz* – eine Überwindung der polaren Widersprüche des Lebens postuliert.

Werke: Julius Robert Mayer. 1905. – Logik. 1907. – Psychologie. 1907. – Durch blaue Schleier. 1908. – Friedrich Nietzsche. Eine intellektuelle Biographie. 1911. – Rosa, die schöne Schutzmannsfrau. 1913. – Hundert Bonbons. Groteske Sonette. 1918. – Schöpferische Indifferenz. 1918. – Die Bank der Spötter. Ein Unroman. 1919. – Papa und die Jungfrau von Orleans. 1921. – George Grosz. 1922. – Graue Magie. Ein Berliner Nachschlüsselroman. 1922. – Tarzaniade. 1924. – Das Eisenbahnunglück oder der Anti-Freud. 1925. – Katechismus der Magie. 1925. – Mein hundertster Geburtstag und andere Grimassen. 1928. – Hat Erich Maria Remarque wirklich gelebt? 1929. – Kant gegen Einstein. 1932. – Der lachende Hiob. 1935.

Friedrich von Hausen, um 1150 – 6. 5. 1190 Philomelium (heute: Akschehir, Türkei). Verschiedene Zeugnisse zwischen 1171 und 1190 sprechen von einem Ritter F. v. H., der von der Forschung mit dem Minnesänger gleichgesetzt wird. Sein Vater war der staufische Freiherr Walther v. H.; als Stammsitz der Familie gilt Rheinhausen bei Mannheim. Urkunden zeigen F. in enger Beziehung zu den Staufern; von 1187 bis zu seinem Tod ist er als Vertrauter Friedrich Barbarossas bezeugt, an dessen militärischen Unternehmungen er schon früh teilnahm. Er starb nach einem Sturz vom Pferd während des dritten Kreuzzugs. F. ist die zentrale Gestalt des ›rheinischen Minnesangs‹, dem eine Reihe von Dichtern im Umkreis des staufischen Hofes zugerechnet werden. In diesem Kreis beginnt mit der (partiellen) Rezeption der provenzalischen Minnelyrik und ihrer Themen, Formen und Melodien eine neue Phase in der Geschichte des dt. Minnesangs. F. übernimmt in seiner stark reflektierenden Dichtung als erster konsequent das Konzept der ›Hohen Minne‹. Seine Kreuzlieder, entstanden unter dem Eindruck des bevorstehenden Kreuzzugs, thematisieren den Konflikt zwischen den widerstreitenden Pflichten gegenüber der Minneherrin bzw. Gott. Unter F.s Namen sind 53 Strophen überliefert, die sich in etwa 20 Lieder ordnen lassen.

Ausgaben: MF. Bd. 1. S. 73–96. – Die mhd. Minnelyrik. Hrsg. von Günther Schweikle. Bd. 1: Die frühe Minnelyrik. Darmstadt 1977. S. 222–259.

Fries, Fritz Rudolf, * 19. 5. 1935 Bilbao (Spanien). Mit der Einberufung des Vaters, eines mit einer Spanierin verheirateten Kaufmanns, zog die Familie 1942 nach Leipzig. Nach dem Abitur studierte F. von 1953 bis 1958 in Leipzig Anglistik und Romanistik, war dann als Übersetzer und 1961–66 als wissenschaftlicher Assistent an der Deutschen Akademie der Wissenschaften in Ostberlin tätig. Nach dem Erscheinen seines ›eskapistischen‹ Romans *Der Weg nach Oobliadooh* in der BRD wurde er entlassen. Er lebt heute als freier Schriftsteller in Petershagen bei Berlin. F.' Werk umfasst zahlreiche Übersetzungen von Werken der span. und lateinamerikanischen Literatur, Gedichte, Hörspiele und Romane. Im Zentrum seines Schaffens steht der Roman. Dabei bedient sich F., geschult an der europäischen Moderne ebenso wie an Jean Paul und Cervantes, einer spielerischen Erzählweise, die den Leser virtuos in einen Gegenwart, Vergangenheit und Zukunft, Traum und Realität verbindenden Assoziationsstrom hineinführt. Die den meisten Romanen zugrunde liegende Struktur ist der Tradition des pikaresken Romans verpflichtet, wobei statt einer Mittelpunktsfigur häufig ein Paar agiert. In *Hesekiels Maschine* schreibt F. auf seine Weise, anspielungs- und allegorienreich, über das Ende der DDR (und thematisiert indirekt damit auch seine eigene problematische Rolle in diesem Staat).

Werke: Der Weg nach Oobliadooh. 1966. – Der Fernsehkrieg. 1969. – See-Stücke. 1973. – Das Luft-Schiff. Biographische Nachlässe zu den Fantasien meines Großvaters. 1974. – Lope de Vega. 1977. – Mein spanisches Brevier 1976/1977. 1979. – Alexanders neue Welten. Ein akademischer Kolportageroman aus Berlin. 1983. – Gedichte. 1984. – Hörspiele 1976–1982. 1984. – Verlegung des mittleren Reiches. 1984. – Bemerkungen anhand eines Fundes oder Das Mädchen aus der Flasche. Texte zur Literatur. 1985. – Bilder eines Jahres. Impressionen. 1987. – Die Väter im Kino. 1989. – Herbsttage im Niederbarnim. 1989. – Der Seeweg nach Indien. 1991. – Die Nonnen von Bratislawa. 1994. – Im Jahr des Hahns. Tagebücher. 1996. – Der Roncalli-Effekt. 1999. – Diogenes auf der Parkbank. Erinnerungen. 2002. – Hesekiels Maschine oder Gesang der Engel am Magnetberg. 2004.

Frisch, Max, 15. 5. 1911 Zürich – 4. 4. 1991 ebd. F. studierte zunächst Germanistik, dann von 1936 bis 1941 Architektur in Zürich. 1942 eröffnete er nach der erfolgreichen Teilnahme an einem Wettbewerb ein Architekturbüro, das er neben seiner literarischen Tätigkeit bis 1955 betrieb. Danach lebte er als freier Schriftsteller in Zürich, von 1960 bis 1965 in Rom, dann in Berzona im Tessin, 1971 in New York, dann wieder meist in Zürich. Von 1958 bis Anfang 1963 hatte er eine Beziehung zu I. Bachmann. Die Erfahrungen seiner zahlreichen Reisen – durch das zerstörte Nachkriegseuropa, immer wieder in die USA – schlugen sich in seinen Werken nieder. Er erhielt zahlreiche bedeutende Auszeichnungen für sein Werk, darunter 1958 den Georg-Büchner-Preis. Bereits 1934 veröffentlichte F. seinen ersten Roman, verwarf aber dann die weitere frühe Produktion und suchte einen Neuanfang (als Architekt). Erst die Tagebuchaufzeichnungen der Militärzeit führten ihn zurück zur Literatur; sein zweiter Roman (*J'adore ce qui me brûle*) behandelt den Widerspruch zwischen Künstler- und Bürgertum und endet mit dem Scheitern des Helden. Eine entschieden neue Phase seiner dichterischen Entwicklung setzte nach dem Krieg mit der Hinwendung zum Drama ein, wobei die Begegnung mit Brecht in Zürich 1947/48 einen tiefgreifenden Einfluss ausübte. Nach mehreren Stücken, die direkt oder indirekt die Nachkriegssituation reflektierten, und einem spielerisch-witzigen Anti-Don Juan hatte er seinen ersten großen Bühnenerfolg mit dem »Lehrstück ohne Lehre« *Bie-*

dermann und die Brandstifter: Es handelt, parodistisch kommentiert durch einen antikisierenden Chor, von der Blindheit und Unbelehrbarkeit des Bürgertums, als Parabel u. a. zu beziehen auf Hitlers Machtergreifung. Mit *Andorra*, einem weiteren an Brechts epischem Theater orientierten Parabelstück, demonstriert F. im Zusammenhang mit der für ihn zentralen Rollen- und Bildnisthematik den Mechanismus des allgemeinen Phänomens »Vorurteil – Massenvorurteil« (F.), ohne damit einen direkten Beitrag zur Vergangenheitsbewältigung leisten zu wollen. In dem Stück *Biografie* überträgt F. ein in seinem erzählenden Werk vielfältig erprobtes Konzept – Spiel mit Varianten, Möglichkeiten und Rollen – auf die Bühne. In *Stiller*, seinem bedeutendsten Roman, lässt er den Ich-Erzähler seine Lebensgeschichte unter der Voraussetzung erzählen, gerade nicht der verschollene Bildhauer Stiller zu sein. Dabei verbinden sich die tagebuchartigen Aufzeichnungen, Reflexionen, Traumgeschichten, Beispielerzählungen und Lügengeschichten zu einem komplexen Gewebe, dessen Perspektivenvielfalt das zentrale Problem des Identitäts- und Realitätsverlusts des modernen Menschen und der Rollenhaftigkeit des Lebens überhaupt auch formal spiegelt. In *Homo faber* führt F. die Form des Tagebuchromans in noch komplexerer Weise weiter und entwirft, indem er nun einen (scheinbar) seiner selbst sicheren Helden mit einer auf Berechen- und Machbarkeit gegründeten Weltsicht in den Mittelpunkt stellt (und scheitern lässt), eine Art Gegenbild zu *Stiller*. An dessen Problematik knüpft auch *Mein Name sei Gantenbein* an, mit dem Unterschied, dass das Erzähler-Ich hier nicht nach seiner ›eigentlichen‹ Identität sucht, sondern überhaupt keine personale Identität besitzt und nur eine Fülle von Möglichkeiten durchspielt. Varianten des eigenen Ich zeigt die autobiographische Erzählung *Montauk*. In allen diesen Romanen zeigt sich eine Nähe zur Form des Tagebuchs; auch F.s eigentliche Tagebücher sind als künstlerische Gebilde, als eine Folge von aufeinander bezogenen persönlichen, faktisch-beschreibenden, poetologischen und fiktionalen Texten komponiert. Kontroversen in seiner Heimat löste er mit seiner Kritik an den Grundlagen des schweizerischen Selbstverständnisses aus (Gründungsmythos, Landesverteidigung).

Werke: Jürg Reinhart. Eine sommerliche Schicksalsfahrt. 1934. – Antwort aus der Stille. Erzählung aus den Bergen. 1937. – Blätter aus dem Brotsack. 1940. – J'adore ce qui me brûle oder Die Schwierigen. 1943. – Bin oder Die Reise nach Peking. 1945. – Nun singen sie wieder. Versuch eines Requiems. 1946. – Die Chinesische Mauer. 1947. – Santa Cruz. Eine Romanze. 1947. – Tagebuch mit Marion. 1947. – Als der Krieg zu Ende war. 1949. – Tagebuch 1946–1949. 1950. – Graf Öderland. 1951. – Don Juan oder Die Liebe zur Geometrie. 1953. – Stiller. 1954. – Homo faber. Ein Bericht. 1957. – Biedermann und die Brandstifter. 1958. – Schinz. Skizze. 1959. – Andorra. 1961. – Mein Name sei Gantenbein. 1964. – Biografie. Ein Spiel. 1967. – Wilhelm Tell für die Schule. 1971. – Tagebuch 1966–1971. 1972. – Dienstbüchlein. 1974. – Montauk. 1975. – Triptychon. Drei szenische Bilder. 1978. – Der Mensch erscheint im Holozän. 1979. – Blaubart. 1982. – Schweiz ohne Armee? Ein Palaver. 1989. – Schweiz als Heimat? Versuche über 50 Jahre. 1990.

Ausgaben: Gesammelte Werke in zeitlicher Folge. Hrsg. von Hans Mayer und Walter Schmitz. 7 Bde. Frankfurt a. M. 1986. – Uwe Johnson / Max Frisch: Ein Briefwechsel. Hrsg. von Eberhard Fahlke. Frankfurt a. M. 1999.

Frischlin, Nicodemus, 22. 9. 1547 Erzingen bei Balingen (Württemberg) – 29. 11. 1590 Hohenurach. Der aus einem ev. Pfarrhaus stammende F. wurde 1563 als Stipendiat in das Tübinger Stift aufgenommen und nach seinem Studium an der Universität (Magister artium 1565) 1568 zum außerordentlichen Professor für Poetik ernannt. Die sich anbahnende Karriere (Poeta laureatus 1576, Kaiserlicher Pfalzgraf 1577) fand ein Ende, als sich der württembergische Adel durch seine 1578 gehaltene Rede *De vita rustica* mit ihrem Eintreten für den Bauernstand provoziert sah. 1582 erhielt F. die ›Erlaubnis‹, die Stelle des Rektors der

Landesschule in Laibach anzunehmen. Versuche, sich nach zwei Jahren wieder in Tübingen zu etablieren, scheiterten. F. verließ Württemberg und führte, häufig die Stellung wechselnd, ein unstetes Leben (Straßburg, Tübingen, Prag, Wittenberg, Braunschweig, Mainz). Als er gegen die Weigerung der württembergischen Hofkanzlei polemisierte, das Hochzeitsgut seiner Frau herauszugeben, ließ ihn der Herzog 1590 verhaften. Bei einem Fluchtversuch aus der Feste Hohenurach stürzte er sich zu Tode. Seinen dichterischen Nachruhm verdankt F. vor allem seinen neulat. Schuldramen nach dem Vorbild von Terenz, Plautus und Aristophanes: Dramen nach biblischen, antiken und legendenhaften Vorlagen und drei aktuelle Zeitstücke, darunter die humanistisch-patriotische Komödie *Iulius redivivus* (Auff. 1585 im Stuttgarter Schloss; dt. Übers. von Jacob Frischlin im selben Jahr). Noch im Kerker arbeitete F. an einem christlichen Epos in der Manier Vergils (*Hebraeis*).

Werke: Rebecca. 1576. – Susanna. 1578. – Hildegardis Magna. 1579. – Fraw Wendelgardt. 1580. – Oratio de vita rustica. 1580. – Priscianus vapulans. 1580. – Dido. 1581. – Iulius redivivus. 1585. – Venus. 1585. – Operum poeticorum. 4 Tle. 1585–1602. – Aristophanes, veteris comoediae princeps. 1586. [Ed. und lat. Übers.] – De astronomicae artis [...] libri quinque. 1586. – Nomenclatur trilinguis. Graeco-latino-germanicus. 1586. – Oratio de exercitationibus oratoriis et poeticis, ad imitationem veterum. 1587. – Helvetiogermani. 1589. – Phasma. 1592. – Hebraeis. 1599.
Ausgabe: Sämtliche Werke. Hrsg. von Adalbert Elschenbroich, Lothar Mundt [u. a.]. Berlin [u. a.; seit 1999 Stuttgart-Bad Cannstatt] 1992 ff.

Frischmuth, Barbara, * 5. 7. 1941 Altaussee (Steiermark). F. besuchte seit 1958 das Dolmetscherinstitut der Universität in Graz (Türkisch, Ungarisch), verbunden mit je einjährigen Studienaufenthalten in der Türkei und in Ungarn. Anschließend studierte sie von 1964 bis 1967 Orientalistik in Wien. Seit 1962 gehört sie der »Grazer Gruppe« um das Forum Stadtpark an. Sie lebt als freie

Schriftstellerin und Übersetzerin in Wien und Altaussee. Erfahrungen der Kindheit und Jugend sowie die Thematik weiblicher Orientierung und Selbstfindung stehen im Mittelpunkt der Romane und Erzählungen F.s; verbunden damit ist eine ausgesprochen sprachkritische Intention. Das zeigt sich bereits in ihrem ersten Buch, das auf eigenen Klosterschulerfahrungen basiert und die Sprache als autoritäres Erziehungsinstrument entlarvt, und setzt sich in dem Prosaband *Amoralische Kinderklapper*, allerdings weniger polemisch, fort. Seit etwa der Erzählsammlung *Haschen nach Wind* spielt – auch auf Grund autobiographischer Erfahrungen – das Thema weiblicher Selbstfindung und der Vereinbarkeit von Selbständigkeit und Partnerschaft eine zentrale Rolle im Werk F.s. Der Roman *Die Mystifikationen der Sophie Silber*, später mit den beiden folgenden Romanen zur *Sternwieser Trilogie* zusammengestellt, gestaltet die Thematik in einem phantasievollen Gegenentwurf zur prosaischen Wirklichkeit, der – literarisch vermittelt durch Zaubermärchen und Feendichtung – auf eine Rückgewinnung natürlicher, nichtentfremdeter Lebensformen zielt. In späteren Romanen (*Die Ferienfamilie* u. a.) tritt der Aspekt ›Frau und Kind‹ – das Kind verstanden als Hoffnung auf einen Neubeginn – hinzu. Zu ihrem Werk gehören auch zahlreiche Hörspiele und Kinder- bzw. Jugendbücher.

Werke: Die Klosterschule. 1968. – Die Amoralische Kinderklapper. 1969. – Geschichten für Stanek. 1969. – Tage und Jahre. Sätze zur Situation. 1971. – Rückkehr zum vorläufigen Ausgangspunkt. 1973. – Das Verschwinden des Schattens in der Sonne. 1973. – Haschen nach Wind. 1974. – Die Mystifikationen der Sophie Silber. 1976. – Amy oder die Metamorphose. 1978. – Kai und die Liebe zu den Modellen. 1979. – Bindungen. 1980. – Die Ferienfamilie. 1981. – Die Frau im Mond. 1982. – Traumgrenze. 1983. – Kopftänzer. 1984. – Herrin der Tiere. 1986. – Über die Verhältnisse. 1987. – Mörderische Märchen und andere Erzählungen. 1989. – Einander Kind. 1990. – Traum der Literatur – Literatur des Traums. Münchner Poetikvorlesungen. 1991. – Hexenherz. 1994. – Das Verschwinden des Schattens in der Sonne. 1996. – Die Schrift des Freundes. 1998. – Schamanenbaum. 2001. – Die Entschlüsselung. 2001. – Fremdgänge. Ein illustrierter Streifzug. 2001.

Fritz, Marianne (geb. Frieß), * 14. 12. 1948 Weiz (Steiermark). Nach dem Abitur, das sie im Anschluss an eine Bürolehre auf dem zweiten Bildungsweg nachholte, und kurzen Studien an der Wiener Universität widmete sich F. ganz ihrer schriftstellerischen Arbeit. Sie lebt in Wien. Die Heldin ihres ersten Romans, *Die Schwerkraft der Verhältnisse*, endet nach Mord und Selbstmordversuch in der psychiatrischen Klinik von »Donaublau«, die »Festung« genannt. *Die Festung* ist auch der Name des großen Erzählprojekts, an dem F. seither arbeitet. Es umfasst bisher mit den Teilen *Dessen Sprache du nicht verstehst* und *Naturgemäß I* und *Naturgemäß II* rund 8000 Seiten. Ziel ist eine Art Gegengeschichtsschreibung, eine Geschichte der Machtlosen. Diese verlangt, um die Konventionen und die von den Herrschenden bestimmten Übereinkünfte aufzubrechen, eine eigene Sprache. Zugleich schreibt F. gegen die Konventionen des Erzählens und des epischen Nacheinanders an, die sie durch das Prinzip der Simultaneität abzulösen sucht, indem sie von der Erzählgegenwart 1914/15 in die Zukunft und v. a. weit in die Vergangenheit zurückblickt, die Zeitebenen miteinander verwebt, Traum und Realität, konkret Historisches und archaisierend Mythisches vermischt. Erzählt der Teil *Dessen Sprache du nicht verstehst* exemplarisch die Geschichte der Familie Null aus Nirgendwo, dessen Bewohner (Proletarier, Landarbeiter) sich im offenen und heimlichen Kampf gegen die »Kulturträger« aus der Stadt »Donaublau« befinden, so ist in *Naturgemäß* die im Ersten Weltkrieg umkämpfte Festung Przemysl realer (und zugleich mythischer) Ort des Geschehens, der die Figuren aus allen Zeiten und Orten anzuziehen scheint, deren Geschichten die Erzählerin gleichsam retten will, während die Orte und ihre Bewohner von den Machthabern vernichtet werden.

Die Gegengeschichten setzen mit ihrer Sehnsucht nach Gerechtigkeit und dem Guten der schlechten Realität ein utopisches Moment entgegen.

Werke: Die Schwerkraft der Verhältnisse. 1978. – Das Kind der Gewalt und die Sterne der Romani. 1980. – Was soll man da machen. Eine Einführung zu dem Roman »Dessen Sprache du nicht verstehst«. 1985. – Dessen Sprache du nicht verstehst. 1986. – Naturgemäß I. 1996. – Naturgemäß II. 1998.

Fritz, Walter Helmut, * 26. 8. 1929 Karlsruhe. Der Sohn eines Architekten studierte Germanistik, Romanistik und Philosophie in Heidelberg und arbeitete bis 1964 als Gymnasiallehrer in Karlsruhe. Hier lebt er seitdem – unterbrochen von einer kurzen Tätigkeit im Lektorat des S. Fischer Verlags in Frankfurt a. M. – als freier Schriftsteller. F. hat neben Romanen, Erzählungen und kritischen und essayistischen Texten seit seinem K. Krolow verpflichteten Debüt (*Achtsam sein*) zahlreiche Bände mit Gedichten und Prosagedichten veröffentlicht. Sie bilden das Zentrum seines Schaffens. Schon früh kristallisieren sich die für sein Werk charakteristischen Themenbereiche heraus: Natur, Landschaft, Liebe, Porträts, Dinge und Erfahrungen des Alltags. Dabei zeigt sich im Verlauf der Entwicklung eine zunehmende Verknappung der Ausdrucksweise, eine Tendenz zur Aussparung und Lakonie, die nicht zuletzt von frz. Vorbildern angeregt ist, etwa den von ihm 1962 übertragenen Gedichten Jean Follains. Auch seine Vorliebe für das Prosagedicht, das »Gedanklichkeit als Erscheinungsform des Sinnenhaften« eher ermögliche, verweist auf frz. Beispiele (Francis Ponge). Eine wichtige Stelle in seiner Lyrik nehmen die Porträt- und Künstlergedichte ein, die für eine Kunst ohne vordergründigen Aufwand stehen und der Vergewisserung der eigenen künstlerischen Existenz und poetologischer Reflexion dienen.

Werke: Achtsam sein. 1956. – Bild + Zeichen. 1958. – Veränderte Jahre. 1963. – Treibholz. 1964. – Umwege. 1964. – Grenzland. 1964. – Abweichung. 1965. – Die Zuverlässigkeit der Unruhe.

1966. – Bemerkungen zu einer Gegend. 1969. – Die Verwechslung. 1970. – Die Besucher. 1971. – Aus der Nähe. Gedichte 1967–1971. 1972. – Die Beschaffenheit solcher Tage. 1972. – Bevor uns Hören und Sehen vergeht. 1975. – Schwierige Überfahrt. 1976. – Sehnsucht. 1978. – Gesammelte Gedichte. 1979. – Wunschtraum Alptraum. 1981. – Werkzeuge der Freiheit. 1983. – Immer einfacher – immer schwieriger. 1987. – Zeit des Sehens. 1989. – Die Schlüssel sind vertauscht. 1992. – Gesammelte Gedichte 1979–1994. 1994. – Das offene Fenster. 1997. – Was einmal im Geist gelebt hat. Aufzeichnungen. 1999. – Zugelassen im Leben. 1999. – Maskenzug. 2003.

Fuchs, Günter Bruno, 3. 7. 1928 Berlin – 19. 4. 1977 ebd. F. studierte nach Krieg und Gefangenschaft bis 1948 ohne Abschluss an der Hochschule für Bildende Kunst, der Meisterschule für Graphik und an der Ingenieurschule für Hochbau in Berlin. Er arbeitete danach als Schulhelfer in Ostberlin, Clown in einem Wanderzirkus, Zechenarbeiter im Ruhrgebiet und als Journalist und Herausgeber verschiedener Zeitschriften. Er gehörte 1959 zu den Gründern der Kreuzberger Galerie im Hinterhof »zinke« und führte eine bohemehafte Außenseiterexistenz mit dem zentralen Ort der Kneipe (statt des Literatencafés). Das spiegelt sich in seinem literarischen Werk, das Solidarität mit den Außenseitern und Exzentrikern, den Artisten, Träumern und Trinkern zeigt, deren Existenz wiederum ein kritisches Licht auf die bürgerliche Gesellschaft wirft. Seine Geschichten, Fabeln, Märchen, Gedichte, Bilder und Aphorismen lassen eine surreale Gegenwelt entstehen, die die herkömmlichen Sprechweisen und Ausdrucksformen von der Dienstvorschrift bis zum Schulaufsatz subversiv verkehrt.

Werke: Zigeunertrommel. Gedichte und Holzschnitte. 1956. – Polizeistunde. 1959. – Brevier eines Degenschluckers. 1960. – Trinkermeditationen. 1962. – Krümelnehmer oder 34 Kapitel aus dem Leben des Tierstimmen-Imitators Ewald K. 1963. – Herrn Eules Kreuzberger Kneipentraum. 1966. – Blätter eines Hof-Poeten & andere Gedichte. 1967. – Zwischen Kopf und Kragen. 1967. – Handbuch für Einwohner. Prosagedichte. 1969. – Der Bahnwärter

Sandomir. Ein Lesebuchroman. 1971. – Reiseplan für Westberliner, anläßlich einer Reise nach Moskau und zurück. 1972. – Die Ankunft des Großen Unordentlichen in einer ordentlichen Zeit. Gedichte, Bilder und Geschichten. 1978.

Ausgabe: Werke. Hrsg. von Wilfried Ihrig. 3 Bde. München/Wien 1990–95.

Fühmann, Franz, 15. 1. 1922 Rochlitz bzw. Rokytnice (ČSR) – 8. 7. 1984 Berlin (DDR). Der Sohn eines Apothekers wuchs im Geist des sudetendeutschen Faschismus auf, trat 1938 der Reiter-SA bei, meldete sich 1939 freiwillig zum Wehrdienst und wurde 1941 nach dem Abitur zum Reichsarbeitsdienst und dann in die Wehrmacht eingezogen (1942 Ukraine, 1943 Griechenland). Im Mai 1945 geriet er in sowjetische Gefangenschaft, besuchte von 1946 an eine Antifa-Schule in Lettland und kehrte sich nach Marxismusstudien vom Nationalsozialismus ab. Ende 1949 in die DDR entlassen, wurde er Mitglied der Nationaldemokratischen Partei (NDPD) und war als Parteisekretär für kulturpolitische Fragen zuständig. Seit 1958 lebte er als freier Schriftsteller; in den 60er- und 70er-Jahren trat er für die Friedensbewegung ein und wurde zu einer moralischen Instanz für die jüngere Generation der DDR-Schriftsteller, die er entschieden förderte. F.s erste Lyrikbände reflektieren die Aufbruchsstimmung in der DDR. Mit seinen Prosaarbeiten der 50er- und 60er-Jahre wird die Vergangenheit zum Thema. Der autobiographische Erzählzyklus *Das Judenauto* versucht am Beispiel von 14 Tagen des eigenen Lebens die persönliche Geschichte mit ihren Irrtümern und Wandlungen in den Zusammenhang der geschichtlichen Entwicklung zu stellen. Diese Auseinandersetzung, intensiviert durch ein vertieftes psychologisches Eingehen auf Fragen der Schuld und des Gewissens, prägt auch im folgenden seine literarische Arbeit von dem Erzählzyklus *Der Jongleur im Kino* über das Reisetagebuch aus Ungarn, *22 Tage oder Die Hälfte des Lebens*, bis hin zu dem großen essayistischen Werk

Der Sturz des Engels, das die Aneignung vom Werk G. Trakls mit der Aufarbeitung der eigenen Vergangenheit verbindet. Die Erinnerungsarbeit wirkte sich zugleich auf F.s kritische Sicht des DDR-Alltags und den auch im real existierenden Sozialismus fortdauernden Widerspruch von Individuum und Gesellschaft aus, sichtbar gemacht etwa in den negativen Utopien des Bandes *Saiäns-Fiktschen*, aber auch in seiner Beschäftigung mit mythischen Themen und Stoffen. Daneben übersetzte F. moderne Lyrik aus dem Ungarischen, Polnischen und Tschechischen und schrieb zahlreiche Kinderbücher und fur Kinder bestimmte Nacherzählungen von Werken der Weltliteratur.

Werke: Die Nelke Nikos. 1953. – Die Fahrt nach Stalingrad. Poem. 1953. – Kameraden. 1955. – Stürzende Schatten. 1959. – Böhmen am Meer. 1962. – Das Judenauto. 1962. – König Ödipus. Gesammelte Erzählungen. 1966. – Der Jongleur im Kino oder Die Insel der Träume. 1970. – 22 Tage oder Die Hälfte des Lebens. 1973. – Prometheus. Die Titanenschlacht. 1974. – Erfahrungen und Widersprüche. Versuche über Literatur. 1975. – Bagatelle, rundum positiv. 1978. – Der Geliebte der Morgenröte. 1978. – Gedichte und Nachdichtungen. 1978. – Fräulein Veronika Paulmann aus der Pirnaer Vorstadt oder Etwas über das Schauerliche bei E. T. A. Hoffmann. 1979. – Der Sturz des Engels. 1982. – Saiäns-Fiktschen. 1981. – Die Schatten. 1986.

Ausgabe: [Werke.] Hrsg. von Ingrid Prignitz. 8 Bde. Rostock 1993.

Fuetrer, Ulrich, 1. Hälfte 15. Jh. Landshut – um 1496. F. wird zuerst 1453 in Münchener Stadtkammerrechnungen als Maler erwähnt. Seit 1482 besaß er ein Haus in München, 1596 erscheint es zum letzten Mal im Steuerbuch. Er arbeitete als Maler für das Kloster Tegernsee, die Stadt München und das Herzogtum. Sein Ansehen bei Hofe gründete auf seinem literarischen Werk, das wohl von Herzog Albrecht in Auftrag gegeben wurde und ihm gewidmet ist. Sieht man von einer 1478–81 entstandenen *Bayerischen Chronik* in Prosa ab, ist es ausschließlich auf die Erneuerung des mittelalterlichen Ritterromans gerichtet. Am Anfang seines literarischen Schaffens steht ein Prosa-*Lanzelot* (um 1467), den er um 1484–87 versifizierte (Titurelstrophen). Hauptwerk ist das *Buch der Abenteuer* (um 1473–83), eine 5646 Titurelstrophen umfassende zweiteilige Großkomposition, die eine Reihe mittelalterlicher Romane vor allem aus dem Artus- und Gralskomplex – z. T. nach unbekannten Quellen – miteinander verbindet und sich dabei stilistisch an Wolfram v. Eschenbach orientiert.

Ausgaben: Prosaroman von Lanzelot. Hrsg. von Arthur Peter. Tübingen 1885. Reprogr. Nachdr. Hildesheim / New York 1972. – Lannzilet. Strophen 1–1122. Hrsg. von Karl-Eckhard Lenk. Tübingen 1989. – Lannzilet. Strophen 1123–6009. Hrsg. von Rudolf Voß. Paderborn [u. a.] 1996. – Das Buch der Abenteuer. Nach der Handschrift A […] hrsg. von Heinz Thoelen. 2 Tle. Göppingen 1997. – [Teilausg.:] Merlin und Seifrid de Ardemont. Hrsg. von Friedrich Panzer. Tübingen 1902. – Iban. Hrsg. von Alice Carlson. Diss. Riga 1927. – Poytislier. Hrsg. von Friederike Weber. Tübingen 1960. – Gralepen. Hrsg. von Kurt Nyholm. Berlin 1964. – Persibein. Hrsg. von Renate Munz. Tübingen 1964. – Trojanerkrieg. Hrsg. von Edward G. Fichtner. München 1968. – Wigoleis. Hrsg. von Heribert A. Hilgers. Tübingen 1975. – Flordimar. Hrsg. von Walter Tauber. Bern [u. a.] 1987.

Fussenegger, Gertrud, * 8. 5. 1912 Pilsen. Die im heutigen Tschechien geborene F. gelangte mit ihrer Familie 1921 nach Telfs (Tirol), kehrte nach dem Tod ihrer Mutter vorübergehend nach Pilsen zurück und studierte von 1930 an in Innsbruck und München Geschichte, Kunstgeschichte und Philosophie (Dr. phil. 1934). Noch als Studentin trat F. 1933 in die NSDAP ein; während des Dritten Reiches schrieb sie für den *Völkischen Beobachter* und andere nationalsozialistische Blätter, propagierte in ihrer Lyrik den »Anschluss« Österreichs und schloss sich mit ihrem Familienroman *Geschlecht im Advent* mit seiner Ansiedlung in einer archaischen Welt und seiner Betonung des Schicksalhaften den konservativen, antimodernen Strömungen der Literatur der 30er-Jahre an. Das gilt auch für den nach dem Krieg entstandenen Roman *Die Brüder von Lasawa*, der wie der vorige das Motiv der verfeindeten Brüder aufgreift und vom Untergang einer Sippe handelt. Vor einer Übernahme des nationalsozialistischen Rassedenkens schützte sie allerdings ihr tiefer katholischer Glaube; ihre Erzählung *Die Mohrenlegende* wurde verboten. Doch das hinderte sie nicht, im Reisebericht *Böhmische Verzauberung* die Verherrlichung des Deutschtums mit antisemitischer Polemik zu verbinden. Mit dem autobiographisch fundierten Roman *Das Haus der dunklen Krüge*, der Chronik einer Familie in altertümelnder Sprache vor dem Hintergrund der böhmischen Landschaft, hatte sie ihren größten Erfolg. Zahlreiche ihrer Werke, etwa die Darstellung der Sicht von Zeitgenossen auf Jesus (*Sie waren Zeitgenossen*) oder die Kontrastierung von naturwissenschaftlich-technischer und christlich-theologischer Weltsicht in dem Roman *Zeit des Raben, Zeit der Taube* oder der Gedichtband *Gegenruf*, behandeln religiöse Themen und Probleme. Zahlreiche Kinderbücher und essayistische Arbeiten, aber auch Dramen und Hörspiele ergänzen ihr Werk. Die Ehrungen, die ihr nach dem Krieg in Österreich und Deutschland zuteil wurden, lösten z. T. heftige Kontroversen aus.

Werke: Geschlecht im Advent. Roman aus deutscher Frühzeit. 1937. – Mohrenlegende. 1937. – Der Brautraub. 1939. – Eines Menschen Sohn. 1939. – Böhmische Verzauberungen. Reisetagebuch. 1944. – Die Brüder von Lasawa. 1948. – Das Haus der dunklen Krüge. 1951. – In Deine Hand gegeben. 1954. – Iris und Muschelmund. 1955. – Das verschüttete Antlitz. 1957. – Zeit des Raben, Zeit der Taube. 1960. – Der Tabakgarten. 1961. – Die Reise nach Amalfi. 1963. – Die Pulvermühle. 1968. – Widerstand gegen Wetterhähne. 1974. – Ein Spiegelbild mit Feuersäule. 1979. – Sie waren Zeitgenossen. 1983. – Uns hebt die Welle. Liebe, Sex und Literatur. 1984. – Gegenruf. 1986. – Der Goldschatz aus Böhmen. Erzählungen und Anekdoten. 1989. – Lohmanns Dogge. 1995. – Shakespeares Töchter. Drei Novellen. 1999. – Bourdanins Kinder. 2001.

G

Gaiser, Gerd, 15. 9. 1908 Oberriexingen (Württemberg) – 9. 6. 1976 Reutlingen. Der Sohn eines Pfarrers studierte Malerei und Kunstgeschichte in Stuttgart, Königsberg, Dresden und Tübingen (Promotion 1934), war dann Zeichenlehrer und im Zweiten Weltkrieg Fliegeroffizier. Von 1949 bis 1962 arbeitete er als Studienrat, anschließend als Dozent an der Pädagogischen Hochschule in Reutlingen. G.s Schaffen ist von einer konservativ-humanistischen Haltung geprägt. Seine Erzählwerke, die in den 50er-Jahren große Resonanz fanden, thematisieren zunächst Erfahrungen der Kriegs- und Nachkriegszeit, etwa in dem Heimkehrerroman *Eine Stimme hebt an* oder dem Kriegsroman *Die sterbende Jagd*, der den hoffnungslosen Kampf ins Heroische stilisiert. In dem Roman *Schlußball* verdichten sich 30 Monologe (von 10 Personen) im Zusammenhang mit dem Abschlussball einer Gymnasialklasse in einer fiktiven Kleinstadt zu einem kritischen Bild des Materialismus der Wirtschaftswunderjahre.

Werke: Reiter am Himmel. 1941. – Eine Stimme hebt an. 1950. – Die sterbende Jagd. 1953. – Das Schiff im Berg. 1955. – Einmal und oft. 1956. – Gianna aus dem Schatten. 1956. – Aniela. 1958. – Schlußball. 1958. – Revanche und andere Erzählungen. 1959. – Sizilianische Notizen. 1959. – Am Paß Nascondo. 1960. – Gazelle, grün. 1965. – Der Mensch, den ich erlegt hatte. 1965. – Vergeblicher Gang. 1967. – Merkwürdiges Hammelessen. 1971. – Ortskunde. 1977.

Ganghofer, Ludwig, 7. 7. 1855 Kaufbeuren (Allgäu) – 24. 7. 1920 Tegernsee. Der Sohn eines Försters studierte 1875–79 Literaturgeschichte und Philosophie in München, Berlin und Leipzig (Dr. phil. 1879; Dissertation über Fischart und Rabelais), war für kurze Zeit Dramaturg am Wiener Ringtheater und lebte dann nach einer sechsjährigen Tätigkeit als Feuilletonredakteur des *Neuen Wiener Tageblatts* (1886–91) seit 1894 in München bzw. seinem 1897 erworbenen Landhaus am Tegernsee als freier Schriftsteller. Er war Vorsitzender der 1897 gegründeten »Münchner Literarischen Gesellschaft«, die erfolgreich den Dialog zwischen allen Gruppen der Moderne pflegte. 1914 meldete er sich freiwillig und wurde von Kaiser Wilhelm II. zum Kriegsberichterstatter bestellt. Seinen ersten Erfolg erzielte G. mit dem gemeinsam mit Hans Neuert verfassten Volksstück *Der Herrgottschnitzer von Ammergau* in München und v. a. in Berlin. Mit der Umarbeitung eines zweiten, erfolglosen Stücks zu einer Erzählung hatte G. sein Genre gefunden: *Der Jäger von Fall. Eine Erzählung aus dem bayerischen Hochlande.* Er wurde Mitarbeiter der *Gartenlaube* und erreichte in der Folgezeit als erfolgreichster Vertreter der süddt. Heimatliteratur mit seinen zahlreichen Erzählungen und Romanen Millionenauflagen. Dargestellt wird meist eine antithetisch strukturierte Welt, in der die positiven Gestalten sich zum Gesunden, Echten, Natur- und Volkhaften entwickeln, während die Gegenfiguren der modernen Welt anheimfallen und zugrunde gehen. In einem ehrgeizigen Projekt suchte er, angeregt von G. Freytags *Die Ahnen*, die Geschichte des Berchtesgadener Landes vom 12. bis 18. Jh. in einer Serie von Romanen zu vergegenwärtigen.

Werke: Vom Stamme Asra. 1879. – Der Herrgottschnitzer von Ammergau. Volksschauspiel. 1880. – Der Jäger von Fall. Eine Erzählung aus dem bayerischen Hochlande. 1883. – Edelweißkönig. Eine Hochlandsgeschichte. 1886. – Der Herrgottschnitzer von Ammergau. Eine Hochlandsgeschichte. 1890. – Der Klosterjäger. Roman aus dem vierzehnten Jahrhundert. 1892. – Die Martinsklause. Roman aus dem Anfang des zwölften Jahrhunderts. 1894. – Schloß Hubertus. 1895. – Die Bacchantin. 1897. – Meerleuchten. 1897. – Das Gotteslehen. Roman aus dem dreizehnten Jahrhundert. 1899. – Das Schweigen im Walde. 1899. – Das neue Wesen. Roman aus dem sechzehnten Jahrhundert. 1902. – Der Hohe Schein. 1904. – Der Mann im Salz. Roman aus dem Anfang des siebzehnten Jahrhunderts. 1906. – Waldrausch. 1908. – Lebenslauf eines Optimisten. 1909–11. – Der Ochsenkrieg. Roman aus dem 15. Jahrhundert. 1914. – Eiserne Zither. Kriegslieder. 1914. – Die Front im Osten. 1915. – Die Trutze von Trutzberg. Eine Geschichte aus Anno Domini 1445. 1915. – Reise zur deutschen Front. Die stählerne Mauer. 1915. – Bei den Heeresgruppen Hindenburg und Mackensen. 1916. – Das große Jagen. Roman aus dem achtzehnten Jahrhundert. 1918. – Das Kind und die Million. Eine Münchener Geschichte. 1919.

Ausgabe: Gesammelte Schriften. 4 Serien zu je 10 Bdn. Stuttgart 1906–21.

Geibel, Emanuel (seit 1852: von), 17. 10. 1815 Lübeck – 6. 4. 1884 ebd. G. stammte aus einem reformierten Lübecker Pfarrhaus und studierte nach seiner Gymnasialzeit von 1835 an Theologie, dann Klassische Philologie in Bonn und ab 1836 in Berlin. 1838 übernahm er eine Hauslehrerstelle in Athen und veröffentlichte nach seiner Rückkehr seine erste Gedichtsammlung. 1842 setzte ihm der preußische König eine lebenslange Pension von 300 Talern aus, 1852 berief ihn Maximilian II. als gut bezahlten Honorarprofessor nach München, wo er die führende Rolle im königlichen »Symposium« und im Dichterkreis »Das Krokodil« spielte. Nach dem Tod Maximilians provozierte G. den Bruch mit dessen Nachfolger Ludwig II., indem er den Preußenkönig Wilhelm als künftigen dt. Kaiser apostrophierte, und kehrte 1868 nach Lübeck zurück. Der preußische Ehrensold wurde auf 1000 Taler erhöht. G. war der erfolgreichste und berühmteste Lyriker seiner Zeit. Seine Texte zeichnen sich durch die völlige Beherrschung der überlieferten Formen der klassischen und romantischen Dichtung aus, bedienen sich eklektizistisch mit sicherem Geschmack aus dem Repertoire traditioneller Bilder und Gedanken, zielen auf das Allgemeine, das abstrakte Schöne. Für die antikisierende Tragödie *Sophonisbe* erhielt er 1869 den Schiller-Preis. In den 40er-Jahren wandte er sich gegen die Vormärzdichtung, preußisch-patriotisch besang er die Reichsgründung. Bedeutend war G. als Übersetzer.

Werke: Gedichte. 1840. [100]1884. – Zeitstimmen. 1841. – Volkslieder und Romanzen der Spanier. 1843. – König Roderich. 1844. – König Sigurds Brautfahrt. 1846. – Juniuslieder. 1848. – Spanisches Liederbuch. 1852. [Mit Paul Heyse.] – Meister Andrea. 1855. – Neue Gedichte. 1856. – Brunhild. 1857. – Romanzero der Spanier und Portugiesen. 1860. [Mit Adolf Friedrich v. Schack.] – Fünf Bücher französischer Lyrik. 1862. [Mit Heinrich Leuthold.] – Gedichte und Gedenkblätter. 1864. – Sophonisbe. 1868. – Heroldsrufe. 1871. – Classisches Liederbuch. 1875. – Spätherbstblätter. 1877. – Gesammelte Werke. 8 Bde. 1883–84.

Ausgabe: Werke. Krit. durchges. und erl. Ausg. Hrsg. von Wolfgang Stammler. 3 Bde. Leipzig 1920.

Geissler, Christian, * 25. 12. 1928 Hamburg. 1944–45 als Gymnasiast noch in den Krieg hineingezogen, machte G. 1949 das Abitur nach und studierte zunächst ev. Theologie in Hamburg und Tübingen, dann Philosophie und Psychologie in München. Er brach das Studium ab, konvertierte zum Katholizismus und schrieb für Rundfunk und Fernsehen. Von 1960 bis 1964 arbeitete er in der Redaktion der *Werkhefte katholischer Laien*, 1965 gehörte er zu den Gründern der Literaturzeitschrift *Kürbiskern – Literatur, Kritik, Klassenkampf*. Nach zweijähriger Tätigkeit 1972–74 als Dozent an der Deutschen Film- und Fernsehakademie in Westberlin ließ er sich als freier Schriftsteller in Rheiderland (Ems) nieder. Themen der literarischen Arbeiten G.s (Romane, Erzählungen, Hörspiele, Fernsehspiele, Gedichte) sind die Kritik an der fehlenden Bereitschaft, sich mit der dt. Vergangenheit auseinanderzusetzen (*Anfrage*), die Situation der arbeitenden Menschen unter den in der BRD herrschenden politischen und wirtschaftlichen Bedingungen und speziell die Ereignisse um den RAF-Terrorismus und die Sympathisantenhetze. Der Kritik an diesen Verhältnissen und der Darstellung des Leidens der Unterdrückten steht die Erkundung von Möglichkeiten des Widerstands, von Befreiungsversuchen aus den bestehenden Herrschaftsstrukturen, das utopische Bild freien, Anpassung verweigernden menschlichen Handelns gegenüber (z. B. in der in der Weimarer Republik spielenden Erzählung *Wird Zeit, daß wir leben*).

Werke: Anfrage. 1960. – Schlachtvieh. 1963. – Kalte Zeiten. Erzählung nicht frei erfunden. 1965. – Ende der Anfrage. Erzählungen, Reden, Stücke. 1967. – Das Brot mit der Feile. 1973. – Wird Zeit, daß wir leben. Geschichte einer exemplarischen Aktion. 1976. – Die Plage gegen den Stein. Arbeiten aus den Jahren 1958–1965. 1978. – Im Vorfeld einer Schußverletzung. Gedichte von Juli 77 bis März 80. 1980. – spiel auf ungeheuer. Gedichte von April 80 bis November 82. 1983. – kamalatta. romantisches fragment. 1988. – Anfrage. 1996. – Wildwechsel mit Gleisanschluß. 1996. – Klopfzeichen. Gedichte 83 bis 97. 1998. – Ein Kind essen. Liebeslied. 2001.

Gellert, Christian Fürchtegott, 4. 7. 1715 Hainichen (Sachsen) – 13. 12. 1769 Leipzig. G. stammte aus einem kinderreichen Pfarrhaus, besuchte die Fürstenschule St. Afra in Meißen und begann 1734 das Studium der Theologie in Leipzig. Aus finanziellen Gründen musste er 1739 die Universität verlassen und sich als Hauslehrer verdingen, konnte dann aber weiterstudieren (Magister 1743) und sich 1744 mit einer Arbeit über die Fabel habilitieren (eigene Fabeln hatte er seit 1741 in den *Belustigungen des Verstandes und des Witzes* veröffentlicht). Der Privatdozent wurde 1751 zum a. o. Professor der Philosophie ernannt, musste aber weiterhin das magere Gehalt durch Privatstunden aufbessern. Als Universitätslehrer wie als Dichter war er äußerst populär; auch der junge Goethe zählte zu seinen Hörern. Äußeres Zeichen der öffentlichen Anerkennung war der Empfang durch Friedrich II. (1760). G. nimmt eine wichtige Position in der dt. Literaturgeschichte zwischen Gottsched und Lessing ein, zwischen dem aufklärerischen Rationalismus und empfindsamer Gefühlskultur. Neue Akzente setzte er mit seinem Versuch eines bürgerlich-empfindsamen Romans, mit seiner ebenfalls von engl. und frz. Vorbildern angeregten Hinwendung zum »rührenden Lustspiel« und seiner Propagierung eines einfachen, natürlichen Briefstils. Populär wurde G. v. a. mit seinen moralischen Fabeln, die den harmonischen Ausgleich zwischen Verstand und Herz nahezulegen suchten und dem aufklärerischen Tugendbegriff breite Resonanz sicherten, und seinen späten erbaulichen Liedern.

Werke: Das Band, ein Schäferspiel. 1744. – Die Betschwester. 1745. – Sylvia. 1745. – Das Loos in der Lotterie. 1746. – Fabeln und Erzählungen. 1746–48. – Die zärtlichen Schwestern. 1747. – Leben der Schwedischen Gräfinn von G* * *. 1747–48. – Briefe, nebst einer Praktischen Abhandlung von dem guten Geschmacke in Briefen. 1751. – Pro comoedia commovente. 1751. – Lehrgedichte und Erzählungen. 1754. – Geistliche Oden und Lieder. 1757.
Ausgaben: Sämmtliche Schriften. 10 Bde. Leipzig 1769–74. Reprogr. Nachdr. Hildesheim 1968. – Briefwechsel. Krit. Gesamtausg. 5 Bde. Hrsg. von John F. Reynolds. Berlin / New York 1983 ff. – Gesammelte Schriften. Krit., komm. Ausg. Hrsg. von Bernd Witte. 7 Bde. Berlin / New York 1988 ff.

Genazino, Wilhelm, * 22. 1. 1943 Mannheim. G. arbeitete nach dem Abitur als Redakteur (u. a. bei der satirischen Zeitschrift *pardon* in Frankfurt a. M.) und lebt heute als freier Schriftsteller in Frankfurt a. M. 2004 erhielt er den Georg-Büchner-Preis. Nach einem frühen Roman schrieb er zahlreiche Hörspiele, die die Hintergründe des Alltags ausleuchten, bis er mit der Romantrilogie *Abschaffel*, *Die Vernichtung der Sorgen* und *Falsche Jahre* den Zusammenhang von gesellschaftlichen Zwängen bzw. Zwängen der Arbeitswelt und individueller Deformation auch in epischer Form in eindringlichen Psychogrammen darstellte. In den folgenden Romanen *Die Ausschweifung* und *Fremde Kämpfe* weitet sich die Beschreibung der Angestelltenwelt zum Gesellschaftspanorama aus. Die späteren Romane formulieren Strategien des Widerstands gegen die Vereinnahmung durch die Gesellschaft und den Kulturbetrieb, gegen die Gefahren, die der Individualität in der modernen Warenwelt mit ihrer polierten Oberflächlichkeit drohen. So entfalten der Ich-Erzähler und seine

Freundin Gesa, Künstler beide, im Roman *Der Fleck, die Jacke, die Zimmer, der Schmerz* ihre Kreativität im Privaten und verhindern dadurch, dass ihre Werke zur Ware werden. Im Übrigen reisen sie und gehen durch Städte wie die Flaneure und Beobachter in G.s anderen Romanen, sei es, indem sie Luxusschuhe testen (*Einen Regenschirm für diesen Tag*) oder in einer Art Bildungsgeschichte als Lokalreporter (bzw. angehender Dichter) und Speditionslehrling die Szene durchwandern (*Eine Frau, eine Wohnung, ein Roman*). Bezeichnend für G.s Erzählweise ist eine gelassene Kunst der Beobachtung und Beschreibung, in der das scheinbar Nebensächliche zur Hauptsache wird. In den Kunstgesprächen im Roman *Der Fleck, die Jacke, die Zimmer, der Schmerz* ist von einer neuen Kunst die Rede, die – dem »falschen Staunen« des Publikums entzogen – aus dem Verborgenen heraus entstehen könnte: »Es könnte die empfindlichste Kunst werden, die es je gegeben hat.«

Werke: Laslinstraße. 1965. – Abschaffel. 1977. – Die Vernichtung der Sorgen. 1978. – Falsche Jahre. 1979. – Die Ausschweifung. 1981. – Fremde Kämpfe. 1981. – Der Fleck, die Jacke, die Zimmer, der Schmerz. 1989. – Die Liebe zur Einfalt. 1990. – Leise singende Frauen. 1992. – Die Obdachlosigkeit der Fische. 1994. – Das Licht brennt ein Loch in den Tag. 1996. – Achtung Baustelle. 1998. – Die Kassiererinnen. 1998. – Auf der Klippe. Ein Album. 2000. – Ein Regenschirm für diesen Tag. 2001. – Karnickel und Fliederbüsche, violett. 2001. – Eine Frau, eine Wohnung, ein Roman. 2003. – Der gedehnte Blick. Essays. 2004. – Die Liebesblödigkeit. 2005. – Die Belebung der toten Winkel. Frankfurter Poetikvorlesungen. 2006. – Lieber Gott, mach mich blind. Der Hausschrat. Zwei Theaterstücke. 2006.

Gengenbach, Pamphilius, um 1480 Basel – 1524/25 ebd. Der Sohn eines Buchdruckers wurde ebenfalls Buchdrucker und arbeitete zunächst bei Koberger in Nürnberg, dann in Basel (1509 zum ersten Mal erwähnt, 1511 Bürgerrecht). Hier machte er sich selbständig; Drucke aus seiner Presse sind für die Zeit von 1513 bis 1523 bekannt.

Sein Werk, meist nicht genau zu datieren, umfasst Meisterlieder, historische Volkslieder, politische und moralische Schriften in Vers und Prosa und – der wichtigste Wertkomplex – Schauspiele. Es handelt sich um Reihenspiele, bei denen die Vertreter der Lebensalter, die politischen Mächte der Zeit, die verschiedenen Venusnarren Revue passieren. Den Umschlag von allgemeiner Moral- und Zeitkritik zur krassen antikatholischen Polemik im Dienst der Reformation vollzog G. mit dem satirischen Dialog *Die Totenfresser*, einer Vorform des Reformationsdramas.

Werke: Der bundtschu. 1513. – Der alt Eydgnoß. 1514. – Die X alter dyser welt. 1515. – Der Nollhart. 1517. – Diß ist die gouchmat. o. J. [um 1516 oder um 1520]. – Diß ist ein iemerliche clag vber die Todten fresser. o. J. [um 1521].

Ausgabe: Pamphilius Gengenbach. Hrsg. von Karl Goedeke. Hannover 1856. Reprogr. Nachdr. Amsterdam 1966.

George, Stefan, 12. 7. 1868 Büdesheim bei Bingen – 4. 12. 1933 Minusio bei Locarno. Der Sohn eines Weinbergbesitzers und Gastwirts besuchte 1882–88 das humanistische Gymnasium in Darmstadt und unternahm dann 1888–89 ausgedehnte Reisen (England, Schweiz, Italien, Spanien, Frankreich). Nach seiner Rückkehr immatrikulierte er sich an der Berliner Universität, brach aber seine philologischen und kunstgeschichtlichen Studien nach drei Semestern ab. Sein Versuch, H. v. Hofmannsthal bei einem Besuch 1891 in Wien für eine »sehr heilsame diktatur« über die dt. Literaturszene und eine gemeinsam betriebene Erneuerung der Literatur zu gewinnen, scheiterte. Er gründete dann als publizistisches Organ der ästhetischen Opposition gegen den literarischen Betrieb seiner Zeit und die vorherrschenden Literaturdoktrinen des Realismus und des Naturalismus die unregelmäßig erscheinenden *Blätter für die Kunst* (1882–1919). Sie vertraten einen entschiedenen Ästhetizismus, »eine kunst für die kunst« im Anschluss an Stéphane Mallarmé und die frz. Symbolisten, die er in Paris kennen gelernt hatte. Diese neue Kunst hob sich auch orthographisch und typographisch vom Üblichen ab und betonte durch Ausstattung und Erscheinungsweise – Privatdrucke – ihren aristokratisch-exklusiven Charakter. Um G. und die Zeitschrift bildete sich ein Kreis von (ausschließlich männlichen) jungen Dichtern, später auch anderen Künstlern und Gelehrten, dem eine homoerotische Komponente innewohnte (seit einer gescheiterten Beziehung mit Ida Coblenz, der späteren Frau seines Gegners R. Dehmel, Anfang der 90er-Jahre, spielten Frauen kaum noch eine Rolle in G.s Leben). Die wichtigsten Zirkel bildeten sich in München und Berlin. G., der ohne festen Wohnsitz von bescheidenen Kapitaleinkünften lebte, besuchte sie regelmäßig auf seinen Reisen und inszenierte Lesungen, die großen Anklang fanden und zur Erweiterung seines Kreises im Sinn einer kulturellen Elite führten, als deren geistiger Führer sich G. stilisierte. Das elitäre Denken bekam reaktionäre Züge; allerdings entzog sich G. Vereinnahmungsversuchen der Nationalsozialisten. Mit seinem frühen lyrischen Werk, begleitet von Übersetzungen von Gedichten Baudelaires und Mallarmés, öffnete sich die dt. Dichtung dem frz. Symbolismus; dabei formuliert v. a. *Algabal* mit seiner Darstellung der ästhetizistischen, amoralischen Kunstwelt des spätantiken Kaisers Heliogabal provokant die kritische Distanz zum herrschenden Geist des wilhelminischen Deutschland. Höhepunkt der frühen Lyrik ist der Band *Das Jahr der Seele*, in dem G. auf historische Distanzierung und Maskierung verzichtet und die Naturdichtung zu erneuern sucht, indem er eine Balance zwischen strengem Stilwillen und – immer auf Distanz gehaltener – Natur (bestehend aus Parks und Gärten) herzustellen sucht. Dabei ist die Natur Spiegel des Inneren, geht es um Zustände der Seele, um die melancholische Erinnerung an das, was vergangen ist: Jugend, Liebe, Leben. In den folgenden Werken zeigt sich, wie das Gleichgewicht zwischen Kunst und Leben mehr und mehr verloren geht und die Dichtung zum Medium der Verkündung einer sektiererischen neuen Mythologie und konservativer politischer und kulturpolitischer Lehrmeinungen wird.

Werke: Hymnen. 1890. – Pilgerfahrten. 1891. – Charles Baudelaire: Die Blumen des Bösen. 1891. Erw. 1901. [Übers.] – Algabal. 1892. – Die Bücher der Hirten und Preisgedichte, der Sagen und Sänge und der hängenden Gärten. 1895. – Das Jahr der Seele. 1897. – Der Teppich des Lebens und die Lieder von Traum und Tod. 1900. – Die Fibel. Auswahl erster Verse. 1901. – Stéphane Mallarmé: Herodias. Umdichtung. 1905. – Zeitgenössische Dichter. 1905. [Übers.] – Der siebente Ring. 1907. – Shakespeare: Sonette. Umdichtungen. 1909. – Dante: Göttliche Komödie. Übertragungen. 1912. – Der Stern des Bundes. 1914. – Das neue Reich. 1928.

Ausgaben: Gesamt-Ausgabe der Werke. Endgültige Fassung. 18 Bde. Berlin 1927–31. – Werke. Hrsg. von Robert Boehringer. 2 Bde., München/Düsseldorf 1958. Neudr. in 4 Bdn. München 1983. – Sämtliche Werke. Hrsg. von Georg Peter Landmann und Ute Oelmann. 18 Bde. Stuttgart 1982 ff.

Gerhardt, Paul, 12. 3. 1607 Gräfenhainichen (Sachsen) – 27. 5. 1676 Lübben im Spreewald. Der Sohn eines Gastwirts und einer Pfarrerstochter besuchte die Fürstenschule in Grimma und studierte von 1628 an fast 30 Semester Theologie in Wittenberg, wobei er wohl zugleich als Hauslehrer und Predigtgehilfe tätig war. 1643 ging er nach Berlin und wirkte auch hier als Hauslehrer, bis er 1651 eine Pfarrstelle in Mittenwalde in der Mark erhielt und einen Hausstand gründen konnte. Als Diakon der Berliner Nicolaikirche (seit 1657) wurde er in die Besonderheiten der brandenburgischen Kirchenpolitik verstrickt. G. weigerte sich, das Toleranzedikt von 1664 zu unterschreiben, mit dem das reformierte Herrscherhaus die Anerkennung seiner Konfession und Toleranz zwischen Reformierten und Lutheranern zu erzwingen suchte. Da G. auch Kompromisse ablehnte, wurde er 1667 abgesetzt; seine letzten Jahre – von 1669 bis zu seinem Tod – verbrachte er als Archidiakonus in Lübben, das zum lutherischen Sachsen-

Merseburg gehörte. G.s Lieder setzen die Tradition des reformatorischen Kirchenliedes fort, öffnen sich dabei aber den Strömungen einer vertieften und verinnerlichten Frömmigkeit, wie sie sich um 1600 im Erbauungsschrifttum Ausdruck verschafft hatten. Die Lieder erschienen seit 1647 nach und nach in verschiedenen Ausgaben von Johann Crügers *Praxis pietatis melica*, bis der Komponist Johann Georg Ebeling 1666–67 eine erste Sammlung veranstaltete. Schlichtheit und religiöse Innigkeit charakterisieren viele Lieder G.s; die Auswahl im *Evangelischen Kirchen-Gesangbuch* bevorzugt Texte dieser Art. Etwa die Hälfte der Lieder basiert auf Bibelstellen. Aus der lat. Hymnentradition stammt *O Haupt vol Blut und Wunden*. Volkstümlich wurde er mit Liedern wie *Befiehl du deine Wege*, *Geh aus mein Hertz und suche Freud* oder *Nun ruhen alle Wälder*.

Ausgaben: Geistliche Lieder. Hist.-krit. Ausg. Hrsg. von Johann Friedrich Bachmann. Berlin 1866. ²1877. – Dichtungen und Schriften. Hrsg. von Eberhard v. Cranach-Sichart. München 1957. – Geistliche Andachten (1667). Samt den übrigen Liedern und den lat. Gedichten. Hrsg. von Friedhelm Kemp. Bern/München 1975.

Gernhardt, Robert, 13. 12. 1937 Reval (Estland) – 30. 6. 2006 Frankfurt a. M. G. studierte Malerei und Germanistik in Stuttgart und Berlin, war 1964–65 Redakteur der satirischen Zeitschrift *pardon* in Frankfurt und lebte hier seit 1965 als freier Schriftsteller. Seit 1980 schrieb und zeichnete er auch für das Satiremagazin *Titanic*, das er mitbegründete. Er gehörte zu den führenden Figuren der »Neuen Frankfurter Schule«, eine aus der Zusammenarbeit bei *pardon* entstandene Gruppierung von Zeichnern und Schriftstellern. Sein literarisches Werk umfasst ein breites Gattungsspektrum – Bildergeschichte, Lyrik, Satire, Erzählung, Roman, Schauspiel, Kinderbuch (mit Almut Gernhardt) – und zeichnet sich durch einen spielerischen Charakter aus, wobei sich Satire, Parodie und Nonsens mit einem virtuosen Umgang mit der Sprache und mit literarischen Traditionen und Formen verbinden. Seine Gedichte beziehen ihre Komik nicht zuletzt aus dem Kontrast zwischen den klassischen Strophen- und Gedichtformen und ihren die Erwartungshaltung absichtsvoll enttäuschenden, banalen Inhalten. Heiter, distanziert und kritisch und mit einem Blick für den alltäglichen Schwachsinn betrieb G. eine Art poetisch-ironische Trivialgeschichtsschreibung der BRD, nicht ohne jedoch auch über zartere Gefühle zu verfügen.

Werke: Besternte Ernte. 1976. – Die Blusen des Böhmen. 1977. – Wörtersee. 1981. – Ich, Ich, Ich. 1982. – Glück Glanz Ruhm. 1983. – Erzählungen. 1983. – Letzte Ölung. Gesammelte Satiren 1962–84. 1984. – Hier spricht der Dichter. 1985. – Die Toscana-Therapie. 1986. – Kippfigur. 1986. – Es gibt kein richtiges Leben im valschen. Humoresken aus unseren Kreisen. 1987. – Körper in Cafés. 1987. – Was gibt's denn da zu lachen? Kritik der Komiker. Kritik der Kritiker. Kritik der Komik. 1988. – Gedanken zum Gedicht. 1990. – Reim und Zeit. Gedichte. 1990. – Lug und Trug. Drei exemplarische Erzählungen. 1991. – Weiche Ziele. Gedichte 1984–1994. 1994. – Wege zum Ruhm. 13 Hilfestellungen für junge Künstler und 1 Warnung. 1995. – Gedichte 1954–1994. 1996. – Lichte Gedichte. 1997. – Klappaltar. 1998. – Der letzte Zeichner. Aufsätze zu Kunst und Karikatur. 1999. – Berliner Zehner. Hauptstadtgedichte. 2001. – Im Glück und anderswo. 2002. – Die K-Gedichte. 2004. – Gesammelte Gedichte. 2005. – Später Spagat. 2006.

Gerstäcker, Friedrich, 10. 5. 1816 Hamburg – 31. 5. 1872 Braunschweig. Der Sohn einer Sängerfamilie begann eine Kaufmannslehre in Kassel (1833), dann eine landwirtschaftliche Lehre (1835); 1837 wanderte er nach Amerika aus und schlug sich in den verschiedensten Berufen durch. Die von ihm nach Hause geschickten Tagebuchaufzeichnungen wurden in einer Zeitschrift veröffentlicht. Nach seiner Rückkehr 1843 konnte er sich als freier Schriftsteller etablieren. Er hatte mit seinen amerikanischen Reiseberichten und Abenteuerromanen große Erfolg, auch deswegen, weil er dank der realistischen Darstellung der wirklichen Lebensverhältnisse auswanderungswilligen Deutschen brauchbare Informationen bot. Er machte weitere große Reisen (1849 Südamerika, Australien, Java, 1860/61 Südamerika, 1862 Ägypten, Abessinien, 1867/68 Nord- und Südamerika), die er literarisch auswertete. Ohne die exotischen Reize kommt u. a. die Satire auf den reisenden Kleinbürger *Herrn Mahlhuber's Reiseabenteuer* aus, die zu den literarisch bedeutendsten Texten G.s gehört. Sein Werk umfasst rund 80 Bücher; v. a. die frühen Erzählungen aus dem noch ›wilden‹ Westen (*Die Regulatoren in Arkansas*, *Die Flußpiraten des Mississippi*) mit ihrem Gegensatz von bürgerlicher Gesetzlichkeit und ungebundener Gesetzlosigkeit und ihren wirklichkeitsnahen Schilderungen des Siedlerlebens blieben – auch als Jugendbücher – lange lebendig.

Werke: Die Regulatoren in Arkansas. 1846. – Der deutschen Auswanderer Fahrten und Schicksale. 1847. – Mississippi-Bilder. 1847. – Reisen um die Welt. 1847. – Die Flußpiraten des Mississippi. 1848. – Pfarre und Schule. Eine Dorfgeschichte. 1849. – Reisen. 1853–54. – Tahiti. Roman aus der Südsee. 1854. – Nach Amerika! Ein Volksbuch. 1855. – Die beiden Sträflinge. Australischer Roman. 1856. – Herrn Mahlhuber's Reiseabenteuer. 1857. – Gold! Ein californisches Lebensbild aus dem Jahre 1849. 1858. – Hell und Dunkel. Gesammelte Erzählungen. 1859. – Unter dem Äquator. Javanisches Sittenbild. 1861. – Heimliche und unheimliche Geschichten. 1862. – Unter Palmen und Buchen. 1865–67. – Die Missionäre. 1868. – Kreuz und Quer. 1869.

Ausgaben: Gesammelte Schriften. 44 Bde. Jena 1872–79. – Reiseromane und Schriften. 45 Bde. Hrsg. von Dietrich Theden [u. a.]. Berlin 1903–10.

Gerstenberg, Heinrich Wilhelm von, 3. 1. 1737 Tondern (Schleswig) – 1. 11. 1823 Altona. Der Sohn eines Offiziers in dän. Diensten studierte von 1757 an Jura in Jena, widmete sich jedoch zugleich seinen literarischen und kritischen Interessen. Nach Abbruch seines Studiums trat er 1760 in den dän. Militärdienst, brachte es bis zum Rittmeister und verkehrte in Kopenhagen mit den dt. Literaten um Minister Bernstorff und Klopstock. 1771 trat er hoch verschuldet in den Zivildienst über, 1775 wurde er dän. Gesandter in Lübeck. 1783 musste er das Amt verkaufen und erhielt schließlich eine Stelle als Justizdirektor beim Lotto in Altona, die er bis 1812 innehatte. G. verfasste anakreontische Lyrik, die auch auf den jungen Goethe wirkte, Prosaidyllen in der Nachfolge S. Gessners sowie Kriegslieder in der Manier J. W. L. Gleims. Über die übliche Thematik ging er mit seinem *Gedicht eines Skalden* hinaus und regte damit u. a. die so genannte Bardendichtung an. G.s folgenreichster, auf den Sturm und Drang vorausweisender Beitrag zur Literatur war seine Neubewertung Shakespeares, die auf dessen Charakterdarstellung abzielt, und die Diskussion des Geniebegriffs. Seine Shakespeareauffassung steht auch hinter dem Drama *Ugolino*, das bei strengem formalem Klassizismus in einem naturalistischen Seelengemälde menschliches Verhalten in einer Extremsituation darstellt.

Werke: Prosaische Gedichte. 1759. – Tändeleyen. 1759. – Kriegslieder eines Königlich-Dänischen Grenadiers. 1762. – Handbuch für einen Reuter. 1763. – Die Braut. Eine Tragödie von Beaumont und Fletcher; Nebst kritischen und biographischen Abhandlungen über die vier größten Dichter des älteren britischen Theaters. 1765. – Gedicht eines Skalden. 1766. – Briefe über Merkwürdigkeiten der Litteratur. 1766–67. 1770. – Ariadne auf Naxos. 1767. – Ugolino. 1768. – Die Amerikanerin, ein lyrisches Gemälde. 1776. – Minona oder die Angelsachsen. Ein Melodrama. 1785. – Vermischte Schriften, von ihm selbst gesammelt. 1815–16.

Gessner, Salomon, 1. 4. 1730 Zürich – 2. 3. 1788 ebd. Der einzige Sohn einer wohlhabenden Verlegerfamilie begann 1749 eine Lehre in einer Berliner Verlagsbuchhandlung, kehrte jedoch bereits 1750 nach Zürich zurück, arbeitete im väterlichen Verlag mit und verfolgte zugleich seine malerischen und literarischen Interessen. Er fand Anschluss an J. J. Bodmer und J. J. Breitinger und war mit E. v. Kleist und C. M. Wieland befreundet. 1761 heiratete er die Verlegertochter Judith Heidegger und wurde Teilhaber im Verlag Orell, Gessner u. Comp.; daneben war er seit 1763 Teilhaber einer Porzellanfabrik und seit 1765 in verschiedenen Funktionen Mitglied der Züricher Stadtregierung (1765 Mitglied des Großen Rats, 1767 des Kleinen Rats u. a.). Sein literarisches Werk, im eigenen Verlag erschienen, entstand im Wesentlichen in dem Jahrzehnt nach seiner Rückkehr aus Berlin. Europäische Berühmtheit erlangte er durch seine *Idyllen*, das sind kurze dialogische, beschreibende oder erzählende Genreszenen aus einer als Gegenbild zur zeitgenössischen Wirklichkeit konzipierten Schäferwelt, deren sanft bewegte, lyrische Prosa der beschworenen Harmonie zwischen Natur und Mensch entspricht. Neben den idyllischen Dichtungen, zu denen auch der kleine Roman *Daphnis* und Schäferspiele zählen, stehen ein biblisches Prosaepos und Erzählungen. Zu den herausragenden Produktionen seines Verlags gehören die gemeinsam mit Wieland herausgegebenen *Theatralischen Werke* Shakespeares (1762–66). Am 12. 1. 1768 erschien hier auch die erste Nummer der *Zürcher Zeitung*, heute *Neue Zürcher Zeitung*.

Werke: Die Nacht. 1753. – Daphnis. 1754. – Idyllen. 1756. – Ynkel und Yariko. 1756. – Der Tod Abels. 1758. – Gedichte. 1762. – Moralische Erzaehlungen und Idyllen von Diderot und S. Gessner. 1772. – Neue Idyllen. 1772.

Ausgabe: Sämtliche Schriften. Hrsg. von Martin Bircher. 3 Bde. Zürich 1972–74.

Glaeser, Ernst, 29. 7. 1902 Butzbach (Hessen) – 8. 2. 1963 Mainz. Nach dem Besuch des humanistischen Gymnasiums in Darmstadt studierte der Sohn eines Amtsrichters in Freiburg i. Br. und München Jura, Germanistik und Philosophie. Danach schrieb er für die *Frankfurter Zeitung*, arbeitete 1926–27 als Dramaturg am Deutschen Theater in Frankfurt a. M. und anschließend 1928–30 beim Südwestdeutschen Rundfunk als Leiter der literarischen Abteilung. Im Dezember 1933 emigrierte G. in die Tschechoslowakei – seine Bücher gehörten zu denen, die am 10. 5. 1933 verbrannt wurden –, ging dann 1934 in die Schweiz, kehrte aber 1939 nach Deutschland zurück. Er wurde Ende 1940 zur Wehrmacht einberufen und als stellvertretender Hauptschriftleiter der Frontzeitungen der Luftwaffe *Adler im Osten* und *Adler im Süden* eingesetzt. Nach dem Krieg lebte er als freier Schriftsteller und Publizist in Wiesbaden. Mit seinem ersten Roman, dem der dramatische Versuch *Überwindung der Madonna* vorausgegangen war, gelang ihm ein Welterfolg: *Jahrgang 1902* erzählt am Beispiel der autobiographisch fundierten Entwicklungsgeschichte eines Jungen das Schicksal einer Generation, die durch den Krieg der Eltern (»La guerre, ce sont nos parents«) ihrer Perspektiven beraubt wird. G.s weitere Romane *Frieden* und *Der letzte Zivilist* setzen die Kritik an der Gesellschaft, dem Untertanengeist und der kleinbürgerlichen Sehnsucht nach Ruhe und Ordnung fort. Beispielhaft geschieht dies hier an der Darstellung der Wirren von 1918/19 in der Stadt D. (Darmstadt) bzw. des Aufstiegs der Nationalsozialisten in einer württembergischen Kleinstadt. G.s kritischer Nachkriegsroman *Glanz und Elend der Deutschen* gehört zu seinen Versuchen, sein Verhalten während des Dritten Reiches zu rechtfertigen.

Werke: Überwindung der Madonna. 1924. – Jahrgang 1902. 1928. – Frieden. 1930. – Das Gut im Elsaß. 1932. – Der letzte Zivilist. 1935. – Das Unvergängliche. 1936. – Das Jahr. 1938. – Kreuzweg der Deutschen. 1947. – Die deutsche Libertät. Ein dramatisches Testament. 1948. – Köpfe und Profile. 1952. – Das Kirschenfest. 1953. – Glanz und Elend der Deutschen. 1960.

Glaser, Georg K., 30. 5. 1910 Guntersblum (Rheinhessen) – 18. 1. 1995 Paris. Der Sohn eines Beamten floh vor den brutalen Erziehungsmethoden des Vaters, wurde mehrfach in Erziehungsanstalten untergebracht, bis er sich durch den Kontakt mit kommunistischen Jugendverbänden fing und zu schreiben begann. Erste Erzählungen und Gerichtsreportagen erschienen in der *Frankfurter Zeitung* und der *Linkskurve*. Da er an Straßenschlachten gegen die Nationalsozialisten beteiligt war, musste er nach der Machtergreifung untertauchen. Er floh über das Saarland nach Paris und arbeitete bis 1939 für die Eisenbahn. Er wurde, inzwischen durch Heirat frz. Staatsbürger, zum Militärdienst eingezogen und geriet 1940 in dt. Gefangenschaft. Nach dem Krieg kehrte er nach Paris zurück, war u. a. bei Renault beschäftigt, bis er 1949 mit seiner Frau eine kleine Kupfer- und Silberschmiede aufmachte. G.s Hauptwerk ist *Geheimnis und Gewalt*, die Geschichte seines Lebens und seiner Zeit von 1910 bis 1945, eine Abrechnung mit der Gewalt in Familie und Staat und zugleich ein überzeugendes Plädoyer für individuelle Freiheit und Selbstbestimmung. Der Band *Jenseits der Grenzen* führt dann die Lebensgeschichte weiter, mit der G. eine der bedeutendsten Autobiographien des 20. Jh.s gelang. Bereits vor 1933 hatte G. den proletarisch-revolutionären Roman *Schluckebier* veröffentlicht, die Geschichte von Armut und Not eines Fürsorgezöglings, der schließlich von der Polizei erschossen wird.

Werke: Schluckebier. 1932. – Geheimnis und Gewalt. Ein Bericht. 1951. – Die Geschichte des Weh. 1968. – Aus der Chronik der Rosengasse und andere kleine Arbeiten. 1985. – Jenseits der Grenzen. Betrachtungen eines Querkopfs. 1985.

Glaßbrenner, Adolf (d. i. Georg Adolph Glasbrenner; auch: A. Brennglas), 27. 3. 1810 Berlin – 25. 9. 1876 ebd. Mit 14 Jahren musste G., Sohn eines Schneidermeisters, das Gymnasium verlassen und eine Kaufmannslehre beginnen. 1830 wurde er Journalist und Schriftsteller. Mit seinem humoristischen Talent und seinen satirisch-politischen Texten und Groschenheften hatte er großen Erfolg, wurde aber von der Zensur verfolgt und zeitweise mit Berufsverbot belegt, so dass er Anfang der 40er-Jahre von Berlin nach Neustrelitz ausweichen musste. Von 1850 an lebte er in Hamburg, kehrte aber 1858 nach Berlin zurück.

Populär wurde er mit der Heft-Serie *Berlin wie es ist und – trinkt*, die auf eine »Charakteristik aller niederen Volksklassen dieser Residenz« zielte und Berliner Typen (u. a. den »Eckensteher« Nante, den Guckkästner und den etwas beschränkten Rentier Buffey) in kurzen witzigen Dialogen in Berliner Dialekt direkt und indirekt die politischen und gesellschaftlichen Verhältnisse kommentieren ließ. Nach der gescheiterten Revolution gab er u. a. kurzlebige humoristische Zeitschriften heraus, nutzte Parodien von Werken der Weltliteratur und von Märchen als literarisches Kampfinstrument gegen die Restauration und fungierte seit 1868 als Herausgeber der *Berliner Morgenzeitung*.

Werke: Berlin wie es ist und – trinkt. 33 Hefte. 1832–50. – Buntes Berlin. 15 Hefte. 1837–53. – Herr Buffey in der Berliner Kunstausstellung. 4 Bde. 1838–39. – Schilderungen aus dem Berliner Volksleben. 1841. Erw. u. d. T.: Berliner Volksleben. 1847–51. – Verbotene Lieder. 1844. – Herrn Buffey's Wallfahrt nach dem heiligen Rocke. 1845. – Neuer Reineke Fuchs. 1846. – Komischer Volkskalender. 17 Bde. 1846–67. – März-Almanach. 1849. – Kaspar der Mensch. 1850. – Die Insel Marzipan. 1851. – Komische Tausend und Eine Nacht. 1852–54. – Die verkehrte Welt. 1855. – Humoristische Plauderstunden. 1855. – Neue Gedichte. 1866.

Ausgaben: Unterrichtung der Nation. Ausgewählte Werke und Briefe. Hrsg. von Horst Denkler [u. a.]. 3 Bde. Köln 1981. – Welt im Guckkasten. Ausgewählte Werke. Hrsg. von Gert Ueding. 2 Bde. Frankfurt a. M. [u. a.] 1985.

Glauser, Friedrich, 4. 2. 1896 Wien – 8. 12. 1938 Nervi (Italien). Nach einer schwierigen Schulzeit in Wien und der Schweiz bestand der Sohn eines Schweizers und einer Österreicherin das Abitur an einer Privatschule in Zürich und immatrikulierte sich hier 1916 an der Universität als Student der Chemie, während er zugleich mit den Züricher Dadaisten verkehrte und zu dichten begann. 1918 ließ ihn der Vater wegen »liederlichem und ausschweifendem Lebenswandel« entmündigen. Nach mehreren Aufenthalten in psychiatrischen Kliniken ging er 1921 in die Fremdenlegion, wurde aber nach zwei Jahren (Nordafrika) wegen eines Herzleidens entlassen. Danach arbeitete er in verschiedenen Berufen, bis er 1925, morphiumsüchtig, wieder in eine Klinik und dann in das Zuchthaus Witzwil gebracht wurde, wo er – vom Direktor gefördert – ernsthaft zu schreiben begann. In den folgenden Jahren wechselten Klinikaufenthalte und berufliche Bewährungsproben – etwa 1928–30 als Hilfsgärtner –, bis es ihm 1936 mit Hilfe der Krankenschwester Berthe Bendel gelang, sich von der Sucht zu befreien. Kurz vor der Hochzeit, die auch das Ende der Bevormundung bedeutet hätte, starb G. Seine Erfahrungen in den gesellschaftlichen Institutionen Familie, Schule, Anstalt, Gefängnis, in den verschiedensten Berufen und in der Fremdenlegion, sein aus der eigenen prekären Existenz erwachsenes Verständnis für Außenseiter und Randfiguren und die Einsicht in die Brüchigkeit des menschlichen Lebens prägen sein literarisches Werk, das dadurch – obwohl meist ›nur‹ Kriminalromane – den Charakter eines kritischen Zeit- und Gesellschaftsbildes erhält. Im Mittelpunkt steht häufig der verständnisvolle, von den Vorgesetzten ungnädig behandelte Wachtmeister Studer, dem es v. a. auf die Motivationen der Täter ankommt, auf die Umstände, die diesen zur Tat verführten. Zu den literarischen Vorbildern zählt Georges Simenons Kommissar Maigret.

Werke: Matto regiert. 1936. – Wachtmeister Studer. 1936. – Im Dunkel. 1937. – Die Fieberkurve. 1938. – Der Chinese. 1939. – Mensch im Zwielicht. 1939. – Gourrama. 1940. – Der Tee der drei alten Damen. 1941. – Krock & Co. 1941. – Ali und die Legionäre. 1944. – Beichte in der Nacht. Gesammelte Prosastücke. 1945.
Ausgaben: Briefe. Hrsg. von Bernhard Echte und Manfred Papst. 2 Bde. Zürich 1988–91. – Sämtliche Kriminalromane und Kriminalgeschichten. Mit Einführungen von Frank Göhre. 7 Bde. Zürich 1989. – Das erzählerische Werk. Hrsg. von B. Echte und M. Papst. 4 Bde. Zürich 1992–93.

Gleim, Johann Wilhelm Ludwig, 2. 4. 1719 Ermsleben (Ostharz) – 18. 2. 1803 Halberstadt. Nach Privatunterricht und dem Besuch der Wernigeroder Stadtschule studierte G., Sohn eines Obersteuereinnehmers, von Ende 1738 an Jura und Philosophie in Halle (Freundschaft mit J. P. Uz und J. N. Götz), übernahm 1743 eine Hauslehrerstelle und anschließend verschiedene Sekretärsstellungen, bis er 1747 Sekretär des Domkapitels des säkularisierten Stifts Halberstadt wurde. Mit Hilfe der Einkünfte eines Kanonikats, einer Art Pfründe, konnte er in den folgenden Jahrzehnten als bedeutender Mäzen wirken. Zugleich war er Mittelpunkt eines großen Freundeskreises, wobei die Verbindung durch Besuche und einen gewaltigen Briefwechsel aufrechterhalten wurde. Wichtige Anstöße gab er mit dem *Versuch in Scherzhaften Liedern*, die der anakreontischen Mode in Deutschland zum Durchbruch verhalfen (und über deren Stil G. in seinem äußerst umfangreichen Werk nie hinauskam). Seine Romanzen verbinden Momente des Bänkelsangs mit Schauergeschichten und gelten als Vorläufer der Kunstballade. Großen Erfolg hatte er mit den als Äußerungen eines einfachen Soldaten ausgegebenen patriotischen *Preussischen Kriegsliedern*.

Werke: Versuch in Scherzhaften Liedern. 1744–45. – Lieder. 1749. – Fabeln. 1756. – Romanzen. 1756. – Preussische Kriegslieder in den Feldzügen 1756 und 1757 von einem Grenadier. 1758. – Petrarchische Gedichte. 1764. – Gedichte nach den Minnesingern. 1773. – Halladat oder Das rothe Buch. 1774. – Gedichte nach Walter von der Vogelweide. 1779. – Preussische Soldatenlieder in den Jahren von 1778 bis 1790. 1790.

Ausgaben: Sämmtliche Werke. Erste Originalausg. aus des Dichters Handschriften durch Wilhelm Körte. 8 Bde. Berlin 1811–1813. 1841. Reprogr. Nachdr. Hildesheim / New York 1970. – Ausgewählte Werke. Hrsg. von Walter Hettche. Göttingen 2003.

Goering, Reinhard, 23. 7. 1887 Schloss Bieberstein (Fulda) – 14.(?) 10. 1936 Flur Bucha bei Jena. G. besuchte nach dem Selbstmord des Vaters, eines Regierungsbaumeisters, eine Internatsschule in Traben-Trarbach und studierte dann in Jena, Berlin, München und Bonn Medizin. Nach dem Notexamen 1914 meldetet er sich an die Westfront, wurde aber wegen Tuberkulose nach wenigen Wochen vom Dienst befreit. Er verbrachte die Kriegsjahre in Davos, wurde geheilt und führte danach ein unstetes Leben. Er versuchte mehrfach, sich als Arzt niederzulassen (Dr. med. 1926) und engagierte sich für die verschiedensten politischen Gruppierungen. 1933 erkrankte er schwer und nahm sich drei Jahre später das Leben; das genaue Datum ist nicht bekannt. G. debütierte mit einem Roman in der *Werther*-Nachfolge; von literarhistorischer Bedeutung sind jedoch v. a. seine Dramen. Die einaktige Tragödie *Seeschlacht* zeigt in rhetorisch-pathetischer Verssprache den Untergang von sieben Matrosen in einem abgeschlossenen Panzerturm in der Schlacht am Skagerrak. Das Stück hatte 1918 in der Inszenierung Max Reinhardts einen großen Erfolg und zählt zu den Werken, die dem expressionistischen Drama zum Durchbruch auf der Bühne verhalfen, obwohl es entgegen dem expressionistischen Menschheits- und Erlösungspathos vom Scheitern spricht. Nach einer längeren Schaffenspause konnte G. mit dem Stück *Die Südpolexpedition des Kapitäns Scott* noch einmal an den frühen Erfolg anknüpfen.

Werke: Jung Schuk. 1913. – Seeschlacht. 1917. – Der Erste. 1918. – Der Zweite. 1919. – Die Retter. 1919. – Scapa Flow. 1919. – Die Südpolexpedition des Kapitäns Scott. 1930.
Ausgabe: Prosa. Dramen. Verse. München 1961.

Görres, Joseph (seit 1839: von), 25. 1. 1776 Koblenz – 29. 1. 1848 München. Der Sohn eines Holzhändlers und einer Italienerin besuchte das Gymnasium in Koblenz und lebte hier, abgesehen von Reisen und seiner Zeit als Privatdozent in Heidelberg (1806–08), bis 1819. Als Schüler bzw. Student gab er zwei jakobinisch gesinnte Zeitschriften heraus (*Das rothe Blatt*, 1798; *Der Rübezahl*, 1798–99) und hielt sich dann als Deputierter der rheinischen Republikaner 1799–1800 in Paris auf. Von der Entwicklung in Frankreich enttäuscht, wandte er sich von der Politik ab, übernahm 1800 eine Stelle als Physikprofessor an der Sekundärschule in Koblenz und heiratete im selben Jahr. Er habilitierte sich 1806 in Heidelberg, arbeitete eng mit A. v. Arnim und C. Brentano zusammen und beschäftigte sich u. a. mit altdt. Literatur. Hier entstand auf der Basis von Brentanos Bibliothek seine Beschreibung der alten »teutschen Volksbücher«. 1814 wurde G. Herausgeber des von der preußischen Regierung finanzierten, aber zensurfreien *Rheinischen Merkur* berufen. G. machte die Zeitung zwar zum wichtigen Kampfblatt gegen Frankreich, zugleich wandte er sich jedoch mit liberalen Forderungen gegen die Restauration und den despotischen Neoabsolutismus in Deutschland, so dass das Blatt am 12. 1. 1816 verboten wurde. G. setzte seine Kritik fort (*Teutschland und die Revolution*); der bevorstehenden Verhaftung entzog er sich durch die Flucht nach Straßburg. Nach dem Exil in Straßburg und Aarau lebte er als Professor für Geschichte in München (1827–48), nun Exponent einer katholisch fundierten konservativen Politik und Publizistik. Wissenschaftliches Hauptwerk dieser Zeit ist die Darstellung der christlichen Mystik, die zur Erneuerung des Katholizismus beitragen sollte.

Werke: Der allgemeine Friede, ein Ideal. 1798. – Resultate meiner Sendung nach Paris im Brumaire des achten Jahres. 1800. – Exposition der Physiologie. 1805. – Die teutschen Volksbücher. 1807. – Mythengeschichte der asiatischen Welt. 1810. – Teutschlands künftige Verfassung. 1816. – Altdeutsche Volks- und Meisterlieder. 1817. – Teutschland und die Revolution. 1819. – Europa und die Revolution. 1821. – Die christliche Mystik. 5 Bde. 1836–42. – Die Wallfahrt nach Trier. 1845.
Ausgabe: Gesammelte Schriften. Hrsg. von Wilhelm Schellberg [u. a.], fortgeführt von Heribert Raab. Köln 1926 ff.

Goethe, Johann Wolfgang (seit 1782: von), 28. 8. 1749 Frankfurt a. M. – 22. 3. 1832 Weimar. G.s Eltern waren der 1742 zum Kaiserlichen Rat ernannte Jurist Johann Caspar Goethe und Catharina Elisabeth Goethe, geb. Textor. Er wurde zu Hause unterrichtet; neben den Naturwissenschaften und Mathematik standen alte und neue Sprachen und Zeichnen auf dem Erziehungsprogramm. 1765 nahm G. das Studium der Rechte in Leipzig auf, widmete sich aber bald seinen literarischen und künstlerischen Interessen (Zeichenunterricht bei Adam Friedrich Oeser). Nach einem Blutsturz mit einem blutigen Husten kehrte er 1768 nach Frankfurt zurück. Nach einer längeren Genesungszeit, die er u. a. zum Verkehr mit dem pietistischen Kreis um Susanna Katharina v. Klettenberg und zur Lektüre pansophischer Schriften nutzte, setzte er 1770 sein Studium in Straßburg fort (Promotion zum Lizentiaten der Rechte im August 1771). Hier kam es im Herbst 1770 zur folgenreichen Begegnung mit J. G. Herder, der ihn mit seiner neuen Auffassung des Schöpferischen, seinem Konzept von Volkspoesie und seinem Entwicklungsdenken bekannt machte und auf Homer, Pindar, Shakespeare und Ossian als die Vorbilder einer aus unmittelbarem Erlebnisausdruck entsprungenen Dichtung hinwies. Zur gleichen Zeit lernte er die Pfarrerstochter Friederike Brion in Sesenheim kennen. Nach seiner Rückkehr nach Frankfurt wurde er im September 1771 als Advokat am Schöffengericht zugelassen; es blieb ihm genug Zeit für seine literarischen Arbeiten und zur Pflege persönlicher Beziehungen, v. a. mit J. H. Merck und seinem Kreis am Darmstädter Hof. Von Mai bis September 1772 hielt er sich als Praktikant am Reichskammergericht in Wetzlar auf; hier lernte er Charlotte Buff und ihren Bräutigam Johann Christian Kestner kennen. Über Ehrenbreitstein – Besuch bei Sophie von La Roche und ihrer Familie – kehrte G. nach Frankfurt zurück; der 1774 erschienene *Werther* machte ihn zur europäischen Berühmtheit. Nach einer bald wieder aufgelösten Verlobung mit der Bankierstochter Elisabeth (Lili) Schönemann und einer Reise in die Schweiz im Sommer 1776 folgte G. der Einladung Herzog Karl Augusts von Sachsen-Weimar nach Weimar (1786 Geheimer

Legationsrat, verantwortlich für Bergwerksangelegenheiten; 1779 Leiter der Kriegskommission und der Direktion des Wegebaus, Ernennung zum Geheimen Rat; 1782 Erhebung in den Adelsstand durch Kaiser Joseph II.; Bezug des Hauses am Frauenplan). Von Karlsbad aus, wo er sich mit dem Herzog, der Familie Herder und Charlotte von Stein aufhielt, brach er am 3. September 1786 ohne Abschied nach Italien auf. Über Verona, Vicenza, Padua, Venedig, Ferrara und Bologna erreichte er – als Johann Philipp Möller, von Beruf Maler oder auch Kaufmann – am 29. Oktober Rom und quartierte sich bei dem Maler Wilhelm Tischbein ein. Ende Februar 1787 reiste er über Neapel nach Sizilien. Anfang Juni kehrte er nach Rom zurück (Aufenthalt bis April 1788). Über Florenz, Mailand und die Schweiz erreichte er Weimar wieder am 18. Juni 1788. In Italien war – nach intensiven Studien bei dortigen dt. Künstlern – die Entscheidung gefallen, in Zukunft »auf das Ausüben der bildenden Kunst« zu verzichten und seiner dichterischen Begabung zu leben. Nach seiner Rückkehr wurde er nun von Regierungsgeschäften entlastet; zugleich begann die Lebensgemeinschaft mit Christiane Vulpius (Trauung am 19. 10. 1806). Ziel einer enttäuschenden zweiten Italienreise (März–Juni 1790) war Venedig. 1791 wurde er mit der Leitung des Weimarer Hoftheaters (bis 1817) betraut. Während der Revolutionskriege nahm er als Begleiter des Herzogs 1792–93 an der ›Campagne in Frankreich‹ und der Belagerung von Mainz teil. 1794 begann die Annäherung an Schiller, die bald zur produktiven Zusammenarbeit und Freundschaft führte. Eine weitere Reise in die Schweiz (1797) und auf schwere Krankheiten folgende Kuraufenthalte in Bad Pyrmont (1801) und Lauchstädt (1805) unterbrachen G.s Tätigkeit in Weimar (Ernennung zum Wirklichen Geheimen Rat 1804) und Jena (Oberaufsicht über die naturwissenschaftlichen Institute der Universität seit 1803). Von 1806 an hielt er sich im Sommer regelmäßig zu Kuraufenthalten in böhmischen

Badeorten auf: Karlsbad, Franzensbad, Teplitz (mehrere Treffen mit Beethoven 1812) und später auch Marienbad (Begegnung mit Ulrike v. Levetzow 1821, *Marienbader Elegie* 1823). 1806 wurde Weimar von frz. Truppen besetzt, 1808 kam es zu mehreren Begegnungen mit Napoleon. 1807 machte Bettine Brentano (später: Arnim) ihren ersten Besuch. 1814 und 1815 unternahm G. Reisen in die Rhein-Main-Gegend (Wiesbaden, Bingen, Frankfurt, Heidelberg, Köln); 1814 lernte er Marianne v. Willemer in Wiesbaden kennen. Im Dezember 1815 wurde G. zum Staatsminister ernannt. Am 6. Juni 1816 starb seine Frau Christiane, am 14. Juni 1828 Herzog Karl August, mit dem ihn eine lebenslange Freundschaft verbunden hatte, am 26. Oktober 1830 in Rom sein einziger Sohn August.

Obwohl G.s Schaffenszeit mehr als 60 Jahre umfasst und sein Werk eine entsprechende Entwicklung durchmacht, zieht sich die Beschäftigung mit manchen Themen und Stoffen – z. B. Faust, Wilhelm Meister – durch viele Jahrzehnte oder selbst sein ganzes schöpferisches Leben hin; außerdem liegt gelegentlich – wie etwa bei der *Italienischen Reise* – ein langer Zeitraum zwischen Anlass und Ausführung. Nach Anfängen in anakreontischem Stil brachte die Straßburger Zeit den entscheidenden dichterischen Durchbruch, mit dem die ›Genieperiode‹ des Sturm und Drang recht eigentlich begann: programmatisch mit der Rede *Zum Schäkespears Tag* und der von Herder herausgegebenen Sammlung *Von Deutscher Art und Kunst* (mit Herders Ossian- und Shakespeareaufsätzen und G.s *Von Deutscher Baukunst*), dichterisch mit den von der Liebe zu Friederike Brion inspirierten ›Sesenheimer Liedern‹ (*Es schlug mein Herz*, *Maifest*), den großen freirhythmischen Sturm-und-Drang-Hymnen (*Mahomets-Gesang*, *Prometheus*, *Ganymed* usw.) und dem Drama *Götz von Berlichingen*. Mit dem Briefroman *Die Leiden des jungen Werthers* brachte er dann nicht nur die eigene Krise zum Ausdruck, sondern die einer ganzen Generation, die sich »in einem schleppenden, geistlosen, bürgerlichen Leben« (G.) gefangen sah.

In die Phase des Sturm und Drang gehören auch die ersten Szenen der Faustdichtung (Gelehrten-, Gretchentragödie, Universitätssatire), der so genannte *Urfaust* (etwa 1773–75). Diese Anfänge blieben trotz späterer Rundungs- und Überformungsversuche erhalten und kontrastieren im vollendeten *Faust I* mit den Symbolisierungstendenzen des ›klassischen‹ Goethe. Die Überwindung »aller nordischer Barbarei«, die der klassische G. in seiner Faustkomposition sah, brachte der *Faust II*, an dem er schon vor der Vollendung des ersten Teils arbeitete (und 1831 abschloss): ein enzyklopädisches, scheinbar disparates Werk, dessen innere Einheit in einem System metaphorischer, allegorischer und symbolischer Zusammenhänge, in einer vielfältigen und wechselseitigen Spiegelung von Themen und Motiven besteht. Gegenüber der Herausforderung, die der *Faust* für das Theater bedeutete, ist sein übriges dramatischen Schaffen durchaus theatergerecht; dabei stehen neben den großen Texten wie *Egmont*, *Iphigenie* oder *Tasso*, die erst in Italien ihre endgültige Form fanden, kleinere Dramen, Singspiele und Festspiele für die höfische Gesellschaft.

Zu G.s Erzählwerk gehören neben den rein fiktiven Texten auch die Autobiographie *Dichtung und Wahrheit*, in der sich die Darstellung der inneren Entwicklung mit der der Welt verbindet, die Beschreibung seiner italienischen Reise mit dem zentralen Motiv der Überwindung der privaten und künstlerischen Krise und die Erinnerungen an die Revolutionskriege. Sein Romanschaffen gipfelt, nimmt man die Rezeption als Maßstab, in *Wilhelm Meisters Lehrjahren*, dem Prototyp des Bildungsromans, entstanden aus einem Romanprojekt der voritalienischen Zeit (*Wilhelm Meisters theatralische Sendung*). Wie bei *Faust* folgte auch hier ein zweiter Teil, der die Gattungskonventionen negierte und, statt auf individuelle Ausbildung und

Vervollkommnung zu zielen, die gesellschaftlichen und wirtschaftlichen Veränderungen reflektiert, mit Begriffen wie Entsagung und Ehrfurcht auf ethische Verpflichtungen verweist und mit dem Projekt einer Auswanderung nach Amerika Perspektiven einer neuen Ordnung zu eröffnen sucht. Auch die von den Zeitgenossen kontrovers diskutierte Ehegeschichte der *Wahlverwandtschaften* hat symbolischen, exemplarischen Charakter und verknüpft in ihrem symbolischen Beziehungsgeflecht die unausweichliche Tragik der Liebesgeschichte mit der Darstellung des geschichtlichen Wandels, der die alte Ordnung zersetzt. Die Kunst der Novelle pflegte G. nach romanischem Vorbild bereits in den *Unterhaltungen deutscher Ausgewanderten* mit dem symbolischen *Märchen* am Ende. Auch der zweite Teil des *Wilhelm Meister* war ursprünglich als novellistische Rahmenerzählung geplant. G. illustrierte seine Auffassung der Novelle – »eine sich ereignete unerhörte Begebenheit« – noch einmal in seinem Spätwerk (*Novelle*). In der Zeit der Zusammenarbeit mit Schiller und der Auseinandersetzung mit der Antike und Problemen der Gattungspoetik erhielt das Epos einen hohen Stellenwert. G.s Versuch eines epischen Gedichts *Hermann und Dorothea* nahm allerdings eher den Charakter einer Idylle an. Der Versuch eines großen homerischen Epos scheiterte; die *Achilleis* kam über das erste Buch nicht hinaus. Bereits vorher hatte G. mit klassischem Anspruch eine Hexameterbearbeitung des alten Tierepos von *Reineke Fuchs* unternommen.

Die Vielfalt von G.s lyrischer Dichtung wird zum ersten Mal 1789 im 8. Band der *Schriften* deutlich. Hier stehen auch, den Sturm-und-Drang-Hymnen entgegengesetzt, die Hymnen *Grenzen der Menschheit* und *Das Göttliche*, die zur Klassik hinführen. G. verfügte als Lyriker wie kein anderer Dichter über die unterschiedlichsten Töne: von der volksliedhaften Einfachheit und stimmungsvollen Erlebnisdichtung zum erhabenen Gestus der

Oden und Hymnen, von satirisch-epigrammatischem Witz zu tiefer Symbolik. Dazu kam eine Offenheit für die verschiedensten Anregungen und zugleich die Fähigkeit, sie sich anzuverwandeln. Ergebnis der Begegnung mit Italien und der klassischen Antike (sowie des Verhältnisses mit Christiane) waren die *Römischen Elegien*, G.s erster Gedichtzyklus; aus der Zusammenarbeit mit Schiller gingen die kritischen und polemischen *Xenien* hervor, gegenseitiger Anregung verdankt sich ihre fruchtbare Balladendichtung. Die Lektüre des *Divan*, der Liedersammlung des persischen Dichters Hafis, verbunden mit einem Gefühl innerer Verjüngung durch eine Reise in die Landschaften seiner Jugend (1814, 1815) und neue Liebeserfahrungen, regte G. zu dem Zyklus *West-östlicher Divan* an, in dem sich – mit Beiträgen Marianne v. Willemers – in einer beziehungsreichen Vielfalt orientalische und westliche Bild- und Vorstellungswelten in einem souveränen Wechsel der Stil- und Sprachebenen miteinander verbinden. Bereits vorher hatte er auch seine Skepsis gegenüber dem bei den Romantikern so beliebten Sonett zurückgestellt und um 1808–09 einen Zyklus von Liebessonetten für Minna Herzlieb geschrieben. Auch seine letzten großen Gedichte, die Marienbader *Trilogie der Leidenschaften*, haben einen entsprechenden biographischen Anlass.

Zu G.s Aufgaben in Weimar gehörte nach der Italienreise neben der Direktion des Hoftheaters auch die Aufsicht über die naturwissenschaftlichen Institute an der Universität Jena. Dies entsprach seinen tatsächlichen wissenschaftlichen Interessen, die sich in seinen eigenen Beiträgen zur Optik und zur Farbenlehre (mit ihrem unbeirrten und uneinsichtigen Kampf gegen Isaac Newton) und anderen Studien – v. a. zur Morphologie – niederschlugen. G.s Erkenntnisinteressen waren andere als die der zünftigen Naturwissenschaften; eine Wissenschaft, die von den Erscheinungen abstrahierte oder die Natur zergliederte, war nicht die seine. So sah er Farbe als ein nicht weiter ableitbares »elementares Naturphänomen für den Sinn des Auges« mit zugleich realer und symbolischer Bedeutung. Seine Vorstellungen von der Einheit des Organischen, von der Morphologie als »Lehre von der Gestalt, der Bildung und Umbildung der organischen Körper«, von der Metamorphose der Pflanze oder des Tieres als einer allmählichen, kontinuierlichen Entwicklung aller Arten aus einem Urphänomen wie der Urpflanze, fanden ihren Niederschlag auch in der Dichtung (z. B. *Faust II*). Das Konzept, das Unruhe, Sprünge, gewaltsame Eingriffe ausschloss, hatte durchaus politische Implikationen und enthielt auch G.s Antwort auf die von ihm nie akzeptierte Französische Revolution.

Werke: Neue Lieder. 1770 [recte 1769]. – Götz von Berlichingen mit der eisernen Hand. 1773. – Von Deutscher Baukunst. 1773. – Götter Helden und Wieland. 1774. – Clavigo. 1774. – Die Leiden des jungen Werthers. 1774. – Erwin und Elmire. 1775. – Stella. Ein Schauspiel für Liebende. 1776. – Claudine von Villa Bella. 1776. – Schriften. 8 Bde. 1787–90. – Die Mitschuldigen. 1787. – Iphigenie auf Tauris. 1787. – Egmont. 1788. – Der Römische Carneval. 1789. – Torquato Tasso. 1790. – Faust. Ein Fragment. 1790. – Versuch die Metamorphose der Pflanzen zu erklären. 1790. – Beyträge zur Optik. 1791–92. – Der Gross-Cophta. 1792. – Der Bürgergeneral. 1793. – Reineke Fuchs. 1794. – Römische Elegien. In: Die Horen. 1795. – Unterhaltungen deutscher Ausgewanderten. In: Die Horen. 1795. – Wilhelm Meisters Lehrjahre. 1795–96. – Hermann und Dorothea. 1798. – Propyläen. 1798–1800. [Zs.] – Leben des Benvenuto Cellini. 1803. [Übers.] – Die natürliche Tochter. In: Taschenbuch auf das Jahr 1804. 1803. – Rameau's Neffe. Ein Dialog von Diderot. 1805. – Winkelmann und sein Jahrhundert. 1805. [Hrsg.] – Faust. Eine Tragödie. 1808. – Die Wahlverwandtschaften. 1809. – Pandora. 1810. – Zur Farbenlehre. 1810. – Aus meinem Leben. Dichtung und Wahrheit. Tl. 1–3. 1811–14. – Gedichte. 1812. – Des Epimenides Erwachen. 1815. – Ueber Kunst und Alterthum. 1816–32. [Zs.] – Aus meinem Leben. [...] Italienische Reise. 1816–17. – Zur Naturwissenschaft überhaupt, besonders zur Morphologie. 1817–24. – West-oestlicher Divan. 1819. – Wilhelm Meisters Wanderjahre oder Die Entsagenden. 1821. – Aus meinem Leben. [...] »Auch ich in der Champagne« [Campagne in Frankreich, Belagerung von Mainz.] 1822. – Briefwechsel zwischen

Schiller und Goethe in den Jahren 1794 bis 1805. 1828–29. – Faust. [...] Zweyter Theil in fünf Acten. 1833.

Ausgaben: Werke. Vollständige Ausgabe letzter Hand. 60 Bde. Stuttgart/Tübingen 1827–42. [Bd. 41–60, 1832–42, u. d. T.: Nachgelassene Werke.] – Werke. Hrsg. im Auftrage der Großherzogin Sophie von Sachsen. 133 Bde. in 143 Tln. Weimar 1887–1919. Verschiedene Nachdrucke. – Werke. Hamburger Ausgabe. Hrsg. von Erich Trunz. 14 Bde. Hamburg 1948–60. Neubearb. Aufl. München 1981 [u. ö.] – Gedenkausgabe der Werke, Briefe und Gespräche. [Artemis-Gedenkausgabe.] Hrsg. von Ernst Beutler 24 Bde., 3 Erg.-Bde. Zürich/Stuttgart 1948–54 und 1960–71. – Poetische Werke. Kunsttheoretische Schriften und Übersetzungen. [Berliner Ausgabe.] Hrsg. von einem Bearbeiterkollektiv unter der Leitung von Siegfried Seidel. 22 Bde., 1 Erg.-Bd. Berlin/Weimar 1960–78. – Sämtliche Werke. Briefe, Tagebücher und Gespräche. Hrsg. von Dieter Borchmeyer [u. a.]. [Frankfurter Ausgabe.] 40 Bde. Frankfurt a. M. 1985–99. – Sämtliche Werke nach Epochen seines Schaffens. Münchner Ausgabe. Hrsg. von Karl Richter. 20 Bde. in 25 Tln. München 1985–98.

Goetz, Curt, 17. 11. 1888 Mainz – 12. 9. 1960 Grabs bei St. Gallen. Im Alter von 17 Jahren wurde G. Schauspieler; über Rostock und Nürnberg kam er nach Berlin, wo er 1923 Valérie v. Martens heiratete, seine Partnerin in sämtlichen Stücken und Filmen. 1933 gingen sie in die Schweiz, 1939 wurden sie auf einer Amerikareise vom Krieg überrascht, lebten bis 1946 in Kalifornien (Beverly Hills) und kehrten dann in die Schweiz zurück. G. schrieb seine Komödien als »Schauspieler für Schauspieler«. Ausgangspunkt ist die Form des Einakters, die G. dann zu größeren Gesellschaftskomödien wie *Dr. med. Hiob Prätorius* oder *Das Haus in Montevideo* erweiterte. Die Handlung läuft nach dem Muster frz. Boulevardkomödien mit witzigen Dialogen bühnenwirksam ab; Situationskomik spielt v. a. in den früheren Stücken eine wesentliche Rolle, Spannungsmomente aus dem Repertoire des Kriminalstücks kommen gelegentlich hinzu. Dabei erweisen sich die prekären Ausgangssituationen und Konflikte, aus denen die Protagonisten mit Geist, Ironie und Schlagfertigkeit zu befreien suchen, stets als lösbar. Neben den Komödien schrieb G. einige Prosaerzählungen und die autobiographischen *Memoiren des Peterhans von Binningen.*

Werke: Menagerie. Vier Übungen. 1920. – Nachtbeleuchtung. Fünf Grotesken. 1921. – Ingeborg. 1921. – Der Lampenschirm. 1923. – Die tote Tante und andere Begebenheiten. Drei Einakter. 1924. – Hokuspokus. 1928. – Der Lügner und die Nonne. 1929. – Dr. med. Hiob Prätorius. 1934. – Tatjana. 1946. – Die Tote von Beverly Hills. 1951. – Das Haus in Montevideo. 1953. – Nichts Neues aus Hollywood. 1953. – Miniaturen. Drei Einakter. 1958. – Die Memoiren des Peterhans von Binningen. 1960.
Ausgaben: Sämtliche Bühnenwerke. Stuttgart 1963 [u. ö.]. – Werke. 3 Bde. München 1977.

Götz, Johann Nikolaus, 9. 7. 1721 Worms – 4. 11. 1781 Winterburg bei Kreuznach. Der aus einem ev. Pfarrhaus stammende G. studierte 1739–42 Theologie in Halle und hatte verschiedene Predigerstellen inne (u. a. 1744 Forbach, Lothringen, 1751 Hornbach bei Zweibrücken, 1754 Meisenheim, Glan), bis er 1761 zum Konsistorialrat in Winterburg bei Kreuznach berufen wurde und hier zum Superintendenten aufstieg. G. gehörte mit J. W. L. Gleim, J. P. Uz u. a. zum so genannten Zweiten Halleschen Dichterkreis, der insbesondere die anakreontische Dichtung pflegte. Neben eigenen Gedichten legte er zusammen mit Uz die erste vollständige dt. Übersetzung der Sammlung (pseudo-)anakreontischer Gedichte vor, die Henri Estienne 1554 ediert hatte. Er blieb als Dichter sein Leben lang anonym, um seine Stellung nicht zu gefährden.

Werke: Versuch eines Wormsers in Gedichten. 1745. – Die Oden Anakreons in reimlosen Versen. 1746. – Die Gedichte Anakreons und der Sappho Oden. 1760. – Vermischte Gedichte. 1785.

Goetz, Rainald, * 24. 5. 1954 München. Nach dem Abitur 1974 studierte G. Geschichte und Medizin in München (Dr. phil. 1978, Dr. med. 1982). Danach schrieb er Rezensionen und Reportagen; er lebt heute als freier Schriftsteller in München. Aufsehen erregte er 1983 durch eine Selbstverletzungsaktion mit einer Rasierklinge beim Ingeborg-Bachmann-Wettbewerb in Klagenfurt. Dem entspricht die Aggressivität seines im gleichen Jahr erschienenen ersten Romans *Irre*, der die Geschichte des Assistenzarztes Raspe, seine Erfahrungen in der Psychiatrie und die Flucht in Rausch und Gewalt schildert, und zugleich zu heftigen Attacken gegen die Kulturszene ausholt. Die folgenden Prosatexte *Hirn* und *Kontrolliert* sowie die Dramentrilogie *Krieg* setzen den Versuch fort, sich durch Hass gleichsam freizuschreiben bzw. sich aus dem Gefängnis des Ich, aus dem Gefängnis der Sprache zu befreien. Von 1998 bis 1999 veröffentlichte er sein Tagebuch im Internet, das dann auch im Druck erschien: *Abfall für alle*. Dieses Tagebuch ist Teil eines Werkkomplexes, der sich unter dem aus der Harald-Schmidt-Show stammenden Motto *Heute Morgen* sich mit den verschiedenen Medien, nicht zuletzt dem Fernsehen, auseinandersetzt (*Rave, Jeff Koons*, *Dekonspiratione*, *Celebration*).

Werke: Irre. 1983. – Hirn. 1986. – Krieg. Stücke. 1986. – Kontrolliert. 1988. – Festung. 1993. – 1989. Material 1–3. (Festung. 2). 1993. – Kronos. (Festung. 3). 1993. – Jeff Koons. 1998. – Rave. 1998. – Abfall für alle. Roman eines Jahres. 1999. – Celebration. Texte und Bilder zur Nacht. 1999. – Dekonspiratione. 2000. – Jahrzehnt der schönen Frauen. 2001. – Hirn. Schrift. 2003.

Goll, Claire (geb. Clarisse Liliane Aischmann), 29. 10. 1891 Nürnberg – 30. 5. 1977 Paris. G. wuchs in München in einem assimilierten jüdischen Elternhaus auf und ging nach der Scheidung von ihrem ersten Mann Heinrich Studer in die Schweiz. Hier lernte sie den Schriftsteller Yvan Goll kennen. Mit ihm zog sie 1919 nach Paris und heiratete ihn – nach einer kurzen Affäre mit R. M. Rilke in München – 1921. Mit Goll nahm sie an Züricher Dada-Veranstaltungen teil; in Paris unterhielt das Paar enge Beziehungen zu den Surrealisten. 1939 flohen sie nach New York, 1947 kehrten sie nach Paris zurück. G. schrieb die meisten ihrer Texte in frz. Sprache und übersetzte sie dann ins

Deutsche. Ihre frühen Gedichte und Erzählungen sind dem Expressionismus verpflichtet, engagieren sich für den Frieden, für die Frau, für die leidende menschliche Kreatur. Ihr Roman *Arsenik* schildert, nicht ohne autobiographischen Anlass, die Geschichte eines Giftmords aus Eifersucht. Einen poetischen Liebesdialog mit ihrem Mann stellen mehrere gemeinsame Lyrikbände dar, deren dt. Fassungen erst nach dem Krieg erscheinen konnten. Zu ihrem Spätwerk zählen eine Autobiographie und autobiographische Romane. Durch Übersetzungen trug sie wesentlich zur Verbreitung der z. T. in frz. Sprache geschriebenen Werke Yvan Golls bei.

Werke: Mitwelt. 1918. – Die Frauen erwachen. 1918. – Lyrische Films. 1922. – Poèmes d'Amour. 1925. [Mit Yvan Goll.] – Der Neger Jupiter raubt Europa. 1926. – Poèmes de la Jalousie. 1926. [Mit Y. Goll.] – Eine Deutsche in Paris. 1927. – Poèmes de la Vie et de la Mort. 1927. [Mit Y. Goll.] – Ein Mensch ertrinkt. 1931. – Arsenik. 1933. – Love Poems. 1947. [Mit Y. Goll.] – Chinesische Wäscherei. 1953. – Yvan Goll: Dichtungen. Lyrik. Prosa. Drama. 1960. [Hrsg., Übers.] – Klage um Yvan. 1960. – Der gestohlene Himmel. 1962. – L'Antirose. 1965. [Mit Y. Goll.] Dt.: Die Antirose. 1967. – Traumtänzerin. Jahre der Jugend. 1971. – La Poursuite du Vent. 1976. Dt. u. d. T.: Ich verzeihe keinem. Eine literarische Chronique scandaleuse unserer Zeit. 1978. – Der gläserne Garten. Prosa 1917–1939. 1989.

Goll, Yvan (d. i. Isaac Lang), 29. 3. 1891 St. Dié (Vogesen) – 27. 2. 1950 Paris. Nach dem Besuch des Gymnasiums in Metz studierte der Sohn eines elsässischen Fabrikanten in Straßburg Jura (1912–14), ging dann als Pazifist bei Kriegsausbruch in die Schweiz und setzte sein Studium in Lausanne fort (1915–18). Er stand mit pazifistischen Kreisen und den Züricher Dadaisten in Verbindung. 1919 siedelte er nach Paris über, 1921 heiratete er die Übersetzerin und Dichterin Claire Studer. Zu ihrem Pariser Freundeskreis zählten u. a. die Surrealisten, aber auch James Joyce. 1931 ging G. eine Beziehung zur österreichischen Dichterin Paula Ludwig ein, die sich in den *Chansons Ma-*

laises (und Claire Golls Roman *Arsenik*) niederschlug. 1939 flohen Yvan und Claire G. nach New York – G. war wie seine Frau jüdischer Herkunft –, seit 1947 lebten sie wieder in Paris. G. starb an Leukämie. Er begann mit Gedichten in dt. Sprache. Nach Kriegsausbruch wechselte er in Gedichten in expressionistischem Stil, in denen er entschieden seine pazifistische Überzeugung ausdrückte, zum Französischen, ohne sich aber ganz vom Deutschen abzuwenden. In den 20er-Jahren distanzierte er sich vom Expressionismus, schrieb surrealistische Gedichte in dt. Sprache und zusammen mit Claire Goll frz. Liebesgedichte. In einer Reihe von Romanen setzte er sich mit Zerfallserscheinungen der bürgerlichen Kultur auseinander. Nach Versuchen in engl. Sprache in den USA kehrte er in seinen letzten Gedichten noch einmal zur dt. Sprache zurück.

Werke: Lothringische Volkslieder. 1912. – Der Panama-Kanal. 1914. – Films. 1914. – Elégies internationales. 1915. – Requiem pour les Morts de l'Europe. 1916. Dt.: Requiem für die Gefallenen von Europa. 1917. – Die Unterwelt. 1919. – Die Unsterblichen. Zwei Possen. 1920. – Die Chapliniade. Eine Kinodichtung. 1920. – Methusalem oder Der ewige Bürger. Ein satirisches Drama. 1922. – Der Eiffelturm. Gesammelte Dichtungen. 1924. – Der Stall des Augias. 1924. – Poèmes d'Amour. 1925. [Mit Claire Goll.] – Poèmes de la Jalousie. 1926. [Mit C. Goll.] – Poèmes de la Vie et de la Mort. 1927. [Mit C. Goll.] – Le Microbe de l'Or. 1927. – A bas l'Europe. 1928. – Die Eurokokke. 1927. – Der Mitropäer. 1928. – Noemi. 1929. – Sodom et Berlin. 1929. – Die siebente Rose. 1928. – Chansons Malaises. 1934. – Lucifer vieillessant. 1934. – Métro de la Mort. 1936. – La Chanson de Jean sans Terre. 1936–39. – Fruit from Saturn. 1946. – Love Poems. 1947. [Mit C. Goll.] – Le Char triomphal de l'Antimoine. 1949. – Dix Mille Aubes. 1951. [Mit C. Goll.] Dt. u. d. T.: Zehntausend Morgenröten. 1954. – Traumkraut. Gedichte aus dem Nachlaß. 1951.
Ausgaben: Dichtungen. Lyrik. Prosa. Drama. Hrsg. von Claire Goll. Darmstadt [u. a.] 1960. – Die Lyrik. Hrsg. von Barbara Glauert-Hesse. 4 Bde. Berlin 1996.

Gomringer, Eugen, * 20. 1. 1925 Cachuela Esperanza (Bolivien). G., Sohn einer Bolivianerin und eines Schweizers, studierte von 1944 bis 1952 Wirtschaftswissenschaften und Kunstgeschichte in Bern und arbeitete nach verschiedenen Auslandsaufenthalten von 1954 bis 1958 als Sekretär Max Bills an der Ulmer Hochschule für Gestaltung. Er war dann in der Werbung tätig, wirkte von 1962 bis 1967 als Geschäftsführer des Schweizerischen Werkbundes und danach als Kulturbeauftragter der Firma Rosenthal in Selb (Oberfranken). 1976/77–90 lehrte er als Dozent bzw. Professor für Theorie der Ästhetik an der Kunstakademie Düsseldorf. Er lebt heute in Rehau-Wurlitz (Oberfranken). G. gehört zu den einflussreichsten Theoretikern und Praktikern der Konkreten Poesie, die gegen traditionalistische Auffassungen von Dichtung und eine ideologisch verdächtig gewordene Literatursprache die Sprache selbst bzw. Elemente der Sprache zum Gegenstand ihrer Experimente macht. Die so entstandenen Texte – meist auf einer Buchseite in überlegter, optisch sinnfälliger Weise angeordnete Einzelwörter – lassen sich auf spielerische Weise miteinander in Beziehung setzen, der Text wird zum »Gebrauchsgegenstand«. G. nennt diese Gebilde »Konstellationen« oder auch »Ideogramme«. Mit dem dreisprachigen Bändchen *konstellationen constellations constellaciones* führte G. 1953 den Schlüsselbegriff für seine Texte ein und ließ dazu eine Reihe theoretischer Begründungen folgen. Eine durchkomponierte Folge von »konstellationen« stellt sein *stundenbuch* dar.

Werke: konstellationen constellations constellaciones. 1953. – vom vers zur konstellation. In: Augenblick 1955. H. 2. – konkrete poesie – poesia concreta. 1960–65. [Hrsg.] – das stundenbuch. 1965. Neuausg. in 5 Sprachen 1980. – worte sind schatten. die konstellationen 1951–1968. Hrsg. von Helmut Heißenbüttel. 1969. – konstellationen ideogramme stundenbuch. 1977. – zur sache der konkreten. 1986. – quadrate aller länder. das kleine gelbe quadrat. märchen. 1992.

Gottfried von Neifen, Minnesänger der 1. Hälfte des 13. Jh.s aus einem schwäbischen Freiherrengeschlecht.

Stammsitz der Familie ist die Burg Hohenneuffen in der Nähe von Nürtingen. Zuerst wird G. in einer Urkunde König Heinrichs VII. 1234 genannt, zu dessen Hofkreis er gehörte. Er wurde in die Auseinandersetzung zwischen Heinrich und seinem Vater Friedrich II. hineingezogen, doch kam es nach der Niederlage und Verbannung Heinrichs (1235) offenbar zu einer raschen Versöhnung mit dem Kaiser. Bis 1255 erscheint G. regelmäßig in schwäbischen Urkunden. Er gehört zu den nachklassischen Minnesängern, die die Tradition des hohen Minnesangs weiterführen. Werbung, Liebesklage und -hoffnung, Preis der Geliebten oder der Frau allgemein sind die Themen. Ein einstimmender oder kontrastierender Natureingang geht jedem dieser Lieder voraus. Darüber hinaus ist für G.s Lieder eine Reduktion der traditionellen Situationen und Motive auf wenige inhaltliche und sprachliche Formeln bezeichnend, eine Reduktion, die mit einer virtuosen Formbeherrschung und Klang- und Reimartistik einhergeht und trotz Formelhaftigkeit und einer gewissen Inhaltsleere ein neues, sinnlicheres Schönheitsideal entstehen lässt. Unter G.s Namen sind 51 Lieder (190 Strophen) überliefert; bei einigen ist die Echtheit umstritten.

Ausgabe: Deutsche Liederdichter des 13. Jahrhunderts. Hrsg. von Carl v. Kraus. 2. Aufl. durchges. von Gisela Kornrumpf. Tübingen 1978. Bd. 1. S. 82–127.

Gottfried von Straßburg, Verfasser der um 1210 entstandenen bedeutendsten mhd. Tristandichtung. Der Name des Autors ist nur durch spätere mhd. Dichter überliefert. Lebensdaten sind keine bekannt. Ob der Beiname »von Straßburg« Herkunfts- oder Wirkungsort (bzw. beides) bezeichnet, ist offen. In den Handschriften wird G. in der Regel als »meister« (Magister) bezeichnet, Hinweis auf seine lat. Bildung. Da er nirgends als »her« erscheint, geht man von einer nichtadeligen Herkunft aus. Man nimmt eine Beziehung zum Straßburger Stadtpatriziat an, in dessen Kreis man auch den im Akrostichon des Prologs verschlüsselt genannten Gönner Dieterich vermutet. G. stützte sich auf eine frz. Vorlage, den *Tristan* des »Thômas von Britanje« (Thomas d'Angleterre), eine um 1170 entstandene höfische Version des Stoffes, die nur bruchstückhaft überliefert ist. Das Eigene der dt. Dichtung sind zum einen die Kommentare und Reflexionen, die das vielschichtige, anspielungsreiche, ambivalente und von einer ironischen Erzählhaltung geprägte Werk durchdringen, zum andern die artistische Sprachkunst G.s, die Eleganz mit Präzision und Klarheit verbindet. Aus dieser Stilvorstellung erklärt sich vermutlich seine Attacke auf den ›dunklen‹ Stil Wolframs v. Eschenbach, von dem sich G. auch in seiner skeptischen Auffassung vom Rittertum und seiner eher freizügigen Einstellung in religiösen Fragen unterscheidet. Darüber hinaus steht der von G. noch verschärfte Konflikt zwischen der elementaren Gewalt autonomer Liebe und der gesellschaftlichen Ordnung in deutlichem Gegensatz zu den harmonisierenden Tendenzen des dt. Artusromans. G.s Dichtung bricht mit Vers 19548 ab; die Fortsetzer Ulrich v. Türheim (um 1240) und Heinrich v. Freiberg (um 1290) sprechen davon, dass der Tod den Dichter an der Vollendung seines Werkes gehindert habe.

Ausgaben: Tristan und Isold. Hrsg. von Friedrich Ranke. 1958 [u. ö.]. – Tristan. Nach der Ausg. von Reinhold Bechstein hrsg. von Peter Ganz. 2 Bde. Wiesbaden 1978. – Tristan. Nach dem Text von Friedrich Ranke neu hrsg., ins Nhd. übers. […] von Rüdiger Krohn. 3 Bde. Stuttgart 1980 [u. ö.].

Gotthelf, Jeremias (d. i. Albert Bitzius), 4. 10. 1797 Murten (Kanton Fribourg) – 22. 10. 1854 Lützelflüh (Kanton Bern). G. stammte aus einem Pfarrhaus, besuchte das Gymnasium in Bern (1812–14) und studierte anschließend bis 1820 Theologie an der Berner Akademie. Er unterbrach seine Vikariatszeit bei seinem Vater in Utzenstorf (Oberaargau) durch einen Studienaufenthalt in Göttingen und eine Reise durch den Norden Deutschlands (1821–1822). Danach war er wieder Vikar in Utzenstorf; nach dem Tod seines Vaters wurde er 1824 nach Herzogenbuchsee, 1829 nach Bern und 1831 nach Lützelflüh im Emmental versetzt; hier erhielt er 1832 eine Pfarrstelle. Sein politisches Engagement für den Liberalismus fand mit der Verfassung von 1831 ein Ende; sie verbot Geistlichen die politische Betätigung. Stattdessen trat er in der Nachfolge J. H. Pestalozzis und der Schweizer Volksaufklärung für die Verbesserung des Erziehungswesens und der sozialen Verhältnisse ein; seine Kritik an der Berner Erziehungspolitik trug ihm 1845 die Entlassung als Schulkommissär seines Bezirks ein. Sein Pseudonym als Schriftsteller ist seinem ersten Roman entnommen (*Der Bauern-Spiegel oder Lebensgeschichte des Jeremias Gotthelf*). Hier und in den folgenden frühen Romanen und Erzählungen, die die Seelsorge auf der literarischen Ebene fortsetzen, dominiert die drastische Kritik an sozialen Missständen, an Pauperismus und Alkoholismus. Mit *Uli dem Knecht* gelangte G. zu einer episch-breiten, gelassenen Darstellung des Bauerntums seiner Zeit, wobei sich der pädagogische Anspruch in der Gegenüberstellung exemplarischer Verhaltensweisen und Lebenshaltungen in positivem und negativem Sinn niederschlagen. G.s Romane spiegeln dabei, mit zunehmend konservativer Tendenz, die sozialen und ideologischen Konflikte, die aus der industriellen Revolution, aus dem Vordringen des modernen Zeitgeists in Bezug auf Religion, Wissenschaft, Geldwirtschaft in die agrarische Welt resultierten. Repräsentativ für G.s Erzählen mit seiner plakativen Gegenüberstellung von Gut und Böse und seinem rhetorisch-biblischen Stil ist die Erzählung *Die schwarze Spinne*, die den ersten Band seiner *Bilder und Sagen aus der Schweiz* eröffnet.

Werke: Der Bauernspiegel. 1837. – Leiden und Freuden eines Schulmeisters. 1838–39. – Die Armennoth. 1840. – Wie Uli der Knecht glücklich wird. 1841. – Bilder und Sagen aus der Schweiz.

1842–46. – Geld und Geist. 1843–44. – Wie Anne Bäbi Jowäger haushaltet und wie es ihm mit dem Doktern geht. 1843–44. – Der Herr Esau. 1845. – Der Geltstag oder Die Wirtschaft nach der neuen Mode. 1846. – Jakobs, des Handwerksgesellen, Wanderungen durch die Schweiz. 1846–47. – Uli der Pächter. 1849. – Die Käserei in der Vehfreude. 1850. – Erzählungen und Bilder aus dem Volksleben der Schweiz. 1850–55. – Zeitgeist und Berner Geist. 1852. – Erlebnisse eines Schuldenbauers. 1854.

Ausgaben: Sämtliche Werke in 24 Bänden. In Verb. mit der Familie Bitzius [...] hrsg. von Rudolf Hunziker [u. a.]. Mit 18 Erg.-Bdn. Erlenbach-Zürich 1911–77. – Werke in 20 Bänden. Hrsg. von Walter Muschg. Basel 1948–53.

Gottsched, Johann Christoph, 2. 2. 1700 Juditten bei Königsberg – 12. 12. 1766 Leipzig. Der Sohn eines Pfarrers und einer Pfarrerstochter schrieb sich bereits 1714 zum Theologiestudium an der Königsberger Universität ein, beschäftigte sich jedoch bald unter dem Einfluss des Leibniz-Wolffschen Rationalismus mit Poetik, Rhetorik, Philosophie, klassischer Philologie, Mathematik und den Naturwissenschaften. 1723 wurde er zum Magister promoviert; der drohenden Zwangsrekrutierung durch preußische Werber entzog sich der groß gewachsene G. im Januar 1724 durch die Flucht nach Leipzig. Hier etablierte er sich allmählich an der Universität (seit 1725 Vorlesungen über Schöne Wissenschaften und die Philosophie Wolffs, 1729 Ernennung zum – unbesoldeten – a. o. Prof. für Poesie, 1734 o. Prof. für Logik und Metaphysik), wirkte bald führend in der »Deutschen Gesellschaft« und entfaltete als Herausgeber von Moralischen Wochenschriften und gelehrten Zeitschriften eine breite publizistische Tätigkeit. Daneben vermittelte er in pädagogischen und wissenschaftlichen Werken das System der Wolffschen Philosophie und schuf – neben verschiedenen rhetorischen Lehrbüchern – mit der *Critischen Dichtkunst* das grundlegende Werk der klassizistischen Regelpoetik. Literarisches und sprachliches Vorbild blieb für ihn stets der Klassizismus Opitz'scher Prägung. Seine Reformbemühungen auf dem Gebiet des

Theaters, die er seit Ende der 20er-Jahre zusammen mit der Neuber'schen Theatertruppe unternahm, gipfelten in dem Versuch eines eigenen ›regelmäßigen‹ Trauerspiels (*Cato*) und der späteren bedeutenden Sammlung von Mustertexten (darunter weitere eigene Tragödien) in der *Deutschen Schaubühne*. Wesentlichen Anteil an der Durchsetzung seiner literarisch-pädagogischen Unternehmungen hatte Luise Kulmus, die er 1735 heiratete. Seine führende Stellung als literarischer Gesetzgeber Deutschlands wurde seit der Auseinandersetzung mit J. J. Bodmer und J. J. Breitinger von 1740 an zunehmend in Frage gestellt.

Werke: Die Vernünfftigen Tadlerinnen. 1725–26. [Hrsg.] – Der Biedermann. 1728–29. [Hrsg.] – Grundriß zu einer Vernunfftmäßigen Redekunst. 1729. – Versuch einer Critischen Dichtkunst vor die Deutschen. 1730 [recte 1729]. Erw. Aufl. 1737, 1742, 1751. – Sterbender Cato. 1732. – Beyträge zur Critischen Historie der Deutschen Sprache, Poesie und Beredsamkeit. 12 Bde. 1732–44. – Erste Gründe Der Gesamten Weltweisheit. 1733–34. – Gedichte. 1736. – Ausführliche Redekunst. 1736. – Lob- und Gedächtnißrede auf den Vater der deutschen Dichtkunst, Martin Opitzen. 1739. – Herrn Peter Baylens […] Historisches und Critisches Wörterbuch. 1741–44. – Die Deutsche Schaubühne nach den Regeln und Exempeln Der Alten. 6 Tle. 1741–45. [Hrsg.] – Neuer Büchersaal der schönen Wissenschaften und freyen Künste. 10 Bde. 1745–54. [Hrsg.] – Grundlegung einer Deutschen Sprachkunst. 1748. – Neueste Gedichte. 1750. – Heinrichs von Alkmar Reineke der Fuchs. 1752. – Nöthiger Vorrath zur Geschichte der deutschen Dramatischen Dichtkunst oder Verzeichniß aller Deutschen Trauer- Lust- und Sing-Spiele. 1757–65. – Beobachtungen über den Gebrauch und Mißbrauch vieler deutscher Wörter. 1758. – Handlexikon […] der schönen Wissenschaften und freyen Künste. 1760.

Ausgabe: Ausgewählte Werke. Hrsg. von Joachim Birke [u. a.]. 12 Bde. Berlin / New York 1968–87.

Gottsched, Luise (Adelgunde Victorie), geb. Kulmus, 11. 4. 1713 Danzig – 26. 6. 1762 Leipzig. Die aus einer Arztfamilie stammende G. erhielt eine hervorragende Privaterziehung im Elternhaus, wo sie 1729 auch J. Chr. Gottsched kennenlernte (Heirat 1735). Sie leistete – weiter wissenschaftlich gefördert von ihrem Mann – wesentliche Beiträge zu seinen publizistischen Unternehmungen: maßgebliche Beteiligung an der Übersetzung der englischen Moralischen Wochenschriften *The Spectator* (*Der Zuschauer*, 1739–43) und *The Guardian* (*Der Aufseher oder Vormund*, 1745), Mitarbeit an der dt. Fassung von Pierre Bayles *Historischem und Critischem Wörterbuch* (1741–44) sowie an der Sammlung von dramatischen Mustertexten der *Deutschen Schaubühne* (1741–45) usw. Bereits vor ihrer Heirat war sie mit Übersetzungen hervorgetreten; später folgte noch u. a. die Übersetzung von Alexander Popes *The Rape of the Lock*. Obwohl sie auch eine Tragödie (*Panthea*), Satiren und Gedichte schrieb, kam ihre poetische Begabung v. a. in ihren Lustspielen zur Entfaltung, mit denen sie die Sächsische Typenkomödie begründete (und dabei mit ihrem ersten Stück *Die Pietisterey im Fischbein-Rocke* eine heftige Kontroverse auslöste).

Werke: Der Frau von Lambert Betrachtungen über das Frauenzimmer. 1731. [Übers.] – Der Sieg der Beredsamkeit. 1735. [Übers. nach M. A. Poisson de Gomez.] – Die Pietisterey im Fischbein-Rocke; Oder die Doctormäßige Frau. 1736. – Die ungleiche Heirat. In: Die Deutsche Schaubühne. Tl. 4. 1743. – Panthea. Ebd. Tl. 5. 1744. – Die Hausfranzösinn, oder die Mammsell. Ebd. – Herrn Alexander Popens Lockenraub. 1744. – Das Testament. 1745. In: Die Deutsche Schaubühne. Tl. 6. 1745. – Der Witzling. Ebd. – Neue Sammlung auserlesener Stücke aus Popens, Eachards, Newtons und anderer Schriften. 1749. – Der kleine Prophet von Böhmischbroda. 1753. – Sämmtliche kleinere Gedichte [...], herausgegeben von Ihrem hinterbliebenen Ehegatten. 1763.

Grabbe, Christian Dietrich, 11. 12. 1801 Detmold – 12. 9. 1836 ebd. G., Sohn eines Zuchthausaufsehers, absolvierte das Gymnasium in Detmold und studierte von 1820 bis 1822 Jura in Leipzig, dann bis 1823 in Berlin. Anschließend kehrte er nach vergeblichen Versuchen, eine Stelle an einem Theater zu finden, nach Detmold zurück, wo er 1824 sein juristisches Examen ablegte. 1826 trat er in den Dienst der Regierung des Fürstentums Lippe-Detmold, zunächst als Vertreter des Militärrichters (»Auditeur«), dann 1828 als dessen Nachfolger. 1833 heiratete er Louise Clostermeier; ein Jahr später gab er seine Stellung auf, um sich ganz seinen literarischen Arbeiten zu widmen. Eheprobleme, sein Alkoholismus und Schwierigkeiten mit seinem Verleger führten zur Krise. Er verließ Detmold und gelangte über Frankfurt a. M. im Dezember 1834 nach Düsseldorf, wo ihm K. Immermann behilflich war. Tödlich erkrankt, kehrte er 1836 nach Detmold zurück. G. war ausschließlich Dramatiker; allerdings wurde nur eines seiner Stücke, die Tragödie *Don Juan und Faust*, zu seinen Lebzeiten aufgeführt (1829). Charakteristisch für seine Dramatik ist die grundsätzliche Abkehr von der harmonisierenden und idealisierenden Ästhetik der Klassik und Romantik; wesentliche Anregungen empfing er dagegen von Shakespeare und der Dramatik des Sturm und Drang. Seine Stücke zeigen die Destruktion bürgerlicher und christlicher Wert- und Ordnungsvorstellungen. Das tragische oder tragikomische Scheitern seiner Helden ist Folge von Zufall oder Willkür, nicht Ausdruck der Gültigkeit einer höheren Weltordnung oder eines sinnvollen Geschichtsverlaufs. Gerade sein einziges Lustspiel *Scherz, Satire, Ironie und tiefere Bedeutung*, das Züge der romantisch-ironischen Literaturkomödie übersteigert, demonstriert diese Desillusionierung besonders radikal. Zukunftsweisend ist die Gestaltung der Massenszenen in dem späten Napoleonstück, die auf die Gegebenheiten des zeitgenössischen Theaters wenig Rücksicht nimmt. Das gilt auch für die epische Anlage des Dramas mit seiner eindringlichen Darstellung der sozialen und ökonomischen Verhältnisse.

Werke: Dramatische Dichtungen. 1827. [Herzog Theodor von Gothland; Scherz, Satire, Ironie und tiefere Bedeutung; Nannette und Maria; Marius und Sulla.] – Don Juan und Faust. 1829. – Die

Hohenstaufen. 1829–30. [Kaiser Friedrich Barbarossa; Kaiser Heinrich der Sechste.] – Napoleon oder die hundert Tage. 1831. – Aschenbrödel. 1835. – Hannibal. 1835. – Das Theater zu Düsseldorf. 1835. – Die Hermannsschlacht. 1838.

Ausgaben: Werke und Briefe. Hist.-krit. Ausg. Hrsg. von Alfred Bergemann. 6 Bde. Emsdetten 1960–63. – Werke. Hrsg. von Roy C. Cowen. 3 Bde. München 1975–77.

Graf, Oskar Maria, 22. 7. 1894 Berg (Starnberger See) – 28. 6. 1967 New York. G. floh 1911 nach München, nachdem sein brutaler, verrohter Bruder Max die väterliche Bäckerei übernommen hatte. In München schlug sich G. mit Gelegenheitsarbeiten durch, fand Kontakt zu anarchistischen und sozialistischen Kreisen und konnte – überzeugter Pazifist – durch simuliertes Irresein und andere Aktionen die Entfernung aus dem Militärdienst erreichen. 1918–19 beteiligte er sich im Kreis um Kurt Eisner an der Räterepublik, hielt jedoch gleichwohl eine innere Distanz und blieb auch später ein undogmatischer Sozialist. In den 20er-Jahren konnte er sich als freier Schriftsteller etablieren. Als er 1933 seine Bücher auf der nationalsozialistischen Liste der empfohlenen Literatur fand, veröffentlichte er in der Wiener Arbeiterzeitung den Protestbrief *Verbrennt mich!* Stationen seines Exils waren zunächst Wien, dann seit 1934 Brünn in der Tschechoslowakei und schließlich seit 1938 die USA. G.s schriftstellerische Entwicklung führt von dem eher problematischen Bauernroman *Die Heimsuchung* und einem *Bayrischen Dekameron* zur kritischen Darstellung des Existenzkampfs der Landbevölkerung und des städtischen Proletariats. Dabei ergreift er Partei für die Unterdrückten und Benachteiligten, solidarisiert sich mit dem Kampf um soziale und geistige Befreiung, geht aber auch der Anfälligkeit des Kleinbürgertums für den Nationalsozialismus nach. Seine realistischen Bilder aus der Provinz – ironische Selbstbezeichnung G.s: »Provinzschriftsteller – Spezialität: ländliche Sachen« – haben nichts mit Heimatdichtung zu tun. Vorbilder sind vielmehr Leo Tolstoj und J. Gotthelf. Seinen eigenen Weg zur sozialen Verantwortung beschrieb G. in seiner eindringlichen Autobiographie *Wir sind Gefangene* von 1927, deren erster Teil unter dem Titel *Frühzeit* bereits 1922 veröffentlicht worden war.

Werke: Die Revolutionäre. 1918. – Frühzeit. Jugenderlebnisse. 1922. – Die Chronik von Flechting. Ein Dorfroman. 1925. – Die Heimsuchung. 1925. – Wir sind Gefangene. Ein Bekenntnis aus diesem Jahrzehnt. 1927. – Das Bayrische Dekameron. 1928. – Kalender-Geschichten. 1929. – Bolwieser. Roman eines Ehemannes. 1931. – Einer gegen alle. 1932. – Dorfbanditen. 1932. – Notizbuch des Provinzschriftstellers Oskar Maria Graf. 1932. – Der harte Handel. 1935. – Der Abgrund. 1936. – Anton Sittinger. 1937. – Der Quasterl. 1938. – Das Leben meiner Mutter. 1946. – Die Eroberung der Welt. 1949. – Unruhe um einen Friedfertigen. 1947. – Menschen aus meiner Jugend auf dem Dorfe. 1953. – Der ewige Kalender. 1954. – Die Flucht ins Mittelmäßige. Ein New Yorker Roman. 1959. – Der große Bauernspiegel. 1962. – Er nannte sich Banscho. 1964.
Ausgaben: Gesammelte Werke in Einzelausgaben. München 1975 ff. – Werkausgabe. Hrsg. von Winfried F. Schoeller. Frankfurt a. M. 1982 ff.

Grass, Günter, * 16. 10. 1927 Danzig. G.' Eltern hatten ein Lebensmittelgeschäft im Danziger Vorort Langfuhr. Der protestantische Vater stammte aus dem Deutschen Reich, die Mutter aus einer katholisch-kaschubischen Familie aus der Umgebung der Stadt. G. wurde katholisch erzogen, trat aber 1941 in die Hitlerjugend ein. 1944 endete die Gymnasialausbildung mit der Einberufung zum Militär (Panzerschütze); er wurde an der Ostfront eingesetzt und verwundet. Nach der Entlassung aus amerikanischer Gefangenschaft 1946 arbeitete er in einem Kalibergwerk, begann dann 1947 eine Steinmetzlehre und studierte von 1948 bis 1952 an der Kunstakademie Düsseldorf Graphik und Bildhauerei. 1953–56 setzte er das Graphikstudium an der Hochschule der Künste in Berlin fort. 1956 zog er nach Paris; 1958 las er vor der »Gruppe 47« aus dem Manuskript der in Paris entstehenden *Blechtrommel* und erhielt den Preis der Gruppe. 1960 kehrte G., inzwischen berühmt, nach Berlin zurück und engagierte sich in den folgenden Wahlkämpfen politisch für die SPD. 1972 zog er sich nach Wewelsfleth in Schleswig-Holstein zurück. Das hier erworbene Haus schenkte G. 1985 dem Land Berlin. Es dient Schriftstellern als Arbeitsaufenthalt. Von August 1986 bis Januar 1987 hielt sich G. in Kalkutta auf, 1992 trat er aus der SPD aus und distanzierte sich damit von ihrer Asyl- und Zuwanderungspolitik. Unter den vielen Auszeichnungen ragen der Georg-Büchner-Preis (1965) und der Nobelpreis für Literatur (1999) heraus. Seit 1993 ist er Ehrenbürger von Gdańsk/Danzig. Er lebt in der Nähe von Lübeck.

Vorher nur als Lyriker und Verfasser von kleineren, dem absurden Theater verpflichteten Stücken hervorgetreten, gelang G. mit seinem ersten Roman, der *Blechtrommel*, ein bis heute andauernder Welterfolg. Der Roman ist als fiktive Autobiographie konzipiert; er verweist auf die Tradition des Pikaro- bzw. Schelmenromans und parodiert zugleich Züge des Bildungs- und Entwicklungsromans. Aus der Perspektive des kleinwüchsigen Oskar Matzerath entsteht in einer Art von groteskem Realismus ein figurenreiches und detailgenaues Bild der Epoche seit der Jahrhundertwende bis in die bundesrepublikanische Nachkriegszeit, ohne Rücksicht – daher heftig angefeindet – auf Tabus wie Sexualität, Tod und Religion. Die folgende Novelle *Katz und Maus* und den Roman *Hundejahre* fasste G. nachträglich mit der Blechtrommel zur »Danziger Trilogie« zusammen: Danzig als Mikrokosmos, weil »gerade sich in der Provinz all das spiegelt und bricht, was weltweit [...] sich auch ereignen könnte oder ereignet hat« (G.). Alle diese Romane haben, ungeachtet der politischen und gesellschaftlichen Thematik und der Auseinandersetzung mit der Vergangenheit und ihrem Fortdauern, religiöse Bezüge, doch ohne den Gedanken der Erlösung. Hoffnung auf Besserung liegt allein in den

Konsequenzen, die der Einzelne aus der Einsicht in die Schuld zieht. Wie G. mit diesen Romanen aufklärend wirken wollte, so suchte er mit seinem politischen Engagement und den daraus resultierenden Büchern wie *örtlich betäubt*, *Aus dem Tagebuch einer Schnecke* oder dem Theaterstück *Die Plebejer proben den Aufstand* die politische Diskussion zu beeinflussen, wobei er sich ebenso gegen die Relikte der nationalsozialistischen Vergangenheit wie gegen die Radikalisierung der Außerparlamentarischen Opposition wandte und vom »Fortschritt nach Schneckenmaß« sprach. Neue Gesichtspunkte ergaben sich aus seiner Auseinandersetzung mit dem Feminismus und den Konsequenzen des politisch-gesellschaftlichen Emanzipationsprozesses. Im *Butt* entwarf er gegen die traditionellen Auffassungen von der Rolle der Geschlechter eine Art Gegengeschichte seit der Steinzeit, die hervorhebt, was die offizielle Geschichte ausspart: Das Buch macht einerseits der in Selbstzerstörung endenden Männerherrschaft den Prozess, andererseits zeigt es am Beispiel der fiktiven Biographien von neun Köchinnen und ihrer Beziehungen zu ›bedeutenden‹ Männern die versäumten Möglichkeiten einer menschlicheren Entwicklung auf. Gleichsam ein Ableger des Barockkapitels im *Butt* ist die Erzählung *Das Treffen in Telgte*, die in virtuoser Weise ein barockes Literatentreffen gegen Ende des Dreißigjährigen Krieges schildert (und damit auf die »Gruppe 47« anspielt). Enttäuschung über die offensichtliche Unfähigkeit der politischen Systeme, mit den großen Problemen der Zeit (Aufrüstung, Not in der Dritten Welt, Umweltzerstörung) fertig zu werden, führte zu einer zunehmenden Verdüsterung in G.s Werk, die in der apokalyptischen Vision des Romans *Die Rättin* gipfelte. Mit dem Zusammenbruch der sozialistischen Systeme im Osten traten das Verhältnis zu Polen (*Unkenrufe*) und v. a. die mit der dt. Einheit zusammenhängenden Fragen in den Mittelpunkt seines Interesses. Der Roman *Ein weites Feld* stellt sie in den Rahmen von Erinnerungen an den Verlauf der dt. Geschichte im 19. und 20. Jh., wobei Vergangenheit und Gegenwart sich gegenseitig spiegeln. Es ist zugleich ein Fontane-Roman und Musterbeispiel manieristischer Intertextualität, wobei Fontanes Leben und Werk als Folie dient, vor der sich die neue und ebenso falsche Gründerzeit abhebt. Dass in diesem Zusammenhang die Kritik an der Art der Wiedervereinigung und insbesondere an der Rolle der Treuhand so deutlich ausfällt (und sich zudem genau mit den Ansichten des politischen Essayisten G. deckt), hatte eine maßlose, politisch motivierte Polemik gegen den Autor zur Folge. In hundert Geschichten, eine für jedes Jahr, schrieb G. 1999 eine von ihm selbst illustrierte Chronik ›seines‹ Jahrhunderts. Mit der Novelle *Im Krebsgang*, die um den Untergang des Flüchtlingsschiffs »Wilhelm Gustloff« vor der ostpreußischen Küste kreist, machte G. die Vertreibung der Deutschen aus dem Osten zum Thema, das er kunstvoll mit einer Gegenwartshandlung verbindet, die das Erstarken des Rechtsradikalismus unter Jugendlichen und seine mörderischen Konsequenzen zeigt; zugleich kehrte er mit der Gestalt Tulla Pokriefkes – sie wird gerettet und ihr während der Katastrophe geborener Sohn Paul ist Erzähler der Geschichte – zu seinen Danziger Anfängen zurück. In den Pausen zwischen seinen epischen Arbeiten lenkte G. seine Kreativität immer wieder auf andere künstlerische Bereiche, auf verschiedene Formen der bildenden Kunst und – wie zuletzt in den *Letzten Tänzen* – auf die Lyrik, die von Anfang an sein Erzählwerk begleitet und dabei häufig durch zeichnerische oder malerische Arbeiten eine weitere Dimension erhält.

Werke: Die Vorzüge der Windhühner. Gedichte, Prosa, Zeichnungen. 1956. – Die Blechtrommel. 1959. – Gleisdreieck. 1960. – Katz und Maus. 1961. – Hochwasser. 1963. – Hundejahre. 1963. – Onkel, Onkel. Ein Spiel in vier Akten. 1965. – Die Plebejer proben den Aufstand. Ein deutsches Trauerspiel. 1966. – Über das Selbstverständliche. Reden, Aufsätze, Offene Briefe, Kommentare. 1968. – Über meinen Lehrer Döblin und andere Vorträge. 1968. – örtlich betäubt. 1969. – Gesammelte Gedichte. 1971. – Aus dem Tagebuch einer Schnecke. 1972. – Mariazuehren Hommageàmarie Inmarypraise. 1973. – Der Bürger und seine Stimme. Reden, Aufsätze, Kommentare. 1974. – Der Butt. 1977. – Denkzettel. Politische Reden und Aufsätze 1965–1976. 1978. – Das Treffen in Telgte. 1979. – Aufsätze zur Literatur 1957–79. 1980. – Kopfgeburten oder Die Deutschen sterben aus. 1980. – Widerstand lernen. Politische Gegenreden 1980–1983. 1984. – Die Rättin. 1986. – Die Gedichte 1955–1986. 1988. – Zunge zeigen. Ein Tagebuch in Zeichnungen, Prosa und einem Gedicht. 1988. – Skizzenbuch. 1989. – Deutscher Lastenausgleich. Wider das dumpfe Einheitsgebot. Reden und Gespräche. 1990. – Ein Schnäppchen namens DDR. Letzte Reden vor dem Glockengeläut. 1990. – Schreiben nach Auschwitz. Frankfurter Poetikvorlesung. 1990. – Totes Holz. Ein Nachruf. 1990. – Gegen die verstreichende Zeit. Reden, Aufsätze, Gespräche 1989–1991. 1991. – Unkenrufe. 1992. – Ein weites Feld. 1995. – Fundsachen für Nichtleser. 1997. – Mein Jahrhundert. 1999. – Im Krebsgang. Eine Novelle. 2002. – Letzte Tänze. Gedichte und Bilder. 2003. – Fünf Jahrzehnte. Ein Werkstattbericht. Hrsg. von G. Fritze Margull. 2004. – Lyrische Beute. Gedichte und Zeichnungen aus fünfzig Jahren. 2004. – Beim Häuten der Zwiebel. 2006.

Ausgaben: Werkausgabe. Hrsg. von Volker Neuhaus. 10 Bde. Darmstadt/Neuwied 1987. – Das literarische Werk. 18 Bde. Hrsg. von Volker Neuhaus und Daniela Hermes. Göttingen 2002.

Greflinger, Georg, um 1620 Neunburg vorm Walde bei Regensburg – 1677 Hamburg. Der früh verwaiste Sohn protestantischer Eltern verließ im Zug der bayerischen Rekatholisierungspolitik seine Heimat und wandte sich nach dem Besuch des Gymnasiums in Nürnberg zunächst nach Sachsen. Bereits 1635 immatrikulierte er sich in Wittenberg; hier gehörte er zum Kreis um A. Buchner. Erst nach Umwegen (Leipzig, Dresden, Schlesien, Wien, Danzig, Thorn, Frankfurt a. M.) ließ er sich 1646 als Notar in Hamburg nieder und erwarb das Bürgerrecht. J. Rist nahm ihn in den Elbschwanorden auf (»Seladon«) und verlieh ihm 1653 den Dichterlorbeer. Seinen Lebensunterhalt verdiente G. als Journalist, Herausgeber, Übersetzer und Sachbuchautor. Entsprechend umfangreich ist sein Werk, das neben Hunderten von Gelegenheitsdichtungen, Sammlungen lebendiger Liebeslieder, historischen Schriften (z. T. in Form von Alexandrinerdichtungen) und der ersten dt. Übersetzung von Pierre Corneilles *Cid* eine große Zahl journalistischer Texte, Übersetzungen und praktischer Anweisungsbücher und Ratgeber umfasst. Besonders erfolgreich waren seine aus dem Niederländischen und Französischen übersetzten Gartenbücher. Der von ihm seit 1665 redigierte *Nordische Mercurius*, der zweimal wöchentlich erschien, entwickelte sich zu einem der bedeutendsten Korrespondenzblätter und hatte – später geleitet von G.s Söhnen – bis 1730 Bestand.

Werke: Ferrando-Dorinde. Zweyer hochverliebter Personen erbärmliches Ende. 1644. – Seladons Beständtige Liebe. 1644. – Deutscher Epigrammatum Erstes Hundert. 1645. – Wahre Abbildungen der Türckischen Kayser vnd Persischen Fürsten. 1648. – Die Sinnreiche Tragi-Comoedia / genannnt Cid. 1650. [Übers.] – Seladons Weltliche Lieder. 1651. – Der zwölff gekröhnten Häupter von dem Hause Stuart unglückselige Herrschafft. 1652. – Der verständige Gärtner. 1655–64. [Übers.] – Der Deutschen Dreyßig-Jähriger Krieg. 1657. – Zeit-Büchlein vom jetzigem Türcken-Krieg. 1663. – Celadonische Musa Inhaltende Hundert Oden Vnd Etlich Hundert Epigrammata. 1663. – Nordischer Mercurius. 1665 ff. [Zeitung; Hrsg.] – Des Nordischen Mercurij Verbesserter Weg-Weiser / von zehen Haupt-Reisen aus der Stadt Hamburg. 1674.

Greiffenberg, Catharina Regina von, 7. 9. 1633 Schloss Seyssenegg bei Amstetten (Niederösterreich) – 8. 4. 1694 Nürnberg. Nach dem Tod von G.s Vater (1641) übernahm sein Halbbruder Hans Rudolph die Verwaltung des verschuldeten Besitzes der Familie, die dem protestantischen Landadel angehörte, und sorgte für eine gediegene Erziehung G.s. Nach langem Widerstreben nahm sie die Werbung ihres fast dreißig Jahre älteren Onkels um ihre Hand an. Die wegen der nahen Verwandtschaft rechtlich bedenkliche Heirat (1664) führte zur Verhaftung Hans Rudolphs, der jedoch 1666 wieder frei kam. G., die nach einem Erweckungserlebnis 1651 die Verherrlichung Gottes als Aufgabe ihres Lebens sah, widmete sich ihrem großen Vorhaben, den Kaiser zum lutherischen Glauben zu bekehren, indem sie dem »Adler« bei verschiedenen Wienreisen Bekehrungsschriften zuzuspielen suchte. Nach dem Tod ihres Mannes (1677) geriet sie in finanzielle Schwierigkeiten; 1680 ließ sie sich in Nürnberg nieder. Der Verkehr mit Literaten ihrer Heimat wie W. H. v. Hohberg und J. W. v. Stubenberg hatte ihr den Zugang zur zeitgenössischen dt. Dichtung eröffnet. Stubenberg empfahl sie S. v. Birken, der dann auch die Veröffentlichung ihrer *Geistlichen Sonnette / Lieder und Gedichte* (1662) besorgte. Themen sind Gotteslob, Lob der göttlichen Vorsehung, der Gnade und Güte Gottes, Lob Gottes in der Natur und – ein entscheidendes Paradox ihrer Dichtung – in der Erfahrung des Leids. Dabei fand G., die sich als Werkzeug der göttlichen Inspiration fühlte, in der Form des Sonetts das ihrem Denken adäquate Ausdrucksmittel. Die Musikalität der Sprache und die häufige Verwendung von ungewöhnlichen Komposita sind wesentliche Momente der ästhetischen Wirkung. Auf die Bedrohung durch die Türken reagierte G. mit einem kämpferischen Alexandrinergedicht (annähernd 7000 Verse). Drei sehr umfangreiche »andächtige Betrachtungen« mit eingelegten Gebeten, Liedern und Gedichten führten die Tradition der lutherischen Erbauungsliteratur fort.

Werke: Geistliche Sonnette / Lieder und Gedichte. 1662. – Des Allerheiligst- und Allerheilsamsten Leidens und Sterbens Jesu Christi Zwölf andächtige Betrachtungen. 1672. – Sieges-Seule der Buße und Glaubens / wider den Erbfeind Christliches Namens: aufgestellet. 1675. – Der Allerheiligsten Menschwerdung / Geburt und Jugend Jesu Christi / Zwölf Andächtige Betrachtungen. 1678. – Des Allerheiligsten Lebens Jesu Christi Sechs [– Übrige Sechs] Andächtige Betrachtungen. 1693.

Ausgabe: Sämtliche Werke. Hrsg. von Martin Bircher und Friedhelm Kemp. 10 Bde. Millwood, NY 1983.

Gretser, Jacob, 27. 3. 1562 Markdorf bei Meersburg – 29. 1. 1625 Ingolstadt. Nach dem Besuch des Jesuitengymnasiums in Innsbruck und dem Eintritt in den Orden (1578) absolvierte er die übliche Ausbildung mit dem Wechsel von Studium und Unterrichtstätigkeit (München, Freiburg/Schweiz, Ingolstadt: 1588 Magister der Philosophie, 1589 Priesterweihe). Von 1588 an lehrte G. in Ingolstadt, zunächst als Professor für Philosophie, dann für scholastische Theologie (1592–1605) und Moraltheologie (1609–16). Zwischen 1605 und 1609 sowie ab 1616 wurde G. von Lehrverpflichtungen befreit, um publizistisch der Gegenreformation zu dienen. Dabei machte er sich einen Namen als streitbarer Kontroverstheologe. Der Literaturgeschichtsschreibung gilt er als bedeutendster Jesuitendramatiker der Zeit vor 1600. Er schrieb mehr als zwanzig Stücke, die – wie üblich – ungedruckt blieben. Neben biblischen Stoffen und humanistischen Themen (*Regnum humanitatis*, Trilogie, 1587–98) brachte er u. a. Schweizer Heiligengestalten auf die Bühne, etwa in dem 1586 in Luzern gespielten *Nicolaus Unterwaldius*, das den Einsiedler Nikolaus v. Flüe verherrlicht. Den Höhepunkt seines dramatischen Schaffens bildet der *Dialogus de Udone Archiepiscopi Magdeburgensis*, der in zwei handschriftlich überlieferten Fassungen vorliegt (Ingolstadt 1587 bzw. München 1598) und das abschreckende Ende eines sündigen Menschen vor Augen führt, der trotz Ermahnungen und Aufforderungen zur Umkehr und Buße uneinsichtig bleibt und so notwendig zur Hölle verdammt wird.

Ausgabe: Opera omnia. 17 Bde. 1734–41. [Keine Dramen.]

Grillparzer, Franz, 15. 1. 1791 Wien – 21. 1. 1872 ebd. Der Sohn eines Wiener Rechtsanwalts arbeitete nach Abschluss seines Jurastudiums (1807–11) zunächst als Privatlehrer, war dann Praktikant an der Hofbibliothek und hatte von 1813 an verschiedene Beamtenstellen inne (Hofkammer, Finanzministerium); von 1832 bis zu seiner Pensionierung als Hofrat 1856 amtierte er als Direktor des Hofkammerarchivs. 1816 lernte er Joseph Schreyvogel, den Direktor des Burgtheaters, kennen, der zu seinem wichtigsten Förderer wurde und 1817 *Die Ahnfrau*, 1818 *Sappho* mit großem Erfolg aufführte. Nach dem Suizid seiner Mutter unternahm G. 1819 eine Italienreise; das nach seiner Rückkehr in einem Almanach 1821 veröffentlichte Romgedicht *Campo vaccino* brachte ihm mit der Gegenüberstellung von großer Vergangenheit und ›neuer, flacher Zeit‹ den Ruf des Radikalismus ein und sorgte damit auch für künftige Zensurprobleme. Weitere Reisen führten ihn nach Deutschland (1826, 1847), Paris und London (1836) sowie Konstantinopel und Athen (1843). 1861 wurde er zum Mitglied des österreichischen Herrenhauses auf Lebenszeit ernannt. Nach dem Misserfolg seines Lustspiels *Weh' dem, der lügt!* (UA 1838), zog sich G. vom Theater zurück; seine späten Stücke wurden erst postum veröffentlicht. G.s Dramatik verbindet Momente des spanischen Barocktheaters, der Wiener Theatertradition und der Weimarer Klassik, ohne die Spannungen zwischen zeitenthobener Ordnungsvorstellung und geschichtlicher Veränderung bzw. neuzeitlichem Subjektivismus verleugnen zu können. Er versuchte sich in den verschiedensten dramatischen Gattungen – Schicksalstragödie, Künstlerdrama, Besserungsstück, Traumspiel, Geschichtsdrama, Liebestragödie –, nahm deren Traditionen auf und erweiterte zugleich ihre Ausdrucksmöglichkeiten durch eine psychologisierende Charakterdarstellung und die Einbeziehung der Widersprüchlichkeit der Erfahrungen der Moderne. Gerade aus seinem Konservatismus heraus griff er die Degeneration des habsburgischen Herrscherhauses an, so wie er andererseits nach anfänglicher Bejahung der Revolution von 1848 durch diese den Zerfall des Staates durch separatistische Tendenzen befördert sah. Die Widersprüchlichkeit, die er sich selbst in seinen autobiographischen Schriften und Tagebüchern zuschrieb, und die

Problematik der künstlerischen Existenz unter dem Regime Metternich reflektiert – vieldeutig – die Erzählung *Der arme Spielmann.*

Werke: Die Ahnfrau. 1817. – Sappho. 1819. – Das goldene Vließ. 1822. – König Ottokars Glück und Ende. 1825. – Ein treuer Diener seines Herrn. 1830. – Melusina. 1833. – Des Meeres und der Liebe Wellen. 1840. – Der Traum ein Leben. 1840. – Weh' dem, der lügt! 1840. – Der arme Spielmann. In: Iris. Deutscher Almanach für 1848. 1847. – Gedichte. 1872. – Libussa. 1872. – Ein Bruderzwist in Habsburg. 1872. – Die Jüdin von Toledo. 1872.
Ausgaben: Sämtliche Werke. Hist.-krit. Gesamtausg. Hrsg. von August Sauer und Reinhold Backmann. 42 Bde. Wien 1909–48. – Werke. Hrsg. von Helmut Bachmaier. 6 Bde. Frankfurt a. M. 1986 ff.

Grimm, Hans, 22. 3. 1875 Wiesbaden – 27. 9. 1959 Lippoldsberg (Weser). G., Sohn eines Juraprofessors, hielt sich von 1897 bis 1908 als Kaufmann in Südafrika auf, reiste dann als Presseberichterstatter durch Südwestafrika und studierte nach seiner Rückkehr von 1911 bis 1915 Staatswissenschaften in München und am Kolonialinstitut in Hamburg. Nach dem Krieg, an dem er seit 1916 teilnahm, ließ er sich als freier Schriftsteller in Lippoldsberg nieder. 1933 wurde er, obwohl nicht Parteimitglied, Präsidialrat der Reichsschrifttumskammer. Seit 1934 veranstaltete er die »Lippoldsberger Dichtertage«, die auch noch nach dem Zweiten Weltkrieg stattfanden. Obwohl er die Machtergreifung durch die Nationalsozialisten begrüßt hatte, empfand er später Enttäuschung über die offizielle Kulturpolitik. Das hinderte ihn nicht daran, nach dem Krieg zunächst den »ursprünglichen Nationalsozialismus« zu verteidigen und schließlich auch offen für Hitler Partei zu ergreifen (*Warum – woher – aber wohin?*). G. trat zunächst mit Novellen hervor, die seine Erfahrungen in Südafrika zum Gegenstand haben und – in Konkurrenz mit England und Frankreich – für ein deutsches Kolonialreich eintreten. In seinem Hauptwerk, dem Roman *Volk ohne Raum*, verbreitete er am Beispiel der Lebensgeschichte des

Cornelius Friebott die den nationalsozialistischen Propagandisten willkommene Botschaft vom schlimmen Schicksal der Deutschen, denen der Raum genommen wurde für ihre (agrarisch gedachte) Entfaltung. Historische und geopolitische Exkurse, anti-englische Ressentiments, rassistische und nationalistische Töne unterstreichen den Anspruch auf ›Lebensraum‹, den der in Afrika gescheiterte Held am Ende als »Wanderredner« in Deutschland verkündet und dabei schnöde »knapp vor jenem neunten November 1923 in München« durch den Steinwurf eines Arbeiters getötet wird.

Werke: Südafrikanische Novellen. 1913. – Der Gang durch den Sand und andere Geschichten südafrikanischer Not. 1916. – Der Ölsucher von Duala. 1918. – Volk ohne Raum. 1926. – Das deutsche Südwester-Buch. 1929. – Von der bürgerlichen Ehre und bürgerlichen Notwendigkeit. 1932. – Was wir suchen ist alles. 1932. – Südwestafrikanische Geschichten. 1941. – Die Erzbischofschrift. Antwort eines Deutschen. 1950. – Warum – woher – aber wohin? 1954.

Ausgabe: Gesamtausgabe. 35 Bde. Lippoldsberg 1969 ff.

Grimm, Jacob, 4. 1. 1785 Hanau – 20. 9. 1863 Berlin. Der Sohn eines Juristen studierte nach der Schulzeit in Kassel ab 1802 Jura in Marburg, war dann nach einer Parisreise mit Friedrich Carl v. Savigny von 1806 an Verwaltungsbeamter in Kassel und wurde nach den Befreiungskriegen 1814–15 mit diplomatischen Aufgaben in Paris und Wien betraut. 1816 erhielt er – wie zwei Jahre zuvor sein Bruder Wilhelm – eine Stelle an der Kurfürstlichen Bibliothek in Kassel. 1830 ging G. als Professor und Bibliothekar an die Universität Göttingen, wurde jedoch als einer der »Göttinger Sieben« 1837 nach einem Protest gegen die Aufhebung der Verfassung durch den neuen König von Hannover seines Amtes enthoben. Nach einer Übergangszeit in Kassel wurde er mit seinem Bruder Wilhelm nach Berlin berufen. 1848 war er Abgeordneter im Frankfurter Paulskirchen-Parlament. Die Brüder G. verstanden ihr schriftstellerisches und wissenschaftliches Werk als nationale, identitätsstiftende Unternehmung. Das galt im Einklang mit A. v. Arnim und C. Brentano für die Bemühungen um die Volkspoesie ebenso wie für die wissenschaftliche Arbeit. G.s Bedeutung liegt dabei neben der gemeinsamen Sammeltätigkeit (Märchen, Sagen) mit Wilhelm v. a. auf dem Gebiet der Sprachwissenschaft. Die erste Lieferung des größten Projekts, des *Deutschen Wörterbuchs*, erschien 1852. Abgeschlossen wurde es 1961.

Werke: Über den altdeutschen Meistergesang. 1811. – Kinder- und Hausmärchen. 1812–15. [Mit W. Grimm.] – Deutsche Sagen. 1816–18. [Mit W. Grimm.] – Deutsche Grammatik. 1819–37. – Irische Elfenmärchen. 1826. [Mit W. Grimm.] – Deutsche Rechts-Alterthümer. 1828. – Deutsche Mythologie. 1835. – Weisthümer. 1840–63. – Geschichte der deutschen Sprache. 1848. – Ueber den Ursprung der Sprache. 1851. – Deutsches Wörterbuch. 1852 ff. [Mit W. Grimm.]

Ausgaben: Brüder Grimm: Werke und Briefwechsel. Kasseler Ausgabe. In kritisch-kommentierten Einzelbänden hrsg. im Auftrag des Vorstandes der Brüder-Grimm-Gesellschaft e. V. Kassel/Berlin 1998 ff. – Briefwechsel der Brüder Jacob und Wilhelm Grimm. Krit. Ausgabe in Einzelbänden. Hrsg. von Heinz Rölleke [u. a.]. Stuttgart 2001 ff.

Grimm, Wilhelm, 24. 2. 1786 Hanau – 16. 12. 1859 Berlin. Der Sohn eines Juristen studierte nach der Schulzeit in Kassel von 1803 bis 1806 Jura in Marburg, lebte dann als Privatgelehrter in Kassel, bis er hier 1814 eine Stelle an der Kurfürstlichen Bibliothek erhielt. 1830 ging G. als Bibliothekar (seit 1831 a. o. Prof., 1835 o. Prof.) an die Universität Göttingen, wurde jedoch als einer der »Göttinger Sieben« 1837 nach einem Protest gegen die Aufhebung der Verfassung durch den neuen König von Hannover seines Amtes enthoben. Nach einer Übergangszeit in Kassel wurde er mit seinem Bruder Jacob nach Berlin berufen. Die Brüder G. verstanden ihr schriftstellerisches und wissenschaftliches Werk als nationale, identitätsstiftende Unternehmung. Das galt im Einklang mit A. v. Arnim und

C. Brentano für die Bemühungen um die Volkspoesie ebenso wie für die wissenschaftliche Arbeit. G. legte wichtige wissenschaftliche Ausgaben mhd. Texte vor; sein Buch über *Die Deutsche Heldensage* wurde ein wissenschaftliches Standardwerk. Sein Name ist jedoch v. a. mit den *Kinder- und Hausmärchen* verbunden, die ihren besonderen Märchenton erst durch seine Bearbeitung der Texte von der zweiten Auflage an erhielten.

Werke: Altdänische Heldenlieder, Balladen und Märchen. 1811. – Kinder- und Hausmärchen. 1812–15. [Mit J. Grimm.] – Deutsche Sagen. 1816–18. [Mit J. Grimm.] – Irische Elfenmärchen. 1826. [Mit J. Grimm.] – Grave Ruodolf. 1828. [Ed.] – Die deutsche Heldensage. 1829. – Vrîdankes Bescheidenheit. 1834. [Ed.] – Ruolandes liet. 1838. [Ed.] – Deutsches Wörterbuch. 1852ff. [Mit W. Grimm.]

Ausgaben: Brüder Grimm: Werke und Briefwechsel. Kasseler Ausgabe. In kritisch-kommentierten Einzelbänden hrsg. im Auftrag des Vorstandes der Brüder-Grimm-Gesellschaft e. V. Kassel/Berlin 1998 ff. – Briefwechsel der Brüder Jacob und Wilhelm Grimm. Krit. Ausgabe in Einzelbänden. Hrsg. von Heinz Rölleke [u. a.]. Stuttgart 2001 ff.

Grimmelshausen, Hans Jacob Christoph von, 1621 oder 1622 Gelnhausen – 17. 8. 1676 Renchen (Baden). Die einzige formale Schulbildung erhielt G. vermutlich in der Lateinschule der lutherischen Reichsstadt Gelnhausen. Er geriet aber dann nach der Plünderung der Stadt durch kaiserliche Truppen (1634) und der Flucht der Bevölkerung in die Festung Hanau unter die Soldaten. Er scheint nach einigem Hin und Her im kaiserlichen Heer gedient zu haben, war 1637/38 in Westfalen stationiert und gelangte schließlich an den Oberrhein. 1639 wurde er Regimentsschreiber in Offenburg und nahm kurz vor Kriegsende noch einmal, nun als Regimentssekretär, an einem Feldzug in Bayern teil; Schriftstücke von G.s Hand sind seit 1644 nachweisbar. Nach seiner Rückkehr heiratete der inzwischen zum Katholizismus übergetretene G. am 30. 8. 1649 Catharina Henninger, die Tochter eines Zaberner Bürgers und späteren Ratsherrn. Im selben Jahr trat er in den Dienst seines früheren Offenburger Kommandanten und dessen Familie und bekleidete bis 1660 die Stelle eines »Schaffners« in Gaisbach bei Oberkirch (Ortenau), d. h. er war Wirtschafts- und Rechnungsführer der Freiherrn v. Schauenburg. Von 1662 bis 1665 versah er eine ähnliche Stelle auf der nahe gelegenen Ullenburg. Anschließend betrieb er für zwei Jahre die Wirtschaft »Zum Silbernen Stern« in Gaisbach, bis es ihm 1667 mit der erfolgreichen Bewerbung um die Schultheißenstelle im benachbarten Renchen gelang, die Existenz seiner vielköpfigen Familie endgültig zu sichern. Mit Ausnahme zweier bereits 1666 erschienener Schriften wurde die gesamte literarische Produktion G.s während seiner Renchener Zeit veröffentlicht. Thema der satirisch-realistischen Romane und Erzählungen ist immer wieder der Krieg. Dabei gelang ihm mit seinem Hauptwerk, dem *Abentheurlichen Simplicissimus Teutsch*, in einer Synthese von eigener Welt- und Lebenserfahrung und einer ebenso selbständigen wie selbstbewussten Auseinandersetzung mit den relevanten europäischen Roman- und Satiretraditionen einer der großen Romane der Weltliteratur. Weitere Romane und Erzählungen folgten, die G. selbst als Teil seines großen Werkes ansah. Den Gegenpol zu diesem pikaresken simplicianischen ›Romanzyklus‹ bilden seine erbaulichen Romane. Kalenderschriften und eine Reihe satirischer Traktate, die auch zu aktuellen Fragen der Absolutismus- und Staatsräsondiskussion Stellung nehmen, ergänzen das Werk.

Werke: Satyrischer Pilgram. 1667 [recte 1666–67]. – Exempel Der Unveränderlichen Vorsehung Gottes. Unter einer anmutigen und ausführlichen Histori vom Keuschen Joseph in Egypten. 1667 [recte 1666]. Erw. u. d. T.: Des Vortrefflich Keuschen Josephs in Egypten […] Lebensbeschreibung. 1670. – Der Abentheurliche Simplicissimus Teutsch. 1669 [recte 1668]. – Continuatio des abentheurlichen Simplicissimi Oder Der Schluß desselben. 1669. – Trutz Simplex: Oder Ausführliche und wunderseltzame Lebensbeschreibung Der Ertzbetrügerin und Landstörtzerin Courasche.

1670. – Der seltzame Springinsfeld. 1670. – Ewig-währender Calender. 1670. – Dietwalts und Amelinden anmuthige Lieb- und Leids-Beschreibung. 1670. – Der erste Beernhäuter. 1670. – Simplicianischer Zweyköpffiger Ratio Status. 1670. – Des Durchleuchtigen Printzen Proximi, und Seiner ohnvergleichlichen Lympidae Liebs-Geschicht-Erzehlung. 1672. – Verkehrte Welt. 1672. – Rathstübel Plutonis Oder Kunst Reich zu werden. 1672. – Der stoltze Melcher. 1672. – Das wunderbarliche Vogel-Nest. 2 Tle. 1672–75. – Bart-Krieg. 1673. – Simplicissimi Galgen-Männlin. 1673. – Deß Weltberuffenen Simplicissimi Pralerey und Gepräng mit seinem Teutschen Michel. 1673.

Ausgaben: Gesammelte Werke in Einzelausgaben. Unter Mitarb. von Wolfgang Bender und Franz Günter Sieveke hrsg. von Rolf Tarot. Tübingen 1967–76. – Werke. Hrsg. von Dieter Breuer. 3 Bde. Frankfurt a. M. 1989–97.

Groth, Klaus, 24. 4. 1819 Heide (Dithmarschen) – 1. 6. 1899 Kiel. Der Müllersohn konnte aus finanziellen Gründen nicht studieren. Stattdessen absolvierte er das Lehrerseminar in Tondern und wurde 1841 Lehrer an einer Mädchenschule in Heide. Nach einem körperlich-seelischen Zusammenbruch verließ er 1847 den Schuldienst, hielt sich bis 1853 zur Genesung auf Fehmarn auf und siedelte dann nach Kiel über. 1856 erhielt er die Ehrendoktorwürde der Universität Bonn, 1858 habilitierte er sich in Kiel und blieb als Honorarprofessor für dt. Sprache und Literatur der Universität verbunden. G. gilt mit seiner erfolgreichen, mehrfach erweiterten Gedichtsammlung *Quickborn* als Begründer der neuniederdt. Dichtung. Er machte das Niederdeutsche zum ausdrucksvollen Medium der poetischen Gestaltung von Landschaft und Menschen seiner Heimat, die er nicht ohne melancholische Vergangenheitssehnsucht als eine idyllische vorindustrielle Welt darstellte. Wichtige Vorbilder über die einheimische Überlieferung hinaus (Volkslied, Ballade, Erzählung) waren der schottische Dichter Robert Burns und J. P. Hebel. Mit F. Reuter kam es zum Streit, weil dieser G.s Meinung nach die niederdt. Sprache durch seine Neigung zum Schwankhaften und Derben abwertete und so den Bemühungen schadete, das Niederdeutsche zu einer Literatursprache auszubauen.

Werke: Quickborn. Volksleben in plattdeutschen Gedichten dithmarscher Mundart. 1853 [recte 1852]. – Verteln. 1855–59. – Briefe über Hochdeutsch und Plattdeutsch. 1858. – Voer de Goern. 1858. – Rothgeter Meister Lamp un sin Dochder. 1862. – Fiv nie Leder [...] vaer Schleswig-Holsteen. 1864. – Quickborn. Neue Folge. 1871. – Über Mundarten und mundartige Dichtung. 1873. – Ut min Jungsparadies. 1876. – Lebenserinnerungen. 1891. – Gesammelte Werke. 4 Bde. 1893.

Ausgabe: Sämtliche Werke. Hrsg. von Ivo Braak [u. a.]. 8 Bde. Flensburg 1952–65.

Grün, Anastasius (d. i. Anton Alexander Graf von Auersperg), 11. 4. 1808 Laibach – 12. 9. 1876 Graz. Der Sohn eines von freimaurerischen Ideen geprägten Großgrundbesitzers studierte nach dem Besuch verschiedener Wiener Erziehungsanstalten von 1824 bis 1826 Jura in Wien und Graz. Er bewirtschaftete sein Erbgut Thurn am Hart, um finanziell unabhängig zu bleiben, und verbrachte die Wintersaison regelmäßig in Wien; hier verkehrte er auch mit oppositionellen Dichtern. Der liberale, mit der Tradition des aufklärerischen Josephinismus vertraute Graf begann seine kritische Auseinandersetzung mit der Restauration um 1830; sein anonym in Hamburg erschienener Gedichtzyklus *Spaziergänge eines Wiener Poeten* markiert mit seinen schwungvoll-pathetischen Versen gegen das Unterdrückungssystem Metternichs und den Klerikalismus den Beginn der politischen Vormärzlyrik. Als 1838 das Pseudonym aufgedeckt wurde, stellte man G. vor die Alternative, entweder nichts mehr zu publizieren oder auszuwandern. Seine Entscheidung zu bleiben stieß auf heftige Kritik bei den Vormärzdichtern, auf die er mit dem komischen Epos *Nibelungen im Frack* antwortete. G. gehörte dem Frankfurter Paulskirchen-Parlament an, ließ sich dann aber in den österreichischen Staat einbinden (u. a. 1861 Mitglied des Herrenhauses, 1868 Präsident der

Reichsratsdelegation, 1864 Ehrenbürger von Wien, 1865 Dr. h. c. Wien). Obwohl er slowenische Volkslieder übersetzt hatte, wandte er sich als Mitglied des Krainer Landtags (1861–67) gegen die Verwendung des Slowenischen als Unterrichtssprache.

Werke: Blätter der Liebe. 1830. – Der letzte Ritter. Romanzen-Kranz. 1830. – Spaziergänge eines Wiener Poeten. 1831. – Schutt. 1835. – Gedichte. 1837. – Nibelungen im Frack. 1843. – Volkslieder aus Krain, aus dem Slowenischen übersetzt. 1850. – Pfaff vom Kahlenberg. 1850. – Robin Hood. Ein Balladenkranz nach altenglischen Volksliedern. 1864. – In der Veranda. 1876.

Ausgaben: Sämtliche Werke. Hrsg. von Anton Schlossar. 10 Tle. Leipzig 1907. – Sämtliche Werke. Hrsg. von Eduard Castle. 6 Tle. Berlin [u. a.] 1909.

Grün, Max von der, 25. 5. 1926 Bayreuth – 7. 4. 2005 Dortmund. Der Sohn eines Schuhmachers, der als Mitglied der verbotenen Gemeinschaft der Bibelforscher von 1939 bis 1945 im KZ Flossenbürg inhaftiert war, wurde nach einer kaufmännischen Lehre 1943 zur Wehrmacht eingezogen und geriet 1944 in amerikanische Gefangenschaft. Nach seiner Rückkehr aus den USA 1948 arbeitete G. zunächst als Hilfsarbeiter auf dem Bau, dann von 1951 bis 1963 als Bergmann in Heeren-Werve im Ruhrgebiet. Ende der 50er-Jahre begann er neben der Arbeit in der Zeche zu schreiben; 1961 gehörte er zu den Gründungsmitgliedern der Dortmunder »Gruppe 61«, die sich die Auseinandersetzung mit der industriellen Arbeitswelt zur Aufgabe gemacht hatte. Nach dem Skandal, den sein zweiter Roman *Irrlicht und Feuer* ausgelöst hatte, wurde er entlassen (und aus der IG Bergbau ausgeschlossen). Er lebt seit 1964 als freier Schriftsteller in Dortmund. G.s Romane und Erzählungen schildern, oft spannend erzählt, mit (neo)realistischen Stilmitteln und Techniken die moderne Arbeitswelt und ihre Probleme: unmenschlicher Arbeitsalltag, Klassenkampf von oben, Streik, Korruption, v. a. aber auch die Folgen im privaten Bereich, die Entwurzelung und Entfremdung der Arbeiter und ihrer Familien in der Wirtschaftswunder- und Wohlstandsgesellschaft. Dazu kommt als weiteres wichtiges Thema die Auseinandersetzung mit der Vergangenheit (das Weiterleben von Machtstrukturen aus der Zeit des Nationalsozialismus, Neonazismus). Darum geht es auch in der an Jugendliche gerichteten Textcollage *Wie war das eigentlich?* An gesellschaftliche Tabus rührte das einfühlsame Jugendbuch *Vorstadtkrokodile*, das einen behinderten Jungen in den Mittelpunkt stellt. Zahlreiche Arbeiten für Rundfunk und Fernsehen greifen die Themen seiner Erzählprosa auf.

Werke: Männer in zweifacher Nacht. 1962. – Irrlicht und Feuer. 1963. – Fahrtunterbrechung und andere Erzählungen. 1965. – Zwei Briefe an Pospischiel. 1968. – Am Tresen gehen die Lichter aus. 1972. – Stellenweise Glatteis. 1973. – Wenn der tote Rabe vom Baum fällt. 1975. – Vorstadtkrokodile. Eine Geschichte vom Aufpassen. 1976. – Flächenbrand. 1979. – Wie war das eigentlich? Kindheit und Jugend im Dritten Reich. 1979. – Etwas außerhalb der Legalität und andere Erzählungen. 1980. – Klassengespräche. Aufsätze, Reden, Kommentare. 1981. – Späte Liebe. 1982. – Friedrich und Friederike. Geschichten. 1983. – Die Lawine. 1986. – Springflut. 1990. – Die Saujagd und andere Vorstadtgeschichten. 1995.

Grünbein, Durs, 9. 10. 1962 Dresden. G. begann 1987 mit dem Studium der Theaterwissenschaften in Berlin (Ost), brach es aber nach zwei Jahren wieder ab und lebt seitdem als freier Schriftsteller in Berlin. Die Auszeichnung durch den Georg-Büchner-Preis 1995 bestätigt die Einschätzung der Kritik, die in G. einen der bedeutendsten Lyriker der jungen Generation sieht. Die ersten Gedichtbände des in der DDR aufgewachsenen Dichters setzten sich zwar auch mit der Agonie dieses Staates auseinander, aber G., desinteressiert am »Ost-West-Marathon«, sieht die von ihm evozierte, deformierte »Grauzonenlandschaft« als Konsequenz aller technisch-industrieller Systeme. Ihre Beschreibung wird in dem Band *Schädelbasislektion* fortgesetzt, wobei kaleidoskopartige

Langgedichte, formal komplexe, polyphone Stimmencollagen und Panoramagedichte in partiturähnlicher Vers- und Zeilenanordnung neben Texten stehen, die in Vers- und Bildsprache der traditionellen Poetik verpflichtet sind. Langgedichte, vier große Satiren, bilden auch den Kern des Bandes *Nach den Satiren*: visionäre Bilder der Wirklichkeit der Großstadt. Der Band *Erklärte Nacht* – eine Anspielung auf Richard Dehmels *Verklärte Nacht* – enthält in souveräner Verfügung über die poetische Tradition Reflexionen über die Geschichte, das eigene Ich und die politische und gesellschaftliche Gegenwart. Zugleich führt G. die Form des Langgedichts weiter in einem Text über die Zerstörung Dresdens (*Porzellan*) und in den 42 Cantos (zu je sieben zehnzeiligen Strophen) *Vom Schnee*, die durchaus anschaulich von der ›Erfindung‹ des modernen Denkens handeln. Reflexionen über sein Werk bzw. das Verständnis von Kunst und Literatur in der Postmoderne enthalten seine Essays.

Werke: Grauzone morgens. 1988. – Schädelbasislektion. 1992. – Falten und Fallen. 1994. – Den Teuren Toten. 33 Epitaphe. 1994. – Von der üblen Seite. Gedichte 1988–1991. 1994. – Galilei vermißt Dantes Hölle und bleibt an den Maßen hängen. Schriften 1989–1995. 1996. – Nach den Satiren. 1999. – Das erste Jahr. Berliner Aufzeichnungen. 2001. – Erklärte Nacht. 2002. – Una storia vera. Ein Kinderalbum in Versen. 2002. – Vom Schnee. Oder Descartes in Deutschland. 2003. – Warum schriftlos leben. Aufsätze. 2003. – An Seneca. 2004. – Porzellan. Poem vom Untergang meiner Stadt. 2005. – Antike Dispositionen. Aufsätze. 2005. – Gedichte. Bücher I–III. 2006.

Gruenter, Undine, 27. 8. 1952 Köln – 5. 10. 2002 Paris. G. wuchs in Wuppertal auf und studierte Jura, Literaturwissenschaft und Philosophie in Heidelberg, Bonn und Wuppertal. Seit 1986 lebte sie mit ihrem Mann, dem Schriftsteller und Literaturwissenschaftler Karl-Heinz Bohrer, in Paris. Ihr Werk, soweit bisher veröffentlicht, umfasst Romane und Erzählungen, die nicht nur an französische literarische Vorbilder von Baudelaire über

Proust bis Georges Bataille anknüpfen und in ihrem Stil die Sprachmelodie des Französischen nachklingen lassen, sondern sich häufig auch als eine Hommage an Paris erweisen. Thema ist immer wieder die Liebe im emphatischen Sinn bzw. ihre Unmöglichkeit, das in immer neuen Versuchsanordnungen entfaltet wird. Die Liebe ist, so die häufig gebrauchte Metapher, ein Labyrinth – und der ekstatische Moment der Verwirklichung eine Illusion. Auf die mythologische Variante des Labyrinth-Themas verweist der Roman *Das Versteck des Minotauros*, und auch ihr letztes Werk *Der verschlossene Garten* beschreibt noch einmal die Liebe als Projekt. Bei alledem ist G. eine virtuose Beschreibungskünstlerin, die Stimmungen, Innenräume, Details jeder Art in ungemeiner Präzision wiederzugeben in der Lage ist, wie auch ihre letzten melancholischen Erzählungen *Sommergäste in Trouville* bezeugen. In ihrem Tagebuch findet sich diese Selbstcharakteristik: »Es gibt 2 verschiedene Sorten von Schriftstellern: für die einen hat ihre Literatur die Funktion der Selbstausstellung (-darstellung, -ausdruck), für die anderen die der Selbstmaskierung. Zu den letzteren gehöre ich.«

Werke: Ein Bild der Unruhe. 1986. – Nachtblind. Erzählungen. 1989. – Das gläserne Café. Erzählungen. 1991. – Vertreibung aus dem Labyrinth. 1992. – Epiphanien, abgeblendet. 56 Prosastücke. 1993. – Der Autor als Souffleur. Journal 1986–1992. 1995. – Das Versteck des Minotauros. 2001. – Sommergäste in Trouville. Erzählungen. 2003. – Der verschlossene Garten. 2004. – Pariser Libertinagen. Hrsg. von Katrin Hillgruber. 2005.

Gryphius, Andreas, 2. 10. 1616 Glogau (Schlesien) – 16. 7. 1664 ebd. G.s Vater, ein lutherischer Pfarrer, starb 1621 in den Kriegswirren. Das Gymnasium in Glogau, das G. seit diesem Jahr besuchte und an dem auch sein Stiefvater Michael Eder lehrte, wurde 1628 im Zug der Rekatholisierungspolitik Wiens geschlossen. Erst 1632 konnte G., dessen Mutter inzwischen ebenfalls gestorben war, wieder eine Schule, das Gymnasium in Fraustadt, besuchen. 1634 wechselte er auf das Akademische Gymnasium in Danzig und wurde dann von seinem Mäzen Georg v. Schönborn auf dessen Landgut in der Nähe von Fraustadt eingeladen (1636–38). Schönborn verlieh seinem Hauslehrer kraft seiner Rechte als Kaiserlicher Pfalzgraf Adelstitel und Magisterwürde und krönte ihn zum Poeten. 1638 begleitete G. die Söhne Schönborns zum Studium nach Leiden; G. nutzte diese Zeit (1638–44) zu intensiven Studien, wobei seine besonderen Interessen der Staatslehre und den modernen Naturwissenschaften galten. Von 1644 bis 1646 reiste er durch Frankreich und Italien und kehrte über Straßburg (1646–47) nach Schlesien zurück. Er erhielt Berufungen an mehrere Universitäten, lehnte jedoch ab und trat stattdessen, seit 1649 mit Rosine Deutschländer verheiratet, 1650 das Amt eines Syndicus (Rechtsbeistands) der ev. Landstände in Glogau an. Seine ersten Dichtungen, zwei lat. Herodes-Epen, veröffentlichte G. 1634 und 1635; wenig später entstanden seine frühesten dt. Dichtungen ([*Lissaer*] *Sonnete*, 1637). Sie deuten bereits den ganzen Umfang der für ihn zentralen Vorstellungen von der Eitelkeit des Irdisch-Menschlichen an, die in seiner Lyrik, seinen Trauerspielen und seinen Leichabdankungen immer wieder variiert werden. Die Lissaer Sonette gingen in überarbeiteter Form in die späteren Sonettbücher ein; auf die Tradition der Perikopendichtung verweisen die *Son- undt Fëyrtags-Sonnete*. Die Odenbücher enthalten neben Kirchenliedern auch pindarische Oden von großem rhetorischem Pathos. Seine dramatische Dichtung ist u. a. Joost van den Vondel und dem Jesuitendrama (Nicolas Caussin) verpflichtet, das u. a. den Typus des Märtyrerdramas vorgab. G.' erklärtes Ziel war es, »die vergänglichkeit menschlicher sachen [...] vorzustellen«, doch ist bei allem Vergänglichkeitspathos auch die aktuelle politische Bedeutung gerade der Märtyrerstücke im Sinn lutherischer Obrigkeitsvorstellungen nicht zu übersehen. Eine Bestätigung der herrschenden Ordnung stellen auch die Lustspiele dar: Wer den ihm angemessenen Platz in der gesellschaftlichen Hierarchie verkennt, wirkt komisch. Die religiösen Interessen des Autors, die sein dichterisches Werk entscheidend prägen, finden direkten Ausdruck in den (meist postumen) Veröffentlichungen nichtfiktionaler geistlicher Texte.

Werke: Herodes furiae et Rachelis lachrymae. 1634. – Die vindicis impetus et Herodis interitus. 1635. – Fewrige Freystadt. 1637. – Sonnete. 1637. – Son- undt Fëyrtags-Sonnete. 1639. – Sonnete. Das erste Buch. 1643. – Oden. Das erste Buch. 1643. – Epigrammata. Das erste Buch. 1643. – Olivetum libri tres. 1646. – Teutsche Reim-Gedichte. 1650. – Deutscher Gedichte / Erster Theil. 1657. – Absurda Comica. Oder Herr Peter Squentz. 1658. – Großmüttiger Rechts-Gelehrter / Oder Sterbender Aemilius Paulus Papinianus. 1659. – Ubersetzete Lob-Gesänge Oder Kirchen-Lieder. 1660. – Verlibtes Gespenste / Gesang-Spil. Die gelibte Dornrose / Schertz-Spill. 1660–61. – Der Schwermende Schäfer Lysis. 1661. [Übers. von Pierre Corneille: Le berger extravagant. 1653.] – Freuden und Trauer-Spiele auch Oden und Sonnette. 1663. – Seugamme oder Untreues Haußgesinde. Lust-Spiel. 1663. [Übers. von Girolamo Razzi: La balia. 1560.] – Epigrammata Oder Bey-Schrifften. 1663. – Horribilicribrifax Teutsch. 1663. – Richard Bakers [...] Frag-Stück und Betrachtungen über Das Gebet des Herren. 1663. – Himmel Steigente HertzensSeüfftzer. 1665. – Dissertationes Funebres, Oder Leich-Abdanckungen. 1666. – Richard Bakers [...] Betrachtungen der [...] Sieben Buß-Psalm. 1687.
Ausgaben: Gesamtausgabe der deutschsprachigen Werke. Hrsg. von Marian Szyrocki und Hugh Powell [u. a.]. Tübingen 1963 ff. – Dramen. Hrsg. von Eberhard Mannck. Frankfurt a. M. 1991. – Lat. und dt. Jugenddichtungen. Hrsg. von Friedrich-Wilhelm Wentzlaff-Eggebert. Leipzig 1938. Reprogr. Nachdr. Hildesheim 1961.

Gryphius, Christian, 29. 9. 1649 Fraustadt (Schlesien) – 6. 3. 1706 Breslau. Der Sohn von A. Gryphius erhielt nach dem Besuch des Gymnasium illustre in Gotha (1665–68) und Studien in Jena und Straßburg 1674 eine Professur für Griechisch und Latein am Breslauer Elisabeth-Gymnasium. 1686 wurde er Rektor des Breslauer Magdalenen-

Gymnasium, 1699 auch Leiter der Bibliothek. G. war Mitarbeiter verschiedener gelehrter Zeitschriften und trat mit historischen Werken an die Öffentlichkeit. Für Schulaufführungen schrieb er insgesamt 20 lat. und acht deutschsprachige Schulactus (z. B. *Der Deutschen Sprache unterschiedene Alter*; *Von den Helden-Büchern*). Als Lyriker bevorzugte G. den eher nüchternen Ton. Er gab 1698 die Werke seines Vaters mit Texten aus dem Nachlass heraus, 1704 die *Poetischen Übersetzungen und Gedichte* von H. A. v. Abschatz.

Werke: Der Teutschen Rätzel Weißheit ersten auß Rätzeln / Sprüch-Wörtern / und Fabeln bestehenden Theil. 1692. – Der Teutschen Rätzel-Weißheit Ersten Theiles Anhang / Von den Helden-Büchern. 1694. – Der Teutschen Rätzel-Weißheit Andern Theils erstere Vorstellung Von den Trauer-Spielen oder Tragoedien. 1696. – Kurtzer Entwurff Der Geist- und Weltlichen Ritter-Orden. 1697. – Der Teutschen Rätzel-Weißheit Andern Theils Andere Vorstellung von den Lust-Spielen. 1698. – Poetische Wälder. 1698. – Gedächtnis-Schriften. 1702. – Der Deutschen Sprache unterschiedene Alter und nach und nach zunehmendes Wachsthum. 1708. – Apparatus sive dissertatio isagogica de scriptoribus historiam seculi XVII illustrantibus. 1710.

Gstrein, Norbert, * 3. 6. 1961 Mils (Tirol). G. studierte in Innsbruck Mathematik und promovierte hier nach Studienaufenthalten in Stanford (USA) und Erlangen 1988 mit der Arbeit *Zur Logik der Fragen*, die in ihrem sprachkritischen Ansatz auf sein literarisches Werk vorausweist. Im selben Jahr erschien seine erste Erzählung; seitdem lebt G. als freier Schriftsteller, zur Zeit in London und Hamburg. Der Handlungsraum seines Erzählwerks ist bis in die 90er-Jahre hinein Österreich bzw. die österreichische Provinz. Dabei greift er Motive und Muster der kritischen Heimatliteratur auf (Gegensatz von Fremde und Heimat, Tourismus, Vetternwirtschaft usw.), die allerdings nur einen vordergründigen Aspekt der komplexen Texte darstellen. In ihnen geht es immer wieder um die Rekonstruktion von Lebensläufen, wobei die erzählerischen

Mittel – häufiger Perspektiven-, Erzähler- und Zeitenwechsel, elliptische Satzkonstruktionen – die Skepsis gegenüber der Vorstellung der Erzählbarkeit der Welt bzw. von Biographien deutlich machen. Das gilt für die Erzählungen *Einer* und *Anderntags* ebenso wie für G.s ersten Roman *Das Register*, eine Tiroler Familiengeschichte mit autobiographischem Hintergrund, und den »Bericht« *Der Kommerzialrat*. Auch die »Novelle« *O2*, die von einem historischen Ballonflug des Jahres 1931 ausgeht, umstellt diese ›unerhörte Begebenheit‹ mit zahlreichen anderen Handlungssträngen, so daß sich der Unterschied von Haupt- und Nebengeschehen verwischt. Mit dem Roman *Die englischen Jahre* verlässt G. die Heimatregion; zugleich verändert sich seine Erzählstrategie, wenn er die Suche nach den Spuren eines nach England geflohenen jüdischen Emigranten – scheinbar – einer einzigen Erzählerin überantwortet. Es ist gleichwohl eine mehrstimmige Erzählung – vier erinnernde Frauen kommen ebenfalls zu Wort –, die schließlich die ›wahre‹ Identität des Gabriel Hirschfelder ans Licht bringt und dabei zahlreiche Themen berührt (Fragwürdigkeit von Identitäten, Exilsituation, Schuld, Umgang mit dem Holocaust usw.). In dem Roman *Das Handwerk des Tötens* bildet der Tod eines Journalisten im Kosovo – soweit der historische Fall – Anlass für eine vielschichtige, perspektivenreiche, labyrinthische Rekonstruktion einer fiktiven Biographie vor dem Hintergrund des Balkankriegs. Auf den Vorwurf, er habe einen (banalen) Schlüsselroman geschrieben, antwortete G. mit dem Buch *Wem gehört eine Geschichte?*

Werke: Einer. Erzählung. 1988. – Anderntags. Erzählung. 1989. – Das Register. 1992. – O2. Novelle. 1993. – Der Kommerzialrat. 1995. – Die englischen Jahre. 1999. – Selbstporträt mit einer Toten. 2000. – Das Handwerk des Tötens. 2003. – Wem gehört eine Geschichte? 2004.

Guarinonius, Hippolytus (auch: Guarinoni), 18. 11. 1571 Trient – 31. 5. 1654 Hall (Tirol). Der Sohn des aus einer Mailänder Familie stammenden kaiserlichen Leibarztes Bartholomäus G. besuchte das Jesuitengymnasium in Prag und studierte dann von 1593 an Medizin in Padua (Promotion 1597). 1598 wurde er Arzt am Damenstift in Hall i. T.; später noch Stadtphysikus (1601) und Gewerkenarzt im benachbarten Bergwerksort Schwaz (1604). G.' literarisches Werk umfasst medizinische und religiöse, insbesondere hagiographische Schriften und ist von einer polemischen gegenreformatorischen Geistigkeit geprägt. Sein Hauptwerk *Die Grewel der Verwüstung Menschlichen Geschlechts*, eine in der galenischen Tradition stehende Schrift zur Verbesserung des Gesundheitswesens, greift über das Fachliche hinaus und nimmt den Charakter einer mit missionarischem Bewusstsein ausgestatteten Moralsatire an (katholisch = gesund, ketzerisch = protestantisch = krank), die überdies mit zahlreichen realitätsgesättigten Exempelerzählungen angereichert ist. G.' antisemitisches Historienlied auf Andreas Oxner (von Rinn), der angeblich 1462 einem jüdischen Ritualmord zum Opfer gefallen war, wurde zur Grundlage eines Tiroler Wallfahrtskults.

Werke: Die Grewel der Verwüstung Menschlichen Geschlechts. 1610. – Hydroenogamia triumphans. Seu Aquae vinique conubium. 1640. – Triumpf Cron Marter vnd Grabschrifft dess heilig-Vnschuldigen Kindts Andreae von Rinn. 1642. – Chylosophiae academicae artis Aesculapiae [...] tomi duo. 1648.

Günderrode, Karoline von (Günderode; Pseud.: Tian), 11. 2. 1780 Karlsruhe – 26. 7. 1806 Winkel (Rhein). Die Tochter eines markgräflich-badischen Regierungsrats lebte nach dem frühen Tod des Vaters (1786) mit ihrer Mutter und ihren Geschwistern zunächst in Hanau, bis sie 1797 in ein ev. Damenstift in Frankfurt a. M. eintrat. Sie lernte Clemens und Bettine Brentano und Friedrich Carl v. Savigny kennen, den sie – unerwidert – verehrte oder liebte. 1804 machte sie in Heidelberg die Bekanntschaft mit dem Mythenforscher Friedrich Creuzer, der sich – mit einer älteren Professorenwitwe verheiratet – heftig in sie verliebte. Creuzers Bemühungen blieben halbherzig; als er nach einem letzten Treffen brieflich das Verhältnis auflöste, erstach sie sich mit einem Dolch. Das Interesse an ihrem Leben hat immer ihr dichterisches Werk in den Hintergrund gedrängt, wie etwa B. v. Arnims Briefbuch *Die Günderode* (1840) oder C. Wolffs Erzählung *Kein Ort. Nirgends* (1979) demonstrieren. In ihrer Dichtung – Gedichte, Dramen bzw. Dramoletts, Prosa – herrscht das Lyrische vor. Die Formen schließen sich an die klassisch-romantischen Muster an; in der Stoffwahl und ihrer Bildersprache zeigt sich eine Hinwendung zu nichtantiken und nichtchristlichen Mythologien (Ossian, Germanisches, Orientalisches). Die sie bewegenden inneren Konflikte werden am ehesten in ihren Briefen sichtbar (ihr ›männlicher‹ Geist, das Verhältnis zum Tod).

Werke: Gedichte und Phantasien. 1804. – Poetische Fragmente. 1805. – Gesammelte Dichtungen. Hrsg. von Friedrich Götz. 1857. – Melete. 1906.

Ausgaben: Gesammelte Werke. Hrsg. von Leopold Hirschberg. 3 Bde. Berlin 1920–22. Reprogr. Nachdr. Bern 1970. – Sämtliche Werke und ausgewählte Studien. Hist.-krit. Ausg. Hrsg. von Walter Morgenthaler. 3 Bde. Frankfurt a. M. 1990. Unveränd. Neuaufl. 2006.

Günther, Johann Christian, 8. 4. 1695 Striegau (Schlesien) – 15. 3. 1723 Jena. Der Sohn eines Arztes besuchte von 1710 bis 1715 das Gymnasium in Schweidnitz; hier fand er Lehrer, die seine poetische Begabung förderten, und eine Liebe, Leonore Jachmann, die ihn seit 1714 zu zahlreichen Liebesliedern und Versepisteln inspirierte. Er ging als Student der Medizin nach Wittenberg (1715–17), dann nach Leipzig (1717–19) und widmete sich wohl mehr dem studentischen Leben und der galanten Poesie als dem Studium. Die von Leipzig aus unternommenen Versuche, Dichtung zu einem Beruf zu machen, d. h. einen Mäzen (Prinz Eugen) oder eine Anstellung an einem Hof (Dresden) zu finden, schlugen fehl. G. kehrte nach Schlesien zurück, hielt sich mit Gelegenheitsgedichten mühsam über Wasser und fand hier und da vorübergehend Gönner. Auf dem Weg zurück nach Leipzig lag er 1720 monatelang krank im Armenhaus von Lauban in Schlesien. Im Winter 1720–21 versuchte er, sich im oberschlesischen Kreuzberg eine bürgerliche Existenz als Landarzt aufzubauen. Die Verlobung 1721 mit der Pfarrerstochter Johanna Barbara Littmann – »Phillis« in den Gedichten – scheiterte, da sein Vater die Versöhnung verweigerte. G. hielt sich bei verschiedenen Kaufmannsfamilien in Oberschlesien auf, ohne sich etablieren zu können, und ging schließlich im Oktober 1722 nach Jena. Hier starb er, wahrscheinlich an Tuberkulose. Berühmt wurde er, als ein Jahr nach seinem Tod die erste Sammelausgabe seiner dt. und lat. Gedichte erschien, der sich bis 1764 Fortsetzungen und Nachlesen anschlossen. Neben einem in Schweidnitz 1715 aufgeführten Schuldrama umfasst G.s Werk etwa 600 Gedichte mit rund 40000 Versen, zum größten Teil Gelegenheitsgedichte, die G. als einen den traditionellen Mustern und Formen rhetorischen Dichtens verpflichteten Dichter zeigen, der sich in seiner Tendenz zu ›natürlicher‹, schmuckloser Rede an der zeitgenössischen galanten Poesie und den neuen klassizistischen Strömungen orientierte. Seinen Nachruhm verdankt er jedoch nicht den Auftragsgedichten, den umfangreichen Lobgedichten und den Satiren, sondern den Liebes- und Abschiedsgedichten, den Studentenliedern und den Klagegedichten. Hier brachte G., entschiedener als jeder andere Dichter seiner Zeit und der vorhergehenden Barockära, die eigene Person in die Dichtung ein und bereitete so, obwohl die aufbrechende Subjektivität das Gefüge der traditionellen Poetik noch nicht sprengt und das poetologische Prinzip der Imitatio weiterhin gilt, spätere Entwicklungen vor.

Werke: Die von Theodosio bereuete [...] Eiffersucht. 1715. – Sammlung von Johann Christian Günthers [...] Theils noch nie gedruckten, theils schon heraus gegebenen, Deutschen und Lateinischen Gedichten. 4 Tle. 1724–35.

Ausgaben: Sämtliche Werke. Hist.-krit. Ausg. Hrsg. von Wilhelm Krämer. 6 Bde. Leipzig 1930–37. Reprogr. Nachdr. Darmstadt 1964. – Werke. Hrsg. von Reiner Bölhoff. Frankfurt a. M. 1998.

Gütersloh, Albert Paris (d. i. Albert Conrad Kiehtreiber), 5. 2. 1887 Wien – 16. 5. 1973 Baden bei Wien. Der Sohn eines Textilkaufmanns besuchte Klosterschulen in Melk und Bozen, nahm dann von 1904 bis 1906 in Wien Schauspielunterricht und arbeitete anschließend als Schauspieler, Bühnenbildner und Regisseur in Wien und Berlin. Daneben schrieb und malte er; 1909 trat er in Wien als Maler zum ersten Mal an die Öffentlichkeit. Während des Ersten Weltkriegs arbeitete er als Sanitäter, dann nach schwerer Krankheit auf Vermittlung R. Musils im Kriegspressequartier. 1924–29 lebte er als Maler in Südfrankreich (Cagnes-sur-Mer), erhielt dann eine Professur an der Kunstgewerbeschule in Wien. Nach dem »Anschluss« 1938 erhielt er Berufsverbot. 1945 wurde er Professor an der Akademie für Bildende Künste und entscheidender Anreger der »Wiener Schule des phantastischen Realismus«. G. hatte schon um die Jahrhundertwende angefangen zu dichten. Sein erster Roman *Die tanzende Törin* zählt mit seiner Sprachdynamik und der offenen Behandlung tabuisierter Themen wie Inzest und Homosexualität zu den ersten Werken des Expressionismus. Nach dem Ersten Weltkrieg folgten eine Reihe christlich geprägter Texte. Sein bereits 1935 begonnenes und 1962 erschienenes Hauptwerk *Sonne und Mond* stellt gleichsam die Summe seines literarischen Schaffens dar. Es ist ein Roman, der auf »Totalität« zielt, auf eine katholisch-universale Darstellung der Weltordnung, die freilich nicht in der Hierarchisierung einer strengen Romankomposition abzubilden ist, sondern – nach dem vorangestellten Motto Heraklits – als »Haufen auf's Geratewohl hingeschütteter Dinge«. Zugleich ist der Episches und Diskursives verbindende, die Kunst der Abschweifung betreibende Roman mit seiner kosmischen Metaphorik eine Geschichtsallegorie, die den Umbruch der österreichischen Gesellschaft seit der Zeit vor dem Ersten Weltkrieg zum Gegenstand hat.

Werke: Die tanzende Törin. Ein Roman des Märchens. 1910. – Egon Schiele. Versuch einer Vorrede. 1911. – Die Vision vom Alten und vom Neuen. 1921. – Innozenz oder Sinn und Fluch der Unschuld. 1922. – Der Lügner unter Bürgern. 1922. – Die Rede über Franz Blei oder Der Schriftsteller in der Katholizität. 1922. – Kain und Abel. Eine Legende. 1924. – Die Bekenntnisse eines modernen Malers. 1926. – Eine sagenhafte Figur. 1946. – Die Fabeln vom Eros. 1947. – Musik zu einem Lebenslauf. 1957. – Laßt uns den Menschen machen. 1962. – Sonne und Mond. Ein historischer Roman aus der Gegenwart. 1962. – Zur Situation der modernen Kunst. Aufsätze und Reden. 1963. – Der innere Erdteil. Aus den Wörterbüchern. 1966. – Die Fabel von der Freundschaft. 1969. – Miniaturen zur Schöpfung. Eine kleine Zeitgeschichte. 1970. – Paradiese der Liebe. 1972. – Treppe ohne Haus oder Seele ohne Leib. Späte Gedichte. 1974. – Beispiele. Schriften zur Kunst. Bilder. Werkverzeichnis. Hrsg. von Heribert Hutter. 1977.

Gutzkow, Karl, 17. 3. 1811 Berlin – 16. 12. 1878 Sachsenhausen bei Frankfurt a. M. Der Sohn eines »Bereiters« am preußischen Hof begann mit Hilfe eines Stipendiums 1829 mit dem Studium der Theologie und Philosophie in Berlin, wo er u. a. Friedrich Schleiermacher und Hegel hörte. Unter dem Eindruck der frz. Julirevolution von 1830 wandte er sich dem Journalismus zu: 1831 Gründung der Zeitschrift *Forum der Journal-Literatur* und Beginn der Mitarbeit an Wolfgang Menzels *Literaturblatt* in Stuttgart, 1834 Mitarbeiter der Augsburger *Allgemeinen Zeitung*, 1835 Redakteur des Literaturblatts des Frankfurter *Phonix*, 1837–43 Herausgeber des Hamburger *Telegraphs für Deutschland*, 1852 Gründung der erfolgreichen Zeitschrift *Unterhaltungen am häuslichen Herd* (bis 1862). 1847–49 war G. Dramaturg am Dresdener Hoftheater, von 1855 bis 1864 Generalsekretär der Schillerstiftung. 1864 erlitt er einen Nervenzusammenbruch und lebte dann nach einem Aufenthalt in einer Heilanstalt immer mehr vereinsamend u. a. in Vevey am Genfer See, Kesselstadt bei Hanau, Berlin, Heidelberg und schließlich Sachsenhausen. Neben seiner publizistischen und kritischen Arbeit, bei der er sich u. a. auch für G. Büchner einsetzte, schuf er ein umfangreiches erzählerisches und dramatisches Werk. Mit dem Roman *Wally, die Zweiflerin*, der als Vorwand zum Verbot der Schriften der Jungdeutschen (10. 12. 1835) diente und G. einen Monat Gefängnis einbrachte, entsprach er der Forderung des Jungen Deutschland nach einer dem »Leben« zugewandten Literatur, indem er die »Zerrissenheit« der Zeit durch eine Diskussion grundlegender Glaubensfragen demonstrierte. Eine neue Form des vielsträngigen, alle gesellschaftlichen Bereiche einbeziehenden Erzählens, den so genannten »Roman des Nebeneinanders«, entwickelte er in den großen Zeit- und Gesellschaftsromanen *Die Ritter vom Geiste* und *Der Zauberer von Rom.* Nach seinem gesellschaftskritischen Künstlerdrama *Richard Savage* hatte er in den 40er-Jahren großen Erfolg mit dem historischen Hohenzollern-Lustspiel *Zopf und Schwert* und Stücken, die verhüllt aktuelle Probleme reflektierten, wie die Jambentragödie *Uriel Acosta* mit ihrer um die Freiheit des Geistes kreisenden Thematik oder das Lustspiel *Das Urbild des Tartüffe*, das sich mit der vormärzlichen Zensurpraxis auseinandersetzte.

Werke: Briefe eines Narren an eine Närrin. 1832. – Maha Guru. Geschichte eines Gottes. 1833. – Oeffentliche Charaktere. 1835. – Wally, die Zweiflerin. 1835. – Beiträge zur Geschichte der neuesten Literatur. 1836. – Ueber Goethe im Wendepunkte zweier Jahrhunderte. 1836. – Zur Philosophie der Geschichte. 1836. – Basedow und seine Söhne. Komischer Roman. 1838. – Götter, Helden, Don Quixote. Abstimmungen zur Beurtheilung der literarischen Epoche. 1838. – Richard Savage, oder Der Sohn einer Mutter. 1841. – Briefe aus Paris. 1842. – Dramatische Werke. 9 Bde. 1842–57. – Zopf und Schwert. 1844. – Das Urbild des Tartüffe. 1846. – Uriel Acosta. 1847. – Die Ritter vom Geiste. 9 Bde. 1850–51. – Aus der

Knabenzeit. 1852. – Der Zauberer von Rom. 9 Bde. 1858–61. – Hohenschwangau. Roman und Geschichte. 1867–68. – Die Söhne Pestalozzi's. 1870. – Gesammelte Werke. 12 Bde. 1873–76. – Die neuen Serapionsbrüder. 1877.

Ausgaben: Werke. Hrsg. von Reinhold Gensel. 12 Tle. Berlin 1912. Reprogr. Nachdr. Hildesheim / New York 1975. – Werke und Briefe. Kommentierte digitale Gesamtausgabe. Hrsg. vom Editionsprojekt Karl Gutzkow, Exeter und Berlin. Münster 2002 ff.

H

Hackländer, Friedrich Wilhelm (seit 1860: Ritter von), 1. 11. 1816 Burtscheid bei Aachen – 6. 7. 1877 Leoni (Starnberger See). Der Sohn eines Lehrers begann mit 15 eine kaufmännische Lehre, trat 1832 vorübergehend in die preußische Artillerie ein und hatte dann von 1840 an in Stuttgart Erfolg mit ›Soldatengeschichten‹. Nach einer Orientreise als Begleiter des Oberstallmeisters erhielt er eine Anstellung an der Hofkammer (Hofrat, Sekretär und Reisebegleiter des Kronprinzen: Italien, Belgien, Österreich, Russland), schrieb Kriegsberichte aus Piemont und Baden (1849) und amtierte von 1859 bis 1864 als Direktor der königlichen Bauten und Gärten in Stuttgart. 1865 zog er mit seiner Familie an den Starnberger See, um sich ganz seiner schriftstellerischen Arbeit zu widmen. Dazu zählen zahlreiche unterhaltende Geschichten für Familien- und Unterhaltungsblätter, einige Lustspiele, Reise- und Kriegsberichte; von literarhistorischer Bedeutung sind v. a. seine Romane, die die zeitgenössische Arbeitswelt einbeziehen.

Werke: Bilder aus dem Soldatenleben im Frieden. 1841. – Daguerreotypen. Aufgenommen während einer Reise in den Orient in den Jahren 1840 und 1841. 1842. – Humoristische Erzählungen. 1847. – Handel und Wandel. 1850. – Der geheime Agent. 1851. – Bilder aus dem Soldatenleben im Kriege. 1849. – Europäisches Sclavenleben. 1854. – Tagebuch-Blätter. 1861. – Das Geheimniß der Stadt. 1868. – Der Sturmvogel. Ein Seeroman. 1871–72.

Hacks, Peter, 21. 3. 1928 Breslau – 28. 8. 2003 Groß Machnow bei Berlin. Nach dem Abitur 1946 in Wuppertal studierte H. in München und promovierte 1951 mit einer Arbeit über *Das Theaterstück des Biedermeier.* Nach dem Erfolg seines Kolumbus-Schauspiels *Die Eröffnung des indischen Zeitalters* 1955 in München siedelte er auf Einladung Brechts nach Ostberlin über. Hier war er 1960–63

Dramaturg am Deutschen Theater. Seine Rechtfertigung des Mauerbaus und seine Zustimmung zur Ausbürgerung W. Biermanns stieß auf heftige Kritik und führte zur vorübergehenden Absetzung seiner Stücke im Westen. H. gehörte zu den erfolgreichsten Dramatikern der DDR. Er begann mit Historienstücken, die die Geschichte in materialistischer Sicht interpretierten und sich in den Techniken der Verfremdung an Brecht orientierten. Versuche, Konflikte der sozialistischen Gegenwart zu thematisieren, stießen auf die Kritik der Partei (*Die Sorgen und die Macht*, UA 1960; *Moritz Tassow*, UA 1965), so dass H. seine folgenden Stücke wieder in vergangenen Epochen ansiedelte oder sich auf Bearbeitungen bzw. Übersetzungen verlegte. Sein größter Erfolg wurde das theaterwirksame Monodrama *Ein Gespräch im Hause Stein* (UA 1976), ein Monolog der von Goethe verlassenen Charlotte von Stein.

Werke: Die Schlacht bei Lobositz. 1956. – Das Volksbuch vom Herzog Ernst oder Der Held und sein Gefolge. 1956. – Zwei Bearbeitungen. ›Der Frieden‹ nach Aristophanes. ›Die Kindermörderin‹ [...] nach Heinrich Leopold Wagner. 1963. – Stücke nach Stücken. 1965. – Fünf Stücke. 1965. – Lieder zu Stücken. 1967. Erw. 1978. – Vier Komödien. 1971. – Ausgewählte Dramen. 3 Bde. 1972–81. – Das Poetische. Ansätze zu einer postrevolutionären Dramaturgie. 1972. – Margarete in Aix. 1974. – Oper. 1975. – Adam und Eva. 1976. – Ein Gespräch im Hause Stein über den abwesenden Herrn von Goethe. 1976. – Sechs Dramen. 1978. – Historien und Romanzen. Urpoesie oder Das scheintote Kind. 1985. – Stücke nach Stücken 2. 1985. – Die Gedichte. 1988. – Die Massgaben der Kunst. Gesammelte Aufsätze (1959–1994). 1996. – Schöne Wirtschaft. Ästhetisch-ökonomische Fragmente. 1997. – Die späten Stücke. 1999. – Die Gedichte. 2000.

Ausgabe. Werke. 15 Bde. Berlin 2003.

Hadamar von Laber, um 1300 – nach 1354. Der Verfasser der Minneallegorie *Die Jagd* (um 1330–50) wird mit einem zuerst 1317, zuletzt 1354 urkundlich erwähnten Mitglied der oberpfälzischen Adelsfamilie von Laber identifiziert, die in enger Beziehung zum Hof Kaiser Ludwigs des Bayern stand. Die relativ umfangreiche Dichtung – 565 modifizierte Titurelstrophen – benutzt die Jagd nach dem edlen Wild, ein aristokratisches Vorrecht, als allegorisches Modell für die Werbung eines Mannes um eine Frau und verbindet dabei die epische Darstellung mit reflektierenden und didaktischen Passagen. H.s Minnekonzeption knüpft an die der ›Hohen Minne‹ an.

Ausgaben: Hadamars von Laber Jagd und drei andere Minnegedichte seiner Zeit und Weise. Hrsg. von Johann Andreas Schmeller. Stuttgart 1850. Reprogr. Nachdr. Amsterdam 1968. – Jagd. Mit Einl. und erklärendem Komm. Hrsg. von Karl Stejskal. Wien 1880.

Hadlaub, Johannes (Hadloub), mhd. Liederdichter des 13./14. Jh.s, von der Forschung mit dem Züricher Bürger Johannes Hadeloube gleichgesetzt, der am 4. 1. 1302 ein Haus kaufte und an einem 16. März vor dem Jahr 1340 starb. Er stand in näherer Beziehung zu den Liedersammlern um Rüdiger und Johannes Manesse. Ob H. als Schreiber des Grundstocks der Manessischen Handschrift (Liederhandschrift C) gelten kann oder ob er auf andere Weise an dem Unternehmen beteiligt war, lässt sich nicht eindeutig klären. Er selbst schrieb 51 Lieder und drei Leichs. Ein großer Teil der Lieder bewegt sich in traditionellen Bahnen: auf der einen Seite Lieder der ›Hohen Minne‹, auf der anderen Lieder des so genannten Gegengesangs in der Nachfolge Neidharts und Steinmars (Herbst- und Erntelieder). Neu sind seine Erzähllieder, die nostalgisch Situationen des höfischen Minnedienstes in die städtische Gesellschaft Zürichs übertragen. G. Keller hat dem Dichter dieser Minneszenen in seiner Novelle *Hadlaub* (1876) ein Denkmal gesetzt.

Ausgabe: Johannes Hadlaub. Die Gedichte des Zürcher Minnesängers. Hrsg. von Max Schiendorfer. Zürich/München 1986.

Härtling, Peter, * 13. 11. 1933 Chemnitz. H. ging in Olmütz zur Schule. 1945 floh die Familie aus Böhmen nach

Zwettl (Niederösterreich). Der Vater, ein Rechtsanwalt, geriet in sowjetische Gefangenschaft und starb bald darauf; die Mutter nahm sich ein Jahr später in Nürtingen, wo die Familie von Verwandten aufgenommen worden war, das Leben. H. besuchte in Nürtingen das Gymnasium, verließ es jedoch vor dem Abitur. Von 1952 bis 1955 arbeitete er bei schwäbischen Lokalzeitungen, dann als Literaturredakteur bei der *Deutschen Zeitung* in Köln (1955–62) und als Mitherausgeber der Zeitschrift *Der Monat* (1962–70). 1967–68 war H. Cheflektor, danach bis Ende 1973 Geschäftsführer des S. Fischer Verlags in Frankfurt a. M. Seit 1974 lebt er in der Nähe von Frankfurt (Mörfelden-Walldorf) als freier Schriftsteller. H. trat zunächst mit mehreren Lyrikbänden hervor, mit denen er sich eine eigene poetische Gegenwelt in der Nachkriegszeit schuf. In seinem umfangreichen erzählerischen Schaffen, in dem persönliche und geschichtliche Erinnerung eine zentrale Rolle spielt, lassen sich mehrere Schwerpunkte ausmachen. Mit seinem ersten Erfolg, dem Roman *Niembsch oder der Stillstand*, einer mit Motiven aus dem Leben N. Lenaus spielende »Suite«, begann er eine Reihe von Porträts oder Lebensgeschichten von schwäbischen (bzw. mit Schwaben verbundenen) Dichtern (F. Hölderlin, E. Mörike, W. Waiblinger). Ein zweiter Schwerpunkt sind Entwürfe fiktiver Lebensgeschichten, in denen sich die Zeitgeschichte spiegelt (u. a. *Eine Frau*, *Das Familienfest*, *Hubert oder Die Rückkehr nach Casablanca*, *Felix Guttmann*), ein dritter und besonders wichtiger die ausgesprochen autobiographisch fundierten Texte, die immer wieder melancholisch getönt auf die Kindheits-, Familien- und Fluchtgeschichte zurückkommen und neben der persönlichen Erinnerungsarbeit die Atmosphäre der Zeit zu evozieren vermögen. Gleichsam eine Bilanz ziehen Werke wie *Der Wanderer*, in dem die *Winterreise* von W. Müller (und Franz Schubert) mit dem eigenen Leben parallelisiert wird, oder *Herzwand* mit den Erinnerungen und Rückblicken anlässlich einer Herzoperation. H. ist auch Autor engagierter, problembewusster Kinderbücher.

Werke: poeme und songs. 1953. – Yamins Stationen. 1955. – Unter den Brunnen. 1958. – Im Schein des Kometen. 1959. – Spielgeist – Spiegelgeist. Gedichte 1959–1961. – Niembsch oder der Stillstand. 1964. – Janek. Porträt einer Erinnerung. 1966. – Das Familienfest oder Das Ende der Geschichte. 1969. – Neue Gedichte. 1972. – Zwettl. Nachprüfung einer Erinnerung. 1973. – Eine Frau. 1974. – Hölderlin. 1976. – Anreden. Gedichte aus den Jahren 1972–1977. 1977. – Hubert oder Die Rückkehr nach Casablanca. 1978. – Nachgetragene Liebe. 1980. – Die dreifache Maria. Eine Geschichte. 1982. – Das Windrad. 1983. – Der spanische Soldat oder Finden und Erfinden. Frankfurter Poetik-Vorlesungen 1984. 1984. – Felix Guttmann. 1985. – Die Mörsinger Pappel. 1987. – Waiblingers Augen. 1987. – Herzwand. Mein Roman. 1990. – Schubert. Zwölf Moments musicaux und ein Roman. 1992. – Das Land, das ich erdachte. Gedichte 1990–1993. 1993. – Boena. 1994. – Schumanns Schatten. 1996. – Horizonttheater. Neue Gedichte. 1997. – Große, kleine Schwester. 1998. – Ein Balkon aus Papier. 2000. – Hoffmann oder Die vielfältige Liebe. Eine Romanze. 2001. – Leben lernen. Erinnerungen. 2003. – Die Lebenslinie. Eine Erfahrung. 2005.

Ausgabe: Gesammelte Werke. Hrsg. von Klaus Siblewski. 9 Bde. 1993–2000.

Hagedorn, Friedrich von, 23. 4. 1708 Hamburg – 28. 10. 1754 ebd. Der Sohn eines dän. Staatsrats studierte seit 1726 Jura in Jena. Schulden zwangen ihn zum Studienabbruch. 1729 ging er als Sekretär des dän. Gesandten nach London; nach seiner Rückkehr (1731) arbeitete er zunächst als Hofmeister, bis er 1733 die Stelle eines Sekretärs bei einer engl. Handelsgesellschaft erhielt. Die Tätigkeit ließ ihm Zeit, sich seinen Studien und poetischen Interessen sowie, seit 1737 verheiratet, dem geselligen Verkehr zu widmen. Seine Genussfreude trug wohl zu seinem frühen Tod bei. Während sein erster Gedichtband noch spätbarocke Einflüsse zeigt, führte der Aufenthalt in England unter dem Einfluss der Lektüre Joseph Addisons, Alexander Popes, Shaftesburys u. a. zu einer Neuorientierung. Der frz. Klassizismus Nicolas Boileaus, Horaz, ›Anakreon‹, die frz. Rokokolyrik (»Poésie fugitive«) und ihre engl. Nachahmungen wurden die bestimmenden sprachlichen und thematischen Vorbilder seiner von Johann Valentin Görner vertonten *Oden und Lieder*, die mit einer bisher im Deutschen unerreichten Leichtigkeit, Gewandtheit und Eleganz heiteren Lebensgenuss, Geselligkeit und die Göttin Freude besangen. Engl. Mustern folgte er mit den philosophisch-satirischen *Moralischen Gedichten*.

Werke: Versuch einiger Gedichte, oder Erlesene Proben poeti scher Neben-Stunden. 1729. – Versuch in Poetischen Fabeln und Erzehlungen. 1738. – Sammlung Neuer Oden und Lieder. 3 Bde. 1742–52. – Oden und Lieder in fünf Büchern. 1747. – Moralische Gedichte. 1750.
Ausgaben: Sämmtliche Poetische Werke. 3 Bde. Hamburg 1757. – Poetische Werke. 5 Bde. Hamburg 1800.

Hagelstange, Rudolf, 14. 1. 1912 Nordhausen (Harz) – 5. 8. 1984 Hanau. Nach einem Germanistik- und Sportstudium 1931–33 in Berlin und der Ausbildung zum Feuilletonredakteur 1936–38 bei der *Nordhäuser Zeitung* arbeitete er hier zunächst als Redakteur, bis er 1940 einberufen und als Kriegsberichterstatter und Redakteur von Soldatenzeitungen in Frankreich und Italien eingesetzt wurde. Der 1946 erschienene Sonettzyklus *Venezianisches Credo* machte ihn berühmt; Versuche von J. R. Becher, ihn in der SBZ zu halten, lehnte er nach kurzer Mitarbeit im thüringischen »Kulturbund zur demokratischen Erneuerung« ab. Im Herbst 1946 zog H. in den Westen, zunächst nach Westfalen, dann 1948 an den Bodensee; er spielte eine wesentliche Rolle im repräsentativen literarischen Leben. Seit 1970 lebte er in Erbach im Odenwald und in Hanau. Thema des *Credo* ist »die Überwindung des zeitlichen Chaos durch Besinnung auf über- und außerzeitliche Kräfte des Menschen«. Das gilt für H.s Lyrik überhaupt, die von der konkreten Gegenwart oder Geschichte ablenkt und in traditioneller Vers- und Bildsprache ewige Werte und anthropologische Konstanten beschwört und den Dichter als die Instanz erscheinen lässt, die die Ideale bewahrt und Sinn stiftet. Frucht einer Südamerika-Reise ist eine Übersetzung von Gedichten Pablo Nerudas, die neben zahlreichen anderen Übersetzungen v. a. aus dem Italienischen und Spanischen steht. Erfolg hatte H. auch mit seiner fingierten Autobiographie des Trojanerprinzen Paris (*Spielball der Götter*).

Werke: Es spannt sich der Bogen. 1943. – Venezianisches Credo. 1946. – Meersburger Elegie. 1950. – Ballade vom verschütteten Leben. 1952. – Ewiger Atem. 1952. – Zwischen Stern und Staub. 1953. – Spielball der Götter. Aufzeichnungen eines trojanischen Prinzen. 1959. – Lied der Jahre. Gesammelte Gedichte 1931–61. 1961. Erw. 1964. – Corazón. Gedichte aus Spanien. 1963. – Die Puppen in der Puppe. Eine Rußlandreise. 1963. – Pablo Neruda: Die Höhen von Macchu Picchu. 1965. [Übers.] – Altherrensommer. 1969. – Der General und das Kind. 1974. – Reisewetter. 1975. – Die letzten Nächte. 1979. – Das Haus oder Balsers Aufstieg. 1981. – Flaschenpost. 1982. – Hausfreund bei Calypso. Ein heiterer Rundumschlag. 1983.

Hahn, Ulla, * 30. 4. 1946 Brachthausen (Sauerland). Nach einem Studium der Literaturwissenschaft, Geschichte und Soziologie in Köln und Hamburg, das sie mit einer Dissertation über operative Literaturformen 1978 abschloss, arbeitete H. als Lehrbeauftragte an verschiedenen Universitäten und als Redakteurin bei Radio Bremen. Seit 1987 lebt sie als freie Schriftstellerin in Hamburg. *Herz über Kopf* und die darauf folgenden weiteren Gedichtbände machten H. zur wohl populärsten Lyrikerin der 80er-Jahre. Es ist eine Lyrik, die die Erfahrungen der Moderne weitgehend ausblendet und in souveräner Beherrschung der lyrischen Formtraditionen und Verfahrensweisen von Walther von der Vogelweide bis H. Heine die bekannten Topoi der Liebesdichtung in unkomplizierter Syntax, traditionellem Vokabular und eingängiger Bildlichkeit variiert. In ihrem Roman *Ein Mann im Haus* inszeniert sie einen leidenschaftlichen Geschlechterkampf, eine im konkreten Wortsinn ›fesselnde‹ Frauenphantasie. Der autobiographisch geprägte Roman *Das verborgene Wort* erzählt die Geschichte einer Kindheit in den 50er-Jahren, die genaue Milieuschilderungen aus der rheinisch-katholischen Provinz mit der Beschreibung einer allmählichen Befreiung aus der Enge verbindet. Fragen der persönlichen Schuld und Verantwortung im Zweiten Weltkrieg, ausgelöst durch ein Foto in einer Ausstellung über »Verbrechen im Osten«, thematisiert der Roman *Unscharfe Bilder* in einer Konfrontation von Tochter und Vater.

Werke: Herz über Kopf. 1981. – Spielende. 1983. – Freudenfeuer. 1985. – Unerhörte Nähe. 1988. – Ein Mann im Haus. 1991. – Klima für Engel. 1993. – Liebesgedichte. 1993. – Poesie und Vergnügen. Poesie und Verantwortung. 1994. – Epikurs Garten. 1995. – Galileo und zwei Frauen. 1997. – Das verborgene Wort. 2001. – Unscharfe Bilder. 2003. – So offen die Welt. Neue Gedichte. 2004. – Dichter in der Welt. Mein Schreiben und Lesen. 2006. – Liebesarten. 2006.

Hahn-Hahn, Ida Gräfin von 22.6.1805 Remplin (Mecklenburg) – 12.1.1880 Mainz. H. lebte nach der Scheidung der Eltern (1809) – der Graf hatte die Familie durch seine Theaterleidenschaft finanziell ruiniert – mit ihrer Mutter und den Geschwistern in Rostock, Neubrandenburg und Greifswald. Die Heirat mit ihrem reichen Vetter Friedrich 1826 sollte die Probleme der Familie lösen, wurde aber 1829 wieder aufgelöst. Ökonomisch durch eine Rente abgesichert, suchte sie sich nun von der Beschränktheit Mecklenburgs zu befreien. Sie lebte in einer freien Beziehung mit dem kurländischen Baron Adolf Bystram und machte ausgedehnte Reisen durch Europa und schließlich 1843–44 auch in den Orient. In dieser Periode suchte sie sich auch die Bildung anzueignen, die ihr früher versagt geblieben war. Sie fand im Schreiben zu sich, veröffentlichte romantisch-epigonale Lyrik und Reisebeschreibungen, die sich durch Spontaneität und Beobachtungsgabe auszeichnen, und wurde mit ihren zehn Gesellschaftsromanen zu einer der beliebtesten Vormärzautorinnen bzw. -autoren. Thema ihrer Romane ist – nicht ohne autobiographische Züge – die Emanzipation, der Gleichheitsanspruch der Frau, wobei freilich das Blickfeld nicht über die Adelswelt hinausreicht. Nach Bystrams Tod (1849) konvertierte sie 1850 zum Katholizismus und gründete 1854 das Kloster »Zum guten Hirten«. Entsprechend veränderte sich der Charakter ihres Werkes, das sie nun in den Dienst der katholischen Kirche und ihrer Moral stellte.

Werke: Gedichte. 1835. – Neue Gedichte. 1836. – Lieder und Gedichte. 1837. – Aus der Gesellschaft. 1838. – Der Rechte. 1839. – Gräfin Faustine. 1840. – Ulrich. 1841. – Erinnerungen aus und an Frankreich. 1842. – Sigismund Forster. 1843. – Cecil. 1844. – Orientalische Briefe. 1844. – Zwei Frauen. 1845. – Clelia Conti. 1846. – Sibylle. 1846. – Levin. 1848. – Gesammelte Schriften. 21 Bde. 1851. – Unserer Lieben Frau. 1851. – Von Babylon nach Jerusalem. 1851. – Legende der Heiligen. 1854–56. – Maria Regina. 1860. – Zwei Schwestern. 1863. – Die Glöcknerstochter. 1871.

Ausgabe: Gesammelte Werke. 45 Bde. Regensburg 1902–05. [Werke nach 1850.]

Halbe, Max, 4. 10. 1865 Güttland bei Danzig – 30. 11. 1944 Gut Burg bei Neuötting (Oberbayern). Der Sohn eines Gutsbesitzers studierte in Hamburg, Berlin und München Jura, Germanistik und Geschichte und lebte nach seiner Promotion 1888 mit einer Arbeit über Kaiser Friedrich II. zunächst in Berlin, dann von 1895 an in München und schließlich seit 1924 auf dem Landgut Burg als freier Schriftsteller. Der Einfluss Henrik Ibsens und der Berliner Naturalisten, aber auch F. Wedekinds – z. B. in H.s erfolgreichstem Drama *Jugend* – prägten das frühe dramatische Schaffen H.s, das sich durch genaue naturalistische Milieuzeichnung und Dialogführung auszeichnet. Dabei findet das Aufbegehren der unterdrückten Arbeiter oder jugendlicher Freiheitsdrang und jugendliche Liebesleidenschaft immer wieder Entsprechungen in den Vorgängen und Gewalten der Natur. In den Volksstücken

Mutter Erde und *Der Strom* mit ihren vom heimatlichen westpreußischen Milieu geformten Gestalten tritt H.s Neigung zum Mystischen und Metaphysischen hervor. Die hier und in anderen Dramen erkennbare Grundspannung von naturalistischem Determinismus und metaphysisch begründeter Schicksalsgläubigkeit charakterisiert auch H.s erzählerisches Werk, etwa den Roman *Die Tat des Dietrich Stobäus*. Auf dieses Thema verweist auch H.s Selbstinterpretation in der autobiographischen Schrift *Scholle und Schicksal*. H.s Annäherung an die Heimatkunst machte ein Arrangement mit dem Nationalsozialismus möglich.

Werke: Ein Emporkömmling. 1889. – Freie Liebe. 1890. – Eisgang. 1892. – Jugend. 1893. – Der Amerikafahrer. 1894. – Lebenswende. 1896. – Frau Meseck. 1897. – Mutter Erde. 1897. – Der Eroberer. 1898. – Die Heimatlosen. 1899. – Das tausendjährige Reich. 1900. – Haus Rosenhagen. 1901. – Walpurgistag. 1903. – Der Strom. 1904. – Die Insel der Seligen. 1906. – Das wahre Gesicht. 1907. – Blaue Berge. 1909. – Der Ring des Gauklers. 1911. – Die Tat des Dietrich Stobäus. 1911. – Freiheit. 1913. – Gesammelte Werke. 7 Bde. 1917–23. – Schloß Zeitvorbei. 1917. – Der Frühlingsgarten. 1922. – Die Traumgesichte des Adam Thor. 1929. – Generalkonsul Stenzel und sein gefährliches Ich. 1931. – Scholle und Schicksal. 1933. – Die Elixiere des Glücks. 1936. – Erntefest. 1936. – Kaiser Friedrich II. Schauspiel. 1940.
Ausgabe: Sämtliche Werke. 14 Bde. Salzburg 1945–50.

Haller, Albrecht von, 16. 10. 1708 Bern – 12. 12. 1777 ebd. Der Sohn eines Juristen begann 1723 mit dem Medizinstudium in Tübingen, wechselte 1725 nach Leiden und promovierte hier 1727. Anschließend reiste er nach Frankreich und England, um sich weiterzubilden. Nach seiner Rückkehr in die Schweiz blieb er zunächst in Basel, las Alexander Pope und Shaftesbury und machte 1728 mit S. Gessner eine botanische Studienreise in die Alpen. 1729 ließ er sich als Arzt in Bern nieder, widmete sich aber weiter seinen wissenschaftlichen und poetischen Interessen. 1736 wurde er zum Professor für Anatomie, Chirurgie und Botanik an die Universität Göttingen berufen und etablierte sich hier als Universalgelehrter von europäischem Rang (1740 Aufnahme in die »Royal Society«, 1749 Erhebung in den Adelsstand, 1747–53 Direktor der »Göttingischen Gelehrten Anzeigen«; Ernennung zum Großbritannischen Leibarzt, Berufungen nach Utrecht und Oxford usw.). 1753 kehrte H. nach Bern zurück, wo er in den kommenden Jahren verschiedene Verwaltungsaufgaben übernahm und weiterhin intensive Forschungsarbeit betrieb. H. hinterließ ein großes wissenschaftliches Œuvre; seine Bedeutung als Dichter beruht im Wesentlichen auf seinem *Versuch Schweizerischer Gedichten*, der es – mehrfach erweitert – zu seinen Lebzeiten auf elf Auflagen brachte. Mit den darin enthaltenen Lehrgedichten (u. a. *Die Alpen*; *Gedanken über Vernunft, Aberglauben und Unglauben*; *Über den Ursprung des Übels*) begründete er die philosophische Lyrik in Deutschland. Satirische Zeitkritik, beunruhigende Reflexionen über Gott und die Welt und das Problem der Theodizee sind Themen der Lehrgedichte, die mit ihren existentiellen Fragen und Zweifeln fremd neben der optimistischen Dichtung der Zeitgenossen stehen. Zu H.s Spätwerk zählen drei Staatsromane, die die verschiedenen Staatsformen vorstellen.

Werke: Versuch Schweizerischer Gedichten. 1732. ^{11}1777. – Sammlung Kleiner Hallerischer Schriften. 1756. Erw. 1772. – Usong. Eine Morgenländische Geschichte. 1771. – Briefe über die wichtigsten Wahrheiten der Offenbarung. 1772. – Alfred, König der Angel-Sachsen. 1773. – Fabius und Cato, ein Stück der Römischen Geschichte. 1774.
Ausgabe: Gedichte. Hrsg. von Ludwig Hirzel. Frauenfeld 1882.

Hallmann, Johann Christian, um 1640 Schlesien – 1704 Breslau (?) bzw. 1714/1716 Wien (?). Geburtsdatum und -ort des schlesischen Beamtensohns sind ebenso wenig bekannt wie die Sterbedaten. Nach dem Besuch des Breslauer Magdalenengymnasiums (1647–61/62) studierte H. Jura in Jena (1662–65) und ließ sich dann nach Reisen

1668 als Advokat in Breslau nieder. Er fand trotz intensiver Bemühungen keine feste Anstellung am kaiserlichen Oberamt in Breslau. Auch Audienzen im November 1673 bei Kaiser Leopold I. und seiner Gemahlin, denen er ein aus Anlass ihrer Hochzeit verfasstes »Pastorell« überreichen durfte, brachte keinen zählbaren Erfolg. Gleichwohl blieb er bis in die 80er-Jahre hinein ein in höchsten Kreisen gefragter und wohl auch finanziell erfolgreicher Gelegenheitsdichter, -redner und -schriftsteller. Nach der Sammelausgabe seiner Werke (1684) verstummte H. als Dichter bis auf zwei 1689 bzw. 1700 veröffentlichte Texte völlig. Möglicherweise verlor er durch den von Zeitgenossen kolportierten (aber nicht urkundlich bewiesenen) Übertritt zum Katholizismus seine Breslauer Gönner. Später versuchte er sich als Theaterunternehmer. Szenare zu Theateraufführungen sind bis 1704 nachweisbar. H. knüpfte in seinen für die Aufführungspraxis der Breslauer Schulbühnen geschriebenen Stücken an A. Gryphius und D. C. v. Lohenstein an, löste allerdings den metaphysischen Hintergrund zugunsten psychologischer, innerweltlicher Fragestellungen ab und machte die Intrige zum bestimmenden Moment der Tragödie. Einflüsse der Wanderbühne und eine immer stärkere Annäherung an die Oper durch eine wachsende Bedeutung der Musik und raffinierter Effekte verstärkten die Tendenzen zur Gattungsmischung.

Werke: Siegprangende Tugend Oder Getrewe Urania. 1667. – Mariamne. 1670. – Sophia. 1671. – Schlesische Adlers-Flügel. 1672. – Die Sinnreiche Liebe Oder Der Glückseelige Adonis und Die Vergnügte Rosibella. 1673. – Leich-Reden / Todten-Gedichte und Aus dem Italiänischen übersetzte Grab-Schrifften. 1682. – Trauer- Freuden- und Schäffer-Spiele. 1684. – Der Triumphirende Leopoldus / Oder Teutsche Epigrammata. 1689. – Die Unüberwindliche Keuschheit Oder Die großmüthige Prinzessin Liberata. 1700.

Ausgabe: Sämtliche Werke. Hrsg. von Gerhard Spellerberg. 5 Bde. Berlin / New York 1975 ff.

Hamann, Johann Georg, 27. 8. 1730 Königsberg – 21. 6. 1788 Münster (Westfalen). Der Sohn eines Wundarztes und Baders begann 1746 in Königsberg mit dem Studium der Theologie und dann der Rechtswissenschaft, beschäftigte sich aber auch mit Sprachen, Literatur und Philosophie. 1762 wurde er, ohne Universitätsabschluss, Hofmeister in Livland, 1756 erhielt er eine Anstellung bei dem Rigaer Handelshaus Berens. Ein Jahr später reiste er, wohl im Auftrag von Berens, nach London und hatte hier 1758 ein durch Bibellektüre hervorgerufenes Bekehrungs- oder Erweckungserlebnis. Nach der Rückkehr nach Königsberg suchten ihn der Kaufmann Johann Christoph Berens und Kant ohne Erfolg von seiner »Schwärmerei« abzubringen. 1767 erhielt er eine Stelle als Übersetzer beim preußischen Zoll, 1777 wurde er Packhofverwalter in Königsberg. Ausgangspunkt seiner Schriften ist die Londoner Glaubenserfahrung, aus der heraus er in den *Sokratischen Denkwürdigkeiten* dem aufklärerischen Rationalismus die sokratische Vernunft entgegensetzte, die aus Selbsterkenntnis erwachsene Einsicht in die Begrenztheit menschlichen Wissens. Folgerungen für die Ästhetik zog er hier wie in der *Aesthetica in nuce*, dem Hauptstück der *Kreuzzüge eines Philologen*. Wie »Unwissenheit« Voraussetzung des Glaubens ist, so sind auch die Quellen der schöpferischen Kraft nicht mit rationalen Kriterien erklärbar, das Genie ersetzt die Kunstregeln. Nicht die Verstandeserkenntnis, sondern die sinnliche ist die entscheidende; auch die Bibel spricht in Bildern und Gleichnissen (»Die Poesie ist die Muttersprache des menschlichen Geschlechts«). Den aufklärerischen Kunstkritikern, Philosophen und Theologen gilt der Vorwurf der Verkürzung, der Abstraktion, der Beschneidung der Natur. Ein bedeutender Briefwechsel ergänzt die Publikationen, zu denen auch zahlreiche Rezensionen gehören. Vermittler der oft absichtsvoll dunklen Gedankengänge H.s, die v. a. im Sturm und Drang fruchtbar wurden, war der mit H. seit 1762 befreundete J. G. Herder.

Werke: Sokratische Denkwürdigkeiten. 1759. – Wolken. Ein Nachspiel Sokratischer Denkwürdigkeiten. 1761. – Kreuzzüge eines Philologen. 1762. – Zwo Recensionen [...] betreffend den Ursprung der Sprache. 1772. – Des Ritters von Rosencreuz letzte Willensmeynung über den göttlichen und menschlichen Ursprung der Sprache. 1772. – Zwey Scherflein zur neusten Deutschen Litteratur. 1780. – Golgatha und Scheblimini. Von einem Prediger in der Wüsten. 1784.

Ausgaben: Sämtliche Werke. Hist.-krit. Ausg. Hrsg. von Josef Nadler. 6 Bde. Wien 1949–57. Reprogr. Nachdr. Wuppertal 1999. – Briefwechsel. Hrsg. von Walther Ziesemer und Arthur Henkel. 7 Bde. Wiesbaden [seit 1965: Frankfurt a. M.] 1955–79.

Handke, Peter, * 6. 12. 1942 Griffen (Kärnten). H., Sohn eines dt. Soldaten und einer Kärntnerin, wuchs in schwierigen Verhältnissen in Griffen und Berlin (1944–48) auf, besuchte ein katholisches Internat in Tanzenberg und machte 1961 in Klagenfurt das Abitur. Danach studierte er Jura in Graz, wo er auch Beziehungen zur »Grazer Gruppe« um das Forum Stadtpark unterhielt. 1965 brach er das Studium ab und lebt seither als freier Schriftsteller an wechselnden Wohnsitzen in Deutschland, Österreich und Frankreich (u. a. 1979–88 Salzburg, seit 1991 Chaville bei Paris). Seine politischen Stellungnahmen zum Zerfall Jugoslawiens und zum Kosovo-Krieg lösten heftige Kontroversen aus. 1973 erhielt er den Georg-Büchner-Preis. H.s frühe Stücke und Prosatexte haben sprachkritischen Charakter. Die »Sprechstücke« wenden sich gegen die Ästhetik Brechts und aktuelle Theatertendenzen (Dokumentartheater, kritisches Volksstück); sie zeigen mit ihren Worten »nicht auf die Welt als etwas außerhalb des Wortes Liegendes, sondern auf die Welt in den Worten selber« (H.). Bedeutendstes Beispiel ist *Kaspar* – der Titel verweist auf den Findling Kaspar Hauser –, das die Determiniertheit und Manipulierbarkeit des Einzelnen durch die Sprache demonstriert. Auch die frühe Prosa stellt eine kritische Reflexion der konventionellen Erfahrungs- und Wahrnehmungsweisen dar, die durch die Sprache und ihr

Ordnungssystem bedingt sind. Aber bereits mit der Erzählung *Die Angst des Tormanns beim Elfmeter* wird die Abstraktheit der Sprach- und Erzählreflexion durch die Anlehnung an traditionelle Erzählschemata – hier der Kriminalgeschichte – aufgebrochen, und mit *Der kurze Brief zum langen Abschied* leitet H. eine Wende zu einem Erzählen ein, das – auch mit autobiographischem Hintergrund – das Verhältnis von Ich und Welt und den Entwicklungs- und Selbstfindungsprozess des Individuums thematisiert (*Die Stunde der wahren Empfindung*, *Die linkshändige Frau*). Die Erzählung *Wunschloses Unglück*, entstanden nach dem Selbstmord der Mutter des Autors, lässt mit der Annäherung an die Geschichte der Mutter zugleich die Bedingungen seiner eigenen Sozialisation hervortreten. Mit der Tetralogie *Langsame Heimkehr* (*Langsame Heimkehr*, *Die Lehre der Sainte-Victoire*, *Kindergeschichte*, *Über die Dörfer*) erhalten H.s Selbstfindungsgeschichten eine neue Qualität, die v. a. durch den betont hohen Stil und die Tendenz zu mythisierender Darstellung bestimmt wird. Geht es in den anderen Teilen um das »Bedürfnis nach Heil«, so verbindet *Die Lehre der Sainte-Victoire* Reiseerzählung und eine von Paul Cézanne und seinem Begriff der »réalisation« inspirierte Poetik. Reflexionen über das Schreiben sind auch eine Reihe von »Journalen«, ebenso Erzählwerke wie *Die Wiederholung*. Auch H.s bisher umfangreichstes Werk, *Mein Jahr in der Niemandsbucht*, thematisiert das Schreiben – Gegenstand des Buches ist letztlich die Entstehung des Buches *Mein Jahr in der Niemandsbucht* – und nimmt überdies als eine Art Summe von H.s Leben und Werk Themen und Motive früherer Werke auf (Verwandlung, Zurückgehen auf Einfaches, Elementares, um eine neue Wahrnehmung zu entwickeln usw.). Auch der Roman *In einer dunklen Nacht ging ich aus meinem stillen Haus* knüpft mit seiner Thematisierung des Erzählens, seinen Reisen und Irrfahrten und der Wiederkehr von Personen an das frühere

Werk an. Der Roman *Der Bildverlust* handelt in einer Zeit, Ort und Perspektiven auflösenden Weise von dem drohenden Verlust der eigenen Vorstellungen von sich und der Welt angesichts des medialen Mülls und führt die Heldin schließlich in eine utopische Kommune, in der die Menschen nur noch schauen. Auch in seinem *Don Juan* mit einem Helden, der »innere Erweiterung und Entgrenzung« repräsentiert, entwirft H. ein Gegenbild zur sinnentleerten zivilisierten Welt, eine Kritik, die er auch in seinem essayistischen Werk immer wieder formuliert.

Werke: Die Hornissen. 1966. – Publikumsbeschimpfung und andere Sprechstücke. 1966. – Begrüßung des Aufsichtsrats. 1967. – Der Hausierer. 1967. – Kaspar. 1968. – Prosa Gedichte Theaterstücke Hörspiel Aufsätze. 1969. – Die Innenwelt der Außenwelt der Innenwelt. 1969. – Der Ritt über den Bodensee. 1970. – Die Angst des Tormanns beim Elfmeter. 1970. – Hörspiele. 1970. – Chronik der laufenden Ereignisse. 1971. – Der kurze Brief zum langen Abschied. 1972. – Stücke I[–II]. 1972[–73]. – Wunschloses Unglück. 1972. – Der Rand der Wörter. Erzählungen, Gedichte, Stücke. 1975. – Die Stunde der wahren Empfindung. 1975. – Die linkshändige Frau. 1976. – Das Gewicht der Welt. Ein Journal (November 1975 – März 1977). 1977. – Langsame Heimkehr. 1979. – Die Lehre der Sainte-Victoire. 1980. – Kindergeschichte. 1981. – Über die Dörfer. Dramatisches Gedicht. 1981. – Die Geschichte des Bleistifts. 1982. – Der Chinese des Schmerzes. 1983. – Phantasien der Wiederholung. Journal. 1983. – Gedicht an die Dauer. 1986. – Die Wiederholung. 1986. – Die Abwesenheit. Ein Märchen. 1987. – Nachmittag eines Schriftstellers. 1987. – Versuch über die Müdigkeit. 1989. – Versuch über die Jukebox. 1990. – Versuch über den geglückten Tag. Ein Wintertagtraum. 1991. – Die Stunde da wir nichts voneinander wußten. 1992. – Langsam im Schatten. Gesammelte Verzettelungen 1980–1992. 1992. – Theaterstücke. 1992. – Mein Jahr in der Niemandsbucht. Ein Märchen aus den neuen Zeiten. 1994. – Eine winterliche Reise zu den Flüssen Donau, Save, Morawa und Drina oder Gerechtigkeit für Serbien. 1996. – Sommerlicher Nachtrag zu einer winterlichen Reise. 1996. – In einer dunklen Nacht ging ich aus meinem stillen Haus. 1997. – Am Felsfenster morgens (und andere Ortszeiten 1982–1987). 1998. – Lucie im Wald mit den Dingsda. 1999. – Unter Tränen fragend. Nachträgliche Aufzeichnungen von zwei Jugoslawien-Durchquerungen im Krieg, März und April 1999. 2000. – Der Bildverlust oder

Durch die Sierra de Gredos. 2002. – Mündliches und Schriftliches. Zu Büchern, Bildern und Filmen 1992–2002. 2002. – Sophokles: König Ödipus in Kolonos. Aus dem Altgriechischen übertragen von P. H. 2003. – Untertagblues. Ein Stationendrama. 2003. – Don Juan (erzählt von ihm selbst). 2004. – Gestern unterwegs. Aufzeichnungen November 1987 bis Juli 1990. 2005. – Spuren der Verirrten. 2006.

Happel, Eberhard Werner (Guerner), 12. 8. 1647 Kirchhain (Hessen) – 15. 5. 1690 Hamburg. Der hessische Pfarrerssohn musste nach der Amtsenthebung seines Vaters 1665 das Studium (Marburg, Gießen 1663–65) abbrechen und gelangte auf der Suche nach einer Stellung nach Hamburg. Hier übernahm er Schreiberdienste und schließlich eine Hauslehrerstelle bei einem Kaufmann. Nach weiteren Studien (Kiel) ließ er sich endgültig in Hamburg nieder (Bürgerrecht 1685) und fand sein Auskommen als Berufsschriftsteller. Mit seinem Werk erfüllte er offenbar das stetig wachsende Bedürfnis nach Informationen über fremde Länder und Völker, über Geschichte und Politik, aber auch über Natur und Naturwissenschaft. Er stellte auf der Basis von ihm verfasster Zeitungsbeilagen vielbändige Kompendien mit ›Denkwürdigkeiten‹ und ›Raritäten‹ zusammen und nutzte auch die Form des Romans als Medium der Information, indem er den traditionellen Handlungsrahmen des höfisch-historischen Romans mit historischem, biographischem, völkerkundlichem oder literarischem Material ausfüllte. Der *Insulanische Mandorell* beispielsweise bringt u. a. die dt. Übersetzung des für die barocke Romantheorie grundlegenden *Traité de l'origine des romans* (1670) von Pierre Daniel Huet. Nur *Der Academische Roman* fällt formal aus dem Rahmen der übrigen Produktion; er folgt dem erzählerischen Grundmuster des Pikaroromans und des politischen Romans.

Werke: Der Asiatische Onogambo. 1673. – Der Europäische Toroan. 1676. – So genanter Christlicher Potentaten Kriegs-Roman. 1680–81. – Kern-Chronica der merckwürdigsten Welt- und Wunder-Geschichte. 1680–90. – Der Insulanische Mandorell.

1682. – Gröste Denkwürdigkeiten der Welt Oder so genannte Relationes Curiosae. 1683–89. – Der Italiänische Spinelli, Oder so genanter Europaeischer Geschicht-Roman, Auff Das 1685. Jahr. 1685–86. – Der Ungarische Kriegs-Roman. 1685–89. – Der Spanische Quintana. 1686–87. – Der Frantzösische Cormantin. 1687–88. – Mundus mirabilis tripartitus, Oder Wunderbare Welt. 1687–89. – Thesaurum exoticorum. 1688. – Der Ottomannische Bajazet. 1688–89. – Africanischer Tarnolast. 1689. – Fortuna Brittannica, oder Brittannischer Glücks-Wechsel. 1689–91. – Der Academische Roman. 1690. – Der Teutsche Carl. 1690. – Historia Moderna Europae, Oder eine Historische Beschreibung Deß Heütigen Europae. 1692.

Harden, Maximilian (d. i. Maximilian Felix Ernst Witkowski), 20. 10. 1861 Berlin – 30. 10. 1927 Montana-Vermala (Schweiz). Als Vierzehnjähriger verließ der Sohn eines jüdischen Seidenhändlers das Elternhaus, wurde Wanderschauspieler und begann 1888 seine publizistische Tätigkeit (u. a. für das *Berliner Tageblatt*). 1892 gründete er die Wochenschrift *Die Zukunft*, die er bis 1922 herausgab, weitgehend mit eigenen Artikeln füllte und zur einflussreichsten Zeitschrift im Wilhelminischen Reich machte. Die Attacken auf die Politik Wilhelms II. und die Nachfolger Bismarcks brachten dem Bismarckanhänger mehrfach Anklagen wegen Majestätsbeleidigung und Festungshaft. Die Verknüpfung von Politik und Sexualität in dem Angriff auf Wilhelms Freund Friedrich v. Eulenburg löste – neben einer Verleumdungsklage – eine heftige Fehde mit K. Kraus aus. 1922 wurde H. von einem rechtsradikalen Attentäter schwer verletzt; er zog sich in die Schweiz zurück. H. gehörte zu den Gründern des Vereins »Freie Bühne«, beteiligte sich an der Gründung des Deutschen Theaters und beriet Max Reinhardt. Als Theaterkritiker förderte H. den Naturalismus und trug wesentlich dazu bei, die europäischen Naturalisten in Deutschland durchzusetzen. Allerdings hielt er den »konsequenten Naturalismus«, wie er ihn u. a. bei G. Hauptmann, M. Halbe und H. Sudermann verwirklicht sah, für einen Irrweg. Wegen seines exzentrischen und pathetischen Stils karikierte ihn bereits K. Kraus, der u. a. ein *Harden-Lexikon* zum besseren Verständnis anbot.

Werke: Die Zukunft. 1892–1922. [Hrsg.] – Literatur und Theater. 1896. – Köpfe. 4 Bde. 1910–24. – Krieg und Friede. 1918.

Harig, Ludwig, * 18. 7. 1927 Sulzbach (Saar). Nach dem Besuch des Lehrerseminars in Blieskastel 1946–49 ging H. 1949–50 als Assistant d'Allemand an ein Collège in Lyon und unterrichtete dann von 1950 bis zu seiner Beurlaubung 1970 als Volksschullehrer im Saarland. Seit 1974 lebt er als freier Schriftsteller in Sulzbach, unterbrochen von Reisen, Studienaufenthalten und Gastprofessuren in Deutschland und im Ausland. In seinen dichterischen Anfängen stand H. der »Stuttgarter Gruppe« um M. Bense nahe und schrieb experimentelle Gedichte, Prosa und eine Reihe von Hörspielen, die mit Hilfe von Montage- und O-Ton-Technik (u. a. *Ein Blumenstück*, 1968; *Staatsbegräbnis*, 1969) subversive (und komische) Ideologie- und Gesellschaftskritik übten. In der Prosa führt der Weg von kleinen experimentellen Texten zunächst zu dem hintergründigen, komisch-parodistischen »Familienroman« *Sprechstunden für die deutsch-französische Verständigung*, der nach dem Muster eines Sprachlehrbuchs aufgebaut ist (wie die *Allseitige Beschreibung der Welt* dem Beispiel des philosophischen Traktats folgt). Die wachsende Bedeutung des Beschreibens, Erzählens und eines (erlebten, fiktiven, literarischen) Realitätsbezugs zeigen die folgenden Texte von dem Rousseau-Roman über die Saarland-Entwürfe zu H.s Hauptwerk, der Rekonstruktion der Vergangenheit am Beispiel der Familiengeschichte in drei Romanen, die die Zeit vom Ersten Weltkrieg bis in die 50er-Jahre hinein umfassen (*Ordnung ist das ganze Leben*; *Weh dem, der aus der Reihe tanzt*; *Wer mit den Wölfen heult, wird Wolf*).

Werke: haiku hiroshima. 1961. – Reise nach Bordeaux. 1965. – Das Fußballspiel. 1967. – Ein Blumenstück. Texte zu Hörspielen.

1969. – im men see. Permutationen. 1969. – wir spielen revolution. ein wort ton bild stück. 1970. – Sprechstunden für die deutsch-französische Verständigung und die Mitglieder des gemeinsamen Marktes. Ein Familienroman. 1971. – Allseitige Beschreibung der Welt zur Heimkehr des Menschen in eine schönere Zukunft. 1974. – Wie kommt Leopold Bloom auf die Bleibtreustraße? 1975. – Die saarländische Freude. Ein Lesebuch über die gute Art zu leben und zu denken. 1977. – Rousseau. Der Roman vom Ursprung der Natur im Gehirn. 1978. – Heimweh. Ein Saarländer auf Reisen. 1979. – Der kleine Brixius. 1980. – Logbuch eines Luftkutschers. 1981. – Heilige Kühe der Deutschen. Eine feuilletonistische Anatomie. 1981. – Trierer Spaziergänge. 1983. – Das Rauschen des sechsten Sinnes. Zur Rettung des Lebens und der Literatur. 1985. – Die Laren der Villa Massimo. Ein römisches Tagebuch. 1986. – Ordnung ist das ganze Leben. Roman meines Vaters. 1986. – Hundert Gedichte. Alexandrinische Sonette, Terzinen, Couplets und andere Verse in strenger Form. 1988. – Weh dem, der aus der Reihe tanzt. 1990. – Der Uhrwerker von Glarus. 1993. – Wer mit den Wölfen heult, wird Wolf. 1996. – Spaziergänge mit Flaubert. 1997. – Pelés Knie. Sechs Verführungen. 1999. – Reise mit Yoshimi. Japanische Reportagen. 2000. – Und wenn sie nicht gestorben sind. Aus meinem Leben. 2002. – Die Wahrheit ist auf dem Platz. Fußballsonette. 2006.

Ausgabe: Gesammelte Werke. 8 Bde. München/Wien 2004 ff.

Harsdörffer, Georg Philipp, 1. 11. 1607 Fischbach bei Nürnberg – 17. 9. 1658 Nürnberg. Der dem Nürnberger Patriziat angehörende H. erhielt eine humanistische Schulbildung, studierte von 1623 an in Altdorf Rechtswissenschaften, Philosophie, Geschichte, Philologie und Mathematik. 1626 wechselte er nach Straßburg; von hier aus unternahm er von 1627 bis 1631 eine ausgedehnte Bildungsreise (Schweiz, Frankreich, Niederlande, England, Italien). Danach verließ H. Nürnberg nur noch selten. 1637 wurde er zum Assessor am Stadtgericht berufen und 1655 schließlich in den Inneren Rat gewählt. H.s literarische und literaturorganisatorische Arbeit (Mitbegründer des »Pegnesischen Blumenordens«, 1644) orientierte sich am Vorbild der weiter fortgeschrittenen volkssprachlichen Literaturen Europas, die er u. a. auf seiner Bildungsreise kennengelernt hatte. Er vermittelte durch Bearbeitungen und Übersetzungen zahlreiche Werke der west- und südeuropäischen Literaturen, führte mit den *Frauenzimmer Gesprächspielen* eine in den romanischen Ländern gepflegte Gattung auch in Deutschland ein (als »Der Spielende« wurde er 1642 in die »Fruchtbringende Gesellschaft« aufgenommen) und legte mit dem dreibändigen *Poetischen Trichter* eine Poetik vor, die besonderen Nachdruck auf die Bildlichkeit legte. Charakteristisch für seine Dichtung ist die Vorliebe für daktylische und anapästische Verse, für Klangmalerei und Formexperimente aller Art. Damit verbindet sich ein großes Interesse an der Schäferdichtung, das H. seit dem gemeinsam mit J. Klaj verfassten *Pegnesischen Schäfergedicht* mit den anderen »Pegnitz-Schäfern« teilte bzw. an sie weitergab. Zu seinem ungemein vielseitigen und umfangreichen Werk – über 20 000 Druckseiten – gehören auch Andachtsbücher, geistliche Betrachtungen und Lehrgedichte, physikalisch-mathematische Lehrbücher, Briefsteller, höfische Erziehungsschriften und eine große Apophthegmata-Sammlung.

Werke: Daniel Schwenter: Deliciae physico-mathematicae. Oder Mathemat: vnd Philosophische Erquickstunden. 1636–53. [Hrsg. und Forts.] – Frauenzimmer Gesprächspiele. 8 Tle. 1641–49. – Pegnesisches Schäfergedicht. 1644. [Mitverf.] – Diana. 1646. [Hrsg., Teilübers.] – Specimen philologiae germanicae. 1646. – Poetischer Trichter. 1647–53. – Hertzbewegliche Sonntagsandachten. 1649–52. – Der grosse Schauplatz jämmerlicher Mordgeschichte. 1649–50. – Der Grosse Schau-Platz Lust- und Lehrreicher Geschichte. 1650–51. – Nathan und Jotham: Das ist Geistliche und Weltliche Lehrgedichte. 1650. – Heraclitus und Democritus Das ist C. Fröliche und Traurige Geschichte. 1652–53. – Pentagone Histoirique H. von Belley / Historisches Fünffeck. 1652. – Der Geschichtspiegel: Vorweisend Hundert Denckwürdige Begebenheiten. 1654. – Mr. Du Refuge Kluger Hofmann. 1655. [Übers.] – Ars Apophthegmatica, Das ist: Kunstquellen Denckwürdiger Lehrsprüche und Ergötzlicher Hofreden. 1655. – Der Teutsche Secretarius. 1655–59. – Das Astronomische Kartenspiel. 1656. – Mercurius historicus […]. Das ist: Hundert Neue und denckwürdige Erzehlungen. 1657.

Hart, Heinrich, 30. 12. 1855 Wesel – 11. 6. 1906 Tecklenburg (Westfalen). Der Sohn eines Rechnungsrats studierte Philosophie, Geschichte und neuere Sprachen in Halle, München und Münster. 1877 kam er nach Berlin und entwickelte zusammen mit seinem Bruder Julius Hart (9. 4. 1859 Münster – 7. 7. 1930 Berlin) eine vielfältige kritische Tätigkeit. Um ihre unregelmäßig erscheinende, im Wesentlichen von ihnen allein bestrittene Zeitschrift *Kritische Waffengänge* (1882–84) bildeten sie die früheste Gruppierung der naturalistischen Bewegung. Sie gründeten weitere, meist kurzlebige Zeitschriften, in denen sie sich für einen gemäßigten Naturalismus einsetzten. Sie gehörten mit G. Hauptmann, J. Schlaf, A. Holz u. a. dem literarischen Verein »Durch« an und waren Gründungsmitglieder des Theatervereins »Freie Bühne«. Später vertraten sie im Friedrichshagener Kreis um Wilhelm Bölsche und andere Naturalisten ein dem Monismus Ernst Haeckels verpflichtetes kosmisches Einheitsdenken. Dichterisch konnten die Brüder H. keinen wesentlichen Einfluss auf die naturalistische Bewegung ausüben. Heinrich H.s dichterisches Hauptwerk ist das monumentale Versepos *Das Lied der Menschheit*, das die kulturgeschichtliche Entwicklung der Menschheit zum Gegenstand hat (wobei nur drei der geplanten 24 »Erzählungen« erschienen).

Werke: Deutsche Monatsblätter. 1878–79. [Mit J. Hart.] – Kritische Waffengänge. 1882–84. [Mit J. Hart.] – Kinder des Lichts. Novellistische Skizzen. 1884. – Berliner Monatshefte. 1885. [Mit J. Hart.] – Das Lied der Menschheit. 1888–96. – Kritisches Jahrbuch. 1889–90. [Mit J. Hart.] – Das Reich der Erfüllung. Flugschriften zur Begründung einer neuen Weltanschauung. 1900–01. [Mit J. Hart.]

Ausgabe: Gesammelte Werke. Hrsg. von Julius Hart, Wilhelm Bölsche [u. a.]. 4 Bde. Berlin 1907.

Hartlaub, Felix, 17. 6. 1913 Bremen – April 1945 (in den Kämpfen um Berlin vermisst). Der Sohn des Kunsthistorikers Gustav Friedrich Hartlaub, der als »Kulturbolschewist« von den Nationalsozialisten von seinem Amt als Leiter der Kunsthalle in Mannheim entfernt wurde, studierte Geschichte und Romanistik (Dr. phil. 1939). Im Krieg war er von 1942 bis 1945 im Führerhauptquartier Sachbearbeiter in der mit der Führung des Kriegstagebuchs betrauten Abteilung. Aus seinem literarischen Werk ragen die Tagebücher der Studentenjahre (*Berliner Tagebuchblätter. 1935–1939*) und Kriegszeit (*Tagebuch aus dem Kriege. 1939–1945*) heraus. Die zwischen Wehrmachtsmaterial versteckten Notizen des Kriegstagebuchs protokollieren distanziert und genau H.s Erfahrungen im Zentrum der Macht.

Werke: Von unten gesehen. Impressionen und Aufzeichnungen. Hrsg. von G. Hartlaub. 1950. – Im Sperrkreis. Aufzeichnungen aus dem Zweiten Weltkrieg. Hrsg. von G. Hartlaub. 1955.

Ausgaben: Das Gesamtwerk. Dichtungen. Tagebücher. Hrsg. von G. Hartlaub. Frankfurt a. M. 1955. – »In den eigenen Umriß gebannt.« Kriegsaufzeichnungen, literarische Fragmente und Briefe aus den Jahren 1939 bis 1945. Hrsg. von Gabriele Liselotte Ewenz. 2 Bde. Frankfurt a. M. 2002. 3., rev. Aufl. 2006.

Hartlaub, Geno(veva), *7. 6. 1915 Mannheim. Der Tochter des Kunsthistorikers Gustav Friedrich Hartlaub, der als »Kulturbolschewist« von den Nationalsozialisten von seinem Amt als Leiter der Kunsthalle in Mannheim entfernt wurde, wurde im Gegensatz zu ihrem Bruder Felix das Studium verwehrt. Sie machte eine kaufmännische Lehre, arbeitete als Auslandskorrespondentin und wurde im Zweiten Weltkrieg dienstverpflichtet. Danach arbeitete sie als Lektorin in Heidelberg und vom Ende der 50er-Jahre bis 1975 als Redakteurin beim Hamburger *Deutschen Allgemeinen Sonntagsblatt.* Sie lebt als freie Schriftstellerin in Hamburg. Ihre Romane und Erzählungen thematisieren zum einen die Spannung zwischen gesellschaftlichen Normen und individueller Erfüllung, von Alltagswelt und einer von Träumen und mythischen Erinnerungen geprägten Innenwelt, zum anderen setzen sie sich mit Nationalsozialismus, Krieg, Nachkriegszeit, Heimkehrerschicksalen, unbewältigter Vergangenheit und daraus resultierenden Generationenkonflikten auseinander. G. ist auch Herausgeberin der Werke ihres Bruders.

Werke: Anselm, der Lehrling. Ein phantastischer Roman. 1947. – Die Kindsräuberin. 1947. – Die Tauben von San Marco. 1953. – Der große Wagen. 1954. – Windstille vor Concador. 1958. – Gefangene der Nacht. 1961. – Der Mod hat Durst. 1963. – Die Schafe der Königin. 1964. – Nicht jeder ist Odysseus. 1967. – Rot heißt auch schön. 1969. – Wer die Erde küßt. Orte, Menschen, Jahre. 1975. – Lokaltermin Feenteich. 1977. – Das Gör. 1980. – Muriel. 1985. – Einer ist zuviel. 1989. – Der Mann, der nicht nach Hause wollte. 1995.

Hartlieb, Johannes, vor 1410 – 18. 5. 1468. H. ist 1437 als Pfarrer in Ingolstadt nachweisbar. Möglicherweise hat er sich anschließend in Wien aufgehalten und hier medizinische Kenntnisse erworben. Seit 1440 stand er als Leibarzt Herzog Albrechts III. im Dienst des bayerischen Herzogshauses in München, für das er auch diplomatische Missionen ausführte. Sein Werk umfasst Gebrauchstexte wie die *Kunst der Gedächtnüß*, verschiedene Wahrsagebücher und Mantiken einschließlich einer späteren Absage an Magie und Wahrsagekunst mit enzyklopädischem Charakter, Übersetzungen (z. B. den lat. Alexanderroman des Archipresbyters Leo aus dem 10. Jh.) und medizinische Fachtexte.

Werke: Kunst der Gedächtnüß. Um 1432. – Mondwahrsagebuch. Um 1433–35. – Namenmantik. Um 1438–39. – De amore deutsch. 1440. – Chiromantie. 1448. – Die Histori von dem großen Alexander. Um 1450. – Das Buch aller verbotenen Kunst. Um 1455–56. – Secreta mulierum. Um 1465. [Alle Daten sind Entstehungsdaten.]

Hartmann von Aue, um 1165 – um 1210. Zur Biographie des mhd. Lyrikers und Epikers gibt es nur punktuelle Hinweise in seinen Werken. Er gehörte nach eigener Aussage dem Ministerialenstand an und besaß eine lat. Schulbildung. Wem er diente, wo er die Bildung erwarb, wer ihn förderte, ist nicht bekannt, ebenso wenig, auf welchen Ort im Südwesten sich Hartmanns »von Ouwe« als Herkunfts- oder Dienstort bezieht. H.s Werk entstand ungefähr zwischen 1180 und 1205. Die drei Lieder H.s mit Kreuzzugsthematik können auf den Kreuzzug 1189–92 oder den von 1197 deuten; über eine mögliche Teilnahme sagen sie nichts. H. führte als Erster die von Chrétien de Troyes geschaffene Form des Artusromans in die dt. Literatur ein. Sein *Erec* (um 1180–85), eine freie Übertragung von Chrétiens *Erec et Enide*, wurde zum Muster der Gattung in Deutschland. Mit seinem letzten bekannten Werk, *Iwein* (um 1200), ebenfalls nach Chrétien, kehrte H. noch einmal zu dieser Gattung zurück. Zwischen den beiden Artusromanen entstanden die Erzählungen *Gregorius* (um 1190) und *Der arme Heinrich* (um 1195), die höfisches Erzählen und höfische Umwelt mit religiös verstandener Schuldthematik verbinden und die optimistischen Harmonievorstellungen des Artusromans relativieren. Ein Frühwerk H.s, vor dem *Erec* anzusetzen, ist das so genannte *Büchlein* (auch als *Klage* bezeichnet), eine Minnelehre. Die 18 überlieferten Lieder H.s behandeln fast ausschließlich Themen aus dem Umkreis der ›Hohen Minne‹; der klagende Ton herrscht vor.

Ausgaben: MF. Bd. 1. S. 404–430. – Lieder. Mhd./Nhd. Hrsg., übers. und komm. von Ernst v. Reusner. Stuttgart 1985. – Klage. Hrsg. von Herta Zutt. Berlin 1968. – Erec. Hrsg. von Albert Leitzmann. 7. Aufl. bearb. von Kurt Gärtner. Tübingen 2006. – Gregorius. Hrsg. von Hermann Paul. 15., neubearb. Aufl. bes. von Burghart Wachinger. Tübingen 2004. – Der arme Heinrich. Hrsg. von Hermann Paul. Neu bearb. von Kurt Gärtner. 17., durchges. Aufl. Tübingen 2001. – Iwein. Hrsg. von Georg F. Benecke und Karl Lachmann. Neubearb. von Ludwig Wolff. 7. Aufl. Berlin 1968. – Gregorius. Der arme Heinrich. Iwein. Hrsg. und übers. von Volker Mertens. Frankfurt a. M. 2004. – Erec. Hrsg. von Manfred Günter Scholz. Übers. von Susanne Held. Frankfurt a. M. 2004.

Hasenclever, Walter, 8.7.1890 Aachen – 22.6.1940 bei Aix-en-Provence. Der aus großbürgerlich-jüdischem Haus stammende H. begann nach dem Abitur (1908) auf Wunsch des Vaters, eines Sanitätsrats, in Oxford und Lausanne Jura zu studieren (1908–09), setzte sich jedoch nach Leipzig zum Studium der Philosophie und Germanistik ab, finanziell unterstützt von der Großmutter. 1914 meldete er sich freiwillig; bis zur Einberufung 1915 studierte er in Bonn. Nach einem Urlaub kehrte er 1916 nicht mehr zur Front zurück. Er wurde in das Lazarett-Sanatorium in Dresden eingewiesen und im Herbst 1917 als nervenkrank und damit untauglich aus dem Militärdienst entlassen. Nach dem Krieg lebte er in Dresden und Berlin, von 1924 bis 1928 in Paris als Korrespondent des *8-Uhr-Abendblatts*, von 1929 bis 1932 wieder in Berlin. 1930 war er in Hollywood, um an einem Drehbuch für Greta Garbo zu arbeiten; das Projekt wurde nicht verwirklicht. 1933 emigrierte H. und hielt sich meist in Südfrankreich auf (1937–38 auch in der Toscana). Er starb im Internierungslager Les Milles bei Aix-en-Provence an einer Überdosis Schlaftabletten. H.s literarhistorische Bedeutung beruht v. a. auf dem expressionistischen Frühwerk: Gedichte und Dramen, die mit der moralisch abgewirtschafteten Vätergeneration abrechnen und ekstatisch den Aufbruch zu einem (kaum konkretisierten) neuen Leben verkünden. Beispielhaft für diese Haltung, die die Aufbruchsstimmung einer ganzen Generation traf, ist das Drama *Der Sohn* (UA 1916, Kleist-Preis 1917), das den Wandlungsprozess des jungen Protagonisten zur Freiheit des Mannes darstellt und mit der Auflehnung gegen die väterliche Machtinstanz zugleich die autoritäre Struktur der ganzen Gesellschaft in Frage stellt. Mit der Wendung zum Pazifismus und dem Einfluss von Kurt Hillers Aktivismus nahm die expressionistische Dichtung H.s politische Züge an, u. a. in den Stücken *Der Retter* und *Antigone* sowie der Gedichtsammlung *Tod und Auferstehung*. Aber noch vor

Kriegsende hatte H. die Hoffnung auf einen revolutionären Neubeginn im Geist der Humanität aufgegeben. Anfang der 20er-Jahre begann nach einer Beschäftigung mit dem Buddhismus und mit dem Werk Emanuel Swedenborgs eine mystische Phase. Angeregt von Eindrücken in Paris wandte sich H. dann mit großem Erfolg der Gesellschaftskomödie zu. H. nutzte die Form der Komödie auch zur satirischen Auseinandersetzung mit dem Nationalsozialismus. Bereits vor dem Ersten Weltkrieg hatte sich H. mit dem Medium des Films beschäftigt und in der Folgezeit auch versucht, filmische Techniken auf die Bühne zu bringen. Während der Weimarer Republik schrieb er Drehbücher und einschlägige Essays. Sein Filmbuch *Die Pest* nannte H. »den ersten Filmtext, der in Buchform gedruckt wurde«. Zwei autobiographische Romane erschienen postum.

Werke: Nirwana. Eine Kritik des Lebens in Dramaform. 1910. – Städte, Nächte, Menschen. 1910. – Der Jüngling. 1913. – Das unendliche Gespräch. Eine nächtliche Szene. 1913. – Der Sohn. 1914. – Der Retter. 1916. – Antigone. 1917. – Tod und Auferstehung. Neue Gedichte. 1917. – Die Menschen. 1918. – Der politische Dichter. 1919. – Die Entscheidung. 1919. – Die Pest. Ein Film. 1920. – Jenseits. 1920. – Gobseck. 1922. – Dramen. 1924. – Himmel, Hölle, Geisterwelt. 1925. [Swedenborg-»Nachdichtung«.] – Mord. 1926. – Ein besserer Herr. 1927. – Ehen werden im Himmel geschlossen. 1928. – Napoleon greift ein. 1929. – Konflikt in Assyrien. 1957. – Die Rechtlosen. 1963. – Irrtum und Leidenschaft. 1969.

Ausgabe: Sämtliche Werke. Hrsg. von Dieter Breuer und Bernd Witte. 5 Bde. Mainz 1990–97.

Hauff, Wilhelm, 29. 11. 1802 Stuttgart – 18. 11. 1827 ebd. Der aus einer angesehenen württembergischen Beamtenfamilie stammende H. wuchs nach dem frühen Tod des Vaters (1809) bei den Großeltern mütterlicherseits in Tübingen auf und studierte nach dem Besuch der Lateinschule und des theologischen Seminars im Kloster Blaubeuren von 1820 bis 1824 Theologie, Philosophie und Philologie in

Tübingen. Nach dem Studienabschluss und der Promotion zum Dr. phil. entschied er sich gegen das Pfarramt und nahm im Herbst 1824 eine Stelle als Hauslehrer bei der Familie des Präsidenten des württembergischen Kriegsministeriums in Stuttgart an, die ihm genug Zeit für seine literarischen Pläne ließ. Im Frühjahr 1826 trat er eine halbjährige Bildungsreise an, die ihn u. a. nach Paris, Berlin, Leipzig und Dresden führte. Anfang 1827 übernahm er die Redaktion von Cottas *Morgenblatt* und heiratete, durch seine schriftstellerischen Erfolge finanziell abgesichert, seine Kusine Louise Hauff. Er starb an einer Infektionskrankheit wenige Tage nach der Geburt seiner Tochter. H. war, nachdem er sich durch seine Clauren-Imitation oder Parodie *Der Mann im Mond* aufsehenerregend eingeführt hatte, innerhalb von knapp drei Jahren durch eine dem Zeitgeschmack und dem Unterhaltungsbedürfnis angepasste Produktion zu einem Erfolgsautor geworden. Dabei konzentrierte er sich fast ausschließlich auf Prosagattungen: Satire, Roman, Novelle, Märchen. Charakteristisch für seine in Märchen-Almanachen veröffentlichten und zu Zyklen zusammengefassten Märchen (u. a. *Kalif Storch*, *Das Gespensterschiff*, *Zwerg Nase*, *Das kalte Herz*) ist die Erweiterung der Erzählmuster der Märchenliteratur durch spannungserzeugende Handlungselemente des Abenteuerromans, der Gespenstergeschichte, der Novelle und der Sage.

Werke: Kriegs- und Volks-Lieder. 1824. [Anthologie.] – Mittheilungen aus den Memoiren des Satans. 1826–27 [recte 1825–26]. – Der Mann im Mond oder Der Zug des Herzens ist des Schicksals Stimme. 1826 [recte 1825]. – Mährchen-Almanach auf das Jahr 1826[–1828], für Söhne und Töchter gebildeter Stände. 1826–28 [recte 1825–27]. – Lichtenstein. Romantische Sage aus der würtembergischen Geschichte. 1826. – Controvers-Predigt über H. Clauren und den Mann im Monde. 1827. – Phantasien im Bremer Rathskeller. 1827. – Novellen. 1828. – Sämmtliche Schriften. Hrsg. von Gustav Schwab. 36 Bändchen. 1830. – Mährchen für Söhne und Töchter gebildeter Stände. 1832.
Ausgabe: Sämtliche Werke. Hrsg. von Sibylle v. Steinsdorff. 3 Bde. München 1970.

Haufs, Rolf, * 31. 12. 1935 Düsseldorf. Nach dem Besuch des Gymnasiums absolvierte H. eine kaufmännische Lehre und arbeitete dann als Exportkaufmann. Seit 1960 lebt er als Schriftsteller und Literaturredakteur (Sender Freies Berlin) in Berlin. Im Zentrum seines dichterischen Werkes steht die Lyrik. Nach Anklängen an die naturlyrische Tradition erweiterte H. mit den Bänden *Sonntage in Moabit* und *Vorstadtbeichte* sein thematisches Spektrum; zugleich zeigte sich eine Tendenz zur Verknappung der Sprache. Mit den Gedichten der 70er-Jahre macht sich eine zunehmende Skepsis und Desillusionierung bemerkbar, eine Stimmung der Klage und des Verlusts: des Verlusts des ›Felderlands‹ der Kindheit am Rhein, der Klage über die fortschreitende Zerstörung der Umwelt, über das Sterben von Menschen, Bäumen, Büchern und Worten. Für seine Erinnerungsbilder benutzt H. offene Formen und einen ebenso klaren wie schwierigen, elliptisch verknappten Stil. Auch seine Prosatexte, von der experimentellen Prosa der 60er-Jahre ausgehend, fügen Beobachtungen, Erinnerungsbilder segmentartig, ohne durchgängige Fabel zu einem Mosaikbild prekären bundesrepublikanischen Lebens zusammen.

Werke: Straße nach Kohlhasenbrück. 1962. – Sonntage in Moabit. 1964. – Vorstadtbeichte. 1967. – Das Dorf S. und andere Geschichten. 1968. – Der Linkshänder oder Schicksal ist ein hartes Wort. 1970. – Die Geschwindigkeit eines einzigen Tages. 1976. – Größer werdende Entfernung. Gedichte 1962–69. 1979. – Juniabschied. 1984. – Felderland. 1986. – Selbst Bild. 1988. – Allerweltsfieber. 1990. – Vorabend. 1994. – Augustfeuer. 1996. – Aufgehobene Briefe. Ausgewählte und neue Gedichte. Hrsg. von Christoph Buchwald. 2001. – Ebene der Fluß. 2002.

Haugwitz, August Adolph von, 14. 5. 1647 Gut Uebigau (Oberlausitz) – 27. 9. 1706 ebd. Der aus einer alten Adelsfamilie stammende H. studierte von 1665 bis 1668 an der Universität Wittenberg Rechtswissenschaften; Mitte 1668 brach er ohne akademischen Abschluss zur üblichen

Kavalierstour auf, die ihn nach Amsterdam, London, Paris, Turin, Rom und Wien führte und in einigen Sonetten dokumentiert ist. Nach seiner Rückkehr im September 1669 lebte er auf seinen Gütern. Seine wenig umfangreiche dichterische Produktion entstand wahrscheinlich in den 70er-Jahren, vielleicht aber auch früher. Von literarhistorischer Bedeutung sind in erster Linie seine Dramen – *Maria Stuarda*, *Soliman* und *Flora* –, die sich dem Zug der Zeit zum opernhaften Gesamtkunstwerk widersetzen und dem Stil der frz. *tragédie classique* verpflichtet sind. Die als Märtyrertragödie konzipierte *Maria Stuarda* lässt Andreas Gryphius als großes Vorbild erkennen. Daneben widmete sich H. seinen polyhistorischen und staatspolitischen Interessen in Schriften über die Lausitz und das Amt des Hofmarschalls.

Werke: Prodromus Lusaticus. 1681. – Prodromus Poeticus, Oder: Poetischer Vortrab. 1683–84. – Tractatus politico-publico-juridicus de regni & aulae mareschallorum nomine. 1690.

Ausgabe: Prodromus Poeticus, Oder: Poetischer Vortrab. 1684. Hrsg. von Pierre Béhar. Tübingen 1984.

Hauptmann, Carl, 11. 5. 1858 Ober-Salzbrunn (Schlesien) – 4. 2. 1921 Schreiberhau (Riesengebirge). Der ältere Bruder Gerhart Hauptmanns studierte Philosophie, Physiologie und Biologie in Jena und promovierte 1883 mit einer Arbeit zur Keimblättertheorie. Er setzte sein Studium in Zürich fort, verzichtete dann aber auf eine akademische Karriere und ging 1889 nach Berlin, wo ihn intensive Kontakte zur Literaturszene zu eigener Dichtung anregten. Seit 1891 lebte er in dem gemeinsam mit seinem Bruder erworbenen Haus in Schreiberhau. Als Dichter gilt H. als eine Gestalt des Übergangs, der sich mit seinen Dramen, Erzählungen und Romanen den jeweiligen Zeitströmungen anpasste. Hintergrund ist meist Schlesien, seine Landschaft, Menschen, Kultur. Die frühen Dramen, in schlesischem Dialekt verfasst, sind dem Naturalismus verpflichtet; spätere Stücke wie *Die Berg-*

schmiede oder *Des Königs Harfe* folgen neuromantischen Mustern, die *Panspiele* impressionistischen und die Trilogie *Die goldnen Straßen* expressionistischen. In seiner Prosa zeigt sich von vornherein eine Distanz zum Naturalismus; sein Roman *Mathilde*, der das zu Läuterung und Mutterschaft aufsteigende Leben einer Arbeiterin schildert, wendet sich ausdrücklich gegen Emile Zolas Literaturprogrammatik und die naturalistische Milieutheorie. Der große Künstlerroman *Einhart, der Lächler* beschreibt das Leben eines Malers (Vorbild war H.s Neffe Otto Mueller), dessen Kunst von allen gesellschaftlichen Bindungen losgelöst ist und nur der Naturbetrachtung entspringt.

Werke: Marianne. 1894. – Waldleute. 1895. – Sonnenwanderer. 1897. – Ephraims Breite. 1899. – Aus meinem Tagebuch. 1900. – Mathilde. Zeichnungen aus dem Leben einer armen Frau. 1902. – Austreibung. 1905. – Einhart, der Lächler. 1907. – Panspiele. 1909. – Napoleon Bonaparte. 1911. – Nächte. 1912. – Die lange Jule. 1913. – Ismael Friedmann. 1913. – Schicksale. 1913. – Krieg. Ein Tedeum. 1914. – Der abtrünnige Zar. 1919. – Rübezahlbuch. 1919. – Drei Frauen. 1920. – Tantaliden. 1927.

Ausgabe: Sämtliche Werke. Hrsg. von Eberhard Berger, Hans-Gert Roloff [u. a.]. Stuttgart-Bad Cannstatt 1997 ff.

Hauptmann, Gerhart, 15. 11. 1862 Ober-Salzbrunn (Schlesien) – 6. 6. 1946 Agnetendorf (Schlesien). Der Sohn eines Hoteliers begann 1878 nach dem Besuch einer Breslauer Realschule eine Landwirtschaftslehre, die er ein Jahr später aus gesundheitlichen Gründen wieder abbrach. Von 1880 bis 1882 studierte er Bildhauerei in Dresden, hörte dann Vorlesungen in Jena und entschied sich nach einem Italienaufenthalt und der Übersiedlung 1885 nach Erkner bei Berlin, Schriftsteller zu werden. Er trat dem literarischen Verein »Durch« bei, in dem die Berliner Naturalisten verkehrten, und wurde durch den Uraufführungsskandal seines Dramas *Vor Sonnenaufgang* (UA 1889) in der Freien Bühne berühmt. In den folgenden Jahren wechselte H. mehrfach den Wohnsitz, bis er sich 1901 in Agnetendorf

(Haus Wiesenstein) niederließ. Neben dem Nobelpreis für Literatur (1912) erhielt H. zahlreiche weitere Ehrungen. In der Weimarer Republik trat er für die Demokratie ein, unterließ es dann aber, sich vom Nationalsozialismus zu distanzieren. Nach der »novellistischen Studie« *Bahnwärter Thiel*, dem ersten bedeutenden Prosawerk des dt. Naturalismus, wandte sich H. dem Drama zu und sorgte mit *Vor Sonnenaufgang* für den Durchbruch des Naturalismus auf der Bühne. H. nahm Anregungen von A. Holz, Henrik Ibsen und Leo Tolstoj auf und zeichnete nicht ohne melodramatische Effekte ein krasses Bild körperlichen und moralischen Verfalls, ganz im Sinn der Theorien des Naturalismus von der Determiniertheit des Menschen durch Milieu und Vererbung. Weitere ›Familiendramen‹ dieser Art folgten. Mit den *Webern* erreichte H.s naturalistische Dramatik ihren Höhepunkt. Das Stück verbindet detaillierte Milieuschilderung und sprachliche Genauigkeit mit entschiedenem sozialen Engagement, das von den Zeitgenossen vielfach als politisch revolutionär verstanden wurde und nicht zuletzt deswegen H.s Weltruhm begründete. Während die »Diebskomödie« *Der Biberpelz* mit der die Verlogenheit und Heuchelei bloßstellenden Schelmenfigur der Frau Wolff noch sprachlich und thematisch dem Naturalismus verpflichtet ist, setzt mit der »Traumdichtung« *Hanneles Himmelfahrt* eine neue Phase in H.s Schaffen ein: Das Werk gehört mit der *Versunkenen Glocke*, der »deutschen Sage« *Der arme Heinrich* und dem »Glashüttenmärchen« *Und Pippa tanzt!* zu den Stücken, die mit ihrer märchen- und legendenhaften Thematik sowie ihren mystisch-allegorischen und mythisierenden Zügen einen neuromantischen Gegenpol zum vorhergehenden naturalistischen Werk bilden. Allerdings enthalten bereits die naturalistischen Dramen traditionelle oder zeitlose Momente wie eine betonte Schicksalhaftigkeit des Geschehens, das Motiv der tragischen Blindheit u. a., während neben den Märchen- und Legendenstücken weitere Dramen mit naturalistischen Zügen entstehen. Das zeigt sich bei Stücken wie *Fuhrmann Henschel* oder *Rose Bernd*, die naturalistische Elemente (Milieu, Thematik) mit der Unausweichlichkeit antiker Schicksalstragödien verbinden. Es gilt aber auch für die »Berliner Tragikomödie« *Die Ratten*, symbolisches Abbild der brüchigen Fassade der wilhelminischen Gesellschaft. H.s späte Dramatik steht im Zeichen des Humanismus bzw. seiner Gefährdung: *Vor Sonnenuntergang* ist ein Zeugnis der Auseinandersetzung mit dem humanistischen Vermächtnis der Weimarer Klassik, ebenso die *Atriden-Tetralogie*, die Goethes Konzept von der ›verteufelt humanen‹ *Iphigenie* gleichsam rückgängig macht – auch ein Kommentar zur Zeitgeschichte. Um 1910 wandte sich H. verstärkt der Prosa zu. Die ersten Höhepunkte markieren der Roman *Der Narr in Christo Emanuel Quint*, die mit scharfer Kirchen- und Gesellschaftskritik verbundene Geschichte eines radikalen schlesischen Christus-Nachfolgers, und die sehr erfolgreiche Erzählung *Der Ketzer von Soana*, ein dionysisches Gegenstück dazu. Einen Gegenentwurf zur ›männlichen‹ europäischen Kulturtradition stellt die weibliche Insel-Utopie *Die Insel der großen Mutter* dar, die auf die Robinsonadentradition und auf Vorstellungen Johann Jakob Bachofens (*Das Mutterrecht*, 1861) zurückgreift.

Werke: Promethidenlos. Eine Dichtung. 1885. – Bahnwärter Thiel. Novellistische Studie. In: Die Gesellschaft. 1888. – Vor Sonnenaufgang. 1889. – Das Friedensfest. Eine Familienkatastrophe. 1890. – Einsame Menschen. 1891. – Die Weber. Schauspiel aus den vierziger Jahren. 1892. – De Waber. 1892. – College Crampton. 1892. – Der Biberpelz. Eine Diebskomödie. 1893. – Hanneles Himmelfahrt. 1894. – Florian Geyer. 1896. – Die versunkene Glocke. 1897. – Fuhrmann Henschel. 1899. – Schluck und Jau. 1900. – Der rote Hahn. 1901. – Der arme Heinrich. 1902. – Rose Bernd. 1903. – Und Pippa tanzt! 1906. – Griechischer Frühling. 1908. – Der Narr in Christo Emanuel Quint. 1910. – Die Ratten. 1911. – Atlantis. 1912. – Gabriel Schillings Flucht. 1912. – Festspiel in deutschen Reimen. 1913. – Der Ketzer von Soana. 1918. – Die Insel der großen Mutter oder Das Wunder von Île des Dames. 1924. – Veland. 1925. – Dorothea Angermann. 1926. – Des großen Kampffliegers, Landfahrers, Gauklers und Magiers Till Eulenspiegel Abenteuer, Streiche, Gaukeleien, Gesichte und Träume. 1928. – Buch der Leidenschaft. 1930. – Vor Sonnenuntergang. 1932. – Das Meerwunder. Eine unwahrscheinliche Geschichte. 1934. – Hamlet in Wittenberg. 1935. – Das Abenteuer meiner Jugend. 1937. – Iphigenie in Delphi. 1941. – Magnus Garbe. 1942. – Der Große Traum. 1942. – Der Neue Christophorus. Ein Fragment. 1943. – Iphigenie in Aulis. 1944. – Neue Gedichte. 1946. – Die Finsternisse. Requiem. 1947. – Agamemnons Tod. Elektra. 1948. – Die Atridentetralogie. 1949.

Ausgabe: Sämtliche Werke. Centenar-Ausgabe. Hrsg. von Hans-Egon Hass [u. a.]. 11 Bde. Frankfurt a. M. [u. a.] 1962–74.

Haushofer, Albrecht, 7. 1. 1903 München – 23. 4. 1945 Berlin-Moabit. Der Sohn des Begründers der dt. Geopolitik Karl Haushofer studierte Geographie und Geschichte in München (Dr. phil. 1924), wurde Assistent an der Berliner Universität (1940 a. o. Professor) und diente im Dritten Reich u. a. als Berater von Rudolf Heß und freier Mitarbeiter des Außenministeriums. Nach dem Englandflug von Heß 1941 wurde er vorübergehend inhaftiert und stand fortan unter Beobachtung. Seit 1940 unterhielt er Kontakte zu bürgerlichen wie linken Widerstandsbewegungen. Nach dem Hitler-Attentat vom 20. 7. 1944 versteckte er sich zunächst, wurde dann verhaftet und kurz vor der Befreiung Berlins von der SS erschossen. Man fand bei ihm die in der Haftzeit entstandenen *Moabiter Sonette*, ein Dokument geistigen Widerstands gegen die Barbarei, zugleich auch ein Zeugnis der Selbstreflexion und Eingeständnis der individuellen Schuld. Er sieht sich, wie die von ihm repräsentierte konservativ-bürgerliche Kultur, am Ende. Wie die Sonette vielfach geschichtliche Beispiele heranziehen, so hatte H. bereits in den 30er-Jahren durch drei Römerdramen mäßigenden politischen Einfluss auszuüben gesucht und den Krieg als Mittel der Politik verurteilt.

Werke: Richtfeuer. 1932. – Und so wird in Pandurien regiert. 1932. – Scipio. 1934. – Gastgeschenk. 1938. – Sulla. 1938. – Augustus. 1939. – Moabiter Sonette. 1946. – Chinesische Legende. Dramatische Dichtung. 1949.

Haushofer, Marlen (d. i. Marie Helene Haushofer, geb. Frauendorfer), 11. 4. 1920 Frauenstein (Oberösterreich) – 21. 3. 1970 Wien. Die Tochter eines Revierförsters begann nach katholischer Internatserziehung 1940 mit dem Studium der Germanistik in Wien, das sie nach ihrer Heirat und den damit verbundenen Ortswechseln (München, Prag, Graz, Frauenstein) nur sporadisch fortsetzen konnte und nach dem Krieg nicht wieder aufnahm. Seit 1947 lebte sie in Steyr als Mutter zweier Kinder das Leben einer Hausfrau und Helferin in der Zahnarztpraxis ihres Mannes, bis sie an den Folgen einer Knochenkrebserkrankung starb. Sie war eine literarische Außenseiterin im österreichischen Literaturbetrieb der 50er- und 60er-Jahre, hatte aber Kontakte zu Wiener Literaturkreisen und fand in dem Kritiker Hans Weigel einen einflussreichen Förderer. Trotz verschiedener Auszeichnungen (u. a. Staatlicher Förderungspreis für Literatur 1953, Arthur-Schnitzler-Preis 1963, Österreichischer Staatspreis für Literatur 1968) fand ihr Werk breite Resonanz und Anerkennung erst nach 1983 (Wiederveröffentlichung des Romans *Die Wand*) im Zusammenhang mit der Frauenbewegung und der Frauenliteraturforschung. Dieser Roman, äußerlich eine Art negativer Utopie und Endzeitvision, spricht von der inneren und äußeren Isolation der Frau als Folge ihrer Erfahrungen in Gesellschaft, Ehe und Familie, von dem Rückzug in einen gesellschaftsfreien Raum, den sie mit allen Mitteln gegen den letzten anderen Überlebenden einer unerklärlichen Katastrophe mit allen Mitteln verteidigt. Ähnliche Situationen liegen auch ihren weiteren Romanen und Erzählungen zugrunde. Sie zeigen das Scheitern der Frauen an der Lieblosigkeit der Männer und den Zumutungen des Alltags, den passiven, widerstandslosen Rückzug in eine eigene Welt, für die die Berge und Wälder der Kindheit, die Alm- und Berghütte, die Mansarde im bürgerlichen Einfamilienhaus stehen. H. schrieb auch mehrere erfolgreiche Kinderbücher.

Werke: Das fünfte Jahr. 1952. – Eine Handvoll Leben. 1955. – Die Vergißmeinnichtquelle. 1956. – Die Tapetentür. 1957. – Wir töten Stella. 1958. – Die Wand. 1963. – Bartels Abenteuer. 1964. – Brav sein ist schwer. 1965. – Himmel, der nirgendwo endet. 1966. – Lebenslänglich. 1966. – Schreckliche Treue. 1968. – Die Mansarde. 1969. – Schlimm sein ist auch kein Vergnügen. 1970.

Ausgaben: Begegnung mit dem Fremden. Gesammelte Erzählungen. Bd. 1. 1985. – Schreckliche Treue. Gesammelte Erzählungen. Bd. 2. 1986.

Hausmann, Manfred, 10. 9. 1898 Kassel – 6. 8. 1986 Bremen. Der Sohn eines Fabrikanten, im Ersten Weltkrieg schwer verwundet, studierte Kunstgeschichte, Philologie und Philosophie in Göttingen, Heidelberg und München (Dr. phil. 1922). Danach arbeitete er als Dramaturg, Dozent, kaufmännischer Angestellter und 1925–27 als Feuilletonredakteur in Bremen. Seit 1927 lebte er als freier Schriftsteller zunächst in Worpswede, später in Bremen-Rönnebeck. Hier wirkte er 1968–81 als Ältestenprediger der Evangelisch-reformierten Gemeinde. Er unternahm zahlreiche Reisen (u. a. USA, Nordeuropa). Seine erfolgreichen frühen Romane sind von der Jugendbewegung und romantischer Naturverbundenheit geprägt. Sie transponieren das Eichendorffsche Wandermotiv ins 20. Jh., zeigen – durchaus pessimistisch oder nihilistisch –, wie das Leben dem Zufall unterworfen und kein Sinn in den Leid- und Todeserfahrungen erkennbar ist, wie Liebe eine flüchtige Erfahrung bleibt. Die Gedichte, J. v. Eichendorff und Th. Storm verpflichtet, zeigen H.s Verbundenheit mit der norddt. Landschaft. Die Beschäftigung mit Karl Barth und Søren Kierkegaard in den 30er-Jahren führte H. zu einem christlichen Existentialismus, der sich in seinen späteren Essays und in Legenden- und Mysterienspielen niederschlägt.

Werke: Jahreszeiten. 1924. – Lampioon küßt Mädchen und kleine Birken. Abenteuer eines Wanderers. 1928. – Lilofee. Ein Spiel um Liebe. 1929. – Salut gen Himmel. 1929. – Kleine Liebe zu Amerika. 1931. – Abel mit der Mundharmonika. 1932. – Alte Musik. 1941. – Der Fischbecker Wandteppich. 1955. – Irrsal der Liebe. 1960. – Der golddurchwirkte Schleier. Gedichte um Aphrodite. 1983.

Ausgaben: Gesammelte Werke. Romane, Erzählungen und Gedichte. 12 Bde. Frankfurt a. M. 1983. – Gesammelte Werke. Nachdichtungen. 4 Bde. Frankfurt a. M. 1985. – Gesammelte Werke. Reisebeschreibungen, Bildmeditationen und Theaterstücke. 4 Bde. Frankfurt a. M. 1988.

Hausmann, Raoul, 12. 7. 1886 Wien – 1. 2. 1971 Limoges (Frankreich). Der Sohn des Kunstmalers Viktor Hausmann kam 1900 nach Berlin, nahm Unterricht bei seinem Vater und führte Restaurierungsarbeiten durch. Seit 1912 trat er mit Kunstkritiken in expressionistischen Zeitschriften hervor und gründete 1917–18 mit R. Huelsenbeck u. a. den »Club Dada«, den er als »Dadasoph« maßgeblich prägte. 1933 musste H. Deutschland verlassen; bis 1936 lebte er auf Ibiza, dann in Paris und seit 1944 in Limoges. Der antibürgerlichen Position seiner Zeitschriftenbeiträge, in denen er sich u. a. gegen Besitz, Spießertum und die Unterdrückung der Sexualität und der Frau wandte, entspricht die Radikalität seiner künstlerischen Produktion, die mit der Form der Photomontage neue Wege ging und mit den Lautgedichten K. Schwitters anregte. H. nahm an zahlreichen Dada-Aktionen und -Veranstaltungen teil und gab u. a. die Zeitschrift *Der Dada* (1919–20) heraus. Später beschäftigte er sich wissenschaftlich mit Vorgängen der Wahrnehmung und entwickelte das Optophon, ein Gerät, das optische Vorgänge in akustische umwandeln konnte (und umgekehrt). Einen ›autobiographischen‹ Roman (*Hyle*), 1926 begonnen, schloss er 1955 ab. Zu seinen späten Arbeiten gehören eine Geschichte des Dadaismus und ein Rückblick auf den Berliner Dadaismus.

Werke: Club Dada. 1918. [Hrsg., mit Richard Huelsenbeck und Franz Jung.] – Material der Malerei, Plastik und Architektur. 1918. – Hurra! Hurra! Hurra! 12 Satiren. 1921. – Traité des questions sans solutions importantes. 1957. – Courrier Dada. 1958. – Siebensachen. 1961. – Melanographie. 1968. – Hyle. Ein Traumsein in Spanien. 1969. – Am Anfang war Dada. Hrsg. von Karl Riha und Günter Kämpf. 1970. – La sensoralité excentrique. 1970.

Ausgabe: Texte bis 1933. Hrsg. von Michael Erlhoff. 2 Bde. München 1982.

Hebbel, Friedrich, 18. 3. 1813 Wesselburen (Dithmarschen) – 13. 12. 1863 Wien. H., Sohn eines Maurers, wuchs in ärmlichen Verhältnissen auf und erhielt keine höhere Schulbildung; er bildete sich, als Laufbursche und Schreiber eines Kirchspielvogts beschäftigt, autodidaktisch weiter und ging 1835 nach Hamburg, um sich auf ein Studium vorzubereiten. Hier lernte er seine spätere Geliebte Elise Lensing kennen, mit der er zwei Kinder hatte. Ein Jurastudium 1836 in Heidelberg brach er ab; nach einem Aufenthalt in München kehrte er 1839 nach Hamburg zurück. Nach seinen ersten Erfolgen ermöglichte ihm ein zweijähriges Stipendium des dän. Königs Reisen nach Paris (1843) sowie Rom und Neapel (1844). Von 1845 an lebte er in Wien, seit 1846 mit der Burgschauspielerin Christine Enghaus verheiratet. Seit 1835 führte er regelmäßig Tagebuch, das neben biographischen Informationen auch Reflexionen über Kunst und Philosophie und seine eigene Dichtung enthält. H. war in erster Linie Dramatiker; die Konflikte in seinen Stücken gründen in einer tragischen Existenzerfahrung und äußern sich im Kampf der Geschlechter oder in der Gegensätzlichkeit von historischen Epochen bzw. Kulturen. Dabei geht das Handeln des Individuums über die persönliche Sphäre hinaus und dient, unabhängig davon, in welchem Maß es mit Leiden oder Schuld verknüpft ist, einem notwendigen bzw. zwangsläufigen Geschichtsprozess, der zu einer höheren geschichtlichen Stufe führt. Mit *Maria Magdalene*, das den tragischen Konflikt innerhalb einer geschlossenen Kleinbürgerwelt entstehen lässt, gab er der Gattung des bürgerlichen Trauerspiels eine neue Dimension. Die Gedanklichkeit, die seine Tragödien charakterisiert, bestimmt vielfach auch H.s Lyrik, in der sich Reflexion und Gefühlsintensität, Persönliches und Allegorisches miteinander verbinden.

Werke: Judith. 1841. – Gedichte. 1842. – Genoveva. 1843. – Mein Wort über das Drama! 1843. – Maria Magdalene. 1844. – Der Diamant. 1847. – Neue Gedichte. 1848. – Herodes und Mariamne. 1850. – Ein Trauerspiel in Sicilien. 1851. – Agnes Bernauer. 1855. – Erzählungen und Novellen. 1855. – Gyges und sein Ring. 1856. – Gedichte. 1857. – Mutter und Kind. 1859. – Die Nibelungen. 1862. – Demetrius. 1864.

Ausgaben: Sämtliche Werke. Hist.-krit. Ausg. Hrsg. von Richard Maria Werner. 1. Abt.: Werke. 15 Bde. 2. Abt.: Tagebücher. 4 Bde. 3. Abt.: Briefe. 8 Bde. Berlin 1904–22. – Werke. Hrsg. von Gerhard Fricke [u. a.]. 5 Bde. München 1963–67. – Briefwechsel 1829–1863. Hist.-krit. Ausg. Hrsg. von Otfrid Ehrismann [u. a.]. 5 Bde. München 1999.

Hebel, Johann Peter, 10. 5. 1760 Basel – 22. 9. 1826 Schwetzingen. Nach dem frühen Tod seiner Eltern, die im Dienst eines Basler Patrizierhauses standen, ermöglichten ihm Vormund und Gönner den Besuch des Karlsruher Gymnasium illustre (1774–78) und das Studium der protestantischen Theologie in Erlangen (1778–80). Nach dem Staatsexamen war er zunächst als Pfarrgehilfe in Hertingen, dann als Lehrer in Lörrach (1783–91) tätig, bis er 1791 eine Stelle als Subdiakon am Karlsruher Gymnasium erhielt (1792 Hofdiakon, 1798 a. o. Professor, 1808 Direktor). Als er 1814 in die ev. Ministerialkommission berufen wurde, gab er die Stelle des Direktors auf, unterrichtete aber weiter. 1819 folgte die Ernennung zum Prälaten der ev. Landeskirche; damit war er zugleich Mitglied des Landtags und der kirchlichen Generalsynode. 1821 ehrte ihn die Universität Heidelberg mit dem Dr. h. c. H. trat literarisch zuerst mit alemannischen Dialektgedichten hervor, zu denen ihn die Sprache der mhd. Minnesänger angeregt hatte und die mit ihrer Konzentration auf eine Landschaft, ihre Menschen, ihre Sprache und ihre Vorstellungswelt das Bild eines einheitlichen Kosmos entstehen lassen. Seit 1803 schrieb er Beiträge für den *Badischen*

Landkalender, für den das Gymnasium das Privileg besaß. Auf Grund eines Gutachtens wurde er 1806 Leiter des Unternehmens, das 1808 den neuen Titel *Der Rheinländische Hausfreund oder Neuer Calender* [...] bekam. Die Vielfalt der Themen der Kalenderbeiträge spiegelt sich auch in H.s berühmtem *Schatzkästlein*, das neben den eigentlichen, durch die Gestalt des fiktiven Hausfreundes vermittelten und mit großer Kunst ›einfach‹ erzählten Kalendergeschichten moralisierend-didaktische Texte, Rechenexempel, »nützliche Lehren« und zeitgeschichtliche Artikel enthält und – wie regelmäßig der Leseteil des Kalenders – mit einer kosmologischen Betrachtung beginnt.

Werke: Allemannische Gedichte. 1803. – Schatzkästlein des rheinischen Hausfreundes. 1811. – Biblische Geschichten. Für die Jugend bearbeitet. 1824.

Ausgaben: Werke in vier Teilen. Hrsg. von Adolf Sütterlin. Berlin [u. a.]. o. J. [1911]. – Sämtliche Schriften. Hist.-krit. Gesamtausg. Hrsg. von Adrian Braunbehrens [u. a.]. 5 Bde. Karlsruhe 1990 ff.

Heckmann, Herbert, 25. 9. 1930 Frankfurt a. M. – 18. 10. 1999 Bad Vilbel. H. promovierte 1957 in Frankfurt a. M. mit einer Arbeit über A. Gryphius, war danach wissenschaftlicher Assistent in Münster und Heidelberg und 1965–67 Gastprofessor in den USA. Danach lebte H. als freier Schriftsteller in Bad Vilbel bei Frankfurt; seit 1981 lehrte er als Professor an der Hochschule für Gestaltung in Offenbach und amtierte von 1984 bis 1997 als Präsident der Deutschen Akademie für Sprache und Dichtung in Darmstadt. Neben zahlreichen Arbeiten für Rundfunk und Fernsehen, Kinderbüchern und kulturhistorisch-kulinarischen Texten trat H. mit parabolischen und surrealistischen Geschichten und zwei Romanen hervor: der zeitkritischen Entwicklungsgeschichte des Benjamin Weis, einem humorvoll-distanziert erzählten Roman der Vater- und Identitätssuche, und dem Schelmenroman

Der große Knock-out in sieben Runden, eine in der Desillusionierung mündende Geschichte der Suche nach einer besseren Welt.

Werke: Das Porträt. 1958. – Benjamin und seine Väter. 1962. – Schwarze Geschichten. 1964. – Der große Knock-out in sieben Runden. 1972. – Ubuville, die Stadt des großen Ei's. 1973. – Gastronom. Fragmente eines Löffeldilettanten, der solcherart seine Freunde traktiert. 1975. – Ein Bauer wechselt die Kleidung und verliert sein Leben und andere Erzählungen aus den Jahren 1950 bis 1980. 1980. – Für alles ein Gewürz. 1983. – Das Feuer ist ein Akrobat. 1987. – Literatur und Krankheit. 1987. – Die Trauer meines Großvaters. Bilder einer Kindheit. 1994.

Heermann, Johann, 11. 10. 1585 Raudten (Schlesien) – 17. 2. 1647 Lissa (heute: Leszno, Polen). Der Sohn eines Kürschnermeisters besuchte das Breslauer Elisabeth-Gymnasium (1603–04) und von 1604 an die Brieger Fürstenschule (Poeta laureatus 1608). 1609 gelangte er als Hofmeister nach Straßburg, kehrte jedoch nach einjährigem Studium wegen eines Augenleidens nach Schlesien zurück und erhielt 1611 die Pfarrstelle in Köben, die er 1639 wegen seiner kränklichen Konstitution aufgab. Seine letzten Lebensjahre verbrachte er in Lissa. H. gilt als der bedeutendste Dichter protestantischer Kirchenlieder zwischen Luther und P. Gerhardt. Nach dem Beispiel der zeitgenössischen Erbauungsliteratur (Martin Moller, Johann Arndt) nahm er Anregungen aus der Patristik und der mittelalterlichen Mystik auf und bereitete den Weg vom reformatorischen bzw. nachreformatorischen Bekenntnislied zum Andachts- und Erbauungslied. Dabei bildeten die Erfahrungen des Krieges und der eigenen Gebrechlichkeit den Hintergrund vieler seiner (insgesamt mehr als 400) Lieder, die in schlichter Weise die christlichen Heilswahrheiten verdeutlichen. Mit einer Reihe von Werken führte H. die Tradition der Perikopenauslegung und -dichtung fort. Er schloss sich schon früh der Opitzschen Sprach- und Versreform an und überarbeitete ältere Texte entsprechend. Er hinterließ auch eine große Zahl von Predigten und Leichenpredigten sowie lat. Dichtungen.

Werke: Flores ex odorifero annuorum evangeliorum vireto. 1609. – Andechtige KirchSeufftzer / Oder Evangelische Schließ-Glöcklin. 1616. – Lehr- vnd Erinnerungs-Seulen [...]. In Trawr- vnd Trost-Predigten. 1621. [4 weitere Tle. dt. Leichenpredigten unter abweichenden Titeln 1628, 1644, 1650, 1655.] – Epigrammatum libelli IX. 1624. – Labores sacri: Geistliche Kirch-Arbeit / In Erklerunge aller gewönlichen Sonntags- vndt Vornembsten Fest-Evangelien. 1624–42. – Güldene Sterbekunst. 1628. – Devoti musica cordis Hauß- vnd Hertz-Musica. 1630. – Exercitium Pietatis, Vbung in der Gottseligkeit. 1630. – Andächtige Hertz- und Seelen-Musica. 1635. – Sontags- vnd Fest Evangelia / durchs gantze Jahr / Auff bekandte Weisen gesetzt. 1636. – Sechserley Sontags-Andachten. 1642. – Poetische Erquickstunden. 1656.

Hein, Christoph, * 8. 4. 1944 Heinzendorf (Schlesien). Der Pfarrerssohn wuchs in einem Ort bei Leipzig auf und besuchte, da ihm der Besuch der Oberschule in der DDR zeitweise verwehrt wurde, von 1958 bis 1960 ein Gymnasium in Westberlin. Nach dem Abitur, das er in der DDR ablegte, arbeitete er in verschiedenen Berufen in Ostberlin (Montagearbeiter, Buchhändler, Regieassistent u. a.) und studierte dann von 1967 bis 1971 in Leipzig und Berlin Philosophie. Danach wurde er Dramaturg an der Berliner Volksbühne (Leitung Benno Besson) und 1974 Hausautor. Seit 1979 lebt er als freier Schriftsteller in Berlin. H. war in der DDR ein vieldiskutierter Theaterautor, der in seinen Stücken Konflikte und Fragen der Gegenwart meist an historischen Beispielen auf die Bühne brachte. Die Endzeit der DDR spiegelt das Stück *Die Ritter der Tafelrunde*; als Essayist und Redner hatte er bereits vorher gegen die Verletzung der Bürgerrechte und die Verlogenheit in der DDR polemisiert. Der Durchbruch als Erzähler gelang H. (im Osten wie im Westen) mit der Novelle *Der fremde Freund*, die in der BRD unter dem Titel *Drachenblut* erschien und am scheinbar privaten Leiden der Ich-Erzählerin Entfremdungserscheinungen der modernen Gesellschaft, Kälte, Beziehungslosigkeit und Anonymität sichtbar macht. Verdrängung, Schuld und Scheitern sind auch die Themen der folgenden Romane *Horns Ende* und *Der Tangospieler*, die die historische bzw. zeitgeschichtliche Perspektive – Drittes Reich, DDR – stärker einbeziehen. Während der Briefroman *Das Napoleon-Spiel* DDR-Probleme hinter sich ließ, kehrte H. mit der *Exekution des Kalbes* und der Erzählung einer Jugendgeschichte bis 1956 (*Von allem Anfang an*) zu den Problemen und der Geschichte des sozialistischen Staates zurück. Die widerspruchsvollen Jahre nach der Wiedervereinigung und ihre unsicher gewordenen Ordnungsvorstellungen bilden den Hintergrund der Geschichte eines Berliner Autohändlers und ehemaligen DDR-Bürgers in *Willenbrock*. Weiter zurück, bis zu den Anfängen der DDR, reicht der Zeitroman *Landnahme*, in dem fünf Erzähler sich ein Bild vom Leben des Helden in der (fiktiven) sächsischen Kleinstadt Guldenberg von 1950 bis gegen Ende des Jh.s zu machen versuchen. Der Roman *In seiner frühen Kindheit ein Garten* geht vom Schicksal des unter ungeklärten Umständen erschossenen Terroristen Wolfgang Grams aus und erzählt die Geschichte der Eltern, die den Staat zum Eingeständnis des begangenen Unrechts zwingen wollen.

Werke: Einladung zum Lever Bourgeois. 1980. Im Westen u. d. T.: Nachtfahrt und früher Morgen. 1982. – Cromwell und andere Stücke. 1981. – Der fremde Freund. 1982. Im Westen u. d. T.: Drachenblut. 1983. – Die wahre Geschichte des Ah Q. Stücke und Essays. 1984. – Horns Ende. 1985. – Schlötel oder Was solls. Stücke und Essays. 1986. – Öffentlich arbeiten. 1987. – Passage. 1988. – Die Ritter der Tafelrunde. 1989. – Der Tangospieler. 1989. – Die fünfte Grundrechenart. Aufsätze und Reden 1986–89. 1990. – Das Napoleon-Spiel. 1993. – Exekution eines Kalbes und andere Erzählungen. 1994. – Randow. Eine Komödie. 1994. – Von allem Anfang an. 1997. – Willenbrock. 2000. – Der Ort. Das Jahrhundert. Essais. 2003. – Aber der Narr will nicht. Essais. 2004. – Landnahme. 2004. – Die Stücke. 2005. – In seiner frühen Kindheit ein Garten. 2005.

Heine, Heinrich (bis zur Taufe 1825: Harry H.), 13. 12. 1797 Düsseldorf – 17. 2. 1856 Paris. Der aus einer jüdischen Kaufmannsfamilie stammende H. wurde 1815, ein Jahr vor dem Abschluss, vom Gymnasium genommen, um ihn auf die spätere Übernahme des väterlichen Textilgeschäfts vorzubereiten. Nach Volontariaten in Frankfurt a. M. war er von 1816 bis 1818 Lehrling im Bankhaus seines reichen Hamburger Onkels Salomon Heine. Dieser ermöglichte ihm 1818 die Gründung des Manufakturwarengeschäfts »Harry Heine & Comp.«, das ein halbes Jahr später – wie das Unternehmen des Vaters – liqudiert wurde. Der Onkel finanzierte H. ein Jurastudium, das ihn von Bonn (1819–20) über Göttingen (1821–22) nach Berlin (1821–23) und wieder zurück nach Göttingen (1824–25) führte. Hier promovierte er im Juli 1825 – kurz nach der protestantischen Taufe – zum Dr. jur. In die Zeit des Aufenthalts in Berlin, wo er u. a. Hegel hörte und Zugang zu Rahel Varnhagens Salon gewann, fallen seine ersten literarischen Erfolge. Trotz der Taufe gelang es H. weder in Hamburg, München oder Berlin, eine Stellung im Staatsdienst oder in einer Kanzlei zu finden, so dass er sich – seit 1826 mit dem Verleger Julius Campe befreundet – auf literarische und journalistische Arbeiten verwiesen fand, die auch seine Reisen spiegeln (1827 England, 1828 Italien, 1830 Helgoland). Die Übersiedlung nach Paris (Mai 1831) bedeutete die endgültige Entscheidung für den Schriftstellerberuf (wobei er stets auf Zuwendungen der Familie angewiesen war). Es gelang ihm rasch, Zugang zu den führenden literarischen und künstlerischen Kreisen von Paris zu finden. Er schrieb sowohl für die Augsburger *Allgemeine Zeitung* Cottas wie für frz. Organe. Seit 1835 gewährte ihm die frz. Regierung eine Pension, während in Deutschland das Verbot der Schriften des Jungen Deutschland auch ihn betraf. 1841 heiratete er nach katholischem Ritual Mathilde Mirat, die seit Ende 1834 mit ihm zusammenlebte. Im Oktober 1843 reiste er über Brüssel, Aachen, Köln und das Münsterland nach Hamburg; die Erfahrungen der Reise gingen in das Versepos *Deutschland. Ein Wintermärchen* ein. Seit 1846 verschärften sich die Symptome (Lähmungserscheinungen) einer schweren Krankheit (myatrophische Lateralsklerose, Muskelschwund), die ihn von 1848 an das Bett, die »Matratzengruft«, fesselte.

Sein vielseitiges literarisches Werk bewegt sich zwischen Tradition und Traditionsbruch; charakteristisch dafür sind Verfahren wie Parodie, Desillusionierung, ironische Brechung oder Relativierung und Distanzierung durch sprachliche Verfremdungseffekte. Diese Techniken kennzeichnen bereits das frühe *Buch der Liebe*, das seine Popularität freilich dem Missverständnis des Werks als romantisch-sentimentaler Dichtung verdankte, und sie prägen seine spätere Lyrik ebenso wie seine satirischen Versepen. Und obwohl H. gegen die konventionelle politische Dichtung als »gereimte Zeitungsartikel« polemisierte und in *Atta Troll* den ›Tendenzbären‹ karikierte, blieben für ihn die Errungenschaften der Französischen Revolution unantastbar. Er äußerte aber zugleich angesichts der Realität – etwa Deutschlands im *Wintermärchen* – Zweifel an der weltverändernden Praxis des Wortes. Mit den *Reisebildern*, die seinen Durchbruch zum politischen Schriftsteller dokumentieren, entwickelte H. auf der Grundlage der aufklärerischen und romantischen Reiseliteratur ein neues Genre, das Reisebeobachtungen scheinbar spielerisch-assoziativ mit politischer, sozialer und literarischer Kritik verbindet und dabei wie in der Lyrik mit ironischer Brechung, Sprachwitz, aber auch satirischer Aggressivität arbeitet. Diesen Prosastil machte er auch für seine journalistischen Texte fruchtbar, wenn er den Deutschen die frz. Zustände und den Franzosen die dt. Literatur und Philosophie nahezubringen suchte. Persönlichkeits- und Zeitanalyse verbindet die Börne-

Schrift, zugleich Dokument seiner eigenen Kunst- und Lebensanschauung. H.s fiktive erzählerische Texte – Versuche eines historischen Romans vor dem Hintergrund des Judentums im Mittelalter, eines humoristischen Schelmenromans, einer Konversationsnovelle – blieben Fragment.

Werke: Gedichte. 1822. – Tragödien nebst einem lyrischen Intermezzo. 1823. – Reisebilder. 1826–31. – Buch der Lieder. 1827. – Französische Zustände. 1833. Frz. Ausg.: De la France. 1833. – Der Salon. 1834–40. [Darin u. a.: Bd. 1. 1834: Aus den Memoiren des Herren von Schnabelewopski; Bd. 2. 1835: Zur Geschichte der Religion und Philosophie in Deutschland; Bd. 3. 1837: Florentinische Nächte, Elementargeister; Bd. 4. 1840: Der Rabbi von Bacherach.] – Die romantische Schule. 1836. – Heinrich Heine über Ludwig Börne. 1840. – Atta Troll. Ein Sommernachtstraum. In: Zeitung für die elegante Welt. Januar–März 1843. – Neue Gedichte. 1844. – Deutschland. Ein Wintermärchen. 1844. – Der Doktor Faust. 1851. – Romanzero. 1851. – Vermischte Schriften. 1854. [u. a. Gedichte 1853 und 1854; Lutetia.]
Ausgaben: Sämtliche Werke. Hrsg. von Ernst Elster. 7 Bde. Leipzig/Wien 1887–90. – Sämtliche Schriften. Hrsg. von Klaus Briegleb. 6 Bde. 1968–76. – Säkularausgabe. Werke, Briefwechsel, Lebenszeugnisse. Hrsg. von den Nationalen Forschungs- und Gedenkstätten der klassischen dt. Literatur in Weimar und dem Centre National de la Recherche Scientifique in Paris. Berlin/Paris 1970 ff. – Hist.-krit. Gesamtausg. der Werke. Hrsg. von Manfred Windfuhr. 16 Bde. Hamburg 1973–95.

Heinrich, Verfasser des mhd. satirischen Tierepos *Reinhart Fuchs*; der ihm gelegentlich zugeschriebene Beiname ›der Glîchezâre‹ (›der Gleisner‹) bezieht sich wohl eigentlich auf den Fuchs. Anspielungen auf Ereignisse während der Regierungszeit Kaiser Heinrichs VI. (1190–97) datieren die dezidiert antistaufische Dichtung auf die Zeit um 1195. Sie geht vom frz. *Roman de Renart* aus, formt jedoch aus den lockeren Episoden einen auf das schlimme Ende hinzielenden, genau komponierten Versroman von annähernd 2300 Versen. Die Satire kennt keine Schonung und trifft den höfischen Minnedienst ebenso wie Mönchsleben, Reliquienkult oder die Praxis der Heiligsprechung; ihr Zentrum hat sie jedoch in der Welt der Politik als ein Hort der Dummheit und Korruption.

Ausgaben: Reinhart Fuchs. Mhd. und Nhd. Hrsg., übers. und erl. von Karl-Heinz Göttert. Stuttgart 1976 [u. ö.]. – Der Reinhart Fuchs des Elsässers Heinrich. Hrsg. von Klaus Düwel. Tübingen 1984.

Heinrich Julius, Herzog zu Braunschweig-Lüneburg, 16. 10. 1564 Wolfenbüttel – 20. 7. 1613 Prag. Mit dem Amtsantritt von H. J., der an der Ritterakademie Gandersheim und der Universität Helmstedt ausgebildet worden war, begann 1589 die kulturelle Blütezeit des kleinen Landes. Von 1607 bis zu seinem Tod wirkte H. J. am Kaiserhof in Prag. Der theaterinteressierte Fürst holte engl. Schauspieler an seinen Wolfenbütteler Hof und ließ sich von deren Kunst zu eigenen Stücken anregen. Dabei stellte er die Verwendung der modernen theatralischen Mittel und Formen in den Dienst seiner moraldidaktischen, gesellschaftlichen und politischen Zielsetzungen. Elf Dramen wurden 1593 und 1594 unter dem Anagramm HIDBELEPIHAL veröffentlicht (Henricus Iulius Dux Brunsvicensis Et Luneburgensis EPIscopus HALberstadensis). Während die meisten Stücke an das protestantische Schuldrama anschließen bzw. dem Typus der Moralität verpflichtet sind, inszeniert H. J. im Anschluss an die antike Komödie (Miles gloriosus) und die Commedia dell'arte (Capitano) im *Vincentius Ladislaus* ein entlarvendes Spiel um die Diskrepanz von Schein und Sein, bei dem der Hof die Norm richtigen Verhaltens repräsentiert; das Stück nimmt Züge des barocken Lustspiels vorweg.

Werke: Von der Susanne. 1573. [Zwei Fassungen.] – Von einem Buler vnd einer Bulerin. 1593. – Von einem Weibe. 1593. – Von einem Wirthe. 1593. – Von einem vngeratenen Sohn. 1594. – Von einer Ehebrecherin. 1594. – Von einem Wirthe oder Gastgeber. 1594. – Von einem Edelman. 1594. – Von Vincentio Ladislao. 1594. – Der Fleischawer. o. J. [1593 oder 1594].

Ausgaben: Die Schauspiele des Herzogs [...]. Nach alten Drucken und Handschriften hrsg. von Wilhelm Ludwig Holland. Stuttgart 1855. Reprogr. Nachdr. Amsterdam 1967. – Die Schauspiele des Herzogs [...]. Hrsg. von Julius Tittmann. Leipzig 1880.

Heinrich (von Melk), 2. Hälfte des 12. Jh.s. Geistlicher Dichter aus dem bayerisch-österreichischen Sprachraum, möglicherweise adeliger Laienbruder des Klosters Melk. Ihm werden zwei Gedichte zugeschrieben, die Standesschelte *Vom Priesterleben* (748 Reimpaarverse, Fragment), eine scharfe satirische Abrechnung mit der Verderbtheit des Klerus, und das Memento mori *Von des todes gehugede* bzw. *Erinnerung an den Tod* (1042 Reimpaarverse), eine krasse Bußpredigt mit ständekritischer Note, die insbesondere dem Rittertum und damit der neuen weltlichen Adelskultur gilt.

Ausgaben: Heinrich v. Melk. Hrsg. von Richard Heinzel. Berlin 1867. Reprogr. Nachdr. Hildesheim / New York 1983. – Der sog. Heinrich v. Melk. Hrsg. von Richard Kienast. Heidelberg [2]1960.

Heinrich von Morungen, Minnesänger der Zeit um 1200. Man setzt ihn mit dem 1217 und 1218 in Urkunden Dietrichs v. Meißen genannten »miles Hendricus de Morungen« gleich, der von dem Markgrafen eine Pension als »miles meritus« erhielt. Angaben, dass er nach einer Indienreise 1222 im Leipziger Thomaskloster gestorben sei, basieren auf nicht glaubwürdigen Quellen des 16. Jh.s. Seine Herkunft aus Thüringen (Burg Morungen bei Sangerhausen) wird durch sprachliche Merkmale bestätigt. Die Lieder H.s – 115 Strophen in 35 Tönen werden ihm zugeschrieben – stehen in der Tradition des hohen Minnesangs. Sie nehmen Anregungen des provenzalischen und nordfrz., aber auch des rheinischen Minnesangs (Friedrich v. Hausen) auf. Daneben zeigen sich Anklänge an die geistliche Lyrik (Mariendichtung) und die Antike (Ovid). Charakteristisch für H.s Lieder sind eine besondere Sensualität und musikalische Formkunst. Die assoziative Bildlichkeit, v. a. aus dem Sinnbezirk des Lichtes und

Glanzes, verleihen den Versen poetisch-visionäre Kraft; die Sehnsucht nach der Vereinigung mit der Geliebten zeigt Anklänge an mystisches Denken. Zum ersten Mal im dt. Minnesang wird die körperliche Schönheit ausdrücklich in den Frauenpreis einbezogen. Legendären Nachruhm verschaffte H. die spätmittelalterliche Ballade *Der edle Moringer.*

Ausgaben: MF. Bd. 1. S. 236–282. – Lieder. Mhd./Nhd. Text, Übers., Komm. von Helmut Tervooren. Stuttgart 1975 [u. ö.].

Heinrich von Mügeln, 2. Hälfte 14. Jh. Der Name bezieht sich auf einen der beiden Orte Mügeln in der Markgrafschaft Meißen; urkundliche Belege fehlen. H. bezeichnet sich selbst als Laien. Nur ein festes Datum ist überliefert, die Widmung seiner dt. Bearbeitung und Auslegung von Valerius Maximus' *Facta et dicta memorabilia* von 1369 (an Herneid v. Pettau, Steiermark). H. stand u. a. im Dienst Kaiser Karls IV.; seine historischen Werke – eine dt. und eine lat. Ungarnchronik – deuten durch ihre Widmungen Beziehungen zu Herzog Rudolph IV. v. Österreich (reg. 1358–65) und König Ludwig v. Ungarn (reg. 1342–82) an. Für Kaiser Karl IV. schrieb H. wohl bald nach dessen Krönung 1355 die allegorische Reimpaardichtung *Der meide kranz* (über 2500 Verse), eine Wissenschafts- und Tugendlehre zur höheren Ehre des Kaisers und der Jungfrau Maria mit enzyklopädischer Tendenz. H.s Sangspruchdichtung umfasst annähernd 400 Sprüche; dazu kommen acht Minnelieder. Die Sprüche behandeln kosmologische, religiöse, politische und moraldidaktische Themen; das Besondere liegt auch hier in dem wissenschaftlichen Anspruch und einer starken Rhetorisierung der Sprache (›geblümter Stil‹).

Ausgaben: Der meide kranz. Hrsg. von Willy Jahr. Diss. Leipzig 1908. – Die Ungarnchroniken. In: Scriptores Rerum Hungaricum. Hrsg. von Emericus Szentpétery. Bd. 2. Budapest 1938. S. 87–272. – Die kleineren Dichtungen. Hrsg. von Karl Stackmann. 3 Bde. Berlin 1959.

Heinrich von Neustadt, aus der Wiener Neustadt stammender und um 1300 in Wien wirkender Arzt und Schriftsteller. Mit seiner zweiten Frau Alheit (Adelheid) mietete er 1312 ein Haus am Wiener Graben; auch vorher wohnte er bereits am Graben, wie er im Epilog seines *Apollonius von Tyrland* erklärt. Hier nennt er auch den Pfarrer Niklas v. Stadlau (bezeugt 1297–1318), der ihm die Vorlage beschaffte. Von H. sind zwei umfangreiche Versdichtungen überliefert, die auf etwa 1300 datiert werden: der über 20 000 Verse umfassende Apolloniusroman, eine stoff- und abwechslungsreiche, wunderbare Liebes- und Abenteuergeschichte auf der Grundlage der lat. *Historia Apollonii* (2./3. Jh.), und das geistliche Versgedicht *Von Gottes Zukunft* (über 8000 Verse), das in drei Büchern von den verschiedenen Formen der Ankunft, dem Kommen Gottes handelt und mit dem Erscheinen des Antichrist und dem Jüngsten Gericht endet. In einer Handschrift ist eine freie Bearbeitung der *Visio Philiberti* in den Schlussteil eingefügt. Das Werk spiegelt die auch in anderen Zeugnissen der Epoche erkennbare Endzeitstimmung.

Ausgabe: Apollonius von Tyrland, Gottes Zukunft und Visio Philiberti. Hrsg. von Samuel Singer. Berlin 1906. 2., unveränd. Aufl. Dublin [u. a.] 1967.

Heinrich von Rugge, 2. Hälfte 12. Jh. Der Lied- und Leichdichter wird mit Henricus de Rugge identifiziert, der auf einer zwischen 1175 und 1178 ausgefertigten Urkunde des Abts von Blaubeuren als Zeuge genannt wird. Er gehörte demnach zur Ministerialenfamilie von Rugge (Stammsitz auf dem Ruckberg bei Blaubeuren), die im Dienst der Pfalzgrafen von Tübingen stand. Seine Werke – ein Kreuzleich und 34 Strophen (in der Liederhandschrift C), deren Zuschreibung z. T. umstritten ist – werden auf die Zeit um 1190 datiert. Vorherrschendes Thema seiner Lieddichtung ist die Minne, mitunter mit didaktischer

Ausprägung. Ein Kreuzlied spricht von der Vereinbarkeit von Kreuzzugsverpflichtung und Minne. Bezeichnend für seine Lieder ist die formale Vielfalt, insbesondere in der Verwendung komplizierter Reimbindungen. Sein Kreuzleich ist der erste religiöse Leich der dt. Literatur, vielleicht der erste dt. Leich überhaupt: ein Aufruf zum Kreuzzug unter dem Eindruck des Todes Kaiser Friedrichs I. (1190). Dass H. hier, ungewöhnlich in der zeitgenössischen Minne- und Leichdichtung, seinen Namen nennt, gilt als Ausdruck eines neuen dichterischen Selbstbewusstseins.

Ausgabe: MF. Bd. 1. S. 196–223.

Heinrich der Teichner, um 1310 – nicht später als 1377 Wien. Da urkundliche Belege fehlen und die Werke H.s kaum historische Bezugspunkte aufweisen, sind genaue Angaben über Lebensdaten und -umstände nicht möglich. Aus dem Nachruf Peter Suchenwirts, der zwischen 1372 und 1377 anzusetzen ist, lässt sich das ungefähre Sterbedatum erschließen, und aus einem Gedicht H.s geht hervor, dass er mindestens 60 Jahre alt wurde. Beiname und sprachliche Merkmale verweisen auf eine Herkunft aus der Steiermark oder Kärnten. H. zog zunächst als Berufsdichter umher, bis er in Wien sesshaft wurde und es zu Wohlstand brachte. Unter dem Namen H.s sind etwa 720 Reimpaarreden überliefert, insgesamt rund 69 000 Verse. Dabei handelt es sich, abgesehen von zwei langen Gedichten über die unbefleckte Empfängnis Marias (2066 Verse) bzw. die Weisheit (4092 Verse), um meist kürzere, 30 bis 120 Verse umfassende Texte in kunstlosen Reimpaaren, die in einer Art praktischer Laienunterweisung Belehrendes über Gott und die Welt in allgemeinverständlicher, unprätentiöser Form vortragen und zu einem tugendhaften Leben auffordern.

Ausgabe: Die Gedichte Heinrichs des Teichner. Hrsg. von Heinrich Niewöhner. 3 Bde. Berlin 1953–56.

Heinrich von dem Türlin, 1. Hälfte 13. Jh. Von dem Verfasser des Versromans *Diu Crône* und der Verserzählung *Der Mantel* nach einer frz. Vorlage ist kaum mehr als der Name bekannt. Indizien wie die mittelbairische Literatursprache sprechen für eine Herkunft aus dem Alpenraum zwischen Tirol, Kärnten und Krain. H.s Werk lässt gute Kenntnisse der dt. und frz. Literatur und eine gewisse lat. Bildung erkennen. *Diu Crône*, zwischen 1215 und 1230, ist ein umfangreicher Artusroman (über 30 000 Verse), der ein phantasievolles, gelegentlich die Karikatur streifendes Spiel mit der Artustradition betreibt. Im Mittelpunkt steht Gawan, der in vier Sequenzen in phantastischen Szenerien eine Fülle von Abenteuern besteht, die durch Aufenthalte und Feste am Artushof gegliedert sind.

Ausgaben: Der Mantel. Hrsg. von Otto Warnatsch. Breslau 1883. – Diu Crône. Hrsg. von Gottlob H. F. Stoll. Stuttgart 1852. Reprogr. Nachdr. Amsterdam 1966. – Die Krone (Verse 1–12 281). Nach der Hs. 2779 der Österreichischen Nationalbibliothek [...] krit. hrsg. von Fritz Peter Knapp und Manuela Niesner. Tübingen 2000. – Die Krone (Verse 12 282–30 042). Nach der Hs. Cod. Pal. germ. 374 der UB Heidelberg. [...] Hrsg. von Alfred Ebenbauer und Florian Kragl. Tübingen 2005.

Heinrich von Veldeke, 2. Hälfte 12. Jh. Der mhd. Epiker und Minnesänger stammte wahrscheinlich aus einem Ministerialengeschlecht der heutigen belgischen Provinz Limburg. Die Handschriften nennen ihn »meister«, verweisen also auf seine geistliche Bildung. Genauere Daten bietet allein der Diebstahl des weit fortgeschrittenen Manuskripts seines Äneasromans im Jahr 1174; neun Jahre später erhielt er es zurück und vollendete das Werk am Hof seines Gönners Landgraf Hermann von Thüringen. Im 8. Buch des *Parzival*, etwa um 1205 anzusetzen, beklagt Wolfram v. Eschenbach den Tod H.s. Grundlage von H.s Hauptwerk bildet der frz. *Roman d'Eneas* (um 1160), in dem das römische Nationalepos zu einem frühhöfischen Liebesroman umgeformt worden war. Auch bei H.

bilden ritterlicher Kampf und höfische Minne den neuen Mittelpunkt der Dichtung; dazu wurde auch die bei Vergil nur angedeutete Laviniahandlung zu einem eigenen Liebesroman ausgestaltet und in Dialogen und Monologen ovidisch über das Wesen der Liebe reflektiert. Gerade diese Partien verliehen dem Antikenroman eine neue Aktualität. Die späteren Dichter sahen v. a. die sprachliche und formale Leistung H.s, dessen Verskunst und Reimbehandlung als epochemachend empfunden wurde. H. dichtete die *Eneit* nicht in seiner niederfränkischen Heimatmundart, sondern in einer westmitteldt. Sprachform, die ihm den Zugang auch zu den hochdt. literarischen Zentren öffnete. Es gibt Versuche einer Rekonstruktion des limburgischen ›Originals‹. Zu H.s Werk gehören ferner eine Verslegende (*Sente Servas*), die vor dem höfischen Roman entstand, und etwa 40 meist einstrophige Minnelieder und Spruchtexte.

Ausgaben: Äneasroman: Hrsg. von Ludwig Ettmüller. Leipzig 1852. – Hrsg. von Otto Behaghel. Heilbronn 1882. Reprogr. Nachdr. Hildesheim 1970. – Hrsg. von Gabriele Schieb und Theodor Frings. 3 Bde. Berlin 1964–70. – Mhd./Nhd. Hrsg. von Dieter Kartschoke. Stuttgart 1986. – Die Berliner Bilderhandschrift mit Übersetzung und Kommentar. Hrsg. von Hans Fromm. Frankfurt a. M. 1992. – Servatius-Legende: Hrsg. von Theodor Frings und Gabriele Schieb. Halle a. d. S. 1956. – Lieder: MF. Bd. 1. S. 97–149.

Heinse, Wilhelm, 15. 2. 1746 Langewiesen (Thüringen) – 22. 6. 1803 Aschaffenburg. H., Sohn des Stadtschreibers und späteren Bürgermeisters seines Heimatortes, wuchs in kärglichen Verhältnissen auf und studierte ab 1766 in Jena und Erfurt, wo C. M. Wieland sein Vorbild wurde. Er verließ die Universität ohne Studienabschluss und trat nach verschiedenen Reisen durch Vermittlung J. W. L. Gleims 1772 ein Hauslehrerstelle in Halberstadt an. Von 1774 bis 1780 lebte er in Düsseldorf bei den Brüdern F. H. und J. G. Jacobi und redigierte zeitweilig die Zeitschrift *Iris*. Im Juni 1780 brach er zu Fuß zur ersehnten Italienreise auf und lebte von Sommer 1781 an etwa 20 Monate in Rom. Nach seiner Rückkehr (September 1783) lebte er zunächst wieder in Düsseldorf, wo er an seinem Hauptwerk *Ardinghello* schrieb, bis er am 1. 10. 1786 in den Dienst des Erzbischofs und Kurfürsten von Mainz trat. Hier avancierte er vom Vorleser zum Bibliothekar und Hofrat (1788) und führte angesichts seiner antiklerikalen und libertinen Haltung ein Doppelleben, wobei er seine Überzeugungen nur privaten Notizen anvertraute. In der Revolutionszeit (1794) musste er mit der Bibliothek nach Aschaffenburg umziehen. H.s Anfänge waren noch der galanten Rokokodichtung und Wielands Vorstellungen von der Antike verpflichtet, wenn auch mit zunehmend sensualistischer und materialistischer Note. Daneben übersetzte er aus dem Lateinischen, Französischen und Italienischen (u. a. Petronius' *Satyrikon* und Epen Tassos und Ariosts in Prosa) und schrieb zahlreiche Beiträge über Kunst und Künstler (v. a. der Renaissance) für die Zeitschriften *Iris* und *Teutscher Merkur*. Seine Entwicklung als Schriftsteller und Freigeist kulminierte in dem nach der Romreise entstandenen Roman *Ardinghello*, der Elemente des Abenteuerromans und der italienischen Novellistik mit ausgedehnten Kunstschilderungen und Gesprächen über Kunst, Philosophie und Religion verbindet, Sinnlichkeit, Freiheit und Genuss verherrlicht und in seinem Helden, dem universalen Renaissancemenschen, zugleich den Geniekult des Sturm und Drang feiert. Wie hier die bildende Kunst, so stellte H. in seinem nächsten Roman die italienische Oper in den Mittelpunkt der ästhetischen Diskurse (*Hildegard von Hohenthal*).

Werke: Sinngedichte. 1771. – Begebenheiten des Enkolp: Aus dem Satyrikon des Petron übersetzt. 1773. – Die Kirschen. 1773. [Freie Übers. einer Verserzählung Claude Joseph Dorats.] – Laidion oder die Eleusinischen Geheimnisse. 1774. – Das befreyte Jerusalem von Torquato Tasso. 1781. – Roland der Wüthende. 1782–83. [Ariost-Übers.] – Ardinghello und die glückseeligen Inseln. 1787. – Hildegard von Hohenthal. 1795–96. – Anastasia und das Schachspiel. 1803.

Ausgaben: Sämmtliche Werke. Hrsg. von Carl Schüddekopf und Albert Leitzmann. 10 Bde. Leipzig 1902–25. – Die Aufzeichnungen. Frankfurter Nachlaß. Hrsg. von Markus Bernauer [u. a.]. 5 Bde. München 2003–05.

Heise, Hans-Jürgen, * 6. 7. 1930 Bublitz (Pommern). H. arbeitete 1949–50 bei der Wochenzeitung *Sonntag* in Ostberlin, siedelte 1950 in den Westen über und ging 1958 als Archivlektor an das Kieler Institut für Weltwirtschaft. Er lebt in Kiel, seit 1961 in zweiter Ehe mit der Schriftstellerin Annemarie Zornack verheiratet, mit der er bei Reisebüchern zusammenarbeitete. Der ersten kleinen Sammlung *Vorboten einer neuen Steppe* von 1961 ließ H. zahlreiche weitere Gedichtbände folgen. Für ihn ist, wie er selbst schreibt, die Natur »wichtigster Erlebnisraum« seiner Dichtung, allerdings ohne idyllisierende oder irrationale Tendenzen. Vielmehr gerät schon im ersten Gedichtband die Bedrohung der Umwelt durch die menschliche Zivilisation ins Blickfeld. Reste unversehrter Natur, die er etwa in Spanien, Anatolien oder Mexiko findet, machen den Verlust umso deutlicher, den H. auf andere Weise auch in den Erscheinungen der verwalteten Welt sieht. Reflektiert wird dies in knappen Beobachtungen, in einer epigrammatischen, zum Lakonischen neigenden Sprache, deren Bildlichkeit jede Dunkelheit meidet. Das lyrische Werk begleiten zahlreiche Essays, die sich u. a. mit dem eigenen Schreiben und den großen Lyrikern der span., frz., latein- und angloamerikanischen Literatur des 20. Jh.s beschäftigen.

Werke: Vorboten einer neuen Steppe. 1961. – Wegloser Traum. 1964. – Beschlagener Rückspiegel. 1965. – Worte aus der Zentrifuge. 1966. – Ein bewohnbares Haus. 1968. – Küstenwind. 1969. – Uhrenvergleich. 1971. – Drehtür. Parabeln. 1972. – Besitzungen in Untersee. 1973. – Das Profil unter der Maske. 1974. – Vom Land-

urlaub zurück. 1975. – Die zwei Flüsse von Granada. Reisen durch Spanien, Nordafrika und Madeira. 1976. [Mit Annemarie Zornack.] – Der lange Flintenlauf zum kurzen Western. 1977. – Nachruf auf eine schöne Gegend. 1977. – Ariels Einbürgerung im Land der Schwerkraft. 1978. – In schönster Tieffluglaune. 1980. – Natur als Erlebnisraum der Dichtung. 1981. – Meine kleine Freundin Schizophrenia. 1981. – Ohne Fahrschein reist der Seewind. 1982. – Der Phantasie Segel setzen. Gesammelte Gedichte. 1983. – Der Zug nach Gramenz. 1985. – Einen Galgen für den Dichter. Stichworte zur Lyrik. 1986. – Bilder und Klänge aus al-Andalus. Höhepunkte spanischer Literatur und Kunst. 1986. – Der Macho und der Kampfhahn. Unterwegs in Spanien und Lateinamerika. 1987. [Mit A. Zornack.] – Die zweite Entdeckung Amerikas. Annäherungen an die Literatur des lateinamerikanischen Subkontinents. 1987. – Der große Irrtum des Mondes. 1988. – Einhandsegler des Traums. Gedichte, Prosagedichte, Selbstdarstellungen. 1989. – Der Aufstand der Requisiten. 1992. – Heiterkeit ohne Grund. 1996. – Die Süße des Fliegenpapiers. Stationen meines Lebens. 1998. – Ein Fax von Bashô. Neue Gedichte. 2000. – Wenn das Blech der Trompete aufwacht. Schlüsselfiguren der Moderne. 2000.
Ausgabe: Die Wirklichkeit erfindet mich. Das lyrische Werk 1948–1993. 1994.

Heißenbüttel, Helmut, 21. 6. 1921 Rüstringen (heute: Wilhelmshaven) – 19. 9. 1996 Glückstadt. H. wurde 1941 in Russland schwer verwundet. 1942 begann er in Dresden mit dem Studium der Architektur, wechselte aber dann zu Germanistik und Kunstgeschichte (Leipzig, Hamburg). Von 1955 bis 1957 arbeitete er in Hamburg als Verlagslektor, wurde zunächst freier Mitarbeiter in der Redaktion »Radio Essay« des Süddeutschen Rundfunks Stuttgart, die er anschließend von 1959 bis 1981 leitete und damit wesentlichen Einfluss auf den Kulturbetrieb nahm. Danach lebte er in Borsfleth bei Glückstadt. Neben zahlreichen weiteren Auszeichnungen erhielt H. 1969 den Georg-Büchner-Preis. Bereits mit seinen ersten Veröffentlichungen, die eine Nähe zur Konkreten Poesie aufweisen, distanzierte sich H. von traditionellen Schreibweisen. In der Folgezeit verwirklichte er seine Vorstellungen von experimenteller Literatur, einer Literatur, die auf der Besinnung auf den Materialcharakter der Sprache beruht, in den seit 1960 erscheinenden *Textbüchern*. Die Sprache wird zu ihrem eigenen Gegenstand, ihr Mitteilungscharakter wie ihre traditionellen hierarchischen Strukturen werden zerstört. Die konsequente Sprachunterwanderung und Destruktion entspricht der Abkehr von dem Konzept eines autonomen Subjekts und dem Zerfall allgemeinverbindlicher Wert- und Ordnungsvorstellungen. Sprache wird nicht mehr symbolisch, sondern nur noch wörtlich verwendet. Abstraktion und Reduktion sind die vorherrschenden Methoden, mit denen H. die sprachliche Realität deutlich zu machen sucht. Dazu gehört auch das Verfahren, traditionelle Genres oder Publikationsformen als Folie zu benutzen, sie zu durchleuchten und auf ihre Stereotypen zu reduzieren und damit die Konventionalität literarischer oder gesellschaftlicher Redeformen sichtbar zu machen. Den *Textbüchern* folgte eine *Projekt*-Reihe, in der sich H. mit den zeitgenössischen sprachphilosophischen und poetologischen Entwicklungen auseinander setzte und sich an größeren Formen versuchte, etwa dem »Quasiroman« *D'Alemberts Ende*, verstanden als »Satire auf den Überbau«. Von Anfang an begleitete ein ausgedehntes essayistisches Werk H.s dichterisch-experimentelles Schaffen.

Werke: Kombinationen. Gedichte 1951–1954. 1954. – Topographien. Gedichte 1954/55. 1956. – Textbuch 1[–6]. 1960[–67]. – Über Literatur. Aufsätze und Frankfurter Vorlesungen. 1966. – Das Textbuch. 1970. – Projekt Nr. 1. D'Alemberts Ende. 1970. – Zur Tradition der Moderne. 1972. – Gelegenheitsgedichte und Klappentexte. 1973. – Projekt Nr. 2. Das Durchhauen des Kohlhaupts. Dreizehn Lehrgedichte. 1974. – Projekt Nr. 3/1. Eichendorffs Untergang und andere Märchen. 1978. – Projekt Nr. 3/2. Wenn Adolf Hitler den Krieg nicht gewonnen hätte. Historische Novellen und wahre Begebenheiten. 1979. – Projekt Nr. 3/3. Das Ende der Alternative. Einfache Geschichten. 1980. – Von fliegenden Fröschen, libidinösen Epen, vaterländischen Romanen, Sprechblasen und Ohrwürmern. 1982. – Textbuch 8. 1981–1985. 1985. – Textbuch 9. 3×13×13 Sätze. 1981–1984. 1986. – Textbuch 10. Von Liebeskunst. 1986. – Textbuch 11 in gereinigter Sprache. 1987.

Helwig, Werner, 14. 1. 1905 Berlin – 4. 2. 1985 Thonex bei Genf. Der Sohn eines Malers schloss sich der Jugendbewegung an, studierte nach einer abgebrochenen landwirtschaftlichen Lehre in Hamburg und Frankfurt a. M. Völkerkunde, machte ausgedehnte Reisen und lebte nach 1933 u. a. längere Zeit in Griechenland unter Fischern und Bauern, später in Liechtenstein und Genf. Er schrieb Kritiken und Feuilletons für verschiedene Zeitungen, übersetzte japanische Haikus und andere fernöstliche Gedichte und erzählte in einem autobiographischen Werk von seiner Zeit in der »bündischen Jugend«, deren Vorstellungen er immer verbunden blieb. Sein bekanntestes Werk ist der auf eigener Anschauung gegründete Roman *Raubfischer in Hellas*, der die Zerstörung der Natur aus Not und Geldgier schildert. Zwei weitere Griechenlandromane, *Im Dickicht des Pelion* und *Reise ohne Heimkehr*, folgten später und wurden zusammen mit den *Raubfischern* zur *Hellas-Trilogie* verbunden.

Werke: Die Ätna-Ballade. 1934. – Raubfischer in Hellas. 1939. Neufassung 1960. – Im Dickicht des Pelion. 1941. – Wortblätter im Wind. 1945. – Isländisches Kajütenbuch. 1950. – Auf der Knabenfährte. 1951. – Reise ohne Heimkehr. 1953. – Die blaue Blume des Wandervogels. 1960. – Klänge und Schatten. 1972. – Die Parabel vom gestörten Kristall. 1977. – Totenklage. 1984.

Henscheid, (Hans-)Eckhard, * 14. 9. 1941 Amberg. H. studierte von 1960 bis 1967 Germanistik und Zeitungswissenschaften in München, war dann Redakteur und Journalist in Regensburg und Frankfurt a. M. und gehörte 1979 zu den Gründern der satirischen Monatsschrift *Titanic*. Seit 1971 lebt er als freier Schriftsteller in Amberg und Frankfurt. H. gelang mit der »Trilogie des fortlaufenden Schwachsinns«, d. h. den Romanen *Die Vollidioten*, *Geht in Ordnung – sowieso – genau –* und *Die Mätresse des Bischofs*, eine anarchisch-komische, vielstimmige, detailgenaue Chronik des BRD-Alltags der 70er-Jahre, die sich – in komischem Kontrast zum Inhalt – an der Erzählweise der Realisten des 19. Jh.s, vor allem aber an der Kunst der Abschweifung Jean Pauls orientiert. H.s Blick für das Detail, für Sprache und ihre Korrumpierung kommen auch seinen zahllosen Satiren und Anekdoten zugute. Annäherungen an andere Aspekte der Literaturtradition zeigen seine drei Kafka-Erzählungen, eine oberitalienische Faustversion (*Dolce Madonna Bionda*) und der Versuch einer »Idylle« (*Maria Schnee*).

Werke: Die Vollidioten. Ein historischer Roman aus dem Jahre 1972. 1973. – Geht in Ordnung – sowieso – genau –. 1977. – Die Mätresse des Bischofs. 1978. – Über Oper. Verdi ist der Mozart Wagners. Ein Opernführer für Versierte und Versehrte. 1979. [Mit Chlodwig Poth.] – Ein scharmanter Bauer. Erzählungen und Bagatellen. 1980. – Beim Fressen beim Fernsehen fällt der Vater dem Kartoffel aus dem Maul. 1981. – Roßmann, Roßmann ... Drei Kafka-Geschichten. 1982. – Wie Max Horkheimer einmal sogar Adorno hineinlegte. Anekdoten über Fußball, Kritische Theorie, Hegel und Schach. 1983. – Dolce Madonna Bionda. 1983. – Dummdeutsch. Ein satirisch-polemisches Wörterbuch. 1985. [Mit Carl Lierow und Elsemarie Maletzke.] – Frau Killermann greift ein. Erzählungen und Bagatellen. 1985. – Helmut Kohl. Biographie einer Jugend. 1985. – Erledigte Fälle. Bilder deutscher Menschen. 1986. – Sudelblätter. 1987. – Standard-Situationen. Fußball-Dramen. 1988. – Maria Schnee. Eine Idylle. 1988. – Die Wolken ziehn dahin. 1992. – Kleine Poesien. Neue Prosa. 1992. – Eckermann und sein Goethe. 1994. – 10:9 für Stroh. Drei Erzählungen. 1998. – Goethe unter Frauen. 1999. – Jahrhundert der Obszönität. Eine Bilanz. 2000. – Alle 756 Kulturen. Eine Bilanz. 2001. – Warum Frau Grimhild außerehelich Gunst gewährte. Neue musikalische Schriften. 2001.

Ausgabe: Gesammelte Werke in Einzelausgaben. 8 Bde. Frankfurt a. M. 2003–06.

Herbort von Fritzlar, Verfasser eines mhd. Trojaromans im Auftrag des Landgrafen Hermann v. Thüringen (reg. 1190–1217), der offenbar – nachdem er bereits Heinrichs v. Veldeke *Eneit* gefördert hatte – eine Darstellung der Vorgeschichte des Äneasromans wünschte. Andeutungen in Prolog und Epilog des *Liet von Troye* lassen H. wohl als Kleriker mit lat. Schulbildung erscheinen (»ein gelarter schulere«). Sein Werk, von der Forschung entweder auf die Zeit nach 1190 oder auf etwa 1210 datiert, basiert auf dem *Roman de Troie* (um 1165) von Benoît de Sainte-Maure, dessen rund 30 000 Verse er auf etwa 18 500 verkürzte und dabei noch andere Quellen heranzog.

Ausgabe: Liet von Troye. Hrsg. von Karl Frommann. Quedlinburg/Leipzig 1837. Reprogr. Nachdr. Amsterdam 1966.

Herburger, Günter, * 6. 4. 1932 Isny (Allgäu). H. studierte in München und Paris Literatur- und Theaterwissenschaften, Philosophie und Soziologie, schlug sich als Gelegenheitsarbeiter (u. a. in Spanien und Nordafrika) durch und arbeitete dann für ein Jahr als Fernsehredakteur in Stuttgart. 1964 ging er nach Berlin, seit 1969 lebt er als freier Schriftsteller in München. H.s Erzählstil verweist auf die »Kölner Schule des neuen Realismus«; charakteristisch sind detaillierte Beschreibungen und die genaue Schilderung von Handlungsabläufen. Die Romane und Erzählungen einer ersten Schaffensperiode zeigen eine entfremdete kapitalistische, konsumorientierte Gesellschaft, an der die Protagonisten leiden, aus deren Konventionen und Zwängen sie auszubrechen suchen und in die sie meist wieder resigniert zurückkehren. Dagegen formulieren die Romane der »Thuja-Trilogie« (*Flug ins Herz*, *Die Augen der Kämpfer*, *Thuja*), nun ohne individuelle Helden, eine Art Utopie, die Hoffnung auf die Bildung einer neuen humanen Gesellschaft. Auch H.s Lyrik, zunächst stark beeinflusst von den Formen der studentischen Protestbewegung, lässt dieses utopische Moment hinter den Bildern einer unzulänglichen Realität aufscheinen. Mit dem Buch *Schlaf und Strecke* nimmt H. die Thematik von *Lauf und Wahn* und *Traum und Bahn* mit ihren autobiographisch geprägten Schilderungen und Beobachtungen der Wechselwirkung bzw. Affinitäten von Langstreckenlauf und Schreiben auf. Daneben schrieb H. antiautoritäre Kinderbücher (*Birne kann alles* u. a.) und zahlreiche Hör- und Fernsehspiele.

Werke: Eine gleichmäßige Landschaft. 1964. – Ventile. 1966. – Die Messe. 1969. – Jesus in Osaka. 1970. – Training. 1970. – Birne kann alles. 1971. – Die Eroberung der Zitadelle. 1972. – Die amerikanische Tochter. Gedichte. Aufsätze. Hörspiel. Erzählung. Film. 1973. – Operette. 1973. – Birne brennt durch. 1975. – Hauptlehrer Hofer. 1975. – Flug ins Herz. 1977. – Orchidee. 1979. – Die Augen der Kämpfer. 1980–83. – Capri. Geschichte eines Diebs. 1984. – Kinderreich Passmoré. 1986. – Lauf und Wahn. 1988. – Das brennende Haus. 1990. – Thuja. 1991. – Sturm und Stille. 1993. – Das Glück. 1994. – Traum und Bahn. 1994. – Im Gebirge. 1998. – Elsa. 1999. – Humboldt. Reise-Novellen. 2001. – Eine fliegende Festung. 2002. – Schlaf und Strecke. 2004.

Herder, Johann Gottfried, 25. 8. 1744 Mohrungen (Ostpreußen) – 18. 12. 1803 Weimar. Der Sohn eines Lehrers studierte von 1762 an Theologie in Königsberg, besuchte die Vorlesungen Kants und schloss Freundschaft mit J. G. Hamann. 1764 erhielt er eine Stelle als Lehrer und Prediger an der Domschule in Riga, entzog sich jedoch den als bedrückend empfundenen Verhältnissen durch die im *Journal meiner Reise im Jahr 1769* geschilderte Seereise nach Frankreich (Nantes, Paris). Über die Niederlande, Hamburg und Darmstadt gelangte er 1770 nach Straßburg; hier kam es zur ersten Begegnung mit Goethe. Seit 1771 Konsistorialrat beim Grafen von Schaumburg-Lippe in Bückeburg, wurde er 1776 durch Goethes Vermittlung zum Generalsuperintendenten nach Weimar berufen, wobei sich freilich das Verhältnis zu Goethe wie zu C. M. Wieland eher als spannungsvoll erwies. Mit seinen frühen kritischen Schriften, in denen er den Geniebegriff, seine Gedanken über Volksdichtung und über Dichtung als unmittelbaren Gefühlsausdruck erläuterte, übte er – wie durch die Straßburger Begegnung mit Goethe – bedeutende Wirkung auf Dichtung und Dichtungsauffassung des Sturm und Drang aus. In diesem Zusammenhang steht auch seine Volksliedersammlung mit ihrem sehr weiten Begriff von Volkslied. In seinen theologischen und geschichtsphilosophischen Schriften suchte er Christentum und Humanitätsidee miteinander zu verknüpfen und leistete damit einen bedeutenden Beitrag zu den Humanitätsvorstellungen der Weimarer Klassik. Zugleich verband er die Vorstellung vom historischen Eigenwert der Kulturen mit der Idee einer fortschreitenden Verwirklichung der Humanität (»der Zweck der Menschennatur«), wobei auch zerstörerische Kräfte letztlich dem Endzweck der Beförderung der Humanität dienten. Sie findet nach H.s Auffassung ihren reinsten Ausdruck im Christentum und bleibt die ständige Aufgabe des Menschen. Zum Spätwerk gehören seine bedeutenden Übersetzungen u. a. der lat. Gedichte J. Baldes (in: *Terpsichore*) und des span. *Cid*.

Werke: Über die neuere Deutsche Litteratur. Fragmente. 1766–67. – Kritische Wälder. 1769. – Abhandlung über den Ursprung der Sprache. 1772. – Briefwechsel über Oßian und die Lieder alter Völker; Shakespear. In: Von Deutscher Art und Kunst. 1773. – Auch eine Philosophie der Geschichte zur Bildung der Menschheit. 1774. – Brutus. Ein Drama zur Musik. 1774. – Vom Erkennen und Empfinden der menschlichen Seele. 1774. – Wie die Alten den Tod gebildet? 1774. – Älteste Urkunde des Menschengeschlechts. 1774–76. – Lieder der Liebe. 1778. – Plastik. 1778. – Volkslieder. 1778–79. – Briefe, das Studium der Theologie betreffend. 1780–81. – Von dem Geist der Ebräischen Poesie. 1782–83. – Ideen zur Philosophie der Geschichte der Menschheit. 1784–91. – Zerstreute Blätter. 1785–97. – Briefe zu Beförderung der Humanität. 1793–97. – Terpsichore. 1795–96. – Kalligone. 1800. – Adrastea. 1801–03. – Der Cid. 1805.

Ausgaben: Sämmtliche Werke. Hrsg. von Bernhard Suphan. 33 Bde. Berlin 1877–1913. Reprogr. Nachdr. Hildesheim / New York 1967–68. – Werke. Hrsg. von Günter Arnold [u. a.]. 10 Bde. Frankfurt a. M. 1991–2000. – Briefe. Gesamtausgabe 1763–1803. Unter der Leitung von Karl-Heinz Hahn [u. a.] hrsg. von den Nationalen Forschungs- und Gedenkstätten der klassischen dt. Literatur in Weimar. 13 Bde. Weimar 1977 ff.

Herger (auch Spervogel I), etwa zwischen 1150 und 1180 im bayerischen Donauraum und am Mittelrhein tätiger Berufssänger und -dichter, der seine Sangspruchdichtung an verschiedenen Adelshöfen vortrug. Ihm werden

28 Strophen zugeschrieben, die ein weites Themenspektrum behandeln (Gnomik, Totenklage, Herrenpreis und -schelte, Fabeln, Religiöses usw.). In den Sprüchen spiegeln sich vorliterarische Überlieferungen, Biblisches und literarische Traditionen (Fabel-, Heldendichtung u. a.). Mit H. beginnt die literarische Spruchdichtung in dt. Sprache.

Ausgaben: MF. Bd. 1. S. 47–55. – Früheste deutsche Lieddichtung. Hrsg. von Horst Brunner. Stuttgart 2005. S. 124–141.

Herhaus, Ernst, * 6. 2. 1932 Ründeroth bei Köln. Nach der Mittleren Reife absolvierte H. eine Verwaltungslehre und arbeitete dann als Angestellter in einem Krankenhaus. Nach längeren Auslandsaufenthalten und vorübergehender Tätigkeit bei mehreren Verlagen lebt er seit 1967 als freier Schriftsteller in Frankfurt a. M. In seinem erfolgreichen Debüt, dem Schelmenroman *Die homburgische Hochzeit*, zeichnet H. mit grotesker Sprachkomik und -phantasie ein satirisches Bild der BRD-Gesellschaft der 60er-Jahre. Die folgende Phase des schriftstellerischen und gesundheitlichen Niedergangs findet ihre Erklärung in der autobiographischen Trilogie »Alkoholismus und Gruppenselbsthilfe« von 1977 bis 1979, in der H. seine Krankheitsgeschichte aufarbeitet und seine Versuche schildert, sich von der Alkoholabhängigkeit zu befreien. Auch die beiden letzten Veröffentlichungen beziehen sich auf H.' eigene Geschichte und seine Ängste.

Werke: Die homburgische Hochzeit. 1967. – Roman eines Bürgers. 1969. – Die Eiszeit. 1970. – Siegfried. 1972. [Mit Jörg Schröder.] – Kapitulation. Aufgang einer Krankheit. 1977. – Der zerbrochene Schlaf. 1978. – Gebete in die Gottesferne. 1979. – Der Wolfsmantel. 1983. – Phänomen Bruckner. Hörfragmente. 1995. – Meine Masken. Zum 70. Geburtstag. 2002. – Das Innere der Nacht. Geistlich-politisches Testament. 2002.

Hermes, Johann Timotheus, 31. 5. 1738 Petznick bei Stargard (Pommern) – 24. 7. 1821 Breslau. H. stammte aus einem Pfarrhaus, studierte Theologie in Königsberg

(1757–61) und kam über Danzig (Hauslehrer) 1763 nach Berlin. Er lehrte an der Ritterakademie in Brandenburg und wurde nach seiner Ordination 1766 zunächst Feldprediger in Lüben (Schlesien), dann 1769 Fürstlich Anhaltischer Hofprediger in Pleß (Oberschlesien). 1772 erhielt er eine Predigerstelle an der Maria-Magdalenen-Kirche und stieg bis zum Superintendenten der Kirchen und Schulen im Fürstentum Breslau (1808) und Professor der Theologie an den Gymnasien von St. Elisabeth und St. Maria Magdalena auf. Neben theologischen Schriften verfasste H. neun Romane, wobei er zunächst an engl. Vorbilder anknüpfte und dann versuchte, mit im dt. Milieu spielenden Romanen, »Original zu werden«. Sein bedeutendstes Werk ist der Briefroman *Sophiens Reise von Memel nach Sachsen*, die moralisierende und zugleich empfindsame Geschichte einer Frau, die sich nicht mehr an die unpersönlichen Normen der älteren Aufklärung gebunden fühlt und, da sie ihren Anspruch auf individuelles Glück nicht aufgeben will, scheitert.

Werke: Versuch über die Ansprüche eines Christen auf die Güter des gegenwärtigen Lebens. 1764. – Geschichte der Miß Fanny Wilkes so gut als aus dem Englischen übersetzt. 1766. – Sophiens Reise von Memel nach Sachsen. 1769–73. Erw. Ausg. 1774–76. – Für Töchter edler Herkunft Eine Geschichte. 1787. – Manch Hermäon im eigentlichen Sinn des Worts. 1788. – Für Eltern und Ehelustige unter den Aufgeklärten im Mittelstande. Eine Geschichte. 1789–90. – Zween litterarische Märtyrer und deren Frauen. 1789. – Anne Winterfeld. 1801. – Verheimlichung und Eil, oder Lottchens [...] Geschichte. 1802. – Mutter, Amme und Kind, in der Geschichte Herrn Leopold Kerkers. 1808–09.

Hermlin, Stephan (d. i. Rudolf Leder), 13. 4. 1915 Chemnitz – 6. 4. 1997 Berlin. Der aus einer gebildeten, wohlhabenden jüdischen Unternehmersfamilie stammende H. trat 1931 als Gymnasiast dem Kommunistischen Jugendverband bei, arbeitete nach dem Abitur 1933 in einer Druckerei und betrieb illegale politische Agitation. 1936 musste er emigrieren und gelangte über Ägypten, Palästina und England nach Frankreich, leistete antifaschistische Propagandaarbeit u. a. für den Kampf der span. Republik und wurde wiederholt in Frankreich und der Schweiz interniert. Nach seiner Rückkehr aus der Emigration 1945 arbeitete er zusammen mit Hans Mayer zunächst für den Rundfunk in Frankfurt a. M., ging aber 1947 nach Ostberlin, trat der SED bei und bekleidete einflussreiche Positionen im Kulturleben der SBZ bzw. DDR, von denen er sich aber 1963 nach Parteikritik und ›Selbstkritik‹ weitgehend zurückzog. 1981 und 1983 organisierte er zwei »Friedenskongresse« gegen den Rüstungswettlauf mit Schriftstellern aus Ost und West. Wegen seiner provozierenden Haltung gegenüber den ausgebürgerten DDR-Autoren wurde H. heftig kritisiert. Als Lyriker begann H. mit Balladen, die seit 1940 im Exil entstanden und seine Herkunft von Expressionismus, Symbolismus und Surrealismus erkennen lassen: Texte, die der melancholischen Stimmung der Klage und des Schmerzes die Hoffnung des Aufbruchs und der Überwindung der Einsamkeit, gewonnen aus der solidarischen Erfahrung des antfaschistischen Kampfes, gegenüberstellen. Nach dem Band *Der Flug der Taube* mit ›realistischen‹ Gedichten im Geist des Kalten Krieges schrieb H. kaum noch Lyrik. Sein lyrisches Werk wird von zahlreichen Übersetzungen und Nachdichtungen begleitet (Paul Eluard, Pablo Neruda, Nazim Hikmet u. a.). Beherrschende Themen seiner Erzählprosa, die vielfach ihre Vorbilder nennt oder erkennen lässt (Ambrose Bierce, H. v. Kleist u. a.), sind Nationalsozialismus und Antifaschismus; bekannt wurde die Erzählung *Der Leutnant Yorck von Wartenburg* mit ihrem utopischen Traum von Freiheit angesichts des sicheren Todes. Seit den 60er-Jahren trat H. v. a. mit Essays, Reportagen und Kritiken hervor, bis er mit der autobiographisch fundierten Prosa *Abendlicht* wieder einen größeren poetischen Text vorlegte.

Werke: Zwölf Balladen von den Großen Städten. 1945. – Der Leutnant Yorck von Wartenburg. 1946. – Die Straßen der Furcht.

1946. – Zweiundzwanzig Balladen. 1947. – Die Reise eines Malers in Paris. 1947. – Russische Eindrücke. 1948. – Die Zeit der Gemeinsamkeit. 1949. – Mansfelder Oratorium. 1950. – Der Flug der Taube. 1952. – Der Kampf um eine deutsche Nationalliteratur. 1952. – Ferne Nähe. 1954. – Nachdichtungen. 1957. – Begegnungen 1954–1959. Essays und Reden. 1960. – Chateaubriand. 1969. – Scardanelli. Ein Hörspiel. 1970. – Lektüre 1960–1971. 1973. – Abendlicht. 1979. – Äußerungen 1944–1982. 1983. – Mein Friede. Rückkehr. 1985. – Erzählende Prosa. 1990. – Gedichte und Nachdichtungen. 1990. – Entscheidungen. Sämtliche Erzählungen. 1995. – In den Kämpfen dieser Zeit. 1995. – Lektüre. Über Autoren, Bücher, Leser. 1997.

Herrmann-Neiße, Max, 23. 5. 1886 Neiße (Schlesien) – 8. 4. 1941 London. Nach kunst- und literaturwissenschaftlichen Studien in München und Breslau kehrte H. nach Neiße zurück und arbeitete als Theaterkritiker für das dortige Lokalblatt. Um dem provinziellen Neiße zu entkommen, zog er 1917 nach Berlin (und nannte sich seit diesem Jahr nach seinem Geburtsort). 1933 emigrierte er aus Opposition gegen den Nationalsozialismus nach London; 1938 wurde er ausgebürgert. Als Lyriker fand H. nach Anfängen im Stil der Jahrhundertwende mit dem Band *Empörung. Andacht. Ewigkeit* zum Expressionismus, griff aber später wieder stilistisch auf Traditionen des 19. Jh.s zurück. Er selbst betonte den Erlebnischarakter, das Bekennntnishafte seiner Gedichte, die (gleichsam vorausschauend) von der Sehnsucht nach der verlorenen Heimat, von Abschied und Einsamkeit sprechen und in der melancholischen Klage des Exulanten *Um uns die Fremde* enden. Als Prosaautor trat er nach dem Ersten Weltkrieg mit dem bereits 1914 entstandenen Roman *Cajetan Schaltermann*, einer Abrechnung mit seiner Heimatstadt und zugleich Zeugnis seiner pazifistischen Haltung, und einer Reihe von expressionistischen Erzählungen hervor. Zwischen 1919 und 1922 schrieb H. auch eine Reihe von Komödien (z. B. *Joseph der Sieger*).

Werke: Ein kleines Leben. 1906. – Das Buch Franziskus. 1911. – Porträte des Provinztheaters. 1913. – Empörung. Andacht. Ewigkeit. 1918. – Joseph der Sieger. 1919. [Auch u. d. T.: Albine und Aujust.] – Preisgabe. 1919. – Verbannung. 1919. – Cajetan Schaltermann. 1920. – Hilflose Augen. 1920. – Der Flüchtling. 1921. – Der letzte Mensch. 1922. – Die bürgerliche Literatur und das Proletariat. 1922. – Im Stern des Schmerzes. 1924. – Die Begegnung. 1925. – Der Todeskandidat. 1927. – Einsame Stimme. 1927. – Musik der Nacht. 1932. – Um uns die Fremde. 1936. – Letzte Gedichte. Aus dem Nachlaß hrsg. von Leni Herrmann. 1942.

Ausgabe: Gesammelte Werke. Hrsg. von Klaus Völker. 9 Bde. Frankfurt a. M. 1986–88.

Herwegh, Georg, 31. 5. 1817 Stuttgart – 7. 4. 1875 Lichtental bei Baden-Baden. Der Sohn eines Gastwirts wurde nach entsprechender Vorbereitung (Gymnasium in Stuttgart, Lateinschule in Balingen, theologisches Seminar Maulbronn) 1835 ins Tübinger Stift aufgenommen, brach jedoch das Theologiestudium bald ab. Auch das 1837 begonnene Jurastudium gab er auf und trat in Stuttgart in die Redaktion der Zeitschrift *Europa* ein. Daneben übersetzte er Alphonse de Lamartine. Um dem Militärdienst zu entgehen, ging er 1839 in die Schweiz und arbeitete zunächst in Bellevue bei Konstanz als Redakteur für die Zeitschrift *Deutsche Volkshalle*. Anschließend hielt er sich in Zürich auf. Mit den hier erschienenen *Gedichten eines Lebendigen* – der Titel spielt auf Fürst Pückler-Muskaus *Briefe eines Verstorbenen* (1830–31) an – setzte er die Forderungen seiner Programmschriften (Poesie als »Vorläuferin der Tat«, als »Waffe für unsere Sache«) in eine pathetische und polemische Freiheitslyrik um, die in zündender, militanter Rhetorik gegen die alten Kräfte angeht und die Freiheit in allen Variationen besingt. Nach dem gewaltigen Erfolg dieses ersten Lyrikbandes, die ihn schlagartig berühmt gemacht hatte, unternahm H. 1842 eine Deutschlandreise, die triumphal begann und – nach einer unglücklich verlaufenen Audienz beim preußischen König – mit seiner Ausweisung endete. 1843 siedelte H., seit März mit der vermögenden Emma Siegmund verheiratet, nach Paris über. Der Versuch, mit einem Freikorps die badischen Revolutionäre von 1848 zu unterstützen, scheiterte kläglich. H. und seine Frau konnten in die Schweiz fliehen. Nach einer Generalamnestie konnte H. 1866, verarmt, nach Deutschland zurückkehren. Er ließ sich, inzwischen vom Liberalen zum Sozialisten gewandelt, in Baden-Baden nieder. Er übersetzte Dramen Shakespeares und kritisierte in neuen politischen Gedichten den preußischen Militärstaat, die Handlungsunfähigkeit der bürgerlichen Revolutionäre und die Perversion des Einheitsgedankens nach dem Sieg über Frankreich.

Werke: Alphonse de Lamartine: Sämmtliche Werke. 6 Bde. 1839–40. [Übers.] – Gedichte eines Lebendigen. 1841–43. – Die deutsche Flotte. Eine Mahnung an das deutsche Volk. 1841. – Einundzwanzig Bogen aus der Schweiz. 1843. – Gedichte und Aufsätze. 1845. – Bundeslied für den Allgemeinen Deutschen Arbeiterverein. 1863. – Shakespeare-Übers.: Wie es euch gefällt. 1869. König Lear. 1869. Zähmung einer Widerspenstigen. 1870. Troilus und Cressida. 1871. – Neue Gedichte. 1877.

Ausgabe: Werke. Hrsg. von Hermann Tardel. 3 Tle. Berlin [u. a.] 1909.

Herzmanovsky-Orlando, Fritz von, 30. 4. 1877 Wien – 27. 5. 1954 Schloss Rametz bei Meran. H., Sohn eines Ministerialbeamten, schloss sein Architekturstudium an der Technischen Hochschule in Wien 1903 mit dem Diplom ab, arbeitete dann als Architekt, bis er 1916 – finanziell unabhängig – aus Gesundheitsgründen seinen Beruf aufgab und nach Meran übersiedelte. Hier schrieb und zeichnete er an seinen grotesk-manieristischen, witzigen, Altes und Neues verbindenden Bildern eines biedermeierlichen österreichischen Hof- und Beamtenpanoptikums, von denen er zu seinen Lebzeiten nur den Roman *Der Gaulschreck im Rosennetz* veröffentlichte. Er sollte zusammen mit den erst im Rahmen der Gesamtausgabe postum veröffentlichten Werken *Rout am Fliegenden Holländer*

(1984) und *Das Maskenspiel der Genien* (1989) eine »Österreichische Trilogie« bilden, hinter deren bizarrer Komik die Wirklichkeit beklemmend sichtbar wird.

Werke: Der Kommandant von Kalymnos. 1926. – Der Gaulschreck im Rosennetz. Eine Wiener Schnurre aus dem modernen Barock. 1928.

Ausgabe: Sämtliche Werke. Texte, Briefe, Dokumente. Hrsg. von Walter Methlagl und Wendelin Schmidt-Dengler. 10 Bde. 1983–94.

Hesse, Hermann, 2. 7. 1877 Calw (Württemberg) – 9. 8. 1962 Montagnola (Schweiz). Der Sohn einer pietistischen Missionarsfamilie floh im Alter von 14 Jahren aus dem (zum Theologiestudium hinführenden) Seminar Maulbronn, begann nach weiteren Internatsaufenthalten 1894 eine Mechanikerlehre in Calw, 1895 eine Buchhändlerlehre in Tübingen. Von 1899 bis 1903 arbeitete er als Buchhandelsgehilfe in Basel. Der große Erfolg des 1903 in der *Neuen Rundschau* vorabgedruckten Romans *Peter Camenzind* machte ihn finanziell unabhängig. Er lebte zunächst in Gaienhofen (Bodensee), von 1912 an – nach einer Indienreise – in Bern und schließlich seit 1919 in Montagnola im Tessin. 1923 wurde er Schweizer Staatsbürger, 1946 erhielt er den Nobelpreis für Literatur. H.s frühes Werk (Lyrik, Erzählungen) ist der Romantik verpflichtet. Das gilt auch für seinen ersten Roman, der an der Begegnung des Ich-Erzählers Peter Camenzind mit der Welt (»die ganze Schäbigkeit der modernen Kultur«) zeigt, dass das Glück allein im stillen »Winkel«, in einem naturverbundenen Leben in mythischer Ursprünglichkeit zu finden sei. Bleibt hier die Zeit- und Gesellschaftskritik mit ihrer konservativen Antwort auf die Krise der modernen Gesellschaft wenig konkret, so führt H. wenig später in einer der damals modischen Schul- und Schülergeschichten die Deformation und Zerstörung des Menschen durch ein rigides und steriles Erziehungs- und Gesellschaftssystem drastisch vor Augen (*Unterm Rad*). In den folgenden Jahren traten Probleme des menschlichen Zusammenlebens in der Ehe und die Frage nach dem Verhältnis von Künstler und Gesellschaft in den Vordergrund. Ein Neubeginn setzte mit *Demian* nach einer psychoanalytischen Behandlung in Luzern (1916) ein, die eine tiefe Depression als Folge der Schrecken des Krieges und familiärer Krisen heilen sollte. Der unter dem Pseudonym Emil Sinclair erschienene Roman, eine fiktive Autobiographie, beschreibt auf Grund dieser Erfahrungen die »Geschichte einer Jugend« als einen Prozess der Selbstfindung und -deutung, die mit ihrem Versuch, einen neuen Anfang angesichts der zerstörten alten Ordnungen aufzuzeigen, große Resonanz bei der Generation der Kriegsheimkehrer fand. Die »indische Dichtung« *Siddhartha* nimmt das Thema der Selbstfindung auf, nun in fernöstlichem Gewand, während H. mit dem *Steppenwolf* wieder zur westeuropäischen Gegenwart zurückkehrt und vehemente Zivilisationskritik mit der Darstellung einer tiefgreifenden Lebens- und Künstlerkrise verbindet. Hoffnung verheißt »eine zweite, höhere, unvergängliche Welt«, repräsentiert v. a. durch Goethe und Mozart. Trotz dieser letztlich ›bürgerlichen‹ Grundtendenz wurde der Roman zu einem Kultbuch der amerikanischen Alternativ- und Drogenkultur und trug wesentlich zu der dann auch auf Deutschland zurückwirkenden H.-Renaissance der 60er-Jahre bei. In dem Roman *Narziß und Goldmund*, im Mittelalter angesiedelt, erzählt H. in der nun nicht mehr bekenntnishaften, sondern objektivierten »Geschichte einer Freundschaft« vom Dualismus von Natur und Geist und seiner Überwindung durch die Kunst. H.s Schaffen gipfelt in dem Spätwerk *Das Glasperlenspiel*, das Motive und Vorstellungen früherer Werke aufnimmt, etwa den Gegensatz von vita activa und vita contemplativa und von Leben und Geist oder das Thema der Selbstfindung. Die Suche nach sich selbst bezieht sich aber jetzt nicht mehr so sehr auf das eigene Innere, sondern zielt vielmehr auf ein Aufgehen in einem überindividuellen geistigen Ganzen. *Das Glasperlenspiel*, die Geschichte des Magisters Ludi Joseph Knecht, spielt in der Zukunft und beschreibt mit dem Orden der Kastalier eine (rein männliche) geistige Elite, die sich gegen den hemmungslosen Individualismus des »feuilletonistischen Zeitalters« (d. h. des 19. und 20. Jh.s) und den daraus resultierenden geistigen Verfall zur Wehr setzt, die überlieferten Werte der Kultur und Wissenschaft bewahrt und sie in einer sich stetig verfeinernden Symbol- und Geheimsprache zu einer großen, disziplinübergreifenden Synthese zu führen sucht. Diese findet ihren Ausdruck im kombinatorischen Glasperlenspiel. Der Ausbruch des Helden aus dieser hierarchischen Gemeinschaft und das offene Ende des Romans zeigen die Ambivalenz dieses Entwurfs einer pädagogischen Provinz. Sie ist einerseits ein Gegenbild zur Entwicklung in Deutschland und bezeichnet »den Widerstand des Geistes gegen die barbarischen Mächte« (H.), andererseits reflektiert H. die Problematik einer Utopie des Geistes, die sich elitär von der Gesellschaft abschließt und den geschichtlichen Wandel negiert.

Werke: Romantische Lieder. 1899. – Gedichte. 1902. – Peter Camenzind. 1904. – Unterm Rad. 1906. – Gertrud. 1910. – Unterwegs. 1911. – Aus Indien. Aufzeichnungen von einer indischen Reise. 1913. – Roßhalde. 1914. – Knulp. 1915. – Musik des Einsamen. Neue Gedichte. 1915. – Demian. Die Geschichte einer Jugend von Emil Sinclair. 1919. – Zarathustras Wiederkehr. Ein Wort an die deutsche Jugend. 1919. – Gedichte des Malers. 1920. – Klingsors letzter Sommer. 1920. – Siddhartha. Eine indische Dichtung. 1922. – Kurgast. Aufzeichnungen von einer Badener Kur. 1925. – Der Steppenwolf. 1927. – Die Nürnberger Reise. 1927. – Krisis. Ein Stück Tagebuch. 1928. – Narziß und Goldmund. 1930. – Jahreszeiten. 1931. – Die Morgenlandfahrt. 1932. – Neue Gedichte. 1937. – Die Gedichte. 1942. Erw. Ausg. 1947. – Das Glasperlenspiel. Versuch einer Lebensbeschreibung des Magister Ludi Josef Knecht samt Knechts hinterlassenen Schriften. 1943. – Berthold. Ein Romanfragment. 1945. – Die späten Gedichte. 1963.

Ausgaben: Gesammelte Werke. 12 Bde. Frankfurt a. M. 1970. – Die Gedichte. 1892–1962. Hrsg. von Volker Michels. Frankfurt a. M. 1972. – Gesammelte Briefe. Hrsg. von Ursula und Volker Michels. 4 Bde. Frankfurt a. M. 1973–86. – Sämtliche Werke. 20 Bde. Hrsg. von Volker Michels. Frankfurt a. M. 2001–05.

Hessel, Franz, 21. 11. 1880 Stettin – 6. 1. 1941 Sanary-sur-Mer. H. wuchs als Sohn einer wohlhabenden jüdischen Bankiersfamilie in Berlin auf, studierte dann Literatur in München und verkehrte im Kreis der literarischen Boheme (F. zu Reventlow u. a.). Von 1906 bis 1914 lebte er vorwiegend in Paris. Hier schloss er Freundschaft mit dem Schriftsteller Henri-Pierre Roché. Zusammen mit der Malerin Helene Grund, die H. 1913 heiratete, führten sie zeitweise eine Ehe zu dritt. Rochés Schilderung dieses Verhältnisses in dem Roman *Jules et Jim* (1953) liegt dem gleichnamigen berühmten Film François Truffauts (1959) zugrunde. Nach dem Ersten Weltkrieg, in dem er in Polen und im Elsass im Landsturm diente, arbeitete H. in Berlin als Übersetzer und Lektor für den Rowohlt Verlag, der ihn auch nach 1933 heimlich weiter beschäftigte. 1938 floh er nach Paris. Nach dem Einmarsch der deutschen Truppen wurde er interniert und starb bald nach seiner Entlassung. H.s Romane sind autobiographisch geprägt. Grundhaltung der ersten Romane ist das Erinnern: an die Kindheit und die Schwabinger Boheme, an gemeinsame Erlebnisse mit einem Freund vor dem Ersten Weltkrieg. Der Roman, *Heimliches Berlin*, entwirft ein die Realität überblendendes utopisch-mythologisches Berlin der Gewaltlosigkeit. Den bedeutendsten Teil seines Werkes bilden jedoch seine kurzen Prosatexte, die zunächst als Feuilletons und dann in mehreren Bänden gesammelt erschienen: Geschichten, Stimmungsbilder, Skizzen, die ein facettenreiches Bild der großen Stadt Berlin und ihrer Menschen entwerfen.

Werke: Verlorene Gespielen. 1905. – Laura Wunderl. Münchner Novellen. 1908. – Der Kramladen des Glücks. 1913. – Die Pariser

Romanze. Papiere eines Verschollenen. 1920. – Teigwaren leicht gefärbt. 1926. – Heimliches Berlin. 1927. – Nachfeier. 1929. – Spazieren in Berlin. 1929. – Ermunterungen zum Genuß. 1933. – Alter Mann. 1987. [Romanfragment.]

Ausgabe: Sämtliche Werke. Hrsg. von Hartmut Vollmer und Bernd Witte. 5 Bde. Oldenburg 1999.

Hessus, Helius Eobanus, 6. 1. 1488 Halgehausen bei Frankenberg (Hessen) – 4. 10. 1540 Marburg (Lahn). Nach dem Besuch verschiedener Lateinschulen studierte der aus ärmlichen Verhältnissen stammende H. an der Universität Erfurt und übernahm nach dem Studienabschluss (Magister artium 1509) die Stelle eines Sekretärs bei Bischof Hiob v. Dobeneck in Riesenburg. Über Leipzig kehrte der inzwischen berühmte Dichter 1514 nach Erfurt zurück und erhielt hier 1518 einen Lehrstuhl für lat. Sprache. Er schloss sich der Reformation an; 1526 ging er aufgrund des Niedergangs der Erfurter Universität als Poetiklehrer an das Nürnberger Egidien-Gymnasium. 1533 kehrte er wieder nach Erfurt zurück und folgte schließlich 1536 einem Ruf an die Universität Marburg. H. war ein vielseitiger, formgewandter neulat. Lyriker. Sein Werk umfasst neben traditionellen humanistischen Preis- und Lobgedichten (auf Personen, Städte, Universitäten usw.) und anderen Gattungen der Gelegenheitslyrik Liebesgedichte, Elegien im Dienst der reformatorischen Sache Luthers, Zeitklagen und – ein Novum in der dt. Literatur – einen Eklogenzyklus. Auch mit seinem Hauptwerk, *Heroidum christianarum epistolae*, den 22 in elegischem Versmaß gehaltenen *Briefen christlicher Heldinnen* aus Bibel, Kirchengeschichte und Legende an himmlische oder irdische Geliebte, begründete er im Anschluss an Ovid eine dt. Gattungstradition. Außerdem übersetzte der dezidiert christliche Humanist eine Reihe von griech. Texten ins Lateinische (Theokrit, *Ilias* u. a.), edierte und kommentierte lat. Texte (Vergil) und brachte den ganzen Psalter in lat. Verse.

Werke: Bucolicon. 1509. – Sylvae duae [...] Prussia et Amor. 1514. – Heroidum christianarum epistolae. 1514. – Victoria Christi ab inferis. 1517. – Hodoeporicon. 1519. – In Evangelici Doctoris Martini Lutheri laudem defensionemque. 1521. – Dialogi tres. 1524. – Bonae valetudinis conservandae praecepta. 1524. – Bucolicorum Idyllia XII. 1528. – De tumultibus horum temporum querela. 1528. – Theokriti Syracusani Idylli triginta sex. 1530. – Urbs Noriberga illustrata carmine heroico. 1532. – Sylvarum libri VI. 1533. – Psalterium universum carmine elegiaco redditum atque explicatum. 1537. – Operum [...] farragines duae. 1539. – Homeri Ilias. 1540.
Ausgabe: Dichtungen. Hist.-krit. Ausg. Lat./Dt. Hrsg. von Harry Vredeveld. Bern 1990 ff.

Heym, Georg, 30. 10. 1887 Hirschberg (Schlesien) – 16. 1. 1912 Berlin. Den Erwartungen des autoritären Vaters (Staats- bzw. Militäranwalt) folgend, studierte H. von 1907 an Jura in Würzburg, Jena und Berlin (erste juristische Staatsprüfung 1911). Nach einigen Wochen Referendariat ließ er sich beurlauben. Er schrieb sich am Orientalischen Seminar als Student ein, widmete sich jedoch, seit 1910 Mitglied im Berliner »Neuen Club«, v. a. seinen literarischen Arbeiten. Er ertrank beim Schlittschuhlaufen in der Havel. H. schrieb seit 1899 Gedichte, führte seit 1904 Tagebuch und begann 1905 mit dramatischen Versuchen. Den eignen unverwechselbaren Stil fand er erst in den letzten beiden Jahren seines Lebens, gefördert durch die Resonanz, die er im expressionistischen »Neuen Club« und durch die daraus resultierenden Publikationen in Zeitschriften fand. Sein einziger zu Lebzeiten erschienener Gedichtband *Der ewige Tag* gehört zu den ersten bedeutenden Zeugnissen des literarischen Expressionismus. Zu den wichtigsten Anregern gehören in Bezug auf Stoffwahl, Thematik und Metaphorik Charles Baudelaire und Arthur Rimbaud; Beziehungen bestehen aber auch zum Naturalismus und seinen Themen. Bilder der großen Stadt und einer dämonisierten Wirklichkeit, Untergangs- und Endzeitvisionen, Evokationen einer fremden, feindlichen und hässlichen Welt charakterisieren diese Dichtung der Angst und des Unheimlichen, die sich zugleich betont objektiv gibt. Das lyrische Ich tritt fast völlig zurück, die Form mit fast immer gleichem Vers- und Strophenschema hat etwas Blockhaft-Monotones. Die Ordnung des Nebeneinander bestimmt die poetische Technik. Dabei verbindet sich die formale Bändigung mit einer – auch im wörtlichen Sinn – farbigen Bildlichkeit, die sich zu suggestiven Visionen verdichtet und den Texten große Kraft, Dynamik und Vitalität verleiht. H.s erzählende Werke, z. T. noch vom Dichter selbst zur Publikation vorbereitet, zeigen extreme Außenseiter in einer ausweglosen Welt der Entfremdung.

Werke: Der Athener Ausfahrt. 1907. – Der ewige Tage. 1911. – Umbrae vitae. 1912. – Der Dieb. Ein Novellenbuch. 1913. – Marathon. 1914.

Ausgaben: Dichtungen. Hrsg. von Kurt Pinthus und Erwin Loewensohn. München 1922. – Dichtungen und Schriften. Gesamtausg. Hrsg. von Karl Ludwig Schneider. 4 Bde. Hamburg/München 1960–68. – Gedichte 1910–1912. Hist.-krit. Ausg. aller Texte in genetischer Darstellung. Hrsg. von Günter Dammann [u. a.]. Tübingen 1993.

Heym, Stefan (d. i. Helmut Flieg), 10. 4. 1913 Chemnitz – 16. 12. 2001 (in einem Hotel) am Toten Meer / Israel. Der Sohn eines jüdischen Kaufmanns wurde 1931 wegen der Veröffentlichung eines antimilitiaristischen Gedichts vom Gymnasium verwiesen, emigrierte 1933 nach Prag und konnte 1935 mit dem Stipendium einer jüdischen Hilfsorganisation in Chicago Germanistik studieren. Er arbeitete als Journalist und wurde nach seiner Einbürgerung 1943 in die US-Armee eingezogen. Er nahm als Spezialist für psychologische Kriegsführung an der Invasion in der Normandie teil und organisierte die amerikanische Pressearbeit in Deutschland, kehrte jedoch 1945 wieder in die USA zurück. Er lebte hier bis 1952 als freier Schriftsteller. Danach ließ er sich 1952 in der DDR nieder.

Als Folge wiederholter Konflikte mit Partei und Staat wurde er 1979 aus dem Schriftstellerverband ausgeschlossen (und 1989 wieder aufgenommen). 1994 errang er für die PDS einen Sitz im Deutschen Bundestag, dessen Eröffnungssitzung er als Alterspräsident leitete. Im Dezember 2001 nahm er an einem Heine-Kongress in Jerusalem teil; er starb bei einem Ausflug ans Tote Meer. Seine ersten Erfolge hatte H. mit seinen auf Englisch geschriebenen Weltkriegsromanen *Hostages* und *The Crusaders*. Darauf folgten zahlreiche Zeitromane und historische Parabeln, in denen er – ausgehend von seiner antifaschistischen Haltung – in traditioneller Erzählweise für die Unterdrückten eintritt und Fragen von Freiheit, Revolution, Diktatur und einem demokratischen Sozialismus reflektiert. Seine literarisch bedeutenderen Werke sind nicht die direkten Zeitromane mit ihrem zur Kolportage neigenden Stil (z. B. *Collin* oder *Schwarzenberg*), sondern die Romane, die Erfahrungen und Fragen der Gegenwart in historischer oder mythischer Verfremdung präsentieren wie *Der König David Bericht* oder *Ahasver*. Die desillusionierenden Erfahrungen eines DDR-Architekten, kommunistischer Idealist und Opportunist, schildert H. in dem bereits 1966 geschriebenen Roman *Die Architekten*.

Werke: Hostages. 1942. Dt. u. d. T.: Der Fall Glasenapp. 1958. – The Crusaders. 1948. Dt. u. d. T.: Kreuzfahrer von heute [DDR] bzw. Der bittere Lorbeer [BRD]. 1950. – Die Papiere des Andreas Lenz. 1963. In der BRD u. d. T.: Lenz oder die Freiheit. 1965. – Die Schmähschrift oder Königin gegen Defoe. 1970. – Der König David Bericht. 1972. – Fünf Tage im Juni. 1974. – Die richtige Einstellung und andere Erzählungen. 1977. – Collin. 1979. – Ahasver. 1981. – Schwarzenberg. 1984. – Reden an den Feind. 1986. – Nachruf. 1988. – Auf Sand gebaut. Sieben Geschichten aus der unmittelbaren Vergangenheit. 1990. – Filz. Gedanken über das neueste Deutschland. 1992. – Radek. 1995. – Der Winter unseres Mißvergnügens. Aus den Aufzeichnungen des OV Diversant. 1996. – Pargfrider. 1998. – Die Architekten. 2000. – Immer sind die Männer schuld. 2002. – Offene Worte in eigener Sache. Gespräche, Reden, Essays 1989–2001. 2003.

Ausgabe: Werkausgabe. 14 Bde. München 1984 ff.

Heyse, Paul (seit 1910: von), 15. 3. 1830 Berlin – 2. 4. 1914 München. Der Sohn eines Professors für Klassische Philologie schloss sein Studium der Romanistik (Berlin, Bonn) 1852 mit der Promotion in Berlin ab. Ein preußisches Stipendium ermöglichte ihm 1852–53 einen Italienaufenthalt. Er kehrte nach Berlin zurück, um sich zu habilitieren, folgte 1854 jedoch der Einladung König Maximilians II. v. Bayern nach München, wo seine einzige wohldotierte Pflicht darin bestand, zu schreiben und an den wöchentlichen Symposien des Königs teilzunehmen. Daneben gründete er mit E. Geibel die Dichtervereinigung der »Krokodile«. Sein Haus – 1874 zog er mit seiner großen Familie in eine Neo-Renaissance-Villa – wurde zu einem Treffpunkt der geistigen Elite Münchens. Obwohl er sich am Hof als überragende literarische Autorität behauptete, war er kein kritikloser Fürstendiener. Auf seine Jahrespension verzichtete er 1868 demonstrativ aus Solidarität mit benachteiligten Künstlern. 1910 erhielt H. als erster dt. Dichter den Literaturnobelpreis. H. zählte zu den erfolgreichsten Dichtern seiner Zeit; im Gedächtnis geblieben ist nur seine Novellentheorie (»Falkentheorie«). Sein ungemein umfangreiches Werk umfasst mehr als 60 Dramen und rund 150 Novellen, dazu Romane, Gedichte, Übersetzungen aus dem Italienischen und Spanischen. Charakteristisch ist ein formaler und sprachlicher Klassizismus, thematisch geht es meist um Probleme der Liebe und Leidenschaft, wobei das Geschehen auf psychologisch-moralische Konfliktsituationen, individuelle Probleme oder das Schicksal reduziert wird und gesellschaftliche oder historische Aspekte kaum eine Rolle spielen. Für die Entfernung vom prosaischen Alltag sorgen vielfach ital. Schauplätze. Obwohl H.s Ehrgeiz v. a. dem Theater galt, liegen seine bedeutendsten Leistungen auf dem Gebiet der Novellistik.

Werke: Spanisches Liederbuch. 1852. [Mit Emanuel Geibel.] – Novellen. 1855. – Neue Novellen. 1858. – Italienisches Liederbuch.

1860. – Münchner Dichterbuch. 1862. [Mit E. Geibel.] – Dramatische Dichtungen. 38 Bde. 1864–1905. – Elisabeth Charlotte. 1864. – Colberg. 1868. – Moralische Novellen. 1869. – Deutscher Novellenschatz. 24 Bde. 1871–76. [Mit Hermann Kurz.] – Novellenschatz des Auslandes. 7 Bde. 1872. – Gesammelte Werke. 38 Bde. 1872–1914. – Kinder der Welt. 1873. – Im Paradiese. 1875. – Neuer deutscher Novellenschatz. 24 Bde. 1884–88. [Mit Ludwig Laistner.] – Novellen. 1890. – Merlin. 1892. – Jugenderinnerungen und Bekenntnisse. 1900. – Gesammelte Werke. Neue Serie. 42 Bde. 1902–12.

Ausgabe: Gesammelte Werke. Hrsg. von Erich Petzet. 15 Bde. Stuttgart/Berlin 1924.

Hilbig, Wolfgang, * 31. 8. 1941 Meuselwitz (Sachsen). H. wuchs bei seinem Großvater im sächsischen Braunkohlegebiet auf, machte eine Dreherlehre und arbeitete zunächst als Werkzeugmacher, Monteur und Hilfskellner, dann von 1970 bis 1979 als Heizer. Anschließend lebte er in Ostberlin und Leipzig als freier Schriftsteller, 1985 zog er in die Bundesrepublik. Er wohnt heute in Berlin. 2002 erhielt er den Georg-Büchner-Preis. H. bildete sich autodidaktisch, verweigerte sich der staatlich propagierten ›realistischen‹ Arbeiterliteratur und verzichtete damit auch auf die Unterstützung der DDR-Literaturpolitik und entsprechende Publikationsmöglichkeiten. Sein erster Gedichtband erschien im Westen und brachte H. Haft und eine Geldstrafe ein. Vorbilder für seine Gedichte und seine Prosa fand H. jenseits des vordergründigen Realismus in Charles Baudelaire, Samuel Beckett, F. Kafka und anderen. Seine Helden zeigen vielfach autobiographische Züge, die Darstellungsweise selbst neigt zum Allegorischen. Thema sind die Verhältnisse in der DDR, das Leben in einem absurden System. In der Erzählung *Alte Abdeckerei* entwirft er ein finsteres allegorisches Bild staatlichen Terrors und allgemeinen Verfalls, in dem Roman *»Ich«* verbindet er die existentielle Problematik eines eher schwachen Helden mit der Darstellung der grotesken Wirklichkeit einer sich in den Fundamenten auflösenden

Staatsmacht und ihres Sicherheitssystems. Der Roman *Das Provisorium*, der von der schwierigen Übersiedlung eines DDR-Bürgers in die BRD im Jahr 1985 berichtet, nimmt gleichsam die Probleme der Wiedervereinigung vorweg. Mit den traumhaften, dunklen Erzählungen des Bandes *Der Schlaf der Gerechten* kehrt H. an den Ort seiner Herkunft, Meuselwitz, zurück.

Werke: abwesenheit. 1979. – Unterm Neumond. 1982. – Der Brief. Drei Erzählungen. 1985. – die versprengung. 1986. – Die Territorien der Seele. Fünf Prosastücke. 1986. – Die Weiber. 1987. – Eine Übertragung. 1989. – Über den Tonfall. Drei Prosastücke. 1990. – Alte Abdeckerei. 1991. – Die Kunde von den Bäumen. 1992. Überarb. Fassung 1994. – »Ich«. 1993. – Die Arbeit an den Öfen. Erzählungen. 1994. – Abriß der Kritik. Frankfurter Poetikvorlesungen. 1995. – Das Provisorium. 2000. – Bilder vom Erzählen. Gedichte. Mit Radierungen von Horst Hussel. 2001. – Erzählungen. 2002. – Der Schlaf der Gerechten. Erzählungen. 2003.

Hildegard von Bingen, 1098 Bermersheim bei Alzey (Rheinhessen) – 17. 9. 1179 Rupertsberg bei Bingen (Rhein). Das zehnte Kind des Edelfreien Hildebert v. Bermersheim wurde im Alter von acht Jahren der Inkluse Jutta v. Spanheim am Benediktinerkloster Disibodenberg (Nahe) zur Erziehung übergeben; zwischen 1112 und 1115 legte sie das Ordensgelübde ab. Nach Juttas Tod 1136 übernahm sie die Leitung des aus der Klause hervorgegangenen Konvents, bis sie 1151 Äbtissin des von ihr selbst erbauten Klosters Rupertsberg wurde. Bestimmend für Leben und Werk war ihre visionäre Gabe. Nach einer Vision im Jahr 1141 erschloss sich ihr »plötzlich der Sinn der Schriften«, und sie übernahm die kirchenpolitisch halbwegs sanktionierte Rolle einer Prophetin, deren Werke von Schreibern festgehalten wurden. Ihrem ersten Werk, *Scivias* (»Wisse die Wege«), einer Darstellung der Heilsgeschichte in Form von Visionen, folgten weitere Visionsbücher. Darüber hinaus hinterließ H. neben verschiedenen kleineren Arbeiten ein Singspiel, geistliche

Gesänge, Briefe, predigtartige Reden und ein umfangreiches naturwissenschaftliches und medizinisches Werk. Dieses machte sich über die wissenschaftliche Natur- und Heilkunde hinaus auch die Überlieferungen der Kloster- und Volksmedizin sowie eigene Erfahrungen und Beobachtungen zunutze. Manche Zuschreibungen sind umstritten.

Werke: Scivias. 1141–51. – Liber simplicis medicinae (Physica). 1151–58. – Liber compositae medicinae (Causae et curae). 1151–58. – Ordo virtutum. 1151–58. – Liber vitae meritorum. 1158–63. – Liber divinorum operum (Liber de operatione dei). 1163–73/74. [Entstehungsdaten.]

Ausgaben: Opera omnia. In: Patrologia Latina. Hrsg. von Jacques-Paul Migne. Bd. 197. Paris 1855. Reprogr. Nachdr. 1991. – Opera. In: Analecta Sacra. Hrsg. von Jean-Baptiste Pitra. Bd. 8. Paris 1882. Reprogr. Nachdr. 1966. – Dt. Übers. der Hauptwerke in Einzelbänden ersch. Salzburg 1953ff. (Heinrich Schipperges u. a.).

Hildesheimer, Wolfgang, 9. 12. 1916 Hamburg – 21. 8. 1991 Poschiavo (Graubünden). Der Sohn einer jüdischen Familie besuchte das humanistische Gymnasium in Mannheim und emigrierte 1933 über England nach Palästina. 1937 kehrte er nach England zurück und studierte bis 1939 Malerei und Bühnenbildnerei. Während des Krieges war er zunächst Lehrer, dann britischer Informationsoffizier in Palästina. Von 1946 bis 1949 arbeitete er als Dolmetscher bei den Kriegsverbrecherprozessen in Nürnberg. 1949–57 lebte er als Maler und Graphiker am Ammersee, dann v. a. als Schriftsteller in München. Anschließend zog er nach Poschiavo. 1966 erhielt er den Georg-Büchner-Preis. H.s literarische Anfänge zeigen ihn als satirischen Schriftsteller, der mit *Lieblose Legenden*, dem Roman *Paradies der falschen Vögel* und einer Reihe von Hörspielen witzig und kritisch auf die Welt der Kunst und Politik zielte. Seit Mitte der 50er-Jahre machte H. angesichts der »Unverständlichkeit der Welt« zunehmend die Erfahrung der Entfremdung und Ohnmacht des Einzelnen. Die Vorstellung von der Absurdität der Wirklichkeit prägte nun, auch unter dem Einfluss von Autoren wie Eugène Ionesco, Albert Camus und Samuel Beckett, H.s Hörspiele, Bühnentexte und Romane. Nach dem Versuch einer Korrektur der Mozart-Legende und ihrem Gegenstück, der fiktiven Künstlerbiographie *Marbot*, wandte sich H., überzeugt, dass der Welt mit literarischer Phantasie nicht beizukommen sei, von der Literatur ab und arbeitete nur noch als ›zweckfreier‹ bildender Künstler.

Werke: Lieblose Legenden. 1952. Erw. 1983. – Paradies der falschen Vögel. 1953. – Der Drachenthron. 1955. – Begegnung im Balkanexpreß. 1956. – Ich trage eine Eule nach Athen. 1956. – Spiele, in denen es dunkel wird. 1958. – Herrn Walsers Raben. 1960. – Die Verspätung. 1961. – Vergebliche Aufzeichnungen. Nachtstück. 1963. – Das Opfer Helena. Monolog. Zwei Hörspiele. 1965. – Tynset. 1965. – Interpretationen. James Joyce, Georg Büchner. 1969. – Mary Stuart. Eine historische Szene. 1971. – Zeiten in Cornwall. 1971. – Masante. 1973. – Hauskauf. 1974. – Theaterstücke. Über das absurde Theater. 1976. – Biosphärenklänge. 1977. – Mozart. 1977. – Exerzitien mit Papst Johannes. Vergebliche Aufzeichnungen. 1979. – Marbot. Eine Biographie. 1981. – Das Ende der Fiktionen. Reden aus fünfundzwanzig Jahren. 1984. – Endlich allein. Collagen. 1984. – Gedichte und Collagen. 1984. – In Erwartung der Nacht. Collagen. 1986. – Nachlese. 1987. – Klage und Anklage. 1989. – Landschaft mit Phönix. Collagen. 1991. – Rede an die Jugend. Mit einem Postscriptum an die Eltern und zwei Collagen. 1991.

Ausgaben: Gesammelte Werke. Hrsg. von Christiaan Lucas Hart Nibbrig und Volker Jehle. 7 Bde. Frankfurt a. M. 1991. – Briefe. Hrsg. von Silvia Hildesheimer und Dietmar Pleyer. Frankfurt a. M. 1999.

Hille, Peter, 11. 9. 1854 Erwitzen bei Paderborn – 7. 5. 1904 Berlin-Großlichterfelde. H. ging nach wenig erfolgreichem Schulbesuch bei einem Rechtsanwalt in die Lehre, folgte dann den Brüdern Julius und Heinrich Hart, die er am Gymnasium in Münster kennengelernt hatte, nach Bremen, wo er vorübergehend in der Redaktion der *Bremer Nachrichten* arbeitete. 1880–82 hielt er sich in

London auf, 1882–84 in den Niederlanden. Deutschland, die Schweiz und Italien waren weitere Stationen seines unsteten Wanderlebens. Seit 1891 lebte er wieder in Deutschland, zunächst in Hamm, dann seit 1895 in Berlin, aber auch hier unstet, die Wohnungen wechselnd, häufig auch im Freien schlafend. Er gründete ein der »blauen Blume« geweihtes Kabarett, wurde zu einer Kultfigur der Berliner Boheme und Prophet der agrarisch-reformerischen »Neuen Gemeinschaft«, die 1901 von den Brüdern Hart in Schlachtensee gegründet wurde. Er lebte mit Else Lasker Schüler im Haus der Gemeinschaft. Sein Werk – Romane, Schauspiele, Lyrik, Aphoristisches – steht im Schatten seines legendenumwobenen Lebens. Es verbindet Sozialkritik mit christlich-humanistischen, sozialutopischen Visionen und gehört einer Übergangsphase zwischen Naturalismus und Expressionismus an.

Werke: Die Sozialisten. 1886. – Des Platonikers Sohn. Erziehungstragödie. 1896. – Cleopatra. Ein ägyptischer Roman. 1902. – Semiramis. 1902. – Das Mysterium Jesu. Aus dem Nachlaß hrsg. von Adolf Knoblauch. 1921.
Ausgaben: Gesammelte Werke. Hrsg. von seinen Freunden. Eingel. von Julius Hart. 4 Bde. 1904–05. – Gesammelte Werke. Hrsg. von Friedrich Kienecker. 6 Bde. Essen 1984–86.

Hilsenrath, Edgar, * 2. 4. 1926 Leipzig. Der Sohn einer jüdischen Kaufmannsfamilie wuchs in Leipzig und Halle a. d. S. auf und floh 1938 mit der Mutter und dem jüngeren Bruder nach Rumänien. 1941 wurde er in ein Ghetto in der Ukraine deportiert. Nach dem Zusammenbruch der Ostfront gelangte er über Palästina (1945–51) schließlich in die USA (New York). Hier lebte er von 1951 bis 1975 als freier Schriftsteller; 1975 zog er nach Berlin. Seine ersten Romane *Nacht* und *Der Nazi & der Friseur*, die seine Ghettoerfahrungen und den Völkermord an den Juden verarbeiteten, erschienen zuerst in amerikanischer Übersetzung in den USA, ehe sie dt. Verleger fanden. Die Zeit des Exils und die amerikanischen Verhältnisse reflektiert kritisch der Roman *Bronskys Geständnis*. Mit dem *Märchen vom letzten Gedanken*, der wie F. Werfels *Die vierzig Tage des Musa Dagh* die Vertreibung und Vernichtung der Armenier durch die türkische Armee im Jahr 1915 behandelt, versuchte H. zum ersten Mal, eine der großen geschichtlichen Tragödien des 20. Jh.s durch märchenhafte Stilisierung erzählbar zu machen. Sein Hauptwerk, *Jossel Wassermanns Heimkehr*, führt dieses Verfahren in einem Balanceakt weiter: Er lässt eine lebensvolle Familien- und Schtetl-Chronik entstehen, die nur der Wind hört und aufbewahrt, während ein Zug die in Viehwagons zusammengepferchten Juden ins Vernichtungslager bringt.

Werke: Nacht. Amerikan. Ausg. 1964. Dt. 1978. – Der Nazi & der Friseur. Amerikan. Ausg. 1971. Dt. 1977. – Gib acht, Genosse Mandelbaum. 1979. – Bronskys Geständnis. 1980. – Zibulsky oder Antenne im Bauch. 1983. – Das Märchen vom letzten Gedanken. 1989. – Moskauer Orgasmus. 1992. – Jossel Wassermanns Heimkehr. 1993. – Die Abenteuer des Ruben Jablonski. Ein autobiographischer Roman. 1997.
Ausgabe: Werke. Hrsg. von Helmut Braun. 11 Bde. Köln/Berlin 2003 ff.

Hippel, Theodor Gottlieb von, 31. 1. 1741 Gerdauen (Ostpreußen) – 23. 4. 1796 Königsberg. Der Sohn eines Schulrektors und einer Handwerkertochter begann 1756 mit dem Studium der Theologie, doch ein Blick in die große Welt – 1761 gelangte er als Begleiter eines Bekannten an den russischen Hof in St. Petersburg – und die Liebe zu einer höhergestellten Frau, die er als Hofmeister unterrichtete, führten zu einer Neuorientierung. H. wechselte zur Rechtswissenschaft und machte nach seinen Examina eine juristische und administrative Karriere in Königsberg, die erst mit der Ernennung zum Ersten Bürgermeister und Polizeidirektor (1780) bzw. Kriegsrat und Stadtpräsidenten (1786) endete. 1790 wurde sein Antrag auf Wiederherstellung des Adelstitels, den seine Familie einst besessen hatte, genehmigt. Er blieb unverheiratet und wurde, obwohl er seinen Verwandten ein großes Vermögen hinterließ, auf eigenen Wunsch auf dem Armenfriedhof begraben. H. spielte eine wichtige Rolle im gesellschaftlichen Leben der Stadt, war seit 1762 Mitglied der Freimaurerloge und verkehrte u. a. auch mit Kant und J. G. Hamann. Als Autor blieb er anonym. Aus seinem dichterischen Werk, das auch zwei Lustspiele, eine Satire und eine Sammlung geistlicher Lieder umfasst, ragen die beiden humoristischen Romane *Lebensläufe nach Aufsteigender Linie und Kreuz- und Querzüge des Ritters A. bis Z.* heraus, die mit ihrer scheinbaren Formlosigkeit und assoziativen Erzählweise, ihren Abschweifungen und Reflexionen dem Vorbild Laurence Sternes verpflichtet sind. Große Verbreitung fand seine reaktionär und frauenfeindlich argumentierende Schrift *Über die Ehe*; knapp 20 Jahre später hielt er ein revolutionäres Plädoyer für die politische Gleichstellung der Frau.

Werke: Der Mann nach der Uhr, oder der ordentliche Mann. 1765. – Die ungewöhnlichen Nebenbuhler. 1768. – Freymäurerreden. 1768. – Geistliche Lieder. 1772. – Über die Ehe. 1774. – Lebensläufe nach Aufsteigender Linie. 1778–81. – Handzeichnungen nach der Natur. 1790. – Zimmermann der I. und Friedrich der II. 1790. – Über die bürgerliche Verbesserung der Weiber. 1792. – Kreuz- und Querzüge des Ritters A. bis Z. 1793–94.
Ausgabe: Sämmtliche Werke. 14 Bde. Berlin 1828–39. Reprogr. Nachdr. Berlin / New York 1978.

Hochhuth, Rolf, * 1. 4. 1931 Eschwege (Hessen). Der Sohn eines Fabrikanten arbeitete nach einer Buchhandelslehre und Universitätsstudien als Gasthörer in Heidelberg und München von 1955 bis 1963 als Verlagslektor in Gütersloh. Seitdem lebt er als freier Schriftsteller in Riehen bei Basel. Berühmt wurde H. mit seinem ersten Schauspiel *Der Stellvertreter*, das mit der These von der Mitschuld des ›Stellvertreters‹ Papst Pius XII. an der Judenvernichtung im Dritten Reich und der rigorosen Kritik an der

Haltung der Kirche ein Tabu brach und nach der Berliner Uraufführung 1963 unter der Regie von Erwin Piscator heftige Kontroversen auslöste. Anders als im zeitgenössischen Dokumentartheater, mit dem H. die (stets ausführlich mitgeteilte) dokumentarische Grundlage teilt, stellt H. die moralische Entscheidung des Einzelnen in den Mittelpunkt. In einer Art Wiederaufnahme der Schillerschen Vorstellung vom Theater als moralischer Anstalt besteht H. auf der Entscheidungsfreiheit und sittlich-religiösen Verantwortlichkeit des Individuums und seiner Pflicht, moralisch handelnd einzugreifen. Auch formal schließt sich H. an das klassische Theater an. Die dem *Stellvertreter* folgenden Stücke variieren an verschiedenen historischen oder gesellschaftlich brisanten Beispielen dieses Konzept vom Theater als Tribunal. Das Drama *Juristen* bewies noch einmal die öffentliche Wirkung H.s, indem es wesentlich zum Rücktritt des baden-württembergischen Ministerpräsidenten Hans Filbinger, Marinerichter im Dritten Reich, beitrug. Zurück in diese Vergangenheit führt auch die fünfaktige Groteske *Nietzsches Spazierstock*, in deren Mittelpunkt der Sohn eines KZ-Opfers steht, der eine Zwangsneurose vortäuscht – er grüßt ständig mit »Heil Hitler!« und verprügelt jeden, der nicht zurückgrüßt – und von den Ärzten Wahnsinn attestiert bekommt. Auch die bekannteste Erzählung H.s, *Eine Liebe in Deutschland*, thematisiert Vorgänge aus dieser Zeit – die Beziehung einer Deutschen zu einem polnischen Kriegsgefangenen – und dokumentiert zugleich mit umfangreichem Material die Unwilligkeit der Deutschen, sich mit der Vergangenheit auseinanderzusetzen.

Werke: Der Stellvertreter. 1963. – Soldaten. Nekrolog auf Genf. 1967. – Guerillas. 1970. – Die Hebamme. 1971. – Krieg und Klassenkrieg. Studien. 1971. – Lysistrate und die NATO. 1973. – Zwischenspiel in Baden-Baden. 1974. – Die Berliner Antigone. Prosa und Verse. 1975. – Tod eines Jägers. 1976. – Eine Liebe in Deutschland. 1978. – Juristen. 1979. – Tell 38. 1979. – Ärztinnen. 1980. – Räuber-Rede. Drei deutsche Vorwürfe. Schiller / Lessing /

Geschwister Scholl. 1982. – Judith. 1984. – Atlantik-Novelle. 1985. – Schwarze Segel. Essays und Gedichte. 1986. – Alan Turing. 1987. – Unbefleckte Empfängnis. Ein Kreidekreis. 1988. – Sommer 14. Ein Totentanz. 1989. – Alle Dramen. 2 Bde. 1991. – Wessis in Weimar. 1993. – Julia oder Der Weg zur Macht. 1994. – Effis Nacht. Monolog. 1996. – Und Brecht sah das Tragische nicht. Plädoyers, Polemiken, Profile. 1996. – Das Recht auf Arbeit. Nachtmusik. Zwei Dramen. 2000. – Alle Erzählungen, Gedichte und Romane. Hrsg. von Hans Georg Heepe. 2001. – Die Geburt der Tragödie aus dem Krieg. Frankfurter Poetik-Vorlesungen. 2001. – Einsprüche! Zur Geschichte, Politik und Literatur. 2001. – Nietzsches Spazierstock. Gedichte, Tragikomödie »Heil Hitler«, Prosa. 2004.

Hochwälder, Fritz, 28. 5. 1911 Wien – 20.10. 1986 Zürich. H. stammt aus einem jüdischen Elternhaus und erlernte wie sein Vater den Beruf eines Tapeziermeisters. Seit 1930 schrieb er Dramen und Hörspiele; 1938 emigrierte er in die Schweiz und lebte bis zu seinem Tod in Zürich. Seine Eltern wurden 1942 in einem Konzentrationslager in Polen ermordet. Nach dem Krieg wurden H.s Stücke, z. T. schon vorher entstanden, auf deutschsprachigen Bühnen häufig gespielt und der Autor vielfach ausgezeichnet. Es handelt sich um Ideendramen, die in modellhaften Situationen Fragen des ethischen Handelns diskutieren und überzeitliche Konflikte wie die zwischen Recht bzw. Gerechtigkeit und Macht austragen. Dies geschieht meist anhand von historischen oder literarisch vorgeprägten Stoffen; einige Stücke nehmen auch direkt Bezug auf den Nationalsozialismus. Am bekanntesten wurde das Drama um das von der Politik zum Scheitern gebrachte »heilige Experiment« des Jesuitenstaates in Paraguay (UA 1943). Formal sind diese Stücke am klassischen fünfaktigen Drama orientiert; erst im Spätwerk gibt es Versuche mit anderen Dramenformen, etwa in dem für die Salzburger Festspiele verfassten Mysterienspiel *Donnerstag* oder der Don-Juan-Version *1003*.

Werke: Das heilige Experiment. 1947. – Donadieu. 1953. – Der öffentliche Ankläger. 1954. – Hôtel du Commerce. 1954. – Der Unschuldige. 1958. – Meier Helmbrecht. 1958. – Donnerstag. 1959. – Esther. 1960. – 1003. 1964. – Der Himbeerpflücker. 1965. – Der Befehl. 1967. – Lazaretti oder Der Säbeltiger. 1975. – Im Wechsel der Zeit. Autobiographische Skizzen und Essays. 1980. – Die Prinzessin von Chimay. 1982.

Ausgabe: Dramen. 4 Bde. Graz [u. a.] 1975–85.

Hoddis, Jakob van (d. i. Hans Davidsohn), 16. 5. 1887 Berlin – Mai 1942 in einem Vernichtungslager in Polen. Der Sohn eines Arztes studierte nach der Schulzeit in Berlin (1893–1906) zunächst Architektur in München, dann in Jena und Berlin klassische Philologie und Philosophie. Zusammen mit Erwin Loewenson und Kurt Hiller gründete er 1909 den »Neuen Club«, die wohl wichtigste Keimzelle des Frühexpressionismus. Seit 1912 zeigten sich psychische Krankheitserscheinungen; von 1914 an war er ständig in privater Pflege bzw. in Heil- und Pflegeanstalten, zuletzt in der israelitischen Kuranstalt in Sayn bei Koblenz. Hier wurde er mit anderen Juden am 30. 4. 1942 nach Polen deportiert und Anfang Mai ermordet. H.s lyrisches Werk ist schmal; es entstand in den wenigen Jahren von 1909 bis 1914 und erschien zunächst in expressionistischen Zeitschriften. Berühmt wurde er mit dem 1911 zuerst veröffentlichten Gedicht *Weltende*, mit dem K. Pinthus 1919 die Expressionismusanthologie *Menschheitsdämmerung* einleitete und das auch der einzigen Sammlung seiner Gedichte den Namen gab: ein grotesk-spöttischer Kommentar auf die kollektiven Untergangsszenarien der Zeit und, zusammen mit seinen *Varieté*-Gedichten, häufig nachgeahmtes Stilmuster. Mit seinem unverbundenen Nebeneinander von kurzen Sätzen, disparaten Wahrnehmungen und Einzelheiten bereitete es den expressionistischen Simultanstil vor.

Werk: Weltende. 1918.

Ausgabe: Dichtungen und Briefe. Hrsg. von Regina Nörtemann. Zürich 1987.

Hölderlin, Friedrich, 20. 3. 1770 Lauffen a. N. – 7. 6. 1843 Tübingen. H., Sohn eines Juristen und herzoglichen Beamten und einer Pfarrerstochter, verlor seinen Vater bereits 1772, und auch sein Stiefvater, seit 1776 Bürgermeister in Nürtingen, starb früh (1779). Die Familie wohnte seit 1774 in Nürtingen; seine Ausbildung – er sollte Pfarrer werden – führte H. auf die Klosterschulen in Denkendorf (1784) und Maulbronn (1786) und anschließend (1788) zum Studium der Philosophie und Theologie ins Tübinger Stift, wo er zeitweise mit Hegel und Friedrich Wilhelm Joseph Schelling das Zimmer teilte und 1790 mit Christian Ludwig Neuffer und Rudolf Magenau einen Dichterbund gründete. Das am Stift herrschende intellektuelle Klima, das von Begeisterung für die Französische Revolution und vom Protest gegen die einheimischen politischen und theologischen Zustände geprägt war, trug dazu bei, dass sich H. nach dem Konsistorialexamen (1793) der geistlichen Laufbahn entzog und – letztlich mit dem Ziel, sich als Schriftsteller zu etablieren – zunächst auf Hofmeisterstellen auswich: durch Vermittlung Schillers 1793–95 in Waltershausen bei der Familie von Kalb, 1796–98 in Frankfurt a. M. bei der Bankiers- und Kaufmannsfamilie Gontard. Hier kam es wegen des engen musischen wie erotischen Verhältnisses zu Susette Gontard (»Diotima«), der Mutter seines Schülers, zum Bruch. H. ging ins nahe gelegene Homburg (1798–1800) und fand hier die Unterstützung der landgräflichen Familie und seines Freundes Isaak v. Sinclair, des höchsten Beamten der Landgrafschaft. Ein Zeitschriftenprojekt, das ihm die Existenz als Schriftsteller ermöglichen sollte, schlug fehl. Weitere Hofmeisterstellen in der Schweiz (1801) und Bordeaux (1802) waren nur von kurzer Dauer, wahrscheinlich Folge von H.s psychischer Krankheit. Danach hielt er sich bei Stuttgarter Freunden und der Familie in Nürtingen auf, bis er von 1804 bis 1806 auf Vermittlung Sinclairs eine (Schein-)Anstellung als Bibliothekar in Homburg fand.

1806 wurde er in das Tübinger Klinikum eingeliefert und 1807 als unheilbar geisteskrank und pflegebedürftig entlassen. Bis zu seinem Tod lebte H. bei dem Tübinger Schreinermeister Ernst Zimmer in einem turmartigen Anbau.

Die in der Tübinger Studentenzeit entstandene Lyrik H.s steht im Zeichen Schillers, den er als Vaterfigur verehrte. Er folgte dem Vorbild in der Form (achtzeilige Reimstrophen) ebenso wie in der rhetorischen Struktur und der Reflexivität der Texte; H. selbst kritisierte später die Abstraktheit und Weltlosigkeit dieser Preisgedichte. Erst mit der Loslösung von der gereimten Hymnik seit 1797 fand H. zu einer eigenen lyrischen Sprache, die sich metrisch an antiken Vorbildern orientierte. Der Weg führte von Versuchen mit verschiedenen Formen und Metren über die Oden- und Elegiendichtung zu den großen freirhythmischen Hymnen der letzten schöpferischen Jahre. H.s Oden – bevorzugt werden die alkäische und die asklepiadeische Strophe – gelten als die bedeutendsten der dt. Literatur; H. spricht von der »tragischen Ode«, die den Verlust der ursprünglichen Lebensverhältnisse reflektiert, doch hinter der Zerrissenheit der Gegenwart die Ahnung einer überzeitlichen Totalität aufscheinen lässt, so dass das Gedicht nach einem von H. »Wechsel der Töne« genannten Baugesetz auf einer höheren Ebene wieder zum »Anfangston« zurückkehrt. Charakteristisch für die großen Elegien, Gedichte in Distichen, ist eine Dynamik, die die Trauer um das verlorene Ideal zur Hoffnung auf eine neue, die Gegensätze versöhnende Zeit führt und sich in *Brod und Wein* zu einem weltgeschichtlichen Entwurf weitet. Die späten Hymnen, von der Forschung als »vaterländische Gesänge« bezeichnet, wenden sich vom Griechischen zu Themen und Problemen der eigenen Zeit und der Geschichte des eigenen Landes. Die Form der freirhythmischen Hymnen zeigt ebenso den Einfluss Pindars wie die Auffassung vom

Dichter als Priester, als Vermittler zwischen dem Absoluten und dem Menschen. Die großen Hymnen aus den letzten Schaffensjahren, in denen auch die aus dem früheren Werk vertraute utopische Einheitsvorstellung anklingt, sind in schwer lesbaren, mehrere Überarbeitungsstufen enthaltenden Manuskripten überliefert und blieben den Zeitgenossen bis auf wenige Ausnahmen unbekannt. Ergebnisse seiner Beschäftigung seit etwa 1790 mit der griechischen Antike sind neben der Lyrik (einschließlich der Übersetzungen) der Roman *Hyperion*, die Sophokles-Übersetzungen und das Projekt eines eigenen, in drei fragmentarischen Fassungen erhaltenen Dramas (*Empedokles*), an dem er in seiner ersten Homburger Zeit arbeitete. Auch hier geht es, hervorgebracht durch den Opfertod des Helden, um eine dauerhafte allgemeine Versöhnung von Natur und Göttern. Der Briefroman *Hyperion* nimmt Elemente des Bildungsromans auf und verbindet die Bildungs- und Künstlerthematik mit politischen und nationalen Intentionen. Eine ideale Antike ist dabei die Folie, vor der die Aufgaben und Konflikte der Gegenwart dargestellt werden, wobei sich wiederum in der Darstellung des griechischen Freiheitskampfs gegen die Türken (1770) politische Konstellationen der dt. Gegenwart spiegeln. Dass sich die Verheißung einer neuen Welt nach dem Vorbild des antiken Athen im revolutionären Kampf nicht erfüllt, führt Hyperion nicht zur Verzweiflung; der Widerspruch zwischen schöner Humanität und politisch orientiertem Handeln hebt sich im dichterischen Schaffen auf.

Werke: Hyperion oder Der Eremit in Griechenland. 1797–99. – Die Trauerspiele des Sophokles. 1804. – Gedichte. Hrsg. von Ludwig Uhland und Gustav Schwab. 1826. – Sämmtliche Werke. Hrsg. von Christoph Theodor Schwab. 1846.

Ausgaben: Sämtliche Werke. Stuttgarter Hölderlin-Ausg. Hrsg. von Friedrich Beißner, Adolf Beck und Ute Oelmann. 8 Bde. Stuttgart 1943–85. – Sämtliche Werke. Hist.-krit. Ausg. Frankfurter Ausg. Hrsg. von D. E. Sattler. 20 Bde. Frankfurt a. M. 1975 ff. –

Sämtliche Werke und Briefe. Hrsg. von Michael Knaupp. 3 Bde. München 1992–93. – Sämtliche Werke und Briefe. Hrsg. von Jochen Schmidt. 3 Bde. Frankfurt a. M. 1992–94.

Höllerer, Walter, 19. 12. 1922 Sulzbach-Rosenberg (Oberpfalz) – 20. 5. 2003 Berlin. H. studierte nach der Entlassung aus der Gefangenschaft von Herbst 1945 an in Erlangen, Göttingen und Heidelberg (Dr. phil. 1949). 1958 habilitierte er sich in Frankfurt a. M. mit der Arbeit *Zwischen Klassik und Moderne. Lachen und Weinen in der Dichtung einer Übergangszeit*. Von 1959 bis 1987 lehrte er als Ordinarius Literaturwissenschaft an der Technischen Universität Berlin; seit 1963 leitete er auch das von ihm gegründete »Literarische Colloquium Berlin«. Zusammen mit H. Bender war er 1954–67 Herausgeber der Zeitschrift *Akzente*, seit 1961 gibt er mit Norbert Miller die Zeitschrift *Sprache im technischen Zeitalter* heraus. Als Lyriker begann H. in der Tradition der Naturlyrik (G. Britting, G. Eich u. a.), löste sich dann jedoch unter dem Eindruck der amerikanischen Lyrik der »Beat generation« davon und propagierte das »lange Gedicht«. Sein spielerisch-experimentelles Verhältnis zur Sprache bestimmt auch seinen Roman *Die Elephantenuhr* und die Komödie *Alle Vögel alle*.

Werke: Der andere Gast. 1952. – Transit. Lyrikbuch der Jahrhundertmitte. 1956. – Movens. Dokumente und Analysen zur Dichtung, bildenden Kunst, Musik, Architektur. In Zus.arb. mit W. H. und Manfred de la Motte hrsg. von F. Mon. 1960. – Gedichte. Wie entsteht ein Gedicht. 1964. – Außerhalb der Saison. 1967. – Systeme. Neue Gedichte. 1969. – Die Elephantenuhr. 1973. – Alle Vögel alle. 1978. – Autoren im Haus. Zwanzig Jahre Literarisches Colloquium Berlin. 1982 [Hrsg., mit Gerald Bisinger.] – Gedichte 1942–1982. 1982. – Walter Höllerers Oberpfälzische Weltei-Erkundungen. Hrsg. von Werner Gotzmann. 1987. – Zurufe, Widerspiele. Aufsätze zu Dichtern und Gedichten. Hrsg. von Michael Krüger. 1992.

Hölty, Ludwig Heinrich Christoph, 21. 12. 1748 Mariensee bei Hannover – 1. 9. 1776 Hannover. Der aus einem Pfarrhaus stammende H. besuchte das Gymnasium in

Celle und studierte dann von 1769 bis 1772 Theologie in Göttingen, beschäftigte sich aber v. a. mit den philologischen und historischen Wissenschaften, erlernte zahlreiche Sprachen und zeigte schon früh dichterischen Ehrgeiz. Er gehörte dem Ende 1772 gegründeten Göttinger Hainbund an (Bundesname »Haining«) und wurde dessen bedeutendster Lyriker. Nach dem Studienabschluss lebte er als Privatlehrer und Übersetzer in Göttingen und Mariensee. Der schon in seiner Kindheit durch eine schwere Blatternerkrankung gezeichnete H. starb an Tuberkulose. Seine Gedichte, zuerst gedruckt in Zeitungen und Musenalmanachen, wurden nach seinem Tod von F. L. v. Stolberg und J. H. Voß, allerdings mit starken Eingriffen, gesammelt herausgegeben, nachdem bereits ein Raubdruck erschienen war. H.s lyrisches Werk ist nicht sehr umfangreich, aber vielfältig und formenreich. Die bedeutendsten Leistungen stellen die Dichtungen in antikisierenden Formen dar (Oden, Elegien, Idyllen), in denen er den von Klopstock vorgegebenen pathetisch-erhabenen Stil auf individuelle Weise weiterentwickelte und in ruhig fließenden, melodischen Versen eine empfindsam-melancholische Grundstimmung evozierte. Dabei zeigt sich auch der Einfluss der engl. Dichtung (Thomas Gray, Edward Young). Als Balladendichter steht H. mit G. A. Bürger am Beginn der dt. Kunstballade. Seine Lieder, darunter zahlreiche Mai- und Frühlingslieder, gingen aus der Tradition der Anakreontik und der Empfindsamkeit hervor und wurden z. T. sehr populär (*Üb immer Treu und Redlichkeit*) und vielfach vertont (Mozart, Beethoven, Schubert).

Werke: Hurds moralische und politische Dialogen. 1775. [Übers.] – Des Grafen von Schaftesbury philosophische Werke. 1776–79. – Gedichte. Besorgt durch seine Freunde L. Graf zu Stolberg und J. H. Voß. Hamburg 1783. Erw. 1804.

Ausgabe: Sämtliche Werke. Krit. und chronolog. hrsg. von Wilhelm Michael. 2 Bde. Weimar 1914–18. Reprogr. Nachdr. Hildesheim 1969.

Hoffer, Klaus, * 27. 12. 1942 Graz. H. studierte in Graz Altphilologie, Germanistik und Anglistik und promovierte 1970 mit einer Arbeit über Kafka. Er lebt als Lehrer in Graz. Seine ersten Texte veröffentlichte er 1966 in der Zeitschrift *manuskripte*. Nach literaturwissenschaftlichen Studien, Essays und dem Romanfragment *Unter Schweinen* (auszugsweise in *manuskripte* 21, 1967/68) arbeitete H. an seinem erzählerischen Hauptwerk *Bei den Bieresch*, das 1979 und 1983 in zwei Teilen erschien. Hier reist der Ich-Erzähler in eine abgelegene Provinz im Osten des Reichs, wo die Bieresch in einer eigenen, zweideutigen, unheilvollen mythisch-fiktiven Welt leben, deren Widersprüche durch die Geschichten, Lügen, Interpretationen ihrer Bewohner nicht geringer werden. Das Buch führt so in ein Labyrinth, das in manchen Zügen Momente der modernen Erzählliteratur von Kafka bis Jorge Luis Borges und der Theorien des Poststrukturalismus aufnimmt. Außerdem übersetzte H. u. a. Werke von Kurt Vonnegut, Jacov Lind und Joseph Conrad.

Werke: Halbwegs. 1979. [Bei den Bieresch 1.] – Am Magnetberg. 1982. – Der große Potlatsch. 1983. [Bei den Bieresch 2.] – Methoden der Verwirrung. Betrachtungen zum Phantastischen bei Franz Kafka. 1986. – Pusztavolk. 1991.

Hoffmann, Ernst Theodor Amadeus (dritter Taufname eigentl. Wilhelm), 24. 1. 1776 Königsberg – 25. 6. 1822 Berlin. H. stammte aus einer Advokatenfamilie und studierte von 1792 bis 1795 Jura in Königsberg; daneben zeichnete, malte, schrieb und komponierte er. 1796–1807 führte ihn die juristische Laufbahn von Glogau (1796–98; 1798 Referendar-Examen) über Berlin (1798–1800; 1800 Assessor-Examen), Posen (1800–02) und Plock an der Weichsel (1802–04, Strafversetzung wegen bissiger Karikaturen) nach Warschau (1804–07; Regierungsrat). Nach der Besetzung Warschaus durch napoleonische Truppen verlor H. sein Amt und ging Mitte 1807 nach Berlin, dann nach Bamberg, wo er als Musikdirektor am Theater scheiterte, aber ohne offizielle Anstellung in verschiedenen Funktionen (Kapellmeister, Komponist, Theaterarchitekt und -maler) weiter für das Theater arbeitete. Daneben gab er Musikunterricht, wobei die Leidenschaft für seine Schülerin Julia Mark in seine Dichtungen einging. 1813–14 war er als Kapellmeister in Dresden tätig; 1814 vollendete er seine Oper *Undine* (UA 1816 Berlin). Als er im Zuge des Neuaufbaus der Verwaltung durch Vermittlung seines Freundes Th. G. v. Hippel 1814 wieder in den preußischen Staatsdienst aufgenommen wurde (1816 Kammergerichtsrat), verband er pflichtbewusste Amtsführung mit intensiver literarischer Produktion. Von 1819 bis 1821 war er Mitglied einer Kommission, die gemäß den Karlsbader Beschlüssen hochverräterische Umtriebe untersuchen sollte. Die Kommissionsmitglieder bewiesen Rückgrat und wandten sich wiederholt gegen polizeiliche Übergriffe. 1821 wurde H. in den Oberappellationssenat des Kammergerichts, die oberste Instanz der preußischen Strafgerichtsbarkeit, versetzt, doch Anfang 1822 wegen seines satirischen Märchens *Meister Floh* mit einem Verfahren (»Verletzung der Amtsverschwiegenheit«) überzogen, vor dessen Konsequenzen ihn Krankheit und Tod bewahrten. H.s vielseitige künstlerische Begabung machte ihm selbst die Entscheidung für eine bestimmte Kunstform schwer. Zunächst stellte er sich selbst nur die Frage, ob er »wohl zum Mahler oder zum Musiker gebohren« sei (1803), und lange schien die Entscheidung zugunsten des Musikers gefallen zu sein, bis dann mit der 1809 entstandenen Novelle *Ritter Gluck* und den darauf folgenden Rezensionsaufträgen die Literatur allmählich neben bzw. – nach der Vollendung der *Undine*-Oper – vor die Musik trat. Als Dichter beschränkte sich H. fast ausschließlich auf Prosagattungen, wobei er viele seiner Geschichten, Novellen, Märchen und z. T. auch kritischen Aufsätze unter bestimmten erzählerischen und/oder thematischen Gesichtspunkten zu großen Sammlungen vereinigte. Daneben stehen die beiden großen Romane, die die Tradition des Schauerromans aufnehmenden *Elixiere des Teufels* und der Doppelroman *Kater Murr* mit seiner Verbindung von Kater-Autobiographie als Bildungsromanparodie und romantischer Musiker-Biographie. Zu den charakteristischen Eigenschaften seines Werkes zählt ein grundsätzlicher Dualismus, der in verschiedenen Ausprägungen erscheint: als Gegensatz von Kunst und Leben bzw. Künstler- und satirisch geschilderter Spießerwelt, von phantastisch-grotesker bzw. märchenhafter Kunst und bürgerlich-vernünftiger Normalität, von äußerer Wirklichkeit und den (von Gotthilf Heinrich Schubert beschriebenen) ›Nachtseiten‹ der Innenwelt, von romantischem religiösen und künstlerischen Enthusiasmus und scharfer, grotesker Satire oder bizarrem Humor. Die Aufhebung der Gegensätze, die Harmonie von Innen und Außen ist nur in der Kunst möglich, und die Verkennung der radikalen Trennung von Kunst und Leben bzw. die Unfähigkeit, Innen und Außen zusammenzuschauen, führt letztlich zur Zerstörung des Bewusstseins. Dabei sorgt häufig eine mehrfach perspektivisch gebrochene Erzählweise dafür, dass für den Leser die Grenzen von Schein und Wirklichkeit undeutlich werden. In späten Erzählungen wie *Des Vetters Eckfenster* (1822) verschiebt sich das Verhältnis von Innen- und Außenwelt zugunsten der äußeren Wirklichkeit und macht eine Annäherung an die realistische Erzählkunst des 19. Jh.s sichtbar.

Werke: Fantasiestücke in Callot's Manier. 1814–15. – Die Elixiere des Teufels. 1815–16. – Nachtstücke. 1817 [recte 1816–17]. – Seltsame Leiden eines Theater-Direktors. 1819 [recte 1818]. – Klein Zaches genannt Zinnober. 1819. – Die Serapions-Brüder. Gesammelte Erzählungen und Märchen. 1819–21. – Lebens-Ansichten des Katers Murr nebst fragmentarischer Biographie des Kapellmeisters Johannes Kreisler in zufälligen Makulaturblättern. 1820–22 [recte 1819–21]. – Prinzessin Brambilla. Ein Capriccio nach Jakob Callot. 1821. – Meister Floh. 1822.

Ausgabe: Sämtliche Werke. Hrsg. von Wulf Segebrecht und Hartmut Steinecke. 6 Bde. Frankfurt a. M. 1985–2004.

Hoffmann von Fallersleben, August Heinrich, 2. 4. 1798 Fallersleben bei Braunschweig – 19. 1. 1874 Corvey (Westfalen). Der Sohn eines Kaufmanns studierte nach dem Besuch des Gymnasiums (Helmstedt, Braunschweig) von 1816 an zunächst Theologie in Göttingen, wechselte dann zur klassischen Philologie und Archäologie und widmete sich schließlich unter dem Einfluss J. Grimms seit 1818 in Bonn der Germanistik. 1823 erhielt er eine Stelle als Kustos an der Bibliothek in Breslau, 1829 wurde er zum a. o., 1835 zum o. Professor für dt. Sprache und Literatur berufen. Auf Grund seiner politischen Gedichte wurde er 1842 entlassen und zog, vielfach ausgewiesen, als Sänger und Propagandist liberaler Ideen und Lieder durch das Land. Nach der Revolution wurde er amnestiert und arbeitete seit 1854 als Herausgeber der *Weimarischen Jahrbücher für deutsche Sprache, Literatur und Kunst*, bis er 1860 als Schlossbibliothekar nach Corvey ging. Als Wissenschaftler interessierte ihn v. a. das bibliographische Erfassen und Sammeln von Texten (Kinder-, Volks-, Kirchen- und so genannte Gesellschaftslieder); dabei gelangen ihm Funde wie das ahd. *Ludwigslied* oder die *Bonner Bruchstücke vom Otfried* (1821). Mit seinen *Unpolitischen Liedern* – der Titel ist ironisch gemeint – gehörte er zu den wichtigsten politischen Lyrikern des Vormärz. Dabei vertrat er in geselliger, volkstümlicher Form die Forderungen des bürgerlichen Liberalismus nach Einigkeit (staatliche Einheit), Recht (Konstitution), Freiheit und Gleichheit vor dem Gesetz. Sein bekanntestes Gedicht, *Das Lied der Deutschen*, entstand 1841. Populär wurden auch seine Kinderlieder (*Alle Vögel sind schon da*; *Kuckuck, Kuckuck*).

Werke: Gedichte. 1827. – Die deutsche Philologie im Grundriß. 1836. – Gedichte. Neue Sammlung. 1837. – Unpolitische Lieder. 1840–41. – Das Lied der Deutschen. 1841. – Politische Gedichte aus der deutschen Vorzeit. 1843. – Deutsche Gassenlieder. 1843. – Deutsche Lieder aus der Schweiz. 1843. – Funfzig Kinderlieder. 1843. – Die deutschen Gesellschaftslieder. 1844. – Deutsche Salonlieder. 1844. – Diavolini. 1845. – Hoffmann'sche Tropfen. 1845. –

37 Lieder für das junge Deutschland. 1848. – Lieder aus Weimar. 1854. – Vaterlandslieder. 1871.

Ausgabe: Gesammelte Werke. Hrsg. von Heinrich Gerstenberg. 8 Bde. Berlin 1890–93.

Hoffmannswaldau, Christian Hoffmann von (früher auch: C. Hofmann v. Hofmannswaldau), 25. 12. 1616 Breslau – 18. 4. 1679 ebd. Der aus dem protestantischen Breslauer Patriziat stammende H. studierte nach dem Besuch des Breslauer Elisabeth-Gymnasiums und des Akademischen Gymnasiums in Danzig (1636–38) an der Universität Leiden (1638–39). Hier setzte er das in Danzig begonnene Studium der Rechts- und Staatswissenschaften fort, wandte sich aber zugleich philologischen Fächern und der Poesie zu. 1639 brach er mit einem Fürsten zu einer Bildungsreise nach England, Frankreich und Italien auf (1639–41). 1641 wurde er von Rom nach Hause gerufen. Er widmete sich zunächst vorwiegend seinen wissenschaftlichen und literarischen Interessen; 1647 wurde er in den Rat der Stadt gewählt, dem er bis zu seinem Tod in verschiedenen Funktionen, zuletzt als Präses, angehörte. Er reiste als Verfechter der protestantischen Interessen der Stadt mehrmals zu Verhandlungen nach Wien (1657: Ernennung zum Kaiserlichen Rat, 1660, 1669/70). H. orientierte sich an der manieristischen ital. Literatur und ihrer concettistischen Sprachkunst. Viele seiner Dichtungen – darunter scharfsinnig-pointierte Grabschriften, umfangreiche Übersetzungsarbeiten wie die Verdeutschung von Giovanni Francesco Biondis Roman *Eromena* und ein Großteil der Lyrik – entstanden bereits in den 40er-Jahren, blieben aber ungedruckt und waren daher zunächst nur einem ausgewählten Publikum zugänglich. In den folgenden Jahrzehnten stellte H. nur noch zwei größere Werke fertig: 1652 die Übersetzung von Giovanni Battista Guarinis Schäferspiel *Il pastor fido* und 1664 die *Helden-Briefe*, 14 fiktive Briefwechsel – Prosaeinleitung und je 100 Alexandriner – in der Tradition von Ovids *Heroides*, die am Beispiel außergewöhnlicher Konstellationen andeuten, »was die Liebe vor ungeheure Spiele in der Welt anrichte«. Erst 1679 entschloss sich H. zu einer Auswahlausgabe seiner Dichtungen, in die er jedoch einen Teil seiner erotisch freizügigen »Lust-Getichte« nicht aufnahm. Sie wurden dann in B. Neukirchs Anthologie *Herrn von Hoffmannswaldau und andrer Deutschen auserlesene und bißher ungedruckte Gedichte* (1695 ff.) veröffentlicht und bestimmten lange das Bild H.s in der Literaturgeschichte. Dass H. aber nicht nur der frivole Ironiker und Meister ingeniöser Erfindungen war, zeigen religiöse Lieder, melancholische Gedanken über die Vergänglichkeit des Menschen und der Welt, Trauergedichte, lyrische Diskurse vom rechten Leben mit neostoizistischem Hintergrund, *Poetische GeschichtReden* mit Klageliedern biblischer Personen sowie die Übersetzung von Théophile de Viaus philosophisch-erbaulichem *Mort de Socrate* (*Der Sterbende Socrates*).

Werke: Centuria Epitaphiorum: […] Das ist: Hundert auserlesene und Sinnreiche Grabschrifften. o. J. [1662?]. – Des Sinnreichen Ritters Baptistae Guarini Pastor fido. 1678. – Deutsche Ubersetzungen Und Getichte. 1679.
Ausgaben: Sämtliche Werke. Hrsg. von Franz Heiduk. 5 Bde. Hildesheim [u. a.] 1984 ff. – Benjamin Neukirchs Anthologie. Herrn von Hoffmannswaldau und andrer Deutschen auserlesener und bißher ungedruckter Gedichte erster [– anderer] theil. Hrsg. von Angelo George de Capua und Ernst Alfred Philippson. Tübingen 1961–65.

Hofmannsthal, Hugo von, 1. 2. 1874 Wien – 15. 7. 1929 Rodaun bei Wien. H.s Vater, Jurist und Direktor der Wiener Central-Bodencreditanstalt, stammte aus einer wohlhabenden, ehemals jüdischen Fabrikantenfamilie, die sich im Verlauf mehrerer Generationen vollständig assimiliert hatte. Schon während seiner Gymnasialzeit hatte H. Kontakt zu den Autoren der Wiener Moderne (H. Bahr, A. Schnitzler u. a.). 1892–94 studierte er Jura an der Universität in Wien, dann – nach einem Freiwilligenjahr bei einem Dragonerregiment – Romanistik. Mit einer Arbeit *Über den Sprachgebrauch bei den Dichtern der Pléiade* wurde er 1898 zum Dr. phil. promoviert. Das Habilitationsgesuch zog er 1901 zurück – er hatte über Victor Hugo geschrieben – und ließ sich in Rodaun bei Wien in einem barocken »Schlössel« nieder, das er mit seiner Familie – nur von Reisen unterbrochen – bis zu seinem Tod als freier Schriftsteller bewohnte. Am 13. Juli 1929 nahm sich sein ältester Sohn das Leben; zwei Tage später erlitt H. beim Aufbruch zur Beerdigung einen tödlichen Schlaganfall.

H.s lyrisches und lyrisch-dramatisches Frühwerk behandelt, im Einklang mit den Tendenzen des Wiener Fin de Siècle (»Jung-Wien«), die Problematik der ästhetischen Existenz und begründete seinen Ruhm. Die Abkehr vom impressionistischen Ästhetentum, die H. im späteren Werk bewusst zum »Sozialen« führte, dokumentiert sich bereits im berühmten fiktiven *Brief* des Lord Chandos an Francis Bacon, der – im Zusammenhang mit der Sprachphilosophie Fritz Mauthners und dem Empiriokritizismus Ernst Machs – zugleich Reflex einer verbreiteten Sprachskepsis zu Anfang des Jahrhunderts und Zeugnis der Erfahrung der Entfremdung und einer gebrochenen Wirklichkeitserfahrung ist. Die Aneignung der kulturellen Tradition ist ein charakteristisches Element von H.s Schaffen. Das gilt für das essayistische Werk ebenso wie für die Dichtung: für die Erzählungen, die u. a. an die romanische Novellistik anschließen, für die Versuche psychologisierender Griechendramen, für die Verwendung von Elementen der Commedia dell'arte in den Komödien und schließlich für die Erneuerung der österreichisch-habsburgischen Barocktradition und die Auseinandersetzung mit Calderón. Mit der Aufforderung von Richard Strauss, die *Elektra*-Tragödie zu einem Opernlibretto umzuarbeiten (UA der Oper 1909), begann die erfolgreiche Zusammenarbeit zwischen H. und Strauss, die ihren Höhepunkt in der gemeinsamen Arbeit am *Rosenkavalier* (UA 1911) erreichte und bis zur postum aufgeführten *Arabella* (UA 1933) weitergeführt wurde. H. betrachtete seine Libretti nicht als Nebenwerke; Texte wie *Der Rosenkavalier*, *Ariadne auf Naxos* (UA 1912) oder *Arabella* sind integraler Bestandteil seines Komödienschaffens, das mit *Cristinas Heimreise* (UA 1910) einsetzte und mit den Konversationskomödien *Der Schwierige* (UA 1921) und *Der Unbestechliche* (UA 1923) zur höchsten Kunst sprachlicher Nuancierung gelangte, scheinbar mühelos entwickelt aus dem Sprechton einer idealisierten altösterreichischen Gesellschaft. Zu H.s kulturpolitischen Aktivitäten, die als Antwort auf den Untergang der habsburgischen Monarchie gelten können und auf eine (katholische) europäische kulturelle Tradition als Gegengewicht setzen, gehört die gemeinsam mit Max Reinhardt und Strauss betriebene Gründung der Salzburger Festspiele (1920). Stücke wie *Jedermann* (UA 1911), seit 1920 jährlich auf dem Salzburger Domplatz gespielt, und die Calderón-Erneuerung *Das Salzburger Große Welttheater* (UA 1922) dienten dieser Idee. Resultat einer tiefergreifenden Auseinandersetzung mit Calderón ist H.s Trauerspiel *Der Turm* (UA 1928), das in zwei Fassungen vorliegt und die zunehmende Skepsis H.s angesichts der geschichtlichen Entwicklung erkennen und sich als Vorahnung kommender Katastrophen interpretieren lässt. Eine andere Antwort auf die Krise der Zeit versuchte H. unter dem Stichwort einer konservativen Revolution in der 1927 gehaltenen Rede *Das Schrifttum als geistiger Raum der Nation*. Neben dem umfangreichen dramatischen Schaffen sind auch nach dem erzählerischen Frühwerk weitere bedeutende Prosadichtungen entstanden: die Erzählung *Die Frau ohne Schatten*, ein von H. als »Allegorie des Sozialen« bezeichnetes Märchen von Treue, Prüfung, Läuterung, Erlösung und Verwandlung, und das Fragment eines österreichischen Bildungsromans *Andreas oder Die Vereinigten*.

Werke: Gestern. Dramatische Studie in einem Akt in Versen. 1891. – Der Tod des Tizian. In: Blätter für die Kunst. Oktober 1892. – Der Thor und der Tod. In: Moderner Musen-Almanach auf das Jahr 1894. 1893. – Theater in Versen. 1899. – Der Kaiser und die Hexe. 1900. – Ein Brief. In: Der Tag. 1902. – Ausgewählte Gedichte. 1903. – Das kleine Welttheater oder Die Glücklichen. 1903. – Elektra. Tragödie in einem Aufzug. Frei nach Sophokles. 1904. Opernfassung 1908. – Das Märchen der 672. Nacht und andere Erzählungen. 1905. – Ödipus und die Sphinx. 1906. – Alkestis. Ein Trauerspiel nach Euripides. 1909. – Cristinas Heimreise. 1910. – Der Rosenkavalier. Komödie für Musik. 1911. – Jedermann. Das Spiel vom Sterben des reichen Mannes, erneuert. 1911. – König Ödipus. 1911. – Ariadne auf Naxos. 1912. Neufassung 1916. – Die Frau ohne Schatten. 1919. [Operntext.] – Die Frau ohne Schatten. 1919. [Erzählung.] – Der Schwierige. 1921. – Das Salzburger Große Welttheater. 1922. – Buch der Freunde. 1922. – Der Turm. Trauerspiel in fünf Aufzügen. 1925. [1. Fassung.] 1927. [2. Fassung.] – Das Schrifttum als geistiger Raum der Nation. 1927. – Die ägyptische Helena. 1928. – Andreas oder Die Vereinigten. 1930. – Arabella. 1933.

Ausgaben: Gesammelte Werke in Einzelausgaben. Hrsg. von Herbert Steiner. 15 Bde. Stockholm bzw. [ab 1949] Frankfurt a. M. 1945–59. – Gesammelte Werke in zehn Einzelbänden. Hrsg. von Bernd Schoeller und Rudolf Hirsch. Frankfurt a. M. 1979–80. – Sämtliche Werke. Krit. Ausg. in 38 Bdn. Veranstaltet vom Freien Deutschen Hochstift. Hrsg. von Rudolf Hirsch [u. a.]. Frankfurt a. M. 1975 ff.

Hohberg, Wolf Helmhard Freiherr von, 20. 10. 1612 Schloss Lengenfeld (Niederösterreich) – 28. 6. 1688 Regensburg. Der Tod des Vaters 1621 und die daraus resultierenden wirtschaftlichen Schwierigkeiten behinderten H.s Ausbildung, so dass er erst während seines Dienstes in der kaiserlichen Armee (1632–41) Gelegenheit fand, v. a. seine Sprachkenntnisse zu vertiefen (Latein) und zu erweitern (moderne Fremdsprachen, Griechisch, Hebräisch). Danach verwaltete er seine kleinen Besitztümer in Niederösterreich. 1659 wurde er in den Freiherrenstand erhoben. Nach dem Verkauf seiner Güter ließ sich der protestantische H. in Regensburg nieder. 1652 wurde er als »Der Sinnreiche« in die »Fruchtbringenden Gesellschaft« aufgenommen. H. ist einer der wenigen dt. Dichter des 17. Jh.s, die sich an der Form des großen Versepos versuchten: mit einem mythologischen Epos über den Raub der Fruchtbarkeitsgöttin Persephone bzw. Proserpina (14 000 Alexandriner) und der umfangreichen Verherrlichung Ottoberts, des fiktiven Ahnherrn des Kaiserhauses, einer Art höfisch-historischem Barockroman in Versform (40 000 Alexandriner). Größere Resonanz fanden die mit einem großen Emblemzyklus verbundene Paraphrase des Psalters in Versform und insbesondere sein Hauptwerk, die *Georgica curiosa*. Das mit vielen Abbildungen illustrierte Haus- und Wirtschaftsbuch gilt als das bedeutendste Werk der Ökonomik bzw. Hausväterliteratur des 17. Jh.s.

Werke: Die unvergnügte Proserpina. 1661. – Der Habspurgische Ottobert. 1663–64. – Lust- und Artzeney-Garten deß Königlichen Propheten Davids. Das ist Der gantze Psalter in teutsche Verse übersetzt. 1675. – Georgica curiosa. Das ist: Umständlicher Bericht und klarer Unterricht Von dem Adelichen Land- und Feld-Leben. 1682. – Historia passionis et mortis Jesu Christi. 1725.

Hohl, Ludwig, 9. 4. 1904 Netstal (Kanton Glarus) – 3. 11. 1980 Genf. Der aus einem Pfarrhaus stammende H. brach seine gymnasiale Ausbildung in Frauenfeld und Zürich ab und ging dann ins Ausland (seit 1924 Paris, von 1931 bis 1937 Den Haag). Von 1937 bis zu seinem Tod lebte er unter schwierigen materiellen Bedingungen in Genf. H.s Hauptwerke, groß angelegte Sammlungen von Erzählungen, Aphorismen und Essays, entstanden bereits 1931–35 (*Nuancen und Details*) und 1934–36 (*Die Notizen oder Von der unvoreiligen Versöhnung*), wurden aber nach verschiedenen Teilveröffentlichungen erst seit den 60er-Jahren vollständig veröffentlicht. Die *Notizen* sind thematisch gegliedert – u. a. »Vom Arbeiten«, »Vom Erreichbaren und Unerreichbaren«, »Kunst«, »Vom Schreiben«, »Traum und Träume«, »Vom Tod« – und beziehen dabei auch die eigene Außenseitersituation, die eigene Arbeit und die kritische Haltung gegenüber der Schweiz ein. Neben der Titelerzählung des Bandes *Nächtlicher Weg* gilt *Bergfahrt* als H.s bedeutendstes erzählerisches Werk: eine strenge, konzentrierte, seit 1926 vielfach umgearbeitete Schilderung einer Bergbesteigung, die als Parabel der menschlichen Existenz gelesen werden kann.

Werke: Gedichte. 1925. – Nuancen und Details. 3 Tle. 1939–43. – Die Notizen oder Von der unvoreiligen Versöhnung. Bd. 1. Tl. 1–6. 1943. – Nächtlicher Weg. 1943. – Die Notizen [...]. Bd. 2. Tl. 7–12. 1954. – Vernunft und Güte. 1956. – Wirklichkeiten. 1963. – Nuancen und Details. 1964. [Vollst. Ausg.] – Drei alte Weiber in einem Bergdorf. 1970. – Bergfahrt. 1975. – Die Notizen oder Von der unvoreiligen Versöhnung. 1981. [Vollst. Ausg.] – Aus der Tiefsee. Paris 1926. Hrsg. von Ulrich Stadler. 2004.

Holz, Arno, 26. 4. 1863 Rastenburg (Ostpreußen) – 26. 10. 1929 Berlin. H. kam mit seiner Familie – der Vater war Apotheker – 1875 nach Berlin und etablierte sich hier nach dem Besuch des Gymnasiums in den 80er-Jahren als freier Schriftsteller. Er gehörte dem kurzlebigen literarischen Verein »Durch« der Berliner Naturalisten an (1886–1887), von 1887 bis 1892 lebte und arbeitete er zusammen mit J. Schlaf (gemeinsames Pseudonym Bjarne P. Holmsen). Streitigkeiten, die u. a. aus H.' dominierender Persönlichkeit und seinen Ansprüchen erwuchsen, führten zu einer Abkehr H.' von seinen naturalistischen Freunden und zunehmender Isolierung. Nach epigonalen Anfängen trat H. mit dem *Buch der Zeit* als Verfechter einer neuen realistischen Literatur auf und machte dabei auch die Großstadt und ihre Probleme zum Gegenstand seiner ›naturalistischen‹ Darstellung. Der Band enthält auch einen aus 13 Gedichten bestehenden Zyklus *Phantasus*, der das Schicksal eines armen, zu träumerischen Höhenflügen sich aufschwingenden Poeten in der Dachstube einer Berliner Mietskaserne schildert, Keimzelle für H.' späteres lyrisches Lebenswerk. Den entscheidenden Durchbruch zu einem »konsequenten Naturalismus« markieren die mit

Schlaf verfassten Prosastücke *Papa Hamlet* und das Drama *Die Familie Selicke*, ebenfalls ein Gemeinschaftswerk, mit ihrem Versuch minutiöser, möglichst objektiver Wirklichkeitsdarstellung durch eine entsprechende sprachliche Realisierung mit Hilfe des »Sekundenstils«. Die theoretische Fundierung folgte in der zweibändigen Schrift *Die Kunst. Ihr Wesen und ihre Gesetze*: Kunst zielt auf eine genaue Wiedergabe der Natur, wobei jedoch menschliche Unvollkommenheit und die Beschaffenheit der Kunstmittel Grenzen setzen: »Kunst = Natur – x«, lautet H.' berühmte Formel, wobei das x, Folge der Beschränkungen, möglichst klein zu halten sei, auch durch die Abkehr von allen äußerlichen Kunstmitteln wie Strophenformen, Metrum, Reim usw. Die Vorstellung, dass eine Revolution der Kunst nur durch eine Revolutionierung der Kunstmittel möglich sei, suchte er in der Lyrik des *Phantasus* zu verwirklichen, den er als eine Art Lebenswerk mehrfach erweiterte und umarbeitete. Unverzichtbares formales Grundelement der Lyrik ist allein der Rhythmus. Im Gedicht ist die Zeile die letzte Einheit, wobei dann die unregelmäßig langen Zeilen um eine imaginäre Mittelachse angeordnet werden. Ausgangspunkt der *Phantasus*-Gedichte ist wie in dem frühen Zyklus der Dichter, der in seiner Phantasie die Welt verwandelt. Zugleich legte H. sein Werk im Anschluss an Ernst Haeckel als »Weltgedicht« des »naturwissenschaftlichen Zeitalters« an. H.' Form- und Sprachtalent zeigt sich nicht zuletzt in den parodistischen Barockimitationen des *Dafnis* sowie in den der eigenen Selbstdarstellung dienenden Satiren auf ältere und neuere Dichter (*Die Blechschmiede*). Thema seiner Dramen sind ebenfalls Kunst und Künstler: satirische Auseinandersetzung mit seinen naturalistischen Weggefährten (*Sozialaristokraten*), Darstellung des Verhältnisses von Dichter und Welt mit Künstlerfiguren im Mittelpunkt, die gegen die Verständnislosigkeit der Gesellschaft kämpfen (*Sonnenfinsternis*, *Ignorabimus*).

Werke: Klinginsherz! 1883. – Das Buch der Zeit. Lieder eines Modernen. 1886. – Papa Hamlet. 1889. [Mit Johannes Schlaf.] – Die Familie Selicke. 1890. [Mit J. Schlaf.] – Die Kunst. Ihr Wesen und ihre Gesetze. 1891–92. – Sozialaristokraten. 1896. – Phantasus. 1898–99. [Erw. und umgearb. Ausg. 1913, 1916, 1924–25.] – Revolution der Lyrik. 1899. – Die Blechschmiede. Lyrisch-satirisches Drama. 1902. [Erw. Ausg. 1917, 1921, 1924.] – Johannes Schlaf. Ein notgedrungenes Kapitel. 1902. – Dafnis. Lyrisches Portrait aus dem 17. Jh. 1904. – Sonnenfinsternis. 1908. – Ignorabimus. 1913. – Die befreite deutsche Wortkunst. 1921.

Ausgaben: Das Werk. Hrsg. von Hans W. Fischer. 10 Bde. Berlin 1924–25. – Werke. Hrsg. von Wilhelm Emrich und Anita Holz. 7 Bde. Neuwied/Berlin 1961–64.

Horváth, Ödön von, 9. 12. 1901 Fiume (Rijeka) – 1. 6. 1938 Paris. Der Sohn eines ungarischen Diplomaten machte nach zahlreichen Wohnsitzwechseln 1919 in Wien das Abitur, und kam dann über München 1924 nach Berlin. 1933 ging er nach Österreich (Salzburg, Wien), trat aber 1934 dem nationalsozialistischen Reichsverband Deutscher Schriftsteller bei, aus dem er 1937 wieder ausgeschlossen wurde. Noch vor dem »Anschluss« verließ H. Wien und gelangte über Budapest, Prag, Zürich, Brüssel und Amsterdam am 28. 5. 1938 nach Paris. Drei Tage später wurde er von einem herabfallenden Ast auf den Champs-Elysées erschlagen. H.s Volksstücke, die das Zentrum seines Werkes bilden, bringen »heutige Menschen aus dem Volk« auf die Bühne, und das sind nach H. Kleinbürger und Proletarier. Bei der »Demaskierung des Bewußtseins« (H.), die die Stücke betreiben, kommt der Sprache eine entscheidende Rolle zu. In ihr spielt sich das eigentliche Geschehen ab, in einem unechten, geliehenen Bildungsjargon, der den Dialekt ersetzt hat und in dessen Phrasen und Sprüchen sich die Kleinbürgermentalität in ihrer Entfremdung und ihren Illusionen verrät. Seinen ersten großen Bühnenerfolg hatte H. mit dem Stück *Italienische Nacht* (UA 1931), das in der Konfrontation von Sozialisten und Faschisten die Hohlheit politischer Schlagworte satirisch entlarvt. Die *Ge-*

schichten aus dem Wiener Wald (UA 1931) – für das bekannteste seiner Stücke erhielt H. den Kleist-Preis – zeichnen eine tödliche Idylle: Hinter der verlogenen Fassade von Familie, Geschäft, Vergnügen stecken Egoismus, Unterdrückung (der Frauen), Sentimentalität, Brutalität und Schlimmeres. In der »Ballade« *Kasimir und Karoline* (UA 1932) ist das Münchner Oktoberfest zugleich Sinnbild der Welt und Kulisse eines tristen Dramas der durch die gesellschaftlichen und ökonomischen Verhältnisse hervorgerufenen Entfremdung. Die soziale Anklage verschärft sich in dem letzten vor Hitlers Machtergreifung geschriebenen Volksstück *Glaube Liebe Hoffnung*, der Geschichte einer Frau, die an ihrer Vergangenheit und der Gesellschaft scheitert und in den Tod getrieben wird. Die für Januar 1933 vorgesehene Uraufführung in Berlin ließ sich nicht mehr verwirklichen; sie fand dann 1936 in Wien statt. Von den im Exil geschriebenen Dramen – u. a. *Himmelwärts*, *Don Juan kommt aus dem Krieg*, *Figaro läßt sich scheiden*, *Der Jüngste Tag* – konnten noch einige aufgeführt werden. Viele Texte wurden erst postum gedruckt. Das Verfahren seiner Stücke, Entlarvung durch die Sprache, wandte H. auch in seinem Roman *Der ewige Spießer* an.

Werke: Das Buch der Tänze. 1922. – Der ewige Spießer. 1930. – Italienische Nacht. 1931. – Geschichten aus dem Wiener Wald. 1931. – Jugend ohne Gott. 1938. – Ein Kind unserer Zeit. 1938.

Ausgaben: Gesammelte Werke. Hrsg. von Dieter Hildebrandt [u. a.]. 4 Bde. Frankfurt a. M. 1970. – Gesammelte Werke. Komm. Werkausg. in Einzelbänden. Hrsg. von Traugott Krischke. 14 Bde. Frankfurt a. M. 1983–88.

Hoyers, Anna Ovena, 1584 Koldenbüttel bei Friedrichstadt (Schleswig) – 27. 11. 1655 Gut Sittwick bei Stockholm. Die Tochter des Hofbesitzers Hans Ovens erhielt eine für Frauen ihrer Zeit außergewöhnlich gute humanistische Ausbildung. 1599 heiratete sie den Amtmann von Eiderstedt Hermann Hoyers, mit dem sie von 1603 an im herzoglichen Schloss in Tönning wohnte. Nach dem Tod ihres Mannes 1622 zog sie sich auf ihr Gut Hoyersworth zurück. Es kam zu religiösen Streitigkeiten, als sie einen als Rosenkreuzer angefeindeten Arzt und Alchimisten vorübergehend bei sich aufnahm. Als sie wegen finanzieller Schwierigkeiten ihren Besitz verkaufen musste, wanderte sie – wahrscheinlich 1632 – nach Schweden aus, wo sie in einem Kreis adeliger und bürgerlicher Gesinnungsfreunde lebte und von der Königinwitwe Maria Eleonora mit einem Hof bei Stockholm beschenkt wurde. Bereits 1617 veröffentlichte H. eine Versifikation der Novelle *Euryalus und Lucretia* nach der Übersetzung N. v. Wyles. Nur wenige Einzeldrucke der Folgezeit sind erhalten; 1650 veröffentlichte H. ihre Gedichte in einer Sammelausgabe. H. ignoriert weitgehend die Opitzschen Regeln und verwendet häufig den Knittelvers, zeigt aber auch eine durchaus zeitgemäße Vorliebe für Akrosticha, Chronogramme und anagrammatische Spielereien mit häufig religiösem oder mystischem Hintersinn. Ihre Dichtung ist didaktisch, direkt, satirisch und Ausdruck ihrer religiösen Überzeugungen, die auch die Gewissheit vom nahen Ende der Welt einschließen und in der Tradition der Spiritualisten für ein entschiedenes Laienchristentum einstehen.

Werke: Süßbittere Freude; oder Eine wahrhafftige Historie von zwey liebhabenden Personen. 1617. – Gespräch Eines Kindes mit seiner Mutter / Von dem Wege zu wahrer Gottseligkeit. 1628. – Das Buch Ruth. In Teutsche Reimen gestellet. 1634. – Geistliche und Weltliche Poemata. 1650.
Ausgabe: Geistliche und Weltliche Poemata. Hrsg. von Barbara Becker-Cantarino. Tübingen 1986.

Hrotsvit von Gandersheim (Roswitha von Gandersheim), um 935 – nach 973. Die wahrscheinlich adelige Kanonisse H. verbrachte den größten Teil ihres Lebens im Reichsstift Gandersheim, das eng mit dem sächsischen Herrscherhaus verbunden war. Hier erhielt sie auch den Unterricht, der die Voraussetzungen für ihre metrischen lat. Dichtungen schuf. Das Werk der ersten dt. Dichterin umfasst, von ihr selbst in drei Bücher gegliedert, acht Verslegenden in leoninischen Hexametern bzw. (in einem Fall) Distichen (abgeschlossen 962), sechs nach 962 entstandene Legendendramen in Reimprosa und zwei historische Hexameterdichtungen zur höheren Ehre des sächsischen Herrscherhauses (*Gesta Ottonis*, vor 968) und des Stifts Gandersheim (*Primordia coenobii Gandeshemensis*, vor 973). Unter den Legenden, vorwiegend Märtyrergeschichten, findet sich auch die vom Teufelsbündner Theophilus. Die Dramen sind legendenhafte Bekehrungs- und Märtyrerstücke, die sich als geistliche Gegenentwürfe zu den Komödien des Terenz verstehen und deren innere Glaubensgewissheit eine heitere Atmosphäre, selbst Komik, ermöglicht. An eine Aufführung war nicht gedacht. Gleichwohl betrat H. mit ihrem Versuch, die antike Komödienform mit christlichem Geist zu füllen, literarisches Neuland. Wiederentdeckt wurden ihre Werke durch den Humanisten C. Celtis, der sie 1501 edierte.

Ausgaben: Opera. Hrsg. von Paul v. Winterfeld. Berlin/Zürich 1902. Reprogr. Nachdr. München 1978. – Opera. Hrsg. von Karl Strecker. Leipzig ²1930. – Opera. Mit Einl. und Komm. von Helene Homeyer. München [u. a.] 1970. – Sämtliche Dichtungen. Übertragen von Otto Baumhauer, Jacob Bendixen und Theodor G. Pfund. München 1966. – Werke. In dt. Übertragung von Helene Homeyer. München [u. a.] ²1973.

Huch, Ricarda, 18. 7. 1864 Braunschweig – 17. 11. 1947 Schönberg (heute: Kronberg, Taunus). Die Tochter einer wohlhabenden Kaufmannsfamilie ging nach dem frühen Tod der Eltern 1887 nach Zürich, machte das Abitur, studierte Geschichte und promovierte 1891 mit einer Arbeit über schweizerische Geschichte. Zunächst arbeitete sie als Bibliothekarin und Lehrerin, seit 1897 lebte sie als freie Schriftstellerin zunächst in Wien und Triest, dann seit 1900 vorwiegend in München. Hier gehörten K. Wolfskehl und Heinrich Wölfflin zu ihren Freunden. Seit 1927 lebte H. im Haus ihrer Tochter und ihres Schwiegersohns in Berlin (1927–32), Heidelberg (1932–34), Freiburg i. Br. (1934–36) und Jena (1936–47). Sie starb kurz nach ihrer Flucht aus Jena. In H.s Werk verbinden sich Dichtung und Wissenschaft. Ihr dichterisches Frühwerk – Lyrik, Dramen, Romane – ist dem Jugendstil, einem romantischen Lebens- und Schönheitstraum verpflichtet, doch bereits in dem autobiographisch geprägten Roman *Vita somnium breve* (späterer Titel: *Michael Unger*) zeigen sich in der Hinwendung des Helden zum bürgerlichen Pflichtdenken Objektivierungstendenzen, die dann ihre Fortsetzung in ihren historischen Romanen und dem großen epischen Gemälde *Der große Krieg in Deutschland* fanden. Mit ihrer großen Romantik-Studie, mit der sie zur Erneuerung der eigenen Epoche beitragen wollte, beeinflusste sie die Neuromantik. Ihr späteres Werk ist v. a. der Geschichte gewidmet, den Mächten und Ideen, die sie bestimmen. Ihre dreibändige *Deutsche Geschichte* zeigt ihre Opposition gegen den Nationalsozialismus. Sie ist auch in Aufzeichnungen dokumentiert, die sie G. Weisenborn zur Veröffentlichung übergab.

Werke: Gedichte. 1891. – Evoë! Dramatisches Spiel in fünf Aufzügen. 1892. – Erinnerungen von Ludolf Ursleu dem Jüngeren. 1893. – Fra Celeste und andere Erzählungen. 1899. – Blüthezeit der Romantik. 1899. – Ausbreitung und Verfall der Romantik. 1902. – Aus der Triumphgasse. 1902. – Vita somnium breve. 1903. [Seit 1913 u. d. T.: Michael Unger.] – Die Geschichte von Garibaldi. 1906–07. – Neue Gedichte. 1907. – Das Risorgimento. 1908. – Die Romantik. 1908. [Vereint die 1899 bzw. 1902 ersch. Bde.] – Das Leben des Grafen Federigo Confalonieri. 1910. – Der große Krieg in Deutschland. 1912–14. – Natur und Geist als die Wurzeln des Lebens und der Kunst. 1914. – Wallenstein. Eine Charakterstudie. 1915. – Luthers Glaube. 1916. – Der Fall Deruga. 1917. – Der Sinn der heiligen Schrift. 1919. – Michael Bakunin und die Anarchie. 1923. – Der wiederkehrende Christus. Eine groteske Erzählung. 1926. – Im alten Reich. Lebensbilder deutscher Städte. 1927. – Gesammelte Gedichte. 1929. – Alte und neue Götter. 1848. Die Revolution des 19. Jh.s in Deutschland. 1930. – Deutsche Geschichte. 1934–39. – Weiße Nächte. 1943. – Herbstfeuer. 1944. – Urphänomene. 1946. – Der lautlose Aufstand. Hrsg. von Günter Weisenborn. 1953.

Ausgabe: Gesammelte Werke. Hrsg. von Wilhelm Emrich. 11 Bde. Köln/Berlin 1966–74.

Huchel, Peter, 3. 4. 1903 Berlin-Lichterfelde – 30. 4. 1981 Staufen bei Freiburg i. Br. Der Sohn eines preußischen Beamten wurde als Mitglied des Potsdamer Freikorps 1920 während des Kapp-Putsches verwundet. Nach dem Abitur studierte er 1923–26 ohne Abschluss Literaturwissenschaft und Philosophie in Berlin, Freiburg i. Br. und Wien. Anschließend unternahm er längere Reisen (Frankreich, Balkan); seit 1930 lebte er in Berlin. Er schrieb für die *Literarische Welt*, *Die Kolonne* und – durch Vermittlung von G. Eich – für den Berliner Rundfunk (Hörspiele). 1940 wurde er eingezogen. Nach der Rückkehr aus sowjetischer Kriegsgefangenschaft (1945) baute er die Hörspielabteilung am Ostberliner Rundfunk auf. 1949 übernahm er die Chefredaktion der Zeitschrift *Sinn und Form*, die er nach Schwierigkeiten mit Partei und Staat 1962 aufgeben musste. Er wurde in die Isolation gedrängt; 1971 erhielt er die Erlaubnis zur Ausreise und ließ sich nach einem Aufenthalt in der Villa Massimo (Rom) 1972 in Staufen nieder. H. hatte 1932 den Lyrik-Preis der Zeitschrift *Die Kolonne* erhalten und einen Band mit Naturlyrik zum Druck vorbereitet (*Der Knabenteich*); er zog ihn Anfang 1933 zurück. Erst nach dem Krieg veröffentlichte er seine seit 1925 entstandenen Gedichte. H.s Naturgedichte unterscheiden sich von der Naturlyrik W. Lehmanns und verwandter Lyriker, die in der heilen Welt der Natur ein Gegenbild zum entfremdeten Dasein in der modernen Zivilisation beschwören. Für H. war die Natur schon immer »die vom Menschen veränderte Natur«; schon als Kind, so schreibt er, war Landschaft für ihn »auch ein sozialer Begriff«. Nach eigener Aussage drängten sich ihm Naturbilder auch bei Stoffen auf, die »eine Konfrontation mit der Gesellschaft bedeuten«. Die Bezüge freilich sind verschlüsselt, auf J. Böhme und Johann Jakob Bachofen verweisende naturmystische und -mythische Vorstellungen spielen eine Rolle. In den Gedichtbänden seit *Chausseen Chausseen* vermittelt H. nicht nur düstere Erfahrungen aus der Kriegszeit, sondern evoziert mit seiner (zunehmend verknappten) Bildlichkeit den generellen Eindruck der Bedrohung, Isolation und Heillosigkeit des Individuums.

Werke: Gedichte. 1948. – Chausseen Chausseen. 1963. – Die Sternenreuse. Gedichte 1925–1947. 1967. – Gezählte Tage. 1972. – Die neunte Stunde. 1979.

Ausgaben: Gesammelte Werke. Hrsg. von Axel Vieregg. 2 Bde. Frankfurt a. M. 1984. – Johannes Bobrowski / Peter Huchel: Briefwechsel. Hrsg. von Eberhard Haufe. Marbach a. N. 1993. – »Wie soll man da Gedichte schreiben.« Briefe 1925–1977. Hrsg von Hub Nijssen. Frankfurt a. M. 2000.

Hübner, Tobias, 5. 4. 1578 Halle – 5. 5. 1636 Dessau. Der Sohn eines adeligen Kanzlers von Sachsen-Anhalt ging nach dem Besuch des Zerbster Gymnasiums illustre zum Studium der Rechte nach Frankfurt a. d. O. und Heidelberg. In Frankreich erwarb er die Sprachkenntnisse, die seinen späteren Übersetzungsarbeiten zugute kamen. Nach einer erneuten Frankreich- und Schweizreise als Hofmeister des Erbprinzen von Anhalt 1608 und Tätigkeiten am Hof in Ansbach kehrte er 1613 nach Dessau zurück und wirkte hier zunächst als Hofmeister des Prinzen, dann als Kanzler und Geheimer Rat. 1619 wurde er in die »Fruchtbringende Gesellschaft« aufgenommen (»Der Nutzbare«). H.s frühe Dichtungen gehören in den Zusammenhang der höfischen Festkultur der Renaissance; es sind ritterliche Aufzüge, allegorisch-mythologische Ritter- und Maskenspiele in Prosa und Vers (darunter zahlreiche Alexandriner), festgehalten in repräsentativen illustrierten Festbeschreibungen. Die bedeutendste gilt den Heidelberger Festlichkeiten von 1613 anlässlich der Trauung und Heimführung der englischen Prinzessin Elisabeth, Tochter König James' I., durch Friedrich V. von der Pfalz. Im Zusammenhang mit den Bestrebungen der »Fruchtbringenden Gesellschaft«, durch Übersetzungen repräsentativer fremdsprachiger Dichtungen Modelle für die deutsche

Dichtung bereitzustellen, übersetzte er dann das biblische Schöpfungsepos *La sepmaine ou Création du monde* (1578) bzw. *La seconde semaine ou Enfance du monde* (1584–94) und andere Werke des frz. Kalvinisten Guillaume de Salluste Du Bartas. Die ersten Proben seiner Übertragung des Schöpfungsepos erschienen 1619; weitere Teile folgten in den nächsten Jahren, die dann in der von Ludwig v. Anhalt-Köthen und D. v. dem Werder herausgegebenen postumen Gesamtausgabe von 1640 zusammengefasst wurden. Es war das erste Alexandrinerepos in dt. Sprache; H.s Anspruch allerdings, den er später auch gegenüber Opitz erhob, er habe als erster den Alexandriner im Deutschen gebraucht, beruht auf einer Fehleinschätzung.

Werke: Beschreibung Der Reiß: Empfahung deß Ritterlichen Ordens: Volbringung des Heyraths: vnd glücklicher Heimführung. Wie auch der ansehnlichen Einführung: gehaltener Ritterspiel vnd Frewdenfests [...]. 1613. – Abbildung vnd Repraesentation Der Fürstlichen Inventionen, Auffzüge / Ritter-Spiel / auch Ballet [...].1615. – Wilhelms von Saluste Herrn Von Bartas Reimen-Gedichte genand Die Altväter. 1619. – La Vocation Oder Der Beruff Wilhelms von Saluste. 1619. – La seconde sepmaine [...]. Die Andere Woche. 1622. – L'Uranie. La Judith: La Lepanthe: La Victoire d'Ivry, &c. de Guillaume de Saluste [...]. Das ist: Die himmlische Musa: Die History von Judith [...]. 1623. – [...] Erste Woche / Von Erschaffung der Welt und aller Geschöpffe. 1631. – Die Erste und Andere Woche Wilhelms von Saluste Herren zu Bartas. 1640.

Huelsenbeck, Richard (auch: Charles R. Hulbeck), 23. 4. 1892 Frankenau (Hessen) – 20. 4. 1974 Minusio (Tessin). Der Apothekersohn studierte von 1911 an zunächst Literatur und Kunstgeschichte in München, wechselte aber 1914 nach Berlin und zur Medizin. 1916 hielt er sich in Zürich auf, lebte dann wieder in Berlin und suchte sich nach seiner Promotion eine Existenz als Arzt aufzubauen. Als Schiffsarzt reiste er zwischen 1924 und 1927 nach Afrika und Ostasien. 1936 emigrierte er in die

USA. In New York praktizierte er als Psychiater und Psychoanalytiker unter dem Namen Hulbeck. 1970 ließ er sich in Minusio im Tessin nieder. H.s literarhistorische Bedeutung liegt in seinen Beiträgen zum Dadaismus. Er gehörte zu den Begründern der DADA-Bewegung in Zürich und brachte 1917 von da aus die Botschaft nach Berlin. Er beteiligte sich mit unter Trommelbegleitung vorgetragenen, rein assoziativen, alogischen Gedichten und mit Manifesten an den DADA-Aktionen, die er dann auch in Dokumentationen festhielt und zu legitimieren suchte. Als H. später in den USA wieder Gedichte schrieb, setzte er die dadaistische Praxis nicht fort, sondern kehrte vielmehr zu seinen expressionistischen Anfängen zurück. Seine Reiseerfahrungen der 20er-Jahre schlugen sich in zahlreichen Artikeln und zwei gesellschaftskritischen Reisebüchern nieder. 1933 wurden seine Bücher verboten.

Werke: Schalaben, Schalomei, Schalamezomai. 1916. – Phantastische Gebete. 1916. Erw. 1920. – Azteken oder Die Knallbude. Eine militärische Novelle. 1918. – Verwandlungen. 1918. – Dada Almanach. 1920. – Dada siegt! Eine Bilanz des Dadaismus. 1920. – En avant dada. Eine Geschichte des Dadaismus und Deutschland muß untergehen! 1920. – Doctor Billig am Ende. 1921. – Der Sprung nach Osten. 1928. – Afrika in Sicht. 1928. – China frißt Menschen. 1930. – Warum lacht Frau Balsam? Schmugglerstück von der deutschen Westgrenze. 1932. – Der Traum vom großen Glück. 1933. – Die New Yorker Kantaten. 1952. – Die Antwort der Tiefe. 1954. – Mit Witz, Licht und Grütze. Auf den Spuren des Dadaismus. 1957. – Dada. Eine literarische Dokumentation. 1964.

Hürlimann, Thomas, * 21. 12. 1950 Zug (Schweiz). Nach dem Abitur am Stiftsgymnasium Einsiedeln studierte der Sohn des späteren Bundesrats (Minister) Hans H. von 1971 an Philosophie in Zürich und an der Freien Universität Berlin. Nach Abbruch des Studiums 1974 arbeitete er als freier Schriftsteller in Berlin, von 1982 bis 1985 auch als Regieassistent und Produktionsdramaturg am Schillertheater. Danach kehrte er in die Schweiz zurück.

Er lebt heute in Willerzell bei Einsiedeln und Berlin. H. ist Bühnenautor und Erzähler. Er gilt als der wichtigste zeitgenössische Schweizer Dramatiker. Seine Stücke besitzen eine große formale und thematische Bandbreite. Im Mittelpunkt stehen Fragen der menschlichen Existenz, die krisenhaften gesellschaftlichen Entwicklungen der Moderne, die eigene, d. h. schweizerische Geschichte. Von den Verdrängungen der Vätergeneration handelt *Großvater und Halbbruder*, vom Sterben (des Einzelnen und vom Tod der Zivilisation) *Stichtag*, während in der Komödie *Der letzte Gast* das Leben nur noch scheinhaft im Aufrechterhalten hohler Fassaden besteht. Das Verhältnis der Schweiz zu Nazi-Deutschland und Schweizer Lebenslügen thematisiert das am 8. Mai 1945 spielende Stück *Der Gesandte*, das auf einem historischen Fall basiert. Mit *Carleton* schuf H. ein Stationendrama, das im Kopf Gottfried Benns (Rahmenhandlung) Gestalt annimmt (und eigentlich als Libretto für Paul Hindemith gedacht ist), und von Visionen, Größenwahn und Untergang eines amerikanischen Agronomen handelt. Daneben stehen Dialektstücke, eine monumentale Calderón-Bearbeitung und Opernlibretti.

H.s erzählerisches Werk beginnt mit dem Band *Die Tessinerin*, dessen Titelgeschichte auf eindringliche Weise das Sterben einer Frau in einem Schweizer Gebirgsdorf schildert. Eine unvollendete Vergangenheit und das Weiterleben ohne Zukunft sind Gegenstand der streng gebauten Novelle *Im Gartenhaus*, in dem der Ehekrieg eines alten Paars in Erstarrung und Wahn endet und über der idyllischen Natur sich schon die Anzeichen ihres Untergangs verdichten. Gänzlich der Zivilisationskritik gewidmet sind die Prosaminiaturen des Bandes *Die Satellitenstadt*, während H.s erster Roman *Der große Kater* politische Karikatur und Intrige – der eidgenössische Bundespräsident trägt den Spitznamen Kater –, Familiengeschichte und Fragen menschlicher Existenz miteinander verbindet. Autobiographische Momente enthält auch die Novelle *Fräulein Stark*, eine sensible, humorvolle Geschichte des erotischen Erwachens eines etwa zwölfjährigen Jungen in den Wochen vor seinem Eintritt in die Klosterschule, zugleich die Geschichte einer nur angedeuteten dunklen – jüdischen – Herkunft, deren Störungspotential dem herrschenden Konformismus zuliebe ausgetrieben werden muss.

Werke: Die Tessinerin. Geschichten. 1981. – Großvater und Halbbruder. 1981. – Stichtag. Großvater und Halbbruder. 2 Theaterstücke. 1984. – Das Gartenhaus. 1989. – Der letzte Gast. 1990. – Der Gesandte. 1991. – Innerschweizer Trilogie. 1991. – Die Satellitenstadt. Geschichten. 1992. – Carleton. 1996. – Das Holztheater. Geschichten und Gedanken am Rand. 1997. – Das Lied der Heimat. 1998. – Der große Kater. 1998. – Das Lied der Heimat. Alle Stücke. 1998. – Das Einsiedler Welttheater. Nach Calderón de la Barca. 2000. – Fräulein Stark. 2001. – Himmelsöhi, hilf! Über die Schweiz und andere Nester. 2002. – Vierzig Rosen. 2006.

Hugo von Montfort, 1357 – 5. 4. 1423. Der aus einem vorderösterreichischen Grafengeschlecht stammende H. konnte seinen Besitz und Einfluss durch drei Heiraten beträchtlich steigern. Er nahm an einem Kreuzzug gegen die Preußen (1377) und anderen Kriegszügen der Habsburger in Italien und der Schweiz teil. 1388 wurde er österreichischer Landvogt in Thurgau und Aargau, 1395–97 war er Hofmeister Herzog Leopolds IV. und 1413–15 Landeshauptmann der Steiermark. Er gehörte zu den einflussreichsten Politikern seiner Zeit in der Steiermark und in Vorderösterreich. Als einer der letzten Minnesänger betonte H. seinen Dilettantenstatus im Vergleich zu den Berufsdichtern; Genauigkeit in »rimen« und »silben« sei seine Sache nicht. Er ließ eine Prunkhandschrift seiner Lieder anfertigen; 48 Texte, entstanden in der Zeit zwischen 1390 und 1415, gelten als authentisch. Gattungsmäßig lassen sie sich in Briefe, Lieder und Reden gliedern. Ausgangspunkt ist der traditionelle Minnesang, dessen Konventionen jedoch – z. B. in den an seine Ehefrau gerichteten Liebesliedern und -briefen – durchbrochen werden, indem sie sich als Gelegenheitsgedichte zu erkennen geben. Seine didaktischen Reden umfassen adelige Tugendlehre, Minnereden, geistliche Reden. Die eigenste Leistung stellen die Reflexionen über Liebe und Dichtung dar, eine Verbindung von Minnerede und Memento mori. Sein Werk zeigt, wie Formen und Motive des Minnesangs in einer ritterlichen Spätzeit in subjektiver, autobiographischer Funktion weiterleben.

Ausgaben: Hugo von Montfort. Hrsg. von Karl Bartsch. Tübingen 1879. – Hrsg. von Joseph Eduard Wackernagel. Innsbruck 1881. – Hrsg. von Eugen Thurnher, Franz V. Spechtler, George F. Jones und Ulrich Müller. 2 Bde. Göppingen 1978.

Hugo von Trimberg, nach 1230 – nach 1313. Der wohl aus Oberwerrn bei Schweinfurt stammende H. besuchte möglicherweise die Schule in Würzburg und wirkte seit 1260 als Lehrer und später als weltlicher Vertreter des geistlichen Schulvorstands am Stift St. Gangolf in der Bamberger Vorstadt Teuerstadt. Nach Angaben in seinem Hauptwerk, dem *Renner*, war er hier 42 Jahre tätig. Er schrieb dieses rund 24 000 Verse umfassende Lehrgedicht als alter Mann; er datiert seinen Abschluss auf das Jahr 1300, Nachträge entstanden bis 1313. Der *Renner* – der Titel bezieht sich auf H.s assoziativen, von Thema zu Thema ›rennenden‹ Erzählstil – ist Sündenklage, Bußpredigt und Morallehre, gegliedert nach dem Schema der sieben Hauptsünden. Zugleich erhält das Werk durch zahlreiche Einschübe den Charakter eines popularisierenden Kompendiums des Schulwissens seiner Zeit. Der Vermittlung des Stoffes und der Lehre dienen vielfach auch Spruchweisheiten, Fabeln und Schwänke. Neben dem in zahlreichen Handschriften überlieferten, erfolgreichen *Renner* sind vier lat. Texte H.s überliefert: ein Kalendergedicht (*Laurea Sanctorum*), eine Exempelsammlung (*Solsequium*), Schlussverse zu einem Marienleben (*Vita beatae Mariae rhythmica*) und ein Katalog von Schulautoren in Vagantenversen (*Registrum multorum auctorum*).

Ausgaben: Der Renner. Hrsg. von Gustav Ehrismann. 4 Bde. Tübingen 1908–11. Reprogr. Nachdr. mit einem Nachw. und Erg. von Günther Schweikle. Berlin 1970. – Laurea Sanctorum. Hrsg. von Hermann Grotefend. In: Anzeiger für Kunde der dt. Vorzeit 17 (1870), S. 279–284, 301–311. – Solsequium. Hrsg. von Erich Seemann. München 1914. – Karl Langosch: Das ›Registrum Multorum Auctorum‹ des Hugo von Trimberg. Untersuchungen und komm. Textausg. Berlin 1942. Reprogr. Nachdr. Nendeln/Liechtenstein 1969.

Hunold, Christian Friedrich (Pseud.: Menantes), 19. 9. 1681 Wandersleben (Thüringen) – 6. 8. 1721 Halle a. d. S. Der Sohn eines gräflichen Amtmanns studierte nach dem Besuch des Gymnasiums in Weißenfels von 1688 an Jura in Jena, brach jedoch das Studium ab, als sein väterliches Erbe aufgebraucht war, und kam im Februar 1700 mittellos und ohne Beruf nach Hamburg. Er begann zu schreiben und fand durch seinen späteren Biographen Benjamin Wedel (*Geheime Nachrichten und Briefe von Herrn Menantes Leben und Schrifften*, 1731) Kontakt zu dem Verleger Georg Liebernickel, der die meisten seiner Werke verlegte. Das Erscheinen des *Satyrischen Roman*, eines auf die Hamburger (Opern-)Gesellschaft zielenden Werks zwischen Satire und Pasquill, löste einen derartigen Skandal aus, dass sich H. im Juni 1706 durch Flucht der Verhaftung entziehen musste. 1708 ließ er sich in Halle nieder und versuchte, seinen Lebensunterhalt durch Vorlesungen über Moral, Rhetorik, Poesie und Stilistik zu verdienen. Er distanzierte sich von seinen früheren Schriften, promovierte 1714 zum Dr. jur. und heiratete die Tochter eines hohen Staatsbeamten. H.s literarisches Schaffen umfasst neben vier Romanen ein vielseitiges, an Hoffmannswaldau orientiertes lyrisches Werk, zwei Libretti, poetologische

Texte und eine Reihe von übersetzten und eigenen Anleitungsbüchern und Briefstellern, die mit beträchtlichem Erfolg seine Vorstellungen vom Galanten und das Ideal eines am klassizistischen frz. Vorbild orientierten ›natürlichen‹ Stils propagierten. Seine Romane bezeichnen den Höhepunkt des so genannten galanten Romans, der in der (stark verkürzten) äußeren Form des höfisch-historischen Romans die Welt als »ein geheimes Liebes-Cabinet« schildert und die neue gesellschaftliche Moral des Konformismus lehrt.

Werke: Die Verliebte und Galante Welt In vielen annehmlichen und wahrhaftigen Liebes-Geschichten / Welche sich in etlichen Jahren her in Teutschland zugetragen. 1700–1707. – Die Allerneueste Art Höflich und Galant zu Schreiben. 1702. – Die Edle Bemühung müssiger Stunden / In Galanten, Verliebten / Sinn- Scherz- und Satyrischen Gedichten. 1702. – Die Liebens-Würdige Adalie. 1702. – Die über die Liebe Triumphirende Weißheit / Oder Salomon, In einem Singe-Spiel. 1703. – Galante, Verliebte / Und Satyrische Gedichte / Erster Und Anderer Theil. 1703. – Der Gestürtzte und wieder Erhöhte Nebucadnezar [...]. In einem Singe-Spiel. 1704. – Der Europaeischen Höfe / Liebes- Und Helden-Geschichte. 1705. – Satyrischer Roman. 1706. – Theatralische / Galante Und geistliche Gedichte. 1706. – Die Beste Manier In Honnêter Conversation, sich Höflich und Behutsam aufzuführen und in Kluger Conduite zu Leben. 1707. – Einleitung Zur Teutschen Oratorie und Brief-Verfassung. 1709. – Die Manier Höflich und wohl zu Reden und zu Leben. 1710. – Academische Neben-Stunden Allerhand neuer Gedichte / Nebst Einer Einleitung Zur Vernünfftigen Poesie. 1712. – Neue Briefe. 1712.

Hutten, Ulrich von, 21. 4. 1488 Burg Steckelberg bei Schlüchtern (Hessen) – Ende August 1523 Ufenau (Zürichsee). Von seinen Eltern zur geistlichen Laufbahn bestimmt, lebte H. von 1499 an im Kloster Fulda, verließ es aber dann 1505, um humanistische Studien an verschiedenen Universitäten zu betreiben. Über Wien ging er zum Jurastudium nach Italien (1512–13); auch ein zweiter Italien-Aufenthalt (1515–17) führte nicht zu einem Studienabschluss. In Italien entwickelte sich allmählich sein Nationalgefühl, Reaktion insbesondere auf die Verhältnisse an der röm. Kurie, die zu heftigen Attacken führten. Zugleich griff er in die deutschen Verhältnisse ein: mit seiner Beteiligung an den *Dunkelmännerbriefen* (1515–17) und mit einer publizistischen Kampagne gegen Herzog Ulrich v. Württemberg, der einen Verwandten H.s ermordet hatte. Nach seiner Rückkehr aus Italien 1517 krönte ihn Kaiser Maximilian I. in Augsburg zum Dichter. In einem Brief an Willibald Pirckheimer vom 25. 10. 1518 gab er dem humanistischen Aufbruch in eine neue Zeit Worte, die in den Zitatenschatz eingingen: »O seculum! O literae! Iuvat vivere […].« Er stand nun im Dienst des Mainzer Erzbischofs Albrecht v. Brandenburg und beteiligte sich mit lat. und dt. Schriften an den politischen und religiösen Auseinandersetzungen, wobei die offene Kampfansage an Rom – seit 1519 sah er sich als Mitstreiter Luthers – zum Verlust der Stellung in Mainz führte. Von 1519 bis 1522 lebte H. bei Franz v. Sickingen und intensivierte mit zahlreichen Dialogen, Klagschriften und Ermahnungen seinen Kampf gegen Rom. Nach dem Scheitern von Sickingens Plänen (Feldzug gegen Trier 1522) floh der kranke H. in die Schweiz und fand durch Huldrych Zwingli Asyl auf der Insel Ufenau im Zürichsee; hier starb er an den Folgen der Syphilis. Während H.s frühes Werk kaum über humanistische Kreise hinaus bekannt wurde, fand seine nationale, antirömische Publizistik breite Resonanz in der Öffentlichkeit. H.s bedeutendste literarische Leistung besteht in der Erneuerung der Form des Prosadialogs nach dem Vorbild Lukians; sein bekenntnishaftes Lied *Ich habs gewagt mit sinnen* gehört zu den wichtigen Leistungen der Lyrik des 16. Jh.s.

Werke: De arte versificandi. 1511. – Phalarismus Dialogus Huttenicus. 1517. – Ad Principes Germaniae, ut bellum Turcis invehant. Exhortatoria. 1518. – Nemo. 1518. – Epigrammata. 1519. –

De Guaiaci medicina et morbo Gallico. 1519. – Conquestiones. 1520. – Dialogi. 1520. – Clag vnd vormanung gegen dem übermässigen vnchristlichen Gewalt des Bapsts zů Rom. 1520. – Gesprächbüchlin. 1521. – Novi Dialogi. 1521. – Ain new Lied. 1521. – Ulrichi ab Hutten cum Erasmo [...] Expostulatio. 1523. – Opera poetica. 1538.

Ausgabe: Opera Omnia Hutteni. Hrsg. von Eduard Böcking. 7 Bde. Leipzig 1859–70. Reprogr. Neudr. Aalen 1963.

I

Iffland, August Wilhelm, 19. 4. 1759 Hannover – 22. 9. 1814 Berlin. Der Sohn eines Beamten entzog sich dem Wunsch des Vaters, Theologie zu studieren; er floh 1777 aus dem Elternhaus und fand dank seines schauspielerischen Talents sofort eine Anstellung bei Konrad Ekhof am Gothaer Hoftheater. Von 1779 bis 1796 war er Mitglied des Ensembles des Mannheimer Nationaltheaters, wo er u. a. an der Uraufführung von Schillers *Räubern* im Januar 1782 als Karl Moor mitwirkte. 1796 wurde er Direktor des Berliner Nationaltheaters, 1811 Generaldirektor der kgl. Theater in Berlin. I. war jedoch nicht nur ein virtuoser, vielgefragter Schauspieler und erfolgreicher Theaterdirektor, sondern zugleich ein fruchtbarer Dramatiker, dessen Stücke – insgesamt 65 – neben denen A. v. Kotzebues den Grundstock des Repertoires der Theater der Goethezeit bildeten. Im Hintergrund seiner populären Rührstücke steht das Modell einer harmonischen, vom Hausvater patriarchalisch gelenkten Kleinfamilie, das verschiedenen Bedrohungen ausgesetzt ist, die v. a. von Stadt und Hof ausgehen (unangetastet bleibt der gütige Fürst). Die Handlung wird durch die üblichen Konflikte um Geld, Besitz, Liebe, Standesunterschiede und dergleichen in Gang gehalten. Der Sieg des Guten, die Behauptung des harmonischen Familienglücks und der Tugend in einer Welt voller Anmaßung und Falschheit bestätigt den moralischen Anspruch der Stücke, die dem Publikum eine letztlich heile Welt vorspiegeln.

Werke: Verbrechen aus Ehrsucht. 1784. – Die Jäger. 1785. – Reue versöhnt. 1789. – Die Hagestolzen. 1793. – Meine theatralische Laufbahn. 1798. – Der Spieler. 1798. – Hausfrieden. 1799. – Das Vaterhaus. 1802. – Der Taufschein. 1807. – Der Haustyrann. 1811. – Theorie der Schauspielkunst. 1815.
Ausgabe: Theater. Erste vollständige Ausgabe. 24 Bde. Wien 1843.

Immermann, Karl (Leberecht), 24. 4. 1796 Magdeburg – 25. 8. 1840 Düsseldorf. Der aus einer gehobenen preußischen Beamtenfamilie stammende I. studierte ab 1813 Jura in Halle, beteiligte sich 1815 an den Befreiungskriegen und durchlief von 1818 an die preußische Beamtenlaufbahn, die ihn von Magdeburg über Münster und wieder Magdeburg 1827 als Landgerichtsrat nach Düsseldorf führte. Hier erwarb er sich große Verdienste als Gründer und Leiter des Düsseldorfer Schauspielhauses (1834–37). Seine Bedeutung als Dichter liegt, trotz zahlreicher dramatischer Werke (Trauerspiele, Komödien, Literatursatiren) und einer umfangreichen lyrischen Produktion, auf epischem Gebiet und hier – sieht man von dem komischen Epos *Tulifäntchen* ab – auf den beiden zeitkritischen Romanen: den *Epigonen*, dessen Titel die Signatur des Übergangs zwischen Feudalismus und Industrialisierung bezeichnet, und dem humoristisch-komischen *Münchhausen*, der die satirische Kritik am Lügengeist und der Bindungslosigkeit der Epoche mit dem utopischen Gegenbild einer Bauernidylle konfrontiert. Daneben reflektieren eine Reihe von autobiographischen Schriften Leben und Zeitalter.

Werke: Die Prinzen von Syracus. 1821. – Gedichte. 1822. – Trauerspiele. 1822. – Das Auge der Liebe. 1824. – Cardenio und Celinde. 1826. – Das Trauerspiel in Tyrol. 1828. Umgearb. u. d. T.: Andreas Hofer, der Sandwirt von Passeyer. 1835. – Die Verkleidungen. 1828. – Der im Irrgarten der Metrik herumtaumelnde Cavalier. 1829. – Die Schule der Frommen. 1829. – Tulifäntchen. 1830. – Alexis. 1832. – Merlin. 1832. – Reisejournal. 1833. – Die Epigonen. 1836. – Münchhausen. Eine Geschichte in Arabesken. 1838–39. – Memorabilien. 1840–43.

Ausgaben: Werke. Hrsg. von Benno v. Wiese. 5 Bde. Frankfurt a. M. 1971–78. – Briefe. Textkrit. und komm. Ausg. Hrsg. von Peter Hasubek. 3 Bde. München 1978–87.

Innerhofer, Franz, 2. 5. 1944 Krimml bei Salzburg – 19. 1. 2002 Graz. Der uneheliche Sohn einer Landarbeiterin und eines Bauern lebte und arbeitete 1950–61 auf dem

Hof des Vaters, machte dann eine Schmiedelehre und besuchte ein Gymnasium für Berufstätige. Von 1970 bis 1973 studierte er (ohne Abschluss) Germanistik und Anglistik in Salzburg und lebte dann als freier Schriftsteller in Salzburg, Orvieto und Arni bei Zürich. Seit 1980 war er Buchhändler in Graz. Er nahm sich das Leben. Am Anfang seines Werkes steht eine Romantrilogie, die den – autobiographisch geprägten – Weg des jungen Holl nachzeichnet, der als Kind in einer ländlichen Scheinidylle aufwächst, auf dem Hof des Vaters ausgebeutet wird und Institutionen wie Kirche und Schule hilflos ausgeliefert ist, »ein richtiger Leibeigener«. Proteste der Bauernschaft und der Kirche gegen den ›Anti-Heimatroman‹ blieben nicht aus. Schilderte I. die Leidenszeit Holls im ersten Roman in der Er-Form, so geht er in den folgenden Bänden, die die allmähliche Befreiung aus den Zwängen bis hin zum Universitätsstudium schildern, zur Ichform über. Allerdings enttäuscht die Welt der »großen Wörter« die Erwartungen. Auch die weiteren Texte I.s tragen autobiographische Züge: die Rückkehr des enttäuschten Studenten in die Welt der Arbeiter (*Der Emporkömmling*) oder die Auseinandersetzung mit dem Literaturbetrieb, das Leiden an Salzburg und die Genesung in Orvieto (*Um die Wette leben*).

Werke: Schöne Tage. 1974. – Schattenseite. 1975. – Die großen Wörter. 1977. – Der Emporkömmling. 1982. – Um die Wette leben. 1993. – Schreibtruhe. 1996.

J

Jacobi, Friedrich Heinrich, 25. 1. 1743 Düsseldorf – 10. 3. 1819 München. Der Sohn eines wohlhabenden Kaufmanns und Bruder des anakreontischen Lyrikers Johann Georg Jacobi (2. 9. 1740 Düsseldorf – 4. 1. 1814 Freiburg i. Br.) übernahm nach einer Lehrzeit in Frankfurt a. M. und Genf 1764 das Manufakturwarengeschäft seines Vaters. Als er 1772 zum Hofkammerrat von Jülich-Berg ernannt wurde, gab J., Vertreter einer liberalen Wirtschaftspolitik, den Kaufmannsberuf auf. 1779 ging er für kurze Zeit als geheimer Rat und Ministerialreferent für das Zoll- und Handelswesen nach München, kehrte dann auf seinen Landsitz in Pempelfort bei Düsseldorf zurück, der seit Anfang der 70er-Jahre zu einem wichtigen Treffpunkt von Dichtern und Philosophen geworden war. 1794 floh er vor den frz. Truppen nach Holstein, 1805 wurde er von der Bayerischen Akademie der Wissenschaften, als deren Präsident er von 1807 bis 1812 fungierte, nach München berufen. Seine Begegnungen mit C. M. Wieland, S. v. La Roche, Goethe u. a., die zu empfindsamen Freundschaften führten, regten ihn zu eigenen literarischen Arbeiten an. Hauptwerke sind der psychologisch-philosophische Briefroman *Eduard Allwills Papiere*, der unter dem Eindruck von Goethes *Werther* die Spannung zwischen Empfindsamkeit und subjektivistischer Geniebewegung aufzeigt, und der die Problematik des empfindsamen Menschen zwischen Gefühlskult und rationalistischer Bescheidung aufnehmende *Woldemar*. Als Philosoph beteiligte sich J. am Streit um die Frage von Spinozas Pantheismus, kritisierte Kants Transzendentalphilosophie und den Idealismus Johann Gottlieb Fichtes und Friedrich Wilhelm Joseph Schellings. Auf seine Vorstellungen von Gefühl und Anschauung als Ausgangspunkt der Welterfassung, von der Vernunft als »Vernehmen des Übersinnlichen« konnten sich die Romantiker berufen. Ein umfangreicher Briefwechsel ergänzt sein Werk.

Werke: Eduard Allwills Papiere. In: Iris. Bd. 4. 1775. Verm. in: Teutscher Merkur. 1776. Buchfassung u. d. T.: Eduard Allwill's Briefsammlung. 1792. – Woldemar. Eine Seltenheit aus der Naturgeschichte. 1779. Erw. 1794. – Vermischte Schriften. 1781. – Etwas das Leßing gesagt hat. 1782. – Ueber die Lehre des Spinoza in Briefen an den Herrn Moses Mendelssohn. 1785. – David Hume über den Glauben oder Idealismus und Realismus. 1787. – Jacobi an Fichte. 1798. – Ueber das Unternehmen des Kriticismus, die Vernunft zu Verstande zu bringen. 1802. – Von den Göttlichen Dingen und ihrer Offenbarung. 1811. – Werke. 6 Bde. 1812–25.
Ausgabe: Werke – Briefwechsel – Dokumente. Hamburg/Stuttgart-Bad Cannstatt 1981 ff.

Jaeggi, Urs, * 23. 6. 1931 Solothurn (Schweiz). J. arbeitete zunächst in einer Bank, studierte dann Volkswirtschaft und Soziologie in Genf, Berlin und Bern (Promotion 1959) und lehrte als Soziologieprofessor in Bern, Bochum, New York und seit 1972 in Berlin. Während in seinen frühen Romanen und Erzählungen gesellschaftliche Fragestellungen nur am Rande vorkommen, beziehen seine nach längerer Pause seit den 70er-Jahren entstandenen Werke die Erfahrungen der Studentenrevolution (und der wissenschaftlichen Arbeit) ein: Gesellschaftliche Analyse und autobiographisch geprägte Erinnerungen des Helden, des Soziologieprofessors Brandeis, an seine Tätigkeit und sein Leben in Bern, Bochum und New York verbinden sich im Roman *Brandeis* und machen ihn zu einem der bedeutendsten literarischen Dokumente der Zeit der Studentenrevolte. Die Frage nach der Rolle des Individuums und des Widerstands gegen gesellschaftliche Fehlentwicklungen und Zwänge ist auch das Thema von J.s weiteren Romanen und seiner Essays.

Werke: Die Wohltaten des Mondes. 1963. Neuausg. u. d. T.: Fazil und Johanna. 1985. – Die Komplicen. 1964. – Ein Mann geht vorbei. 1968. – Ordnung und Chaos. Der Strukturalismus als Methode und Mode. 1968. – Literatur und Politik. 1972. – Brandeis. 1978. – Grundrisse. 1981. – Was auf den Tisch kommt, wird gegessen. 1981. – Versuch über den Verrat. 1984. – Rimpler. 1987. – Soulthorn. 1990. – Figuren. Prosa, Gedichte, Bilder, Skulpturen, Zeichnungen, Objekte. Hrsg. von Sepp Hiekisch-Picard. 1991. – Lange Jahre Stille als Geräusch. 1999. – Kunst. 2002.

Jahnn, Hans Henny, 17. 12. 1894 Stellingen bei Hamburg – 29. 11. 1969 Hamburg. Der Sohn eines Schiffstischlers schloss das Realgymnasium ab und ging 1915 mit seinem Freund Gottlieb Harms nach Norwegen, um der Einberufung zu entgehen. Nach Kriegsende kehrte er nach Hamburg zurück und suchte zunächst am Rand der Lüneburger Heide die in Norwegen geborene Idee einer kultisch-neuheidnischen Glaubensgemeinschaft zu verwirklichen. Bis 1933 lebte er von Orgelrestauration und -bau und seiner Funktion als amtlicher Orgelsachverständiger. Nach der Machtergreifung ließ er sich mit Frau und Tochter – er war seit 1926 verheiratet – nach einem Aufenthalt in der Schweiz 1934 auf der dän. Insel Bornholm nieder, wo er zeitweise einen Bauernhof bewirtschaftete. Er blieb Mitglied der Reichsschrifttumskammer. 1950 kehrte er nach Hamburg zurück, engagierte sich kulturpolitisch in verschiedenen Akademien und Vereinigungen, kämpfte gegen die Wiederbewaffnung der BRD und warnte vor der Bedrohung durch die Atombombe und vor der Zerstörung der Umwelt. J. begann als Dramatiker im Stil des Expressionismus (Kleist-Preis 1920) mit heftig umstrittenen, die Tabus der bürgerlichen Moral verletzenden Stücken, die vom tragischen Verlust und von der Wiedergewinnung der verlorengegangenen Einheit der Schöpfung handeln. Im Zentrum seines Werkes steht jedoch sein Romanschaffen. Der (unvollendete) Roman *Perrudja* handelt vom misslungenen Reifungsprozess eines jungen Mannes und zeigt die bei J. häufige Konstellation von einer Frau zwischen zwei erotisch voneinander angezogenen Männern. Bedeutend ist der Roman wegen der Modernität des von James Joyce beeinflussten polyphonen Erzählens. J.s zweiter Roman, *Fluß ohne Ufer*, ebenfalls unvollendet, gilt als eines der großen Erzählwerke des 20. Jh.s. Das »Romanungeheuer« (J.) trägt wie der erste Roman autobiographische Züge. Er ist eine Art Rechenschaftsbericht über die homoerotische Beziehung zwischen dem Erzähler, dem Komponisten Gustav Horn, und dem Matrosen Alfred Tutein, dem Mörder der Verlobten Horns. Horns »Niederschrift« im Angesicht des Sarges seines Freundes ist eine Totenklage mit ausdrücklichem Bezug zum *Gilgamesch*-Epos. Dem entsprechen die eingeflochtenen Schilderungen der archaischen Landschaft und der urtümlichen Lebensformen ihrer Bewohner ebenso wie die Auseinandersetzung mit den elementaren Gegebenheiten wie Liebe, Verbrechen und Tod. Der fragmentarische *Epilog* des Werkes wurde postum 1961 veröffentlicht.

Werke: Pastor Ephraim Magnus. 1919. – Die Krönung Richards III. 1921. – Der Arzt / Sein Weib / Sein Sohn. 1923. – Der gestohlene Gott. 1924. – Medea. 1926. – Perrudja. 1929. – Neuer Lübecker Totentanz. 1931. – Straßenecke. Ein Ort. Eine Handlung. 1931. – Armut, Reichtum, Mensch und Tier. 1948. – Fluß ohne Ufer. 1949–50. – Spur des dunklen Engels. 1952. – Dreizehn nicht geheure Geschichten. 1954. – Thomas Chatterton. 1955. – Die Nacht aus Blei. 1956. – Die Trümmer des Gewissens. Hrsg. von Walter Muschg. 1961.

Ausgaben: Dramen. 2 Bde. Hrsg. von Walter Muschg. Frankfurt a. M. 1963–65. – Werke und Tagebücher. Hrsg. von Thomas Freeman und Thomas Scheuffelen. 7 Bde. Hamburg 1974. – Werke in Einzelbänden. Hamburger Ausgabe. 12 Bde. Hrsg. von Uwe Schweikert [u. a.]. Hamburg 1985–94.

Jakobs, Karl-Heinz, * 20. 4. 1929 Kiauken (Ostpreußen). Nach dem Krieg, den er noch als Flakhelfer mitmachte, arbeitete J. in verschiedenen Berufen, bis er 1956 am Leipziger Literaturinstitut Johannes R. Becher aufgenommen wurde. Seit 1958 lebte er zunächst als Journalist, dann als freier Schriftsteller, wurde aber wegen seiner Beteiligung an den Protesten gegen die Ausbürgerung W. Biermanns aus der SED und dem Schriftstellerverband der DDR ausgeschlossen und ging 1981 in den Westen (Velbert). J.s bedeutendster Beitrag zur DDR-Literatur ist der Roman *Beschreibung eines Sommers*, die Geschichte eines jungen Ingenieurs, der sich aus einer distanzierten Haltung allmählich dem Sozialismus nähert: Beispiel der so genannten Ankunftsliteratur. Allerdings bringt eine Liebesgeschichte, die zur Parteiaffäre wird, eine unaufgelöste Spannung in den Roman. In den nur in der BRD erschienenen Romanen *Wilhelmsburg* und *Die Frau im Strom* setzt sich J. kritisch mit der DDR auseinander, das Buch *Das endlose Jahr* dokumentiert die Ereignisse um den Protest gegen die Ausbürgerung Biermanns. Neben Romanen und Erzählungen veröffentlichte J. eine Reihe von Reiseberichten.

Werke: Guten Morgen, Vaterlandsverräter. 1959. – Die Welt vor meinem Fenster. 1960. – Beschreibung eines Sommers. 1961. – Das grüne Land. 1961. – Einmal Tschingis-Khan sein. 1964. – Merkwürdige Landschaften. 1964. – Eine Pyramide für mich. 1971. – Die Interviewer. 1973. – Heimatländische Kolportagen. 1975. – Tanja, Taschka und so weiter. 1975. – Wüste kehr wieder. 1976. – Fata Morgana. 1977. – Wilhelmsburg. 1979. – Die Frau im Strom. 1982. – Das endlose Jahr. 1983. – Leben und Sterben der Rubina. 1999.

Jandl, Ernst, 1. 8. 1925 Wien – 9. 6. 2000 ebd. Der Sohn eines Bankbeamten leistete nach dem Abitur 1943 Arbeits- und Militärdienst; gegen Kriegsende geriet er in amerikanische Gefangenschaft und wurde nach England gebracht. Nach seiner Entlassung begann er 1946 in Wien mit dem Studium der Germanistik und Anglistik und lehrte nach Lehramtsprüfung (1949), Referendariat und Promotion (1950) mit einer Arbeit über Schnitzlers Novellen mit Unterbrechungen (Lehraufträge an in- und ausländischen Universitäten u. a.) bis 1979 an einem Wiener Gymnasium. 1954 begann eine enge Zusammenarbeit mit

F. Mayröcker (u. a. Hörspiele). Die Begegnung mit ihr, G. Rühm und den Vorstellungen der »Wiener Gruppe« regte ihn nach eher konventionellen Anfängen zu einer an Konkreter Poesie, Dadaismus, Expressionismus und Gertrude Stein orientierten experimentellen Dichtung an, die eine Vielzahl von Sprech- und Ausdrucksweisen erprobte. Lautgedichte, visuelle Texte, Prosastücke, Sprechgedichte gehören zu J.s Repertoire. Dabei zeigt er Witz, eine Neigung zur Pointe und Lust am anarchischen Sprachspiel, verzichtet aber bei seinen Sprechgedichten – im Unterschied zu den rein mit phonetischem Material arbeitenden Lautgedichten – durchaus nicht auf ›Bedeutung‹, z. B. im bekannten Text *lichtung* aus *Laut und Luise*, der Sammlung, die seinen Durchbruch markiert. Zu seinem Erfolg trug im Übrigen auch seine Vortragskunst wesentlich bei. In den 70er-Jahren gewann J. seiner Dichtung durch die Verwendung einer »heruntergekommenen Sprache« als Material zur Darstellung eines beschädigten Lebens neue Ausdrucksmöglichkeiten ab. Zugleich machte sich eine wachsende Verdüsterung und Bitterkeit bemerkbar. 1968 erhielt er zusammen mit Mayröcker den Hörspielpreis der Kriegsblinden für das gemeinsam verfasste Stück *Fünf Mann Menschen*, 1984 den Großen Österreichischen Staatspreis und den Georg-Büchner-Preis.

Werke: Andere Augen. 1956. – klare gerührt. 1964. – lange gedichte. 1964. – Laut und Luise. 1966. – sprechblasen. 1968. – der künstliche baum. 1970. – flöda und der schwan. 1971. – Fünf Mann Menschen. 1971. [Mit Friederike Mayröcker.] – die männer. ein film. 1973. – dingfest. 1973. – übung mit buben. 1973. – Die schöne Kunst des Schreibens. 1976. – die bearbeitung der mütze. 1978. – Aus der Fremde. Sprechoper in sieben Szenen. 1980. – der gelbe hund. 1980. – falamaleikum. Gedichte und Bilder. 1983. – selbstporträt des schachspielers als trinkende uhr. 1983. – Das Öffnen und Schließen des Mundes. Frankfurter Poetik-Vorlesung. 1985. – idyllen. 1989. – stanzen. 1992. – peter und die kuh. 1996. – aus dem wirklichen leben. gedichte und prosa. 1999. – Letzte Gedichte. Hrsg. von Klaus Siblewski. 2001.

Ausgaben: Gesammelte Werke. Gedichte, Stücke, Prosa. Hrsg. von K. Siblewski. 3 Bde. Darmstadt/Neuwied. 1985. – Poetische Werke. Hrsg. von K. Siblewski. 11 Bde. 1997–99.

Jans Enikel s. Enikel, Jans

Jean Paul (d. i. Johann Paul Friedrich Richter), 21. 3. 1763 Wunsiedel (Fichtelgebirge) – 14. 11. 1825 Bayreuth. Der aus einer armen Pastoren- und Lehrerfamilie stammende J. P. wuchs in beengten, dürftigen Verhältnissen in oberfränkischen Dörfern auf, besuchte 1779–80 das Gymnasium in Hof und studierte von 1781 an Theologie in Leipzig, ohne allerdings je die Absicht zu haben, Pfarrer zu werden. 1784 kehrte er auf der Flucht vor seinen Leipziger Gläubigern nach Hof zurück. Hier lebte er zunächst bei seiner Mutter, bis er von 1787 bis 1794 als Haus- und Privatlehrer in Oberfranken seinen Lebensunterhalt verdienen konnte. Der mit dem Erfolg des *Hesperus* plötzlich einsetzende Ruhm brachte ihm, neben enthusiastischen Briefen von Verehrern und v. a. Verehrerinnen, 1796 eine Einladung nach Weimar, wo er sich mit Charlotte v. Kalb, dem Ehepaar Herder und C. M. Wieland anfreundete. Nach dem Tod seiner Mutter zog er 1797 nach Leipzig, wohnte dann 1798–1800 in Weimar. 1800–01 lebte er in Berlin und heiratete Karoline Mayer (1777–1860) – und keine von den adeligen Damen, die ihn umwarben. Über Meiningen (1801–02) und Coburg (1803–04) kehrte er in seine fränkische Heimat zurück, ließ sich im August 1804 in Bayreuth nieder und blieb hier, von wenigen Reisen unterbrochen und später durch eine Pension unterstützt, bis zu seinem Tod.

Nach wenig erfolgreichen Anfängen als satirischer Schriftsteller fand J. P. in der erzählenden Prosa, insbesondere im Roman, die angemessene Form für seine von Laurence Sterne beeinflusste Erzählweise. Sie ist gekennzeichnet durch Unterbrechungen, Abschweifungen, Um- und Abwege, durch eingeschobene Extrablätter, Leseranreden, Exkurse, durch die konsequente Aufhebung der Linearität zugunsten der Arabeske, durch die Kontrastierung von empfindsam-begeistertem Gefühlsaufschwung und Gesellschaftssatire, von Traumvisionen und schnöder Wirklichkeit, von Harmoniestreben und innerer Zerrissenheit und Einsamkeit. Dabei ist es die Instanz des Erzählers, die im ständigen Gespräch mit dem Leser diese Gegensätze zusammenzuhalten und eine Art Harmonie der Gegensätze, eine »Synthese des Dualism zwischen Poesie und Wirklichkeit«, zu stiften sucht. J. P. begreift die Kunst als Möglichkeit, die auf das »Unendliche« gerichtete Subjektivität des Menschen mit der Erfahrung der Beschränktheit, der »Endlichkeit«, zu versöhnen. Die äußere Handlung, für die er sich ohne Bedenken aus dem Motiv- und Themenvorrat der gängigen Romangattungen bis hin zum trivialen Schauerroman bediente, ist nur der Ausgangspunkt für die Darstellung eines vielschichtigen, enzyklopädischen Romankosmos, in dem alles mit allem zusammenhängt und – im Sinn seiner Definition des Humors – das Große erniedrigt und das Kleine erhöht wird, um »so beide zu vernichten, weil vor der Unendlichkeit alles gleich ist und nichts«. J. P. unterscheidet zwischen drei »Schulen« des Romans, denen er auch seine Werke zuordnet: der erhabenen »italienischen«, die mit Versatzstücken des Bildungs- und Staatsromans und einer Perspektive von oben arbeitet (*Die unsichtbare Loge*, *Hesperus*, *Titan*), der komisch-realistischen »niederländischen«, zu der er seine »Idyllen« zählt, und der mittleren »deutschen« Schule (*Siebenkäs*, *Flegeljahre*). Die Periode zwischen der *Unsichtbaren Loge* und den *Flegeljahren* war die produktivste Zeit des Romanschriftstellers; danach erschienen bis zu seinem letzten Roman (*Der Komet*) nur noch drei größere erzählerische Werke mit vorwiegend satirischer Note. Allerdings entstanden in diesen Jahren bedeutende politische Texte, die zur ans Spießige grenzenden Idylle seines äußeren Lebens in Bayreuth kontrastieren und angesichts der politischen Unterdrückung weltbürgerlich-humanistische Ideale aufrechterhalten.

Werke: Grönländische Prozesse. 1783. – Auswahl aus des Teufels Papieren. 1789. – Die unsichtbare Loge. 1793. – Hesperus, oder 45 Hundposttage. 1795. – Leben des Quintus Fixlein. 1796 [recte 1795]. – Blumen-, Frucht- und Dornenstücke oder Ehestand, Tod und Hochzeit des Armenadvokaten F. St. Siebenkäs. 1796–97. – Das Kampaner Thal. 1797. – Titan. 1800–03. – Vorschule der Ästhetik. 1804. – Flegeljahre. Eine Biographie. 1804–05. – Freiheits-Büchlein. 1805. – Levana oder Erziehlehre. 1807 [recte 1806]. – Friedens-Predigt an Deutschland. 1808. – Dämmerungen für Deutschland. 1809. – Des Feldpredigers Schmelzle Reise nach Flätz. 1809. – Dr. Katzenbergers Badereise. 1809. – Leben Fibels. 1812 [recte 1811]. – Museum. 1814. – Politische Fastenpredigten. 1817. – Der Komet, oder Nikolaus Marggraf. Eine komische Geschichte. 1820–22. – Selina oder über die Unsterblichkeit der Seele. 1827.

Ausgaben: Sämtliche Werke. Hist.-krit. Ausg. Hrsg. von der Preußischen [bzw. Dt.] Akademie der Wissenschaften [u. a.]. Abt. 1: Zu Lebzeiten des Dichters erschienene Werke. 19 Bde. Weimar 1927–44. Abt. 2: Nachlaß. 11 Bde. Weimar 1928–36, 1996ff. Abt. 3: Briefe. 9 Bde. Berlin 1952–64. – Werke. [Abt. 1.] Hrsg. von Norbert Miller. 6 Bde. München 1959–63 [u. ö.]. Abt. 2: Jugendwerke und vermischte Schriften. Hrsg. von N. Miller und Wilhelm Schmidt-Biggemann. 4 Bde. München 1974–85.

Jelinek, Elfriede, * 20. 10. 1946 Mürzzuschlag (Steiermark). J. wuchs in Wien auf, besuchte eine Klosterschule und studierte Theaterwissenschaft und Kunstgeschichte an der Universität und Orgel und Klavier am Konservatorium (Organistenprüfung 1971). Sie lebt als freie Schriftstellerin in Wien und München. 1998 wurde sie mit dem Georg-Büchner-Preis, 2004 mit dem Nobelpreis für Literatur ausgezeichnet. J. begann in den 60er-Jahren mit experimentellen Texten, formal der »Wiener Gruppe« verpflichtet. Ihr aus trivialen Versatzstücken montierter Roman *wir sind lockvögel baby!* gilt als der erste deutschsprachige Poproman. Mit zunehmend gesellschaftsbezogenen Romanen, Hörspielen und Theaterstücken artikulierten sich die emanzipatorischen Tendenzen ihres Schreibens immer stärker. Zentrale Themen sind die Situation der Frau als Objekt in der von den Männern dominierten

Klassengesellschaft, die Sexualität als brutaler Kampf der Geschlechter, in dem die Frau, zu Passivität und Masochismus erzogen, immer den Kürzeren zieht. Dabei arbeitet J. mit einer Sprache, die das Innerste an die Oberfläche bringt, die Material aus den verschiedensten Bereichen von der Werbewelt bis zu Texten von Schubertliedern aufnimmt und satirisch entlarvend mit Stereotypen spielt. Indem sie die Sprache beim Wort nimmt, legt sie – witzig, ironisch, bösartig – gesellschaftliche Denk- und Verhaltensmuster offen. Beispiele sind u. a. die Romane *Die Liebhaberinnen*, *Die Klavierspielerin* und – besonders provozierend – *Lust* (und daran anschließend *Gier*) oder die Stücke *Was geschah, nachdem Nora ihren Mann verlassen hatte* (UA 1979), *Clara S.* (UA 1982) und *Krankheit oder Moderne Frauen* (UA 1987). Vehemente Medienkritik – es geht insbesondere um die Wiener *Kronenzeitung* und ihre verlogene, rassistische, bornierte Suada – übte J. mit ihrem Drama *Stecken, Stab und Stangl – Eine Handarbeit* (UA 1996), das den vier Roma gewidmet ist, die bei einem Anschlag im Burgenland getötet wurden. Eine Zusammenschau vieler ihrer Themen und Motive – Österreich, Heimat, Sexualität, Mutter-Tochter-Beziehung, Horror, Leben und Tod usw. – bietet ihr großer Roman *Die Kinder der Toten*, ein zur Totenmesse auf Österreich mutierter steirischer Heimatroman.

Während J. in ihren frühen Theaterarbeiten der herkömmlichen Dramaturgie mit festen Rollen, Dialogen, Handlung usw. folgte, beschritt sie mit Texten wie *Wolken.Heim* oder *Ein Sportstück* einen neuen Weg. Es sind großflächige Texte, in denen es – wie in der Zitatcollage *Wolken.Heim* – keine Akteure oder Rollen mehr gibt oder die Sprecher – Einzelpersonen, Chor – nur als Vortragende von meist monologischen Wortkompositionen ohne spezifische Handlung auftreten, Arbeiten also, die sich den Theaterkonventionen verweigern und damit eine beträchtliche Herausforderung für die Regisseure darstellen.

Auch die thematisch verwandten und zusammen gedruckten Dramen *In den Alpen* und *Das Werk* verfolgen diese ›Antidramaturgie‹. Gegenstand des ersten Stückes ist die Brandkatastrophe in der Gletscherbahn im Tunnel von Kaprun im November 2000, das zweite thematisiert den von zahlreichen Opfern begleiteten Bau des Speicherkraftwerks von Kaprun, der in den 20er-Jahren begonnen, in der Nazizeit u. a. mit Zwangsarbeitern und Kriegsgefangenen fortgesetzt und mit Geldern des Marshallplans 1955, im Jahr des Staatsvertrags, fertiggestellt wurde. Es sind, so J., »Stücke über Natur, Technik und Arbeit. Und alle münden sie ins Unrettbare, gebaut auf Größenwahn, Ehrgeiz und Ausschluß von solchen, die ›nicht dazugehören‹«. Die Auseinandersetzung mit Österreich und seinen Mythen oder Lebenslügen, wie der Tod zentrales Thema bei J., geschieht hier mit viel Ironie und dem Einsatz von Märchen- und Alpenkitsch, so dass die Gefahr des Moralisierens oder pathetischer Untergangsstimmung gar nicht erst aufkommen kann.

Werke: Lisas Schatten. 1967. – wir sind lockvögel baby! 1970. – Michael. Ein Jugendbuch für die Infantilgesellschaft. 1972. – Die Liebhaberinnen. 1975. – bukolit. hörroman. 1979. – Burgtheater. Posse mit Gesang. 1980. – Die Ausgesperrten. 1980. – Die Klavierspielerin. 1983. – Theaterstücke. 1984. – Oh Wildnis, oh Schutz vor ihr. 1985. – Krankheit oder Moderne Frauen. 1987. – Lust. 1989. – Wolken.Heim. 1990. – Totenauberg. 1991. – Die Kinder der Toten. 1995. – Stecken, Stab und Stangl. Raststätte oder Sie machens alle. Wolken.Heim. Neue Theaterstücke. 1997. – Ein Sportstück. 1998. – er nicht als er (zu, mit Robert Walser). 1998. – Macht nichts. Eine kleine Trilogie des Todes. 1999. – Gier. Ein Unterhaltungsroman. 2000. – Das Lebewohl. 3 kleine Dramen. 2000. – In den Alpen. Drei Dramen. 2002. – Der Tod und das Mädchen I–V. Prinzessinnendramen. 2003. – Bambiland. Babel. Zwei Theatertexte. 2004.

Jens, Walter, * 8. 3. 1923 Hamburg. J. studierte Klassische Philologie in Hamburg und Freiburg i. Br. (Dr. phil. 1944) und habilitierte sich 1949 in Tübingen. Er lehrte hier seit 1950 als Dozent und Professor für klassische Philologie und wurde 1963 auf den neu errichteten Lehrstuhl für Allgemeine Rhetorik berufen, den er bis zu seiner Emeritierung innehatte. J. war seit 1950 Mitglied der »Gruppe 47« und legte neben zahlreichen fachwissenschaftlichen Arbeiten ein umfangreiches Werk als Romancier, Rundfunk- und Fernsehautor, Bearbeiter, Kritiker, Übersetzer (antike Autoren, Biblisches) und Redner vor. Aus dem Romanschaffen der 50er- und frühen 60er-Jahre ragen die negative Utopie *Nein. Die Welt der Angeklagten* und *Herr Meister*, ein fiktiver, melancholischer Briefwechsel über das künstlerische Scheitern heraus. Neben der Reflexion über Literatur im Roman stehen zahlreiche literaturkritische Arbeiten. Einen wesentlichen Teil seines Schaffens bildet die aktualisierende Vergegenwärtigung antiker oder biblischer Texte oder Stoffe. Das rhetorisch-aufklärerische Werk ist dem Vorbild Lessings verpflichtet. Die politische Entwicklung in der BRD seit dem Ende der 60er-Jahre begleitete J. mit betont radikaldemokratischem Engagement.

Werke: Das weiße Taschentuch. 1947. – Nein. Die Welt der Angeklagten. 1950. – Der Blinde. 1951. – Vergessene Gesichter. 1952. – Der Mann, der nicht alt werden wollte. 1955. – Hofmannsthal und die Griechen. 1955. – Statt einer Literaturgeschichte. 1957. Erw. 1962, 1978. – Das Testament des Odysseus. 1957. – Die Götter sind sterblich. 1959. – Deutsche Literatur der Gegenwart. 1961. – Herr Meister. Dialog über einen Roman. 1963. – Literatur und Politik. 1963. – Feldzüge eines Redners. 1968. – Die Verschwörung. 1969. – Am Anfang der Stall – am Ende der Galgen. Jesus von Nazareth. Seine Geschichte nach Matthäus. 1972. – Fernsehen. Themen und Tabus. Momos 1963–1973. 1973. – Der Fall Judas. 1975. – Republikanische Reden. 1976. Erw. 1979. – Eine deutsche Universität. 500 Jahre Tübinger Gelehrtenrepublik. 1977. – Ort der Handlung ist Deutschland. Reden in erinnerungsfeindlicher Zeit. 1981. – In Sachen Lessing. Vorträge und Essays. 1983. – Momos am Bildschirm 1973–1983. 1984. – Kanzel und Katheder. 1984. – Die Friedensfrau. Nach der Lysistrate des Aristophanes. 1986. – Einspruch. Reden gegen Vorurteile. 1992. – Am Anfang war das

Wort. Das Johannesevangelium. 1993. – Aus gegebenem Anlaß. 1998. – Die vier Evangelien. 1998. [Übers.] – Wer am besten redet, ist der reinste Mensch. Über Fontane. 2000.

Jirgl, Reinhard, * 16. 1. 1953 Berlin (DDR). Der Sohn eines Dolmetscherehepaars absolvierte nach der zehnten Klasse der Oberschule eine Lehre als Elektromechaniker und studierte dann nach Kursen am Abendgymnasium von 1971 bis 1975 Elektronik an der Berliner Humboldt-Universität. Danach arbeitete er als Service-Ingenieur an der Akademie der Wissenschaften der DDR und anschließend – seit 1978 – als Beleuchter an der Berliner Volksbühne. Seit 1996 lebt er als freier Schriftsteller in Berlin. J.s Prosawerk, das seit den 80er-Jahren entstand, hatte mit seiner ästhetischen Radikalität und pessimistischen Anthropologie keine Chance im DDR-Literaturbetrieb, und auch der inoffiziellen Literaturszene mit ihren Publikationsmöglichkeiten und Treffen blieb der Einzelgänger fern. Sein erster Roman wurde 1985 wegen seiner nicht-marxistischen Auffassungen vom Aufbau-Verlag abgelehnt und erst nach der Wende 1990 gedruckt (*MutterVaterRoman*). Geschichte erscheint als Geschichte der Gewalt, der Unterdrückung, des Verrats, der fortdauernden Wirkung von Verletzungen: »Die Haut der Nachgeborenen ist voller Narben. So lange sie sichtbar sind, verweht der Blutgeruch nicht«, heißt es im *MutterVaterRoman*, der ein Paar, Repräsentanten der Aufbaugeneration der DDR, mit traumatischen Erinnerungen und Bildern der Vergangenheit konfrontiert. Die Trilogie *Genealogie des Tötens*, 1985–88 entstanden und erst 2002 gedruckt, verfolgt zunächst z. T. in dramatischer Form die Gewaltgeschichte zurück bis in die griechische Mythologie und zeigt zugleich ihre Gegenwärtigkeit. Der Destruktion utopischer Sehnsüchte im zweiten Teil folgen im dritten – so der Titel – *Nachrichten aus dem zerstörten=Leben*. Der nach der Wende entstandene Roman *Abschied von den Feinden* gestaltet in einem komplexen Gewebe von Stimmen eine in die SS-Vergangenheit zurückreichende Familiengeschichte als blutiges deutsch-deutsches Drama. Auch im Roman *Hundsnächte* dominiert das deutsche Thema, und wenn in dem Roman *Die atlantische Mauer* eine Frau und ein Mann (Schriftsteller) versuchen, in den USA ihr Glück zu finden, können sie gleichwohl weder dem ›Deutschen‹ in sich noch erlittenen Beschädigungen aus ihrer familiären Vergangenheit entgehen. Der Roman *Die Unvollendeten* handelt von der Vertreibung zweier Schwestern und ihrer Mutter aus der Tschechoslowakei und ihrem als Provisorium verstandenen Leben in den Nachkriegsjahren und gestaltet damit eines der zentralen Themen J.s, das der Heimatlosigkeit, und verbindet es mit z. T. autobiographisch fundierter beklemmender Familiengeschichte. Radikale Desillusion betreibt der »Roman aus der nervösen Zeit« *Abtrünnig*, ein Roman um zwei Protagonisten (aus West und Ost), um zwei Frauen, um die Liebe, das Scheitern, die große Stadt – und um das Schreiben als Moment der Hoffnung. Von Anfang an zeichnen sich J.s Texte durch eine komplexe, mit Mitteln der Collage und Montage arbeitende, oft vielstimmige Erzählweise sowie durch eine eigenwillige, gelegentlich an A. Schmidt erinnernde Typographie und Orthographie aus.

Werke: MutterVaterRoman. 1990. – Uberich. Protokollkomödie in den Tod. 1990. – Im offenen Meer. Schichtungsroman. 1991. – Zeichenwende. Kultur im Schatten posttotalitärer Mentalität. Koblenz 1993. [Mit Andrzej Madeła.] – Das obszöne Gebet. Totenbuch. Szenen. 1993. – Abschied von den Feinden. 1995. – Hundsnächte. 1997. – Die atlantische Mauer. 2000. – Genealogie des Tötens. Trilogie. Klitaemnestra Hermafrodit & »Mamma Pappa Tsombi«. MER – Insel der Ordnung. Kaffer. Nachrichten aus dem zerstörten=Leben. 2002. – Gewitterlicht. Das poetische Vermögen des alphanumerischen Kodes in der Prosa. 2002. – Die Unvollendeten. 2003. – Abtrünnig. Roman aus der nervösen Zeit. 2005.

Johann von Neumarkt, um 1315/20 Neumarkt (Schlesien) – 24. 12. 1380 Olmütz. Der aus einer Patrizierfamilie stammende J. ist nach verschiedenen anderen Stellungen seit 1347 im Dienst König bzw. Kaiser Karls IV. in Prag nachweisbar (1347 Notar, 1352 Pronotar, 1353 Hofkanzler); zugleich sammelte er Pfründen und machte eine kirchliche Karriere (1353 Bischof v. Leitomischl, Böhmen, 1364 Bischof v. Olmütz, 1380 Wahl zum Bischof v. Breslau). J. gehörte zu den führenden Gestalten des Prager Frühhumanismus, der entscheidend vom ital. Humanismus beeinflusst war: Cola di Rienzo kam 1350 nach Prag, um Karl IV. für seine politischen Ideen zu gewinnen; 1350/51 begann die Korrespondenz Petrarcas mit Karl IV. und Mitgliedern des Hofes; zwei Italienreisen Karls IV. (1354–55, 1368–69), an denen J. teilnahm, festigten die geistigen Beziehungen. Die neue, von der Rhetorik geprägte Stilkunst der Italiener steht hinter der Reform der kaiserlichen Kanzlei, für die J. seit etwa 1364 Mustersammlungen von (vorwiegend lat.) Briefen und Urkunden anlegen ließ. Hinter J.s literarisch-erbaulichen Werken in dt. Sprache steht der gleiche Stilwille, der Versuch einer neuen, rhetorisch durchgeformten dt. Kunstprosa. Es handelt sich neben Gebeten um Übertragungen aus dem Lateinischen: um das im Auftrag Karls IV. zwischen 1357 und 1363 übersetzte *Buch der Liebkosung*, eine pseudoaugustinische Schrift aus dem 13. Jh., und um die dt. Fassung (um 1377) der so genannten *Hieronymus-Briefe*, einer Fälschung des 12./13. Jh.s.

Ausgaben: Schriften. Hrsg. von Joseph Klapper. 4 Tle. Berlin 1930–39. – Summa Cancellariae (Cancellaria Caroli IV.). Ein Formelbuch der kgl. Kanzlei aus dem 14. Jh. Hrsg. von Ferdinand Tadra. Wien 1886.

Johannes von Tepl (auch: J. von Saaz), um 1350 Tepl (?) – vor April 1415 Prag. Der Sohn eines Pfarrers muss, so lassen Magistertitel, Berufsweg und literarisches Werk schließen, eine umfassende Bildung erhalten haben; Prag und Paris werden erwogen. Mindestens seit 1378 wirkte J. als Notar, wenig später auch als Leiter der Lateinschule in Saaz. 1411 übernahm er das Amt des Stadtschreibers in der Prager Neustadt. Eine Urkunde vom April 1415 bezeichnet seine Frau Clara als Witwe. J. ist der Verfasser des *Ackermanns aus Böhmen*, eines wortgewaltigen Streitgesprächs zwischen Mensch und Tod. Anlass des Streitgesprächs ist der Tod der Ehefrau des Klägers am 1. 8. 1400 (Basis der Datierung der Dichtung auf 1400–01). Gegen diesen Tod, gegen die Unausweichlichkeit des Todes überhaupt, lehnt sich der Kläger in leidenschaftlichen Angriffen auf, während der Tod mit rationalen Argumenten die Rechtmäßigkeit und Notwendigkeit seines Tuns betont. Die Dichtung besteht aus 33 Kapiteln (dem Lebensalter Christi entsprechend), aus 32 Wechselreden zwischen Ackermann und Tod und einem abschließenden Urteilsspruch Gottes. Ein Schlussgebet, in dem sich der Verfasser in einem Akrostichon zu erkennen gibt, beschließt das Werk, das mit seiner rhetorisch durchgeformten dt. Kunstprosa an die Bestrebungen des Prager Frühhumanismus (Johann v. Neumarkt) anknüpft.

Ausgaben: Der Ackermann aus Böhmen. Hrsg. von Alois Bernt und Konrad Burdach. Berlin 1917. – Der ackermann. Hrsg. von Willy Krogmann. Wiesbaden 1954 [u. ö.]. – Der Ackermann aus Böhmen. Hrsg. von Günther Jungbluth. 2 Bde. Heidelberg 1969–83. – Epistola cum libello ackerman und Das büchlein ackerman. Hrsg. und übers. von Karl Bertau. 2 Bde. Berlin / New York 1994. – Der Ackermann. Frühnhd./Nhd. Hrsg., übers. und komm. von Christian Kiening. Stuttgart 2000.

Johnson, Uwe, 20. 7. 1934 Kammin (Pommern) – 23.(?) 2. 1984 Sheerness-on-Sea (Kent). Der Sohn eines Gutsinspektors besuchte 1944–45 ein NS-Internat in Köslin bzw. Koscian in Pommern. Nach Kriegsende floh die Familie nach Mecklenburg. J. ging auf die Oberschule in Güstrow und studierte nach dem Abitur 1952 Germanistik in Rostock und Leipzig, machte 1956 die Diplomprüfung, erhielt aber keine Stelle, weil er 1954 aus der FDJ ausgetreten war. Er übersetzte (Herman Melville, *Nibe-*

lungenlied) und schrieb seinen ersten Roman (*Ingrid Babendererde*), der weder von DDR-Verlagen noch von Suhrkamp angenommen wurde. 1959 siedelte J. nach Westberlin über, 1966–68 lebte er in New York als Schulbuchlektor, dann wieder in Berlin. 1971 wurde er mit dem Georg-Büchner-Preis ausgezeichnet. 1974 zog er nach Sheerness auf der Themse-Insel Sheppey; hier wurde er Wochen nach seinem Tod an Herzversagen – vermutlich in der Nacht vom 23. auf den 24. 2. 1984 – tot aufgefunden. J.s frühe Romane stehen in engem Bezug zur politischen Entwicklung der Nachkriegsjahrzehnte – Teilung Deutschlands, Kalter Krieg – und gehen zugleich auf die Vergangenheit ein, die zu dem gegenwärtigen Zustand geführt hat. In seinem Hauptwerk, den *Jahrestagen*, weitet sich die Perspektive zum Bild einer ganzen Epoche. Der erst 1985 postum gedruckte Roman *Ingrid Babendererde. Reifeprüfung 1953* stellt eine eindringliche Schilderung der gesellschaftlichen Realität und der Bewusstseinslage in der DDR der 50er-Jahre dar. *Mutmassungen über Jakob*, im Jahr seiner Übersiedlung in den Westen veröffentlicht, macht in der Geschichte des Eisenbahners Jakob Abs, der »im Westen fremd und im Osten nicht mehr heimisch war« (J.), die dt. Teilung zum Thema. Dies geschieht in einer äußerst komplexen Form, einem In- und Gegeneinander von fragmentarischen Erzählsegmenten und Zeitebenen, deren Zusammenhänge sich erst allmählich ergeben. Mit dem Versuch eines Hamburger Journalisten, die Biographie eines Leipziger Radrennfahrers zu schreiben (*Das dritte Buch über Achim*), und der Geschichte einer Fluchthilfe (*Zwei Ansichten*) führte J. die Auseinandersetzung mit den dt. Zuständen weiter. Eine Art Summe seines Gesamtwerks stellt der letzte und größte Roman dar, in dem – dem Titel *Jahrestage* entsprechend – die einzelnen Tage eines Jahres (vom 20. bzw. 21. August 1967 bis zum 20. August 1968) – das erzählerische Gerüst bilden. Die *Jahrestage* berichten aus »dem Leben der Gesine

Cresspahl« – sie ist aus *Mutmassungen über Jakob* bekannt –, und das geschieht auf mehreren, auch über das Persönliche hinausführenden Ebenen: Schilderungen des New Yorker Alltags der Cresspahls und ihrer Freunde und Bekannten, eine Chronik der internationalen, nationalen und städtischen Ereignisse aus der täglichen Lektüre der *New York Times*, z. T. wörtlich der Zeitung entnommen, und – parallel zur persönlichen und allgemeinen Gegenwartschronik – Vergegenwärtigung der Geschichte durch Erinnerung. Gesine erzählt ihrer Tochter Marie – Vater ist der unter ungeklärten Umständen ums Leben gekommene Jakob Abs – ihre Familien- und Lebensgeschichte seit etwa 1920, um die Tochter mit den Voraussetzungen ihres eigenen Lebens bekannt zu machen. Das geschieht mit großer Präzision und Detailgenauigkeit, sei es im Hinblick auf das reale New York oder das fiktive Jerichow in Mecklenburg, doch nicht im Sinn der Abbildung der äußeren Realität, sondern als Entwurf einer ästhetisch eigenständigen, eigengesetzlichen Welt, eines literarischen Kosmos, der von der Spannung von Gegenwart und Vergangenheit, Provinz und Metropole lebt.

Werke: Mutmassungen über Jakob. 1959. – Das dritte Buch über Achim. 1961. – Karsch und andere Prosa. 1964. – Zwei Ansichten. 1965. – Jahrestage. Aus dem Leben der Gesine Cresspahl. 4 Bde. 1970, 1971, 1973, 1983. – Eine Reise nach Klagenfurt. 1974. – Berliner Sachen. Aufsätze. 1975. – Begleitumstände. Frankfurter Vorlesungen. 1980. – Skizze eines Verunglückten. 1982. – Ingrid Babendererde. Reifeprüfung 1953. 1985. – Versuch, einen Vater zu finden. Marthas Ferien. Text und Tonkassette. Hrsg. von Norbert Mecklenburg. 1988. – Heute Neunzig Jahr. Aus dem Nachlaß. Hrsg. von N. Mecklenburg. 1996.

Ausgaben: Uwe Johnson / Max Frisch: Ein Briefwechsel. Hrsg. von Eberhard Fahlke. Frankfurt a. M. 1999. – Briefwechsel mit Siegfried Unseld. Frankfurt a. M. 1999. – Hannah Arendt / Uwe Johnson: Der Briefwechsel 1967–1975. Hrsg. von E. Fahlke und Thomas Wild. Frankfurt a. M. 2004. – Uwe Johnson / Fritz J. Raddatz: Der Briefwechsel. Hrsg. von Erdmut Wizisla. Frankfurt a. M. 2006.

Johst, Hanns, 8. 7. 1890 Seehausen bei Oschatz (Sachsen) – 23. 11. 1978 Ruhpolding (Oberbayern). J. besuchte das Gymnasium in Leipzig, arbeitete dann in den Bodelschwinghschen Anstalten Bethel als Pfleger und studierte anschließend in Leipzig Medizin und in München und Wien Kunstgeschichte und Philosophie. 1914 meldete er sich freiwillig zum Kriegsdienst; nach dem Krieg lebte er als freier Schriftsteller am Starnberger See. Politisch rückte er – von pazifistischen Anfängen – allmählich nach rechts und trat 1932 der NSDAP bei. 1935–45 war er Präsident der Reichsschrifttumskammer und der Deutschen Akademie der Dichtung. Nach dem Zweiten Weltkrieg wurde er von den Alliierten interniert und mit einem zehnjährigen Publikationsverbot belegt. J. hatte seine ersten Erfolge als expressionistischer Dramatiker mit dem »ekstatischen Szenarium« *Der junge Mensch* und dem Grabbe-Drama *Der Einsame*. In den Werken der 20er-Jahre (Dramen, Romane, Gedichte) entfernte er sich von modernen literarischen Positionen und fand im Natürlichen, Ursprünglichen, in Volk und Führer die Gegenposition zu den Entwicklungen der Zeit. Seine Annäherung an die völkische Ideologie dokumentieren Texte wie das Luther-Stück *Propheten* und das Drama des amerikanischen Revolutionärs *Thomas Paine*, die den großen Einzelnen (auch im Scheitern) feiern und mit mythisch überhöhten Begriffen wie Deutschtum, Vaterland und Kameradschaft den rechten Ton anschlagen. Zugleich wurde J. mit seiner Forderung eines »heroisch-kultischen Theaters« Begründer der in den so genannten Thingspielen gipfelnden nationalsozialistischen Theaterauffassung. Mit dem 1933 in über 1000 Orten aufgeführten Schauspiel *Schlageter,* »Adolf Hitler in liebender Verehrung und unwandelbarer Treue« gewidmet, erreichte J. seinen größten Erfolg als Propagandist der NS-Ideologie.

Werke: Die Stunde der Sterbenden. 1914. – Der junge Mensch. 1916. – Stroh. 1916. – Der Anfang. 1917. – Der Einsame. 1917. –

Der Krieg. 1920. – Mutter. 1921. – Propheten. 1923. – Wechsler und Händler. 1923. – Wissen und Gewissen. 1924. – Die fröhliche Stadt. 1925. – Marmelade. 1926. – Thomas Paine. 1927. – So gehen sie hin. 1930. – Ave Eva. 1932. – Mutter ohne Tod. Die Begegnung. 1933. – Schlageter. 1933. – Standpunkt und Fortschritt. 1933. – Maske und Gesicht. Reise eines Nationalsozialisten von Deutschland nach Deutschland. 1935. – Ruf des Reiches – Echo des Volkes: Eine Ostfahrt. 1940. – Fritz Todt. 1943. – Gesegnete Vergänglichkeit. 1955.

Jonke, Gert, * 8. 2. 1946 Klagenfurt. Der Sohn einer Pianistin und eines Instrumentenbauers studierte nach dem Abitur ab 1966 in Wien Musikwissenschaft und Germanistik und besuchte die Akademie für Film und Fernsehen. 1971–75 hielt er sich in Berlin auf und lebt heute als freier Schriftsteller in Wien. 2002 wurde er mit dem Österreichischen Staatspreis für Literatur ausgezeichnet. Beeinflusst von der experimentellen Literatur und ihrer Sprachskepsis, wandte sich J. in seinem ersten Buch, *Geometrischer Heimatroman*, gegen die trivialen Muster des Dorf- und Heimatromans, indem er ihre sprachlichen und inhaltlichen Konventionen konsequent aufbrach. Einen Höhepunkt seines Werkes bilden die drei Musiker- und Künstlerromane *Schule der Geläufigkeit*, *Der ferne Klang* und *Erwachen zum großen Schlafkrieg*. Begründet in der Skepsis gegenüber der Möglichkeit der Erkennbarkeit der Wirklichkeit, machen sie die Beziehung zwischen Fiktion und Wirklichkeit, die Grenze zwischen Schein und Sein, zwischen Traum und Realität zu ihrem Thema, inszenieren gleichsam eine phantasievolle Verweigerung gegenüber den Ansprüchen einer vermeintlichen Wirklichkeit. Auch in seinem weiteren Schaffen, vornehmlich Theaterstücke, dominiert die künstlerisch-musikalische Thematik.

Werke: Geometrischer Heimatroman. 1969. – Glashausbesichtigung. 1970. – Musikgeschichte. 1970. – Die Versuchung der Leuchttürme. 1971. – Der ferne Klang. 1979. – Die erste Reise zum unerforschlichen Grund des stillen Horizonts. 1980. – Erwachen zum großen Schlafkrieg. 1982. – Die Schule der Geläufigkeit. 1985. – Der Kopf des Georg Friedrich Händel. 1988. – Sanftwut oder Der Ohrenmaschinist. Eine Theatersonate. 1990. – Opus 111. Ein Klavierstück. 1993. – Stoffgewitter. Anlässe, Auslassungen und andere Unerläßlichkeiten 1996. – Es singen die Steine. Ein Stück Naturtheater. 1998. – Himmelstraße – Erdbrustplatz oder Das System von Wien. 1999. – Insektarium. 2001. – Chorphantasie. Konzert für Solo-Dirigent auf der Suche nach dem Orchester. 2003. – Redner rund um die Uhr. Eine Sprechsonate. 2003. – Strandkonzert mit Brandung. 2006.

Jünger, Ernst, 29. 3. 1895 Heidelberg – 17. 2. 1998 Wilflingen (Oberschwaben). Der Sohn eines Chemikers und Apothekers zog 1907 mit seinen Eltern nach Hannover, besuchte verschiedene Internate und Gymnasien und floh 1913 in die frz. Fremdenlegion (Algerien). Der Vater sorgte schnell für J.s Entlassung, der sich 1914 freiwillig meldete und nach dem Notabitur an der Westfront eingesetzt und mehrfach verwundet und ausgezeichnet wurde. 1919–23 diente er in der Reichswehr; nach seinem Ausscheiden studierte er bis 1925 Zoologie und Philosophie in Leipzig und Neapel und lebte dann als freier Schriftsteller in Berlin. Das Angebot eines Reichstagsmandats durch die NSDAP lehnte er 1933 ab. 1936 zog er nach Überlingen (Bodensee), 1939 nach Kirchhorst bei Hannover. Im selben Jahr wurde er als Offizier reaktiviert und bis zu seiner Entlassung als ›Wehrunwürdiger‹ nach dem Attentat vom 20. 7. 1944 vorwiegend in Frankreich eingesetzt. 1945–49 erhielt er Publikationsverbot, weil er sich weigerte, die Fragebögen zur Entnazifizierung auszufüllen. Von 1950 an lebte er in Wilflingen. J. debütierte mit dem auf Tagebuchaufzeichnungen beruhenden Kriegsbuch *In Stahlgewittern*, das zahlreiche, z. T. veränderte Auflagen erlebte und den Verfasser berühmt machte: eine distanzierte, scheinbar sachliche, in Wirklichkeit ästhetisierende Darstellung eines Geschehens, über dessen Sinn nicht reflektiert wird, und zugleich Feier des rauschhaften Erlebnisses des gesuchten Kampfes Mann gegen Mann. Weitere auf Tagebüchern basierende Texte über seine Erfahrungen im

Ersten Weltkrieg folgten. Auch später blieb das Tagebuch eine seiner bevorzugten Formen, von den Kriegstagebüchern des Zweiten Weltkriegs (*Strahlungen*) über die Nachkriegstagebücher bis zu den Texten der 80er-Jahre. Daneben veröffentlichte J. eine Reihe von Essaybänden nationalistisch-konservativer und kulturkritischer bzw. kulturtheoretischer Thematik, die eine Ablehnung der demokratisch-zivilen Kultur mit einer Betonung heroischen Einzelkämpfertums verbinden. Sein kulturtheoretisches Hauptwerk *Der Arbeiter* postuliert eine neue Form des Heroismus (Vorläufer: der Soldat im Ersten Weltkrieg) angesichts der Herausforderungen des technischen Zeitalters. Neben den Tagebüchern und Essays trat J. auch als Erzähler hervor. Als Dokument des geistigen Widerstands gegen den Nationalsozialismus, dem sich J. nicht zuletzt aus einer elitären Haltung heraus und aus ästhetischen Gründen verweigerte, gilt vielfach die Erzählung *Auf den Marmorklippen*, die im Stil altisländischer Sagas in mythisierender Form auf das Geschehen im Dritten Reich anspielt. Die schematisierende Gegenüberstellung von guter und böser Macht bzw. niedrigem und höherem Menschentum charakterisiert auch den utopischen Roman *Heliopolis*. Zu seinen letzten Erzählungen gehört eine Kriminalgeschichte (*Eine gefährliche Begegnung*). J. wurden in Deutschland und Frankreich zahlreiche Ehrungen zuteil; die Verleihung des Goethe-Preises der Stadt Frankfurt 1982 stieß allerdings auf heftige Proteste.

Werke: In Stahlgewittern. Aus dem Tagebuch eines Stoßtruppführers. 1920. – Der Kampf als inneres Erlebnis. 1922. – Das Wäldchen 125. Eine Chronik aus den Grabenkämpfen 1918. 1925. – Feuer und Blut. 1926. – Das abenteuerliche Herz. Aufzeichnungen bei Tag und Nacht. 1929. – Die totale Mobilmachung. 1931. – Der Arbeiter. Herrschaft und Gestalt. 1932. – Blätter und Steine. 1934. – Afrikanische Spiele. 1936. – Geheimnisse der Sprache. Zwei Essays. 1939. – Auf den Marmorklippen. 1939. – Gärten und Straßen. Aus den Tagebüchern von 1939 und 1940. 1942. Erw. 1950. – Der Friede. Ein Wort an die Jugend Europas und an die Jugend der Welt. 1945. – Heliopolis. Rückblick auf eine Stadt. 1949. – Strahlungen. 1949. – Der Waldgang. 1951. – Gläserne Bienen. 1957. – Serpentara. 1957. – Grenzgänge. Essays – Reden – Träume. 1966. – Subtile Jagden. 1967. – Annäherungen. Drogen und Rausch. 1970. – Die Zwille. 1973. – Eumeswil. 1977. – Siebzig verweht I[–II]. 1980–81. – Aladins Problem. 1983. – Aus der goldenen Muschel. Gänge am Mittelmeer. 1984. – Autor und Autorschaft. 1984. – Eine gefährliche Begegnung. 1985. – Zwei Mal Halley. 1987. – Ortners Erzählungen. 1989. – Die Schere. 1990. – Siebzig verweht III[–IV]. 1993–95.

Ausgaben: Werke. 10 Bde. Stuttgart 1960–65. – Sämtliche Werke. 22 Bde. Stuttgart 1978–2003.

Jünger, Friedrich Georg, 1. 9. 1898 Hannover – 20. 7. 1977 Überlingen (Bodensee). Der Bruder E. Jüngers, Sohn eines Chemikers und Apothekers, nahm nach dem Abitur als Freiwilliger am Ersten Weltkrieg teil und wurde schwer verwundet. 1920–24 studierte er Jura in Leipzig und Halle, lebte jedoch von 1926 an als freier Schriftsteller in Berlin, dann seit 1937 in Überlingen. Seine Lyrik hat ihre Vorbilder in den Oden F. G. Klopstocks und F. Hölderlins und stellt dem Chaos der Zeit die strenge Form entgegen, eine durchaus verbreitete Tendenz in den 30er- und 40er-Jahren. J.s Dichtung gehört thematisch und metaphorisch in den Umkreis von Naturlyrikern der ›inneren Emigration‹ wie G. Britting und W. Lehmann. Als Essayist stellte er der zerstörerischen Entwicklung der modernen Technik die Besinnung auf die griechische Antike, auf Maß, Form, Muße entgegen. Daneben schrieb J. Romane, Erzählungen und zwei Erinnerungsbücher (*Grüne Zweige*, *Spiegel der Jahre*).

Werke: Gedichte. 1934. – Der Taurus. 1937. – Der Missouri. 1940. – Griechische Götter. 1943. – Die Perfektion der Technik. 1946. – Der Westwind. 1946. – Das Weinberghaus. 1947. – Griechische Mythen. 1947. – Orient und Okzident. 1948. – Gedanken und Merkzeichen. 1949. 2. Sammlung. 1954. – Maschine und Eigentum. 1949. – Dalmatinische Nacht. 1950. – Grüne Zweige. 1951. – Iris im Wind. 1952. – Rhythmus und Sprache im deutschen Gedicht. 1952. – Die Spiele. Ein Schlüssel zu ihrer Bedeutung.

1953. – Der erste Gang. 1954. – Zwei Schwestern. 1956. – Spiegel der Jahre. 1958. – Gesammelte Erzählungen. 1967. – Es pocht an der Tür. 1968. – Heinrich March. 1979.

Ausgabe: Werke. 12 Bde. Stuttgart 1978–85.

Jung, Franz, 26. 11. 1888 Neiße (Schlesien) – 21. 1. 1963 Stuttgart. Der Sohn eines Uhrmachermeisters hatte sich früh gegen die Familie und die Enge der Heimat aufgelehnt und war nach einem problematischen, in Schulden endenden Studentenleben an verschiedenen Universitäten (1907–11 Jura, Volkswirtschaft) enterbt worden. In München (seit 1911) und Berlin (seit 1913) fand er zur Literatur und zu anarchistischen und revolutionären Kreisen. 1918 schloss er sich der Rätebewegung an und nahm an den revolutionären Kämpfen teil. Auf der Flucht vor der Justiz ging J. 1921 nach Russland, kehrte 1923 enttäuscht zurück und wandte sich von revolutionären sozialistischen Ideen ab. Seit 1936 lebte er im ungarischen Exil, wurde 1944 verhaftet, konnte jedoch fliehen und siedelte 1948 in die USA über. Hier fasste er ebenso wenig Fuß wie nach der Rückkehr 1960 in der Bundesrepublik. Er beschrieb sein Leben in der 1961 erschienenen großen Autobiographie *Weg nach unten*. War er hier zum Fazit gelangt, dass der Mensch ›parasitär‹ und zur Bildung einer Gesellschaft unfähig sei, so gehen seine frühen expressionistischen Romane und Erzählungen, die den Konflikt zwischen den Geschlechtern thematisieren, davon aus, dass durch die Veränderung der Beziehung zwischen Mann und Frau eine positive Umgestaltung der Gesellschaft möglich sei. Mit den Werken der 20er-Jahre – Romane, Schauspiele, theoretische Schriften – trat er für den revolutionären Kampf der Arbeiterklasse für eine neue, bessere Welt ein. Über seine Erfahrungen in Russland berichtete er in mehreren Reiseberichten.

Werke: Das Trottelbuch. 1912. – Kameraden …! 1913. – Sophie. Der Kreuzweg der Demut. 1915. – Opferung. 1916. – Saul. 1916. – Der Sprung aus der Welt. 1918. – Die rote Woche. 1921. – Die Technik des Glücks. Psychologische Anleitung in vier Übungsfolgen. 1921. – Die Kanaker. Wie lange noch? 1921. – Proletarier. 1921. – An die Arbeitsfront nach Sowjetrußland. 1922. – Arbeitsfriede. 1922. – Hunger an der Wolga. 1922. – Die Eroberung der Maschinen. 1923. – Das geistige Rußland von heute. 1924. – Hausierer. 1931. – Der Weg nach unten. Aufzeichnungen aus einer großen Zeit. 1961.

Ausgabe: Werke. 12 Bde. Hrsg. von Lutz Schulenburg [u. a.]. Hamburg 1981–97.

Jung, Johann He(i)nrich, gen. Stilling, 12. 9. 1740 Grund (Rothaargebirge) – 2. 4. 1817 Karlsruhe. Der aus ärmlichen Verhältnissen stammende J. bildete sich autodidaktisch, absolvierte eine Schneiderlehre und arbeitete als Bauer, Lehrer und Kaufmannsgehilfe, bis er die Gelegenheit erhielt, in Straßburg Medizin zu studieren (1770–72). Hier lernte er u. a. Goethe, J. M. R. Lenz und J. G. Herder kennen. Von 1772 an praktizierte er als Arzt in Elberfeld und wurde insbesondere durch seine Staroperationen bekannt. Seit 1778 lehrte er Kameral- und Staatswissenschaften in Kaiserslautern, Heidelberg (ab 1784), Marburg (ab 1787) und wieder Heidelberg (ab 1803), bis ihn der badische Kurfürst 1803 von den Lehrverpflichtungen befreite und ihm die Möglichkeit verschaffte, seinen Interessen als Erbauungsschriftsteller nachzugehen. 1806 ließ er sich in Karlsruhe nieder. Seine auf Anregung Goethes geschriebene und in der dritten Person erzählte Lebensgeschichte gehört, insbesondere in der Geschichte seiner Kindheit und Jugend, zu den bedeutendsten autobiographischen Zeugnissen des 18. Jh.s. Ihre Struktur ist von pietistischen Vorstellungen geprägt (Selbstanalyse, Erweckungserlebnisse, Hinweise auf Gottes Fügung und Führung, erbauliche Intention). Auch J.s Romane nehmen das goethezeitliche Modell der Entwicklung auf und wandeln es in religiösem Sinn ab. Daneben verfasste er elf staatswissenschaftliche Lehrbücher, Erbauungsschriften und Texte zur »Geister-Kunde«.

Werke: Henrich Stillings Jugend. 1777. – Henrich Stillings Jünglings-Jahre. 1778. – Henrich Stillings Wanderschaft. 1778. – Die Geschichte des Herrn von Morgenthau. 1779. – Die Geschichte

Florentins von Fahlendorn. 1781–83. – Lebensgeschichte der Theodore von der Linden. 1783. – Theobald oder die Schwärmer. 1784–85. – Henrich Stillings häusliches Leben. 1789. – Methode den grauen Staar [...] zu heilen. 1791. – Das Heimweh. 1794–96. – Scenen aus dem Geisterreiche. 1795–1801. – Henrich Stillings Lehr-Jahre. 1804. – Theorie der Geister-Kunde. 1808. – Apologie der Theorie der Geisterkunde. 1809. – Henrich Stillings Alter. 1817. – Geschichte unseres Herrn Jesu Christi. 1820.

Ausgabe: Sämmtliche Werke. 12 Bde. Stuttgart 1841–42.

K

Kästner, Erich, 23. 2. 1899 Dresden – 29. 7. 1974 München. Nach dem Militärdienst 1917–18 holte K. 1919 das Abitur nach und studierte in Rostock, Berlin und Leipzig Germanistik, Geschichte, Philosophie und Theaterwissenschaft (Dr. phil. 1925). 1927 zog er nach Berlin und arbeitete als freier Mitarbeiter für verschiedene Zeitungen. Nach Publikationsverbot und Bücherverbrennung 1933 erschienen seine Bücher im Ausland; das Drehbuch für den Film *Münchhausen* schrieb er 1942 unter einem Pseudonym. Von 1945 bis 1947 leitete er das Feuilleton der *Neuen Zeitung* in München und lebte dann hier als freier Schriftsteller. Seine größten Erfolge hatte (und hat) K. mit seinen Kinderbüchern aus den letzten Jahren der Weimarer Republik. Zur gleichen Zeit trat er mit einer Reihe erfolgreicher Gedichtbände hervor, deren Texte sich als eine Art Gebrauchslyrik anschaulich und satirisch mit alltäglichen Nöten und Problemen befassen, sich aber auch entschieden zum Pazifismus bekennen. Eine satirische Auseinandersetzung mit den politischen, wirtschaftlichen und moralischen Verfallserscheinungen um 1930 stellt der Roman *Fabian* dar, die Geschichte eines scheiternden Moralisten. Spätere, in der Schweiz veröffentlichte Romane ziehen sich auf eine unkritische und unpolitische Haltung zurück. Nach dem Krieg wandte sich K. in Artikeln und Vorträgen, aber auch in Kabarettbeiträgen (er war 1951 Mitbegründer des Kabaretts »Die kleine Freiheit«) u. a. gegen die Tendenzen einer neuerlichen Militarisierung und die Verdrängung der Vergangenheit. 1957 erhielt er den Georg-Büchner-Preis.

Werke: Herz auf Taille. 1928. – Emil und die Detektive. 1928. – Lärm im Spiegel. 1929. – Ein Mann gibt Auskunft. 1930. – Der 35. Mai. 1931. – Fabian. Geschichte eines Moralisten. 1931. – Pünktchen und Anton. 1931. – Gesang zwischen den Stühlen. 1932. – Das fliegende Klassenzimmer. 1933. – Drei Männer im Schnee. 1934. – Die verschwundene Miniatur. 1935. – Doktor Erich Kästners lyrische Hausapotheke. 1936. – Georg und die Zwischenfälle. 1938. Seit 1949 u. d. T.: Der kleine Grenzverkehr. – Der tägliche Kram. Chansons und Prosa 1945–1948. 1948. – Kurz und bündig. Epigramme. 1948. – Das doppelte Lottchen. 1949. – Die Konferenz der Tiere. 1949. – Die kleine Freiheit. Chansons und Prosa 1949–1952. 1952. – Die dreizehn Monate. 1955. – Die Schule der Diktatoren. 1956. – Notabene 45. Ein Tagebuch. 1961.

Ausgabe: Werke. Hrsg. von Franz Josef Görtz. 9 Bde. München/Wien 1998.

Kafka, Franz, 3. 7. 1883 Prag – 3. 6. 1924 Kierling bei Klosterneuburg. Der aus einer jüdischen Kaufmannsfamilie stammende K. studierte nach dem Abitur 1901 Jura an der Deutschen Universität Prag (Staatsprüfung 1903, Promotion 1906). Danach arbeitete er als Versicherungsjurist zunächst bei den Assicurazioni Generali, dann seit 1908 bei der Arbeiter-Unfall-Versicherungs-Anstalt in Prag, wo er bis zum Obersekretär aufstieg. 1922 wurde er wegen seiner fortschreitenden, 1917 zuerst offen ausgebrochenen Krankheit (Tuberkulose) pensioniert. Von September 1923 bis März 1924 lebte er in Berlin bei Dora Diamant, der letzten seiner komplizierten Frauenbeziehungen mit Verlobungen und Entlobungen (Felice Bauer, Julie Wohryzek, Milena Jesenská). Seit der Aufnahme seiner (ungeliebten) Berufstätigkeit schrieb K., meist nachts. Seine erste große Erzählung *Das Urteil* entstand in der Nacht vom 22. zum 23. September 1912. Sie bedeutete den Durchbruch zu einem eigenen Erzählstil, für den sprachliche Präzision und realistische Detailschilderung ebenso charakteristisch sind wie das Ineinanderfließen von Traum und Wirklichkeit. Dabei entspricht die für K.s Erzählungen typische unmerkliche Verschiebung vom Realen ins Phantastische (und Groteske) dem Eindringen des Unbewussten (einschließlich des unbewussten Schuldgefühls). Hinter der Oberfläche liegt eine andere, vielfältigen Deutungen unterworfene Realität. Mit dieser neurotischen ›Familiengeschichte‹ gestaltete K. zum ersten Mal eines seiner zentralen Themen, das der bürgerlichen Familie mit ihren Widersprüchen und Zwängen, das in verschiedenen Variationen sein Werk durchzieht (*Die Verwandlung*, *Ein Landarzt*, *Brief an den Vater*, *Das Schloß*, *Der Verschollene* u. a.). Die Grunderfahrung der Fremdheit in einer als labyrinthisch bzw. ›kafkaesk‹ verstandenen Welt findet ihren Ausdruck im gesellschaftlichen Bereich u. a. in den Institutionen der Justiz, der Bürokratie und der modernen Technik (*In der Strafkolonie*, *Der Prozeß*, *Das Schloß* u. a.). Dieser Welt der Entfremdung und der Zwänge stellt K. in seinen Tiergestalten und Tiergeschichten eine (ebenso vieldeutige) naturhafte Gegenwelt entgegen. Damit verbindet sich das Thema der Kunst in der Gesellschaft (*Ein Hungerkünstler*). K.s drei Romane (*Der Prozeß*, *Das Schloß*, *Der Verschollene* bzw. *Amerika*) blieben unvollendet; K. hielt sie in seinem hohen Kunstanspruch für missglückt. Sie wurden – wie zahlreiche andere zu Lebzeiten ungedruckte Texte – von M. Brod aus dem Nachlass veröffentlicht, den er eigentlich hätte vernichten sollen. Als gleichnishafter Ausdruck der Fremdheit des Menschen in der modernen Welt, als Zusammenfassung der Tendenzen des Jahrhunderts fand K.s Werk v. a. nach dem Zweiten Weltkrieg weltweite Resonanz – und vielfältige Deutungen.

Werke: Betrachtung. 1913. – Das Urteil. In: Arcadia. 1913. – Der Heizer. Ein Fragment. 1913. – Die Verwandlung. 1916. – In der Strafkolonie. 1919. – Ein Landarzt. Kleine Erzählungen. 1919. – Ein Hungerkünstler. Vier Geschichten. 1924. – Der Prozeß. 1925. – Das Schloß. 1926. – Amerika. 1927. [Der Verschollene.] – Beim Bau der chinesischen Mauer. Ungedruckte Erzählungen und Prosa aus dem Nachlaß. 1931.

Ausgaben: Gesammelte Werke. Hrsg. von Max Brod [u. a.]. 11 Bde. Frankfurt a. M. 1950–74. – Schriften. Tagebücher. Briefe. Krit. Ausg. Hrsg. von Jürgen Born [u. a.]. Frankfurt a. M. 1982 ff. – Hist.-krit. Ausg. sämtlicher Handschriften, Drucke und Typoskripte. Hrsg. von Roland Reuß [u. a.]. Frankfurt a. M. 1995 ff. – Krit. Ausg. des S. Fischer Verlages. 1 CD-ROM und Benutzerhandbuch. Cambridge / Frankfurt a. M. 1999.

Kaiser, Georg, 25. 11. 1878 Magdeburg – 4. 6. 1945 Ascona (Schweiz). Der Sohn einer Kaufmannsfamilie verließ nach der Mittleren Reife das Gymnasium, war 1895 kurze Zeit Lehrling in einer Buchhandlung, begann dann eine kaufmännische Lehre, die er 1898 abbrach, um nach Argentinien zu fahren. Hier arbeitete er im Büro der AEG, bis er 1901 wegen gesundheitlicher Probleme nach Deutschland zurückkehrte und in einer Nervenklinik behandelt wurde. Er verbrachte die folgenden Jahre als freier Schriftsteller an verschiedenen Orten bei Mitgliedern seiner Familie. Nach der Heirat 1908 mit Margarethe Habenicht, die eine größere Mitgift in die Ehe einbrachte, lebte er bis 1918 abwechselnd in einem eigenen Haus in Seeheim an der Bergstraße und einer gemieteten Villa in Weimar. Er geriet jedoch bald in finanzielle Schwierigkeiten; der Besitz ging verloren, die Familie zog nach München. 1921 wurde K. wegen Unterschlagung und Betrugs zu einem Jahr Gefängnis verurteilt, aber bereits nach zwei Monaten entlassen: Der Gustav Kiepenheuer Verlag übernahm die Bürgschaft für alle Schulden. K. ließ sich 1921 in Grünheide bei Berlin nieder und wurde in den folgenden Jahren zu einem der meistgespielten Dramatiker der Zeit. Nach der Machtergreifung erhielt er Publikations- und Aufführungsverbot; 1938 floh er über die Niederlande in die Schweiz. K. schrieb seit 1903 Dramen; 1911 wurde das erste gedruckt. Den Durchbruch K.s als Dramatiker brachte 1917 die Uraufführung des bereits 1914 veröffentlichten Wandlungs- und Erlösungsstücks *Die Bürger von Calais*. Wenige Monate später folgte *Von morgens bis mitternachts* (entst. 1912, UA 1917), ein Stationendrama, das den scheiternden Ausbruchsversuch eines namenlosen Kassierers aus der Enge seines Daseins zur konsequenten Verwirklichung seines Ich in einer rastlosen, dynamischen

Bilderfolge und atemlos verknappter Sprache darstellt. K. hatte sich damit als führender expressionistischer Dramatiker etabliert; nach vier weiteren Uraufführungen 1917 folgten acht im nächsten Jahr. Den Höhepunkt seiner expressionistischen Dramatik bildet das zweiteilige Drama *Gas* (UA 1918 bzw. 1920), das unter dem unmittelbaren Eindruck des Krieges sich mit der Problematik der industriellen und technischen Entwicklung auseinandersetzt, indem es den Umschlag einer verabsolutierten Sachlogik ins Irrationale und statt einer Erneuerung des Menschen seine Dehumanisierung konstatiert. Während der Weimarer Republik schrieb K. Liebes- und Künstlerdramen, Komödien, Libretti und Filmentwürfe. Dass er sich dabei von der politischen Realität fernhielt, hinderte die SA nicht daran, 1933 bei der Uraufführung des »Wintermärchens« *Der Silbersee* (Musik von Kurt Weill) einen Skandal zu inszenieren. Im Exil schrieb K. dann Stücke gegen den Krieg (*Der Soldat Tanaka*, UA 1940) und den Nationalsozialismus (*Klawitter*, UA 1949) sowie drei ›griechische‹ Dramen, darunter *Pygmalion* (UA 1953), eine weitere Bestätigung dafür, dass sich die expressionistische Vorstellung vom ›neuen‹ Menschen nicht verwirklichen lässt.

Werke: Die jüdische Witwe. 1911. – König Hahnrei. 1913. – Der Kongreß. 1914. – Die Bürger von Calais. 1914. – Europa. 1915. – Großbürger Möller. 1915. – Von morgens bis mitternachts. 1916. – Die Koralle. 1917. – Die Versuchung. 1917. – Der gerettete Alkibiades. 1918. – Gas. 1918. – Gas. Zweiter Teil. 1920. – Kanzlist Krehler. 1922. – Nebeneinander. 1923. – Kolportage. 1924. – Die Lederköpfe. 1928. – Der Silbersee. 1933. – Der Soldat Tanaka. 1940. – Rosamunde Floris. 1940. – Das Floß der Medusa. 1948. – Griechische Dramen. 1948. [Pygmalion, Zweimal Amphitryon, Bellerophon.]

Ausgabe: Werke. Hrsg. von Walther Huder. 6 Bde. Frankfurt a. M. [u. a.] 1970–72.

Kaldenbach, Christoph, 11. 8. 1613 Schwiebus (Schlesien) – 16. 7. 1698 Tübingen. Der aus dem zünftigen Bürgertum stammende K. – sein Vater stieg vom Tuchmacher zum Zunftmeister in Schwiebus auf und war zeitweilig auch königlicher Richter und Bürgermeister der Stadt – wurde wegen des Krieges als Achtjähriger nach Frankfurt a. d. O. geschickt. Hier erhielt er eine auf das Studium vorbereitende akademische Ausbildung und Kompositionsunterricht, bis er 1631 vor den schwedischen Truppen nach Königsberg floh. Er immatrikulierte sich an der Universität, musste aber gleichzeitig seinen Lebensunterhalt durch Privatunterricht und Auftragsdichtungen verdienen. Seinen Magister erwarb er erst 1647 mitten im Berufsleben. 1639 wurde er Konrektor, 1645 Prorektor an der Altstädtischen Lateinschule. Dann gelang ihm der Sprung an die Königsberger Universität (1651 Professor für Griechisch); von hier ging er 1656 als Professor der Beredsamkeit, Poesie und Geschichte nach Tübingen. Entscheidende künstlerische Anregungen verdankte K. den Königsberger Dichtern und Musikern um Heinrich Albert, S. Dach und Robert Roberthin; wie Dach gehörte er hier und später auch in Tübingen zu den gefragten Gelegenheitsdichtern. Neben der Dichtung in dt. Sprache führte er ganz betont auch die lat. Dichtungstradition weiter. Der Versuch einer Tragödie blieb ohne Wirkung. Sein Rhetorik-Lehrbuch für württembergische Studenten, *Compendium Rhetorices*, wurde bis 1765 neu aufgelegt und noch zur Zeit des jungen Schiller »mit den nöthigen Zusätzen und Verbesserungen« verwendet.

Werke: Babylonischer Ofen / Oder Tragoedie / Von den drey Judischen Fürsten in dem glüenden Ofen zu Babel. 1646. – Deutscher Eclogen / Oder Hirten-Getichte Ein Theil. 1648. – Deutscher Grab-Getichte Erstes [–Anderes] Theil. 1648. – Deutsche Sappho / Oder Musicalische Getichte. 1651. – Lyricorum libri III. 1651. – Sylvae Tubingenses. 1667. – Gottselige Andachten / Auff die Sprüche Heiliger Göttlichen Schrifft gerichtet. 1668. – Parodiae in locos communes. 1671. – Problemata oratoria. 1672. – Poetice Germanica. 1674. – Compendium rhetorices. 1682. – Deutsche Lieder und Getichte. 1683. – Dispositiones oratoriae. 1687. – In satyricos tres latinorum. 1688.

Ausgabe: Auswahl aus dem Werk. Hrsg. von Wilfried Barner. Mit einer Werkbibliographie von Reinhard Aulich. Tübingen 1977.

Kaléko, Mascha, 7. 6. 1907 Schidlow (Galizien, heute Chrzanów, Polen) – 21. 1. 1975 Zürich. K. kam mit ihrer russisch-jüdischen Familie 1914 nach Deutschland und lebte von 1918 an in Berlin. Nach der Mittleren Reife machte sie eine Lehre bei der jüdischen Arbeiterfürsorge und besuchte Philosophie- und Psychologiekurse an der Universität. 1938 floh sie mit ihrer Familie nach New York, 1960 ging sie nach Jerusalem. Seit 1929 erschienen ihre Gedichte in Berliner Zeitungen, Ernst Rowohlt verlegte ihre ersten Bücher. Die Texte gehören zu der in den 20er-Jahren propagierten ›Gebrauchslyrik‹ und fanden mit ihrem u. a. an H. Heine und E. Kästner erinnernden Ton, mit ihrer Mischung von Schnoddrigkeit und Sentimentalität, mit dem sie Momente der großstädtischen Alltagswirklichkeit festhielten, großen Anklang. Eine tiefergehende Wirkung verhinderte der Nationalsozialismus; 1935 wurden ihre Bücher verbrannt. Die späten Gedichtbände konnten an den Erfolg der frühen Lyrik nicht anknüpfen.

Werke: Das lyrische Stenogrammheft. Verse vom Alltag. 1933. – Kleines Lesebuch für Große. 1935. – Verse für Zeitgenossen. 1945. – Verse in Dur und Moll. 1967. – Das himmelgraue Poesie-Album. 1968. – Hat alles seine zwei Schattenseiten. 1973. – In meinen Träumen läutet es Sturm. Gedichte und Epigramme aus dem Nachlaß. 1977.

Kant, Hermann, * 14. 6. 1926 Hamburg. Nach einer Elektrikerlehre wurde K. Soldat und geriet 1945 in polnische Gefangenschaft. Im Arbeitslager Warschau war er Gründungsmitglied eines Antifa-Komitees und unterrichtete in der Antifa-Schule. 1949 wurde er entlassen, ging in die DDR, trat der SED bei und studierte nach dem Besuch der Arbeiter- und Bauernfakultät in Greifswald von 1952 bis 1956 Germanistik in Berlin. Er arbeitete einige Jahre als wissenschaftlicher Assistent und lebt seitdem als freier Schriftsteller in Berlin. 1969 wurde er Vizepräsident (einer von fünf), 1978 Präsident des Schriftstellerverbandes der DDR; 1981–90 war K. Abgeordneter der Volkskammer, 1986–89 gehörte er dem ZK der SED an. Im Dezember 1989 zwangen ihn Proteste ostdt. Autoren zum Rücktritt. K.s Ruf als Schriftsteller gründet auf seinem Roman *Die Aula*, der mit in der DDR zuvor verpönten modernen Erzähltechniken (innerer Monolog, Rückblenden, Perspektiven- und Zeitenwechsel, ironische Brechung) eine Art Chronik der Aufbauphase der DDR darstellt, die freilich die großen Krisen ausklammert und Probleme entschärft, aber durch witzige Einfälle, Geschichten und Anekdoten durchaus Unterhaltungswert hat. Einen affirmativen Grundzug haben auch die Romane *Das Impressum*, eine Reprise der *Aula*, oder *Die Summe*, eine wortreiche Satire auf die kulturelle Zusammenarbeit in Europa. Die Aufarbeitung der deutschen Geschichte – Krieg, Verantwortlichkeit und Schuld des Einzelnen – ist das Anliegen des Romans *Der Aufenthalt*, die der dt. Bildungsromantradition verpflichtete Geschichte eines in Polen fälschlich als Kriegsverbrecher angeklagten Grenadiers. Nach der Wende veröffentlichte K. u. a. unkritische Erinnerungen und den kapitalismuskritischen Roman *Kino*.

Werke: Ein bißchen Südsee. 1962. – Die Aula. 1965. – Das Impressum. 1972. – Eine Übertretung. 1975. – Der Aufenthalt. 1977. – Der dritte Nagel. 1981. – Bronzezeit. Geschichten aus dem Leben des Buchhalters Farßmann. 1986. – Die Summe. Eine Begebenheit. 1987. – Abspann. Erinnerung an meine Gegenwart. 1991. – Kormoran. 1994. – Escape. Ein WORD-Spiel. 1995. – Okarina. 2002. – Kino. 2005

Karsch(in), Anna Louisa (geb. Dürbach), 1. 12. 1722 Meierhof »Der Hammer« zwischen Züllichau und Crossen a. d. O. (Polen) – 12. 10. 1791 Berlin. Die Tochter eines Wirtshauspächters wuchs in den beschränktesten sozialen Verhältnissen auf und wurde mit 15 Jahren mit einem Tuchweber verheiratet, der sich nach elf Jahren – sie war mit dem vierten Kind schwanger – scheiden ließ. Um 1750 heiratete sie auf Drängen der Mutter den Schneider Karsch, mit dem sie in Fraustadt und Glogau lebte, bis sie auf Grund von Einzeldrucken von Gelegenheitsgedichten auf die Siege Friedrichs II. im Siebenjährigen Krieg bekannt wurde. Gönner befreiten sie von ihrem trunksüchtigen Mann (Militärdienst) und brachten sie 1761 nach Berlin. Um sie finanziell abzusichern, besorgten J. W. L. Gleim, bei dem sie eine Zeit in Halberstadt wohnte, und Johann Georg Sulzer eine Subskriptionsausgabe ihrer Gedichte, die einen bedeutenden finanziellen Gewinn erzielte. Die Urteile schwankten zwischen Kritik an den technischen Mängeln und Anerkennung für die »Naturschönheit« ihrer Poesie (H. W. v. Gerstenberg) und die soziale Leistung der Verfasserin (Moses Mendelssohn: »Triumph des Naturells über alle Schwierigkeiten des Glücks, der Geburt und der Erziehung«). Ihre finanzielle Lage blieb zeitlebens prekär. Neben einer von Gleim vermittelten kleinen Pension trugen Gelegenheitsdichtungen und Auftritte bei Festlichkeiten der Berliner Gesellschaft zu ihrem Lebensunterhalt bei. 1789 ließ König Friedrich Wilhelm II. ein Haus für sie bauen.

Werke: Auserlesene Gedichte. 1764 [recte 1763]. – Einige Oden über verschiedene hohe Gegenstände. 1764. – Poetische Einfälle. 1764. – Kleinigkeiten. 1765. – Neue Gedichte. 1772. – Gedichte. Nach der Dichterin Tode […] hrsg. von ihrer Tochter C. L. v. K[lenke] geb. Karschin. 1792.

Kasack, Hermann, 24. 7. 1896 Potsdam – 10. 1. 1966 Stuttgart. Der Sohn eines Arztes meldete sich bei Kriegsbeginn 1914 freiwillig, wurde jedoch wegen eines Herzfehlers wieder entlassen und studierte bis 1920 in Berlin und München Germanistik und Philosophie, wurde dann zeitweise Lektor bzw. Verlagsdirektor bei Kiepenheuer und bei S. Fischer und arbeitete seit 1925 auch für den Berliner Rundfunk (literarische Programme, Hörspiele).

1933 erhielt er Sendeverbot und führte mit seiner Frau eine Massagepraxis. 1941 folgte er auf O. Loerke als Lektor bei S. Fischer (später Suhrkamp). 1949 gab er die Position auf und zog nach Stuttgart. Von 1953 bis 1963 war er Präsident der deutschen Akademie für Sprache und Dichtung. K.s literarische Anfänge – Lyrik, Dramen – stehen im Zeichen des Expressionismus; später reagierte er auf die Barbarei der Gegenwart mit formal strengen Texten. Sein Hauptwerk ist der Roman *Die Stadt hinter dem Strom*, eine verschlüsselte Auseinandersetzung mit dem Nationalsozialismus mit surrealistischen Zügen und Kafka-Reminiszenzen. K. führt seinen Helden als Chronisten in ein Zwischenreich zwischen Leben und Tod, dessen Ruinenwelt Wirklichkeit wird, als er wieder über den Fluss in die Welt der Lebenden zurückkehrt: Die Wirklichkeit des Krieges hat die Vision eingeholt. Lesungen aus der Chronik aus dem Jenseits führen im letzten Teil des Romans zu Diskussionen und west-östlichen philosophischen Sinnangeboten.

Werke: Der Mensch. Verse. 1918. – Die Heimsuchung. 1919. – Die Insel. 1920. – Die Schwester. 1920. – Die tragische Sendung. 1920. – Der Gesang des Jahres. 1921. – Vincent. 1924. – Echo. Achtunddreißig Gedichte. 1933. – Der Strom der Welt. 1940. – Das ewige Dasein. 1943. – Die Stadt hinter dem Strom. 1947. – Der Webstuhl. 1949. – Das große Netz. 1952. – Fälschungen. 1953. – Die Stadt hinter dem Strom. Oratorische Oper. 1955. – Mosaiksteine. Beiträge zu Literatur und Kunst. 1956. – Wasserzeichen. Neue Gedichte. 1964.

Kaschnitz, Marie Luise (d. i. M. L. von Kaschnitz-Weinberg, geb. von Holzing-Berstett), 31. 1. 1901 Karlsruhe – 10. 10. 1974 Rom. Die Tochter eines Offiziers wuchs in Potsdam und Berlin auf, machte nach dem Abitur eine Buchhändlerlehre in Weimar und arbeitete in München und seit 1924 in Rom. Hier blieb sie, seit 1925 mit dem Archäologen Guido v. Kaschnitz-Weinberg verheiratet, bis 1932. Dann folgte sie ihrem Mann nach Königsberg

(1932), Marburg (1937) und Frankfurt a. M. (1941). Von 1953 bis 1956 lebte sie wieder in Rom, dann in Frankfurt a. M. und auf dem Familiengut in Bollschweil bei Freiburg i. Br. 1955 erhielt sie den Georg-Büchner-Preis, 1960 hatte sie die Poetik-Dozentur an der Frankfurter Universität inne. K. begann mit unpolitischen Liebesgeschichten und Nacherzählungen griech. Mythen. Ihre ersten Gedichtbände, nach dem Krieg erschienen, stehen im Zeichen des Krieges und der Nachkriegszeit; dabei bedient sie sich zur Darstellung des Leids und der Zerstörung – etwa im Zyklus *Rückkehr nach Frankfurt* im Band *Totentanz* – der traditionellen Formensprache der klassisch-romantischen Tradition. Das änderte sich nach Ansätzen in früheren Gedichtbänden entschieden mit den *Neuen Gedichten* von 1957: Die metrisch glatten Formen verschwinden ebenso wie der Reim, die Sprache wird härter, knapper, verdichteter. Berühmt geworden ist das Gedicht *Hiroshima*, das in zwei antithetischen Strophen das Grauen der Vernichtung und die menschliche Schuld mit der Alltagsrealität einer spießigen Vorstadtidylle konfrontiert. Die spätere Lyrik, vielfach von Trauer und Schmerz getragen, zeigt eine zunehmende Neigung zum Lakonischen. Sie hält, wie bereits die ›Trümmerlyrik‹ der Nachkriegsjahre, die Hoffnung auf eine von Humanität geprägte Zukunft aufrecht. Ihre Kurzgeschichten und Erzählungen machen über die realistische Ebene hinaus vielfach eine zweite Ebene des Geheimnisvollen, Irrealen sichtbar und werfen anhand scheinbar zufälliger Begebenheiten grundsätzliche Fragen der menschlichen Existenz auf. Im Mittelpunkt ihres späten Schaffens stehen autobiographische Schriften, die Erinnerungsarbeit und Kritik der Gegenwart verbinden.

Werke: Liebe beginnt. 1933. – Elissa. 1937. – Griechische Mythen. 1946. – Menschen und Dinge. 1946. – Gedichte. 1947. – Totentanz und Gedichte zur Zeit. 1947. – Gustave Courbet. Roman eines Malerlebens. 1949. Neuausg. u. d. T.: Die Wahrheit, nicht der Traum. 1978. – Zukunftsmusik. 1950. – Das dicke Kind und andere Erzählungen. 1951. – Ewige Stadt. Rom-Gedichte. 1952. – Engelsbrücke. Römische Betrachtungen. 1955. – Das Haus der Kindheit. 1956. – Neue Gedichte. 1957. – Lange Schatten. 1960. – Dein Schweigen – Meine Stimme. Gedichte 1958–1961. 1962. – Hörspiele. 1962. – Wohin denn ich. Aufzeichnungen. 1963. – Ein Wort weiter. 1965. – Das Tagebuch des Schriftstellers. 1965. – Beschreibung eines Dorfes. 1966. – Ferngespräche. 1966. – Tage, Tage, Jahre. 1968. – Vogel Rock. Unheimliche Geschichten. 1969. – Die fremde Stimme. Hörspiele. 1969. – Steht noch dahin. Neue Prosa. 1970. – Kein Zauberspruch. 1972. – Orte. Aufzeichnungen. 1973. – Gesang vom Menschenleben. 1974. Erw. 1982. – Der alte Garten. 1975.

Ausgaben: Gesammelte Werke. Hrsg. von Christian Büttrich und Norbert Miller. 7 Bde. Frankfurt a. M. 1981–89. – Tagebücher aus den Jahren 1936–1966. Hrsg. von Christoph und Marianne Büttrich und Iris Schnebel-Kaschnitz. Frankfurt a. M. 2000.

Kaufringer, Heinrich, 1. Hälfte 15. Jh. Der Verfasser von Mären und anderen kleineren Reimpaardichtungen, der sich am Ende eines Teils seiner Werke mit Namen nennt, stammt aus der Gegend von Landsberg am Lech; darauf verweisen Sprache und Überlieferung seiner Werke sowie der Familienname (Kaufering bei Landsberg). Der Dichter schreibt seine Mären, geistlichen Reden und andere Stücke für ein städtisches Publikum. Die meisten der Erzählungen sind Schwankmären und schöpfen aus dem Repertoire der internationalen Novellistik. Fast immer handelt es sich um Ehe- und Dreiecksgeschichten mit den verschiedensten Formen erotischer Überlistung. Eine besondere Stellung nimmt die Geschichte *Die unschuldige Mörderin* ein, eine umfangreiche moralische Erzählung (763 Verse), in der mehrfacher Mord Verzeihung findet.

Ausgabe: Werke. Hrsg. von Paul Sappler. 2 Bde. Tübingen 1972–74.

Kehlmann, Daniel, * 13. 1. 1975 München. K. lebt seit 1981 in Wien, wo er auch 1993–99 Philosophie und Germanistik studiert hat; er arbeitet an einer Dissertation über Kant. Die ersten Romane K.s zeigen Protagonisten, deren rational geordnete Welt durch Einbrüche des Irrationalen oder Metaphysischen erschüttert wird, etwa in der Lebensgeschichte des Magiers Beerholm, für den die Grenzen zwischen Täuschung und Wahrheit verschwimmen, oder im Fall des jungen Physikers Mahler, der die Formel für die Umkehrung der Zeit gefunden hat und scheitert. Die Erzählung *Der fernste Ort* handelt dagegen von dem vergeblichen Versuch, durch die Annahme einer fremden Identität zu einem anderen Leben zu finden. In dem Roman *Ich und Kaminski* betreibt K. ein parodistisches Spiel mit Schein und Sein in der Kunstszene, während er in seinem bisher erfolgreichsten Buch *Die Vermessung der Welt* wieder seine wissenschaftlichen Interessen fruchtbar macht, dieses Mal mit ›wirklichen‹ Gestalten der Wissenschaftsgeschichte. Der Roman ist eine Art Doppelbiographie des Forschungsreisenden Alexander von Humboldt und des Mathematikers Carl Friedrich Gauß, die durchaus frei mit dem historischen Rohmaterial umgeht und im Geist des humoristischen Erzählens für Distanz und komische Relativierung sorgt. Der eine verfolgt mit Besessenheit das Projekt der empirischen ›Vermessung der Welt‹, für den anderen ist die Wahrheit nirgendwo anders als »hier«, im theoretischen Verstand. Am Ende treffen sich die beiden so unterschiedlichen Charaktere in der melancholischen Einsicht, dass fortschreitende theoretische und praktische Naturbeherrschung keineswegs zwangsläufig zu einer freieren und besseren Welt für die Menschen führt.

Werke: Beerholms Vorstellung. 1997. – Unter der Sonne. Erzählungen. 1998. – Mahlers Zeit. 1999. – Der fernste Ort. 2001. – Ich und Kaminski. 2003. – Die Vermessung der Welt. 2005. – Wo ist Carlos Montúfar? Über Bücher. 2005.

Keller, Gottfried, 19. 7. 1819 Zürich – 15. 7. 1890 ebd. K. wuchs in bescheidenen Verhältnissen auf. Sein Vater, ein Drechslermeister, starb 1824; seine Mutter ging 1826 eine zweite Ehe ein, die jedoch 1834 geschieden wurde. Im selben Jahr musste K. wegen eines Schülerstreichs die kantonale Industrieschule verlassen. Er ging als Lehrling zu einem Vedutenmaler, nahm Zeichenunterricht, las, dichtete und malte. 1840 ermöglichte ihm die Mutter das Studium an der Münchner Kunstakademie, das jedoch nicht zum Erfolg führte. Ende 1842 kehrte er nach Zürich zurück und fand Anschluss an die liberalen dt. Emigranten. Stipendien der Züricher Kantonalregierung und die Unterstützung der Mutter erlaubten K. 1848–49 Studien in Heidelberg, wo Ludwig Feuerbach und seine materialistische Philosophie großen Eindruck auf ihn machten, und einen längeren Aufenthalt in Berlin (1850–55). Hier entstanden bedeutende Prosawerke, während er mit seinen dramatischen Plänen scheiterte. Nach seiner Rückkehr in die Schweiz lebte K. von 1855 bis 1861 ohne Einkommen bei seiner Mutter und seiner Schwester Regula. 1861 wurde er zum Ersten Stadtschreiber des Kantons Zürich gewählt, 1876 legte er das pflichtbewusst ausgeübte Amt nieder, um sich ausschließlich seinen literarischen Arbeiten zu widmen. Er schloss Freundschaft mit dem Maler Arnold Böcklin und unterhielt durch eine ausgedehnte Korrespondenz freundschaftlichen Verkehr mit P. Heyse und Th. Storm.

K. gehört mit seinen beiden Romanen und den meist zu Zyklen zusammengeschlossenen Novellen und anderen kleineren Erzählformen zu den großen Erzählern des bürgerlichen Realismus. Sein autobiographisch geprägter Roman *Der grüne Heinrich*, der in zwei Fassungen vorliegt, nimmt die Tradition des Bildungsromans auf, doch lässt die Bildungsgeschichte des Helden – eine Folge von Hoffnungen und Enttäuschungen – keine aufsteigende Tendenz erkennen. So verweigert die erste Fassung folgerichtig den Kompromiss zwischen gesellschaftlichen Forderungen und individueller Selbstverwirklichung in der Art des *Wilhelm Meister*, während sich die Zweitfassung mit ihrer versöhnlichen Schlussperspektive gesellschaftlich-nützlicher Tätigkeit der Linie des Goetheschen Gattungsmodells nähert. Die große Spannweite seines Erzählens wird bereits in seinem ersten und bekanntesten seiner Zyklen sichtbar, den im fiktiven Schweizer Ort Seldwyla angesiedelten Novellen, Märchen und Beispielgeschichten, die vom Grotesken zum Tragischen, vom Komisch-Heiteren zum Satirischen reichen. Ihre Einheit gewinnen sie durch den »Keller-Ton« (Th. Fontane) mit seiner vom Gegenständlichen ausgehenden Ausdrucksvielfalt, seinen unmerklichen Übergängen von arabeskenreicher Verspieltheit zu hintergründiger oder aggressiver Satire, seiner Ironie und seinem Humor. Weitere Facetten seiner Erzählkunst zeigen die erotisch-weltlichen Kontrafakturen und Parodien frömmelnder Legendenvorlagen in den *Sieben Legenden*, die in den *Züricher Novellen* nicht ohne pädagogische Absicht unternommenen Versuche, durch den Blick auf geschichtliche Beispiele den Wert bürgerlichen Gemeinsinns, zeitlos gültiger Ordnungen und wahrer Menschlichkeit sichtbar zu machen und die um die Antithese von Sein und Schein kreisenden Liebesgeschichten des *Sinngedichts*, bei dem der Rahmen selbst zur Novelle wird. K.s Distanzierung von der Entwicklung der Gegenwart, die bereits in der Hinwendung zur Geschichte in den *Züricher Novellen* deutlich geworden war, findet ihre düstere Fortsetzung in seinem zweiten Roman, *Martin Salander*, einer Abrechnung mit dem gründerzeitlichen Kapitalismus und dem Schwindelgeist einer hohlen Fortschrittsideologie, die die alten demokratischen Ideale von 1848 aufgegeben hat und jeder moralischen und geschichtlichen Grundlage entbehrt. K.s Lyrik steht im Schatten des erzählerischen Werks. In den 40er-Jahren inspirierte ihn die politische Lyrik der Zeit (G. Herwegh, A. Grün); nach der Enttäuschung von 1848 trat dann die Naturlyrik in den Vordergrund, die im Begreifen der Schönheit und der Fülle der Erde auch die Religionskritik Feuerbachs reflektiert. Seine letzte Sammlung enthält an Neuem neben dem bekannten *Abendlied* v. a. K.s Fest- und Gelegenheitsdichtungen, mit denen sich K. am öffentlichen Leben seiner Heimat beteiligte.

Werke: Gedichte. 1846. – Neuere Gedichte. 1851. – Der grüne Heinrich. 1854–55. Zweitfasssung 1879–80. – Die Leute von Seldwyla. 1856. 2., verm. Aufl. 1874. – Sieben Legenden. 1872. – Züricher Novellen. 1878. – Das Sinngedicht. 1881. – Gesammelte Gedichte. 1883. – Martin Salander. 1886.

Ausgaben: Sämtliche Werke. Hrsg. von Jonas Fränkel und Carl Helbling. 22 Bde. Bern/Erlenbach-Zürich 1926–49. – Sämtliche Werke. Hrsg. von Thomas Böning [u. a.]. 7 Bde. Frankfurt a. M. 1985–96. – Sämtliche Werke. Hist.-krit. Ausg. Hrsg. unter der Leitung von Walter Morgenthaler. Basel [u. a.] 1998 ff. – Gesammelte Briefe. Hrsg. von C. Helbling. 4 Bde. Bern 1950–54.

Kempowski, Walter, * 29. 4. 1929 Rostock. Der Sohn eines Reedereikaufmanns war Ende des Krieges Flakhelfer, begann 1946 eine Lehre als Druckereikaufmann und wurde, nachdem er 1947/48 in einem Versorgungsbetrieb der US-Armee in Wiesbaden gearbeitet hatte, nach seiner Rückkehr in die SBZ vor ein sowjetisches Militärgericht gestellt und, wie sein Bruder, zu 20 Jahren Zwangsarbeit verurteilt (die Mutter erhielt 10 Jahre). Bis zu seiner Amnestie 1956 saß er vorwiegend in Bautzen ein. Anschließend ging er in den Westen, studierte an der Pädagogischen Hochschule in Göttingen und wurde 1960 Volksschullehrer auf dem Land in Niedersachsen, zunächst in Breddorf, von 1965 bis 1979 in Nartum. Seitdem lebt er hier als freier Schriftsteller, unterbrochen von Gastdozenturen im In- und Ausland. Am Anfang von K.s literarischem Schaffen steht sein protokollartiger »Haftbericht« über seine Haftzeit in Bautzen (*Im Block*), Gegenstand auch des späteren Buches *Ein Kapitel für sich*. Inzwischen aber hatte er mit dem »bürgerlichen Roman« *Tadellöser & Wolff* sein Thema gefunden: die Rekonstruktion der Vergangenheit, der Kindheit und Jugend, der früheren Lebensverhältnisse »auf Papier« (K.). Fünf weitere Romane ergänzen das erste sehr erfolgreiche Familiengemälde zur »Deutschen Chronik«, die zugleich als ironisches Bild der bürgerlichen Mentalität und Ideologie samt ihren Verdrängungsmechanismen gelten kann. In dem Roman *Letzte Grüße* lässt K. den Helden von *Hundstage*, den Schriftsteller Alexander Sowtschik, wieder aufleben und schickt ihn kurz vor der Wende auf eine eher unglücklich (und komisch) verlaufende Lesereise durch Amerika, eine Art Abrechnung mit den Niederungen des Literaturbetriebs. Hauptarbeit K.s seit 1993 ist der Versuch, in einer Reihe von Befragungsbüchern und in vielbändigen Collagen auf der Basis eines umfangreichen, vielfach privaten Dokumentenmaterials Alltagsgeschichte festzuhalten. Von Anfang an schrieb K. auch Kinderbücher und Hörspiele.

Werke: Im Block. Ein Haftbericht. 1969. – Tadellöser & Wolff. Ein bürgerlicher Roman. 1971. – Uns geht's ja noch gold. 1972. – Haben Sie Hitler gesehen? Deutsche Antworten. 1973. – Immer so durchgemogelt. Erinnerungen an unsere Schulzeit. 1974. – Ein Kapitel für sich. 1975. – Aus großer Zeit. 1978. – Haben Sie davon gewußt? Deutsche Antworten. 1979. – Unser Herr Böckelmann. 1979. – Kempowskis einfache Fibel. 1980. – Schöne Aussicht. 1981. – Beethovens Fünfte und Moin Vaddr läbt. Buchkassette der Hörspiele. 1982. – Herrn Böckelmanns schönste Tafelgeschichten. 1983. – Herzlich willkommen. 1984. – Hundstage. 1988. – Sirius. Eine Art Tagebuch. 1990. – Mark und Bein. Eine Episode. 1992. – Das Echolot. Ein kollektives Tagebuch Januar und Februar 1943. 1993. – Weltschmerz. Kinderszenen fast zu ernst. 1995. – Bloomsday '97. 1997. – Heile Welt. 1998. – Das Echolot. Fuga Furiosa. Ein kollektives Tagebuch, Winter 1945. 1999. – Alkor. Tagebuch 1989. 2001. – Das Echolot. Barbarossa '41. Ein kollektives Tagebuch. 2002. – Letzte Grüße. Nachklänge aus dem Theater. 2003. – Das 1. Album. 1981–1986. 2004. – Das Echolot. Abgesang '45. Ein kollektives Tagebuch. 2005. – Culpa. Notizen zum Echolot. 2005. – Hamit. Tagebuch 1990. 2006. – Alles umsonst. 2006.

Kerner, Justinus, 18. 9. 1786 Ludwigsburg – 21. 2. 1862 Weinsberg. Der aus einer württembergischen Honoratioren- und Beamtenfamilie stammende K. studierte nach dem Besuch der Lateinschulen in Ludwigsburg, Maulbronn und Knittlingen sowie einer zweijährigen kaufmännischen Lehre in Ludwigsburg von 1804 bis 1808 Medizin in Tübingen. Nach einer einjährigen Bildungsreise durch Deutschland praktizierte er seit 1810 in verschiedenen württembergischen Orten (Dürrmenz, Wildbad, Welzheim, Gaildorf), bis er sich 1819 als Oberamtsarzt in Weinsberg niederließ (Pensionierung 1850). Hier machte er sein Haus zu einem der geistigen Zentren Württembergs. Mit L. Uhland und G. Schwab gab er poetische Sammelwerke heraus; als Lyriker war er stark vom Volksliedton des *Wunderhorns* beeinflusst. Charakteristisch sind schwermütige Stimmungen und mystische wie okkulte Tendenzen, in den Balladen eine Neigung zum Schauerlichen. Zivilisationskritisch sah er im Lärm und der Geschwindigkeit der Zeit das Ende der Poesie. Mit seiner fiktiven Reisebeschreibung *Reiseschatten*, einer lyrisch-episch-dramatischen Reisecollage, knüpfte er an Postulate der frühromantischen Poetik an. Sein Interesse an der heimatlichen Sage und Geschichte schlug sich nicht nur in der Thematik seiner Gedichte, sondern auch in einer Reihe von lokalgeschichtlichen Studien nieder. Er verfasste wichtige medizinische Untersuchungen; zahlreiche Schriften widmete er seinem Interesse an okkulten Phänomenen.

Werke: Reiseschatten. Von dem Schattenspieler Luchs. 1811. – Poetischer Almanach für das Jahr 1812. 1812. [Mithrsg.] – Deutscher Dichterwald. 1813. [Mithrsg.] – Die Heimatlosen. 1816. – Geschichte zweyer Somnambülen. 1824. – Gedichte. 1826. Erw. 1834, 1841, 1847, 1854. – Die Seherin von Prevorst. 1829. – Blätter aus Prevorst. 12 Bde. 1831–39. – Der Bärenhäuter im Salzbade. 1837. – Magikon. Archiv für Betrachtungen aus dem Gebiete der Geisterkunde. 5 Bde. 1840–53. – Das Bilderbuch aus meiner Knabenzeit. 1849. – Der letzte Blüthenstrauß. 1852. – Franz Anton Mesmer aus Schwaben. 1856. – Winterblüthen. 1859. – Kleksographien. 1890.

Ausgaben: Sämtliche poetische Werke. Hrsg. von Josef Gaismaier. 4 Bde. Leipzig 1905. – Werke. Hrsg von Raimund Pissin. 2 Bde. Berlin [u. a.] 1914. Reprogr. Nachdr. Hildesheim 1974.

Kerr, Alfred (d. i. Alfred Kempner), 25. 12. 1867 Breslau – 12. 10. 1948 Hamburg. Der Sohn einer jüdischen Kaufmannsfamilie – der Vater war Weinhändler – promovierte nach einem Studium der Germanistik und Philosophie 1894 in Berlin mit einer Arbeit über C. Brentano, etablierte sich als Kritiker und beherrschte v. a. mit seinen Theaterkritiken bis 1933 die Berliner Szene. Seit 1900 schrieb er für den *Tag*, 1919–33 war er Theaterkritiker beim *Berliner Tageblatt*. 1909 erhielt er die offizielle Erlaubnis, den Namen Kerr zu führen. 1933 floh er aus Deutschland (Prag, Wien, Zürich, Paris), 1936–48 lebte er in London und schrieb Kommentare für die BBC. Auf Bitten der britischen Besatzungsbehörde flog er 1948 nach Hamburg, erlitt einen Schlaganfall und nahm sich wenig später das Leben. Neben seinen kritischen Arbeiten schrieb K. Gedichte, kleine Skizzen aus dem Berliner Alltag, politische Essays und Artikel in republikanischem Geist, dazu eine Reihe von Reiseberichten und -feuilletons. Er sah in der Nachfolge dt. Romantiker (F. Schlegel, Novalis) und Oscar Wildes Kritik als eine Kunstform, als vierte Gattung neben der üblichen Trias. Voraussetzung des Kritikers sei Originalität (K.s Kritiker nannten ihn eitel, unsachlich und ungerecht). Bezeichnend für K.s Stil ist die Tendenz zur Verknappung, ein stakkatohafter Rhythmus, Hauptsätze, Sprachmischung, Neubildungen. Er trat für die Moderne ein, für Naturalismus, Impressionismus und Neue Sachlichkeit, hielt Brecht allerdings für ein überschätztes Talent. Als sich G. Hauptmann 1933 nicht zu Hitler äußerte, brach K. mit ihm. Vor der Machtergreifung hatte K. in verschiedenen Artikeln und Flugblättern (der SPD) vor Hitler gewarnt. Die Abrechnung mit Hitler und seinen Mitläufern folgte 1934 (*Die Diktatur des Hausknechts*).

Werke: Godwi. Ein Kapitel deutscher Romantik. 1898. – Herr Sudermann. Der D.. Di.. Dichter. 1903. – Das neue Drama. 1905. – Die Harfe. 1917. – Die Welt im Drama. 5 Bde. 1917. – Die Welt im

Licht. 1920. – Newyork und London. 1923. – O Spanien! 1924. – Yankee-Land. 1925. – Caprichos. 1926. – Es sei wie es wolle, es war doch so schön. 1928. – Die Allgier trieb nach Algier. 1929. – Die Diktatur des Hausknechts. 1934. – Melodien. 1938.

Ausgabe: Gesammelte Werke in Einzelbänden. Hrsg. von Hermann Haarmann und Günther Rühle. Berlin 1989 ff.

Kesten, Hermann, 28. 1. 1900 Podwołoczyska (Tarnopol, Galizien) – 3. 5. 1996 Riehen bei Basel. Der Sohn eines Kaufmanns jüdischer Herkunft wuchs in Nürnberg auf, studierte in Erlangen und Frankfurt a. M., brach 1923 jedoch sein Studium ab, als er das Manuskript seiner Dissertation über H. Mann verlor. Nach längeren Reisen arbeitete er von 1927 bis 1933 als Lektor bei Kiepenheuer in Berlin, dann nach seiner Emigration bis 1940 beim Verlag Allert de Lange in Amsterdam. 1940–49 lebte er in New York, dann abwechselnd in New York und Rom, seit 1977 in Basel. 1974 erhielt er den Georg-Büchner-Preis. Mit seinen Romanen und Erzählungen in den Jahren der Weimarer Republik gehörte K. zu den wichtigsten Autoren der Neuen Sachlichkeit; getragen von einer aufklärerischen Moral, betrieb er distanziert, ironisch und satirisch Zeit- und Institutionenkritik. Auch Dramen entstanden in diesen Jahren. Im Exil nutzte K. zunächst die Form des historischen Romans, um die Probleme der Gegenwart darzustellen, kehrte aber dann wieder zur unmittelbaren kritischen Zeitschilderung zurück, etwa im Roman *Die Zwillinge aus Nürnberg*, der konträre Lebensläufe von 1918 bis 1945 vorführt. Einen starken satirischen Einschlag hat K.s Roman über die Nachkriegsjahre von 1949 bis 1965 *Die Zeit der Narren*. Zu K.s umfangreichem essayistischen Werk gehört eine Reihe von Büchern mit Erinnerungen an Schriftstellerkollegen und ihre Werke.

Werke: Josef sucht die Freiheit. 1927. – Admet. 1928. – Maud liebt Beide. 1928. – Babel oder Der Weg zur Macht. 1929. – Ein ausschweifender Mensch. 1929. – Wohnungsnot oder Die hl. Familie. 1929. – Einer sagt die Wahrheit. 1930. – Der Gerechte. 1934. – Glückliche Menschen. 1931. – Der Scharlatan. 1932. – Ferdinand und Isabella. 1936. – König Philipp der Zweite. 1938. – Die Kinder von Gernika. 1939. – The Twins of Nuremberg. 1946. Dt. u. d. T. Die Zwillinge von Nürnberg. 1947. – Die fremden Götter. 1949. – Casanova. 1952. – Meine Freunde, die Poeten. 1953. – Ein Sohn des Glücks. 1955. – Dichter im Café. 1959. – Die Abenteuer eines Moralisten. 1961. – Filialen des Parnaß. 1961. – Lauter Literaten. 1963. – Die Zeit der Narren. 1966. – Ein Mann von sechzig Jahren. 1972. – Revolutionäre mit Geduld. 1973. – Ich bin der ich bin. Verse eines Zeitgenossen. 1974. – Der Freund im Schrank. 1983.

Ausgabe: Ausgewählte Werke in 20 Einzelbänden. Frankfurt a. M. 1980 ff.

Keun, Irmgard, 6. 2. 1905 Berlin – 5. 5. 1982 Köln. Die aus großbürgerlichem Haus stammende K. nahm, nachdem sie einige Jahre als Stenotypistin gearbeitet hatte, Schauspielunterricht in Köln, hatte einige Engagements und begann dann, ermuntert von A. Döblin, zu schreiben. 1936 emigrierte sie, reiste bis 1938 mit J. Roth, den sie in Belgien kennen gelernt hatte, durch verschiedene europäische Länder. Anschließend besuchte sie in den USA den befreundeten emigrierten Arzt Arnold Strauss, kehrte jedoch 1940 mit gefälschten Papieren über die Niederlande nach Deutschland zurück und lebte hier unentdeckt bis Kriegsende, begünstigt durch Pressemeldungen über ihren Selbstmord. Bis zu ihrer Wiederentdeckung in den 70er-Jahren lebte sie einsam und in Armut im Raum Köln/Bonn. Ihre Romane sind der Neuen Sachlichkeit verpflichtete Zeitromane, die gleichsam von unten, aus dem Blickwinkel einfacher Leute oder Kinder, Alltagsgeschichten erzählen und durch die scheinbar unmittelbare Wiedergabe von Erfahrungen, von filmisch aneinander gereihten Realitätssegmenten, von genau beobachteten Denk- und Sprechweisen Authentizität erhalten. Einige ihrer Romane wurden verfilmt. In ihren Exilromanen machte K. auch die Realität des Dritten Reiches mit diesen Methoden in eindringlicher Weise sichtbar, etwa im Roman *Nach Mitternacht*, der die dem Entschluss zur Emigration zugrunde liegenden Ereignisse und Stimmungen schildert, oder in der Darstellung des Schicksals einer Emigrantenfamilie in *Kind aller Länder.* Nach dem Krieg schrieb sie nur noch einen Roman (*Ferdinand*), der wie ihre Satiren *Wenn wir alle gut wären* die neue deutsche Spießermentalität aufs Korn nimmt.

Werke: Gilgi – eine von uns. 1931. – Das kunstseidene Mädchen. 1932. – Das Mädchen, mit dem die Kinder nicht verkehren durften. 1936. – Nach Mitternacht. 1937. – D-Zug dritter Klasse. 1938. – Kind aller Länder. 1938. – Bilder und Gedichte aus der Emigration. 1947. – Ferdinand, der Mann mit dem freundlichen Herzen. 1950. – Wenn wir alle gut wären. 1954. – Blühende Neurosen. Flimmerkisten-Blüten. 1982.

Keyserling, Eduard von, 14. 5. 1855 Schloss Paddern (Kurland) – 28. 9. 1918 München. K. wuchs auf den Gütern des alten Adelsgeschlechts auf und begann 1874 mit dem Studium (Jura, Philosophie, Kunstgeschichte) in Dorpat, wurde jedoch nach drei Jahren wegen eines Vorfalls, über den nichts bekannt ist, der Universität verwiesen und fortan von der Adelsgesellschaft geächtet. Er studierte in Wien weiter, wo er u. a. mit L. Anzengruber verkehrte, und verwaltete bis 1895 die Güter seiner Mutter in Kurland. Danach zog er mit zwei unverheirateten Schwestern nach München, seit 1897 zunehmend von Krankheit gezeichnet (Rückenmarksleiden und später Erblindung als Folge einer Syphilisinfektion). 1899–1900 unternahm er mit seinen Schwestern eine Kunstreise nach Italien. Den Anfang seines literarischen Schaffens bilden zwei Romane, die unter dem Eindruck des Naturalismus stehen. Nach dramatischen Versuchen fand K. nach 1900, zuerst in *Beate und Mareile*, in Romanen und Erzählungen den eigenen Ton und das eigene Sujet: kritische Geschichten aus der untergehenden Adelswelt seiner Heimat und Preußens (»Schloßgeschichten«), die den Verlust der Wirklichkeit in ästhetizistischen Bildern völliger Lebensferne mit impressionistischer Sensibilität schildern.

Werke: Fräulein Rosa. Eine Kleinstadtliebe. 1887. – Die dritte Stiege. 1892. – Ein Frühlingsopfer. 1900. – Der dumme Hans. 1901. – Peter Hawel. 1904. – Beate und Mareile. Eine Schloßgeschichte. 1903. – Benignens Erlebnis. 1906. – Schwüle Tage. 1906. – Dumala. 1908. – Bunte Herzen. 1909. – Wellen. 1911. – Am Südhang. 1916. – Fürstinnen. 1917. – Im stillen Winkel. 1918. – Feiertagskinder. 1919.

Ausgabe: Gesammelte Erzählungen. Hrsg. von Ernst Heilborn. 4 Bde. Berlin 1922.

Khuen, Johannes (auch: Kuen), 1606 Moosach (Oberbayern) – 14. 11. 1675 München. Der Bauernsohn besuchte seit 1622 das Münchener Jesuitengymnasium; hier erhielt er auch eine musikalische Ausbildung. 1630 empfing er nach dem Studium der Theologie (1627–29) die Priesterweihe, 1631 wurde er Hauskaplan der Gräflich-Wartenbergischen Kapelle im Krottental, und 1634 kam noch ein Benefizium bei St. Peter in München dazu, das ihm den Lebensunterhalt sicherte. K. war Mitglied der Marianischen Kongregation. Dichterischen Ausdruck finden seine tiefe Marienfrömmigkeit und seine gegenreformatorische Gesinnung in marianischen Liederzyklen, die von 1636 an in ständig erweiterten Auflagen erschienen und dann 1659 ihren vollen Umfang erreichten. In drei weiteren Liederzyklen griff K. auf die beliebte Form der geistlichen Bukolik zurück, und auch seine Bußgedanken verwenden die für sein Liedschaffen charakteristische zyklische Form. K. gilt als bedeutendster Vertreter der deutschsprachigen Lieddichtung des 17. Jh.s in München (»Münchener Liederschule«). Mit seinen Sololiedern wirkte er u. a. auf den Jesuiten Albert Curtz (*Harpffen Davids*, 1659) und den Kapuziner Laurentius v. Schnüffis.

Werke: Epithalamium Marianum Oder Tafel Music / Deß himmlischen Frawenzimmers. 1636. – Convivium Marianum Freudenfest Deß Himmlischen Frawenzimmers. 1637. – Florilegium Marianum Der brinnendt Dornbusch. 1638. – Cor Contritum Et humilitatum Engelfrewd oder Bußseuffzer. 1640. – Iacobi Balde [...] Agathyrsus Teutsch. 1647. – Todten-Dantz: Oder Klaglied.

1649. [Übers. von J. Balde: Chorea mortualis. 1649.] – Tabernacula Pastorum Die Geistliche Schäfferey. 1650. – Munera Pastorum Hirten-Ambt. 1651. – Gaudia Pastorum, SchäfferFrewd / Oder Triumph der Geistlichen Schäfferey. 1655. – Marianum Epithalamium. TafelMusic / Ehren-Mahlzeit / Lust-Garten / vnd Bluemen-Feld. 1659. – Desiderium Collium Aeternorum. Engel-Post. 1669. – Refrigerium Animae Peregrinantis. Trostreiche Wanderschafft / Auß dem Jammerthal in das Himmelische Jerusalem. 1674.

Kipphardt, Heinar (d. i. Heinrich Mauritius K.), 8. 3. 1922 Heidersdorf (Schlesien) – 18. 11. 1982 München. K.s Vater, ein Zahnarzt, wurde 1933 inhaftiert. Als der Sozialdemokrat 1937 aus dem KZ Buchenwald entlassen wurde, zog die Familie nach Krefeld. Nach dem Abitur begann K. 1941 in Bonn mit dem Medizinstudium, wurde jedoch bereits 1942 einberufen und an der Ostfront eingesetzt. Kurz vor Kriegsende desertierte er. Nach dem Krieg setzte er sein Studium an verschiedenen Universitäten fort und arbeitete nach dem Examen (Dr. med. Düsseldorf 1949) zunächst in der Psychiatrie der Ostberliner Charité, wurde aber bereits 1950 Dramaturg am Deutschen Theater. Nach zunehmenden politischen Schwierigkeiten in der DDR ging er 1959 als Dramaturg an das Düsseldorfer Schauspielhaus. 1961 siedelte er nach München über. Hier war er als Lektor tätig, bis er 1969 als Chefdramaturg an die Münchner Kammerspiele berufen wurde, allerdings 1971 nach einem Theaterskandal anlässlich von W. Biermanns *Der Dra-Dra* keinen neuen Vertrag mehr bekam. K. begann als Lustspielautor in der Nachfolge Brechts und entwickelte sich zu einem der wichtigsten Vertreter des Dokumentartheaters. Seine Stücke zielen auf politisch-gesellschaftliche Wirkung. Dieser dient auch die mit Vorliebe verwendete Prozessform, die es möglich macht, auch heterogene Materialien zu integrieren und wirkungsvoll zu organisieren. Bedeutendstes Beispiel ist das Drama *In der Sache J. Robert Oppenheimer*, das die von Brecht und F. Dürrenmatt angestoßene Diskussion über die Verantwortung der Naturwissenschaften fortsetzt. Wie etwa das Oppenheimer-Drama oder das Stück *Bruder Eichmann* auf offiziellen Vernehmungsprotokollen beruht, so verwendet K. auch in seinem Roman *März*, der Geschichte eines an der Realität zerbrechenden Künstlers auf der Basis des Lebens des schizophrenen österreichischen Dichters Ernst Herbeck, dokumentarisches Material (ärztliche Befunde usw.).

Werke: Shakespeare dringend gesucht. Ein satirisches Lustspiel. 1954. – Der staunenswerte Aufstieg des Alois Piontek. Eine Farce. 1956. – Der Hund des Generals 1963. – Die Ganovenfresse. 1964. – In der Sache J. Robert Oppenheimer. Ein szenischer Bericht. 1964. – Joel Brand. Die Geschichte eines Geschäfts. 1965. – Die Soldaten. Nach Jakob Michael Reinhold Lenz. 1968. – Stücke I[–II]. 1973–74. – März. 1976. – Der Mann des Tages und andere Erzählungen. 1977. – Traumprotokolle. 1981. – Bruder Eichmann. 1983. – Schreibt die Wahrheit. Essays, Briefe, Entwürfe 1949–1964. 1989. – Ruckediguh – Blut ist im Schuh. Essays, Briefe, Entwürfe 1964–1982. 1989.

Ausgaben: Gesammelte Werke in Einzelausgaben. Hrsg. von Uwe Naumann unter Mitarb. von Pia Kipphardt. 10 Bde. Reinbek 1986–90.

Kirchhoff, Bodo, * 6. 7. 1948 Hamburg. Nach Abitur (1968), Wehrdienst und einem USA-Aufenthalt studierte K. in Frankfurt a. M. Pädagogik, Psychologie und Soziologie (1975 Diplom, 1978 Promotion). Er unternahm zahlreiche Reisen; die daraus resultierenden Reiseerzählungen und -reportagen, meist in der Zeitschrift *TransAtlantik* erschienen, liefern vielfach Hintergrundmaterial für seine erzählenden Texte. K. lebt heute als freier Schriftsteller in Frankfurt a. M. und am Gardasee. Als Schriftsteller debütierte K. mit zwei 1979 uraufgeführten Theaterstücken (*Das Kind oder Die Vernichtung von Neuseeland*, *Body-Building*), die wie seine ersten Prosaarbeiten Aspekte seiner Ausbildung reflektieren und Gestalten auf der (vergeblichen) Suche nach sich Selbst, nach dem Eigentlichen zeigen. Die Protagonisten bzw. Ich-Erzähler seiner Prosatexte beschreiben sachlich, kühl, unbeteiligt, voyeurhaft Menschen – Frauen vor allem –, Dinge und Vorgänge; weder gelangen sie zu sich selbst noch gelingt ihnen eine wirkliche Verbindung mit der geliebten Frau. Auch der Held des Romans, der K. bekannt machte, Kurt Lukas in *Infanta*, gehört zu diesem Typ des narzisstischen Menschen, der sich in seiner Einsamkeit eingerichtet hat und in dem Versuch, die Isolation zu überwinden, scheitert. Indem K. hier die Ich-Perspektive aufgibt und der auf exotischem Schauplatz spielenden Liebesgeschichte durch einen auktorialen Erzähler und die Stimmen von fünf alten Missionaren eine komplexe Struktur verleiht, macht er den Roman zugleich zu einer Geschichte seines Entstehens. Vom Gelingen des Selbstfindungsprozesses handelt *Parlando*: Karl Faller erwacht neben einer Frauenleiche, bezichtigt sich des Mordes an der Frau und seinen Eltern und sucht – von der skeptischen Staatsanwältin angeregt –, die Geschichte seines Lebens (und vor allem die Beziehung zu seinem Vater) zu rekonstruieren. In der Liebe zur Staatsanwältin findet er schließlich auch zu sich selbst. Eine Attacke auf den Literaturbetrieb stellt K.s greller *Schundroman* nach Mustern des trivialen Gangsterromans dar, der etwa gleichzeitig mit M. Walsers thematisch verwandter satirischer Abrechnung *Der Tod eines Kritikers* erschien. Liebe, Sex und Gewalt, zentrale Themen in K.s Werk, prägen auch den Roman *Wo das Meer beginnt*, die mehrstimmige Erzählung des Versuchs, eine zwölf Jahre zurückliegende Vergewaltigung (?) und die Geschichte der Beteiligten und die Genese ihrer Beschädigungen aufzuhellen.

Werke: Ohne Eifer, ohne Zorn. Novelle. 1979. – Body-Building. Erzählung, Schauspiel, Essay. 1980. – Die Einsamkeit der Haut. Prosa. 1981. – Wer sich liebt. 1981. – Glücklich ist, wer vergißt. Schauspiel/Hörspiel. 1982. – Zwiefalten. 1983. – Mexikanische Novelle. 1984. – Dame und Schwein. Geschichten. 1985. – Ferne Frauen. Erzählungen. 1987. – Infanta. 1990. – Der Sandmann.

1992. – Gegen die Laufrichtung. Novelle. 1993. – Der Ansager einer Stripteasenummer gibt nicht auf. 1994. – Herrenmenschlichkeit. 1994. – Legenden um den eigenen Körper. Frankfurter Vorlesungen. 1995. – Die Weihnachtsfrau. 1997. – Katastrophen mit Seeblick. Geschichten. 1998. – Manila. 2000. [Drehbuch; zus. mit Romuald Karmakar.] – Parlando. 2001. – Schundroman. 2002. – Mein letzter Film. 2002. [Drehbuch.] – Wo das Meer beginnt. 2004. – Der Sommer nach dem Jahrhundertsommer. Die Erzählungen aus fünfundzwanzig Jahren. 2005. – Die kleine Garbo. 2006.

Kirsch, Sarah (geb. Ingrid Bernstein), * 16. 4. 1935 Limlingerode (Harz). Die Tochter eines Fernmeldemechanikers wuchs in Halberstadt auf und arbeitete nach dem Abitur zunächst in einer Zuckerfabrik, ehe sie Biologie in Halle studierte. Nach einem zweijährigen Studium am Literaturinstitut Johannes R. Becher in Leipzig wurde die Diplombiologin, seit 1963 mit dem Schriftsteller Rainer Kirsch verheiratet, 1965 freie Schriftstellerin. Nach ihrer Scheidung 1968 lebte sie in Ostberlin, verließ jedoch im Zusammenhang mit den Protesten gegen die Ausbürgerung W. Biermanns 1977 die DDR und ging nach Westberlin. 1983 ließ sie sich in Schleswig-Holstein nieder. 1996 erhielt sie den Georg-Büchner-Preis. K. machte sich mit einer Reihe noch in der DDR erschienener Gedichtbände einen Namen als Natur- und Liebeslyrikerin. Ihre Gedichte verweigerten sich zwar der Idyllik traditioneller Naturlyrik, standen aber mit ihrem privaten, subjektiven Charakter im Widerspruch zur offiziellen Literaturauffassung. Die dann im Westen entstandenen Texte reflektieren ihre neuen Erfahrungen (etwa die einer USA-Reise) und die Eindrücke der neuen landschaftlichen Umgebung, beschwören aber zugleich in dem K. eigenen Märchenton das Schreckliche der Wirklichkeit: Die Stimmung ihrer Naturbilder wird düsterer; K.s Landleben zeigt eine durchaus gebrochene Idylle. Auch ihre Prosa hat einen lyrischen Ton. Als Übersetzerin gilt ihr Interesse Lyrikern der russischen Moderne (u. a. Anna Achmatowa, Aleksandr A. Blok).

Werke: Landaufenthalt. 1967. – Zaubersprüche. 1973. – Es war dieser merkwürdige Sommer. 1974. – Rückenwind. 1976. – Wiepersdorf. 1977. – Erklärung einiger Dinge. Gespräch mit Schülern. 1978. – Katzenkopfpflaster. Ausgewählte Gedichte. 1978. – Drachensteigen. 1979. – Geschlechtertausch. Drei Geschichten über die Umwandlung der Verhältnisse. 1980. [Mit Irmtraud Morgner und Christa Wolf.] – La Pagerie. 1980. – Erdreich. 1982. – Katzenleben. 1984. – Landwege. Eine Auswahl 1980–1985. 1985. – Irrstern. Prosa. 1986. – Allerlei-Rauh. Eine Chronik. 1988. – Schneewärme. 1989. – Schwingrasen. 1991. – Spreu. 1991. – Erlkönigs Tochter. 1992. – Das simple Leben. Poesie und Prosa. 1994. – Bodenlos. 1996. – Luftspringerin. Gesammelte Gedichte und Prosa. 1997. – Schwanenliebe. Zeilen und Wunder. 2001. – Islandhoch. Tagebruchstücke. 2002. – Tatarenhochzeit. 2003. – Kommt der Schnee im Sturm geflogen. Prosa. 2005. – Sämtliche Gedichte. 2005.

Ausgabe: Werke. Hrsg. von Franz Heinrich Hackel. 5 Bde. Stuttgart 1999.

Kirsten, Wulf, * 21. 6. 1934 Klipphausen bei Meißen. Der Sohn eines Steinmetzen studierte nach einer kaufmännischen Lehre und Berufstätigkeit als Bauarbeiter und Buchhalter 1960–64 Deutsch und Russisch in Leipzig, arbeitete dann kurz als Lehrer und von 1965 bis 1987 als Lektor des Aufbau-Verlags in Weimar. Seitdem lebt er als freier Schriftsteller in Weimar; 1990–93 war er Sekretär der Deutschen Schillerstiftung in Weimar. K. ist Naturlyriker, Gegenstand ist v. a. die heimatliche Landschaft um Meißen. Zu seinen wichtigsten poetischen Vorbildern zählen J. Bobrowski und P. Huchel. K.s Landschaften stellen keine Beschwörungen einer vergangenen Welt oder verklärende Erinnerungen dar, sondern sind konkrete und zugleich distanzierte lyrische Beschreibungen, in der auch der Wortschatz der Region Meißen, die Sprache der Bauern und Handwerker, mit einfließt. Ziel ist es, der ländlichen Welt mit »biografien aller sagbaren dinge« ein mit Realien gesättigtes Denkmal zu setzen. Allerdings macht K. bei aller Liebe zu den alten Arbeits- und Lebensformen deutlich, dass die geschichtlichen Veränderungen auch das

Land betreffen, dass Fortschritt zugleich die Gefährdung gewachsener Strukturen, das Verschwinden von Berufen, den Verfall der Dörfer und Umweltzerstörung bedeutet. Neben den Naturgedichten stehen lyrische Porträts von Dichtern und Künstlern, die zugleich der Selbstvergewisserung dienen. Die vergangene Welt evoziert auch die autobiographische Prosa *Prinzessinnen im Krautgarten*.

Werke: Gedichte. 1968. – satzanfang. 1970. – Ziegelbrennersprache. 1974. – der landgänger. 1976. – der bleibaum. 1977. – Die Schlacht bei Kesseldorf. Ein Bericht. Kleewunsch. Ein Kleinstadtbild. 1984. – die erde bei meißen. 1986. – Winterfreuden. 1987. – Veilchenzeit. 1989. – Stimmenschotter. Gedichte 1987–1992. 1993. – Textur. Reden und Aufsätze. 1998. – Wettersturz. Gedichte 1993–1998. 1999. – Prinzessinnen im Krautgarten. Eine Dorfkindheit. 2000.

Kisch, Egon Erwin, 29. 4. 1885 Prag – 31. 3. 1948 ebd. K. stammte aus einer deutschsprachigen jüdischen Tuchhändlerfamilie. Nach dem Militärdienst und einem kurzen Studium an der Technischen Hochschule in Prag trat er 1905 als Volontär beim *Prager Tagblatt* ein; später arbeitete als Lokalreporter für die Zeitung *Bohemia*. Nach einer Verwundung im Ersten Weltkrieg (1915) kam er ins Kriegspressequartier; 1918 beteiligte er sich an der Gründung eines illegalen Arbeiter- und Soldatenrates und wurde erster Kommandant der Wiener Roten Garde. 1919 begann er wieder als Journalist zu arbeiten, zunächst in Wien, dann seit 1921 in Berlin. Hier war er für verschiedene Zeitungen tätig, für die er auch zahlreiche Reisen unternahm (Europa, Afrika, Sowjetunion, USA, China). Nach 1933 hielt er sich zeitweise in Prag auf, reiste nach Australien, nahm am Bürgerkrieg in Spanien teil und emigrierte 1939 nach Mexiko. 1946 kehrte er nach Prag zurück. Seine Reisereportagen waren, anders als der reißerische Titel »Der rasende Reporter« suggeriert, durchaus gründlich (»Milieustudie ist Reportage«); sie gingen von einzelnen Beobachtungen und Themen aus, um dann ihre paradigmatische Bedeutung zu erhellen. Dabei betonte er, Mitglied der Kommunistischen Partei, dass der Reporter unbefangener Zeuge zu sein habe und von einer der Wahrheit dienenden Hingabe an das Objekt erfüllt sein müsse (»Nichts ist verblüffender als die einfache Wahrheit«). Diese Haltung verhinderte jedoch keineswegs ein lebenslanges Engagement für die Unterdrückten und Armen, verbunden mit einem entschiedenen Auftreten gegen Chauvinismus, Militarismus und Ausbeutung. K.s realistisch-kritische und zugleich phantasievolle »Zeitaufnahmen« haben die Reportage als literarische Form wesentlich beeinflusst.

Werke: Vom Blütenzweig der Jugend. 1905. – Der freche Franz und andere Geschichten. 1906. – Aus Prager Gassen und Nächten. 1912. – Prager Kinder. 1913. – Der Mädchenhirt. 1914. – Die Abenteuer in Prag. 1920. – Soldat im Prager Korps. 1922. – Der Fall des Generalstabschefs Redl. 1924. – Der rasende Reporter. 1924. – Hetzjagd durch die Zeit. 1926. – Wagnisse in aller Welt. 1927. – Zaren, Popen, Bolschewiken. 1927. – Paradies Amerika. 1930. – Prager Pitaval. 1931. – Asien gründlich verändert. 1932. – China geheim. 1933. – Abenteuer in fünf Kontinenten. 1935. – Landung in Australien. 1937. – Soldaten am Meeresstrand. 1938. – Marktplatz der Sensationen. 1942. – Entdeckungen in Mexiko. 1945. – Karl Marx in Karlsbad. 1953.
Ausgabe: Gesammelte Werke in Einzelausgaben. Hrsg. von Bodo Uhse [u. a.]. 10 Bde. Berlin/Weimar 1960–86.

Klabund (d. i. Alfred Henschke), 4. 11. 1890 Crossen a. d. O. – 14. 8. 1928 Davos. Der Sohn eines Apothekers studierte in München, Berlin und Lausanne Philosophie und Literatur ohne Abschluss. Er lebte dann vorwiegend in Berlin, München und der Schweiz (Sanatorien) als freier Schriftsteller und entfaltete, obwohl seit dem sechzehnten Lebensjahr an Tuberkulose erkrankt, eine enorme Produktivität als Lyriker, Erzähler, Dramatiker und Übersetzer. Dabei nahm er Anregungen der verschiedenen literarischen Strömungen der Jahrhundertwende bis hin zu Expressionismus und Neuer Sachlichkeit auf. Sein Pseudonym erklärte K. als »Kreuzung von Klabautermann und Vagabund«. Mit seinen populären Kabarettliedern, Chansons und Balladen setzte er die Tradition von François Villon, F. Wedekind u. a. fort. Erfolgreichstes Theaterstück war *Der Kreidekreis*, die Bearbeitung eines chinesischen Stückes, die wiederum Brecht als Vorlage nutzte. In seinen Romanen verarbeitete er vorzugsweise historische Stoffe. K. stand der westlichen Lebensform kritisch gegenüber und konfrontierte sie mit einer ausgesprochenen Naturfrömmigkeit, die sich z. B. in expressionistischen Erzählungen wie *Bracke* oder *Franziskus* und in seiner Lyrik niederschlägt. Große Wirkung hatten seine Übersetzungen fernöstlicher Lyrik.

Werke: Morgenrot! Klabund! Die Tage dämmern! 1913. – Der Marketenderwagen. Ein Kriegsbuch. 1916. – Die Himmelsreiter. 1916. – Dragoner und Husaren. Soldatenlieder. 1916. – Li tai-pe. 1916. – Moreau. 1916. – Der Leierkastenmann. Volkslieder der Gegenwart. 1917. – Die Krankheit. 1917. – Irene oder die Gesinnung. 1917. – Mohammed. 1917. – Bracke. 1918. – Die Geisha O-sen. Geisha-Lieder. 1918. – Der himmlische Vagant. 1919. – Das trunkene Lied. Die schönsten Sauf- und Trinklieder der Weltliteratur. 1920. [Hrsg.] – Der Neger. 1920. – Die Nachtwandler. 1920. – Die Sonette auf Irene. 1920. – Dreiklang. 1920. – Marietta. 1920. – Das Blumenschiff. 1921. – Franziskus. 1921. – Das heiße Herz. 1922. – Kunterbuntergang des Abendlandes. Grotesken. 1922. – Spuk. 1922. – Pjotr. 1923. – Der Kreidekreis. 1925. – Die Harfenjule. 1927. – Borgia. 1928. – Totenklage. Dreißig Sonette. 1928. – Rasputin. 1929. – Der Rubin. 1930. – Novellen von der Liebe. 1930.
Ausgaben: Werke. Hrsg. von Christian v. Zimmermann [u. a.]. 8 Bde. Heidelberg 1998 ff. – Sämtliche Werke. Hrsg. von Ramazan Sen [u. a.]. Amsterdam / Atlanta (GA) und Würzburg 1998 ff.

Klaj, Johann, um 1616 Meißen – 16. 2. 1656 Kitzingen. Der Sohn eines wohlhabenden Tuchbereiters studierte von 1634 an protestantische Theologie in Wittenberg, wo er aber auch Vorlesungen des Poetikers A. Buchner hörte. 1644 kam er ohne akademischen Abschluss nach Nürnberg, fand jedoch in G. Ph. Harsdörffer und dem Theologen Johann Michael Dilherr Fürsprecher, so dass er 1647 eine Stelle als Lehrer an St. Sebald erhielt und sich in Nürnberg etablieren konnte (1647 Bürgerrecht, 1648 Heirat). Nach weiteren theologischen Studien wurde er Ende Dezember 1650 mit der Pfarrstelle im mainfränkischen Kitzingen betraut. Das Verhältnis zwischen der Gemeinde und dem Pfarrer, dem man mehr Interesse am Wein als an seinen Pflichten nachsagte, war sehr gespannt. Im »Pegnesischen Blumenorden« war K. die eigentliche sprachschöpferische Kraft, wie sich bereits in seinen mit den Klangwirkungen der Sprache spielenden Beiträgen für das gemeinsam mit Harsdörffer verfasste *Pegnesische Schäfergedicht* zeigte. Beziehungen der lautmalerischen Praxis zum Konzept der Natursprache stellte er in seiner *Lobrede der Teutschen Poeterey* her. Eine eigene dramatisch-epische Form entwickelte er mit den so genannten Redeoratorien, die in Auditorien aufgeführt bzw. vorgetragen wurden. Mit mehreren Texten beteiligte er sich an den Nürnberger Friedensfeierlichkeiten nach Ende des Dreißigjährigen Krieges.

Werke: Auferstehung Jesu Christi In jetzo neuübliche hochteutsche Reimarten verfasset. 1644. – Höllen- und Himmelfahrt Jesu Christi. 1644. – Pegnesisches Schäfergedicht. 1644. [Mit Georg Philipp Harsdörffer.] – Herodes der Kindermörder / Nach Art eines Trauerspiels. 1645. – Der Leidende Christus / In einem Trauerspiele vorgestellet. 1645. – Lobrede der Teutschen Poeterey. 1645. – AndachtsLieder. 1646. – Schwedisches Fried- und Freudenmahl. 1649. – Engel- und Drachen-Streit. 1649. – Irene. 1650. – Geburtstag Deß Friedens. 1650.
Ausgaben: Redeoratorien und Lobrede der Teutschen Poeterey. Hrsg. von Conrad Wiedemann. Tübingen 1965. – Friedensdichtungen und kleinere poetische Schriften. Hrsg. von C. Wiedemann. Tübingen 1968.

Kleist, Ewald Christian von, 7.(?) 3. 1715 Gut Zeblin (Pommern) – 24. 8. 1759 Frankfurt a. d. O. Das dritte Kind einer verarmten pommerschen Adelsfamilie studierte nach dem Besuch des Jesuitenkollegs in Deutsch-Krone (polnisch: Valcz) und dem Gymnasium in Danzig von

1731 bis 1735 Jura, Philosophie und Mathematik in Königsberg. Nach dem Studium musste K. 1736 aus finanziellen Gründen in die dän. Armee eintreten; 1740 wechselte er in preußische Dienste. 1751–52 hielt er sich als Werbeoffizier in Zürich auf, wo er mit J. J. Bodmer u. a. verkehrte. 1757 nach Leipzig kommandiert, schloss er Freundschaft mit Lessing. Er starb an den Folgen einer bei der Schlacht von Kunersdorf empfangenen Verwundung. K. kompensierte die Öde des ungeliebten Militärdienstes, die wie eine unglückliche Liebe seine Anlagen zur Melancholie noch verstärkte, mit empfindsamer poetischer Produktion und einem schwärmerischen Freundschaftskult. Sein nicht sehr umfangreiches literarisches Werk umfasst lyrische Dichtungen, Lehrgedichte, ein kleines Epos in Blankversen (*Cißides und Paches*) und das 1758 entstandene Prosatrauerspiel *Seneka*. Sein bedeutendstes Werk ist das 460 Hexameter umfassende, von James Thomsons *Seasons* (dt. von B. H. Brockes 1745) angeregte Gedicht *Der Frühling*. Hier nimmt die Naturdichtung der Aufklärung subjektive, empfindsame Züge an, die Folge der geschauten und erinnerten Bilder findet ihren Bezugspunkt im fühlenden und reflektierenden Subjekt, das durch das Betrachten der schönen Natur und des einfachen Lebens Heilung von seinem Weltschmerz sucht.

Werke: Der Frühling. 1749. – Gedichte. 1756. – Neue Gedichte. 1758. – Cißides und Paches in drey Gesängen. 1759.

Ausgaben: Sämtliche Werke. Hrsg. von Karl Wilhelm Ramler. 2 Tle. 1760. – Werke. Hrsg. von August Sauer. 3 Bde. Berlin 1881–82. Reprogr. Nachdr. Bern 1969. – Sämtliche Werke. Hrsg. von Jürgen Stenzel. Stuttgart 1971 [u. ö.].

Kleist, Heinrich von, 18. 10. 1777 Frankfurt a. d. O. – 21. 11. 1811 zwischen Potsdam und Berlin am heutigen Kleinen Wannsee. K. stammte aus einer preußischen Adels- und Offiziersfamilie und trat nach häuslichem Privatunterricht und hugenottischer Erziehung in Berlin nach der Konfirmation 1792 in das Regiment Garde ein und nahm am Rheinfeldzug teil. 1799 erhielt er auf eignen Wunsch seinen Abschied und begann in Frankfurt a. d. O. – wenigstens besagt das die Immatrikulation – mit dem Studium der Rechte. Er lernte Wilhelmine v. Zenge, die Tochter des Ortskommandanten, kennen und verlobte sich Anfang 1800 (Auflösung der Verlobung 1802). Im August 1800 brach K. das Brotstudium ab, unternahm von August bis September eine geheimnisumwitterte Reise nach Würzburg und fasste wohl den Entschluss, Schriftsteller zu werden. Nach einer Lebenskrise (»Kantkrise«) im März 1801, dem Zweifel an der Fähigkeit des Menschen, die »Wahrheit« zu erkennen, unternahm er mehrere Reisen (Paris, Schweiz, Weimar, Oßmannstedt [C. M. Wieland], Leipzig, Dresden, Schweiz und wieder Paris, wo er sich der frz. Armee anschließen wollte). Mitte 1804 kehrte er nach Berlin zurück und erhielt eine Anstellung im preußischen Zivildienst. 1805 wurde er nach Königsberg versetzt, 1806 nahm er aus gesundheitlichen Gründen sechs Monate Urlaub. Als er nach der Niederlage Preußens gegen Napoleon nach Berlin reiste, wurde er als Spion verhaftet und als Gefangener nach Frankreich gebracht (März bis Juli 1807). Danach lebte er als Schriftsteller in Dresden (1807–08), wo er mit Adam Müller die kurzlebige Zeitschrift *Phöbus* herausgab. Danach hielt er sich, wohl im Rahmen von nicht genauer bekannten politischen Absichten, 1809 in Böhmen (Prag) und Österreich auf. Von Anfang 1810 bis zu seinem Tod lebte K. in Berlin; hier verkehrte er mit A. v. Arnim, C. Brentano, Rahel Levin u. a. und suchte sich mit der Zeitung *Berliner Abendblätter* (1. 10. 1810 – 31. 3. 1811) finanziell abzusichern. Nach sorgfältiger gemeinsamer Planung erschoss K. am 21. 11. 1811 seine schwer kranke Freundin Henriette Vogel und dann sich selbst.

Der Rätselhaftigkeit und Widersprüchlichkeit von K.s Leben entspricht ein ebenso schwieriges und die Zeitgenossen – soweit sie es überhaupt zur Kenntnis nahmen –

irritierendes Werk, das die politischen und sozialen Krisenerscheinungen der Zeit reflektiert und als zentrale Themen und Ordnungsvorstellungen Familie, Gerechtigkeit, Staat, Krieg auf höchst ambivalente Weise behandelt. Eine besondere Rolle spielt dabei, v. a. in der Auseinandersetzung der Geschlechter, der Bereich der menschlichen Gefühle und Leidenschaften bzw. ihrer Verwirrungen und die daraus resultierenden tragischen Verstrickungen. K. verstand sich in erster Linie als Dramatiker. Er erprobte nach dem ersten, an die Schauerromantik anknüpfenden Versuch (*Die Familie Schroffenstein*) die verschiedensten Formen: Er schrieb Lustspiele durchaus zwiespältigen Charakters (*Der zerbrochne Krug*, *Amphitryon*), ein dezidiert antiklassisches Antikendrama (*Penthesilea*) und ein Ritterstück als mittelalterlich-romantische »Kehrseite« (*Das Käthchen von Heilbronn*), ein problematisches politisches Agitationsstück (*Die Hermannsschlacht*) und ein komplexes »Schauspiel« zwischen Traumutopie und Staatsräson (*Prinz Friedrich von Homburg*). Ein auf Napoleon bezogenes Drama über den Normannenherrscher Robert Guiskard blieb Fragment. Hier, wie bereits in seinem ersten Stück oder in der konsequenten Anwendung der Technik des analytischen Dramas im *Zerbrochnen Krug*, zeigt sich K.s genaues Studium des klassischen Dramas. Seine Erzählungen, neben seiner dramatischen Produktion entstanden und meist zuerst in Zeitschriften gedruckt, konzentrieren sich auf einen außerordentlichen Fall, der das Leben der Beteiligten entscheidend verändert; in der Erschütterung der traditionellen Ordnungen, die allenthalben sichtbar, auch sprachlich erfahrbar und dem Einzelnen zur moralischen Herausforderung wird, reflektieren die Texte die durch die Französische Revolution und die idealistische Philosophie ausgelösten Veränderungen der eigenen Welt. Wichtigstes Zeugnis seines ästhetischen Denkens ist der in den *Berliner Abendblättern* 1810 veröffentlichte Aufsatz *Über das Marionettentheater*.

Werke: Die Familie Schroffenstein. 1803. – Amphitryon, ein Lustspiel nach Molière. 1807. – Fragment aus dem Trauerspiel: Robert Guiscard, Herzog der Normänner. In: Phöbus. 1808. – Penthesilea. 1808. – Das Käthchen von Heilbronn oder die Feuerprobe. 1810. – Berliner Abendblätter. 1810–11. – Erzählungen. 1810–11. – Der zerbrochne Krug. 1811. – Hinterlassene Schriften. Hrsg. von Ludwig Tieck. 1821. [Enthält u. a.: Die Hermannsschlacht, Prinz Friedrich von Homburg.]

Ausgaben: Sämtliche Werke und Briefe. Hrsg. von Helmut Sembdner. 2 Bde. München 1952. 9., verm. und rev. Aufl. München 1993. – Sämtliche Werke und Briefe. Hrsg. von Ilse Marie Barth [u. a.]. 4 Bde. Frankfurt a. M. 1986–97. – Sämtliche Werke. Brandenburger Ausgabe. Hrsg. von Roland Reuß und Peter Staengle. Basel / Frankfurt a. M. 1988 ff.

Klepper, Jochen, 22. 3. 1903 Beuthen (Schlesien) – 11. 12. 1942 Berlin. Der Pfarrerssohn arbeitete nach seinem Theologiestudium ohne Abschluss seit 1927 als Redakteur beim Evangelischen Presseverband in Breslau, dann seit 1931 beim Berliner Rundfunk. Hier wurde er 1933 entlassen, weil er mit einer Jüdin verheiratet war. Mit der gleichen Begründung verlor er 1935 seine Stelle bei Ullstein. 1937 wurde er aus der Reichsschrifttumskammer ausgeschlossen, 1941 aus der Armee. Er nahm sich gemeinsam mit seiner von der Deportation bedrohten Frau und seiner Tochter das Leben. K. gehört zu den bedeutendsten ev. Kirchenlieddichtern des 20. Jh.s. Sein erzählerisches Hauptwerk ist der Roman *Der Vater*, die Lebensgeschichte Friedrich Wilhelms I. von Preußen. Das Werk konnte dank einer Sondererlaubnis gedruckt werden, die auf dem Missverständnis beruhte, der Roman verherrliche das Führerprinzip. In Wirklichkeit geht es K. in diesem christlichen Roman darum, an der Geschichte des Königs die göttliche Führung sichtbar zu machen, im irdischen Geschehen das Göttliche aufzuzeigen. Von einem weiteren christlichen Roman auf historischer Grundlage, der von Luther handeln sollte, vollendete K. nur den ersten Teil.

Werke: Der Kahn der fröhlichen Leute. 1933. – Der Vater. 1937. – Kyrie. 1939. – Der christliche Roman. 1940. – Die Flucht der Katharina von Bora. Hrsg. von Karl Pagel. 1951. – Unter dem Schatten deiner Flügel. Hrsg. von Hildegard Klepper. 1956. – Nachspiel. Erzählungen, Aufsätze, Gedichte. 1960. – Ziel der Zeit. Die gesammelten Gedichte. 1962.

Kling, Thomas, 5. 6. 1957 Bingen – 1. 4. 2005 Dormagen. K. wuchs in Düsseldorf auf und lebte und arbeitete dann nach längeren Aufenthalten in Wien und Finnland in der ehemaligen Raketenbasis Hombroich bei Neuss, einer Museums- und Kunstinsel. Bevor K. mit Lyrikbänden einer breiteren Öffentlichkeit bekannt wurde, hatte er sich bereits mit Auftritten in Cafés und Sälen – zuerst 1983 in Wien, dann im Rheinland – einen Namen als Lyriker und Vortrags- und Performance-Künstler gemacht. Viele seiner Gedichte sind daher Sprechtexte. Sie gewinnen ihren besonderen Ton durch eine dynamische Verssprache, die aus der Destruktion und Verformung der herkömmlichen Sprache entsteht und sich zugleich neues Sprachmaterial – aus der Umgangssprache, aus Wörterbüchern, Lexika, älteren Literaturtraditionen – aneignet und verfremdet: »mit dem Selbstauslöser Sprachbilderkataloge generierend« (F. Mayröcker). K. spielt mit der herkömmlichen Orthographie, splittert phonetische Einheiten, Wörter und Gedichtzeilen auf, errichtet Widerstände durch rasche Schnittfolgen, Aussparungen, entlegene Anspielungen und Zitate, kontrastiert Stil- und Sprachebenen. Es sind Verfahren, die u. a. auf das Barock und – auch im Hinblick auf den Performance-Charakter – auf die ästhetische Avantgarde der Moderne (Stefan George, Dadaismus, Wiener Gruppe) zurückverweisen. Das Themenspektrum des autodidaktischen *poeta doctus* ist breit: Geschichte, Mythos, Natur, Gesellschaft, Großstadt, Alltag, Literatur, Kunst. Im Verlauf seiner Arbeit, insbesondere seit den Gedichtbänden *nacht. sicht. gerät* und *morsch*, nimmt die Neigung zu komplexen zyklischen Kompositionen zu.

Die Präzision der Texte bzw. der ingeniöse Experimentiergeist des Dichters – K. nennt das Gedicht ein steinaltes »Präzisionsinstrument« – sind zugleich distanzschaffende Mittel, die etwa die Wildheit antiker Mythen oder die eigene tödliche Krankheit in dem Zyklus »Gesang von der Bronchoskopie« seiner letzten Veröffentlichung *Auswertung der Flugdaten* objektivieren: »Jetzt ist es. jetzt werd ich: | zum schacht, zum lungen- | schacht wird ich.« Essayistische Arbeiten (*Itinerar*, *Botenstoffe*, Teile des Lyrik und Prosa verbindenden Buches *Auswertung der Flugdaten*) ergänzen, nicht ohne Polemik, seine dichterischen Texte, die z. T. von Bildern und Fotografien seiner Lebensgefährtin Ute Langanky begleitet werden.

Werke: der zustand vor dem untergang. 35 Gedichte. 1977. – Erprobung herzstärkender Mittel. 1986. – geschmacksverstärker. gedichte 1985–1988. 1989. – brennstabm. 1991. – nacht. sicht. gerät. 1993. – wände machn. 1994. [Mit Aquarellen von Ute Langanky.] – morsch. 1996. – Itinerar. 1997. – wolkenstein. Mobilisierun'. Ein Monolog. 1997. [Mit Linolschnitten von U. L.] – Catull: Das Haar der Berenice. Gedichte/Carmina. Lat.-dt. 1997. [Übers.; Bildfolge von U. L.] – GELÄNDE camouflage. 1998. [Mit Fotografien von U. L.] – Fernhandel. 1999. [Mit CD.] – Botenstoffe. 2001. – Sprachspeicher. 200 Gedichte auf deutsch vom achten bis zum zwanzigsten Jahrhundert. Eingelagert und moderiert von T. K. 2001. [Hrsg.] – Sondagen. 2002. [Mit CD.] – Auswertung der Flugdaten. 2005.

Klingemann, Ernst August (Pseud. Bonaventura), 31. 8. 1777 Braunschweig – 25. 1. 1831 ebd. Der Sohn eines Kopisten ging 1798 zum Studium der Rechte nach Jena und fand Kontakt zu den Frühromantikern. Gemeinsam mit C. Brentano begann er die Zeitschrift *Memnon* (1800), die es allerdings nur auf einen Band brachte. Ohne Examen kehrte er 1801 nach Braunschweig zurück, lebte als freier Schriftsteller, heiratete eine Schauspielerin, wurde Oberregisseur und schließlich Mitdirektor eines Schauspielunternehmens (1814), das sich zum Braunschweiger Nationaltheater (1818) und schließlich Hoftheater (1826) entwickelte. Den Rang des von K. geleiteten Theaters belegt die Uraufführung von Goethes *Faust* (19. 1. 1829). K. schrieb viel gespielte Theaterstücke; er bevorzugte dabei große historische Stoffe (u. a. *Heinrich der Löwe*, *Martin Luther*, *Cromwell*, *Columbus*), versuchte sich aber auch an einem Faustdrama. Daneben arbeitete er als Rezensent für die *Zeitung für die elegante Welt*. Erst spät wurde er als Verfasser des unter dem Pseudonym Bonaventura veröffentlichten satirischen Romans *Nachtwachen* identifiziert. Das Werk ist aggressive Zeit- und Gesellschaftssatire und Dokument nihilistischer Weltinterpretation, die als Konsequenz der zeitgenössischen idealistischen Philosophie und als Symptom einer allgemeinen Krise erscheint.

Werke: Wildgraf Eckard von der Wölpe. 1795. – Die Asseburg. 1796–97. – Die Maske. 1797. – Romano. 1800–01. – Albano der Lautenspieler. 1802. – Freimüthigkeiten. 1804. – Nachtwachen. Von Bonaventura. In: Journal von neuen deutschen Original Romanen. 1805 [recte 1804]. – Theater. 1808–20. – Faust. 1815. – Hamlet. 1815. [Shakespeare-Bearb.] – Deutsche Treue. 1816. – Das Kreuz im Norden. 1817. – Dramatische Werke. 1817–18. – Kunst und Natur. 1819–29.

Klinger, Friedrich Maximilian, 17. 2. 1752 Frankfurt a. M. – 25. 2. 1831 Dorpat (Tartu, Estland). K. wuchs in ärmlichen Verhältnissen auf; der Vater war Artillerist und starb früh, die Mutter schlug sich als Wäscherin und Krämerin durch. Gleichwohl konnte K. das Gymnasium besuchen und 1774 mit dem Jurastudium in Gießen beginnen, u. a. unterstützt durch Goethe. Nach den ersten literarischen Erfolgen verließ K. 1776 die Universität; der Versuch, sich in Weimar zu etablieren, scheitert am Konflikt mit Goethe (Gründe unbekannt; 1811 wurde die Freundschaft wieder erneuert). 1776–78 reiste er als Dramaturg und Schauspieler mit der Theatertruppe Abel Seylers, trat dann vorübergehend als Soldat in österreichische Dienste (1778–79) und erhielt nach einem Aufenthalt in der Schweiz 1780 eine Stelle als Vorleser am St. Petersburger Hof und machte danach Karriere als Offizier (1788 Kapitän, 1798 Generalmajor, 1801 Direktor des Kadettenkorps) und danach als Beamter im Erziehungswesen. 1803–16 war er Kurator der Universität Dorpat in Estland, 1820 musste er im Zug der Restauration alle seine Ämter aufgeben. K. gehört zu den bedeutendsten Dramatikern des Sturm und Drang. In seinen dramaturgisch an Shakespeare orientierten Stücken verbinden sich gesellschaftskritische Momente mit der intensiven Darstellung von Leidenschaften und Gefühlen; sie zeigen unbändige Kraftnaturen in ihrem Scheitern und Untergang (z. B. *Die Zwillinge*) oder – eher selten – in geglückter Selbstverwirklichung (so in dem ursprünglich *Wirrwarr* betitelten, im Wortsinn epochemachenden Stück *Sturm und Drang*). In den 80er-Jahren setzte er seine dramatische Produktion in Russland mit historischen Dramen und auf die Gegenwart bezogenen Bearbeitungen antiker Stoffe fort. Bedeutend ist sein spätes Romanschaffen, das mit *Fausts Leben, Thaten und Höllenfahrt* einsetzte und in einem (unvollständig gebliebenen) Zyklus von insgesamt zehn philosophischen Romanen ein von Rousseauschen Auffassungen geprägtes kritisches Bild der geschichtlichen und gesellschaftlichen Entwicklung zeichnen sollte.

Werke: Otto. 1775. – Das leidende Weib. 1775. – Die neue Arria. 1776. – Simsone Grisaldo. 1776. – Die Zwillinge. 1776. – Sturm und Drang. 1776 [recte 1777]. – Plimplamplakso, der hohe Geist, heut Genie. 1780. – Prinz Seiden-Wurm. 1780. – Theater. 1786–87. – Neues Theater. 1790. – Medea in Korinth und Medea auf dem Kaukasus. 1791. – Fausts Leben, Thaten und Höllenfahrt. 1791. – Geschichte Gisfars des Barmeciden. 1792–94. – Geschichte Raphaels de Aquillas. 1793. – Reisen vor der Sündfluth. 1795. – Der Faust der Morgenlaender. 1797. – Geschichte eines Teutschen der neusten Zeit. 1798. – Der Weltmann und der Dichter. 1798. – Betrachtungen und Gedanken über verschiedene Gegenstände der Welt und der Litteratur. 1803–05. – Werke. 12 Bde. 1809–16. – Sämmtliche philosophische Romane. 12 Bde. 1810.

Ausgabe: Werke. Hist.-krit. Gesamtausg. Hrsg. von Sander L. Gilman [u. a.]. Tübingen 1978 ff.

Klopstock, Friedrich Gottlieb, 2. 7. 1724 Quedlinburg – 14. 3. 1803 Hamburg. Der Sohn eines Juristen besuchte das Gymnasium in Quedlinburg (1736–39) und die Fürstenschule Schulpforta (1739–45) und studierte dann von 1745 bis 1748 Theologie zunächst in Jena, ab 1746 in Leipzig. 1748 wurde er Hauslehrer bei Verwandten in Langensalza, 1750 folgte er einer Einladung J. J. Bodmers nach Zürich, doch der lebensfrohe Jüngling entsprach nicht den Erwartungen, die sich Bodmer vom Messiasdichter gemacht hatte. Im Frühjahr 1751 reiste er nach Kopenhagen, da ihm der dän. König eine jährliche Pension von 400 (später 600) Talern mit der einzigen Verpflichtung, den *Messias* zu vollenden, ausgesetzt hatte. Auf der Durchreise lernte er in Hamburg Meta Moller kennen, die er 1754 heiratete. Sie starb nach vierjähriger Ehe bei der Geburt eines Kindes. Als sein Freund und Gönner Bernstorff vom dän. König seiner Ämter enthoben wurde und nach Hamburg übersiedelte, folgte ihm Klopstock. Hier lebte er, von einem kurzen Zwischenspiel als Hofrat in Karlsruhe 1774–75 abgesehen, bis zu seinem Tod im Mittelpunkt eines großen Freundeskreises. 1792 ernannte ihn die Französische Republik zum Ehrenbürger. Für seine Zeitgenossen war K. in erster Linie der Sänger des *Messias*, des von John Milton inspirierten großen christlichen Epos. Die ersten drei Gesänge, 1748 in den *Bremer Beyträgen* veröffentlicht, begründeten seinen Ruhm; vollendet wurde das Werk erst 1773 (20 Gesänge, annähernd 20 000 Hexameter). Gegenstand des Epos ist die Passion Christi und die Verherrlichung des Erlösers; geschildert werden dabei weniger die Geschehnisse selbst als ihre Wirkung auf die Zeugen und Beteiligten, als deren Empfindungen und Gefühle. Die Distanz, mit der der Erzähler des antiken Epos über das Geschehen verfügt, hat einer subjektiven, distanzlosen Darstellungsweise Platz gemacht. Dazu gehört ein ekstatischer Ton, um Hörer oder Leser für die erhabenen Gedanken empfänglich zu machen, ihre Seele in Bewegung zu setzen und ihnen »das Herz ganz zu rühren«. Thematisch und formal vielfältig ist K.s Lyrik: Oden in antiken Strophenmaßen und selbst erfundenen Formen, Elegien, Epigramme und freirhythmische Hymnen behandeln Themen wie Gott und Natur, Liebe, Freundschaft und Politik in einem von Ergriffenheit, Begeisterung, Höhe des Gefühls geprägten enthusiastischen Ton. Die politische Odendichtung findet ihren Ausdruck in der Hinwendung zur germanischen Vorzeit (»Bardendichtung«), dann in (zunächst) begeisterten Revolutionsoden. Der Rückgriff auf die germanische Vergangenheit regte K. zu Versuchen mit einer neuen dramatischen Form an (»Bardiet«), die – indem sie die Handlung ins Seelische verlagert und ganz aus der Sprache lebt – betont lyrische Züge trägt. Auch K.s Bibeldramen haben einen betont empfindsamen Charakter. K.s prophetisches Sendungsbewusstsein, in dem sich die antike Vorstellung vom Dichter als Seher erneuerte, verstärkte die Wirkung seiner Poesie, die mit ihrer emotionalen Intensität, kühnen Bildersprache und überwältigenden Dynamik tiefgreifenden Einfluss ausübte.

Werke: Der Messias. 4 Bde. 1751, 1755, 1768, 1773. – Der Tod Adams. 1757. – Geistliche Lieder. 1758. 2. Tl. 1769. – Salomo. 1764. – Hermanns Schlacht. 1769. – Oden und Elegien. 1771. – Oden. 1771. – David. 1772. – Die deutsche Gelehrtenrepublik. 1774. – Hermann und die Fürsten. 1784. – Hermanns Tod. 1787. – Ueber Sprache und Dichtkunst. Fragmente. 1779–80. – Grammatische Gespräche. 1794. – Werke. 12 Bde. 1798–1817.

Ausgabe: Werke und Briefe. Hist.-krit. Ausg. Begr. von Adolf Beck [u. a.]. Hrsg. von Horst Gronemeyer [u. a.]. Berlin / New York 1974 ff.

Kluge, Alexander, * 14. 2. 1932 Halberstadt. Der Sohn eines Arztes studierte nach dem Abitur in Marburg und Frankfurt a. M. Jura und Geschichte (Dr. jur. 1956 Marburg), machte ein Volontariat bei dem Regisseur Fritz Lang in Berlin und ist seitdem als Filmregisseur, Produzent und Dozent tätig. Er lebt in Frankfurt und München.

2003 erhielt er den Georg-Büchner-Preis. Neben seiner Filmarbeit verfolgte K. stets auch literarische Projekte. Er begann mit Erzählungen, die das Nachleben des Nationalsozialismus zum Thema machen: quasi-dokumentarische »Lebensläufe« von Personen, deren Schicksal wesentlich vom Dritten Reich geprägt wurde. Die Erzähltechnik – Schnitte ohne Übergang – ist am Film orientiert. K.s Film *Abschied von Gestern* (1966) basiert auf der ersten Geschichte des Bandes (*Anita G.*). Radikaler verfährt K. in *Schlachtbeschreibung*, dem Versuch, »den organisatorischen Aufbau eines Unglücks«, nämlich der Schlacht von Stalingrad, mit Hilfe der Montage von echten und fiktiven Dokumenten zu beschreiben (was zugleich die Frage von ›Wahrheit‹ oder ›Realismus‹ aufwirft). In weiteren Erzählbänden entwickelte K. seine Erzählstrategie weiter. Er steigert die Zersplitterung des erzählerischen Materials, indem er thematisch und formal unterschiedliche Geschichten, Lebensläufe, Dokumentarisches, Fiktives, Imaginäres in »gitterartigen« Konstruktionen zusammenstellt. Dabei ergeben sich immer wieder enge Beziehungen zwischen literarischer und filmischer Arbeit. Eine Fortschreibung seiner Erzählsammlungen stellen die umfangreiche *Chronik der Gefühle*, in der auch frühere Texte aufgenommen sind, und der Band *Die Lücke, die der Teufel läßt* dar.

Werke: Lebensläufe. 1962. Erw. 1974. – Schlachtbeschreibung. 1964. – Öffentlichkeit und Erfahrung. 1972. [Mit Oskar Negt.] – Neue Geschichten. Hefte 1–18. Unheimlichkeit der Zeit. 1977. – Geschichte und Eigensinn. 1981. [Mit Oskar Negt.] – Lernprozesse mit tödlichem Ausgang. 1983. – Schlachtbeschreibung. Neue Geschichten. Hefte 20–27: Vater Krieg. 1983. – Der Angriff der Gegenwart auf die übrige Zeit. 1985. – Theodor Fontane, Heinrich von Kleist und Anna Wilde. Zur Grammatik der Zeit. 1987. – Chronik der Gefühle. Bd. 1. Basisgeschichten. Bd. 2. Lebensläufe. 2000. – Kunstblut trifft Herzblut. 2001. – Die Lücke, die der Teufel läßt. Im Umfeld des neuen Jahrhunderts. 2003. – Die Kunst, Unterschiede zu machen. 2003. – Fontane – Kleist – Deutschland – Büchner. Zur Grammatik der Zeit. 2004. – Tür an Tür mit einem anderen Leben. 350 neue Geschichten. 2006.

Knigge, Adolph Freiherr von, 16. 10. 1752 Bredenbeck bei Hannover – 6. 5. 1796 Bremen. Der aus einem verarmten Adelsgeschlecht stammende K. studierte nach der standesüblichen Erziehung durch einen Hofmeister Jura in Göttingen (1769–72) und fand 1772 eine Anstellung als Hofjunker und Assessor der Kriegs- und Domänenkasse in Kassel. 1777 ging er, von Goethe empfohlen, als weimarischer Kammerherr nach Hanau, später nach Frankfurt a. M. Seit 1790 lebte er in Bremen als Oberhauptmann der Regierung von Braunschweig-Lüneburg und Scholarch der Domschule. K. war Aufklärer; seine Mitgliedschaft im aufklärerischen Illuminatenorden (1780–1784) und sein Eintreten für die Menschenrechte stieß bei seinen Standesgenossen auf Ablehnung. Er vertrat seine Positionen in politischen und philosophischen Schriften – auch das berühmte Werk *Ueber den Umgang mit Menschen* ist kein Benimmbuch, sondern eine praktische Gesellschaftslehre – und einer Reihe von Romanen, die auf utopische und/oder satirische Weise bürgerlich-aufgeklärtes Denken mit der politischen Praxis des Absolutismus konfrontieren.

Werke: Allgemeines Sistem für das Volk zur Grundlage aller Erkenntnisse für Menschen aus allen Nationen, Ständen und Religionen. 1778. – Theaterstücke. 1779–80. – Der Roman meines Lebens in Briefen. 1781–83. – Sechs Predigten gegen Despotismus, Dummheit, Aberglauben, Ungerechtigkeit, Untreue und Müßiggang. 1783. – Geschichte Peter Clausens. 1783–85. – Ueber den Umgang mit Menschen. 1788. – Dramaturgische Blätter. 1788–89. – Geschichte des armen Herrn von Mildenburg. 1789–90. – Benjamin Noldmann's Geschichte der Aufklärung in Abyssinien. 1791. – Das Zauberschloß oder Geschichte des Grafen Tunger. 1791. – Des seligen Herrn Etatsraths Samuel Conrad von Schaafskopf hinterlassene Papiere. 1792. – Die Reise nach Braunschweig. 1792. – Joseph's von Wurmbrand [...] politisches Glaubensbekenntnis. 1792. – Ueber Schriftsteller und Schriftstellerey. 1793. – Ueber Eigennutz und Undank. 1796. – Schriften. 12 Bde. 1804–06.

Ausgabe: Sämtliche Werke. Hrsg. von Paul Raabe [u. a.]. 24 Bde. Nendeln (Liechtenstein) 1978–93.

Knorr von Rosenroth, Christian, 15. oder 16. 7. 1636 Alt-Raudten (Schlesien) – 4. 5. 1689 Gut Großalbersdorf bei Sulzbach (Oberpfalz). Der aus einem protestantischen Pfarrhaus stammende K. besuchte die Lateinschule in Fraustadt und schloss 1660 sein Studium in Leipzig mit dem Magistertitel ab. Nach einer Bildungsreise nach Frankreich, Holland und England trat er 1668 als Hofkanzleirat (seit 1687 Kanzleidirektor) in den Dienst des 1656 zum Katholizismus übergetretenen Pfalzgrafen Christian August in Sulzbach. 1677 wurde er in den erblichen Freiherrenstand erhoben. Dank seiner Arbeiten und seiner Verbindungen zu zahlreichen europäischen Gelehrten entwickelte sich die kleine Residenzstadt, die sich durch eine tolerante Religionspolitik auszeichnete, zu einem Zentrum der Pflege hermetisch-kabbalistischer Traditionen. K. übersetzte bedeutende Werke der europäischen Kulturgeschichte ins Deutsche (Giovan Battista Della Porta, Thomas Browne, Johann Baptist van Helmont u. a.) und legte mit den beiden Bänden seiner *Kabbala denudata* ein Handbuch zur jüdischen mystischen Tradition vor, das neben einem Lexikon kabbalistischer Grundbegriffe, Kommentaren und Traktaten auch lateinische Übersetzungen kabbalistischer Texte enthält. Mystische Züge charakterisieren auch seine Lieder. Andachtslieder wie *Morgen-Glantz der Ewigkeit* stehen in der Tradition geistlicher Naturbetrachtung.

Werke: Eigentliche Erklärung über die Gesichter der Offenbarung S. Johannis. 1670. – Harmonia Evangeliorum, Oder Zusammenfügung der vier H. Evangelisten. 1672. – Conjugium Phoebi & Palladis, oder Die / durch Phoebi und Palladis Vermählung / erfundene Fortpflantzung des Goldes. 1677. – Kabbala denudata. 1677–84. – Pseudodoxia epidemica, Das ist: Untersuchung derer Irrthümer / so bey dem gemeinen Mann [...] im Schwange gehen. 1680. [Browne-Übers.] – Magia Naturalis, oder Haus- Kunst- und Wunderbuch. 1680. [Della Porta-Übers.] – Aufgang der Artzney-Kunst. 1683. [van Helmont-Übers.] – Neuer Helicon mit seinen Neun Musen. 1684.

Kobell, Franz Ritter von, 19. 7. 1803 München – 11. 11. 1882 ebd. Der aus einer angesehenen bayerischen Beamtenfamilie stammende K. war von Beruf Mineraloge (1825 a. o., 1834 o. Professor in München), hatte jedoch auch ein ausgesprochenes Interesse an Brauchtumspflege, das sich u. a. in seiner Dialektdichtung niederschlug. Seine zahlreichen Gelegenheitsgedichte galten bäuerlicher Alpenidylle, biedermeierlicher Zufriedenheit und frommer Königstreue und verwandten dabei verschiedene Dialekte in durchaus künstlerischer Absicht. Sie erschienen, in der Regel mit Illustrationen Franz Graf v. Poccis, in den *Fliegenden Blättern*. P. Heyse nahm K.s Dialektpoesie in sein *Neues Münchner Dichterbuch* (1882) auf. Daneben schrieb K. Volksstücke in oberbayerischer Mundart, Singspiele (Musik von Ignaz Lachner), Jagdgeschichten und Dialekterzählungen, darunter *Die G'schicht von' Brandner-Kasper* (in: *Fliegende Blätter*, 1871), die in der Theaterbearbeitung Kurt Wilhelms bekannt wurde.

Werke: Triphylin. Gedichte in hochdeutscher, oberbayerischer und pfälzischer Mundart. 1839. – Gedichte in hochdeutscher, oberbayerischer und pfälzischer Mundart. 1841. – Schnadahüpfeln und Sprüchln. 1845. – Der Hausl' vo' Finsterwald. 1852. – Gedichte. 1852. – Wildanger. 1859. – Oberbayerische Lieder. 1859. – Zur Charakteristik oberbayerischer Dialect-Poesie. 1866. – G'schpiel. Volksstücke und Gedichte in oberbayerischer Mundart. 1868. – Der Türkn-Hansl. 1870. – Erinnerungen für seine Freunde. 1876.
Ausgabe: Ausgewählte Werke. Hrsg. von Günter Goepfert. München 1972.

König, Johann Ulrich (seit 1741: von), 8. 10. 1688 Esslingen – 14. 3. 1744 Dresden. Der aus einem protestantischen Pfarrhaus stammende K. studierte nach seiner Gymnasialzeit in Stuttgart Theologie, ging jedoch ohne Studienabschluss 1706 auf Stellungssuche. Von Ende 1710 an hielt er sich in Hamburg auf. Hier arbeitete er für die Oper und gehörte zum Freundeskreis um B. H. Brockes und den Initiatoren der 1715 gegründeten »Teutsch-übenden Gesellschaft«. 1716 verließ er Hamburg und wurde schließlich nach einem Aufenthalt in Weißenfels 1720 zum Geheimsekretär und Hofpoet Augusts des Starken in Dresden ernannt. Nach dem Tod J. v. Bessers (1729) folgte er, zum Hofrat ernannt, diesem im Amt des Zeremonienmeisters. Neben Gelegenheitsdichtungen schrieb er in seiner Hamburger Zeit eine Reihe von Operndichtungen, meist an italienischen Vorlagen orientiert. In Dresden kamen weitere Sing- und Lustspieltexte hinzu. Stand K. zunächst noch unter dem stilistischen Einfluss der Barockdichtung und des Marinismus, so vertrat er später nach dem Beispiel Bessers das ästhetische Programm des frz. Klassizismus in der Nachfolge Nicolas Boileaus. Seine höfische Gelegenheitsdichtung der Dresdener Zeit kulminierte in dem Versuch eines großen Heldengedichts, das August und das sächsische Herrscherhaus glorifizierte (und nach dem ersten von sechs geplanten Büchern abbrach).

Werke: Theatralische / geistliche / vermischte und galante Gedichte. 1713. – L'inganno fedele, oder: Der getreue Betrug. 1714. – Fredegunda. 1715. – Die römische Großmuht / Oder Calpurnia. 1716. – Der Königliche Prophete David. 1718. – Heinrich der Vogler. 1718. – Die getreue Alceste. 1719. – Rhea Sylvia. 1720. – Der gedultige Socrates. 1721. – Der Dreßdner Frauen Schlendrian. 1725. – Die verkehrte Welt. 1725. – Sancio, Oder die Siegende Großmuth. 1727. – August im Lager, Helden-Gedicht. 1731. – Des Herrn von Königs Gedichte aus seinen von ihm selbst verbesserten Manuscripten gesammlet und herausgegeben. 1745. [Hrsg. Johann Christoph Rost.]

Königsdorf, Helga, * 13. 7. 1938 Gera. Die Bauerntochter studierte Physik und Mathematik, habilitierte sich 1972 und war bis 1990 als Mathematikprofessorin an der Ostberliner Akademie der Wissenschaften tätig. Sie lebt als freie Schriftstellerin in Berlin. K. veröffentlicht seit 1978 Erzählungen und Kurzgeschichten. Dabei geht es vielfach um weibliche Selbsterfahrung und -verwirklichung und um ihren Preis im Rahmen von Ehe, Familie und sozialistischer Gesellschaft. Ihr Erzählen trägt häufig satirische Züge, auch im Hinblick auf den Wissenschaftsbetrieb. Von Wissenschaft, Ethik und der Zurücksetzung der Frau handelt auch die längere Erzählung *Respektloser Umgang*, die eine fiktive Begegnung der Atomphysikerin Lise Meitner und einer unter einer schweren Krankheit leidenden Ich-Erzählerin, ebenfalls Naturwissenschaftlerin, schildert. Seit 1989 beschäftigt sich K. in engagierten Essays und satirischen Erzählungen und Romanen mit der Wiedervereinigung und ihren Folgen für das menschliche Zusammenleben. Zurück in die Vergangenheit führt die Brieferzählung *Ungelegener Befund*, in der der Erzähler mit der nationalsozialistischen Vergangenheit seines Vaters konfrontiert wird.

Werke: Meine ungehörigen Träume. 1978. – Der Lauf der Dinge. 1982. – Hochzeitstag in Pizunda. 1986. – Respektloser Umgang. 1986. – Lichtverhältnisse. 1988. – 1989 oder Ein Moment der Schönheit. Eine Collage aus Briefen, Gedichten, Texten. 1990. – Ungelegener Befund. 1990. – Aus dem Dilemma eine Chance machen. Aufsätze und Reden. 1991. – Gleich neben Afrika. 1992. – Im Schatten des Regenbogens. 1993. – Über die unverzügliche Rettung der Welt. 1994. – Unterwegs nach Deutschland. Über die Schwierigkeit, ein Volk zu sein. 1995. – Die Entsorgung der Großmutter. 1997. – Der gewöhnliche Wahnsinn. 1998. – Landschaft in wechselndem Licht. Erinnerungen. 2002.

Köpf, Gerhard, * 19. 9. 1948 Pfronten (Allgäu). Der Sohn eines Landbriefträgers studierte 1968–74 Germanistik in München (Dr. phil. 1974) und ist seit 1984 Professor für Gegenwartsliteratur an der Universität Duisburg. Er lebt in München. K. hat mit seinen Romanen einen neuen fiktiven Ort auf die literarische Landkarte gesetzt: die Kleinstadt Thulsern und ihre Umgebung irgendwo im Allgäu. Die einzelnen Texte schreiben auf verschiedene Weise, aber immer mit einer Vielfalt von Geschichten, Abweichungen und Umwegen, an der Chronik dieses epischen Kosmos, sei es, dass sie eine Familiengeschichte bis in die feinsten Verästelungen über fünf Generationen zurückverfolgen (*Die Erbengemeinschaft*), Vergangenheit und Gegenwart in den Aufzeichnungen eines Postboten speichern (*Eulensehen*) oder das imaginäre Land durch die Eisenbahn erschließen (*Die Strecke*). So entsteht eine Art rückwärtsgewandter Utopie, »zumal die Zukunft nur durch die Vergangenheit hindurch denkbar ist« (K.). Zugleich sind es postmoderne Romane über das Erzählen, wie es nicht zuletzt die zahlreichen versteckten Zitate und Hinweise auf andere Autoren und Werke deutlich machen. Über die Welt von Thulsern hinaus gehen die späteren Werke K.s, etwa der Roman über die prekäre Künstlerexistenz Piranesis und ihren Widerstand gegen die Welt oder der zitatenreiche *Weg nach Eden*.

Werke: Innerfern. 1983. – Schwellengang und andere Prosa. 1984. – Die Strecke. 1985. – Die Erbengemeinschaft. 1987. – Eulensehen. 1989. – Borges gibt es nicht. Eine Novelle. 1991. – Vom Schmutz und vom Nest. Aufsätze. 1991. – Piranesis Traum. 1992. – Papas Koffer. 1993. – Der Weg nach Eden. 1994. – Ezra & Luis oder die Erstbesteigung des Ulmer Münsters. Ein Spiel. Sowie essayistische Kletterhilfen zu Pound & Trenker. 1995. – Nurmi oder die Reise zu den Forellen. 1996. – Vor-Bilder. Tübinger Poetik-Vorlesung. 1999.

Köppen, Edlef, 1. 3. 1893 Genthin (Brandenburg) – 21. 2. 1939 Gießen. K. begann nach dem Abitur (Potsdam) mit dem Studium der Philologie, Philosophie und Kunstgeschichte in Kiel und München, meldete sich bei Kriegsbeginn als Freiwilliger, wurde schwer an der Lunge verletzt, verweigerte 1918 den Dienst und wurde in eine Irrenanstalt gesteckt. Nach dem Krieg setzte er sein Studium in Berlin und München fort; 1921 wurde er Lektor bei Kiepenheuer in Potsdam, 1925 Mitarbeiter der literarischen Abteilung des Berliner Rundfunks. Aus dieser Position wurde er 1933 entlassen; 1935 erhielt er Publikationsverbot. Er lebte als Dramaturg einer Filmgesellschaft, bis er an den Spätfolgen seiner Kriegsverletzung starb. Neben seiner Verlags- und Rundfunkarbeit schrieb K. Gedichte, erzählende Prosa und Essays. Sein Hauptwerk ist der Roman *Heeresbericht*, die stark autobiographisch getönte Geschichte des Kriegsfreiwilligen Anton Reisiger, der sich allmählich von der offiziellen Kriegsideologie löst, das Verbrecherische des Krieges erkennt und dafür ins Irrenhaus kommt. Zugleich erhält der Roman durch eine Fülle von eingebauten echten und fiktiven Dokumenten eine zweite Ebene, aus denen sich in vielfach aufklärender Weise ein Bild des öffentlichen Bewusstseins und seiner Manipulation abzeichnet. Der Roman, der erzähltechnisch fortgeschrittenste unter den Antikriegsromanen der Zeit (E. M. Remarque, L. Renn u. a.), wurde 1935 verboten.

Werke: Die Historie von ein trocken Schiffahrt darinnen drey Studenten sampt ihren Libsten gar fein und lustig Schwänk erzelen. 1924. – Heeresbericht. 1930. – Vier Mauern und ein Dach. 1934.

Koeppen, Wolfgang, 23. 6. 1906 Greifswald – 15. 3. 1996 München. Der als uneheliches Kind geborene K. zog 1908 mit seiner Mutter nach Thorn (Ostpreußen) und dann nach Ortelsburg (Masuren). Nach der Rückkehr nach Greifswald 1919 besuchte er die Mittelschule, begann eine Buchhändlerlehre, hörte Vorlesungen an der Universität und schrieb für Zeitungen. 1926–27 arbeitete er als Dramaturg und Assistenzregisseur am Stadttheater Würzburg. Anschließend ging er nach Berlin; von 1931 bis Ende 1933 war er Feuilletonredakteur beim *Berliner Börsen-Courier*. Von 1934 bis 1938 hielt er sich in den Niederlanden auf (Scheveningen). Dann lebte er zunächst in Berlin und schrieb Filmdrehbücher, danach in München und am Starnberger See (versteckt, um der Einberufung zu entgehen). Nach dem Krieg ließ er sich in München nieder. Ausgedehnte Reisen führten ihn durch Europa und die USA. 1962 erhielt er den Georg-Büchner-Preis. Bereits seine frühen Romane *Eine unglückliche Liebe* und *Die Mauer schwankt* nehmen Anregungen der modernen Erzählkunst auf, die sich jedoch unter den Bedingungen des Nationalsozialismus nicht weiterentwickeln ließen. Erst die drei großen Nachkriegsromane (*Tauben im Gras*, *Das Treibhaus*, *Tod in Rom*) zeigen K. dann als konsequenten Vertreter einer durch Autoren wie James Joyce, John Dos Passos und A. Döblin vermittelten formal avancierten Erzählkunst (filmische Schnitt- und Montagetechnik, innerer Monolog, Simultaneität). Die drei Romane zeichnen mit aggressiv-kritischer Vehemenz ein Bild der restaurativen dt. Nachkriegsgesellschaft und ihrer beängstigenden Entwicklung, einer Gesellschaft, in der sich Nationalsozialisten und Mitläufer erneut Einfluss verschaffen und sich gesellschaftlich, wirtschaftlich und politisch zu etablieren beginnen. Danach schrieb K., dessen Arbeit immer von großen Schaffenspausen unterbrochen wurde, mit großem Erfolg eine Reihe von Reisebeschreibungen und -essays. Erst mit *Jugend*, einem stilistisch komplexen, autobiographisch fundierten Prosastück über eine traumatische, von Außenseitertum und der Gewalt gesellschaftlicher Institutionen geprägte Sozialisation, erschien wieder ein größeres Erzählwerk.

Werke: Eine unglückliche Liebe. 1934. – Die Mauer schwankt. 1935. – Jakob Littner: Aufzeichnungen aus einem Erdloch. 1948. Wiederveröffentlichung, mit Verfasserangabe, u. d. T.: Jakob Littners Aufzeichnungen aus einem Erdloch. 1992. – Tauben im Gras. 1951. – Das Treibhaus. 1953. – Der Tod in Rom. 1954. – Empfindsame Reisen. Nach Rußland und anderswohin. 1958. – Amerikafahrt. 1959. – Reisen nach Frankreich. 1961. – New York. 1961. – Romanisches Café. Erzählende Prosa. 1972. – Jugend. 1976. – Die elenden Skribenten. Rezensionen, Porträts. 1981. – Angst. Erzählende Prosa 1974–84. 1987. – Morgenrot. Anfänge eines Romans. 1987. – Es war einmal in Masuren. 1991. – Ich bin gern in Venedig warum. 1994. – Auf dem Phantasieroß. Prosa aus dem Nachlaß. Hrsg. von Alfred Estermann. 2000.

Ausgaben: Gesammelte Werke. Hrsg. von Marcel Reich-Ranicki [u. a.]. 6 Bde. Frankfurt a. M. 1986. – »Ich bitte um ein Wort …«. Wolfgang Koeppen / Siegfried Unseld. Der Briefwechsel. Hrsg. von Alfred Estermann und Wolfgang Schopf. Frankfurt a. M. 2006. – Werke. Hrsg. von Hans Ulrich Treichel. 14 Bde. Frankfurt a. M. 2006 ff.

Körner, Theodor, 23. 9. 1791 Dresden – 26. 8. 1813 Rosenow bei Gadebusch (Mecklenburg). K. war der Sohn Christian Gottfried Körners, in dessen Haus in Dresden die bedeutendsten Literaten und Künstler der Zeit verkehrten. Er studierte 1808–10 auf der Bergakademie in Freiberg, dann ab 1810 Jura in Leipzig und – nachdem er wegen studentischer Händel aus der Stadt fliehen musste – von 1811 an Geschichte in Wien. Nach dem Erfolg eines seiner Stücke wurde er im Januar 1813 als Dichter am Burgtheater angestellt. Nach der Niederlage Napoleons in Russland schloss er sich im März 1813 begeistert dem Lützowschen Freikorps an und wurde nördlich von Schwerin tödlich verwundet. K. schrieb in kurzer Zeit eine Reihe erfolgreicher Dramen. Längeren Nachruhm verdankt er jedoch seinen Kriegsgedichten, die die Stimmung der Freiheitskriege einfingen, den Geist der Lützowschen Jäger durch Jäger-, Reiter- und Trinklieder beflügelten und durch archaisierende, emotionsgeladene Bilder und eine eingängige Polarisierung (Freund-Feind, Freiheit-Tod), durch Appelle an das Gemeinschaftsgefühl und sakrale Anklänge eine breite Wirkung erzielten, die durch K.s Tod auf dem Schlachtfeld und zahlreiche Vertonungen noch verstärkt wurde.

Werke: Knospen. 1810. – Zwölf freie deutsche Gedichte. 1813. – Leyer und Schwert. 1814. – Zriny. 1814. – Rosamunde. 1814. – Poetischer Nachlass. 2 Bde. 1814–15. – Dramatische Beyträge. 1815.
Ausgaben: Werke. Hrsg. von Adolf Stern. 3 Bde. Stuttgart 1890. – Werke. Hrsg. von Hans Zimmer. 2 Bde. Leipzig [2]1916.

Kokoschka, Oskar, 1. 3. 1886 Pöchlarn (Donau) – 22. 2. 1980 Montreux. Der Sohn eines Goldschmieds besuchte die Wiener Kunstgewerbeschule (1904–09) und erregte bereits 1908 Aufsehen als Maler. Im Ersten Weltkrieg wurde er schwer verwundet. Von 1919 bis 1924 lehrte er als Professor an der Dresdner Akademie der Bildenden Künste und lebte dann nach ausgedehnten Reisen wieder in Wien. 1933 ging er nach Prag, 1938 ins Exil nach London. 1953 ließ er sich in Villeneuve am Genfer See nieder. Fast gleichzeitig mit seinem Durchbruch als Maler erschienen seine ersten dichterischen Texte, eine dem Jugendstil verpflichtete Gedichtsammlung. K.s literarhistorische Bedeutung beruht auf den vier Dramen *Mörder Hoffnung der Frauen* (UA 1909), *Sphinx und Strohmann* (UA 1909; spätere Fassung u. d. T.: *Hiob*), *Der brennende Dornbusch* (UA 1917) und *Orpheus und Euridyke* (UA 1921), die mit ihrem ekstatischen Stil und ihrer Tendenz zum Gesamtkunstwerk zum expressionistischen Theater hinführen. Später löste sich K. mit realistisch erzählter, vielfach autobiographisch geprägter Prosa vom Expressionismus.

Werke: Die träumenden Knaben. 1908. – Mörder Hoffnung der Frauen. In: Der Sturm. 1910. – Der brennende Dornbusch. Mörder Hoffnung der Frauen. 1917. – Vier Dramen. 1919. – Ann Eliza Reed. 1952. – Spur im Treibsand. Geschichten. 1956. – Mein Leben. 1971. – Comenius. 1973.
Ausgabe: Das schriftliche Werk. Hrsg. von Heinz Spielmann. 4 Bde. Hamburg. 1973–76.

Kolb, Annette, 3. 2. 1870 München – 3. 12. 1967 ebd. K.s Mutter war eine berühmte Pariser Konzertpianistin, der Vater Gartenarchitekt, Direktor der Botanischen Gärten Münchens und schließlich königlich-bayerischer Gartenbauinspektor. Die Salonkultur, die ihre Mutter pflegte, prägte auch K. Im Ersten Weltkrieg emigrierte sie wegen ihrer pazifistischen Überzeugung in die Schweiz; ihre Haltung wurde sowohl von dt. wie von frz. Seite kritisiert. Nach ihrer Rückkehr 1919 ließ sie sich in Badenweiler nieder, machte zahlreiche Reisen und trat auch politisch vermittelnd auf (Th. Mann porträtierte sie als Jeanette Scheurl im *Doktor Faustus*). 1933 verließ sie Deutschland; sie ging über die Schweiz nach Paris und 1940 in die USA. 1945 kehrte sie nach Europa zurück und lebte in Paris und München. In ihren zahlreichen Feuilletons und Essays, in dt. und frz. Sprache, spiegeln sich ihre Begegnungen mit Künstlern und Politikern, aber auch ihr politisches Engagement (für die dt.-frz. Verständigung, für die Einigung Europas, gegen Hitler, den »Nero im Jägerhemd« usw.). Ihre drei Romane (*Das Exemplar*, *Daphne Herbst*, *Die Schaukel*) tragen autobiographische Züge und vergegenwärtigen rückblickend eine der Katastrophe des Ersten Weltkriegs entgegensehende, vergehende Gesellschaft.

Werke: Kurze Aufsätze. 1899. – L'âme aux deux patries. Sieben Studien. 1906. – Das Exemplar. 1913. – Wege und Umwege. 1914. – Briefe einer Deutsch-Französin. 1916. Frz. Ausg. 1917. – Die Last. 1918. – Zarastro. Westliche Tage. 1921. – Wera Njedin. Erzählungen und Skizzen. 1924. – Daphne Herbst. 1928. – Versuch über Briand. 1929. – Kleine Fanfare. 1930. – Beschwerdebuch. 1932. – Die Schaukel. Eine Jugend in München. 1934. – Festspieltage in Salzburg. 1937. – Mozart. 1937. – Glückliche Reise. 1940. – Franz Schubert. Sein Leben. 1941. – König Ludwig II. von Bayern und Richard Wagner. 1947. – Blätter in den Wind. 1954. – Memento. Erinnerungen. 1960. – Zeitbilder. 1964.

Kolbe, Uwe, * 17. 10. 1957 Berlin (DDR). Der Sohn einer Binnenschifferfamilie besuchte nach Abitur und Militärdienst 1980–81 einen Sonderkurs am Leipziger Literaturinstitut Johannes R. Becher, war von 1982 bis 1987 Mitherausgeber der Ostberliner (Untergrund-)Literaturzeitschrift *Mikado* und arbeitete während eines Publikationsverbots von 1982 bis 1985 als Übersetzer und Nachdichter. Danach lebte er als freier Schriftsteller in Berlin und seit 1988 auch in Hamburg (Doppelpass). Heute leitet er das »Studio Literatur und Theater« der Universität Tübingen. K. gehört zu den von F. Fühmann geförderten Dichtern; erste Gedichte erschienen 1976 in der Zeitschrift *Sinn und Form*. Die Distanz zur DDR wurde bereits im Titel seines ersten Gedichtbandes sichtbar: *Hineingeboren*. Seine lyrische Sprache ist vom Expressionismus geprägt; expressive, dunkle Bildlichkeit, abrupte Brüche, Pathos – in späteren Gedichtbänden zurückgenommen – kennzeichnen viele Gedichte. Darüber hinaus verfügt K. über eine Vielfalt von Formen und Ausdrucksweisen, zeigt eine Neigung zur Ironie, zum Grotesken, zu plötzlichen Wendungen (etwa zur Alltagssprache). Seine Gedichte vor und nach der Wende reflektieren sein Verhältnis zur DDR, zu Deutschland. Spätere Texte, etwa in dem Band *Nicht wirklich platonisch*, weisen über den politischen Kontext hinaus auf die existentielle Position des lyrischen Ich, seine Verlorenheit in der Kälte der Gesellschaft. Auch die Poesie bietet keinen Trost. In dem Band *Die Farben des Wassers* verbinden sich Erinnerungen an Orte und Erfahrungen aus der DDR-Vergangenheit mit romantisch getönten Anspielungen auf die neue schwäbische Heimat und ihre Dichter.

Werke: Hineingeboren. 1980. – Abschiede und andere Liebesgedichte. 1981. – Bornholm II. 1986. – Vaterlandkanal. Ein Fahrtenbuch. 1990. – Die Situation. 1994. – Nicht wirklich platonisch. 1994. – Renegatentermine. Dreißig Versuche, die eigene Erfahrung zu behaupten. 1998. – Vineta. 1998. – Die Farben des Wassers. 2001. – Der Tote von Belintasch. Kriminalgeschichte. 2002.

Kolbenheyer, Erwin Guido, 30. 12. 1878 Budapest – 12. 4. 1962 München. Der Sohn karpaten- bzw. sudetendeutscher Eltern studierte Zoologie, Philosophie und Psychologie in Wien (Dr. phil. 1905). Nach ersten literarischen Erfolgen gab er den Gedanken einer wissenschaftlichen Laufbahn auf und lebte als freier Schriftsteller, seit 1919 in Tübingen, dann ab 1932 in München. Im Dritten Reich wurde er für seine Verdienste für eine völkisch-nationale Literatur vielfach ausgezeichnet, nach dem Krieg erhielt K. vorübergehend Berufsverbot. In seinem dramatischen und epischen Werk verbinden sich völkische, mystizistische, biologistisch-sozialdarwinistische Elemente zu einer Geschichtskonzeption, die die Überlegenheit des dt. Volkes gegenüber den vergreisten westlichen, »artfremden« Zivilisationen in krisenhaften »Schwellenzeiten« postuliert. Als Hauptwerk K.s gilt die Romantrilogie *Paracelsus*, Entwurf eines dt. faustischen Menschen.

Werke: Giordano Bruno. 1903. Erw. Neuausg. u. d. T.: Heroische Leidenschaften. 1929. – Amor Dei. 1908. – Meister Joachim Pausewang. 1910. – Montsalvasch. 1912. – Paracelsus. 3 Bde. 1917–26. [Die Kindheit des Paracelsus. 1917. Das Gestirn des Paracelsus. 1921. Das dritte Reich des Paracelsus. 1926. Gesamtausg. u. d. T.: Paracelsus. 1927–28.] – Die Bauhütte. 1925. – Das Lächeln der Penaten. 1927. – Die Brücke. 1929. – Jagt ihn – ein Mensch! 1931. – Reps, die Persönlichkeit. 1932. – Unser Befreiungskampf und die deutsche Dichtkunst. 1932. – Deutsches Bekenntnis. Unser Leben. Dichtungen für Sprechchöre. 1933. – Gregor und Heinrich. 1934. – Neuland. 1935. – Das gottgelobte Herz. 1938. – Widmungen. 1938. – Vox humana. 1940. – Menschen und Götter. Dramatische Tetralogie. 1944.
Ausgabe: Gesamtausgabe der Werke letzter Hand. 18 Bde. Nürnberg [u. a.]. 1957–78.

Kolbenhoff, Walter (d. i. W. Hoffmann), 20. 5. 1908 Berlin – 29. 1. 1993 Germering bei München. Der Sohn einer sozialdemokratischen Arbeiterfamilie besuchte die Volksschule, arbeitete in einer Fabrik und reiste dann lange durch Europa, Afrika und Kleinasien, wobei er sich mit Gelegenheitsarbeiten durchbrachte. Nach seiner Rückkehr nach Berlin (1929) trat er der KPD und dem »Bund proletarisch-revolutionärer Schriftsteller« bei und schrieb für verschiedene Zeitungen, darunter das KPD-Organ *Die Rote Fahne*. 1933 emigrierte er nach Kopenhagen, wo er Arbeit beim Rundfunk fand. Nach der Besetzung Dänemarks 1942 wurde er zur Wehrmacht eingezogen, 1944 geriet er in amerikanische Gefangenschaft. Hier lernte er A. Andersch und H. W. Richter kennen. Nach dem Krieg lebte K. in München und arbeitete für die *Neue Zeitung* und den *Ruf*; er gehörte zu den Mitbegründern der »Gruppe 47«. Danach lebte er als freier Schriftsteller und Übersetzer (Kriminalromane) in Germering. K.s Romane beschreiben, genau beobachtet und nüchtern-kritisch erzählt, die gesellschaftlichen und politischen Zustände und die daraus resultierenden psychischen Deformationen der Vor- und Nachkriegszeit. Der erste Roman, *Untermenschen*, zeigt das Elend gegen Ende der Weimarer Republik,

Von unserem Fleisch und Blut schildert den Untergang eines jungen »Werwolfs«, der nach Kriegsende fanatisch weiterkämpft, *Heimkehr in die Fremde* und *Schellingstraße 48* zeichnen ein eindrucksvolles Bild der Umbruchsituation nach 1945 und der durch Nationalsozialismus und Krieg hervorgerufenen seelischen Beschädigungen. Von den Problemen der Wirtschaftswunderjahre handelt der Roman *Das Wochenende*. Neben den Romanen schrieb K. zahlreiche Hörspiele.

Werke: Untermenschen. 1933. – Moderne Ballader. 1936. [Dänisch.] – Von unserem Fleisch und Blut. 1947. – Heimkehr in die Fremde. 1949. – Die Kopfjäger. Ein Kriminalroman. 1960. – Das Wochenende. Ein Report. 1970. – Schellingstraße 48. Erfahrungen mit Deutschland. 1984. – Bilder aus einem Panoptikum. Grotesken und Geschichten. Hrsg. von Gerhard Hay. 1988.

Kolleritsch, Alfred, * 16. 2. 1931 Brunnsee (Steiermark). Der Sohn eines Forstverwalters studierte Geschichte, Germanistik und Philosophie in Graz und lehrte seit 1958 an einem Grazer Gymnasium. 1964 promovierte er mit einer Arbeit über Martin Heidegger. Er gehört zu den Begründern der »Grazer Gruppe« um das 1960 eröffnete Kulturzentrum »Forum Stadtpark« und übt als Herausgeber der Literaturzeitschrift *manuskripte*, dem Organ der Gruppe, wesentlichen Einfluss auf die österreichische Gegenwartsliteratur aus. Sein eigenes dichterisches Werk umfasst Lyrik und erzählende Prosa. Seine Gedichte meiden lyrische Emphase und zeichnen sich durch Ernst und Genauigkeit der Wahrnehmung aus. Die sprach- und erzählkritischen, philosophisch grundierten Romane stellen u. a. Annäherungen an die Welt der Kindheit dar (steirisches Schloss, Internat, bäuerliche Landschaft). Wie sein erster Roman *Die Pfirsichtöter* mit der Gegenüberstellung von Herrschenden und Beherrschten im Schloss ein Buch über Macht ist, so wird der Roman *Allemann* konkret in seiner Kritik am Fortwirken faschistischer Denk- und Verhaltensmuster.

Werke: Die Pfirsichtöter. Ein seismographischer Roman. 1972. – erinnerter zorn. 1972. – Die grüne Seite. 1974. – Von der schwarzen Kappe. 1974. – Einübung in das Vermeidbare. 1978. – manuskripte 1960–1980. Ein Auswahlband. 1980. [Hrsg., mit Sissi Tax.] – Im Vorfeld der Augen. 1982. – Absturz ins Glück. 1983. – Landschaften. 1984. – Gespräche im Heilbad. Verstreutes. Gesammeltes. 1985. – Augenlust. 1986. – Allemann. 1989. – Gegenwege. 1991. – Über das Kindsein. 1991. – Zwei Wege, mehr nicht. 1993. – Der letzte Österreicher. 1995. – Die geretteten Köche. Ein Lust-Spiel. 1997. – In den Tälern der Welt. 1999. – Marginalien und Widersprüche. Texte zu Literatur, Kultur und Politik. 2001. – Die Summe der Tage. 2001. – Befreiung des Empfindens. 2004. – Tröstliche Parallelen. Gedichte. 2006.

Kolmar, Gertrud (d. i. G. Chodziesner), 10. 12. 1894 Berlin – 1943, vermutlich Auschwitz. Die Tochter eines bekannten Strafverteidigers wuchs in einer jüdischen Großbürgerfamilie auf, zeigte ein großes Talent für Sprachen (Sprachlehrerexamen) und arbeitete in den 20er-Jahren als Dolmetscherin und als Erzieherin taubstummer Kinder. Seit 1928 pflegte sie ihre Eltern. Wegen ihres Vaters lehnte sie eine Emigration ab. 1941 wurde sie zur Zwangsarbeit in einem Rüstungsbetrieb verpflichtet, 1943 deportiert, wahrscheinlich nach Auschwitz. K. war nie Mitglied eines literarischen Zirkels oder einer literarischen Bewegung. Ihr lyrisches Werk – nur drei kleinere Gedichtbände erschienen zu ihren Lebzeiten – zeigt Bezüge zur frz. Dichtung seit Charles Baudelaire und zeichnet sich im Übrigen durch eine radikale Individualität aus. Zwar verfügt K. dabei über eine Vielfalt von durchaus traditionellen lyrischen Formen; unverwechselbar ist jedoch ihre Bildersprache, die in Visionen und Erinnerungen biblische und mythische Welten einbezieht und melancholisch die Zerrissenheit der Schöpfung beklagt und später angesichts der Erfahrung ständiger Bedrohung und des Leides versucht, »dem scheinbar Sinnlosen einen Sinn zu geben« (K.). Ihre Solidarität gilt den wahrhaft Schutzbedürftigen dieser Welt: den Frauen, Kindern und stummen

Kreaturen. Postum erschien neben einem weiteren Gedichtbuch ihr Roman *Eine Mutter.*

Werke: Gedichte. 1917. – Preußische Wappen. 1934. – Die Frau und die Tiere. 1938. – Welten. 1947. – Eine Mutter. 1965.
Ausgaben: Das lyrische Werk. Hrsg. von Hermann Kasack. Heidelberg/Darmstadt 1955. Erw. München 1960. – Frühe Gedichte (1917–1922). Wort der Stummen (1933). München 1980. – Weibliches Bildnis. Sämtliche Gedichte. München 1987. – Das lyrische Werk. Hrsg. von Regina Nörtemann. 3 Bde. Göttingen 2003.

Konrad, Pfaffe, Mitte /2. Hälfte 12. Jh. Verfasser des auf etwa 1170 zu datierenden dt. *Rolandslieds.* K. nennt sich selbst »phaffe«, gehörte also der niedrigen Geistlichkeit an. Er war wohl für den Welfenhof in Regensburg tätig; als seine Auftraggeber gelten Heinrich der Löwe und seine Frau Mathilde. Die Dichtung beruht auf der frz. *Chanson de Roland* (um 1100), die den Spanienfeldzug Karls des Großen von 778 und den heldenhaften Kampf der Nachhut in den Pyrenäen verherrlicht. Die dt. Fassung spiegelt den anderen politischen und nationalen Kontext, verdrängt die nationale Ideologie der Vorlage und gestaltet das Werk im Sinn der aktuellen Kreuzfahrergesinnung zu einem Kreuzzugsepos um.

Ausgaben: Das Rolandslied des Pfaffen Konrad. Hrsg. von Carl Wesle. 1928. 3. Aufl. bes. von Peter Wapnewski. Tübingen 1985. – Faks. des Codex Palatinus Germanicus 112. Einf. von Wilfried Werner und Heinz Zirnbauer. Wiesbaden 1970. – Text, Nacherzählung, Wort- und Begriffserklärungen, Wortliste. Hrsg. von Horst Richter. Darmstadt 1981. – Mhd./Nhd. Hrsg., übers. und komm. von Dieter Kartschoke. Stuttgart 1993.

Konrad von Ammenhausen, um 1280/90 Ammenhausen (Thurgau) (?) – Mitte 14. Jh. Der Verfasser des 1337 vollendeten *Schachzabelbuchs* gibt sich am Ende des 19 336 Verse (Paarreime) umfassenden Werks als Mönch und Leutepriester zu Stein am Rhein zu erkennen. Das Buch basiert auf einer um 1300 entstandenen lat. Schachallegorie des oberital. Dominikaners Jacobus de Cessolis und benutzt nach dessen Vorbild die Figurenhierarchie des Spiels als gliederndes Prinzip einer Darstellung der ständischen Ordnung. Dabei verbindet K. die Darstellung der Tugenden und Laster der verschiedenen weltlichen Stände – die Geistlichkeit wird nur am Rand erwähnt – mit eindringlichen Mahnungen und Belehrungen, mit Exempelerzählungen und kulturhistorisch aufschlussreichen eigenen Beobachtungen. Die Beliebtheit des Werkes bis ins 16. Jh. hinein bezeugen zahlreiche Handschriften und (gekürzte) Druckfassungen.

Ausgabe: Das Schachzabelbuch, nebst den Schachbüchern des Jakob v. Cessole und des Jakob Mennel. Hrsg. von Ferdinand Vetter. Frauenfeld 1892.

Konrad von Fußesbrunnen, geboren um 1160. K. stammt aus einem niederösterreichischen edelfreien Geschlecht, benannt nach Fußesbrunn (heute Feuersbrunn) bei Krems. Sein Reimpaarepos *Die Kindheit Jesu* (3027 Verse), die einzige größere geistliche Dichtung in der Epoche der mhd. Klassik, wird auf etwa 1200 datiert. Es erzählt – gestützt v. a. auf das apokryphe *Pseudo-Matthaeus-*Evangelium – das Leben der heiligen Familie von Marias Verlobung mit Josef bis zur Rückkehr aus Ägypten; anschließend schildert K. acht Wundertaten des Jesusknaben. Die anschaulich erzählte Dichtung orientiert sich in Stil und Darstellungsweise am mhd. höfischen Roman.

Ausgabe: Die Kindheit Jesu. Krit. Ausg. hrsg. von Hans Fromm und Klaus Grubmüller. Berlin / New York 1973.

Konrad von Megenberg, um 1309 Megenberg (heute: Mäbenberg) südlich von Schwabach bei Nürnberg – 14. 4. 1374 Regensburg. Der aus einer verarmten Ministerialenfamilie stammende K. ging nach seiner Schulzeit in Erfurt vor 1334 zum Studium der Artes nach Paris. Er schloss mit dem Magistergrad ab und lehrte dann bis 1342 an der Universität. 1342–48 war er Rektor der Wiener Stephansschule und damit zugleich Leiter des gesamten Schulwesens der Stadt. 1348 siedelte er nach Regensburg über, wo er u. a. als Pfarrer der Dompfarrei von St. Ulrich (1359–1363) und Domherr tätig war und im Auftrag der Stadt und des Kaisers mehrfach zur Kurie nach Avignon reiste. K.s umfangreiches, aber z. T. verlorenes literarisches und wissenschaftliches Schaffen umfasst Heiligenviten, theologische und philosophische Werke in lat. Sprache sowie zwei dt. naturwissenschaftliche Schriften enzyklopädischen Charakters, die eine breite Wirkung erzielten und einen wichtigen Beitrag zur Herausbildung einer dt. Fachprosa leisteten: *Die deutsche Sphaera*, eine Darstellung des mittelalterlichen aristotelisch-ptolemäischen Weltbilds nach der *Sphaera mundi* des Johannes v. Sacrobosco, und das *Buch der Natur* bzw. *puoch von den natürleichen dingen*, eine Bearbeitung des *Liber de natura rerum* (um 1240) des Thomas v. Cantimpré. Das *Buch der Natur* ist eine hierarchisch in acht Bücher gegliederte Darstellung des gesamten mittelalterlichen Wissens über die geschaffene Natur, die die beschriebenen Naturphänomene zugleich zum Anlass für allegorische und moralische Auslegungen nimmt.

Ausgaben: Werke. Hrsg. von Sabine Krüger. Stuttgart 1973 ff. – Buch der Natur, die erste Naturgeschichte in deutscher Sprache. Hrsg. von Franz Pfeiffer. Stuttgart 1861. Reprogr. Nachdr. Hildesheim 1962. – Buch der Natur. Hrsg. von Robert Luff [u. a.]. 4 Bde. Tübingen 2003 ff. – Die Deutsche Sphaera. Hrsg. von Francis B. Brévart. Tübingen 1980.

Konrad von Würzburg, um 1235 Würzburg – 31. 8. 1287 Basel. Der nichtadelige Dichter gelangte von Franken zunächst an den Niederrhein (um 1257/58). Seit den 60er-Jahren fand K. seine Gönner am Oberrhein, zunächst in Straßburg und dann in Basel, wo er etwa von 1270 an wohnte. Er besaß ein Haus in der heutigen Augustinergasse, war verheiratet und hatte zwei Töchter. Zu seinen Auftraggebern gehörten die Angehörigen des städtischen Patriziats und der hohen Geistlichkeit. Sein umfangreiches und vielseitiges Werk umfasst neben Minneliedern, Sangspruchstrophen und zwei Leichs zahlreiche epische Dichtungen in Reimpaarversen: ein artistisches Marienpreisgedicht im ›geblümten Stil‹ (*Die goldene Schmiede*, um 1275), drei in einem schlichten Stil gehaltene Verslegenden (*Silvester*, *Alexius*, *Pantaleon*, von etwa 1270 an), mehrere – z. T. in der Zuschreibung umstrittene – Verserzählungen (darunter *Der Welt Lohn* und *Das Herzmaere*, um 1260) und die Versromane *Engelhard* (um 1270), *Partonopier und Meliur* (um 1277) und den auch nach 40 000 Versen unvollendeten *Trojanerkrieg* (um 1280–87). K. zählt zu den großen Sprachvirtuosen der dt. Literatur. Stilistisches Vorbild seiner elegant und flüssig erzählten epischen Dichtungen ist Gottfried v. Straßburg.

Ausgaben: Engelhard. Hrsg. von Paul Gereke. 3., neubearb. Aufl. von Ingo Reiffenstein. Tübingen 1982. – Partonopier und Meliur. Hrsg. von Karl Bartsch. Wien 1871. Reprogr. Nachdr. Berlin 1970. – Der Trojanische Krieg. Hrsg. von Adelbert v. Keller. Stuttgart 1858. Reprogr. Nachdr. Amsterdam 1965. – Kleinere Dichtungen. Hrsg. von Edward Schröder. 3 Bde. Berlin ^{3}1959–67. – Die Legenden. Hrsg. von Paul Gereke. 3 Bde. Berlin 1925–27. – Die goldene Schmiede. Hrsg. von Edward Schröder. Göttingen. ^{2}1969.

Kornfeld, Paul, 11. 12. 1889 Prag – 25. 4. (oder 25. 1.) 1942 Łódż (Konzentrationslager). Der Sohn eines jüdischen Unternehmers besuchte das Gymnasium in Prag und verkehrte anschließend – so viel zeigen die spärlichen Quellen – in den literarischen Kreisen der Stadt. 1914 ging er nach Frankfurt a. M., arbeitete dann als Dramaturg in Darmstadt und später als Kritiker und Journalist in Berlin (1928–32). 1932 kehrte er nach Prag zurück und wurde 1941 von den Nationalsozialisten festgenommen und nach Polen deportiert. Seinen literarischen Ruhm verdankte K. seiner expressionistischen Tragödie *Die Verführung* (UA 1917), die Geschichte eines an Weltschmerz leidenden Helden, der mit einem Mord an einem abstoßenden

Spießbürger gegen die Welt rebelliert, doch in seiner Ichbezogenheit zu keiner wahren expressionistischen Wandlung fähig ist. In den 20er-Jahren schrieb K. Komödien, die sich von expressionistischen Erneuerungs- und Erlösungsvorstellungen distanzierten. Am Ende seines dramatischen Schaffens steht die Tragödie *Jud Süß*. Postum erschien sein 1930–41 entstandener einziger Roman *Blanche*.

Werke: Die Verführung. 1916. – Legende. 1917. – Der ewige Traum. 1922. – Palme oder Der Gekränkte. 1924. – Sakuntula. 1925. – Kilian oder Die gelbe Rose. 1926. – Smither kauft Europa. 1929. – Jud Jüß. 1930. – Blanche oder Das Atelier im Garten. 1957.

Kortum, Karl Arnold, 5. 7. 1745 Mülheim (Ruhr) – 15. 8. 1824 Bochum. K., Sohn eines Apothekers, studierte 1763–66 in Duisburg Medizin, praktizierte dann in Duisburg und Mülheim, bis er sich 1770 in Bochum niederließ. K. war ein äußerst produktiver Schriftsteller mit polyhistorischen Interessen (Naturwissenschaften, Medizin, Geschichte, Vorgeschichte, Alchimie usw.). Daneben verfasste er komische und satirische Dichtungen, darunter das erfolgreiche komische Epos *Die Jobsiade*, eine Art Bildungsromanparodie in absichtsvoll holpernden Knittelversen, die W. Busch später in gekürzter Form zur Bildergeschichte machte.

Werke: Der Märtyrer der Mode. 1778. – Leben, Meynungen und Thaten von Hieronymus Jobs dem Kandidaten. 1784. Erw. Fassung u. d. T.: Die Jobsiade. Ein komisches Heldengedicht in drei Theilen. 1799. – Die magische Laterne. 1784–87. – Adams Hochzeitsfeier. 1788. – Einfälle in frohen jugendlichen Stunden. 1803. – Skizze einer Zeit- und Literärgeschichte der Arzneikunst. 1808. – Kurze aber getreue Erzählung der […] unerhörten Geschichte einer Somnambüle, genannt Elsabe Schlunz. […] Ein Anhängsel zur Jobsiade. 1819.

Kotzebue, August (seit 1785: von), 3. 5. 1761 Weimar – 23. 3. 1819 Mannheim. Der aus einer angesehenen Weimarer Kaufmanns- und Ratsfamilie stammende K. studierte von 1777 an Jura (Jena, Duisburg) und trat 1781 in den russ. Staatsdienst (St. Petersburg, Estland). 1790 kehrte er nach Deutschland zurück, ab 1792 lebte er wieder in Russland bzw. Estland, 1797–99 war er Theaterdichter in Wien. Nach seiner Rückkehr nach Russland wurde er 1800 als angeblicher Jakobiner verhaftet und nach Sibirien verbannt, nach vier Monaten aber durch Zar Paul I. begnadigt und zum Direktor des Deutschen Hofschauspiels in St. Petersburg ernannt. Nach der Ermordung des Zaren 1801 ließ sich K. zunächst in Weimar nieder, lebte dann nach Streitigkeiten mit Goethe in Paris und Berlin. Nach den Siegen Napoleons ging er 1806 nach Estland und gab antinapoleonische Zeitschriften heraus. 1813 wurde K. zum russ. Generalkonsul in Königsberg ernannt, 1816 zum Staatsrat für auswärtige Angelegenheiten in St. Petersburg. Von 1817 an hielt er sich als persönlicher Berichterstatter des Zaren wieder in Deutschland auf. In dem von ihm gegründeten Weimarer *Litterarischen Wochenblatt* (1818–19) polemisierte er u. a. gegen die freiheitlichen Bestrebungen der Burschenschaften. 1819 wurde er von dem Jenaer Burschenschaftler Karl Ludwig Sand ermordet, der ihn für einen Vaterlandsverräter und russ. Spion hielt. Das Attentat war der Anlass für die Karlsbader Beschlüsse mit ihren repressiven Maßnahmen. K. betätigte sich seit seiner Studentenzeit literarisch und zeigte dabei ein besonderes Interesse für das Theater. Er hinterließ ein ungemein umfangreiches Werk. Neben Romanen, Satiren, Reisebeschreibungen, autobiographischen, politischen und historischen Texten verfasste er mehr als 230 Theaterstücke, mit denen er die Spielpläne der Theater beherrschte. Von Ausnahmen wie der treffsicheren Satire *Die deutschen Kleinstädter* (UA 1802) abgesehen, gehören sie dem Genre des bürgerlichen Familienrührstücks an, das die geschickt inszenierten Konflikte in einem versöhnlichen, rührenden Schlussbild auflöst.

Werke: Menschenhass und Reue. 1789. – Doctor Bahrdt mit der eisernen Stirn. 1790. – Die edle Lüge. 1792. – Der Mann von vierzig Jahren. 1795. – Der hyperboreeische Esel oder Die heutige Bildung. 1799. – Der alte Leibkutscher Peter des Dritten. 1799. – Das merkwürdigste Jahr meines Lebens. 1801. – Die deutschen Kleinstädter. 1803. – Die Ruinen von Athen. 1812. – Gedichte. 1818.

Ausgaben: Theater. Mit biographischen Nachrichten. 40 Bde. Wien/Leipzig 1840–41. – Ausgewählte prosaische Schriften. 45 Bde. Wien 1842–43.

Kramer, Theodor, 1. 1. 1897 Niederhollabrunn (Niederösterreich) – 3. 4. 1958 Wien. Der Sohn eines jüdischen Gemeindearztes besuchte die Realschule in Wien, wurde im Ersten Weltkrieg schwer verwundet und begann nach dem Krieg mit dem Studium (Philosophie, Jura). Seit 1921 arbeitete er als Buchhändler und Verlagsvertreter, bis ihm Ende der 20er-Jahre der Erfolg seiner Gedichte ein Leben als freier Schriftsteller ermöglichte. 1939 emigrierte er nach England; 1943 erhielt er eine Anstellung als Bibliothekar in der Nähe von London. Kurz vor seinem Tod kehrte er nach Wien zurück. K. gehört zu den fruchtbarsten deutschsprachigen Lyrikern. Sein Werk, durch Bücherverbrennung und Exil fast vergessen, wurde erst seit 1984 wieder zugänglich gemacht. Die Gedichte sind formal traditionell und tragen vielfach liedhafte und balladeske Züge. Ihre enge Beziehung zum niederösterreichischen Wald- und Weinviertel bis hin zu den Vorstadtbezirken Wiens schlägt sich auch sprachlich nieder. Gegenstand der suggestiven Texte, die Natur- und Milieudarstellung verbinden, ist das Leben der Außenseiter, des Landproletariats, der Vagabunden, der verzweifelten Alkoholiker, deren Armut und Not in den Versen dieser ›Heimatlyrik‹ eines selbst unter Depressionen leidenden Einzelgängers aufs Genaueste beschrieben wird. Mit Flucht und Exil erweiterte sich K.s Themenspektrum.

Werke: Die Gaunerzinke. 1929. – Kalendarium. 1930. – Wir lagen in Wolhynien im Morast ... 1931. – Mit der Ziehharmonika. 1936. – Verbannt aus Österreich. Neue Gedichte. 1943. – Die Grü-

nen Kader. 1946. – Die untere Schenke. 1946. – Vom schwarzen Wein. Ausgewählte Gedichte. Hrsg. von Michael Guttenbrunner. 1956.
Ausgabe: Gesammelte Gedichte. Hrsg. von Erwin Chvojka. 3 Bde. Wien 1984–87.

Kraus, Karl, 28.4.1874 Jičín (Böhmen) – 12.6.1936 Wien. Der Sohn einer weitgehend assimilierten jüdischen Kaufmannsfamilie wuchs in Wien auf und studierte nach dem Abitur 1892–94 ohne genaues Berufsziel in Wien (juristische und philosophische Fakultät). Daneben versuchte er sich (erfolglos) als Schauspieler, profilierte sich aber als Vortragskünstler. Nach einer Streitschrift gegen den Zionismus trennte er sich 1899 von der Israelitischen Kultusgemeinde; 1911 ließ er sich römisch-katholisch taufen, trat aber 1923 wieder aus der Kirche aus. In seinen frühen Arbeiten wandte sich K., Anhänger des Naturalismus, kritisch gegen H. Bahr und das »Junge Wien«. 1897–98 schrieb er für Zeitungen in Wien und Breslau; 1899 gründete er die bis 1936 erscheinende Zeitschrift *Die Fackel* und schuf sich damit ein eigenes Organ für seine satirisch-polemische Kultur- und Sprachkritik, für seinen Kampf gegen das liberale Bürgertum und seine Presse (»Trockenlegung des Phrasensumpfes«). Seit 1912 war er ihr alleiniger Verfasser. Fast sein gesamtes Werk ist in der *Fackel* dokumentiert. Aus diesem Fundus gingen dann zahlreiche thematisch organisierte Sammlungen hervor. Wichtige Form der Satire K.s ist dabei die Glosse, die nicht zuletzt durch das Kunstmittel kommentarlosen Zitierens die sprachlichen Fehlleistungen der Presse in der Überzeugung wirkungsvoll bloßstellt, dass verkommene Sprache auf entsprechende Gesinnungen und Handlungen deutet. Zu den im engeren Sinn literarischen Leistungen K.s gehören mehrere Aphorismenbände, Gedichte (»Worte in Versen«), Shakespeare-Nachdichtungen, eine Operette (*Literatur oder Man wird doch da sehn*, 1921), Offenbach- und Nestroy-Bearbeitungen und Dramen. Sein einem

»Marstheater« zugedachtes dramatisches Hauptwerk ist die Tragödie *Die letzten Tage der Menschheit*, ein mehr als 700 Seiten und 220 Szenen umfassendes Weltkriegspanorama, einer Zeit, »da Operettenfiguren die Tragödie der Menschheit spielten« (K.). Auch hier ist das Zitat entscheidendes Mittel der satirischen Entlarvung; das Stück, das ebenfalls zuerst in der *Fackel* (1918–19) erschien, ist zum großen Teil sprachkritische Zitatmontage. Zuletzt arbeitete K. an der nur auszugsweise veröffentlichten *Dritten Walpurgisnacht* (in: *Die Fackel*, 1934), einer sprach- und ideologiekritischen Vorwegnahme des nationalsozialistischen Unheils. Hier setzte er sich auch für den österreichischen Ständestaat zur Abwehr Hitlers ein.

Werke: Die demolirte Litteratur. 1897. – Eine Krone für Zion. 1898. – Die Fackel. 1–37. 1899–1936. – Sittlichkeit und Kriminalität. 1908. – Sprüche und Widersprüche. 1909. – Die chinesische Mauer. 1910. – Heine und die Folgen. 1910. – Nestroy und die Nachwelt. 1912. – Pro domo et mundo. 1912. – Nachts. 1919. – Weltgericht. 1919. – Ausgewählte Gedichte. 1920. – Literatur oder Man wird doch da sehn. 1921. – Untergang der Welt durch schwarze Magie. 1922. – Traumstück. 1923. – Wolkenkuckucksheim. 1923. – Traumtheater. 1924. – Die Unüberwindlichen. 1928. – Literatur und Lüge. 1929.

Ausgaben: Schriften. Hrsg. von Christian Wagenknecht. 20 Bde. Frankfurt a. M. 1986–91. – Die Fackel. Hrsg. von Heinrich Fischer. 39 Bde. München 1968–73. Nachdr. in 12 Bdn. Frankfurt a. M. 1977.

Krechel, Ursula, * 4. 12. 1947 Trier. K. studierte Germanistik, Theaterwissenschaft und Kunstgeschichte in Köln (Promotion 1972 mit einer Arbeit über den Kritiker Herbert Ihering) und war für kurze Zeit Dramaturgin in Dortmund. Seit 1972 ist sie freie Schriftstellerin und lebt heute in Frankfurt a. M. Ihren ersten Erfolg hatte sie mit dem Drama *Erika* (UA 1974), das von einem Ausbruchsversuch einer Frau aus Ehe und monotoner Arbeitswelt handelt. Die hier angeschlagenen Probleme werden in ihrer Darstellung der Frauenbewegung *Selbsterfahrung und*

Fremdbestimmung aufgenommen und reflektiert. Die Schwierigkeiten der 68er-Generation, neue Lebensformen zu finden, sind Gegenstand der in einer Wohngemeinschaft spielenden »Szenen eines Romans« *Zweite Natur*. Die der Neuen Subjektivität zugerechnete Lyrik K.s sucht die gesellschaftliche Bedeutung autobiographischer Erfahrungen zu vermitteln, wobei in den späteren Bänden seit *Kakaoblau* (sprach)spielerische Elemente eine größere Bedeutung gewinnen. In der Erzählung *Der Übergriff* sieht sich eine Frau, mit einem gut dotierten »Aufhebungsvertrag« abgefunden, von einer inneren Stimme gedrängt, ihre Strategie des konfliktscheuen, lebensverleugnenden Fügens ins Unvermeidliche und Anpassung aufzugeben.

Werke: Erika. In: Theater heute. H. 8. 1974. – Selbsterfahrung und Fremdbestimmung. 1975. Erw. 1983. – Nach Mainz! 1977. – Verwundbar wie in den besten Zeiten. 1979. – Zweite Natur. 1981. – Lesarten. 1982. – Rohschnitt. 1983. – Vom Feuer lernen. 1985. – Kakaoblau. 1989. – Die Freunde des Wetterleuchtens. 1990. – Lesarten. Von der Geburt des Gedichts aus dem Nichts. 1991. – Mit dem Körper des Vaters spielen. 1992. – Technik des Erwachens. 1992. – Sizilianer des Gefühls. 1993. – Landläufiges Wunder. 1995. – Ungezürnt. Gedichte, Lichter, Lesezeichen. 1997. – Verbeugungen vor der Luft. 1999. – Der Übergriff. 2001. – In Zukunft schreiben. Handbuch für alle, die schreiben wollen. 2003. – Stimmen aus dem harten Kern. Gedicht. 2005.

Kretzer, Max, 7. 6. 1854 Posen – 15. 7. 1941 Berlin. K.s Familie zog 1867 nach Berlin, als der Vater mit dem Versuch, sich als Restaurator selbständig zu machen, scheiterte und verarmte. Eine weitere Schulbildung war damit nicht möglich; K. wurde Fabrikarbeiter und später Porzellan- und Schildermaler. Nach einem Arbeitsunfall begann er zu schreiben und lebte seit 1880 unter schwierigen finanziellen Bedingungen als freier Schriftsteller. Er gehörte zu den wenigen Romanschriftstellern des dt. Naturalismus (daneben schrieb er auch Dramen, Gedichte und kleinere Prosastücke). Sein Thema ist die Großstadt Berlin, der Wandel der Gesellschaft und der Arbeitswelt in den

70er- und 80er-Jahren. Dabei verwendet er trotz seiner naturalistischen Stoffe und Milieuschilderungen die traditionellen Erzählmuster des realistischen Romans und des Unterhaltungsromans. Sein bekanntester Roman *Meister Timpe* verbindet die Darstellung des gründerzeitlichen Umbruchs – Zerstörung des Handwerks durch industrielle Massenproduktion – mit dem traditionellen Vater-Sohn-Konflikt.

Werke: Die beiden Genossen. 1880. – Sonderbare Schwärmer. 1881. – Die Betrogenen. 1882. – Berliner Novellen und Sittenbilder. 1883. – Die Verkommenen. 1883. – Im Sturmwind des Sozialismus. 1884. – Im Sündenbabel. 1886. – Bürgerlicher Tod. 1888. – Meister Timpe. 1888. – Die Bergpredigt. 1890. – Der Millionenbauer. 1891. – Das Gesicht Christi. 1896. – Großstadtmenschen. 1900. – Der Mann ohne Gewissen. 1905. – Gedichte. 1914. – Fidus Deutschling. Germanias Bastard. 1921. – Die Locke. 1922. – Der Rückfall des Dr. Horatius. 1935.

Kreuder, Ernst, 29. 8. 1903 Zeitz – 24. 12. 1972 Darmstadt. K., Sohn eines Ingenieurs, wuchs in Offenbach a. M. auf, der Heimat seiner Eltern. Nach Abitur und Banklehre studierte er 1922–24 in Frankfurt a. M. Philosophie, Literatur und Kriminologie, schrieb seit 1924 literarische Beiträge v. a. für die *Frankfurter Zeitung*. Von 1934 bis 1940 lebte er in Darmstadt; nach Militärzeit und Kriegsgefangenschaft ließ er sich in der Nähe von Darmstadt nieder. 1953 erhielt er den Georg-Büchner-Preis. K. hatte bereits vor dem Krieg zahlreiche Geschichten in der *Frankfurter Zeitung* und in einer eigenen Sammlung veröffentlicht. Sein Hauptwerk, die Erzählung *Die Gesellschaft vom Dachboden*, war das erste Werk der dt. Nachkriegsliteratur, das in mehrere Sprachen übersetzt und als modernes Märchen gefeiert wurde. Es erzählt von sechs jungen Leuten, die sich auf dem Dachboden eines großen Warenhauses zusammenfinden, einen Geheimbund gründen, sich von der bürgerlichen Alltagswelt abgrenzen und gegen die Banalität des Spießertums eine sanft-anarchische Gegenwelt der Phantasie und des Traums setzen. K.s implizite und explizite Kritik an einer vom rationalistischen Zweck- und Profitdenken bestimmten Wirklichkeit und einer zerstörerischen technischen Zivilisation hat nichts an Aktualität verloren. Die weiteren Romane K.s entfalten diese Themen weiter.

Werke: Die Nacht des Gefangenen. 1939. – Die Gesellschaft vom Dachboden. 1946. – Schwebender Weg. Die Geschichte durchs Fenster. 1947. – Die Unauffindbaren. 1948. – Zur literarischen Situation der Gegenwart. 1951. – Herein ohne Anzuklopfen. 1954. – Agimos oder Die Weltgehilfen. 1959. – Spur unterm Wasser. 1963. – Tunnel zu vermieten. Kurzgeschichten, Grotesken, Glossen, Erzählungen. 1966. – Hörensagen. 1969. – Der Mann im Bahnwärterhaus. 1973.

Kroetz, Franz Xaver, * 25. 2. 1946 München. Der Sohn eines Steuerbeamten wuchs in Niederbayern auf, verließ das Gymnasium vorzeitig, nahm Schauspielunterricht und hielt sich mit Gelegenheitsarbeiten über Wasser. Von 1965 an erhielt er einzelne Theaterengagements. Dabei ergaben sich 1968–70 Beziehungen zu R. W. Fassbinders »antiteater« in München; 1971 hatte er seinen ersten Erfolg als Dramatiker. 1972 trat er in die KPD ein (Austritt 1980) und kandidierte 1972 und 1976 für den Bundestag. Populär wurde er als Hauptdarsteller der Fernsehserie *Kir Royal* (1986). K. lebt in München. Mit seinen frühen Stücken wie *Stallerhof* (UA 1972) etablierte sich K. als einer der wichtigsten Autoren des neuen kritisch-realistischen Volksstücks, das sich im Anschluss an M. Fleisser, Ö. v. Horváth und den frühen Brecht seit Mitte der 60er-Jahre durchsetzte. In diesen Stücken stellt K. Menschen dar, die als gezeichnete Außenseiter an ihrer Umwelt scheitern, der sie in ihrer verzweifelten Sprachlosigkeit und Beschränktheit nur dumpfen Fatalismus oder selbstzerstörerische Gewalt entgegensetzen können. Der Unfähigkeit zur Kommunikation und Artikulation entspricht ein krasser Naturalismus der Darstellung, der vor der offenen

Darstellung tabuisierter Themen nicht zurückschreckt. Auch K.' Roman *Der Mondscheinknecht* gehört in diesen thematischen Zusammenhang. Nach den skandalträchtigen frühen Dramen setzte seit den späten 70er-Jahren mit Stücken wie *Mensch Meier* (UA 1978), *Nicht Fisch Nicht Fleisch* (UA 1981), *Furcht und Hoffnung der BRD* (UA 1984) oder *Bauern sterben* (UA 1985) eine neue Schaffensphase ein. Thema der sozialkritischen Stücke sind die Zwänge und Widersprüche des Berufs- und Alltagslebens einfacher Leute und die daraus resultierenden privaten und gesellschaftlichen Konflikte. Dabei gelingt ihm auch die Überwindung des »Wohnküchen-Realismus« (K.) durch surreale und absurd-groteske Momente. Zugleich bleibt das Moment der Provokation durch die Verbindung religiöser und sexueller Motive erhalten. Die Auseinandersetzung mit der Realität der BRD setzte K. nach der Wiedervereinigung mit dem Stück *Ich bin das Volk* (UA 1994) fort.

Werke: Heimarbeit. Hartnäckig. Männersache. Drei Stücke. 1971. – Stallerhof. Geisterbahn. Lieber Fritz. Wunschkonzert. Vier Stücke. 1972. – Wildwechsel. 1973. – Oberösterreich. Dolomitenstadt Lienz. Maria Magdalena. Münchner Kindl. Vier Stücke. 1974. – Gesammelte Stücke. 1975. – Chiemgauer Gschichten. 1979. – Mensch Meier. Der stramme Max. Wer durchs Laub geht. Drei neue Stücke. 1979. – Der Mondscheinknecht. 1981. – Nicht Fisch Nicht Fleisch. Verfassungsfeinde. Jumbo-Track. 1981. – Der Mondscheinknecht. Fortsetzung. 1983. – Furcht und Hoffnung der BRD. Szenen aus dem deutschen Alltag des Jahres 1983. 1984. – Nicaragua Tagebuch. 1986. – Stücke I–IV. 4 Bde. 1989. – Bauerntheater. 1991. – Brasilien-Peru-Aufzeichnungen. 1991. – Heimat Welt. Gedichte eines Lebendigen. 1996. – Neue Stücke. 3 Bde. 1996–2004. – Stücke. 6 Bde. 1997–99. – Blut & Bier. 15 ungewaschene Stories. 2006.

Krolow, Karl, 11. 3. 1915 Hannover – 21. 6. 1999 Darmstadt. K. studierte von 1935 bis 1942 Romanistik, Philosophie und Kunstgeschichte in Breslau und Göttingen. Danach lebte er als freier Schriftsteller in Göttingen, Hannover und – seit 1956 – Darmstadt. 1956 erhielt er den Georg-Büchner-Preis; 1972–75 war er Präsident der Deutschen Akademie für Sprache und Dichtung. K. begann unter dem Einfluss der Naturlyrik O. Loerkes und W. Lehmanns, doch die intensive Auseinandersetzung mit der europäischen Lyrik der Moderne, insbesondere mit dem frz. Surrealismus und der zeitgenössischen span. Lyrik, förderte die allmähliche Distanzierung von der dt. ›naturmagischen‹ Tradition. Sichtbaren Ausdruck fand dieser Ablösungsprozess in der Sammlung *Die Zeichen der Welt*, die mit *Verlassene Küste* eines der bekanntesten Gedichte K.s enthält. Daneben machen zahlreiche Übertragungen die Affinität zur romanischen Dichtung deutlich. In den weiteren Gedichtbänden wird die Natur zurückgedrängt bzw. auf formale Strukturelemente reduziert, während die surrealistischen Züge der Metaphorik weiter zunehmen und Reimstrophen mit festen Metren nach und nach verschwinden. Den Höhepunkt dieser Entwicklung stellt der Band *Fremde Körper* von 1959 dar. In den späteren Gedichtbänden tritt die intellektuelle Metaphorik zurück, die ironischen und lakonischen Züge verstärken sich. Zugleich wenden sich die Gedichte stärker der gesellschaftlichen und politischen Realität zu (auch mit bitteren Kommentaren zur Wiedervereinigung). Erst spät versuchte sich K. in psychologisch eindringlichen Geschichten von Depression und Einsamkeit auch als Erzähler (*Das andere Leben*, *Im Gehen*, *Melanie*), ihnen folgten autobiographische Skizzen (*Nacht-Leben*).

Werke: Hochgelobtes gutes Leben. 1943. [Mit Hermann Gaupp.] – Gedichte. 1948. – Nachdichtungen aus fünf Jahrhunderten französischer Lyrik. 1948. – Auf Erden. 1949. – Die Zeichen der Welt. 1952. – Von nahen und fernen Dingen. Betrachtungen. 1953. – Wind und Zeit. 1954. – Fremde Körper. Neue Gedichte. 1959. – Aspekte zeitgenössischer deutscher Lyrik. 1961. [Frankfurter Poetik-Vorlesung.] – Spanische Gedichte des 20. Jahrhunderts. 1962. [Hrsg., Übers.] – Unsichtbare Hände. Gedichte 1959–62. 1962. – Schattengefecht. 1964. – Landschaften für mich. Neue Gedichte. 1966. – Poetisches Tagebuch. 1966. – Alltägliche Gedichte. 1968. – Minuten-Aufzeichnungen. 1968. – Bürgerliche Gedichte. 1970. [U. d. Pseud. Karol Kröpcke.] – Nichts weiter als Leben. 1970. – Zeitvergehen. 1972. – Ein Gedicht entsteht. Selbstdeutungen, Interpretationen, Aufsätze. 1973. – Der Einfachheit halber. 1977. – Das andere Leben. 1979. – Herbstsonett mit Hegel. 1981. – Im Gehen. 1981. – Zwischen Null und Unendlich. 1982. – Melanie. Geschichte eines Namens. 1983. – Schönen Dank und vorüber. 1984. – Nacht-Leben oder Geschonte Kindheit. 1985. – Als es so weit war. 1988. – Auf Erden. Frühe Gedichte. 1989. – Ich höre mich sagen. 1992. – Etwas brennt. Gesammelte Prosa. 1994. – Die zweite Zeit. 1995. – Im Diesseits verschwinden. Gedichte aus dem Nachlaß. Hrsg. von Peter Härtling und Rainer Weiss. 2002.

Ausgabe: Gesammelte Gedichte. 4 Bde. Frankfurt a. M. 1965, 1975, 1985, 1997.

Kronauer, Brigitte, * 29. 12. 1940 Essen. K. studierte Pädagogik in Köln und Aachen und war bis 1971 Lehrerin, zunächst in Aachen und dann in Göttingen. Seit 1974 lebt sie in Hamburg als freie Schriftstellerin. 2005 erhielt sie den Georg-Büchner-Preis. Ausgehend vom Nouveau roman, zeigt K. bereits in ihrem ersten Roman (*Frau Mühlenbeck im Gehäus*) anschaulich die Absichten ihres Erzählens. Es thematisiert durch die Gegenüberstellung zweier Perspektiven das Problem der Beschreibung von Wirklichkeit, bricht die üblichen Denk- und Sprachmuster und traditionellen Wahrnehmungsstrukturen auf und führt so gleichsam das Machen von Realität vor. Dieser Prozess der erzählerischen Kritik setzt sich in den weiteren Romanen K.s fort, die virtuos ein Mosaik von Bildern, von erinnerten, gedachten Realitätsbruchstücken, von Gedanken und Empfindungen entwerfen: kein ›realistisches‹ Bild der Welt, sondern eine – allerdings ungemein lebendige – Welt im Kopf. Bereits mit dem zweiten Roman, *Rita Münster*, deutet sich an, wie Momente der Erleuchtung die Protagonisten über ihre Wirklichkeitsbilder hinausführen. Zentral wird dieses Thema in dem Roman *Berittener Bogenschütze*, in dem der Held, Anglist und Interpret Joseph Conrads,

Matthias Roth, blitzartig einen Zustand höchster Gefühlsintensität erlebt.

Der hohe Ton, in dem K. von den Ekstasen des Ästhetischen zuletzt noch in dem Roman *Die Frau in den Kissen* schrieb, machte in den folgenden Werken wie dem Roman *Das Taschentuch* und den Erzählbänden *Schnurrer* und *Hin- und herbrausende Züge* einer zunehmend ironischen oder leise satirischen Erzählhaltung Platz. Das gilt auch für den Roman *Teufelsbrück*, der zugleich aber tief in die Welt der deutschen Spätromantik eintaucht und mit seinen Lied- und Märchenzitaten, seinen Motivanklängen und seiner sprachlichen Mimikry eine den vorherrschenden ›realistischen‹ Schreibweisen konträre (und zerstörerische) Kunst- und Märchenwelt erstehen lässt – und dabei durch ironische und komische Brechungen jedes Pathos unterläuft. In einer Art Versuchsanordnung versammelt K. im Roman *Verlangen nach Musik und Gebirge* eine bunte, maskenhafte Urlaubsgesellschaft einschließlich eines Ensor-Doppelgängers im belgischen Seebad Oostende. Themen sind – von Opernklängen untermalt und mit einem in voller Länge abgedruckten Libretto der Erzählerin angereichert – vor allem die Liebe und die Sehnsucht nach dem Überwältigenden, allerdings immer wieder gebrochen durch Kommentare zu Geschichte und Gegenwart.

Werke: Der unvermeidliche Gang der Dinge. 1974. – Die Revolution der Nachahmung. 1977. – Vom Umgang mit der Natur. 1977. – Frau Mühlenbeck im Gehäus. 1980. – Die gemusterte Nacht. 1981. – Rita Münster. 1983. – Berittener Bogenschütze. 1986. – Aufsätze zur Literatur. 1987. – Enten und Knäckebrot. Sieben Erzählungen. 1988. – Die Frau in den Kissen. 1990. – Schnurrer. Geschichten. 1992. – Hin- und herbrausende Züge. 1993. – Das Taschentuch. 1994. – Die Lerche in der Luft und im Nest. Zu Literatur und Kunst. 1995. – Die Einöde und ihr Prophet. Über Menschen und Bilder. 1996. – Teufelsbrück. 2000. – Zweideutigkeit. Essays und Skizzen. 2002. – Die Tricks der Diva. 2004. – Verlangen nach Musik und Gebirge. 2004. – Frau Melanie, Frau Martha und Frau Gertrud. Drei Erzählungen. 2005.

Kubin, Alfred, 10. 4. 1877 Leitmeritz (Böhmen) – 20. 8. 1959 Zwickledt (Oberösterreich). Der Sohn eines Geometers wuchs in Salzburg und Zell am See auf und absolvierte nach Abbruch der Gymnasialausbildung eine Photographenlehre in Klagenfurt. Danach besuchte er die Kunstakademie in München und lebte dann seit 1906 vorwiegend auf dem von ihm erworbenen Herrensitz Zwickledt. Seine Doppelbegabung als Zeichner (auch als Illustrator zahlreicher Werke der Weltliteratur) und Schriftsteller zeigte sich früh. Die »dunkel rätselvollen Bilder« seines Innern (K.), die sich in seinem künstlerischen Werk Ausdruck verschaffen, finden ihre Entsprechung in seinem literarischen Hauptwerk, dem Roman *Die andere Seite*: Ich-Erzählung eines Zeichners von seinen Erlebnissen in einem asiatischen »Traumreich« und dessen von apokalyptischen und grotesken Momenten begleiteter Verfalls- und Untergangsgeschichte. K.s phantastischer Entwurf wirkte mit seinen absurden und surrealen Zügen, seiner Undurchschaubarkeit und Rätselhaftigkeit u. a. auf G. Meyrink, Kafka und H. Kasack weiter.

Werke: Die andere Seite. 1909. – Sansara. Ein Cyklus ohne Ende. 1911. – Aus meinem Leben. 1911. – Die Blätter mit dem Tod. 1919. – Von verschiedenen Ebenen. 1922. – Die Planeten. 1943. – Phantasien im Böhmerwald. 1951. – Dämonen und Nachtgesichte. Eine Autobiographie. 1959. – Aus meiner Werkstatt. Gesammelte Prosa. 1973.

Kühn, Dieter, * 1. 2. 1935 Köln. K. studierte nach dem Abitur 1955 in Freiburg i. Br., München und Bonn Germanistik und Anglistik und promovierte 1964 mit einer Arbeit über R. Musil. Seit 1965 lebt er als freier Schriftsteller in Düren (Eifel) und in Köln. K. begann als Hörspielautor, bearbeitete vielfach die Stoffe jedoch auch für die Bühne oder setzte sie in Prosatexte um. Bei seinen Arbeiten geht K. vorzugsweise von historischen Gestalten aus, deren Biographien er sich umkreisend nähert und die er zugleich auf die ihnen innewohnenden Alternativen untersucht. Für Distanz sorgt dabei eine vermittelnde Erzählerinstanz, die den eigenen Schaffensprozess einbezieht und so die Grenzen von Zeit und Ort aufhebt. Bekanntestes Beispiel ist die »Biographie« *Ich Wolkenstein*, der weitere Werke über mittelalterliche Dichter (Neidhart, Wolfram, Gottfried) folgten. Übersetzungen bedeutender mhd. Texte ergänzen diese biographischen Werke. Daneben stehen zahlreiche Essays, Hörspiele, Kinderbücher und Romane über aktuelle Themen.

Werke: N. 1970. – Ausflüge im Fesselballon. 1971. – Musik und Gesellschaft. 1971. Erw. u. d. T.: Löwenmusik. 1979. – Grenzen des Widerstands. 1972. – Die Präsidentin. 1973. – Stanislaw der Schweiger. 1975. – Josephine. Aus der öffentlichen Biographie der Josephine Baker. 1976. – Ich Wolkenstein. Eine Biographie. 1977. – Und der Sultan von Oman. 1979. – Herr Neidhart. 1981. Erw. Neufassung u. d. T.: Neidhart aus dem Reuental. 1988. – Schnee und Schwefel. 1982. – Die Kammer des schwarzen Lichts. 1984. – Bettines letzte Liebschaften. 1986. – Der Parzival des Wolfram von Eschenbach. 1986. – Beethoven und der schwarze Geiger. 1990. – Tristan und Isolde des Gottfried von Straßburg. Ulrich v. Türheim: Tristan. Eine Fortsetzung. 1991. [Übers.] – Die Minute eines Segelfalters. 1992. – Das Heu, die Frau, das Messer. 1993. – Wolfram von Eschenbach: Parzival. 1994. [Übers.] – Clara Schumann, Klavier. Ein Lebensbuch. 1996. – Der König von Grönland. 1997. – Goethe zieht in den Krieg. Eine biographische Skizze. 1999. – Auf dem Weg zu Annemarie Böll. Eine biographische Skizze. 2000. – Frau Merian! Eine Lebensgeschichte. 2002. – Tristan und Isolde des Gottfried von Straßburg. 2003. – Mit Flügelohren. Mein Hörspielbuch. 2003. – Schillers Schreibtisch in Buchenwald. Bericht. 2005.

Kürenberg, Der von, als historische Person nicht zu identifizierender Minnesänger des 12. Jh.s aus dem bayerisch-österreichischen Raum. Unter seinem Namen sind insgesamt 15 Strophen aus der Zeit um 1150/60 überliefert, die als die frühesten Beispiele des mhd. Minnesangs gelten. Kennzeichen dieser frühen weltlichen Liebesdichtung ist die Einstrophigkeit, nur in zwei Fällen, darunter dem *Falkenlied*, ergeben sich bei dem von K. zweistrophige Gebilde. Die Strophenform – vier durch Zäsur gegliederte und paarweise gereimte Langzeilen – entspricht etwa der des *Nibelungenlieds*. Die Dichtung des K.s ist Rollenlyrik und besteht aus Männer- und Frauenstrophen. Der Stil ist lapidar, formelhaft; Situationen werden mit wenigen Worten angedeutet: Trennung (vergangenes) Glück und (gegenwärtiges) Leid, Sehnsucht, Werbung. Handlungsansätze und konkrete Bezüge zur äußeren ritterlichen Wirklichkeit verleihen den Liedern einen epischen Zug.

Ausgaben: MF. Bd. 1. S. 24–27. – Die mhd. Minnelyrik. Hrsg. von Günther Schweikle. Bd. 1: Die frühe Minnelyrik. Darmstadt 1977. S. 118–123. – Früheste deutsche Lieddichtung. Hrsg. von Horst Brunner. Stuttgart 2005. S. 30–41.

Kürnberger, Ferdinand, 3. 7. 1821 Wien – 14. 10. 1879 München. Der aus kleinen Verhältnissen stammende K. – der Vater war Laternenanzünder, die Mutter hatte einen Verkaufsstand – war nach dem Besuch des Gymnasiums Gasthörer an der Wiener Universität, während er seinen Lebensunterhalt als Privatlehrer und Journalist verdiente. Wegen der Beteiligung an der Revolution von 1848 musste er aus Wien fliehen und lebte u. a. in Dresden (wo er für neun Monate inhaftiert wurde), Hamburg und Frankfurt a. M., bis er in den 60er-Jahren wieder nach Österreich zurückkehren konnte und in Wien, zeitweise auch in Graz lebte. Von 1867 bis 1870 war er Sekretär der Deutschen Schillerstiftung. K.s erzählerisches Schaffen umfasst zahlreiche Novellen und Erzählungen, die genaue Beobachtung mit einer Vorliebe für Reflexionen verbinden. Berühmt wurde er durch den Roman *Der Amerika-Müde*, einem amerikanischen »Kulturbild«, das z. T. die Erfahrungen N. Lenaus widerspiegelt. K. nimmt hier Bezug auf E. Willkomms Roman *Die Europamüden* (1838) und unterzieht am Beispiel von Auswandererschicksalen das populäre utopische Amerikabild einer radikalen, stark antikapitalistisch getönten Kritik. In den 60er- und 70er-Jahren wurde K. mit seinen prägnant formulierten, geistvollen Beiträgen zu zentralen politischen, kirchlichen, sozialen, moralischen und ästhetischen Fragen zum bedeutendsten Exponenten des Wiener Feuilletons.

Werke: Der Amerika-Müde. Amerikanisches Kulturbild. 1855. – Catilina. 1855. – Ausgewählte Novellen. 1857. – Novellen. 1861–62. – Siegelringe. 1874. – Der Haustyrann. 1876. – Literarische Herzenssachen. 1877. – Novellen. 1878.

Ausgabe: Gesammelte Werke. Hrsg. von Otto Erich Deutsch. 4 Bde. [1–2, 4–5]. München/Leipzig 1910–14.

Kuhlmann, Quirinus, 25. 2. 1651 Breslau – 4. 10. 1689 Moskau. Der Sohn eines wohlhabenden Kaufmanns besuchte das Breslauer Magdalenengymnasium (1661–70) und studierte anschließend Jura in Jena (1670–73), verfolgte jedoch zugleich poetische und polyhistorische Interessen. Im Herbst 1673 immatrikulierte er sich in Leiden, brach dann aber sein Studium unvermittelt ab: Die Lektüre der Werke J. Böhmes und die Begegnung mit dem ›Propheten‹ Johannes Rothe gab seinem Leben und Schaffen eine neue Richtung. Er löste sich vom Luthertum, bewegte sich fortan in den religiösen Randgruppen Hollands und Englands und warb für sein Projekt eines neuen religiösen Reiches. Er fand Mäzene, die seine Unternehmungen finanzierten, etwa die ergebnislose Reise in die Türkei, um den Sultan zu bekehren (1678–79). Eine in England geplante neue Missionsreise nach Jerusalem wurde, als die finanzielle Unterstützung ausblieb, zur »Geistreise«. In den folgenden Jahren machten die Auseinandersetzungen mit anderen Sektierern die fortschreitende Isolierung K.s sichtbar, die auch seine Ehen oder andere Verbindungen mit ›Zeuginnen‹ nicht aufhalten konnten. Im Frühjahr 1689 brach K. nach Moskau auf, fand Zugang zu den dortigen Böhme-Anhängern und wurde schließlich auf Betreiben des dt. lutherischen Pastors von der russischen Obrigkeit inhaftiert. Es kam zu einer Anklage wegen Ketzerei, Verschwörung und Gotteslästerung. K. wurde gefoltert und schließlich verbrannt. Sein frühes Werk zeigt ihn als virtuos-manieristischen, polyhistorisch belesenen Gelehrtendichter von großem Geltungsdrang, der aber durchaus in traditionellen Denkbahnen bleibt. Nach der entscheidenden Wende in seinem Leben, die das Buch über Böhme markiert, steht die Arbeit am *Kühlpsalter* (erste Teilveröffentlichung 1677) im Mittelpunkt seines literarischen Schaffens. Das Werk ist mit seinen 117 Kühlpsalmen und mehr als 20 000 Versen als heiliges Buch konzipiert, als dritter Teil der Bibel nach dem AT und NT. Der Verfasser versteht sich als Prophet und begründet hier und in einer Reihe von Begleitschriften seine Berufung und seine Auserwähltheit mit Denkfiguren, die er Böhme und den chiliastischen Bewegungen seiner Zeit verdankt. Die zugleich autobiographische und heilsgeschichtliche Dichtung entspringt trotz des expressiven, ekstatischen Stils einiger Gedichte strengem formalen und rationalem Kalkül und zeigt in ihrer hermetischen Metaphorik und ihrer kabbalististischen Sprach- und Zahlensymbolik manieristische Züge.

Werke: Unsterbliche Sterblichkeit / das ist / Hundert Spielersinnliche Grabeschriften. 1668. – Himmlische Libes-Küsse. 1671. – Lehrreicher Geschicht-Herold Oder Freudige und traurige Begebenheiten Hoher und Nidriger Personen. 1672. – Epistola de arte magna sciendi sive combinatoria. 1674. [Briefwechsel mit Athanasius Kircher.] – Neubegeisterter Böhme / begreiffend Hundertfünftzig Weissagungen. 1674. – Funffzehn Gesänge. 1677. – Quinarius seiner Schleudersteine wider den Goliath aller Geschlechter / Völker / Zungen. 1680. – Der Kühlpsalter. 1684–86.

Kunert, Günter, * 6. 3. 1929 Berlin. Da K.s Mutter Jüdin war, durfte er keine höhere Schule besuchen; außerdem galt er als »wehrunwürdig«. Von 1943 an arbeitete er in einer Tuchwarenhandlung. Nach Kriegsende begann er ein Studium als Graphiker und veröffentlichte seit 1947 Gedichte, Glossen und andere Texte in Zeitungen. Er wurde von Brecht und J. R. Becher gefördert, geriet aber immer stärker in Konflikt mit der Kulturpolitik der DDR. Nach dem Protest gegen die Ausbürgerung W. Biermanns schloss ihn die SED aus, 1979 ging er in den Westen und ließ sich in Kaisborstel bei Itzehoe nieder. K.s literarisches Werk umfasst neben einer Vielzahl von publizistischen, kritischen und essayistischen Arbeiten v. a. Gedichte, Kurzprosa, Hörspiele und den Roman *Im Namen der Hüte*. Zuletzt erschienen seine Erinnerungen unter dem Titel *Erwachsenenspiele*. Lyrik und kurze Prosaformen sind K.s bevorzugtes Ausdrucksmittel. Als Lyriker setzte sich K. zunächst in aufklärerischem Geist mit Nationalsozialismus und Krieg auseinander, doch der optimistische Impuls schwindet im Verlauf der Entwicklung der DDR. Die Skepsis steigert sich seit den 70er-Jahren zu einem Geschichtspessimismus, der nicht an politische Systeme gebunden ist. Isolation, Entfremdung, Ohnmacht charakterisieren die Lage des Menschen in einer anonymen technokratischen Welt. Endzeitvisionen beherrschen Gedichtbände wie *Abtötungsverfahren* oder *Stilleben*. Zwar ist »unsere Lage aussichtslos«, doch bleibt der Dichtung ihre Funktion als Widerstandspotential, als Element der »Verstörung« in einer inhumanen Welt. K.s Prosa teilt diese Sicht der Dinge, spricht in Momentaufnahmen, Alltagsbeobachtungen, geschichtlichen Erinnerungen, Parabeln von der Entfremdung des Menschen und den Schrecken des Alltags, von der Skepsis über die politischen Zustände und den Chancen für Vernunft und Menschlichkeit angesichts der Beschaffenheit der Welt und des Menschen.

Werke: Wegschilder und Mauerinschriften. 1950. – Der ewige Detektiv und andere Geschichten. 1954. – Unter diesem Himmel. 1955. – Tagwerke. Gedichte, Lieder, Balladen. 1960. – Das kreuzbrave Liederbuch. 1961. – Erinnerungen an einen Planeten. Gedichte aus fünfzehn Jahren. 1963. – Tagträume. 1964. – Der ungebetene Gast. 1965. – Verkündigung des Wetters. 1966. – Im Namen der Hüte. 1967. – Die Beerdigung findet in aller Stille statt. 1968. – Kramen in Fächern. Geschichten, Parabeln, Merkmale. 1968. – Warnung vor Spiegeln. 1970. – Offener Ausgang. 1972. – Tagträume in Berlin und andernorts. 1972. – Die geheime Bibliothek. 1973. – Gast aus England. 1973. – Im weiteren Fortgang. 1974. – Warum schreiben? Notizen zur Literatur. 1976. – Kinobesuch. 1977. – Unterwegs nach Utopia. 1977. – Camera obscura. 1978. – Unruhiger Schlaf. 1979. – Abtötungsverfahren. 1980. – Verspätete Monologe. 1981. – Stilleben. 1983. – Vor der Sintflut. Das Gedicht als Arche Noah. Frankfurter Vorlesungen. 1985. – Berlin beizeiten. 1987. – Fremd daheim. 1990. – Die letzten Indianer Europas. Kommentare zum Traum, der Leben heißt. 1991. – Mondlichtlandschaft. 1991. – Der Sturz vom Sockel. Feststellungen und Widersprüche. 1992. – Im toten Winkel. Ein Hausbuch. 1992. – Baum. Stein. Beton. Reisen zwischen Ober- und Unterwelt. 1994. – Mein Golem. 1996. – Erwachsenenspiele. Erinnerungen. 1997. – Nachtvorstellung. 1999. – Nachrichten aus Ambivalencia. 2001. – SO und nicht anders. Ausgewählte und neue Gedichte. 2002. – Klopfzeichen vom Verratgeber. 2002. – Zu Besuch in der Vergangenheit. 2002. – Ohne Botschaft. 2005. – Irrtum ausgeschlossen. Geschichten zwischen gestern und morgen. 2006. – Der alte Mann spricht mit seiner Seele. 2006.

Kunze, Reiner, * 16. 8. 1933 Oelsnitz (Erzgebirge). K., Sohn eines Bergarbeiters, studierte Philosophie und Journalistik in Leipzig und hatte von 1955 bis 1959 eine Stelle als wissenschaftlicher Assistent mit Lehrauftrag inne. Dann musste er auf Grund politischer Angriffe die Universität verlassen und seinen Lebensunterhalt als Hilfsarbeiter im Schwermaschinenbau verdienen. Von 1962 an lebte er in Greiz (Thüringen) als freier Schriftsteller. 1977 verließ er mit seiner Familie die DDR, nachdem er ein Jahr zuvor nach Erscheinen des Prosabands *Die wunderbaren Jahre* im Westen aus dem Schriftstellerverband ausgeschlossen worden war. K. wohnt heute in der Nähe von Passau. 1977 erhielt er den Georg-Büchner-Preis. K. befreite sich unter dem Einfluss der modernen tschechoslowakischen Poesie von den Vorgaben des sozialistischen Realismus. Zugleich zeigt die Entwicklung seiner Lyrik, wie sie die Sammlungen *sensible wege* und *zimmerlautstärke* dokumentieren, eine wachsende Kritik an der

DDR, der sich K. gleichwohl bis zu seiner Ausreise verbunden fühlte. In epigrammatischer Verdichtung behandeln die Gedichte die eigene Situation, aber auch die Lage in der Tschechoslowakei (K. ist mit einer aus der ČSSR stammenden Ärztin verheiratet) und der Sowjetunion (Solschenizyn). Es geht um die Diskrepanz zwischen sozialistisch-humanistischem Anspruch und der Realität. Sein bekanntestes Werk, ironisch mit einem Zitat aus Truman Capotes *Die Grasharfe* (1951) *Die wunderbaren Jahre* überschrieben, teilt diese Kritik an einem inhumanen System und zugleich auch die Tendenz zum Knappen, Präzisen, Pointierten. Es sind lakonische, bewusst einfach gehaltene Dialoge, Prosagedichte, Kurzerzählungen, Flugblätter, die von der in der Kindheit beginnenden Deformation durch einen pervertierten Staat (die ČSSR eingeschlossen) handeln. Das Buch wurde 1980 unter K.s Regie verfilmt. Seine späten Gedichte beziehen auch die neuen Erfahrungen im Westen ein und zeigen die gleiche epigrammatische Dichte, die dialektische Argumentation und Doppelbödigkeit in der Tradition Brechts wie die früheren Texte. Daneben schrieb K. Kinderbücher und übersetzte aus dem Tschechischen.

Werke: Vögel über dem Tau. 1959. – Lieder für Mädchen, die lieben. 1960. – Wesen und Bedeutung der Reportage. 1960. – sensible wege. 1969. – zimmerlautstärke. 1972. – Die wunderbaren Jahre. 1976. – auf eigene hoffnung. 1981. – eines jeden einziges leben. 1986. – Das weiße Gedicht. Essays. 1989. – Wohin der Schlaf sich schlafen legt. Gedichte für Kinder. 1991. – Am Sonnenhang. Tagebuch eines Jahres. 1993. – Wo Freiheit ist ... Gespräche 1977–1993. 1994. – Bindewort »deutsch«. Reden. 1997. – Reden in Deutschland. 1997. – ein tag auf dieser erde. 1998. – Gedichte. 2001. – Der Kuß der Koi. Prosa und Fotos. 2002. – Die Aura der Wörter. Denkschrift. 2002. – Wo wir zu Hause das Salz haben. Nachdichtungen. 2003. – Bleibt nur die eigne Stirn. Ausgewählte Reden. 2005.

Kurz, Hermann (bis 1848: Kurtz), 30. 11. 1813 Reutlingen – 10. 10. 1873 Tübingen. Der aus einer Kaufmannsfamilie stammende K. ging zunächst den in Württemberg üblichen Weg der protestantischen Theologenausbildung (Landexamen, Klosterschule Maulbronn, Tübinger Stift). 1835 legte er das theologische Examen ab und übernahm für wenige Monate eine Vikarsstelle. Seit 1836 jedoch lebte er als freier Schriftsteller (Übersetzungen) und Redakteur in Stuttgart und später Karlsruhe. 1848–54 war er Redakteur des demokratischen *Beobachters* in Stuttgart. Seine liberale Haltung und sein publizistisches Eintreten für die Revolution brachten ihm einige Wochen Haft auf dem Hohenasperg ein. 1851 heiratete er die Sozialistin Maria v. Brunnow. Nach 1854 lebte er wieder als freier Schriftsteller u. a. in Oberesslingen und Kirchheim unter Teck, bis er 1863 eine Bibliothekarsstelle an der Tübinger Universität erhielt. Seit 1860 bezog er einen Ehrensold von der Deutschen Schillerstiftung, 1865 verlieh ihm die Universität Rostock den Titel eines Dr. h. c. (u. a. wegen seiner Identifizierung Grimmelshausens als Verfasser des *Simplicissimus*). K. verfasste neben zahlreichen Übersetzungen an E. Mörike orientierte Gedichte, biedermeierliche Novellen und realistische Dorfgeschichten. Wie diese greifen auch seine beiden historischen Romane, seine bedeutendsten Werke, auf lokale Stoffe zurück. Die Darstellung des Schicksals des »Sonnenwirts«, das bereits Schiller behandelt hatte, verbindet genaue Rekonstruktion aus den Prozessakten mit psychologischer und gesellschaftlicher Analyse und zeigt die Verantwortung der Gesellschaft an der Zerstörung eines Wehrlosen. Seit 1859 mit P. Heyse befreundet, war K. Mitherausgeber großer Novellensammlungen.

Werke: Gedichte. 1836. – Genzianen. 1837. – Ariosts Rasender Roland. 1840–41. – Schillers Heimathjahre. 1843. – Tristan und Isolde. 1844. – Chateaubriands ausgewählte Werke. 1844–46. – Der Sonnenwirth. Schwäbische Volksgeschichte aus dem vorigen Jahrhundert. 1855 [recte 1854]. – Der Weihnachtsfund. 1856. – Erzählungen. 1858–61. – Neun Bücher Denk- und Glaubwürdigkeiten. 1859. – Zu Shakespeare's Leben und Schaffen. 1868. – Deutscher

Novellenschatz. 24 Bde. 1871–76. [Mit P. Heyse.] – Gesammelte Werke. 10 Bde. 1874.

Ausgabe: Sämtliche Werke. Hrsg. von Hermann Fischer. Leipzig 1904.

Kurz, Isolde, 21. 12. 1853 Stuttgart – 5. 4. 1944 Tübingen. Die Tochter von Hermann Kurz und seiner Frau Maria (v. Brunnow), die aus demokratischer Überzeugung ihren Adelstitel aufgab, erhielt eine unkonventionelle außerschulische Erziehung, der sie eine breite literarische Bildung, große Sprachkenntnisse und eine Vertrautheit mit sozialistischer Literatur verdankte. Sie übersetzte früh Novellen für die Sammlungen ihres Vaters; nach dessen Tod lebte sie von Übersetzungen und Sprachunterricht zunächst in München, dann seit 1880 in Italien bei ihrem Bruder Erwin. Seit 1911 wohnte sie vorwiegend in München, seit 1943 in Tübingen. Die Begegnung mit Italien und der ital. Renaissance prägte einen wesentlichen Teil ihres erzählerischen und essayistischen Werkes, mit dem sie sich im Namen einer stilistisch konservativen ›reinen Kunst‹ gegen die modernen Strömungen des Naturalismus und Expressionismus stellte und damit großen Erfolg bei einem bürgerlichen Lesepublikum erzielte. Das galt auch für ihren patriotischen Lyrikband *Schwert aus der Scheide* aus dem Ersten Weltkrieg und den Roman *Vanadis* mit seinem konservativen Frauenbild.

Werke: Gedichte. 1888. – Florentiner Novellen. 1890. – Italienische Erzählungen. 1895. – Die Stadt des Lebens. Schilderungen aus der florentinischen Renaissance. 1902. – Im Zeichen des Steinbocks. 1905. – Hermann Kurz. 1906. – Phantasien und Märchen. 1908. – Florentinische Erinnerungen. 1910. – Wandertage in Hellas. 1913. – Schwert aus der Scheide. 1916. – Aus meinem Jugendland. 1918. – Legenden. 1920. – Meine Mutter. 1926. – Vanadis. Der Schicksalsweg einer Frau. 1931. – Die Pilgerfahrt nach dem Unerreichlichen. 1938. – Das Haus des Atreus. 1939. – Singende Flammen. 1948.

Kusenberg, Kurt, 24. 6. 1904 Göteborg (Schweden) – 3. 10. 1983 Hamburg. Der Sohn eines Ingenieurs wuchs in

Göteborg, Lissabon, Wiesbaden und Bühl (Baden) auf und studierte nach dem Abitur von 1922 bis 1928 Kunstgeschichte in München, Berlin und Freiburg i. Br. (Promotion 1928). Nach längeren Studienreisen wurde K. 1930 Kunstkritiker und Redakteur in Berlin. 1943–45 nahm er in Frankreich und Italien am Krieg teil und geriet 1945 in amerikanische Gefangenschaft. Nach seiner Entlassung 1947 lebte er als freier Schriftsteller in Bühl, München und seit 1958 in Hamburg. Hier wurde er Herausgeber von »rowohlts monographien«. K. veröffentlichte zahlreiche kunstwissenschaftliche Essays und Bildbände, schrieb Feuilletons und Hörspiele und übersetzte u. a. Chansons von Jacques Prévert. Als Erzähler trat er zuerst 1940 hervor. Seine phantastischen und skurrilen Geschichten führen in eine märchenhafte, oft auch absurde Welt, die ironisch und heiter die eher triste Realität überhöhen und zugleich durch ihr Spiel mit Sinn und Unsinn verfestigte Wirklichkeits- und Ordnungsvorstellungen in Frage stellen.

Werke: A propos. Das komplizierte Dasein. 1932. – La Botella und andere seltsame Geschichten. 1940. – Der blaue Traum und andere sonderbare Geschichten. 1942. – Herr Crispin reitet aus und andere Erzählungen. 1948. – Die Sonnenblumen und andere merkwürdige Geschichten. 1951. – Wein auf Lebenszeit und andere kuriose Geschichten. 1955. – Im falschen Zug und andere wunderliche Geschichten. 1960. – Zwischen unten und oben und andere Geschichten. 1964. – Gesammelte Erzählungen. 1969. – Heiter bis tückisch. Dreizehn Geschichten. 1974.

L

Laederach, Jürg, * 20. 12. 1945 Basel. L. studierte Mathematik in Zürich und Englisch, Französisch und Musikwissenschaften in Basel. Danach arbeitete er als Sprachlehrer und Werbetexter und lebt jetzt als freier Schriftsteller in der Nähe von Basel. Die Basis seines literarischen Werkes ist eine tiefgreifende Sprachskepsis. Seine Gegenmittel sind höchste Künstlichkeit, Imitation, Parodie und Karikatur verschiedenster Stilformen, die Absage an herkömmliche Vorstellungen vom Erzählen mit schlüssiger Handlung und sprachlicher Logik. L.s erzählerische Welten sind Welten des Chaos, Welten zwischen Wahn und Wirklichkeit, ohne feste Größen wie Kausalität, Ort oder Zeit. Sie wachsen zu Großformen durch die Kunst der Abschweifung, durch Wiederholungen, Variationen und Assoziationen des Sprach- und Textmaterials. »Die Welt ist ein Requisitar, aber nicht das größte. Sie kann's mit dem Kopf nicht aufnehmen«, kommentiert der Held von *Flugelmeyers Wahn* und charakterisiert damit auch L.s Schreibmethode. Daneben hat L. zahlreiche Werke aus dem Englischen und Französischen übersetzt, wobei z. B. Walter Abishs *Alphabetisches Afrika* besondere Anforderungen stellte (52 Kapitel mit den Buchstaben A–Z und rückwärts Z–A als Überschrift, wobei im Kapitel A nur Wörter mit dem Anfangsbuchstaben A, im Kapitel B solche mit A und B usw. vorkommen dürfen).

Werke: Im Verlauf einer langen Erinnerung. 1977. – Das ganze Leben. 1978. – Fahles Ende kleiner Begierden. Vier minimale Stücke. 1979. – Das Buch der Klagen. Sechs Erzählungen aus dem technischen Zeitalter. 1980. – Nach Einfall der Dämmerung. 1982. – 69 Arten den Blues zu spielen. 1984. – Flugelmeyers Wahn. Die letzten sieben Tage. 1986. – Der zweite Sinn oder Unsentimentale Reise durch ein Feld Literatur. 1988. – Vor Schrecken starr. Fixierungen, Stechblicke, Obsessionen. 1988. – Emanuel.

Wörterbuch des hingerissenen Flaneurs. 1990. – Die Passion. Ein Geständnis. 1993. – Eccentric / Kunst und Leben: Figuren der Seltsamkeit. 1995. – Schattenmänner. Erzählungen. 1995. – Walter Abish / Jürg Laederach [Übers.]: Alphabetical Africa / Alphabetisches Afrika. Engl./Dt. 2002. – Im Hackensack. Vier minimale Stücke. 2003.

Lafontaine, August, 5. 10. 1758 Braunschweig – 20. 4. 1831 Halle. Der Vater L.s stammte aus einer Hugenottenfamilie und war Hofmaler in Braunschweig. L. studierte von 1777 an Theologie in Helmstedt, verließ jedoch 1780 die Universität und übernahm verschiedene Hauslehrerstellen. Nachdem er sein Examen nachgeholt hatte, wurde er 1790 Feldprediger. 1796 ließ er sich in Halle nieder, zunächst als Prediger, dann ab 1800 als erfolgreicher freier Schriftsteller. Er begann Ende der 70er-Jahre mit Dramatisierungen antiker Stoffe und verfasste dann eine Vielzahl von Romanen und Erzählungen, meist Familien- und Liebesgeschichten. Sie demonstrieren aufklärerische Moralvorstellungen und propagieren, höchst empfindsam und tränenreich, bürgerliche Tugendhaftigkeit und häusliche Bescheidung. Berühmt wurde L. durch den Roman *Klara du Plessis und Klairant*, der eine rührende Liebesgeschichte über Standesgrenzen hinweg – eine Konstante bei L. – in den Kontext der revolutionären Ereignisse in Frankreich stellt.

Werke: Scenen. 1788. – Die Gewalt der Liebe. 1791–94. – Der Naturmensch. 1792. – Der Sonderling. Ein Gemählde menschlichen Herzens. 1793. – Klara du Plessis und Klairant. 1794. – Leben und Thaten des Freiherrn Quinctius Heymeran von Flaming. 1795–96. – Familiengeschichten. 1797–1804. – Leben eines armen Landpredigers. 1800. – Das Bekenntniß am Grabe. 1805. – Die Moral Systeme oder Ludwig von Eisach. 1812. – Die Pfarre an der See. 1816. – Das heimliche Gericht des Schicksals, oder Rosaura. 1817.

Lambrecht, Pfaffe (Lamprecht), Historisch nicht identifizierbarer Verfasser eines Alexanderromans und einer Legende in moselfränkischer Sprache. Eine Erwähnung

Triers lässt sich vielleicht als Hinweis auf seine Heimatstadt deuten. Als älteres Werk gilt der nur fragmentarisch erhaltene *Tobias* (274 Verse) nach dem apokryphen Buch Tobias des AT. Das *Alexanderlied*, entstanden um 1150, ist die älteste Alexanderdichtung in dt. Sprache. Sie beruht auf einer frz. Vorlage des Alberich von Besançon (Pisançon), die sich wiederum auf die antiken und mittellat. Versionen des Stoffes stützt. Erhalten ist L.s Dichtung in der unvollständigen Fassung der Vorauer Handschrift (Ende 12. Jh.; 1533 paarweise gereimte Verse) und in zwei vollständigen Versionen (*Basler* bzw. *Straßburger Alexander*), die auf einer nicht erhaltenen Bearbeitung und Fortsetzung von L.s Text von etwa 1160 beruhen. Mit dem dt. *Alexanderroman* setzt unter dem Einfluss der weiter fortgeschrittenen frz. Literatur die weltliche dt. Erzählliteratur ein, wenn auch z. T. einer geistlichen Deutung unterworfen. Die weitere Wirkung auf die dt. Literatur ging von der sprachlich verfeinerten Fassung des *Straßburger Alexander* (um 1170) aus.

Ausgaben: Die Werke des Pfaffen Lamprecht. In: Die religiösen Dichtungen des 11. und 12. Jh.s. Hrsg. von Friedrich Maurer. Bd. 2. Tübingen 1965. S. 517–566. – Lamprechts Alexander nach den drei Texten. Mit dem Fragment des Alberic v. Besançon und den lat. Quellen hrsg. von Karl Kinzel. Halle a. d. S. 1884.

Lange, Hartmut, * 31. 3. 1937 Berlin. In Posen und Ostberlin aufgewachsen, besuchte L. von 1957 bis 1960 die Filmhochschule Babelsberg. Wegen »Renitenz« musste er die Schule verlassen, arbeitete dann als Dramaturg am Deutschen Theater in Ostberlin, bis er 1964 über Jugoslawien nach Westberlin floh. Nach verschiedenen Tätigkeiten (Praktikant, Dramaturg, Regisseur) an Westberliner Theatern lebt er hier als freier Schriftsteller. Seine im Osten entstandenen frühen Stücke (*Senftenberger Erzählungen*, *Marski*), die Anregungen von Brecht, P. Hacks und H. Müller aufnahmen und Konflikte in der gesellschaftlichen Praxis der DDR thematisierten (Verstaatlichung,

Kollektivierung), durften hier nicht gespielt werden. Mit der Abkehr vom marxistischen Denken verband sich bei L. nach einer längeren Krise eine Hinwendung zur Prosa (Romane, Erzählungen); von der Umbruchphase und Neuorientierung spricht das *Tagebuch eines Melancholikers*.

Werke: Senftenberger Erzählungen oder Die Enteignung. 1967. – Der Hundsprozeß. Herakles. 1968. – Die Gräfin von Rathenow. 1969. – Die Ermordung des Aias. 1971. – Die Revolution als Geisterschiff. 1973. – Theaterstücke 1960–72. 1973. Erw. u. d. T.: Texte für das Theater. 1960–76. 1977. Neue Ausg. u. d. T.: Vom Werden der Vernunft und andere Stücke fürs Theater. 1988. – Die Selbstverbrennung. 1982. – Tagebuch eines Melancholikers. 1983. – Die Waldsteinsonate. Fünf Novellen. 1984. – Das Konzert. 1986. – Die Ermüdung. 1988. – Die Wattwanderung. 1990. – Die Reise nach Triest. 1991. – Die Stechpalme. 1993. – Schnitzlers Würgeengel. 1995. – Der Herr im Café. 1996. – Italienische Novelle. 1998. – Die Bildungsreise. Novelle. 2000. – Das Streichquartett. 2001. – Irrtum als Erkenntnis. Meine Realitätserfahrung als Schriftsteller. 2002. – Gesammelte Novellen. 2002. – Leptis Magna. Zwei Novellen. 2003. – Der Wanderer. Novelle. 2005.

Lange, Samuel Gotthold, 22. 3. 1711 Halle a. d. S. – 25. 6. 1781 Laublingen bei Halle. Der Sohn des pietistischen Theologen Joachim Lange studierte Theologie in Halle und wurde 1737 Pfarrer im nahe gelegenen Laublingen und 1755 Inspektor des Kirchen- und Schulwesens im Saalekreis. Bereits als Student zeigte er literarische Interessen und regte 1733 die Gründung einer literarischen Gesellschaft an; zusammen mit I. J. Pyra stand er im Mittelpunkt des ›älteren‹ Halleschen Dichterkreises. L. führte die pietistische Gedanken- und Gefühlswelt in die Literatur ein, wobei sich – etwa in dichterischen Zeugnissen des empfindsamen Freundschaftskults mit Pyra – Introspektion und Gefühlstiefe mit einem feierlichen religiösen Ton verbinden, der von John Milton inspiriert ist und auf F. G. Klopstock vorausweist. Das gilt auch für die an der Antike orientierten formalen Aspekte: für die Ablehnung des

Reims, die Nachbildung antiker Odenformen und den Versuch, in seiner Horazübersetzung die antiken Versmaße im Deutschen genau nachzuahmen. Lessing kritisierte L.s Horazübersetzung scharf.

Werke: Thirsis und Damons freundschaftliche Lieder. 1745. [Mit I. J. Pyra; hrsg. von J. J. Bodmer.] – Freundschaftliche Briefe. 1746. – Eine wunderschöne Historie von dem gehörnten Siegfried dem Zweiten. 1747. – Horatzische Oden nebst Georg Friedrich Meiers Vorrede vom Werthe der Reime. 1747. – Des Quintus Horatius Flaccus Oden fünf Bücher und von der Dichtkunst ein Buch. 1752. – Poetische Betrachtungen über die sieben Worte des sterbenden Erlösers. 1757. – Die Oden Davids oder poetische Übersetzung der Psalmen. 1760. – Der Comet, mein letztes Gedicht. 1769. – Sammlung gelehrter und freundschaftlicher Briefe. 1769–70. – Einer Gesellschaft auf dem Lande poetische, moralische, ökonomische und kritische Beschäftigungen. 1777.

Langgässer, Elisabeth, 23. 2. 1899 Alzey – 25. 7. 1950 Karlsruhe. Nach dem Tod des Vaters, eines katholisch getauften Baurats jüdischer Herkunft, zog die Familie 1909 nach Darmstadt. Hier machte L. 1918 Abitur und war dann nach entsprechender Ausbildung Lehrerin an verschiedenen Schulen in Hessen, bis sie 1929 als Dozentin an die Soziale Frauenschule nach Berlin ging. Seit 1930 lebte sie hier als freie Schriftstellerin; 1935 heiratete sie den katholischen Philosophen Wilhelm Hoffmann, 1936 wurde sie als »Halbjüdin« aus der Reichsschrifttumskammer ausgeschlossen und erhielt damit Schreibverbot. Obwohl bereits an multipler Sklerose erkrankt, wurde sie 1944 zwangsdienstverpflichtet und als Arbeiterin in einer Munitionsfabrik eingesetzt, während ihre Tochter Cordelia (aus einer früheren Verbindung mit einem jüdischen Wissenschaftler) als »Volljüdin« in Konzentrationslager (Theresienstadt, Auschwitz) verschleppt wurde (vgl. Cordelia Edvardson, *Gebranntes Kind sucht Feuer*, 1986). Seit 1948 lebte sie mit ihrer Familie in Rheinzabern. Postum erhielt sie den damals von der Stadt Darmstadt verliehenen Büchner-Preis des Landes Hessen. Wie sie dem Feuer von Auschwitz einen christlichen Sinn abzuringen versuchte (*Märkische Argonautenfahrt*), so ist ihr ganzes literarisches Schaffen von christlichem Denken durchdrungen. Das gilt für ihre Naturgedichte wie für ihre Erzählungen und prägt nicht zuletzt ihr Hauptwerk, den Roman *Das unauslöschliche Siegel*. Es geht hier, wie sie in einem Brief schreibt, um »die Wiedergeburt des gefallenen Menschen in dem ›Unauslöschlichen Siegel‹ der Taufe, in Gnade und Erlösung«. Ihrem theologisierten Geschichtsbild entsprechend – »Welttheater zwischen Gott und Satan« – nimmt der Roman die Gestalt eines Mysterienspiels um die Seele des konvertierten Juden Lazarus Belfontaine an.

Werke: Der Wendekreis des Lammes. Ein Hymnus der Erlösung. 1924. – Grenze. Besetztes Gebiet. Ballade eines Landes. 1932. – Triptychon des Teufels. 1932. – Proserpina. Welt eines Kindes. 1933. – Die Tierkreisgedichte. 1935. – Der Gang durch das Ried. 1936. – Das unauslöschliche Siegel. 1946. – Der Laubmann und die Rose. 1947. – Der Torso. 1948. – Das Labyrinth. 1948. – Märkische Argonautenfahrt. 1950.

Ausgabe: Gesammelte Werke. 5 Bde. Hamburg 1959–64.

La Roche, Sophie (seit 1775: von), geb. Gutermann, 6. 12. 1730 Kaufbeuren (Allgäu) – 18. 2. 1807 Offenbach. Die Tochter eines gelehrten Arztes wuchs seit 1740 in Augsburg auf; die Mutter sorgte für eine strenge pietistische Erziehung. Die Verlobung mit einem aus Italien stammenden katholischen Kollegen ihres Vaters scheiterte an dessen konfessionell begründetem Einspruch. L. wurde zur verwandten Familie Wieland nach Biberach geschickt, wo es zu einer schwärmerischen Liebe zwischen dem Sohn Christoph Martin und ihr kam (Verlobung 1750). 1753 heiratete sie den (katholischen) Verwaltungsbeamten Georg Michael Frank La Roche; dieser war kurmainzischer Rat und Privatsekretär (und vermutlich unehelicher Sohn) des Reichsgrafen Friedrich von Stadion, des Großhofmeisters am kurfürstlichen Hof. Nach Stadions Entlassung 1762 lebte die Familie La Roche zunächst auf dessen Gut Warthausen bei Biberach, dann von 1770 bis 1780 am Hof des Trierer Kurfürsten in Koblenz-Ehrenbreitstein, an dem G. M. F. La Roche Karriere machte. L.s Haus wurde zu einem Treffpunkt führender Literaten. 1780 verlor La Roche seine Ämter – er war zuletzt Kanzler –, und die Familie zog zunächst nach Speyer, 1786 nach Offenbach. L. konnte nun mehrere große Reisen unternehmen (Schweiz, Paris, Holland, England), deren Eindrücke sie in Reiseberichten und Tagebüchern festhielt. Ihren Ruf als bedeutendste Schriftstellerin ihrer Zeit begründete sie mit ihrem ersten, von Wieland herausgegebenen Roman (*Geschichte des Fräuleins von Sternheim*), einer an Samuel Richardson orientierten moralisch-empfindsamen Geschichte verfolgter Unschuld in Briefform. Auch in weiteren Romanen, moralischen Erzählungen, pädagogisch-literarischen Briefen und der ersten dt. Frauenzeitschrift trat sie für Aufklärung, Bildung und Anerkennung der Leistung der Frau ein.

Werke: Geschichte des Fräuleins von Sternheim. 1771. – Der Eigensinn der Liebe und Freundschaft. Eine englische Erzählung. Nebst einer kleinen deutschen Liebesgeschichte. 1772. [Übers. aus dem Frz.] – Rosaliens Briefe an ihre Freundin Marianne von St**. 1779–81. – Pomona für Teutschlands Töchter. 1783–84. [Zs.] – Briefe an Lina. 1785. Erw. u. d. T.: Briefe an Lina als Mädchen. 1788. – Neuere moralische Erzählungen. 1786. – Journal einer Reise durch Frankreich. 1787. – Tagebuch einer Reise durch die Schweitz. 1787. – Tagebuch einer Reise durch Holland und England. 1788. – Geschichte von Miss Lony und der schöne Bund. 1789. – Briefe über Mannheim. 1791. – Rosalie und Cleberg auf dem Lande. 1791. – Schönes Bild der Resignation. 1795. – Briefe an Lina als Mutter. 1795–97. – Erscheinungen am See Oneida. 1798. – Mein Schreibetisch. 1799. – Reise von Offenbach nach Weimar und Schönebeck im Jahr 1799. 1800. – Fanny und Julia. Oder die Freundinnen. 1801. – Liebe-Hütten. 1803–04. – Herbsttage. 1805. – Melusinens Sommer-Abende. 1806.

Lasker-Schüler, Else, 11. 2. 1869 Elberfeld – 22. 1. 1945 Jerusalem. Die Tochter eines jüdischen Bankiers erhielt nach Schulabbruch Privatunterricht, heiratete 1894 den Arzt Dr. Berthold Lasker und zog nach Berlin. Hier entwickelte sich kurz vor der Jahrhundertwende eine enge Freundschaft mit P. Hille, mit dem sie zeitweise in der von den Brüdern Hart gegründeten »Neuen Gemeinschaft« zusammenlebte; *Das Peter Hille-Buch*, ihre erste Prosaarbeit, überhöhte die Beziehung ins Traumhaft-Mythische. Inzwischen von Lasker geschieden, heiratete sie 1903 H. Walden, den späteren Herausgeber der Zeitschrift *Der Sturm* (Scheidung 1912). 1933 emigrierte sie in die Schweiz und reiste danach wiederholt nach Palästina. Hier wurde sie 1939 vom Ausbruch des Krieges überrascht, so dass sie nicht mehr in die Schweiz zurückkehren konnte. G. Benn nannte sie »die größte Lyrikerin, die Deutschland je hatte«. Ihr erster Lyrikband, *Styx*, stand unter dem Einfluss des Jugendstils; die folgenden Gedichtbände zeugen von formaler Virtuosität und Vielfalt und von expressiver Emotionalität. Dabei ergeben sich bei aller unverwechselbaren Eigenständigkeit ihres lyrischen Werkes Berührungspunkte mit der Generation der Expressionisten; zugleich kommt es zu einer immer stärkeren Mythisierung der eigenen Person, indem sie ein phantasievolles Rollenspiel als orientalische Prinzessin (Tino von Bagdad), als Prinz von Theben oder als Joseph von Ägypten inszeniert. Ein wesentlicher Teil der Gedichte sind Liebesgedichte, häufig zu Zyklen zusammengestellt. Daneben bezieht sie ihre ganze Familiengeschichte in diese legendenhafte Stilisierung ein. Seit den *Hebräischen Melodien* erhält ihre Lyrik überdies einen zunehmend religiösen Charakter. Ihr letzter Gedichtband, *Mein blaues Klavier*, spricht von der Unmöglichkeit der Dichtung in einer verrohten Welt; es sind Gedichte der Trauer, des Schmerzes, der Einsamkeit und der Angst aus dem ungeliebten Exil, wobei das noch mögliche Glück allein aus der Erinnerung kommt. Auch ihre Prosabücher teilen die Tendenz zur Mythisierung, die das Private überhöht: das

Peter Hille-Buch, der Briefroman *Mein Herz*, der das Zerbrechen ihrer Ehe mit Walden verarbeitet, die »Kaisergeschichte« *Der Malik*, eine Huldigung für den gefallenen Franz Marc. Als Dramatikerin gelang ihr mit der »Stadtballade« *Die Wupper* (UA 1919) ein aus realistischen, märchenhaft-phantastischen und symbolischen Elementen locker gefügtes Elberfelder Welttheater zwischen Proletarier- und Fabrikantenmilieu. Ihr zweites, 1932 gedrucktes Schauspiel *Arthur Aronymus und seine Väter* (UA 1936 Zürich) beschwört angesichts der drohenden Verfolgung des jüdischen Volkes die Hoffnung auf Versöhnung. Im Exil (1940–41) entstand das erst postum veröffentlichte Stück *Ichundich*, eine Auseinandersetzung mit den Schrecken der Zeit.

Werke: Styx. 1902. – Der siebente Tag. 1905. – Das Peter Hille-Buch. 1906. – Die Nächte Tinos von Bagdad. 1907. – Die Wupper. 1909. – Meine Wunder. 1911. – Mein Herz. Ein Liebesroman mit Bildern und wirklich lebenden Menschen. 1912. – Gesichte. Essays und andere Geschichten. 1913. – Hebräische Balladen. 1913. – Der Prinz von Theben. Ein Geschichtenbuch. 1914. – Die gesammelten Gedichte. 1917. – Der Malik. Eine Kaisergeschichte. 1919. – Die Kuppel. Der Gedichte zweiter Teil. 1920. – Der Wunderrabbiner von Barcelona. 1921. – Ich räume auf! Meine Anklage gegen meine Verleger. 1925. – Konzert. 1932. – Arthur Aronymus. Die Geschichte meines Vaters. 1932. [Prosa.] – Arthur Aronymus und seine Väter. 1932. [Schauspiel.] – Das Hebräerland. 1937. – Mein blaues Klavier. 1943.

Ausgaben: Gesammelte Werke. Hrsg. von Friedhelm Kemp und Werner Kraft. 3 Bde. München 1959–62. Kassettenausg. in 8 Bdn. 1986. – Werke und Briefe. Krit. Ausg. Hrsg. von Norbert Oellers [u. a.]. Frankfurt a. M. 1996 ff.

Laube, Heinrich, 18. 9. 1806 Sprottau (Schlesien) – 1. 8. 1884 Wien. Der aus einer Handwerkerfamilie stammende L. studierte nach dem Besuch der Gymnasien in Glogau und Schweidnitz 1826–28 ev. Theologie und Literaturgeschichte in Halle und Breslau (Dr. phil. 1828) und arbeitete danach als Kritiker und Redakteur, 1830–32 auch als Hofmeister. 1832 ging er nach Leipzig, war 1833–34 (und wieder 1842–44) Redakteur der *Zeitung für die elegante Welt*. Mit K. Gutzkow u. a. unternahm er 1833 eine Italienreise, 1834 wurde er aus Sachsen verwiesen, 1835 traf ihn – wie die anderen Autoren des Jungen Deutschland – der Verbotsbeschluss des Deutschen Bundestages. Im folgenden Jahr wurde er, inzwischen mit der Frauenrechtlerin Iduna Hänel verheiratet, in Berlin wegen früherer burschenschaftlicher Aktivitäten verhaftet und zu einer Haftstrafe verurteilt, die er dank der Bürgschaft Fürst Pückler-Muskaus 1837–38 auf dessen Gut verbringen durfte. Im Anschluss an Reisen nach Paris und Algier lebte er von 1840 an wieder in Leipzig. 1848–49 gehörte er als liberaler Abgeordneter dem Frankfurter Parlament an. Von 1849 bis 1867 leitete er das Burgtheater in Wien, anschließend für kurze Zeit das Stadttheater in Leipzig und in den 70er-Jahren das Wiener Stadttheater. L. war ein vielseitiger Prosaschriftsteller und Dramatiker. Mit seinem ersten Roman *Das junge Europa* legte er einen der programmatischen Texte des Jungen Deutschland vor, der die politische Aufbruchsstimmung der Jahre um 1830 und das Schicksal der jungen Generation behandelt. Mit seinen Reisenovellen knüpfte L. an Heine an. In späteren Romanen griff er vielfach auf Stoffe der nationalen Vergangenheit zurück. Seit den 40er-Jahren hatte er beträchtlichen Erfolg mit bühnengerechten Stücken, die v. a. an historischen Themen und Gestalten liberale Tendenzen vertraten. Später stellte er auch Bearbeitungen frz. Boulevardstücke her. Sein Eintreten für ein modernes Theater trug Früchte in seiner Amtszeit am Burgtheater, das er zu einer Musterbühne machte. Auch die Wiederentdeckung F. Grillparzers ist ihm zu verdanken.

Werke: Das neue Jahrhundert. 1833. – Das junge Europa. 1833–37. – Reisenovellen. 1834–37. – Moderne Charakteristiken. 1835. – Geschichte der deutschen Literatur. 1839–40. – Die Bandomire. 1842. – Monaldeschi. 1845. – Die Karlsschüler. 1846. – Rokoko. 1846. – Gottsched und Gellert. 1847. – Graf Struensee.

1847. – Prinz Friedrich. 1854. – Graf Essex. 1856. – Junker Hans. 1863. – Der deutsche Krieg. 1863–66. – Das Burgtheater. 1868. – Demetrius. 1869. – Erinnerungen. 1875–82. – Franz Grillparzers Lebensgeschichte. 1884. – Ruben. 1885.

Ausgabe: Gesammelte Werke. Unter Mitw. von Albert Hänel hrsg. von Heinrich Hubert Houben. Leipzig 1908–09.

Laufenberg, Heinrich, um 1390 Freiburg i. Br. – 31. 3. 1460 Straßburg. Nach seinem Wirken als Priester in Freiburg (belegt in Urkunden der Jahre 1421–24) sowie als Dekan in Zofingen (Aargau; belegt 1433–34) und dann wieder spätestens ab 1441 in Freiburg trat L. 1445 in das Straßburger Johanniterkloster »Zum grünen Wörth« ein. Hier blieb er bis zu seinem Tod. L. war einer der fruchtbarsten Dichter geistlicher Lieder im 15. Jh.; viele der ihm zugeschriebenen Lieder (90–120) sind datiert; die Datierungen reichen von 1413 bis 1458. Die Lieder stehen im Zeichen einer innerlichen, einfühlenden Frömmigkeit und waren für private Andachtsübungen und für den Gebrauch in kleineren religiösen Gemeinschaften bestimmt. Dabei stützte sich L. auf lat. Hymnen und Sequenzen sowie die dt. Liedtradition. Eine Reihe von Texten sind Kontrafakturen weltlicher Lieder. Zu den bevorzugten Themen gehört der Marienpreis. L. ist auch der Verfasser eines vielfach überlieferten medizinischen Lehrgedichts (*Regimen*).

Ausgaben: Philipp Wackernagel: Das dt. Kirchenlied von der ältesten Zeit bis zu Anfang des 17. Jh.s. Bd. 2. Leipzig 1867. Reprogr. Nachdr. Hildesheim 1964. S. 528–612. – Heinz H. Menge: Das »Regimen« Heinrich Laufenbergs. Textologische Untersuchungen und Edition. Göppingen 1976.

Lauremberg, Johann, 26. 2. 1590 Rostock – 28. 2. 1658 Sorø (Dänemark). Nach seinem Studium an der Rostocker Universität (Magister artium 1610), wo sein Vater Medizin lehrte, ging L. 1612 auf eine ausgedehnte Bildungsreise, die ihn nach Holland, England, Frankreich und Italien führte und längere Studienaufenthalte in Paris und Reims

(Dr. med. 1616) einschloss. Von 1618 an lehrte L. Poesie in Rostock, bis er 1623 als Professor der Mathematik an die neu gegründete Ritterakademie in Sorø berufen wurde. L. verband in späthumanistischer Manier gelehrte und poetische Interessen. Zu seinen wissenschaftlichen Arbeiten zählen u. a. die erste einigermaßen genaue Karte von Mecklenburg, eine Beschreibung Griechenlands und eine Reihe mathematischer Lehrbücher. Seine neulat. Dichtung umfasst Gelegenheitslyrik, das Schuldrama *Pompeius Magnus* und eine *Satyra* (465 Hexameter), ein Strafgericht Apollos und der Musen über Poetaster, Duellanten und französisierende Modetorheiten und Verkehrtheiten. Das dt. Gegenstück dazu sind die *Veer Schertz Gedichte* (1652; hochdt. Übers. von Constantin Christian Dedekind 1654), die als die letzten bedeutenden Zeugnisse der mittelniederdt. Dichtung gelten. Die vier Texte mit einem Umfang von 456 bis 798 Versen (meist Alexandriner) handeln von der Bedrohung der überkommenen Werte und Lebensformen durch einen von Frankreich bzw. dem hochdt. Sprachgebiet ausgehenden ›alamodischen‹ Lebensstil. Für den dän. Hof verfasste L. auch Schauspiele in hochdt. Sprache, z. T. mit niederdt. Possen als Einlagen.

Werke: Pompeius Magnus. Tragoedia. 1610. – Satyra. 1630. – Antiquarius. 1622. – Zwo Comoedien. 1635. – Veer Schertz Gedichte. 1652. – Musicalisch Schawspiel / Darinn vorgestellet werden die Geschichte Arions. 1655. – Meklenburg ducatus. 1658. – Graecia antiqua. 1660. [Hrsg. Samuel Pufendorf.]

Laurentius von Schnüffis (d. i. Johann Martin bzw. Martini), getauft 24. 8. 1633 Schnifis (Vorarlberg) – 7. 1. 1702 Konstanz. Der Bauernsohn besuchte wahrscheinlich die Hohenemser Lateinschule; seit etwa 1653 reiste er als Sänger und Schauspieler mit Komödiantentruppen durch das Deutsche Reich. 1658 erhielt er eine feste Anstellung am Hoftheater in Innsbruck, zog sich jedoch nach einer schweren Krankheit vom Hof zurück. 1663 wurde er in Konstanz zum Priester geweiht, 1665 trat er unter dem

Ordensnamen Laurentius in Zug (Schweiz) in den Kapuzinerorden ein. Von 1668 an wirkte er von Konstanz aus als Prediger in der vorderösterreichischen Ordensprovinz. L. verband seine seelsorgerische Tätigkeit mit einem umfangreichen literarischen und musikalischen Schaffen, für das er 1692 von Kaiser Leopold I. zum Dichter gekrönt wurde. Am Anfang steht der geistliche Roman *Philotheus*, der die Bekehrung des Hofmanns Mirant (Anagramm von Martin) und seine Hinwendung zum geistlichen Stand schildert. Diesem Werk ließ L. eine Reihe von Lieder- und Erbauungsbüchern folgen, die Texte, Melodien und emblematische Kupferstiche zu Gesamtkunstwerken vereinen und auf die Bekehrung des »Welt-Menschen« zielen. Der erbauliche Zweck steht dabei dem poetischen Ausdruck nicht im Weg, der u. a. den Traditionen der geistlichen Bukolik, der Hohelied- und der Mariendichtung verpflichtet ist.

Werke: Philotheus. 1665. – Mirantisches Flötlein. Oder Geistliche Schäfferey. 1682. – Mirantische Wald-Schallmey / Oder: Schul wahrer Weisheit. 1688. – Mirantische Mayen-Pfeiff. Oder Marianische Lob-Verfassung. 1692. – Mirantische Maul-Trummel Oder Wohlbedenckliche Gegen-Säze böser / und guter Begirden. 1695. – Futer über die Mirantische Maul-Trummel. 1698. – Lusus mirabiles orbis ludentis. Mirantische Wunder-Spiel der Welt. 1703. – Vielfärbige Himmels-Tulipan das ist: Außerlesenes Gebett-Buch. 1705.

Lautensack, Heinrich, 15. 7. 1881 Vilshofen – 10. 1. 1919 Eberswalde bei Berlin. Der Sohn eines Kaufmanns wuchs in Passau auf und kam dann nach dem Abitur nach München. Statt jedoch an der TH zu studieren, schloss er sich der Schwabinger Boheme und dem Kabarett der »Elf Scharfrichter« an. Seit 1907 lebte er in Berlin, wurde Mitbegründer und -herausgeber einer Zeitschrift (*Die Bücherei Maiandros*) und schrieb Theaterstücke, deren Aufführung die Zensur bis Kriegsende nicht zuließ. Daneben arbeitete er, um Geld zu verdienen, als Journalist und

Drehbuchautor. Den Ersten Weltkrieg verbrachte er bis 1917 in einer Garnison in Ostpreußen. Nach seiner Entlassung machten sich bald Anzeichen einer tödlichen Geisteskrankheit bemerkbar. Die Themen seiner Werke kreisen um die Tabubereiche Sexualität und Katholizismus. Das gilt für seine kabarettistische Lyrik ebenso wie für die in kleinstädtischem oder bäuerlichem Milieu (meist irgendwo in Niederbayern) angesiedelten Volksstücke, die sich gegen Heuchelei (gerade auch der Institution Kirche) in sexuellen Angelegenheiten wenden und – etwa in der erst 1920 uraufgeführten *Pfarrhauskomödie* – angesichts der natürlichen Regungen dem praktischen Arrangement das Wort reden.

Werke: Medusa. 1904. – Hahnenkampf. 1908. – Die Documente der Liebesraserei. 1910. – Die Pfarrhauskomödie. 1911. – Das Gelübde. 1916. – Die Samländische Ode. 1918. – Erotische Votivtafeln. 1919. – Frank Wedekind's Grablegung – ein Requiem. 1919. – Altbayrische Bilderbogen. 1920. – Leben, Taten und Meinungen des sehr berühmten russischen Detektivs Maximow. 1920. – Totentanz. 1923.
Ausgabe: Das verstörte Fest. Gesammelte Werke. Hrsg. von Wilhelm Lukas Kristl. München 1966.

Lavant, Christine (d. i. Ch. Habernig, geb. Thonhauser), 4. 7. 1915 Groß-Edling bei St. Stefan im Lavanttal (Kärnten) – 7. 6. 1973 Wolfsberg (Kärnten). L. wuchs als neuntes Kind einer Bergarbeiterfamilie in materieller Not auf, litt unter Krankheiten und psychischen Störungen, die Kontakte mit der Umwelt erschwerten. Sie besuchte die Volksschule und eine Klasse der Hauptschule, blieb bis 1938 im Elternhaus und arbeitete als Strickerin. 1939 heiratete sie den wesentlich älteren Maler Josef Habernig. Sie lebte zurückgezogen, ihr einziger »Ausweg aus sich selbst« war das Schreiben: lyrische Aussprache eines einsamen Ich, das sich mit ihrem Schmerz und ihrem Leiden in einer expressionistischen und surrealen Bildersprache auseinandersetzt und radikalen Glaubenszweifel und Verzweiflung mit ekstatischen Aufschwüngen in der mystischen Tradition des Christentums verbindet. Ihre Prosa – etwa die Erzählung *Das Kind* – trägt autobiographische Züge. 1970 erhielt sie den Großen Österreichischen Staatspreis für Literatur.

Werke: Das Kind. 1948. – Die unvollendete Liebe. 1949. – Die Bettlerschale. 1956. – Die Rosenkugel. 1956. – Spindel im Mond. 1959. – Der Pfauenschrei. 1962. – Hälfte des Herzens. 1967. – Nell. Vier Geschichten. 1969. – Kunst wie meine ist nur verstümmeltes Leben. Nachgelassene und verstreut veröffentlichte Gedichte – Prosa – Briefe. 1978. – Aufzeichnungen aus einem Irrenhaus. Hrsg. von Annette Steinsiek und Ursula A. Schneider. 2001.
Ausgabe: Der kommentierte Gesamtbriefwechsel. Hrsg. von Ursula A. Schneider und Anette Steinsiek. 2 Bde. und CD-ROM. Salzburg 2004.

Lavater, Johann Caspar, 15. 11. 1741 Zürich – 2. 1. 1801 ebd. Der Sohn eines Arztes studierte 1756–62 Theologie am Züricher Collegium Carolinum, unternahm 1763–64 eine einjährige Bildungsreise durch Deutschland und beschäftigte sich nach seiner Rückkehr mit kleineren literarischen Arbeiten, bis er 1769 zum Diakon an der Waisenhauskirche gewählt wurde. Nur von einigen Reisen (Rheinreise 1774, Göttingen und Bremen 1786, Kopenhagen 1793) und der Deportation durch frz. Behörden nach Basel (1799) abgesehen, blieb Zürich Mittelpunkt seines Lebens (1775 Pfarrherr, 1778 Diakon und 1786 Pfarrer an der Hauptkirche St. Peter). Anfänglich begrüßte er die Französische Revolution, kritisierte aber die weitere Entwicklung. Er wandte sich gegen die 1797 einsetzende Invasion durch frz. Truppen und gegen die der Schweiz aufgezwungene Verfassung von 1798. Bei der Eroberung Zürichs 1799 erhielt er eine Schussverletzung, an der er nach 15 qualvollen Monaten starb. L. hinterließ ein weitgespanntes theologisches, erbauliches, politisch-publizistisches und literarisches Werk. Dabei blieb er stets dem Sturm und Drang verbunden und wirkte durch seine subjektiven, irrationalistischen Tendenzen weiter auf die Romantik. Neben theologischen und erbaulichen Schriften stehen Bibelepen, ein Bibeldrama, geistliche Lyrik und religiös-pädagogische Kinder- und Jugendliteratur; mit seinen Tagebüchern leistete er einen bedeutenden Beitrag zur Entwicklung der psychologischen Selbstbeobachtung. Seine Hinwendung zu Phänomenen wie Exorzismus oder Magnetismus stieß auf Kritik v. a. der Berliner Aufklärer. Europäischen Ruhm brachten ihm seine physiognomischen Schriften, die von der Vorstellung einer Übereinstimmung von Äußerem und Innerem ausgingen und geradezu eine Mode auslösten, aber auch heftig kritisiert (und – von G. Chr. Lichtenberg – derb parodiert) wurden. Zahlreiche Künstler arbeiteten an dem Werk mit.

Werke: Aussichten in die Ewigkeit. 1768–78. – Geheimes Tagebuch. Von einem Beobachter Seiner Selbst. 1771. – Fünfzig christliche Lieder. 1771. Zweytes Funfzig [...]. 1776. – Von der Physiognomik. 1772. – Unveränderte Fragmente aus dem Tagebuche eines Beobachters seiner Selbst; oder des Tagebuches Zweyter Theil. 1773. – Vermischte Schriften. 1774–81. – Physiognomische Fragmente, zur Beförderung der Menschenkenntniß und Menschenliebe. 1775–78. – Abraham und Isaak. 1776. – Jesus Christus, oder Die Zukunft des Herrn. 1780. – Neue Sammlung geistlicher Lieder. 1782. – Pontius Pilatus. 1782–85. – Nathanael. 1786. – Reise nach Kopenhagen im Sommer 1793. 1794. – Ein Wort eines freyen Schweizers an die grosse Nation. 1798. – Freymüthige Briefe über das Deportationswesen. 1800–01. – Nachgelassene Schriften. Hrsg. von Georg Geßner. 1801–02.

Ausgaben: Ausgewählte Schriften. Hrsg. von Johann Kaspar Orell. 8 Bde. Zürich 1841–44. – Ausgewählte Werke. Hrsg. von Ernst Staehelin. 4 Bde. Zürich 1943.

Lebert, Hans, 9. 1. 1919 Wien – 20. 8. 1993 Baden bei Wien. Der Neffe Alban Bergs erhielt eine Ausbildung als Opernsänger (Tenor) und sang an verschiedenen Bühnen, bis er sich nach einer Anklage gegen »Wehrkraftzersetzung« 1941 in den steirischen Bergen versteckte. Nach dem Krieg lebte er zurückgezogen in Baden bei Wien. Gegenstand seiner Erzählungen, Romane und Hörspiele ist die Auseinandersetzung mit dem Nationalsozialismus, seiner Verdrängung und seinem Weiterleben. Dies geschieht vor dem Hintergrund einer mythisch überhöhten Naturkulisse. In seinem bekanntesten Werk, dem Roman *Die Wolfshaut*, greift L. dabei auf das Muster der Detektiverzählung zurück: Ein in sein Dorf heimkehrender Matrose klärt eine Exekution von Zwangsarbeitern auf, die von der Bergwacht kurz vor Kriegsende durchgeführt wurde. Nach der Kritik an seinem zweiten Roman, *Der Feuerkreis*, er bestärke eher die Vorstellung vom vitalen arischen Helden, hörte L. auf zu schreiben. Er gilt als einer der Mitbegründer des österreichischen negativen Heimatromans.

Werke: Ausfahrt. 1952. – Das Schiff im Gebirge. 1955. – Die Wolfshaut. 1960. – Der Feuerkreis. 1971. – Die schmutzige Schwester. Zwei Hörspiele. 1972. – Das weiße Gesicht. 1995.

Ledig, Gert, 4. 11. 1921 Leipzig – 1. 6. 1999 Landsberg am Lech. L. absolvierte eine Fachschule für Elektrotechnik (und gleichzeitig eine Theaterschule), wurde 1939 einberufen und 1942 schwer verwundet. Nach dem Krieg arbeitete er in verschiedenen Berufen, u. a. als Vertreter, als Dolmetscher für die amerikanische Armee in Oberösterreich, als Leiter eines Ingenieurbüros in München, seinem Wohnort seit 1963. Daneben verfasste er Ratgeber und schrieb für den Rundfunk. Seine Tätigkeit als Romancier und Autor von zeitkritischen Hörspielen war nur ein kurzes Zwischenspiel. Die Romane *Die Stalinorgel* und *Vergeltung* gehören zu den bedeutendsten Darstellungen der Schrecken des Krieges: *Die Stalinorgel* beschreibt in der Form einer Collage von Stimmen beider Seiten mit brutaler Direktheit, ohne moralische Zutaten und Erklärungen einen kurzen Zeitabschnitt aus dem Kampf um Leningrad 1942, *Vergeltung* evoziert das Inferno der Bombardierung einer dt. Großstadt im Luftkrieg durch die Montage von Monologen von Beteiligten und Opfern.

Werke: Die Stalinorgel. 1955. – Vergeltung. 1956. – Faustrecht. 1957. – Der Staatsanwalt. 1958. DDR-Ausg. u. d. T.: Duell. Hörspiel um den Fall Nitribitt. 1958.

Le Fort, Gertrud Freiin von, 11. 10. 1876 Minden – 1. 11. 1971 Oberstdorf. Die aus einer hugenottischen Offiziersfamilie stammende L. erhielt eine strenge Erziehung; nach dem Tod des Vaters reiste sie viel – v. a. nach Rom – und begann 1908 mit dem Studium der protestantischen Theologie und der Geschichte in Heidelberg; 1925 gab sie nach eigenen Vorlesungsnachschriften *Die Glaubenslehre* ihres Lehrers Ernst Troeltsch heraus. 1926 zog sie die Konsequenz aus ihrer mit jedem Romaufenthalt wachsenden Affinität zum Katholizismus. Ihre Konversion, auf die die *Hymnen an die Kirche* bereits zwei Jahre vorher verwiesen, verstand sie als Aufhebung der Kirchenspaltung. 1922–41 lebte sie in Baierbrunn bei München, danach meist in Oberstdorf. Der Großteil ihres Werkes entstand nach ihrem Übertritt zum Katholizismus, wenn sie auch bereits seit 1893 Gedichte in Zeitschriften veröffentlicht hatte. Ihr Hauptwerk, der zweiteilige Roman *Das Schweißtuch der Veronika*, erzählt mit autobiographischen Reminiszenzen die Geschichte einer jungen Deutschen, die widerstreitenden Einflüssen ausgesetzt ist, für die das christliche und das heidnische Rom und ihnen zugeordnete Personen stehen, wie etwa der eine heidnische Kunstreligion propagierende junge dt. Dichter Enzio (mit Zügen S. Georges). Dass sie am Schluss den heidnischen Enzio ohne den Segen der Kirche heiratet, fand nicht den Beifall der katholischen Kritiker, entsprach aber L.s Überzeugung, dass dem Unglauben nur durch Opferbereitschaft und Liebe – wesentliche Charakteristika ihres Frauenbilds – begegnet werden könne. Ihren größten Erfolg hatte sie mit der Novelle *Die Letzte am Schafott*, die den Opfertod von Karmeliterinnen während der Französischen Revolution zum Gegenstand hat (Dramatisierung von Georges Bernanos, *Dialogues des Carmélites*, 1948; Vertonung von Francis Poulenc, 1957).

Werke: Lieder und Legenden. 1912. – Hymnen an die Kirche. 1924. – Das Schweißtuch der Veronika. Bd. 1. Der römische Brunnen. 1928. Bd. 2. Der Kranz der Engel. 1946. – Der Papst aus dem Ghetto. 1930. – Die Letzte am Schafott. 1931. – Hymnen an Deutschland. 1932. – Die ewige Frau. Die Frau in der Zeit. Die zeitlose Frau. 1934. – Die Magdeburgische Hochzeit. 1938. – Die Krone der Frau. 1950. – Der Turm der Beständigkeit. 1957. – Das fremde Kind. 1961. – Aphorismen. 1962. – Die Tochter Jephthas. 1964. – Hälfte des Lebens. Erinnerungen. 1965. – Das Schweigen 1967.

Ausgabe: Erzählende Schriften. 3 Bde. München 1956.

Lehmann, Wilhelm, 4. 5. 1882 Puerto Cabello (Venezuela) – 17. 11. 1968 Eckernförde. Nach der Rückkehr aus Venezuela, wo der Vater die Filiale einer dt. Firma leitete, wuchs L. in der Nähe Hamburgs auf, studierte Germanistik und Anglistik (Promotion Kiel 1905) und unterrichtete nach dem Staatsexamen 1908 in Neumünster und Wickersdorf (Thüringen), bis er zum Kriegsdienst (1917–18) eingezogen wurde. Er geriet in engl. Gefangenschaft (1918–19); anschließend lehrte er in Solling bei Holzminden und von 1923 bis zu seiner Pensionierung 1947 als Studienrat am Gymnasium in Eckernförde. L. wurde früh mit seinen vom Expressionismus beeinflussten Romanen bekannt; er erhielt für sie 1923, zusammen mit R. Musil, den in diesem Jahr von A. Döblin vergebenen Kleist-Preis. Seinen Platz in der Literaturgeschichte verdankt L. jedoch seiner Naturlyrik; er gilt als Begründer des so genannten naturmagischen Gedichts, das von detailliert beschriebenen Einzelphänomenen in der Natur ausgeht, um sich »mit Hilfe der Particularitäten« Gesamtvorstellungen anzunähern und sich der Welt zu versichern. Dazu tragen als poetische Mittel Gleichnisse und mythologische Anspielungen bei; die bukolische, emblematische Natur erscheint als Gegenbild zur entfremdeten modernen Welt, nicht regressiv und nicht vereinnahmbar durch die Blut-und-Boden-Ideologie des Nationalsozialismus. Mit diesen Gedichten – die erste Sammlung erschien 1935 – übte L.

einen bedeutenden Einfluss auf die Lyriker der ›inneren Emigration‹ aus; nach dem Krieg folgten weitere Gedichtbände L.s, die mit ihrer Ausblendung von gesellschaftlicher Wirklichkeit und Geschichte in den restaurativen 50er-Jahren auf breite Resonanz stießen.

Werke: Der Bilderstürmer. 1917. – Die Schmetterlingspuppe. 1918. – Weingott. 1921. – Sturz auf die Erde. 1923. – Der bedrängte Seraph. 1924. – Antwort des Schweigens. 1935. – Der grüne Gott. 1942. – Entzückter Staub. 1946. – Bewegliche Ordnung. Aufsätze. 1947. – Noch nicht genug. 1950. – Mühe des Anfangs. 1952. – Ruhm des Daseins. 1953. – Überlebender Tag. 1954. – Dichtung als Dasein. 1956. – Meine Gedichtbücher. 1957. – Kunst des Gedichts. 1961. – Abschiedslust. 1962. – Der Überläufer. 1964. – Sichtbare Zeit. 1967.
Ausgaben: Sämtliche Werke. 3 Bde. Gütersloh 1962. – Gesammelte Werke. Hrsg. von Agathe Weigel-Lehmann [u. a.]. 8 Bde. Stuttgart 1982 ff.

Leisewitz, Johann Anton, 9. 5. 1752 Hannover – 10. 9. 1806 Braunschweig. Der Sohn eines Weinhändlers studierte 1770–74 Jura in Göttingen und wurde hier in den Hainbund aufgenommen. Nach dem Examen ging er zunächst als Anwalt nach Hannover, ließ sich aber dann 1775 in Braunschweig nieder, wo er u. a. mit Lessing und Johann Joachim Eschenburg verkehrte und 1777 eine Anstellung bei einer Kreditanstalt erhielt. Hoffnungen auf eine besser bezahlte Stelle, um die er an verschiedenen Höfen nachsuchte (Meiningen, Gotha, Weimar), erfüllten sich nicht. 1786 wurde er Erzieher des braunschweigischen Erbprinzen und machte Karriere (Hofrat 1790, Kanonikus 1791, Geheimer Justizrat 1801, Präsident des Sanitätskollegiums 1805). L. ist der einzige Dramatiker des Göttinger Hains; sein *Julius von Tarent*, von Lessing und Schiller geschätzt, gestaltet das Motiv der verfeindeten Brüder formal und sprachlich in eher klassizistischer Weise, demonstriert jedoch gerade in diesem Rahmen die Abdankung der Vernunft zugunsten des absolut gesetzten Gefühls. Weitere Dramen blieben Fragment. L.' hypochondrische Natur wird in seinen Briefen und Tagebüchern sichtbar. Seine *Geschichte des Dreißigjährigen Krieges* blieb unvollendet; das Manuskript ist verloren.

Werke: Julius von Tarent. 1776. – Geschichte der Entdeckung und Eroberung der Kanarischen Inseln. 1777. [Übers.] – Über die bei der Einrichtung öffentlicher Armenanstalten zu befolgenden Grundsätze. 1802.
Ausgaben: Sämmtliche Schriften. Hrsg. von Franz Ludwig Anton Schweiger. Braunschweig 1838. Reprogr. Nachdr. Hildesheim / New York 1970. – Julius von Tarent und die dramatischen Fragmente. Hrsg. von Richard Maria Werner. Stuttgart 1889. Reprogr. Nachdr. Darmstadt 1969. – Tagebücher. Hrsg. von Heinrich Mack und Johannes Lochner. 2 Bde. Weimar 1916–20. Reprogr. Nachdr. Hildesheim / New York 1976.

Lenau, Nikolaus (d. i. Nikolaus Franz Niembsch, seit 1821 Edler von Strehlenau), 13. 8. 1802 Csastád (heute: Lenauheim) bei Temesvár (Banat; bis zum Ende des Ersten Weltkriegs Teil Ungarns) – 22. 8. 1850 Oberdöbling bei Wien. Der Sohn einer verarmten Offiziersfamilie verbrachte Kindheit und Jugend in Pest, Tokaj, Wien und Stockerau bei Wien, wo die wohlhabenden Großeltern wohnten, die dann auch sein Studium finanzierten. Sein Großvater erhielt Ende 1820 die beantragte Anerkennung des urkundlich nicht mehr nachweisbaren Adelstitels der Familie, den L. wenig später erbte und daraus sein Pseudonym als Dichter bildete. Er studierte, mehrfach Studienort (Preßburg, Wien, Ungarisch-Altenburg, Wien, Heidelberg) und Studienfach (Jura, Philosophie, Landwirtschaft, Medizin) wechselnd, von 1822 bis 1832, ohne zu einem Abschluss zu kommen. 1831 reiste er nach Württemberg und nahm Beziehungen zu den Autoren des »Schwäbischen Dichterkreises« auf; G. Schwab vermittelte ihm erste Veröffentlichungen bei Cotta. Der Versuch, 1832–33 in Amerika einen neuen Anfang zu machen, scheiterte; seine Erfahrungen gingen u. a. in F. Kürnbergers Roman *Der Amerika-Müde* (1855) ein. L. führte in den nächsten Jahren ein unstetes Leben zwischen Württemberg und

Wien, löste mehrere Verlobungen nacheinander und erlitt schließlich 1844 einen Schlaganfall, zeigte Symptome des Wahnsinns und lebte danach in Heilanstalten in Stuttgart und schließlich Oberdöbling. L. war als Dichter v. a. Lyriker; auch seine Versepen und dramatischen Szenen zeigen eine starke lyrische Prägung. Zentrum des lyrischen, von großer Musikalität getragenen Schaffens bildet die Naturlyrik; Grundton ist Trauer, Melancholie, Weltschmerz, die Naturbilder evozieren Vergänglichkeit, Verfall, Einsamkeit, Tod. Daneben stehen politische Gedichte, die für die europäischen Freiheitsbewegungen (Polenlieder), für Demokratie, Liberalismus und Emanzipation eintreten. Seine Versepen und episch-dramatischen Mischformen wie *Faust* zeigen ebenfalls die beiden Seiten des L.schen Schaffens: Neben Dichtungen des Weltschmerzes und des Nihilismus stehen – besonders aggressiv in den *Albigensern* – engagierte politische Anklagen.

Werke: Gedichte. 1832. – Frühlingsalmanach. 1835–36. [Hrsg.] – Faust. 1836. – Savonarola. 1837. – Neuere Gedichte. 1838. – Die Albigenser. 1842. – Dichterischer Nachlaß. Hrsg. von Anastasius Grün. 1851.

Ausgaben: Sämtliche Werke und Briefe. Hrsg. von Eduard Castle. 6 Bde. Leipzig 1910–23. – Werke und Briefe. Hist.-krit. Ausg. Hrsg. von Helmut Brandt [u. a.]. Wien 1989 ff.

Lenz, Hermann, 26. 2. 1913 Stuttgart – 12. 5. 1998 München. Der Sohn eines Zeichenlehrers wuchs in Künzelsau auf; seit 1924 lebte die Familie in Stuttgart. Hier blieb L. bis 1976, unterbrochen von Studentenjahren in Tübingen, Heidelberg und München (Theologie, dann Kunstgeschichte, Germanistik) und Kriegsteilnahme und anschließender Gefangenschaft in den USA. 1951–75 war er Sekretär des Stuttgarter Kunstvereins und des Süddeutschen Schriftstellerverbandes. 1976 zog er nach München. Am Beginn seines literarischen Schaffens in den 30er-Jahren stehen Gedichte, die an die naturmagische Schule anschließen (W. Lehmann u. a.). Nach dem Krieg wandte er sich dem Roman zu, doch fand sein Werk erst größere Aufmerksamkeit, als P. Handke 1973 die *Einladung, Hermann Lenz zu lesen* aussprach und nach einem Verlagswechsel alle Romane neu aufgelegt wurden. 1978 erhielt er den Georg-Büchner-Preis. Den Mittelpunkt seines erzählerischen Schaffens, das Ende der 40er-Jahre mit dem von Th. Mann gelobten Werk *Das doppelte Gesicht* einsetzte, bildet ein großer autobiographisch fundierter Romanzyklus – von *Verlassene Zimmer* (1966) bis *Herbstlicht* (1992) –, der mit entschiedenem Subjektivismus und einem Sinn für das scheinbar Nebensächliche und Belanglose Familiengeschichte und mit ihr zugleich die allgemeine Geschichte der Zeit vergegenwärtigt, handlungsarm und reich an Reflexionen. Eugen Rapp, das alter Ego des gegen seine Zeit schreibenden Autors, legt Wert darauf, wie beim »Schreiben droben in der Stube« seinen eigenen Bereich – gegenüber dem Dritten Reich, dem Krieg, der ›Welt‹ überhaupt – abzugrenzen. Der stoische Rückzug in einen ›inneren Bezirk‹, wie er in dem nicht zu dem autobiographischen Zyklus gehörenden Roman *Der innere Bezirk* bereits im Titel angedeutet wird, bezeichnet die Strategie der von einem Gefühl des Alleinseins beherrschten, bindungsarmen Gestalten L.s. Es geht darum, Distanz zu schaffen, Widerstand gegen die Forderungen der Zeit zu leisten. Verlässlich erscheint nur die Erinnerung, die zugleich Selbstkritik ermöglicht.

Werke: Gedichte. 1936. – Das stille Haus. 1947. – Das doppelte Gesicht. 1949. – Der russische Regenbogen. 1959. – Spiegelhütte. 1962. – Die Augen eines Dieners. 1964. – Verlassene Zimmer. 1966. – Andere Tage. 1968. – Im inneren Bezirk. 1970. Verm. Neuausg. u. d. T.: Der innere Bezirk. 1980. – Neue Zeit. 1975. – Wie die Zeit vergeht. 1977. – Tagebuch vom Überleben und Leben. 1978. – Die Begegnung. 1979. – Ein Fremdling. 1983. – Aus dem Leben des Eugen Rapp. 1985. – Leben und Schreiben. Frankfurter Poetikvorlesungen. 1986. – Der Wanderer. 1986. – Seltsamer Abschied. 1988. – Herbstlicht. 1992. – Jugendtage. 1993. – Zwei Frauen. 1994. – Freunde. 1997. – Die Schlangen haben samstags frei. 2002.

Lenz, Jakob Michael Reinhold, 23. 1. 1751 Seßwegen (Casvaine, Livland) – 4. 6. 1792 Moskau. Der Sohn eines Geistlichen – der Vater brachte es bis zum Superintendenten von Livland – studierte 1768–71 Theologie in Königsberg, hörte aber v. a. bei Kant, beschäftigte sich mit der modernen europäischen Literatur und dichtete selbst. Er nutzte – entgegen den väterlichen Plänen – die Gelegenheit, zwei livländische Adelige als Hofmeister nach Straßburg zu begleiten. Hier traf er Goethe und durch diesen andere Autoren des Sturm und Drang. Bis 1774 bestritt er seinen Lebensunterhalt als Begleiter und Bursche der beiden Barone, denen er u. a. in die Garnisonen Fort Louis und Landau folgte (sie waren in ein frz. Regiment eingetreten). So erfolgreich die Jahre in Straßburg in literarischer Hinsicht waren, so unglücklich verliefen seine Annäherungen an Frauen (Friederike Brion, Goethes Schwester Cornelia u. a.). Seit 1774 versuchte er, als freier Schriftsteller zu leben; 1776 folgte er Goethe nach Weimar, wo er durch sein exzentrisches Verhalten auffiel und schließlich – der Vorgang ist im Einzelnen ungeklärt – auf Veranlassung Goethes des Landes verwiesen wurde. Ende Dezember 1776 begann L. ein Wanderleben, das ihn an den Oberrhein und in die Schweiz führte. Die Anzeichen einer Geisteskrankheit (Schizophrenie?) verstärkten sich; 1778 hielt er sich bei dem Pfarrer Johann Friedrich Oberlin im Steintal (Vogesen) auf, dessen Krankheitsbericht G. Büchners Novelle *Lenz* zugrunde liegt. Anschließend übernahm Goethes Schwager Johann Georg Schlosser in Emmendingen die Betreuung des Kranken, bis ihn 1779 ein Bruder nach Riga zurückholte. Von seinem Vater abgelehnt, scheiterte er auch hier bei dem Versuch, sich eine bürgerliche Existenz aufzubauen. 1781 gelangte er nach Moskau, lebte von kleineren literarischen Arbeiten und Zuwendungen von Freunden. Am 4. Juni 1792 wurde er tot auf einer Moskauer Straße gefunden. Nach dichterischen Versuchen der Schulzeit trat L. zuerst in Königsberg mit dem religiösen Hexameterepos *Die Landplagen* und einem Gelegenheitsgedicht für Kant als Dichter hervor. Den entscheidenden Durchbruch brachte der Aufenthalt in Straßburg, wo er – inspiriert von Shakespeare und der Sturm-und-Drang-Gesellschaft – seine bedeutendsten Theaterstücke, aber auch Prosa und Lyrik schrieb. Mit Goethe sah er sich als Erneuerer der dt. Literatur. L. brach mit dem regelmäßigen klassizistischen Drama und verwirklichte stattdessen eine offene dramatische Form, die er u. a. in *Anmerkungen übers Theater* und anderen Texten begründete. Dabei kam er auch zu einer neuen, aufs Tragikomische hinzielenden Definition der Komödie als der wirklichkeitsnäheren Form des Dramas, als »Gemälde der menschlichen Gesellschaft« (»und wenn die ernsthaft wird, kann das Gemälde nicht lachend werden«). Die Stoffe sind der Gegenwart entnommen, behandeln Berufsprobleme von Akademikern und die damit verbundenen Anforderungen der Triebunterdrückung und -sublimierung (*Der Hofmeister*), zeigen den krisenhaften Zustand der Gesellschaft sowohl innerhalb der Stände als in ihrem Verhältnis zueinander (etwa im Verhältnis Bürgertum – Militär). Auch hier, in den *Soldaten*, stellt sich das Problem der Bändigung der – durchaus bejahten – sexuellen Energien des Menschen, das L. im Rahmen einer vorgeschlagenen Militärreform zu lösen suchte (*Über die Soldatenehen*). Mit der Thematik von Sublimierung und Verzicht nimmt L. eine von Petrarca ausgehende literarische Tradition auf; sie schlägt sich auch in seinen Liebesgedichten und dem von Goethes *Werther* inspirierten Briefroman *Der Waldbruder. Ein Pendant zu Werthers Leiden* nieder.

Werke: Die Landplagen. 1769. – Lustspiele nach dem Plautus fürs deutsche Theater. 1774. – Der Hofmeister oder Vortheile der Privaterziehung. 1774. – Der Neue Menoza. 1774. – Anmerkungen übers Theater nebst angehängten übersetzten Stück Shakespears. 1774. – Petrarch. 1776. – Die Freunde machen den Philosophen.

1776. – Die Soldaten. 1776. – Der Engländer. Eine dramaturgische Phantasey. 1777. – Der Waldbruder. Ein Pendant zu Werthers Leiden. In: Die Horen. 1797. – Pandämonium Germanicum. 1819. – Gesammelte Schriften. Hrsg. von Ludwig Tieck. 1828.

Ausgaben: Gesammelte Schriften. Hrsg. von Franz Blei. 5 Bde. München/Leipzig 1909–13. – Werke und Briefe. Hrsg. von Sigrid Damm. 3 Bde. Leipzig [u. a.] 1987. – Werke. Hrsg. von Christoph Weiß. 12 Bde. St. Ingbert 2001.

Lenz, Siegfried, * 17. 3. 1926 Lyck (Ostpreußen). Nach dem Abitur wurde der Sohn eines Zollbeamten 1943 zur Marine eingezogen. Kurz vor Kriegsende desertierte er in Dänemark und geriet für kurze Zeit in britische Kriegsgefangenschaft. Noch 1945 begann L. in Hamburg mit dem Studium der Philosophie, Anglistik und Germanistik. Nach Abbruch des Studiums wurde er 1948 Volontär bei der *Welt*, für die er dann 1950–51 als Redakteur arbeitete. Seit 1951 lebt er als freier Schriftsteller in Hamburg bzw. auf der dän. Insel Ålsen. 1952 schloss er sich der »Gruppe 47« an, später engagierte er sich wie G. Grass für Willy Brandt und die SPD. Er wurde mit zahlreichen Preisen, u. a. dem Friedenspreis des deutschen Buchhandels (1988), ausgezeichnet und gehört zu den bekanntesten dt. Autoren im In- und Ausland. L. ist in erster Linie Erzähler, doch neben Romanen und Erzählungen entstand zunächst auch eine Reihe von Hörspielen und Dramen, darunter *Zeit der Schuldlosen*, ein für die dt. Literatur der 50er- und 60er-Jahre typisches, vom Existentialismus beeinflusstes Parabelstück zur Schuldproblematik. In die masurische Welt seiner Kindheit führen die frühen Erzählungen *So zärtlich war Suleyken*. Seinen Durchbruch erzielte er mit dem Roman *Deutschstunde*, einem Stück literarischer Vergangenheitsbewältigung mit einem kritischen Blick auf das restaurative Nachkriegsdeutschland. Dabei übernimmt der Ich-Erzähler, dessen Vater als Polizist das Malverbot gegenüber einem Jugendfreund (mit Zügen Emil Noldes) radikal und autoritär durchzusetzen suchte, seine Erinnerungsarbeit gewissermaßen stellvertretend für alle Deutschen. Die kritische Beschäftigung mit Vergangenheit und Gegenwart charakterisieren auch Romane wie *Heimatmuseum* und *Exerzierplatz*, während sich in den späteren Werken wie *Die Klangprobe* oder *Die Auflehnung* eine Wende zum Menschlich-Psychologischen vollzieht. Einen wesentlichen Beitrag zum andauernden Erfolg leistet das auf formale Experimente verzichtende, in traditioneller Weise realistische Erzählen L.s. Er stellt es, indem er den Leser mit Fragen der Moral konfrontiert, in den Dienst seiner humanitären Überzeugungsarbeit.

Werke: Es waren Habichte in der Luft. 1951. – Duell mit dem Schatten 1953. – So zärtlich war Suleyken. 1955. – Das schönste Fest der Welt. 1956. – Der Mann im Strom. 1957. – Jäger des Spotts. Geschichten aus dieser Zeit. 1958. – Brot und Spiele. 1959. – Zeit der Schuldlosen. 1961. – Stadtgespräch. 1963. – Deutschstunde. 1968. – Das Vorbild. 1973. – Der Geist der Mirabelle. Geschichten aus Bollerup. 1975. – Einstein überquert die Elbe bei Hamburg. 1975. – Heimatmuseum. 1978. – Der Verlust. 1981. – Elfenbeinturm und Barrikade. Erfahrungen am Schreibtisch. 1983. – Ein Kriegsende. 1984. – Exerzierplatz. 1985. – Das serbische Mädchen. 1987. – Zeit der Schuldlosen und andere Stücke. 1988. – Die Klangprobe. 1990. – Über das Gedächtnis. Reden und Aufsätze. 1992. – Die Auflehnung. 1994. – Ludmilla. 1996. – Über den Schmerz. Essays. 1998. – Arnes Nachlaß. 1999. – Mutmaßungen über die Zukunft der Literatur. 2001. – Zaungast. 2002. – Fundbüro. 2003. – Die Erzählungen. 2006. – Selbstversetzung. Über Schreiben und Lesen. 2006.

Ausgabe: Die Erzählungen 1949–1984. 3 Bde. München 1986.

Lernet-Holenia, Alexander, 21. 10. 1897 Wien – 3. 7. 1976 ebd. Der Sohn eines Marineoffiziers und einer Baronin wuchs nach der Scheidung der Eltern bei der Mutter auf, nahm seit 1915 freiwillig am Ersten Weltkrieg teil und wurde 1920 von der mütterlichen Familie adoptiert (daher stammt das Namenselement Holenia). 1939 wurde er zur Wehrmacht eingezogen und in Polen verwundet; danach arbeitete er als Chefdramaturg bei der Heeresbildstelle in Berlin. 1945 kehrte er nach Österreich zurück und lebte in

Wien. Von seinem Amt als Präsident des österreichischen PEN-Clubs trat er 1962 aus Protest gegen die Verleihung des Nobelpreises an H. Böll zurück. L. begann mit stark von R. M. Rilke beeinflusster Lyrik und wandte sich dann dem Drama zu. Besonderen Erfolg hatte er mit dem Einakter *Ollapotrida* (Kleist-Preis 1926), einem Schwank um drei untreue Ehefrauen. Im Zentrum seines umfangreichen Schaffens steht jedoch die erzählende Prosa; auch von Dramen wie *Die nächtliche Hochzeit* fertigte L. Prosafassungen an. Sein Romanwerk ist geprägt vom Trauma des Untergangs der Donaumonarchie. Diese Thematik entfaltet sich v. a. im Bereich des Militärischen, wobei sich Momente des Unheimlichen und Übersinnlichen mit dem Militärischen verbinden können. Militärische Symbole stehen für die vergangene Größe: *Die Standarte*, sein bekanntestes Werk, macht den Untergang Österreich-Ungarns am Beispiel des militärischen Zeichens sinnfällig.

Werke: Pastorale. 1921. – Kanzonnair. 1923. – Demetrius. 1926. – Österreichische Komödie. 1927. – Gelegenheit macht Liebe. 1928. – Parforce. 1928. – Die nächtliche Hochzeit. 1929. [Schauspiel.] Prosafassung 1930. – Die Abenteuer eines jungen Herrn in Polen. 1931. – Ljubas Zobel. 1932. – Jo und der Herr zu Pferde. 1933. – Die Standarte. 1934. – Der Mann im Hut. 1937. – Riviera. 1937. – Ein Traum in Rot. 1939. – Mars im Widder. 1941. [Auslieferung verboten.] – Germanien. 1946. – Der Graf von Saint-Germain. 1948. – Das Feuer. 1949. – Der Graf Luna. 1955. – Die vertauschten Briefe. 1958. – Mayerling. 1960. – Das Halsband der Königin. 1962. – Die weiße Dame. 1965. – Pilatus. 1967.

Ausgabe: Das lyrische Gesamtwerk. Hrsg. von Roman Roek. Wien 1989.

Lersch, Heinrich, 12. 9. 1889 Mönchengladbach – 18. 6. 1936 Remagen. Der Sohn eines Kesselschmieds machte eine Lehre bei seinem Vater und hielt sich dann als Gelegenheitsarbeiter in verschiedenen europäischen Ländern auf. 1914 meldete er sich freiwillig; nach dem Krieg schloss er sich dem »Bund der Werkleute auf Haus Nyland« an. Seine nationale Haltung und seine Vorstellungen von Kameradschaft führten zu einer Annäherung an den Nationalsozialismus. L.s ›Arbeiterdichtung‹ – Lyrik, ein episches Gedicht (*Mensch in Eisen*), Romane und Erzählungen – ist nicht anklagend, sondern schildert vielfach mit Pathos die Arbeit und die Arbeitsbedingungen des Proletariers, der Erfüllung in seiner Arbeit findet. Berühmt wurde er mit seinen patriotischen Gedichten aus dem Ersten Weltkrieg.

Werke: Abglanz des Lebens. 1914. – Herz! Aufglühe dein Blut. 1916. – Deutschland! Lieder und Gesänge von Volk und Vaterland. 1918. – Wir Volk! 1924. – Mensch in Eisen. Gesänge von Volk und Werk. 1925. – Neue Erzählungen und Gedichte. 1926. – Stern und Amboß. 1927. – Hammerschläge. 1930. – Die Pioniere von Eilenburg. 1934. – Mit brüderlicher Stimme. 1934. – Im Pulsschlag der Maschinen. 1935. – Briefe und Gedichte aus dem Nachlaß. Hrsg. von Christian Jenssen. Hamburg 1939. – Skizzen und Erzählungen aus dem Nachlaß. Hrsg. von C. Jenssen. Hamburg 1940. – Siegfried und andere Romane aus dem Nachlaß. Hrsg. von C. Jenssen. Hamburg 1941.
Ausgabe: Ausgewählte Werke. Hrsg. von Johannes Klein. 2 Bde. Düsseldorf 1965–66.

Lessing, Gotthold Ephraim, 22. 1. 1729 Kamenz (Sachsen) – 15. 2. 1781 Braunschweig. Der Sohn eines Pfarrers besuchte die Fürstenschule St. Afra in Meißen, studierte seit 1746 (nominell) Theologie in Leipzig, wechselte 1748 zur Medizin und floh noch im selben Jahr vor seinen Gläubigern zunächst nach Wittenberg, dann nach Berlin, wo er für die *Berlinische Privilegirte Zeitung* arbeitete. Ende 1751 kehrte er nach Wittenberg zurück und legte dort 1752 das Magisterexamen ab. Bis 1755 hielt er sich in Berlin auf (Redakteur, freier Schriftsteller), zog dann nach Aufenthalten in Potsdam und Frankfurt a. d. O. nach Leipzig; eine geplante Englandreise mit einem reichen Kaufmann fand wegen des Ausbruchs des Siebenjährigen Krieges 1756 ein frühes Ende in Amsterdam. Begegnungen mit J. W. L. Gleim in Halberstadt und F. G. Klopstock und dem bedeutenden Schauspieler Konrad Ekhof in Hamburg folgten. Von 1758 an lebte L. wieder in Berlin, verließ jedoch 1760 die Stadt, um die Stelle eines Sekretärs bei dem Breslauer Stadtkommandanten General von Tauentzien anzutreten. Nach einer schweren Krankheit kehrte er 1765 nach Berlin zurück, wo sich keine Anstellung für ihn fand. 1767 wurde er Dramaturg am neu gegründeten Nationaltheater in Hamburg, das freilich nach zwei Jahren finanziell am Ende war. Seit 1770 lebte er als Bibliothekar der Herzoglichen Bibliothek in Wolfenbüttel. 1776 heiratete er Eva König, die nur 14 Monate später bald nach der Geburt eines Sohnes starb. Der Aufenthalt in Wolfenbüttel wurde durch Reisen u. a. nach Wien (Audienz bei Kaiser Joseph II. 1775) und Italien (als unfreiwilliger und missmutiger Reisebegleiter eines Braunschweiger Prinzen 1775–76) unterbrochen.

L. trug mit seinen Dramen und seinen dramaturgischen Schriften entscheidend dazu bei, das dt. Theater zu erneuern und auf ein europäisches Niveau zu heben. Hier lag auch sein eigentliches dichterisches Interesse. Seine Lyrik blieb Episode, es handelt sich, wie der Titel sagt, um anakreontische *Kleinigkeiten*; von größerer Bedeutung außerhalb der Gattung des Dramas sind nur die Fabeldichtung und die Epigrammatik, verbunden mit theoretischen Überlegungen. Stehen L.s frühe Komödien noch in der Tradition der sächsischen Typenkomödie, so führte die Beschäftigung mit dem europäischen Theater der Antike und der Moderne allmählich zu einer Abkehr von den vom frz. Klassizismus geprägten Modellen der Gottschedschule. In der Komödie geschah dies u. a. durch eine Beschäftigung mit der Commedia dell'arte und ihrer Komik sowie mit dem rührenden Lustspiel; die Konsequenz war eine Verstärkung der spezifisch bürgerlichen Züge und eine Ablösung des Gottschedschen Verlach-Konzepts. Mit *Minna von Barnhelm* gelang L. dann, mit einigen Nebenfiguren aus dem Repertoire der Commedia dell'arte und der Typenkomödie als komischen Kontrastgestalten, eine vertiefte Form der Komödie mit aktuellen zeitgeschichtlichen Bezügen und wirklichen Charakteren, eine Komödie am Rand des Tragischen. Der klassizistischen Tragödie stellte L. das bürgerliche Trauerspiel nach engl. Vorbild entgegen, das er zuerst mit *Miß Sara Sampson* in einer empfindsamen Version in die dt. Literatur einführte; einen neuen Akzent setzte er dann mit *Emilia Galotti*, wo sich der Konflikt nicht aus Liebesbeziehungen ergibt, sondern aus dem Gegensatz von höfischem und bürgerlichem Bereich, von höfischer Unmoral und privater Moral. L.s letztes Stück, *Nathan der Weise*, ist sein einziges großes Versdrama; es trug wesentlich dazu bei, den Blankvers als klassischen dt. Dramenvers durchzusetzen. Als »dramatisches Gedicht« entzieht es sich der Festlegung auf eine der dramatischen Gattungen; es geht – wie die berühmte Ringparabel in der Mitte verdeutlicht – um eine moral- und geschichtsphilosophische Botschaft, um die Aufforderung zu Toleranz und Humanität. Die theologisch-geschichtsphilosophische Schrift *Die Erziehung des Menschengeschlechts* führte die Gedanken des *Nathan* weiter. Das Stück war auch eine Antwort auf das Verbot seines Dienstherrn, die theologische (und stark polemische) Kontroverse fortzusetzen, die sich aus seiner Veröffentlichung von bibelkritischen Fragmenten aus der ungedruckt gebliebenen *Apologie oder Schutzschrift für die vernünftigen Verehrer Gottes* des verstorbenen Hermann Samuel Reimarus vor allem mit dem Hamburger Hauptpastor Johann Melchior Goeze entwickelt hatte.

L. begleitete sein dichterisches Schaffen mit einer Vielzahl literaturkritischer und v. a. gattungstheoretischer Schriften. Eine besondere Rolle spielt dabei wieder das Drama: die Auseinandersetzung mit J. C. Gottsched und der Hinweis auf Shakespeare und den Fauststoff im *17. Literaturbrief* (1759), der *Briefwechsel über das Trauerspiel* mit F. Nicolai und Moses Mendelssohn (1756–57; erst postum veröffentlicht), die *Hamburgische Dramatur-*

gie mit ihren kritischen und theoretischen Beiträgen, darunter die einflussreiche Interpretation des Satzes von Aristoteles über den Endzweck der Tragödie (»Mitleid und Furcht«). Daneben galt sein Interesse dem Epigramm und besonders der Fabel, der er die äsopische Prägnanz wiedergeben wollte. Seine grundsätzlichen Überlegungen über den Unterschied zwischen bildender Kunst und Dichtung (»Figuren und Farben in dem Raume« bzw. »artikulierte Töne in der Zeit«), vorgeführt am Beispiel der spätantiken Laokoongruppe und der Darstellung Vergils, kommentieren und kritisieren zugleich Erscheinungen der Barockdichtung und die malerischen Tendenzen der zeitgenössischen Poesie.

Werke: Die Alte Jungfer. 1749. – Beyträge zur Historie und Aufnahme des Theaters. 1750. – Kleinigkeiten. 1751. – Schrifften. 1753–55. – Theatralische Bibliothek. 1754–58. – Miß Sara Sampson. 1755. – Pope ein Metaphysiker! 1755. – Fabeln. Drey Bücher. Nebst Abhandlungen mit dieser Dichtungsart verwandten Inhalts. 1759. – Friedrichs von Logau Sinngedichte. 1759. [Hrsg., mit K. W. Ramler] – Briefe, die Neueste Litteratur betreffend. 1759–65. [Mithrsg.] – Das Theater des Herrn Diderot. Aus dem Französischen. 1760. – Laokoon: oder über die Grenzen der Mahlerey und Poesie. 1766. – Minna von Barnhelm. 1767. – Hamburgische Dramaturgie. 1767–69. – Briefe, antiquarischen Inhalts. 1768–69. – Wie die Alten den Tod gebildet. 1769. – Emilia Galotti. 1772. – Zur Geschichte und Litteratur. Aus den Schätzen der Herzoglichen Bibliothek zu Wolfenbüttel. 1773–81. – Axiomata. 1778. – Eine Duplik. 1778. – Eine Parabel. 1778. – Anti-Goeze. 1778. – Ernst und Falk. Gespräche für Freymäurer. 1778–80. – Nathan der Weise. 1779. – Die Erziehung des Menschengeschlechts. 1780.

Ausgaben: Werke. Vollständige Ausgabe. Hrsg. von Julius Petersen und Waldemar v. Olshausen. 25 Bde. Berlin/Wien 1925–35. Reprogr. Nachdr. Hildesheim / New York 1970. – Werke. Hrsg. von Herbert G. Göpfert [u. a.] 8 Bde. München 1970–78. – Werke und Briefe. 12 Bde. Hrsg. von Wilfried Barner [u. a.]. 12 Bde. Frankfurt a. M. 1985–2001.

Lettau, Reinhard, 10. 9. 1929 Erfurt – 17. 6. 1996 Berlin. L. studierte in Heidelberg und an der Harvard University Literaturwissenschaften. Er promovierte in Harvard mit einer Arbeit über *Utopie und Roman* und unterrichtete dann an verschiedenen Universitäten bzw. Colleges. 1965–1967 lebte er in Berlin als freier Schriftsteller; danach lehrte er Vergleichende Literaturwissenschaft an der University of California in San Diego. L. beteiligte sich aktiv an der Studentenbewegung in Berlin (hier war er als amerikanischer Staatsbürger von der Ausweisung bedroht) und den Aktionen gegen den Vietnamkrieg in den USA. Als Autor begann er mit parabelhafter Kurzprosa. Ausgangspunkt sind jeweils alltägliche Situationen, die mit logischer Konsequenz und Witz ins Absurde gesteigert werden und dabei auch, politisiert, kritisches Potential entfalten können. Sprach- und Medienkritik betreibt L. mit seiner Dokumentation *Alltäglicher Faschismus.* Selbstentlarvung durch die Sprache (von südamerikanischen Diktatoren im Exil) ist auch die Methode seiner *Frühstücksgespräche in Miami*, deren Hörspielfassung 1979 mit dem Hörspielpreis der Kriegsblinden ausgezeichnet wurde. Mit dem letzten Band mit Kurzprosa (*Zur Frage der Himmelsrichtungen*) kehrte L. wieder zu dem Spiel mit scheinbar sicheren Tatsachen oder verbindlichen Annahmen zurück, während der (sehr kurze) Roman *Flucht vor Gästen* im Leben eines Unbehausten autobiographische Momente erkennen lässt.

Werke: Schwierigkeiten beim Häuserbauen. 1962. – Auftritt Manigs. 1963. – Zwölf Gesellschaftsromane. 1967. – Feinde. 1968. – Gedichte. 1968. – Täglicher Faschismus. Amerikanische Evidenz aus 6 Monaten. 1971. – Immer kürzer werdende Geschichten & Gedichte & Porträts. 1973. – Zerstreutes Hinausschaun. Vom Schreiben über Vorgänge in direkter Nähe oder in der Entfernung von Schreibtischen. 1980. – Zur Frage der Himmelsrichtungen. 1988. – Flucht vor Gästen. 1994.

Ausgabe: Alle Geschichten. Hrsg. von Dawn Lettau und Hanspeter Krüger. München 1998.

Lewald, Fanny, 24. 3. 1811 Königsberg – 5. 8. 1889 Dresden. Die aus der angesehenen jüdischen Kaufmannsfamilie Marcus (seit 1812: Lewald) stammende L. trat dem Wunsch des Vaters entsprechend 1828 zum Protestantismus über. Prägend für ihre Jugend war die preußisch-patriarchalische Haltung des Vaters und eine aufklärerisch-rationale Erziehung. Nach Ende der Schulzeit im Alter von 14 Jahren blieb sie gezwungenermaßen im Kreis der Familie (eine vorgeschlagene Heirat lehnte sie ab), bis sie nach ersten Veröffentlichungen nach Berlin in eine eigene Wohnung ziehen durfte. Sie war eine der ersten Schriftstellerinnen, die vom Ertrag ihrer Arbeit leben konnte. 1845 lernte sie auf einer Italienreise den Kritiker Adolf Stahr kennen, den sie nach seiner Scheidung 1854 heiratete. Ihre Romane und publizistischen Arbeiten der 40er-Jahre nehmen emanzipatorische Gedanken des Jungen Deutschland auf, geben ihnen aber eine konkrete Gestalt. Es geht vorrangig um die Emanzipation der Frau, um ihren Zugang zur Bildung, um Ehescheidung und freie Gattenwahl. Weitere bevorzugte Themen sind Judenemanzipation, Aufhebung der Standesunterschiede, Demokratisierung des künstlerischen und politischen Lebens. Großen Erfolg hatte sie mit ihren Reisebüchern. Zu ihrem späteren Erzählwerk, mit dem sie bewusst von der ›Tendenzliteratur‹ abrückte, gehören Erzählungen mit exotischer Thematik und Künstlerromane. Von zeitgeschichtlicher Bedeutung sind ihre autobiographischen Veröffentlichungen. Nach 1870 wurde aus der Demokratin eine Monarchistin und Bismarckverehrerin. Das Eintreten für die Rechte der Frau blieb eine Konstante in ihrem Werk.

Werke: Clementine. 1842. – Jenny. 1843. – Eine Lebensfrage. 1845. – Diogena. 1847. – Italienisches Bilderbuch. 1847. – Auf rother Erde. 1850. – Erinnerungen aus dem Jahre 1848. 1850. – Liebesbriefe. Aus dem Leben eines Gefangenen. 1850. – Wandlungen. 1853. – Adele. 1855. – Deutsche Lebensbilder. 1856. – Die Kammerjungfer. 1856. – Meine Lebensgeschichte. 1861–63. – Osterbriefe für die Frauen. 1863. – Erzählungen. 1866–68. – Für und wider die Frauen. 1870. – Die Erlöserin. 1873. – Benvenuto. 1875. – Zwölf Bilder aus dem Leben. 1888.

Lichtenberg, Georg Christoph, 1. 7. 1742 Ober-Ramstadt bei Darmstadt – 24. 2. 1799 Göttingen. Das jüngste von 17 Kindern einer Pfarrerstochter und eines aufgeklärten Landgeistlichen, der es bis zum Superintendenten von Hessen-Darmstadt brachte, war von schwächlicher Konstitution und seit früher Kindheit, wohl als Folge einer Rachitis, bucklig. Er blieb, auch als Erwachsener, klein. L. besuchte von 1752 bis 1761 das Gymnasium (»Pädagogium«) in Darmstadt, dem Wohnort der Familie seit 1745, und studierte dann von 1763 an Mathematik und Physik in Göttingen. Daneben unterrichtete er 1766–71 als Hofmeister reiche engl. Studenten (einer Berufung als Professor nach Gießen folgte er nicht). 1770 gelangte er so zum ersten Mal als Reisebegleiter nach England. Darüber hinaus stieß die Verbindung mit England auf Wohlwollen bei der Universitätsverwaltung und förderte seine Karriere. 1770 wurde er zum a. o. Professor der Philosophie ernannt. Während eines zweiten, eineinhalbjährigen Englandaufenthalts 1774–75, mit dem er einer Einladung früherer Schüler nachkam und der wesentlich zu seiner geistigen Bildung beitrug, erhielt er die Nachricht von seiner Berufung zum Ordinarius für Philosophie und Experimentalphysik (1775). 1780 nahm L. ein 15-jähriges Blumenmädchen als Geliebte zu sich; sie starb 1782. 1789 heiratete er seine Geliebte Margarethe Kellner (acht Kinder 1784–97). Zahlreiche wissenschaftliche Gesellschaften (Göttingen, St. Petersburg, London usw.) nahmen ihn auf und unterstrichen seinen Rang als Physiker (»Lichtenberg-Effekt«). Mit Veröffentlichungen im *Göttinger Taschen Calender*, den er von 1778 bis 1799 redigierte, im *Göttingischen Magazin der Wissenschaften und Litteratur*, das er 1780–85 mit G. Forster herausgab, oder in Heinrich Christian Boies *Deutschem Museum* versuchte er, aufklärerisches Denken verständlich darzustellen und zu popularisieren. Berühmt (und gefürchtet) waren seine Satiren, die u. a. J. C. Lavaters Theorie der

Physiognomik oder J. H. Voß und seine Vorstellungen von der Transkription des Griechischen aufs Korn nahmen. Ein geplanter großer satirischer Roman kam – wie manche andere Projekte – nicht zustande. Seine enge Beziehung zu England manifestierte sich in seinen *Briefen aus England*, dem literarischen Ertrag seines Aufenthalts 1774–75, und in den Erklärungen der satirischen Kupferstiche von William Hogarth, auf denen L.s Ruhm v. a. im 19. Jh. basierte. Als sein eigentliches Hauptwerk haben jedoch die von L. selbst so bezeichneten *Sudelbücher* zu gelten, die er spätestens seit 1764 führte. Darin stehen ohne Ordnung literarisch durchgeformte Aphorismen, private Notizen, wissenschaftliche Bemerkungen, Exzerpte, Zitate, Reflexionen über die verschiedensten Gegenstände, Gedankenspiele, »Ideen-Körner« usw. Radikale Selbsterforschung, Erkenntnis der Bedeutung der Sexualität für menschliches Handeln und Denken, ausgesprochenes Interesse an Träumen gehören zu den besonders hervorzuhebenden Zügen der Aphorismen, die Offenheit und Modernität des Denkens mit Witz und Ironie verbinden. Eine kleine Auswahl erschien in den postumen *Vermischten Schriften*. Vollständig wurden sie erst im 20. Jh. gedruckt.

Werke: Timorus, das ist Vertheidigung zweyer Israeliten. 1773. – Briefe aus England. In: Deutsches Museum, 1776 und 1778. – Über Physiognomik; wider die Physiognomen. […] Zweyte vermehrte Auflage. 1778. – Anfangsgründe der Naturlehre. 1784. [Bearb. eines Lehrbuches von Johann Christian Polykarp Erxleben.] – Ausführliche Erklärung der Hogarthschen Kupferstiche. Erste [–Fünfte] Lieferung. 1794–99.

Ausgaben: Vermischte Schriften. Hrsg. von Ludwig Christian Lichtenberg und Friedrich Kries. 9 Bde. Göttingen 1800–06. Neue vermehrte, von den Söhnen veranstaltete Originalausgabe. 14 Bde. Göttingen 1844–53. – Schriften und Briefe. Hrsg. von Wolfgang Promies. 4 Bde. und 2 Komm.-Bde. München 1967–92. – Briefwechsel. 5 Bde. Hrsg. von Ulrich Joost [u. a.]. München 1983–92 (Bd. 1–4), 2004 (Bd. 5).

Lichtenstein, Alfred, 23. 8. 1889 Berlin – 25. 9. 1914 Vermandovilliers (Somme). Der Sohn eines jüdischen Textilfabrikanten studierte Jura in Berlin (1909–13) und dann in Erlangen, wo er 1914 mit einer Arbeit über *Die rechtswidrige öffentliche Aufführung von Bühnenwerken* promovierte. Nach der Mobilmachung 1914 wurde er eingezogen – er hatte zuvor seine Militärzeit bei einem bayerischen Infanterieregiment abgeleistet – und fiel bald danach an der Westfront. Seit 1910 veröffentlichte L. Gedichte und Prosastücke in Zeitschriften wie H. Waldens *Sturm* oder Franz Pfemferts *Aktion*; bekannt wurde er mit dem Gedicht *Die Dämmerung* (März 1911 im *Sturm* erschienen), das J. van Hoddis' Form der simultanen Darstellung disparater Realitätsmomente und Wahrnehmungen weiterführte. Gegenstand von L.s Texten ist das Großstadtleben aus der Sicht der Boheme. Stimmungen der Traurigkeit, Angst, Verzweiflung herrschen vor, schlagen ins Groteske um (»Wenn die Traurigkeit in Verzweiflung ausartet, soll man grotesk werden«). Gedichte wie Prosa-Grotesken sind von apokalyptischen Vorahnungen großer Katastrophen bestimmt. Nur eine Gedichtsammlung erschien zu seinen Lebzeiten.

Werke: Die Dämmerung. Berlin 1913 [recte 1912].
Ausgaben: Gedichte und Geschichten. Hrsg. von Kurt Lubasch. 2 Bde. München 1919. – Dichtungen. Hrsg. von Klaus Kanzog und Hartmut Vollmer. Zürich 1989.

Lichtwer, Magnus Gottfried, 30. 1. 1719 Wurzen bei Leipzig – 7. 7. 1783 Halberstadt. Der Sohn einer wohlhabenden Juristenfamilie studierte 1737–41 Jura in Leipzig und setzte nach einer Unterbrechung 1743 sein Studium in Wittenberg fort (Dr. jur. und Magister der Philosophie 1744). 1747 begann er in Wittenberg philosophische Vorlesungen zu halten, 1749 ging er als Referendar der Landesregierung nach Halberstadt (1752 Regierungsrat, 1763 Konsistorialrat, später auch Kriminal- und Vormundschaftsrat). L. war einer der populärsten Fabeldichter der Epoche. Zu den weiteren Werken des von J. C. Gottsched geförderten, im Übrigen aber sehr zurückgezogen lebenden Autors zählen ein König Friedrich II. v. Preußen gewidmetes Lehrgedicht und die kommentierte Übersetzung eines frühchristlichen Textes (Marcus Minucius Felix).

Werke: Vier Bücher Aesopischer Fabeln, in gebundener Schreib-Art. 1748. – Das Recht der Vernunft. 1758.
Ausgabe: Schriften. Hrsg. von Ernst Ludwig Magnus v. Pott. Halberstadt 1828.

Liliencron, Detlev von (d. i. Friedrich Adolph Axel Freiherr v. L.), 3. 6. 1844 Kiel – 22. 7. 1909 Alt-Rahlstedt bei Hamburg. Der aus einer verarmten Adelsfamilie stammende L. trat nach dem Besuch einer Realschule 1863 in ein westfälisches Regiment ein und nahm als Leutnant an den Kriegen gegen Dänemark (1866) und Frankreich (1870–71) teil; wegen seiner Spielschulden musste er 1875 den Dienst quittieren. Er wanderte nach Amerika aus, arbeitete wenig erfolgreich in den verschiedensten Berufen und kehrte 1877 wieder nach Deutschland zurück. Er erhielt schließlich Verwaltungsstellen im preußischen Staatsdienst (auf der Insel Pellworm bzw. in Kellinghusen, Holstein), die er aber wegen der alten Schulden 1886 ebenfalls aufgeben musste. Er wurde geschieden, leistete den Offenbarungseid und lebte als freier Schriftsteller in schwierigen Verhältnissen (1890 München, seit 1891 Ottensen bei Hamburg, seit 1901 Alt-Rahlstedt bei Hamburg), bis ihm Kaiser Wilhelm II. 1903 ein Ehrengehalt aussetzte und zu seinem 60. Geburtstag zahlreiche Geldgeschenke eintrafen. Mit seiner ersten Veröffentlichung, *Adjutantenritte und andere Gedichte*, eröffnete L. der dt. Lyrik neue Ausdrucksmöglichkeiten. Modern wirkt sein an den Impressionismus erinnerndes Verfahren der Wirklichkeitsdarstellung, die Auflösung der Realität in einzelne, sprunghaft aneinander gereihte, sensuell erfahrene Momente und Wahrnehmungen (z. B. *Viererzug*). Zum Eindruck der Unmittelbarkeit und der Ungezwungenheit trägt L.s zuweilen saloppe und ironische Ausdrucksweise bei, die sich mit strengen Formen wie Stanze oder Siziliane verbinden kann. Der Band enthält auch novellistische Skizzen. Die bevorzugten Themen L.s sind Natur, Liebe und Krieg. L. veröffentlichte neben wenig gelungenen Dramen zahlreiche weitere Gedicht- und Erzählbände; als sein Hauptwerk sah er das Epos *Poggfred* an. Kurz vor seinem Tod veröffentlichte er den autobiographischen Roman *Leben und Lüge*.

Werke: Adjutantenritte und andere Gedichte. 1883. – Breide Hummelsbüttel. 1887. – Eine Sommerschlacht. 1887. – Unter flatternden Fahnen. 1888. – Gedichte. 1889. – Der Haidegänger und andere Gedichte. 1890. – Krieg und Frieden. 1891. – Neue Gedichte. 1893. – Kriegsnovellen. 1895. – Poggfred. Kunterbuntes Epos in 12 Kantussen. 1896. Erw. 1904 und 1909. – Nebel und Sonne. 1897. – Mit dem linken Ellbogen. 1899. – Bunte Beute 1903. – Leben und Lüge. 1908. – Letzte Ernte. 1909.
Ausgaben: Sämtliche Werke. Erste Ausgabe. 15 Bde. Berlin 1896–1908. – Gesammelte Werke. Hrsg. von Richard Dehmel. 8 Bde. Berlin/Leipzig 1911–12. – Werke. Hrsg. von Benno v. Wiese. 2 Bde. Frankfurt a. M. 1977.

Liscow, Christian Ludwig, 26. 4. 1701 Wittenburg (Mecklenburg) – 30. 10. 1760 Gut Berg bei Eilenburg (Sachsen). Der Sohn eines protestantischen Geistlichen arbeitete nach seinem Studium (Rechtswissenschaft, Philosophie, Theologie in Rostock, Jena, Halle) 1729 zunächst als Hauslehrer in Lübeck, anschließend hatte er mehrere Sekretärsstellen inne. 1741 wurde er Sekretär des sächsischen Ministers Heinrich Graf v. Bühl, der ihn wegen kritischer Äußerungen 1749 verhaften ließ. Er verlor sein Amt und lebte auf dem Gut, das seine Frau mit in die Ehe gebracht hatte. L. war der erste bedeutende Prosasatiriker der dt. Aufklärung. Die Texte entstanden zwischen 1732 und 1736. Sie wurden zunächst einzeln veröffentlicht und sind fast ausnahmslos – von der zeitgenössischen Poetik als ›Pasquille‹ abgelehnte – persönliche Satiren von ausgeprägtem Vernichtungswillen, wobei allerdings hinter dem besonderen Fall als allgemeiner Richtpunkt das Ziel einer aufgeklärten Wissenschaft und Theologie steht. L. nannte sein satirisches Verfahren »eine deductio ad absurdum«, d. h. er schrieb scheinbar vom Standpunkt des Gegners aus, um dann dessen Argumente und Meinungen durch ironische Übertreibung in ihrer Dummheit und Absurdität zu entlarven. Allgemeine Themen behandelte er in seinem ironischen Plädoyer für *Die Vortrefflichkeit und Nothwendigkeit der elenden Scribenten* (1734) und der Satire auf den lutherischen Rechtfertigungsglauben, die erst postum veröffentlicht werden konnte.

Werke: Sammlung Satyrischer und Ernsthafter Schriften. 1739. – Über die Unnöthigkeit der guten Werke zur Seligkeit. 1803.
Ausgabe: Schriften. Hrsg. von Carl Müchler. 3 Bde. Berlin 1806. Reprogr. Nachdr. Frankfurt a. M. 1972.

Lobwasser, Ambrosius, 4. 4. 1515 Schneeberg (Erzgebirge) – 27. 11. 1585 Königsberg. Der Sohn einer im Silber- bzw. Kobaltbergbau tätigen Familie besuchte seit 1528 die Schule, dann ab 1531 die Universität in Leipzig (Magister 1535). Hier erhielt er 1538 eine Professur an der Artistenfakultät und bekannte sich 1539 mit allen Leipziger Hochschullehrern öffentlich zur lutherischen Konfession. 1549 reiste er über Löwen nach Frankreich (Paris, Bourges, Anjou). Er nahm das Studium der Rechtswissenschaften auf und lernte zugleich die Glaubenslehre der Hugenotten sowie deren Psalmengesang kennen. Um 1555 kehrte er nach Deutschland zurück (Kanzler des Burggrafen v. Meißen), 1561 ging er nach Bologna und promovierte 1562 zum Dr. jur. utr. 1563 wurde er auf den zweiten juristischen Lehrstuhl der Universität Königsberg berufen. Seit 1566 war er auch als herzoglicher Rat und Beisitzer am Hofgericht tätig; 1580 gab er, durch Krankheiten geschwächt, das Lehramt auf. Sein literarisches Werk umfasst lat. Gelegenheitsdichtungen und -schriften, der hergebrachten Spruchdichtung verpflichtete dt. Epigramme, die Übersetzung eines neulat. Dramas des Schotten George Buchanan, erbauliche Bibelsummarien und Kirchenlieder. Sein bedeutendstes und erfolgreichstes Werk war die deutsche Version des Hugenottenpsalters, die Strophenform und (silbenzählendes) Versmaß der frz. Vorlage bewahrte, um die Melodien unverändert übernehmen zu können. Sie wurde für Jahrhunderte Grundlage aller Gesangbücher der reformierten dt. Gemeinden.

Werke: Der Psalter deß Königlichen Propheten Davids. 1573. – Bewerte Hymni Patrum [...] aus dem Latein ins Deutsche mit gleichen Reimen gebracht. 1579. – Eine Tragoedia Von der Entheuptung S. Johannes des Teuffers [...] in deudtsche reim gebracht. o. J. [Buchanan-Übers.] – Biblia, darinnen die Summarien aller Capittel der gantzen heiligen Schrift [...] in deutsche Reim verfasset. 1584. – Deutsche Epigrammata. 1611.

Locher, Jacob, gen. Philomusus, Juli 1471 Ehingen (Donau) – 4. 12. 1528 Ingolstadt. Nach Studien in Basel, Freiburg i. Br. und Ingolstadt (1489) – hier hörte er Vorlesungen von C. Celtis – sowie einer Studienreise nach Italien (1493 Bologna, Pavia, Padua) lehrte er Poesie an den Universitäten in Freiburg (1495–98, 1503–06) und Ingolstadt (1498–1503, seit 1506). Die Begegnung mit Celtis und dem ital. Humanismus prägte seine Auffassung von Poesie und sein Eintreten für die Verbreitung der wieder entdeckten Werke der Antike durch Vorlesungen und Editionen (u. a. erste Horazausgabe in Deutschland). Mit seiner Übertragung ins Lateinische verschaffte er dem *Narrenschiff* S. Brants europäische Resonanz. Aktuelle politische Themen (Türkengefahr) sind Gegenstand seiner an Kaiser Maximilian I. gerichteten dramatischen Versuche und patriotischen Gedichte (Dichterkrönung 1497, Ernennung zum Kaiserlichen Pfalzgrafen 1502). Als neulat. Lyriker führte er als einer der Ersten die erotische Elegie in die dt. Literatur ein.

Werke: Historia de rege Franciae. 1495. – Oratio de studio humanarum disciplinarum et laude poetarum. 1496. – Stultifera navis. 1497. [Brant-Übers.] – Tragedia de Thurcis et Suldano. 1497. – Horatius: Opera. 1498. [Ed.] – Iudicium Paridis de pomo aureo. 1502. – Vitiosa sterilis mule ad musam [...] comparatio. 1506. – [Poemata.] 1513. – Compendium rhetorices. 1518.

Loeben, Otto Heinrich Graf von (auch: Isidorus Orientalis), 18. 8. 1786 Dresden – 3. 4. 1825 ebd. L., Sohn eines kursächsischen Kabinettsministers, studierte von 1804 an Jura in Wittenberg und Heidelberg (1806–07). In Heidelberg war er Mittelpunkt eines kleinen Dichterkreises, dem auch J. v. Eichendorff angehörte. In den folgenden Jahren lebte er u. a. in Wien, Berlin und bei F. de la Motte Fouqué in Nennhausen. Nachdem er 1813 kurz am Krieg gegen Napoleon teilgenommen hatte, kehrte er nach Dresden zurück. Sein Werk umfasst u. a. romantische Lyrik mit einer Vorliebe für romanische Formen (Sonett), Erzählungen nach romantischen Motiven (z. B. die Novelle *Loreley*) und einen Roman, *Guido*, mit dem er gleichsam Novalis' *Heinrich von Ofterdingen* neu zu schreiben und zu vollenden suchte. Zu L.s (quasi)romantischer Poesie gehört die Einbeziehung mittelalterlicher, romanischer und orientalischer Momente.

Werke: Blätter aus dem Reisebüchlein eines andächtigen Pilgers. 1808. – Guido. 1808. – Gedichte. 1810. – Arkadien. 1811–12. – Die Hesperiden. 1816. [Zs.] – Der Schwan. 1816. – Lotosblätter. 1817. – Ritterehr' und Minnedienst. 1819. – Loreley. Eine Sage vom Rhein. In: Urania 1821. – Erzählungen. 1822–24.

Loen, Johann Michael von (auch: Loën), 11. 12. 1694 Frankfurt a. M. – 24. 7. 1776 Lingen. Der aus einer im 17. Jh. nach Deutschland eingewanderten reformierten niederländischen Kaufmannsfamilie stammende L. studierte Rechtswissenschaft in Marburg (1711) und Halle (1712–1715); u. a. hörte er bei C. Thomasius und Nicolaus Hieronymus Gundling. Nach ausgedehnten Reisen (1716–24) ließ er sich in Frankfurt a. M. nieder und heiratete 1729

Katharina Sibylla Lindheimer, eine Schwester von Goethes Großmutter Textor. Sein Vermögen erlaubte ihm ein der Kunst und Wissenschaft gewidmetes Leben; daneben bewirtschaftete er ein Gut im nahe gelegenen Mörfelden. 1752 übernahm er das Amt eines preußischen Regierungspräsidenten von Tecklenburg und Lingen. Im Siebenjährigen Krieg wurde er von frz. Truppen vier Jahre als Geisel in Wesen gefangen gehalten (1757–61). 1765 trat er von seinem Amt zurück. Er erblindete allmählich; eine von J. H. Jung-Stilling vorgenommene Operation blieb erfolglos. Sein vielseitiges Werk umfasst von aufklärerischer Toleranz geprägte theologische Schriften, die auf eine Wiedervereinigung der christlichen Konfessionen zielen, Beiträge zur Staatswissenschaft in unterschiedlichen Formen (Traktat, politisches Testament, Brief, fiktive Reisebriefe u. a.), Übersetzungen von Texten Fénelons und den Staatsroman *Der Redliche Mann am Hofe*, der für Reformen im Sinn des aufgeklärten Absolutismus und zentraler bürgerlicher Wertvorstellungen (»Redlichkeit«) eintritt und eine pietistisch geprägte Christianopolis-Utopie enthält.

Werke: Der vernünftige Gottesdienst. 1737. – Der Redliche Mann am Hofe; Oder die Begebenheiten Des Grafen von Rivera. 1740. – Fenelon's Gespräche der Todten der alten und neuen Welt. 1745. – Freye Gedanken zur Verbesserung der Menschlichen Gesellschaft. 1746–47. – Entwurf einer Staatskunst. 1747. – Neue Sammlung der merkwürdigsten Reisegeschichten. 1748–52. – Gesammelte Kleine Schriften. 1749–52. – Die einzige wahre Religion. 1750. – Moralische Gedichte. 1751.

Löns, Hermann, 29. 8. 1866 Kulm (Westpreußen) – 26. 9. 1914 bei Reims. Der Sohn eines Gymnasialprofessors wuchs in Westpreußen und Pommern auf und machte – nach dem Umzug der Familie 1884 – Abitur in Münster. Er begann mit dem Studium der Medizin bzw. Naturwissenschaften in Münster und Greifswald, scheiterte aber wegen seiner Trunksucht. Nach kurzer journalistischer Tätigkeit in Kaiserslautern (1891) und Gera (1892) arbeitete er 1893–1909 für verschiedene Zeitungen in Hannover und wurde mit seinen Glossen, Anekdoten und Gedichten berühmt. Nach dem Erfolg seiner ersten Bücher lebte er seit 1909 als freier Schriftsteller; 1914 meldete er sich freiwillig und fiel bei einem Angriff auf Reims. Neben seinen journalistischen Arbeiten und den von genauer Naturkenntnis getragenen Jagd- und Tiergeschichten schrieb L. von 1909 an eine Reihe von Romanen, die ihn als Vertreter einer konservativen, ›germanisch‹-nationalistischen und fremdenfeindlichen Heimatliteratur ausweisen. Die Romane verbinden anschauliche Naturschilderungen mit der Darstellung des Lebens und des Lebenskampfes schollengebundener Heidebewohner und ihrer »Stämme«. Dabei gilt das Recht des Stärkeren, wie es etwa der im Dreißigjährigen Krieg spielende Roman *Der Wehrwolf* ausweist, der zugleich implizit auf Ängste der Gegenwart anspielt.

Werke: Mein goldenes Buch. 1901. – Mein grünes Buch. 1901. – Mein braunes Buch. 1907. – Ulenspeigels Lieder. 1908. – Aus Wald und Heide. 1909. – Der letzte Hansbur. 1909. – Die Erhaltung unserer Tierwelt. 1909. – Mein blaues Buch. 1909. – Mümmelmann. 1909. – Was da kreucht und fleugt. 1909. – Dahinten in der Heide. 1910. – Der Wehrwolf. 1910. – Das zweite Gesicht. 1911. – Der kleine Rosengarten. 1911. – Haidbilder. 1913. – Die Häuser von Ohlenhof. 1917.
Ausgabe: Gesamtausgabe. Hrsg. von Wilhelm Deimann. 5 Bde. Hamburg 1960.

Loerke, Oskar, 13. 3. 1884 Jungen (Weichsel) – 24. 2. 1941 Berlin-Frohnau. Der Sohn eines Hof- und Ziegeleibesitzers wuchs in Westpreußen auf und begann 1903 mit dem Studium der Philosophie, Geschichte und Germanistik in Berlin, entschloss sich aber 1907, freier Schriftsteller zu werden (Kleist-Preis 1913). Die ersten Kriegsjahre arbeitete er als Dramaturg bei dem Bühnenverlag Bloch; nach einer kurzen Einberufung zum Garnisonsdienst – er war chronisch krank – wurde er 1917 Lektor bei S. Fischer in Berlin. Von 1928 bis 1933 war er auch Sekretär der Sektion für Dichtkunst der Preußischen Akademie der Künste. Als Lektor und Kritiker übte er großen Einfluss aus. Seine frühen Gedichte sind in expressionistischem Geist von emphatisch-naturmystischen Vorstellungen einer kosmischen Harmonie getragen. Mit seiner späteren Dichtung, die die verborgenen Zusammenhänge in der Welt gleichnishaft-emblematisch sichtbar zu machen suchte, wurde er zu einem der Begründer der modernen Naturlyrik. Zur poetischen Technik – und zur Modernität – der formstrengen Gedichte gehört die Einbeziehung von mythischen, religiösen und geschichtlichen Elementen und das Betonen von Brüchen durch die Verbindung disparater Sprachwelten. Dadurch konnte L.s Naturlyrik auch verschlüsselter Ausdruck der Verweigerung gegenüber dem Nationalsozialismus werden. Die letzten Gedichtbände, *Der Silberdistelwald* und *Der Wald der Welt*, die eine weitere Entwicklung zum Spruchhaften erkennen lassen, sind bedeutende Zeugnisse der ›inneren Emigration‹. Sein wichtigstes erzählerisches Werk ist der Roman *Der Oger*, eine an den Expressionismus anknüpfende Verfalls- und Vater-Sohn-Konflikt-Geschichte.

Werke: Vineta. 1907. – Wanderschaft. 1911. – Gedichte. 1916. ²1929 u. d. T.: Pansmusik. – Der Oger. 1921. – Die heimliche Stadt. 1921. – Zeitgenosse aus vielen Zeiten. 1925. – Der längste Tag. 1926. – Atem der Erde. 1930. – Der Silberdistelwald. 1934. – Das unsichtbare Reich. 1935. – Der Wald der Welt. 1936. – Anton Bruckner. 1938. – Hausfreunde. 1939. – Die Abschiedshand. Hrsg. von Hermann Kasack. 1949. – Tagebücher 1903–1939. Hrsg. von H. Kasack. 1955.

Ausgabe: Die Gedichte. Neu durchges. von Reinhard Tgahrt. Frankfurt a. M. 1984.

Loest, Erich, * 24. 2. 1926 Mittweida (Sachsen). L. wurde 1944 zur Wehrmacht eingezogen, geriet bei Kriegsende kurz in Gefangenschaft und arbeitete anschließend auf einem Gutshof in Sachsen und als Hilfsarbeiter in den Leuna-Werken. Er holte das Abitur nach und begann 1946 als freier Mitarbeiter für die *Leipziger Volkszeitung* zu schreiben. 1947 trat er in die SED ein, wurde Redakteur bei der *Volkszeitung* und 1952 Leipziger Bezirksvorsitzender des Schriftstellerverbandes der DDR. Er geriet jedoch bald in Konflikt mit der Parteiführung (etwa über die Deutung der Ereignisse des 17. Juni 1953) und wurde 1957 wegen seiner Beteiligung an den Demokratisierungsdebatten nach dem 20. Parteitag der KPdSU verhaftet und ein Jahr später zu sieben Jahren Zuchthaus verurteilt. Nach seiner Entlassung aus der Haft (Bautzen) im September 1964 lebte er wieder in Leipzig; 1979 verließ er den Schriftstellerverband der DDR, 1981 siedelte er in die BRD über. Mit seinem Sohn gründete er 1989 den Linden-Verlag in Künzelsau (seit 1990 auch in Leipzig). Er lebt in Bad Godesberg und Leipzig. Der ungemein produktive Schriftsteller, der auch seinem sächsischen Landsmann K. May einen Roman widmete, begann mit einfachen politischen Romanen und Kriminalromanen, entwickelte sich aber zunehmend zu einem kritischen Beobachter der Verhältnisse in der DDR. In Werken wie *Es geht seinen Gang* oder *Zwiebelmuster* gibt er präzise Schilderungen der Muffigkeit und Provinzialität des Lebens in der DDR bzw. der Alltagsprobleme von DDR-Intellektuellen; die eigene Geschichte ist Gegenstand der Autobiographie *Durch die Erde ein Riß*. Die historische Dimension erschließt der Roman *Völkerschlachtdenkmal* mit seinem Rückblick auf 150 Jahre dt. und sächsische Geschichte. Von einem rühmlichen Kapitel dieser Geschichte berichtet der Roman *Nikolaikirche*.

Werke: Jungen, die übrig blieben. 1950. – Die Westmark fällt weiter. 1952. – Das Jahr der Prüfung. 1954. – Schattenboxen. 1973. – Es geht seinen Gang oder Mühen in unserer Ebene. 1978. – Swallow, mein wackerer Mustang. 1980. – Durch die Erde ein Riß. Ein Lebenslauf. 1981. – Völkerschlachtdenkmal. 1984. – Zwiebelmuster. 1985. – Saison in Key West. Reisebilder. 1986. – Froschkonzert. 1987. – Fallhöhe. 1989. – Der Zorn des Schafes. Aus meinem Tagwerk. 1990. – Die Stasi war mein Eckermann. Oder: Mein

Leben mit der Wanze. 1991. – Heute kommt Westbesuch. Zwei Monologe. 1992. – Katerfrühstück. 1992. – Nikolaikirche. 1995. – Als wir in den Westen kamen. Gedanken eines literarischen Grenzgängers. 1997. – Gute Genossen. 1999. – Die Mäuse des Dr. Ley. 2000. – Reichsgericht. 2001. – Träumereien eines Grenzgängers. Respektlose Bemerkungen über Kultur und Politik. 2001. – Sommergewitter. 2005.

Ausgabe: Werkausgabe. Künzelsau [ab 1992 Leipzig] 1991 ff.

Loetscher, Hugo, * 22. 12. 1929 Zürich. L. studierte politische Wissenschaften, Soziologie, Wirtschaftsgeschichte und Literatur in Zürich und Paris (Dr. phil. Zürich 1956) und arbeitete anschließend bis 1969 als Redakteur bei verschiedenen Zeitschriften und Zeitungen. Seit 1969 lebt L. als Publizist und freier Schriftsteller in Zürich. Zu seinem publizistischen Werk gehören zahlreiche Reisebeschreibungen und -berichte (Lateinamerika, Ferner Osten), wobei die Erfahrungen in der Ferne auch den Blick auf das eigene Land schärfen. Von diesem ist in parabolischer Form in L.s erstem Prosawerk *Abwässer* die Rede. Als sein Hauptwerk gelten die Romane *Der Immune* und *Die Papiere des Immunen*: Erinnerungen (auch autobiographischer Natur), eine Vielzahl von Geschichten und essayistische Partien verbinden sich zur Darstellung einer Welt der Not und Unterdrückung – und der Suche nach einem Ausweg, nach Strategien des Überlebens. Dabei zielt L.s Engagement insbesondere auf die Situation der Kinder, v. a. in den Ländern der Dritten Welt bzw. den Schwellenländern (z. B. *Wunderwelt*). Mit dem Band *Es war einmal die Welt* trat L. in einer sehr persönlichen poetischen Rückschau zum ersten Mal als Lyriker hervor.

Werke: Abwässer. Ein Gutachten. 1963. – Die Kranzflechterin. 1964. – Noah. Roman einer Konjunktur. 1967. – Zehn Jahre Fidel Castro. Reportage und Analyse. 1970. – Der Immune. 1975. Überarb. Fassung 1985. – Wunderwelt. Eine brasilianische Begegnung. 1979. – Herbst in der großen Orange. 1982. – Der Waschküchenschlüssel und andere Helvetica. 1983. Erw. u. d. T.: Der Waschküchenschlüssel oder Was – wenn Gott Schweizer wäre? 1988. – Die

Fliege und die Suppe und 33 andere Tiere in 33 anderen Situationen. 1989. – Die Papiere des Immunen. 1986. – Vom Erzählen erzählen. Münchner Poetikvorlesungen. 1988. Erw. 1999. – Der predigende Hahn. Das literarisch-moralische Nutztier. 1992. – Saison. 1995. – Die Augen des Mandarin. 1999. – Ás tischört und plutschins. Über das Unreine in der Sprache. Eine helvetische Situierung. 2000. – Der Buckel. Geschichten. 2002. – Lesen statt klettern. Aufsätze zur literarischen Schweiz. 2003. – Es war einmal die Welt. 2004.

Logau, Friedrich von, 24. 2. 1605 Gut Brockut bei Nimptsch (Schlesien) – 25. 8. 1655 Liegnitz. Nach langem, durch die Kriegswirren vielfach unterbrochenem Schulbesuch in Brieg (1614–25) studierte L. von 1625 an Jura an der Universität Altdorf. Um 1633 übernahm er das verwüstete und verschuldete Familiengut, musste jedoch aus finanziellen Gründen in den Dienst des Brieger Hofes treten. 1644 wurde er zum Hofrat ernannt, 1654 wechselte er im Zug einer Erbteilung und Neuordnung der Herzogtümer als Hofmarschall nach Liegnitz über. L. war als Dichter fast ausschließlich Epigrammatiker; in der »Fruchtbringenden Gesellschaft«, 1648 aufgenommen, war er »Der Verkleinernde«. Sein Hauptwerk erschien unter einem Pseudonym; es spiegelt mit seinen genau 3560 Epigrammen in kritisch-satirischer Weise die Fülle der Erscheinungen der Welt und stellt der ›verkehrten‹ zeitgenössischen Wirklichkeit das Bild einer idealisierten Vergangenheit entgegen, in der noch die alten dt. Tugenden, und nicht die neue ›politische‹ Moral des absolutistischen Staats, Leben und Politik bestimmten.

Werke: Erstes [-Andres] Hundert Teutscher Reimen-Sprüche. 1638. – Salomons von Golaw Deutscher Sinn Getichte Drey Tausend. 1654.

Ausgaben: Sinngedichte. Zwölf Bücher. [...] hrsg. von C. W. Ramler und G. E. Lessing. Leipzig 1759. – Sämmtliche Sinngedichte. Hrsg. von Gustav Eitner. Tübingen 1872. Reprogr. Nachdr. Hildesheim / New York 1974. – Reimensprüche und andere Werke in Einzeldrucken. Hrsg. von Ulrich Seelbach. Tübingen 1992.

Lohenstein, Daniel Casper von (d. i. bis 1670 Daniel Casper), 25. 1. 1635 Nimptsch (Schlesien) – 28. 4. 1683 Breslau. Der erbliche Adelstitel mit dem Prädikat »von Lohenstein« wurde dem Vater des Dichters, einem Nimptscher Ratsherrn und kaiserlichen Zoll- und Steuereinnehmer, erst 1670 verliehen. Der Sohn besuchte zunächst das Breslauer Magdalenengymnasium (1642–51), studierte dann von 1651 bis 1655 Jura in Leipzig und Tübingen und ließ sich nach einer Bildungsreise (Schweiz, Niederlande) 1657 als Anwalt in Breslau nieder. Nach einer kurzen Tätigkeit als Regierungsrat des Fürstentums Oels (1668–70) trat L. 1670 in den Dienst der Stadt Breslau, zunächst als Syndikus, ab 1675 als Obersyndikus, und führte in seiner Funktion als Rechtsberater des Rats der Stadt erfolgreiche diplomatische Verhandlungen in Wien. Sieht man von der Lyrik ab, so spiegelt L.s literarisches Schaffen v. a. seine politischen und historischen Interessen. Das gilt für seine Gracián-Übersetzung, für seine sechs Dramen und für sein letztes Werk, den großen *Arminius*-Roman, der von Christian Wagner, einem Leipziger Prediger, zu Ende geführt werden musste. Anders als bei A. Gryphius geht es in L.s Dramen nicht mehr um die Entscheidung zwischen Zeit und Ewigkeit, sondern die auszutragenden Konflikte sind – vor dem Hintergrund eines unabänderlichen Geschichtsverlaufs – durchaus innerweltlich und thematisieren die Problematik politischen Handelns im Kontext der Antithese von Vernunft und Leidenschaften. Der voluminöse *Arminius* verbindet Handlungs- und Formelemente des höfisch-historischen Romans mit einer ausgesprochen wissenschaftlich-enzyklopädischen Tendenz zu einer Art weltgeschichtlichem Schlüsselroman, der Ereignisse und Personen neuerer Zeiten in verdeckter Form einbezieht und als Kommentar zur aktuellen politischen Lage begriffen werden will.

Werke: Ibrahim [Bassa]. 1653. – Disputatio juridica de voluntate. 1655. – Cleopatra. 1661. [2. Fassung 1680.] – Agrippina. 1665. – Epicharis. 1665. – Lorentz Gratians Staats-Kluger Catholischer Ferdinand. 1672. – Ibrahim Sultan. 1673. – Sophonisbe. 1680. – Blumen. 1680. – Großmüthiger Feldherr Arminius oder Herrmann. 1689–90.
Ausgaben: Türkische Trauerspiele. Römische Trauerspiele. Afrikanische Trauerspiele. Hrsg. von Klaus Günther Just. 3 Bde. Stuttgart 1953–57. – Großmüthiger Feldherr Arminius. Hrsg. von Elida Maria Szarota. Hildesheim / New York 1973. – Lyrica. Hrsg. von Gerhard Spellerberg. Tübingen 1992. – Sämtliche Werke. Hist.-krit. Ausg. Hrsg. von Lothar Mundt [u. a.]. Berlin / New York 2005 ff.

Lotichius Secundus, Petrus, 2. 11. 1528 Niederzell bei Schlüchtern (Hessen) – 7. 11. 1560 Heidelberg. Der Bauernsohn nannte sich ›Secundus‹ zur Unterscheidung von seinem namensgleichen Onkel, Abt des Klosters Schlüchtern, dem er die Grundlagen seiner Schulbildung verdankte. Er studierte in Marburg, Leipzig (bei Joachim Camerarius) und Wittenberg (bei Philipp Melanchthon), ließ sich im Schmalkaldischen Krieg (1547) als Soldat anwerben und setzte nach dem Krieg sein Studium zunächst in Erfurt, dann in Wittenberg fort (Magister artium 1548). Als Hofmeister hielt er sich längere Zeit in Frankreich auf (1550–1554; u. a. Paris, Burgund, Montpellier); 1554 ermöglichte ihm ein Gönner eine Reise nach Italien und die Fortführung seiner medizinischen Studien (Padua, Bologna). Nach der Promotion zum Dr. med. (Bologna 1556) kehrte er nach Deutschland zurück und lehrte von 1557 bis zu seinem Tod Medizin und Botanik an der Heidelberger Universität. L. gilt als der bedeutendste neulat. Lyriker des 16. Jh.s in Deutschland. Im Zentrum seines Werkes stehen die seit 1551 erscheinenden Elegienbücher, die formal (elegische Distichen) und inhaltlich an die römische Liebeselegie anschließen. Den Hintergrund bildet L.s eigenes Leben; in einer Art poetischem Tagebuch gelingt es ihm, äußere Eindrücke und Erfahrungen zu verinnerlichen und zu reflektieren und seelisches Erleben zu artikulieren. Gedichte in verschiedenen Versmaßen und Formen, vorwiegend Gelegenheitsdichtungen, ergänzen das Elegienwerk. Die postum erschienenen *Poemata* (1563) sind als Ausgabe letzter Hand zu verstehen.

Werke: Elegiarum liber. Eiusdem carminum libellus. 1551. – Elegiarum liber II. 1553. – Carminum libellus. 1556. – Poemata. 1563. – Opera omnia. 1586.
Ausgabe: Poemata omnia. Hrsg. von Petrus Burmannus Secundus. 2 Bde. Amsterdam 1754.

Lotz, Ernst Wilhelm, 6. 2. 1890 Kulm (Weichsel) – 26. 9. 1914 bei Bouconville (Nordfrankreich). Der Sohn eines Kadettenlehrers wurde in Kadettenanstalten und der Kriegsschule Kassel auf eine Militärkarriere vorbereitet, nahm jedoch als Leutnant seinen Abschied. Er entschied sich zunächst für eine kaufmännische Laufbahn (1911–12: Handelsschule, Buchhandelslehre, Volontariat bei einer Hamburger Import-Export-Firma), versuchte aber dann, sich als freier Schriftsteller zu etablieren. Zuletzt lebte er in Berlin und Dresden und unterhielt enge Beziehungen zu expressionistischen Zirkeln. 1914 meldete er sich freiwillig und fiel als Kompanieführer an der Westfront. L. begann mit lyrischen Impressionen in der Nachfolge Arthur Rimbauds und schloss sich dann der expressionistischen Aufbruchsstimmung mit schwungvoller Geste und betont eigenwillig-kühner Sprachgebung an (*Aufbruch der Jugend*). Zu seinen Lebzeiten erschienen neben dem »Lyrischen Flugblatt« *Und schöne Raubtierflecken …* nur wenige seiner Gedichte in Zeitschriften. Ein großer Erfolg wurde der postume Band *Wolkenüberflaggt* (Bd. 36 der Sammlung »Der jüngste Tag«).

Werke: Und schöne Raubtierflecken … 1913. – Wolkenüberflaggt. Hrsg. von Henny Lotz. 1917. – Prosaversuche und Feldpostbriefe. Hrsg. von Hellmut Draws-Tychsen. Dießen/Ammersee 1955.

Ludwig, Fürst von Anhalt-Köthen, 17. 6. 1579 Dessau – 7. 1. 1650 Köthen. Die kalvinistisch geprägte Erziehung des Thronfolgers fand ihren Abschluss in zwei Bildungsreisen, die ihn 1596–97 über die Niederlande nach England und Frankreich und 1598–1602 nach Italien führten. In Florenz wurde er 1600 in die »Accademia della Crusca« aufgenommen, Vorbild für die von ihm 1617 mitbegründete »Fruchtbringende Gesellschaft« (FG). 1606 übernahm er die Regierung und suchte die in Italien empfangenen Anregungen fruchtbar zu machen. Im Zusammenhang mit einer Reform des Bildungswesen, für die er Wolfgang Ratke (Ratichius) gewonnen hatte, gründete er 1618 eine eigene Druckerei, die zunächst v. a. der Schulbuchproduktion, dann aber den Interessen der FG diente. Formell stand L. der ersten und bedeutendsten dt. Sprachgesellschaft erst seit 1628 vor. Sein literarisches Werk umfasst Übersetzungen und Ausgaben ital. Texte, eine unvollendete, erst postum gedruckte autobiographische Dichtung in Alexandrinern, Bibeldichtungen, eine gereimte Poetik sowie Schriften zur FG.

Werke: Johannis Baptistae Gelli [...] Anmutige Gespräch Capricci del Bottaio genandt. 1619. – Johannis Baptistae Gelli [...] Anmütige Gespräch / La Circe genandt. 1619. – Kurtzer Bericht der Fruchtbringenden Gesellschafft Zweck und Vorhaben. 1622. [Erw. Ausg. mit z. T. veränderten Titeln 1624, 1628, 1630, 1641, 1646.] – Das Buch Hiob [...]: In zwölf vnd dreyzehen silbige deutsche Reime gesetzt. 1638. – Kurtze Anleitung Zur Deutschen Poesi oder Reim-Kunst. 1640. – Francisci Petrarchae [...] Sechs Triumphi oder Siegesprachten. 1643. – Reise-Beschreibung von ihm selbst in Deutsche Verse gebracht. In: Johann Christoph Beckmann: Accessiones historiae Anhaltinae. 1716.

Ausgabe: Werke. Hrsg. von Klaus Conermann. Tübingen 1992ff. [Die deutsche Akademie des 17. Jh.s: Fruchtbringende Gesellschaft. Reihe 2. Abt. A: Köthen.]

Ludwig, Otto, 12. 2. 1813 Eisfeld (Werra) – 25. 2. 1865 Dresden. Der Sohn eines Stadtsyndicus und herzoglich-sächsischen Hofrats musste nach dem frühen Tod des Vaters die höhere Schule abbrechen und machte stattdessen eine Kaufmannslehre. Stipendien des Herzogs von Sachsen-Meiningen ermöglichten ihm zunächst das Musikstudium bei Felix Mendelssohn-Bartholdy in Leipzig (1839–40), dann literarische Studien. Seine Einkünfte als freier Schriftsteller waren eher kärglich. Seit 1859 unterstützte ihn die Deutsche Schillerstiftung. Sein dichterischer Ehrgeiz galt v. a. der Tragödie; vieles blieb freilich Fragment. Mit dem *Erbförster* (UA 1850) gelang ihm ein erfolgreiches, psychologisch begründetes bürgerliches Trauerspiel, mit den *Makkabäern* (UA 1852) zielte er auf das große Geschichtsdrama. Im Gegensatz zu den Dramen weist L.s reifes erzählerisches Werk – die romanhafte große Erzählung *Zwischen Himmel und Erde* und Dorfgeschichten in der Nachfolge B. Auerbachs – innovative Züge auf; es zeigt in der Erzähltechnik eine Annäherung an erlebte Rede und inneren Monolog und unterstreicht damit, dass es bei allem Realismus der kleinbürgerlichen und dörflichen Milieuschilderung letztlich um die Darstellung innerer Vorgänge und sittlicher Entscheidungen geht. L. begleitete seine dramatischen und erzählerischen Werke mit entsprechenden (erst postum veröffentlichten) poetologischen Studien (*Romanstudien*, *Shakespeare-Studien*); hier findet sich u. a. seine Definition des ›poetischen Realismus‹.

Werke: Der Erbförster. 1853. – Die Makkabäer. 1854. – Zwischen Himmel und Erde. 1856. – Die Heiterethei und ihr Widerspiel. 1857. – Shakespeare-Studien. 1871. – Nachlaßschriften. Hrsg. von Moritz Heydrich. 2 Bde. 1873–74.
Ausgaben: Gesammelte Werke. Mit einer Einl. von Gustav Freytag. 5 Bde. Berlin 1870. – Gesammelte Schriften. Hrsg. von Adolf Stern und Erich Schmidt. 6 Bde. Leipzig 1891. – Sämtliche Werke. Hist.-krit. Ausg. Hrsg. von Paul Merker [u. a.]. 6 Bde. Leipzig 1912–22. [Urspr. auf 18 Bde. geplant.] – Romane und Romanstudien. Hrsg. von William J. Lillyman. München 1977.

Luther, Martin, 10. 11. 1483 Eisleben – 18. 2. 1546 ebd. Der Sohn eines Bergmanns studierte nach dem Besuch des Gymnasiums in Magdeburg und der Domschule in Eisenach von 1501 an in Erfurt (Magister artium 1505). Das anschließend begonnene Studium der Rechte brach er nach kurzer Zeit ab und trat am 17. 7. 1505 in das Erfurter Kloster der Augustiner-Eremiten ein (Priesterweihe 1507). Nach theologischen Studien und einer Romreise in Angelegenheiten des Ordens (1510–11) promovierte er 1512 in Wittenberg zum Dr. theol. Von 1513 an lehrte er hier als Professor für Bibelexegese und hielt zunächst Vorlesungen über die Psalmen, dann von 1515 bis 1517 über Paulus' Brief an die Römer, Beginn seiner Auseinandersetzung mit der kirchlichen Praxis (Ablass, Werklehre). Die Publikation der 95 Thesen am 31. 10. 1517 und die darauf folgende Diskussion vertieften zunehmend die Kluft zwischen L. und der alten Kirche. 1520 trat er in mehreren Schriften mit einem umfassenden Reformprogramm und einer theologischen Begründung seines ev. Glaubens an die Öffentlichkeit, 1521 trafen ihn kirchliche (Kirchenbann) und staatliche Sanktionen (Reichsacht nach der Verweigerung des Widerrufs auf dem Wormser Reichstag), vor denen ihn sein Landesherr Kurfürst Friedrich der Weise rettete, indem er ihn von Mai 1521 bis Anfang März 1522 auf der Wartburg verbarg. Anschließend kehrte L. nach Wittenberg zurück, um sich wieder öffentlich an den Auseinandersetzungen über die Reformation zu beteiligen. 1525 heiratete er Katharina v. Bora. Einen wichtigen Einschnitt in der Geschichte der reformatorischen Bewegung bedeutete seine Distanzierung von den so genannten Schwärmern und Täufern und die radikale Parteinahme gegen die aufständischen Bauern (1525). L.s schriftstellerisches Werk steht ganz im Dienst seines Glaubens, seiner Begründung und Verbreitung. Dementsprechend dominieren – in lat. oder dt. Sprache – traditionelle Formen wie Traktat, Abhandlung, Predigt, Sendschreiben, Disputation, Kommentar; auch gelegentlich eingesetzte dichterische Formen wie Lied oder Fabel sind funktional zu verstehen. Zum ungeheuren Erfolg seiner Schriften trug auch die konsequente Nutzung des Buchdrucks bei, mit dessen Hilfe das gedruckte Wort zum entscheidenden Medium im Kampf um die öffentliche Meinung wurde (Flugschriften). Mit der reformatorischen Praxis hängt auch L.s bedeutendste literarische Leistung, seine Bibelübersetzung, zusammen, die 1522 mit dem ›Septembertestament‹ (NT), gefolgt von einzelnen Teilen des AT, zu erscheinen begann. Ihren durchschlagenden Erfolg verdankte die Übersetzung nicht nur ihrer theologischen Angemessenheit, sondern L.s Fähigkeit, Verständlichkeit und Klarheit mit sprachlicher Schönheit und Anschaulichkeit (dem Volk »auff das maul sehen«) zu verbinden. Er verstärkte und beschleunigte mit seiner Bibelübersetzung die bereits seit längerem wirksamen Tendenzen zur Vereinheitlichung der dt. Schriftsprache. L.s Lieddichtung entstand im Zusammenhang mit der Neugestaltung des Gottesdienstes; mit seinen 36 Liedern begründete er das protestantische Kirchenlied, indem er auf ältere Traditionen zurückgriff (lat. Hymnen, Psalmen, Gesellschafts- und Volkslied, Meistersang) und sie in den Dienst der Propagierung der eigenen Lehre stellte.

Werke: Eynn Sermon von dem Ablaß vnnd gnade. 1518. – An den Christlichen Adel deutscher Nation: von des Christlichen standes besserung. 1520. – De captivitate Babylonica ecclesiae, praeludium. 1520. – Von den guten werckenn. 1520. – Von der Freyheyt eyniß Christen menschen. 1520. – Das Newe Testament Deutzsch. 1522. – Uon weltlicher vberkeytt wie weytt man jhr gehorsam schuldig sey. 1523. – Ermanunge zum fride [...]. Auch widder die reubischen vnd mördisschen rotten der andern bawren. 1525. – Ein sendbrieff D. Martin Lutters. Von Dolmetzschen vnd Fürbit der heiligenn. 1530. – Biblia / das ist / die gantze Heilige Schrifft Deudsch. 1534. – Von den Concilijs vnd Kirchen. 1539. – Geistliche Lieder Zu Wittemberg / Anno 1543. 1544.

Ausgaben: Werke. Krit. Gesamtausg. [Weimarer Ausg.] Weimar 1883 ff. – Werke in Auswahl. Unter Mitw. von Albert Leitzmann hrsg. von Otto Clemen. 8 Bde. Bonn 1912–33. Berlin 1950–55 [u. ö.] – Studienausgabe. Hrsg. von Hans-Ulrich Delius. 5 Bde. Berlin 1979–92.

M

Mann, Heinrich, 27. 3. 1871 Lübeck – 12. 3. 1950 Santa Monica (Kalifornien). Der älteste Sohn eines Lübecker Patriziers und Kaufmanns (und Bruder Thomas Manns) ging 1889 vom Gymnasium ab und begann eine Buchhändlerlehre in Dresden, die er ebenso abbrach wie das anschließende Volontariat im Verlag S. Fischer in Berlin (1890–91) und Universitätsstudien. Nach dem Tod des Vaters (1891), der M. frei für seine literarischen Neigungen machte, siedelte die Familie 1893 nach München über. In den folgenden Jahren unternahm M. zahlreiche Reisen nach Frankreich und insbesondere Italien; hier hielt er sich längere Zeit auf, 1896–98 zusammen mit seinem Bruder Thomas. 1914–28 lebte er in München. Bei Kriegsbeginn 1914 kam es zum politischen und persönlichen Bruch mit Thomas Mann (Aussöhnung 1922). 1928 zog M. nach Berlin, 1931 wurde er zum Präsidenten der Sektion Dichtkunst der Preußischen Akademie der Künste berufen. Nach der Machtergreifung floh er nach Frankreich (zunächst Sanary-sur-Mer, dann bis 1940 Nizza). Über Spanien und Portugal gelangte er in die USA, wo er sich im Großraum Los Angeles niederließ (zuletzt Santa Monica) und unter finanziellen Schwierigkeiten und persönlichen Katastrophen zu leiden hatte. 1949 wurde er erster Nationalpreisträger der DDR. Der Berufung zum Präsidenten der neuen Deutschen Akademie der Künste in Ostberlin konnte er nicht mehr folgen.

Beherrschendes Thema seiner frühen Romanproduktion ist – direkt oder indirekt – die Auseinandersetzung mit der wilhelminischen Gesellschaft. Sie beginnt nach ersten Versuchen mit dem Roman *Im Schlaraffenland*, einer personen- und episodenreichen Kapitalismus-, Gesellschafts- und Literatursatire aus dem Berlin der 90er-Jahre.

Auf andere Weise, durch die Rekonstruktion eines aus der Vergangenheit herbeigeholten ästhetizistischen Gegenbilds, äußern sich der antibürgerliche Affekt und die Abneigung gegen die wilhelminische Gegenwart in der Romantrilogie *Die Herzogin von Assy*. Fortsetzung und Höhepunkt der satirischen Auseinandersetzung mit dem Kaiserreich und seinem Militarismus bilden die Romane *Professor Unrat* (verfilmt 1930 u. d. T. *Der blaue Engel*) und *Der Untertan* (dessen Vorabdruck 1914 bei Kriegsbeginn abgebrochen wurde): glänzende Analysen dt. Kleinbürger- und Untertanengeistes und wilhelminischer Gesellschaftsstrukturen im Zeichen moralischen Verfalls. Den *Untertan* fasste er 1931 mit den Romanen *Die Armen* und *Der Kopf* zur Trilogie *Das Kaiserreich* zusammen. Auf der anderen Seite zeichnete M. in dem Roman *Die kleine Stadt* das utopische Gegenbild eines vielstimmigen, durch Kunst und Liebe in seiner Menschlichkeit bestärkten demokratischen Gemeinwesens (Th. Mann: »ein hohes Lied der Demokratie«). Daneben schrieb M. zahlreiche Novellen, die seine Aneignung der frz. Literatur unterstreichen (Gustave Flaubert, Alphonse Daudet, Guy de Maupassant). Seit 1910 entwickelte sich M. zu einem die politische Verantwortung des Intellektuellen betonenden Aktivisten, der sich an den Werten der Französischen Revolution orientierte und Emile Zola in einem Essay (in: *Die Weißen Blätter*, 1914) als Vorbild eines die Prinzipien der Moral verteidigenden Intellektuellen herausstellte. Damit wurde auch die Opposition gegen den Bruder deutlich, der M. wiederum als »Zivilisationsliteraten« denunzierte. Die kämpferische Haltung prägte auch M.s publizistisches und essayistisches Werk in der Weimarer Republik, in dem er für Demokratie, die Verständigung zwischen Frankreich und Deutschland und das Zusammengehen von SPD und KPD angesichts der nationalsozialistischen Gefahr eintrat. Im Exil setzte er die publizistische Tätigkeit fort und suchte die Emigranten im Kampf gegen den Nationalsozialismus zu vereinigen. Das literarische Hauptwerk der Exiljahre ist der zweiteilige große historische Roman über den frz. König Heinrich IV., dessen Leben und Wirken, dessen Toleranz, Menschlichkeit und politische Visionen ein gegenwartsbezogenes »wahres Gleichnis« darstellen: Henri und die »Macht der Güte« (M.) wollen als Gegenbild zur faschistischen Bedrohung in der Gegenwart verstanden werden. Aus M.s Spätwerk ragt neben den Memoiren *Ein Zeitalter wird besichtigt* v. a. der erst postum gedruckte Roman *Empfang bei der Welt* (entst. 1941–45) heraus, ein geisterhaftes Maskenspiel, das die Epoche mit ihrer absterbenden Gesellschaft Revue passieren lässt.

Werke: In einer Familie. 1894. – Das Wunderbare und andere Novellen. 1897. – Ein Verbrechen und andere Geschichten. 1898. – Im Schlaraffenland. Ein Roman unter feinen Leuten. 1900. – Die Göttinnen oder Die drei Romane der Herzogin von Assy. 1903. – Die Jagd nach Liebe. 1903. – Eine Freundschaft. Gustave Flaubert und George Sand. 1905. – Flöten und Dolche. 1905. – Professor Unrat oder Das Ende eines Tyrannen. 1905. – Zwischen den Rassen. 1907. – Die Bösen. 1908. – Die kleine Stadt. 1909. – Das Herz. 1910. – Variété. Ein Akt. 1910. – Schauspielerin. 1911. – Die große Liebe. 1912. – Madame Legros. 1913. – Bunte Gesellschaft. 1917. – Die Armen. 1917. – Der Untertan. 1918. – Der Weg zur Macht. 1919. – Macht und Mensch. 1919. – Die Tote und andere Novellen. 1921. – Diktatur der Vernunft. 1923. – Der Kopf. 1925. – Mutter Marie. 1927. – Bibi. 1928. – Eugénie oder Die Bürgerzeit. 1928. – Sie sind jung. 1929. – Sieben Jahre. Chronik der Gedanken und Vorgänge 1921–1928. 1929. – Geist und Tat. Franzosen 1780–1930. 1931. – Das öffentliche Leben. 1932. – Ein ernstes Leben. 1932. – Bekenntnis zum Übernationalen. 1933. – Der Haß. Deutsche Zeitgeschichte. 1933. – Der Sinn dieser Emigration. 1934. – Die Jugend des Königs Henri Quatre. 1935. – Was will die deutsche Volksfront? Rede. 1937. – Die Vollendung des Königs Henri Quatre. 1938. – Mut. 1939. – Lidice. 1943. – Ein Zeitalter wird besichtigt. 1945. – Der Atem. 1949. – Empfang bei der Welt. 1956. – Die traurige Geschichte von Friedrich dem Großen. Fragment. 1960.

Ausgaben: Ausgewählte Werke in Einzelausgaben. Hrsg. von Alfred Kantorowicz und Heinz Kamnitzer [Bd. 13]. 13 Bde. Berlin

1951–62. – Gesammelte Werke. Hrsg. von der Deutschen Akademie der Künste zu Berlin. Berlin/Weimar 1965 ff. – Gesammelte Werke in Einzelbänden. Hrsg. von Peter-Paul Schneider. Frankfurt a. M. 1994 ff.

Mann, Klaus, 18. 11. 1906 München – 21. 5. 1949 Cannes. Das zweite Kind Thomas und Katja Manns besuchte die Odenwaldschule, brach aber 1924 die schulische Ausbildung ab und begann mit einer umfangreichen kritischen und literarischen Produktion. Darüber hinaus trat er zusammen mit Pamela Wedekind, seiner Schwester Erika und Gustaf Gründgens in einem Theaterensemble auf und unternahm eine Weltreise. 1933 emigrierte M. (Paris, Amsterdam, seit 1938 USA) und wurde mit seinen Aktivitäten – u. a. Herausgabe der Zeitschriften *Die Sammlung* (Amsterdam, 1933–35) und *Decisions* (New York, 1941–42) – eine der wichtigsten Gestalten der Exilliteratur. Er kehrte 1944 als Korrespondent nach Europa zurück (Italien-Feldzug) und lebte nach Kriegsende in Frankreich. Er nahm sich mit einer Überdosis Schlaftabletten das Leben. Das Frühwerk M.s ist stark autobiographisch geprägt; es thematisiert in den Dramen die erotischen Beziehungen zwischen den Mitgliedern des Theaterensembles und die eigene Homosexualität, beschreibt die Geschichte seiner Kindheit (*Kind dieser Zeit*) und beschäftigt sich mit der Drogenabhängigkeit und der möglichen Konsequenz des Suizids (*Treffpunkt im Unendlichen*). Mit der Machtübernahme der Nationalsozialisten wurde der Kampf gegen den Faschismus zum beherrschenden Thema des publizistischen und literarischen Werkes. M. machte die Exilzeitschrift *Die Sammlung* zum Forum der Faschismusgegner aus den verschiedenen Lagern, schilderte die Situation der Exilierten, auch der Außenseiter, in dem Roman *Der Vulkan* und schrieb in *Mephisto* die Geschichte eines skrupellosen Karrieristen im Dritten Reich als Symbol seiner Zeit, in dem sich unschwer der frühere Freund und Schwager Gründgens erkennen lässt. 1942 setzte M. seine mit der Kindheitsgeschichte begonnene Autobiographie fort (*The Turning Point*), die er dann in der dt. Fassung (*Der Wendepunkt*) weiterführte.

Werke: Anja und Esther. Ein romantisches Stück. 1925. – Der fromme Tanz. 1926. – Kindernovelle. 1926. – Heute und Morgen. Zur Situation des jungen geistigen Europas. 1927. – Rundherum. Abenteuer einer Weltreise. 1929. [Mit Erika Mann.] – Alexander. Roman der Utopie. 1930. – Auf der Suche nach einem Weg. 1931. – Kind dieser Zeit. 1932. – Treffpunkt im Unendlichen. 1932. – Flucht in den Norden. 1934. – Symphonie Pathétique. Ein Tschaikowsky-Roman. 1935. – Mephisto. Roman einer Karriere. 1936. – Der Vulkan. Roman unter Emigranten. 1939. – The Turning Point. Thirty-five Years in this Century. 1942. Erw. dt. Fassung u. d. T.: Der Wendepunkt. Ein Lebensbericht. 1952. – André Gide and the Crisis of Modern Thought. 1943. Dt. u. d. T.: André Gide. Die Geschichte eines Europäers. 1948.

Ausgaben: Abenteuer des Brautpaars. Die Erzählungen. Hrsg. von Martin Gregor-Dellin. München 1976. – Woher wir kommen und wohin wir müssen. Frühe und nachgelassene Schriften. Hrsg. von M. Gregor-Dellin. München 1980. – Der siebente Engel. Die Theaterstücke. Hrsg. von Uwe Naumann und Michael Töteberg. Reinbek 1989. – Tagebücher. Hrsg. von Joachim Heimannsberg [u. a.]. 6. Bde. München 1989–91. – Die neuen Eltern. Aufsätze, Reden, Kritiken 1924–1933. Hrsg. von U. Naumann und M. Töteberg. Reinbek 1992. – Zahnärzte und Künstler. Aufsätze, Reden. Kritiken 1933–1936. Hrsg. von U. Naumann und M. Töteberg. Reinbek 1993. – Das Wunder von Madrid. Aufsätze, Reden, Kritiken 1936 – 1938. Hrsg. von U. Naumann und M. Töteberg. Reinbek 1993. – Zweimal Deutschland. Aufsätze, Reden, Kritiken 1938–1942. Hrsg. von U. Naumann und M. Töteberg. Reinbek 1994. – Auf verlorenem Posten. Aufsätze, Reden, Kritiken 1942–1949. Hrsg. von U. Naumann und M. Töteberg. Reinbek 1994.

Mann, Thomas, 6. 6. 1875 Lübeck – 12. 8. 1955 Zürich. Der Sohn eines Senators und Kaufmanns (und jüngere Bruder Heinrich Manns) besuchte zunächst eine Privatschule, dann das Realgymnasium in Lübeck. Nach dem Tod des Vaters (1891) wurde die Firma liquidiert; 1893 zog die Familie nach München. Ein Volontariat in einer Versicherungsgesellschaft brach M. ab. Er entschied sich, wie sein Bruder abgesichert durch eine kleine Rente, für die Schriftstellerlaufbahn. 1896–98 hielt er sich mit H. Mann in Italien auf. Nach seiner Rückkehr arbeitete er kurze Zeit als Redakteur der Zeitschrift *Simplicissimus* und begann 1900 seinen Militärdienst, aus dem er vorzeitig entlassen wurde. Der Erfolg der *Buddenbrooks* (und die Heirat mit Katja Pringsheim 1905) ermöglichten ihm ein großbürgerliches Leben als freier Schriftsteller, wobei die Heirat allerdings seine homoerotischen Neigungen nicht beendete. Mit Kriegsbeginn kam es zum offenen Konflikt mit H. Mann, dessen von Frankreich inspiriertem politischen Aktivismus M. mit nationalkonservativer Gesinnung und Polemik (»Zivilisationsliterat«) entgegentrat. Nach dem Krieg entwickelte sich M. zu einem Verfechter der Demokratie und der Weimarer Republik; 1922 kam es zur Versöhnung der Brüder. 1929 erhielt M. für die *Buddenbrooks* den Nobelpreis für Literatur. In Reden warnte M. ausdrücklich vor dem Nationalsozialismus. Während der Machtergreifung hielt er sich in der Schweiz auf; er kehrte nicht mehr nach Deutschland zurück, wo inzwischen wegen eines Wagner-Vortrags eine heftige Kampagne gegen ihn geführt wurde. Öffentlich bekannte sich M. erst 1936, nach längerem Schweigen, zur Emigration; er erhielt die tschechoslowakische Staatsbürgerschaft, die deutsche wurde ihm aberkannt, ebenso die 1919 verliehene Ehrendoktorwürde der Universität Bonn. Nach dem »Anschluss« Österreichs 1938 emigrierte er in die USA und lebte zunächst in Princeton (Gastprofessor) und seit 1941 in Pacific Palisades bei Los Angeles. Von 1940 bis 1945 hielt er monatliche Ansprachen – *Deutsche Hörer!* –, die über die BBC nach Deutschland gesendet wurden. 1944 nahm er die amerikanische Staatsbürgerschaft an. Auf seinem ersten Deutschlandbesuch nach dem Krieg 1949 hielt er Goethe-Reden in Frankfurt a. M. und in Weimar – und stieß damit auf Kritik in Westdeutschland; 1945 hatte es bereits heftige Reaktionen auf seinen offenen

Brief, *Warum ich nicht nach Deutschland zurückkehre*, und die darin vertretene Kollektivschuld-These gegeben. 1952 ließ er sich in Erlenbach bei Zürich nieder; 1954 zog er nach Kilchberg um. Eine umfangreiche, aber nur unvollständig erhaltene Serie von Tagebüchern (1918–21, 1933–55) geben detailliert Einblick in seinen Alltag und seine Befindlichkeiten.

Sieht man von Ausnahmen wie dem Renaissancedrama *Fiorenza* und der Hexameteridylle *Gesang vom Kindchen* ab, war M. ausschließlich Prosaschriftsteller, wobei das erzählerische Werk – Romane, Erzählungen – durch ein vielseitiges essayistisches und publizistisches Schaffen ergänzt wird. Dabei kehrt eine Reihe von Themen immer wieder (Dekadenz, Bürgerlichkeit und Künstlertum, Leben und Geist, Mythos u. a.); manche Projekte verfolgte er über Jahrzehnte hin. Nach den im *Kleinen Herrn Friedemann* gesammelten frühen Novellen erzielte M. mit den *Buddenbrooks* den ersten großen Erfolg. Es ist die mit Ironie erzählte, mit Hilfe einer Art Leitmotivtechnik gleichsam musikalisch komponierte Geschichte eines sich über Generationen hinziehenden »Verfalls einer Familie«, der Dekadenz mit dem doppelten Aspekt der biologischen Degeneration bei gleichzeitig fortschreitender Verfeinerung. Die Gefährdung der Vitalität und Gesundheit und damit des bürgerlichen Leistungsstrebens geht dabei von den Gegenmächten Krankheit, Tod, Musik (als Rausch und Untergangslust empfunden), Religion und nicht zuletzt der Philosophie Schopenhauers aus. Variationen über die Themen des Zwiespalts von Kunst und Leben bzw. Bürgerlichkeit und Künstlertum stellen die in der Folgezeit entstandenen Erzählungen wie *Tonio Kröger* oder *Tristan* und der »Versuch eines Lustspiels in Romanform« *Königliche Hoheit* dar. In gesteigerter Form, kunstvoll auf eine mythologische Struktur und den Gegensatz des Apollinischen und Dionysischen bezogen, nimmt die Novelle *Der Tod in Venedig* die Künstlerthematik auf. Als

»humoristisches Gegenstück«, als »Satyrspiel« dazu plante M. den 1913 begonnenen *Zauberberg*. Als er nach einer langen Unterbrechung die Arbeit 1919 wieder aufnahm, wurde aus der Novelle ein großer Zeitroman, der einerseits die Jahre vor dem Ersten Weltkrieg schildert (1907–1914) und ein Abbild der Seelenlage der dekadenten europäischen Gesellschaft bietet, andererseits auch die geschichtlichen Erfahrungen der langen Entstehungszeit reflektiert. Dadurch ergeben sich enge Beziehungen zur politischen Publizistik M.s von den konservativen *Betrachtungen eines Unpolitischen* bis zur *Rede von deutscher Republik*. Die Geschichte des Hamburger Patriziersohns, der zu Besuch in ein Davoser Sanatorium kommt und sieben Jahre auf dem ›Zauberberg‹ (Venusberg, Hades und der zaubertolle Berg der Walpurgisnacht zugleich) verweilt, trägt Züge des Bildungsromans, die aber durch eine Gegenbewegung, die Auflösung einer gefestigten Persönlichkeit, in Frage gestellt werden.

Ausgangspunkt von M.s umfangreichstem Werk, der Joseph-Tetralogie, ist die Verbindung von Mythos und Psychologie. Das Werk erneuert die Josephsgeschichte der Bibel im Geist der Ironie und des Humors und zeigt zugleich am Beispiel Josephs, der Mythos mit Vernunft vermählt, dass auch der Geist eine mythische Tradition hat. Der aufklärerischen Haltung, der herrschenden Barbarei in Deutschland entgegengesetzt, entspricht die kommentierende und räsonierende ironische Erzählweise. M.s lebenslange Beschäftigung mit Goethe, dessen Humanismus und Weltbürgertum er 1932 in einem Essay gegen das völkisch-irrationale Goethebild hervorhob, gipfelte in dem Roman *Lotte in Weimar*, einer erneuten Variation des Themas Kunst und Leben. Dagegen ist der Ausgangspunkt seines Faustromans nicht Goethes Dichtung, sondern – neben zahlreichen anderen Quellen wie der Biographie und Philosophie Nietzsches und der Kompositionslehre Arnold Schönbergs – die *Historia von D. Johann*

Fausten von 1587. M. selbst sprach von der »Montage« als künstlerischem Prinzip des Romans, wobei freilich die häufige Übernahme von Texten und Realien bewusst verschleiert wird, so dass der Eindruck eines ›organischen‹ Kunstwerks entsteht. Der moderne Faust ist der Komponist Adrian Leverkühn, der *Doktor Faustus* ein Künstlerroman. Zugleich ist das Werk aber auch Gesellschafts- und Zeitroman und bezieht sowohl die geistige Vorgeschichte des Faschismus wie den Untergang des Dritten Reiches ein. Die Verbindung mit dem Deutschlandthema ergibt sich zum einen durch die teilweise Parallelisierung des Schicksals von Leverkühn mit dem Deutschlands, zum andern durch die Erzählweise: Der klassische Philologe Serenus Zeitblom, der die Lebensgeschichte seines verstorbenen Freundes am 23. Mai 1943 beginnt (wie M. seinen Roman), kommentiert mit dem Fortschreiten der biographischen Erzählung auch die aktuelle Lage bis zum Ende des Krieges. Ähnlich wie im Josephsroman verbindet M. im *Erwählten*, einer Erneuerung des *Gregorius* von Hartmann v. Aue, Legende und Mythos mit Psychologie, Ironie und Parodie. Zwischen Beginn und Vollendung (des ersten Teils) seines letzten Romans, *Bekenntnisse des Hochstaplers Felix Krull*, liegen über 40 Jahre (das heutige erste Buch entstand 1910–13, Druck 1922; eine um ein fragmentarisches zweites Buch erweiterte Ausgabe erschien 1937). Die Schelmen- und Hochstaplergeschichte, zugleich Parodie des Bildungsromans, nimmt noch einmal zentrale Themen M.s in parodistischer Form auf, v. a. die Künstlerproblematik und den damit verbundenen Narzissmus. Von der geplanten Fortsetzung der »Memoiren« sind nur Notizen erhalten.

Werke: Der kleine Herr Friedemann. Novellen. 1898. Erw. 1909. – Buddenbrooks. Verfall einer Familie. 1901. – Tristan. Sechs Novellen. 1903. – Bilse und ich. 1906. – Fiorenza. 1906. – Königliche Hoheit. 1909. – Der Tod in Venedig. 1912. – Das Wunderkind. Novellen. 1914. – Friedrich und die große Koalition. 1915. – Betrachtungen eines Unpolitischen. 1918. – Herr und Hund. Gesang vom Kindchen. Zwei Idyllen. 1919. – Wälsungenblut. 1921. – Bekenntnisse des Hochstaplers Felix Krull. Buch der Kindheit. 1922. – Novellen. 1922. – Rede und Antwort. Gesammelte Abhandlungen und kleine Aufsätze. 1922. – Von deutscher Republik. 1923. – Okkulte Erlebnisse. 1924. – Der Zauberberg. 1925. – Bemühungen. Neue Folgen der gesammelten Abhandlungen und kleinen Aufsätze. 1925. – Gesammelte Werke in zehn Bänden. 1925. – Lübeck als geistige Lebensform. 1926. – Pariser Rechenschaft. 1926. – Unordnung und frühes Leid. 1926. – Hundert Jahre Reclam. Festrede. 1928. – Deutsche Ansprache. Ein Appell an die Vernunft. 1930. – Goethe als Repräsentant des bürgerlichen Zeitalters. 1932. – Goethe und Tolstoi. Zum Problem der Humanität. 1932. – Die Forderung des Tages. Reden und Aufsätze aus den Jahren 1925–1929. 1930. – Mario und der Zauberer. 1930. – Joseph und seine Brüder. Die Geschichten Jaakobs. 1933. Der junge Joseph. 1934. Joseph in Ägypten. 1936. Joseph, der Ernährer. 1943. – Leiden und Größe der Meister. 1935. – Freud und die Zukunft. 1936. – Bekenntnisse des Hochstaplers Felix Krull. 1937. [Erw.] – Ein Briefwechsel mit dem Dekan der Philosophischen Fakultät der Universität Bonn. 1937. – Achtung, Europa! Aufsätze zur Zeit. 1938. – Vom zukünftigen Sieg der Demokratie. 1938. – Lotte in Weimar. 1939. – Die vertauschten Köpfe. Eine indische Legende. 1940. – Deutsche Hörer! 25 Radiosendungen nach Deutschland. 1942. Erw. 1945. – Das Gesetz. 1944. – Adel des Geistes. Sechzehn Versuche zum Problem der Humanität. 1945. – Deutschland und die Deutschen. 1947. – Doktor Faustus. Das Leben des deutschen Tonsetzers Adrian Leverkühn, erzählt von einem Freunde. 1947. – Neue Studien. 1948. – Ansprache im Goethe-Jahr 1949. 1949. – Die Entstehung des Doktor Faustus. Roman eines Romans. 1949. – Goethe und die Demokratie. 1949. – Der Erwählte. 1951. – Altes und Neues. Kleine Prosa aus fünf Jahrzehnten. 1953. – Die Betrogene. 1953. – Bekenntnisse des Hochstaplers Felix Krull. Der Memoiren erster Teil. 1954. – Versuch über Schiller. 1955. – Meerfahrt mit Don Quijote. 1956. – Nachlese. Prosa 1951–1955. 1956.

Ausgaben: Gesammelte Werke. 13 Bde. Frankfurt a. M. 1974. – Gesammelte Werke in Einzelbänden. Frankfurter Ausgabe. Hrsg. von Peter de Mendelssohn. 20 Bde. Frankfurt a. M. 1980–86. – Werke, Briefe, Tagebücher. Große kommentierte Frankfurter Ausgabe (GKFA). Hrsg. von Heinrich Detering [u. a.]. 38 Bde. Frankfurt a. M. 2002 ff. – Briefe. Hrsg. von Erika Mann. 3 Bde. Frankfurt a. M. 1961–65. – Tagebücher. Hrsg. von P. de Mendelssohn und Inge Jens [ab Bd. 6]. 10 Bde. Frankfurt a. M. 1977–1995.

Manuel, Niklaus, gen. Deutsch (auch: N. Aleman), um 1484 Bern – 28. 4. 1530 ebd. Der Maler und Architekt M., vermutlich unehelicher Sohn eines aus Italien eingewanderten Apothekers, wurde 1510 Mitglied im Großen Rat der Stadt Bern. Als frz. Söldner nahm er 1522 an Kämpfen in Italien teil. Danach spielte er zeitweise eine wichtige Rolle in der Berner Politik; 1523 wurde er zum Landvogt in Erlach (Kanton Bern) gewählt, 1528 zum Mitglied des Kleinen Rats der Stadt Bern, verbunden mit einer Reihe administrativer und diplomatischer Verpflichtungen. Als bedeutendstes künstlerisches Werk M.s gilt der mehr als 100 Meter lange Bilderzyklus *Totentanz* (1516–19) auf der Außenmauer des Berner Dominikanerklosters (nur in Kopien und einigen Fragmenten erhalten). Mit seinen literarischen Arbeiten – Streitgedichte, Dialoge und drastische Fastnachtsspiele – trat M. satirisch-polemisch für die Sache der Reformation ein.

Werke: Ein fasznacht spyl […] vom pabst, und siner priesterschafft. 1524. – Der Aplass Kremer. 1525. [Handschriftl.] – Ein hübsch nüw Fasznacht spill. [»Elsli Tragdenknaben«.] 1530.
Ausgabe: Werke. Hrsg. von Jakob Bächtold. Frauenfeld 1878.

Marchwitza, Hans, 25. 6. 1890 Scharley bei Beuthen (Oberschlesien) – 17. 1. 1965 Potsdam. Der aus einer Bergarbeiterfamilie stammende M. wurde mit 14 Jahren ebenfalls Bergarbeiter (Oberschlesien, seit 1910 Ruhrgebiet). Nach dem Ersten Weltkrieg schloss er sich der KPD an und begann – 1924 nach einem Streik entlassen – zu schreiben (Arbeiterkorrespondent, »Bund proletarisch-revolutionärer Schriftsteller«). 1933 emigrierte er nach Frankreich, nahm 1936–38 am Spanischen Bürgerkrieg teil und floh 1941 von Frankreich aus in die USA. Seit 1946 lebte er in der SBZ bzw. DDR. M.s Romane und Erzählungen zeichnen sich durch eindeutige revolutionäre Parteilichkeit aus; ihnen liegen die Erfahrungen des eigenen Lebens und die hier erworbenen Kenntnisse der Arbeitswelt zugrunde. Der Vorwurf der Undifferenziertheit trifft am wenigsten für seinen im Exil entstandenen autobiographischen Roman *Meine Jugend* mit eindringlichen Schilderungen des Bergarbeiterlebens und die ersten Bände der Trilogie *Die Kumiaks* zu, die den bis in die Aufbauphase der DDR reichenden harten Lebensweg des Bergarbeiters Peter Kumiak und seiner Familie schildern. In dem Roman *Roheisen*, der in der Zeit des ersten DDR-Fünfjahresplans Anfang der 50er-Jahre spielt, arbeitet M. mit einer Vielzahl von Einzelpersonen statt einer zentralen Figur und setzt so gleichsam die Partei als Helden ein. M. galt mit seinem späten Werk als einer der Begründer einer eigenen DDR-Literatur und erhielt dreimal den Nationalpreis.

Werke: Sturm auf Essen. 1930. – Schlacht vor Kohle. 1931. – Walzwerk. 1932. – Die Kumiaks. 1934. – Meine Jugend. 1947. – In Frankreich. 1949. – Unter uns. Erzählungen aus älterer und jüngerer Zeit. 1950. – Die Heimkehr der Kumiaks. 1952. – Roheisen. 1955. – Die Kumiaks und ihre Kinder. 1959. – In Amerika. 1961. – Gedichte. 1965.

Marlitt, Eugenie (d. i. Eugenie John), 5. 12. 1825 Arnstadt (Thüringen) – 22. 6. 1887 ebd. Die aus einer alten Kaufmannsfamilie stammende M. erhielt eine Gesangsausbildung am Wiener Konservatorium (1844–46), musste aber 1853 wegen eines Ohrenleidens ihren Beruf als Opernsängerin aufgeben. Sie wurde Gesellschafterin der Fürstin von Schwarzburg-Sondershausen, bis sie sich in den 60er-Jahren mit ihren Erzählungen und Romanen äußerst erfolgreich als freie Schriftstellerin etablieren konnte. Ihre Popularität vergrößerte sich durch Vorabdrucke ihrer Werke in der *Gartenlaube*; das Familienblatt selbst konnte seine Auflage beträchtlich steigern. Den Durchbruch erzielte sie mit der Erzählung *Goldelse*, zuerst 1866 in der *Gartenlaube* erschienen. M. verdankte ihren Erfolg v. a. ihrer spannenden Erzählweise (geheimnisvolle Vorgeschichten, Intrigen, verwickelte Handlung usw.), der klischeehaften Schwarzweißmalerei ihrer Charakterdarstellung, stimmungsvoll arrangierten Natur- und Genrebildern und nicht zuletzt der Verwendung von Märchenmustern (Aschenputtel), die die Erfüllung von Wunschträumen suggerieren. Politisch und gesellschaftlich zeigen ihre Romane durchaus fortschrittliche Züge (bürgerliches Selbstbewusstsein, Kritik an aristokratischer Anmaßung, Emanzipation).

Werke: Goldelse. 1867. – Das Geheimnis der alten Mamsell. 1868. – Reichsgräfin Gisela. 1870. – Das Heideprinzeßchen. 1872. – Die zweite Frau. 1874. – Im Hause des Kommerzienrats. 1877. – Im Schillingshof. 1880. – Amtmanns Magd. 1881. – Die Frau mit den Karfunkelsteinen. 1886.
Ausgabe: Gesammelte Romane und Novellen. 10 Bde. Leipzig 1888–90.

Marner, Der, Berufssänger des 13. Jh.s. Der aus Süddeutschland stammende M. besaß nach Ausweis seiner Werke eine gründliche Schulbildung. Das früheste seiner datierbaren Gedichte entstand 1230/31, das letzte, eine an den Staufer Konradin gerichtete Fürstenlehre, stammt von 1266/67. M.s Nachruhm gründet sich v. a. auf seine Sangspruchdichtung; daneben sind fünf lat. Gedichte und sieben dt. Minnelieder überliefert. Die Sprüche behandeln ein breites Themenspektrum (Religion, Kosmologie, Politik, Morallehre, Zeitkritik, Kunst) und verwenden Formen wie Priamel, Bispel, Rätsel, Fabel, Parabel usw. Selbstbewusstsein verraten die polemischen Auseinandersetzungen mit Dichterkollegen und seine Kritik am Kunstverstand des Publikums.

Ausgabe: Der Marner. Hrsg. von Philipp Strauch. Straßburg 1876. Reprogr. Nachdr. mit Nachwort, Register und Literatur von Helmut Brackert. Berlin 1965.

Maron, Monika, * 3. 6. 1941 Berlin. M. siedelte mit ihrer Familie 1951 von West- nach Ostberlin über. Ihr Stiefvater Karl Maron war von 1955 bis 1963 Innenminister der DDR. Nach dem Abitur arbeitete M. zunächst in einem Betrieb als Fräserin, dann nach einem Studium der

Theaterwissenschaft und Kunstgeschichte als Regieassistentin beim Fernsehen und schließlich als Reporterin. Seit 1976 war sie freie Schriftstellerin in Ostberlin; allerdings konnte keines ihrer Bücher in der DDR veröffentlicht werden. 1976–78 arbeitete sie als Informantin für den Staatssicherheitsdienst (Deckname »Mitsu«), kündigte dann aber die Mitarbeit auf. 1988 erhielt sie ein Visum und zog nach Hamburg; seit 1992 lebt sie wieder in Berlin. Ihr erster Roman *Flugasche* erzählt von einer Journalistin, die eine Reportage über ein Kohlekraftwerk schreiben soll. Dabei verbindet M. das Thema der Umweltzerstörung in der DDR mit dem der Selbstsuche und Selbstbestimmung der Frau in einer männlich dominierten Gesellschaft und Berufswelt. Ihr nächster Roman, *Die Überläuferin*, nimmt das Thema der Identitätssuche auf und radikalisiert es bis zur konsequenten Verweigerung, d. h. dem völligen Rückzug der Heldin aus der äußeren Welt. *Stille Zeile sechs* – der Titel bezeichnet eine Adresse in einer privilegierten Wohngegend in Pankow – führt diese Thematik zwar weiter (mit derselben Heldin wie in der *Überläuferin*), doch im Vordergrund steht die Auseinandersetzung mit der DDR-Gründergeneration: Die ›Überläuferin‹ ist in den Alltag zurückgekehrt und zeichnet als Schreibkraft die Memoiren eines pensionierten hohen Funktionärs auf. Resultat ist eine völlige Absage an die Welt der Väter. Nach der Wiedervereinigung verdrängten allmählich andere Themen die Auseinandersetzung oder Abrechnung mit der DDR, wie etwa der monologische Roman einer Liebe *Animal triste* oder die – allerdings bis in die DDR-Zeit reichende – »Familiengeschichte« *Pawels Briefe* zeigen. Der Roman *Endmoränen* führt in die märkische Landschaft und schildert das Leben eines nach der Wende gleichsam überflüssig gewordenen Intellektuellenpaars, wobei die mit scharfem Blick ausgezeichnete Erzählerin Johanna aus der Endzeitstimmung doch noch – durch die Liebe – zu einem neuen Anfang findet.

Werke: Flugasche. 1981. – Das Mißverständnis. Vier Erzählungen und ein Stück. 1982. – Die Überläuferin. 1986. – Stille Zeile sechs. 1991. – Nach Maßgabe meiner Begreifungskraft. Artikel und Essays. 1993. – Animal triste. 1996. – Pawels Briefe. 1999. – Quer über die Gleise. Essays, Artikel, Zwischenrufe. 2000. – Herr Aurich. 2001. – Endmoränen. 2002. – Geburtsort Berlin. 2003. – Wie ich ein Buch nicht schreiben kann und es trotzdem versuche. 2005.

Marti, Kurt, * 31. 1. 1921 Bern. Der Sohn eines Notars studierte protestantische Theologie in Bern und Basel (u. a. bei Karl Barth) und war Pfarrer an verschiedenen Orten, zuletzt 1961–83 an der Nydeggkirche in Bern. M. gehört zu den Autoren, die um 1960 mit der hermetischen Lyriktradition brachen und die aktuelle Wirklichkeit, insbesondere die politische, zum Gegenstand ihrer Verse machten. Mit den *republikanischen gedichten* wurde er zum Begründer des modernen, politisch und gesellschaftlich engagierten Gedichts in der Schweiz. Maßstab seiner Kritik, die sich auch in Essays, Predigten und Tagebuchaufzeichnungen niederschlägt, bilden die uneingelösten Forderungen des Christentums. Der Bruch mit der Tradition betrifft auch die formalen Aspekte. M. zeigt eine große Affinität zu den Techniken der konkreten Poesie und stellt sie in den Dienst kritischer Aufklärung. Das gilt auch für seine Verwendung des Dialekts. Daneben nutzt er spezifische christliche Formen, um durch Verfremdung und Parodie Denk- und Sehgewohnheiten zu durchbrechen. Die charakteristischen Tendenzen seines Werkes – religiöser Ernst, experimentelles Formen- und Sprachspiel, Parodie und politische, soziale und theologische Kritik – vereinigen sich beispielhaft in dem Band *abendland.*

Werke: Boulevard Bikini. 1958. – republikanische gedichte. 1959. – Dorfgeschichten. 1960. Erw. u. d. T.: Wohnen zeitaus. Geschichten zwischen Dorf und Stadt. 1965. – gedichte am rand. 1963. – Die Schweiz und ihre Schriftsteller – die Schriftsteller und ihre Schweiz. 1966. – rosa loui. vierzg gedicht ir bärner umgangsschprach. 1967. – Das Aufgebot zum Frieden. 1969. – leichenreden. 1969. – Paraburi. 1972. – undereinisch. 1973. – Zum

Beispiel: Bern 1972. 1973. – Nancy Neujahr und Co. 1976. – abendland. 1980. – Bürgerliche Geschichten. 1981. – Ruhe und Ordnung. Aufzeichnungen, Abschweifungen 1980–1983. 1984. – Schöpfungsglaube. Die Ökologie Gottes. 1984. – Der Geiger von Brig. Helvetische Jubelgedichte. 1991. – da geht dasein. 1993. – Die Psalmen Davids 1–150. Annäherungen. 4 Bde. Stuttgart 1994. – Im Sternzeichen des Esels. Sätze, Sprünge, Spiralen. 1995. – Kleine Zeitrevue. Erzählgedichte. 1999. – Der cherubinische Velofahrer und andere Belustigungen. 2001. – zoé zebra. neue gedichte. 2004.
Ausgabe: Werkauswahl. Ausgew. von Kurt Marti und Elsbeth Pulver. 5 Bde. Zürich/Frauenfeld 1996.

Martin von Cochem (d. i. Martin [?] Linius), 13. 12. 1634 Cochem (Mosel) – 10. 9. 1712 Waghäusel bei Bruchsal. 1653 trat M. in Aschaffenburg in den Kapuzinerorden ein, 1559 wurde er zum Priester geweiht. Von 1664 bis 1668 lehrte er als Lektor Philosophie in Mainz, widmete sich dann der Seelsorge (Bensheim a. d. Bergstraße, Königstein im Taunus, Dieburg bei Darmstadt) und seinen schriftstellerischen Arbeiten im Dienst der innerkirchlichen Reformbewegung. 1682–85 übte er das Amt des Visitators im Erzbistum Mainz aus. Anschließend wirkte er von verschiedenen Klöstern des Ordens im Kurstift Trier aus, zwischen 1689 und 1696 hielt er sich, von Kriegswirren vertrieben, u. a. in Österreich und Böhmen auf. Danach war er bis 1700 Visitator im Erzbistum Trier und lebte dann als Wallfahrtsprediger und Beichtvater in Waghäusel. M. hinterließ ein umfangreiches, etwa 70 Schriften umfassendes Werk. Es steht im Dienst der Seelsorge und der Erbauung und umfasst vor allem zwei Textgruppen, Gebets- und Andachtsbücher sowie Exempel- und Legendensammlungen. Für »Teutsche und Unstudirte« in einer schlichten Sprache geschrieben, wurden M.s Schriften bis ins 20. Jh. hinein in zahllosen Auflagen und Bearbeitungen verbreitet.

Werke: Kinderlehrbüchlein. 1666. – Geistliches Baumgärtlein. 1675. – Leben Christi Oder Außführliche / andächtige und bewegliche Beschreibung des Lebens und Leydens unsers Herrn Jesu

Christi Und seiner glorwürdigsten Mutter Mariae. 1677. – Das Große Leben Christi. 1682. – Das Kleine Leben Christi. 1683. – Das Grössere Krancken-Buch. 1686. – Auserlesenes History-Buch. 1687–1717. – Guldner Himmels-Schlüssel / Oder Neues Gebett-Buch / Zu Erlösung der lieben Seelen deß Fegfeurs. 1690. – Neues Ablaß-Büchlein. 1693. Erw. u. d. T.: Köstliches Ablaß-Büchlein. 1694. – Historiae Ecclesiasticae ex Baronio desumptae. Das ist: Kirchische Historien. 1694. – Heylsames Gesund- und Krancken Buch Oder / Nutzliches und nothwendiges Gebett Buch. 1695. – Lehrreiches History- und Exempel-Buch. Nach dem Alphabet beschrieben. 1696–99. – Medulla Missae Super Mel dulcis. 1700. Dt. u. d. T.: Medulla Missae Germanica. Das ist Teutsch Meßbuch Vber hönig süß. 1702. – Verbesserte Legend Der Heiligen. 1705. – Neue Legend der Heiligen. 1708. – Unerschätzliches Büchlein von GOtt Und Von den göttlichen Fürtrefflichkeiten. 1708.

Masen, Jacob, 28. 3. 1606 Dalem (Herzogtum Jülich) – 27. 9. 1681 Köln. Nach dem Besuch des Jesuitengymnasiums in Köln trat M. 1629 in den Orden ein. Zunächst unterrichtete er am Kölner Gymnasium Poetik und Rhetorik. Nachdem er die großen Gelübde abgelegt hatte (1648), wirkte er als Priester und Schriftsteller in Köln, Paderborn und Trier. Als Gelehrter und Poetiker fand M. Anerkennung über die konfessionellen Grenzen hinaus. Sein Schaffen umfasst historische und theologische Schriften sowie grundlegende poetologische und rhetorische Werke. Auf die europäische literarische Diskussion wirkte er v. a. mit seiner *Ars nova argutiarum*, einem wesentlichen Beitrag zur Theorie des arguten, scharfsinnigen Stils, und mit seinen Vorstellungen zur Poetik des Dramas in seiner für den Schulgebrauch bestimmten *Palaestra eloquentiae ligatae* (*Übungsschule der gebundenen Beredsamkeit*). Daneben legte er u. a. eine systematische Darstellung der Rhetorik, die auch dem scharfsinnigen, sentenziösen Stil Eingang verschaffte, und eine entsprechende Stillehre mit Beispielen von Cicero bis John Barclay vor. Aus den in der Poetik enthaltenen Musterdramen ragt die Komödie *Rusticus imperans* heraus; sie gehört zu den meistgespielten Jesuitendramen des 17. Jh.s.

Werke: Ars nova argutiarum. 1649. – Speculum imaginum veritatis occultae. 1650. – Methodus certa pacem religionis in Europa et vera fidei unitatem consequendi. 1652. – Palaestra eloquentiae ligatae. 1654–57. – Palaestra oratoria. 1659. – Palaestra styli romani. 1659. – Meditata concordia protestantium cum catholicis in una confessione fidei. 1661–65. – Nova praxis orthodoxae fidei. 1669. – Antiquitatium et annalium trevirensium libri XXV. 1670. – Utilis curiositas de humanae vitae felicitate. 1672. – Epitome annalium trevirensium. 1676.

Maximilian I., 22. 3. 1459 Wiener Neustadt – 12. 1. 1519 Wels. Der Sohn Kaiser Friedrichs III., seit 1477 mit Maria, der Erbtochter Herzog Karls des Kühnen v. Burgund, verheiratet († 1482), wurde 1493 röm. König (Kaiserproklamation 1508) und heiratete im selben Jahr Bianca Sforza in zweiter Ehe. Er war kulturell aufgeschlossen, interessiert an den Wissenschaften und Künsten. Er öffnete die Wiener Universität dem Humanismus, imitierte die fürstliche ital. Renaissancekultur und förderte die neulat. humanistische Poesie. Zugleich suchte er die geschichtlichen und literarischen Überlieferungen des dt. Mittelalters zu bewahren (etwa im *Ambraser Heldenbuch*, 1504–07, einer großen Sammlung mhd. Dichtungen). Diese Interessen stehen wie seine eigenen literarischen Unternehmungen nicht zuletzt im Dienst der Repräsentation, der überhöhenden Darstellung des eigenen Lebens und der Sicherung seines Nachruhms (»gedächtnus«). Bei diesen Werken handelt es sich um Kollektivarbeiten, d. h. M.s Aufzeichnungen und Diktate wurden Fachleuten (u. a. Marx Treitzsauerwein und Melchior Pfinzing) zur Bearbeitung und künstlerischen Ausstattung übergeben. Der *Weißkunig* (entst. 1514, gedruckt erst 1775) ist ein verschlüsseltes biographisches Werk in Prosa über sich und seinen Vater mit Zügen eines Fürstenspiegels, der glänzend ausgestattete *Theuerdank*, eine Dichtung in Reimpaarversen, erzählt in allegorischer Einkleidung die Geschichte seiner Werbung um Maria v. Burgund. Nur fragmentarisch liegt der *Freydal* vor; Gegenstand ist eine Folge von Ritterspielen im Zusammenhang mit einer Minnewerbung.

Werke: Die geuerlicheiten vnd eins teils der geschichten des loblichen streytparen vnd hochberümbten helds vnd Ritters herr Tewrdannckhs. 1517. – Der Weisskunig. Eine Erzehlung von den Thaten des Kaisers Maximilians des Ersten. 1775.

May, Karl, 25. 2. 1842 Ernstthal (Erzgebirge) – 30. 3. 1912 Radebeul bei Dresden. Der Sohn einer armen, kinderreichen Weberfamilie besuchte 1856–61 die ev. Lehrerseminare Waldenburg und Plauen. Eine Stelle als Hilfslehrer verlor er 1862, als er wegen eines (bestrittenen) Uhrendiebstahls zu einer sechswöchigen Haftstrafe verurteilt wurde. Die folgenden zwölf Jahre bis 1874 verbrachte er zum größten Teil im Gefängnis (Betrug, Diebstahl, Fälschung). 1875–77 arbeitete er als Redakteur für den Dresdener Kolportageverleger Heinrich Gotthold Münchmeyer. Danach hatte er zunehmenden Erfolg mit Erzählungen für verschiedene Familienblätter und mit fünf umfangreichen Kolportageromanen für Münchmeyer. Den endgültigen Durchbruch bedeutete das Erscheinen seiner *Gesammelten Reiseerzählungen* seit 1892 in Verbindung mit dem Freiburger Verleger Friedrich Ernst Fehsenfeld; 1896 konnte M. die »Villa Shatterhand« in Radebeul beziehen. Nach einer Orientreise (1899–1900) begannen 1901, ausgelöst durch eine unautorisierte Neuausgabe seiner Kolportageromane und Enthüllungen über seine kriminelle Vergangenheit, zermürbende Auseinandersetzungen über M.s Werk (unsittlicher Schund) und Person (geborener Verbrecher), die u. a. in einer langen Prozess-Serie (1904–1911) ausgetragen wurden. 1908 unternahm er eine Amerikareise, 1912 hielt er seinen letzten Vortrag in Wien (»Empor in das Reich der Edelmenschen«). Seinen bis heute andauernden Ruhm (nicht nur) als Jugendschriftsteller verdankt M. seinen Reise- und Abenteuerromanen. Sie zeichnen ein Idealbild des Deutschen in der (nach ethno- und geographischen Studien geschilderten) Fremde, der herablassend-verständnisvoll die Einheimischen von den Segnungen der christlich-abendländischen Kultur und Technik überzeugt. Dabei verwendet M. die traditionellen Motive des Abenteuerromans nach dem Schema Gefangenschaft und Befreiung; deutlich werden aber auch legenden- und märchenhafte Züge. In der Charakterdarstellung herrscht einfache Schwarzweißmalerei vor; geradezu übermenschlich erweisen sich die Fähigkeiten der charismatischen Helden und Erlösergestalten Old Shatterhand bzw. Kara Ben Nemsi in den Amerika- bzw. Orientromanen, in denen M. Allmachts- und Wunscherfüllungsphantasien auslebt. Arno Schmidt suchte das Alterswerk M.s aufzuwerten, das den (reduzierten) Abenteuerhandlungen einen religiös-allegorischen Sinn unterlegt.

Werke: Das Waldröschen oder Die Verfolgung rund um die Erde. 1882. – Die Liebe des Ulanen. In: Deutscher Wanderer. Illustrierte Unterhaltungs-Bibliothek für Familien aller Stände. Sept. 1883 – Juni 1885. – Der verlorene Sohn. 1883–85. – Deutsche Herzen – Deutsche Helden. 1885–86. – Der Weg zum Glück. Roman aus dem Leben Ludwig des Zweiten. 1886–87. – Durch die Wüste. 1892. – Der Schut. 1892. – Winnetou [, der rote Gentleman]. 1893. – Der Schatz im Silbersee. 1894. – Im Lande des Mahdi. 1895. – Im Reiche des silbernen Löwen. 1898–1903. – Ardistan und Dschinnistan. 1909. – Mein Leben und Streben. 1910. – Winnetous Erben. 1910.

Ausgaben: Gesammelte Reiseromane. 33 Bde. Freiburg i. Br. 1892–1910. Nachdr. u. d. T.: Freiburger Erstausgaben. Hrsg. von Roland Schmid. 33 Bde. Bamberg 1982–84. – Werke. Hist.-krit. Ausg. Hrsg. von Hermann Wiedenroth und Hans Wollschläger. Nördlingen [seit 1989 Zürich] 1987 ff.

Mayröcker, Friederike, * 20. 12. 1924 Wien. Von 1946 bis zu ihrer Beurlaubung 1969 unterrichtete M. Englisch an Wiener Hauptschulen; seitdem lebt sie als freie Schriftstellerin in Wien. 1982 erhielt sie den Großen Österreichischen Staatspreis für Literatur, 2001 den Georg-Büchner-Preis. 1954 begann die Freundschaft und Zusammenarbeit mit E. Jandl; zugleich lernte sie H. C. Artmann, G. Rühm und andere Mitglieder der »Wiener Gruppe« kennen, deren Programmatik ihr frühes Werk verpflichtet ist. Es entstanden experimentelle Lyrik und Prosatexte sowie, z. T. zusammen mit Jandl, eine Reihe von Hörspielen, die Collagetechniken des Dadaismus und – parodistisch – Comic-strip-Elemente verwandten. In der Folgezeit traten Versuche in den Vordergrund, eine »neue experimentelle Romanform« zu entwickeln (u. a. *Die Abschiede*, *Reise durch die Nacht*, *mein Herz mein Zimmer mein Name*, *Lection*): Texte ohne wirklichen Anfang und ohne wirkliches Ende (»Sprachliches perpetuum mobile, sage ich«), ohne zeitliche und räumliche Festlegungen, Texte, in denen es nicht um das Erzählen einer Geschichte geht, sondern um das Erschaffen eines gleichsam unendlichen inneren Kosmos. So entsteht ein durch Assoziationen, Reflexionen, Erinnerungen, strukturelle Wiederholungen und Motivverknüpfungen charakterisiertes Sprach- und Motivgewebe als Resultat von M.s Bestreben, Wirklichkeit bzw. »Wahrnehmungsvorstellungen« in Sprache zu verwandeln. Dem Gedenken E. Jandls widmete sie nach dem *Requiem* den Roman *Und ich schüttelte einen Liebling*, ein Buch über die Liebe, über gemeinsame Erfahrungen und Erlebnisse, ein Klagelied. Auch der Gedichtband *Mein Arbeitstirol* spricht in einer Reihe von Texten von dem Verlust und zeigt darüber hinaus – alles andere als ›Alterslyrik‹ – eine Vielfalt der Ausdrucksmöglichkeiten von höchster Sensibilität bis zu vehementer Expression.

Werke: Larifari. Ein konfuses Buch. 1956. – metaphorisch. 1964. – Texte. 1966. – Tod durch Musen. Poetische Texte. 1966. Verb. Ausg. 1973. – Sägespäne für mein Herzbluten. 1967. – Minimonsters Traumlexikon. 1968. – Fünf Mann Menschen. 1971. [Mit E. Jandl.] – Arie auf tönernen Füßen. Metaphysisches Theater. 1972. – In langsamen Blitzen. 1974. – rot ist unten. 1977. – Heiligenanstalt. 1978. – Die Abschiede. 1980. – Gute Nacht, guten Morgen. Gedichte 1978–1981. 1982. – Magische Blätter I(–V). 1983–99. – Reise durch die Nacht. 1984. – Das Herzzerreißende der Dinge. 1985. – Winterglück. Gedichte 1981–1985. 1986. – mein Herz mein Zimmer mein Name. 1988. – Stilleben. 1991. – Das besessene Alter. Gedichte 1986–1991. 1992. – Lection. 1994. – Notizen auf einem Kamel. Gedichte 1991–1996. 1996. – brütt oder Die seufzenden Gärten. 1998. – Requiem für Ernst Jandl. 2001. – Mein Arbeitstirol. Gedichte 1996–2001. 2003. – Die kommunizierenden Gefäße. 2003. – Und ich schüttelte einen Liebling. 2005.

Ausgaben: Gesammelte Prosa 1949–2001. Hrsg. von Klaus Reichert [u. a.]. 5 Bde. Frankfurt a. M. 2001. – Gesammelte Gedichte 1939–2003. Hrsg. von Marcel Beyer. Frankfurt a. M. 2004.

Mechtel, Angelika, 26. 8. 1943 Dresden – 8. 2. 2000 Köln. M. kam 1945 mit ihrer Familie in den Westen (Bad Godesberg, München, Würzburg). In Würzburg besuchte sie das Realgymnasium und arbeitete anschließend in verschiedenen Berufen (Zimmermädchen, Arbeiterin). 1965 schloss sie sich der »Gruppe 61« an; von 1983 an lebte sie als freie Schriftstellerin in Köln. Wichtigstes Thema ihres umfangreichen Werks (Hörspiele, Reportagen, Dokumentationen, Erzählungen, Romane, Lyrik) ist die kritische Darstellung der Arbeits- und Lebensbedingungen in der modernen Gesellschaft und ihre Folgen für den Menschen und die menschlichen Beziehungen. Dabei rückte seit den 70er-Jahren die Darstellung der Situation der Frau immer mehr in den Vordergrund; zugleich verstärkte sich M.s humanitäres, demokratisches Engagement. Autobiographische Erinnerungen und Reflexionen enthält das Buch *Wir sind arm, wir sind reich*; der Roman *Friß Vogel* über Vorgänge in der Welt des Fernsehens behandelt das Schicksal ihres Vaters, der als Korrespondent im Nahen Osten arbeitete und 1967 erschossen wurde. Daneben schrieb M. zahlreiche Kinder- und Jugendbücher.

Werke: Gegen Eis und Flut. 1963. – Lachschärpe. 1965. – Kaputte Spiele. 1970. – Alte Schriftsteller in der BRD. 1972. – Friß Vogel. 1972. – Das gläserne Paradies. 1973. – Die Blindgängerin. 1974. – Ein Plädoyer für uns. Frauen und Mütter von Strafgefangenen berichten. 1975. – Wir sind arm, wir sind reich. 1977. – Die andere Hälfte der Welt oder Frühstücksgespräche mit Paula. 1980. – Gott und die Liedermacherin. 1983. – Jeden Tag will ich leben. Ein Krebstagebuch. 1990. – Die Prinzipalin. 1994. – Ikarus. Geschichten aus der Unwirklichkeit. 1994. – Das kurze heldenhafte Leben des Don Roberto. 1999.

Mechthild von Magdeburg, um 1207 in der Gegend von Zerbst (Sachsen-Anhalt) – um 1282 Helfta bei Eisleben. Kenntnis vom Leben M.s hat man nur aus ihrem Werk. Danach hatte die aus einer adeligen Familie stammende und in höfischer Umgebung aufgewachsene M. bereits im 12. Lebensjahr Visionen; im Alter von etwa 20 Jahren verließ sie ihr Elternhaus und lebte fortan, möglicherweise als Mitglied einer Laiengemeinschaft religiöser Frauen, in Magdeburg. Sie unterhielt engen Kontakt zu den Dominikanern; ihr Beichtvater, der Dominikaner Heinrich v. Halle, bestärkte sie in der Arbeit an ihrem mystischen Lebenswerk (*Das fließende Licht der Gottheit*), das seit 1250 entstand. Ihre letzten Lebensjahre verbrachte sie im Zisterzienserinnenkloster Helfta. Ihr Werk, in sieben Bücher gegliedert und in mittelniederdt. Sprache verfasst, wurde zum großen Teil von Heinrich v. Halle redigiert; diese Fassung ist nicht erhalten. Überliefert ist es teilweise in einer lat. Übersetzung (Buch 1–6) und vollständig in einer alemannischen Umschrift, die 1343/45 von Heinrich v. Nördlingen im Kreis der Basler Gottesfreunde veranlasst wurde. *Das fließende Licht* besteht aus einer lockeren Folge von formal sehr unterschiedlichen Texten, die in (häufig gereimter) Prosa und Vers M.s mystische Erfahrungen und Visionen mit liturgienahen und religiös-lehrhaften Passagen kombinieren. Dafür steht M. eine affektive, bildhafte Sprache zur Verfügung, die u. a. Anregungen des Hohenlieds und des Minnesangs aufnimmt.

Ausgaben: Das fließende Licht der Gottheit. Hrsg. von Hans Neumann und Gisela Vollmann-Profe. 2 Bde. Zürich/München 1990–93. – Das fließende Licht der Gottheit. Übers. mit Einführung und Kommentar von Margot Schmidt. Stuttgart-Bad Cannstatt 1995. – Das Fließende Licht der Gottheit. Hrsg. von G. Vollmann-Profe. Frankfurt a. M. 2003.

Meckel, Christoph, * 12. 6. 1935 Berlin. Der Sohn des Naturlyrikers und Literaturkritikers Eberhard Meckel (1907–69) studierte Graphik in Freiburg i. Br. und München und verbindet seit seinen ersten Veröffentlichungen graphisches und literarisches Schaffen. Er lebt heute in Berlin und in Frankreich. Sein graphisches Hauptwerk ist ein seit 1959 wachsender Zyklus *Weltkomödie*, phantasievolle, skurrile, aber auch melancholische Bilder einer immer stärker bedrohten Welt voll heiterer und grotesker Figuren und Einfälle. Dichterische Phantasiewelten, Bilderreichtum und skurril-märchenhaftes Personal kennzeichnen vielfach auch seine sprachlich präzisen erzählerischen Texte. Seine Lyrik vereinigt Experiment und Tradition, neben freien Rhythmen stehen traditionelle Formen wie Sonett, Ode oder Ballade. Eine neue persönliche und zugleich politische Dimension erhält sein Werk mit der autobiographischen Annäherung an seinen Vater (*Suchbild*), dessen Fall symptomatisch für das Versagen der Vätergeneration im Dritten Reich erscheint. Daran knüpft 20 Jahre später die Anklageschrift gegen die Mutter an. Eine Welt des Verfalls, der zerstörten und vergifteten Natur, der Katastrophen bildet – mit wenigen Hoffnungsschimmern – den Hintergrund der Erzählungen des Bandes *Einer bleibt übrig, damit er berichte*.

Werke: Tarnkappe. 1956. – Moël. 1959. [Radierungen.] – Nebelhörner. 1959. – Im Land der Umbranauten. 1961. – Wildnisse. 1962. – Tullipan. 1965. – Die Noticen des Feuerwerkers Christopher Magalan. 1966. – Bei Lebzeiten zu singen. 1967. – Bockshorn. 1973. – Erinnerung an Johannes Bobrowski. 1978. – Licht. 1978. – Ausgewählte Gedichte 1955–1978. 1979. – Säure. 1979. – Suchbild. Über meinen Vater. 1980. – Nachricht für Baratynski. 1981. – Der wahre Muftoni. 1982. – Ein roter Faden. Gesammelte Erzählungen. 1983. – Souterrain. 1984. – Bericht zur Entstehung einer Weltkomödie. 1985. – Plunder. 1986. – Pferdefuß. 1988. – Von den Luftgeschäften der Poesie. Frankfurter Vorlesungen. 1989. – Die Messingstadt. 1991. – Schlammfang. 1993. – Stein. 1993. – Gesang vom unterbrochenen Satz. Drei Poeme. 1995. – Eine Hängematte voll Schnee. Erzählungen, Zeichnungen, Fragmente. 1995. – Ein unbekannter Mensch. Bericht. 1997. – Dichter und andere Gesellen. Porträts. 1998. – Zähne. Gedichte. 2000. – Blut im Schuh. Gedichte. 2001. – Suchbild. Meine Mutter. 2002. – Ungefähr ohne Tod im Schatten der Bäume. Ausgewählte Gedichte. 2003. – Einer bleibt übrig, damit er berichte. 2005.

Mehring, Walter, 29. 4. 1896 Berlin – 3. 10. 1981 Zürich. M. stammte aus einem künstlerisch-literarisch geprägten jüdischen Elternhaus; die in Auschwitz ermordete Mutter war Sängerin, der Vater Schriftsteller und Chefredakteur der satirischen Zeitschrift *Ulk*, Beilage des *Berliner Tageblatts*. Nach dem Abitur begann M. mit dem Studium der Kunstgeschichte in Berlin und München, wandte sich dann aber der Literatur zu und veröffentlichte seit 1916 in H. Waldens *Sturm* und anderen Zeitschriften und gehörte zu den führenden Mitgliedern des Berliner Expressionismus und Dadaismus. In den 20er-Jahren lebte er in Berlin und Paris (1922–28) und schrieb für Kabaretts und Zeitschriften. Nach dem Reichstagsbrand 1933 floh er nach Paris, ging dann 1934 nach Wien, nach dem »Anschluss« 1938 wieder nach Paris. 1941 brachte er sich in den USA in Sicherheit. 1953 kehrte er nach Europa zurück; er starb vereinsamt in einem Züricher Altersheim. M.s bedeutendste literarische Leistung liegt in seiner Kabarettlyrik der 20er-Jahre, die Elemente des Expressionismus und Dadaismus aufnimmt: eine gegen die traditionelle ›Buchlyrik‹ opponierende Vortragslyrik, die sich durch eine virtuose Zitat- und Montagekunst und eine von François Villon inspirierte Vorliebe für antibürgerliche Milieus und Themen auszeichnet. Zu den neuen sprachlichen Mitteln gehört der Versuch, die Rhythmen des Jazz einzubringen, eine Art »Sprachen-›Ragtime‹« zur simultanen Darstellung des Durcheinanders der modernen Großstadt zu schaffen. Die Tendenz zu Satire und Gesellschaftskritik in seiner Lyrik, die dem Spießertum, der Politik, der Kirche, dem Nationalismus gilt, prägt auch seine Prosa, etwa die antifaschistische satirische »Chronik einer deutschen Sippe« *Müller.* Nach dem Krieg schrieb M. eine Reihe von Erinnerungswerken, darunter die *Verlorene Bibliothek*, Betrachtungen über die Bücher seines Vaters als Symbol für eine vergangene Kultur, und einen Rückblick auf die Berliner Dada-Anfänge.

Werke: Einfach klassisch! Eine Orestie mit glücklichem Ausgang. 1919. – Das politische Cabaret. 1920. – Das Ketzerbrevier. 1921. – Wedding-Montmerte in zehn Chansons. 1923. – Europäische Nächte. Eine Revue in drei Akten und zwanzig Bildern. 1924. – In Menschenhaut. Aus Menschenhaut. Um Menschenhaut herum. Phanta-stika. 1924. – Neubestelltes abenteuerliches Tierhaus. 1925. – Westnordwestviertelwest oder Über die Technik des Seereisens. 1925. – Algier oder Die 13 Oasenwunder. 1927. – Paris in Brand. 1927. – Die Gedichte, Lieder und Chansons des Walter Mehring. 1929. – Arche Noah SOS. Neues trostreiches Liederbuch. 1931. Erw. 1951. – Und euch zum Trotz. Chansons, Balladen und Legenden. 1934. – Müller. Chronik einer deutschen Sippe. 1935. – Die Nacht des Tyrannen. 1937. – Timoshenko. Marshall of the Red Army. 1942. – No Road Back – Kein Weg zurück. 1944. – The Lost Library. 1951. Dt. u. d. T.: Die verlorene Bibliothek. Autobiographie einer Kultur. 1952. – Verrufene Malerei. 1958. – Berlin Dada. Eine Chronik mit Photos und Dokumenten. 1959. – Morgenlied eines Gepäckträgers. 1959. – Kleines Lumpenbrevier. Gossenhauer und Gassenkantaten. 1965. – Großes Ketzerbrevier. Die Kunst der lyrischen Fuge. 1974.

Ausgabe: Werke. Hrsg. von Christoph Buchwald. 10 Bde. Düsseldorf 1978–83.

Meier, Gerhard, * 20. 6. 1917 Niederbipp (Kanton Bern). M. studierte Hochbau in Biel, brach jedoch das Studium ab, wurde Arbeiter in einer Lampenfabrik in seinem Heimatdorf und stieg dann zum Designer und Leiter der Fabrik auf. Seit den 70er-Jahren lebt er als freier Schriftsteller in Niederbipp. M. begann erst spät zu schreiben; im Alter von 47 Jahren veröffentlichte er seine ersten Texte, idyllische Gedichte und Prosagedichte. Danach wandte er sich größeren Prosaformen zu. Auch sie besitzen lyrische Qualitäten, verzichten auf herkömmliche

Handlung, lassen Gegenwärtiges und Vergangenes, Beobachtungen, Reflexionen und Erinnerungen unauffällig ineinander übergehen. Den Höhepunkt des erzählerischen Werkes bilden – nach zwei vorausgehenden Romanen (*Der Besuch*, *Der schnurgerade Kanal*) – die Romane *Toteninsel*, *Borodino* und *Die Ballade vom Schneien*, die M. 1987 nachträglich zur Trilogie *Baur und Bindschädler* zusammenfasste. Gleichsam eine Synthese der vorangehenden Texte stellt der Roman *Land der Winde* dar. Es sind Aufzeichnungen von Unterhaltungen, Beobachtungen und Erinnerungen, die assoziativ Persönliches mit Literatur- und Kunsteindrücken verbinden, durch Wiederholungen bestimmter Themen und Formulierungen strukturiert werden und sich durch ein von kunstvoller Leichtigkeit, Unaufdringlichkeit und Distanz geprägtes Verhältnis zu den Dingen dieser Welt auszeichnen. Ort des Geschehens oder besser der Erinnerungsmonologe Baurs bzw. seiner Gespräche mit seinem Freund und Chronisten Bindschädler ist – wie in allen Texten M.s – die Provinz, die die Welt bedeutet (»Amrain war das Zentrum der Welt«).

Werke: Gras grünt. 1964. – Im Schatten der Sonnenblumen. 1967. – Kübelpalmen träumen von Oasen. 1969. – Es regnet in meinem Dorf. 1971. – Der andere Tag. Ein Prosastück. 1974. – Der Besuch. 1976. – Der schnurgerade Kanal. 1977. – Toteninsel. 1979. – Borodino. 1982. – Die Ballade vom Schneien. 1985. – Land der Winde. 1990. – Das dunkle Fest des Lebens. Amrainer Gespräche. [Mit Werner Morlang.] 1995. – Ob die Granatbäume blühen. 2005.
Ausgabe: Werke. 3 Bde. Bern 1987.

Meier, Joachim (Kryptonym: Imperiali), 10. 8. 1661 Perleberg (Mark Brandenburg) – 2. 4. 1732 Göttingen. Der wahrscheinlich aus einem armen Elternhaus stammende M. besuchte Schulen in Lüneburg und Braunschweig und studierte dann Jura in Marburg (erster Abschluss 1685). Nach kurzer Tätigkeit als Hofmeister erhielt M. 1686 eine schlecht besoldete Anstellung als Kantor und Lehrer am Göttinger Gymnasium. Während er in Marburg zum Lizentiaten (1695) und Dr. jur. (1707) promoviert wurde, stieg er in Göttingen bis zum kommissarischen Direktor auf (1714). Nach seiner Emeritierung betrieb er eine florierende Anwaltspraxis. 1726–28 geriet er, seit seiner Gymnasialzeit musikalisch gebildet, in eine musiktheoretische Fehde mit Johann Mattheson über die neue Oratorien- und Kantatenform. Sein literarisches Schaffen, fast ausschließlich Romane und Romanübersetzungen, hat einen starken Zug zur Gelehrsamkeit; die Großform des höfisch-historischen Romans wird zum Vehikel der Vermittlung historischen und literarischen Wissens. Daneben stehen kleinere Romane mit biblischer Thematik.

Werke: Durchl. Römerin Lesbia. 1690. Neuaufl. u. d. T.: Das Galante Rom oder Catulli […] Liebes-Geschichte. 1714. – Die siegende Großmuth. […] in einem Singspiel vorgestellet. 1693. – Zaraide. 1695. [Übers.] – Die Türckische Asterie. 1695 [Übers.]. – Die Durchlauchtigsten Hebreerinnen Jiska Rebekka Rahel Assenath und Seera Helden-Geschichte. 1697. – Antiquitates Meierianae. 1700. – Die Durchläuchtigste Polnische Venda. 1702. – Die Amazonische Smyrna. 1705. – Die Durchlauchtigste Römerin Delia. 1706. Erw. Fassung u. d. T.: Der Galante Römer Tibullus. 1707. – Unvorgreiffliche Gedancken über die neulich eingerissene theatralische Kirchen-Music. 1726. – Der anmaßliche Hamburgische Criticus. 1728. – Schauplatz der Englischen See-Räuber. 1728. [Übers.]

Meister, Ernst, 3. 9. 1911 Hagen-Haspe – 15. 6. 1979 Hagen. Der Sohn eines Prokuristen und späteren Eisenfabrikanten studierte von 1930 an zunächst ev. Theologie, dann Philosophie, Germanistik und Kunstgeschichte in Marburg, Berlin, Frankfurt a. M. und Heidelberg. Seit 1939 arbeitete er als Angestellter in der Hagener Firma seines Vaters, in die er auch nach dem Krieg – seit 1940 war er Soldat – wieder eintrat. Von 1960 bis zu seinem Tod lebte er als freier Schriftsteller in Hagen-Haspe. 1979 erhielt er postum den Georg-Büchner-Preis. M.s frühe Lyrik steht unter dem Einfluss des Surrealismus; Kritiker sprachen anlässlich seines ersten Gedichtbandes (1932) von einer Art »Kandinsky-Lyrik«. Weitere Gedichtbände erschienen erst wieder nach dem Krieg. Dabei treten die surrealistischen Züge zurück, die Gedichte erhalten zunehmend reflexiven, meditativen Charakter. Dichten sei für ihn »identisch [...] mit Denken«. Ausgangspunkt sind gleichwohl sinnliche Erscheinungen, die in poetische Bilder umgesetzt werden und als Zeichen und Chiffren, bei wachsender Tendenz zu Verknappung und Abstrahierung, auf das Gemeinte verweisen. Beherrschendes Thema der späten Gedichte ist der Tod.

Werke: Ausstellung. 1932. – Unterm schwarzen Schafspelz. 1953. – Zahlen und Figuren. 1958. – Die Formel und die Stätte. 1960. – Flut und Stein. 1962. – Zeichen um Zeichen. 1968. – Schein und Gegenschein. 1969. – Es kam die Nachricht. 1970. – Ausgewählte Gedichte 1932–1979. Hrsg. von Beda Allemann. 1979. – Wandloser Raum. 1979.
Ausgaben: Sämtliche Gedichte. Hrsg. von Reinhard Kiefer. Aachen 1985–99. – Prosa 1931–1979. Hrsg. von Andreas Lohr-Jasperneite. Heidelberg 1989. – Sämtliche Hörspiele. Hrsg. von R. Kiefer. Aachen 1990 ff.

Menasse, Robert, * 21. 6. 1954 Wien. Nach seinem Studium der Germanistik, Geschichte und Philosophie (Dr. phil. 1980) war M. von 1981 bis 1985 Lektor für österreichische Literatur an der Universität Saõ Paulo. Seitdem lebt er als freier Schriftsteller in Wien. Sein erzählerisches Hauptwerk ist die *Trilogie der Entgeisterung*, die Hegelsches philosophisches Denken fruchtbar zu machen sucht und zugleich ein kritisches Bild der brasilianischen wie österreichischen Gesellschaft zeichnet. Im ersten der Romane, *Sinnliche Gewißheit*, bezieht sich M. auf die Idee vom Fortschreiten des Weltgeistes zum absoluten Wissen, im Zentrum des zweiten Romans (*Selige Zeiten, brüchige Welt*) steht der Literat Leo Singer, der mit seiner Hoffnung auf eine gültige Erklärung der Welt scheitert. Der Roman *Schubumkehr* schließlich führt eine von M.s früheren Hauptpersonen, den Wiener Germanisten Roman G., von Brasilien in einen niederösterreichischen Ort an der tschechischen Grenze: ein satirisch-groteskes, melodramatisches österreichisches Gesellschaftsbild aus dem europäischen Umbruchsjahr 1989. Zwei Lebensläufe parallelisiert M. in dem Roman *Die Vertreibung aus der Hölle*, den historischen (und tragischen) des Rabbis Menasse oder Manasseh, Lehrer Spinozas, aus dem 17. Jh. und den fiktiven (und eher farcenhaften) seines Wiener Nachfahren im 20. Jh. Viktor Abravanel, eines Neuhistorikers und Spinozaforschers: Lebensgeschichten, in denen Verfolgung, Sinnsuche und Erlösungsglaube verbindende Aspekte darstellen. Neben dem erzählerischen Werk stehen zahlreiche literatur-, kultur- und gesellschaftskritische Essays.

Werke: Sinnliche Gewißheit. 1988. – Die sozialpartnerschaftliche Ästhetik. Essays zum österreichischen Geist. 1990. – Selige Zeiten, brüchige Welt. 1991. – Das Land ohne Eigenschaften. Essays zur österreichischen Identität. 1992. – Phänomenologie der Entgeisterung. Geschichte des verschwindenden Wissens. 1995. – Schubumkehr. 1995. – Hysterien und andere historische Irrtümer. 1996. – Dummheit ist machbar. 1999. – Erklär mir Österreich. Essays zur österreichischen Geschichte. 2000. – Die Vertreibung aus der Hölle. 2001. – Das war Österreich. Gesammelte Essays zum Land ohne Eigenschaften. 2005. – Die Zerstörung der Welt als Wille und Vorstellung. Frankfurter Poetikvorlesungen. 2006.

Merck, Johann Heinrich, 11. 4. 1741 Darmstadt – 27. 6. 1791 ebd. Der Sohn eines Apothekers studierte von 1757 an in Gießen, Erlangen und schließlich an der Dresdener Kunstakademie und reiste als Hofmeister eines Adeligen in die Schweiz und nach Frankreich. 1766 heiratete er in Genf Louise Françoise Charbonnier. Anschließend ließ er sich in Darmstadt nieder und machte Karriere am landgräflichen Hof (1767 Sekretär der Geheimen Kanzlei, 1768 Kriegszahlmeister, 1774 Kriegsrat). Dienstlich reiste er u. a. nach St. Petersburg (1773); Versuche, nach dem Tod der so genannten Großen Landgräfin Henriette Caroline an anderen Orten eine Stellung zu finden (z. B. Weimar

1779), scheiterten. Industrielle Unternehmungen brachten ihn an den Rand des Bankrotts. Zu den finanziellen Schwierigkeiten kamen Ehe- und Gesundheitsprobleme sowie Anfeindungen frz. Emigranten, nachdem er sich auf einer Parisreise (1790/91) dem Jakobinerklub angeschlossen hatte. M., schon lange unter Depressionen leidend, nahm sich das Leben. Er gehörte zum Kreis der Empfindsamen, der sich um die Darmstädter Landgräfin gebildet hatte. 1772 führte er Goethe, auf den er wesentlichen Einfluss ausübte, in diese Gesellschaft ein. M.s Rezensionen und Aufsätze zur Literatur und bildenden Kunst in den *Frankfurter Gelehrten Anzeigen*, die er seit 1772 herausgab und damit auch Goethe, J. G. Herder u. a. ein Forum verschaffte, in C. M. Wielands *Teutschem Merkur* und F. Nicolais *Allgemeiner deutscher Bibliothek* zeichnen sich durch kritische Schärfe aus. Mit seinen Fabeln und Satiren führte er aufklärerische Traditionen weiter; Erzählungen wie die *Geschichte des Herrn Oheim* schließen an die Idyllendichtung an. Seit den 80er-Jahren galten M.s Interessen vornehmlich den Naturwissenschaften (u. a. Paläontologie). Briefwechsel dokumentieren seine Kontakte zu zahlreichen bedeutenden Schriftstellern der Epoche.

Werke: Franz Hutchesons Untersuchung unserer Begriffe von Schönheit und Tugend. 1762. [Übers.] – Cato, ein Trauerspiel von Addison. 1763. [Übers.] – Rhapsodie. 1773. – Pätus und Arria, eine Künstler-Romanze. 1775. – Geschichte des Herrn Oheim. In: Teutscher Merkur 1777. – Herr Oheim der Jüngere, eine wahre Geschichte. In: Teutscher Merkur 1781–82.

Ausgaben: Ausgewählte Schriften zur schönen Literatur und Kunst. Hrsg. von Adolf Stahr. Oldenburg 1840. Reprogr. Nachdr. Göttingen 1965. – Werke. Ausgew. und hrsg. von Arthur Henkel. Frankfurt a. M. 1968.

Mereau, Sophie (geb. Schubart), 28. 3. 1770 Altenburg – 31. 10. 1806 Heidelberg. Der Vater, ein Steuerbeamter, sorgte für eine überdurchschnittliche Ausbildung. Sie schloss Kenntnisse in mehreren Fremdsprachen ein, die

M. später als Übersetzerin nutzen konnte. 1793 heiratete sie den Jenaer Juristen Friedrich Ernst Karl Mereau (seit 1795 Philosophie-, seit 1800 Juraprofessor in Jena), der sich bei Schiller mit Erfolg für M. eingesetzt hatte. Ihre Veröffentlichungen erschienen überwiegend unter dem Namen M. 1801 ließ sie sich scheiden und heiratete 1803, als sie schwanger wurde, C. Brentano, dem sie nach Marburg und dann nach Heidelberg folgte. Sie starb nach der vierten Schwangerschaft; keines der Kinder überlebte. M. bestand entgegen der konventionellen Frauenrolle auf »Selbstbestandheit«, auf weiblicher Selbstbestimmung, die sie in ihrer Arbeit als Berufsschriftstellerin und ihrem Ehe- und Liebesleben umzusetzen suchte. Diese Thematik schlägt sich auch in ihren beiden Romanen nieder, die die freie, glückliche Liebe außerhalb der Ehe feiern. Ihr erstes veröffentlichtes Gedicht besingt die Ideale der Französischen Revolution (*Bei Frankreichs Feier*). Berühmt wurde sie durch ihre Natur- und Landschaftsgedichte, die u. a. von Johann Friedrich Reichardt, Carl Friedrich Zelter und Beethoven (*Feuerfarb*) vertont wurden. Übersetzungen aus dem Englischen, Italienischen und Spanischen sowie zahlreiche Beiträge in Almanachen, die sie z. T. auch herausgab, unterstreichen ihre Auffassung, dass Freiheit nur über beruflichen Erfolg zu gewinnen sei.

Werke: Das Blüthenalter der Empfindung. 1794. – Die Prinzessin von Cleves. 1799. [Übers.] – Gedichte. 1800–02. – Kalathiskos. 1801–02. [Hrsg.] – Amanda und Eduard. Ein Roman in Briefen. 1803. – Spanische und Italienische Novellen. 1804–06. [Übers.] – Bunte Reihe kleiner Schriften. 1805. – Fiametta. 1806. [Boccaccio-Übers.]

Ausgabe: Liebe und allenthalben Liebe. Werke und autobiographische Schriften. Hrsg. von Katharina v. Hammerstein. 3 Bde. München 1997.

Meyer, Conrad Ferdinand, 11. 10. 1825 Zürich – 28. 11. 1898 Kilchberg bei Zürich. M. stammte aus einer reformierten Patrizierfamilie. Nach dem Tod des Vaters (1840) führte der tiefgreifende Konflikt mit der puritanischen Mutter, die für M.s geistige und künstlerische Interessen kein Verständnis hatte, zu einer langwierigen Lebenskrise (Unterbrechung des Gymnasiumsbesuchs wegen Depressionen, Abbruch des ihm aufgedrängten Jurastudiums, Aufenthalt in der Nervenheilanstalt Préfargier bei Neuenburg). Die Zeit in der Heilanstalt festigte M.s Selbstvertrauen; 1854 kehrte er nach Zürich zurück. Der Lausanner Historiker Louis Vulliemin, bei dem M. bereits 1843/44 in Lausanne historische und literarische Studien betrieben hatte, regte ihn zum Geschichtsstudium und zu Übersetzungsarbeiten an. Nach dem Selbstmord der Mutter (1856) sorgte eine Erbschaft für finanzielle Unabhängigkeit. Gemeinsam mit seiner Schwester Betsy (1831–1912), mit der ihn zeitlebens ein enges Verhältnis verband, reiste er 1857–58 nach München, Paris und Italien (Rom, Florenz, Siena) und begeisterte sich für die Kunst und Kultur der Antike und der Renaissance. Mit ersten literarischen Erfolgen und der Heirat mit der aus der Züricher Oberschicht stammenden Offizierstochter Luise Ziegler (1875) festigte sich die gesellschaftliche Stellung M.s, der sich schließlich 1877 in Kilchberg niederließ. 1880 ehrte ihn die Züricher Universität mit dem Dr. h. c. Nach zunehmenden Depressionen führten Anzeichen geistiger Umnachtung zu einem Aufenthalt in der Anstalt Königsfelden (1892–93); bis zu seinem Tod lebte er dann in Kilchberg. Den ersten Erfolg hatte M. mit dem Versepos *Huttens letzte Tage*, das mit den Bezügen des humanistischen, protestantisch-patriotischen Heldenlebens zur Reichsgründung auch für die Überwindung seiner kulturellen und politischen Sympathien für Frankreich steht. Als Lyriker suchte er sich in einer späten Schaffensperiode von den traditionellen Formen der Erlebnislyrik zu lösen. Er strebte nach einer Objektivierung subjektiver Erfahrung: zum einen durch die Hinwendung zur Ballade oder balladenähnlichen lyrisch-epischen Gebilden, die zugleich seinem Interesse für Geschichte entsprachen; zum andern durch symbolische Verbildlichung und Verdinglichung in einer »gänzlich objectiven, fast sculpturalen Behandlung« des Gegenstands. In seinem erzählerischen Schaffen dominiert die Novelle mit einer Vorliebe für historische Stoffe und große Gestalten, meist erzählt von einem zeitgenössischen, nur am Rande beteiligten Beobachter (Rahmenerzählung), der für Distanz und eine durch Undurchschaubarkeit und Zweideutigkeit geprägte ›Objektivität‹ sorgt. Mit der ausgesprochenen Kunstanstrengung seiner Novellistik und der an der italienischen Renaissance orientierten Menschenauffassung betonte M. die Distanz zur bürgerlichen Enge der Gegenwart bzw. den Abstand von Kunst und Leben überhaupt. Auch wenn die Stoffe vielfach großen weltgeschichtlichen Epochen und ihren Konflikten entnommen sind, beruht ihre Wirkung weniger auf den historischen (aber durchaus aktualisierend auf die Gegenwart bezogenen) Konflikten als auf der psychologischen Durchdringung der Personen.

Werke: Zwanzig Balladen von einem Schweizer. 1864. – Romanzen und Bilder. 1869. – Huttens letzte Tage. 1871. – Engelberg. 1872. – Das Amulett. 1873. – Georg Jenatsch. Eine alte Bündnergeschichte. 1876. [Vorabdr., in: Die Literatur 1874; seit ³1883 u. d. T.: Jürg Jenatsch.] – Der Schuß von der Kanzel. In: Zürcher Taschenbuch auf das Jahr 1878. 1877. – Der Heilige. 1880. – Gedichte. 1882. ⁵1892. – Gustav Adolfs Page. 1882. – Plautus im Nonnenkloster. 1882. – Die Leiden eines Knaben. 1883. – Die Hochzeit des Mönchs. 1884. – Die Richterin. 1885. – Die Versuchung des Pescara. 1887. – Angela Borgia. 1891.
Ausgaben: Sämtliche Werke. Hist.-krit. Ausg. Hrsg. von Hans Zeller und Alfred Zäch. 15 Bde. Bern 1958 ff. – Sämtliche Werke in zwei Bänden. [Textrevision: Jost Perfahl, Nachwort: Erwin Laaths.] München 1968.

Meyfart, Johann Matthäus, 9. 11. 1590 Jena – 26. 1. 1642 Erfurt. Der Sohn eines lutherischen Pfarrers und einer Ratsherrentochter begann nach dem Besuch des Gothaer Gymnasiums 1608 mit dem Studium an der Artistenfakultät der Universität Jena (Magister artium 1611). Anschließend studierte er Theologie, zunächst in Jena (1611–13), dann unter schweren Entbehrungen (Unterernährung, Krankheit usw.) in Wittenberg (1614–15). 1616 erhielt er eine Stelle als Lehrgehilfe an der Universität Jena, ein Jahr später wurde er zum Professor am Akademischen Gymnasium in Coburg berufen. Nachdem er 1623 zum Direktor ernannt worden war, erhielt er die Gelegenheit, in Jena den theologischen Doktorgrad zu erwerben (1624). 1633 ging er als Professor der Theologie und Dekan der Theologischen Fakultät an die Universität Erfurt (Rektor 1634–35). Als Erfurt mit dem Prager Frieden 1635 wieder kurmainzisch, d. h. katholisch wurde, wirkte M. als Gemeindepfarrer. Auch als die Schweden Erfurt wieder besetzten, blieb M. Pastor und übernahm als »Senior des Ministerium theologicum« die Leitung der gesamten Geistlichkeit im Erfurter Gebiet. M. gehört zu den bedeutendsten Predigern und Erbauungsschriftstellern des 17. Jh.s. Er begann mit kontroverstheologischen Schriften in lat. Sprache und ging dann im Zusammenhang mit der Publikation erfolgreicher Predigten mehr und mehr zur dt. Sprache über. Das bekannte Kirchenlied *Jerusalem du hochgebawte Stadt* stammt aus dem Predigtzyklus *Tuba novissima*. Seine erfolgreichen Erbauungsbücher, geprägt von den leidvollen Erfahrungen des Krieges, erinnern den Leser mit großer sprachlicher Kraft an das göttliche Gericht in der Hoffnung, so sittliche Besserung bewirken zu können. In kulturkritischen Schriften richtete er sich gegen die Verwilderung an den dt. Universitäten und gegen die Praxis der Hexenprozesse. Die *Teutsche Rhetorica* ist die erste deutschsprachige Rhetorik des 17. Jh.s.

Werke: Tuba poenitentiae prophetica, Das ist / Das dritte Capitel des Bußpropheten Jonae / in fünff […] Predigten […] erkläret. 1625. – Tuba novissima, Das ist / Von den vier letzten dingen des Menschen. 1626. – Das erste [– ander] Buch von dem Himmlischen Jerusalem. 1627. – Mellificium oratorium. 1628–37. – Das erste [-ander] Buch von dem hellischen Sodoma. 1630. – Das Jüngste Gericht [...] auff Historische weise [...] beschrieben. 1632. – Teutsche Rhetorica / Oder Redekunst. 1634. – Christliche Erinnerung / [...] wie das abschewliche Laster der Hexerey mit Ernst außzurotten / aber in Verfolgung desselbigen auff Cantzeln vnd in Gerichtsheusern sehr bescheidentlich zu handeln sey. 1635. – Christliche Erinnerung Von der Auß den Evangelischen Hochen Schulen [...] entwichenen ordnungen vnd Erbaren Sitten. 1636.

Meyrink, Gustav (d. i. G. Meyer), 19. 1. 1868 Wien – 4. 12. 1932 Starnberg. Der uneheliche Sohn einer bayerischen Hofschauspielerin und eines württembergischen Staatsministers besuchte Gymnasien in München, Hamburg und Prag und anschließend die Prager Handelsakademie. 1889 gründete er hier ein Bankhaus, das er nach mehreren Prozessen (Ehrenbeleidigung, Unterschlagung) trotz erwiesener Unschuld 1902 schließen musste. Nach einem Aufenthalt in Wien zog er 1906 nach München und 1911 nach Starnberg. 1901–08 schrieb M. für den *Simplicissimus* zahlreiche grotesk-phantastische Geschichten, Satiren und Parodien, die sich gegen die Repräsentanten des Wilhelminismus richteten. Aus finanziellen Gründen übersetzte M. in dieser Zeit auch zahlreiche Werke von Charles Dickens. Sein Romanschaffen beginnt mit dem *Golem*, seinem erfolgreichsten Buch, in das Elemente der Schauerromantik, des Kriminalromans sowie Versatzstücke der kabbalistischen und mystischen Tradition eingehen. Es erzählt auf der Basis von Legenden aus dem Prager Ghetto die Geschichte des Rabbi Löw und verbindet Vergangenheit und Gegenwart in einer phantastischen Handlung mit Identitätswechseln, Doppelgängergestalten und unheimlichen Geschehnissen. Die Tendenz zum Okkulten, Mystizistischen und Phantastischen prägt auch – nach einer Vision vom Untergang Europas (*Das grüne Gesicht*) – die weiteren Romane M.s. Er selbst trat 1927 vom Protestantismus zum Buddhismus über.

Werke: Der heiße Soldat und andere Geschichten. 1903. – Orchideen. 1904. – Wachsfigurenkabinett. 1907. – Des deutschen Spießers Wunderhorn. 1913. – Der Golem. 1915. – Das grüne Gesicht. 1916. – Walpurgisnacht. 1917. – Der weiße Dominikaner. 1921. – An der Grenze des Jenseits. 1923. – Die heimtückischen Champignons und andere Geschichten. 1925. – Goldmachergeschichten. 1925. – Der Engel vom westlichen Fenster. 1927.

Mickel, Karl, 12. 8. 1935 Dresden – 20. 6. 2000 Berlin. M. studierte von 1953 bis 1958 Volkswirtschaft und Wirtschaftsgeschichte in Ostberlin, arbeitete danach als Redakteur (1960–65) und als Assistent an der Hochschule für Ökonomie (1965–70). Anschließend war er bis 1978 als Dramaturg beim Berliner Ensemble tätig, lehrte dann an der Staatlichen Schauspielschule in Ostberlin und seit 1991 als Professor an der Hochschule für Schauspielkunst Ernst Busch in Berlin. M.s literarisches Werk umfasst Lyrik, Prosa und Dramen. Im Mittelpunkt steht die Lyrik, mit der er in den 60er-Jahren die DDR-Lyrik auf neue Wege zu bringen suchte (»Sächsische Dichterschule«). Beispielhaft dafür steht die gemeinsam mit A. Endler herausgegebene Anthologie *In diesem besseren Land.* M.s frühe Gedichte suchen diese Aufbruchsstimmung zu vermitteln, indem sie Agit-Prop-Formen mit traditionellen Momenten verbinden (*Lobverse & Beschimpfungen*). Seit der zweiten Gedichtsammlung *Vita mea nova* zeigt sich M. als Dichter, der in kunstvoller (und auch witziger, spielerischer) Weise Tradition und Innovation, Jargon und klassisches Personal, Alltagssituationen und hohen Stil gegeneinander stellt – sehr zum Unwillen der orthodoxmarxistischen Kritiker, die eine heftige Lyrikdebatte auslösten. Als Dramatiker näherte sich M. wie Heiner Müller der Gegenwart auf dem Umweg über die Antike (*Nausikaa*, UA 1968). Sein bereits in den 60er-Jahren begonnener Roman *Lachmunds Freunde* blieb unvollendet.

Werke: Lobverse & Beschimpfungen. 1963. – Vita mea nova. Mein neues Leben. 1966. – In diesem besseren Land. Gedichte aus der Deutschen Demokratischen Republik seit 1945. 1966. [Hrsg., mit A. Endler.] – Einstein/Nausikaa. Die Schrecken des Humanismus in zwei Stücken. 1974. – Eisenzeit. 1975. Erw. 1977. – Gelehrtenrepublik. Aufsätze und Studien. 1976. – Odysseus in Ithaka. Gedichte 1957–1974. 1976. – Volks Entscheid. 7 Theaterstücke. 1987. – Schriften. 6 Bde. 1990–2000. – Lachmunds Freunde. Bd. 1. In: Schriften. Bd. 6. 1991. – Geisterstunde. 2004. – Lachmunds Freunde. Erstes und zweites Buch. 2006.

Miegel, Agnes, 9. 3. 1879 Königsberg – 26. 10. 1964 Bad Salzuflen. Die Tochter eines Kaufmanns wurde in Berlin zur Säuglingsschwester ausgebildet, hielt sich dann 1902–04 als Erzieherin in England auf und kehrte über München 1906 nach Königsberg zurück. Hier lebte sie als freie Schriftstellerin, zeitweise auch als Redakteurin der *Ostpreußischen Zeitung* (1920–26), bis 1945. Bei Kriegsende floh sie über Dänemark nach Schleswig-Holstein; seit 1948 lebte sie in Bad Nenndorf (Niedersachsen). 1916 erhielt sie den Kleist-Preis. M.s Ruhm gründete v. a. auf ihren Balladen, die Formen des 19. Jh.s aufnahmen und die ihnen zugrunde liegenden Sagen- und Märchenstoffe mythisch überhöhten. Mit ihrem irrationalen Geschichts- und Schicksalsverständnis und dem Rückgriff auf die feudale Vergangenheit stellte sich M. ausdrücklich gegen die Moderne. Das gilt in gleichem Maß für ihre Prosa, die später in den Vordergrund trat. Sie hat archaisierende Züge und verklärt Landschaft und Menschen Ostpreußens. Seit den 20er-Jahren verstärkten sich überdies die nationalistischen Züge; nach 1933 bekannte sie sich folgerichtig zum Dritten Reich und huldigte Hitler in einer Reihe von Gedichten.

Werke: Gedichte. 1901. – Balladen und Lieder. 1907. – Gedichte und Spiele. 1920. – Geschichten aus Alt-Preußen. 1926. – Die Fahrt der sieben Ordensbrüder. 1933. – Deutsche Balladen. 1935. – Noras Schicksal. 1936. – Das Bernsteinherz. 1937. – Ostland. 1940. – Wunderliches Weben. 1940. – Aber du bleibst in mir. 1949. – Truso. Geschichten aus der alten Heimat. 1958.
Ausgabe: Gesammelte Werke. 7 Bde. Düsseldorf 1952–65.

(1633–34), dann in Wittenberg (1634–36) Philosophie, Philologie und Theologie. Er hörte auch Vorlesungen bei dem Poetiker A. Buchner. Nach der Promotion zum Magister gab er Privatunterricht in Wittenberg, während er seine Studien fortsetzte. 1638 trat er eine Pfarrstelle in Teutleben (Thüringen) an, 1642 wurde er zum Rektor der Stadtschule in Naumburg bestellt, und 1646 übernahm er die Leitung des Gymnasiums in Gera und damit auch die Verantwortung für das Schultheater. Herzog Moritz v. Sachsen-Zeitz berief ihn 1667 zum Superintendenten nach Neustadt (Orla) und kurz darauf nach Zeitz, wo er auch als Hofprediger fungierte. Die literarische Tätigkeit des strengen Lutheraners ist eng mit seinem beruflichen Werdegang verbunden und umfasst theologische und pädagogische Schriften, Erbauungsbücher, Leichenpredigten, geistliche Lyrik, Schullehrbücher der Rhetorik und Poetik nach Gerhard Johann Vossius und Ph. v. Zesen sowie wichtige Beiträge zum protestantischen Schultheater, die kritisch auf die moralischen und politischen Veränderungen im Kontext der absolutistischen Staatsauffassung reagieren.

Werke: Newes Gebet Buch. 1640. – Grammatica Ebraea compendium. 1645. – Elementa rhetorica. 1646. – Kurtzer [...] Bericht von der Teutschen Reime-Kunst. 1648. – Feuer-heisse Liebesflammen Einer in JEsu verliebten und in der Welt betrübten Seelen. 1653. – Paedia, Das ist: Unvorgreiffliches [...] Bedencken / von der Erziehung und Unterweisung der Kinder. 1657. – Trauer-Spiel / Der Unglükselige Soldat Und Vorwitzige Barbirer / genant. 1662. – Politica dramatica. 1667. – Geistliche / und aus dem XXXIX. Psalm gezogene Todes-Concert oder Nützliche / heylsame Todes-Betrachtung. 1668.

Mönch von Salzburg, Liederdichter (und -komponist) der 2. Hälfte des 14. Jh.s am Hof des Salzburger Fürstbischofs Pilgrim II. (1365–96). Über seine Identität liefern die Handschriften widersprüchliche Angaben; sie nennen ihn Hermann oder Johannes und bezeichnen ihn als Dominikaner oder Benediktiner. Auch von einer Zusammenarbeit mit einem »laypriester« Martin, möglicherweise Pilgrims Küchenmeister, ist die Rede. Bei den etwa 50 geistlichen Liedern handelt es sich vielfach um Nachdichtungen lat. Sequenzen und Hymnen, die v. a. den Festen des Kirchenjahres und dem Marienpreis gewidmet sind; die annähernd 60 weltliche Lieder sind bis auf einige Schlemmer- und Trinklieder Liebeslieder, die Motive und Formen des Minnesangs variieren. Eine originelle Tageliedversion in der Nachfolge Steinmars bietet das *Kchühorn*. Das unter dem Namen Der Mönch v. Salzburg überlieferte Werk gilt als bedeutendste Leistung in der Geschichte der dt. Lieddichtung zwischen dem späten Minnesang und Oswald v. Wolkenstein.

Ausgaben: Die geistlichen Lieder des Mönchs von Salzburg. Hrsg. von Franz Viktor Spechtler. Berlin / New York 1972. – Die weltlichen Lieder des Mönchs von Salzburg. Texte und Materialien. Hrsg. von Christoph März. Tübingen 1999.

Mörike, Eduard, 8. 9. 1804 Ludwigsburg – 4. 6. 1875 Stuttgart. Der Sohn eines Amtsarztes und einer Pfarrerstochter besuchte zunächst das Gymnasium in Ludwigsburg, dann nach dem Tod des Vaters 1817 das Gymnasium illustre in Stuttgart. Danach folgte er dem üblichen theologischen Studienweg (1818–22 niederes theologisches Seminar Urach, 1822–26 Studium im Tübinger Stift). 1823 lernte er in Ludwigsburg Maria Meyer kennen, die als die einzige leidenschaftliche Liebe seines Lebens gilt und ihren literarischen Niederschlag in der Gestalt der Zigeunerin Elisabeth im *Maler Nolten* und in den »Peregrina«-Gedichten fand. Nach dem Examen 1826 war er – bis auf einen kurzen Versuch, als freier Schriftsteller zu leben – an verschiedenen kleinen württembergischen Orten als Vikar und Pfarrverweser tätig (Oberboihingen, Möhringen, Köngen, Pflummern, Plattenhardt, Owen usw.), bis er 1834 eine Pfarrstelle in Cleversulzbach bei Heilbronn erhielt. Er zog mit Mutter und Schwester Klara in das Pfarrhaus; die Verlobung mit Luise Rau, die er 1829 in Plattenhardt kennen gelernt hatte, war inzwischen aufgelöst worden. 1843 ließ sich der kränkelnde M., dem der Pfarrdienst ohnehin eine Last war, pensionieren und lebte mit seiner Schwester zunächst in Schwäbisch Hall und von 1844 bis 1851 in Bad Mergentheim. 1851 heiratete M. die Katholikin Margarethe Speeth, Freundin Klaras. Zusammen mit Klara zogen sie nach Stuttgart, wo M. einige Jahre Literaturunterricht am Katharinenstift gab. Ehrungen (1852 Dr. h.c. Tübingen, 1856 Professor, Audienz beim König) dokumentieren sein inzwischen gewonnenes Ansehen. 1867 ging er nach Lorch, 1869 nach Nürtingen, 1871 kehrte er nach Stuttgart zurück. M. steht literaturgeschichtlich zwischen Romantik und Realismus. Wesentliche Bezugspunkte seines Schaffens sind Goethe, die Romantik und die Dichtung der Antike. An den romantischen Künstlerroman schließt M.s einziger, von ihm selbst als Novelle bezeichneter Roman *Maler Nolten* an, wobei allerdings die Kunst ihre bestimmende, erlösende Kraft eingebüßt hat, die Vergangenheit wie ein Verhängnis in die Gegenwart hineinwirkt und die Künstlergestalten von einer romantischen Krankheit zum Tode befallen sind. In einer späteren, unvollendeten Fassung verstärkte M. in Annäherung an den realistischen Roman die psychologische Motivierung des Geschehens. Eingefügt sind, ganz im Sinn der romantischen Romanpoetik, Gedichte, die das Geschehen symbolhaft deuten, und ein utopisches Dramolett (*Der letzte König von Orplid*). In M.s lyrischem Schaffen stehen bewusst archaisierende oder volkstümliche Lieder und Balladen neben strengen Sonetten und Gedichten in antikisierenden Formen. Zahlreiche Rollen- und Gelegenheitsgedichte zeigen den geselligen Aspekt seiner Kunst. Der Tendenz zur Objektivierung und Distanzierung, die sich in der Hinwendung zu antiken Maßen zeigt, entspricht die ›Erfindung‹ des so genannten Dinggedichts (*Auf eine Lampe* u. a.). Die Beschäftigung mit der Antike schlug sich auch in bedeutenden Übersetzungen nieder. M.s Märchen- und Novellendichtung gipfelt nach idyllenhaften Stücken in der späten Mozartnovelle, die – heiter und zugleich von melancholischer Todesahnung durchdrungen – in kunstvollem Perspektivenwechsel Mozarts widerspruchsvolle Künstlerexistenz beleuchtet. Die musikalische Komposition der Novelle findet ihr Äquivalent in der musikalischen Sprache M.s, die auch Komponisten wie Robert Schumann oder Hugo Wolf zu Vertonungen seiner Lyrik anregte.

Werke: Maler Nolten. Novelle in zwei Teilen. 1832. 2., überarb. Aufl. hrsg. von Julius Klaiber. 1877. – Gedichte. 1838. Erw. und verb. Ausg. 1848, 1856, 1867. – Classische Blumenlese. 1840. [Anthologie.] – Idylle vom Bodensee. 1846. – Das Stuttgarter Hutzelmännlein. 1853. – Theokritos, Bion und Moschos. 1855. [Übers.; mit Friedrich Notter.] – Mozart auf der Reise nach Prag. 1856 [recte 1855]. – Anakreon und die so genannten Anakreontischen Lieder. 1864. [Übers.]

Ausgaben: Werke. Hrsg. von Harry Maync. 3 Bde. Leipzig/Wien ²1914. – Werke und Briefe. Hist.-krit. Gesamtausg. Hrsg. von Hans-Henrik Krummacher [u. a.]. Stuttgart 1967 ff. – Sämtliche Werke. Nach dem Text der Ausgabe letzter Hand. Hrsg. von Helga Unger. 2 Bde. München 1967–70.

Möser, Justus, 14. 12. 1720 Osnabrück – 8. 1. 1794 ebd. Der Sohn eines Konsistorialpräsidenten und einer Ratsherrntochter studierte 1740–43 Rechtswissenschaften in Jena und Göttingen und wurde anschließend Sekretär der Osnabrücker Ritterschaft (1744), juristischer Vertreter des Staates (Advocatus patriae, 1747) und Syndikus der Ritterschaft (1756). Während des Siebenjährigen Krieges führte er mit zahlreichen Reisen (u. a. London 1763/64) verbundene Kontributionsverhandlungen. Anschließend war er in führenden Regierungsstellungen des Fürstbistums Osnabrück tätig, das er zeitweise de facto regierte. Erstes bedeutendes Ergebnis seiner literarischen Interessen war die gegen J. C. Gottsched gerichtete *Schrift Har-*

lekin, oder Vertheidigung des Groteske-Komischen. Sein Hauptwerk, *Patriotische Phantasien*, enthält zuvor in Zeitungsbeilagen erschienene Aufsätze, Betrachtungen, Erzählungen, Satiren und Feuilletons, die M.s Vorliebe für geschichtlich Gewachsenes zeigen und den nivellierenden Tendenzen der Moderne die vorabsolutistischen, altständischen Lebens- und Rechtsformen entgegensetzen. Goethe benutzte M.s Abhandlung *Von dem Faustrechte* für seinen *Götz von Berlichingen* (1773). Die späte Schrift über die dt. Sprache und Literatur ist eine Erwiderung auf Friedrichs II. Aufsatz *De la littérature allemande* (1780).

Werke: Versuch einiger Gemählde von den Sitten unsrer Zeit. 1747. – Arminius. Trauerspiel. 1749. – Harlekin, oder Vertheidigung des Groteske-Komischen. 1761. – Osnabrückische Geschichte. 1768. – Patriotische Phantasien. 1774–86. – Ueber die deutsche Sprache und Litteratur. 1781. – Der Celibat der Geistlichkeit von seiner politischen Seite betrachtet. 1783.

Ausgabe: Sämtliche Werke. Hist.-krit. Ausg. Hrsg. von der Akademie der Wiss. zu Göttingen. Oldenburg [u. a.] 1943 ff.

Mombert, Alfred, 6. 2. 1872 Karlsruhe – 8. 4. 1942 Winterthur. Der Kaufmannssohn studierte Jura (Dr. jur. 1897) und ließ sich als Rechtsanwalt in Heidelberg nieder, gab den Beruf jedoch 1906 auf. Er lebte hier bis 1940 als freier Schriftsteller, nur unterbrochen von Reisen (Europa, Naher Osten) und Kriegsdienst im Ersten Weltkrieg. Im Oktober 1940 wurde er mit anderen badischen Juden in ein Internierungslager in den Pyrenäen deportiert, erhielt dann aber – er war bereits todkrank – ein Jahr später eine Ausreisegenehmigung und ging in die Schweiz. M.s Dichtung unternimmt den Versuch einer ganzheitlichen, symbolischen Erfassung der Welt im Mythos. Ihr Verfasser sah sich als Symphoniker, der aus seinem Erleben und seinen Visionen heraus sämtliche Aspekte des Kosmos in »Gefühlsbildern menschlicher Höhen- und Tiefen-Zustände« zur Anschauung bringt und zu großen lyrischen und dramatischen Kompositionen in freier rhythmischer, bildhafter Sprache zusammenfügt. Einbezogen werden europäische und alte orientalische Mythen ebenso wie apokalyptische Geschichtsvorstellungen, die von einer »Katastrophe des Menschen-Geschlechts« sprechen. Aus dem Lager schrieb M.: »Es ist mein Schicksal, daß Alles, was ich prophetisch klangvoll gedichtet habe (zum ›ästhetischen‹ Genuß der Deutschen), ich später in grausamer Realität erleben muß.«

Werke: Tag und Nacht. 1894. – Der Glühende. 1896. – Die Schöpfung. 1897. – Der Denker. 1901. – Der Sonne-Geist. 1905. – Die Blüte des Chaos. 1905. – [Aeon-Trilogie] Aeon der Weltgesuchte. 1907. Aeon zwischen den Frauen. 1910. Aeon vor Syrakus. 1911. – Der himmlische Zecher. 1909. – Musik der Welt. 1915. – Der Held der Erde. 1919. – Ataïr. 1925. – Der Thron der Zeit. 1925. – Aiglas Herabkunft. 1929. – Aiglas Tempel. 1931. – Sfaira der Alte. 2 Tle. 1936, 1942.

Ausgabe: Dichtungen. Gesamtausg. Hrsg. von Elisabeth Herberg. 3 Bde. München 1963.

Mon, Franz (d. i. F. Löffelholz), * 6. 5. 1926 Frankfurt a. M. Nach seiner Promotion über B. H. Brockes (Frankfurt a. M. 1955) arbeitete M. als Lektor in einem Frankfurter Schulbuchverlag, dessen Leitung er dann übernahm. Er gehört zu den profiliertesten Vertretern der experimentellen Poesie im Umkreis der konkreten Dichtung. Anders als E. Gomringer aber bestand er auf dem kritischen Potential der Dichtung, sah sie als ein sich der Vereinnahmung durch eine konformistische Gesellschaft verweigerndes Element. Collage, Montage und andere Formen der Manipulation des Sprachmaterials sind die Mittel, mit denen er sich der Verwertung und der Anpassung entgegenstellt und zugleich durch Anspielungen, Floskeln, Zitate und dem Spiel »zwischen Erwartung und Erinnerung« einen Prozess der Erneuerung in Gang zu setzen sucht. Dabei überschreiten M.s Kunstgebilde Gattungsgrenzen ebenso wie die Grenzen zu den anderen Künsten. M. hielt, entgegen der allgemeinen Entwicklung, nach den

70er-Jahren an der experimentellen Schreibweise fest, die er auch auf das Hörspiel übertrug und mit zahlreichen theoretischen Reflexionen begleitete.

Werke: artikulationen. 1959. – movens. Dokumente und Analysen zur Dichtung, bildenden Kunst, Musik, Architektur. 1960. [Mithrsg.; mit W. Höllerer und Manfred de la Motte.] – verläufe. 1962. – sehgänge. 1964. – ainmal nur das alphabet gebrauchen. 1967. – Lesebuch. 1967. Erw. 1972. – herzzero. 1968. – das gras wies wächst. In: Neues Hörspiel. Texte, Partituren. Hrsg. von Klaus Schöning. 1969. – Texte über Texte. 1970. – Antianthologie. Gedichte in deutscher Sprache nach Anzahl ihrer Wörter geordnet. 1973. [Mit H. Heißenbüttel.] – maus im mehl. 1976. – hören und sehen vergehen. ein stück für spieler, stimmen und geräusche. 1978. – fallen stellen – texte aus mehr als elf jahren. 1980. – hören ohne aufzuhören. 1983. – Knöchel des Alphabets. 33 visuelle Texte. 1989. – Gesammelte Texte. 4 Bde. 1994–97.

Moníková, Libuše, 30. 8. 1945 Prag – 12. 1. 1998 Berlin. M. studierte an der Karls-Universität Prag Anglistik und Germanistik und promovierte 1970 mit einer Dissertation über Brechts Bearbeitung von Shakespeares *Coriolan*. 1971 kam sie in die Bundesrepublik und erhielt Lehraufträge an der Gesamthochschule Kassel und – ab 1977 – an der Universität Bremen. Seit 1981 lebte sie als freie Schriftstellerin in Berlin. In ihrem literarischen Werk verwandte sie von Anfang an die dt. Sprache; seine Thematik blieb jedoch von ihrer Heimat und ihrer Geschichte bestimmt. Entscheidende Daten sind das Münchener Abkommen von 1938 und die russische Okkupation 1968. Diesen Traumata entspricht das von Heimatverlust und Isolation bestimmte Lebensgefühl ihrer Heldinnen und Helden, die sie in entfernte Weltgegenden wie Grönland oder Sibirien schickt und sie – es sind stets wortreiche Intellektuelle – enzyklopädisch über alles und jedes reden lässt. Die Suche nach der Heimat weitet sich dank M.s Kunst der Abschweifung im Roman *Die Fassade* – wie danach in *Treibeis* – zu einem weitgespannten Blick auf die National- und Kulturgeschichte Tschechiens, ermöglicht aber auch – die Fassaden-Instandsetzer von Schloss Friedland bleiben auf einer Reise nach Japan in Sibirien stecken – bissige Kommentare über die Zustände im russ. Herrschaftsbereich.

Werke: Eine Schädigung. 1981. – Pavane für eine verstorbene Infantin. 1983. – Die Fassade. 1987. – Schloß, Aleph und Wunschtorte. Essays. 1990. – Unter den Menschenfressern. Ein dramatisches Menu in vier Gängen – nach Nestroy, Shakespeare, Mozart und Arno Schmidt. 1990. – Treibeis. 1992. – Prager Fenster. Essays. 1994. – Verklärte Nacht. 1996. – Der Taumel. 2000.

Morgenstern, Christian, 6. 5. 1871 München – 31. 3. 1914 Meran. Der Sohn eines Landschaftsmalers begann 1892 mit dem Studium der Wirtschaftswissenschaften in Breslau, das er jedoch 1893 nach dem ersten Ausbruch seiner Tuberkuloseerkrankung abbrach. Nach Kuraufenthalten ging er nach Berlin und schrieb Kritiken und andere Beiträge für verschiedene Zeitschriften, übersetzte Henrik Ibsen, Knut Hamsun und August Strindberg und arbeitete seit 1903 als Lektor bei Ernst Cassirer. 1909 wandte er sich der Anthroposophie Rudolf Steiners zu, dem sein letzter Gedichtband (*Wir fanden einen Pfad*) zugeeignet ist. 1895 erschien M.s erste Gedichtsammlung, »dem Geiste Friedrich Nietzsches« gewidmet. Es folgten weitere Bände mit ernster, aber konventioneller Lyrik. Seinen Ruhm verdankt M. seinen für die Freunde aus der Berliner Boheme geschriebenen *Galgenliedern.* Beschwören die frühen Lieder die schreckliche, gräuliche Welt des Galgenbergs mit ihren merkwürdigen Wesen (Mitternachtsmaus, Höllengaul, Zwölf-Elf, Mondschaf usw.), so tritt in den späteren Teilen *Gingganz* und *Palmström* ein neuer Aspekt hinzu: Die Sprache dient nicht mehr der Evokation des Grotesken und Schaurigen, sondern wird selbst zum Thema. Im Hintergrund steht dabei der Sprachskeptizismus Fritz Mauthners. Die Sprache ist untauglich zur Erkenntnis der Welt, wohl aber tauglich zur Wortkunst, die sich bei M. in einem virtuosen Spiel mit der Sprache und vielfältigen Sprachmanipulationen, in der Erschaffung einer eigenständigen phantastischen Sprach- und Spielwelt äußert.

Werke: In Phanta's Schloß. 1895. – Horatius travestitus. 1896. Erw. 1911. – Auf vielen Wegen. 1897. – Ich und die Welt. 1898. – Ein Sommer. 1900. – Und aber ründet sich ein Kranz. 1902. – Galgenlieder. 1905. Erw. 1908. – Melancholie. 1906. – Einkehr. 1910. – Palmström. 1910. Erw. 1912. – Ich und Du. 1911. – Wir fanden einen Pfad. 1914. – Palma Kunkel. 1916. – Stufen. Eine Entwicklung in Aphorismen und Tagebuchnotizen. Hrsg. von Margareta Morgenstern. 1918. – Der Gingganz. 1919.
Ausgabe: Werke und Briefe. Hrsg. von Reinhardt Habel [u. a.]. 9 Bde. Stuttgart 1987 ff.

Morgner, Irmtraud, 22. 8. 1933 Chemnitz – 6. 5. 1990 Berlin. Die Tochter eines Lokomotivführers studierte 1952–56 Germanistik in Leipzig und war dann für zwei Jahre Redaktionsassistentin bei der Zeitschrift »Neue Deutsche Literatur«. Seit 1958 lebte sie als freie Schriftstellerin in Ostberlin. Bereits in ihren frühen, traditionell realistischen Erzählungen und Romanen beschäftigte sie sich mit Fragen der Gleichberechtigung und der Rolle der Frau, dem zentralen Thema ihrer späteren, auch erzählerisch modernen Romane. Sie opponieren mit ihrer Technik der Montage, ihrer Zeit und Raum überspielenden Phantasie, ihren Ausflügen ins Märchenhafte und ihrer Ironisierung und Verfremdung gegen den verordneten platten Realismus. Die erzählerischen Mittel stehen als Ausdruck einer weiblichen Gegenkultur im Dienst einer Utopie weiblicher Selbstverwirklichung in einem humanen Sozialismus, wie sie in *Leben und Abenteuer der Trobadora Beatriz* – die Heldin macht eine Zeitreise in die DDR – und dem »Hexenroman« *Amanda*, einer Art Fortsetzung der *Trobadora Beatriz*, thematisiert wird.

Werke: Das Signal steht auf Fahrt. 1959. – Ein Haus am Rand der Stadt. 1962. – Notturno. 1964. – Hochzeit in Konstantinopel. 1968. – Gauklerlegende. Eine Spielfraungeschichte. 1970. – Die wundersamen Reisen Gustav des Weltfahrers. Lügenhafter Roman mit Kommentaren. 1972. – Leben und Abenteuer der Trobadora Beatriz nach Zeugnissen ihrer Spielfrau Laura. Roman in dreizehn Büchern und sieben Intermezzos. 1974. – Amanda. Ein Hexenroman. 1983. – Der Schöne und das Tier. Eine Liebesgeschichte. 1991. – Rumba auf einen Herbst. 1992. – Das heroische Testament. Ein Roman in Fragmenten. Hrsg. von Rudolf Bussmann. 1998.

Morhof, Daniel Georg, 6. 2. 1639 Wismar – 30. 7. 1691 Lübeck. Der Sohn eines Juristen studierte nach dem Besuch der Gymnasien von Wismar und Stettin von 1657 an in Rostock Jura, aber auch Rhetorik und Poesie bei J. Lauremberg und später A. Tscherning. Nach einer Bildungsreise (Niederlande, England) promovierte er 1661 zum Dr. jur.; 1665 übernahm er den Lehrstuhl für Beredsamkeit und Poesie an der neu gegründeten Kieler Universität, an der er dann eine bedeutende Rolle spielte (mehrfach Rektor; seit 1673 auch Professor für Geschichte, seit 1680 Leiter der Universitätsbibliothek). Aus seinen zahlreichen wissenschaftlichen Schriften und lat. und dt. Gelegenheitsgedichten ragen zwei Hauptwerke heraus: ein um einen literarhistorischen Teil erweitertes poetologisches Handbuch mit breiter Behandlung der Gattung des Romans (*Unterricht Von Der Teutschen Sprache und Poesie*) und ein mehrfach vermehrtes polyhistorisches Kompendium der gesamten Wissenschaften in lat. Sprache (*Polyhistor*).

Werke: Miscellanea poetica. 1666. – De metallorum transmutatione [...] epistola. 1673. – Unterricht Von Der Teutschen Sprache und Poesie / deren Uhrsprung / Fortgang und Lehrsätzen. 1682. – Teutsche Gedichte. 1682. – Polyhistor. Tl. 1. 1688. [Erste postume Gesamtausg. in 3 Tln. 1708.]

Moritz, Karl Philipp, 15. 9. 1756 Hameln – 26. 6. 1793 Berlin. Armut und ein zu quietistischen bzw. pietistischen Zirkeln neigendes, religiös zerstrittenes Elternhaus prägten M.' Kindheit. 1763 zog die Familie nach Hannover. Der Vater, Militärmusiker, übernahm zunächst M.' Erziehung; dann gab er ihn zu einem quietistischen Hutmacher in Braunschweig in die Lehre. Nach einem Selbstmordversuch als Folge fortdauernder qualvoller Unterdrückung kehrte M. nach Hannover zurück und konnte, unterstützt durch Stipendien und Freitische, 1771–76 das Gymnasium besuchen. Nach vergeblichen Versuchen, Schauspieler zu werden, einem abgebrochenen Theologiestudium und kurzer Lehrtätigkeit in Potsdam erhielt er 1778 eine Stelle am angesehenen Gymnasium zum Grauen Kloster in Berlin (1784 Gymnasialprofessor). 1779 wurde er Freimaurer; es entwickelten sich Beziehungen zu Berliner Aufklärern (u. a. Moses Mendelssohn). 1782 unternahm er eine Englandreise, 1786 gab er den Schuldienst auf und reiste nach Italien (1786–88). Hier kam es zur engen Freundschaft mit Goethe. Nach einem Aufenthalt in Weimar im Winter 1788–89 begleitete er Herzog Karl August nach Berlin. Durch dessen Vermittlung wurde er 1789 zum Professor der Theorie der schönen Künste an der Akademie der Künste ernannt. Es folgten 1791 die Aufnahme in die Preußische Akademie der Wissenschaften und die Ernennung zum Hofrat, 1792–93 Heirat, Scheidung und Wiederverheiratung innerhalb von neun Monaten. Wenig später starb M. an einem chronischen Lungenleiden. Seinen ersten literarischen Erfolg hatte er mit einem Bericht in Briefform über seine Englandreise. Zugleich machte seine Zeitschrift für »Erfahrungsseelenkunde« sein Interesse an psychologischen Fragen deutlich. Literarisches Zeugnis dieser Interessen und v. a. der analytischen Fähigkeiten M.' ist der »psychologische Roman« *Anton Reiser*, schonungslose Autobiographie und eine angesichts der negativen Voraussetzungen zwangsläufig unglückliche Bildungsgeschichte sowie sozialgeschichtliches Dokument von hohem Rang. Zwei Romane um den fiktiven Prediger Andreas Hartknopf verbinden die z. T. satirisch verfremdete Märtyrerbiographie und Diskussionen anthropologischer, pädagogischer und ästhetischer Themen. M.' Gedanken zur Ästhetik formten sich in Italien; sie gehen von Vorstellungen der Eigengesetzlichkeit und Autonomie der Kunst aus und führen auch zu einem auf den klassischen Goethe vorausweisenden Symbolbegriff.

Werke: Beiträge zur Philosophie des Lebens. 1780. – Blunt, oder der Gast. 1781. – Reisen eines Deutschen in England im Jahre 1782. 1783. – Gnothi Sauton oder Magazin zur Erfahrungsseelenkunde. 10 Bde. 1783–93. – Anton Reiser. Ein psychologischer Roman. 1785–90. – Andreas Hartknopf. Eine Allegorie. 1786 [recte 1785]. – Versuch einer deutschen Prosodie. 1786. – Ueber die bildende Nachahmung des Schönen. 1788. – Andreas Hartknopfs Predigerjahre. 1790. – Götterlehre oder Mythologische Dichtungen der Alten. 1790. – Reisen eines Deutschen in Italien in den Jahren 1786 bis 1788. 1792–93. – Die neue Cecilia. 1794.
Ausgaben: Werke. Hrsg. von Horst Günther. 3 Bde. Frankfurt a. M. 1981. – Werke. Hrsg. von Heide Hollmer und Albert Meier. 2 Bde. Frankfurt a. M. 1997–99. – Sämtliche Werke. Kritische und kommentierte Ausg. Hrsg. von Anneliese Klingenberg [u. a.]. Tübingen 2005 ff.

Morshäuser, Bodo, * 28. 2. 1953 Berlin. M. arbeitete als Autor und Moderator von Musiksendungen beim Sender Freies Berlin (1979–83) und lebt jetzt als freier Schriftsteller in Berlin. Nach einem Gedichtband mit gesellschaftskritischen Versen hatte M. mit der Erzählung *Die Berliner Simulation* seinen ersten bedeutenden kritischen Erfolg. Der Text erzählt von der Begegnung des Ich-Erzählers mit der Engländerin Sally vor dem Hintergrund der Demonstrationen und Hausbesetzungen 1981 in Berlin und schlägt damit zugleich M.s zentrales Thema an, das der Simulation. Wie in menschlichen Begegnungen nur Gefühle vorgetäuscht bzw. durch literarische und musikalische Zitate stilisiert werden, so ist die gesellschaftliche und politische Wirklichkeit verstellt durch die Manipulationen, Täuschungen, Überformungen durch die Medien und die Politik, ist Realität Fiktion und Simulation. Die Konsequenzen zeigt das Zukunftsszenario eines Überwachungsstaats mit perfekter Manipulation (*Blende*). Auch der

Ausweg ins private Glück scheint verstellt (*Nervöse Leser*). Und indem der Erzähler in den weiteren Texten die Wirkungslosigkeit des gesellschaftlichen Engagements konstatiert, bleibt ihm nur der Rückzug (in die Kunst). Desillusionierend ist auch der Roman *In seinen Armen das Kind*, in dem der Ich-Erzähler, ein Schriftsteller, über seine Erlebnisse und Begegnungen im Berlin der 70er- bis 90er-Jahre und von Geschäftemacherei und alternativem Kommuneterror erzählt.

Werke: Alle Tage. 1979. – Die Berliner Simulation. 1983. – Blende. 1985. – Nervöse Leser. 1987. – Revolver. Vier Erzählungen. 1988. – Abrechnung in Kellinghusen. 1989. – Hauptsache Deutsch. 1992. – Der weiße Wannsee. Ein Rausch. 1993. – Gezielte Blicke. 1995. – Tod in New York City. 1995. – Liebeserklärung an eine häßliche Stadt. 1998. – In seinen Armen das Kind. 2002. – Beute machen. 2006.

Moscherosch, Johann Michael, 7. 3. 1601 Willstätt bei Kehl – 4. 4. 1669 Worms. Der Sohn eines Verwaltungsbeamten besuchte 1612–24 Gymnasium und Universität in Straßburg (Magister artium 1624) und unternahm anschließend eine Bildungsreise über Genf nach Frankreich. Danach musste er eine Hofmeisterstelle übernehmen (1626–28) und sich dann – als eine Universitätskarriere fehlschlug – mit Verwaltungsstellen in Lothringen begnügen (1630–41); der Krieg machte dieser Tätigkeit ein Ende. 1645 wurde er zum »Frevelvogt« bzw. Fiskal, eine Art Polizeidirektor und Sittenwächter, der Freien Reichsstadt Straßburg berufen. Ende 1655 wegen angeblicher moralischer Verfehlungen zum Rücktritt gezwungen, trat er als Gräflicher Rat in den Dienst eines absolutistischen Duodezfürsten (Friedrich Casimir v. Hanau). Auch hier scheiterte er (1660) und bekleidete zuletzt nach 1663 bescheidene Amtmann-Stellungen an der Nahe. Im Zentrum seines Werkes, das auch lat. Epigramme und moraldidaktische Erziehungsschriften umfasst, steht das große satirische Zeit- und Gesellschaftsbild *Gesichte Philanders von Sittewalt*. Angeregt von den *Sueños* Francisco de Quevedos, der Quelle des 1. Teils der *Gesichte*, kritisierte M. hier im Namen einer alten deutschen Redlichkeit in zuletzt 14 Visionen, »Gesichten«, die von Frankreich ausgehenden Tendenzen einer neuen höfisch-absolutistischen Kultur (z. B. *Ala mode Kehrauß*); mit dem »Gesicht« *Soldaten-Leben* gelang ihm eine beeindruckende Darstellung der Kriegsgräuel, auf die Grimmelshausen zurückgreifen konnte. Zahlreiche Nachdrucke sowie die Addition weiterer, nicht von M. stammender »Gesichte« bezeugen die große Popularität des Werkes, das M. 1645 den Gesellschaftsnamen »Der Träumende« in der »Fruchtbringenden Gesellschaft« einbrachte.

Werke: Les Visiones de Don Francesco de Quevedo Villegas. Oder Wunderbahre Satÿrische gesichte. 1640. [= Tl. 1; umgearbeitete Ausg. 1642.] – Anderer Theil der Gesichte Philanders von Sittewalt. 1643. [Bis 1650 mehrfach erweitert.] – Insomnis cura parentum. Christliches Vermächtnuß, oder / Schuldige Vorsorg Eines Trewen Vatters. 1643. – Epigrammatum [...] Centuria Prima [– Secunda]. 1643. – Anleitung Zu einem Adelichen Leben. 1645. [Übers. aus dem Frz. nach Samuel Bernard, 1613.] – Tutschland Jacob Wympfflingers. 1648. [Ed.] – Centuria Prima [– Sexta] Epigrammatum. 1665.

Mosebach, Martin, * 31. 7. 1951 Frankfurt a. M. Der Sohn eines Arztes und Psychotherapeuten studierte Jura in Frankfurt (2. Staatsexamen 1979) und lebt, von längeren Aufenthalten in Italien und der Türkei abgesehen, seitdem hier als freier Schriftsteller. »Ich wollte das Erzählen lernen, wie man das Schuhmachen lernt«, sagte M. in einer Rede, und traditionelle Erzählverfahren und eine auf die sinnliche Erscheinungsform der Dinge gerichtete große Beschreibungskunst charakterisieren in der Tat seine Romane und Erzählungen, allerdings nicht ohne Witz, Ironie und Verfremdungseffekte. Dabei leben sie von der Spannung von Alltagserfahrung und der Sehnsucht nach dem ganz Anderen, Außerordentlichen, das verschiedene Gestalt annehmen kann und die Protagonisten aus ihrer gewöhnlichen Welt – nicht zuletzt der Frankfurts – herausreißt: durch eine die Entfremdung aufhebende Erfahrung der Geborgenheit durch die Rückkehr in das Bett der Kinderfrau (*Das Bett*), durch die Evokation einer ästhetizistischen Welt der Schönheit und des Lebensgenusses in den ›italienischen‹ Erzählungen, durch das traumhafte Eintauchen in eine die eigene, westliche Lebenskonzeption aufbrechende archaisch-märchenhafte Welt (*Die Türkin*), durch die Hingabe an phantastische Tagträume, in denen sich die Gestalten verfangen (*Eine lange Nacht*, *Der Nebelfürst*). Virtuoses Beispiel für diese Verirrungen ins Phantastische ist der Roman *Der Nebelfürst*, der die Geschichte der versuchten Kolonisierung der Bäreninsel (in der Nähe von Spitzbergen) zu einem komischen Bild des Spekulationsgeistes der Zeit des Fin de Siècle verdichtet und mit durchaus aktueller Medienkritik verbindet. M.s Skepsis gegenüber der westlichen Moderne, deren Erscheinungen er allerdings geradezu liebevoll genau beschreibt, thematisiert auch der Roman *Das Beben*, wobei freilich die Konfrontation mit der fremden Welt – einem märchenhaften Indien – einen schwebenden Ausgleich zwischen den Kulturen zu bringen scheint. Neben dem erzählerischen Werk ist M. durch Gedichte (und Zeichnungen), Theaterstücke, Drehbücher, Hörspiele, Opernlibretti sowie kunsthistorische und kulturkritische Essays hervorgetreten.

Werke: Das Bett. 1983. – Ruppertshain. 1985. – Rotkäppchen und der Wolf. Ein Versdrama. 1988. – Westend. 1992. – Album Raffaello. Gedichte und Zeichnungen. 1995. – Das Kissenbuch. Gedichte und Zeichnungen. 1995. – Stilleben mit wildem Tier. 1995. – Das Grab der Pulcinellen. Erzählungen, Pasticci, Phantasien. 1996. – Die schöne Gewohnheit zu leben. Eine italienische Reise. 1997. – Die Türkin. 1999. – Eine lange Nacht. 2000. – Der Nebelfürst. 2001. – Häresie der Formlosigkeit. Die römische Liturgie und ihr Feind. 2002. – Mein Frankfurt. 2002. – Eine lange Nacht. 2002. – Du sollst dir ein Bild machen. Über alte und neue Meister. 2005. – Das Beben. 2005. – Schöne Literatur. Essays. 2006.

Mühlbach, Luise (d. i. Klara Mundt, geb. Müller), 2. 1. 1814 Neubrandenburg – 26. 9. 1873 Berlin. Die Tochter des Neubrandenburger Oberbürgermeisters veröffentlichte 1838 ihren ersten Roman und entwickelte, seit 1839 mit Th. Mundt verheiratet, eine große literarische Produktivität. Bis zu ihrem Tod entstanden zahlreiche Romane, mit deren Ertrag sie wesentlich zum Unterhalt ihrer Familie beitrug, als ihr Mann aus politischen Gründen seinen Lehrstuhl verlor. Sie lebten die meiste Zeit in Berlin. Nach Mundts Tod (1861) unternahm sie ausgedehnte Reisen (u. a. zweimal nach Ägypten) und schrieb Reiseberichte für verschiedene Zeitungen. Zentrales Thema der Romane der Vormärzzeit ist die Frauenemanzipation; die Romane nach 1850 gingen mit der politischen Entwicklung und stellten dt. und ausländische Herrschergestalten der Gegenwart und Vergangenheit verherrlichend in den Mittelpunkt.

Werke: Erste und letzte Liebe. 1838. – Frauenschicksal. 1839. – Der Zögling der Natur. 1842. – Glück und Geld. 1842. – Eva. Ein Roman aus Berlins Gegenwart. 1844. – Ein Roman in Berlin. 1846. – Die Tochter der Kaiserin. 1848. – Aphra Behn. 1849. – Friedrich der Große und sein Hof. 1853. – Kaiser Joseph II. und sein Hof. 1864–68. – Kaiser Wilhelm und seine Zeitgenossen. 1873.

Mühsam, Erich, 6. 4. 1878 Berlin – 10. 7. 1934 Konzentrationslager Oranienburg. Der Sohn eines jüdischen Apothekers wuchs in Lübeck auf und sollte auf Wunsch des Vaters ebenfalls Apotheker werden. Doch vernachlässigte er bald die Apothekerlehre (Lübeck, Berlin). Er verkehrte in den literarischen Kreisen der Hauptstadt, arbeitete seit der Jahrhundertwende als Journalist und Redakteur und wandte sich dem Anarchismus zu. Nach ausgedehnten Reisen ließ er sich 1908 in München nieder und fand Freunde in der Schwabinger Boheme (F. Wedekind, F. zu Reventlow). Er spielte eine führende Rolle in der Münchener Räterepublik 1918–19; 1919 wurde er zu 15

Jahren Festungshaft verurteilt (Entlassung Ende 1924 auf Grund einer Amnestie). Danach warb er für eine »soziale Revolution« und die Einigung der revolutionären Kräfte und warnte vor dem aufkommenden Faschismus. In der Nacht des Reichstagsbrands (28. 2. 1933) wurde er verhaftet und im Jahr darauf in Oranienburg ermordet. M.s im engeren Sinn literarisches Werk umfasst neben Lyrik und revolutionär kämpferischen Liedern satirische Chansons (im Zusammenhang mit seiner Mitarbeit im Münchner Kabarett »Elf Scharfrichter«) und eine Reihe von Bühnentexten. Themen sind u. a. die Auseinandersetzung mit gesellschaftlichen Tabus (*Die Freivermählten*), die Verarbeitung seiner Erfahrungen mit der Revolution 1918–19 (*Judas*) und sein Kampf gegen den Staat am Beispiel des Sacco-und-Vanzetti-Falls (*Staatsräson*). Seine sozialreformerischen und kulturkritischen Schriften (und die verschiedenen Zeitschriftengründungen) gelten dem Kampf gegen gesellschaftliche Vorurteile und Missstände, gegen Militarismus und Krieg und treten für Menschlichkeit und die Revolution aller Lebensverhältnisse ein. Eine Zusammenfassung seiner politischen Ideen bietet die Schrift *Die Befreiung der Gesellschaft vom Staat*.

Werke: Die Homosexualität. Ein Beitrag zur Sittengeschichte unserer Zeit. 1903. – Die Wüste. 1904. – Ascona. Eine Broschüre. 1905. – Die Hochstapler. 1906. – Kain. Zeitschrift für Menschlichkeit. 1911–14, 1918–19. – Die Freivermählten. Polemisches Schauspiel. 1914. – Wüste – Krater – Wolken. Gedichte. 1914. – Brennende Erde. Verse eines Kämpfers. 1920. – Judas. Arbeiter-Drama. 1921. – Das Standrecht in Bayern. 1923. – Revolution. Kampf-, Marsch- und Spottlieder. 1925. – Fanal. 1926–31. [Zs.] – Staatsräson. Ein Denkmal für Sacco und Vanzetti. 1928. – Von Eisner bis Leviné. Die Entstehung der bayerischen Räterepublik. 1929. – Unpolitische Erinnerungen. 1931. – Die Befreiung der Gesellschaft vom Staat. Was ist kommunistischer Anarchismus? 1933.

Ausgaben: Gesamtausgabe. Hrsg. von Günther Emig. 4 Bde. Berlin 1977–83. – Ausgewählte Werke. Hrsg. von Christlieb Hirte [u. a.]. 2 Bde. Berlin 1978.

Müller, Friedrich, gen. Maler Müller, 13. 1. 1749 Bad Kreuznach – 23. 4. 1825 Rom. Der Sohn eines Bäckers und Gastwirts musste nach dem Tod seines Vaters im Alter von zwölf Jahren die Schule verlassen, half zunächst in der Gastwirtschaft aus und hütete Vieh, bis er 1765 in Zweibrücken eine Kunstmalerlehre beginnen konnte und bald auch vom Hof gefördert wurde. Seit 1775 lebte er in Mannheim, lernte Lessing, Goethe und zahlreiche Dichter des Sturm und Drang kennen und reiste dann mit einem Stipendium des kurfürstlichen Hofes 1778 nach Rom; hier blieb er bis zu seinem Tod. 1780 konvertierte er zum Katholizismus. Er lebte von seinen Einkünften als Reiseführer und Kunstkritiker, zu denen geringe Pensionszahlungen des Münchner Hofes kamen (er war seit 1806 bayerischer Hofmaler). Als Lyriker schloss sich M. nach Anfängen im anakreontischen Stil mit Erfolg dem Vorbild F. G. Klopstocks und des Sturm und Drang an (empfindsame Oden, Bardenlyrik, Balladen, ›Volkslieder‹ usw.). Die Tendenz zum Realistisch-Volkstümlichen, die auch M.s Malerei kennzeichnet, fand ihren bedeutendsten Ausdruck in seinen den bäuerlichen Alltag spiegelnden Prosaidyllen; auch die in der Antike angesiedelten Stücke sind nur Sonderformen dieser pfälzischen Idyllen. Als Dramatiker nahm M. ein großes *Faust*-Projekt in Angriff; nur der erste von fünf Teilen über den »großen Kerl« wurde gedruckt. In seinem *Genovefa*-Drama (1781 beendet, 1811 von L. Tieck veröffentlicht) stellte er die Wandlung Golos, eines typischen Sturm-und-Drang-Helden, vom liebenden Jüngling zum Verbrecher in den Mittelpunkt. Zahlreiche Texte M.s blieben ungedruckt.

Werke: Bacchidon und Milon. 1775. – Der Satyr Mopsus. 1775. – Die Schaaf-Schur, eine Pfälzische Idylle. 1775. – Balladen. 1776. – Situation aus Fausts Leben. 1776. – Adams erstes Erwachen und erste seelige Nächte. 1777. – Niobe, ein lyrisches Drama. 1778. – Fausts Leben dramatisirt. Erster Theil. 1778. – Adonis. 1825.

Ausgaben: Werke. 3 Bde. Hrsg. von Georg Anton Batt [u. a.].

Heidelberg 1811. Reprogr. Nachdr. Heidelberg 1982. – Idyllen. Vollständige Ausgabe. Hrsg. von Otto Heuer. 3 Bde. Leipzig 1914. – Werke. Hrsg. von Max Oeser. 2 Bde. Neustadt/Haardt 1918. – Werke und Briefe. Hrsg. von Rolf Paulus und Gerhard Sauder. Heidelberg 1996 ff.

Müller, Heiner, 9. 1. 1929 Eppendorf bei Chemnitz – 30. 12. 1995 Berlin. Der Sohn eines Angestellten wurde kurz vor Kriegsende noch zum Reichsarbeitsdienst und Kriegsdienst (Volkssturm) verpflichtet. Nach Ende des Krieges arbeitete er zunächst auf dem Landratsamt in Waren (Mecklenburg), machte dann Abitur und fand eine Anstellung in einer Bücherei. Seit 1950 schrieb er, inzwischen in Ostberlin, für verschiedene Zeitungen und Zeitschriften, wurde dann wissenschaftlicher Mitarbeiter beim DDR-Schriftstellerverband (1954–55), anschließend Redakteur bei der Zeitschrift *Junge Kunst* und 1958–59 Mitarbeiter beim Berliner Maxim Gorki Theater. Seit 1959 lebte er als freier Schriftsteller in Berlin. Nach Konflikten mit Partei und Staat wegen seines Stückes *Die Umsiedlerin* wurde er 1961 aus dem Schriftstellerverband ausgeschlossen (Wiederaufnahme 1988). 1966 nahm sich seine erste Frau, die Schriftstellerin Inge Müller und Mitarbeiterin an einer Reihe von Werken M.s, das Leben. 1970–76 war er Dramaturg beim Berliner Ensemble, danach bei der Volksbühne. 1990 wurde er letzter Präsident der Akademie der Künste der DDR, 1992 Mit-Direktor, 1995 Leiter des Berliner Ensembles. 1985 erhielt er den Georg-Büchner-Preis. M., früher in der DDR umstritten und nach der Wende auch Angriffen westlicher Kritiker ausgesetzt, gehört zu den bedeutendsten und anspruchsvollsten dt. Dramatikern nach Brecht. M. verbindet radikale ästhetische Modernität mit marxistischer Theorie, Ursache nicht zuletzt auch für seine Schwierigkeiten in der DDR. M.s Theater ist immer auch Auseinandersetzung mit der literarischen Tradition, hat vielfach (und zunehmend) Zitatcharakter. Wesentliches Thema sind die Kontinuitäten und Brüche der dt. Geschichte bis zur DDR-Gegenwart. Zunächst beteiligte sich M. mit einer Reihe von Texten an dem Genre der so genannten ›Produktionsstücke‹, das in den 50er- und 60er-Jahren sehr beliebt war und das Thema des sozialistischen Aufbaus behandelte. Da sich die Stücke vorschneller Harmonisierung verweigerten, vielmehr die Widersprüche in der im Aufbau begriffenen sozialistischen Gesellschaft thematisierten, konnten die Texte – wenn überhaupt – nur unter Schwierigkeiten oder mit Verzögerung aufgeführt werden; die offizielle Literaturpolitik reagierte mit Parteiausschluss und Ausschluss aus dem Schriftstellerverband. Da die direkte Auseinandersetzung unter diesen Bedingungen nicht mehr sinnvoll schien, wandte sich M. in den 60er-Jahren antiken Stoffen zu, die indirekte Stellungnahmen zu Problemen der Gegenwart ermöglichten. Dazu zählen u. a. *Philoktet* (UA 1968 im Residenztheater München, M.s erster Bühnenerfolg in der BRD), *Herakles 5* und *Der Horatier. Philoktet* nach Sophokles beispielsweise wird in der Version von M. zu einer Darstellung der Problematik politischen Handelns im Allgemeinen und der inneren Probleme kommunistischer Politik (Stalinismus) im Besonderen und demonstriert in einer spröden Verssprache die Unauflöslichkeit der Widersprüche von Mittel und Zweck, von Moral und Macht. Spezifisch dt. Geschichte in kontrastierenden Szenen aus mythologischer und geschichtlicher Vergangenheit und der Entwicklung der DDR stellt M. in *Germania Tod in Berlin* dar, ein Stück, das 1971 vollendet, 1977 gedruckt und 1978 in München uraufgeführt wurde, aber wegen seiner schonungslosen Aufdeckung der Widersprüche der dt. Geschichte und der Abkehr von jeglichem ›Realismus‹ erst 1989 in der DDR gespielt werden konnte. M. setzte die Aufarbeitung preußisch-dt. Kontinuitäten in weiteren, durchaus pessimistisch akzentuierten Stücken fort. Die *Hamletmaschine* schließlich, oft als ›Endspiel‹ bezeichnet, weitet die Kritik an der dt. Geschichte zu einer schwarzen Tragödie des modernen Intellektuellen und seines Versagens angesichts der mörderischen Geschichte. 1992 legte M. einen aus Gesprächen und Diktaten entstandenen Bericht über sein »Leben in zwei Diktaturen« vor.

Werke: Der Lohndrücker. 1958. – Die Korrektur. 1959. – Der Bau. In: Sinn und Form. H. 1/2. 1965. – Philoktet. In: Sinn und Form. H. 5. 1965. – Philoktet / Herakles 5. 1966. – Geschichten aus der Produktion 1.2. 1974. – Die Umsiedlerin oder Das Leben auf dem Lande. 1975. – Stücke. 1975. – Theater-Arbeit. 1975. – Die Schlacht. Traktor. Leben Gundlings Friedrich von Preußen Lessings Schlaf Traum Schrei. 1977. – Germania Tod in Berlin. 1977. – Mauser. 1978. – Die Hamletmaschine. In: Mauser. 1978. – Herzstück. 1983. – Shakespeare Factory I. II. 1985. 1989. – Gesammelte Irrtümer. Interviews und Gespräche. 1986. – Der Auftrag. Erinnerung an eine Revolution. Quartett. 1988. – Die Schlacht. Wolokolamsker Chaussee I–V. Zwei Stücke. 1988. – Kopien I. II. 1989. [Übers.] – Ein Gespenst verläßt Europa. Gedichte. 1990. – Gesammelte Irrtümer. Zweite Folge. 1990. – Gedichte. 1992. – Krieg ohne Schlacht. Leben in zwei Diktaturen. 1992. Erw. 1994. – Gesammelte Irrtümer 3. Texte und Gespräche. 1993. – Germania 3 Gespenster am Toten Mann. 1996.
Ausgabe: Werke. Hrsg. von Frank Hörnigk. Frankfurt a. M. 1998 ff.

Müller, Herta, * 17. 8. 1953 Nitzkydorf (Rumänien). Die rumäniendt. Schriftstellerin studierte 1973–76 Germanistik und rumänische Sprache und Literatur in Temesvár und arbeitete dann als Übersetzerin und Deutschlehrerin. 1987 erhielt sie (mit ihrem Mann, dem Schriftsteller Richard Wagner) die Ausreiseerlaubnis und lebt heute als freie Schriftstellerin in Berlin. Nach frühen Gedichten, erschienen seit 1969 in der *Neuen Banater Zeitung*, wandte sich M. der Prosa zu. Ihre ersten Texte (*Niederungen*) erzählen kunstvoll aus der Kinderperspektive vom Dorfleben im Banat und durchbrechen zugleich die Fassade der Idylle (z. B. im Hinblick auf die nationalsozialistische Vergangenheit). Auch in ihrem nächsten Band gilt die Kritik nicht nur der korrupten rumänischen Politik, sondern ebenso der Überheblichkeit der Deutschstämmigen, die die Ausreise beantragt haben (*Der Mensch ist ein großer*

Fasan auf der Welt). Nach der Ausreise machte M. die Realität der rumänischen Diktatur offen zum Thema, zunächst in dem auf der Grundlage eines Drehbuchs entstandenen Roman *Der Fuchs war damals schon der Jäger*, dann in ihrem autobiographisch geprägten Roman *Herztier*, der in assoziativ miteinander verbundenen Fragmenten bilderreich und poetisch von den Erfahrungen von vier Freunden aus dem Land der Angst berichtet. Von den Anpassungsschwierigkeiten und der Fremdheit einer Rumäniendeutschen in Westberlin erzählt der Roman *Reisende auf einem Bein*. Neben dem erzählerischen und essayistischen Werk hat M. mehrere Bände mit Gedichten in der Form von Text-Bild-Collagen vorgelegt (*Der Wächter nimmt seinen Kamm*, *Im Haarknoten wohnt eine Dame*, *Die blassen Herren mit den Mokkatassen*). Mit dem Essayband *Der König verneigt sich und tötet* reflektiert sie ihre Erfahrungen in der rumänischen Diktatur und die Zusammenhänge von Leben und Werk.

Werke: Niederungen. 1982 [Bukarest]. Erw. 1984 [Berlin]. – Der Mensch ist ein großer Fasan auf der Welt. 1986. – Reisende auf einem Bein. 1989. – Der Teufel sitzt im Spiegel. Wie Wahrnehmung sich erfindet. 1991. – Der Fuchs war damals schon der Jäger. 1992. – Eine warme Kartoffel ist ein warmes Bett. 1992. – Der Wächter nimmt seinen Kamm. Vom Weggehen und Ausscheren. 1993. – Herztier. 1994. – Hunger und Seide. Essays. 1995. – Heute wär ich mir lieber nicht begegnet. 1997. – Im Haarknoten wohnt eine Dame. 2000. – Der König verneigt sich und tötet. 2003. – Die blassen Herren mit den Mokkatassen. 2005.

Müller, Johann Gottwerth, gen. Müller von Itzehoe, 17. 5. 1743 Hamburg – 23. 6. 1828 Itzehoe. Der Arztsohn studierte von 1762 an Medizin im Helmstedt, brach 1770 das Studium ab und suchte sich als Schriftsteller sowie als Verleger und Buchhändler zunächst in Hamburg (1771), dann in Itzehoe (seit 1773) zu etablieren. 1783 gab er Verlag und Buchhandel auf. Die abgeschiedene Welt der Provinz ist auch der Ort seiner komischen und (in Grenzen) satirischen Romane. Den größten Erfolg hatte er mit *Siegfried von Lindenberg*, der Geschichte eines pommerschen Landjunkers, der den großen Herrscher zu spielen sucht, sich dann aber – in der erweiterten und zugleich entschärften zweiten Fassung – unter dem Einfluss eines bürgerlichen Ratgebers zum vorbildlichen »Vater« seiner Bauern entwickelt. Auch in weiteren Romanen besteht die aufklärerische Kritik v. a. darin, dass sich die Landadeligen die bürgerlichen Normen zu eigen machen.

Werke: Gedichte der Freundschaft, der Liebe und dem Scherze gesungen. 1770–71. – Der Ring. 1777. – Siegfried von Lindenberg. 1779. Erw. 1781–82. – Die Herren von Waldheim. 1784–85. – Komische Romane aus den Papieren des braunen Mannes. 1784–91. – Emmerich. 1786–89. – Die Familie Benning. 1808.

Müller, Robert, 29. 10. 1887 Wien – 27. 8. 1924 ebd. Seit 1911 spielte M., über dessen frühere Jahre wenig bekannt ist, eine wichtige Vermittlerrolle im kulturellen Leben Wiens (u. a. organisierte er den letzten öffentlichen Auftritt K. Mays 1912). Bei Kriegsausbruch meldete er sich freiwillig und wurde im Pressewesen eingesetzt. 1924 gründete er einen Verlag; wenig später nahm er sich das Leben. M.s umfangreiches essayistisches und kulturkritisches Werk, zu dem auch eine Polemik gegen K. Kraus gehört, zeigt ihn als bedeutenden Vertreter des expressionistischen Aktivismus. Im Gegensatz zu den konservativen Tendenzen seiner politischen Essayistik steht der ästhetische Avantgardismus seines Hauptwerks, des Romans *Tropen*, der Versatzstücke verschiedenster Formen der Trivialliteratur mit weitgespannten essayistischen Diskursen verbindet und wie andere Werke M.s auch den zeitgenössischen Exotismus spiegelt.

Werke: Irmelin Rose. Die Mythe der großen Stadt. 1914. – Karl Kraus oder Dalai Lama. Der dunkle Priester. Eine Nervenabtötung. 1914. – Psychopolitische Grundlagen des gegenwärtigen Atlantischen Krieges. 1915. – Tropen. Der Mythos der Reise. Urkunden eines deutschen Ingenieurs. 1915. – Österreich und der

Mensch. 1916. – Europäische Wege. Im Kampf um den Typus. 1917. – Das Inselmädchen. 1919. – Bolschewik und Gentleman. 1920. – Camera obscura. 1921. – Flibustier. 1922. – Rassen, Städte, Physiognomien. 1923.

Ausgabe: Werkausgabe in Einzelbänden. Hrsg. von Günter Helmes [u. a.]. 13 Bde. Paderborn 1990–97.

Müller, Wilhelm (auch: Griechen-Müller), 7. 10. 1794 Dessau – 30. 9. 1827 ebd. M. stammte aus einer Handwerkerfamilie. 1812 begann er mit einem Studium der Philologie und Geschichte in Berlin, nahm dann 1813–1814 an den Freiheitskriegen teil und führte 1815–17 sein Studium zu Ende. 1817 wurde er von der Berliner Akademie der Wissenschaften beauftragt, einen preußischen Kammerherrn nach Ägypten zu begleiten. Die Reise endete jedoch bereits in Italien, wo sich M. selbständig machte (Neapel, Rom). Nach Dessau zurückgekehrt, unterrichtete er von 1819 an am Gymnasium Latein und Griechisch. Wenig später wurde er zusätzlich Bibliothekar der Hofbibliothek und fand, seit 1821 verheiratet mit einer Enkelin des Pädagogen Johann Bernhard Basedow und 1824 zum Hofrat ernannt, seinen Platz in der Gesellschaft. Er knüpfte Beziehungen u. a. zu L. Tieck und den schwäbischen Romantikern. Großen Erfolg hatte M. mit seinen Liedern zum griechischen Freiheitskampf, Ausdruck des europäischen Philhellenismus und zugleich – indem hier die Freiheit im Geist des Liberalismus besungen wird – indirekter Kommentar zur politischen Unterdrückung im eigenen Land. Sein Liederzyklus *Die schöne Müllerin* (in: *Gedichte* [...] *eines reisenden Waldhornisten*), der die Geschichte der unglücklichen Liebe eines Müllerburschen in stimmungsvollen Bildkomplexen erzählt, verwendet den durch das *Wunderhorn* popularisierten Volksliedstil. Die Weltschmerzstimmung verdichtet sich in dem Zyklus *Die Winterreise* (ebd.). Beide Zyklen sind v. a. durch die Vertonung Franz Schuberts lebendig geblieben.

Werke: Doktor Faustus. 1818. [Marlowe-Übers.] – Rom, Römer und Römerinnen. 1820. – Sieben und siebzig Gedichte aus den hinterlassenen Papieren eines reisenden Waldhornisten. 1821. Bd. 2.: Gedichte aus den hinterlassenen Papieren […]. 1824. – Lieder der Griechen. 2 Hefte. 1821. – Bibliothek deutscher Dichter des siebzehnten Jahrhunderts. Bd. 1–10. 1922–27. [Hrsg.] – Neue Lieder der Griechen. 2 Hefte. 1823. – Neueste Lieder der Griechen. 1824. – Missolunghi. 1826. – Lyrische Reisen und epigrammatische Spaziergänge. 1827.

Ausgabe: Werke, Tagebücher, Briefe. Hrsg. von Maria-Verena Leistner. 5 Bde. und 1 Reg.-Bd. Berlin 1994.

Münchhausen, Börries Freiherr von, 20. 3. 1874 Hildesheim – 16. 3. 1945 Windischleuba bei Altenburg. M. studierte in Heidelberg, Berlin, München und Göttingen zunächst Rechts- und Staatswissenschaften, dann auch Philosophie und Literaturgeschichte. Im Ersten Weltkrieg war er Offizier in einem Reiterregiment, später arbeitete er für das Auswärtige Amt. Seit 1920 lebte er auf seinem Gut Windischleuba. 1933 stellte er sich in den Dienst der nationalsozialistischen Kulturpolitik; als ihm die Konsequenzen der NS-Politik gegenüber den Juden deutlich wurde, zog er sich zurück. Er nahm sich das Leben, als sich die alliierten Truppen näherten. M.s Ruhm beruht auf seinen Balladen. Bereits seine erste Gedichtsammlung war ein Erfolg. Daraufhin gründete er den *Göttinger Musenalmanach* (1898–1922) als Organ zur Förderung der Balladendichtung. Die Erneuerung und Weiterentwicklung der Form, die er propagierte, fand allerdings nicht statt. Seine oft handfesten Balladen und Lieder sind der Vergangenheit zugewandt, verwenden Stoffe aus Sage, Märchen, Legende, Bibel usw. und betreiben – passend zum Wilhelminismus – die Verklärung ritterlichen Heldentums. Die Texte wurden vielfach vertont und von der Jugendbewegung rezipiert.

Werke: Gedichte. 1897. – Balladen. 1901. – Ritterliches Liederbuch. 1903. – Das Herz im Harnisch. Neue Balladen und Lieder. 1911. – Die Standarte. 1916. – Das Balladenbuch. 1924. – Das Liederbuch. 1928. – Idyllen und Lieder. 1928. – Die Garbe. 1933. – Geschichten aus der Geschichte. 1934.

Ausgabe: Das dichterische Werk. Ausgabe letzter Hand. 2 Bde. Stuttgart 1959–60.

Mundt, Klara s. Mühlbach, Luise

Mundt, Theodor, 19. 9. 1808 Potsdam – 30. 11. 1861 Berlin. Der Sohn eines Rechnungsbeamten studierte Philologie und Philosophie in Berlin und promovierte 1830 in Erlangen. Danach arbeitete er als Schriftsteller, Journalist und Herausgeber verschiedener Organe und wurde auch von den gegen das Junge Deutschland gerichteten Zensur- und Verfolgungsmaßnahmen betroffen. Er lebte zunächst in Leipzig, von 1839 an in Berlin, verheiratet mit der Schriftstellerin Klara Müller (Pseud.: Klara Mühlbach). 1842 wurde er nach einer Loyalitätserklärung Privatdozent in Berlin, 1848 ging er als a. o. Professor für Geschichte und Literaturgeschichte nach Breslau und kehrte 1850 wieder nach Berlin zurück (als Bibliothekar der Universitätsbibliothek). Neben seinen journalistischen, kritischen und literaturgeschichtlichen Arbeiten veröffentlichte M. seit den 30er-Jahren Erzählprosa (Romane, Novellen, Reisebilder). Programmatisch für die jungdeutsche Oppositionsbewegung ist das »Buch der Bewegung« *Madonna*, ein in den Rahmen einer Reiserzählung gefasstes, reflexionsreiches »Stück Leben« in Gestalt einer besonderen, freien Beziehung zwischen Mann und Frau. Prosa als die zeitgemäße Ausdrucksform im Sinn der von den Jungdeutschen geforderten Annäherung von Kunst und Leben legitimierte M. in der *Kunst der deutschen Prosa*. In den historischen Romanen seines Spätwerks folgte er dem Trend der Zeit.

Werke: Madelon oder Die Romantiker in Paris. 1832. – Moderne Lebenswirren. 1834. – Madonna. Unterhaltungen mit einer Heiligen. 1835. – Charlotte Stieglitz. Ein Denkmal. 1835. – Die Kunst der deutschen Prosa. 1837. – Charaktere und Situationen.

1837. – Spaziergänge und Weltfahrten. 1838–39. – Thomas Müntzer. 1841. – Geschichte der Literatur der Gegenwart vom Jahre 1789 bis zur neuesten Zeit. 1842. – Kleines Skizzenbuch. 1844. – Mendoza, der Vater der Schelme. 1846–47. – Machiavelli und das System der modernen Politik. 1851. – Graf Mirabeau. 1858. – Robespierre. 1859. – Czar Paul. 1861.

Murner, Thomas, 24. 12. 1475 Oberehnheim (Elsass) – 1537 ebd. Der Sohn eines Prokurators der Stadt Straßburg trat 1490 in den Franziskanerorden ein und studierte nach seiner Priesterweihe (1497) u. a. in Freiburg i. Br., Paris und Krakau (Dr. theol. Freiburg 1506). Ein späteres Jurastudium schloss M. 1518 mit der Promotion in Basel ab. Er wirkte seit 1501 als Prediger und Dozent für seinen Orden vor allem in Straßburg, bis er 1524 nach Aufhebung seines Klosters nach Luzern floh und hier als Stadtpfarrer tätig war. 1529 musste er, als Bern und Zürich wegen antiprotestantischer Satiren seine Auslieferung verlangten, auch Luzern verlassen. Er lebte dann bis zu seinem Tod als Seelsorger in seinem Heimatort. M.s frühe Veröffentlichungen – die Polemik gegen Wimphelings *Germania*, ein Lehrbuch der Logik und eine poetologische Schrift – sowie die Übertragung von Vergils *Äneis* zeigen seine humanistischen Neigungen. Mit den deutschsprachigen Reimpaardichtungen, die in scharfer Form Missstände der Gesellschaft angriffen, knüpfte er an die spätmittelalterliche Moralsatire und insbesondere S. Brants *Narrenschiff* und sein Narrenkonzept an. Später stellte er sein polemisch-satirisches Naturell in den Dienst des antireformatorischen Kampfes; die gegenseitigen Polemiken (»Murr-narr«) gipfelten in M.s großem Pamphlet gegen Luther, das auf Form und Technik seiner früheren Narrensatiren zurückgriff. M.s satirisches Werk bietet ein eindrucksvolles Bild der Spannungen seiner Zeit.

Werke: Germania nova. 1502. – Cartiludium logicae. 1507. – De [...] reformatione poetarum. 1509. – Von den fier ketzeren Prediger ordens. 1509. – narren bschwerung. 1512. – der schelmen zunfft. 1512. – Ein andechtig geistliche Badenfart. 1514. – Die Mülle von Schwyndelßheym vnd Gredt Müllerin Jarzit. 1515. – Vergilij maronis dryzehen Aeneadische bücher. 1515. – Die geuch mat. 1519. – Ein christliche vnd briederliche ermanung zů dem hoch gelerten doctor Martino luter. 1520. – Von doctor Martinus luters leren und predigen. 1520. – Von dem babstenthum. 1520. – An den Großmechtigsten vnd Durchlüchtigsten adel tütscher nation. 1520. – Von dem grossen Lutherischen Narren. 1522.

Ausgabe: Deutsche Schriften. Hrsg. von Franz Schultz [u. a.]. Straßburg bzw. Berlin/Leipzig 1918–31.

Musäus, Johann Karl August, 29. 3. 1735 Jena – 28. 10. 1787 Weimar. Der Sohn eines Landrichters studierte von 1754 an zunächst Theologie, dann klassische Philologie in Jena. 1763 wurde er Pagenerzieher, 1769 Gymnasialprofessor in Weimar. Seit 1766 schrieb er Rezensionen für F. Nicolais *Allgemeine deutsche Bibliothek*. In satirischen Romanen parodierte er den schwärmerisch-sentimentalen Tugendenthusiasmus in der Nachfolge Samuel Richardsons und J. C. Lavaters physiognomische Vorstellungen. Seinen Nachruhm verdankt er den ironisch und witzig erzählten *Volksmährchen der Deutschen*, die Bearbeitungen von Legenden-, Sagen- und Märchenstoffen enthalten: u. a. fünf *Legenden von Rübezahl*, die böhmische *Libussa*-Sage, Versionen des Märchens von Schneewittchen (*Richilde*) und der Sage vom Grafen von Gleichen (*Melechsala*).

Werke: Grandison der Zweite, Oder Geschichte des Herrn von N*** in Briefen entworfen. 1760–62. Neufassung u. d. T.: Der deutsche Grandison. Auch eine Familiengeschichte. 1781–82. – Das Gärtnermädchen. 1771. – Physiognomische Reisen. 1778–79. – Volksmährchen der Deutschen. 1782–86. – Freund Hein's Erscheinungen in Holbein's Manier. 1785.

Muschg, Adolf, * 13. 5. 1934 Zollikon (Kanton Zürich). M. promovierte nach einem Studium der Germanistik, Anglistik und Psychologie bei Emil Staiger in Zürich über E. Barlach. 1959–62 war er Gymnasiallehrer in Zürich. Danach hatte er verschiedene Dozentenstellen im In- und Ausland inne, bis er 1970 als Professor für dt. Sprache und Literatur an die Eidgenössische Technische Hochschule in Zürich berufen wurde. Er lebt in Kilchberg bei Zürich. 1994 erhielt er den Georg-Büchner-Preis. Von 2003 bis zu seinem Rücktritt im Dezember 2005 war er Präsident der Akademie der Künste in Berlin. Seit 1965 schreibt er Romane und Erzählungen. Beherrschende Themen sind die inneren Beschädigungen, die aus den bürgerlichen familiären Lebensformen entstehen, das Verhältnis des Intellektuellen zur Macht, Fragen nach Schuld und Scheitern und nach der therapeutischen Rolle der Kunst im Leben. Zu den bekanntesten Werken gehört der Roman *Albissers Grund*, der – wie etwa später auch der Roman *Baiyun* und andere Texte – einen Kriminalfall dazu benutzt, diese Probleme aufzuwerfen. In *Albissers Grund* geht es um die Aufarbeitung einer Leidensgeschichte, die aber zugleich über den privaten Fall hinaus Einblicke in die schweizerische Mentalität und Gesellschaft verschafft und zu diesem Zweck auch zum Mittel der Satire greift. M.s Geschichten neurotischer Helden mit fatalen sexuellen und familiären Kindheits- und Jugenderlebnissen setzen sich fort in der Erzählung in Briefen *Das gefangene Lächeln* und dem Roman *Eikan, du bist spät*. Die psychologischen und psychoanalytischen Interessen M.s, die sich in seinem Werk spiegeln, reflektiert u. a. der Essay *Literatur als Therapie?*; sie zeigen ihre Fruchtbarkeit auch in der historischen Interpretation, wie das Keller-Porträt deutlich macht.

Werke: Im Sommer des Hasen. 1965. – Gegenzauber. 1967. – Fremdkörper. 1968. – Rumpelstilz. Ein kleinbürgerliches Trauerspiel. 1968. – Mitgespielt. 1969. – Die Aufgeregten von Goethe. Ein politisches Drama. 1971. – Liebesgeschichten. 1972. – Albissers Grund. 1974. – Entfernte Bekannte. 1976. – Kellers Abend. Ein Stück aus dem 19. Jahrhundert. 1976. – Gottfried Keller. 1977. – Besuch in der Schweiz. Vier Erzählungen. 1978. – Noch ein Wunsch. 1979. – Baiyun oder die Freundschaftsgesellschaft. 1980. – Literatur als Therapie? Ein Exkurs über das Heilsame und das Unheilbare. 1981. – Leib und Leben. 1982. – Das Licht und der Schlüssel. Erziehungsroman eines Vampirs. 1984. – Der Turmhahn und andere Liebesgeschichten. 1987. – Die Schweiz am Ende. Am Ende die Schweiz. Erinnerungen an mein Land vor 1991. – Der Rote Ritter. Eine Geschichte von Parzival. 1993. – Herr, was fehlt Euch? Zusprüche und Nachreden aus dem Sprechzimmer des heiligen Grals. 1994. – Die Insel, die Kolumbus nicht gefunden hat. Sieben Gesichter Japans. 1995. – O mein Heimatland! 150 Versuche mit dem berühmten Schweizer Echo. 1998. – Sutters Glück. 2001. – Das gefangene Lächeln. 2002. – Der Schein trügt nicht. Über Goethe. 2004. – Eikan, du bist spät. 2005. – Was ist europäisch? Rede für einen gastlichen Erdteil. 2005.

Musil, Robert, 6. 11. 1880 Klagenfurt – 15. 4. 1942 Genf. Der aus einer altösterreichischen Beamten-, Ingenieurs- und Offiziersfamilie stammende M. absolvierte Militär-Realschulen in Eisenstadt und Mährisch-Weißkirchen und besuchte dann 1897 die Technische Militärakademie in Wien. Ein Jahr später brach er die militärische Ausbildung ab und studierte stattdessen Maschinenbau an der Deutschen Technischen Hochschule in Brünn (1898–1901). Daran schloss sich ein Freiwilligenjahr bei der Infanterie in Brünn an. 1903 begann der Leutnant der Reserve nach einer Zeit als Volontärassistent an der TH Stuttgart mit dem Studium der Philosophie und Psychologie in Berlin und bereitete sich zugleich darauf vor, das Abitur nachzuholen (Brünn 1904). Er promovierte 1908 mit einer Arbeit über das Werk des Physikers und Philosophen Ernst Mach. 1911 siedelte er nach Wien über und arbeitete bis 1914 als Bibliothekar an der TH. Nach dem Krieg, an dem er als Kompanieführer und (nach einer Verwundung) als Redakteur teilnahm, arbeitete er im Außen- und Heeresministerium. Danach lebte er in prekären finanziellen Verhältnissen als freier Schriftsteller und widmete sich v. a. seinem Hauptwerk. 1931 zog er nach Berlin, kehrte aber 1933 wieder nach Wien zurück. Nach dem Verbot seiner Bücher in Deutschland und Österreich emigrierte er 1938 in die Schweiz, wo er bis zu seinem Tod gegen die drohende Ausweisung kämpfte.

Seinen größten Erfolg hatte M. mit seinem ersten Roman, den *Verwirrungen des Zöglings Törleß*, der Geschichte eines Internatsschülers, der sich an sadistischen Quälereien eines Mitschülers beteiligt und in homosexuelle Beziehungen verstrickt, um dabei Einsichten in verborgene seelische Vorgänge zu gewinnen. Es geht also nicht – wie in zahlreichen anderen zeitgenössischen Schulgeschichten – um die Entlarvung autoritärer, militarisierter Erziehungsstrukturen, sondern um den Versuch, einer anderen Wirklichkeit jenseits der konventionellen näher zu kommen. Die Erfahrung dieser Spaltung, dieser doppelten Wirklichkeit, und die Sehnsucht nach ihrer Überwindung bzw. das Problem ihrer begrifflichen Erfassung und sprachlichen Mitteilung bleibt M.s zentrales Thema in den folgenden Erzählungen, seinem Drama *Die Schwärmer* und v. a. seinem unvollendet gebliebenen Hauptwerk, dem *Mann ohne Eigenschaften*. Der Roman stand seit 1923 im Mittelpunkt seiner Arbeit. Es ist ein Werk, das (statt einer ursprünglich geplanten linear-biographischen Erzählung) den Versuch unternimmt, der Komplexität der modernen Welt, für die »Kakanien« steht, durch ein vielfältiges Beziehungsgeflecht von Handlungssträngen, Motivkomplexen und Personenkonstellationen gerecht zu werden. Die ›Handlung‹ des mit essayistischen und reflexiven Partien durchsetzten Romans beginnt im August 1913 und stellt in seinen beiden ersten Teilen (Bd. 1) eine satirische Abrechnung mit den Ideologien der Vorkriegsjahre dar. Sichtbar gemacht wird die geistige Verfassung der Zeit durch die mit erzählerischen und essayistischen Mitteln kunstvoll inszenierte Kontrastierung der Hauptgestalt Ulrich, dem mit einem ausgeprägten »Möglichkeitssinn« ausgestatteten Mann ohne Eigenschaften, mit den Planern und Mitläufern der so genannten »Parallelaktion« (Vorbereitungen zum Thronjubiläum Kaiser Franz Josefs I. 1918 parallel zu den zu erwartenden deutschen Festlichkeiten für Kaiser Wilhelm II.). Die Überwindung des falschen

Bewusstseins, das diese Gesellschaft charakterisiert, erscheint in der aus den Fugen geratenen Welt nur im Wahnsinn möglich (Beispiele sind die ekstatische Nietzsche-Verehrerin Clarissa und der Prostituiertenmörder Moosbrugger). Die Überwindung der Spaltung des modernen Bewusstseins, der Versuch der (punktuellen) Erfahrung einer anderen Wirklichkeit ist Gegenstand des zweiten Bandes. Ulrich versucht diesen »anderen Zustand« in einer mystischen Vereinigung mit seiner Schwester Agatha zu leben und scheitert (wobei allerdings der genaue Fortgang der Handlung ungesichert und die Rekonstruktion des Herausgebers Adolf Frisé in der Ausgabe von 1952 höchst problematisch ist). M. bezeichnete den *Mann ohne Eigenschaften* als einen »Essay von ungeheuren Dimensionen«, als einen Roman, in dem »die Geschichte, die in ihm erzählt werden soll, nicht erzählt wird«.

Werke: Die Verwirrungen des Zöglings Törleß. 1906. – Vereinigungen. 1911. – Die Schwärmer. 1921. – Vinzenz und die Freundin bedeutender Männer. 1923. – Drei Frauen. 1924. – Der Mann ohne Eigenschaften. Bd. 1. 1930. Bd. 2. 1933. Bd. 3. Hrsg. von Martha Musil. 1943. [Fragm.] – Nachlaß zu Lebzeiten. 1936 [recte 1935].
Ausgaben: Gesammelte Werke. Hrsg. von Adolf Frisé. 2 Bde. Reinbek ²1978. – Tagebücher. Hrsg. von A. Frisé. 2 Bde. Reinbek. 1976. – Briefe. Hrsg. von A. Frisé. 2 Bde. Reinbek 1981.

Muskatblut, Berufsdichter und -sänger der 1. Hälfte des 15. Jh.s. Anspielungen in den Liedern sowie Erwähnungen in anderen Dokumenten legen folgende Daten nahe: geb. um 1390, erste Dichtungen 1410, Stellung am kurfürstlichen Hof in Mainz, Tod nicht vor 1458. M.s Werk umfasst etwa 100 Texte: geistliche Lieder (vorwiegend Marienthematik), vielfach dialogische Minnelieder, politische und moraldidaktische Sangsprüche. M. verstand sich v. a. als Lehrer und Mahner in einer Zeit des Niedergangs; er trat für eine Erneuerung der Kirche ein (Konstanzer Konzil) und propagierte den Kampf gegen Hussiten und Polen. Zwei seiner ›Töne‹ (»Hofton«, »Fröhlicher Ton«) gingen in das Repertoire der Meistersinger ein.

Ausgaben: Lieder. Hrsg. von Eberhard v. Groote. Köln 1852. – Muskatblut. Die Kölner Handschrift. Hrsg. von Eva Kiepe-Willms. Göppingen 1987.

N

Nadolny, Sten, * 29. 7. 1942 Zehdenick (Havel). Der Sohn eines Schriftstellerehepaars wuchs am Chiemsee auf und promovierte nach einem Studium der Geschichte in Göttingen, Tübingen und Berlin 1978 mit einer Dissertation über die Genfer Abrüstungskonferenz 1932–33. Er arbeitete dann u. a. als Geschichtslehrer und Aufnahmeleiter beim Film. 1980 begann mit der Zuerkennung des Ingeborg-Bachmann-Preises seine literarische Karriere. N. lebt heute als freier Schriftsteller in Berlin. Nach seinem ersten Roman *Netzkarte*, der einen Studienreferendar auf die Reise, auf die Suche nach neuen Perspektiven und Erfahrungen schickt, hatte er mit der *Entdeckung der Langsamkeit* seinen bisher größten Erfolg: Äußerlich handelt es sich um einen biographischen Roman über den britischen Seeoffizier und Polarforscher John Franklin, tatsächlich geht es um eine entschiedene, aber keineswegs humorlose Auseinandersetzung mit den Tendenzen der Gegenwart – Geschwindigkeit, Machbarkeit, Technikgläubigkeit usw. –, denen sich N. mit der Geschichte eines Mannes widersetzt, der langsam war. Dabei schlägt sich die Verlangsamung der Zeiterfahrung auch in der Prosa N.s nieder. In dem episodenreichen Roman *Selim*, der (u. a.) die langsam wachsende Freundschaftsgeschichte von Selim, dem türkischen Gastarbeiter, und einem deutschen APO-Studenten erzählt, begleitet N. die dt. Geschichte von 1965 bis 1989. Einen satirisch verfremdeten Blick auf die gegenwärtige Welt ermöglicht die dem Roman *Ein Gott der Frechheit* zugrunde liegende Idee, die griech. Götterwelt ins 20. Jh. zu holen. N.s *Ullsteinroman* ist ein Auftragswerk zum Firmenjubiläum, Familienroman und Verlagsgeschichte in einem.

Werke: Netzkarte. 1981. – Die Entdeckung der Langsamkeit. 1983. – Das Erzählen und die guten Absichten. Münchner Poetikvorlesungen. 1990. – Selim oder die Gabe der Rede. 1990. – Ein Gott der Frechheit. 1994. – Er oder Ich. 1999. – Das Erzählen und die guten Ideen. Die Göttinger und Münchener Poetik-Vorlesungen. 2001. – Ullsteinroman. 2003.

Naogeorg, Thomas (d. i. Th. Kirchmair), 21. 12. 1508 Straubing – 29. 12. 1563 Wiesloch (Baden). Der Straubinger Bürgersohn trat nach dem frühen Tod seiner Eltern in das Regensburger Dominikanerkloster ein, verließ es jedoch 1526 und schloss sich der Reformation an. Wo er studierte, ist nicht bekannt. Seit 1535 ist er auf verschiedenen Pfarrstellen in Kursachsen nachweisbar; Konflikte mit den orthodoxen Kreisen des Luthertums und eine Neigung zum Kalvinismus führten 1546 zur Flucht nach Süddeutschland. 1551 wurde er nach Stuttgart berufen; weitere Stationen waren Esslingen (1561) und Wiesloch (1563). N.s durchweg neulat. Werk umfasst u. a. Anleitungen zu einem christlichen Leben, moraldidaktische Satiren, Übersetzungen griech. Texte ins Lateinische (u. a. Plutarch und Sophokles) und sechs (sämtlich von Zeitgenossen ins Deutsche übersetzte) Dramen. Die Stücke richten sich aggressiv und polemisch gegen die Missstände der Zeit, v. a. gegen die katholische Kirche und Verräter an der ev. Sache. Dazu griff N. in seinen bedeutendsten Stücken zu tendenziösen Umdeutungen der Antichristlegende (*Pammachius*) bzw. des Jedermanstoffes (*Mercator*). Den anderen Dramen liegen biblische und zeitgeschichtliche Stoffe zugrunde.

Werke: Tragoedia Nova Pammachius. 1538. – Mercator seu Iudicium. 1539. – Incendia seu Pyrgopolinices. 1541. – Hamanus. 1543. – Agriculturae sacrae libri quinque. 1550. – Hieremias. 1551. – Iudas Isacariotes. 1552. – Sylvae carminum. 1553. – Satyrarum libri quinque. 1555. – Plutarchi libelli septem. 1556. – Sophocles Tragoediae septem. 1558.

Ausgabe: Sämtliche Werke. Hrsg. von Hans-Gert Roloff. Berlin / New York. 4 Bde. 1975–87.

Naubert, Benedikte (geb. Hebenstreit), 13.9.1756 Leipzig – 12.1.1819 ebd. Die Tochter eines Leipziger Medizinprofessors zog nach ihrer ersten Heirat nach Naumburg; hier heiratete sie später den Kaufmann Johann Georg Naubert. 1817 kehrte sie nach Leipzig zurück. N. hatte sich gute Kenntnisse der klassischen und modernen Sprachen angeeignet. Ihren ersten Roman veröffentlichte sie 1779, mehr als 50 weitere Werke folgten: Familienromane, historische Romane und rationalistisch geprägte Märchen. N. gilt als Hauptvertreterin des historischen Romans im ausgehenden 18. Jh. Sie stützt sich dabei auf die einschlägige Geschichtsschreibung, auf Sagen und auf eigene Erfindung und verknüpft die jeweilige Vordergrundhandlung, die an den Familienroman erinnert, mit dem historischen Hintergrund. N.s Romane hatten großen Erfolg – sie erschienen anonym, man hielt sie für Werke eines Mannes – und lieferten u. a. Schiller und einer Reihe von romantischen Autoren stoffliche und motivliche Anregungen.

Werke: Heerfort und Klärchen. 1779. – Geschichte Emma's, Tochter Kayser Karls des Großen, und seines Geheimschreibers Eginhard. 1785. – Walter von Montbarry, Großmeister des Tempelherrnordens. 1786. – Konradin von Schwaben. 1788. – Herrmann von Unna. Eine Geschichte aus den Zeiten der Vehmgerichte. 1788. – Geschichte der Gräfin Thekla von Thurn oder Scenen aus dem dreyssigjährigen Kriege. 1788. – Neue Volksmährchen der Deutschen. 1789–93. – Alf von Dülmen, oder Geschichte Kaiser Philipps und seiner Tochter. 1790. – Der Bund des armen Konrads. 1795. – Die Gräfin von Frondsberg. 1806. – Attila's Schwerdt, oder Azimuntinerinnen. 1808. – Rosalba. 1818.

Neidhart, Liederdichter der 1. Hälfte des 13. Jh.s, der sich selbst – allegorisch – »von Riuwental« nennt. Soziale und geographische Herkunft sind nicht sicher geklärt. Er wirkte nach Auskunft seiner Texte zunächst in Bayern und dann v. a. am Wiener Hof und in Niederösterreich. Wahrscheinlich nahm er am Kreuzzug von 1217 bis 1221 teil. N.s Texte bedeuten einen radikalen Bruch mit dem herkömmlichen mhd. Minnesang; sie verwenden Sprache und Motive der so genannten ›Hohen Minne‹ nur, um sie durch die Einbeziehung ›dörperlicher‹ Elemente, d. h. bäuerischer Grobheit und unverhüllter Sexualität, desto greller zu parodieren. N.s Lieder zerfallen in zwei Gruppen: Die Sommerlieder, Tanz- und Reigenlieder mit einem lebendigen Natureingang, handeln von sommerlichem Tanz und Spiel in dörflicher Umgebung und zeigen den Ritter oder Knappen »von Riuwental« in der Rolle des Umworbenen; die Winterlieder kontrastieren einen scheinbar traditionellen Natureingang mit wilden, lärmenden Tanzstubenszenen, in denen sich der Ritter der Eifersucht und der Wut der Bauernburschen ausgesetzt sieht und oft genug den Kürzeren zieht. Eine neue Haltung zeigt auch N.s Kreuzlied: keine Auseinandersetzung zwischen Minne- und Gottesdienst, sondern ein Lied gegen den Kreuzzug, eine Art Aufruf zur Rückkehr. N.s Texte sind gut überliefert und fanden viele Nachahmer.

Ausgaben: Die Lieder Neidharts. Text und Übertragung. Hrsg. von Siegfried Beyschlag. Darmstadt 1975. – Die Lieder Neidharts. Hrsg. von Edmund Wießner. Rev. von Paul Sappler. 5., durchges. Ausg. Tübingen 1999.

Nestroy, Johann Nepomuk, 7. 12. 1801 Wien – 25. 5. 1862 Graz. Der Sohn eines Hof- und Gerichtsadvokaten studierte nach seiner Gymnasialzeit (1811–16) ab 1817 in Wien Philosophie, anschließend 1820–21 zwei Semester Jura, wurde jedoch dann – nachdem er bereits auf Liebhaberbühnen aufgetreten war – Sänger und Schauspieler. Nach seinem Debut als Sarastro in der *Zauberflöte* erhielt er ein Engagement als Bassist am Deutschen Theater in Amsterdam (1823–25), 1825–31 spielte er in Brünn, Graz und Preßburg, seit 1831 in Wien: bis 1839 am Theater an der Wien, dann am Leopoldstädter Theater (1848 umbenannt in Carl-Theater), das er 1854 pachtete und als Direktor leitete. 1860 trat er zurück und zog nach Graz.

Hier war er 1827 zum ersten Mal als Dichter einer Lokalposse hervorgetreten (*Der Zettelträger Papp*). Seit seinem Engagement in Wien übernahm er immer mehr Sprechrollen, die er für sich selbst schrieb. Er verfasste über 80 Stücke, die auf den verschiedensten Quellen beruhen (Komödien, insbesondere Vaudevilles, Romane, Novellen), aber durch den Witz ihrer Dialoge, durch das virtuose Spiel mit der Sprache und durch die philosophierenden, kommentierenden Couplets die Vorlagen vergessen machen, wenn sie nicht ausdrücklich wie *Tannhäuser* (UA 1857), *Lohengrin* (UA 1859) oder *Judith und Holofernes* (UA 1849) als Parodien konzipiert sind. Seinen ersten großen Erfolg hatte N. mit der »Zauberposse mit Gesang« *Der böse Geist Lumpacivagabundus* (UA 1833). Im Folgenden fällt der Zauberapparat weg, die gesellschaftskritische Intention tritt direkt hervor, zuerst in dem Stück *Zu ebener Erde und erster Stock* (UA 1835), das den sozialen Gegensatz zwischen Arm und Reich bereits im geteilten Bühnenbild sichtbar macht. Außenseitergestalten wie Titus Feuerfuchs im *Talisman* (UA 1840) unterstreichen die herrschende Ungerechtigkeit und Dummheit, Ausbruchsversuche aus dem Alltag (der Armut, der kleinbürgerlichen Beschränktheit und Routine, der Langeweile) bestätigen die Unvollkommenheit der Weltordnung. Direkte politische Kritik, eine entschiedene Abrechnung mit der Reaktion, dem »Zopfensystem«, verbindet sich in der Revolutionsposse *Freiheit in Krähwinkel* (UA 1848) mit Skepsis gegenüber bloßer Revolutionsrhetorik.

Werke: Der böse Geist Lumpacivagabundus oder Das liederliche Kleeblatt. 1835. – Zu ebener Erde und erster Stock. 1838. – Die verhängnisvolle Faschingsnacht. 1841. – Der Talisman. 1843. – Einen Jux will er sich machen. 1844. – Das Mädel aus der Vorstadt oder Ehrlich währt am längsten. 1845. – Der Zerrissene. 1845. – Glück, Mißbrauch und Rückkehr. 1845. – Der Unbedeutende. 1849. – Freiheit in Krähwinkel. 1849. – Mein Freund. 1851. – Kampl. 1852. – Tannhäuser. 1854. – Theaterg'schichten durch Liebe, Intrige, Geld und Dummheit. 1854.

Ausgaben: Sämtliche Werke. Hist.-krit. Gesamtausg. Hrsg. von Fritz Brukner und Otto Rommel. 15 Bde. Wien 1924–30. – Gesammelte Werke. Hrsg. von O. Rommel. 6 Bde. Wien 1948–49. – Sämtliche Werke. Hist.-krit. Ausg. Hrsg. von Jürgen Hein [u. a.]. Wien/München 1977 ff.

Neukirch, Benjamin, 27. 3. 1665 Roniken bei Guhrau (Schlesien) – 15. 8. 1729 Ansbach. Der Sohn eines Juristen besuchte das Gymnasium in Breslau und Thorn und studierte von 1684 an Jura, Geschichte und Staatswissenschaften in Frankfurt a. d. O. Nach unbefriedigenden Jahren als Advokat in Breslau (1687–91) und verschiedenen Stellen als Hofmeister und Reisebegleiter von Adeligen (u. a. nach Paris, wo er Nicolas Boileau übersetzte) wurde er 1703 zum Professor der Poesie und Beredsamkeit an die Ritterakademie Berlin berufen. Nach deren Schließung 1718 erhielt er eine Stelle als Hofrat und Prinzenerzieher in Ansbach. Seinen literarischen Ruhm verdankt er der von ihm begonnenen großen Anthologie *Herrn von Hoffmannswaldau und andrer Deutschen* [...] *Gedichte.* Sein eigenes Werk zeigt seit 1700 eine allmähliche Abkehr vom Stil Hoffmannswaldaus zugunsten des frz. Klassizismus. Zahlreiche Auflagen erzielten sein *Unterricht von Teutschen Briefen* und die Übersetzung von Fénelons *Télémaque.*

Werke: Galante Briefe und Getichte. 1695. – Herrn von Hoffmannswaldau und anderer Deutschen auserlesener und bißher ungedruckter Gedichte erster [– anderer] theil. 1695[–97]. [Hrsg.] – Unterricht von Teutschen Briefen. 1707. – Die Begebenheiten Des Prinzen von Ithaca, Oder [...] Telemach. 1727–39. – Satyren und Poetische Briefe. 1732.

Ausgabe: Herrn von Hoffmannswaldau und andrer Deutschen auserlesene und bißher ungedruckte Gedichte. Hrsg. von Angelo George de Capua, Ernst Alfred Philippson [u. a.]. 7 Bde. Tübingen 1961–91.

Neumann, Gert, * 2. 7. 1942 Heilsberg (Ostpreußen). Der Sohn der späteren parteikonformen DDR-Schriftstellerin Margarete Neumann erlernte den Beruf eines Traktoristen, leistete 1960–62 den Wehrdienst in der Nationalen

Volksarmee ab, trat 1963 in die SED ein und arbeitete als Schlosser, bis er nach dem Erwerb der Mittleren Reife 1967 das Studium am Leipziger »Literaturinstitut Johannes R. Becher« aufnehmen konnte. 1969 wurde er exmatrikuliert und aus der SED ausgeschlossen; er arbeitete anschließend, von der Staatssicherheit beobachtet, als Bauschlosser, Handwerker und Heizungsschlosser bei verschiedenen Firmen und Institutionen in Leipzig. Ende 1989 erhielt er eine befristete Reiseerlaubnis für die BRD. Er lebt heute als freier Schriftsteller in Berlin. Seine prinzipielle Ablehnung der offiziellen Doktrin des Sozialistischen Realismus machte eine Veröffentlichung seiner Arbeiten in der DDR unmöglich, obwohl ihn schon 1982 F. Fühmann in einem Brief als den bedeutendsten Schriftsteller bezeichnete, »den die DDR, nein, den wohl der deutschsprachige Raum besitzt«. Sein erstes Buch *Die Schuld der Worte*, 1979 im Westen erschienen, handelt vordergründig von dem vergeblichen Versuch eines Schriftstellers, eine Reportage über ein Braunkohlerevier zu schreiben. Eigentliches Thema des essayistisch geprägten Prosastücks ist jedoch die Suche nach einer adäquaten Sprache bzw. der »Krieg gegen die Sprache«, nämlich die der staatstragenden Ideologie. Sprachkritische Reflexionen bilden auch einen Strang in N.s Roman *Elf Uhr*. Ein Handwerker des Leipziger Kaufhauses »konsument« macht sich vom 24. 2. 1977 bis 27. 2. 1978 jeden Tag um elf Uhr Notizen über seine Arbeit, über Kollegen, Versammlungen und Feiern im Kaufhaus – Abbild einer deformierten und erstarrten Gesellschaft – und verbindet radikale Kritik an der DDR-Realität mit der Suche nach einer Sprache, die die staatlich verordnete Sprachlosigkeit überwindet. Das ist auch das Thema des Buches *Die Klandestinität der Kesselreiniger*, das die Kesselreinigung, die der Ich-Erzähler mit einem Kollegen vornimmt, als allegorisches Bild für das Herausarbeiten einer reinen, d. h. von der Ideologie befreiten Sprache verwendet. Dass eine

»Poetik des Widerstands« auch nach der Wende eine Notwendigkeit sei, macht der Essayband *Übungen jenseits der Möglichkeit* deutlich. Auch das deutsch-deutsche Gespräch des Romans *Anschlag*, der einen Ost- und einen Westdeutschen in der Nähe des Klosters Chorin zusammenführt, nimmt die Sprach- und Widerstandsproblematik auf: »Erklär mir den Widerstand!«

Werke: Die Schuld der Worte. 1979. – Elf Uhr. 1981. – Die Klandestinität der Kesselreiniger. Ein Versuch des Sprechens. 1989. – Übungen jenseits der Möglichkeit. 1991. – Anschlag. 1999. – Verhaftet. Dresdner Poetikvorlesung 1998. 1999. – Innenmauer. Gedichte. 2003.

Neumann, Robert, 22. 5. 1897 Wien – 3. 1. 1975 München. Der Sohn eines Mathematiklehrers und späteren Bankdirektors promovierte 1919 in Wien mit einer Arbeit über Heine. Er arbeitete in verschiedenen Berufen (Bankangestellter, Börsenmakler, Geschäftsmann, Frachtmeister auf einem Schiff), bis er mit dem Parodienband *Mit fremden Federn* seinen ersten großen Erfolg hatte. 1933 emigrierte er nach England, wurde britischer Staatsbürger und schrieb nun auch in engl. Sprache. 1959 ließ er sich in Locarno nieder. Neben den witzig-entlarvenden Parodien meist zeitgenössischer Autoren, die N.s literarischen Ruhm ausmachen, umfasst sein äußerst vielgestaltiges, aber weitgehend vergessenes Werk Erzählungen, Theaterstücke, Hörspiele, Zeitromane im Stil der neuen Sachlichkeit (*Sintflut*, *Die Macht*) und biographische und historische Romane. Mit dem Schicksal jüdischer Emigranten beschäftigt sich der Roman *An den Wassern von Babylon*, mit dem Überlebenskampf von Kindern nach dem Krieg der Roman *Children of Vienna*. Anregungen von Th. Manns *Felix Krull* nimmt der erfolgreiche Nachkriegsroman *Olympia* auf.

Werke: Die Pest von Lianora. 1927. – Mit fremden Federn. 1927. – Sintflut. 1929. – Hochstaplernovelle. 1930. 1952 u. d. T.: Die Insel der Circe. – Die Macht. 1932. – Unter falscher Flagge.

Ein Lesebuch der deutschen Sprache für Fortgeschrittene. 1932. – Sir Basil Zaharoff. Der König der Waffen. 1934. – Die blinden Passagiere. 1935. – Struensee. Doktor, Diktator, Favorit und armer Sünder. 1935. – Eine Frau hat geschrien. 1938. – Scene in Passing. 1942. Dt. u. d. T.: Tibbs. 1948. – The Inquest. 1944. Dt. u. d. T.: Bibiana Santis. Der Weg einer Frau. 1950 bzw. Treibgut. 1960. – By the Waters of Babylon. 1939. Dt. u. d. T.: An den Wassern von Babylon. 1945. – Children of Vienna. 1946. Dt. u. d. T.: Die Kinder von Wien. 1948. Neue Übers. 1974. – Mein altes Haus in Kent. Erinnerungen an Menschen und Gespenster. 1957. – Die dunkle Seite des Mondes. 1959. – Olympia. 1961. – Ein leichtes Leben. Bericht über mich selbst und Zeitgenossen. 1963. – Der Tatbestand oder Der gute Glaube der Deutschen. 1965. – Dämon Weib oder Die Selbstverzauberung durch Literatur. 1969. – Nie wieder Politik oder Von der Idiotie der Schriftsteller. 1969. – Vorsicht Bücher. Parodien, samt einem Lese-Leitfaden für Fortgeschrittene. 1969.

Neumark, Georg, 16. 3. 1621 Langensalza (Thüringen) – 18. 7. 1681 Weimar. Der Sohn eines Tuchmachers lebte nach seiner Gymnasialzeit in Gotha und Aufenthalten in Hamburg und Kiel (Hauslehrer) von 1643 bis 1649 als Jurastudent und Hauslehrer in Königsberg. Nach einigen weiteren Stationen (Warschau, Thorn, Danzig, Hamburg) erhielt er 1652 eine feste Anstellung als Bibliothekar und Registrator am Hof Herzog Wilhelms IV. in Weimar. 1653 wurde er als der »Sprossende« in die »Fruchtbringende Gesellschaft« aufgenommen, der Herzog Wilhelm vorstand. Als »Erzschreinhalter« war N. seit 1656 für die umfangreiche Korrespondenz der Gesellschaft zuständig, deren Geschichte er in einem umfangreichen Werk darstellte. Daneben trat er mit weltlicher und geistlicher Lyrik und v. a. mit Schäferdichtungen hervor; von seinen geistlichen Liedern blieb *Wer nur den lieben Gott läßt walten* lebendig.

Werke: Betrübt-Verliebter […] Hürte Filamon. 1640. – Poetisch- und Musikalisches Lustwäldchen. 1652. – Fortgepflantzter Musikalisch-Poetischer Lustwald. 1657. – Poetisch-Historischer Lustgarten. 1666. – Poetische Tafeln / Oder Gründliche Anweisung zur Teutschen Verskunst. 1667. [Mit Martin Kempe.] – Der Neu-Sprossende Palmbaum. 1668. – Tägliche Andachts-Opfer oder Hand-Buch. 1668.

Neumeister, Erdmann, 12. 5. 1671 Uechtritz bei Weißenfels – 18. 8. 1756 Hamburg. Der Sohn eines Schulmeisters und Gutsverwalters studierte 1689–95 Theologie in Leipzig, widmete sich jedoch zugleich seinen poetischen Interessen. Nach seiner Magisterpromotion (*De Poeticis Germanicis*) lehrte er zunächst an der Universität, bis er 1697 in den Kirchendienst trat. Er brachte es bis zum Hofprediger in Weißenfels und Oberhofprediger und Superintendenten in Sorau, geriet jedoch wegen seiner lutherisch-orthodoxen Orientierung in Schwierigkeiten. 1715 wurde er als Hauptpastor und Scholarch an St. Jacobi nach Hamburg berufen. Hier bemühte er sich – vergeblich – um die Berufung Johann Sebastian Bachs und arbeitete mit Georg Philipp Telemann zusammen. Seine Magisterschrift mit ihren etwa 400, z. T. sehr subjektiven Autorenporträts kann als erster Versuch einer kritischen Übersicht über die dt. Dichtung des 17. Jh.s gelten. In seinen Poetikvorlesungen, die später von C. F. Hunold herausgegeben wurden, erwies er sich als Vertreter der galanten Poesie; auch in der *Neukirchschen Sammlung* (1695 ff.) sind galante Gedichte N.s enthalten. Mit Beginn seiner geistlichen Laufbahn wandte er sich ganz der geistlichen Dichtung zu; neben etwa 700 Kirchenliedern verfasste er zahlreiche Kantatentexte, die u. a. von Telemann und Bach vertont wurden.

Werke: De Poetis Germanicis. 1695. – Die Allerneueste Art / Zur Reinen und Galanten Poesie zu gelangen. 1707. [Hrsg. von C. F. Hunold.] – Priesterliche Lippen in Bewahrung der Lehre. 1713. – Geistliche Poesien. 1714. – Fünfffache Kirchen-Andachten bestehend in [...] Arien / Cantaten und Oden auf alle Sonn- und Fest-Tage des gantzen Jahres. 1716–17. [Hrsg. Gottfried Tilgner.] – Heilige Sonntags-Arbeit / oder Predigten. 1716.

Nicolai, Friedrich, 18. 3. 1733 Berlin – 8. 1. 1811 ebd. Nach dem Besuch von Gymnasien in Berlin und Halle und der neu gegründeten Heckerschen Realschule in Berlin begann N., Sohn eines Buchhändlers und Verlegers, 1749 in Frankfurt a. d. O. eine Buchhandelslehre; zugleich bildete er sich autodidaktisch weiter. Nach dem Tod seines Vaters trat er 1752 in die elterliche Buchhandlung ein, die er 1758 übernahm. Seit 1754 war er mit Lessing und Moses Mendelssohn freundschaftlich verbunden. Mit seinen großen publizistischen Unternehmungen wurde er, später heftig angefeindet, zu einem der wichtigsten Repräsentanten der Aufklärung in Deutschland. 1798 ernannte ihn die Berliner Akademie der Wissenschaften zum Mitglied. Die maßgebenden literaturkritischen Organe der Aufklärung erschienen in seinem Verlag: die von Lessing, Mendelssohn und ihm selbst hrsg. *Briefe, die Neueste Litteratur betreffend* (1759–65) und die daran anschließende *Allgemeine Deutsche Bibliothek*, eine Rezensionszeitschrift, in der von 1765 bis 1805 von 433 Mitarbeitern mehr als 80 000 Bücher besprochen wurden. Aus dem im engeren Sinn literarischen Werk ragen die von bürgerlich-aufklärerischem Geist getragene und auf die Verbesserung des Gemeinwesens zielende *Beschreibung einer Reise durch Deutschland* und der Roman *Sebaldus Nothanker* hervor, der gesellschaftskritische Aspekte (Adel, protestantische Orthodoxie) und Literatursatire (schwärmerische Empfindsamkeit) miteinander verbindet. Weitere Ziele von parodistischen und satirischen Werken N.s wurden der Werther-Kult und die Vorliebe des Sturm und Drang für Volks- und Altertümliches. Dies brachte ihm die lebenslange Feindschaft Goethes und anderer junger Dichter ein. N.s späte Romane sind ebenfalls Literatursatiren; auch hier stellte sich der aufklärerische Rationalist, für den Literatur praktischen sozialen und moralischen Zwecken zu dienen hatte, gegen neue, als irrational empfundene Entwicklungen (Frühromantik, die Transzendentalphilosophie Kants).

Werke: Briefe über den itzigen Zustand der schönen Wissenschaften in Deutschland. 1755. – Ehrengedächtniß Herrn Ewald Christian von Kleist. 1760. – Ehrengedächtnis Herrn Thomas Abbt. 1767. – Das Leben und die Meinungen des Herrn Magister Sebaldus Nothanker. 1773–76. – Freuden des jungen Werthers. 1775. – Eyn feyner kleyner Almanach Vol schoenerr echterr liblicherr Volckslieder. 1777. – Beschreibung einer Reise durch Deutschland und die Schweiz im Jahre 1781. 12 Bde. 1783–96. – Geschichte eines dicken Mannes. 1794. – Leben Justus Mösers. 1797. – Leben und Meinungen Sempronius Gundibert's eines deutschen Philosophen. 1798. – Vertraute Briefe von Adelheid B** an ihre Freundin Julie S**. 1799. – Ueber meine gelehrte Bildung, über meine Kenntniß der kritischen Philosophie und meine Schriften dieselbe betreffend. 1799. – Ueber den Gebrauch der falschen Haare und Perrucken in alten und neuern Zeiten. Eine historische Untersuchung. 1801. – Philolosophische Abhandlungen. 1808.

Ausgabe: Gesammelte Werke. Ausg. in Neudrucken. Hrsg. von Bernhard Fabian und Marie-Luise Spieckermann. Hildesheim [u. a.] 1985 ff.

Niebelschütz, Wolf von, 24. 1. 1913 Berlin – 22. 7. 1960 Düsseldorf. N. wuchs in Magdeburg auf und arbeitete nach Abitur und kurzen Geschichts- und Kunstgeschichtsstudien als Kritiker zunächst bei der *Magdeburger Zeitung*, dann 1937–40 bei der *Rheinisch-Westfälischen Zeitung* in Essen. Von 1940 bis 1945 war er Soldat; nach dem Krieg ließ er sich als freier Schriftsteller in der Nähe von Düsseldorf nieder. Nach Gedichtbänden und einer romantischen Erzählung (*Verschneite Tiefen*) arbeitete N. seit den 40er-Jahren an seinem Hauptwerk *Der Blaue Kammerherr*, einem absolut ›unzeitgemäßen‹, nach musikalischen Prinzipien organisierten galanten Roman: Entwicklungsgeschichte einer Prinzessin und zugleich Darstellung einer poetischen Kunstwelt als Gegenbild zur herrschenden Barbarei und Zerstörung. N.s zweiter Roman führt in die Provence des Mittelalters (*Die Kinder der Finsternis*). Daneben schrieb N. drei (erfolglose) Dramen und als Auftragsarbeiten zahlreiche Firmengeschichten.

Werke: Preis der Gnaden. 1939. – Verschneite Tiefen. 1940. – Die Musik macht Gott allein. Gedichte 1935–1942. 1942. – Posaunen-Konzert. 1947. – Der Blaue Kammerherr. Galanter Roman. 1949. – Eulenspiegel in Mölln. 1950. – Sternenmusik. Gedichte 1942–1951. 1951. – Auswärtige Angelegenheiten. Lustspiel. 1956. – Die Kinder der Finsternis. 1959. – Freies Spiel des Geistes. Reden und Essais. Hrsg. von Ilse v. Niebelschütz. 1961. – Gedichte und Dramen. Hrsg. von I. v. N. 1962. – Die Gedichte. Gesamtausgabe. 1962. – Über Dichtung. Hrsg. von I. v. N. 1979. – Über Barock und Rokoko. 1981. – Auch ich in Arkadien. Respektlose Epistel an meine Freunde. 1987.

Niebergall, Ernst Elias (Pseud. E. Streff), 13. 1. 1815 Darmstadt – 19. 4. 1843 ebd. Nach dem Besuch des Darmstädter Gymnasiums studierte der Sohn eines großherzoglichen Kammermusikus von Ende 1832 an ev. Theologie an der hessischen Landesuniversität Gießen; das Examen legte er erst 1839 ab, da er von den gegen die Burschenschaften gerichteten Unterdrückungs- und Verfolgungsmaßnahmen betroffen wurde. Er schlug jedoch die geistliche Laufbahn aus und lehrte von 1840 an Griechisch, Latein und Geschichte an einer Darmstädter Privatschule. Mit seinen beiden ironisch-entlarvenden »Localpossen« fixierte er den Darmstädter Dialekt zum ersten Mal literarisch; daneben veröffentlichte er seit 1836 konventionelle trivialromantische Fortsetzungsgeschichten für die Unterhaltungsbeilage *Didaskalia* des *Frankfurter Journals*.

Werke: Des Burschen Heimkehr, oder: Der tolle Hund. 1837. – Datterich. 1841.

Ausgaben: Dramatische Werke. Hrsg. von Karl Esselborn. Darmstadt 1925. – Erzählende Werke. Hrsg. von K. Esselborn. Ebd. 1925.

Nietzsche, Friedrich, 15. 10. 1844 Röcken bei Lützen (Sachsen) – 25. 8. 1900 Weimar. Der Sohn eines Pfarrers wuchs nach dem Tod des Vaters (1849) in Naumburg auf, besuchte hier die Bürgerschule, das Domgymnasium und schließlich das nahe gelegene Internat Schulpforta (Abitur 1864). Danach studierte er ev. Theologie und klassische

Philologie in Bonn (1864–65) und Leipzig (1865–69). Bereits vor der Promotion wurde er 1869 als a. o. Professor für Altphilologie nach Basel berufen (seit 1870 o. Prof.). Noch in Leipzig lernte er 1868 R. Wagner kennen, wie er selbst beeinflusst von der Philosophie Arthur Schopenhauers. In Basel war er Kollege von Johann Jakob Bachofen und Jacob Burckhardt; mit dem Theologieprofessor Franz Overbeck entwickelte sich eine enge Freundschaft. Bis zu seiner frühzeitigen Pensionierung aus Gesundheitsgründen 1879 lehrte N. in Basel, unterbrochen nur durch eine kurze freiwillige Teilnahme am dt.-frz. Krieg 1870–1871. Danach arbeitete er als freier Schriftsteller an verschiedenen Orten der Schweiz und Italiens, unstet und unter schweren Krankheitsanfällen leidend, bis er 1889 in Turin einen Zusammenbruch erlitt und zuerst in Basel, dann in Jena in eine Irrenanstalt gebracht wurde (Diagnose: progressive Paralyse). Von 1890 an lebte er zunächst im Haus seiner Mutter in Naumburg, dann nach ihrem Tod 1897 bei seiner Schwester Elisabeth Förster-Nietzsche in Weimar. N. übte einen großen Einfluss auf die Entwicklung der dt. Literatur nach 1890 aus. Sein eigenes Philosophieren ist unsystematisch, besitzt literarische Züge durch die ästhetische Qualität seiner Sprache, durch seine Vorliebe für das Aphoristische, durch sein Denken in Bildern und die Hinwendung zur Welt des Sinnlichen, des Lebens. Am Anfang der in engerem Sinn literarisch-ästhetischen Schriften N.s steht die Abhandlung über *Die Geburt der Tragödie*, die das übliche Verständnis der griech. Antike in pessimistischer Deutung umkehrt und im Gegensatz des Apollinischen und Dionysischen die Grundstruktur der Tragödie sieht, am Ende die Selbstbiographie *Ecce homo*, die das Thema des Dionysischen in der Tragödie des eigenen Ich noch einmal variiert. Dichterischer Ausdruck des Dionysischen ist der Dithyrambus, aus dessen chorischer Form die Tragödie hervorgeht. Auch N. nimmt diese Form auf, wie sie in der dt. Tradition von den freien

Rhythmen F. G. Klopstocks, Goethes und Hölderlins geprägt wurde; dichterischer Höhepunkt ist der Dithyrambus *Die Sonne sinkt*. Wie einige Dithyramben zuerst im *Zarathustra* erschienen, so finden sich auch in den anderen Werken mehrfach lyrische Texte; so steht das berühmte ›impressionistische‹ Venedig-Gedicht in *Ecce homo*, und das Aphorismenbuch *Die fröhliche Wissenschaft* endet von der zweiten Auflage (1887) an mit dem Anhang *Lieder des Prinzen Vogelfrei*, der sich über alle Denkverbote hinwegsetzt. Darüber hinaus weist auch N.s rhythmische Kunstprosa etwa im *Zarathustra* vielfach hymnische, ekstatische Züge auf; neben dem rhetorischen Pathos und der erhabenen Gleichnissprache mit ihren biblischen Anklängen stehen aber auch sprachspielerische und artistische Elemente und überraschende Paradoxien, die dem Künstler philosophische Eindeutigkeit zu vermeiden helfen, ein Verfahren, das auch seine Aphorismensammlungen charakterisiert. Die Denkfiguren seines Hauptwerks *Also sprach Zarathustra*, die von einem »Übermenschen« und der »ewigen Wiederkunft des Gleichen« als der höchsten »Formel der Bejahung« sprechen und eine transzendenzlose Welt postulieren, finden ihre Fortsetzung in Aufzeichnungen des Nachlasses, die N.s Schwester Elisabeth Förster-Nietzsche skrupellos fälschend unter dem Titel *Der Wille zur Macht* 1901 herausgab.

Werke: Die Geburt der Tragödie aus dem Geist der Musik. 1872. – Unzeitgemässe Betrachtungen. 1873–76. – Menschliches, Allzumenschliches. 1878–80. – Morgenröthe. Gedanken über die moralischen Vorurteile. 1881. – Die fröhliche Wissenschaft. 1882. – Also sprach Zarathustra. 1883–85. – Jenseits von Gut und Böse. 1886. – Zur Genealogie der Moral. 1887. – Der Fall Wagner. 1888. – Götzendämmerung oder Wie man mit dem Hammer philosophirt. 1889. – Ecce homo. 1908.

Ausgaben: Werke in drei Bänden. Hrsg. von Karl Schlechta. München 1960 [u. ö.]. – Werke. Krit. Gesamtausg. Hrsg. von Giorgio Colli und Mazzino Montinari. Berlin / New York 1967 ff. – Krit. Studienausg. 15 Bde. München [u. a.]. 1980. – Briefwechsel. Krit. Gesamtausg. Hrsg. von G. Colli und M. Montinari. Berlin / New York 1975 ff. – Sämtliche Briefe. Krit. Studienausg. 8 Bde. München [u. a.] 1986.

Nizon, Paul, * 19. 12. 1929 Bern. Der Sohn eines russischen Emigranten und einer Schweizerin promovierte 1957 mit einer Dissertation über Vincent van Gogh und arbeitete dann am Historischen Museum in Bern. Seit 1962 lebt er als freier Schriftsteller (und zeitweiliger Kunstkritiker für verschiedene Schweizer Zeitungen) an wechselnden Wohnorten, ab 1977 in Paris. Er debütierte 1959 mit lyrischen Prosastücken; mit seinem ersten Roman *Canto* erzielte er den Durchbruch. Von zentraler Bedeutung für seine Romane und Erzählungen ist von Anfang an das Thema des Ausbruchs, des Ausbruchs aus engen Räumen in die große Stadt oder weite Landschaften, aus bürgerlicher Enge in die freie Künstlerexistenz und die Suche nach dem Weiblichen. »Zu den Grundbedingungen des Schweizer Künstlers gehört die Enge und was sie bewirkt: die Flucht«, heißt es in seinem *Diskurs in der Enge*. Beispiel dafür ist auch der in Paris entstandene Roman *Das Jahr der Liebe*, in dem der »Autobiographie-Fiktionär« über seine Lage reflektiert und sie in den Zusammenhang mit charakteristischen Situationen seines Lebensweges stellt. Schreiben ist für den Romanhelden existentielles Schreiben; eine Analyse des eigenen Schreibprozesses bieten die Frankfurter Poetikvorlesungen *Am Schreiben gehen*. Auch die folgenden Werke wie *Im Bauch des Wals* oder *Das Fell der Forelle* setzen die Suche nach dem eigenen Leben durch die Konfrontation von Vergangenheit und Zukunftsentwürfen, von eigener Geschichte und erfundenen Geschichten fort, während die Journale sein Leben und Schreiben umkreisen.

Werke: Die gleitenden Plätze. 1959. – Canto. 1963. – Diskurs in der Enge. Aufsätze zur Schweizer Kunst. 1970. – Im Hause enden die Geschichten. 1971. – Untertauchen. Protokoll einer Reise. 1972. – Stolz. 1975. – Van Gogh in seinen Briefen. 1977. – Das Jahr der Liebe. 1981. – Aber wo ist das Leben. Ein Lesebuch. 1983. – Am Schreiben gehen. Frankfurter Vorlesungen. 1985. – Im Bauch des Wals. Caprichos. 1989. – Über den Tag und durch die Jahre. Essays, Nachrichten, Depeschen. 1991. – Das Auge des Kuriers. 1994. – Die Innenseite des Mantels. Journal. 1995. – Hund / Beichte am Mittag. 1998. – Taubenfraß. 1999. – Die Erstausgaben der Gefühle. Journal 1961–1972. Hrsg. von Wend Kässens. Frankfurt a. M. 2002. – Abschied von Europa. 2003. – Das Drehbuch der Liebe. Journal 1973–1979. Hrsg. von W. Kässens. 2004. – Das Fell der Forelle. 2005.

Ausgabe: Gesammelte Werke. 7 Bde. Frankfurt a. M. 1999.

Nossack, Hans Erich, 30. 1. 1901 Hamburg – 2. 11. 1977 ebd. Der aus einer hanseatischen Großbürgerfamilie stammende N. studierte 1919–22 Jura in Jena, brach jedoch das Studium ab und arbeitete in verschiedenen Berufen, bis er 1933 in die väterliche Kaffeehandelsfirma eintrat (und sie später übernahm). Daneben führte er Tagebuch und schrieb Gedichte und anderes, obwohl er wegen seiner Einstellung – er war zeitweise Mitglied der KPD und arbeitete gegen die Nationalsozialisten – Schreibverbot hatte. Mit der Zerstörung Hamburgs (Juni 1943) verlor er seinen Besitz, darunter zahlreiche Manuskripte. Er gab die Kaffeefirma auf und lebte als Schriftsteller in Hamburg, Aystetten bei Augsburg (seit 1956), Darmstadt (seit 1962), Frankfurt a. M. (seit 1965) und wieder Hamburg (seit 1969). 1961 erhielt er den Georg-Büchner-Preis. Im Alter von 46 Jahren erschienen seine ersten Texte im Druck, ein Gedichtband und *Nekyia. Bericht eines Überlebenden.* Der Prosatext reflektiert die geschichtliche Katastrophe des Nationalsozialismus und des Krieges und schildert, ins Mythische und Archetypische zurückführend, den Gang des Überlebenden durch die menschenleere, zerstörte Stadt Hamburg: Indem sich der Mensch in existentialistischer Manier auf sich selbst besinnt, sich seiner selbst vergewissert, setzt er ein Zeichen für einen neuen Anfang. Die Thematik der Selbstfindung bestimmt auch N.s weiteres Werk. Dabei setzt er der Welt der vordergründigen Realität des Alltäglichen, Konventionellen eine andere Wirklichkeit entgegen, die den Menschen in einem Prozess radikaler Individualisierung zu sich selbst führt und die ihm ermöglicht, »das zu werden, was er sein könnte und daher sein müßte«. Repräsentatives Beispiel dafür ist der »Roman einer schlaflosen Nacht«, dessen Haupttitel *Spirale* sich auf die kreisenden Gedanken eines Mannes bezieht, der sich über sein Leben klar zu werden sucht. Auch die weiteren Romane gestalten diese an den Existentialismus anknüpfende Thematik vom Aufbruch in die Welt des »Nicht-Versicherbaren« als Ort der Vollendung des Selbstfindungsprozesses.

Werke: Gedichte. 1947. – Nekyia. Bericht eines Überlebenden. 1947. – Interview mit dem Tode. 1948. – Der Neugierige. 1955. – Die Begnadigung. 1955. – Spätestens im November. 1955. – Spirale. Roman einer schlaflosen Nacht. 1956. – Über den Einsatz. Essays. 1956. – Der jüngere Bruder. 1958. Erw. 1973. – Unmögliche Beweisaufnahme. 1959. – Nach dem letzten Aufstand. Ein Bericht. 1961. – Sechs Etüden. 1964. – Die schwache Position der Literatur. Reden und Aufsätze. 1966. – Der Fall d'Arthez. 1968. – Dem unbekannten Sieger. 1969. – Die gestohlene Melodie. 1972. – Bereitschaftsdienst. Bericht über die Epidemie. 1973. – Ein glücklicher Mensch. 1975.

Ausgaben: Die Erzählungen. Hrsg. von Christof Schmid. Frankfurt a. M. 1987. – Die Tagebücher 1943–1977. Hrsg. von Gabriele Söhling. Frankfurt a. M. 1997. – Geben Sie bald wieder ein Lebenszeichen. Briefwechsel 1943–1956. Hrsg. von G. Söhling. Frankfurt a. M. 2001.

Notker I. von St. Gallen (auch: N. Balbulus, N. der Stammler), um 840 in der Gegend von Jonschwil (Toggenburg) – 6. 4. 912 St. Gallen. Der aus einer Adelsfamilie stammende N. wurde früh dem Benediktinerkloster St. Gallen übergeben; hier bekleidete er nach seiner Ausbildung verschiedene Ämter (Bibliothekar, Hospitar, Lehrer); bedeutend war jedoch v. a. sein Wirken als Dichter und Gelehrter. Er bearbeitete den Heiligenkalender der Kirche (*Martyrologium*), legte eine Briefmustersammlung an (*Formelbuch*), der er eine Einführung in die theologische Literatur voranstellte (*Notatio de illustribus uiris*), setzte einen älteren Abriss der fränkischen Königsgeschichte fort (*Continuatio breviarii Erchamberti*) und begann eine Sammlung von Anekdoten über Karl den Großen (*Gesta Karoli*). Seinen Nachruhm verdankt er jedoch dem *Liber Ymnorum* (um 885), einer Sammlung der von ihm gedichteten kunstvollen Sequenzen, mit denen er der neuen Gattung geistlicher Lyrik zum Durchbruch verhalf.

Ausgabe: Liber Ymnorum. Notkers Hymnenbuch. Erste echte Ausgabe lat. und dt. In: Wolfram v. den Steinen: Notker der Dichter und seine geistige Welt. Editionsband. Bern 1948. [2]1978. S. 8–91.

Notker III. von St. Gallen (N. der Deutsche, N. Teutonicus, N. Labeo), um 950 – 29. 6. 1022 St. Gallen. Der wahrscheinlich aus einem thurgauischen Adelsgeschlecht stammende N. starb über 70-jährig an einer vom Heer Heinrichs II. aus Italien eingeschleppten Seuche. Sein umfangreiches Werk, meist zweisprachige, d. h. lat.-dt. Bearbeitungen lat. Originale, verdankt seine Entstehung dem klösterlichen Schulunterricht. Es führt über den Bereich der Sieben Freien Künste (u. a. *Disticha Catonis*; Vergil, *Bucolica*; Terenz, *Andria*; Boethius, *De consolatione philosophiae*; Martianus Capella, *De nuptiis Philologiae et Mercurii*; Aristoteles, *Kategorien* und *Hermeneutik*; Schriften zu Logik, Mathematik, Musik) zur Theologie und damit zu N.s Hauptwerk, dem *Psalter*. Die ahd. Übersetzungen, Kommentare und Interpretationen, die die Schüler zum lat. Werk hinführen sollten, stellen eine in der Epoche beispiellose sprachliche und gelehrte Leistung dar, die jedoch fast ohne Wirkung blieb.

Ausgabe: Die Werke Notkers des Deutschen. Neue Ausg., begonnen von Edward H. Sehrt und Taylor Starck, fortges. von James C. King und Petrus W. Tax. Tübingen 1973 ff.

Novak, Helga M. (Maria), * 8. 9. 1935 Berlin. Nach dem Abitur in einem staatlichen Internat 1954 studierte N. bis 1957 Philosophie und Journalistik in Leipzig und arbeitete danach in verschiedenen Berufen (Monteurin, Laborantin, Buchhändlerin). Von 1961 bis 1965 hielt sie sich in Island auf (Heirat 1961); nach ihrer Rückkehr nach Leipzig erhielt sie einen Studienplatz am Johannes-R.-Becher-Literaturinstitut, verlor jedoch 1966 die DDR-Staatsbürgerschaft, weil sie kritische Gedichte illegal verteilt hatte. Sie ging nach einem Zwischenaufenthalt in der BRD wieder nach Island, später nach Polen, und als sie sich 2004 in Leipzig niederlassen wollte, wurde der ›erwerbslosen Ausländerin‹ der Aufenthalt zunächst verweigert. N.s Lyrik ist von Brecht beeinflusst und hat, auch in den Naturgedichten, erzählende Züge. Die Themen verweisen auf das Land ihrer Herkunft: in Naturgedichten auf die Landschaften ihrer Kindheit (*Margarete mit dem Schrank*, *Märkische Feemorgana*), in anderen Texten auf die Diskrepanz zwischen Anspruch und Wirklichkeit im DDR-Sozialismus und die unheilvolle Kontinuität des autoritären dt. Erziehungssystems (*Die Ballade von der reisenden Anna*, *Colloquium mit vier Häuten*). In ihrem Prosawerk stehen Stücke aus dem Bereich Literatur der Arbeitswelt neben dokumentarischen Texten und den beiden eindringlichen autobiographischen Romanen *Die Eisheiligen* und *Vogel federlos*, die mit ihrer literarisch komplexen Darstellung der Kindheits- und Jugendjahre der Autorin auf unheilvolle Kontinuitäten verweisen und mit dem Scheitern der sozialistischen Sozialisation enden.

Werke: Die Ballade von der reisenden Anna. 1965. – Colloquium mit vier Häuten. Gedichte und Balladen. 1967. – Geselliges Beisammensein. 1968. – Aufenthalt in einem irren Haus. 1971. – Winter in Residence. 1973. – Balladen vom kurzen »Prozeß«. 1975. – Die Landnahme von Torre Bela. 1976. – Margarete mit dem Schrank. 1978. – Die Eisheiligen. 1979. – Palisaden. Erzählungen

1967–1975. 1980. – Vogel federlos. 1982. – Grünheide. Grünheide. Gedichte 1955–1980. 1983. – Legende Transsib. 1985. – Märkische Feemorgana. 1989. – Aufenthalt in einem irren Haus. Gesammelte Prosa. 1995. – Silvatica. 1997. – Solange noch Liebesbriefe eintreffen. Gesammelte Gedichte. Hrsg. von Rita Jorek. 1999. – Wo ich jetzt bin. Gedichte. Hrsg. von Michael Lentz. 2005.

Novalis (d. i. Friedrich Freiherr von Hardenberg), 2. 5. 1772 Gut Oberwiederstedt (Harz) – 25. 3. 1801 Weißenfels. N. stammte aus einem stark pietistisch geprägten Elternhaus. Als sein Vater 1784 Direktor der kursächsischen Salinen in Thüringen wurde, zog die Familie nach Weißenfels. N. studierte 1790–94 Jura in Jena, Leipzig und Wittenberg (Staatsexamen 1794) und trat in den Staatsdienst ein (1794 Praktikant in Tennstedt, 1796 Akzessist bei der Salinendirektion in Weißenfels). 1795 verlobte er sich mit der zwölfjährigen Sophie v. Kühn, die zwei Jahre später starb. Ende 1797 ging er zum Studium an die Bergakademie Freiberg, um seine naturwissenschaftlichen Kenntnisse zu erweitern. Nach dem Studienabschluss wurde er im Dezember 1797 Salinenassessor und Mitglied des Salinendirektoriums in Weißenfels. Als er im Dezember 1800 zum Amtshauptmann des Thüringischen Kreises ernannt wurde, war er bereits schwer erkrankt (wahrscheinlich Lungenschwindsucht). Er konnte das Amt nicht mehr antreten. N. hörte 1791 in Jena Schillers Geschichtsvorlesungen, lernte Goethe kennen, beschäftigte sich neben seiner beruflichen Tätigkeit mit Johann Gottlieb Fichtes *Wissenschaftslehre* und fand dann 1795–96 zur so genannten Jenaer Romantik, dem Freundeskreis um die Brüder Schlegel, Dorothea Veit, Caroline Schlegel, Friedrich Wilhelm Joseph Schelling, L. Tieck usw., die durch die Praxis der »Symphilosophie« ihre Produktivität gegenseitig zu fördern suchten. 1798 erschien unter dem Pseudonym Novalis (»der Neuland Rodende«) im *Athenaeum* seine erste bedeutende Veröffentlichung, die Fragmentensammlung *Blüthenstaub*. Eine weitere Sammlung folgte, doch die große Masse seiner Fragmente wurde erst postum gedruckt. Sie weisen eine große thematische Vielfalt auf, behandeln religiöse, ästhetische und literarische Gegenstände und reflektieren N.' Auseinandersetzung mit der zeitgenössischen Philosophie und Naturwissenschaft. Hier finden sich zentrale programmatische Äußerungen der Frühromantik (»Nach innen geht der geheimnißvolle Weg«), darunter auch ein grundlegendes, mit mathematischen Begriffen operierendes Poesieprogramm. Romantische Geschichtsdeutung bietet sein Essay *Die Christenheit oder Europa* von 1799, der auf Rat Goethes zunächst ungedruckt blieb (vollständige Veröffentlichung zuerst in der 4. Aufl. der *Schriften*, 1826). Sein bedeutendstes lyrisches Werk sind die *Hymnen an die Nacht*, die auf äußerst subjektive Weise Persönlichstes und Allgemeines – Todeserfahrungen, Mystik, Religion, Fichtes Ich-Philosophie – zur visionären Schau eines Reichs der Liebe als poetische Religion verbinden. Traditioneller sind N.' *Geistliche Lieder*, die z. T. in Gesangbücher eingingen. Als Erzähler begann N. mit dem fragmentarischen symbolischen »Naturroman« *Die Lehrlinge zu Saïs* (entst. 1798–99), der vom Weg zur Selbst- und Naturerkenntnis spricht; unvollendet blieb auch der Roman *Heinrich von Ofterdingen*, dessen erster Teil 1799–1800 entstand. Er schließt an die Reihe der romantischen Künstlerromane an; in betontem Gegensatz zur »oeconomischen Natur« von Goethes *Wilhelm Meister* geht er den Weg nach Innen, zielt auf eine »Poëtisierung der Welt« durch die schöpferische Einbildungskraft. Die »blaue Blume«, der sich der Held im Traum nähert, wurde zu einem Symbol für die Romantik schlechthin. N.' Romanfragmente wurden zuerst in den von F. Schlegel und Tieck postum herausgegebenen *Schriften* gedruckt.

Werke: Blüthenstaub. In: Athenaeum 1798. – Glaube und Liebe oder Der König und die Königin. In: Jahrbücher der preußischen Monarchie. 1798. – Hymnen an die Nacht. In: Athenaeum 1800. –

Schriften. Hrsg. von F. Schlegel und L. Tieck. 2 Tle. 1802. Tl. 3. Hrsg. von L. Tieck und Eduard v. Bülow. 1846.

Ausgaben: Schriften. Die Werke Friedrich von Hardenbergs. Hrsg. von Paul Kluckhohn und Richard Samuel. 6 Bde. Stuttgart 1960–88. – Werke, Tagebücher und Briefe Friedrich von Hardenbergs. Hrsg. von Hans-Joachim Mähl und R. Samuel. 3 Bde. München 1978–87.

O

Ören, Aras, * 1. 11. 1939 Istanbul. Ö. arbeitete von 1959 bis 1969 als Schauspieler und Dramaturg in Istanbul und veröffentlichte in dieser Zeit türkische Gedichtbände. Nach mehreren kürzeren Deutschlandaufenthalten siedelte er 1969 nach Westberlin über und übernahm zunächst Gelegenheitsarbeiten. Seit 1974 gehört er der türkischen Redaktion des Senders Freies Berlin an. Ö. schreibt auf Türkisch, doch erscheinen seine Bücher seit 1970 zuerst in dt. Übersetzung. Er erhielt 1985 als erster Schriftsteller den Adelbert-von-Chamisso-Preis, der für »Beiträge ausländischer Autoren zur deutschen Literatur« von der Bayerischen Akademie der Schönen Künste verliehen wird. Sein Hauptwerk ist eine von Ö. »Poem« genannte Trilogie, die das Zusammenleben von Menschen verschiedener nationaler und kultureller Herkunft in Berlin zum Thema hat (*Was will Niyazi in der Naunynstraße*, *Der kurze Traum aus Kagithane*, *Die Fremde ist auch ein Haus*). In seinen Gedichtbänden, die das Leben in der Fremde und die Suche nach der eigenen Identität thematisieren, kontrastieren Bilder und Motive der türkischen Lyriktradition mit Versatzstücken westlicher Sprechweisen. An seinen neueren Erzählungen und seinem autobiographisch geprägten Roman *Eine verspätete Abrechnung* lässt sich eine zunehmende Modernität der Schreibweise erkennen (Montage von Elementen verschiedenster Herkunft, die assoziative Verwendung von Rückblenden, Einschüben, Träumen).

Werke: Disteln für Blumen. 1970. – Der Hinterhof. U-Bahn. 1972. – Was will Niyazi in der Naunynstraße. Ein Poem. 1973. – Der kurze Traum aus Kagithane. 1974. – Privatexil. 1977. – Alte Märchen neu erzählt. 1979. – Die Fremde ist auch ein Haus. Berlin-Poem. 1980. – Mitten in der Odyssee. 1980. – Bitte nix Polizei.

1981. – Der Gastkonsument und andere Erzählungen in fremden Sprachen. 1982. – Ich anders sprechen lernen. Wörter/Bilder. 1983. – Manege. 1983. – Widersinnige Sinnsprüche. 1984. – Paradies kaputt. 1986. – Das Wrack. Second-Hand Bilder. 1986. – Dazwischen. 1987. – Eine verspätete Abrechnung oder der Aufstieg der Gündogdus. 1987. – Verlorene Zärtlichkeit. 1987. – Berlin Savignyplatz. 1995. – Unerwarteter Besuch. 1997. – Granatapfelblüte. 1998. – Sehnsucht nach Hollywood. 1999. – Privatexil. Ein Programm. Tübinger Poetik-Vorlesung. 1999.

Okopenko, Andreas, * 15. 3. 1930 Košice (Slowakei). O.s Familie – der Vater war Arzt und Diplomat – emigrierte 1939 nach Wien. Hier studierte O. nach der Reifeprüfung 1947–51 Chemie und arbeitete danach in der Papierindustrie. Seit 1968 lebt er als freier Schriftsteller in Wien und ist Mitglied der Grazer Autorenversammlung. Seine Lyrik hält, obwohl O. persönliche Kontakte zu Vertretern der »Wiener Gruppe« hatte, Distanz zu deren rein materialbezogener sprachexperimenteller Arbeit. Ausgangspunkt für sein lyrisches Werk (»Ich bin [...] meinem Wesen nach Lyriker«) ist vielmehr die eigene Subjektivität, und die Texte sind der bildhafte Ausdruck der Erfahrungen und Stimmungen, die die Wirklichkeit bzw. die Natur in ihm evozieren und die dem Leser mit den jeweils adäquaten Stilformen vermittelt werden sollen. Dabei hat diese auf eine punktuelle Erleuchtung zielende Erlebnisart – O. spricht von einem »Fluidum-Erlebnis« – Ähnlichkeit mit mystischen Entrückungszuständen. In den 60er-Jahren wandte sich O. auch der Prosa zu, ohne allerdings den traditionellen Erzählmustern zu folgen. Da chronologisches Erzählen fälschlich Notwendigkeit suggeriert, bestehen O.s Texte aus vielen nebeneinander gestellten Wirklichkeitspartikeln und -segmenten, die es dem Leser ermöglichen, eigene, verschiedene Zusammenhänge und Geschichten herzustellen. Formal geschieht dies etwa durch die alphabetische Anordnung des Materials (*Lexikon*, *Meteoriten*), die zu einer Art aleatorischen Lesens anregen, oder durch die Zerlegung in kleinste Episoden (*Kindernazi*).

Werke: Grüner November. 1957. – Seltsame Tage. 1963. – Die Belege des Michael Cetus. 1967. – Warum sind die Latrinen so traurig? Spleengesänge. 1969. – Lexikon einer sentimentalen Reise zum Exporteurtreffen in Druden. 1970. – Orte des wechselnden Unbehagens. 1971. – Der Akazienfresser. Parodien, Hommagen, Wellenritte. 1973. – Warnung vor Ypsilon. Thrill-Geschichten. 1974. – Meteoriten. 1976. – Vier Aufsätze. Ortsbestimmung einer Einsamkeit. 1979. – Gesammelte Lyrik. 1980. – Graben sie nicht eigenmächtig! Drei Hörspiele. 1980. – Lockergedichte. Ein Beitrag zur Spontanpoesie. 1983. – Kindernazi. 1984. – Immer wenn ich heftig regne. Lockergedichte. 1992. – Traumberichte. 1998. – Affenzucker. Neue Lockergedichte. 1999. – Gesammelte Aufsätze. 2 Bde. 2000–01. – Streichelchaos. Spontangedichte. 2004.

Olearius, Adam, getauft 24. 9. 1599 Aschersleben – 22. 2. 1671 Schleswig. Der Sohn eines Schneiders nahm nach dem Besuch des Gymnasiums seiner Heimatstadt 1620 das Theologiestudium in Leipzig auf, widmete sich aber v. a. der Philosophie und Mathematik (Magister artium 1627). 1630 wurde er Konrektor der Nikolaischule in Leipzig, 1632 Assessor an der Universität, verließ aber 1633 die Stadt, um als Sekretär an der Schleswig-Holsteinischen Gesandtschaft nach Russland und Persien teilzunehmen (1633–39). Durch seine Vermittlung erhielt auch P. Fleming eine Anstellung. Nach Ende der Reise wurde O. Hofmathematiker, 1649 dazu Hofbibliothekar am herzoglichen Hof auf Schloss Gottorf bei Schleswig; an dessen künstlerischen und wissenschaftlichen Aktivitäten (u. a. Aufbau einer Kunstkammer) hatte er großen Anteil. Sein literarisches Hauptwerk ist die wissenschaftlich, sprachlich und drucktechnisch bedeutende *Beschreibung Der Muscowitischen vnd Persischen Reyse*; Frucht der Reise ist auch seine Übersetzung von Sa'dis *Golestan* (*Der Rosengarten*). Neben weiteren Reisebeschreibungen gab er die dt. Gedichte und lat. Epigramme Flemings aus dem Nachlass heraus. Auch Erbauungsbücher und eine Landeschronik gehören zu seinem Werk. Seit 1651 war er als »Der Vielbemühete« Mitglied der »Fruchtbringenden Gesellschaft«.

Werke: Offt begehrte Beschreibung Der Newen Orientalischen Reise. 1647. Erw. u. d. T.: Vermehrte Newe Beschreibung Der Muscowitischen vnd Persischen Reyse. 1656. – Persianischer Rosenthal. 1654. [Sa'di-Übers.] – Des HochEdelgebornen Johan Albrechts von Mandelslo Morgenländische Reyse-Beschreibung. 1658. [Hrsg.] – Geistliche Sinnen-Bilder. 1662. – Kurtzer Begriff Einer Holsteinischen Chronic. 1663. – Gottorffische Kunst-Cammer. 1666. – Der erfundene Weg zum rechten Paradieß. 1666. – Orientalische Reise-Beschreibunge Jürgen Andersen [...] Und Volquard Iversen. 1669. [Hrsg.]

Opitz, Martin (seit 1627: von Boberfeld), 23. 12. 1597 Bunzlau (Schlesien) – 20. 8. 1639 Danzig. Der Sohn eines Fleischermeisters erhielt eine gediegene humanistische Schulbildung (Bunzlau, Breslau, Beuthen), doch als er 1619 nach Heidelberg ging, machten die Kriegswirren seine Studienpläne bald zunichte. Er setzte sich publizistisch für den kalvinistischen Friedrich V. v. der Pfalz ein, verließ jedoch 1620 die von span. Truppen bedrohte Stadt und begleitete dän. Adelige als Hofmeister nach Holland und Dänemark. 1621 kehrte er nach Schlesien zurück, doch erst 1626 fand er eine Anstellung als Sekretär Karl Hannibal von Dohnas, der im Auftrag Wiens die Rekatholisierung Schlesiens betrieb. Nach Dohnas Flucht vor den Schweden trat O. 1633 in den Dienst der protestantischen schlesischen Piastenherzöge, 1637 wurde er zum Hofhistoriographen des polnischen Königs ernannt und versah bis zu seinem Tod infolge der Pest in Danzig auch diplomatische Aufgaben. Neben seinen beruflichen Plänen verfolgte O. konsequent ein ehrgeiziges Literaturprogramm, das auf die Erneuerung der dt. Dichtung auf humanistischer Grundlage nach dem Vorbild der europäischen Renaissanceliteraturen zielte. Nach frühen Ansätzen in der lat. Schrift *Aristarchus oder über die Verachtung der deutschen Sprache* formulierte er 1624 in der ersten deutschsprachigen Poetik, dem *Buch von der Deutschen Poeterey*, die Regeln der neuen dt. Kunstdichtung und Verssprache (regelmäßiger Wechsel von Hebung und Senkung, Beachtung des ›natürlichen‹ Wortakzents) und stellte ab 1625 in den *Acht Büchern Deutscher Poematum* und den folgenden Publikationen Musterbeispiele der verschiedenen Gattungen in eigenen Versuchen und zahlreichen Übersetzungen und Bearbeitungen von Werken der Weltliteratur bereit (Lyrik, Drama, Oper, Roman, Epos, Lehrgedicht, Bibeldichtung, Schäferdichtung). Zum kulturpatriotischen Programm gehörte auch die Edition des frühmhd. *Annolieds*. Die Anerkennung seiner literarischen und organisatorischen Leistung schlug sich in entsprechenden Ehrungen nieder: Poeta laureatus (1625), Adelserhebung (1627), Aufnahme in die »Fruchtbringende Gesellschaft« (»Der Gekrönte«, 1629).

Werke: Aristarchus sive de contemptu linguae Teutonicae. 1617. – Zlatna, Oder von Rhue des Gemütes. 1623. – Buch von der Deutschen Poeterey. 1624. – Teutsche Poemata vnd Aristarchus. 1624. [Hrsg. von J. W. Zincgref.] – Acht Bücher Deutscher Poematum. 1625. – L. Annaei Senecae Trojanerinnen. 1625. – Die Klage-Lieder Jeremia. 1626. – Johann Barclaÿens Argenis Deutsch gemacht. 1626. – Salomons […] Hohes Liedt. 1627. – Dafne. 1627. – Schäfferey Von der Nimfen Hercinie. 1630. – TrostGedichte In Widerwertigkeit Deß Krieges. 1633. – Judith. 1635. – Des Griechischen Tragoedienschreibers Sophoclis Antigone. 1636. – Die Psalmen Davids Nach den FrantzösischenWeisen gesetzt. 1637. – Arcadia Der Gräffin vom Pembrock. 1638. [Bearb. einer älteren Übers. des Romans von Sir Philip Sidney.] – Geistliche Poëmata. 1638. – Weltliche Poemata. 1644.

Ausgaben: Gesammelte Werke. Krit. Ausg. Hrsg. von George Schulz-Behrend. Stuttgart 1968 ff. – Geistliche Poemata. 1638. Hrsg. von Erich Trunz. Tübingen ²1975. – Weltliche Poemata. 1644. 2 Tle. Hrsg. von Erich Trunz [u. a.]. Tübingen 1967–75.

Ortheil, Hanns-Josef, * 5. 11. 1951 Köln. O. promovierte 1976 in Mainz mit einer Arbeit über den Roman des 17. und 18. Jh.s und war danach Wissenschaftlicher Assistent. Seit 1988 lebt er als freier Schriftsteller in Stuttgart. In seinen Romanen und Erzählungen verbindet er die Entwicklungsgeschichte seiner Protagonisten – Identitätsfindung, Ablösung von familiären und gesellschaftlichen Bindungen – mit den verschiedenen Phasen der dt. Geschichte seit dem Dritten Reich (*Hecke*) und insbesondere der Nachkriegsgeschichte seit der Währungsreform. Dabei spielen auch seine literarhistorischen Kenntnisse – etwa in der Tieck-Parallele des Romans *Ferner* – und seine musikwissenschaftlichen Interessen hinein. Der Roman *Schwerenöter*, mit dem O. seinen ersten, allerdings nicht ungeteilt positiven kritischen Erfolg erzielte, ist der ehrgeizige Versuch, am Beispiel des Lebens eines Zwillingspaars die Geschichte der BRD von der Währungsreform bis zum Einzug der Grünen in den Bundestag darzustellen und in der zweifachen Bedeutung des Begriffs »Schwerenöter« die dt. »Doppelexistenz« (melancholisch bzw. lebensvoll-leichtsinnig) zu fassen. Die Szene der 80er-Jahre ist der Gegenstand des Romans *Agenten*. In *Abschied von den Kriegsteilnehmern* ist eine Vater-Sohn-Geschichte der Ausgangspunkt einer Darstellung des europäischen Umbruchs, der zur dt. Wiedervereinigung führte. Zurück in die Literatur- und Kulturgeschichte verweisen die Romane *Faustinas Küsse*, *Im Licht der Lagune* und *Die Nacht des Don Juan*, die u. a. Goethe, Turner, Mozart, Casanova und da Ponte als Protagonisten aufbieten. Den autobiographischen Kinderszenen *Lo und Lu* ließ O. mit *Die große Liebe* einen weiteren Italien- und Liebesroman – Vorgänger waren *Faustinas Küsse* und *Im Licht der Lagune* – und einen Kolportage- und Schlüsselroman über die deutsche Literaturszene (*Die geheimen Stunden der Nacht*) folgen.

Werke: Ferner. 1979. – Mozart. Im Innern seiner Sprachen. 1982. – Hecke. 1983. – Köder, Beute und Schatten. Suchbewegungen. 1985. – Schwerenöter. 1987. – Agenten. 1989. – Schauprozesse. Beiträge zur Kultur der achtziger Jahre. 1990. – Abschied von den Kriegsteilnehmern. 1992. – Das Element des Elephanten. Wie mein Schreiben begann. 1994. – Blauer Weg. 1996. – Faustinas Küsse. 1998. – Im Licht der Lagune. 1999. – Die Nacht des Don Juan. 2000. – Lo und Lu. Roman eines Vaters. 2001. – Die große Liebe. 2003. – Die weißen Inseln der Zeit. Orte. Bilder. Lektüren. 2004. – Die geheimen Stunden der Nacht. 2005.

Oswald von Wolkenstein, um 1376/77 wahrscheinlich auf Burg Schöneck im Pustertal (Südtirol) – 2. 8. 1445 Meran. Der aus einem Südtiroler Adelsgeschlecht stammende O. verließ, nimmt man das so genannte Rückblicklied *Es fügt sich* beim Wort, im Alter von zehn Jahren seine Heimat und zog als Knappe und Soldat durch halb Europa. Um 1400 kehrte er zurück und suchte, häufig in Auseinandersetzungen und Erbstreitigkeiten mit Verwandten und Nachbarn verstrickt, als wenig vermögender Zweitgeborener seine materielle Basis zu verbessern – z. T. mit drastischen Folgen (Gefangenschaft und Folter). Zugleich war er politisch aktiv, gehörte der adeligen Opposition gegen Herzog Friedrich an und nahm seit 1415 an diplomatischen Missionen und Kriegen König Sigmunds teil (zuletzt 1431 an einem Hussitenfeldzug und 1432 an einer Unternehmung in der Lombardei). In Tirol blieb er in der Landespolitik tätig. Das Werk des bedeutendsten dt. Lyrikers des Spätmittelalters ist u. a. in zwei von O. selbst angelegten und mit Autorenporträts versehenen Handschriften überliefert und umfasst rund 130 Lieder, die etwa zwischen 1400 und 1440 zu datieren sind. Sie spiegeln ein breites Gattungsspektrum von Marienliedern, Sündenklagen und Beichtliedern über Reiselieder und Sprüche bis hin zu den verschiedenen Formen des Minnesangs. Hier erreicht v. a. die Gattung des Tagelieds einen letzten Höhepunkt. Virtuos und originell ist O.s Sprachbehandlung und ohne Beispiel bei seinen Zeitgenossen das Eindringen des Biographischen, Persönlichen in die Dichtung, allerdings vielfach gebrochen durch Ironie, Parodie und literarische Traditionen. Als Komponist steht er in der Geschichte des dt. Liedes, angeregt durch romanische Vorbilder, am Anfang der Mehrstimmigkeit.

Ausgabe: Die Lieder. Hrsg. von Karl Kurt Klein. 3., neubearb. und erw. Aufl. hrsg. von Hans Moser, Norbert R. Wolf und Notburga Wolf. Tübingen 1987.

Otfrid von Weißenburg, um 800 – um 870 Weißenburg (Elsass). Um 830 ist O. zuerst als Mönch in Weißenburg nachweisbar. Nach anschließenden Studien bei Hrabanus Maurus in Fulda kehrte er spätestens um 845 wieder nach Weißenburg zurück. Von da an sind Weißenburger Kodizes von seiner Hand überliefert. Sein ahd. *Liber evangeliorum* oder *Evangelienbuch* wurde, wie sich aus den Regierungszeiten der Adressaten (u. a. König Ludwig der Deutsche und der Erzbischof von Mainz) ergibt, zwischen 863 und 871 abgeschlossen. Das in den Vorreden erläuterte Konzept O.s besteht darin, geistliche Literatur in ästhetisch anspruchsvoller Form in fränkischer Sprache zu schaffen, so dass »die Franken nicht als einzige davon ausgeschlossen sind, wenn in der Muttersprache Christi Lob gesungen wird«. O. gliedert die aus den vier Evangelien kompilierte Lebensgeschichte Christi in fünf Bücher; dabei unterbrechen exegetische Kapitel den Erzählfluss und deuten den Text nach der Methode des mehrfachen Schriftsinns. Der Aufbau des Werkes im Ganzen zeigt O.s Streben nach Proportion und Symmetrie; zugleich setzte sich mit dem *Evangelienbuch* (7104 Reimpaare) der Endreimvers in der deutschen Dichtung durch.

Ausgaben: Evangelienbuch. Hrsg. von Oskar Erdmann. 6. Aufl. bes. von Ludwig Wolff. Tübingen 1973. – Evangelienbuch. Hrsg. von Wolfgang Kleiber und Ernst Hellgardt. 3 Bde. Tübingen 2004 ff.

Ottokar von Steiermark (wahrscheinlich identisch mit: Otacher ouz der Geul), um 1260/65 – um 1320. Der Verfasser einer großen mhd. Reimchronik gehörte der österreichisch-steirischen Ritterschaft an und ist u. a. als Mitglied der Gesandtschaft Herzog Friedrichs des Schönen in Aragon bezeugt. Seine annähernd 100 000 Verse zählende *Steirische* bzw. *Österreichische Reimchronik* entstand wahrscheinlich zwischen 1300 und 1320 und behandelt die Geschichte der jüngeren Vergangenheit, den Zeitraum vom

Tod der letzten Babenberger bzw. Kaiser Friedrichs II. (1250) bis zu Ereignissen des Jahres 1309. O. verbindet Landes- und Reichsgeschichte, erzählt aber auch von benachbarten Ländern und vom Fall der Kreuzfahrerstadt Akkon (1291). Bezeichnend für die Chronik ist eine farbige, lebendige Erzählweise, die sich literarischer Darstellungsweisen bedient. Politisch bezieht sie Stellung für das Reich und die Habsburger bzw. gegen Papst und Kurie.

Ausgabe: Österreichische Reimchronik. Nach den Abschriften Franz Lichtensteins hrsg. von Josef Seemüller. 2 Bde. Hannover 1890–93. Reprogr. Nachdr. Dublin [u. a.] 1974.

P

Panizza, Oskar, 12. 11. 1853 Kissingen (Unterfranken) – 28. 9. 1921 Bayreuth. P. wuchs im konfessionellen Konflikt zwischen dem (früh verstorbenen) katholischen Vater, einem Hotelbesitzer, und der aus einer Hugenottenfamilie stammenden, bigott pietistischen Mutter auf. Erst mit 24 Jahren machte P. nach langem Privatunterricht das Abitur, studierte danach erfolgreich Medizin (1880 Dr. med.) und arbeitete als Assistenzarzt, bis ihm 1884 eine Jahresrente von seiner Familie die Existenz als freier Schriftsteller in München ermöglichte. Seit 1890 stand er in enger Verbindung mit M. G. Conrad und schrieb für dessen *Gesellschaft*. Die Verbüßung der einjährigen Gefängnisstrafe, zu der er nach dem Druck des *Liebeskonzils* »wegen Vergehens wider die Religion« 1895 verurteilt wurde, brach den ohnehin labilen P. psychisch. 1896 siedelte er nach Zürich über, musste aber 1898 die Schweiz als unerwünschter Ausländer verlassen. Er lebte zunächst in Paris, doch als man in Deutschland sein Vermögen nach einem weiteren Prozess wegen Majestätsbeleidigung beschlagnahmte, kehrte er 1901 nach Deutschland zurück. Er wurde für unzurechnungsfähig erklärt, ging wieder nach Paris und wurde schließlich – er selbst diagnostizierte akustische Halluzinationen und fühlte sich von Kaiser Wilhelm verfolgt – nach der Rückkehr nach München in einer psychiatrischen Anstalt untergebracht. P. begann mit Gedichtbänden, schrieb Prosagrotesken und polemisierte dann in einer Reihe von Schriften gegen Kirche und Staat. Die Provokation gipfelte in dem Stück *Das Liebeskonzil* (UA 1969 Paris), einer Satire auf die Kirche und ihre Moralvorstellungen, dargestellt am Beispiel der Machtpolitik und Verdorbenheit der Renaissancepäpste unter Einbeziehung der himmlischen und höllischen Verhältnisse. P.s letzte, an Heine orientierte Veröffentlichung (*Parisjana*) setzte sich in heftiger Polemik mit dem dt. Obrigkeitsstaat und der Persönlichkeit Kaiser Wilhelms II. auseinander.

Werke: Düstre Lieder. 1886. – Londoner Lieder. 1887. – Legendäres und Fabelhaftes. 1889. – Dämmrungsstücke. 1890. – Aus dem Tagebuch eines Hundes. 1892. – Die unbefleckte Empfängnis der Päpste. 1893. – Visionen. Skizzen und Erzählungen. 1893. – Der heilige Staatsanwalt. 1894. – Das Liebeskonzil. 1895 [recte 1894]. – Abschied von München. Ein Handschlag. 1897. – Zürcher Diskußjonen. Flugblätter aus dem Gesamtgebiet des modernen Lebens. 1897–1901. [Hrsg.] – Nero. 1898. – Psichopatia criminalis. 1898. – Parisjana. Deutsche Verse aus Paris. 1899.

Pastior, Oskar, 20. 10. 1927 Hermannstadt (Rumänien). – 4. 10. 2006 Frankfurt a. M. P. stammt aus dem deutschsprachigen Bildungsbürgertum Siebenbürgens. Nach dem Krieg wurde er in sowjetische Arbeitslager deportiert; 1949 kehrte er wieder nach Hermannstadt zurück und arbeitete als Kistennagler und Bautechniker. Er absolvierte dann eine dreijährige Militärdienstzeit, holte das Abitur nach und studierte 1955–60 Germanistik in Bukarest. Bis zu seiner Übersiedlung in die Bundesrepublik 1968 war er Redakteur beim Rumänischen Rundfunk. Seit 1969 lebte er als freier Schriftsteller in Berlin. 2006 erhielt er postum den Georg-Büchner-Preis. Das Werk des ungemein fruchtbaren Lyrikers, Hörspielautors und Übersetzers lebte von der Auseinandersetzung mit der Sprache und ihren Strukturen und Konventionen, mit den dichterischen Formen und Verfahrensweisen. P. betreibt Demontage und Destruktion, steigert sprachliche Ordnungsprinzipien ins Absurde, durchbricht Systemzwänge, verbindet Logik und Spiel, jongliert mit dem sprachlichen Material (auch auf einer akustischen Ebene) ebenso wie mit Versatzstücken, Zitaten und Anspielungen aus der literarischen Tradition. Einer der Höhepunkte der Spracharbeit mit fremden Texten ist sein »Petrarca-Projekt« *33 Gedichte*.

Werke: Offene Worte. 1964. – Gedichte. 1966. – Gedichtgedichte. 1973. – Höricht. Sechzig Übertragungen aus einem Frequenzbereich. 1975. – An die neue Aubergine. 1976. – Fleischeslust. 1976. – Der krimgotische Fächer. Lieder, Balladen, Zeichnungen. 1978. – Ein Tangopoem und andere Texte. 1978. – Wechselbalg. Gedichte 1977–1980. 1980. – Oskar Pastior / Francesco Petrarca: 33 Gedichte. 1983. – sonetburger. Mit 3 × 4 Zeichnungen. 1983. – Anagrammgedichte. 1985. – Lesungen mit Tinnitus. Gedichte 1980–1985. 1986. – Jalousien aufgemacht. Ein Lesebuch. Hrsg. von Klaus Ramm. 1987. – Kopfnuß Januskopf. Gedichte in Palindromen. 1990. – Vokalisen & Gimpelstifte. 1992. – Das Unding an sich. Frankfurter Vorlesungen. 1994. – Eine kleine Kunstmaschine. 34 Sestinen. 1994. – Das Hören des Genitivs. 1997. – Gimpelschneise in die Winterreise-Texte von Wilhelm Müller. 1997. – Villanella & Pantum. 2000.
Ausgabe: Werkausgabe. Hrsg von Ernest Wichner. München 2003 ff.

Pentzoldt, Ernst, 14. 6. 1892 Erlangen – 27. 1. 1955 München. Der Sohn eines Arztes besuchte nach dem Abitur die Kunstakademien in Weimar (1911–13) und Kassel (1913–14) und eröffnete nach dem Krieg (Sanitätsdienst, Infanterie) in München ein Bildhauer-Atelier. Seit Ende der 20er-Jahre trat die literarische Arbeit in den Vordergrund. Für seine bildhauerischen Werke benutzte er nach 1933 das Pseudonym Fritz Fliege (eine kirchliche Skulpturengruppe von 1926 war 1933 als »entartet« entfernt worden). Im Zweiten Weltkrieg diente er wieder als Sanitäter. Seit 1953 war er Berater am Bayerischen Staatstheater in München. Im Mittelpunkt von P.s bedeutendsten Werken stehen Gestalten, die sich den gängigen bürgerlichen Maßstäben entziehen und diese so zugleich kritisch beleuchten. Das zeigt bereits sein erstes großes Prosawerk, der Roman *Der arme Chatterton*, der die Problematik einer ästhetischen Existenz schildert, und es gilt für sein erfolgreichstes Buch, den modernen Schelmenroman *Die Powenzbande* (nebst Erweiterungen), der Geschichte einer großen Sippe unbürgerlicher Lebenskünstler inmitten spießigen Kleinbürger- und Untertanentums. Neben erzählender und essayistischer Prosa schrieb P. bereits Anfang der 30er-Jahre eine Reihe erfolgreicher Schauspiele und Komödien; 1952 schloss sich *Squirrel oder Der Ernst des Lebens* an, die Geschichte einer Familie, die durch das Beispiel eines Außenseiters, des Straßenjungen Squirrel, zu einem neuen Leben findet.

Werke: Dichtungen. 3 Bde. 1922–24. – Der Zwerg. 1927. Neufassung u. d. T.: Die Leute aus der Mohrenapotheke. 1938. – Der arme Chatterton. Geschichte eines Wunderkindes. 1928. – Etienne und Luise. 1929. – Die Powenzbande. Zoologie einer Familie. 1930. Erw. 1938. – Die Portugalesische Schlacht. Komödie der Unsterblichkeit. 1931. – Der Knabe Karl. 1931. – So war Herr Brummell. 1933. – Idolino. 1935. – Korporal Mombour. Eine Soldatenromanze. 1941. – Nachspiel zu den »Räubern«. 1946. – Der Kartoffelroman. Eine Powenziade. 1948. – Squirrel oder Der Ernst des Lebens. 1952. [Schauspiel.] – Squirrel. 1954. [Erzählung.] – Der Irrgarten. 1954. – Die Liebende und andere Prosa aus dem Nachlaß. Hrsg. von Friedi Pentzoldt. 1958.
Ausgabe: Gesammelte Schriften. 7 Bde. Frankfurt a. M. 1992.

Perutz, Leo(pold), 2. 11. 1882 Prag – 25. 8. 1957 Bad Ischl. Der Sohn eines wohlhabenden jüdischen Textilfabrikanten kam mit seiner Familie 1899 nach Wien, verließ das Gymnasium vor dem Abitur und machte eine Lehre als Versicherungskaufmann und hörte daneben Vorlesungen über Versicherungsmathematik und Betriebswirtschaftslehre. Er arbeitete bis 1923 als Versicherungsmathematiker in Triest und dann in Wien, unterbrochen vom Kriegsdienst (1915–18), der ihm eine lebensgefährliche Verwundung einbrachte. 1938 emigrierte er mit seiner Familie nach Tel Aviv; nach dem Krieg lebte er abwechselnd hier und (im Sommer) in Österreich. P. begann kurz nach der Jahrhundertwende zu schreiben; als erstes Werk erschien 1907 auf Veranlassung R. Beer-Hofmanns die Novelle *Der Tod des Messer Lorenzo Bardi* in einer Wiener Zeitung. P.s Erzählungen und Romane gehören großenteils der phantastischen Literatur an und sind meist in historischen Umbruchssituationen angesiedelt; dabei sorgt P. durch die komplexe Verwendung der Technik der Rahmenerzählung für ein Neben- und Gegeneinander verschiedener Perspektiven, die eindeutige Festlegungen verhindern. Seinen ersten großen Erfolg hatte er mit dem Roman *Zwischen neun und neun*, der die letzten zwölf Stunden eines Gejagten auf der Flucht vor der Polizei durch die Wiener Vorstädte schildert. Neben den Zeitromanen, zu denen auch die Heimkehrergeschichte *Wohin rollst du, Äpfelchen?* zählt, stehen die historischen Romane (u. a. *Die dritte Kugel*, *Der Marquez de Bolibar*, *Turlupin*). Als sein bedeutendstes Werk gilt der bereits in den 20er-Jahren begonnene, aber erst nach dem Zweiten Weltkrieg vollendete »Roman aus dem alten Prag« *Nachts unter der steinernen Brücke*, der zwischen 1571 und 1621 im Prager Judenviertel spielt und 14 Novellen mit einer Rahmenerzählung zu einem vielfältigen, phantastischen und realistischen Zeitbild verbindet.

Werke: Die dritte Kugel. 1915. – Zwischen neun und neun. 1918. – Der Marquez de Bolibar. 1920. – Der Meister des jüngsten Tages. 1923. – Turlupin. 1924. – Wohin rollst du, Äpfelchen? 1928. – Herr, erbarme dich meiner! 1930. – Sankt Petri-Schnee. 1933. – Der schwedische Reiter. 1936. – Nachts unter der steinernen Brücke. Roman aus dem alten Prag. 1953. – Der Judas des Leonardo. 1959. – Mainacht in Wien. Romanfragmente, kleine Erzählprosa, Feuilletons. Aus dem Nachlaß hrsg. von Hans-Harald Müller. 1996.

Pestalozzi, Johann Heinrich, 12. 1. 1746 Zürich – 17. 2. 1827 Brugg (Aargau). Der Sohn eines Chirurgus besuchte die Lateinschule und anschließend die Hochschule Collegium Carolinum in Zürich; er verließ jedoch das Carolinum vorzeitig und wurde unter rousseauischem Einfluss 1769 nach einer landwirtschaftlichen Lehrzeit Bauer bei Brugg im Aargau. Er wandelte seinen »Neuhof« 1774 in eine Armenanstalt um (bis 1780), Beginn seiner verschiedenen pädagogischen Unternehmungen, aus denen sich das bedeutende und erfolgreiche pädagogische Institut in Yverdon (1804/05–25) herausbildete. 1825 zog sich P. auf seinen Hof zurück. Seine von Rousseau geprägten pädagogischen Grundsätze zielten auf eine naturgemäße Erziehung. Ein umfassendes Programm der Volkserziehung, das reformerisch auf die Verhältnisse auf dem Land Einfluss zu nehmen suchte, legte er in seinem pädagogischen Roman *Lienhard und Gertrud* nieder. Die Erfahrungen der Französischen Revolution, deren Grundsätze er bejahte, führten zu einer Korrektur seiner rousseauischen Auffassung von der Natur des Menschen und einer Neubewertung der Erziehung.

Werke: Lienhard und Gertrud. 1781–87. – Christof und Else. 1782. – Meine Nachforschungen über den Gang der Natur in der Entwicklung des Menschengeschlechts. 1797. – Wie Gertrud ihre Kinder lehrt. 1801. – Fabeln. 1803. – Wochenschrift für Menschenbildung. 1805–11. – Sämmtliche Schriften. 15 Bde. 1819–26. – Meine Lebensschicksale. 1826.
Ausgaben: Sämtliche Werke. Hrsg. von Artur Buchenau [u. a.]. Berlin [seit 1958 Zürich] 1927 ff. – Werke. Hrsg. von Paul Baumgartner. 8 Bde. Zürich 1945–49.

Pfeffel, Gottlieb Konrad, 28. 6. 1736 Colmar – 1. 5. 1809 ebd. Der Sohn eines aus Baden stammenden Juristen im frz. Staatsdienst besuchte das Gymnasium in Colmar und begann 1751 mit dem Studium der Rechte in Halle. Er musste die Studien 1753 wegen fortschreitender Trübung der Augenlinsen abbrechen und kehrte 1754 nach Colmar zurück; nach der letzten Operation 1758 erblindete er fast völlig. Er wandte sich der Literatur zu und trat zunächst als vielseitiger Übersetzer von wissenschaftlichen und dichterischen Werken aus dem Französischen und ins Französische hervor. 1773 gründete er in Colmar die »École militaire«, die für protestantische Schüler (meist von Adel) bestimmt und trotz der militärischen Organisation von einer modernen, ganzheitlichen Erziehungskonzeption getragen war. Obwohl Befürworter der Revolution, musste er 1792 die Militärakademie schließen und sich mit Brotarbeiten über Wasser halten, bis ihm drei Jahre vor seinem Tod Napoleon eine Pension gewährte. 1788 nahm ihn die Berliner Akademie der Künste, 1808 die Münchner Akademie der Wissenschaften als Ehrenmitglied auf. Neben seinem Übersetzungswerk und einer Reihe von pädagogischen Schriften machte sich P. einen Namen v. a. durch seine Fabeldichtung, die eine starke gesellschaftskritische und politische Note trägt und den Absolutismus grundsätzlich in Frage stellt. Daneben stehen Vers- und Prosasatiren und satirische Epigramme, aber auch Romanzen und Lieder. Populär wurden allerdings nicht die kritischen Texte, sondern das rührende Gedicht *Die Tobakspfeife*, das das Bild vom gütigen Menschenfreund P. prägte.

Werke: Poetische Versuche in drey Büchern. 1761. – Theatralische Belustigungen nach französischen Muster. 1765–74. – Dramatische Kinderspiele. 1769. – Lieder für die Colmarische Kriegsschule. 1778. – Principes du droit naturel à l'usage de l'école militaire de Colmar. 1781. – Fabeln der helvetischen Gesellschaft gewidmet. 1783. – Poetische Versuche. 1789–90. Verm. Ausg. 10 Tle. 1802–10. – Prosaische Versuche. 10 Bde. 1810–12.

Pinthus, Kurt, 29. 4. 1886 Erfurt – 11. 7. 1975 Marbach a. N. Nach dem Studium der Germanistik, Philosophie und Geschichte (Dr. phil. 1910) wurde P. 1912 Lektor des Kurt Wolff Verlags in Leipzig. Er hatte engen Kontakt zu zahlreichen jungen expressionistischen Autoren. 1915 wurde er eingezogen; nach dem Krieg ging er nach Berlin, arbeitete u. a. als Dramaturg und schrieb für den Rundfunk. Wegen seiner jüdischen Herkunft emigrierte er 1937 in die USA; hier lehrte er 1947–60 als Dozent an der Columbia University in New York. Seit 1967 lebte er in Marbach am Neckar. In die Literaturgeschichte ging er mit seiner Anthologie der expressionistischen Bewegung *Menschheitsdämmerung. Symphonie jüngster Dichtung* ein, deren Titel einerseits die Untergangsvisionen und Aufbruchshoffnungen des Expressionismus benennt, andererseits auf das musikalische Kompositionsprinzip der viersätzigen »Symphonie« anspielt. P.' Interesse an dem neuen Medium des Kinos schlug sich in einer Sammlung von Filmszenarien expressionistischer Dichter nieder. Nach dem Zweiten Weltkrieg trug P. durch Nachworte zu Werkausgaben (K. Edschmid, W. Hasenclever u. a.) und durch eine erfolgreiche Neuausgabe der *Menschheitsdämmerung* wesentlich zum erneuten Interesse am Expressionismus bei.

Werke: Das Kinobuch. 1914. – Menschheitsdämmerung. Symphonie jüngster Dichtung. 1920 [recte 1919].

Piontek, Heinz, 15. 11. 1925 Kreuzburg (Oberschlesien) – 26. 10. 2003 Rotthalmünster bei Passau. Als Schüler wurde P. 1943 zu Arbeits- und Kriegsdienst verpflichtet; bei Kriegsende geriet er kurz in amerikanische Gefangenschaft. Danach arbeitete er in einem Steinbruch in der Oberpfalz und auf dem Bau in München, machte 1946 das Abitur nach und begann ein Germanistikstudium, das er jedoch bald abbrach. Seit 1948 lebt er als freier Schriftsteller, zunächst in Dillingen, seit 1961 in München. 1976 erhielt er den Georg-Büchner-Preis. Im Zentrum seines sprachlich betont traditionellen Werkes steht die Lyrik, obwohl er auch zahlreiche Hörspiele und erzählende Prosatexte schrieb. Er begann mit schlichten gereimten Naturgedichten; später erweiterte sich die Thematik um existentielle, poetologische und politisch-gesellschaftliche Fragen, verbunden mit einem Wandel der Form hin zum erzählenden, pointierten Kurzgedicht. Zu seinem Prosawerk gehören neben Kurzgeschichten und Erzählungen drei »Münchner Romane«, die die jeweilige Handlung mit einer Darstellung der gesellschaftlichen und politischen Ereignisse von 1945 bis 1978 in München verbinden (*Die mittleren Jahre*, *Dichterleben*, *Juttas Neffe*). Zwei autobiographische Romane erzählen von seiner Kindheit bis zum Ende des Krieges.

Werke: Die Furt. 1952. – Die Rauchfahne. 1953. Erw. 1956. – Vor Augen. Proben und Versuche. 1955. – Buchstab, Zauberstab. 1959. – Mit einer Kranichfeder. 1962. – Kastanien aus dem Feuer. Erzählungen, Kurzgeschichten und Prosastücke. 1963. – Randerscheinungen. 1965. – Klartext. 1966. – Die mittleren Jahre. 1967. – Die Erzählungen 1950–1970. 1971. – Tot oder lebendig. 1971. – Gesammelte Gedichte 1949–1974. 1975. – Dichterleben. 1976. Neue Fassung 1995. – Wintertage, Sommernächte. Gesammelte Erzählungen und Reisebilder. 1977. – Wie sich Musik durchschlug. 1978. – Juttas Neffe. 1979. – Vorkriegszeit. 1980. – Was mich nicht losläßt. 1981. – Zeit meines Lebens. Autobiographischer Roman. 1984. – Helldunkel. 1987. – Stunde der Überlebenden. Autobiographischer Roman. 1989. – Neue Umlaufbahn. 1998. – Schattenlinie. 1999.

Ausgabe: Werke. 6 Bde. München 1982–85.

Platen, August von (d. i. Karl August Georg Maximilian Graf von Platen-Hallermünde), 24. 10. 1796 Ansbach – 5. 12. 1835 Siracusa (Sizilien). Der Sohn eines Oberforstmeisters aus einer verarmten Seitenlinie des Adelsgeschlechts besuchte seit 1806 die Kadettenanstalt in München, wechselte dann 1810 ins Pagenhaus und nahm 1814–15 als Leutnant am Feldzug gegen Napoleon teil. 1818–26 studierte er, vom Dienst befreit, zunächst in Würzburg, dann ab 1819 in Erlangen v. a. Sprachen und Literatur, unterbrochen von Reisen nach Wien (1820) und Venedig (1824). 1826 ging er, unterstützt durch ein Stipendium des bayerischen Königs, nach Italien und führte hier, abgesehen von zwei Münchenreisen 1831–32 und 1834, ein unstetes Leben bis zu seinem Tod. Über seine schwierige hypochondrische Natur, seine homosexuellen Neigungen (»bekämpfte Liebe«) und seine psychische Zerrissenheit sprechen seine seit 1813 geführten Tagebücher. Als Dichter vertrat er ein zu seiner Zeit bereits problematisch gewordenes humanistisches Dichterideal. Er sah in Drama und Versepos die höheren Gattungen und verfasste dementsprechend das Epos *Die Abassiden* und zwei »Literaturkomödien« streng nach aristophanischem Muster, von denen die Immermann-Parodie *Der romantische Oedipus* eine heftige Polemik Heines auslöste. P.s Lyrik zeichnet sich durch außergewöhnliche Beherrschung der formalen Mittel aus; dies zeigt sich etwa in der Aneignung der orientalischen Form des Ghasels, seiner an den Dichtern der Renaissance geschulten Sonettkunst und seinen antikisierenden Versen. Gegenpol seiner ästhetizistischen Lyrik von Schönheit, unerfüllter Liebe, Vergänglichkeit und Todessehnsucht sind seine agitatorisch direkten *Polenlieder*. Populär wurden einige seiner Balladen wie *Das Grab im Busento* oder *Der Pilgrim von St. Just*.

Werke: Ghaselen. 1821. – Neue Ghaselen. 1823. – Sonette aus Venedig. 1825. – Die verhängnißvolle Gabel. 1826. – Gedichte. 1828. Verm. Ausg. 1834. – Schauspiele. 1828. – Der romantische Oedipus. 1829. – Die Abassiden. 1835. – Gedichte aus dem ungedruckten Nachlasse. 1839.

Ausgabe: Sämtliche Werke. Hist.-krit. Ausg. Hrsg. von Max Koch und Erich Petzet. 12 Bde. Leipzig 1910. Reprogr. Nachdr. Hildesheim / New York 1969.

Platter, Thomas, 10. 2. 1499 Grächen (Wallis) – 26. 1. 1582 Basel. Der Sohn eines Bergbauern lebte bis zu seinem zehnten Lebensjahr als Hirtenjunge im Wallis, bettelte sich dann als fahrender Schüler durch Polen, Ungarn, Schlesien und Süddeutschland, bis er von 1517 an in Zürich regelmäßige Studien beginnen konnte (Latein, Griechisch, Hebräisch) und sich unter dem Einfluss Huldrych Zwinglis der Reformation zuwandte; daneben erlernte er das Seilerhandwerk. Dieses übte er dann in Basel aus, bis er 1529 nach Zürich zurückkehrte. Schließlich wurde er in Basel sesshaft (Bürgerrecht 1534); hier wirkte P. zunächst als Griechischlehrer und Korrektor, betrieb dann eine eigene Druckerei und wurde schließlich 1541 Schulleiter. Sein Sohn Felix, der selber eine Autobiographie hinterließ, veranlasste ihn, die Geschichte seines wechselvollen Lebens, den Aufstieg vom Analphabeten zum Gelehrten aufzuschreiben. Es sind Erinnerungsbilder, die aus dem eigenen Erleben heraus und ohne die übliche Stilisierung einerseits eine ungewöhnliche Biographie sichtbar machen, andererseits ein plastisches Bild seiner Umwelt und seiner Zeit entwerfen.

Ausgaben: Thomas Platter und Felix Platter. Zwei Autobiographien. Hrsg. von Daniel Albert Fechter. Basel 1840. – Lebensbeschreibung. Hrsg. von Alfred Hartmann. Basel 1999.

Pleier, Der, aus dem bayerisch-österreichischen Sprachgebiet stammender Verfasser von drei nachklassischen mhd. Artusromanen: *Garel von dem blühenden Tal*, *Tandareis und Flordibel* und *Meleranz*. Sie sind in dieser Reihenfolge zwischen 1240 und 1270 entstanden und greifen auf die für die Gattung typischen Handlungsstationen, Motive und Erzählschemata zurück.

Ausgaben: Garel von dem blühenden Tal. Hrsg. von Michael Walz. Freiburg i. Br. 1892. – Hrsg. von Wolfgang Herles. Wien 1981. – Tandareis und Flordibel. Hrsg. von Ferdinand Khull. Graz 1885. – Meleranz. Hrsg. von Karl Bartsch. Stuttgart 1861. Reprogr. Nachdr. 1974.

Plenzdorf, Ulrich, * 26. 10. 1934 Berlin. Die Eltern P.s gehörten dem kommunistischen Widerstand gegen den Nationalsozialismus an und wurden zeitweise inhaftiert; der Vater war Photograph. P. studierte nach dem Abitur (1954) einige Semester Philosophie in Leipzig, war von 1955 bis 1958 Bühnenarbeiter und absolvierte nach einjährigem freiwilligem Wehrdienst ein Studium an der Filmhochschule in Babelsberg (1959–63). Bis 1989 arbeitete er als Autor für die DEFA; er lebt in Berlin. Auch sein bekanntestes literarisches Werk, der Roman *Die neuen Leiden des jungen W.*, ging aus einem 1968–69 entstandenen Filmszenarium hervor. Der Roman rekonstruiert die letzten Monate im Leben des Edgar Wibeau, dessen Streben nach Selbstverwirklichung Parallelen zu Goethes *Werther* aufweist; Goethes Roman dient dabei neben Jerome D. Salingers *Der Fänger im Roggen* als Folie für die Darstellung von Gegenwartsproblemen. Auch andere Texte P.s konfrontieren das Lebensgefühl von Jugendlichen mit der Haltung der Aufbaugeneration.

Werke: Die neuen Leiden des jungen W. 1973. – Die Legende von Paul & Paula. Filmerzählung. 1974. – Karla. Der alte Mann, das Pferd, die Straße. Texte zu Filmen. 1978. – kein runter kein fern. In: Klagenfurter Texte. Zum Ingeborg-Bachmann-Preis 1978. Hrsg. von Hubert Fink [u. a.]. München 1978. – Legende vom Glück ohne Ende. 1979. – Gutenachtgeschichte. 1983. – Filme 1. 1986. – Filme 2. 1988. – Filme. 1989. – Ein Tag, länger als das Leben. Zeit der Wölfe. Zwei Stücke nach Romanen von Tschingis Aitmatow. 1991. – Eins und eins ist uneins. 1999.

Plessen, Elisabeth (d. i. Elisabeth Gräfin Plessen), * 15. 3. 1944 Neustadt (Holstein). P. studierte Philosophie, Geschichte und Germanistik in Paris und Berlin, wo sie 1971 promovierte. Seitdem lebt sie als freie Schriftstellerin (Wohnsitze u. a. München, Berlin, Hamburg, Lucca, Wien). Mit ihrem ersten Roman, der auf Erfahrungen ihrer eigenen Sozialisation beruhenden Abrechnung mit der überholten Lebensform des Adels, leistete sie einen wichtigen Beitrag zur Literatur der Neuen Subjektivität; zugleich stellt *Mitteilung an den Adel*, dessen Zentrum die Auseinandersetzung mit dem (gerade verstorbenen) Vater bildet, ein weiteres Beispiel der so genannten ›Väterliteratur‹ dar. Auch in ihren weiteren Romanen wie *Kohlhaas*, einer psychologisierenden Annäherung an die Novelle H. v. Kleists, oder *Stella Polare*, der Geschichte einer Liebesbeziehung, spielen Reflexionen über das eigene Ich oder das eigene Schreiben eine wesentliche Rolle. Der autobiographische Roman *Das Kavalierhaus* führt in die späten 50er- und frühen 60er-Jahre zurück, Vorgeschichte der *Mitteilung an den Adel*, einfühlsames Psychogramm einer Jugend und zugleich kritisches Bild der Adenauerzeit und ihrer Tabus. Zu P.s Werk gehören neben essayistischen Texten auch eine Reihe von Übersetzungen (Hemingway, Shakespeare u. a.).

Werke: Mitteilung an den Adel. 1976. – Kohlhaas. 1979. – Über die Schwierigkeit, einen historischen Roman zu schreiben. 1979. – Zu machen, daß ein gebraten Huhn aus der Schüssel laufe. 1981. – Stella Polare. 1984. – Lady Spaghetti. 1992. – Der Knick. 1997. – Das Kavalierhaus. 2004.

Plievier, Theodor (bis 1933: Plivier), 12. 2. 1892 Berlin – 12. 3. 1955 Avegno bei Lugano. Der aus einer Arbeiterfamilie stammende P. verließ mit 17 Jahren Lehrstelle (Stuckateur) und Elternhaus, zog vagabundierend durch Europa, schlug sich mit Gelegenheitsarbeiten durch und gelangte als Matrose nach Australien und Südamerika. Im Ersten Weltkrieg war er bei der Kriegsmarine und beteiligte sich am Matrosenaufstand in Wilhelmshaven (1918). Er schloss sich anarchistischen Gruppen an und arbeitete publizistisch (u. a. zahlreiche Flugschriften). Nach der Verbrennung seiner Bücher emigrierte er 1933 über Prag, Paris und Schweden nach Moskau. 1945 kehrte er nach Deutschland zurück und wurde Verlagsleiter in Weimar und Vorsitzender des »Kulturbundes zur demokratischen Erneuerung Deutschlands«. 1947 löste er sich vom Kommunismus und ging in den Westen (zunächst Wallhausen am Bodensee, dann ab 1953 Avegno). P. gehört mit den in der Weimarer Republik erfolgreichen sozialkritischen Romanen über die dt. Marine (*Des Kaisers Kuli*) und das Scheitern der Novemberrevolution (*Der Kaiser ging, die Generäle blieben*) zu den Begründern einer dokumentarischen Literatur. Das Verfahren nahm er in seinem bedeutendsten und erfolgreichsten Roman auf, der den sinnlosen Untergang der Sechsten Armee bei Stalingrad aus der Perspektive der unmittelbar Beteiligten dokumentarisch-realistisch schildert. P. stellte *Stalingrad* mit den Romanen über den Russland-Feldzug 1941–42 (*Moskau*) und über die Befreiung Berlins (*Berlin*) zur Trilogie *Der große Krieg im Osten* zusammen, die als solche aber erst 1966 erschien.

Werke: Des Kaisers Kuli. Roman der deutschen Kriegsflotte. 1930 [recte 1929]. – Haifische. Fünf Bilder von der Westküste.

1930. [Drama; als Roman 1946.] – Der Kaiser ging, die Generäle blieben. Ein deutscher Roman. 1932. – Das große Abenteuer. 1936. – Im Wald von Compiègne. 1936. – Im letzten Winkel der Erde. 1941. Neufassung u. d. T.: Der Seefahrer Wenzel und die Töchter der Casa Isluga. 1951. – Stalingrad. 1945. – Das gefrorene Herz. 1947. – Eine deutsche Novelle. 1947. – Moskau. 1952. – Berlin. 1954.

Ausgabe: Werke. Hrsg. von Hans-Harald Müller. 4 Bde. Köln 1981–85.

Pocci, Franz Graf von, 7. 3. 1807 München – 5. 7. 1876 ebd. Der Sohn eines Offiziers und Hofbeamten und einer malenden Baronin trat nach dem Jurastudium in den Hofdienst (1830 Zeremonienmeister, 1847 Hofmusikintendant, 1864 Oberstkämmerer). Er gehörte zum Kreis um Guido Görres, dem Vertreter der katholischen Reaktion und Spätromantik in München und trat zunächst mit von ihm selbst illustrierten Arbeiten für Kinder hervor (Kinderlieder und -sprüche, Gebete, Märchen, lustige Beispielerzählungen, Puppenspiele usw.). Daneben versuchte er sich mit Volksdichtungen und -dramen. Von literarhistorischer Bedeutung sind die Puppenspiele, die er für die 1858 gegründete Münchner Marionettenbühne Joseph Schmids als Hausdichter schrieb. Die mehr als 40 Stücke (häufig mit dem Kasperl Larifari im Mittelpunkt) beruhen meist auf Märchenstoffen und setzen mit ihrer Sprachkomik, ihrer Zauberwelt und ihrer Motivik Traditionen des Altwiener Volkstheaters fort.

Werke: Spruchbüchlein mit Bildern für Kinder. 1838. – Geschichten und Lieder mit Bildern. 1841–45. – Dramatische Spiele für Kinder. 1850. – Lustiges Bilderbuch. 1852. – Gevatter Tod. 1855. – Neues Kasperl-Theater. 1855. Verm. Aufl. 1873. – Michel der Feldbauer. 1858. – Lustiges Komödienbüchlein. 1859–71. – Lustige Gesellschaft. 1867.

Pohl, Klaus, * 30. 3. 1952 Rothenburg ob der Tauber. Nach Lehre (Gemüsehändler) und Zivildienst erhielt P. 1973–74 eine Ausbildung als Schauspieler am Max-Reinhardt-Seminar in Berlin und arbeitete danach als Theater-

und Filmschauspieler. Er lebt heute in New York. Als Theaterautor hatte er seinen ersten großen Erfolg 1984 mit dem Stück *Das Alte Land*. Es spielt 1946–47 in einem Dorf im engl. besetzten Norddeutschland und macht vor dem Hintergrund einer geplanten Bodenreform exemplarische Konflikte und Haltungen sichtbar: Altes (und nicht immer Bewährtes) gegen Neues, Besitzende gegen Arme, Einheimische gegen Flüchtlinge, Reformer gegen Reaktionäre. Politische und private Utopien werden zunichte gemacht, Widerstände gebrochen, die Verhältnisse bestätigt. Auch die weiteren Stücke beschäftigen sich kritisch mit verschiedenen Facetten der dt. Wirklichkeit. Das Stück *Die schöne Fremde* (UA 1991) etwa thematisiert den Ausländerhass in Deutschland, *Karate-Billi kehrt zurück* (UA 1991) befasst sich mit der Wiedervereinigung bzw. ihren Folgen für einen in der DDR in die Psychiatrie gesteckten ehemaligen Spitzensportler. In *Wartesaal Deutschland StimmenReich* (UA 1995) gibt P. ein aktuelles deutsches Stimmungsbild auf der Basis von Reportagen (für den *Spiegel*). Auch seinem im Auftrag des Stuttgarter Schauspiels verfassten Stück über die historische Gestalt des Jud Süß (UA 1999) fehlt der Gegenwartsbezug nicht.

Werke: Das Alte Land. 1984. – La Balkona Bar. Hunsrück. Zwei Stücke. 1985. – Heißes Geld. 1989. – Karate-Billi kehrt zurück. Die schöne Fremde. Zwei Stücke. 1991. Neufassungen 1993. – Selbstmord in Madrid. Die Wassermann-Papiere. 1995. – Wartesaal Deutschland StimmenReich. 1995. – Das Deutschland-Gefühl. 1999.

Polenz, Wilhelm von, 14. 1. 1861 Obercunewalde (Oberlausitz) – 13. 11. 1903 Bautzen. Der aus einem alten Adelsgeschlecht stammende P. studierte Jura in Breslau, Berlin und Leipzig, brach aber 1887 sein Referendariat in Dresden ab, um sich der Literatur widmen zu können. Er lebte meist in Berlin, bis er nach dem Tod seines Vaters das Familiengut übernahm. Seine von einer konservativ protestantischen Gesinnung geprägten Romane stehen stilistisch unter dem Einfluss Emile Zolas und verbinden naturalistische Detailgenauigkeit und Milieudarstellung mit psychologischer Menschenschilderung. Im Mittelpunkt stehen meist die Konflikte, die sich aus der Konfrontation mit den gesellschaftlichen und wirtschaftlichen Umwälzungen ergeben. Aus dem Schaffen P.' ragt *Der Büttnerbauer* heraus, der vom Untergang des mittelständischen Bauerntums und dem Unverständnis des Protagonisten für die neuen Zeiten handelt und als wichtigster Roman des dt. Naturalismus gilt.

Werke: Sühne. 1890. – Die Versuchung. 1891. – Heinrich von Kleist. 1891. – Der Pfarrer von Breitendorf. 1893. – Der Büttnerbauer. 1895. – Der Grabenhäger. 1897. – Wald. 1899. – Thekla Lüdekind. 1900. – Luginsland. Dorfgeschichten. 1901. – Wurzelocker. 1902. – Das Land der Zukunft. 1903.
Ausgabe: Gesammelte Werke. Hrsg. von Adolf Bartels. Berlin 1909–10.

Polgar, Alfred (bis 1914: A. Polak), 17. 10. 1873 Wien – 24. 4. 1955 Zürich. Der aus einem jüdischen Elternhaus stammende P. wurde nach dem Besuch der Handelsschule Journalist, trat 1895 in die Redaktion der liberalen *Wiener Allgemeinen Zeitung* ein und schrieb Gerichtsreportagen sowie Musik- und Theaterkritiken. Später arbeitete er auch für andere Zeitungen und Zeitschriften wie den Münchner *Simplicissimus* und die Berliner *Schaubühne* (seit 1918 *Weltbühne*). 1938 emigrierte er nach Paris. Seit 1940 arbeitete er als Drehbuchautor in Hollywood; 1943 ließ er sich in New York nieder, reiste aber nach dem Krieg mehrfach nach Europa. Sein Werk umfasst neben einem größeren Schauspiel (*Die Defraudanten*) eine Reihe von satirischen Szenen, Erzählungen, die vorwiegend im Wiener Caféhausmilieu spielen, antimilitaristische Geschichten (*Schwarz auf Weiß*), Feuilletons und zahlreiche Kritiken. Großes Ansehen gewann er v. a. mit seinen Theaterkritiken und seiner von P. Altenberg beeinflussten feuilletonischen Kurzprosa, die den kleinen Dingen des Alltags mit Witz und Nachdenklichkeit Bedeutung verleiht.

Werke: Der Quell des Übels und andere Geschichten. 1908. – Goethe. Eine Szene. 1908. [Mit Egon Friedell.] – Bewegung ist alles. 1909. – Brahms Ibsen. 1910. – Hiob. 1912. – Kleine Zeit. 1919. – Max Pallenberg. 1921. – Gestern und Heute. 1922. – Peter Altenberg: Der Nachlaß. 1925. [Hrsg.] – An den Rand geschrieben. 1926. – Orchester von oben. 1926. – Ja und Nein. Schriften des Kritikers. 1926–27. – Schwarz auf Weiß. 1929. – Auswahlband. Aus neun Bänden erzählender und kritischer Schriften. 1930. – Der unsterbliche Kaspar. Kleine Kasparspiele. 1930. – In der Zwischenzeit. 1935. – Sekundenzeiger. 1937. – Handbuch des Kritikers. 1938. – Geschichten ohne Moral. 1943. – Im Vorübergehen. 1947. – Andererseits. 1948. – Begegnungen im Zwielicht. 1951. – Standpunkte. 1953. – Im Lauf der Zeit. 1954.

Ausgabe: Kleine Schriften. Hrsg. von Marcel Reich-Ranicki und Ulrich Weinzierl. 6 Bde. Reinbek. 1982–86.

Postel, Christian Heinrich, 11. 10. 1658 Freiburg (Elbe) – 22. 3. 1705 Hamburg. Nach dem Jurastudium in Hamburg und Rostock (Lizentiat beider Rechte 1683) und einer Bildungsreise (Niederlande, Frankreich, England) ließ sich der Sohn eines lutherischen Predigers in Hamburg als Advokat nieder. Seine vielfältigen literarischen und kulturellen Interessen erstreckten sich auch auf die Oper. In Zusammenarbeit mit Komponisten wie Johann Philipp Förtsch und Reinhard Keiser schrieb er zahlreiche Libretti, wobei v. a. seine Umsetzung antiker Stoffe Beifall fanden. Sein *Gensericus* wurde 1722 unter einem neuen Titel (*Sieg der Schönheit*) von Georg Philipp Telemann noch einmal komponiert. Eine große epische Alexandrinerdichtung (*Der grosse Wittekind*) blieb Fragment; sie wurde auf Anregung von B. H. Brockes postum gedruckt. Außerdem übersetzte er das 14. Buch von Homers *Ilias* unter dem Titel *Die Listige Juno*.

Werke: Der Grosse Alexander in Sidon. 1688. – Die Heilige Eugenia. 1688. – Der Mächtige Monarch Der Perser Xerxes, in Abidus. 1689. – Cain und Abel. 1689. – Die Groß-Müthige Thalestris. 1690. – Bajazeth und Tamerlan. 1690. – Die Schöne und Getreue Ariadne. 1691. – Der Grosse König Der Africanischen Wenden Gensericus. 1693. – Medea. 1695. – Die Wunderbahr-errettete Iphigenia. 1699. – Die Listige Juno. 1700. – Der grosse Wittekind in einem Helden-Gedichte. 1724.

Praetorius, Johann (d. i. Hans Schultze), 22. 10. 1630 Zethlingen (Altmark) – 25. 10. 1680 Leipzig. Der Sohn eines Gastwirts, dessen Hof im Krieg zerstört wurde, studierte von 1652 an in Leipzig (Magister artium 1655). Der Versuch einer akademischen Laufbahn scheiterte; er blieb in Leipzig und lebte wohl v. a. von den Honoraren, die ihm seine zahlreichen Bücher einbrachten (Poeta laureatus 1659). Er starb an der Pest. Seine Werke sind meist Kompilationen, Sammlungen von Schwänken, Fazetien und ähnlichen Kurzformen (unter dem Pseudonym Petrus de Memel), von populärem Erzählgut und volkstümlichen Überlieferungen (vielfach zum Thema Aberglauben) und nicht zuletzt von Prodigienliteratur (u. a. Kometenschriften) und prognostischem Schrifttum (z. B. zur Handlesekunst). Lehrkartenspiele und historische Schriften, allerdings in die Prodigienliteratur übergehend, ergänzen seine annähernd 80 Werke umfassende Produktion. Am bekanntesten wurden die noch von Goethe (*Faust I*) genutzte unkritische Hexenschrift *Blockes-Berges Verrichtung* und seine z. T. auf mündlicher Überlieferung beruhenden Sammlungen von Erzählungen und Berichten über den sagenhaften schlesischen Berggeist Rübezahl.

Werke: Lustige Gesellschafft. 1656. [U. d. Pseud. Petrus de Memel.] – Ludicrum chiromaticum. 1661. – Daemonologia Rubinzalii Silesii. 1662 65. – Philosophia Colus oder Pfÿ / lose vieh der Weiber. 1662. – Saturnalia: Das ist / Eine Compagnie Weihnachts-Fratzen. 1663. – Catastrophe Muhammetica: Oder das Endliche Valet [...] Des gantzen [...] Türckischen Reichs. 1664. – Adunatus Cometologus, Oder ein geographischer CometenExtract. 1665. – Ein gründlicher Bericht Vom Schnackischen Katzen-Veite. 1665. – Anthropodemus Plutonicus, Das ist / Eine Neue Weltbeschreibung Von allerley Wunderbahren Menschen. 1666–67. – Gazophylaci Gaudium. Das ist / Ein Ausbund von Wündschel-Ruthen. 1667. – Blockes-Berges Verrichtung. 1668. – Der Abentheuerliche Glücks-Topf. 1669. – Satyrus Etymologicus, Oder der Reformirende und Informirende Rüben-Zahl. 1672. – Storchs und Schwalben Winter-Quartier. 1676. – Deutschlandes Neue Wunder-Chronik. 1678.

Printz, Wolfgang Caspar, 10. 10. 1641 Waldthurn (Oberpfalz) – 13. 10. 1717 Sorau (heute Zary, Niederlausitz). P., Sohn eines Forstmeisters und Steuereinnehmers, studierte von 1658 an (protestantische) Theologie in Altdorf, wandte sich daneben auch der Mathematik und Musiktheorie zu. Schließlich machte er, als er 1661 mit einer Probepredigt scheiterte, die Musik zu seiner »Profeßion«. Nach einer Reise als Hofmeister nach Italien erhielt er 1662 eine Anstellung in Sorau als Musikdirektor eines Reichsgrafen, dem er auch als Musterschreiber in die Türkenkriege folgte. Nach dem Tod des Grafen wurde er 1665 Kantor in Sorau. P. gehört wie J. Beer – gegen den er polemisierte – zu den Musikern mit literarischen Ambitionen. Er veröffentlichte eine Reihe musiktheoretischer und -geschichtlicher Schriften – seine Kompositionen sind hingegen nicht erhalten –, und er machte die Musik bzw. Musiker zum Gegenstand von drei satirischen Romanen. Dabei geht es P. um die Anerkennung vor allem der städtischen Musikausübung als handwerklich bzw. akademisch fundierter Kunst und um die Festigung der rechtlichen und wirtschaftlichen Situation der Musiker. Apuleius und Grimmelshausen verpflichtet ist der pikareske *Güldne Hund*, sein bedeutendstes Erzählwerk.

Werke: Compendium Musicae. 1668. – Anweisung zur Singe-Kunst. 1671. – Güldner Hund. 1675–76. – Historische Beschreibung der Edelen Sing- und Kling-Kunst. 1690. – Musicus Vexatus, [...] In einer anmuthigen Geschicht vor Augen gestellet von Cotola. 1690. – Musicus Magnanimus Oder Pancalus, Der Großmüthige Musicant. 1691. – Musicus Curiosus, Oder Battalus, Der Vorwitzige Musicant. 1691. – Phrynis Mitilenaeus, Oder Satyrischer

Componist. 1696 (die einzelnen Tle. erschienen zuvor 1676, 1677 und 1678).

Ausgabe: Ausgewählte Werke. Hrsg. von Helmut K. Krausse. 3 Bde. Berlin / New York 1974–93.

Pückler-Muskau, Hermann, Fürst von (bis 1822: Graf), 30. 10. 1785 Schloss Muskau (Oberlausitz) – 4. 2. 1871 Schloss Branitz bei Cottbus. Nach seiner Schulzeit in einem Herrnhuter Internat und auf dem Pädagogium in Halle begann P. 1801 mit dem Jurastudium in Halle, gab es jedoch ein Jahr später wegen hoher Schulden wieder auf, trat ins Militär ein, nahm als Rittmeister seinen Abschied und reiste von 1804 an durch Deutschland, die Schweiz, Italien und Frankreich. Auf der Heimreise 1810 besuchte er Goethe in Weimar. Ein Jahr später erbte er den riesigen Familienbesitz Muskau; 1813–15 nahm er an den Befreiungskriegen teil und wurde Militärgouverneur in Brügge. Die anschließende Englandreise gab ihm Anregungen für die Gestaltung seiner Parkanlagen, die bald – wie sein luxuriöser Lebensstil – seine Mittel überstiegen. Er fasste daher mit seiner Frau Lucie (geb. Hardenberg) den Plan, sich pro forma scheiden zu lassen und eine reiche Erbin in England zwecks Heirat und finanzieller Sanierung ausfindig zu machen. Das Ziel wurde nicht erreicht, doch brachten ihm die Briefe an seine zurückgebliebene geschiedene Frau mit ihren vielfältigen Eindrücken aus der aristokratischen wie der modernen technischen und kommerziellen Welt Englands einen großen literarischen Erfolg. Sein Buch über Landschaftsgärtnerei trug wesentlich zur Verbreitung des engl. Parkstils bei. Eine fünfjährige Reise, dokumentiert in großen Reisebeschreibungen, führte ihn von 1845 an über Frankreich, Algerien und Griechenland in den Vorderen Orient. 1845 musste er Muskau verkaufen und zog mit seiner geschiedenen Frau auf Schloss Branitz.

Werke: Briefe eines Verstorbenen. 1830–32. – Andeutungen über Landschaftsgärtnerei. 1834. – Tutti Frutti. Aus den Papieren des Verstorbenen. 1834. – Vorletzter Weltgang von Semilasso. [...] Europa. 1835. – Semilasso in Africa. 1836. – Der Vorläufer. 1838. – Südöstlicher Bildersaal. 1840–41. – Aus Mehemed Ali's Reich. 1844. – Die Rückkehr. 1846–48. – Briefwechsel und Tagebücher. Hrsg. von Ludmilla Assing. 1873–76.

Pyra, Immanuel Jakob, 25. 7. 1715 Cottbus – 14. 7. 1744 Berlin. Der Sohn eines Advokaten studierte 1734–38 Theologie in Halle. Hier gründeten er und sein Freund S. G. Lange eine Gesellschaft zur Beförderung der dt. Sprache und Literatur. 1737 zog er mit Lange nach Laublingen bei Halle, wo dieser eine Pfarrstelle erhielt, bis er selbst 1742 eine Konrektorstelle am Köllnischen Gymnasium in Berlin übernehmen konnte. Hier starb er zwei Jahre später. Sein poetisches Programm formulierte P. in dem Lehrgedicht *Der Tempel der wahren Dichtkunst*, das für eine erhabene, an biblischen Themen orientierte Dichtkunst eintrat und sich damit mit J. J. Bodmer und J. J. Breitinger gegen J. C. Gottsched wandte. Direkt attackierte er die Gottsched-Schule in einer das Recht der Phantasie betonenden Streitschrift. Die eigene Dichtung suchte diese Forderungen umzusetzen. Die von Bodmer herausgegebenen Lieder P.s und Langes verbinden Introspektion mit Gefühlstiefe; es sind Dokumente einer Zwiesprache der Herzen in einem von John Milton inspirierten, auf F. G. Klopstock vorausweisenden feierlich-religiösen Ton.

Werke: Der Tempel der wahren Dichtkunst. Ein Gedicht in reimfreyen Versen von einem Mitgliede der Deutschen Gesellschaft in Halle. 1737. – Erweis, daß die G* ttsch* dianische Sekte den Geschmack verderbe. 1743. – Fortsetzung des Erweises [...]. 1744. – Thirsis und Damons freundschaftliche Lieder. Hrsg. von J. J. Bodmer. 1745.

Q

Qualtinger, Helmut, 8. 10. 1928 Wien – 29. 9. 1986 ebd. Der Sohn eines Mittelschullehrers nahm als Flakhelfer noch am Krieg teil und begann Ende der 40er-Jahre nach dem Misserfolg seines ersten Dramas *Jugend vor den Schranken* (UA 1948) seine Karriere als Kabarettist, Schauspieler und Verfasser von satirischen Texten. Bis auf einen längeren Aufenthalt in Hamburg (1971–75) lebte Q. vorwiegend in Wien. Das zusammen mit Carl Merz verfasste und von Q. gespielte Ein-Mann-Stück *Der Herr Karl*, entstanden im Auftrag des Österreichischen Fernsehens (Erstsendung und UA 1961), brachte ihm große Popularität. Das Stück stellt – an »Herrn Travnicek« in früheren Satiren von Q. und Merz anknüpfend – einen kleinbürgerlichen Opportunisten auf die Bühne, der ungehemmt über Vergangenheit und Gegenwart und sich selbst schwadroniert und so seine Spießer- und Untertanenmentalität unwillkürlich offenbart und die Banalität des Bösen demonstriert. Weniger Erfolg hatte Q. mit dem ebenfalls gemeinsam mit Merz verfassten satirisch-grotesken Drama *Die Hinrichtung* (UA 1965), in dem sich ein Familienvater gegen Bezahlung hinrichten lassen will. Neben zahlreichen Auftritten als Schauspieler veranstaltete Q. in den 80er-Jahren vielbeachtete Lesungen (z. B. aus Hitlers *Mein Kampf*).

Werke: Der Herr Karl. 1962. [Mit Carl Merz.] – An der lauen Donau. 1965. [Mit C. Merz.] – Die Hinrichtung. 1965. [Mit C. Merz.] – Qualtingers beste Satiren. Vom Travnicek zum Herrn Karl. Mit Texten von H. Qualtinger, Gerhard Bronner und C. Merz. Hrsg. von Brigitte Erbacher. 1973. – Der Mörder und andere Leut'. 1975. – Im Prater blühn wieder die Bäume. 1978. – Die rot-weiß-rote Rasse. Neue Satiren. 1979. – Drei Viertel ohne Takt. 1980. – Das Qualtinger-Buch. Hrsg. von Brigitte Erbacher. 1986.

Ausgabe: Werkausgabe. Hrsg. von Traugott Krischke. 5 Bde. Wien/München 1995–97.

R

Raabe, Wilhelm, 8. 9. 1831 Eschershausen bei Holzminden – 15. 11. 1910 Braunschweig. Der Sohn eines Juristen besuchte zunächst die Schule in Holzminden, dann nach dem Tod des Vaters 1845 und dem Umzug der Familie das Gymnasium in Wolfenbüttel. 1849 brach er die Schulausbildung ab und absolvierte bis 1853 eine Buchhändlerlehre in Magdeburg. Nach einem vergeblichen Versuch, das Abitur nachzuholen, ging R. nach Berlin, besuchte die Universität als Gasthörer (1854–56) und schrieb seinen ersten Roman. Danach lebte er als freier Schriftsteller in Wolfenbüttel (1856–62), Stuttgart (1862–70) und Braunschweig (von 1870 an). In Stuttgart gehörte er zu den Mitbegründern der nationalliberalen »Deutschen Partei«, die für die dt. Einigung unter der Führung Preußens eintrat. Er verließ Stuttgart, weil er sich hier mit seinen politischen Anschauungen isoliert fühlte. Die meisten seiner Werke erschienen zuerst in Fortsetzungen in weit verbreiteten Familienzeitschriften. Seine größten Erfolge erzielte er mit seinem stimmungsvollen Frühwerk *Die Chronik der Sperlingsgasse* und dem das Modell des Bildungsromans aufgreifenden *Hungerpastor*, der ein stilles Glück im Winkel verheißt. Im Folgenden wuchs das kritische Potential seiner Bücher (*Abu Telfan*, *Der Schüdderump*), die Resonanz beim Publikum ließ nach. Die späteren Romane und Erzählungen stellen sich den Problemen, die die Industrialisierung und die Gründerjahre nach sich zogen, kritisieren Spießertum und Materialismus und entwickeln eine Erzählstruktur, in der einer eher konventionell bürgerlichen Erzählergestalt gesellschaftliche Außenseiter und Sonderlinge als Helden gegenüberstehen, die in ihrer Unangepasstheit das Philistertum bloßstellen. Zahlreichen Texten, etwa einem Drittel der (auch aus finanziellen

Gründen äußerst) umfangreichen Produktion, liegen historische Stoffe zugrunde. Auch hier kommt es im Spätwerk zu komplexen Erzählstrukturen, die statt historischer Rekonstruktion zu einer subjektiv gebrochenen, kritischen Darstellung führen. Um 1890 setzte eine Wiederentdeckung v. a. des Frühwerks ein; zu seinem 70. Geburtstag erhielt R. zahlreiche Ehrungen (z. B. Dr. h. c. Göttingen, Tübingen).

Werke: Die Chronik der Sperlingsgasse. 1857 [recte 1856]. – Nach dem großen Kriege. Eine Geschichte in zwölf Briefen. 1861. – Unseres Herrgotts Canzlei. 1862. – Die Leute aus dem Walde. 1863. – Der Hungerpastor. 1864. – Drei Federn. 1865. – Abu Telfan oder Die Heimkehr vom Mondgebirge. 1868. – Der Regenbogen. Sieben Erzählungen. 1869. – Der Schüdderump. 1870. – Der Dräumling. 1872. – Horacker. 1876. – Krähenfelder Geschichten. 1879. – Wunnigel. 1879. – Alte Nester. 1880. – Pfisters Mühle. 1884. – Zum wilden Mann. 1885. – Unruhige Gäste. 1886. – Im alten Eisen. 1887. – Das Odfeld. 1889. – Stopfkuchen. Eine See- und Mordgeschichte. 1891 [recte 1890]. – Die Akten des Vogelsangs. 1896. – Hastenbeck. 1899. – Altershausen. 1911.
Ausgabe: Sämtliche Werke. Braunschweiger Ausg. Hrsg. von Karl Hoppe. Fortgef. von Jost Schillemeit. Freiburg i. Br. / Braunschweig [ab 1960 Göttingen] 1951 ff.

Rabener, Gottlieb Wilhelm, 17. 9. 1714 Wachau bei Leipzig – 22. 3. 1771 Dresden. Der Sohn eines Juristen besuchte die Fürstenschule in Meißen, studierte 1734–37 Jura in Leipzig und arbeitete nach einer Tätigkeit bei einem Steuereinnehmer seit 1741 als Steuerrevisor für den Kreis Leipzig. 1753 wurde er zum ersten Steuersekretär in Dresden befördert (später Steuer- bzw. Obersteuerrat), 1760 ging sein Haus mit seinen unveröffentlichten Schriften nach einem preußischen Bombardement in Flammen auf. Seit 1741 veröffentlichte R. seine Prosasatiren in Zeitschriften, 1751–55 stellte er sie in einer Gesamtausgabe zusammen. Mit dem Umzug nach Dresden versiegte seine literarische Produktivität. Gegenstand der Satiren ist die bürgerliche und häusliche Sphäre, sind die allgemeinmenschlichen Verfehlungen. Kritik an gesellschaftlichen Missständen erscheint als moralische Verhaltenskritik, die sich Fehler und Laster vornimmt, sie auf Figuren projiziert und diese dem Gelächter preisgibt. Personalsatire wird gemieden. Zu den Formen, mit denen R. satirische Aufklärung betreibt, gehören u. a. satirische Briefe, Lob- und Trauerreden, Sprichwortkommentare und – besonders wirksam – Wörterbuchartikel, die noch G. C. Lichtenberg vermehrte.

Werke: Sammlung satyrischer Schriften. 4 Bde. 1751–55. – Briefe, von ihm selbst gesammlet und nach seinem Tode [...] hrsg. von Christian Felix Weiße. 1772.

Ausgabe: Sämmtliche Werke. Hrsg. von Ernst Ortlepp. 4 Bde. Stuttgart 1839.

Rachel, Joachim, 28. 2. 1618 Lunden (Dithmarschen) – 3. 5. 1669 Schleswig. Der aus einem protestantischen Pfarrhaus stammende R. studierte in Hamburg und Rostock und wurde schließlich nach langer Hauslehrertätigkeit im Baltikum zunächst Rektor in Heide (Dithmarschen, 1652) und dann in Norden (Ostfriesland, 1660). 1667 übernahm er das Rektorat der Schleswiger Domschule. Er schrieb dt. und lat. Gelegenheitsgedichte, v. a. Epigramme; sein Hauptwerk sind die *Teutschen Satyrischen Gedichte*, insgesamt acht Verssatiren (Umfang zwischen 104 und 680 Alexandrinern), die auf der Grundlage der neuen dt. Kunstdichtung opitzianischer Prägung den Anschluss an die römische Satire (Juvenal, Persius) suchen und von einer konservativen Position aus Zeitkritik üben (z. B. *Das Poetische Frauen-Zimmer Oder Böse Sieben*, *Die gewünschte Haußmutter*, *Die Kinder-Zucht*, *Freundt*, *Der Poet*).

Werke: Epigrammata Evangelica. 1654. – Teutsche Satyrische Gedichte. 1664. Verm. 1677. – Christlicher Glaubens-Unterricht / oder Gespräch zwischen Vater und Sohn. Aus dem Lateinischen des Hugonis Grotii in teutsche Verse gebracht. 1666.

Ausgaben: Satyrische Gedichte. Nach den Ausgaben von 1664 und 1677 hrsg. von Karl Drescher. Halle a. d. S. 1903.

Raimund, Ferdinand (d. i. F. Raimann), 1. 6. 1790 Wien – 5. 9. 1836 Pottenstein (Niederösterreich). Der Sohn eines Drechslermeisters begann nach dem frühen Tod seiner Eltern 1804 eine Zuckerbäckerlehre, gab diese aber auf und spielte seit 1808 als Mitglied verschiedener Wandertruppen in der österreichischen Provinz. 1814 erhielt er ein Engagement am Wiener Theater in der Josefstadt, 1817 wechselte er zum Theater in der Leopoldstadt; hier trat er 1823 zum ersten Mal auch als Autor hervor. Seine privaten Verhältnisse waren schwierig. Eine Art Zwangsehe mit der Tochter seines Förderers, des Theaterdichters Josef Alois Gleich, wurde nach zwei Jahren 1822 geschieden; danach führte er mit seiner eigentlichen Liebe Antonie Wagner eine Lebensgemeinschaft, weil er sie als Geschiedener nicht heiraten durfte. 1828–30 war er Direktor des Leopoldstädter Theaters. Von 1830 bis 1834 unternahm er Gastspielreisen (München, Hamburg, Berlin), bis er sich 1834 auf seinen im selben Jahr erworbenen Landsitz in Gutenstein zurückzog. Er litt unter Depressionen und erschoss sich aus Angst vor einer Tollwutinfektion nach einem Hundebiss. R. schloss sich an die Tradition der Zauberposse und des Zauberspiels an, wie sie seit dem 18. Jh. in Wien gepflegt wurde. Dazu gehört auch das Spiel auf zwei Handlungsebenen, einer irdischen und einer überirdischen, die miteinander in Beziehung treten und so die komische und ernste Momente verbindende Handlung voranbringen. Nach den ersten märchenhaft-parodistischen Zauberstücken (*Der Barometermacher auf der Zauberinsel*, 1823; *Der Diamant des Geisterkönigs*, 1824) erhalten allegorische Darstellungsweisen eine stärkere Bedeutung. Sie illustrieren menschliche Konflikte, vermitteln Lebenslehren (*Das Mädchen aus der Feenwelt oder Der Bauer als Millionär*, 1826; *Die gefesselte Phantasie*, 1826; *Moisasurs Zauberfluch*, 1827). Dabei werden die komischen Elemente reduziert, auch die Zauberwelt tritt immer mehr zurück. So ist der Alpenkönig in R.s bedeutendstem Stück, einem Höhepunkt der dt. Komödiendichtung überhaupt, letztlich nur eine Verkörperung der biedermeierlichen Vernunft, das Stück selbst ein Rückgriff auf den Typ des Besserungsstücks (*Der Alpenkönig und der Menschenfeind*, 1828). Auch R.s letztes Stück *Der Verschwender* (1834) ist Besserungsstück, Welttheater und Demonstration biedermeierlicher Verständigkeit in einem. Die Texte wurden zu R.s Lebzeiten nicht gedruckt.

Ausgaben: Sämmtliche Werke. Hrsg. von Johann Nepomuk Vogl. 4 Bde. Wien 1837. – Sämtliche Werke. Hist.-krit. Säkularausg. Hrsg. von Fritz Brukner und Eduard Castle. 6 Bde. Wien 1924–34. Reprogr. Nachdr. Nendeln (Liechtenstein) 1974.

Ramler, Karl Wilhelm, 25. 2. 1725 Kolberg (Hinterpommern) – 11. 4. 1798 Berlin. Nach theologischen, medizinischen und philologischen Studien in Halle und Berlin verschaffte J. W. L. Gleim dem Sohn eines Steuerinspektors 1746–47 eine Hauslehrerstelle; 1748–90 war R. Maître de la Philosophie an der Berliner Kadettenanstalt. 1790–96 fungierte er neben J. J. Engel als Direktor der königlichen Schauspiele. In seiner eigenen Odendichtung wie in seinen Übersetzungen (Anakreon, Martial, Horaz) suchte er die antiken Versmaße nachzuahmen. Er übersetzte Charles Batteux' Poetik, gab zusammen mit Lessing F. v. Logaus Epigramme heraus, um zu belegen, dass es bereits ältere dt. »klassische« Dichtung gab, und stellte mehrere lyrische Anthologien mit Texten aus Anakreontik und Aufklärung zusammen. Damit machte er sich wegen seiner eigenwilligen Bearbeitungen bei den Autoren nicht nur Freunde. Diese ganzen Unternehmungen dienten dem Ziel, die dt. Literatur auf klassische Höhe zu heben, ein neues Rom oder Athen zu schaffen. Unterstützung von dem von ihm besungenen Preußenkönig Friedrich II. kam nicht.

Werke: Einleitung in die Schönen Wissenschaften. Nach dem Französischen des Herrn Batteux, mit Zusätzen vermehret. 1756–58. – Friedrichs von Logau Sinngedichte. 1759. [Hrsg.; mit Lessing.] – Geistliche Kantaten. 1760. – Lieder der Deutschen.

1766. – Oden. 1767. – Lieder der Deutschen mit Melodien. 1767–68. – Oden aus dem Horaz. 1769. – Lyrische Gedichte. 1772. – Lyrische Bluhmenlese. 1774–78. – Marcus Valerius Martialis. 1787–93. – Kajus Valerius Katullus. 1793. – Horazens Oden. 1800. – Poetische Werke. 1800–01. – Anakreons auserlesene Oden. 1801.

Ransmayr, Christoph, * 20. 3. 1954 Wels (Oberösterreich). Nach dem Studium der Philosophie und Ethnologie in Wien (1972–76) arbeitete R. von 1978 bis 1982 als Kulturredakteur der Wiener Zeitschrift *Extrablatt*. Er lebt als freier Schriftsteller in Dublin. Sein erster Roman (*Die Schrecken des Eises und der Finsternis*) erzählt in dokumentarischer Manier und einer virtuosen Verbindung von historischer Detailgenauigkeit und Fiktion die Geschichte einer Nordpolexpedition von 1873. In modifizierter Form folgt auch R.s erfolgreichster Roman, *Die letzte Welt*, diesem Verfahren. Aus dem Auftrag, Ovids *Metamorphosen* neu zu erzählen, entstand das Konzept eines Ovid-Romans, der das antike Epos und seine Gestalten gleichsam als Substrat verwendet, dabei freilich die Entwicklung umkehrt und die sukzessive Rückverwandlung der geschichtlichen Welt in Natur vorführt. Während der auf der Suche nach seinem verbannten Freund Ovid nach Tomi am Schwarzen Meer gereiste Cotta die Veränderungen um sich herum registriert (und er sich selber dabei verändert), werden immer wieder Rückblicke eingeblendet, die von Rom, Ovid und dem Verhältnis von Politik und Kunst handeln. Der folgende Roman, die düstere Geschichtsparabel *Morbus Kitahara*, schildert eine imaginäre Nachkriegszeit in einem zerstörten und besetzten Land als Parabel einer sich selbst zerstörenden Zivilisation. Seine Distanz zum Literaturbetrieb dokumentieren die *Geständnisse eines Touristen*, in denen er seine früheren öffentlichen Äußerungen (Interviews u. Ä.) zu einem fiktiven »Verhör« gestaltet.

Werke: Strahlender Untergang. Ein Entwässerungsprojekt oder Die Entdeckung des Wesentlichen. 1982. – Die Schrecken des Eises und der Finsternis. 1984. – Die letzte Welt. 1988. – Morbus Kitahara. 1995. – Der Weg nach Surabaya. Reportagen und kleine Prosa. 1997. – Die Unsichtbare. Tirade an drei Stränden. 2001. – Vorbilder. 2001. – Der Ungeborene oder Die Himmelsareale des Anselm Kiefer. 2002. – Die Verbeugung des Riesen. Vom Erzählen. 2003. – Geständnisse eines Touristen. Ein Verhör. 2004. – Der fliegende Berg. 2006.

Rasp, Renate, * 3. 1. 1935 Berlin. Nach dem Abitur und einer Schauspielausbildung studierte R. Graphik und Malerei an der Akademie der Bildenden Künste in München und arbeitete danach als Gebrauchs- und Schriftgraphikerin beim Bayerischen Rundfunk. Seit 1955 lebt sie in München (bzw. seit 1973 abwechselnd auch in Cornwall). R. begann mit einer Erzählung im Umkreis der von D. Wellershoff begründeten »Kölner Schule« eines neuen Realismus. Ihr erster Roman, *Ein ungeratener Sohn*, bedeutet eine Loslösung von den neorealistischen Zielsetzungen. Es handelt sich um eine böse Satire auf kleinbürgerliche Erziehungsmethoden und erzählt – wie von einem normalen Vorgang – von dem Versuch, den Ich-Erzähler Kuno durch rigorose, sadistische und terroristische Erziehungsmaßnahmen in einen Baum zu verwandeln. Hinter dem scheinbar sachlichen »Leitfaden zur Ausübung« (der Prostitution) verbirgt sich in *Chinchilla* eine aggressive Satire auf den Warencharakter der Sexualität. R.s Lyrik (*Eine Rennstrecke*), die ebenfalls die weibliche Sexualität mit sehr direktem Vokabular thematisiert, zeigt Anklänge an die amerikanische Untergrundliteratur.

Werke: Der Spaziergang nach St. Heinrich. In: Wochenende. Sechs Autoren variieren ein Thema. Hrsg. von D. Wellershoff. 1967. – Ein ungeratener Sohn. 1967. – Eine Rennstrecke. 1969. – Chinchilla. Leitfaden zur praktischen Ausübung. 1973. – Junges Deutschland. 1978. – Die Geister von morgen. 1979. – Zickzack. 1979.

Raspe, Rudolf Erich, 1737 Hannover – Ende 1794 Muckross bei Killarney (Irland). Der Sohn eines Bergbaubeamten studierte in Göttingen und Leipzig, erntete frühen Ruhm mit geologischen Arbeiten und wurde 1767 zum Kurator der Sammlungen des Hofes in Kassel sowie zum Bibliothekar und Professor am Collegium Carolinum ernannt. Um sich der Verfolgung wegen des Diebstahls wertvoller Münzen zu entziehen, floh er 1775 nach England. Hier schlug er sich zunächst als Übersetzer durch, bis er seine mineralogischen Kenntnisse für verschiedene Bergbauunternehmungen in England, Schottland, Wales und Irland einsetzen konnte. Sein literarischer Nachruhm beruht auf seiner engl. Münchhauseniade: eine zu einer fortlaufenden Erzählung verbundene Übersetzung und Bearbeitung von Lügengeschichten um den Baron, die 1781–83 im Berliner *Vade Mecum für lustige Leute* erschienen waren. G. A. Bürger übersetzte R.s Text ins Deutsche und fügte weitere Geschichten hinzu.

Werke: Baron Munchhausen's Narrative of His Marvellous Travels and Campaigns in Russia. 1786 [recte 1785].

Rathenow, Lutz, * 22. 9. 1952 Jena. Nach Abitur und Militärzeit studierte R. 1973–77 Germanistik und Geschichte in Jena und wurde kurz vor dem Abschluss aus ideologischen Gründen exmatrikuliert. Danach war er Transportarbeiter. Seit 1978 lebt er als freier Schriftsteller in Berlin. Da er kaum Möglichkeiten hatte, in der DDR zu veröffentlichen, erschienen seine Texte seit 1980 im Westen. Thema seiner Erzählprosa – meist kurze Texte – und kleiner Spielszenen ist die Kritik an autoritären Strukturen (nicht nur in der DDR) und einer Anpassungsmentalität, die zu einer Zerstörung der Persönlichkeit führt. Stilistische Mittel sind dabei u. a. satirische Überspitzung und Übertreibung ins Groteske und Phantastische. Seine formal vielfältigen Gedichte nehmen die Themen und die aufklärerische Intention der Prosa auf. R.s umfangreiche Stasi-Akte machte die Spitzeltätigkeit der Prenzlauer-Berg-Poeten Sascha Anderson und Rainer Schedlinski offenbar.

Werke: Mit dem Schlimmsten wurde schon gerechnet. 1980. – Im Lande des Kohls. 1982. – Zangengeburt. 1982. Überarb. 1987. – Boden 411. Stücke zum Lesen und Texte zum Spielen. 1984. – Jeder verschwindet so gut er kann. 1984. – Was sonst noch passierte. 1984. – Revolte der Sinnlichkeit? Kunst in der DDR. 1989. – Zärtlich kreist die Faust. 1989. – Die lautere Bosheit. Satiren, Faststücke. 1992. – Sisyphos. 1995. – Jahrhundert der Blicke. Neue Gedichte. 1997. – Sterben will gelernt sein. Ein Jahrtausend tritt ab. Lyrische Prosa und prosaische Lyrik. 2000. – Die Fünfzig. Gedichte. 2002. – Fortsetzung folgt. Prosa zum Tage. 2004. [Bilder von Frank van der Leeuw.]

Rebhun, Paul (Rebhuhn; latinisiert Paulus Perdrix), um 1500 Waidhofen a. d. Ybbs (Niederösterreich) – 1546 Oelsnitz (Sachsen). Über Jugend und Ausbildung R.s, Sohn eines Rotgerbers, ist kaum etwas bekannt. Seine Nähe zu Luther und Philipp Melanchthon und seine klassische und theologische Bildung sprechen für ein Studium in Wittenberg. Zunächst unterrichtete er an den Lateinschulen in Zwickau (1526–29), Kahla (Thüringen; 1529–35) und wieder Zwickau (1535–38). 1538 wurde er von Luther ordiniert; im selben Jahr übernahm er das Rektorat der Lateinschule in Plauen, 1542 wurde er zum Pfarrer in Oelsnitz und Superintendenten des Bezirks Voigtsberg berufen. R. gehört zu den bedeutendsten protestantischen Schuldramatikern des 16. Jh.s. Die zuerst 1535 aufgeführte *Susanna* gilt mit ihrer Verbindung von formalen Elementen der antiken Komödie (fünf in Szenen untergliederte Akte, Prolog, Epilog, kommentierende Chöre an den Aktschlüssen) und der moralisch-pädagogischen Tendenz des neuen Glaubens (leidender Gehorsam des lutherischen Christen, unbedingtes Gottvertrauen, rechtes menschliches und soziales Verhalten) als klassisches Muster des protestantischen Schuldramas. Die Versgestalt zeigt R.s Bemühungen um eine metrische Reform (an Stelle des silbenzählenden Knittelverses Jamben und Trochäen mit regelmäßiger Folge von Hebung und Senkung, akzentuierendes Prinzip).

Werke: Ein Geistlich spiel / von der Gotfürchtigen vnd keuschen Frawen Susannen. 1536. – Ein Hochzeit Spiel auff die Hochzeit zu Cana Galileae. 1538. – Klag des armenn Manns von Sorgenvol / ynn theurung vnd hungersnot. 1540. – Hausfried. 1546.

Ausgaben: Dramen. Hrsg. von Hermann Palm. Stuttgart 1859. – Das Gesamtwerk. Hrsg. von Paul F. Casey. 2 Bde. Bern [u. a.] 2002.

Reding, Josef, * 20. 3. 1929 Castrop-Rauxel. Der Sohn eines Filmvorführers studierte 1952–55 Germanistik, Anglistik, Psychologie und Kunstgeschichte in Münster und Illinois (Fulbright-Stipendium). Nach seiner Rückkehr arbeitete er freiwillig im Grenzdurchgangslager Friedland. Während mehrerer längerer USA-Aufenthalte engagierte er sich für die amerikanische Bürgerrechtsbewegung. Er gehörte zu den Gründungsmitgliedern der Dortmunder »Gruppe 61« und lebt heute als freier Schriftsteller in Dortmund. Ausgangspunkt seines politischen und sozialen Engagements waren die Erfahrungen des Nationalsozialismus und des Krieges (»Volkssturm«) sowie der Benachteiligung von Arbeiterkindern im Bildungssystem. Er schrieb zahlreiche Fernsehdrehbücher, Reportagen und Dokumentationen und legte einen großen, aus persönlichen Gesprächen und Quellenstudien entstandenen Bericht über die Kriegsheimkehrer vor. Die von ihm bevorzugte literarische Form ist die der Kurzgeschichte, die er sich in den USA zu eigen gemacht hatte. Auch seine zahlreichen Kinderbücher stehen im Dienst seines humanistisch-aufklärerischen Wirkens.

Werke: Silberspeer und Roter Reiher. 1952. – Friedland. Chronik der großen Heimkehr. 1956. – Nennt mich nicht Nigger. 1957. – Erfindungen für die Regierung. Satiren. 1962. – Papierschiffe gegen den Strom. Kurzgeschichten, Aufsätze, Tagebuchskizzen und Hörspiele. 1963. – Ein Scharfmacher kommt. 1967. – Sie nannten ihn Padre. 1974. – Schonzeit für Pappkameraden. 1976. – Nennt sie beim Namen. Asphaltgebete. 1982. – Friedenstage sind gezählt. 1983. – Menschen im Müll. Tagebuch. 1983. – Und die Taube jagt den Greif. 1985. – Friedensstifter – Friedensboten. Gegen Unrecht und Gewalt. 1986. – Der Mensch im Revier. 1988. –

Nicht nur in der Sakristei. Andere Ministrantengeschichten. 1988. – Tiere sprechen dich an. 1993. – Bei Gott kann man nicht petzen. Lyrik für Kinder. 1999.

Regler, Gustav, 25. 5. 1898 Merzig (Saarland) – 14. 1. 1963 Neu Delhi. Der Sohn eines liberalen Buchhändlers wurde im Ersten Weltkrieg verwundet und studierte danach in Heidelberg und München, wo er 1923 mit einer Arbeit über *Die Ironie im Werk Goethes* promovierte. Er arbeitete u. a. als Journalist und trat zur Zeit der Weltwirtschaftskrise 1928/29 in die KPD ein. 1933 emigrierte er nach Frankreich, reiste zweimal in die Sowjetunion und beteiligte sich am Spanischen Bürgerkrieg. Hier wurde er 1937 schwer verwundet. 1940 floh er über New York nach Mexiko; 1942 kam es zum öffentlichen Bruch mit der Kommunistischen Partei. Auch nach dem Krieg blieb R. in Mexiko, abgesehen von zahlreichen Auslandsreisen. 1963 wurde er erster Preisträger des Kunstpreises des Saarlands. Ein Bild seines Lebens bietet, nicht ohne apologetische Züge, sein autobiographischer Roman *Das Ohr des Malchus*, der R. wieder bekannt machte. Sein Werk umfasst neben Gedichten, kulturgeschichtlichen Mexikobüchern und politisch-essayistischen Arbeiten v. a. Romane, die – auch wo sie ihre Stoffe der Geschichte entnehmen (z. B. *Die Saat*, ein Bauernkriegsroman) – meist eine auf die Gegenwart bezogene politische oder gesellschaftskritische Dimension besitzen. Sein direktes Engagement dokumentieren z. B. die Romane über den Abstimmungskampf im Saargebiet (*Im Kreuzfeuer*) und über den Spanischen Bürgerkrieg (*The Great Crusade*).

Werke: Zug der Hirten. 1928. – Wasser, Brot und blaue Bohnen. 1932. – Der verlorene Sohn. 1933. – Im Kreuzfeuer. Ein Saar-Roman. 1934. – Die Saat. 1936. – The Great Crusade. 1940. Dt. u. d. T.: Das große Beispiel. 1976. – The Hour 13. 1943. – The Bottomless Pit. Der Brunnen des Abgrunds. 1943. – Jungle Hut. 1946. – Marielouise. 1946. – Amimitl oder Die Geburt eines Schrecklichen. 1947. – Vulkanisches Land. Ein Buch von vielen Festen und noch mehr Widersprüchen. 1947. – Sterne der Dämme-

rung. 1948. – Der Turm und andere Gedichte. 1951. – Verwunschenes Land. 1954. – Aretino. Freund der Frauen – Feind der Fürsten. 1955. – Das Ohr des Malchus. Eine Lebensgeschichte. 1958. – Juanita. Roman aus dem Spanischen Bürgerkrieg. 1986.
Ausgabe: Werkausgabe. Hrsg. von Gerhard Schmidt-Henkel und Ralph Schock. 15 Bde. Basel / Frankfurt a. M. 1994 ff.

Rehmann, Ruth, * 1. 6. 1922 Siegburg (Rheinland). Die aus einem Pfarrhaus stammende R. absolvierte nach dem Abitur (1940) eine Dolmetscherschule in Hamburg und begann anschließend Kunstgeschichte, Archäologie und Germanistik (Bonn, Marburg) und seit 1943 Musik mit dem Hauptfach Geige (Köln, Berlin) zu studieren. Das durch Dienstverpflichtung und Flucht nach Oberbayern unterbrochene Musikstudium schloss sie 1947–51 in Düsseldorf ab. Nach vorübergehender Beschäftigung als Pressereferentin an Botschaften und als Lehrerin lebt sie als freie Schriftstellerin im Chiemgau. 1983 kandidierte sie für die »Grünen« für den Bundestag. Ihre Romane zeigen Menschen, deren Leben von den gesellschaftlichen oder beruflichen Gegebenheiten und historischen Bedingungen geprägt wird, die sich nicht befreien können und daher an der Entfaltung ihrer Möglichkeiten gehindert werden. Paradigmatisch zeigt das ihr erster Roman *Illusionen*, der am Beispiel von vier Büroangestellten den Gegensatz zwischen (illusionären) Erwartungen und trostloser Realität schildert. Auch ihre im oberbayerischen Bauernmilieu spielenden Romane zeigen diesen Konflikt, verschärft durch sich beschleunigende gesellschaftliche Entwicklungen und die Bevölkerungsverschiebungen nach dem Krieg (Generationenkonflikt, Tradition gegen Fortschrittsglaube, Landflucht, Flüchtlinge). Zur Aufarbeitung auch der eigenen Vergangenheit tragen *Der Mann auf der Kanzel*, eine Auseinandersetzung mit dem Vater und seiner Passivität während des Dritten Reiches, und die Darstellung der Problematik des Kunstbetriebs in dem Roman *Abschied von der Meisterklasse* bei.

Werke: Illusionen. 1959. – Die Leute im Tal. 1968. – Paare. Zehn Erzählungen. 1978. – Der Mann auf der Kanzel. Fragen an einen Vater. 1979. – Abschied von der Meisterklasse. 1985. – Der Abstieg. 1987. – Die Schwaigerin. 1987. – Unterwegs in fremden Träumen. Begegnungen mit dem anderen Deutschland. 1993. – Der Oberst begegnet Herrn Schmidt. 1995. – Fremd in Cambridge. 1999.

Reimann, Brigitte, * 21. 7. 1933 Burg bei Magdeburg – 20. 2. 1973 Berlin (DDR). Die Tochter eines Journalisten arbeitete nach dem Abitur (1951) zunächst u. a. als Lehrerin, Buchhändlerin und Reporterin. 1960 ging sie, gemäß dem Programm des »Bitterfelder Wegs«, nach Hoyerswerda, arbeitete im Braunkohlekombinat »Schwarze Pumpe« und leitete einen Zirkel schreibender Arbeiter. Seit 1966 lebte sie als freie Schriftstellerin in Neubrandenburg. Ihre frühen Erzählungen gehören zur harmonisierenden sozialistischen »Ankunftsliteratur«, der ihr Text *Ankunft im Alltag* den Namen gab. Auch die Erzählung *Die Geschwister*, die das Thema Republikflucht am unterschiedlichen Verhalten eines Geschwisterpaars behandelt, bestätigt die sozialistische Perspektive, gibt aber bereits differenziertere Einblicke in die gesellschaftliche Wirklichkeit der DDR. Unvollendet blieb ihr Roman *Franziska Linkerhand*, der die Widersprüche zwischen dem theoretischen Anspruch des Sozialismus und sozialistischer Praxis am Beispiel der Geschichte einer jungen Architektin und ihrer Arbeit an einem großen Wohnbauprojekt offenlegt.

Werke: Der Tod der schönen Helena. 1955. – Die Frau am Pranger. 1956. – Die Kinder von Hellas. 1956. – Das Geständnis. 1960. – Ankunft im Alltag. 1961. – Die Geschwister. 1963. – Das grüne Licht der Steppen. Tagebuch einer Sibirienreise. 1965. – Franziska Linkerhand. 1974. – Brigitte Reimann in ihren Briefen und Tagebüchern. Hrsg. von Elisabeth Elten-Krause und Walter Lewerenz. 1983. Westdt. Ausg. u. d. T.: Die geliebte, die verfluchte Hoffnung. Tagebücher und Briefe 1947–1972. 1984. – Ich bedaure nichts. Tagebücher 1955–1963. Hrsg. von Angela Drescher. 1997. – Alles schmeckt nach Abschied. Tagebücher 1964–1970. Hrsg. von A. Drescher. 1998. – B. R. / Irmgard Weinhofen: Grüß Amsterdam. Briefwechsel 1956–1973. Hrsg. von A. Drescher und Dorit Weiske. 2003. – Das Mädchen auf der Lotosblume. Zwei unvollendete Romane. 2003. – Hunger auf Leben. Eine Auswahl aus den Tagebüchern 1955–1970. Hrsg. von Carsten Gansel. 2004.

Reinig, Christa, * 6. 8. 1926 Berlin. Die Tochter einer Putzfrau war Fabrikarbeiterin und Blumenbinderin, bis sie Gelegenheit erhielt, ihr Abitur nachzumachen (1950) und – nach dem Besuch der Arbeiter- und Bauernfakultät – von 1953 bis 1957 Kunstgeschichte und christliche Archäologie an der Berliner Humboldt-Universität zu studieren. Anschließend arbeitete sie als Wissenschaftliche Assistentin an Ostberliner Museen. Als sie 1964 den Bremer Literaturpreis erhielt, zog sie in die Bundesrepublik, wo ihr Werk bis auf geringfügige Ausnahmen auch vorher erschienen war. 1949–60 gehörte sie zu den Herausgebern der Westberliner Zeitschrift *Evviva Future*. Sie lebt heute als freie Schriftstellerin in München. Ihre Gedichte erschienen zunächst in Zeitschriften und Anthologien, seit 1960 (*Die Steine von Finisterre*) dann in einer Reihe von Gedichtbänden. Sie schildern eine inhumane Welt, zeigen die Schicksale von Außenseitern und Heimatlosen und stoßen dabei mit Vorliebe, direkt und ohne metaphorische Überhöhung, zu extremen Situationen – Gewalt, Folter, Zuchthaus, Tod usw. – vor. Dabei steigern die virtuos-beiläufige Verwendung von ungewöhnlichen Reimen und der souveräne Umgang mit den Formen der Lyrik vom Epigramm bis zur Ballade die Wirkung ihrer Texte. Ihre Beherrschung auch anderer Töne zeigen verspielte satirische Texte und ihre lesbische Liebeslyrik in der Form von Haikus und Epigrammen (*Müßiggang ist aller Liebe Anfang*). Die Erzählungen nehmen mit ihren Schilderungen von Grenzerfahrungen zunächst Themen der frühen Lyrik auf. Mit R.s Zuwendung zur Frauenbewegung seit der Mitte der 70er-Jahre ergeben sich dann neue Themenbereiche. Dabei erscheint die Beziehung der Geschlechter als ein Verhältnis der Gewalt, satirisch-aggressiv, aber nicht ohne

Ironie und (schwarzen) Humor geschildert. Die Alternative, die Geschichte eines weiblichen Liebespaars, beschreibt der Roman *Die Frau im Brunnen*.

Werke: Die Steine von Finisterre. 1960. – Der Traum meiner Verkommenheit. 1961. – Gedichte. 1963. – Drei Schiffe. Erzählungen, Dialoge, Berichte. 1965. – Orion trat aus dem Haus. Neue Sternbilder. 1968. – Schwabinger Marterln. 1968. – Schwalbe von Olevano. Neue Gedichte. 1969. – Das große Bechterew-Tantra. Exzentrische Anatomie. 1970. – Papantscha-Vielerlei. Exotische Produkte Altindiens. 1971. – Die Ballade vom blutigen Bomme. 1972. – Die himmlische und die irdische Geometrie. 1975. – Der Hund mit dem Schlüssel. 1976. – Entmannung. Die Geschichte Ottos und seiner vier Frauen. 1976. – Müßiggang ist aller Liebe Anfang. 1979. – Der Wolf und die Witwen. 1980. – Die Prüfung des Lächlers. Gesammelte Gedichte. 1980. – Die ewige Schule. 1982. – Die Frau im Brunnen. 1984. – Sämtliche Gedichte. 1984. – Feuergefährlich. Gedichte und Erzählungen über Frauen und Männer. 1985. – Gesammelte Erzählungen. 1986. – Nobody und andere Geschichten 1989. – Glück und Glas. 1991. – Der Frosch im Glas. Neue Sprüche. 1994. – Simsalabim. 1999.

Reinmar (auch: R. der Alte), Minnesänger um die Wende vom 12. zum 13. Jh. Worauf sich der Beiname »von Hagenouwe« bezieht (z. B. Ortsname in Österreich, Kaiserpfalz im Elsass), den ihm Gottfried v. Straßburg im *Tristan* gibt, ist umstritten. Eine zeitweilige Verbindung zum Wiener Hof ergibt sich u. a. aus der Totenklage auf den am 31. 12. 1194 verstorbenen Herzog Leopold. Im übrigen fehlen konkrete Hinweise auf R.s Lebens- und Schaffensverhältnisse. Er starb, das lässt sich aus der Erwähnung im *Tristan* erschließen, im ersten Jahrzehnt des 13. Jh.s. Walther v. der Vogelweide, der sich vorher kritisch und parodistisch mit R. auseinandergesetzt hatte, ehrte den Verstorbenen und seine formvollendete sprachliche und musikalische Kunst in Nachrufen. R. führte die Tradition des hohen Minnesangs zu ihrem Höhepunkt. Seine Lieder – vorherrschende Bauform ist die Stollenstrophe – sind durch höchste Spiritualisierung und Abstrahierung gekennzeichnet. Thematisch dominiert die

Auseinandersetzung mit dem Wesen und den Wirkungen der Liebe und der prinzipiellen Unerfüllbarkeit des Werbens. Die alles durchdringende Stimmung ist die der Klage, das Leiden wird zur höfischen Kunstform und Tugend stilisiert. Auch bei anderen Themen – u. a. Frauenpreis, höfische Minne- und Tugendlehren – herrschen die abstrakte, unsinnliche Ausdrucksweise und der Klageton vor.

Ausgaben: MF. Bd. 1. S. 285–403. – Lieder. Mhd./Nhd. Hrsg. von Günther Schweikle. Stuttgart 1986 [u. ö.].

Reinmar von Zweter, Spruch- und Leichdichter der 1. Hälfte des 13. Jh.s. In einem stilisierten autobiographischen Rückblick spricht R. davon, dass er am Rhein geboren worden und in Österreich aufgewachsen sei. Auch die spärlichen anderen Lebensdaten ergeben sich aus seiner Dichtung. Die frühesten datierbaren Sprüche (1227 – nach 1230) sind wohl im Dienst Kaiser Friedrichs II. entstanden. Von etwa 1237 bis 1241 hielt sich R. am Hof König Wenzels I. von Böhmen auf; danach sind keine feste Bindungen mehr nachzuweisen. Der letzte datierbare Spruch bezieht sich auf Ereignisse der Zeit um 1246–48. Neben einem großen religiösen Leich hinterließ R. weit über 200 Spruchstrophen, die fast alle den zwölfzeiligen »Frau-Ehren-Ton« verwenden (die Melodie ist erhalten). R.s Sangspruchdichtung steht in der Nachfolge Walthers v. der Vogelweide; sie behandelt die traditionellen Bereiche Religion (u. a. Marienpreis), Politik (Eintreten für den Reichsgedanken gegen den Papst) und Ethik (Betonung der traditionellen höfischen Tugenden, Kritik am Sittenverfall).

Ausgabe: Die Gedichte Reinmars von Zweter. Hrsg. von Gustav Roethe. Leipzig 1887. Reprogr. Nachdr. Amsterdam 1967.

Reinshagen, Gerlind, * 4. 5. 1926 Königsberg. Nach dem Abitur studierte sie 1946–49 Pharmazie in Braunschweig, arbeitete dann als Apothekerin und in Fabriken und besuchte 1954–57 die Hochschule der Künste in

Westberlin. Seitdem lebt sie in Berlin und Braunschweig als freie Schriftstellerin. Nach Kinderbüchern und Hörspielen hatte R. mit *Doppelkopf* (UA 1968) und den darauf folgenden Dramen eine Reihe durchaus kontrovers diskutierter Bühnenerfolge. Zentrale Gegenstände ihrer Stücke sind die soziale Wirklichkeit der Bundesrepublik (Klassengesellschaft, Arbeitswelt, Profitgier, Korruption) und die deformierenden und zerstörerischen Wirkungen des Nationalsozialismus auf das menschliche Zusammenleben. Zu den bekanntesten Texten gehört *Sonntagskinder* (UA 1976), das durch den ›naiven‹ Blick Elsies – sie ist bei Kriegsbeginn 14 Jahre alt – die Normalität des Kriegsalltags in seiner Brutalität und Grausamkeit entlarvt und in der neuen Normalität der Nachkriegszeit zum Schweigen gebracht werden muss. Seit den 80er-Jahren spielt die erzählende Prosa eine größere Rolle in R.s Werk. In ihrem ersten Roman (*Rovinato*) nimmt sie das Thema Arbeitswelt auf, während *Die flüchtige Braut* vor dem Hintergrund Berlins unterschiedliche Schicksale von Künstlern und Intellektuellen in impressionistischer Manier verfolgt. *Zwölf Nächte*, ein Zyklus von zwölf Prosaerzählungen, handelt in Traumsequenzen von Vergessen und Verdrängung und der (vergeblichen) Hoffnung auf neuen Lebensmut.

Werke: Doppelkopf. Ein Spiel. In: Deutsches Theater der Gegenwart. Hrsg. von Karlheinz Braun. Bd. 2. 1967. – Doppelkopf. Leben und Tod der Marilyn Monroe. Zwei Stücke. 1971. – Himmel und Erde. In: Theater heute. 1974. H. 10. – Sonntagskinder. In: Theater heute. 1976. H. 7. – Das Frühlingsfest. Elsas Nachtbuch. Annäherungen. Ein Stück. 1980. – Rovinato oder Die Seele des Geschäfts. 1981. – Eisenherz. In: Spectaculum 36. 1982. – Die flüchtige Braut. 1984. – Die Clownin. 1985. – Gesammelte Stücke. 1986. – Tanz, Marie! In: Spectaculum 44. 1987. – Zwölf Nächte. 1989. – Die fremde Tochter. Vier Stücke. 1991. – Drei Wünsche frei. Chorische Stücke. 1992. – Jäger am Rand der Nacht. 1992. – Am Großen Stern. 1996. – Göttergeschichte. 2000. – Joint Venture. Kleine Studie über die Impotenz. 2003. – Vom Feuer. 2006.

Remarque, Erich Maria (d. i. Erich Paul Remark), 22. 6. 1898 Osnabrück – 25. 9. 1970 Locarno. Der Sohn eines Buchbinders besuchte das katholische Lehrerseminar in Osnabrück, bis er 1916 einberufen und nach kurzem Fronteinsatz verwundet wurde. Nach dem Krieg arbeitete er als Lehrer, Grabsteinverkäufer, Werbetexter und Redakteur einer Sportzeitung, bis ihm der große Erfolg des Romans *Im Westen nichts Neues* ein Leben als freier Schriftsteller (in Porto Ronco bei Ascona und in Paris) ermöglichte. Nachdem seine Bücher bereits 1933 öffentlich verbrannt worden waren, wurde ihm 1938 die dt. Staatsbürgerschaft aberkannt. 1939 ging er nach New York; 1947 erhielt er die amerikanische Staatsbürgerschaft. Nach Europa zurückgekehrt, lebte er wieder in Porto Ronco. Nach romantisierenden Anfängen (*Die Traumbude*) gelang R. mit *Im Westen nichts Neues* (im November und Dezember 1928 in der *Vossischen Zeitung* vorabgedruckt) einer der bedeutenden Anti-Kriegsromane der Weimarer Republik. Erzählt aus der unpolitischen Perspektive des einfachen Soldaten Paul Bäumer, wirkt der Roman durch seine Aufrichtigkeit und Menschlichkeit als bittere Anklage gegen die Unmenschlichkeit und Sinnlosigkeit des Krieges und gegen die verantwortliche Generation der Eltern und Erzieher, die die Jugend ins Unglück getrieben und ihre Zukunft zerstört hat. Die Heimkehr dieser verlorenen Generation schildert der Roman *Der Weg zurück*. Themen seines weiteren Romanschaffens sind Leben und Überleben in der Inflationszeit, Emigrantenschicksale, der Kampf gegen den Faschismus, Überlebenskampf im Konzentrationslager.

Werke: Die Traumbude. Ein Künstlerroman. 1920. – Im Westen nichts Neues. 1929. – Der Weg zurück. 1931. – Three Comrades. 1937. Dt. Fassung u. d. T.: Drei Kameraden. 1938. – Liebe Deinen Nächsten. 1939. – Arch of Triumph. 1945. Dt. u. d. T.: Arc de Triomphe. 1946. – Der Funke Leben. 1952. – Zeit zu leben und Zeit zu sterben. 1954. – Der schwarze Obelisk. Geschichte einer verspäteten Jugend. 1956. – Die letzte Station. Schauspiel. 1956. – Geborgtes Leben. 1959. Später u. d. T.: Der Himmel kennt keine Günstlinge. 1961. – Die Nacht von Lissabon. 1962. – Schatten im Paradies. 1971.

Ausgabe: Das unbekannte Werk. Frühe Prosa, Werke aus dem Nachlaß, Briefe und Tagebücher. Hrsg. von Thomas F. Schneider [u. a.] 5 Bde. Köln 1998.

Renn, Ludwig (d. i. Arnold Friedrich Vieth von Golßenau), 22. 4. 1889 Dresden – 21. 7. 1979 Berlin (DDR). Der Sohn eines Mathematiklehrers und Prinzenerziehers am Dresdener Hof schlug zunächst die militärische Laufbahn ein, wurde jedoch von den reaktionären Vorstellungen des Offizierskorps abgestoßen. Er verzichtete im Ersten Weltkrieg auf Titel und Privilegien, kämpfte an der Front und löste sich von seiner gesellschaftlichen Herkunft. 1920 verließ er das Militär und studierte 1920–23 in Göttingen und München Russisch, Jura, Wirtschaftswissenschaften und Kunstgeschichte. Nach einem Jahr im Kunsthandel in Dresden und längeren Reisen setzte er 1926–27 seine Studien (Archäologie, Ostasiatische Geschichte) in Wien fort. 1928 trat er der KPD bei; 1928–32 war er Sekretär des »Bundes proletarisch-revolutionärer Schriftsteller« und Mitherausgeber der Zeitschriften *Aufbruch* und *Linkskurve*. Bereits 1932 wegen »literarischen Hochverrats« inhaftiert, wurde er nach dem Reichstagsbrand erneut verhaftet und zu zweieinhalb Jahren Zuchthaus verurteilt. Nach der Entlassung 1935 floh er in die Schweiz und kämpfte dann von 1936 bis 1939 im Spanischen Bürgerkrieg. Über Frankreich (Internierung) gelang ihm die Flucht nach Mexiko (1939–47). Nach Dresden zurückgekehrt, lehrte er zunächst Anthropologie. Seit 1952 lebte er als freier Schriftsteller in Ostberlin. R.s Hauptwerk, *Krieg*, gehört zu den Romanen der Weimarer Republik, die den Krieg aus der individuellen Perspektive des einfachen Soldaten beschreiben. Der begrenzte Erfahrungshorizont des Ich-Erzählers bestimmt die Sicht der Dinge; sie bietet nicht die großen Zusammenhänge, sondern kleinste Ausschnitte ohne Information über Ursachen und Ziele. Einzig positives Element ist – wie in anderen Antikriegsromanen auch – das Lob der Kameradschaft. Dabei prägt absichtsvolle Kunstlosigkeit das Erzählen. Eine Weiterführung des Romans, *Nachkrieg*, behandelt die Situation der ehemaligen Frontsoldaten nach dem Zusammenbruch und ihre Orientierungslosigkeit in einer Zeit politischer Polarisierung. In der DDR veröffentlichte R. neben autobiographischen Texten eine Reihe von Kinder- und Jugendbüchern.

Werke: Krieg. 1928. – Nachkrieg. 1930. – Rußlandfahrten. 1932. – Vor großen Wandlungen. 1936. – Adel im Untergang. 1944. – Trini. Die Geschichte eines Indianerjungen. 1954. – Der Neger Nobi. 1955. – Der spanische Krieg. 1955. – Krieg ohne Schlacht. 1957. – Meine Kindheit und Jugend. 1957. – Auf den Trümmern des Kaiserreichs. 1961. – Zu Fuß zum Orient. 1966. – Ausweg. Lebensbericht. 1967. – In Mexiko. 1979. – Anstöße in meinem Leben. 1980.

Ausgabe: Gesammelte Werke. 10 Bde. Berlin 1964–77.

Reschke, Karin, * 17. 9. 1940 Krakau. Die Tochter einer Schauspielerfamilie wuchs in Berlin auf, studierte dann Germanistik in München und arbeitete nach Studienabbruch als Rundfunkvolontärin (Berlin) und Mitarbeiterin verschiedener Zeitschriften (Konstanz, Berlin). Sie lebt als freie Schriftstellerin in Berlin. R.s Bücher beschreiben Entwicklungsgeschichten und Selbstfindungsprozesse von Frauen, z. T. angelehnt an historische oder literarische Frauengestalten. Sie debütierte mit den *Memoiren eines Kindes*, der Geschichte der kleinen Marie im Berlin der Nachkriegszeit und ihrer Konfrontation mit der fremden, verstörenden Welt der Erwachsenen. Spielen hier autobiographische Momente eine Rolle, so greift R. mit dem »Findebuch der Henriette Vogel«, der Freundin und Suizidpartnerin H. v. Kleists, auf die Literaturgeschichte zurück. Es handelt sich um die Rekonstruktion einer möglichen Lebensgeschichte in Form eines Tagebuchs, das sich durch eine sorgfältige literar- und kulturhistorische Fundierung und eine eindrucksvolle Aneignung des Stils schreibender Frauen der Zeit um 1800 auszeichnet. Weitere Versuche, an literarischen oder historischen Gestalten Probleme der weiblichen Existenz aufzuzeigen, betreffen die Bremer Giftmörderin Gesche Gottfried (*Herzvergiftung*, Libretto 1986) und – in die Gegenwart transponiert – die Gretchen-Tragödie (*Margarete*). Ohne stoffliche Vorlage gestaltet R. in der Erzählung *Dieser Tage über Nacht* die Geschichte der Flucht einer Frau, der Ich-Erzählerin Solitüde, vor dem Besitzanspruch der Männer.

Werke: Memoiren eines Kindes. 1980. – Verfolgte des Glücks. Findebuch der Henriette Vogel. 1982. – Dieser Tage über Nacht. 1984. – Margarete. 1987. – Das Lachen im Wald. 1993. – Asphaltvenus. Toscas Groschenroman. 1994. – Kugelfisch. 1996. – Birnbaums Bilder. 1998. – SpielEnde. 2000.

Rettenpacher, Simon (Rettenbacher), getauft 17. 10. 1634 Aigen bei Salzburg – 10. 5. 1706 Kremsmünster. Der Bauernsohn besuchte von 1648 an das Gymnasium, dann als Stipendiat die Benediktineruniversität in Salzburg. Er studierte Jura und Philosophie; daran schloss sich 1658–1659 eine Studienreise nach Siena, Rom und Padua an. Nach seiner Rückkehr übernahm er die ihm zugedachte Professur am Collegium Lodrono-Rupertinum in Salzburg nicht, sondern trat in den Benediktinerorden ein. Er legte das Ordensgelübde am 2. 2. 1661 in Kremsmünster ab, studierte in Salzburg Theologie und wurde 1664 zum Priester geweiht. Nach einer Zeit als Bibliothekar in Kremsmünster (1665–66) wurde er zum Studium der orientalischen Sprachen nach Rom geschickt (1666–67). 1667–71 leitete er das Gymnasium in Kremsmünster, 1671–75 lehrte er als Professor für Ethik und Geschichte in Salzburg und war zugleich als Pater comicus für das Akademietheater zuständig. 1675 wurde er nach Kremsmünster zurückgerufen; sein Aufgabenbereich umfasste die Leitung der Stiftsbibliothek und des Theaterbetriebs sowie die Lehre orientalischer Sprachen. Von 1689 bis 1706 wirkte er als Pfarrer in Fischlham an der Traun; kurz vor seinem Tod kehrte er nach Kremsmünster zurück. R. gehört zu den bedeutenden neulat. Schriftstellern des 17. Jh.s. Zugleich setzte er sich, eher ungewöhnlich für einen katholischen Neulateiner, mit der Entwicklung der deutschsprachigen Dichtung im Gefolge der Opitzschen Reformen auseinander und machte sie für sein eigenes deutschsprachiges Werk fruchtbar. Dabei verbindet er in seiner dt. Lyrik und dem Alexandriner-Kunstdrama *Frauen-Treu*, einer Dramatisierung der Sage von den treuen Weibern von Weinsberg, oberdt. Sprachformen und Traditionen der Versbehandlung (Apokope, Synkope) mit einer deutlichen Hinwendung zu den neuen metrischen Prinzipien, ohne seine Eigenständigkeit aufzugeben. Gleichwohl bildet das umfangreiche lat. Schaffen das Zentrum seines Werkes. Neben theologischen, seelsorgerischen, historischen und satirischen Schriften stehen ein großes, Tausende von Texten umfassendes lyrisches Werk in der Nachfolge J. Baldes, das in zahlreichen Handschriften überliefert und nur teilweise ediert ist, und die dramatische Produktion für die Benediktinerbühnen in Salzburg und Kremsmünster. Die Bedeutung seines theatralischen Werks zeigt sich auch daran, dass – entgegen der üblichen Praxis der Zeit – eine Auswahl im Druck erschien. Die Stücke, historische Dramen und allegorische Spiele, folgen dem an Seneca orientierten fünfaktigen Dramentyp mit Chören bzw. allegorischen Szenen an den Aktschlüssen. Sie tendieren zu aufwendigen Gesamtkunstwerken und räumen der Musik einen breiten Raum ein (bis hin zu einer ausgesprochenen Oper im italienischen Stil).

Werke: Historia Norica Cum Annalibus Monasterii Cremifanensis in Austria Superiore. 1677. – Ludicra Et Satyrica Quae ad Studia Litterarum atque Litteratos maximè spectant. 1678. – Consilia Sapientiae Seu Epitome Axiomatum Salomonis. 1682. – Frauen-Treu / Oder Hertzog Welff Auß Beyern durch Liebe seiner Frauen von grosser Gefahr errettet / In Teutsche Reym verfasset [...] / Sambt einer Zugab etlicher so wol Geistlichen als Weltlichen Gedichten. 1682. – Selecta Dramata Diversis temporibus Conscripta, & in Scenâ recitata. 1683. – Meditationes Evangelicae, sive Sermones Breves & Expediti. In omnes Dominicas & Festa mobilia totius anni. 1685. Neuaufl. u. d. T.: Tuba Evangelica. 1688. – Sacrum connubium, sive Theandri et Leucothöes Sancti amoris quibus vita [...] depingitur. 1700.

Reuchlin, Johannes, 29. 1. 1455 Pforzheim – 30. 6. 1522 Stuttgart. Der Vater R.s war weltlicher Verwalter des Dominikanerstifts in Pforzheim. Nach der Schulzeit in seiner Heimatstadt begann R. 1470 in Freiburg i. Br. mit dem Studium, das er 1474 in Basel und dann 1477–81 in Orléans und Poitiers weiterführte (Lizentiat der Rechte Poitiers 1481, anschließend Dr. jur. Tübingen). Nach seiner Rückkehr war er zunächst als Beisitzer am Hofgericht und als Anwalt tätig und gehörte zu den engsten Beratern Eberhards im Barte. 1502–13 amtierte er als schwäbischer Bundesrichter in Tübingen; Stuttgart (1513–19) und die Universitäten in Ingolstadt (1519–21) und Tübingen (1521) waren seine letzten Stationen. Prägend wurden seine Reisen nach Italien (1482, 1490, 1498), wo er führende Humanisten traf (u. a. Pico della Mirandola), und nach Linz, wo er Hebräisch lernte. Und obwohl er auch auf dem Gebiet der griech. und lat. Philologie tätig war, liegen seine bedeutendsten Leistungen in der Hebraistik. Als Gutachter wurde er in einen heftigen juristischen und literarischen Streit über die Verbrennung jüdischer Bücher verwickelt, in dessen Verlauf namhafte Humanisten – u. a. mit den Dunkelmännerbriefen (1515–17) – seine Partei ergriffen. Juristisch unterlag R. 1520 in dem kirchenrechtlichen Prozess. Er blieb jedoch, anders als zahlreiche seiner humanistischen Freunde, der alten Kirche treu. Bedeutende Wirkung erzielte R. auch mit seinen in Heidelberg entstandenen lat. Verskomödien.

Werke: De verbo mirifico. 1494. – Scaenica progymnasmata. 1498. [Henno.] – Sergius. Um 1504. – tütsch missive, warumb die Juden so lang im ellend sind. 1505. – De rudimentis Hebraicis. 1506. – Augenspiegel. 1511. – Ain clare verstentnus in tütsch. 1512. – Defensio contra calumniatores suos Colonienses. 1514. – De arte cabbalistica libri tres. 1517. – De accentibus et orthographia linguae Hebraeicae. 1518.

Ausgabe: Sämtliche Werke. Hrsg. von Widu-Wolfgang Ehlers [u. a]. Stuttgart-Bad Cannstatt 1996 ff.

Reuter, Christian, getauft 9. 10. 1665 Kütten bei Halle – nach 1712 an unbekanntem Ort. R. stammte aus einer Bauernfamilie und begann nach dem Besuch der Leipziger Thomasschule und des Merseburger Domgymnasiums erst im Alter von 23 Jahren mit dem Jurastudium in Leipzig, das er nie zu Ende führen sollte. Satirische Anspielungen auf Leipziger Bürger in seinen literarischen Arbeiten hatten Karzerstrafen, vorübergehende Relegationen und schließlich den Verweis von der Universität auf Lebenszeit zur Folge. 1700 wurde er Sekretär eines Kammerherrn in Dresden, aber auch hier fiel er möglicherweise wegen einer Komödie in Ungnade. In Berlin schlug er sich dann, nachweisbar ab 1703, mit höfischen Gelegenheitsdichtungen durch. Nach 1712 verliert sich seine Spur. Seine Leipziger Komödien um Frau Schlampampe und ihre kleinbürgerliche Familie entlarven, indem sie Anspruch und vulgäre Wirklichkeit gegenüberstellen, drastisch das Streben nach höherem sozialen Rang und vornehmer Lebensart. R. wies den Vorwurf persönlicher Verunglimpfung mit einem Hinweis auf Molière zurück, dem er das meiste entnommen habe (*Les Précieuses ridicules*, 1659). Die aufschneiderische Lügengeschichte um Schelmuffsky, den Sohn der Familie, führte die Kleinbürgersatire weiter. In einer Art sozialer Umkehrung machte R. in seinem letzten Stück einen heruntergekommenen Adeligen zum Gegenstand seiner satirischen Zeitdiagnose.

Werke: L'Honnête Femme Oder die Ehrliche Frau zu Plißine. 1695. – La Maladie & la mort de l'honnête Femme Das ist: Der ehrlichen Frau Schlampampe Krankheit und Tod. 1696. – Schelmuffsky Curiose und Sehr gefährliche Reißebeschreibung zu Wasser und Land. 1696. Erw. u. d. T.: Schelmuffskys Wahrhafftige Curiöse und sehr gefährliche Reisebeschreibung Zu Wasser und Lande. 1696–97. – Graf Ehrenfried. 1700. – Die Frolockende Spree. 1703. – Paßions-Gedancken. 1708.

Ausgabe: Werke. Hrsg. von Georg Witkowski. 2 Bde. Leipzig 1916.

Reuter, Fritz, 7. 11. 1810 Stavenhagen (Mecklenburg) – 12. 7. 1874 Eisenach. Der Sohn eines Bürgermeisters und Stadtrichters studierte nach seiner Gymnasialzeit seit 1831 Jura in Rostock, dann in Jena. Hier schloss er sich 1832 der Burschenschaft an und wurde im Oktober 1833 in Berlin verhaftet und wegen Hochverrats zunächst zum Tode verurteilt, dann zu 30 Jahren Festungshaft begnadigt, von denen er sieben Jahre absaß. Nach seiner Freilassung studierte er mit wenig Erfolg (Alkoholismus) zwei weitere Semester Jura in Heidelberg, kehrte dann nach Mecklenburg zurück, wo er sich allmählich eine Existenz aufbauen konnte (Landwirtschaftsvolontär, 1851 Heirat, 1850–56 Lehrer in Treptow, 1853 erste Erfolge als Schriftsteller). 1856–63 lebte er in Neubrandenburg, seit 1863 in Eisenach. Ein Jahr später unternahm er eine Reise nach Griechenland und in den Vorderen Orient. R. gehört zu den bedeutenden realistischen Erzählern des 19. Jh.s. Übersetzungen ins Hochdeutsche sorgten für die Verbreitung seiner Werke über den niederdt. Sprachbereich hinaus. Über sein Niederdeutsch kam es zu Auseinandersetzungen mit K. Groth. Ersten Ruhm brachte eine Sammlung schwankhafter Gedichte (*Läuschen un Rimels* [›Anekdoten und Reimereien‹]); scharfe Sozialkritik kennzeichnet die Verserzählung *Kein Hüsung* (›Keine Bleibe‹), die mit melodramatisch-balladeskem Einschlag feudale Willkür und soziale Not in Mecklenburg schildert. In seinen großen, zwischen 1859 und 1864 erschienenen Romanen, die autobiographische Erfahrungen verwerten, tritt an die Stelle satirischer Aggressivität eine von Humor und Ironie getragene facettenreiche Darstellung der ländlichen und kleinstädtischen Gesellschaft Mecklenburgs. Die episodischen Szenen aus dem Alltag erhalten dabei ihren Zusammenhang nicht zuletzt durch plastisch geschilderte Charaktere, deren Individualität auch in der Sprache sichtbar wird.

Werke: Läuschen un Rimels. 1853. – Lustspiele. 1857. – Kein Hüsung. 1858. – Ut de Franzosentid. 1859. – Hanne Nüte un de lütte Pudel. 1860. – Schurr-Murr. 1861. – Ut mine Festungstid. 1862. – Ut mine Stromtid. 1862–64. – Dörchläuchting. 1866. – De meckelnbörgschen Montecchi un Capuletti oder De Reis' nah Konstantinopel. 1868. – De Urgeschicht von Meckelnborg. 1874.
Ausgabe: Gesammelte Werke und Briefe. Hrsg. von Kurt Batt. 9 Bde. Rostock/Neumünster 1967.

Reventlow, Franziska (d. i. Fanny) Gräfin zu, 18. 5 1871 Husum – 25. 7. 1918 Muralto (Tessin). Nach der Pensionierung des Vaters, des Landrats von Husum, siedelte die Familie nach Lübeck über. Als R. volljährig wurde, brach sie mit der Familie und ging über Wandsbek 1893 nach München. Hier studierte sie Malerei, finanziert von dem Hamburger Gerichtsassessor Walter Ernst Lüpke (Heirat 1894, Trennung 1895, Scheidung 1897; Geburt von R.s Sohn Rolf 1897). Sie fand in der Schwabinger Boheme die für ihre persönliche Entfaltung geeignete Umgebung, war u. a. befreundet mit Ludwig Klages, R. M. Rilke und K. Wolfskehl, malte und stand Modell und übersetzte für Langen-Müller zahlreiche Romane und Erzählungen aus dem Französischen (Marcel Prévost, Anatole France, Guy de Maupassant). Sie lebte am Rand des Existenzminimums in äußerst dürftigen Verhältnissen; das durch eine Scheinehe mit einem baltischen Baron erworbene Vermögen verlor sie durch den Bankrott der Bank. Seit 1911 hielt sie sich vorwiegend in der Schweiz auf. Ihr literarisches Werk umfasst neben den Übersetzungen fünf (z. T. kleinere) Romane und zahlreiche Erzählungen und Aufsätze. Am Anfang ihres Romanschaffens steht die autobiographisch fundierte Geschichte einer jungen Frau, der sich in der freien Lebensform der Boheme neue Perspektiven eröffnen (*Ellen Olestjerne*). Eine ironisch gefärbte Darstellung der Schwabinger Boheme folgte mit *Herrn Dame's Aufzeichnungen*. Hintergrund des Romans *Der Geldkomplex* ist der Tessiner Bankkrach, der sie wieder arm machte. Zu dem bedeutendsten Teil ihres Werkes gehören die Tagebuchaufzeichnungen und Briefe, die ein facettenreiches Bild der Verfasserin und ihrer Zeit sowie ihrer Vorstellungen von einem (auch sexuell) freien Leben zeichnen.

Werke: Das Männerphantom der Frau. 1898. – Ellen Olestjerne. 1903. – Von Paul zu Pedro. 1912. – Herrn Dame's Aufzeichnungen oder Begebenheiten aus einem merkwürdigen Stadtteil. 1913. – Der Geldkomplex. 1916. – Das Logierhaus zur schwankenden Weltkugel. 1917. – Der Selbstmordverein. In: Gesammelte Werke. 1925.

Ausgaben: Gesammelte Werke. Hrsg. von Else Reventlow. 1925. – Briefe 1890–1917. Hrsg. von E. Reventlow. 1929. Erw. 1975. – Tagebücher 1895–1910. Hrsg. von E. Reventlow. 1971. – Autobiographisches. Novellen, Schriften, Selbstzeugnisse. Hrsg. von E. Reventlow. 1986. – Sämtliche Werke, Briefe und Tagebücher. Hrsg. von Michael Schardt. 5 Bde. Oldenburg 2004.

Rezzori, Gregor von (d. i. G. d'Arezzo), 13. 5. 1914 Czernowitz (Bukowina) – 23. 4. 1998 Donnino (Toscana). Der Sohn eines k. k. Staatsbeamten wuchs in Rumänien und Österreich auf (rumänischer Staatsbürger 1919–45, staatenlos bis 1984, danach Österreicher) und studierte in Leoben und Wien Bergbau, Architektur, Medizin und Kunst. 1938 ging er nach Berlin. Nach dem Krieg arbeitete er für den Nordwestdeutschen Rundfunk und produzierte u. a. eine sechsteilige Reportage über den Nationalsozialismus (1947). Seit 1960 lebte er in der Toscana. Nach mehreren Unterhaltungsromanen hatte er mit den *Maghrebinischen Geschichten* seinen ersten großen Erfolg: witzige, lebensvolle Erzählungen, Anekdoten, Legenden und Schwänke aus einem fiktiven Balkanland. In dem vor dem Zweiten Weltkrieg spielenden satirischen Kolportageroman *Oedipus siegt bei Stalingrad* schildert er die leichtlebige junge Berliner Gesellschaft. Sein bedeutendster Roman *Ein Hermelin in Tschernopol* zeichnet – lokalisiert in einem imaginären östlichen Ort der Donaumonarchie – sprachlich virtuos und psychologisch eindringlich am Beispiel des Majors Tildy den Untergang einer Gesellschaft bzw. einer Kaste durch das Beharren auf einem überholten Ehrbegriff.

Werke: Maghrebinische Geschichten. 1953. – Oedipus siegt bei Stalingrad. Ein Kolportageroman. 1954. – Männerfibel. 1955. – Ein Hermelin in Tschernopol. Ein maghrebinischer Roman. 1958. Überarb. 1966 und 1989. – Idiotenführer durch die deutsche Gesellschaft. 1961–63. – Bogdan im Knoblauchwald. Ein maghrebinisches Märchen. 1963. – Der Tod meines Bruders Abel. 1976. – Greif zur Geige, Frau Vergangenheit. 1978. – In gehobenen Kreisen. 1978. – Memoiren eines Antisemiten. 1979. – Kurze Reise übern langen Weg. 1986. – Blumen im Schnee. Porträtstudien zu einer Autobiographie, die ich nie schreiben werde [...]. 1989. – Greisengemurmel. Ein Rechenschaftsbericht. 1994. – Mir auf der Spur. 1997. – Essays, Anmerkungen und Erinnerungen. 1999. – Kain. Das letzte Manuskript. 2001.

Richartz, Walter E. (seit 1942 eigentlich: Walter Erich Freiherr Karg von Bebenburg), 14. 5. 1927 Hamburg – Februar 1980 Klingenberg a. M.; Beerdigung 7. 3. 1980 Frankfurt a. M. Der Sohn eines Korvettenkapitäns wurde 1942 von seinem Stiefvater adoptiert. Nach einem Jahr im Krieg und anschließender Gefangenschaft studierte R. ab 1946 Chemie an der TH München, dann 1952–55 in Hamburg (Dr. rer. nat.). Anschließend war er Assistent an der Universität und 1957–60 post-graduate fellow in den USA. Nach seiner Rückkehr arbeitete er in einem Forschungslabor der Chemieindustrie. Seit 1979 lebte er als freier Schriftsteller und Übersetzer in Frankfurt a. M. Er verschwand im Februar 1980 und wurde Anfang März tot aufgefunden (Suizid). Er übersetzte u. a. Texte von Raymond Chandler, Stephen Crane, Dashiell Hammett und

F. Scott Fitzgerald (und schrieb selbst mit *Noface* einen von amerikanischen Mustern angeregten Kriminalroman). Die präzise realistische Schreibweise von Autoren wie Chandler oder Hammett zeichnet auch seine satirischen Romane und Erzählungen aus, die die Mechanismen der modernen Alltags- und Berufswelt mit einer ins Groteske und Absurde umschlagenden Genauigkeit beschreiben. Beispiele sind die Auseinandersetzung mit der Medizin (*Tod den Ärzten*) und – R.s größter Erfolg – die Beschreibung des Angestelltenlebens (*Büroroman*).

Werke: Meine vielversprechenden Aussichten. Sieben Erzählungen. 1966. – Prüfungen eines braven Sohnes. 1966. – Tod den Ärzten. 1969. – Stickstoff. 1969. – Noface – Nimm was du brauchst. 1973. – Büroroman. 1976. – Der Aussteiger und andere Angestelltenprosa. 1979. – Vorwärts ins Paradies. Aufsätze zu Literatur und Wissenschaft. 1979. – Reiters westliche Wissenschaft. 1980. Erw. 1988. – Vom Äußersten. Letzte Erzählungen. 1986. – Schöne neue Welt der Tiere. 1987. – Das Leben als Umweg. Gesammelte Erzählungen. 1988.

Richter, Hans Werner, 12. 11. 1908 Bansin (Usedom) – 23. 3. 1993 München. Der Sohn eines Fischers ging nach einer Buchhändlerlehre nach Berlin, wurde arbeitslos und trat 1930 in die KPD ein, aus der er zwei Jahre später unter dem Vorwurf des Trotzkismus wieder ausgeschlossen wurde. 1933 emigrierte R. nach Paris, kehrte jedoch wieder nach Berlin zurück und arbeitete als Buchhändler und Verlagsangestellter, bis er 1940 vorübergehend inhaftiert und dann zur Wehrmacht eingezogen wurde. Von 1943 bis 1946 war er in amerikanischer Gefangenschaft, wo er zu schreiben anfing und an Lagerzeitschriften mitarbeitete. 1946 wurde er in München Mitherausgeber der Zeitschrift *Der Ruf*, die ein Jahr später von den Alliierten verboten wurde. In diesem Jahr gründete er die »Gruppe 47«, die sich trotz ihres informellen Charakters unter seiner Leitung zu einer einflussreichen Institution im Kulturleben der BRD entwickelte (letztes Gruppentreffen 1967). Von

1962 bis 1965 lebte er in Westberlin, seit 1975 in München. R.s eigenes literarisches Schaffen steht in der Tradition realistischen Erzählens und ist zunächst von seinen Kriegs- und Nachkriegserfahrungen geprägt. Dabei versuchte er durch eine knappe, sachliche, Jargon und Umgangssprache aufnehmende Diktion den »Kahlschlag«-Forderungen nachzukommen. Sein erster Roman, *Die Geschlagenen*, verarbeitet die Erfahrungen in Krieg und Gefangenschaft, *Sie fielen aus Gottes Hand* erzählt in Montageform von den Schicksalen von Opfern und Tätern im Krieg, *Linus Fleck* zeichnet satirisch die Nachkriegskarriere eines Opportunisten nach und beklagt den Verlust an moralischen Werten in der sich neu formierenden Gesellschaft der BRD. Stark autobiographisch geprägt ist die dem Modell des Entwicklungsromans verpflichtete Geschichte eines Fischerjungen in einer engstirnigen Umgebung (*Spuren im Sand*), ebenso die vom Vater berichtenden »Geschichten aus Bansin«. In dem Band *Reisen durch meine Zeit* erzählt R. Lebensgeschichten von Menschen, die er in seinem Leben traf, von der Begegnung eines Schriftstellers mit einer Schauspielerin handelt zurückhaltend und sensibel die Erzählung *Die Flucht nach Abanon*.

Werke: Die Geschlagenen. 1949. – Sie fielen aus Gottes Hand. 1951. – Spuren im Sand. Roman einer Jugend. 1953. – Du sollst nicht töten. 1956. – Linus Fleck oder Der Verlust der Würde. 1959. – Menschen in freundlicher Umgebung. Sechs Satiren. 1965. – Karl Marx in Samarkand. Eine Reise an die Grenzen Chinas. 1967. – Blinder Alarm. Geschichten aus Bansin. 1970. – Rose weiß, Rose rot. 1971. – Briefe an einen jungen Sozialisten. 1974. – Die Flucht nach Abanon. 1980. – Die Stunde der falschen Triumphe. 1981. – Ein Julitag. 1982. – Im Etablissement der Schmetterlinge. Einundzwanzig Porträts aus der Gruppe 47. 1986. – Reisen durch meine Zeit. Lebensgeschichten. 1989.

Ausgabe: Briefe. Hrsg. von Sabine Cofalla. München 1997.

Riemer, Johannes, 11. 2. 1648 Halle a. d. S. – 9. 9. 1714 Hamburg. Der Sohn eines Salzsieders besuchte das Gymnasium in Halle, studierte von 1670 an in Jena (Magister artium 1672) und nahm nach kurzer Lehrtätigkeit an der Universität 1673 eine Stelle am Gymnasium illustre Augusteum in Weißenfels an, wo auch C. Weise lehrte. Als dieser 1678 Weißenfels verließ, erhielt R. seine Professur für Politik, Rhetorik und Poesie. 1687 bewarb er sich erfolgreich um die Stelle eines Oberpfarrers in Osterwick (Kurbrandenburg) und ging dann, 1691 in Helmstedt zum Dr. theol. promoviert, als Superintendent nach Hildesheim (1691–1704) und danach als Hauptpastor nach Hamburg (St. Jacobi; 1704–14). Nach dem Eintreten in den Kirchendienst veröffentlichte R. nur noch geistliche Schriften. Zuvor war er wie Weise als Vertreter einer modernen ›politischen‹ Rhetorik hervorgetreten, die die Schüler auf die Lebenspraxis in Staat und Gesellschaft vorbereiten sollte. Die gleichen Ziele verfolgte er mit Schuldramen und politischen Romanen, mit denen die von Weise begründete Gattung ihren Höhepunkt erreichte.

Werke: Glücklicher Bastard Oder Tyrannischer Großvater. 1678. – Der Politische Maul-Affe. 1679. – Der Ertz-Verleumder Und Ehe-Teuffel Von Schottland. 1679. – Der Regenten Bester Hoffmeister oder lustiger Hoff-Parnassus. 1679. Erw. 1681. [Sammelausg. von 3 bzw. 4 Schuldramen.] – Die Politische Colica. 1680. – Uber-Reicher Schatz-Meister Aller [...] Freud- und Leid Complimente. 1681. – Der Politische Stock-Fisch. 1681. – Lustige Rhetorica. 1681. – Blaße Furcht Und Grünende Hoffnung [...] oder Erklerung aller Sonn- und festtäglichen Evangelien. 1684. – Standes-Rhetorica. 1685. Erw. u. d. T.: Neu-aufgehender Stern-Redner. 1689. – Amor Der Tyranne. 1685. – Apophthegmatischer Vormund / oder Oratorisches Lexicon. 1687. – Schrifft- und Lehrreiche Gleichniß-Reden. 1690. – Verblühmtes Christenthum. 1694.
Ausgabe: Werke. Hrsg. von Helmut Krause. 4 Bde. Berlin / New York 1979–87.

Rilke, Rainer Maria, 4. 12. 1875 Prag – 29. 12. 1926 Val-Mont bei Montreux. Der Sohn eines Eisenbahninspektors und einer aus einer Prager Fabrikantenfamilie stammenden dominierenden Mutter wurde auf Wunsch des Vaters auf Militärschulen (1886–91) geschickt. Nach seiner Entlassung wegen Kränklichkeit bereitete er sich in Wien privat auf das Abitur vor (Prag 1895). In Prag begann er mit dem Studium der Kunst- und Literaturgeschichte, das er 1897 in München eher pro forma fortsetzte. Unter dem Eindruck der Begegnung mit L. Andreas-Salomé, die ihn zur Beschäftigung mit Nietzsche anregte und mit der er zwei Russlandreisen unternahm (1899, 1900), verfestigte sich die Absicht, als Dichter zu leben. Er wechselte in den folgenden Jahren häufig den Wohnsitz (oft als Gast von Gönnerinnen), bis er sich 1921 auf Schloss Muzot im Wallis zurückzog, wo er bis zu seinem Tod lebte. Seine Reisen – besonders tiefgreifende Wirkungen hatten die Eindrücke und Begegnungen in Russland und Paris (1902–03, 1906–07) – schlugen sich ebenso wie seine meist kurzlebigen Beziehungen zu Frauen auf vielfältige Weise in seinem Werk nieder.

Sein frühester Gedichtband *Leben und Lieder* war bereits 1894 erschienen; seinen ersten großen Erfolg – den größten seines Lebens überhaupt – erzielte R. mit der lyrischen, stark rhythmisierten Prosa des *Cornet* (entstanden 1899), für den sich zunächst allerdings kein Verleger fand. R.s lyrisches Hauptwerk dieser Zeit, *Das Stunden-Buch* (begonnen 1899), spiegelt u. a. Eindrücke seiner beiden Russlandreisen und die bedrückenden Erfahrungen seines ersten Parisaufenthalts wider. Die klangvollen, suggestiven Gedichte des *Stunden-Buchs* erscheinen als Gebete eines russ. Mönchs und Ikonenmalers, die Gott umkreisen, vom künstlerischen Schaffensprozess und vom Weg des Künstler-Ichs zu sich selbst sprechen und sich schließlich von der Klage über die Deformation des Menschen in der großen Stadt (Paris) zur Verherrlichung der Armut als Bedingung menschlicher Erneuerung aufschwingen. Die ästhetische Neuorientierung R.s, die Abkehr von der impressionistischen Klang- und Bildersprache und der jugendstilhaften Ornamentik und Preziosität seines Frühwerks war ein Ergebnis seiner Pariserfahrungen, eine Folge des Eindrucks, den Kunst und Arbeitsweise des Bildhauers Auguste Rodin und des Malers Paul Cézanne auf ihn machten. Charakteristisch für die neue Haltung, aus der die *Neuen Gedichte* hervorgingen, sind die Betonung der »Arbeit« und des Handwerklichen sowie ein neuer Formwille und eine neue Sachlichkeit, die auf der genauen Beobachtung des einzelnen Gegenstands beruhen. Es geht darum, diesen Gegenstand (›Dinge‹, Lebewesen, Geschehnisse u. Ä.) in einer abstrahierenden Zusammenfassung auf sein Wesen, auf die ihm innewohnende Gesetzmäßigkeit zu reduzieren. Das früheste dieser ›Dinggedichte‹, *Der Panther*, entstand bereits 1903. Auch der tagebuchartige Roman *Die Aufzeichnungen des Malte Laurids Brigge* (begonnen 1904) dokumentiert R.s neuen Ansatz, der sich an die bei Cézanne erkannte »Sachlichkeit des Sagens« hält und wie Charles Baudelaire auch das Schreckliche und Hässliche als Seiendes sieht, »das, mit allem anderen Seienden, *gilt*«. Zugleich bricht das Werk mit den Konventionen des traditionellen realistischen Erzählens. Es besteht aus einer assoziativen Folge von erzählenden, beschreibenden und reflektierenden Abschnitten, aus Bruchstücken von wahrgenommener Wirklichkeit und erinnerter Vergangenheit: Ergebnis des Versuchs des jungen dän. Adeligen Malte Laurids Brigge, den ihn bedrängenden Eindrücken und Erfahrungen standzuhalten und sich seiner Identität zu vergewissern. Das lyrische Spätwerk gipfelt in den zehn *Duineser Elegien* (begonnen 1912 auf Schloss Duino und erst nach einer längeren Schaffenskrise 1922 vollendet) und den *Sonetten an Orpheus*. Mit dem Gattungsbegriff Elegie knüpft R. an die von F. G. Klopstock und F. Hölderlin begründete Tradition an und geht dabei von der inhaltlichen Bestimmung als Klagegesang aus. Die Texte, schwer zugänglich, versuchen eine ins Mythische überhöhte Deutung des menschlichen Lebens, die sich zugleich als Gegenbild zur entfremdeten modernen Welt versteht. Dagegen charakterisiert die – formal frei behandelten – Sonette nicht die Stimmung der Klage, sondern die des Rühmens. Wie die Elegien (»Nirgends, Geliebte, wird Welt sein, als innen«) stellen sie sich die Aufgabe, die äußere Welt in Inneres zu verwandeln. Sie knüpfen dabei an das Schicksal der Tänzerin Wera Ouckama Knoop, der die Sonette als »Grab-Mal« gewidmet sind, vor allem aber an den Orpheus-Mythos an: Orpheus' Gesang, der die Dinge selbst zu Gesang werden lässt, bestätigt die immer wieder thematisierte Forderung der Verwandlung des Sichtbaren in Unsichtbares, Gehörtes, Inneres. Allerdings ist nach der Zerstörung der »Ordnung« des göttlichen Sängers seine Spur verloren – und doch, Auftrag für den heutigen Dichter, bewahrt in der Natur. Bedeutend ist auch R.s Übersetzungswerk.

Werke: Leben und Lieder. 1894. – Larenopfer. 1896. – Traumgekrönt. Neue Gedichte. 1897. – Zwei Prager Geschichten. 1899. – Das Buch der Bilder. 1902. – Das tägliche Leben. Drama in 2 Akten. 1902. – Auguste Rodin. 1903. – Worpswede. 1903. – Geschichten vom lieben Gott. 1904. – Das Stunden-Buch. 1905. – Die Weise von Liebe und Tod des Cornets Christoph Rilke. 1906. – Neue Gedichte. 1907–08. – Elisabeth Barrett-Brownings Sonette nach dem Portugiesischen. 1908. [Übers.] – Requiem. 1909. – Die Aufzeichnungen des Malte Laurids Brigge. 1910. – Maurice de Guérin: Der Kentauer. 1911. [Übers.] – Das Marien-Leben. 1913. – Portugiesische Briefe. Die Briefe der Marianna Alcoforado. 1913. [Übers.] – André Gide: Die Rückkehr des verlorenen Sohnes. 1914. [Übers.] – Die vierundzwanzig Sonette der Louize Labé Lyoneserin. 1918. [Übers.] – Die Sonette an Orpheus. 1923. – Duineser Elegien. 1923. – Paul Valéry: Gedichte. 1925. [Übers.] – Vergers suivi des Quatrains Valaisans. 1926. – Les Fenêtres. Dix poèmes. 1927. – Les Roses. 1927.

Ausgaben: Sämtliche Werke. Hrsg. vom Rilke-Archiv in Verb. mit Ruth Sieber-Rilke von Ernst Zinn. 6 Bde. Wiesbaden / Frankfurt a. M. 1955–66. – Werke. Komm. Ausg. in 4 Bdn. und einem Suppl.-Bd. Hrsg. von Manfred Engel [u. a.]. Frankfurt a. M. 1996, 2003.

Rinckart, Martin, 24. 4. 1586 Eilenburg (Sachsen) – 8. 12. 1649 ebd. Nach dem Besuch der Lateinschule seiner Heimatstadt und der Leipziger Thomasschule (1601–08) studierte der Sohn eines Handwerkers in Leipzig lutherische Theologie und wurde – nach Zwischenstationen in Mansfeld, Eisleben und Erdeborn und dem Erwerb des Magistergrads (1616) – 1617 Archidiakon in Eilenburg. Sein Werk umfasst neben dem üblichen Spektrum des geistlichen Schrifttums eine Poetik, Reformationsdramen und eine Reihe von Sammlungen geistlicher Lieder. R.s bekanntestes Lied, der Choral *Nun danket alle Gott*, erschien zuerst in dem auch Lieder anderer Autoren und Komponisten enthaltenden *Iesu Hertz-Büchlein*.

Werke: Der Eißlebische Christliche Ritter. 1613. – Indulgentiarius confusus, Oder Eißlebische Mansfeldische Jubel-Comoedia. 1618. – Monetarius seditiosus sive incendia rusticorum bellica [...]. Der Müntzerische Bawren-Krieg. 1625. – Die Meisnische Thränen-Saat. 1637. – Iesu Hertz-Büchlein. 1636. – Summarischer Discurs vnd Durch-Gang / Von Teutschen Versen / Fuß-Tritten vnd vornehmsten Reim-Arten. 1645.

Ringelnatz, Joachim (d. i. Hans Bötticher), 7. 8. 1883 Wurzen bei Leipzig – 17. 11. 1934 Berlin. Der Sohn eines Tapetenentwerfers und Jugendbuchautors besuchte Gymnasium (Schulverweis) und Privatschule in Leipzig bis zur Obersekunda, fuhr dann 1901–05 als Schiffsjunge, Matrose und Einjährig-Freiwilliger bei der Marine zur See und arbeitete anschließend in den unterschiedlichsten Berufen. 1909 hatte er im Schwabinger Künstlerlokal »Simplicissimus« seine ersten Kabaretterfolge und wurde so etwas wie der Hausdichter des Etablissements. 1914–18 diente er bei der Kriegsmarine. Nach dem Krieg konnte er nach anfänglichen Schwierigkeiten seine Kabarettlaufbahn in Hans v. Wolzogens »Schall und Rauch« in Berlin und auf zahlreichen Tourneen fortsetzen, wobei seine Vortragskunst dem Absatz seiner Bücher zugute kam. 1933 erhielt er Aufführungsverbot; er starb, verarmt, an Tuberkulose. R.s Leben als Seemann schlug sich in einer Reihe von Erinnerungsbüchern und Erzählungen nieder. Die Seemannsfigur Kuttel Daddeldu seiner Kabarettlyrik machte ihn berühmt. Er erschloss der Lyrik neue Gegenstandsbereiche (Turnen, Fliegen, Artistik, Seemannsleben), die er – komisch-skurril und ernst zugleich – mit verquerer Logik und sprachlichem Erfindungsreichtum behandelte.

Werke: Simplicissimus. Künstlerkneipe und Kathi Kobus. Herausgegeben vom Hausdichter Hans Bötticher. 1909. – Was ein Schiffsjungen-Tagebuch erzählt. 1911. – Die Schnupftabakdose. Stumpfsinn in Versen und Bildern von Hans Bötticher und Richard Seewald. 1912. – Ein jeder lebt's. Novellen. 1913. – Kuttel Daddeldu. 1920. Erw. 1923. – Turngedichte. 1920. – Die Woge. Marine-Kriegsgeschichten. 1922. – ...liner Roma ... Mit zehn Bildern von ihm selbst. 1924. – Nervosipopel. Elf Angelegenheiten. 1924. – Reisebriefe eines Artisten. 1927. – Allerdings. 1928. – Als Mariner im Krieg. 1928. – Matrosen. 1928. – Flugzeuggedanken. 1929. – Mein Leben bis zum Kriege. 1931. – Kinder-Verwirrbuch mit vielen Bildern. 1931. – Die Flasche und mit ihr auf Reisen. 1932. – Gedichte, Gedichte von einstmals und heute. 1934. – Der Nachlaß. 1935.
Ausgaben: Gesammelte Werke. Hrsg. von Walter Pape. 7 Bde. Berlin 1982–85. – Briefe. Hrsg. von W. Pape. Berlin 1988.

Rinser, Luise, 30. 4. 1911 Pitzling bei Landsberg a. L. – 17. 3. 2002 Unterhaching bei München. Die Tochter eines Volksschullehrers besuchte das Lehrerinnenseminar in München und unterrichtete nach dem Staatsexamen (1934) an Schulen in Oberbayern. Sie kündigte 1939. Ihr erster Mann, der Musiker Horst Günther Schnell, fiel 1943 in einer Strafkompanie. Sie zog in die Gegend von Salzburg, ging eine Scheinehe mit dem kommunistischen Schriftsteller Klaus Herrmann ein und wurde 1944 denunziert und wegen »Wehrkraftzersetzung« in Traunstein inhaftiert. Als erstes Werk nach dem Krieg publizierte sie ihr *Gefängnis-Tagebuch*. Bis 1958 arbeitete sie als Journalistin für den Rundfunk und verschiedene Zeitungen. Nach der Trennung von Carl Orff, mit dem sie von 1954 bis 1959 verheiratet war, zog sie von Dießen am Ammersee nach Rom. Seit 1965 lebte sie im Dorf Rocca di Papa in den Albaner Bergen. 1984 wurde sie von den »Grünen« als Kandidatin für die Wahl zum Bundespräsidenten aufgestellt. Das äußerst umfangreiche Werk R.s spiegelt die starken Wandlungen in ihrer Biographie wider. Berühmt wurde sie mit dem Roman *Mitte des Lebens*, der in mehrfach gebrochener Perspektive die Geschichte einer jungen Frau erzählt und mit Themen wie Recht auf Glück, Freiheit und Selbstverwirklichung auf die Frauenliteratur vorausweist. Bereits die Fortführung der Geschichte in *Abenteuer der Tugend* (Obertitel für beide Romane später *Nina*) nimmt diese emanzipatorische Haltung zugunsten religiös bestimmter Liebe und Entsagung zurück und leitet die christlich-erbauliche oder katholische Phase ihres Werkes ein. In den 60er-Jahren entwickelte R. eine zunehmend kirchenkritische Haltung und orientierte sich dann angesichts der bundesrepublikanischen Verdrängungsmechanismen auch politisch neu mit ihrem Eintreten für Friedens- und Umweltpolitik, die Befreiungsbewegungen der Dritten Welt sowie eine synkretistisch-esoterische Religiosität. Seit *Baustelle* fand sie in tagebuchähnlichen Prosabänden die geeignete literarische Form, ihre persönlichen Erfahrungen, Meinungen und Stellungnahmen auszudrücken.

Werke: Die gläsernen Ringe. 1941. – Gefängnis-Tagebuch. 1946. – Mitte des Lebens. 1950. – Daniela. 1953. – Ein Bündel weißer Narzissen. 1956. – Abenteuer der Tugend. 1957. – Geh fort, wenn du kannst. 1959. – Die vollkommene Freude. 1962. – Ich bin Tobias. 1966. – Zölibat und Frau. 1967. – Laie, nicht ferngesteuert. 1968. – Baustelle. Eine Art Tagebuch 1967–1970. 1970. – Grenzübergänge. Tagebuch-Notizen. 1972. – Der schwarze Esel. 1974. – Bruder Feuer. Roman um Franz von Assisi. 1975. – Kriegsspielzeug. Tagebuch 1972–1978. 1978. – Die rote Katze. 1981. – Den Wolf umarmen. 1981. – Winterfrühling. 1979–1982. 1982. – Mirjam. 1983. – Im Dunkeln singen. 1982–1985. 1985. – Wachsender Mond. 1985–1988. 1988. – Abaelards Liebe. 1991. – Wir Heimatlosen. Tagebuch 1989–1992. 1992. – Saturn auf der Sonne. 1994. – Kunst des Schattenspiels. 1994 bis 1997. 1997. – Jan Lobel aus Warschau. 2001.

Rist, Johann, 8. 3. 1607 Ottensen – 31. 8. 1667 Wedel bei Hamburg. Der aus einem protestantischen Pfarrhaus stammende R. besuchte das Gymnasium in Hamburg und Bremen und studierte von 1626 bis etwa 1631 in Rostock und Rinteln Theologie, beschäftigte sich aber auch mit Medizin und den Naturwissenschaften. 1635 wurde er als Pastor nach Wedel berufen. Hier blieb er bis zu seinem Tod. Das Amt in dem kleinen Städtchen gab ihm die Muße für seine literarischen und empirisch-naturwissenschaftlichen Interessen. Mit seiner ersten Gedichtsammlung *Musa Teutonica* führte er die regeltreue dt. Kunstdichtung opitzianischer Prägung in den niederdt. Sprachraum ein; zahlreiche weitere Sammlungen weltlicher und später v. a. geistlicher Gedichte und Lieder verschafften ihm beträchtlichen Ruhm: 1646 Dichterkrönung, 1647 Erhebung in den persönlichen Adelsstand und Aufnahme in die »Fruchtbringende Gesellschaft«, 1653 Erhebung zum Kaiserlichen Pfalzgrafen, 1658 Gründung einer eigenen Sprachgesellschaft (»Elbschwanorden«). Seine Dramen zeigen den Einfluss der Wanderbühne; drei haben den Dreißigjährigen Krieg zum Gegenstand, den sie als Strafe Gottes deuten. Den Dingen der Erfahrungswelt wenden sich die sechs so genannten *Monatsgespräche* zu (Das AllerEdelste [...]), belehrende Gespräche über verschiedene Erscheinungen der Natur und des menschlichen Erfindungsgeists: eine bedeutende kulturgeschichtliche Informationsquelle.

Werke: Irenaromachia. 1630. [Mit Ernst Stapel.] – Musa Teutonica. 1634. – Perseus. 1634. – Poetischer Lust-Garte. 1638. – Himlische Lieder. 1641–42. – Des Daphnis aus Cimbrien Galathee. 1642. – Poetischer Schauplatz. 1646. – Das Friedewünschende Teutschland. 1647. – Der Adeliche Hausvatter. 1650. [Nach Tasso: Il padre di famiglia, 1580.] – Des Edlen Dafnis aus Cimbrien besungene Florabella. 1651. – Sabbahtische Seelenlust. 1651. – Neüer Teutscher Parnass. 1652. – Das Friedejauchtzende Teutschland. 1653. – Geistlicher Poetischer Schriften Erster[–Dritter] Theil. 1657–59. – Das AllerEdelste Nass der gantzen Welt. 1663. – Das

AllerEdelste Leben der gantzen Welt. 1663. – Die AllerEdelste Tohrheit Der gantzen Welt. 1664. – Die AllerEdelste Belustigung Kunst- und Tugendliebender Gemühter. 1666. – Die alleredelste Erfindung Der Gantzen Welt. 1667. – Die alleredelste Zeit-Verkürtzung Der Gantzen Welt. 1668.

Ausgabe: Sämtliche Werke. Hrsg. von Eberhard Mannack. Berlin / New York 1967 ff.

Rollenhagen, Gabriel, 22. 3. 1583 Magdeburg – um 1619 ebd. Der Sohn Georg Rollenhagens studierte nach seiner Magdeburger Schulzeit Jura in Leipzig (1602–04) und Leiden (1605) und erhielt danach eine Stelle als Vikar, seit 1613 als Pronotar am Magdeburger Domkapitel. Er unterhielt Beziehungen zu namhaften Humanisten wie Janus Gruter und Daniel Heinsius und veröffentlichte u. a. Sammlungen neulat. Lyrik, ein erfolgreiches zweibändiges Emblembuch und eine häufig aufgelegte Lukianübersetzung mit Erzählungen von phantastischen Reisen. Mit *Amantes amentes* gelang ihm eine burleske, nicht durch Moralisieren angekränkelte dt. Liebeskomödie (Knittelverse), die auf zwei sozialen Ebenen spielt und diese auch in der Sprache (Hochdt./Niederdt.) sichtbar macht.

Werke: Vier Bücher Wunderbarlicher biß daher vnerhörter / vnd vngleublicher Indianischer reysen / durch die Lufft / Wasser / Land / Helle / Paradiß / vnd den Himmel. 1603. – Iuvenilia. 1606. – Amantes amentes. Das ist Ein sehr Anmutiges Spiel von der blinden Liebe. 1609. – Nucleus Emblematum selectissimorum. 1611–1613. – Novorum Epigrammatum libellus. 1619.

Rollenhagen, Georg, 22. 4. 1542 Bernau bei Berlin – 13. 5. 1609 Magdeburg. Der aus einer Tuchmacher- und Bierbrauerfamilie stammende R. erhielt eine umfassende humanistische Ausbildung an der Universität Wittenberg, wo er auch naturwissenschaftliche und medizinische Vorlesungen besuchte. Nach der Magisterpromotion (1567) wurde er zunächst Prorektor, dann 1575 Rektor des Magdeburger Gymnasiums. Daneben wirkte er von 1573 bis zu seinem Tod als Prediger am Stift St. Sebastian. Sein literarisches Hauptwerk ist der *Froschmeuseler*, ein großes satirisch-didaktisches Tierepos (3 Bücher, rund 20 000 Reimpaarverse), das die antike Vorlage – ein Homers *Ilias* parodierendes Kleinepos (*Batrachomyomachia*) – zu einem umfassenden Bild des menschlichen Lebens und der zeitgenössischen Wirklichkeit des Jahrhunderts der Reformation ausgestaltet. Auf seinen Lehrberuf verweisen dt. Schuldramen nach biblischen Stoffen, Terenzerläuterungen, lat. Teilübersetzungen – jeweils drei Bücher – der Epen Homers u. a. Daneben schrieb er eine Reihe gereimter dt. Jahreschroniken.

Werke: Abraham. 1569. – Homeri Iliadis. Lib. I, II et VI. 1573. – Tobias. 1576. – Der Hinckende Both. 1589. – Der post Reutter. 1590. – Vom reichen Man / vnd armen Lazaro. 1590. – Alte Newe Zeitung Von der Welt Lauff. 1592. – Terentius. Wie des Terentij sechs Lateinische Comoedien angeordent / vnd [...] zugleich sein gespielet worden. 1592. – Froschmeuseler. 1595. – Homeri Odyssae Lib. I, II, III. 1610.

Ausgabe: Froschmeuseler. Hrsg. von Dietmar Peil. Frankfurt a. M. 1989.

Rompler von Löwenhalt, Jesaias (auch: Rumpler v. L.; Pseud.: Wahrmund von der Tannen), getauft 18. 6. 1605 Dinkelsbühl – nach dem 7. 7. 1674 Mömpelgard bzw. Montbéliard. Der Sohn eines lutherischen Handelsmanns und Lebküchners besuchte die Universitäten Altdorf (1626), Tübingen (Magister artium 1628) und seit 1628 Straßburg; das hier begonnene Jurastudium blieb ohne Abschluss. Gefördert von verschiedenen Adelsfamilien im Umkreis Straßburgs – er selbst nahm 1642 den Adelstitel seiner ursprünglich aus Österreich stammenden Familie wieder an –, erhielt er verschiedene Anstellungen am badischen und württembergischen Hof, zuletzt in Mömpelgard. Er stand der neuen höfischen Kultur kritisch gegenüber und vertrat humanistische, patriotische und stadtbürgerliche Positionen, aus denen heraus er den politischen und sittlichen Verfall beklagte und zu tugendhafter Lebensführung aufrief. Dialekteinschläge, Archaismen, etymologische Spekulationen und orthographische Experimente geben seinem Werk eine Randstellung, die sich auch in seiner freien Haltung gegenüber den Forderungen der Opitzschen Prosodie äußert. 1633 gründete er mit Gleichgesinnten in Straßburg die »Aufrichtige Gesellschaft von der Tannen«.

Werk: Des Jesaias Romplers von Löwenhalt erstes gebüsch seiner Reim-getichte. 1647.

Ausgabe: Erstes gebüsch seiner Reim-getichte. 1647. Mit einem Nachwort, Kommentaren und bibliographischem Anhang hrsg. von Wilhelm Kühlmann und Walter E. Schäfer. Tübingen 1988.

Rosegger, Peter, 31. 7. 1843 Alpl (Steiermark) – 26. 6. 1918 Krieglach (Steiermark). R. war der älteste Sohn eines Bergbauern. Er erhielt keine systematische Schulbildung, erlernte 1860–63 das Schneiderhandwerk und bildete sich durch Lesen autodidaktisch weiter. Ein Redakteur der *Grazer Tagespost* vermittelte ihm eine Buchhandelslehre in Laibach (1864). 1865–69 besuchte er die Akademie für Handel und Industrie in Graz. Erste Erfolge und Stipendien erleichterten ihm den Entschluss, sich als freier Schriftsteller zu versuchen. Mit Gustav Heckenast in Prag fand er einen angesehenen Verleger für seine Dorfgeschichten und andere Werke sowie einen liberal gesinnten Mentor. Reisen führten ihn 1870 bzw. 1872 nach Deutschland, in die Niederlande, die Schweiz und nach Italien. 1867 besuchte er A. Stifter. Das umfangreiche erzählerische Werk R.s kreist fast ausschließlich um die Welt seiner Heimatlandschaft und seine idealisierend und archaisierend gezeichnete bäuerliche Gesellschaft. Viele Geschichten erzählen in verklärender Rückschau von der Kindheit in der Waldeinsamkeit. Die Idealisierung des ländlichen Daseins verbindet sich in der Tradition der Dorfgeschichten B. Auerbachs mit aufklärerisch-volkserzieherischen Absichten. Politisch stand R. den Sozialdemokraten nahe; er war Pazifist. Auf die Zerstörung der Bauernkultur und die Vernichtung der Waldlandschaft reagierte er später mit einer (für Missbrauch offenen) Ideologie von Heimat und Bauerntum. Zahlreiche Ehrungen (u. a. Doktorate) im In- und Ausland unterstrichen nach der Jahrhundertwende sein großes Ansehen.

Werke: Zither und Hackbrett. 1870. – In der Einöde. 1872. – Die Schriften des Waldschulmeisters. 1875. – Volksleben in Steiermark. 1875. – Waldheimat. 1877. – Jakob der Letzte. 1889. – Idyllen aus einer untergehenden Welt. 1899. – Erdsegen. 1900. – Als ich noch der Waldbauernbub war. 1900–02. – Weltgift. 1903. – Gesammelte Werke. 40 Bde. 1913–16.

Ausgabe: Gesammelte Werke. Hrsg. von Jost Perfahl. München 1989.

Rosei, Peter, * 17. 6. 1946 Wien. R. studierte Jura in Wien (Dr. jur. 1968) und arbeitete als Sekretär des Malers Ernst Fuchs und als Verlagsleiter. Seit 1972 lebt er als freier Schriftsteller (Wien, 1975 Bergheim bei Salzburg, seit 1981 wieder Wien). Seine frühen Prosawerke sind düstere Parabeln in der Nachfolge Kafkas. Die ausgedehnten Landschaftsbeschreibungen in diesen Werken haben die Funktion, die Psyche der Figuren sichtbar zu machen; der *Entwurf für eine Welt ohne Menschen* stellt die Vision einer Aufhebung der Spaltung von Subjekt und Objekt dar. Fragen der Identität werfen die Aufzeichnungen eines drogensüchtigen Ich-Erzählers im Roman *Wer war Edgar Allen?* auf. Auch das Erzählen von einer (durch gelegentlichen Drogenhandel finanzierten) Motorradreise eines jungen Mannes in *Von hier nach dort* konzentriert sich v. a. auf die Darstellung des Inneren des Helden, seine Gedanken, Stimmungen, Visionen. R.s größtes Projekt besteht aus einem Zyklus von sechs Büchern (*Komödie*, *Mann & Frau*, *15 000 Seelen*, *Die Wolken*, *Der Aufstand*, *Unser Landschaftsbericht*), die in einer Fülle von Figuren und Episoden ein breites Spektrum menschlicher Lebensformen und Konstellationen des Zusammenlebens bzw. der Liebe entwerfen.

Werke: Landstriche. Erzählungen. 1972. – Bei schwebendem Verfahren. 1973. – Wege. 1974. – Entwurf für eine Welt ohne Menschen. Entwurf zu einer Reise ohne Ziel. 1974. – Der Fluß der Gedanken durch den Kopf. Logbücher. 1976. – Wer war Edgar Allen? 1977. – Von hier nach dort. 1978. – Chronik der Versuche, ein Märchenerzähler zu werden. 1979. – Regentagstheorie. 59 Gedichte. 1979. – Das Lächeln des Jungen. 59 Gedichte. 1979. – Das schnelle Glück. 1980. – Die Milchstraße. 1981. – Versuch, die Natur zu kritisieren. 1982. – Reise ohne Ende. Aufzeichnungsbücher. 1983. – Komödie. 1984. – Mann & Frau. 1984. – 15 000 Seelen. 1985. – Die Wolke. 1986. – Der Aufstand. 1987. – Unser Landschaftsbericht. 1988. – Rebus. 1990. – Der Mann, der sterben wollte samt einer Geschichte von früher. 1991. – Fliegende Pfeile. Aus den Reiseaufzeichnungen. 1993. – Beiträge zu einer Poesie der Zukunft. Grazer Poetikvorlesung. 1995. – Persona. 1995. – Verzauberung. 1997. – Viel früher. Gedichte aus 20 Jahren. 1998. – Liebe & Tod. 2000. – St. Petersburg, Paris, Tokyo … 2000. – Album von der traurigen und glücksstrahlenden Reise. 2002. – Wien. Metropolis. 2005.

Rosendorfer, Herbert, * 19. 2. 1934 Gries bei Bozen. R. wuchs in Südtirol, München (seit 1939) und Kitzbühel (1943–48) auf, besuchte nach dem Abitur vorübergehend die Kunstakademie in München (1954) und studierte dann von 1955 an Jura. Nach dem zweiten Staatsexamen (1963) und Referendariat arbeitete er seit 1966 als Staatsanwalt, dann als Amtsrichter in München. Von 1993 bis 1997 war er Richter am Oberlandesgericht in Naumburg. Er lebt heute in der Nähe von Bozen. R.s vielseitiges und häufig unterhaltsames Werk umfasst Erzählungen, Romane, Hör- und Fernsehspiele, dramatische Versuche und zahlreiche essayistische Beiträge (nicht zuletzt über Musik). Sein erster Roman, *Der Ruinenbaumeister*, lässt bereits einige grundlegende Züge seiner Erzählkunst deutlich werden: Fabulierlust, eine Neigung zum Phantastischen und Skurrilen, eine lockere Rahmenhandlung, die Raum bietet für eine Fülle von Geschichten und Episoden. Später treten die phantastischen Elemente zurück; gleichwohl bleibt eine Neigung zum Grotesken. Daneben spielen satirische

Elemente eine größere Rolle; die traditionelle Form der satirischen Verfremdung durch den ›naiven‹ Blick von außen nutzt R. in den *Briefen in die chinesische Vergangenheit* zu einer Kritik der Gegenwart und des Fortschrittsdenkens. Ziel seiner Satire sind aber auch Geheimdienst bzw. Geheimdienstroman (*Das Messingherz*) oder – naheliegend – der Stand der Juristen. Mit Nachdruck setzt sich R. in Romanen wie *Vier Jahreszeiten im Yrwental* oder *Die Nacht der Amazonen* mit der nationalsozialistischen Vergangenheit auseinander.

Werke: Die Glasglocke. 1966. – Der Ruinenbaumeister. 1969. – Der stillgelegte Mensch. 1970. – Deutsche Suite. 1972. – Großes Solo für Anton. 1976. – Stephanie und das vorige Leben. 1977. – Das Messingherz. 1979. – Eichkatzelried. Geschichten aus Kindheit und Jugend. 1979. – Ball bei Thod. 1980. – Ballmanns Leiden oder Lehrbuch für Konkursrecht. 1981. – Vorstadt-Miniaturen. 1982. – Briefe in die chinesische Vergangenheit. 1983. – Die bayerische Götterdämmerung. König Ludwig II. von Bayern und die echte Wahrheit über das Neuschwanstein-Komplott. 1986. – Vier Jahreszeiten im Yrwental. 1986. – ... ich geh zu Fuß nach Bozen. Erzählungen und Essays. 1988. – Die Nacht der Amazonen. 1989. – Don Ottavio erinnert sich. Unterhaltungen über richtige Musik. 1989. – Don Ottavio ergibt sich. Musikalische Schriften. 1989. – Rom. Eine Einladung. 1990. – Die Goldenen Heiligen oder Columbus entdeckt Europa. 1992. – Ein Liebhaber ungerader Zahlen. Eine Zeitspanne. 1994. – Absterbende Gemütlichkeit. Zwölf Geschichten vom Mittelpunkt der Welt. 1996. – Die große Umwendung. Neue Briefe in die chinesische Vergangenheit. 1997. – Die Schönschreibübungen des Gilbert Hasbrubal Koch. 1999. – Kadon, ehemaliger Gott. 2001. – Die Kellnerin Anni. 2001. Erw. Ausg. 2004.

Rosenplüt, Hans (auch: H. Rosenblüt; H. Schnepperer), um 1400 – 1460 Nürnberg. Der wohl aus dem Fränkischen stammende R. kam 1426 nach Nürnberg und erwarb das Bürgerrecht. Seit Ende der 20er-Jahre nahm er den Namen Schnepper bzw. Schnepperer an. Ursprünglich Meister im Handwerk der Panzerhemdmacher, wurde er später Messinggießer; 1444 bestellte ihn die Stadt zum

Büchsenmeister. R. ist der erste bekannte Handwerkerdichter. Sein Werk umfasst Fastnachtsspiele, Reimpaarsprüche, Lieder und verschiedene literarische Kleinstformen wie Priameln oder Wein- und Biergrüße. Von den 55 Fastnachtsspielen, die aus R.s Umkreis bekannt sind, lässt sich ihm mit Sicherheit nur eines zuschreiben (*Des Künig von Engellant Hochzeit*, 1441), da Anonymität zu den Merkmalen der Gattung gehört. Vor allem handelt es sich um Bauernspiele; politische und zeitkritische Akzente setzt *Des Türken Vasnacht* (1456). Die Mären R.s haben meist schwankhaften Charakter mit der üblichen erotischen Thematik. Seine Sprüche behandeln moralische und politische Fragen aus der Perspektive des selbstbewussten Stadtbürgers.

Ausgaben: Reimpaarsprüche und Lieder. Hrsg. von Jörn Reichel. Tübingen 1990. – Fastnachtsspiele aus dem 15. Jh. Hrsg. von Adelbert v. Keller. 3 Tle. Stuttgart 1853. – Die deutsche Märendichtung des 15. Jh.s. Hrsg. von Hanns Fischer. München 1966.

Rosner, Ferdinand, 26. 7. 1709 Wien – 14. 1. 1778 Ettal. Der Sohn eines kaiserlichen Beamten trat nach seiner Gymnasialausbildung 1726 in das Benediktinerkloster Ettal ein, studierte dann Theologie und Jura in Salzburg (Dr. jur. 1733) und wurde 1734 in Freising ordiniert. Danach lehrte er als Professor der Poesie und Rhetorik in Ettal und am Lyzeum in Freising und fungierte zeitweise als Präses der Marianischen Kongregation. Seine lat. Dichtung – Gelegenheitsgedichte, etwa 40 Schuldramen – sind dem humanistischen Schulbetrieb verpflichtet. Daneben stehen dt. religiöse Lieder, Predigten, Übersetzungen eigner Dramen und v. a. die Neufassung des *Oberammergauer Passionsspiels* für das Jahr 1750 (*Bitteres Leyden, Obsiegender Todt, und Glorreiche Auferstehung des Eingefleischten Sohn Gottes*), das die Traditionen des Jesuitentheaters mit denen des dt. Volksschauspiels verbindet. R. verwendet die oberdt. Literatursprache (paarweise gereimte Alexandriner, vierhebige Jamben und andere Versmaße) und gliedert sein Werk in neun »Abhandlungen«, denen er »Betrachtungen« mit »Vorstellungen« (Präfigurationen aus dem AT als lebende Bilder) vorausgehen lässt.

Werke: Post nubila Phoebus. 1763. Dt. Übers.: Die nach trüben Unglückswolken [...] schimmernde Freudensonne. 1763. – Vindicta gloriosa Sive Fronto Hisspaniarum rex. 1764. Dt. Übers.: Ruhmwürdige Rache / Oder Fronto König in Spanien. 1764.
Ausgaben: Passio nova. Das Oberammergauer Passionsspiel von 1750. Hist.-krit. Ausg. Hrsg. von Stephan Schaller. Bern 1974. – Lieder, Predigten, Dramen. Eine Auswahl. Hrsg. von S. Schaller. Amsterdam/Maarsen 1989.

Roth, Eugen, 24. 1. 1895 München – 28. 4. 1976 ebd. Der Sohn eines Münchner Journalisten meldete sich nach dem Abitur 1914 freiwillig und wurde noch im selben Jahr bei Ypern schwer verwundet. Danach studierte er in München Germanistik, Geschichte und Kunstgeschichte und promovierte 1922 mit einer Arbeit über den Göttinger Hainbund. Er lebte bis zu seinem Tod in München, bis 1933 als Redakteur bei den *Münchner Neuesten Nachrichten*, danach als freier Schriftsteller. Nach frühen expressionistischen Gedichtbänden und einigen Erzählungen hatte R. mit seinen besinnlich-heiteren »Mensch«-Gedichten seit den 30er-Jahren großen und anhaltenden Erfolg. Es sind meist kurze Gedichte, die mit den Worten »Ein Mensch« beginnen und in humoristischer Form und nicht ohne Hintergründigkeit Lebensweisheiten formulieren. Sie zielen auf die Bewältigung des privaten Alltagslebens, kennen keine heroischen Gesten, sind unpathetisch und bei aller Komik von einer eher pessimistischen Grundstimmung getragen. Es besteht eine Verwandtschaft zu W. Busch.

Werke: Die Dinge, die unendlich uns umkreisen. 1918. – Erde, der Versöhnung Stern. 1921. – Der Ruf. Vaterländische Sonette. 1923. – Monde und Tage. 1929. – Ein Mensch. Heitere Verse. 1935. – Die Fremde und andere Erzählungen. 1935. – Die Frau in der Weltgeschichte. 1936. – Das große Los. 1938. Später u. d. T.:

Vom Lotto zum Toto. 1953. – Der Wunderdoktor. Heitere Verse. 1939. – Abenteuer in Banz. 1943. – Mensch und Unmensch. Heitere Verse. 1948. – Eugen Roths Tierleben für jung und alt. 1948. – Gute Reise! Heitere Verse. 1954. – Neue Rezepte vom Wunderdoktor. 1959. – Lebenslauf in Anekdoten. 1962. – Der letzte Mensch. 1964. – Ins Schwarze. Limericks und Schüttelreime. 1968. – Erinnerungen eines Vergeßlichen. Anekdoten und Geschichten. 1972.

Ausgabe: Sämtliche Werke. 5 Bde. München 1977.

Roth, Friederike, * 6. 4. 1948 Sindelfingen. R. studierte von 1968 an Linguistik und Philosophie an der Universität Stuttgart und promovierte 1975 mit einer Arbeit über die Ästhetik Georg Simmels. Anschließend war sie bis 1979 Dozentin für Anthropologie und Soziologie an der Fachhochschule Esslingen. Seitdem arbeitet sie als Hörspieldramaturgin beim Süddeutschen Rundfunk (bzw. Südwestrundfunk) in Stuttgart. Ihre literarischen Arbeiten – Erzählungen, Lyrik, lyrisch gestimmte Dramen – leben von der Spannung zwischen Wirklichkeit und Vorstellung; dabei verweisen die individuellen Probleme auf gesellschaftliche. Ausgangspunkt ist – nach ersten, der konkreten Poesie nahestehenden Experimenten mit dem Sprachmaterial selbst – ihr Interesse am »Entstehen von Sprachwelten« (R.), an den Beziehungen zwischen Sprachkonventionen und Wirklichkeit. Sichtbar gemacht werden sie vorwiegend am Verhältnis der Geschlechter und der Rolle der Frau in einer abweisenden Gesellschaft (z. B. in den Dramen *Klavierspiele*, *Ritt auf die Wartburg*, *Das Ganze ein Stück*). Dass auch die Satire nicht fehlt, zeigt der Blick auf die Kulturwelt in dem Stück *Erben und Sterben*. R. vertritt weder einen kämpferischen Feminismus noch formuliert sie utopische Programme; der Denkanstoß geht von der Entgegenstellung von Hoffnungen, Projektionen, Erwartungen und den Realitätserfahrungen aus.

Werke: minimal-erzählungen. 1970. – Tollkirschenhochzeit. 1978. – Ordnungsträume. Eine Erzählung. 1979. – Klavierspiele. 1980. – Ritt auf die Wartburg. 1981. – Schieres Glück. 1981. – Das

Buch des Lebens. Ein Plagiat. Erste Folge: Liebe und Wald. 1983. – Die einzige Geschichte. 1983. – Krötenbrunnen. 1984. – Nachtgewitter. 1984. – Das Ganze ein Stück. 1986. – Schattige Gärten. 1987. – Erben und Sterben. 1992. – Wiese und Macht. Ein Gedicht. 1993.

Roth, Gerhard, * 24. 6. 1942 Graz. Der Sohn eines Arztes studierte zunächst Medizin, dann Mathematik und arbeitete anschließend bis 1976 als Programmierer und Organisationsleiter im Rechenzentrum Graz. Seitdem lebt er als freier Schriftsteller in Obergreith (Steiermark) und in Wien. Er gehört zum Kreis der Autoren um das Grazer Forum Stadtpark (»Grazer Gruppe«) und die Zeitschrift *manuskripte*. R.s frühe Romane kreisen um das Problem der Wahrnehmung der Wirklichkeit bzw. um das Problem, der Fülle der Wahrnehmungen Herr zu werden und sie zu objektivieren. Sie zeigen die Folgen für das wahrnehmende Subjekt (Krankheit, Zerfall der Welt in fragmentarische Eindrücke, die Vergeblichkeit der Sinnsuche). Sein Hauptwerk ist der Romanzyklus *Die Archive des Schweigens*, angeregt durch seinen Umzug in das kleine steiermärkische Dorf Obergreith. Er entdeckte hier einen literarischen Kontinent, den er mit all seinen fremden, archaischen und mörderischen Zügen erforschte und mit großer Phantasie zu einem großen Weltentwurf jenseits des traditionellen rationalen, kausalen und geschichtlichen Denkens gestaltete. Im Zentrum des siebenteiligen Werkes (1980–91: ein Bildtextband, vier Romane, ein »Bericht«, ein Essayband) steht der Roman *Landläufiger Tod*, ein Buch, das konventionelle Formerwartungen negiert und mit Hilfe eines außergewöhnlichen Ich-Erzählers und Geschichtenerfinders eine andere Wirklichkeit hinter der alltäglichen zu evozieren sucht.

Die Affinität zu Strukturen des Kriminalromans in frühen Werken R.s wird in seinen Romanen *Der See* und *Der Plan* aufs neue fruchtbar, der erste ein kolportagehaftes Konglomerat von Vater-Sohn-Geschichte, Identitätssuche,

Politik, Naturgeschichte und Verbrechen, der zweite eine Verbindung von kriminellen Verwicklungen um eine Mozart-Partitur, Reiseroman und (vergeblicher) existentieller Suche nach der Bestimmung in der Welt. Diese beiden Romane sind Teile eines erneut auf sieben Teile geplanten Erzählzyklus mit dem Arbeitstitel *Der Orkus*. Weitergeführt wird er mit den Reiseromanen *Der Berg* und *Der Strom*, wobei es jeweils wieder – in der Mönchsrepublik Athos und in Ägypten – um die Aufklärung einer mörderischen bzw. kriminellen Vergangenheit geht. Der fünfte Roman der Serie, *Das Labyrinth*, ist ein Verwirrspiel mit dem Thema ›Wahn und Wirklichkeit‹, das den Brand in der Wiener Hofburg 1992 zum Ausgangspunkt nimmt.

Werke: die autobiographie des albert einstein. 1970. – Der Ausbruch des Ersten Weltkrieges und andere Romane. 1972. – Der Wille zur Krankheit. 1973. – Der große Horizont. 1974. – Ein neuer Morgen. 1976. – Winterreise. 1978. – Menschen Bilder Marionetten. Prosa Kurzromane Stücke. 1979. – Der Stille Ozean. 1980. – Circus Saluti. 1981. – Das Töten des Bussards. 1982. – Die schönen Bilder beim Trabrennen. 1982. – Lichtenberg. Sehnsucht. Dämmerung. Stücke. 1983. – Landläufiger Tod. 1984. – Dorfchronik zum ›Landläufigen Tod‹. 1984. – Erinnerungen an die Menschheit. Stück, zusätzliche Texte, Prosa. 1985. – Am Abgrund. 1986. – Franz Lindner und er selber. 1987. – Der Untersuchungsrichter. Die Geschichte eines Entwurfs. 1988. – Im tiefen Österreich. 1990. – Die Geschichte der Dunkelheit. Ein Bericht. 1991. – Eine Reise ins Innere von Wien. 1991. – Der See. 1995. – Der Plan. 1998. – Der Berg. 2000. – Die Archive des Schweigens. 2 Bde. 2002. [Gesamtausgabe.] – Der Strom. 2002. – Das Labyrinth. 2005.

Roth, Joseph, 2. 9. 1894 Brody (Galizien) – 27. 5. 1939 Paris. Nach dem Besuch der jüdischen Gemeindeschule und des dt. Gymnasiums in Brody (1905–13) studierte der Sohn eines chassidischen Juden Germanistik und Philosophie in Lemberg und Wien. 1916–18 war er Soldat in Galizien und kehrte Ende 1918 nach Wien zurück. Er schrieb für Zeitungen in Wien, Berlin, Prag und Frankfurt; für das Feuilleton der *Frankfurter Zeitung* unternahm er verschiedene Reisen (Frankreich, Sowjetunion, Albanien, Italien, Polen). 1933 emigrierte er nach Paris, hielt sich aber auch längere Zeit in Amsterdam und Ostende auf. Nach einer Reihe von Zeitromanen im Umkreis der Neuen Sachlichkeit, beginnend mit dem 1923 nur als Zeitungsroman erschienenen *Spinnennetz* und mit *Hotel Savoy*, erzielte R. seinen literarischen Durchbruch mit *Hiob*, einem Roman der Heimatlosigkeit und der Glaubenskrise. R. erzählt vom Leben und von den Prüfungen Mendel Singers und von der sich allmählich auflösenden Welt des galizischen Judentums. Den Blick zurück teilt dieses Werk mit den folgenden Romanen *Radetzkymarsch* und *Die Kapuzinergruft*, die die Abwendung von der unmittelbaren Zeitgeschichte fortsetzen: Die Geschichte der Familie von Trotta von der Schlacht von Solferino (1859) bis zum »Anschluss« Österreichs an das Deutsche Reich wird zu einem von Melancholie geprägten Abgesang auf die Donaumonarchie. Zugleich stilisiert R. hier wie in späteren Erzählungen die alte Ordnung zu einem Gegenbild der herrschenden Barbarei.

Werke: Hotel Savoy. 1924. – Flucht ohne Ende. 1927. – Juden auf Wanderschaft. 1927. – Zipper und sein Vater. 1928. – Rechts und Links. 1929. – Hiob. Roman eines einfachen Mannes. 1930. – Radetzkymarsch. 1932. – Das falsche Gewicht. 1937. – Die Kapuzinergruft. 1938. – Die Geschichte von der 1002. Nacht. 1939. – Die Legende vom heiligen Trinker. 1939. – Der Leviathan. 1940.
Ausgabe: Werke. Hrsg. von Fritz Hackert und Klaus Westermann. 6 Bde. Köln 1989–91.

Rothmann, Ralf, * 10. 5. 1953 Schleswig. Der Sohn eines Bergarbeiters wuchs in einem jetzt zu Oberhausen gehörenden Dorf auf und absolvierte nach der Volksschule eine Maurerlehre. Anschließend arbeitete er als Koch, Krankenpfleger und Drucker. Seit 1976 lebt er als freier Schriftsteller in Berlin. Er debütierte mit dem Gedichtband *Kratzer*, der den Beifall der Kritik fand und bereits wichtige Themen seiner späteren Prosawerke anschlägt:

repressive Familienstrukturen, starre Rollenbilder von Mann und Frau, Versuche, sich aus dieser Welt der Unterdrückung und der Gewalt zu befreien. So handeln seine ersten Erzählungen *Messers Schneide* und, auch die NS-Vergangenheit einbeziehend, *Der Windfisch* u. a. von den Folgen von fest gefügten, auf männlicher Dominanz (und Gewalt) basierenden Geschlechterrollen und Individualität verweigernden Familienstrukturen oder vom vergeblichen Versuch der Befreiung und Selbstfindung durch eine Reise in die exotische Ferne. R.s zentrales Werk der 90er-Jahre ist die sog. Ruhrgebiets-Trilogie mit den Romanen *Stier*, *Wäldernacht* und *Milch und Kohle*, mit der R. in die Landschaft seiner Kindheit und Jugend zurückkehrt und zugleich ein dichtes Bild des proletarischen Kleinbürgertums in der Nachkriegszeit entwirft. Es sind Werke der Rekonstruktion und Erinnerung der Vergangenheit: durch den jetzt in Berlin lebenden Schriftsteller Kai Carlsen, der auf seine Loslösung von Maurerberuf und Elternhaus und den sexuellen Reifungsprozess (auf Kosten von zwei Frauen) zurückblickt und die Voraussetzungen des Schreibens reflektiert (*Stier*), durch den gescheiterten – da nicht malenden – Maler Jan Marrée, der für einen Tag in seine Heimatstadt zurückkommt und mit den Orten und Personen seiner Vergangenheit Elternhaus, Schule und Kirche als Instrumente gesellschaftlicher Repression erinnert (*Wäldernacht*), durch den zum Begräbnis seiner Mutter in seinen Heimatort zurückkehrenden erfolgreichen Schriftsteller Simon, der auf seine Jugend und die Geschichte seiner Eltern zurückschaut und dabei zugleich den Strukturwandel im Revier sichtbar macht (*Milch und Kohle*). Mit dem Roman *Junges Licht*, einer sensiblen Entwicklungsgeschichte mit religiösem Hintersinn, evoziert R. noch einmal die Welt seiner Kindheit und Jugend. Menschen auf der Suche nach Glück und Liebe, Schilderungen von Begebenheiten des Alltags und ihrer verborgenen Wunder verbinden sich in den Erzählungen des Bandes *Ein Winter unter Hirschen* zu einem facettenreichen Bild der gesellschaftlichen Wirklichkeit. Entwicklungs- und Selbstfindungsgeschichten wie die früheren Romane erzählen auch die Romane *Hitze*, die in Berlin und Polen spielende Geschichte eines ehemaligen Kameramannes, der schließlich zur inneren Ruhe findet, und *Flieh, mein Freund!*, in dem R. den Eltern-Kind-Konflikt nun auf das Versagen der in den 50er-Jahren geborenen Elterngeneration bezieht.

Werke: Kratzer. 1984. Erw. Neuausg. u. d. T.: Kratzer und andere Gedichte. 1987. – Messers Schneide. 1986. – Der Windfisch. 1988. – Stier. 1991. – Wäldernacht. 1994. – Berlin Blues. Ein Schauspiel. 1997. – Flieh, mein Freund! 1998. – Milch und Kohle. 2000. – Gebet in Ruinen. Gedichte. 2000. – Ein Winter unter Hirschen. 2001. – Hitze. 2003. – Junges Licht. 2004. – Rehe am Meer. Erzählungen. 2006.

Rubiner, Ludwig, 12. 7. 1881 Berlin – 26. 2. 1920 ebd. Der Sohn eines Schriftstellers ostjüdischer Herkunft studierte 1902–06 Musikwissenschaft, Kunstgeschichte, Philosophie und Germanistik in Berlin, nahm Verbindung zur »Neuen Gemeinschaft« der Brüder Hart auf und lernte dabei Gustav Landauer und E. Mühsam kennen. Er veröffentlichte in den führenden expressionistischen Zeitschriften und entwickelte Vorstellungen von einer Politisierung der Literatur und eines entschiedenen Pazifismus. 1912 ging er nach Paris, 1915 in die Schweiz, aus der er wegen seiner (idealisierenden) Haltung zur russ. Revolution 1918 ausgewiesen wurde. In Berlin beteiligte er sich an der Gründung eines »Proletarischen Theaters«; 1919 wurde er Lektor bei Kiepenheuer in Potsdam. In seinen Gedichten, dramatischen Versuchen, Manifesten und Essays vertrat er einen aktivistischen Expressionismus und propagierte mit (von den Dadaisten karikiertem) missionarischem Pathos eine Geistesrevolution und stellte dem bürgerlich-dekadenten Kapitalismus die Befreiung und Erlösung durch die radikaldemokratische Utopie einer führerlosen Revolution durch den »heiligen Mob« entgegen.

Werke: Die indischen Opale. 1911. – Kriminal-Sonette. 1913. [Mit Friedrich Eisenlohr und Livingstone Hahn.] – Das himmlische Licht. 1916. – Der Mensch in der Mitte. Betrachtungen. 1917. – Die Gewaltlosen. 1919. – Kameraden der Menschheit. Dichtungen zur Weltrevolution. 1919. [Hrsg.]

Rudolf von Ems, Epiker des 13. Jh.s. Das Werk des aus Hohenems in Vorarlberg stammenden Dichters, Ministeriale der Grafen von Montfort, ist etwa zwischen 1220 und 1250/55 entstanden. Obwohl sich R. stilistisch an der klassischen mhd. Dichtung orientierte, ging er in der Wahl seiner Stoffe und seinem didaktischen und gelehrten Anspruch eigene Wege. Seine frühesten Werke, *Der guote Gêrhart* (um 1220–25) und *Barlaam und Josaphat* (um 1225), sind Exempelerzählungen. Dabei ist es ein Novum in der mittelalterlichen Dichtung, dass im *Guten Gêrhart* ein Kaufmann als Muster demütiger Gesinnung im Mittelpunkt der Geschichte steht. Höfische Idealität stellen die folgenden Romane dar. Den Charakter eines Fürstenspiegels trägt der fragmentarische *Alexander* (um 1230–40), der neben älteren dt. Alexanderdichtungen auch lat. Quellen benutzt und mit dem Sieg über die letzten Anhänger des Darius abbricht. Auch bei dem Minneroman *Willehalm von Orlens* (um 1235–40) handelt es sich um eine – wohl auf die Staufer bezogene – Fürstenlehre. Ausdrücklich staufischen Legitimationsinteressen dient die im Auftrag König Konrads IV. verfasste monumentale *Weltchronik* (Fragment, 33 346 Verse), der Augustins Weltalterlehre als Gliederungsschema zugrunde liegt. Es ist unklar, ob R. durch den Tod seines Auftraggebers (1254) veranlasst wurde, das Werk abzubrechen, oder ob er selbst auf dem Italienfeldzug Konrads ums Leben kam.

Ausgaben: Der guote Gêrhart. Hrsg. von John A. Asher. Tübingen ^{3}1989. – Barlaam und Josaphat. Hrsg. von Franz Pfeiffer. Leipzig 1843. Reprogr. Nachdr. hrsg. von Heinz Rupp. Berlin 1965. – Alexander. Hrsg. von Viktor Junk. 2 Bde. Leipzig 1928–29. Reprogr. Nachdr. Darmstadt 1970. – Willehalm von Orlens. Hrsg.

von Viktor Junk. Berlin 1905. 2., unveränd. Aufl. Dublin/Zürich 1967. – Weltchronik. Hrsg. von Gustav Ehrismann. Berlin 1915. 2., unveränd. Aufl. Dublin/Zürich 1967.

Rückert, Friedrich, 16. 5. 1788 Schweinfurt – 31. 1. 1866 Neuses bei Coburg. Der aus einer fränkischen Juristenfamilie stammende R. studierte 1805–09 Philologie in Würzburg und Heidelberg. 1811 promovierte er in Jena und hielt dort als Privatdozent Vorlesungen. Von 1812 an lebte er als Privatgelehrter, arbeitete zeitweise als Redakteur bei Cotta und lernte führende Literaten kennen. Nach einer Romreise (1817–18) studierte er in Wien bei Joseph v. Hammer-Purgstall orientalische Sprachen und ließ sich dann in Coburg nieder (1820–25). 1826–41 hatte er eine Professur für Orientalistik in Erlangen inne, 1841–48 lehrte er in Berlin, wobei er seinen Lehrverpflichtungen nur begrenzt nachkam. Von 1848 bis 1866 lebte R. auf seinem Landgut Neuses bei Coburg. R. war als Dichter und Übersetzer ungemein fruchtbar. Aus seinem lyrischen Schaffen (er brachte es auf weit über 10 000 Gedichte) ragen die 1812 entstandenen *Amaryllis*-Sonette und die *Geharnischten Sonette* von 1814 hervor. Das bedeutende nachromantische Spätwerk ist z. T. noch unveröffentlicht. Seine *Kindertodtenlieder*, 1833–34 nach dem Tod seiner beiden jüngsten Kinder entstanden, wurden erst postum gedruckt und blieben in der Vertonung Gustav Mahlers gegenwärtig. Seine großen metrischen Kenntnisse und Fertigkeiten bewies R. in zahlreichen Gedichten nach klassischen Versmaßen und in Nachbildungen orientalischer Formen (Ghasel). Eine Summe seines Denkens und seiner Lesefrüchte aus Orient und Okzident bietet das epigrammatische, großenteils in Alexandrinern gehaltene »Lehrgedicht in Bruchstücken« *Die Weisheit des Brahmanen*. Zahlreiche freie Nachdichtungen und Übertragungen von Texten aus dem Persischen, Arabischen und Indischen unterstreichen seine Bedeutung als Orientalist. Eine Napoleontrilogie aus der Zeit der Freiheitskriege und in den

40er-Jahren entstandene Dramen mit welthistorischem Anspruch zeigen seinen (hier eher fehlgeleiteten) dichterischen Ehrgeiz.

Werke: Deutsche Gedichte. 1814. – Napoleon. Politische Komödie. 1815–18. – Kranz der Zeit. 1817. – Oestliche Rosen. 1822. – Amaryllis. 1825. – Gesammelte Gedichte. 1834–38. – Die Weisheit des Brahmanen. 1836–39. – Saul und David. 1843. – Herodes der Große. 1844. – Kaiser Heinrich IV. 1844. – Christofero Colombo. 1845. – Hamâsa oder die ältesten arabischen Volkslieder. 1846. – Ein Dutzend Kampflieder für Schleswig-Holstein. 1863. – Kindertodtenlieder. Hrsg. von Marie Rückert. 1872. – Poetisches Tagebuch. 1888.
Ausgaben: Gesammelte poetische Werke. 12 Bde. Frankfurt a. M. 1867–69. [2]1882. – Ausgewählte Werke. Hrsg. von Annemarie Schimmel. 2 Bde. Frankfurt a. M. 1988. – Werke. Hist.-krit. Ausg. Hrsg. von Hans Wollschläger und Rudolf Kreutner. Göttingen 1998 ff.

Rühm, Gerhard, * 12. 2. 1930 Wien. Der Sohn eines Mitglieds der Wiener Philharmoniker bereitete sich zunächst auf eine Musikerlaufbahn vor und studierte Klavier und Komposition, wandte sich dann aber im Rahmen der von ihm mitbegründeten »Wiener Gruppe« der Literatur zu. 1964 zog er nach Berlin, 1972 übernahm er eine Professur für Graphik an der Kunsthochschule in Hamburg. Seit 1975 lebt er in Köln und Hamburg. Die frühen Werke R.s gehören zu den repräsentativen Texten der experimentellen Literatur der 50er- und 60er-Jahre. R. nimmt Anregungen der Dichtung des Expressionismus und des Dadaismus sowie der konkreten Poesie E. Gomringers auf. In betonter Abkehr von der herkömmlichen Literatur- und Formensprache ist die Materialität der Sprache Ausgangspunkt der experimentellen Poesie R.s. Sie ist gekennzeichnet durch eine Tendenz zur Reduktion und durch eine Überschreitung der traditionellen Grenzziehungen zwischen den verschiedenen Gattungen und Künsten (Lautgedichte, visuelle Texte, radiophone Texte und Hörspiele u. a.). Daneben zeigt sich vielfach ein (sprach)spielerischer Umgang mit überlieferten Formen, denen neue Möglichkeiten abgewonnen werden. Das gilt etwa für die Gedichte im Wiener Dialekt, die *Thusnelda Romanzen* oder die *dokumentarischen sonette*, die die alte Form mit ›dokumentarischem‹, d. h. aktuellem Zeitungsmaterial füllen und dabei noch eine Art von modernem Sonettenkranz entstehen lassen. Seit den 70er-Jahren verbinden sich die sprachanalytischen Ansätze R.s und seine Collagetechnik mit grundlegenden Themen des menschlichen Lebens in der Welt. Dazu gehört die Beschäftigung mit der Ökologie (*Wald – Ein deutsches Requiem*. WDR 1983), mit verschiedenen Wissenschaften, mit der christlichen Mystik, mit dem Kosmos.

Werke: hosn rosn baa. 1959. [Mit F. Achleitner und H. C. Artmann.] – Konstellationen. 1961. – betrachtungen des horizonts. 1965. – lehrsätze über das weltall. 1965. – selbstmörderkranz. gedichte im wiener dialekt. 1966. – Die Wiener Gruppe. 1967. Erw. 1985. [Hrsg.] – fenster. texte. 1968. – Thusnelda Romanzen. 1968. – rhythmus r. 1968. – gesammelte gedichte und visuelle Texte. 1970. – die frösche und andere texte. 1971. – Ophelia und die Wörter. Gesammelte Theaterstücke 1954–1971. 1972. – Schriftzeichnungen. 1982. – Text – Bild – Musik. Ein Schau- und Lesebuch. 1984. – Zeichnungen. 1987. – botschaft an die zukunft. gesammelte sprechtexte. 1988. – Albertus Magnus Angelus. 1989. – reisefieber. theatralische ereignisse in fünf teilen. 1989. – Theatertexte. 1990. – Geschlechterdings. Chansons Romanzen Gedichte. 1990. – textall. Ein utopischer Roman. 1993. – Sämtliche Wiener Dialektdichtungen. 1993. – Bravo. Ein Sittenbild aus den fünfziger Jahren. 1994. – Visuelle Poesie. Arbeiten aus vier Jahrzehnten. 1996. – momentgedichte und kurzgeschichten. 2001. – schwellenchronik der jahrtausendwende. 2001. – masoch – eine rituelle rezitation. 2003. – Was verschweigt die schwarze witwe? schrift-, sprech- und bildanagramme. 2004.

Ausgabe: Gesammelte Werke. Hrsg. von Michael Fisch. Berlin 2005 ff.

Rühmkorf, Peter, * 25. 10. 1929 Dortmund. Der Sohn einer Lehrerin und eines Puppenspielers wuchs in Niedersachsen auf. Nach dem Abitur (Stade 1950) studierte er

1951–57 Pädagogik, Kunstgeschichte, dann auch Germanistik und Psychologie in Hamburg. Nach dem Abbruch des Studiums arbeitete er als Lektor bei Rowohlt (1958–64). Seitdem lebt er, unterbrochen von zahlreichen Aufenthalten an Universitäten des In- und Auslands, als freier Schriftsteller in Hamburg. 1993 erhielt er den Georg-Büchner-Preis. R.s frühe Lyrik verbindet Momente des Expressionismus mit einer aggressiven politisch-polemischen Wirkungsabsicht, die sich gegen den literarischen Traditionalismus der 50er-Jahre ebenso wie gegen die Restauration der Adenauer-Zeit richtet. Dem stellt er, beispielhaft in den Sammlungen *Irdisches Vergnügen in g* und *Kunststücke* einen anderen Umgang mit der Tradition entgegen, der durch Verfahren wie Kontrafaktur, Parodie und Travestie, Anspielung, Zitat und Variation gekennzeichnet ist. Damit wird einerseits die Tradition kritisch reflektiert, andererseits ermöglicht sie einen neuen, kritischen Blick auf die Gegenwart. Diese Gegenwart dringt ein durch die virtuose Verwendung von Jargon, Umgangssprache, Reklamesprüchen und Graffiti, die die literarische und bildungssprachliche Tradition verfremden. Auch später bleiben diese Verfahrensweisen bezeichnend für R.s vielstimmiges, virtuos-artistisches lyrisches Werk (*Hochseil* ist ein programmatisches Gedicht in den *Gesammelten Gedichten* von 1976 überschrieben), das gerade durch seine Dissonanzen und Verfremdungen für Denkanstöße sorgt. Dabei ist die Nähe zu Heine beabsichtigt; daneben betont R. in Essays die Geistesverwandtschaft mit dem »Reichssänger und Hausierer« Walther von der Vogelweide und dem »empfindsamen Revolutionär« F. G. Klopstock. Im späten Werk spielt autobiographische Prosa eine wachsende Rolle.

Werke: Heiße Lyrik. 1956. [Mit Werner Riegel.] – Irdisches Vergnügen in g. Fünfzig Gedichte. 1959. – Kunststücke. Fünfzig Gedichte. 1962. – Über das Volksvermögen. Exkurse in den literarischen Untergrund. 1967. – Was heißt hier Volsinii? Bewegte Szenen aus dem klassischen Wirtschaftsleben. 1969. – Die Jahre die ihr kennt. Anfälle und Erinnerungen. 1972. – Lombard gibt den letzten. 1972. – Die Handwerker kommen. Ein Familiendrama. 1974. – Walther von der Vogelweide, Klopstock und ich. 1975. – Gesammelte Gedichte. 1976. – Phoenix voran! 1977. – Strömungslehre I. Poesie. 1978. – Haltbar bis Ende 1999. 1979. – Auf Wiedersehen in Kenilworth. Ein Märchen in dreizehn Kapiteln. 1980. – Im Fahrtwind. Gedichte und Geschichten. 1980. – agar agar – zaurzaurim. Zur Naturgeschichte des Reims und der menschlichen Anklangsnerven. 1981. – Der Hüter des Misthaufens. Aufgeklärte Märchen. 1983. – Wer Lyrik schreibt, ist verrückt. Gesammelte Gedichte. 1983. – Bleib erschütterbar und widersteh. Aufsätze – Reden – Selbstgespräche. 1984. – Außer der Liebe nichts. 1986. – Rede über Magie und über das Machen von Gedichten – Gottfried Benn oder »teils – teils das Ganze«. 1986. – Dreizehn deutsche Dichter. 1989. – Einmalig wie wir alle. 1989. – Selbst III/88. Aus der Fassung. 1989. – Tabu I. Tagebücher 1989–1991. 1995. – Von mir zu euch für uns. 1999. – Wenn – aber dann. Vorletzte Gedichte. 1999. – Das Lied der Deutschen. 2001. – Tabu II. Tagebücher 1971–1972. 2004. – Wenn ich mal richtig ICH sag ... Ein Bilder-Lesebuch. 2004.

Ausgabe: Werke. Hrsg. von Bernd Rauschenbach [u. a.]. Reinbek 1999 ff.

Runge, Erika, * 22. 1. 1939 Halle a. d. S. Die Tochter eines Landgerichtsdirektors machte in Westberlin Abitur und promovierte 1962 in München mit einer Arbeit über das expressionistische Drama. Danach arbeitete sie als Regieassistentin bei Egon Monk in Hamburg und beim Bayerischen Rundfunk, für den sie politische Dokumentationen drehte. Sie lebt als Regisseurin und Schriftstellerin in Berlin. Sie war Mitglied der Dortmunder »Gruppe 61« und des »Werkkreises Literatur der Arbeitswelt«, der sich 1969 von der »Gruppe 61« abgespaltet hatte. In diesem Kontext erprobte R. ein neues dokumentarisches Verfahren zur authentischen Realitätserfassung. Ihre *Bottroper Protokolle* sind eine (freilich von der Autorin strukturierte) wörtliche Wiedergabe von Aussagen und Berichten von Personen, die von den wirtschaftlichen Krisenerscheinungen (Zechenstilllegung) unmittelbar betroffen sind. Das gleiche Verfahren, das sie auch filmisch umsetzte, wandte sie später auf andere Themenbereiche an (Emanzipation, Lebensverhältnisse in der DDR).

Werke: Bottroper Protokolle. 1968. – Frauen. Versuche zur Emanzipation. 1969. – Eine Reise nach Rostock. 1971. – Berliner Liebesgeschichten. 1987. – Liebesgeschichten. 1990.

S

Saar, Ferdinand von, 30.9.1833 Wien – 24.7.1906 Wien-Döbling. Der aus einer Beamtenfamilie stammende S. trat nach dem Besuch des Wiener Schottengymnasiums 1849 in die Armee ein (1854 Leutnant). 1860 nahm er seinen Abschied und versuchte sich als freier Schriftsteller zu etablieren. Nach dem ersten Erfolg 1873 kam er mit seinen weiteren Werken zu spätem literarischen Ruhm. 1902 wurde er Mitglied des österreichischen Herrenhauses. Er litt an einer unheilbaren Krebskrankheit und nahm sich das Leben. S.s Werk umfasst Lyrik, Versepen, sechs Dramen und zahlreiche Erzählungen und Novellen. Auf diesen gründet sich seine literaturgeschichtliche Bedeutung. Sie sind in der österreichischen Geschichte und Gesellschaft verwurzelt und vielfach von einer Atmosphäre der Resignation, des Verlusts und des Niedergangs durchdrungen. Dabei steht hinter dem persönlichen Schicksal der Protagonisten und der Vergänglichkeitsthematik die Vorstellung eines gesetzmäßigen, determinierten Geschichtsverlaufs. Vergänglich ist auch die Liebe, die mit einem Hauch morbider Sinnlichkeit geschildert wird und in ihrem Scheitern zeigt, dass Einsamkeit eine Grundtatsache des menschlichen Lebens darstellt. In S.s melancholischer Stimmungskunst wirkt Schopenhauerscher Pessimismus nach.

Werke: Kaiser Heinrich IV. 2 Tle. 1865–67. – Innocens. 1866. – Marianne. 1873. – Die beiden de Witt. 1875. – Novellen aus Österreich. 1877. Erw. Ausg. 1897. – Gedichte. 1882. – Schicksale. 1889. – Frauenbilder. 1892. – Wiener Elegien. 1893. – Herbstreigen. 1897. – Nachklänge. Neue Gedichte und Novellen. 1899. – Camera obscura. 1901. – Hermann und Dorothea. 1902. – Tragik des Lebens. 1906.

Ausgabe: Sämtliche Werke. Hrsg. von Jakob Minor. 12 Bde. Leipzig 1908.

Sacer, Gottfried Wilhelm, 11. 7. 1635 Naumburg – 8. 9. 1699 Wolfenbüttel. S. studierte nach seiner Schulzeit in Naumburg und Pforta Jura und Philosophie in Jena. Er unterbrach sein Studium, trat vorübergehend in die brandenburgische Kriegskanzlei ein und reiste als Hofmeister in die Niederlande und nach Dänemark. 1670 nahm er seine juristische Laufbahn wieder auf, promovierte 1671 in Kiel, wurde zum Advocatus Ordinarius am Fürstlichen Hofgericht in Wolfenbüttel berufen und machte Karriere am Hof. Sein literarisches Werk umfasst Übersetzungen v. a. neostoischer Texte, geistliche Lieder und Literatursatiren, die vom opitzianischen Standpunkt gegen die Neuerungen Ph. v. Zesens und verschiedene Modeerscheinungen polemisieren und die Diskrepanz zwischen hohem Anspruch und mangelnden poetischen Gaben entlarven.

Werke: Nützliche Erinnerungen Wegen der Deutschen Poeterey. 1661. – Die letzten Worte des Sterbenden Seneca. 1666. [Übers. nach Pierre Antoine Mascaron.] – Reime dich / oder ich fresse dich. 1673.

Sacher-Masoch, Leopold Ritter von, 27. 1. 1836 Lemberg – 9. 3. 1895 Lindheim (Hessen). Der Sohn des galizischen Polizeidirektors wuchs in Lemberg und Umgebung auf. 1848 zog die Familie nach Prag; hier erlernte S. die dt. Sprache. Nach dem Studium der Geschichte und Philosophie in Prag und Graz (Promotion und Habilitation 1856) etablierte er sich mit einer umfangreichen Novellen- und Romanproduktion, mit Theaterstücken, Feuilletons und historischen Betrachtungen als freier Schriftsteller. Ein großes Novellenwerk (6 Teile mit je 6 Novellen), das vor dem landschaftlichen und gesellschaftlichen Hintergrund seiner galizischen Heimat verschiedene Themenkreise behandeln sollte (Liebe, Eigentum, Staat, Krieg, Arbeit, Tod), blieb unvollendet. Im Band *Die Liebe* findet sich S.s berühmteste Novelle *Venus im Pelz*, die zusammen mit *Die geschiedene Frau* seinen Ruf als Gestalter ›masochistischer‹ Beziehungen, von Abhängigkeitsverhältnissen von Männern zu dominierenden Frauen, entscheidend prägte. Seine Frau Angelica Aurora Rümelin, mit der S. 1873–86 verheiratet war, trat als Wanda von Dunajew ebenfalls als Autorin hervor (z. B. *Die Damen im Pelz*, 1882). Ihr Pseudonym ist der Name der Heldin der *Venus im Pelz*.

Werke: Der Aufstand in Gent unter Kaiser Carl V. 1857. – Eine galizische Geschichte 1846. 1858. Später u. d. T.: Graf Donski. 1864. – Die Liebe. 1870. – Die geschiedene Frau. 1870. – Die Messalinen Wiens. 1873. – Russische Hofgeschichten. 1873–74. – Galizische Geschichten. 1875. – Eigenthum. 1877. – Der neue Hiob. 1878. – Judengeschichten. 1878. – Frau von Soldan. 1884. – Jüdisches Leben in Wort und Bild. 1891. – Die Satten und die Hungrigen. 1894. – Grausame Frauen. 1907.

Sachs, Hans, 5. 11. 1494 Nürnberg – 19. 1. 1576 ebd. Der Sohn eines Schneidermeisters erlernte nach dem Besuch der Lateinschule das Schuhmacherhandwerk, ging von 1511 bis 1516 auf die für Gesellen übliche Wanderschaft und ließ sich dann als Schuhmachermeister nieder. Er konnte dank seines Wohlstands nach 1550 das Handwerk aufgeben und ganz seinen literarischen Interessen leben. In einer 1567 verfassten *Summa all meiner Gedicht* zog S. Bilanz seiner immensen Produktion von mehr als 6000 Titeln: etwa 4000 Meisterlieder (in 300 verschiedenen Tönen, darunter 13 eigenen), 128 Komödien und Tragödien, 85 Fastnachtsspiele, annähernd 2000 geistliche und weltliche Spruchgedichte (Fabeln, Historien, Schwänke, Gespräche, politische Sprüche usw.). Dazu kommen sechs Prosadialoge, darunter vier Reformationsdialoge aus dem Jahr 1524. Abgesehen von den Liedern und den Prosadialogen verwandte S. durchgehend den vierhebigen Reimpaarvers (Knittelvers). Mit seinen Meisterliedern prägte er den Nürnberger Meistersang, dem er neue Stoffe zuführte (u. a. indem er ihn in den Dienst der Reformation stellte, aber auch dadurch, dass er ihn in größerem Umfang als traditionell üblich weltlichen Themen öffnete). S.' dramatisches Schaffen ist vom Humanistendrama und dem protestantischen Schuldrama angeregt, verfährt aber formal (Akteinteilung) recht eigenwillig und unterwirft das Geschehen strikten bürgerlichen Moralvorstellungen. Die Stoffe stammen aus der Bibel, der dt. Erzählliteratur, der Renaissancenovellistik, der Geschichtsschreibung (Livius) und der antiken Tragödie. Die meisten Dramen entstanden 1550–60, als S. über eine eigene Truppe und feste Spielorte verfügte. Als seine bedeutendste literarische Leistung gelten die Fastnachtsspiele, in denen die Moral dem dargestellten Milieu und den Verhaltensweisen der Personen entspricht. Zugleich entwickelte er die einfache Form des Reihenspiels zu Handlungsspielen von wirklicher Komik weiter. Während die Meisterlieder, der Tradition folgend, nicht gedruckt wurden, erschienen die anderen Werke in hunderten von Einzeldrucken und dann – teilweise noch zu Lebzeiten des Dichters – in einer fünfbändigen Folioausgabe.

Ausgaben: Sehr Herrliche Schöne vnd warhaffte Gedicht. Geistlich vnd Weltlich, allerley art. 5 Bde. Nürnberg 1557–79. [Nürnberger Folioausg.] – Werke. Hrsg. von Adelbert v. Keller und Edmund Goetze. 26 Bde. Tübingen 1870–1908. Reprogr. Nachdr. Hildesheim / New York 1964. – Sämtliche Fastnachtsspiele. Hrsg. von Edmund Goetze. 7 Bde. Halle a. d. S. 1880–87. – Sämtliche Fabeln und Schwänke. Hrsg. von Edmund Goetze und Carl Drescher. 6 Bde. Halle a. d. S. 1893–1913. – Werke in der Reihenfolge ihrer Entstehung. Hrsg. von Wolfgang F. Michael und Roger A. Crockett. 3 Bde. Bern [u. a.] 1996.

Sachs, Nelly (d. i. Leonie S.), 10. 12. 1891 Berlin – 12. 5. 1970 Stockholm. Die aus einem großbürgerlichen jüdischen Elternhaus stammende und weitgehend privat unterrichtete Dichterin lebte bis zur Machtergreifung in sehr behüteten Verhältnissen. 1940 erhielt sie gleichsam in letzter Minute dank der Fürsprache Selma Lagerlöfs u. a. ein Ausreisevisum; seitdem lebte sie mit ihrer Mutter in Stockholm. S. hatte bereits in den 20er-Jahren neoromantische Gedichte und Erzählungen veröffentlicht. Erst durch Übersetzungen zeitgenössischer schwedischer Gedichte nach ihrer Übersiedelung nach Stockholm wurde sie mit den Techniken moderner Lyrik vertraut. Ihr gültiges dichterisches Werk beginnt – auch in ihrer Sicht – mit den Texten, die sich mit den Verfolgungen und Schrecken der NS-Zeit, mit den Erfahrungen von Auschwitz auseinandersetzen und in expressiver Form Leiden und Tod umkreisen: den Gedichtbänden *In den Wohnungen des Todes* und *Sternverdunkelung* sowie dem »Mysterienspiel vom Leiden Israels« *Eli*. Bei den »sinnreich erdachten Wohnungen des Todes« handelt es sich um die Welt der dt. Vernichtungslager; zugleich erweitert sich der dichterische Raum hier und in den anderen Werken in die jüdische Geschichte und ins Mystische und Kosmische hinein (ihre Beschäftigung mit der jüdischen Tradition hatte erst 1933 unter dem Eindruck des Nationalsozialismus eingesetzt). Eine zentrale Bedeutung gewinnt dabei der Begriff »Staub«, der auf Vernichtung und Tod hinweist, zugleich aber auch den paradoxen mystischen Umschlag bezeichnet, an dem Wiedergeburt und Auferstehung beginnen. Die Sprache der späteren Gedichte wird zunehmend abstrakter; zugleich treten die mystischen Züge noch stärker in den Vordergrund, die Versuche, mystische Erfahrungen in prägnanten Formulierungen, in einer eigenen, von der Alltagssprache losgelösten Metaphernsprache zu fassen und die geistige Realität hinter den Worten zu evozieren. Auch ihre szenischen Dichtungen haben lyrischen Charakter. Sie versuchen, die verschiedenen Kunstformen (Wort, Schauspiel, Musik, Tanz) miteinander zu verbinden. 1966 erhielt S. den Nobelpreis für Literatur.

Werke: Legenden und Erzählungen. 1921. – In den Wohnungen des Todes. 1947. – Von Welle und Granit. Querschnitt durch die schwedische Lyrik des 20. Jahrhunderts. 1947. [Übers.] – Sternenverdunkelung. 1949. – Eli. Ein Mysterienspiel vom Leiden Israels.

1951. – Aber auch die Sonne ist heimatlos. Schwedische Lyrik der Gegenwart. 1957. [Übers.] – Und niemand weiß weiter. 1957. – Flucht und Verwandlung. 1959. – Fahrt ins Staublose. Die Gedichte der Nelly Sachs. 1961. – Zeichen im Sand. Die szenischen Dichtungen. 1962. – Glühende Rätsel. 1964. Erw. 1968. – Späte Gedichte. 1965. – Die Suchende. Gedichtzyklus. 1966. – Simson fällt durch die Jahrtausende und andere szenische Dichtungen. 1967. – Verzauberung. Späte szenische Dichtungen. 1970. – Teile dich Nacht. Die letzten Gedichte. Hrsg. von Margaretha und Bengt Holmquist. 1971. – Suche nach Lebenden. Die Gedichte der Nelly Sachs. Hrsg. von M. und B. Holmquist. 1971. – Frühe Gedichte und Prosa. 1987. – Paul Celan / N. S.: Briefwechsel. 1993.

Sahl, Hans, 20. 5. 1902 Dresden – 27. 4. 1993 Tübingen. Der aus einem bürgerlichen jüdischen Elternhaus stammende S. studierte in Berlin, München und Breslau Kunstgeschichte, Germanistik, Archäologie und Philosophie und promovierte 1924 mit einer kunsthistorischen Arbeit. Danach arbeitete er als Kritiker für verschiedene Berliner Zeitungen. 1933 emigrierte er über Prag und Zürich nach Paris. Nach Kriegsbeginn wurde er wiederholt interniert; 1940–41 gelangte er über Marseille und Portugal in die USA (1952 US-Staatsbürgerschaft). In der Emigration löste er sich vom Marxismus. Er schrieb für verschiedene dt. Zeitungen und übersetzte zahlreiche Werke amerikanischer Dramatiker ins Deutsche (Thornton Wilder, Arthur Miller, Tennessee Williams u. a.). Von 1953 bis 1958 lebte er in der Bundesrepublik, kehrte dann aber wieder in die USA zurück. Seine letzten Jahre, von 1989 an, verbrachte er in Tübingen. Sein Roman *Die Wenigen und die Vielen* und die Gedichte des Bandes *Wir sind die Letzten* sind von der Erfahrung des Exils, der Heimatlosigkeit, der Einsamkeit geprägt. Die zweibändigen Memoiren verbinden die Schilderung seines Lebens mit zahlreichen Porträts (und Anekdoten) von Menschen, die ihm begegneten.

Werke: Jemand. Ein Oratorium. 1938. – Die hellen Nächte. Gedichte aus Frankreich. 1942. – Die Wenigen und die Vielen. Roman einer Zeit. 1959. – Wir sind die Letzten. 1976. Erw. 1991. – Memoiren eines Moralisten. Erinnerungen I. 1983. – Umsteigen nach Babylon. Erzählungen und Prosa. 1987. – Das Exil im Exil. Memoiren eines Moralisten II. 1990. – Und doch ... Essays und Kritiken aus zwei Kontinenten. Hrsg. von Klaus Blanc. 1991. – Der Tod des Akrobaten. Erzählungen. 1992. – George Grosz / H. S.: So long mit Händedruck. Briefe und Dokumente. Hrsg. von Karl Riha. 1993. – Der Schrei und die Stille. 1993.

SAID (Pseudonym), * 27. 5. 1947 Teheran. S. kam 1965 als Student nach München, beteiligte sich an den Protesten gegen das Schah-Regime und konnte daher erst nach dem Sturz Schah Reza Pahlewis 1979 in den Iran zurückkehren. Allerdings verließ er das Land wieder angesichts des neuen fundamentalistischen Regimes. Seitdem lebt er in München als deutschsprachiger Schriftsteller; von 2000 bis 2002 war er Präsident des deutschen P. E. N.-Zentrums. Im Mittelpunkt seines dichterischen Werks steht die Lyrik; daneben schreibt er Hörspiele und Prosatexte verschiedener Art (Märchen, Miniaturen, Aufzeichnungen u. a.). Grundthemen seines Werkes sind Liebe, Exil (auch mit Heine-Anspielungen) und damit verbunden die politische Situation in seiner Heimat. Seine Sprache ist meist epigrammatisch, knapp, konzentriert; individuelle Erfahrungen erhalten zugleich politische Relevanz. Er debütierte mit dem Band *Liebesgedichte*, dem er poetische Skizzen über seine Iranreise 1979 (*Wo ich sterbe ist meine Fremde*) folgen ließ. Auch weitere Gedichtbände wie *Dann schreie ich, bis Stille ist*, *Sei Nacht zu mir* oder *Außenhaut Binnenträume* handeln in immer verkürzterer Form von Exil, Liebe, Tod. Nur in dem Langgedicht *Selbstbildnis für eine ferne Mutter* verlässt er die knappe poetische Form. Wie dieses Poem verarbeitet auch das Prosabuch *Landschaften einer fernen Mutter* autobiographisches Material. Ein Protokoll des Schreckens in Form von Gedichten, Artikeln, Todesnachrichten stellt der Band *Der lange Arm der Mullahs* dar. Vorher hatte er bereits in zwei Hörspielen die

Diktaturen im Iran kontrastiert. Eine Stimmencollage verlieh einem anderen Fremden im eigenen Land, Hölderlin, Ausdruck. Ironisch-heiter gibt sich dagegen das Bestiarium *Dieses Tier, das es nicht gibt.*

Werke: Liebesgedichte. 1981. – Wo ich sterbe ist meine Fremde. 1983. Erw. Ausg. 1987. – Ich und der Schah. Die Beichte des Ayatollah. 1987. – Dann schreie ich, bis Stille ist. 1990. – Selbstbildnis für eine ferne Mutter. 1992. – Der lange Arm der Mullahs. Notizen aus meinem Exil. 1995. – Sei Nacht zu mir. Liebesgedichte. 1998. – Es war einmal eine Blume. Ein Märchen mit Bildern von Kveta Pacovska. 1998. – Dieses Tier, das es nicht gibt. Ein Bestiarium. 1999. – Landschaften einer fernen Mutter. 2001. – Clara. 2001. [Mit Bildern von Moidi Kretschmann.] – Außenhaut Binnenträume. 2002. – Friedrich Hölderlin empfängt niemanden mehr. 2002. [Hörbuch.] – Ich und der Islam. 2005. – Das Rot lächelt, das Blau schweigt. Geschichten über Bilder. 2006.

Sailer, Sebastian (d. i. Johann Valentin S.), 17. 2. 1714 Weißenhorn (Bayern) – 7. 3. 1777 Obermarchtal (Donau). Der Sohn eines Schreibers trat nach seiner schulischen Ausbildung im Prämonstratenserkloster Obermarchtal in den Orden ein und wirkte an verschiedenen Orten der Diözese Konstanz als Prediger. 1761–64 gehörte er zu den Gästen des Grafen Stadion in Warthausen; hier begegnete er u. a. C. M. Wieland und S. v. La Roche. 1767 wurde er von Kaiserin Maria Theresia in Wien empfangen. Er war ein populärer Prediger mit einer derb-anschaulichen, dialektnahen Sprache. Zu seinem Werk zählen geistliche Schriften, Kantatentexte und weltliche und geistliche Spiele schwankhafter Art. Sein bekanntestes Stück ist das Singspiel *Die Schöpfung der ersten Menschen, der Sündenfall und dessen Strafe*, eine ›schwäbische‹ Schöpfung in räumlichem und sprachlichem Sinn, die 1743 im Kloster Schussenried aufgeführt wurde. In dem Spiel wechseln paarweise gereimte Dialoge und Arien; die Personen handeln und sprechen unreflektiert, naiv, und gerade aus dieser Naivität resultiert der geistreiche Witz.

Werke: Marianisches Orakel. 1764–70. – Geistliche Reden. 1766–70. – Das jubilierende Marchthal. 1771.

Ausgaben: Schriften im schwäbischen Dialekte. Hrsg. von Sixt Bachmann. Buchau 1819. – Sämtliche Schriften im schwäbischen Dialekte. Neue Aufl. von Konrad Dietrich Haßler. Ulm 1842. ^{4}1893. – Die biblischen und weltlichen Komödien. Hrsg. von Dr. Owlglass [Hans Erich Blaich]. München 1913.

Salis-Seewis, Johann Gaudenz Freiherr von, 26. 12. 1762 Schloss Bothmar bei Malans (Graubünden) – 29. 1. 1834 ebd. Der aus einer wohlhabenden Schweizer Adelsfamilie stammende S. ging nach einem kurzen Besuch der Akademie in Lausanne 1779 nach Paris und wurde Offizier in der Schweizer Garde. Nach der Revolution blieb er zunächst in der Armee, kehrte jedoch 1793 nach der Hinrichtung Ludwigs XVI. in die Schweiz zurück. 1798 trat er in die Schweizer Armee ein (1799 Chef des Generalstabs), 1801 wurde er Mitglied des Gesetzgebenden Rates, 1803 Mitglied des Obersten Gerichts. Auch später übte er noch verschiedene amtliche und militärische Funktionen aus, widmete sich aber hauptsächlich seinen häuslichen, gesellschaftlichen und literarischen Interessen. S.' lyrisches Werk ist nicht sehr umfangreich; es blieb bei einem Gedichtband, der in späteren Auflagen ständig überarbeitet und erweitert wurde. Seine empfindsamen Naturgedichte und Elegien zeigen den Einfluss der Poesie des Göttinger Hains (L. C. H. Hölty), F. G. Klopstocks und S. Gessners, sehnsüchtige Gegenbilder zu einem als Deformation empfundenen Zivilisationsprozess.

Werke: Gedichte. Hrsg. von Friedrich Matthisson. 1793. 4., verm. Aufl. 1800. Neue Aufl. 1808. Neueste verm. Aufl. 1823 [u. ö.].
Ausgabe: Sämtliche Gedichte. Hrsg. von Ernst Korrodi. Zürich 1937.

Salten, Felix (d. i. Siegmund Salzmann), 6. 9. 1869 Budapest – 8. 10. 1945 Zürich. S. kam aus einem liberalen jüdischen Elternhaus und wuchs in Wien auf. Aus finanziellen Gründen musste er mit 16 Jahren das Gymnasium verlassen, arbeitete in einer Versicherungsgesellschaft und setzte sich dann als Journalist durch; u. a. war er Burgtheaterreferent der *Wiener Allgemeinen Zeitung*, Theaterreferent der Berliner *Morgenpost*, Chefredakteur des Wiener *Fremdenblatts*. Als Kritiker trat er entschieden für die moderne Literatur ein (»Jung-Wien«). 1939 emigrierte er in die Schweiz. S.s Werk umfasst Essays zur österreichischen Kulturgeschichte, historische Novellen, Zeitromane und Tiergeschichten. Mit der Geschichte eines Rehs, *Bambi*, wurde er weltberühmt (Verfilmung von Walt Disney 1942). Er gilt auch, nach Aussagen von Zeitgenossen (K. Kraus, A. Schnitzler), als Verfasser des Erotik-Klassikers *Josefine Mutzenbacher*.

Werke: Die Hinterbliebenen. 1899. – Gustav Klimt. 1903. – Der Schrei der Liebe. 1903. – Wiener Adel. 1905. – Josefine Mutzenbacher. Der Roman einer Wiener Dirne. 1906. – Herr Wenzel auf Rehberg und sein Knecht Kaspar Dinckel. 1907. – Die Geliebte Friedrichs des Schönen. 1908. – Das österreichische Antlitz. 1909. – Olga Frohgemuth. 1910. – Wurstelprater. 1911. – Gestaltungen und Erscheinungen. 1913. – Die klingende Schelle. 1915. – Österreichische Novellen. 1916. – Schauen und Spielen. 1921. – Das Burgtheater. 1922. – Bambi. Eine Lebensgeschichte aus dem Walde. 1923. – Neue Menschen auf alter Erde. 1925. – Martin Overbeck. 1927. – Freunde aus aller Welt. 1931. – Florian. Das Pferd des Kaisers. 1933. – Bambis Kinder. 1940. – Die Jugend des Eichhörnchens Perri. 1942. – Kleine Welt für sich. 1944. – Djibi das Kätzchen. 1945.
Ausgabe: Gesammelte Werke in Einzelausgaben. 6 Bde. Wien 1928–32.

Schädlich, Hans Joachim, * 8. 10. 1935 Reichenbach (Vogtland). Sch. promovierte nach einem Germanistikstudium in Berlin und Leipzig 1960 an der Berliner Humboldt-Universität über ein sprachwissenschaftliches Thema. 1959–76 arbeitete er an der Ostberliner Akademie der Wissenschaften. Nach seiner Entlassung – er gehörte zu den Mitunterzeichnern des Protests gegen die Ausbürgerung W. Biermanns – erschienen seine ersten Erzählungen im Westen. Er selbst zog 1977 nach Hamburg; seit 1979 lebt er als freier Schriftsteller in Berlin. Die kurzen Erzählungen in dem Band *Versuchte Nähe* vermitteln in einer kunstvollen, verfremdenden Sprache genaue, verdichtete Bilder des sozialistischen Alltags, zeigen die Diskrepanz zwischen Ideologie und der Realität. Dabei bleibt die Kritik, wie die in der BRD entstandenen Erzählungen zeigen, nicht auf die DDR beschränkt. Die Kontinuitäten dt. Geschichte, die auch in den Erzählungen eine Rolle spielen, sind Gegenstand des Romans *Tallhover*, der ungewöhnlichen und banalen Lebensgeschichte eines dt. Geheimpolizisten zwischen 1819 und 1955, von Metternich bis Ulbricht, Beispiel eines kompromisslosen Staatsdieners ohne Ansehen des Systems. G. Grass ließ Tallhover in seinem Deutschland- und Fontaneroman *Ein weites Feld* als Hoftaller wieder aufleben. Während die Texte von *Ostwestberlin* noch einmal die dt.-dt. Erfahrungen in den Mittelpunkt stellen, beginnt mit dem Roman *Schott* eine Ablösung von der Darstellung faktischer Realität hin zu der Gestaltung einer eigenen fiktiven Sprachwelt, ein Weg, den *Trivialroman* fortsetzt. Mit dem Roman *Anders*, in dem zwei pensionierte Meteorologen Fälle von Verrätern, Spitzeln und Wendehälsen in allen politischen Systemen sammeln, kehrt Sch. zum Thema Verrat zurück, das bereits in *Tallhover* eine zentrale Rolle spielt. Der Ich-Erzähler, einer der Meteorologen, lässt schließlich die Geschichten charakterlicher Verrenkungen hinter sich und geht nach Australien.

Werke: Versuchte Nähe. 1977. – Irgend etwas irgendwie. 1984. – Mechanik. 1985. – Tallhover. 1986. – Ostwestberlin. 1987. – Schott. 1992. – Über Dreck, Politik und Literatur. Aufsätze, Reden, Gespräche, Kurzprosa. 1992. – Mal hören, was noch kommt / Jetzt, wo alles zu spät is. Zwei Erzählungen. 1995. – Trivialroman. 1998. – Gib ihm Sprache. Leben und Tod des Dichters Äsop. 1999. – Zwischen Schauplatz und Elfenbeinturm. 2001. – Anders. 2003. – Der andere Blick. Aufsätze, Reden, Gespräche. 2005.

Schaeffer, Albrecht, 6. 12. 1885 Elbing (Westpreußen) – 4. 12. 1950 München. Der Sohn eines Architekten lebte nach einem abgebrochenen Studium der Germanistik und klassischen Philologie (1905–09) und einem Redaktionsvolontariat als freier Schriftsteller zunächst in seinem Elternhaus in Hannover, dann in Berlin (ab 1916), Neubeuern am Inn (ab 1919) und Rimsting (Chiemsee; ab 1931). 1939 emigrierte er in die USA und ließ sich in der Nähe von New York nieder; kurz vor seinem Tod kehrte er nach Deutschland zurück. Von der Lyrik in der Nachfolge S. Georges, den er später parodierte (*Die Opfer des Kaisers*), wandte sich Sch. zunehmend der epischen Dichtung zu. Dabei spielt die Auseinandersetzung mit griech. Mythen eine wesentliche Rolle (Sch. übersetzte Homer und den *Goldenen Esel* des Apuleius). Auch die germanisch-christliche Überlieferung, Mythen anderer Kulturkreise und die Freudsche Psychoanalyse gingen in Sch.s äußerst umfangreiches Werk ein. Einen Versuch, ›germanische Übersinnlichkeit‹ mit ›hellenischem Formwillen‹ zu verbinden, stellt der Versroman *Parzival* dar. Wie dieser ist auch Sch.s Hauptwerk, der umfangreiche Roman *Helianth*, als »Sucherroman« konzipiert. Er erzählt die Entwicklungsgeschichte eines Prinzen und verbindet Momente der Bildungsromantradition mit den literarischen Mitteln der Moderne. Sch. überarbeitete fast alle seine Werke z. T. mehrfach.

Werke: Die Meerfahrt. 1912. Neubearb. u. d. T.: Der göttliche Dulder. 1920 – Attische Dämmerung. 1914. – Heroische Fahrt. 1914. – Die Opfer des Kaisers, Kremserfahrten und die Abgesänge der hallenden Korridore. 1918. [Mit Ludwig Strauß.] – Josef Montfort. 1918. Neubearb. u. d. T.: Das nie bewegte Herz. 1931. – Elli oder Sieben Treppen. 1919. – Helianth. Bilder aus dem Leben zweier Menschen von heute und aus der norddeutschen Tiefebene in neun Büchern dargestellt. 1920. Gekürzte Fassung 1928. Umgearb. Fassung aus dem Nachlass ediert 1995. – Parzival. Ein Versroman in drei Kreisen. 1922. – Dichter und Dichtung. 1923. – Das Prisma. 1925. – Mitternacht. 1928. – Das Opfertier. 1931. – Der Roßkamm von Lemgo. 1933. Neubearb. u. d. T.: Janna du Coeur. 1949. – Cara. 1936. Neubearb. 1948. – Aphaia. Der Weg der Götter, Völker und Zahlen. 1937. – Rudolf Erzerum oder des Lebens Einfachheit. 1945. – Der Auswanderer. Erzählungen und Novellen. 1950.

Schami, Rafik (d. i. Suheil Fadél), * 23. 6. 1946 Damaskus. Der Sohn eines Bäckers (und als aramäischer Christ Angehöriger einer Minderheit) verließ Syrien aus politischen Gründen. 1971–79 studierte er Chemie in Heidelberg (Dr. rer. nat. 1979), gab aber seinen Beruf als Chemiker bereits 1982 auf und lebt seitdem als freier Schriftsteller in Mannheim. Zusammen mit Franco Biondi u. a. gründete er 1980 die Gruppe »Südwind«. Sch. schreibt für Kinder und Erwachsene. Er verwendet Motive der orientalischen Literatur- und Märchentradition und verbindet sie vielfach mit satirischer Zeitkritik (z. B. in den Erzählbänden *Das Schaf im Wolfspelz* oder *Der erste Ritt durchs Nadelöhr*). Das Leben in der Emigration, die märchenhafte Welt des Orients, aber auch die politische Unterdrückung und Armut in Syrien und die Probleme der Ausländer in der Bundesrepublik sind Themen seiner Bücher. Dabei plädiert er für Toleranz – auch unter den Ausländern verschiedener Nationalität – und für die Bewahrung der eigenen Kulturtraditionen in der Fremde. Autobiographische Momente enthält das Jugendbuch *Eine Hand voller Sterne*, das Tagebuch eines Bäckerjungen in Damaskus. Als sein episches Hauptwerk kann der große Roman *Die dunkle Seite der Liebe* gelten. Er erzählt vor dem Hintergrund der wechselvollen, blutigen Geschichte Syriens und der facettenreich dargestellten arabischen Kulturtradition von der sich über Generationen hinziehenden Fehde zwischen zwei christlichen syrischen Familien – katholisch die eine, orthodox die andere – und einer Liebe über die Kluft hinweg, die ihre Erfüllung nur im Exil finden kann.

Werke: Andere Märchen. 1978. – Das Schaf im Wolfspelz. Märchen und Fabeln. 1982. – Das letzte Wort der Wanderratte. Märchen, Fabeln und phantastische Geschichten. 1984. – Der erste Ritt durchs Nadelöhr. Noch mehr Märchen, Fabeln und phantastische Geschichten. 1985. – Eine Hand voller Sterne. 1987. – Die Sehnsucht fährt schwarz. Geschichten aus der Fremde. 1988. – Erzähler der Nacht. 1989. – Vom Zauber der Zunge. Reden gegen das Verstummen. 1991. – Der ehrliche Lügner. 1992. – Loblied und andere

Olivenkerne. 1996. – Milad. Von einem, der auszog, um einundzwanzig Tage satt zu werden. 1997. – Die Sehnsucht der Schwalbe. 2000. – Die dunkle Seite der Liebe. 2004. – Damaskus im Herzen und Deutschland im Blick. Beobachtungen eines syrischen Deutschen. 2006.

Schaper, Edzard, 30. 9. 1908 Ostrowo (Posen) – 30. oder 31. 1. 1984 Bern. Der Sohn eines Militärbeamten kam nach dem Ersten Weltkrieg mit seiner Familie zunächst nach Glogau, 1920 nach Hannover. Hier besuchte Sch. bis zum Alter von 16 Jahren die höhere Schule, studierte dann Musik und arbeitete vorübergehend als Schauspieler und Regieassistent (u. a. in Stuttgart). 1927–29 zog er sich auf eine kleine dän. Ostseeinsel zurück, fuhr anschließend ein Jahr lang als Matrose zur See und ließ sich 1932 in Estland nieder. Hier arbeitete er als Korrespondent für United Press und galt Deutschen wie Russen als Spion. 1940 floh er mit seiner Familie nach Finnland, 1944 nach Schweden. Seit 1947 lebte er in der Schweiz (Zürich, Brig, Münster/Wallis). Sch. war protestantischer Herkunft; die Begegnung mit der orthodoxen Kirche erneuerte seinen Glauben. 1951 konvertierte er zum Katholizismus. Die christliche Orientierung seines Schaffens trug wesentlich zu seiner Beliebtheit nach Kriegsende und in den 50er-Jahren bei, behinderte danach aber die Rezeption seiner Werke. Sch.s Romane, Erzählungen und dramatischen Versuche, die oft in den baltischen Ländern und den Grenzgebieten spielen, geben konkreten Situationen (Gefangenschaft, Flucht, Gericht) eine innere religiöse Bedeutung, konfrontieren Vertreter gegensätzlicher Anschauungen (oft Priester und Offiziere) und zeigen Menschen in Grenz- und Entscheidungssituationen. Zu den bekanntesten Werken gehört der Doppelroman *Die Freiheit des Gefangenen* und *Die Macht der Ohnmächtigen*, der an einem Beispiel aus der napoleonischen Ära den Gegensatz von totalitärem Staat und Kirche bzw. innerer Freiheit des Menschen behandelt. Zu Sch.s sehr umfangreicher Produktion gehören auch Übersetzungen aus den skandinavischen Sprachen und aus dem Finnischen.

Werke: Die Arche, die Schiffbruch erlitt. 1935. – Die sterbende Kirche. 1936. – Der Henker. 1940. U. d. T.: Sie mähten die Saaten. 1960. – Der letzte Advent. 1949. – Die Freiheit des Gefangenen. 1950. – Die Macht der Ohnmächtigen. 1951. – Der Gouverneur oder Der glückselige Schuldner. 1954. – Bürger in Zeit und Ewigkeit. Antworten. 1956. – Attentat auf den Mächtigen. 1957. – Der vierte König. 1961. – Dragonergeschichte. 1963. – Der Gefangene der Botschaft. Drei Stücke. 1964. – Am Abend der Zeit. 1970. – Taurische Spiele. 1971. – Geschichten aus vielen Leben. Sämtliche Erzählungen. 1977.

Scharrer, Adam, 13. 7. 1889 Kleinschwarzenlohe bei Nürnberg – 2. 3. 1948 Schwerin. Der aus ärmlichen bäuerlichen Verhältnissen stammende Sch. lernte Schlosser, war Soldat im Ersten Weltkrieg und wurde 1918 Mitglied des Spartakusbundes und 1920 einer Abspaltung der KPD (KAPD). Gegen Ende der Weimarer Republik arbeitete er für die *Kommunistische Arbeiterzeitung* und die KAPD-Zeitung *Proletarier.* 1933 emigrierte er nach Prag, ein Jahr später ging er in die Sowjetunion. Nach seiner Rückkehr 1945 arbeitete er als Redakteur der *Schweriner Landeszeitung.* Sch. gehört zu den bedeutendsten Autoren der Tradition sozialistischer Arbeiterliteratur. Sein Roman *Vaterlandslose Gesellen* ist eine reportagehafte Analyse des Ersten Weltkriegs aus sozialistischer Sicht von den Fronterfahrungen bis hin zur Bildung von Arbeiter- und Soldatenräten. Sein wichtigster, im Prager Exil erschienener Roman, *Maulwürfe,* stellt einen entschiedenen Gegenentwurf zur idealisierenden und mystifizierenden nationalen und völkischen Heimatliteratur dar. Das Werk zeichnet aus der Sicht des Ich-Erzählers Georg Brendl und am Beispiel zahlreicher anderer Einzelschicksale aus der Schicht der Kleinbauern und des Landproletariats ein Bild der Verhältnisse auf dem Land vom Ende des 19. Jh.s bis zur NS-Herrschaft. Es wirkte u. a. weiter auf E. Strittmatter.

Werke: Aus der Art geschlagen. Reisebericht eines Arbeiters. 1930. – Vaterlandslose Gesellen. Das erste Kriegsbuch eines Arbeiters. 1930. – Der große Betrug. 1931. – Maulwürfe. Ein deutscher Bauernroman. 1933. – Abenteuer eines Hirtenjungen und andere Dorfgeschichten. 1935. – Familie Schumann. 1939. – Der Hirt von Rauhweiler. 1942. – Der Landsknecht. Biographie eines Nazi. 1943. – In jungen Jahren. Erlebnisbericht eines deutschen Arbeiters. 1946. – Dorfgeschichten einmal anders. 1948.

Schede, Paul (auch: Paulus Melissus, Paulus Schedius Melissus bzw. Paulus Melissus Schedius), 20. 12. 1539 Mellrichstadt – 3. 2. 1602 Heidelberg. Der aus Franken stammende Sch., wohl bäuerlicher Herkunft, gelangte nach Studien in Erfurt, Zwickau und Jena zunächst an den Kaiserhof in Wien (1561–67; Dichterkrönung und Adelserhebung 1564). Nach einer Frankreichreise (1567/1568) hielt er sich 1568–71 in Genf auf (Übertritt zum Kalvinismus), anschließend in Heidelberg. Als in der Pfalz nach dem Tod Kurfürst Friedrichs III. (1576) wieder die lutherische Konfession vorgeschrieben wurde, ging er nach Italien (1577–80), lebte dann in Nürnberg (1580–84). 1585 überreichte er in London Königin Elisabeth I. die erweiterte Ausgabe seiner *Schediasmata*. Von England wurde er 1586 in die inzwischen wieder kalvinistische Pfalz zurückberufen (kurfürstlicher Rat, Bibliothekar der Heidelberger Palatina). Sch. gilt als größter dt., d. h. neulat. Lyriker des ausgehenden 16. Jh.s. Horazische Odenformen und die pindarische Ode (nach dem Beispiel Pierre de Ronsards), daneben auch Elegien und Epigramme sind die wesentlichen Formen seiner nicht zuletzt von Horaz, der Dichtung der Pléiade und dem Petrarkismus inspirierten Lyrik. Mit ihrer anspielungs- und bilderreichen Sprache, die nicht selten manieristische Züge trägt, weisen Sch.s Gedichte auf die ›barocke‹ Lyrik des 17. Jh.s voraus. Seine deutschsprachigen Versuche umfassen eine in kurfürstlichem Auftrag entstandene Teilübersetzung des Hugenottenpsalters und einige andere Gedichte, darunter das erste dt. Alexandrinersonett (veröffentlicht 1624 von J. W. Zincgref).

Werke: Di Psalmen Davids In Teutische gesangreymen / nach Französischer melodeien ûnt sylben art. 1572. – Schediasmata poetica. 1574. Erw. 1586. – Schediasmatum reliquiae. 1575. – Paraenetica. 1587. – Odae Palatinae. 1588. – Meletemata pia. 1595.

Scheerbart, Paul, 8. 1. 1863 Danzig – 15. 10. 1915 Berlin. Der Sohn eines Zimmermanns studierte Philosophie und Kunstgeschichte und schrieb seit 1885 Kunstkritiken. 1887 kam er nach Berlin; hier gründete er 1892 den »Verlag deutscher Phantasten«. Er entfaltete eine breite literarische und kritische Tätigkeit, beschäftigte sich mit Architektur und zeichnete. Sein dichterisches Schaffen umfasst Erzählungen, Romane und dramatische Werke, die von utopischen und phantastischen Momenten auf der einen, von grotesk-satirischen Tendenzen auf der anderen Seite geprägt sind. In seinen utopischen und phantastischen Dichtungen entwirft er ein Bild schöner Kunstwelten, »astrale« Dichtungen wie *Lesabéndio* (illustriert von A. Kubin) schildern das friedliche Leben ferner Himmelsbewohner. Dagegen führt der Blick auf die irdische Welt – Militarismus, Materialismus u. a. – zu Satire und Groteske. Bekannt wurde Sch. auch dadurch, dass er im Ernst den Plan eines Perpetuum mobile verfolgte, mit dessen Hilfe die Welt in ein Kunstwerk verwandelt werden sollte. Er hielt sich zwar abseits vom Berliner literarischen Leben, fand aber Resonanz bei Expressionisten und Dadaisten.

Werke: Das Paradies. Die Heimat der Kunst. 1889. – Der Tod der Barmekiden. Arabischer Haremsroman. 1897. – Ich liebe dich! Ein Eisenbahn-Roman mit 66 Intermezzos. 1897. – Tarub, Bagdads berühmte Köchin. Ein arabischer Kulturroman. 1897. – Na Prost! Phantastischer Königsroman. 1898. – Rakkóx, der Billionär. Ein Protzenroman. 1900. – Die Seeschlange. Ein Seeroman. 1901. – Die große Revolution. Ein Mondroman. 1902. – Immer mutig! Ein phantastischer Nilpferderoman mit 83 merkwürdigen Geschichten. 1902. – Liwûna und Kaidôh. Ein Seelenroman. 1902. – Kometentanz. Astrale Pantomime. 1903. – Der Kaiser von Utopia. Ein Volksroman. 1904. – Machtspäße. Arabische Novellen. 1904. – Revolutionäre Theater-Bibliothek. 1904. – Münchhausen und Clarissa. Ein Berliner Roman. 1906. – Jenseits-Galerie. 1907. – Die Entwicklung des Luftmilitarismus und die Auflösung der europäischen Land-Heere, Festungen und Seeflotten. 1909. – Kater-Poesie. 1909. – Das Perpetuum Mobile. Die Geschichte einer Erfindung. 1910. – Astrale Noveletten. 1912. – Lesabéndio. Ein Asteroiden-Roman. 1913. – Glasarchitektur. 1914. – Das graue Tuch und zehn Prozent weiß. Ein Damenroman. 1914. – Von Zimmer zu Zimmer. 1921.

Ausgaben: Gesammelte Werke. Hrsg. von Joachim Körber, Uli Kohnle und Thomas Bürk. 10 Bde. Frankfurt a. M. 1986–88. – Gesammelte Arbeiten für das Theater. Hrsg. von Mechthild Rausch. 2 Bde. München 1977.

Scheffel, Joseph Viktor (seit 1876: von), 16. 2. 1826 Karlsruhe – 9. 4. 1886 ebd. Der Sohn eines badischen Majors und Ingenieurs studierte nach dem Abitur auf Wunsch des Vaters 1843–47 widerwillig Jura in München, Berlin und Heidelberg (1848 Staatsexamen, 1849 Promotion), war 1848 in Frankfurt a. M. Sekretär des badischen Abgeordneten Welcker und übte für zwei Jahre in Säckingen und Bruchsal seinen Beruf aus (Rechtspraktikant). Danach reiste er nach Italien (1852–53), um sich – ohne Erfolg – als Maler ausbilden zu lassen, begann aber auch zu dichten. Aus dem Projekt einer Habilitation entstand sein historischer Roman *Ekkehard*. Sch. war vorübergehend Bibliothekar in Donaueschingen (1857), doch der zunehmende Erfolg ermöglichte ihm das Leben als freier Schriftsteller. Er unternahm zahlreiche Reisen mit z. T. längeren Aufenthalten (Venedig, München, Paris, Meersburg usw.). Seit 1864 lebte er in Karlsruhe, dann ab 1872 am Bodensee. Sch.s Dichterruhm gründet auf der Verserzählung *Der Trompeter von Säkkingen*, dem historischen Roman *Ekkehard* und v. a. der Sammlung *Gaudeamus* mit ihren Studentenliedern. Der große Erfolg von Sch. beruht nicht zuletzt auf seiner Fähigkeit, mit der wissenschaftlich abgesicherten Beschwörung einer besseren Vergangenheit von den Problemen der Gegenwart abzulenken und den Leser unterhaltsam in ferne Welten hineinzuversetzen.

Werke: Der Trompeter von Säkkingen. 1854. – Ekkehard. Eine Geschichte aus dem 10. Jahrhundert. 1855. – Frau Aventiure. Lieder aus Heinrich von Ofterdingens Zeit. 1863. – Gaudeamus! Lieder aus dem Engeren und Weiteren. 1868. – Juniperus. Geschichte eines Kreuzfahrers. 1868. – Bergpsalmen. 1870. – Das Waltharilied. 1875. [Übers.] – Hugideo. 1884.
Ausgaben: Werke. Krit. durchges. und erl. Ausg. Hrsg. von Friedrich Panzer. 4 Bde. Leipzig/Wien 1919. – Briefe ins Elternhaus. Hrsg. von Wilhelm Zentner. 5 Bde. Karlsruhe 1926–51.

Scheffler, Johannes s. Angelus Silesius

Scherffer von Scherffenstein, Wenzel, um 1598/99 Leobschütz (Oberschlesien) – 27. 8. 1674 Brieg. Über den Bildungsweg des aus einer protestantischen schlesischen Adelsfamilie stammenden Sch. ist nichts bekannt. 1630 übernahm er eine Stelle als Prinzenerzieher am Hof in Brieg, nach seiner Entlassung 1633 wurde er Organist an der Brieger Schlosskirche. Das literarisches Werk des Poeta laureatus (1653) umfasst neben Übersetzungen – u. a. F. Dedekinds *Grobianus*, Hermann Hugos *Pia desideria*, Epigramme aus dem Lateinischen und Polnischen – v. a. Gelegenheitsgedichte, die eine große Formenvielfalt aufweisen (Sonette, Oden, Eklogen, Echogedichte, Epigramme, Centos usw.) und vielfach dem zeitgenössischen Argutia-Ideal verpflichtet sind. Mit der Verwendung des schlesischen Dialekts und des Rotwelschen sowie einem im Ganzen der Umgangssprache näherstehenden Stil geriet er in gewissen Widerspruch zur Poetik seines Vorbilds M. Opitz.

Werke: Der Grobianer vnd Die Grobianerin. 1640. [Dedekind-Übers.] – Florilegii Continuati Liber Tertius. 1641. [Als Fortsetzung der beiden Epigrammbücher von M. Opitz gedacht.] – Winter-Lieder. 1642. – Leichgesänge und Grabschrifften. 1646. – Hundert Außerlesner und spitziger Epigrammatum. o. J. [1649?] –

Geist: und Weltlicher Gedichte Erster Teil. 1652. – Hermanni Hugonis S. J. Gottsäliger Verlangen Drey Bücher. 1662.

Ausgabe: Geist- und weltlicher Gedichte Erster Teil. Brieg 1652. Hrsg. von Ewa Pietrzak. Tübingen 1997.

Schickele, René, 4. 8. 1883 Oberehnheim (Obernai; Elsass) – 31. 1. 1940 Vence (Südfrankreich). Der zweisprachig aufgewachsene Sch. studierte seit 1901 in Straßburg, München, Paris und Berlin Literatur und Philosophie, war aber v. a. mit seinen literarischen Plänen beschäftigt. Als Zeitungskorrespondent reiste er 1907 und 1908 nach Italien, 1909–11 lebte er als Korrespondent in Paris (Feuilletons und Essays aus der Zeit sammelt der Band *Schreie auf dem Boulevard*). Er kehrte dann ins Elsass zurück und versuchte publizistisch (*Straßburger Neue Zeitung*) gegen den drohenden Krieg zu arbeiten. 1914 wurde er Herausgeber der expressionistischen Zeitschrift *Die weißen Blätter*, deren Redaktion der entschiedene Pazifist Ende 1915 von Berlin in die Schweiz verlegte. Von 1919 an lebte er in Badenweiler, emigrierte aber angesichts des aufkommenden Nationalsozialismus 1932 und ließ sich in Südfrankreich nieder. Sch. trat schon früh für die Mittlerfunktion des 1871 von Deutschland annektierten und nach dem Krieg wieder französisch gewordenen Elsass ein und betonte die besondere Stellung seiner Heimat, die von zwei großen Traditionen geprägt worden sei (»geistiges Elsässertum«). Das durch den Kriegsausbruch verschärfte Dilemma des zwischen den beiden Ländern – und zwei Frauen – schwankenden Elsässers thematisiert das Drama *Hans im Schnakenloch*. Sein nach der Katastrophe des Krieges entstandenes episches Hauptwerk, die Romantrilogie *Das Erbe am Rhein* (*Maria Capponi*, *Blick auf die Vogesen*, *Der Wolf in der Hürde*), nimmt das Thema im Rahmen einer großen Familiengeschichte wieder auf. Begonnen hatte Sch. mit pantheistischer, pathetischer Lyrik und expressionistisch beeinflusster Prosa (*Der Fremde*, *Benkal der Frauentröster* u. a.). Auch der Roman *Sympho-*

nie für Jazz nimmt expressionistische Stilelemente auf; zugleich greift Sch. für diese Musikergeschichte Elemente des Bildungsromans auf, die er u. a. durch Songtexte leitmotivisch strukturiert. Sch.s letzter bedeutender Roman *Die Witwe Bosca* erzählt von einer grotesken, dämonisch-bösartigen Gestalt. Sch. sah in dem mit außergewöhnlichem »Brio« erzählten Werk (Th. Mann) »eine (etwas hermetische) Auseinandersetzung mit dem in Mord und Totschlag verstrickten Europa«.

Werke: Pan. Sonnenopfer der Jugend. 1902. – Sommernächte. 1902. – Mon Repos. 1905. – Der Fremde. 1907. – Weiß und Rot. 1910. – Meine Freundin Lo. 1911. Erw. 1931. – Schreie auf dem Boulevard. 1913. – Benkal der Frauentröster. 1914. – Mein Herz, mein Land. 1915. – Der neunte November. 1919. – Wir wollen nicht sterben! 1922. – Das Erbe am Rhein. 1925. Späterer Titel: Maria Capponi. – Blick auf die Vogesen. 1927. – Symphonie für Jazz. 1929. – Der Wolf in der Hürde. 1931. – Die Witwe Bosca. 1933. – Die Flaschenpost. 1937. – Le Retour. 1938. Dt. u. d. T.: Heimkehr. Aus dem frz. Original übers. von Ferdinand Hardekopf. 1939.
Ausgaben: Werke. Hrsg. von Hermann Kesten unter Mitarb. von Anna Schickele. 3 Bde. Köln/Berlin 1959. – Romane und Erzählungen. 2 Bde. Köln 1983.

Schiller, Friedrich (seit 1802: von), 10. 11. 1759 Marbach a. N. – 9. 5. 1805 Weimar. Die Familie folgte dem Vater, einem württembergischen Offizier, nach Würzburg, Cannstatt, Schwäbisch Gmünd, Lorch und schließlich Ludwigsburg; hier besuchte Sch. seit 1767 die Lateinschule. 1773 musste er auf Befehl Herzog Carl Eugens in die Militärakademie auf Schloss Solitude bei Stuttgart eintreten. Nach einer humanistischen Ausbildung im ersten Jahr studierte Sch. seit 1774 in der juristischen Fakultät, 1775 – nach der Verlegung der Schule nach Stuttgart – wechselte er zur Medizin. 1780 beendete er das Studium und erhielt eine Anstellung als Militärarzt in Stuttgart. Nach einer unerlaubten Reise nach Mannheim – hier waren am 13. 1. 1782 die *Räuber* uraufgeführt worden – wurde er mit Arrest und Schreibverbot bestraft. Er verließ am 22. 9. 1782 mit seinem Freund Andreas Schleicher Stuttgart und reiste über Mannheim und Frankfurt a. M. nach Thüringen, dann wieder zurück nach Mannheim (Theaterdichter 1783–84). 1785–87 hielt er sich als Gast bei Christian Gottfried Körner und anderen neuen Freunden in Leipzig und Dresden auf. Im Juli 1787 reiste Sch. nach Weimar, von J. G. Herder und C. M. Wieland freundlich empfangen. Ende 1787 lernte er die beiden Schwestern von Lengefeld kennen, und bei den Lengefelds in Rudolstadt traf er 1788 Goethe, der aus Italien zurückkam. Bis 1794 kam es allerdings zu keiner näheren Beziehung. 1789 erhielt Sch. eine Professur für Geschichte an der Universität Jena (Antrittsvorlesung: *Was heißt und zu welchem Ende studiert man Universalgeschichte?*), 1790 heiratete er – vom Weimarer Herzog mit einem Jahresgehalt von 200 Talern und vom Meininger Hof mit einem Hofratsdiplom ausgestattet – Charlotte v. Lengefeld. Eine schwere Krankheit machte der Universitätskarriere 1791 ein Ende; dafür erhielt er ein fünfjähriges Stipendium (1000 Taler jährlich) vom Herzog von Augustenburg und dessen Finanzminister Graf von Schimmelmann. 1792 wurde er mit der frz. Ehrenbürgerschaft geehrt, doch distanzierte sich Sch. seit 1793 von der Entwicklung in Frankreich. 1793–94 hielt er sich in Württemberg auf, im Sommer 1794 kam es in Jena zur entscheidenden Begegnung mit Goethe, die ihre Freundschaft und Zusammenarbeit – und damit die kurze Epoche der Weimarer Klassik – einleitete. Im Dezember 1799 übersiedelte Sch. nach Weimar. Ein Angebot aus Berlin schlug er 1804 aus, obwohl ihm die Enge der Weimarer Verhältnisse missfiel.

Sch. erzielte seinen ersten großen Erfolg mit dem Schauspiel *Die Räuber*, und trotz seiner intensiven Auseinandersetzung mit Geschichte, Philosophie und Ästhetik, trotz seiner Lyrik und seiner Erzählprosa blieb das Drama im Zentrum seines Schaffens. Seine frühen Dramen vertreten mit ihren Angriffen auf Despotismus und moralische Korruption, mit ihrem Freiheitsstreben, ihrer pathetischen Sprache und dem extremen Individualismus mancher ihrer Gestalten Positionen des Sturm und Drang, unterlegen der dramatischen Handlung aber bereits wertende moralische Kriterien. Das letzte der frühen Stücke, *Don Karlos*, weist mit seiner Zurücknahme der Affektdarstellung und seinem Übergang zum Vers (Blankvers) schon in die Zukunft. Das gilt für die Sicht der Geschichte, die nicht mehr nur als dramatisches Mittel eingesetzt wird, sondern mit ihrer Gesetzmäßigkeit dem Menschen zum Prüfstein wird, an dem er sich bewähren und so zur inneren Freiheit gelangen kann. Dies demonstrieren dann die Geschichtsdramen, die nach einer längeren, durch historische und philosophische Studien ausgefüllten Pause mit der *Wallenstein*-Trilogie einsetzen. Dabei zeigt sich eine Entwicklung, die von der differenzierten, an der Realität (bzw. den Quellen) orientierten Geschichts- und Charakterdarstellung im *Wallenstein* bereits in *Maria Stuart* zu einer größeren Freiheit gegenüber der Geschichte führt und dann in der »romantischen Tragödie« *Die Jungfrau von Orleans* und im *Wilhelm Tell* mit seiner utopischen Idylle als harmonischem Schlusspunkt das Geschichtsdrama zum poetischen Festspiel überhöht. Ganz von der Geschichte löste er sich mit der antikisierenden Schicksalstragödie *Die Braut von Messina*.

Sch.s Lyrik gipfelt nach pathetisch-rhetorischen Anfängen in der Nachfolge F. G. Klopstocks in den großen philosophischen Gedichten. Sie gehören, von einigen früheren Beispielen wie *Die Götter Griechenlands* (1788) oder *Die Künstler* (1789) abgesehen, im Wesentlichen der klassischen Zeit zwischen 1795 und 1800 an. Dabei stehen strophische Formen neben antikisierenden Versen, Letztere etwa in der Elegie *Der Spaziergang*, der parabolischen Darstellung der Entwicklungsgeschichte der Menschheit im Bild eines Gangs durch Natur und Geschichte. Auch in Sch.s theatralisch-effektvollen, populären Balladen, gleichsam im Wettbewerb mit Goethe entstanden, zeigt sich eine didaktische Note, sieht sich der Mensch exemplarisch vor sittliche Entscheidungen gestellt. Mit Goethe zusammen entstanden in dieser Zeit auch die *Xenien*, Epigramme, mit denen sich die beiden satirisch mit dem Literaturbetrieb auseinandersetzten. Eher am Rande von Sch.s dichterischem Schaffen steht seine aus den 80er-Jahren stammende Erzählprosa. Sie umfasst das eher kolportagehafte Romanfragment *Die Geisterseher* und drei Erzählungen, die auf wirkliche Fälle zurückgehen und psychologisches Interesse verraten. Seine wissenschaftliche und essayistische Prosa konzentriert sich im Wesentlichen auf zwei Bereiche, Geschichte und Ästhetik bzw. Philosophie. Sie hat, wie die dramatische Produktion, das Ziel, den Menschen den Weg vor Augen zu stellen, der entgegen allen Widerständen und Hindernissen zur Selbstverwirklichung führt. Das gilt für seine Darstellung der Geschichtsprozesse – der Individual- und der Menschheitsgeschichte – wie für seine ästhetischen Schriften, in denen sich Sch., z. T. mit kritischem Bezug auf Kant, mit den Begriffen des Schönen und des Erhabenen auseinandersetzt und dabei ein großes kultur- und geschichtsphilosophisches Konzept der »ästhetischen Erziehung des Menschen« entwickelt. Eine Ortsbestimmung der Kultur der Gegenwart und seiner eigenen Person (etwa im Vergleich zu Goethe) versucht die typologisch und dualistisch operierende *Abhandlung über naive und sentimentalische Dichtung*. Mit der Gründung von Zeitschriften (*Thalia*, *Die Horen*) und der Herausgabe von Almanachen suchte er einerseits seine wirtschaftliche Lage zu verbessern, andererseits waren diese für ihn (und später auch Goethe) Forum für die eigenen kleineren Produktionen (Erzählungen, Gedichte, Balladen, Xenien, Aufsätze usw.).

Werke: Die Räuber. 1781. – Anthologie auf das Jahr 1782. 1782. – Die Verschwörung des Fiesco zu Genua. 1783. – Kabale und Liebe, ein bürgerliches Trauerspiel. 1784. – Dom Karlos. Infant von Spanien. 1787. – Thalia. 1787–91. Neue Thalia. 1792–93. [Hrsg.] – Die Geisterseher. In: Thalia 1787–89. – Geschichte der merkwürdigsten Rebellionen und Verschwörungen. 1788. – Geschichte des Abfalls der vereinigten Niederlande von der Spanischen Regierung. 1788. – Allgemeine Sammlung Historischer Memoires. 1790. – Geschichte des Dreyßigjährigen Kriegs. In: Historischer Calender für Damen auf das Jahr 1791[–1793]. 1790–92. – Kleinere prosaische Schriften. 1792–1802. – Über Anmuth und Würde. 1793. – Die Horen. 1795–97. [Hrsg.] – Musen-Almanach für das Jahr 1796[–1800]. 1795[–99]. [Hrsg.] – Wallenstein. 1800. – Gedichte. 1800–03. – Maria Stuart. 1801. – Macbeth ein Trauerspiel von Shakespear. 1801. – Die Jungfrau von Orleans. 1801. – Die Braut von Messina. 1803. – Wilhelm Tell. 1804. – Phädra. Trauerspiel von Racine. 1805.

Ausgaben: Werke. Nationalausgabe. Begr. von Julius Petersen. [...] hrsg. von Norbert Oellers [u. a.]. Weimar 1943 ff. – Sämtliche Werke. Hrsg. von Gerhard Fricke und Herbert G. Göpfert. 5 Bde. München 1958–59. – Werke und Briefe. Hrsg. von Otto Dann [u. a.]. 12 Bde. Frankfurt a. M. 1988–2004. – Sämtliche Werke. Auf der Grundlage der Textedition von Herbert G. Göpfert hrsg. von Peter-André Alt [u. a.]. 5 Bde. München 2004.

Schirmer, David, 29. 5. 1623 Pappendorf bei Freiberg (Sachsen) – beerdigt 12. 8. 1687 Dresden. Der aus einem protestantischen Pfarrhaus stammende Sch. studierte nach seiner Gymnasialzeit in Freiberg und Halle in den 40er-Jahren in Leipzig und Wittenberg, u. a. bei A. Buchner. Seit 1650 lebte er in Dresden als eine Art Hofdichter; 1656 übernahm er auch die Stelle eines Hofbibliothekars. Seine Lyrik weist ihn als Opitzianer aus; er verzichtet anders als die meisten Buchner-Schüler trotz seiner sprachlichen Virtuosität, mit der er mit den formalen und thematischen Elementen der petrarkistischen Liebessprache umgeht, auf Experimentelles. Zu seiner höfischen Gelegenheitsdichtung zählen Ballette und Singspiele.

Werke: Erstes [Vierdtes] Rosen-Gepüsche. 1650. Verm. u. d. T.: Poetische Rosen-Gepüsche. 1657. – Singende Rosen Oder Sitten- und Tugend-Lieder. 1654. – Poetische Rauten-Gepüsche. 1663.

Schlaf, Johannes, 21. 6. 1862 Querfurt (Sachsen) – 2. 2. 1941 ebd. Der Sohn eines Kaufmanns studierte seit 1884 in Halle und Berlin Altphilologie und Germanistik, brach das Studium aber ab, um sich seinen literarischen Plänen in Zusammenarbeit mit A. Holz zu widmen. 1893–97 musste er sich mehrfach in Nervenheilanstalten behandeln lassen. 1898 kam es zum Bruch mit Holz, dem jahrelange Auseinandersetzungen um den jeweiligen Anteil an ihren Gemeinschaftsarbeiten folgten (auch in einer Reihe von Romanen spielt Sch. auf die Beziehung zu Holz an). Von 1904 an lebte Sch. als freier Schriftsteller in Weimar, seit 1937 in Querfurt. Die unter dem Pseudonym Bjarne P. Holmsen gemeinsam mit Holz verfassten Werke, die Prosatexte der Sammlung *Papa Hamlet* und das Drama *Die Familie Selicke*, gehören zu den wichtigsten Beispielen eines ›konsequenten‹ Naturalismus, der durch eine minutiöse Wiedergabe aller Äußerungen und Details (»Sekundenstil«) eine neue Qualität der Wirklichkeitswiedergabe zu erreichen sucht. Daran schließt Sch.s Drama *Meister Oelze* an, eine düstere Geschichte von Verbrechen und Erbschleicherei. Doch mit dem Interesse an religiösen und psychologischen Fragen, das hier deutlich wird, zeichnet sich ein Wandel ab, der Sch. zum Impressionismus, zur Absage an die Dekadenz, zu einer an die Heimatkunst erinnernde Naturverbundenheit und schließlich zu (pseudo)wissenschaftlich begründeten mystischen Anschauungen auf der Basis eines geozentrischen Weltbilds führte.

Werke: Papa Hamlet. 1889. [Mit A. Holz.] – Die Familie Selicke. 1890. [Mit A. Holz.] – Junge Leute. 1890. [Mit A. Holz.] – In Dingsda. 1892. – Meister Oelze. 1892. – Neue Gleise. 1892. [Mit A. Holz.] – Frühling. 1896. – Gertrud. 1898. – Die Feindlichen. 1899. – Helldunkel. 1899. – Novellen. 1899–1901. – Das Dritte Reich. 1900. – Die Suchenden. 1902. – Peter Boies Freite. 1903. – Der Kleine. 1904. – Der Prinz. 1908. – Das absolute Individuum und die Vollendung der Religion. 1910. – Religion und Kosmos. 1911. – Mieze. 1912. – Miele. 1920. – Am toten Punkt. 1922. – Das Gottlied. 1922. – Neues aus Dingsda. 1933.

Schlegel, August Wilhelm (seit 1815: von), 8.9.1767 Hannover – 12.5.1845 Bonn. Der Sohn des Theologen (und zeitweiligen Literaten) Johann Adolf Schlegel studierte seit 1786 in Göttingen zunächst Theologie, dann v. a. Philologie bei Christian Gottlob Heyne und lernte im Umgang mit G. A. Bürger und seinem Musenalmanach die neuere dt. Dichtung kennen. Anschließend ging er für vier Jahre als Hauslehrer nach Amsterdam (1791–95) und ließ sich dann 1796 in Jena nach der Heirat mit Caroline Böhmer (geb. Michaelis, spätere Schelling) nieder, hielt Vorlesungen an der Universität (seit 1798 Philologieprofessor) und arbeitete an Schillers *Horen* mit. Sein Haus wurde zum Mittelpunkt der Frühromantiker (›Jenaer Romantik‹). 1801 siedelte er nach Berlin über; 1804 verließ er – inzwischen geschieden – die Stadt mit Madame de Staël und lebte, von Reisen abgesehen, bis zu ihrem Tod 1817 auf ihrem Landsitz zu Coppet am Genfer See. 1818 erhielt er einen Ruf auf den Lehrstuhl für Literatur und Kunstgeschichte in Bonn. In seiner akademischen Tätigkeit leistete er Wegweisendes auf dem Gebiet der Romanistik (provenzalische Literatur) und der indischen Philologie. Mit seinen die ganze Breite der europäischen Überlieferung einbeziehenden literarhistorischen Schriften und Vorlesungen beschritt er den Weg über die kompilatorische Literaturgeschichtsschreibung des 18. Jh.s hinaus zu einer historischen, theoretisch fundierten Literaturgeschichte. Seine literarischen Leistungen liegen weniger in der eigenen Dichtung – Sonette, Balladen, das klassizistische Drama *Ion* – als vielmehr in seiner bedeutenden Vermittler- und Übersetzertätigkeit (ital., span., portugiesische, engl. Literatur), die in der Versübersetzung von 17 Stücken Shakespeares kulminierte.

Werke: [Shakespeareübersetzungen:] 8 Bde. 1797–1801; Bd. 9. 1810. – Athenaeum. 1798–1800. [Zs.; mit F. Schlegel.] – Ion ein Schauspiel. 1803. – Spanisches Theater. 5 Bde. Berlin 1803–09. – Blumensträuße italienischer, spanischer und portugiesischer Poesie. 1804. – Comparaison entre la Phèdre de Racine et celle d'Euripide. 1807. – Ueber dramatische Kunst und Litteratur. 1809–11. – Observations sur la langue et la littérature provençales. 1818. – Bhagavad-Gita. 1823. [Hrsg.] – Ramayana. 1823. [Hrsg.] – Indische Bibliothek. 1823–30. [Zs.] – Kritische Schriften. 1828. – Réflexions sur l'étude des Langues Asiatiques. 1832.

Ausgabe: Sämtliche Werke. Hrsg. von Eduard Böcking. 12 Bde. Leipzig 1846–47. – Kritische Schriften und Briefe. Hrsg. von Edgar Lohner. 7 Bde. Stuttgart [u. a.] 1962–74.

Schlegel, Dorothea (geb. Brendel Mendelssohn), 24. 10. 1764 Berlin – 3. 8. 1839 Frankfurt a. M. Sch. war die zweite Tochter Moses Mendelssohns. Sie wurde traditionell jüdisch erzogen und 1783 mit dem Bankier Simon Veit verheiratet. In Berliner Salons traf sie 1797 F. Schlegel; sie verließ ihren Mann und wurde 1799 geschieden. Im selben Jahr zog sie nach Jena, wo sie mit A. W., Caroline und F. Schlegel zusammen wohnte. 1802 ging sie mit F. Schlegel nach Paris; hier ließ sie sich ev. taufen und heiratete ihn. 1804 zogen sie nach Köln, konvertierten 1808 zum Katholizismus und erneuerten ihre Ehe. 1808 ließen sie sich in Wien nieder, 1816 in Frankfurt a. M.; 1818–20 besuchte Sch. ihre Söhne (aus erster Ehe) in Rom und lebte dann bis zum Tod ihres Mannes in Wien, anschließend bei ihrem Sohn Philipp Veit in Frankfurt. Sch.s Arbeiten erschienen anonym, als Hrsg. zeichnete meist F. Schlegel, so dass manches lange Zeit fälschlich ihm zugeschrieben wurde. Ihr Hauptwerk ist der an Goethes *Wilhelm Meister* orientierte Roman *Florentin*, der die Geschichte eines jungen Mannes auf der Suche nach Herkunft und Bestimmung schildert und später auf J. v. Eichendorffs *Ahnung und Gegenwart* wirkte. Daneben schrieb sie Rezensionen, bearbeitete den von Elisabeth v. Nassau-Saarbrücken zwischen 1430 und 1437 ins Deutsche übertragenen Roman *Loher und Maller* im Stil eines romantischen Volksbuchs und übersetzte Madame de Staëls Roman *Corinne*.

Werke: Florentin. 1801. – Geschichte des Zauberers Merlin. [Übers.]. In: F. Schlegel (Hrsg.): Sammlung romantischer Dichtungen des Mittelalters. 1804. – Lother und Maller, eine Rittergeschichte. 1805. – Corinna oder Italien. 1807–08. [Übers.]

Schlegel, Friedrich (seit 1815: von), 10. 3. 1772 Hannover – 12. 1. 1829 Dresden. Der Sohn des Theologen (und zeitweiligen Literaten) J. A. Schlegel und jüngere Bruder A. W. Schlegels begann 1789 in Göttingen Jura sowie Philologie, Geschichte und Philosophie zu studieren, wechselte 1791 nach Leipzig und entschied sich 1793 für eine Existenz als freier Schriftsteller. Aus Geldmangel zog er 1794 zu seiner Schwester Charlotte nach Dresden, 1796–97 lebte er bei seinem Bruder in Jena im Kreis der Frühromantiker, dann in Berlin, wo er seine spätere Frau Dorothea Veit, geb. Mendelssohn, kennen lernte. Er hatte wesentlichen Anteil an der Gründung des *Athenaeum* (1798–1800), der programmatischen Zeitschrift der Frühromantik. 1799 kehrte er nach Jena zurück, habilitierte sich 1800 und hielt eine Vorlesung über Transzendentalphilosophie. 1801 löste sich der Jenaer Romantikerzirkel auf; über Berlin, Dresden und Leipzig zogen Sch. und Dorothea Veit nach Paris (1802–04), wo sie 1804 heirateten. 1804–08 lebten sie in Köln, konvertierten 1808 zum Katholizismus und erneuerten ihre Ehe. 1808–15 wirkte Sch. als Sekretär der Hof- und Staatskanzlei in Wien und hielt daneben Vorlesungen; 1816–18 war er Legationssekretär der österreichischen Delegation am Frankfurter Bundestag und beendete seine amtliche Tätigkeit 1819 als Kunstsachverständiger auf einer Italienreise des Kaisers und Metternichs. Danach war er Herausgeber der Zeitschrift *Concordia* (1820–23), des zentralen Organs der Wiener Spätromantik, arbeitete an seiner Werkausgabe und hielt noch einmal eine Reihe von Vorlesungen, zuletzt auch in Dresden. Sch.s kritisches Frühwerk – Fragmente, Aufsätze, Rezensionen – gehört zu den maßgeblichen Dokumenten der ästhetischen, philosophischen und politischen Programmatik der jungen Romantikergeneration. Es bestimmt die Stellung der modernen romantischen Poesie im Rahmen der Literaturentwicklung und enthält u. a. die Definition der romantischen Poesie als ›progressiver Universalpoesie‹, in der sich alle getrennten Gattungen wieder vereinigen und Fiktion und Kritik, Phantasie und Ironie zusammenwirken. Sch.s Roman *Lucinde* ist Ausdruck der Vorstellung, dass sich die romantische Poesie am ehesten in der offenen Form des Romans verwirklichen lasse. Zugleich wirkte der Roman skandalös als (auch autobiographisch deutbares) Zeugnis einer die Konventionen der Gesellschaft sprengenden Auffassung von Liebe als Einheit von Geist und Sinnlichkeit, verbunden mit einem neuen, emanzipatorischen Frauenbild. Auch politisch galt Sch. mit seinen republikanischen Auffassungen als Radikaler. Dies änderte sich nach 1800 allmählich. Interesse an Mythologie und Mystik bereiteten die Wandlung vor, die im Übertritt zum Katholizismus und der Tätigkeit für die restaurative Politik Metternichs mündete. Dementsprechend vertreten die späten Publikationen die Positionen einer konservativ-katholischen Staatsphilosophie.

Werke: Ueber das Studium der griechischen Poesie. 1797. – Geschichte der Poesie der Griechen und Römer. 1798. – Athenaeum. 1798–1800. [Zs.; mit A. W. Schlegel.] – Lucinde. 1799. – Alarcos. Ein Trauerspiel. 1802. – Europa. 1803–05. [Zs.] – Ueber die Sprache und Weisheit der Indier. 1808. – Ueber die neuere Geschichte. 1811. – Geschichte der alten und neuen Litteratur. 1815. – Concordia. 1820–23. [Zs.] – Sämmtliche Werke. 10 Bde. 1822–25. – Philosophie des Lebens. 1828. – Philosophie der Geschichte. 1829. – Philosophische Vorlesungen insbesondere über Philosophie der Sprache und des Wortes. 1830.

Ausgaben: Kritische Ausgabe. Hrsg. von Ernst Behler [u. a.]. München [u. a.] 1958 ff. – Studienausgabe. Hrsg. von E. Behler. 6 Bde. Paderborn 1988.

Schlegel, Johann Adolf, 18. 9. 1721 Meißen – 16. 9. 1793 Hannover. Der Sohn eines Appellationsrats und Stiftssyndikus erhielt wie sein älterer Bruder J. E. Schlegel seine

Gymnasialausbildung in Schulpforta (1735–41), studierte dann von 1741 an Theologie in Leipzig, wo ihn sein Bruder mit zahlreichen Schriftstellern wie Johann Andreas Cramer, Johann Arnold Ebert, C. F. Gellert und G. W. Rabener bekannt machte. Nach seinen Kandidatenjahren, die er als Hofmeister und mit literarischen Arbeiten verbrachte, wurde er 1751 Diakon in Schulpforta und machte dann eine bedeutende theologische Karriere, die von zahlreichen einschlägigen Veröffentlichungen begleitet wurde (1754 Pastor in Zerbst, 1759 Pastor primarius in Hannover, 1775 Konsistorialrat und Superintendent in Neustadt, 1782 Generalsuperintendent der Grafschaft Hoya, 1787 Generalsuperintendent des Fürstentums Calenberg). Sch. arbeitete seit 1743 an der Zeitschrift *Belustigungen des Verstandes und des Witzes* mit und gehörte zu den Gründern der so genannten *Bremer Beiträge* (*Neue Beyträge zum Vergnügen des Verstandes und Witzes*) und beteiligte sich an einer Reihe weiterer Unternehmungen des Freundeskreises der ›Beiträger‹. Aus seinem dichterischen Werk ragen die auf die Gottschedschule bezogene Satire auf das Schäferspiel und eine Sammlung moralischer Verserzählungen heraus. Bedeutenden Einfluss hatte er mit seiner mehrfach erweiterten kommentierten Übersetzung von Charles Batteux' Poetik *Les beaux-arts réduits à un même principe*.

Werke: Vom Natürlichen in Schäfergedichten. 1746. – Einschränkung der Schönen Künste auf einen einzigen Grundsatz. 1751. ^{3}1770. – Sammlung Geistlicher Gesänge zur Beförderung der Erbauung. 1766–72. – Fabeln und Erzählungen. 1769. – Vermischte Gedichte. 1787–89.

Schlegel, Johann Elias, 17. 1. 1719 Meißen 13. 8. 1749 Sorø (Dänemark). Der Sohn eines Stiftssyndikus und Appellationsrats besuchte wie später sein Bruder J. A. die Fürstenschule Pforta und studierte anschließend von 1739 bis 1742 Jura in Leipzig. 1743 begleitete er den sächsischen Gesandten als Privatsekretär nach Kopenhagen.

1748 wurde er zum außerordentlichen Professor (Geschichte, Staatsrecht, Kommerzwesen) an die Ritterakademie Sorø berufen. Bereits in seiner Schulzeit hatte Sch. einige Trauerspiele nach Euripides bearbeitet. In Leipzig schloss er sich dem Kreis um J. C. Gottsched an; dieser nahm drei seiner Stücke in die *Deutsche Schaubühne* auf. Obwohl Sch. grundsätzlich an den Formen der klassizistischen Alexandrinertragödie bzw. des Typenlustspiels festhielt, löste er sich später von Gottsched und setzte in mehreren theoretischen Abhandlungen eigene Akzente. Er lehnte den starren, äußerlichen Regelzwang ab, modifizierte das Nachahmungspostulat und erkannte nationale Unterschiede als notwendige Folge unterschiedlicher Sitten und Geschmacksvorstellungen an. Das führte u. a. zur Folgerung, dass das engl. Theater – Shakespeare – nicht nach dem frz. Modell beurteilt werden könne. Sch. ist der bedeutendste dt. Dramatiker der Aufklärung vor Lessing; unter seinen Trauerspielen nach mythologischen und historischen Stoffen ragen die beiden geschichtlich fundierten Stücke heraus: *Herrmann*, 1743 von der Neuberschen Truppe aufgeführt, mit einem dt. Nationalhelden, und *Canut*, in Dänemark entstanden, mit einem dänischen (Knut der Große). Hier bringt Sch. mit dem Titelhelden das Ideal des aufgeklärten Absolutismus auf die Bühne; in der Gestaltung des unbändigen, maßlosen Bösewichts schlägt sich seine Kenntnis Shakespeare'scher Charakterdarstellung nieder. Auch die Lustspiele zeigen Ansätze psychologischer Charakterisierung; v. a. mit dem Einakter *Die stumme Schönheit* gewinnt er dem Typus der satirischen Verlachkomödie neue Nuancen ab und verstößt dabei formal – Verwendung des Alexandriners, des Tragödienverses – gegen die starren Gottschedschen Konventionen.

Werke: Vergleichung Shakespears und Andreas Gryphs. In: Beyträge Zur Critischen Historie Der Deutschen Sprache, Poesie und Beredsamkeit. Bd. 7, 28. Stück, 1741. – Canut, Ein Trauerspiel.

1746. – Theatralische Werke. Kopenhagen 1747. – Beyträge zum dänischen Theater. 1748.

Ausgabe: Werke. Hrsg. von Johann Heinrich Schlegel. 5 Bde. Kopenhagen/Leipzig 1761–70. Reprogr. Nachdr. Frankfurt a. M. 1971.

Schmidt, Arno, 18. 1. 1914 Hamburg – 3. 6. 1979 Celle. Sch. wuchs in Hamburg-Hamm auf. Nach dem Tod des Vaters, eines Polizisten, zog Sch. mit der Familie nach Schlesien, in die Heimat der Eltern. Sch. machte 1933 Abitur in Görlitz, besuchte die Höhere Handelsschule und absolvierte 1934–37 eine kaufmännische Lehre. Bis er 1940 eingezogen wurde (leichte Artillerie), arbeitete er als Lagerbuchhalter in einer Bekleidungsfabrik. Nach dem Krieg lebte er zunächst in Cordingen in der Lüneburger Heide und arbeitete als Dolmetscher, beschloss aber bereits Ende 1946, die Existenz als freier Schriftsteller zu wagen. In den folgenden Jahren zog er, seit 1937 mit Alice Murawski verheiratet, mehrfach um (1950 Gau-Bickelheim, Rheinhessen, Ende 1951 Kastel an der Saar, 1955 Darmstadt), bis er sich 1958 in Bargfeld im Kreis Celle niederließ. Hier lebte er zurückgezogen bis zu seinem Tod. Sch. schrieb bereits vor 1945 eine Anzahl von Erzählungen und Gedichten nach traditionellen Mustern, die erst postum gedruckt wurden. An die Öffentlichkeit trat er als literarisch avancierter Erzähler. In *Leviathan oder Die beste der Welten*, Titelerzählung seines ersten Buches, gelingt es ihm, die schockartigen Erfahrungen des Krieges und das damit verbundene moralische Anliegen sowie seine Vorstellungen von einer negativen Theodizee (»Diese Welt ist etwas, das besser nicht wäre«) auch ästhetisch produktiv zu machen. Statt auf die realistisch-sozialkritische Tradition zurückzugreifen, radikalisiert er die Ich-Perspektive und sprengt das epische Kontinuum auf: durch Momentaufnahmen des äußeren und inneren Geschehens, naturalistische Details, Reflexionen, weltraumphysikalische Diskurse, Assoziationen und den Wechsel der Zeitebenen und Darstellungsarten. Sch.s späteres

Werk baut auf diesen Verfahren auf und führt sie weiter. Thematisch bleibt für die folgenden Erzählungen die Perspektive des Einzelnen in einer vom Krieg geprägten (Endzeit-)Welt bestimmend. Anstoß erregte er in den 50er-Jahren mit seinen Polemiken gegen Christentum und politische Restauration sowie seiner Nichtbeachtung der herrschenden sexuellen Doppelmoral. Die Erzählung *Seelandschaft mit Pocahontas* brachte ihm 1955 eine Strafanzeige wegen Gotteslästerung und Pornographie ein (Einstellung des Verfahrens 1956).

Die innovative Erzählweise Sch.s verbindet sich mit sprachlichem Erfindungsreichtum; es kommt zu einer immer stärkeren Einbeziehung von Dialekt und Jargon, die übliche Orthographie wird aufgelöst bis hin zu einer konsequenten »Verschreibtechnik«, die verborgene (d. h. verdrängte) sexuelle Bedeutungen der Wörter aufdecken soll (›Etym‹-Lehre). Eine Begründung seiner epischen Technik enthalten die *Berechnungen*, poetologische Überlegungen, die von einem Zusammenhang zwischen der Erfahrung der Diskontinuität des modernen Bewusstseins und der Prosaform ausgehen. Die Mehrstimmigkeit des Erzählens in *KAFF* und dem folgenden Band mit Erzählungen, *Kühe in Halbtrauer*, die Unterlegung der vordergründigen Handlung mit mythologischen Motiven, die Auseinandersetzung mit James Joyce und Sigmund Freud (sichtbar in der Wortbildungstechnik und dem Spiel mit Mehrfachbedeutungen sowie in der psychoanalytischen Studie über Karl May) führen zu Sch.s opus magnum *Zettels Traum*, entstanden zwischen 1963 und 1970 und als faksimiliertes Typoskript von 1334 Seiten im Format DIN A 3 gedruckt. Der Besuch eines Übersetzerehepaars und ihrer Tochter bei dem alternden Schriftsteller Pagenstecher an einem Sommertag bildet den Rahmen für Gespräche über das Übersetzen, über Edgar Allan Poe und über die unter der Oberfläche liegende Bedeutungsschicht seiner Texte sowie über zahlreiche andere Themen. Zugleich wird der Roman der Doppeldeutigkeit seines Titels (Verweis auf Sch.s Zettelkästen und Shakespeares *Sommernachtstraum*) durch Aufschwünge in surreale und mythologische Welten gerecht. Der Text ist in drei Spalten gegliedert: Der Hauptstrang der Erzählung bildet die Mitte, links stehen Zitate aus dem jeweiligen Poe-Kontext, rechts Assoziationen, Reflexionen, Einfälle Pagenstechers. Dieses Verfahren kennzeichnet, in gemäßigter Form, auch die letzten Werke. In Funkessays und Studien suchte Sch. verkannte oder vergessene Autoren oder Werke wieder ins Bewusstsein zu heben (F. de la Motte Fouqué, J. G. Schnabel u. a.). Daneben übersetzte er, v. a. aus finanziellen Gründen, eine Reihe von Werken der angloamerikanischen Literatur.

Werke: Leviathan. 1949. – Brand's Haide. Zwei Erzählungen. 1951. – Aus dem Leben eines Fauns. Kurzroman. 1953. – Die Umsiedler. 1953. – Berechnungen I. In: Texte und Zeichen 1955. H. 1. Berechnungen II. Ebd. 1956. H. 1. – Kosmas oder Vom Berge des Nordens. 1955. – Seelandschaft mit Pocahontas. In: Texte und Zeichen 1955. H. 1. – Das steinerne Herz. Historischer Roman aus dem Jahre 1954 nach Christi. 1956. – Die Gelehrtenrepublik. Kurzroman aus den Roßbreiten. 1957. – Fouqué und einige seiner Zeitgenossen. Ein biografischer Versuch. 1958. Erw. 1960. – Dya Na Sore. Gespräche in einer Bibliothek. 1958. – Rosen & Porree. 1959. – KAFF auch Mare Crisium. 1960. – Belphegor. Nachrichten von Büchern und Menschen. 1961. – Nobodaddy's Kinder. 1963. – Sitara und der Weg dorthin. Eine Studie über Leben, Wesen, Werk & Wirkung Karl May's. 1963. – Kühe in Halbtrauer. 1964. – Die Ritter vom Geist. Von vergessenen Kollegen. 1965. – Trommler beim Zaren. 1966. – Der Triton mit dem Sonnenschirm. Großbritannische Gemütsergetzungen. 1969. – Orpheus. Fünf Erzählungen. 1970. – Zettels Traum. 1970. – Die Schule der Atheisten. Novellen=Comödie in sechs Aufzügen. 1972. – Abend mit Goldrand. Eine Märchen-Posse. 1975. – Aus julianischen Tagen. 1979. – Julia, oder die Gemälde. Scenen aus dem Novecento. 1983.

Ausgaben: Züricher Kassette. Das erzählerische Werk. 8 Bde. Zürich 1985. – Bargfelder Ausgabe. Werkgruppe I: Romane, Erzählungen, Gedichte, Juvenilia. 4 Bde. Zürich 1986–88. Werkgruppe II: Dialoge. 3 Bde. Zürich 1990–91. Werkgruppe III: Essays und Biographisches. 4 Bde. Zürich 1993–95. Werkgruppe IV: Das Spätwerk. 4 Bde. Zürich 1992–94. Supplemente. Frankfurt a. M. 2003 ff.

Schnabel, Ernst, 26. 9. 1913 Zittau (Sachsen) – 25. 1. 1986 Berlin. Der Sohn eines Kaufmanns brach mit 17 Jahren seine Gymnasialausbildung ab und fuhr zur See. Im Zweiten Weltkrieg war er bei der Kriegsmarine. Nach dem Krieg arbeitete er in verschiedenen Funktionen beim Rundfunk (1946–49 Chefdramaturg und Leiter der Gruppe Wort, 1951–55 Intendant des NWDR Hamburg; 1961–65 Leiter der dritten Hörfunkprogramme von NDR und SFB u. a.). Seit 1968 lebte er als freier Schriftsteller in Berlin. Während des Dritten Reiches veröffentlichte Sch. drei Romane, Abenteuer- und Seefahrtgeschichten in der Nachfolge Joseph Conrads. Seine Prosa der Nachkriegszeit nimmt diese Themen auf; zugleich wendet sich Sch. dem Mythos zu. Zu seinen Versuchen der Aktualisierung des Mythos gehören *Der sechste Gesang* (Odysseus und Nausikaa, Kriegs- und Heimkehrerschicksal) und *Ich und die Könige* (Dädalus). Sch.s Bedeutung beruht nicht zuletzt auf seinen Arbeiten für den Rundfunk (Hörspiel, Feature). Er gilt als Pionier des Genres Funkfeature. Die hervorragendsten Beispiele sind die aus Hörerzuschriften montierten Querschnitt-Features *29. Januar 1947* und *ein tag wie morgen* sowie die Sendung über Anne Frank. Für Hans Werner Henze schrieb er das Libretto zum Oratorium *Das Floß der Medusa*.

Werke: Die Reise nach Savannah. 1939. – Nachtwind. 1942. – Schiffe und Sterne. 1943. – Thomas Wolfe. 1947. – Sie sehen den Marmor nicht. 13 Geschichten. 1949. – Interview mit einem Stern. Roman eines Fluges um die Erde. 1951. – ein tag wie morgen. 1952. – Die Erde hat viele Namen. Vom Fliegen in unserer Welt. 1955. – Der sechste Gesang. 1956. – Anne Frank. Spur eines Kindes. Ein Bericht. 1958. – Ich und die Könige. Projekte, Zwischenfälle und Resümees aus dem Leben des Ingenieurs D. 1958. – Fremde ohne Souvenir. 1961. – Das Floß der Medusa. 1969. – Ein Tag wie morgen. 29. Januar 1947. 1. Februar 1950. Zwei Collagen. 1971. – Die Nachrichten aus der Gesellschaft. Hurricane oder Schwierigkeiten mit der Fiktion. 1972. – Auf der Höhe der Messingstadt. 1979.

Schnabel, Johann Gottfried, 7. 11. 1692 Sandersdorf bei Bitterfeld – zwischen 1750 und 1760. Sch. stammte aus einem Pfarrhaus. Nach dem frühen Tod der Eltern (1694) wurde er wahrscheinlich von Verwandten aufgenommen. Von 1702 an besuchte er die Lateinschule in Halle. Möglicherweise erwarb er anschließend medizinische Kenntnisse bzw. erlernte das Barbierhandwerk. Während des Spanischen Erbfolgekriegs nahm er 1710–12 wahrscheinlich als Feldscher an den Feldzügen Prinz Eugens teil; von 1714 bis 1718 ist er als Feldscher in einem kursächsischen Regiment nachweisbar. Mit zwei anderen Barbiermeistern erhielt er 1719 das Privileg, eine Barbierinnung in Querfurt zu gründen. 1724 legte er den Bürgereid in Stolberg (Harz) ab, wirkte als schlecht bezahlter »Hofbalbier«, Kammerdiener und Hofagent der Grafen v. Stolberg und suchte durch die Herausgabe einer Zeitung und schriftstellerische Arbeiten seine finanzielle Lage zu verbessern. Eine Bittschrift von 1744 ist das letzte Stolberger Zeugnis; man nimmt an, dass Sch. Stolberg verlassen hat. 1750 erschien der letzte ihm sicher zuzuschreibende Roman. 1760 wird er als verstorben bezeichnet. Mit der ungemein erfolgreichen *Insel Felsenburg*, wie man sein vierbändiges Hauptwerk *Wunderliche Fata einiger See-Fahrer* kurz bezeichnet, beginnt der bürgerliche Roman der dt. Aufklärung: eine Verbindung von Robinsonade und Utopie, die in einem komplexen erzählerischen Verfahren der als bedrückend erfahrenen, moralisch bankrotten europäischen Gesellschaftsordnung ein auf Gottesfurcht, Vernunft und Tugend gegründetes utopisches Gemeinwesen gegenüberstellt. Viel gelesen wurde auch sein galanter Roman, bei dem erotisch-abenteuerliche und moralisierend-lehrhafte Sequenzen abwechseln.

Werke: Stolbergische Sammlung Neuer und Merckwürdiger Welt-Geschichte. 1731–41. – Wunderliche Fata einiger See-Fahrer, absonderlich Alberti Julii, eines gebohrnen Sachsens [...] entworffen [...] Von Gisandern. 1731–43. – Lebens- Helden- und Todes-

Geschicht [...] Eugenii Francisci, Printzen von Savoyen. 1736. – Der im Irr-Garten der Liebe herum taumelnde Cavalier. 1738. – Der aus dem Mond gefallene und nachhero zur Sonne des Glücks gestiegene Printz. 1750.

Schneider, Peter, * 21. 4. 1940 Lübeck. Der Sohn eines Dirigenten studierte nach dem Abitur (1959) in Freiburg i. Br., München und seit 1962 in Berlin Germanistik, Geschichte und Philosophie (Staatsexamen 1972). Er gehörte zu den Wortführern der Studentenbewegung und arbeitete politisch für die SPD. 1973 wurde ihm in Berlin eine Referendarstelle verweigert (Zweifel an seiner Verfassungstreue). Als der Bescheid zwei Jahre später rückgängig gemacht wurde, hatte sich Sch. bereits als freier Schriftsteller durchgesetzt. Er lebt in Berlin und in Italien. In seinen frühen Arbeiten beschäftigt sich Sch. mit der Studentenbewegung und seinen eigenen politischen Erfahrungen. In der Erzählung *Lenz*, die die Verunsicherung und Lebenskrise eines jungen Intellektuellen schildert, geschieht dies vor der Folie von G. Büchners gleichnamiger Novelle und dem hier geschilderten Schicksal des zerrissenen und vereinsamten Sturm-und-Drang-Dichters J. M. R. Lenz. Der umstrittene Radikalenerlass ist der Hintergrund einer quasidokumentarisch angereicherten Erzählung, die von einem Verfahren gegen einen Lehrer handelt, dessen Verfassungstreue bezweifelt wird (*... schon bist du ein Verfassungsfeind*). Abstand von diesen Themen gewinnt Sch. mit der Erzählung *Der Mauerspringer*, mit der er der Realität der geteilten Stadt und ihrer Menschen durch Geschichten von Menschen aus dem Westen und dem Osten, gesammelt durch einen Westberliner Schriftsteller, nahezukommen sucht (u. a. ist von einem Mann die Rede, der 15-mal von West nach Ost und zurück gesprungen ist). Das Deutschlandthema bleibt auch im Folgenden von Bedeutung; das gilt z. B. für den Reportagenband *Extreme Mittellage*. Eine Art ironisch-melancholischer Rückblick auf die 68er-Zeit, nicht zuletzt auf ihre privaten Aspekte, bietet Sch.s erster Roman *Paarungen*, während er mit dem folgenden, *Eduards Heimkehr*, eine Art Nach-Wende-Roman versuchte. Die Abkehr von der politikbestimmten Vergangenheit setzt sich in den Erzählungen des Bandes *Das Fest der Missverständnisse* und dem Italienroman *Skylla* mit seinen dunklen Untertönen fort. Sch. schrieb u. a. die Drehbücher für die Filme *Messer im Kopf* (1978) und *Der Mann auf der Mauer* (1982) von Reinhard Hauff.

Werke: Ansprachen, Reden, Notizen, Gedichte. 1970. – Lenz. 1973. – ... schon bist du ein Verfassungsfeind. Das unerwartete Anschwellen der Personalakte des Lehrers Kleff. 1975. – Atempause. Versuch, meine Gedanken über Literatur und Kunst zu ordnen. 1977. – Die Wette. 1978. – Die Botschaft des Pferdekopfs und andere Essays aus einem friedlichen Jahrzehnt. 1981. – Der Mauerspringer. 1982. – Totoloque. Das Geiseldrama von Mexiko-Tenochtitlàn. 1985. – Vati. 1987. – Deutsche Ängste. Sieben Essays. 1988. – Extreme Mittellage. Eine Reise durch das Deutsche Nationalgefühl. 1990. Erw. 1992. – Paarungen. 1992. – Vom Ende der Gewißheit. 1994. – Eduards Heimkehr. 1999. – Die Diktatur der Geschwindigkeit. Ausflüge, Zwischenrufe. 2000. – Das Fest der Missverständnisse. Erzählungen. 2003. – Skylla. 2005.

Schneider, Reinhold, 13. 5. 1903 Baden-Baden – 6. 4. 1958 Freiburg i. Br. Der Sohn eines Hoteliers arbeitete nach dem Abitur 1921 als kaufmännischer Angestellter, entschied sich dann 1928 zur Existenz als freier Schriftsteller und unternahm in den folgenden Jahren ausgedehnte Reisen nach Portugal, Spanien, Italien, England und Skandinavien. 1932–37 lebte er in Potsdam, dann in Hinterzarten und seit 1938 in Freiburg. Das tragische Lebensgefühl, das ihm seit seiner Jugend zu eigen war (Selbstmordversuch 1922) und durch Lektüreerfahrungen bestätigt wurde (Miguel de Unamuno, Søren Kierkegaard, Arthur Schopenhauer u. a.), prägt auch sein literarisches Werk. Hinzu kommt die im Dritten Reich sich vollziehende Wiederannäherung an den christlichen (katholischen) Glauben. Seine Geschichtsdarstellungen und -dichtungen bestätigen die tragische Sicht, nach der das Individuum dem Geschichts- und Verfallsprozess unterworfen ist, sich aber – und hier zeigt sich das Widerstandspotential – im Opfer oder Verzicht die sittliche Freiheit, die Freiheit des Gewissens in Verantwortung vor Gott bewahren kann. Bekanntestes Beispiel für diese Haltung ist die historische Erzählung *Las Casas vor Karl V.*, die den Kampf des Dominikanermönchs Bartolomé de Las Casas gegen den mit dem Missionsauftrag der Kirche unvereinbaren Völkermord an den Indios schildert. Diese »Szenen aus der Konquistadorenzeit« sind nicht nur ein Dokument des Glaubens und eines evangelientreuen Rechtsgefühls, sondern ebenso sehr ein christlich motivierter Protest gegen den Nationalsozialismus und die Judenverfolgung. In dem Essayband *Macht und Gnade* verschärfte sich Sch.s Oppositionshaltung, die 1941 zum Druckverbot führte (was aber nicht verhinderte, dass Gedichte, Meditationen und andere Texte Sch.s weiter verbreitet wurden). Seine moralische Rigorosität bewährte sich auch nach 1945, als er – entgegen der restaurativen Entwicklung und der Blockbildung des Kalten Krieges – für eine konsequente Friedenspolitik eintrat.

Werke: Das Leiden des Camões oder Untergang und Vollendung der portugiesischen Macht. 1930. – Philipp der Zweite oder Religion und Macht. 1931. – Fichte. Der Weg zur Nation. 1932. – Die Hohenzollern. Tragik und Königtum. 1933. – Das Inselreich. Gesetz und Größe der britischen Macht. 1936. – Sonette. 1937. – Las Casas vor Karl V. Szenen aus der Konquistadorenzeit. 1938. – Der Abschied der Frau von Chantal. 1941. – Der Überwinder. 1941. – Macht und Gnade. Gestalten, Bilder und Werte in der Geschichte. 1941. – Die Waffen des Lichts. 1944. – Der Kronprinz. Politisches Drama. 1948. – Stern der Zeit. Sonette. 1948. – Der große Verzicht. 1950. – Innozenz und Franziskus. 1952. – Das Attentat. 1954. – Verhüllter Tag. Lebensbericht. 1954. – Der Balkon. Aufzeichnungen eines Müßiggängers in Baden-Baden. 1957. – Winter in Wien. Aus meinen Notizbüchern 1957/58. 1958.

Ausgabe: Gesammelte Werke. Hrsg. von Edwin Maria Landau. 10 Bde. Frankfurt a. M. 1977–81.

Schnitzler, Arthur, 15. 5. 1862 Wien – 21. 10. 1931 ebd. Der Sohn eines angesehenen Mediziners jüdischer Herkunft studierte ab 1879 Medizin in Wien. Nach der Promotion 1885 arbeitete er als Assistenzarzt am Wiener Allgemeinen Krankenhaus, 1888–93 an der Poliklinik als Assistent seines Vaters. Nach dessen Tod verließ Sch. die Klinik und eröffnete 1893 eine eigene Praxis, die er mit zunehmender literarischer Betätigung einschränkte, aber nicht aufgab. Sch. gehört zu den bedeutendsten Vertretern der Wiener Moderne um die Jahrhundertwende (»Jung-Wien«). Nach frühen Veröffentlichungen in Zeitschriften (zuerst 1880, regelmäßig seit 1886) erschien mit dem Zyklus von Einaktern, *Anatol*, das erste Werk von literarischem Rang. Es orientiert sich an frz. Boulevardkomödien und stellt den Typus des leichtsinnigen Melancholikers vor, dessen Leben in Episoden ohne inneren Zusammenhang zerfällt. Den ersten großen Bühnenerfolg hatte er mit dem Schauspiel *Liebelei* (UA 1895), das – skandalerregend – die Affären junger Herren aus besserem Hause mit Vorstadtmädchen zeigt und zugleich Elemente des bürgerlichen Trauerspiels aufnimmt, wobei tiefverwurzelte bürgerliche Wertvorstellungen (in einem der ›süßen Mädels‹) mit der ästhetisierenden Unverbindlichkeit und Hohlheit der sie umgebenden Gesellschaft auf unheilvolle Weise kollidieren. Der kritische Blick auf bürgerliche Moralkonventionen fand im *Reigen* (1900, UA Berlin 1920) eine konsequente szenische Lösung: Die Folge von zehn Szenen mit dem in zehnfacher Abwandlung dargestellten Ritual des Sexualakts schließt sich formal und gesellschaftlich zum totentanzähnlichen Reigen. Die Uraufführung löste (z. T. inszenierte) Skandale und Prozesse aus; Sch. untersagte weitere Aufführungen. Die Reaktionen auf seine Stücke bestätigten Sch.s Diagnosen. Das gilt auch für die »Komödie« *Professor Bernhardi* (UA Berlin 1912), die in Österreich »wegen der zu wahrenden öffentlichen Interessen« verboten wurde. Mit dem Stück und seiner Entlarvung des liberal verbrämten wie des klerikalen Antisemitismus und des Opportunismus der Politiker gelang Sch. eine brisante gesellschaftliche Analyse. Seine Kunst der Gefühlsdarstellung und -analyse (und der leisen Zwischentöne) zeigt sich in Stücken wie *Der einsame Weg* (UA 1904) und *Das weite Land* (UA 1911), wobei zugleich an der Einsamkeit und Isolation der Protagonisten der Zustand der Gesellschaft sichtbar wird. In den Jahren nach der Jahrhundertwende gehörte Sch. zu den meistgespielten deutschsprachigen Dramatikern.

Dem dramatischen Werk steht ein ebenso bedeutendes Prosaschaffen zur Seite. Seit seiner ersten Novelle (*Sterben*) zeichnet sich Sch.s Erzählen durch eine eindringliche psychologische Darstellungskunst aus, die vor dem Hintergrund pervertierter bürgerlicher Moral- und Wertvorstellungen genaue Analyse und deterministische Vorstellungen mit einem Gefühl für die Seelen- und Bewusstseinslage der Fin-de-Siècle-Generation und den Zwischenbereich zwischen Bewusstem und Unbewusstem verbindet. Sch. verwandte als erster konsequent den inneren Monolog als erzählerisches Mittel, um die inneren Vorgänge einer Figur, ihre assoziativen Reaktionen auf ihre Wahrnehmungen darzustellen. In *Lieutenant Gustl*, zuerst im Weihnachtssupplement (25. 12. 1900) der Wiener *Neuen Freien Presse* erschienen, fügt sich die halbbewusste Selbstentlarvung des in seiner ›Ehre‹ verletzten Leutnants ohne Erzählereingriffe und -kommentare zu einem für den militärischen Ungeist und die Perversion des Ehrbegriffs symptomatischen Psychogramm (was zur Aberkennung des Reserveoffiziersrangs führte). Sch. nahm die Technik des inneren Monologs wieder in *Fräulein Else* auf, einer Geschichte pervertierter Bürgerlichkeit, die eine junge Frau im tödlichen Konflikt zwischen Selbstbewahrung und sexuellem Opfer für die Familie bzw. die Familienfinanzen zeigt. In seinem ersten Roman, *Der Weg ins Freie*, verknüpft Sch. die Darstellung der problematischen Liebesbeziehungen eines egozentrischen und sentimentalen Komponisten mit einer differenzierten Schilderung des deutsch-jüdischen Lebens in der Habsburger Monarchie. Zu den Versuchen, Typen auf Urbilder zurückzuführen, gehören die Erzählungen *Casanovas Heimfahrt* (Abenteurer) und *Spiel im Morgengrauen* (Spieler). Die für Sch.s Werk charakteristischen Motive und Themen (Ambivalenz des Lebens, Schein und Wirklichkeit, Zufall und Notwendigkeit, Determination, Unterdrückung der weiblichen Sexualität, Liebe, Tod, Trieb u. a.) bestimmen auch das Spätwerk seit *Fräulein Else*.

Werke: Anatol. 1893 [recte 1892]. – Das Märchen. 1894. – Sterben. 1895. – Liebelei. 1896. – Freiwild. 1898. – Der grüne Kakadu. Paracelsus. Die Gefährtin. 1899. – Der Reigen. 1900. [Privatdruck.] Öffentl. Ausg. 1903. – Der Schleier der Beatrice. 1901. – Frau Berta Garlan. 1901. – Lieutenant Gustl. 1901. – Der einsame Weg. 1904. – Der Ruf des Lebens. 1906. – Marionetten. 1906. – Zwischenspiel. 1906. – Der Weg ins Freie. 1908. – Das weite Land. 1911. – Professor Bernhardi. 1912. – Frau Beate und ihr Sohn. 1913. – Komödie der Worte. 1915. – Doktor Gräsler, Badearzt. 1917. – Fink und Fliederbusch. 1917. – Casanovas Heimfahrt. 1918. – Fräulein Else. 1924. – Komödie der Verführung. 1924. – Traumnovelle. 1926. – Spiel im Morgengrauen. 1927. – Therese. Chronik eines Frauenlebens. 1928. – Flucht in die Finsternis. 1931.

Ausgaben: Gesammelte Werke. Die erzählenden Schriften. 2 Bde. Frankfurt a. M. 1961. Die dramatischen Werke. 2 Bde. Frankfurt a. M. 1962. – Aphorismen und Betrachtungen. Hrsg. von Robert O. Weiss. Frankfurt a. M. 1967. – Tagebuch 1879–1931. Hrsg. von Werner Welzig [u. a.]. 10 Bde. Wien 1981–2000. – Briefe 1875–1912. Hrsg. von Therese Nickl und Heinrich Schnitzler. Frankfurt a. M. 1981. – Briefe 1913–1931. Hrsg. von Peter Michael Braunwarth [u. a.]. Frankfurt a. M. 1984.

Schnurre, Wolfdietrich, 22. 8. 1920 Frankfurt a. M. – 9. 6. 1989 Kiel. Der Sohn eines Bibliothekars wuchs in Frankfurt und seit 1928 in Berlin auf, besuchte das humanistische Gymnasium und war von 1939 bis 1945 Soldat, zuletzt in einer Strafkompanie. Kurz vor Kriegsende desertierte er und kam Ende 1945 nach Berlin (Ostsektor) zurück. 1946 ging er in den Westteil der Stadt und arbeitete für verschiedene Zeitschriften und seit 1950 als freier Schriftsteller. Er lebte in Berlin und seit Anfang der 80er-Jahre in Felde bei Kiel. Er gehörte zu den Mitbegründern der »Gruppe 47«; 1983 wurde er mit dem Georg-Büchner-Preis ausgezeichnet. Sch. war ein vielseitiger, ungemein fruchtbarer (und streitbarer) Autor. Im Zentrum seines Schaffens steht, trotz verschiedener Gedichtsammlungen, die Prosa. Dabei dominieren die kleinen Formen: Kurzgeschichten, Parabeln, Satiren, Aphorismen. Seine lakonischen Kurzgeschichten wirkten mit denen H. Bölls und W. Borcherts stilbildend in ihrer Zeit. Themen sind die Erlebnisse der Kindheit und die Erfahrungen der Kriegszeit. Ansätze zu größeren Formen, die aber wiederum sich aus kleinen zusammensetzen, zeigen der »Roman in Geschichten« *Als Vaters Bart noch rot war* mit Geschichten von Vater und Sohn aus der Kindheit und der Prosaband *Der Schattenfotograf*, eine tagebuchähnliche Sammlung von Aphorismen, Geschichten, Leseeindrücken, Erinnerungen usw. Sein Roman *Ein Unglücksfall* verbindet die Erzählung vom Unfall eines jüdischen Glasers beim Wiederaufbau der Berliner Synagoge mit dessen Erinnerungen an die Zeit des Nationalsozialismus. Die Hör- und Fernsehspiele nehmen vielfach die Themen der Prosa auf. Daneben schrieb Sch. eine Reihe von Kinderbüchern.

Werke: Man sollte dagegen sein. Ein Hörspiel. 1949. – Die Rohrdommel ruft jeden Tag. 1950. – Sternstaub und Sänfte. Aufzeichnungen des Pudels Ali. 1953. – Die Blumen des Herrn Albin. 1955. – Kassiber. 1956. – Als Vaters Bart noch rot war. Ein Roman in Geschichten. 1958. – Eine Rechnung, die nicht aufgeht. 1958. – Steppenkopp. 1958. – Das Los unserer Stadt. Eine Chronik. 1959. – Man sollte dagegen sein. Geschichten. 1960. – Ein Fall für Herrn Schmidt. 1962. – Kassiber. Neue Gedichte. 1964. – Ohne Einsatz kein Spiel. Heitere Geschichten. 1964. – Kalünz ist keine Insel. 1965. – Rapport des Verschonten. 1968. – Ich frag ja bloß. Großstadtkinder-Dialoge. 1973. – Der Schattenfotograf. Aufzeichnungen. 1978. – Klopfzeichen. 1978. – Ein Unglücksfall. 1981. – Gelernt ist gelernt. Gesellen-Stücke. 1981. – Mein Leben als Zeitgenosse. 1987. – Als Vater sich den Bart abnahm. Erzählungen aus dem Nachlaß. Hrsg. von Marina Schnurre. 1995.

Schönherr, Karl, 24. 2. 1867 Axams (Tirol) – 15. 3. 1943 Wien. Der Sohn eines Dorfschullehrers wuchs in Nord- und Südtirol auf, studierte Medizin in Wien und Innsbruck. Hier gehörte er der dt.-nationalen und antiklerikalen Bewegung »Jung-Tirol« an. Nach seiner Promotion 1896 wurde er zunächst Hilfsarzt in St. Pölten, dann Arzt in Wien. Nach ersten literarischen Erfolgen gab er die Praxis 1905 auf. Sch., einer der wichtigsten und fruchtbarsten Verfasser von Volksstücken in den ersten Jahrzehnten des 20. Jh.s, begann mit Gedichten, Schwänken und Erzählungen aus seiner Tiroler Heimat. Dieser Hintergrund prägt auch – neben seinen Erfahrungen als Arzt – seine Volksstücke, mit denen er sich seit 1900 durchsetzte und gerade auch auf dem Wiener Burgtheater großen Erfolg hatte. Stücke wie *Erde* (UA 1907) oder *Glaube und Heimat* (UA 1910) demonstrieren Sch.s biologistisches Weltbild; sie zeigen, wie in der bäuerlichen Gesellschaft das Schwache, nicht fest Verwurzelte dem Gesunden, Vitalen, Erdverbundenen weichen muss. In dem thematisch von Henrik Ibsen und August Strindberg beeinflussten Drama *Der Weibsteufel* (UA 1915) ist der Dualismus auf das Verhältnis von (schwachem) Mann und (dämonisierter) Frau übertragen. Eine Reihe von Stücken thematisiert den Tiroler Freiheitskampf gegen die napoleonischen Truppen. Dramen aus der Zeit der Weimarer Republik behandeln die sozialen Verhältnisse der Nachkriegszeit und greifen dabei auf Erfahrungen eigener großer Not als Arzt zurück. Im Dritten Reich wurden Sch.s Stücke vom Nationalsozialismus vereinnahmt.

Werke: Allerhand Kreuzköpf'. 1895. – Innthaler Schnalzer. 1895. – Tiroler Marterln für abg'stürzte Bergkraxler. 1895. – Die Bildschnitzer. 1900. – Karrnerleut'. 1905. – Familie. 1906. – Erde. 1908. – Glaube und Heimat. 1910. – Tiroler Bauernschwänke.

1913. – Der Weibsteufel. 1914. – Volk in Not. 1916. – Narrenspiel des Lebens. 1918. – Kindertragödie. 1919. – Der Kampf. 1920. – Die erste Beicht' und andere Novellen. 1924. – Die Hungerblockade. 1925. – Der Armen-Doktor. 1927. – Die Fahne weht. 1937.

Ausgaben: Gesammelte Werke. 4 Bde. Wien/Leipzig 1927. – Gesamtausgabe. Hrsg. von Vinzenz Chiavacci. 3 Bde. Wien 1967–74.

Schopenhauer, Johanna (geb. Trosiener), 9. 7. 1766 Danzig – 16. 4. 1838 Jena. Die Tochter eines Senators heiratete 1785 den reichen Handelsherrn Heinrich Floris Schopenhauer (1747–1805); 1788 wurde ihr Sohn Arthur geboren. 1803 zog die Familie nach Hamburg. 1806 siedelte Sch. nach Weimar über, führte einen literarischen Salon und musste nach dem Bankrott ihrer Bank 1819 mit schriftstellerischen Arbeiten für ihren Lebensunterhalt sorgen. 1829 zog sie mit ihrer Tochter Adele nach Unkel am Rhein bzw. Bonn, 1837 nach Jena. Bereits vor ihrer finanziellen Notlage war sie mit Reisebeschreibungen hervorgetreten; nun ließ sie eine Reihe von Frauenromanen folgen, die in Gehorsam, Aufopferung und Entsagung den Weg zu weiblicher Selbstvervollkommnung sehen und sich durch Ansätze einer differenzierten Personencharakterisierung und Detailgenauigkeit auszeichnen. Von kulturhistorischer Bedeutung sind ihre Briefe und die von ihrer Tochter Adele herausgegebenen Lebenserinnerungen.

Werke: Erinnerungen von einer Reise in den Jahren 1803, 1804 und 1805. 1813–17. – Novellen, fremd und eigen. 1816. – Reise von Paris durch das südliche Frankreich bis Chamony. 1817. – Gabriele. 1819–20. – Johann van Eyck und seine Nachfolger. 1822. – Die Tante. 1823. – Erzählungen. 1825–28. – Sidonia. 1827–28. – Sämmtliche Schriften. 24 Bde. 1830–31. – Richard Wood. 1837. – Jugendleben und Wanderbilder. Hrsg. von ihrer Tochter. 1839.

Schottelius, Justus Georg, 23. 6. 1612 Einbeck – 25. 10. 1676 Wolfenbüttel. Der Ausbildungsweg führte den aus einem lutherischen Pfarrhaus stammenden Sch. von Einbeck über Hildesheim (Gymnasium), Helmstedt (Universität), Hamburg (Akademisches Gymnasium) nach Leiden (1635 als Jurastudent immatrikuliert) und Wittenberg (1636). Zu seinen Lehrern gehörten u. a. Daniel Heinsius und A. Buchner. 1638 brach Sch. sein Studium ab und floh vor der schwedischen Armee nach Braunschweig. Hier bestellte ihn Herzog August d. J. zum Erzieher seines Sohns Anton Ulrich und seiner anderen Kinder. Sch. blieb dem Hof in Braunschweig bzw. Wolfenbüttel (seit 1644) eng verbunden und machte Karriere als höfischer Beamter (Hofgerichtsassessor 1642, Konsistorialrat 1646, Hof- und Kammerrat 1653). 1643 bzw. 1646 erwarb er in Helmstedt die Grade eines Lizentiaten und Doktors beider Rechte. Dichterische und wissenschaftliche Produktion gehörten für Sch. zusammen. Er verstand sein gelehrtes Werk, das so verschiedene Gebiete wie Sprachwissenschaft, Jurisprudenz und praktische Philosophie umfasst, ebenso als »Spracharbeit« wie seine Dichtung. Spracharbeit ist für Sch. deswegen wichtig, weil er einen kausalen Zusammenhang von Sprache und Moral, von Sprach- und Sittenverfall voraussetzt. Die Anschauungen finden ihren Ausdruck in dem monumentalen Werk von der *Teutschen HaubtSprache*; sie werden u. a. illustriert durch die poetischen Texte, die die theoretisch begründeten Möglichkeiten der Sprache – etwa der Wortbildung oder der Lautmalerei – und den neu gewonnenen Formenreichtum der dt. Kunstdichtung des 17. Jh.s experimentell erproben. Großen Erfolg hatte er mit dem Schauspiel *Friedens Sieg*. Erbauliche Betrachtungen, z. T. in Versen, eine versifizierte Evangelienharmonie und eine Darstellung der Ethik ergänzen sein Werk.

Werke: Teutsche Sprachkunst. 1641. – Der Teutschen Sprach Einleitung. 1643. – Teutsche Vers- oder ReimKunst. 1645. – Fruchtbringender Lustgarte. 1647. – Neu erfundenes FreudenSpiel genandt Friedens Sieg. 1648. – Ausführliche Arbeit Von der Teutschen HaubtSprache. 1663. – Jesu Christi Nahmens-Ehr. 1667. – Eigentliche und sonderbare Vorstellung Des Jüngsten Tages.

1668. – Ethica. Die Sittenkunst oder Wollebenskunst. 1669. – [...] Kurtzer Tractat Von Unterschiedlichen Rechten in Teutschland. 1671. – Horrendum Bellum Grammaticale Teutonum antiquissimorum. 1673. – Sonderbare Vorstellung Von der Ewigen Seeligkeit. 1673. – Concordia seu Harmonia Quatuor Evangelistarum. 1675. – Grausame Beschreibung und Vorstellung Der Hölle Und der höllischen Qwal. 1676.

Schröder, Rudolf Alexander, 26. 1. 1878 Bremen – 22. 8. 1962 Bad Wiessee. Der Sohn einer patrizischen Kaufmannsfamilie studierte Architektur, Musik und Kunstgeschichte in München und wurde hier Mitbegründer der Zeitschrift *Die Insel* (1899). 1900 lernte er H. v. Hofmannsthal im Zusammenhang mit der Arbeit an der Zeitschrift kennen; es begann eine lebenslange Freundschaft. Nach dem Militärjahr (1902–03) arbeitete er als Innenarchitekt in Bremen, 1905–08 lebte er in Berlin, 1908–14 wieder in Bremen. Im Krieg war er in Belgien als Zensor beschäftigt; in dieser Zeit vollzog sich auch die Hinwendung des Humanisten zum Christentum. Nach dem Krieg arbeitete er mit großem Erfolg als Architekt in Bremen. 1936 zog er nach Oberbayern um. Er gehörte der Bekennenden Kirche an, erhielt Redeverbot, konnte aber als Lektor der Ev.-Lutherischen Landeskirche in Bayern (seit 1942) seine Predigt- und Vortragstätigkeit aufrechterhalten. 1946 wurde er Direktor der Bremer Kunsthalle. Sch.s Entwicklung als Lyriker führte ihn von ästhetisierenden Anfängen zu einer produktiven Aufnahme der geistigen und formalen Traditionen der Antike und des Humanismus und schließlich auch derjenigen des Christentums. Zu den bevorzugten lyrischen Ausdrucksformen Sch.s gehören Elegie, Ode, Lied und Sonett. Von seinen Kirchenliedern gingen einige in das Ev. Kirchengesangbuch ein. Als bedeutendste Leistungen Sch.s gelten seine Übersetzungen von Werken der Antike sowie der frz. und engl. Literatur (Homer, Horaz, Vergil, Corneille, Racine, Molière, Shakespeare, T. S. Eliot u. a.).

Werke: Unmut. Ein Buch Gesänge. 1899. – Empedocles. 1900. – Sprüche in Reimen. 1900. – Elysium. Ein Buch Gedichte. 1906. Erw. 1912. – Die Zwillingsbrüder. Sonette. 1908. – Hama. Gedichte und Erzählungen. 1908. – Die Stunden. Sonette. 1909. – Deutsche Oden 1910. Erw. 1913. – Lieder und Elegien. 1911. – Heilig Vaterland. Kriegsgedichte. 1914. – Audax omnia perpeti. 1919. – Das Wunder. 1925. – Herz im Herzen. 1928. – Mitte des Lebens. Geistliche Gedichte. 1930. – Die Kirche und ihr Lied. 1937. – Ein Lobgesang. Neue Lieder für Kirche und Haus. 1937. Erw. 1939. – Die Aufsätze und Reden. 1939. – Neue Gedichte. 1949. – Parabeln aus den Evangelien. 1951. – Unverlöschliches Licht. 1958.

Ausgabe: Gesammelte Werke. 8 Bde. Frankfurt a.M. 1952–65.

Schrott, Raoul, * 17. 1. 1964 Landeck (Tirol). Die offizielle Angabe konkurriert mit der von Sch. selbst berichteten Geschichte seiner Geburt »auf einem zypriotischen Schiff auf dem Weg nach São Paulo«. Er wuchs in Tunis, Zürich und Landeck auf und studierte in Innsbruck Germanistik, Anglistik und Amerikanistik. Nach dem Abschluss (Lehramt) absolvierte er ein Probejahr an einem Gymnasium in Landeck, arbeitete als Privatsekretär Philippe Soupaults in Paris (1986–87), promovierte in Innsbruck über den Dadaismus (1988) und habilitierte sich hier – nach Lehrtätigkeiten u. a. in Neapel (Lektor) – 1996 im Fach Vergleichende Literaturwissenschaft. Er lebt heute in Irland. In seinem Werk verbinden sich wissenschaftliche Interessen, auch naturwissenschaftliche, mit literarischen, wobei einerseits die Beschäftigung mit der Avantgarde, andererseits insbesondere die Anfänge der dichterischen Überlieferung und die Tradition der »oral poetry« eine wichtige Rolle spielen. Seinen ersten großen Publikumserfolg hatte er mit der philologisch nicht unumstrittenen Anthologie *Die Erfindung der Poesie*, die mit ihrer Auswahl – die Übersetzungen auch aus entlegenen Sprachen stammen von Sch. – neue Akzente zu setzen suchte. Auch seine Nachdichtungen der *Bakchen* des Euripides oder des *Gilgamesch*-Epos gehören in diesen Zusammenhang. Seine zahlreichen Reisen spiegeln sich in dem Gedichtband *Hotels*, der zugleich das Flüchtige der menschlichen Existenz in Bilder fasst. Menschliche Grunderfahrungen vergegenwärtigen auch seine *Legenden vom Tod*, und Sch.s erster Roman *Finis terrae* führt ebenfalls in menschliche Grenzbereiche, wobei sich in fiktiven Reise- und Forschungsberichten antike, ganzheitliche, den Mythos einbeziehende Welterfahrung und moderne, das sinnliche Leben verfehlende Vermessungstechnik gegenüberstehen. Sch.s Vorliebe für Extreme, für abgelegene Orte und fremde Welten manifestiert sich nach Gedichten über die Annäherung an die das Menschliche übersteigende Natur (*Tropen*) auch in mehreren erzählenden Texten: die Wüste als Ort einer Allegorie der Liebe (*Die Wüste Lop Nor*) oder des Überlebenskampfes (*Khamsin*), die ferne Insel im Südatlantik und ihre Geschichte als Allegorie der verfehlten Sehnsüchte und komplexe, sprachmächtige Chronik menschlicher Enttäuschungen mit zahlreichen Bezügen zum mittelalterlichen Roman von Tristan und Isolde (*Tristan da Cunha*). Auf das Ungewöhnliche, ganz Andere, »Heilige« zielt auch der Band *Weißbuch*, der Gedichte und Prosatexte – wissenschaftliche, poetologische, tagebuchartige – nebeneinander stellt.

Werke: Dada 21/22. Musikalische Fischsuppe mit Reiseeindrücken. Eine Dokumentation über die beiden Dadajahre in Tirol. 1988. – Makame. 25 Gedichte und 25 Stichworte zu einem Manifest. 1989. [Mit Graphiken von Gerald Nitsche und Willi Pechtl.] – Die Legenden vom Tod. 1990. [Mit Bildern von Adolf Frohner.] – Rime. Wie die elf Lieder des Guihelm IX. Herzog von Aquitanien [...] von dem Raoul Schrott in das Deutsch geschrieben wurden [...]. 1991. [Mit Bildern von Adolf Frohner.] – Dada 15/25. Post scriptum oder Die himmlischen Abenteuer des Hr.n. Tristan Tzara [...]. 1992. – Sub Rosa. 1993. [Mit Bildern von Arnold Mario Dall'O.] 1993. – Ludwig Höhnel. Totenheft. Novelle. 1994. – Hotels. 1995. – Finis terrae. Ein Nachlaß. 1995. – Die Musen. Fragmente einer Sprache der Dichtung. 1996. – Die Erfindung der Poesie. Gedichte aus den ersten viertausend Jahren. 1997. – Poesie und Physis. Fragmente einer Sprache der Dichtung. Grazer Poetikvorlesung. 1997. – Tropen. Über das Erhabene. 1998. – Die Erde ist blau wie eine Orange. Polemisches, Poetisches, Privates. 1999. – Die Bakchen. Nach Euripides. 2000. – Die Wüste Lop Nor. 2000. – Gilgamesh. Epos. 2001. – Khamsin. Die Namen der Wüste. 2002. – Tristan da Cunha oder Die Hälfte der Erde. 2003. – Weißbuch. 2004. – Handbuch der Wolkenputzerei. Gesammelte Essays. 2005.

Schubart, Christian Friedrich Daniel, 24. 3. 1739 Obersontheim (Württemberg) – 10. 10. 1791 Stuttgart. Der Sohn eines Pfarrers und Kantors verbrachte seine Kindheit in Aalen, besuchte von 1753 an das Lyzeum in Nördlingen, dann ab 1756 das Gymnasium in Nürnberg. 1758 begann er mit dem Theologiestudium in Erlangen, wo er sich aber eher dem Trinken, Verseschmieden und Klavierspielen widmete, so dass ihn die Eltern 1760 zu sich nach Aalen zurückholten. 1763 wurde er Schulmeister in Geislingen, 1769 Organist und Musikdirektor in Ludwigsburg. Wegen seines bedenklichen Lebenswandels (»Wein und Weiber«) wurde er 1773 des Landes verwiesen. Ein Jahr später gründete er in Augsburg die erfolgreiche, zweimal wöchentlich erscheinende Zeitung *Deutsche Chronik* (späterer Erscheinungsort Ulm), die wegen ihrer kritischen Berichterstattung zu seiner zehnjährigen Einkerkerung auf dem Hohenasperg führte (1777–87). Anschließend machte ihn Herzog Carl Eugen, der an ihm ein Erziehungsexempel statuieren wollte, zum Theater- und Musikdirektor. Sch. nahm die Arbeit an der *Chronik* wieder auf und begann mit der Veröffentlichung seiner im Kerker geschriebenen Autobiographie. Sch. verstand seine *Deutsche Chronik* als Organ der Aufklärung in einem Teil Deutschlands, in dem geistige Enge, Klerikalismus und Despotismus die Verbreitung aufklärerischer Ideen stärker behinderten als im weiter fortgeschrittenen Norden. Dabei verfolgte Sch. nicht nur die politischen Ereignisse (etwa mit viel Sympathie den amerikanischen Unabhängigkeitskampf), sondern beschäftigte sich auch mit den neueren Entwicklungen in den Künsten und Wissenschaften und machte Propaganda für die moderne dt. Literatur.

In seiner eigenen Lyrik griff er – wie G. A. Bürger und J. G. Herder – vielfach auf volkstümliche Traditionen zurück; die bedeutendste Leistung stellen die auf die aktuelle politische Situation bezogenen Lieder dar (*Freyheitslied eines Kolonisten*, *Kaplied*, *Die Fürstengruft*).

Werke: Die Baadcur. 1766. – Zaubereien. 1766. – Todesgesänge. 1767. – Deutsche Chronik. 1774–77. [Von anderen Hrsg. bis 1781 fortgeführt.] – Kurzgefasstes Lehrbuch der schönen Wissenschaften für Unstudierte. 1777. – Gedichte aus dem Kerker. 1785. – Sämmtliche Gedichte. 1785–86. – Vaterländische Chronik [auch: Vaterlandschronik bzw. Chronik]. 1787–91. [Von Ludwig Schubart und Gotthold Friedrich Stäudlin bis 1793 weitergeführt.] – Schubart's Leben und Gesinnungen. Von ihm selbst, im Kerker aufgesezt. 1791–93. – Ideen zu einer Aesthetik der Tonkunst. 1806.
Ausgaben: Gesammelte Schriften und Schicksale. 8 Bde. Stuttgart 1839–40. Reprogr. Nachdr. Hildesheim / New York 1972. – Werke. Hrsg. von Ursula Wertheim und Hans Böhm. Weimar 1959.

Schütz, Helga, * 2. 10. 1937 Falkenhain (Schlesien). Die aus einer Arbeiterfamilie stammende Sch. besuchte nach einer Gärtnerlehre 1955–58 die Arbeiter- und Bauernfakultät in Postdam (Abitur) und studierte anschließend Dramaturgie an der Hochschule für Filmkunst in Potsdam-Babelsberg. Sie lebt als freie Schriftstellerin in Potsdam. Ihr literarisches Werk, das neben der Filmarbeit steht, beginnt mit einer Reihe von Erzählungen, die den Lebensweg der kleinen Jette (der dem der Autorin entspricht) von der südschlesischen Provinz nach Dresden verfolgen. Aus dem Blickwinkel Jettes entsteht in genauen Schilderungen eine Art Provinzchronik, das Bild einer ländlichen Scheinidylle und des Alltags der kleinen Leute, in dem sich die geschichtlichen Veränderungen der großen Welt (Nationalsozialismus, Krieg, Nachkriegszeit) spiegeln. Der Roman *Julia oder Erziehung zum Chorgesang*, deren erwachsene Protagonistin Julia das Mädchen Jette ablöst, führt die Chronik fort mit der Darstellung der nicht konfliktfreien Eingliederung in den sozialistischen

Staat. Die Geschichte einer unglücklichen Liebe ist der Gegenstand des Romans *In Annas Namen*, auch hier durch die besondere Konstellation eingebettet in größere gesellschaftliche bzw. geschichtliche Zusammenhänge (die ostdt. Heldin verliert ihren Mann an eine westdt. Rivalin bzw. den Kapitalismus).

Werke: Vorgeschichten oder Schöne Gegend Probstein. 1970. – Das Erdbeben von Sangerhausen und andere Geschichten. 1972. – Festbeleuchtung. 1973. – Jette in Dresden. 1977. In der BRD u. d. T.: Mädchenrätsel. 1978. – Julia oder Erziehung zum Chorgesang. 1980. In der BRD u. d. T.: Erziehung zum Chorgesang. 1981. – Martin Luther. Eine Erzählung für den Film. 1983. – In Annas Namen. 1986. – Heimat süße Heimat. Zeitrechnungen in Kasachstan. 1992. – Vom Glanz der Elbe. 1995. – Grenze zum gestrigen Tag. 2000. – Knietief im Paradies. 2005.

Schütz, Stefan, * 19. 4. 1944 Memel. Sch. ging in Ostberlin zur Schule (1950–61) und erhielt dann eine Ausbildung an der Staatlichen Schauspielschule. Danach arbeitete er an verschiedenen Theatern der DDR als Schauspieler und als Regieassistent bzw. Dramaturg am Berliner Ensemble und am Deutschen Theater in Ostberlin. 1980 siedelte er in den Westen über. Heute lebt er in Berlin. Sch. begann als Dramatiker unter dem Einfluss H. Müllers, löste sich aber allmählich von seinem Vorbild. Mit seinen Stücken revoltierte er gegen die Theaterkonventionen ebenso wie gegen die politische Bevormundung. Sie thematisieren, meist am Beispiel historischer bzw. literarischer Stoffe, in expressiver, bildhafter Form den Widerspruch zwischen Individuum und Gesellschaft, zwischen utopischem Programm und Wirklichkeit. In einer Reihe von Stücken um Frauen übte Sch. heftige Kritik an patriarchalischen Strukturen. Aufführungen konnten in der DDR nicht stattfinden. Nach der Übersiedlung in die BRD wandte sich Sch. verstärkt der Erzählprosa zu. An James Joyce knüpft die über 800 Seiten umfassende »Prosa« *Medusa* an, ein in drei Blöcke gegliederter, absatzloser Text, der im ersten Teil eine Odyssee durch den DDR-Alltag (*Die Kathedrale des Ichs*), im zweiten die negative Utopie einer Kinderrepublik, in der alle zu »Gleichen« erzogen werden sollen (*Anabasis*), und im dritten die (allerdings nicht ohne Schatten gezeichnete) Utopie einer besseren, weiblich bestimmten Zukunft schildert (*Free Play of Love*). Das Ganze ist eine Traumsekunde im Leben der Hauptgestalt Marie Flaam, deren Name an Molly Bloom im *Ulysses* erinnern soll. Als eine ironische Kritik der Utopie lässt sich der apokalyptische Roman *Galaxas Hochzeit* lesen, der den Aufstand eines weiblichen Computers bzw. des ganzen Maschinenparks überhaupt gegen die unvollkommene Menschenwelt in Szene setzt.

Werke: Odysseus' Heimkehr. Fabrik im Walde. Kohlhaas. Heloisa und Abaelard. 1977. – Stasch. 1978. [Enthält: Majakowski. Der Hahn. Stasch I. Stasch II.] – Heloisa und Abaelard. 1979. [Enthält auch: Antiope und Theseus. Odysseus' Heimkehr.] – Laokoon. 1980. [Enthält auch: Kohlhaas. Gloster.] – Sappa. Die Schweine. 1981. – Die Seidels (Groß & Gross). Spectacle Cressida. 1984. – Medusa. Prosa. 1986. – Katt. Volksbuch. 1988. – Monsieur X oder Die Witwe des Radfahrers. Urschwejk. 1988. – Der vierte Dienst. 1990. – Wer von euch. Stücke nach der Antike. 1992. – Galaxas Hochzeit. 1993. – Schnitters Mall. Eine kanadische Erzählung. 1994. – Staschs Effekt. 2004.

Schulze, Ingo, * 15. 12. 1962 Dresden. Nach Schulzeit und Militärdienst studierte Sch. von 1983 bis 1988 Klassische Philologie in Jena und arbeitete anschließend bis Februar 1990 als Dramaturg am Landestheater in Altenburg. Danach gründete er mit Freunden eine Zeitung (*Altenburger Wochenblatt*) und leitete später eine Werbezeitung. Von Januar bis Juni 1993 hielt er sich in St. Petersburg auf, wo er ein Anzeigenblatt im Auftrag eines deutschen Unternehmers aufbauen sollte. Seit seiner Rückkehr lebt er als freier Schriftsteller in Berlin, unterbrochen von einem halbjährigen New-York-Aufenthalt als Stipendiat. Seine erste Veröffentlichung, der Erzählband *33 Augenblicke des*

Glücks, wurde durch den Aufenthalt in St. Petersburg angeregt und bietet in 33 Miniaturen – von wenigen Zeilen bis zu 24 Seiten – ein vielstimmiges Panorama aus der Übergangszeit vom Sozialismus zum Kapitalismus, ironisch, satirisch, phantasievoll und gelegentlich auch phantastisch, wobei neben russischen Vorbildern auch E. T. A. Hoffmann anklingt: Ein gewisser Hoffmann figuriert in der Herausgeberfiktion als Reisender, der seine Aufzeichnungen im Zug nach St. Petersburg einer Dame übergeben und erklärt habe, dass er und seine Freunde bei ihren Notizen »mehr und mehr [...] die Erfindung an die Stelle der Recherche« gesetzt hätten. Der erste Roman Sch.s mit dem seine kunstvolle Komposition verschleiernden Titel *Simple Storys* führt in die ostdeutsche Provinz der Zeit nach der Wende (Altenburg). Er besteht aus 29 kurzen Geschichten, deren Verbindungen und personelle Verknüpfungen sich nach und nach offenbaren, und erzählt von der Unsicherheit, Desorientiertheit, Angst und Hoffnung der Menschen nach dem Zusammenbruch der DDR und vor einer ungewissen Zukunft in der westlichen Konsumgesellschaft. Stilistische Vorbilder sind hier nach den russischen in seinen ersten Erzählungen nordamerikanische Autoren von Kurzgeschichten wie Ernest Hemingway, Sherwood Anderson, Raymond Carver u. a. Die Wendezeit ist auch Thema des umfangreichen Briefromans *Neue Leben*, der formal an Modelle des 18. und 19. Jh.s anschließt und Sch. wie in seinem ersten Erzählband als Herausgeber fungieren lässt. Er sei, heißt es im Vorwort, auf der Suche nach einem Romanstoff an einen gewissen Heinrich oder Enrico Türmer geraten, der nach der Wende eine kleine Zeitung in Altenburg herausgegeben habe und nun vor der Steuer geflohen sei. Dessen Briefe – es ist ein ›einstimmiger‹ Briefroman – stammen aus dem Jahr 1990 und sind an seine Schwester und an Freunde gerichtet. Sie berichten einerseits von den Ereignissen der Monate zwischen dem Fall der Mauer und der

Einführung der D-Mark in Altenburg, Leipzig, Dresden und Berlin, andererseits bieten sie Rückblicke auf Türmers Jugend und seine ersten Jahre als Erwachsener in der DDR. Der Roman erzählt, durchaus auch heiter fabulierend und ohne Jammerton, vom Verlust, den beide Seiten erlitten haben: »Enrico Türmer begreift sehr schnell, dass nicht nur der Osten verschwindet, sondern auch der Westen, sowohl als Konstellation, aber auch in der Substanz. Der Westen, nach dem sich der Osten sehnte, der ist futsch, perdu« (Sch.).

Werke: 33 Augenblicke des Glücks. Aus den abenteuerlichen Aufzeichnungen der Deutschen in Piter. 1995. – Simple Storys. Ein Roman aus der ostdeutschen Provinz. 1998. – Von Nasen, Faxen und Ariadnefäden. Zeichnungen und Fax-Briefe. 2000. [Mit Helmar Penndorf.] – Neue Leben. Die Jugend Enrico Türmers in Briefen und Prosa. Hrsg., kommentiert und mit einem Vorwort versehen von Ingo Schulze. 2005.

Schummel, Johann Gottlieb, 8. 5. 1748 Seitendorf bei Hirschberg (Schlesien) – 23. 12. 1813 Breslau. Nach dem Besuch des Gymnasiums in Hirschberg begann der Sohn eines armen Dorfschulmeisters 1767 mit dem Studium der Theologie in Halle. Aus finanziellen Gründen musste er 1769 eine Hauslehrerstelle annehmen; 1772 konnte er als Präzeptor an einem Kloster in Magdeburg pädagogische Erfahrungen sammeln, die sich auch in Erziehungsschriften niederschlugen und seine weitere Karriere möglich machten (1779 Ritterakademie Liegnitz, 1788 Prorektor und Professor für Geschichte am Elisabeth-Gymnasium Breslau, 1789 Inspektor des Lehrerseminars, 1803 Dr. h. c. Universität Breslau). Sch. begann sein literarisches Schaffen mit einem Roman in der Nachfolge Laurence Sternes, wandte sich dann aber Stoffen aus seinem Erfahrungsbereich zu. Sein bekanntestes Werk, *Spitzbart*, ist eine Satire auf die Reformpädagogik und ihre Vertreter (obwohl Sch. durchaus für eine reformierte Pädagogik eintrat). Sch. ließ weitere pädagogische Romane wie den Bildungsroman

Wilhelm von Blumenthal und eine satirische Auseinandersetzung mit der Französischen Revolution folgen, die sein traditionelles Verständnis von Aufklärung und sein Plädoyer für behutsame Reformen (und die Menschenrechte) zeigen.

Werke: Empfindsame Reisen durch Deutschland. 1771–72. – Fritzens Reise nach Dessau. 1776. – Spitzbart. Eine komi-tragische Geschichte für unser pädagogisches Jahrhundert. 1779. – Wilhelm von Blumenthal oder das Kind der Natur. 1780–81. – Der kleine Voltäre. Eine deutsche Lebensgeschichte für unser freygeistisches Jahrhundert. 1782. – Die Revolution in Scheppenstedt. Eine Volksschrift. 1794.

Schupp, Johann Balthasar (Schuppius), getauft 29. 3. 1610 Gießen – 26. 10. 1661 Hamburg. Der Sohn eines Ratsherrn begann sein Studium in Marburg, trat 1628 eine akademische Bildungsreise an (Polen, Livland, Dänemark) und erwarb 1631 in Rostock den Magistergrad. Nach seiner Rückkehr lehrte er von 1632 an zunächst in Marburg und dann in Gießen, bis er nach einem Studienaufenthalt in Leiden 1635 die Professur für Rhetorik und Geschichte in Marburg erhielt. Hier nahm er seine theologischen Studien wieder auf (Lizentiat 1641), wurde 1643 Prediger an der Elisabethkirche und promovierte 1645 zum Dr. theol. Im selben Jahr wurde er Hofprediger und Kirchenrat am Hof des Landgrafen von Hessen-Braubach; 1648 hielt er sich als Emissär des Landgrafen bei den Friedensverhandlungen in Münster auf. 1649 wurde er zum Hauptpastor nach Hamburg berufen (St. Jacobi). Seine Erfahrungen an der Universität machten ihn zu einem entschiedenen Kritiker einer weltfernen humanistischen Gelehrsamkeit und Rhetorik. Seine Predigten, drastisch im Stil und reich an Anekdoten, Fabeln und Anspielungen, werden ergänzt durch Prosasatiren, die häufig den Charakter von Strafpredigten tragen und an reale Ereignisse anknüpfen. Seine satirische Ader und seine Streitlust führten überdies zu langwierigen publizistischen Fehden.

Werke: Orator ineptus. 1638. – Morgen vnd Abend-Lieder. 1655. – Gedenck daran / Hamburg. 1656. – Salomo Oder Vorbild eines guten Regenten. 1657. – Freund in der Noth. 1657. – Sieben böse Geister / Welche heutiges Tages Knechte und Mägde regieren und verführen. 1658. – Der Geplagte Hiob. 1659. – Corinna Die Ehrbare und scheinheilige Hure. 1660. – Schrifften. 1663. – Zugab. Doct: [...] Schuppii Schrifften. 1667.

Ausgabe: Streitschriften. Hrsg. von Carl Vogt. 2 Tle. Halle a. d. S. 1910–11.

Schwab, Gustav, 19. 6. 1792 Stuttgart – 4. 11. 1850 ebd. Der aus dem schwäbischen Bildungsbürgertum stammende Sch. – der Vater war Professor an der Karlsschule – studierte 1809–14 Philologie und dann Theologie in Tübingen und erhielt nach einer Bildungsreise (Nürnberg, Weimar, Berlin, Hamburg, Kassel) und einer Tätigkeit als Repetent am Tübinger Stift 1818 eine Professur für Latein am Stuttgarter Obergymnasium. 1837 wurde er Pfarrer in Gomaringen bei Tübingen und übernahm danach verschiedene geistliche Ämter in Stuttgart (1841 Stadtpfarrer, 1842 Dekan, 1845 Oberkonsistorialrat). 1847 verlieh ihm die Universität Tübingen den Dr. h. c. für Theologie. Sch. gehört zu den wichtigen Gestalten der schwäbischen Romantik. Seine Lyrik – Lieder, Balladen, Romanzen – gilt mit ihrer Verbindung romantischer und biedermeierlichbürgerlicher Elemente als epigonal. Bedeutend war Sch. als Vermittler: als Herausgeber von Anthologien und Werken der älteren und neueren dt. Literatur (z. B. P. Fleming, F. Hölderlin, W. Hauff, W. Müller), als Mitherausgeber von Werken antiker Autoren, als Redakteur (1828–37 Literaturblatt des Cottaschen *Morgenblatts für gebildete Stände*, 1833–38 *Deutscher Musenalmanach*) und Förderer zahlreicher Autoren. Den größten, z. T. bis in die Gegenwart andauernden Erfolg hatte er mit seinen Nacherzählungen antiker Sagen und dt. Volksbücher.

Werke: Neues deutsches allgemeines Commers- und Liederbuch. 1815. – Die Neckarseite der Schwäbischen Alb. 1823. – Poetische Gedanken von Alphonse de Lamartine. 1826. [Übers.] – Der

Bodensee nebst dem Rheinthale. 1827. – Gedichte. 1828. – Fünf Bücher deutscher Lieder und Gedichte. 1835. – Buch der schönsten Geschichten und Sagen. 1836–37. – Wanderungen durch Schwaben. 1837. – Die schönsten Sagen des klassischen Alterthums. 1838–40. – Schillers Leben. 1840.

Schwarz, Sibylle, 14. 2. 1621 Greifswald – 31. 7. 1638 ebd. Die aus einer Greifswalder Patrizierfamilie stammende Dichterin erhielt offenbar eine gute Erziehung; sie besaß lat. und niederländische Sprachkenntnisse und war mit der zeitgenössischen Poetik und Poesie vertraut. Sie schloss sich an M. Opitz und seine Reform an, gebrauchte gewandt die typischen Gedichtformen der Zeit (Sonett, Ode bzw. strophisches Lied) und gewann der Thematik und Formensprache des Petrarkismus eigene Akzente ab. Ihr Werk, das auch ein fragmentarisches Versdrama (*Susanna*) und ein Schäfergedicht (*Faunus*) umfasst, wurde erst zwölf Jahre nach ihrem frühen Tod veröffentlicht.

Werke: Deutsche Poëtische Gedichte. 1650. – Ander Theil Deutscher Poëtischer Gedichten. 1650.

Ausgabe: Deutsche poëtische Gedichte. Reprogr. Nachdr. der Ausg. von 1650. Hrsg. von Helmut W. Ziefle. Bern [u. a.] 1980.

Schwieger, Jacob, um 1630 Altona – vor dem 28. 1. 1664 Glückstadt (Elbe). Sch. studierte in Wittenberg Theologie (Immatrikulation 1650), ist dann 1653 in Hamburg, seit 1654 in Stade (wohl als Hauslehrer) nachweisbar. Seit 1656 lebte er in Glückstadt, wo er 1657 – wie zuvor sein Vater – die Münze vom dän. König pachtete. Da im Januar 1664 ein neuer Münzmeister bestellt werden musste, wird im Allgemeinen Ende 1663 als Todesdatum angenommen. Sch. widmete sich fast ausschließlich der Schäferdichtung (Gedichte, Erzählungen) und behandelte in diesem Rahmen Themen wie Tugend, Freundschaft, Liebe und Dichtung im Sinn der Bestätigung bürgerlicher Wertvorstellungen. Über die üblichen Konventionen hinaus geht die Erzählung von der *Verführeten Schäferin Cynthie*, die das Problem der keuschen Liebe und ihre Bedrohung aus der Sicht der Frau schildert. Sch. wurde lange fälschlich als Verfasser von K. Stielers *Geharnschter Venus* (1660) angesehen.

Werke: Liebes-Grillen. 1654–56. – Über-Schrifften. 1654. – Des Flüchtigen Flüchtige Feld-Rosen. 1655. – WandlungsLust. 1656. – Adeliche Rose. 1659. – Verlachte Venus. 1659. – Die Verführete Schäferin Cynthie. 1660.

Schwitters, Kurt, 20. 6. 1887 Hannover – 8. 1. 1948 Kendal (England). Nach dem Abitur 1908 studierte Sch., dessen Eltern ein Modegeschäft besaßen, zunächst an der Kunstgewerbeschule Hannover, dann 1909–14 an der Akademie der bildenden Künste in Dresden. Im Krieg setzte man ihn, da untauglich, 1917 als Zeichner in einer Maschinenfabrik ein. 1918 wurden Werke von Sch. zum ersten Mal ausgestellt (in H. Waldens »Sturm«-Galerie). Zeitweise arbeitete Sch. als Werbeberater für Firmen und die Stadt Hannover, wo er bis zu seiner Emigration (1937 Norwegen, seit 1940 England) in seinem Elternhaus wohnte. Im Dritten Reich wurden seine Bücher verbrannt, seine Bilder als »entartete Kunst« vorgeführt. Ausgangspunkt seiner Arbeiten war die Avantgarde seiner Zeit mit ihrer Forderung einer Verbindung von Leben und Kunst. Sch. erfand für seine Aktivitäten auf dem Gebiet der Literatur und der bildenden Kunst die Bezeichnung »MERZ«, gebildet aus der zweiten Silbe des Wortes Kommerz. Literarisch orientierte er sich zunächst am Expressionismus, v. a. an der »Wortkunst« A. Stramms, erschloss sich aber dann durch experimentelle Textmontagen und -collagen, visuelle Texte und (virtuos auf Rezitationsabenden vorgetragene) Lautgedichte (z. B. *Ursonate*) neue Formen. Seine Arbeiten zeigen Affinitäten zum Dadaismus; den Berliner Dadaisten war er allerdings zu unpolitisch. Charakteristisch für die MERZ-Kunst ist die Montage vorgefundener, disparater Materialien; sie verbindet und variiert die an sich banalen Elemente nach immer neuen Organisationsprinzipien zu autonomen Kunstgebilden. Eine andere Möglichkeit besteht in der Reduktion des dichterischen Gebildes auf einen einzigen Buchstaben (verwirklicht im ›i-Gedicht‹). Sein neben der *Ursonate* bekanntestes literarisches Werk ist das Gedicht *An Anna Blume*, dessen fiktive Adressatin mehreren Gedicht- bzw. Textsammlungen den Namen gab. Mit den MERZ-Heften (1923–32) schuf er sich ein eigenes Forum für seine Arbeit.

Werke: Anna Blume. Dichtungen. 1919. Verändert 1922. – Elementar. Die Anna Blume. Die neue Anna Blume. Eine Gedichtsammlung aus den Jahren 1918–1922. 1922. – Memoiren Anna Blumes in Bleie. 1922. – Auguste Bolte (ein Lebertran). 1923. – MERZ. 1923–32. [Hrsg.] – Die Scheuche. Ein Märchen. 1926. – Veilchen. Eine kleine Sammlung von MERZ-Dichtungen aller Art. 1931.

Ausgabe: Das literarische Werk. Hrsg. von Friedhelm Lach. 5 Bde. Köln 1973–81.

Sealsfield, Charles (d. i. Carl Magnus Postl), 3. 3. 1793 Poppitz (Mähren) – 26. 5. 1864 Solothurn (Schweiz). Der aus einer Bauernfamilie stammende S. wurde von der Mutter zum Priester bestimmt und trat in Znaim in den Kreuzherrenorden ein. In dessen Prager Konvent studierte er von 1808 an Philosophie und Theologie; nach der Priesterweihe 1814 wurde er Ordenssekretär. Er kam in Berührung mit liberalen Kreisen, floh 1823 in die Schweiz und emigrierte in die USA. 1826 kehrte er nach Europa zurück und lebte in den folgenden Jahrzehnten abwechselnd in den USA (1827–30, 1837, 1853–58) und Europa, später insbesondere in der Schweiz, wobei er politische Agenten- und Vermittlertätigkeit mit journalistischer Arbeit verband. Seit 1858 war er Bürger Solothurns; erst nach seinem Tod wurde S.s wirklicher Name bekannt. Mit seinen an James Fenimore Cooper und Walter Scott geschulten abenteuerlichen Romanen stellte er dem alten, versklavten Europa das Bild eines von kraftvollen Naturen geprägten freien Amerika gegenüber und bezog dabei Geschichte, politische und soziale Verhältnisse und nicht zuletzt auch die eindrucksvolle exotische Natur in die Darstellung ein.

Werke: Die Vereinigten Staaten. 1827. – Austria as it is: or, Sketches of Continental Courts. 1828. – Tokeah, or The White Rose. 1828. Dt. Fassung: Der Legitime und die Republikaner. 1833. – Transatlantische Reiseskizzen. 1834. – Die große Tour. 1835. – Der Virey und die Aristokraten oder Mexiko im Jahre 1812. 1835. – Lebensbilder aus beiden Hemisphären. 6 Bde. 1835–37. – Deutsch-amerikanische Wahlverwandtschaften. 1839–40. – Das Cajütenbuch oder nationale Charakteristiken. 1841. – Gesammelte Werke. 18 Bde. 1843–46.

Ausgabe: Sämtliche Werke. Krit. durchges. und erl. Hrsg. von Karl J. R. Arndt. Hildesheim / New York 1972 ff.

Sebald, W. G. (Winfried Georg), 18. 5. 1944 Wertach (Allgäu) – 14. 12. 2001 Norwich (England). Nach dem Abitur studierte S. Germanistik und Literaturwissenschaft in Freiburg i. Br. und der frz. Schweiz. 1966 ging er als Lektor an die Universität Manchester und erwarb hier den Magistergrad (1968). Nach einer kurzen Unterrichtstätigkeit an einer Schule in St. Gallen kehrte er als Lektor nach Manchester zurück (1969–70) und lehrte dann von 1970 an als Dozent an der University of East Anglia in Norwich (Promotion 1973 über A. Döblin). Von kürzeren Unterbrechungen abgesehen lebte er bis zu seinem Tod in Norwich, seit 1988 als Ordinarius für Neuere deutsche Literatur. Zuvor (1986) hatte er sich in Hamburg habilitiert. 1989 gründete er das British Centre for Literary Translation. Er kam bei einem Autounfall ums Leben. Seit 1988 trat S. zunehmend mit literarischen Texten an die Öffentlichkeit. Zu ihren charakteristischen Eigenarten gehören neben einer tiefgreifenden Stimmung der Melancholie und der Erfahrung der Fremdheit die Verbindung von fiktionalen und nichtfiktionalen Elementen, von biographischem und dokumentarischem Material, von essayistischen Einschüben und traditionellen Erzählformen.

Dabei bildet das Reisen – des Erzählers oder seiner Figuren – häufig den Rahmen der Prosa, die stilistisch an Traditionen des 19. Jh.s anknüpft, im übrigen aber nur schwer mit den gängigen Gattungsbegriffen zu beschreiben ist. Den ersten großen Erfolg hatte S. mit dem Erzählband *Die Ausgewanderten*, der vier Lebensgeschichten von Menschen enthält, die ihre Heimat verließen bzw. verlassen mussten. Verlust, Heimatlosigkeit ist auch das Thema der *Ringe des Saturn*, der digressionsreichen Schilderung einer Reise des Erzählers durch Suffolk, die sich zu einem Gegenwart und Vergangenheit einbeziehenden apokalyptischen Stimmungsbild weitet. Sein letztes großes Werk macht die Katastrophe des 20. Jh.s zum Thema, indem sie die Lebensgeschichte des Jacques Austerlitz rekonstruiert, der nur durch einen Kindertransport nach England dem Tod im Konzentrationslager entgangen war.

Werke: Carl Sternheim. Kritiker und Opfer der Wilhelminischen Ära. 1969. – Der Mythos der Zerstörung im Werk Döblins. 1980. – Die Beschreibung des Unglücks. Zur österreichischen Literatur von Stifter bis Handke. 1985. – A Radical Stage. Theatre in Germany in the 1970s and 1980s. 1988. [Hrsg.] – Nach der Natur. Ein Elementargedicht. 1988. – Schwindel. Gefühle. 1990. – Unheimliche Heimat. Essays zur österreichischen Literatur. 1991. – Die Ausgewanderten. 1992. – Die Ringe des Saturn. Eine englische Wallfahrt. 1995. – Logis in einem Landhaus. Über Gottfried Keller, Johann Peter Hebel, Robert Walser und andere. 1998. – Luftkrieg und Literatur. Mit einem Essay zu Alfred Andersch. 1999. – Austerlitz. 2001. – Campo Santo. Hrsg. von Sven Meyer. 2003.

Seghers, Anna (d. i. Netty Reiling), 19. 11. 1900 Mainz – 1. 6. 1983 Berlin. Die Tochter eines wohlhabenden jüdischen Antiquitätenhändlers studierte in Köln und Heidelberg Kunstgeschichte, Geschichte und Sinologie und promovierte 1924 mit einer Arbeit über *Jude und Judentum im Werke Rembrandts*. Seit ihrer ersten literarischen Veröffentlichung in der *Frankfurter Zeitung* 1927 (*Grubetsch*, Erzählung) benutzte sie den Namen Seghers (nach einem Zeitgenossen Rembrandts). 1928 trat sie der KPD bei und

1929 dem »Bund proletarisch-revolutionärer Schriftsteller«. Nach der nationalsozialistischen Machtergreifung wurde sie vorübergehend festgenommen und ging daraufhin über die Schweiz nach Frankreich ins Exil. Von Marseille aus floh sie 1941 weiter nach Mexiko. Hier wie zuvor in Frankreich arbeitete sie in Exilorganisationen mit und beteiligte sich als Mitherausgeberin und Autorin an Exilzeitschriften. 1947 kehrte sie nach Deutschland zurück und ließ sich im Ostteil Berlins nieder; in den folgenden Jahren nahm sie eine herausragende Stellung im DDR-Kulturleben ein (u.a. 1952–78 Vorsitzende des Schriftstellerverbandes).

Bereits ihre ersten Erzählungen zeichnen sich durch den für ihr Werk charakteristischen sachlich-spröden und zugleich ausdrucksvollen Stil und durch ihr Engagement für die Sache der Unterdrückten, Entrechteten und Verfolgten aus. Ihre literarischen Vorbilder waren – durchaus abweichend von den Vorgaben des Sozialistischen Realismus, den ihr Freund Georg Lukács vertrat – H. v. Kleist, Fjodor Dostojewskij, John Dos Passos und F. Kafka. Für ihre erste Buchveröffentlichung, *Aufstand der Fischer von St. Barbara* verlieh ihr H. H. Jahnn den Kleist-Preis. Mit dem Roman *Der Kopflohn*, der Geschichte der politisch motivierten Verfolgung eines Kommunisten in einem rheinhessischen Dorf im Jahr vor der Machtergreifung, setzt das antifaschistische Erzählwerk von S. ein. Es führt über die Romane *Der Weg durch den Februar* und *Die Rettung*, die vom gescheiterten Aufstand gegen das Dollfuß-Regime in Wien 1934 bzw. von politischen Schicksalen in den letzten Jahren der Weimarer Republik handeln, zu den Höhepunkten ihres Romanschaffens: *Das siebte Kreuz* und *Transit*. *Das siebte Kreuz* erzählt, spannend und zugleich sachlich, die Geschichte einer Flucht aus einem rheinhessischen Konzentrationslager, die eine Reihe von Menschen vor moralische Bewährungsproben stellt und zugleich ein facettenreiches Bild des Alltags im Dritten Reich ermöglicht. Dabei nutzt S., an Dos Passos orientiert, eine filmische Erzähltechnik, die das Geschehen in zahlreiche, parallel oder kontrapunktisch geführte Einzelsegmente auflöst. Das Buch, 1942 zuerst in engl. Übersetzung in den USA und dann auf Deutsch in einem Exilverlag in Mexiko erschienen, wurde 1944 von Fred Zinnemann mit Spencer Tracy in der Hauptrolle verfilmt. Zuerst in span. und engl. Übersetzung (jeweils 1944) erschien *Transit*, einer der bedeutendsten Romane über die Angstwelt des Exils, dessen Elend durch die Absurdität einer willkürlichen Bürokratie noch gesteigert wird. Zugleich ist es, wie die Entwicklung des Ich-Erzählers zeigt, ein Roman über Identitätsverlust und -bewahrung. Ebenfalls aus der Emigrationszeit stammt der Roman *Die Toten bleiben jung*, der in mehreren parallelen Handlungssträngen am Beispiel von Menschen verschiedener sozialer Herkunft ein Panorama der dt. Gesellschaft von 1919 bis 1945 entwirft. Aus ihrem in der DDR entstandenen Spätwerk ragen v. a. Erzählungen heraus (u. a. *Karibische Geschichten*, *Die Kraft der Schwachen*), die ihre alten Themen aufnehmen. Dagegen kommen die beiden Romane *Die Entscheidung* und *Das Vertrauen*, die als Zeitromane die Anfangsjahre der DDR im Kontext der Arbeitswelt darzustellen suchen, über die plakative Konfrontation von Fortschritt und Reaktion, von Fortleben des Faschismus im Westen und Erbe des Antifaschismus im Osten kaum hinaus (wenn sich auch implizite Kritik an Personenkult und Stalinismus sowie an dem Verhalten der Regierenden gegenüber den Arbeitern im Juni 1953 erkennen lässt).

Werke: Aufstand der Fischer von St. Barbara. 1928. – Auf dem Wege zur amerikanischen Botschaft und andere Erzählungen 1930. – Die Gefährten. 1932. – Der Kopflohn. Roman aus einem deutschen Dorf im Spätsommer 1932. 1933. – Der Weg durch den Februar. 1935. – Der letzte Weg des Koloman Wallisch. 1936. – Die Rettung. 1937. – Das siebte Kreuz. Roman aus Hitlerdeutschland. 1942. – Visado de tránsito. 1944. [Span.] Transit. 1944. [Engl.] Dt. Ausg. u. d. T.: Transit. 1948. – Der Ausflug der toten Mädchen und andere Erzählungen. 1946. – Die Toten bleiben jung. 1949. – Crisanta. Mexikanische Novelle. 1951. – Die Kinder. 1951. – Der Mann und sein Name. 1952. – Der Prozeß der Jeanne d'Arc zu Rouen im Jahre 1431. 1952. – Der erste Schritt. 1953. – Brot und Salz. 1958. – Die Entscheidung. 1959. – Karibische Geschichten. 1962. – Die Kraft der Schwachen. Neun Erzählungen. 1965. – Das wirkliche Blau. 1967. – Das Vertrauen. 1968. – Überfahrt. Eine Liebesgeschichte. 1971. – Sonderbare Begegnungen. 1973. – Drei Frauen aus Haiti. 1980. – Und ich brauch doch so schrecklich Freude. Tagebuch 1924/25. 2003.

Ausgaben: Gesammelte Werke in Einzelausgaben. 14 Bde. Berlin/Weimar 1975–80. – Werke. 10 Bde. Darmstadt/Neuwied 1977. – Sämtliche Erzählungen 1924–1980. 4 Bde. Berlin/Weimar 1994.

Seidel, Ina, 15. 9. 1885 Halle a. d. S. – 2. 10. 1974 Ebenhausen bei München. Die Arzttochter wuchs in Braunschweig auf. Nach dem Suizid ihres Vaters zog die Familie 1896 nach Marburg, ein Jahr später nach München. 1907 folgte sie ihrem Mann (und Vetter), dem Pfarrer und Schriftsteller Heinrich Wolfgang Seidel nach Berlin; seit 1934 lebte die Familie in Starnberg. Im Dritten Reich ließ sich S. in die NS-Propaganda einspannen. Sie begann 1914/15 mit Gedichtbänden, die den Wandel von Kriegseuphorie zu deutlicher Skepsis spüren lassen. Im Übrigen zeigt sie sich in Bänden wie *Weltinnigkeit*, *Neue Gedichte* oder *Der volle Kranz* der Neuromantik und der Tradition dt. Innerlichkeit verpflichtet. Dabei wird auch ihre Tendenz zu einem Mütterlichkeitskult deutlich, die dann in den Romanen *Brömseshof* und *Das Wunschkind* am Beispiel von Familiengeschichten aus der Zeit nach dem Ersten Weltkrieg bzw. den Jahren zwischen den Revolutionskriegen und den Freiheitskriegen Ausdruck findet. Einen ausgesprochenen Kontrapunkt dazu bildet die zuvor entstandene Georg-Forster-Biographie *Das Labyrinth* mit ihrer Darstellung des negativ gesehenen Vater-Sohn-Verhältnisses. Von christlich-humanistischer Gesinnung getragen ist *Lennacker*, die in eine einfache Rahmenhandlung eingebettete episodenhafte Geschichte einer Pfarrersfamilie seit der Reformation. Auch das *Unverwesliche Erbe* gehört in diesen familiären Zusammenhang. *Michaela* stellt einen Versuch dar, sich mit dem Dritten Reich und der Haltung des Bildungsbürgertums auseinanderzusetzen.

Werke: Gedichte. 1914. – Neben der Trommel her. 1915. – Weltinnigkeit. 1919. – Das Labyrinth. Ein Lebenslauf aus dem 18. Jahrhundert. 1922. – Die Fürstin reitet. 1926. – Neue Gedichte. 1927. – Brömseshof. Eine Familiengeschichte. 1928. – Der volle Kranz. 1929. – Das Wunschkind. 1930. – Gesammelte Gedichte. 1937. – Lennacker. Das Buch der Heimkehr. 1938. – Unser Freund Peregrin. Aufzeichnungen des Jürgen Brook. 1940. – Dienende Herzen. Kriegsbriefe von Nachrichtenhelferinnen des Heeres. 1942. [Mithrsg.] – Das unverwesliche Erbe. Das Buch vom Glauben. 1954. – Die Fahrt in den Abend. 1955. – Gedichte 1905–1955. 1955. – Michaela. Aufzeichnungen des Jürgen Brook. 1959. – Die alte Dame und der Schmetterling. Kleine Geschichten. 1964. – Frau und Wort. Ausgewählte Betrachtungen und Aufsätze. 1965. – Lebensbericht 1885–1923. 1970.

Serner, Walter (d. i. Walter Eduard Seligmann), 15. 1. 1889 Karlsbad – nach dem 20. 8. 1942 in einem Vernichtungslager. Der Sohn des Herausgebers der *Karlsbader Zeitung* studierte von 1909 an Jura in Wien und Greifswald (Dr. jur. 1913); 1909 konvertierte er vom Judentum zum Katholizismus und nahm den Namen S. an. Nach Ausbruch des Ersten Weltkriegs ging der Pazifist nach Zürich. In den 20er-Jahren unternahm er ausgedehnte Reisen durch Europa und ließ sich dann in Prag als Sprachlehrer nieder. Am 20. 8. 1942 wurde er mit seiner Frau deportiert und in einem Vernichtungslager im Osten ermordet. S. schrieb schon als Student Kritiken und Aphorismen für die Zeitung seines Vaters und später auch für Franz Pfemferts *Aktion*. In der Schweiz näherte er sich nach anfänglicher Skepsis dem Dadaismus, nahm an Aktionen teil, schrieb dadaistische Gedichte und Manifeste, die, nicht ohne eine mit Zynismus überdeckte Verzweiflung, einen konsequenten Relativismus der Werte proklamierten. Seit 1921 erschienen seine kurzen grotesken Kriminalgeschichten, die in der Tradition expressionistischer Grotesken und der Novellistik Maupassants stehen und eine Ganovenhalbwelt schildern, der bürgerliche Heuchelei fremd ist. Das gilt auch für S.s einzigen Roman, *Die Tigerin*, in dem der Hochstapler Fec und die gefährliche Bichette in der Halbwelt von Paris und Monte Carlo in Liebe und Betrug zusammenfinden, und für sein Schauspiel *Posada oder Der große Coup im Hotel Ritz* (UA 1927). Danach hörte S. auf zu schreiben.

Werke: Zum blauen Affen. 1921. – Der elfte Finger. 1923. – Der Pfiff um die Ecke. 1925. – Die Tigerin. 1925. – Die tückische Straße. 1926. – Posada oder Der große Coup im Hotel Ritz. 1926. – Gesammelte Werke. 7 Bde. 1928.

Ausgabe: Das Gesamte Werk. Hrsg. von Thomas Milch. 8 Bde. 2 Suppl.-Bde. Erlangen/München 1979–92.

Seume, Johann Gottfried, 29. 1. 1763 Poserna (Sachsen) – 13. 6. 1810 Teplitz (Böhmen). Der Sohn eines verarmten Bauern begann, unterstützt von dem Grafen Hohenthal, 1780 mit dem Studium der Theologie in Halle, brach es aber ein Jahr später nach der Lektüre freigeistiger Schriften ab. Auf dem Weg nach Paris wurde er von hessischen Werbern ergriffen und vom Landgrafen an England zum Einsatz in den amerikanischen Kolonien verkauft. Als er im September 1782 in Halifax ankam, war der Unabhängigkeitskrieg im Wesentlichen entschieden. Ein Jahr später wurde S. nach Bremen zurückgeschickt; er floh, geriet aber in preußische Hände, bis er sich durch eine Kaution befreien konnte. Unterstützt von seinem adeligen Gönner, studierte er ab Herbst 1787 Jura, Philosophie, Philologie und Geschichte und habilitierte sich 1792. Als Sekretär des russischen Generals Igelström gelangte er 1792–94 nach Russland und Polen (und in polnische Gefangenschaft). Zurückgekehrt nach Leipzig, lebte er zunächst als Hauslehrer, dann als Lektor oder Korrektor bei Göschen in Grimma, wo er u. a. die Werkausgaben von F. G. Klopstock und C. M. Wieland betreute. Am 6. 12.

1801 brach er zu seiner Reise nach Sizilien auf, die ihn – größtenteils zu Fuß – über Prag, Wien, Venedig, Rom und Neapel nach Syrakus führte und auf dem Rückweg einen Abstecher nach Paris einschloss. Nach seiner Rückkehr unterrichtete er wieder als Hauslehrer, schrieb für Zeitschriften und unternahm eine große Reise nach Polen, Russland und Skandinavien (1805). Er starb bei einem Kuraufenthalt in Teplitz, den ihm Freunde finanzierten. Aus seinem literarischen Werk – u. a. Aphorismen, das klassizistische Trauerspiel *Miltiades*, Gedichte und zahlreiche politische Schriften – ragen die Reisebeschreibungen, insbesondere die italienische, heraus. S. ist kein Kunstreisender. Für den kritischen Aufklärer ist das antike Italien nur die Folie, vor der die Unzulänglichkeiten und die Armut der Gegenwart, verschuldet von der Kirche (Rom erscheint als »Kloake der Menschheit«) und den Feudalherrn, nur umso sichtbarer werden.

Werke: Honorie Warren. 1788. [Romanübers. nach Robert Bage: The Fair Syrian.] – Einige Nachrichten über die Vorfälle in Polen im Jahre 1794. 1796. – Obolen. 1796–98. – Gedichte. 1801. – Spaziergang nach Syrakus im Jahre 1802. 1803. – Mein Sommer 1805. 1806. – Miltiades. 1808. – Mein Leben. 1813.

Ausgaben: Prosaische und poetische Werke. 10 Tle. Berlin 1879. – Werke. Hrsg. von Jörg Drews. 2 Bde. Frankfurt a. M. 1993. – Briefe. Hrsg. von Dirk Sangmeister und J. Drews. Frankfurt a. M. 2002.

Seuren, Günter, 18. 6. 1932 Wickrath (Niederrhein) – 10. 12. 2003 München. Nach dem Abitur arbeitete S. zunächst als Journalist in Düsseldorf, dann seit 1955 als Filmkritiker und freier Schriftsteller. Von 1967 an lebte er in Zürich, seit den 80er-Jahren in München. Er stand der Kölner Schule eines gesellschaftskritischen »neuen Realismus« um D. Wellershoff nahe und hatte seinen ersten Erfolg mit dem Roman *Das Gatter*, der von vergeblichen Emanzipationsbestrebungen junger Männer in einer kleinbürgerlich-spießigen Lebenswelt erzählt. Verfilmt wurde das Buch u. d. T. *Schonzeit für Füchse* unter der Regie von Ulrich Schamoni. Das Scheitern der Selbstverwirklichung in einer als dumpf und repressiv erfahrenen Gesellschaft, die die Bedürfnisse des Individuums negiert und Anpassung erzwingt, bleibt Thema der folgenden Romane. Auch die Gedichtsammlung *Der Jagdherr liegt im Sterben* nimmt es aggressiv auf. Nach einer Abrechung mit dem Vater (*Abschied von einem Mörder*) und einigen Romanen über die Münchener Film- und Kulturschickeria trat eine durch Reisen und Filmarbeiten gefüllte Pause im literarischen Schaffen ein, bis der fast vergessene Autor mit der Ökosatire *Die Krötenküsser* und einer witzig-satirischen Geschichte um Steffi Graf (*Jenseits von Wimbledon*) wieder großen Beifall fand. Sein letztes Werk, *Das Floß der Medusa*, ist ein mehrschichtiges Buch über Tod, Kunst und späte Liebe, aber auch über Faschismus und Nationalsozialismus, und erzählt von einem virtuosen Bildfälscher, der beauftragt wird, Théodore Géricaults berühmtes Gemälde zu kopieren und dabei ein neues Werk schafft.

Werke: Winterklavier für Hunde. 1961. – Das Gatter. 1964. – Lebeck. 1966. – Das Kannibalenfest. 1968. – Der Abdecker. 1970. – Der Jagdherr liegt im Sterben. 1974. – Die fünfte Jahreszeit. 1979. – Abschied von einem Mörder. 1980. – Der Angriff. 1982. – Die Asche der Davidoff. 1985. – Hundekehle. 1992. – Der Krötenküsser. 2000. – Die Galapagos-Affäre. 2001. – Jenseits von Wimbledon. 2002. – Das Floß der Medusa. 2004.

Seuse, Heinrich (latinisiert: Henricus Suso), vermutlich 21. 3. 1295 Konstanz – 25. 1. 1366 Ulm. Der Konstanzer Patriziersohn trat als 13-Jähriger in den Dominikanerorden ein und begegnete, nach der ordensinternen Grundausbildung, als Student der Theologie an der Kölner Ordensuniversität 1324 Meister Eckhart, den er nach dessen Tod und kirchlicher Verurteilung im *Büchlein der Wahrheit* verteidigte. S. war zu dieser Zeit als Lektor für die wissenschaftliche Betreuung im Konstanzer Dominikanerkonvent zuständig. Um 1330 wurde er als Lektor abgelöst, 1334 ist er als Prior bezeugt. Danach, um 1335, wurde er als Seelsorger in Dominikanerinnenklöstern Süddeutschlands und der Schweiz eingesetzt. Die Zeit des päpstlichen Interdikts (1339–46/47) verbrachte er in Diessenhofen. Anschließend kehrte er nach Konstanz zurück, wurde aber bereits 1348 – wohl als Reaktion auf die Beschuldigung einer Frau, er sei Vater ihres Kindes – nach Ulm versetzt. Hier nahm S. die Redaktion seines »Exemplars« vor, der Sammlung seiner vier Hauptschriften. Sie enthält S.s stilisierte *Vita* (um 1362), das *Büchlein der Wahrheit* (um 1326–28), das *Büchlein der ewigen Weisheit* (um 1328), ein Erbauungs- und Exerzitienbuch, das zur Nachfolge Christi hinführen will, und das *Briefbüchlein* mit Briefen Seuses an Elsbeth Stagel und andere Nonnen. Eine erweiterte lat. Fassung des *Büchleins der ewigen Weisheit* u. d. T. *Horologium sapientiae* (um 1331–34) gehört zu den am meisten verbreiteten erbaulichen Texten des Mittelalters. Die außergewöhnlichen literarischen Fähigkeiten des Mystikers finden insbesondere Ausdruck in seiner *Vita*, die Darstellungsformen der Andachts- und Erbauungsliteratur mit solchen des höfischen Romans und der Autobiographie verbindet und an sprachlich-poetischer und gefühlsmäßiger Intensität allein in der Literatur der Zeit steht.

Ausgaben: Deutsche Schriften. Hrsg. von Karl Bihlmeyer. Stuttgart 1907. Reprogr. Nachdr. Frankfurt a. M. 1961. – Horologium sapientiae. Hrsg. von Pius Künzle. Freiburg (Schweiz) 1977.

Simmel, Johannes Mario, * 7. 4. 1924 Wien. Der Sohn eines Chemikers wurde selbst Chemieingenieur. Nach dem Krieg arbeitete er als Übersetzer für die US-Militärregierung in Österreich. 1948 wurde er Kulturredakteur bei der *Welt am Abend* und schrieb daneben Drehbücher; 1950 wechselte er zur Illustrierten *Quick* in München, für die er Serien und Reportagen verfasste. Seit 1963 lebt er als freier Schriftsteller (München, Frankreich, seit 1983 Zug, Schweiz). S.s literarische Erfolge setzten 1960 mit der Auszeichnung seines Theaterstücks *Der Schulfreund* durch das Nationaltheater Mannheim und dem Roman *Es muß nicht immer Kaviar sein* ein. Seitdem veröffentlicht S. in Abständen von etwa zwei Jahren umfangreiche Romane, die regelmäßig auf den Bestsellerlisten erscheinen. Sie verbinden eine kolportagehafte Romanhandlung (Abenteuer, Verbrechen, undurchschaubare Verschwörungen, Sex, Liebe und privates Glück) mit einem moralischen, aufklärerischen Anliegen. Jeder dieser Romane nimmt sich ein Thema vor – Neonazismus, Umweltzerstörung, Gewalt gegen Ausländer, die undurchschaubare Welt der Geheimdienste, Genmanipulation, Drogenhandel usw. –, über das ohne Rücksicht auf ästhetische Erwägungen ausführliches, sorgfältig recherchiertes Material ausgebreitet wird. Der Antifaschist S. versteht sich als »demokratisch engagierter Gebrauchsschriftsteller«, wie ihn die *Frankfurter Allgemeine Zeitung* nannte.

Werke: Begegnung im Nebel. 1947. – Man lebt nur zweimal. 1950. – Affäre Nina B. 1958. – Der Schulfreund. 1960. – Es muß nicht immer Kaviar sein. 1960. – Bis zur bitteren Neige. 1962. – Liebe ist nur ein Wort. 1963. – Lieb Vaterland magst ruhig sein. 1965. – Alle Menschen werden Brüder. 1967. – Und Jimmy ging zum Regenbogen. 1970. – Der Stoff aus dem die Träume sind. 1971. – Die Antwort kennt nur der Wind. 1973. – Niemand ist eine Insel. 1975. – Hurra, wir leben noch. 1978. – Bitte, laßt die Blumen leben. 1983. – Die im Dunkeln sieht man nicht. 1985. – Doch mit den Clowns kamen die Tränen. 1987. – Im Frühling singt zum letzten Mal die Lerche. 1990. – Auch wenn ich lache, muß ich weinen. 1993. – Träum den unmöglichen Traum. 1996. – Der Mann, der die Mandelbäumchen malte. 1998. – Die Bienen sind verrückt geworden. Reden und Aufsätze über unsere wahnsinnige Welt. 2001.

Sorge, Reinhard Johannes, 29. 1. 1892 Rixdorf bei Berlin – 20. 7. 1916 Ablaincourt (Somme). Nach dem Tod des Vaters, eines Regierungsbaumeisters, zog die Familie 1909 nach Jena. Hier verließ S. 1910 das Gymnasium, um sich ganz der Dichtung zu widmen. 1913 konvertierte er in Rom mit seiner Frau zum Katholizismus und zog dann in die Schweiz (Flüelen). Das Vorhaben, Priester zu werden, wurde durch die Einberufung zum Militär durchkreuzt. Er starb nach einer schweren Verwundung im Lazarett. Das erst postum gedruckte lyrische und dramatische Frühwerk S.s ist u. a. Nietzsche und S. George verpflichtet. In die Literaturgeschichte ging er mit dem Drama *Der Bettler* (UA 1917) ein, das am Anfang der expressionistischen Dramatik steht und auf Vorschlag R. Dehmels 1912 mit dem Kleist-Preis ausgezeichnet wurde. S. spricht hier in ekstatischer Weise vom Sendungsbewusstsein des Dichters in einer der Erneuerung bedürftigen Zeit und zeigt in der in fünf Akte gegliederten Szenenfolge den Wandlungs- und Läuterungsprozess des Dichter-Protagonisten vom ›Bettler‹ bis zur Schwelle eines neuen Lebens. Die späteren Dichtungen reflektieren die Überwindung des Einflusses von Nietzsche und die religiöse Erweckung nach einer Vision 1913 auf Norderney; sie sind v. a. religiöse Verkündigung.

Werke: Der Bettler. Eine dramatische Sendung. 1912. – Guntwar. Die Schule eines Propheten. 1914. – Metanoeite. Drei Mysterien. 1915. – König David. 1916. – Mutter der Himmel. 1917. – Gericht über Zarathustra. 1921. – Mystische Zwiesprache. 1922. – Der Sieg des Christos. 1924. – Preis der Unbefleckten. 1924. – Der Jüngling. 1925. – Nachgelassene Gedichte. 1925.

Ausgabe: Werke. Hrsg. von Hans Gerd Rötzer. 3 Bde. Nürnberg 1962–67.

Späth, Gerold, * 16. 10. 1939 Rapperswil (Zürichsee). Der Sohn eines Orgelbauers erhielt eine Ausbildung zum Exportkaufmann (Zürich, London, Freiburg/Schweiz), arbeitete vorübergehend als Orgelbauer und lebt seit 1968 als freier Schriftsteller (seit 1970 in Rapperswil). S. erwarb sich den Ruf als wortgewaltiger Erzähler mit dem Schelmenroman *Unschlecht.* Die weiteren Romane bleiben zunächst in diesem Gattungsrahmen, doch mit *Commedia*, einem Werk ohne Gattungsbezeichnung, löste er sich von traditionellen Erzählformen. Im ersten Teil gibt die menschliche ›Komödie‹ in 203 Abschnitten Miniaturporträts von Leuten aus allen möglichen Gesellschaftsschichten, ihnen selbst in den Mund gelegt, im zweiten findet eine in einem fensterlosen Verlies endende Museumsführung statt. Es ist ein Buch, das Zusammenhänge und eine einheitliche Perspektive verweigert und so in seiner Form die Isolation des Menschen und das Fehlen verbindlicher Ordnungen spiegelt. In *Sindbadland* und *Barbarswila* führt S. diese Erzählmethode weiter, in Barbarswila nutzt er sie, um durch zahlreiche Einzelgeschichten einen Tag in einer Kleinstadt zu beschreiben. Im Roman *Das Spiel des Sommers neunundneunzig* dagegen gibt ein Ich-Erzähler seinen punktuellen Eindrücken bei einem Aufenthalt »am Rand der westlichen Welt« einen Zusammenhang.

Werke: Unschlecht. 1970. – Stimmgänge. 1972. – Zwölf Geschichten. 1973. – Balzapf oder Als ich auftauchte. 1977. – Commedia. 1980. – Von Rom bis Kotzebue. 16 Reisebilder. 1982. – Sacramento. 1983. – Sindbadland. 1984. – Barbarswila. 1988. – Stilles Gelände am See. 1991. – Das Spiel des Sommers neunundneunzig. 1993. – Ein Nobelpreis wird angekündigt. 1999. – Die glorreiche White Queen. Ein Abenteuer. 2001. – Familienpapiere. Gesammelte Geschichten. 2003.

Spangenberg, Wolfhart, 1567 Mansfeld – um 1636 Buchenbach (Jagst). Der Sohn des lutherischen Theologen (in der kompromisslosen Ausrichtung des Matthias Flacius Illyricus) und Meistersingerchronisten Cyriacus Spangenberg (1528– 1604) kam mit seinem Vater nach verschiedenen Zwischenstationen und einem Studium in Tübingen (Magister 1591) schließlich nach Straßburg. Hier erwarb er durch Heirat 1600 das Bürgerrecht, wurde 1601 Mitglied der Meistersingerzunft, übernahm Auftrags- und Korrekturarbeiten für Straßburger Verleger und fertigte zwischen 1603 und 1609 Übersetzungen der jährlich am

Straßburger Gymnasium aufgeführten griech. und lat. Dramen an. Von 1611 an wirkte Spangenberg zunächst als Pfarrverweser, dann als Pfarrherr in Buchenbach (Jagst). S.s literarische Bedeutung gründet v. a. auf seinen Satiren, dem zyklischen Versgedicht *Ganß König* (1607) und der bereits früher konzipierten, aber erst 1625 gedruckten menippeischen Prosaerzählung *EselKönig*, die Kritik an den politischen und gesellschaftlichen Verhältnissen mit satirischen Anspielungen auf die Rosenkreuzer verbindet. Sein Anknüpfen an die Satire J. Fischarts bestätigte er ausdrücklich mit seiner erweiternden Neuausgabe von Fischarts *Flöh Haz* (1610).

Werke: Ieremia. 1603. [Übers.] – Alcestis. 1604. [Übers.] – Hecuba. 1605. [Übers.] – Simson. 1606. [Übers.] – Saul. 1606. [Übers.] – Amphitruo. 1607. [Übers.] – Conflagratio Sodomae. 1607. [Übers.] – Ganß König. 1607. – Aiax Lorarius. 1608. [Übers.] – Balsasar. 1609. [Übers.] – Flöh Haz. 1610. [Hrsg.] – Das Gericht Salomonis. 1615. – SingSchul. 1615. – EselKönig. 1625.

Ausgabe: Sämtliche Werke. Unter Mitw. von Andor Tarnai hrsg. von András Vizkelety. 7 Bde. Berlin / New York 1971–82.

Sparschuh, Jens, * 14. 5. 1955 Karl-Marx-Stadt (heute wieder Chemnitz). Nach dem Abitur in Halle studierte S. von 1973–78 Philosophie in Leningrad und beschäftigte sich insbesondere mit der deutschen Aufklärung einschließlich ihrer subjektivistischen Strömungen. Nach seiner Rückkehr war er bis zu seiner Promotion 1983 über erkenntnistheoretische Fragen Assistent an der Humboldt-Universität in Berlin (DDR). Seitdem lebt er als freier Schriftsteller in Berlin, wobei er sich zunächst v. a. mit Arbeiten für den Rundfunk durchbrachte. Für das Hörspiel *Ein Nebulo bist du* (1989, Saarländischer Rundfunk), das am Beispiel Kants und seines Dieners Lampe die Despotie der Vernunft zum Thema macht, erhielt er den Hörspielpreis der Kriegsblinden. Seine erste Buchveröffentlichung war ein experimentell-spielerisches Romangedicht, das konsequent von A bis Z durch die DDR führt und mit dem Rückzug des Ich endet: »Zurück zum Zimmer. | Zuriegeln. | Zuziehen. | Zappenduster.« Die folgende Romantrilogie (*Der große Coup*, *KopfSprung*, *Der Schneemensch*) nimmt nicht ohne Ironie die Tradition des Bildungsromans auf, wobei allerdings die Selbstfindung jeweils entschieden misslingt. Der erste Roman problematisiert in Form eines Tagebuchs das Verhältnis von Goethe und Eckermann und den zunehmenden Ich-Verlust des Sekretärs, der zweite mit einem Seelenwanderer als Ich-Erzähler ist eine Satire auf Wirklichkeitskonzepte und den Wissenschaftsbetrieb der DDR, und der dritte erzählt, wie auf der Suche nach dem Schneemenschen nach jahrelangen Entbehrungen der Forscher selbst zum Schneemenschen wird (Ausgangspunkt war ein Projekt der SS-Abteilung »Ahnenerbe«, die der Vorstellung anhing, dass der Urahn der Arier der Schneemensch im Himalaja sei). Seinen größten Erfolg hatte S. mit dem Roman *Der Zimmerspringbrunnen*. Die anspielungsreiche Satire erzählt, spielerisch Ost-West-Klischees einsetzend und mit melancholischem Unterton, von den Schwierigkeiten des Hinrich Lobek, seit der Wende arbeitslos, einen Platz in der neuen Marktwirtschaft zu finden, von seinem Aufstieg als Vertreter und seinem endgültigen wirtschaftlichen und privaten Ruin. Mit dem Roman *Lavaters Maske* figuriert noch einmal eine Gestalt des 18. Jh. als – untaugliches – Filmprojekt und Aufhänger für eine Satire auf den Literaturbetrieb. Vergangenheit und Gegenwart verbindet auch der Roman *Eins zu eins*, eine Satire auf Kolonisierung des Ostens in Gegenwart und Vergangenheit: Ein Angestellter des Kartenverlags »andersWandern« durchwandert die Mark Brandenburg auf der Suche nach einer wendischen Kultstätte (und einem Kollegen), und wie die Wenden aus dem kulturellen Gedächtnis fast spurlos verschwunden sind, so nach der Wende die DDR.

Werke: Waldwärts. Ein Reiseroman, von A bis Z erlogen. 1985. – Der große Coup. Aus den geheimen Tage- und Nachtbüchern des Johann Peter Eckermann. 1987. – KopfSprung. Aus den Memoiren des letzten deutschen Gedankenlesers. 1989. – Inwendig. Labyrinthgeschichte für Fortgeschrittene. Hörspiel. 1990. – Der Schneemensch. 1993. – Parzival Pechvogel. Kinderroman. 1994. – Der Zimmerspringbrunnen. Ein Heimatroman. 1995. – Die schöne Belinda und ihr Erfinder. Kinderroman. 1997. – Ich dachte, sie finden uns nicht. Zerstreute Prosa. 1997. – Lavaters Maske. 1999. – Stinkstiefel. Kinderroman. 2000. – Eins zu eins. 2003. – Silberblick. Zwei Unterhaltungen. 2004. – Ich glaube, sie haben uns nicht gesucht. Zerstreute Prosa. 2005.

Spee von Langenfeld, Friedrich, 25. 2. 1591 Kaiserswerth bei Düsseldorf – 7. 8. 1635 Trier. Der Sohn eines kurkölnischen Beamten absolvierte das Jesuitengymnasium (1601/02–08) und die Universität (Baccalaureat 1610) in Köln, trat dann in den Jesuitenorden ein und wurde nach der üblichen Ausbildung (Würzburg, Speyer, Worms, Mainz) und dem abschließenden Theologiestudium in Mainz 1622 zum Priester geweiht. 1623–26 unterrichtete er Philosophie an der Universität Paderborn; nach einer kurzen Lehrtätigkeit in Köln wurde er 1628 mit der Rekatholisierung des Amtes Peine beauftragt. Bei einem Mordanschlag wurde er 1629 schwer verletzt; nach seiner Genesung lehrte er in Paderborn Moraltheologie, in Köln Kasuistik und in Trier Moraltheologie, wobei die Versetzungen als disziplinarische Maßnahmen zu verstehen sind. Anstoß erregte nicht zuletzt die anonyme Veröffentlichung seiner Schrift gegen die Praxis der Hexenprozesse (1631). Seine dichterischen und erbaulichen Werke erschienen erst postum: eine Sammlung allegorisierender geistlicher Poesie, die sich mit Hilfe der Technik der Kontrafaktur Motive und Stilmittel der weltlichen Liebesdichtung und die Tradition der Bukolik nutzbar macht, und ein Erbauungs- und Exerzitienbuch, das die christlichen Haupttugenden Glaube, Hoffnung, Liebe durch Anschauung und Meditation einüben will.

Werke: Cautio criminalis, seu de processibus contra sagas liber. 1631. – Trutz Nachtigal, Oder Geistlichs-Poetisch Lust-Waldlein. 1649. – Güldenes Tugend-Buch. 1649.
Ausgabe: Sämtliche Schriften. Hrsg. von Theo G. M. van Oorschot. 3 Bde. Bern [u. a.] 1968–92.

Sperr, Martin, 14. 9. 1944 Steinberg (Niederbayern) – 6. 4. 2002 Landshut. Nach der Mittleren Reife und einer Lehre als Industriekaufmann nahm S. Schauspielunterricht in München und Wien. 1965–66 war er in Bremen engagiert, danach ging er nach München und arbeitete als Schriftsteller, Schauspieler und Regisseur. 1983–88 war er am Münchner »Volkstheater« engagiert. S. lebte in der Nähe von Landshut und in München. Mit S.s 1966 in Bremen aufgeführten *Jagdszenen aus Niederbayern* begann die Renaissance des so genannten kritischen Volksstücks. S. macht in diesem Stück, das in der Zeit nach der Währungsreform spielt, in knappen Szenen und lakonischen Dialogen die Mechanismen des ›gesunden Volksempfindens‹ mit ihrem latenten Faschismus sichtbar, die Außenseitern keine Chance lassen. Später vereinigte S. die *Jagdszenen* mit den Stücken *Landshuter Erzählungen* (UA 1967) und *Münchner Freiheit* (UA 1971) zur *Bayerischen Trilogie*. Damit bezieht S. auch die weitere Nachkriegsentwicklung ein (Handlungszeit der beiden späteren Dramen ist 1958 bzw. 1969), erweitert den Handlungsraum auf Klein- bzw. Großstadt und dehnt die Milieudarstellung auf andere soziale Schichten aus. Mit *Koralle Meier* (UA 1970), der Geschichte einer Kleinstadt-Prostituierten der NS-Zeit, die vergeblich versucht, ehrbare Geschäftsfrau zu werden, und dem Stück über eine betrügerische Bankchefin im 19. Jh., *Die Spitzeder* (UA 1977), demonstriert S. das soziale Verhalten an Beispielen aus der Vergangenheit.

Werke: Jagdszenen aus Niederbayern. 1969. – Der Räuber Mathias Kneißl. Textbuch zum Fernsehfilm. 1970. – Koralle Meier. Geschichte einer Privaten. 1970. [Bühnenmanuskript.] – Bayerische Trilogie. 1972. – Die Spitzeder. 1980. – Die Kunst der Zähmung. Nach Shakespeare. 1981.

Spervogel, 2. Hälfte / Ende 12. Jh. Sangspruchdichter. Die in den Liederhandschriften unter dem Namen S. überlieferten Texte stammen wahrscheinlich von drei verschiedenen Dichtern, die ältesten von einem auch Herger genannten Verfasser (siehe dort, Spervogel I), die jüngeren vom »eigentlichen« S. (Spervogel II) und einem weiteren oder »jüngeren S.« (Spervogel III). Den beiden Letzteren werden 31 sechszeilige Strophen zugeschrieben, zu denen auch zwei Melodien überliefert sind. Die Sprüche handeln, in häufig sprichwortartig verknappter Ausdrucksweise, von moralischem Verhalten, bieten Lebenslehre und -weisheit und reflektieren die Problematik des fahrenden Dichters (Klage über Armut und schlechte Herren). Gönner werden nicht genannt; die Texte verweisen auf ein ritterlich-adeliges Publikum.

Ausgabe: MF. Bd. 1. S. 38–46. – Früheste deutsche Lieddichtung. Hrsg. von Horst Brunner. Stuttgart 2005. S. 143–181.

Spiel, Hilde, 19. 10. 1911 Wien – 30. 11. 1990 ebd. S. promovierte nach dem Studium der Philosophie 1936 in Wien. Im selben Jahr emigrierte sie nach London und arbeitete als Journalistin. 1963 kehrte sie – nach einer vorübergehenden Tätigkeit als Wiener Korrespondentin einer engl. Zeitung (1946) – endgültig nach Österreich zurück und lebte in Wien und St. Wolfgang als Journalistin und Schriftstellerin. S.s Romane zeichnen sich durch ihre Darstellung von Stimmungen und historischen Milieus aus, etwa der Intellektuellenszene der 30er-Jahre in Wien oder der bürgerlichen Gesellschaft des 19. Jh.s. Themen sind häufig Reifungs- und Emanzipationsprozesse und Begegnungen junger Menschen, die zu Wendepunkten ihrer Geschichte werden. Ihre Biographie *Fanny von Arnstein oder Die Emanzipation* erzählt nicht nur die Lebensgeschichte der jüdischen Begründerin eines literarischen Salons in Wien, sondern zeichnet darüber hinaus ein Bild des kulturellen Lebens der Metternich-Zeit und der jüdischen Emanzipation. Die Exilerfahrung schlägt sich in dem Roman *Lisas Zimmer* sowie in Tagebüchern und autobiographischen Aufzeichnungen nieder. S.s Ansehen beruht nicht zuletzt auf ihren zahlreichen Übersetzungen und ihren kritischen und essayistischen Arbeiten.

Werke: Kati auf der Brücke. 1933. – Verwirrung am Wolfgangsee. 1935. Neuaufl. u. d. T.: Sommer am Wolfgangsee. 1961. – Flute and Drums. 1939. Dt. u. d. T.: Flöte und Trommeln. 1947. – Der Park und die Wildnis. Zur Situation der neueren englischen Literatur. 1953. – Welt im Widerschein. 1960. – Fanny von Arnstein oder Die Emanzipation. 1962. – The Darkened Room. 1961. Dt. u. d. T.: Lisas Zimmer. 1965. – Rückkehr nach Wien. Tagebuch 1946. 1968. – Städte und Menschen. 1972. – Mirko und Franca. 1980. – Die Früchte des Wohlstands. 1981. – In meinem Garten schlendernd. 1981. – Die hellen und die finsteren Zeiten. Erinnerungen 1911–1946. 1989. – Welche Welt ist meine Welt? Erinnerungen. 1990. – Die Dämonie der Gemütlichkeit. Glossen zur Zeit und andere Prosa. Hrsg. von Hans A. Neunzig. 1991. – Das Haus des Dichters. Literarische Essays, Interpretationen, Rezensionen. Hrsg. von H. A. Neunzig. 1992.

Spielhagen, Friedrich, 24. 2. 1829 Magdeburg – 25. 2. 1911 Berlin. S., Sohn eines Regierungsbeamten, wuchs in Stralsund auf und studierte 1847–51 in Berlin, Bonn und Greifswald Jura und Philologie. Er war Hauslehrer, Schauspieler, Soldat und Lehrer, bis er sich als Redakteur, Herausgeber (u. a. 1860–62 *Zeitung für Norddeutschland*, 1878–84 *Westermanns illustrierte deutsche Monatshefte*) und Schriftsteller etablieren konnte. S. gehörte zu den meistgelesenen Romanautoren der zweiten Jahrhunderthälfte. Den Erfolg verdankte er seinen Zeitromanen, in denen er aus radikalliberaler Position aktuelle Fragen anpackte (Vormärz, Revolution, soziale Frage, dt.-frz. Krieg, Spekulation der Gründerzeit u. a.), es zugleich aber verstand, durch die Verwendung von Strukturen und Motiven des Liebes- und Intrigenromans für das Unterhaltungsbedürfnis der Leser zu sorgen. Erfolg hatte er auch mit humoristischen Erzählungen und Novellen. Daneben leistete er wichtige Beiträge zu Theorie und Technik des Romans wie des Dramas.

Werke: Problematische Naturen. 1861. – Durch Nacht zum Licht. 1862. – Die von Hohenstein. 1864. – In Reih und Glied. 1867. – Hammer und Amboß. 1869. – Sturmflut. 1877. – Beiträge zur Theorie und Technik des Romans. 1883. – Sämtliche Romane. 29 Bde. 1895–1904. – Zum Zeitvertreib. 1897. – Neue Beiträge zur Theorie und Technik der Epik und Dramatik. 1898.

Spitteler, Carl, 24. 4. 1845 Liestal bei Basel – 29. 12. 1924 Luzern. Der Sohn eines liberalen Politikers studierte von 1863 an Jura in Basel und dann 1865–71 protestantische Theologie in Zürich, Heidelberg und Basel. Anschließend ging er bis 1897 als Hauslehrer nach St. Petersburg. Nach seiner Rückkehr arbeitete er zunächst als Lehrer in Bern und La Neuveville, danach als Journalist in Frauenfeld und Basel (1885–89) und als Feuilletonredakteur der *Neuen Zürcher Zeitung* (1890–92). Seit 1892 lebte er als freier Schriftsteller. 1914 kritisierte er in einer Rede (*Unser Schweizer Standpunkt*) den dt. Imperialismus und trat für die Neutralität der Schweiz ein. 1920 wurde ihm rückwirkend für 1919 der Nobelpreis für Literatur verliehen. Als seine ersten epischen Versuche ohne Resonanz blieben, wandte sich S. zunächst anderen literarischen Gattungen zu (Lustspiel, Roman, Lyrik). Erfolg hatte er mit naturalistischen Skizzen und Romanen wie *Friedli der Kolderi* und *Conrad der Leutnant* sowie dem psychologischen Roman *Imago*. Sein literarischer Ehrgeiz galt jedoch dem Epos, dem Versuch, aus Elementen der antiken und biblischen Mythologie einen neuen Mythos zu schaffen. Sein Hauptwerk, das mehrteilige Versepos *Der Olympische Frühling* (vollständig zuerst 1905, endgültige Fassung 1910), erzählt von der Auffahrt eines neuen Göttergeschlechts aus der Unterwelt in den Olymp, von glücklichen Zeiten auf dem Olymp und einer düsteren Endzeit, der Herakles, als neue Lichtgestalt auf die Erde geschickt,

Hoffnung verleiht. Seine in rhythmischer Prosa verfasste Jugenddichtung *Prometheus und Epimetheus* arbeitete S. 1924 zu dem Versepos *Prometheus der Dulder* um.

Werke: Prometheus und Epimetheus. Ein Gleichnis. 1880–81. – Extramundana. 1883. – Schmetterlinge. 1889. – Friedli der Kolderi. 1891. – Literarische Gleichnisse. 1892. – Balladen. 1896. – Conrad der Leutnant. 1898. – Lachende Wahrheiten. 1898. – Olympischer Frühling. 1905. – Imago. 1906. – Gerold und Hansli. Die Mädchenfeinde. 1907. – Unser Schweizer Standpunkt. 1915. – Prometheus der Dulder. 1924.

Ausgabe: Gesammelte Werke. Hrsg. von Gottfried Bohnenblust [u. a.]. 8 Bde., 2 Kommentar-Bde. Zürich 1945–58.

Stadler, Arnold, * 9. 4. 1954 Meßkirch (Baden). S. studierte 1973–79 katholische Theologie in München und Rom, anschließend Germanistik und Kunstgeschichte in Freiburg i. Br., Bonn und Köln (Dr. phil. Köln 1986). Er lebt als freier Schriftsteller in Freiburg und Rast bei Meßkirch. 1999 erhielt er den Georg-Büchner-Preis. Nach seinem Debut als Lyriker wandte sich S. der Erzählprosa zu. Sie hat zunächst, insbesondere in der Romantrilogie *Ich war einmal*, *Feuerland* und *Mein Hund, meine Sau, mein Leben*, autobiographischen Hintergrund mit regionalen Bezügen auf das Heideggersche Meßkirch und das naheliegende Kreenheinstetten, den Geburtsort Abrahams a Sancta Clara. Charakteristisch für die eher episodisch strukturierten Texte ist die Verbindung von Melancholie und Komik; hinter dem Sprachwitz und der Groteske stehen Geschichten von Verlust, Einsamkeit und Vergänglichkeit. Aus Kreenheinstetten kommt der 42-jährige namenlose Ich-Erzähler des Romans *Ein hinreissender Schrotthändler*, ein in Köln lebender Geschichtslehrer, der rückblickend vom »innerehelichen Verhängnis« schreibt, das durch den plötzlich auftauchenden jungen »Schrotthändler« Adrian ausgelöst wurde. Dem Erzähler bleibt am Ende, nach einem Aufenthalt in einer psychiatrischen Klinik, neben einem Schweizer Konto nur noch die Erinnerung an seine Kindheit in Oberschwaben, die Sehnsucht nach einer verlorenen Heimat. Mit den Romanen *Sehnsucht* und *Eines Tags, vielleicht auch nachts* entfernt sich S. aus der Heimatprovinz. Die dissonante Mischung von Komik und Tragik, die Themen und Motive – Heimatlosigkeit, die vergebliche Suche nach Glück, Liebe und Erlösung – bleiben jedoch die gleichen, auch wenn S. wie im zweiten der Romane seinen scheiternden Helden bis nach Kuba führt und am Lumumba-Strand sterben lässt: »Es gibt nicht viele Themen in der Literatur. Sie sind alle angesiedelt zwischen Leben und Tod und um die Liebe herum« (S.).

Werke: Kein Herz und keine Seele. Man muß es singen können. 1986. – Ich war einmal. 1989. – Feuerland. 1992. – Mein Hund, meine Sau, mein Leben. 1994. – Der Tod und ich, wir zwei. 1996. – Ein hinreissender Schrotthändler. 1999. – »Die Menschen lügen. Alle« und andere Psalmen. Aus dem Hebräischen übertragen. 1999. – Volubilis oder Meine Reisen ans Ende der Welt. 1999. – Erbarmen mit dem Seziermesser. Über Literatur, Menschen und Orte. 2000. – Sehnsucht. Versuch über das erste Mal. 2002. – Eines Tages, vielleicht auch nachts. 2003. – Mein Stifter. 2005.

Stadler, Ernst, 11. 8. 1883 Colmar (Elsass) – 30. 10. 1914 Zandvoorde bei Ypern (Belgien). Der Sohn eines Ministerialrats und Kurators an der Straßburger Universität studierte Germanistik, Romanistik und Vergleichende Sprachwissenschaft in Straßburg und München (Dr. phil. Straßburg 1906). Nach einem zweijährigen Studienaufenthalt in Oxford (Stipendium der Cecil-Rhodes-Stiftung) habilitierte er sich und begann 1908–09 seine Lehrtätigkeit als Privatdozent in Straßburg. Seit 1912 lehrte er in Brüssel; einer Berufung nach Toronto konnte er nicht mehr folgen. Als Leutnant der Reserve wurde er bei Kriegsbeginn eingezogen und fiel bald darauf in Flandern. Noch als Gymnasiast hatte sich S. 1902 dem »Jüngsten Elsass« angeschlossen; dabei ergaben sich freundschaftliche Beziehungen zu R. Schickele und Publikationsmöglichkeiten in den Zeitschriften des Kreises. Daneben wirkte die Dithyrambik Nietzsches und der Symbolismus (S. George, H. v. Hofmannsthal) auf S.s lyrisches Frühwerk. Um 1910, nach Jahren wissenschaftlicher Arbeit, löste sich S. vom Ästhetizismus und forderte eine Kunst, die sich der Gegenwart stellt. Ausdruck fand diese sich dem Expressionismus nähernde Haltung in seinen Gedichten in der Zeitschrift *Die Aktion* (seit 1911) und in dem Band *Der Aufbruch*. Diese Texte machen den dynamischen Charakter der »neuen und heftigeren Intensität des Welterlebens« auch sprachlich sichtbar (gereimte Langzeilen, die sich hymnischer Prosa nähern). Dabei lehnt S. stoffliche Begrenzungen ab und setzt mit der Einbeziehung von Themen wie soziale Not, Großstadt und industrielle Arbeitswelt neue Akzente. Als bedeutendstes Beispiel gilt das Gedicht *Fahrt über die Kölner Rheinbrücke bei Nacht*, bei dem Technik und Großstadtwirklichkeit zum Ausgangspunkt rauschhafter Gefühlsaufschwünge werden. Daneben übersetzte S. u. a. Erzählungen von Honoré de Balzac und Gedichte von Francis Jammes.

Werke: Praeludien. 1905. – Die Gebete der Demut. 1913. Verm. 1917. [Übers. nach Francis Jammes.] – Das Balzac-Buch. Erzählungen und Novellen. 1913. – Der Aufbruch. 1914.

Ausgabe: Dichtungen, Schriften, Briefe. Hrsg. von Klaus Hurlebusch und Karl Ludwig Schneider. München 1983.

Stefan, Verena, * 3. 10. 1947 Bern. S. zog 1968 nach Berlin, machte hier eine Ausbildung zur Krankengymnastin, studierte an der Freien Universität Soziologie und arbeitete in der Frauengruppe »Brot & Rosen« mit. Sie lebt heute auf der Schwäbischen Alb. Ihr erstes Buch, *Häutungen*, gehört zu den wichtigsten Büchern der neuen Frauenbewegung. Es beschreibt den schwierigen Weg einer Selbstfindung und analysiert die – bereits im »Sexismus« der Sprache angelegten – Unterdrückungsmechanismen und wendet sich vehement gegen die »Kolonisation« der Frau. Die lyrische Prosa des Bandes *Wortgetreu ich* *träumte* beschreibt eine von sanfter, spielerischer Emotionalität bestimmte weibliche Gegenwelt.

Werke: Häutungen. Autobiographische Aufzeichnungen. Gedichte, Träume, Analysen. 1975. – Mit Füßen mit Flügeln. Gedichte und Zeichnungen. 1980. – Wortgetreu ich träume. 1987. – Es ist reich gewesen. Bericht vom Sterben meiner Mutter. 1993. – Rauh, wild & frei. Mädchengestalten in der Literatur. 1997.

Stehr, Hermann, 16. 2. 1864 Habelschwerdt (Schlesien) – 11. 9. 1940 Oberschreiberhau (Schlesien). Der aus einer Sattlerfamilie stammende S. arbeitete nach dem Besuch einer Lehrerbildungsanstalt als Volksschullehrer in verschiedenen Orten der Grafschaft Glatz. Seit 1915 lebte er als freier Schriftsteller zunächst in Warmbrunn, ab 1926 in Schreiberhau. Die tiefe Verwurzelung in seiner schlesischen Heimat manifestiert sich auch in seinem Werk, in dem die Nationalsozialisten ihre eigene Literaturauffassung musterhaft verwirklicht sahen. In ihm verbinden sich einheimische Traditionen (Märchen, Sage, die Mystik J. Böhmes), ein ausgeprägter Irrationalismus und Momente der Heimatkunstbewegung mit ihrer antizivilisatorischen, gegen die Stadt gerichteten Programmatik. Mit Einfühlungsvermögen schildert S. einfache Menschen, die ihrem »inneren Gesetz« gehorchen und mystisch-grüblerische Züge tragen. Nach anfänglicher Sozialkritik im Gefolge des Naturalismus nahmen S.s Bauernromane und Familiensagas immer stärker einen volkhaft-biologistischen Charakter an und näherten sich damit der völkischen Literatur.

Werke: Auf Leben und Tod. 1898. – Leonore Griebel. 1900. – Der begrabene Gott. 1905. – Drei Nächte. 1909. – Geschichten aus dem Mandelhause. 1913. – Das Abendrot. 1916. – Der Heiligenhof. 1918. – Peter Brindeisener. 1924. – Der Geigenmacher. 1926. – Nathanael Maechler. 1929. – Meister Cajetan. 1931. – Die Nachkommen. 1933. – Mein Leben. 1934. – Das Stundenglas. Reden, Schriften, Tagebücher. 1936. – Der Himmelsschlüssel. 1939. – Damian. 1944.

Steinhöwel, Heinrich (Stainhöwel), 1412 Weil der Stadt – 1478 Ulm. S. studierte in Wien (Magister 1436) und in Padua (1438–43; Dr. med.) und lebte nach seiner Rückkehr aus Italien und einem Aufenthalt an der Heidelberger Universität (1444) als Arzt in Esslingen und seit 1450 als Stadtarzt in Ulm. Später war er auch Leibarzt des Grafen Eberhard v. Württemberg. S. gehört zu den bedeutendsten dt. Frühhumanisten. Mit seinen Übersetzungen u. a. von Werken Boccaccios trug er wesentlich zur Entwicklung einer frühnhd. Kunstprosa bei. Seine zweisprachige Kompilation von Fabeltexten (*Esopus*) war eines der erfolgreichsten Werke des frühen Buchdrucks.

Werke: Apollonius von Tyrus. 1471. – Diss ist ain epistel francisci petrarche / von grosser stätikeit ainer frowen Grisel gehaissen. 1471. – Buochlin der ordnung / wie sich der mensch halten sol / zu den zyten dieser grúsenlichen kranckheit. 1473. – Hie nach folget der kurcz sin von etlichen frowen, von denen Johannes Bocatius in latin beschriben hat. [De claribus mulieribus.] o. J. [1474.] – Esopus. 1476–77.

Steinmar, 2. Hälfte 13. Jh. Der oberdt. Minnesänger lässt sich historisch nicht sicher identifizieren; eine der Möglichkeiten ist der 1251–94 urkundlich erwähnte Berthold Steinmar von Klingnau im Aargau. Überliefert sind 14 Lieder (51 Strophen), darunter konventionelle Minnelieder, drastische Lieder der ›niederen Minne‹ und eine handfeste Tageliedparodie. Mit seinem *Herbstlied* begründete er im Deutschen die u. a. auf Hadlaub weiterwirkende Tradition der Zech- und Schlemmerlieder.

Ausgabe: Die Schweizer Minnesänger. Hrsg. von Max Schiendorfer. Bd. 1. Tübingen 1990. S. 280–297.

Sternheim, Carl, 1. 4. 1878 Leipzig – 3. 11. 1942 Brüssel. S.s Mutter stammte aus einer protestantischen Buchdrucker-, sein Vater aus einer jüdischen Bankiersfamilie. Nach dem Abitur 1897 ließ er sich protestantisch taufen und studierte ohne Abschluss an zahlreichen Universitäten (München, Göttingen, Jena usw.) u. a. Philosophie und Literatur- und Kunstgeschichte; 1900 ließ er sich in Weimar als Schriftsteller nieder, 1903 zog er nach München. Seit 1907 in zweiter Ehe mit Thea Löwenstein verheiratet, konnte er dank ihres Vermögens ein großbürgerliches Leben führen und eine Kunstsammlung aufbauen. Seit 1912 lebte er, abgesehen von längeren Unterbrechungen während des Krieges und in den 20er-Jahren, in Brüssel. 1933 wurden seine Stücke von den Nationalsozialisten verboten. S. fasste, nach frühen Arbeiten, einen Teil seines dramatischen und seines epischen Werkes zu zwei Zyklen zusammen. Sechs seiner Komödien (*Die Hose*, *Die Kassette*, *Bürger Schippel*, *Der Snob*, *1913*, *Das Fossil*) stehen unter dem ironischen Motto »Aus dem bürgerlichen Heldenleben«. Sie demaskieren die verlogene bürgerliche Moral der Wilhelminischen Ära und zeigen die zerstörerischen Folgen für Familie und Charakter. Dabei wird zunehmend deutlich, dass S. die Konflikte auf das falsche Bewusstsein der Menschen zurückführt. Sichtbar gemacht wird dies durch das komödiantische Spiel mit der Sprache, verbunden mit einer sich im Lauf der Werkgeschichte verstärkenden Tendenz zur sprachlichen Verknappung und Reduktion (einschließlich der Ablehnung der Metapher), die den Blick auf den sich selbst entlarvenden bürgerlichen Phrasenschatz öffnet. Andere Stücke wie *Tabula rasa* oder *Der Nebbich* führen diese Methode der sprachkritischen Dramatik weiter. Das gilt auch für seine Erzählungen, die S. zum größten Teil unter dem Obertitel »Chronik von des zwanzigsten Jahrhunderts Beginn« zusammenstellte. Unter seinen Dramen finden sich auch Bearbeitungen von Stücken anderer Autoren (F. M. Klinger, Denis Diderot, Molière u. a.).

Werke: Der Heiland. 1898. – Auf Krugdorf. 1902. – Ulrich und Brigitte. 1907. – Die Hose. Ein bürgerliches Lustspiel. 1911 [recte 1910]. – Die Kassette. 1912. – Bürger Schippel. 1913. – Der Snob. 1914. – 1913. 1915. – Tabula rasa. 1916. – Der Stänker. 1917. –

Chronik von des zwanzigsten Jahrhunderts Beginn. 1918. – Europa. 1919–20. – Berlin oder Juste milieu. 1920. – Tasso oder Kunst des Juste milieu. 1921. – Der Nebbich. 1922. – Das Fossil. 1925. – Oscar Wilde. 1926. – John Pierpont Morgan. 1930. – Vorkriegseuropa im Gleichnis meines Lebens. 1936.

Ausgaben: Gesamtwerk. Hrsg. von Wilhelm Emrich [ab Bd. 8: unter Mitarb. von Manfred Linke]. 10 Bde. Neuwied/Berlin 1963–76. – Gesammelte Werke. Hrsg. von Fritz Hofmann. 6 Bde. Berlin/Weimar 1963–68. – Briefe. Hrsg. von Wolfgang Wendler. 2 Bde. Darmstadt 1988.

Stieler, Kaspar (seit 1705: von), 25. 3. 1632 Erfurt – 24. 6. 1707 ebd. Der Sohn eines wohlhabenden Apothekers studierte 1648–50 Medizin an den Universitäten Leipzig, Erfurt und Gießen, bis er wegen eines Duells von der Universität verwiesen wurde. Er setzte seine Studien (Medizin, Theologie, Rhetorik und später v. a. Jura) in Königsberg fort (1653–55) und nahm dann als eine Art Militärrichter und Offizier am brandenburgisch-schwedischen Krieg um Ostpreußen teil (1655–57). Nach einer ausgedehnten Bildungsreise (1658–61: Niederlande, Frankreich, Italien, Schweiz) und weiteren Jurastudien in Jena war er seit 1662 an den Höfen in Schwarzburg-Rudolstadt, Eisenach und Weimar und für kurze Zeit als Sekretär der Universität Jena tätig, bis er 1689 den Hofdienst aufgab und sich als Privatgelehrter in Erfurt niederließ. Seit 1668 war er als »Der Spate« Mitglied der »Fruchtbringenden Gesellschaft«. Die »im Kriege« gedichteten Liebeslieder zeigen S.s virtuose Kunst der Variation, Kombination und Verarbeitung vorgegebener Themen und Motive der Liebesdichtung seit der röm. Antike. In Rudolstadt und Weimar trug er 1665–67 bzw. 1680 mit einer Reihe von Schauspielen zur höfischen Festkultur bei. Seit den 70er-Jahren veröffentlichte er v. a. praktische Anweisungen und Handbücher: Rhetoriken und Briefsteller, juristische Kompendien, eine Darstellung des Zeitungswesens und das erste große dt. Wörterbuch. Ungedruckt zu Lebzeiten blieb die *Dichtkunst* (1685), eine umfängliche Poetik in Versen.

Werke: Die Geharnschte Venus oder Liebes-Lieder im Kriege gedichtet. 1660. – Trauer / Lust und Misch-Spiele. 1665. – Der Vermeinte Printz. 1665. – Ernelinde. 1665. – Die Wittekinden. 1666. – Die erfreüete Unschuld. 1666. – Basilene. 1667. – Der betrogene Betrug. 1667. – Teutsche Sekretariat-Kunst. 1673. – Der Teutsche Advocat. 1678. – Der Bußfertige Sünder Oder Geistliches Handbüchlein. 1679. – Der Allzeitfertige Secretarius. 1679. – Bellemperie. Trauerspiel. 1680. – Willmut / Lustspiel. 1680. – Jesus-Schall und Wiederhall. 1684. – Der Teutschen Sprache Stammbaum und Fortwachs / oder Teutscher Sprachschatz. 1691. – Zeitungs-Lust und Nutz. 1695.

Stifter, Adalbert, 23. 10. 1805 Oberplan (Böhmerwald) – 28. 1. 1868 Linz. Nach dem Besuch des Gymnasiums des Benediktinerstifts Kremsmünster 1818–26 studierte S., Sohn eines Leinenwebers und Flachshändlers, von 1826 an Jura in Wien. Neben dem Jurastudium, das er nicht abschloss, malte und zeichnete er und beschäftigte sich mit Mathematik, den Naturwissenschaften und der Literatur. Er verdiente seinen Unterhalt durch Privatunterricht, die Suche nach einer Anstellung blieb vergeblich. 1837 heiratete er die Putzmacherin Amalie Mohaupt; 1847 nahm das kinderlose Paar eine sechsjährige Nichte auf. Nach dem ersten Erfolg seiner Erzählungen (1840) und durch die Verbindung mit dem Prager Verleger Gustav Heckenast verbesserte sich seine finanzielle Lage. Nach mehr als 20 Jahren in Wien zog S. 1848 nach Linz; hier empfahl er sich – zunächst Anhänger der Revolution – durch regierungstreue Artikel. 1850 wurde er Schulrat, 1853 auch Landeskonservator für Oberösterreich. Die Tätigkeit in der Schulverwaltung erwies sich als schwierig und ließ wenig Spielraum für sein Ziel, »für Schule und Menschheit Nutzen zu stiften«. Seit dem Ende der 50er Jahre verschlechterte sich S.s Gesundheitszustand (Nervenleiden, Leberzirrhose); 1859 beging die Pflegetochter Suizid in der Donau. Seit 1863 war er schwer krank; Kuren brachten keine andauernde Besserung. 1865 ging er als Hofrat in Pension. Er starb nach zwei Tagen an der Verletzung, die er sich auf dem Krankenbett mit einem Rasiermesser an der Kehle zugefügt hatte. S. war als Dichter bis auf epigonale frühe Lyrik ausschließlich Erzähler. Erfolg hatte er v. a. mit seinen ersten Erzählungen, gesammelt in dem Band *Studien*; seine großen Romane entstanden gegen zunehmende kritische Ablehnung seines Schaffens. Der Titel *Studien* verweist auf S.s Beziehung zur Malerei und deutet damit zugleich auf ihren Vorstufen- und Versuchscharakter hin. Es sind Erzählungen, in denen er sich mit verschiedenen Vorbildern und Gattungsmustern auseinandersetzt (Jean Paul, Goethe, E. T. A. Hoffmann, F. Grillparzer u. a.) und die Brüche menschlicher Welterfahrung im Zeitalter der wissenschaftlichen Welterfassung sichtbar macht. Dabei geht es, wie das weitere Werk verdeutlicht, um ein neues Natur- und Menschenbild, das er in der Vorrede zu den *Bunten Steinen*, seiner zweiten Sammlung, als Antwort auf die Angriffe gegen seinen Detailrealismus andeutet. Die höhere Gesetzmäßigkeit in Natur und Menschenleben offenbare sich nicht im Spektakulären, Gewaltsamen, sondern im Kleinen, Unscheinbaren, das die wahre Größe repräsentiere (»Wir wollen das sanfte Gesetz zu erblicken suchen, wodurch das menschliche Geschlecht geleitet wird«). Auch die beiden großen Romane sind Gegenentwürfe zur eigenen Zeit. Die auf J. G. Herder, Wilhelm v. Humboldt und v. a. Goethe zurückverweisende Bildungsgeschichte *Der Nachsommer* ist eine rückwärtsgewandte Utopie, die in streng objektiver Erzählweise eine artifizielle heile Welt, ein schönes Leben schildert, in der auch das Nützliche ästhetisiert wird und das Bildungsprogramm gegen die modernen Tendenzen zur Spezialisierung und Arbeitsteilung auf Totalität zielt. Auch der historische Roman *Witiko* erscheint mit seiner stilistisch an das Epos anschließenden Darstellung eines hierarchisch gegliederten Feudalstaats im Rahmen einer übernationalen Völkergemeinschaft als eine Reaktion auf den Verfall der alten Ordnungen. Ein dritter Roman, *Die*

Mappe meines Urgroßvaters, der auf einer frühen Erzählung basiert, liegt in mehreren Fassungen fragmentarisch vor.

Werke: Studien. 1844–50. – Bunte Steine. 1853. – Der Nachsommer. Eine Erzählung. 1857. – Witiko. 1865–67. – Erzählungen. Hrsg. von Johannes Aprent. 1869.

Ausgaben: Werke und Briefe. Hist.-krit. Gesamtausg. Hrsg. von Alfred Doppler und Wolfgang Frühwald. Stuttgart [u. a.] 1978 ff.

Stockfleth, Heinrich Arnold, 16. 4. 1643 Hannover – 8. 8. 1708 Münchberg (Oberfranken). Der aus einer Juristenfamilie stammende S. studierte von 1664 an lutherische Theologie in Altdorf (Magister 1666), wurde 1667 zum Dichter gekrönt und ein Jahr später in den »Pegnesischen Blumenorden« aufgenommen (»Dorus«). 1668 begann seine theologische Laufbahn: Pfarrer in Equarhofen 1668, Pfarrer und Superintendent in Baiersdorf 1669 (Promotion zum Lizentiaten der Theologie 1678 in Tübingen, danach zusätzlich Dekan in Neustadt, Aisch), Superintendent in Münchberg 1683, brandenburg-bayreuthischer Generalsuperintendent 1696. Daneben war er Oberhofprediger und Direktor des Bayreuther Gymnasiums. Der theologischen Karriere entspricht sein Werk: Predigten mit einer Vorliebe für allegorische Bildlichkeit, Andachts- und Erbauungsbücher im Geist einer verinnerlichten Frömmigkeit, Kirchenlieder und Gesangbuchausgaben. Bei den Liedern und Liedbearbeitungen zeigen sich auch seine poetischen Interessen: Es galt, die alten Texte (»Gute Andacht / böse Reimen«) den formalen Anforderungen und dem Bildgebrauch der barocken Kunstpoesie anzupassen. Ergebnis der Zusammenarbeit mit seiner (ersten) Frau Maria Katharina S. ist der Roman *Die Kunst- und Tugend-gezierte Macarie* (s. u. M. K. Stockfleth).

Werke: Sonntägliche Andachts-Stunden. 1677. – Neu-quellender Brunn Israëls. 1690. – Neu-verbessertes Marggräflich-Brandenburgisches Gesang-Buch. 1690. – Tägliche Haußkirche. 1698.

Stockfleth, Maria Katharina, getauft 23. 12. 1634 Nürnberg – 19. 8. 1692 Münchberg (Oberfranken). Die Tochter des Nürnberger Geistlichen Johann Leonhard Frisch und der Kaufmannstochter Katharina Lang war in erster Ehe mit dem Pfarrer Johann Konrad Hedenus verheiratet, der 1665 starb und ihr fünf Kinder hinterließ. 1668 wurde sie – im selben Jahr wie ihr späterer Mann – in den »Pegnesischen Blumenorden« aufgenommen (»Dorilis«). Im April 1669 heiratete sie Heinrich Arnold Stockfleth, und als Dorus und Dorilis beteiligten sie sich am gesellschaftlich-literarischen Treiben der Dichtervereinigung und schlossen sich mit ihrem zweibändigen Roman *Die Kunst- und Tugend-gezierte Macarie* an die hier geübte Form der moralisch-allegorischen Schäferdichtung an. Der erste Band (»Der verkehrte Schäfer«) wird auf dem Titelblatt Dorus zugeschrieben, der zweite (»Der Bekehrte Schäfer«) Dorilis. In Wirklichkeit hat sie auch entscheidenden Anteil am ersten Band des einzigen großen dt. Schäferromans. Er stellt Hof- und Adelsgesellschaft und die Vorstellung einer auf Tugend und Bildung gegründeten Lebensform kritisch einander gegenüber und überträgt so die der Schäferpoesie innewohnende Spannung zwischen geschichtlich-politischer Wirklichkeit und dem Gegenbild eines idealen Arkadien aktualisierend auf die spezifische Situation im barocken Fürstenstaat.

Werke: Die Kunst- und Tugend-gezierte Macarie. [Tl. 1.] 1669. [Mit H. A. Stockfleth.] – Die Kunst- und Tugend-gezierte Macarie / [...] Der Zweyte Theil. 1673.

Ausgabe: Die Kunst- und Tugend-gezierte Macarie. 1669–73. Hrsg. und eingeleitet von Volker Meid. 2 Bde. Bern [u. a.] 1978.

Stolberg Stolberg, Christian Graf zu, 15. 10. 1748 Hamburg – 18. 1. 1821 Windeby bei Eckernförde. Der aus einem pietistisch geprägten Elternhaus stammende S. ging nach standesgemäßer Privaterziehung 1770 mit seinem jüngeren Bruder Friedrich Leopold zum Jurastudium nach Halle. Zwei Jahre später wechselten die Brüder nach

Göttingen, wo sie im Dezember 1772 Mitglieder des Hainbundes wurden. 1773 überreichten sie F. G. Klopstock in Hamburg die Huldigung des Bundes in Gestalt eines handschriftlichen Sammelbandes mit dichterischen Proben (*Für Klopstock*). Nach Beendigung der Studien reisten sie 1775 von Frankfurt a. M. aus mit Goethe im Wertherkostüm in die Schweiz. Nach ihrer Rückkehr trennten sich die Wege der Brüder. S. heiratete und ließ sich in Tremsbüttel als Amtmann nieder. 1800 kaufte er das Gut Windeby bei Eckernförde. Sein nicht sehr umfangreiches Werk ist weitgehend den Vorstellungen des Göttinger Hainbundes verpflichtet. Die (wenigen) Gedichte und Balladen orientieren sich an G. A. Bürger und J. H. Voß. Seine Schauspiele behandeln Fragen der gerechten Staaatsordnung und zeigen eine kritische Stellung gegenüber dem höfischen Absolutismus. Von den Übersetzungen aus dem Griechischen ragt die der Chöre des Sophokles in Odenform hervor.

Werke: Gedichte aus dem Griechischen übersetzt. 1782. – Sofokles übersetzt. 1787. – Schauspiele mit Chören. 1787. [Mit F. L. zu Stolberg.] – Die weiße Frau. 1814.

Ausgabe: Gesammelte Werke der Brüder Christian und Friedrich Leopold Grafen zu Stolberg. 20 Bde. Hamburg 1820–25. Reprogr. Nachdr. Hildesheim / New York 1974.

Stolberg Stolberg, Friedrich Leopold Graf zu, 7. 11. 1750 Bramstedt (Holstein) – 5. 12. 1819 Sondermühlen bei Osnabrück. Der aus einem pietistisch geprägten Elternhaus stammende S. ging nach standesgemäßer Privaterziehung 1770 mit seinem älteren Bruder Christian zum Jurastudium nach Halle. Zwei Jahre später wechselten die Brüder nach Göttingen, wo sie im Dezember 1772 Mitglieder des Hainbundes wurden. 1773 überreichten sie F. G. Klopstock in Hamburg die Huldigung des Bundes in Gestalt eines handschriftlichen Sammelbandes mit dichterischen Proben (*Für Klopstock*). Nach Beendigung der Studien reisten sie 1775 von Frankfurt a. M. aus mit Goethe im Wertherkostüm in die Schweiz. Nach ihrer Rückkehr trennten sich die Wege der Brüder. S. wurde Gesandter des Fürstbischofs von Lübeck und Herzogs von Oldenburg am dän. Hof. Er blieb im Staatsdienst, zuletzt als fürstbischöflicher Kammerpräsident in Eutin, bis er 1800 nach seiner aufsehenerregenden Konversion zum Katholizismus im Münsteraner Kreis um die Fürstin Gallitzin ausschied und in Münster und auf westfälischen Landschlössern seinen religionsgeschichtlichen Interessen nachging; seine (zweite) Ehe mit Sophie von Redern 1790 hatte ihn finanziell unabhängig gemacht. S.s frühe Odendichtung um die Themenkreise Natur, Freiheit, Vaterland stand unter dem Einfluss Klopstocks; danach näherte er sich mit seiner pantheistischen Naturlyrik und seiner Auffassung von der Dichtung als unmittelbarem Ausdruck der Begeisterung Vorstellungen des Sturm und Drang. Im Übrigen galt, sieht man von dem idyllisch-utopischen Roman *Die Insel* und dem Versuch eines Bildungsromans (*Numa*) ab, sein dichterisches Hauptinteresse der Auseinandersetzung mit der Antike: Neben Versuchen, das antike Theater zu aktualisieren, stehen bedeutende Übersetzungen wie die erste dt. *Ilias* in Hexametern. Die christliche Prägung seines Denkens, das die Romantiker beeinflusste, zeigt sich in den späten religiösen und religionsgeschichtlichen Schriften.

Werke: Homers Ilias verdeutscht. 1778. – Jamben. 1784. – Timoleon; ein Trauerspiel mit Chören. 1784. – Theseus. 1787. – Die Insel. 1788. – Reise in Deutschland, der Schweiz, Italien und Sicilien in den Jahren 1791 und 1792. 1794. – Die Westhunnen. 1794. – Kassandra. 1796. – Auserlesene Gespräche des Platon übersetzt. 1796–97. – Vier Tragödien des Aeschylos übersetzt. 1802. – Die Gedichte von Ossian, dem Sohne Fingals. 1806. – Geschichte der Religion Jesu Christi. 1806–18. – Kurze Abfertigung der langen Schmähschrift des Herrn Hofraths Voß. 1820.

Ausgabe: Gesammelte Werke der Brüder Christian und Friedrich Leopold Grafen zu Stolberg. 20 Bde. Hamburg 1820–25. Reprogr. Nachdr. Hildesheim / New York 1974.

Storm, Theodor, 14. 9. 1817 Husum – 4. 7. 1888 Hademarschen (Holstein). Der Sohn eines Justizrats und einer aus dem Patriziat stammenden Mutter ließ sich nach dem Jurastudium 1837–43 in Kiel und Berlin 1843 als Anwalt in Husum nieder und heiratete 1846 seine Kusine Constanze Esmarch. In den dän.-dt. Auseinandersetzungen 1848–52 engagierte er sich publizistisch und dichterisch und verlor 1852 wegen seiner antidän. Betätigung seine Zulassung als Anwalt. 1853 trat er als Assessor in den preußischen Staatsdienst ein und zog nach Potsdam; von hier aus hatte er Kontakt zu dem literarischen Verein »Tunnel über der Spree« in Berlin (Th. Fontane, P. Heyse, mit dem sich eine Freundschaft entwickelte, u. a.). 1856 wurde er Kreisrichter in Heiligenstadt. Nach der dän. Niederlage 1864 kehrte S. als Landvogt nach Husum zurück. 1867–80 war er Amtsrichter im preußischen Schleswig; ein Jahr nach der Pensionierung zog er nach Hademarschen. S. selbst stellte die Lyrik immer an die erste Stelle seines Schaffens und behauptete, auch seine Novellistik sei aus seiner Lyrik erwachsen. Sein lyrisches Werk ist durch die Beschränkung auf das Private und Individuelle gekennzeichnet, mit der Absicht, darin »das möglichst Allgemeine« auszusagen: »Gelegenheitsgedicht im höhern Sinne.« Das Lyrische versteht er als »Naturlaut der Seele«, wobei sich aus der lyrischen Empfindung die Form von selbst ergebe. Schwerpunkte bilden Naturgedichte, bei denen Stimmungen der Einsamkeit und der Trauer dominieren, und Liebesgedichte, in denen sich die Evokation von Liebe und tabuloser Leidenschaft kontrapunktisch mit Gedanken an Vergänglichkeit, Abschied und Tod verbindet. Als Stimmungsbilder und aus der Gelegenheit hervorgehende Schöpfungen erscheinen auch viele seiner (insgesamt mehr als 50) Novellen, die in der Regel zuerst in Zeitschriften erschienen. Sie sind meist nicht von der Formstrenge bestimmt, die S.s eigene Charakterisierung der Novelle als Schwester des Dramas nahelegt. Es herrschen vielmehr atmosphärische, landschaftliche, von Erinnerungen stimmungshaft geprägte Elemente vor, die wiederum auf die Erfahrung der Vergänglichkeit verweisen. Von der Stimmungskunst früher Novellen wie *Immensee* entwickelt sich S.s Novellistik in zwei Richtungen: einerseits zur Einbeziehung sozialer Fragen, psychologischer Konflikte und aktueller Themen (Vererbung, Kriminalität u. a.), andererseits zur historischen Novelle, die durch die Art der erzählerisch komplexen Annäherung die ›Wahrheit‹ des vergangenen Geschehens in Frage stellt und zugleich Vergangenheit und Gegenwart verbindet (*Aquis submersus*, *Der Schimmelreiter* u. a.).

Werke: Gedichte. 1852. Verm. Aufl. 1856, 1858, 1864. – Immensee. 1852. – Drei Novellen. 1861. – Auf der Universität. 1863. – Drei Märchen. 1866. – Novellen. 1868. – Sämmtliche Schriften. 19 Bde. 1868–89. – Novellen und Gedenkblätter. 1874. – Aquis submersus. 1877. – Carsten Curator. 1878. – Eekenhof. 1880. – Der Herr Etatsrath. 1881. – Hans und Heinz Kirch. 1883. – Zur Chronik von Grieshuus. 1884. – Vor Zeiten. 1886. – Ein Doppelgänger. 1887. – Der Schimmelreiter. 1888.

Ausgaben: Sämtliche Werke. Hrsg. von Albert Köster. 8 Bde. Leipzig 1919–20. – Sämtliche Werke. Hrsg. von Karl Ernst Laage und Dieter Lohmeier. 4 Bde. Frankfurt a. M. 1987–88.

Strachwitz, Moritz Graf von, 13. 3. 1822 Schloss Peterwitz bei Frankenstein (Schlesien) – 11. 12. 1847 Wien. Der aus einem katholischen schlesischen Adelsgeschlecht stammende S. studierte von 1841 an Rechtswissenschaften in Breslau und Berlin; 1844 legte er in Breslau das Assessorexamen ab, arbeitete ein Jahr als Referendar, bis er sich auf das Familiengut zurückzog. Ohnehin von schwacher Gesundheit, erkrankte er auf einer Italienreise schwer; er starb auf der Rückfahrt. Während seiner Studentenzeit in Berlin schloss sich S. dem literarischen Verein »Tunnel über der Spree« an, dessen »Mittelpunkt« (Th. Fontane) er bald wurde. Seine Gedichte wenden sich gegen Philisterhaftigkeit und kapitalistischen Krämergeist der Moderne und setzen auf männliche Tat, Abenteuer, Kampf.

Ausdruck findet diese rückwärtsgewandte Sehnsucht nach aristokratischer Männlichkeit v. a. in seinen Balladen, die nordisches und mittelalterliches Heldentum beschwören und dabei vielfach die Chevy-Chase-Strophe benutzen. S. übte wesentlichen Einfluss auf die Entwicklung der Ballade sowie die Vorstellung von Ballade überhaupt aus.

Werke: Lieder eines Erwachenden. 1842. – Neue Gedichte. 1848 [recte 1847].
Ausgabe: Sämtliche Lieder und Balladen. Hrsg. von Hanns Martin Elster. Berlin 1912.

Stramm, August, 29. 7. 1874 Münster – 1. 9. 1915 bei Brest-Litowsk (Russland). Der Sohn eines Postbeamten trat nach dem Abitur 1893 selbst in den Postdienst ein und stieg im Verwaltungsdienst auf. 1905 wurde er nach Berlin versetzt; als Gasthörer studierte er Nationalökonomie, Geschichte und Philosophie und promovierte 1909 in Halle mit einer Arbeit über das Weltporto zum Dr. phil. Als Hauptmann der Reserve wurde er bei Kriegsbeginn eingezogen und fiel als Bataillonskommandeur an der Ostfront. S. begann nach der Jahrhundertwende mit dramatischen Dichtungen naturalistischer und lyrisch-symbolistischer Art. Die entscheidende Wende in seinem Schaffen bedeutete die Begegnung mit H. Walden, dem Herausgeber der expressionistischen Zeitschrift *Der Sturm*. S. wurde zum Exponenten der im Sturm-Kreis vertretenen Wortkunst-Theorie, die auf das »Unmittelbare« hinter den Konventionen der Sprache zielte und es im einzelnen Wort zu finden glaubte. Verbunden mit einer »Hinneigung zum Futurismus« (S.) äußern sich diese Vorstellungen bei S. im Zerbrechen syntaktischer und hierarchischer Strukturen, in häufigen Ein-Wort-Zeilen, in semantisch nicht eindeutigen Verbalsubstantiven, in Neologismen, Wortverkürzungen und äußerster Konzentration und Reduktion. Zugleich ergeben sich durch Variation,

Wiederholung und Reihung neue konstruktive Ordnungen. S. verwirklichte diese Vorstellungen in einer Reihe von 1914–16 als »Sturm-Bücher« veröffentlichten Einaktern und dem Gedichtzyklus *Du*, in dem die Polarität von Ich und Du in einer mystizistischen All-Einheit aufgehoben wird. Postum erschien eine Sammlung von noch stärker verdichteten Kriegsgedichten (*Tropfblut*), scharf konturierte Momentaufnahmen und Evokationen des Schrecklichen und Sinnlosen, modifiziert durch Andeutungen eines zyklischen kosmischen Prozesses von Werden und Vergehen.

Werke: Rudimentär. 1914. – Die Haidebraut. 1914. – Sancta Susanna. 1914. – Du. Liebesgedichte. 1915. – Erwachen. 1915. – Kräfte. 1915. – Die Unfruchtbaren. 1916. – Geschehen. 1916. – Dichtungen. 1919. – Tropfblut. 1919.

Ausgaben: Das Werk. Hrsg. von René Radrizzani. Wiesbaden 1963. – Die Dichtungen. Sämtliche Gedichte, Dramen, Prosa. Hrsg. von Jeremy Adler. München/Zürich 1990.

Stranitzky, Joseph Anton, 1676 Graz oder Prag – 19. 5. 1726 Wien. Der früh verwaiste S. absolvierte eine Zahnarztausbildung und verdiente seinen Lebensunterhalt als Marionettenspielunternehmer in Nürnberg und Augsburg. 1706 kam er mit seiner Frau nach Wien, schloss sich als Schauspieler einem Theaterunternehmen an, übte aber auch nach dem Examen 1707 zeit seines Lebens den Beruf eines Zahnarztes aus. 1711 wurde er Leiter des Theaters am Kärntnertor. S. gilt als Begründer der Alt-Wiener Volkskomödie. Seine handschriftlich erhaltenen Haupt- und Staatsaktionen sind Bearbeitungen ital. Opernlibretti und verknüpfen auf effektvolle Weise Elemente der barocken Staatsaktion, der dt. Burleske und der ital. Commedia dell'arte. Mit der Einführung des Hanswursts als anarchisch-komischer Figur übte S. einen nachhaltigen Einfluss auf das Wiener Volkstheater bis ins 19. Jh. hinein aus. Neben der derb-drastischen Sexualkomik, die wie die Hanswurstfigur selbst Widerstände hervorrief, bildete das Spiel mit der Sprache ein zentrales komisches Element.

Ausgabe: Wiener Haupt- und Staatsaktionen. Hrsg. von Rudolf Payer v. Thurn. 2 Bde. Wien 1808–10.

Strauß, Botho, * 2. 12. 1944 Naumburg (Saale). Der Sohn eines Chemikers studierte fünf Semester Germanistik, Theaterwissenschaft und Soziologie in München und Köln und arbeitete anschließend 1967–70 als Redakteur bei der Zeitschrift *Theater heute*, danach 1971–75 als Dramaturg an der Schaubühne am Halleschen Ufer in Berlin. Seitdem lebt er als freier Schriftsteller in Berlin. 1989 erhielt er den Georg-Büchner-Preis. Zentrale Thematik zahlreicher Stücke von S. ist, seit seinem Debüt mit *Die Hypochonder* (UA 1972), die der Entfremdung, der Beziehungslosigkeit, der Kommunikationsunfähigkeit in der bürgerlichen Gesellschaft: dargestellt etwa an einer Ansammlung von Menschen anlässlich der Eröffnung einer Kunstausstellung (*Trilogie des Wiedersehens*) oder am Stationendrama einer verlassenen Frau in einer Folge alptraumhafter Bilder menschlicher Isolation und Entfremdung in der eisigen Welt der Bundesrepublik Deutschland (*Groß und klein*). Auch die späteren von S. so genannten »Moral Interludes« (*Die Ähnlichen*, UA 1998; *Der Kuß des Vergessens*, UA 1998) führen mit ihren Szenenfolgen wortreicher Beziehungslosigkeit und Fremdheit diese Themen weiter. Häufig bezieht S. seine dramatischen Beschreibungen und Diagnosen der modernen und postmodernen Gegenwart auf literarisch-mythologische Grundmuster, um den Verlust bzw. das Verlorene zu akzentuieren oder ins Bewusstsein zu heben. In *Kalldewey* (UA 1982) reichen die vielfältigen Anspielungen von Orpheus und Eurydike bis zur *Zauberflöte*, in der *Fremdenführerin* (UA 1986) erscheint Ovids Erzählung von Pan und der Nymphe Syrinx als mythologischer Hintergrund, und in dem Schauspiel *Der Park* (UA 1984) werden die Shakespeareschen *Sommernachtstraum*-Geister in die schnöde Gegenwart versetzt, um der mythen- und geschichtslosen modernen Welt einen Begriff von einer neuen Transzendenz zu vermitteln und die Möglichkeit der Wiedergewinnung des Mythos anzudeuten. In diesem Zusammenhang steht auch seine Homer-Dramatisierung, die mit der Wiederherstellung der Ordnung nach der Heimkehr des Odysseus auch an den von S. als negativ empfundenen gegenwärtigen Gesellschafts- und Bewusstseinszustand denkt. Eine Auseinandersetzung mit der Wiedervereinigung und der nationalen Identität stellt das Stück *Schlußchor* (UA 1991) dar. S.' dramatische Produktion wird von einer Reihe von Erzählwerken und einer streitbaren kulturkritischen Essayistik begleitet. Der Roman *Der junge Mann* erzählt in der Rahmenhandlung vom Weg eines jungen Mannes zum Theater (wie im *Wilhelm Meister* Goethes), verbunden mit einer Vielzahl von Geschichten, Allegorien, Visionen, literarischen Anspielungen und essayistischen Partien. *Paare, Passanten* besteht aus einer Folge von mehr als 100 kurzen Skizzen und Beobachtungen, die aus der Sicht eines intellektuellen, kulturkritischen Ich-Erzählers die westliche Konsumgesellschaft (»Fick- und Ex-Gesellschaft«) und die soziale Bindungslosigkeit anprangern und gegen die herrschende Oberflächlichkeit die Kraft elementarer Erfahrungen (Eros, Tod) beschwören. Daneben stehen Reflexionen über die Kunst und das Schreiben in einer armseligen, von der Medienwelt erstickten Gegenwart. Diese Kritik an der modernen Massenkultur, der S. emphatisch die bewahrende Aufgabe des Dichters entgegenstellt, bleibt ein bevorzugtes Thema auch der späteren Essay- und Erzählbände wie *Wohnen Dämmern Lügen* oder *Das Partikular*. Diese kritische Haltung bildet auch den Hintergrund der letzten Prosabände, der Skizzen, Essays, Beobachtungen und Erinnerungen des Bandes *Der Untenstehende auf Zehenspitzen* und der mosaikartigen Erzählsequenzen von *Die Nacht mit Alice, als Julia um das Haus schlich* mit ihrem Wechsel von Tag- und Traum- bzw. Albtraumszenen, die den Verlust ursprünglicher Erfahrungen und Fähigkeiten in einer Zeit »nach dem Ende des Geschlechterkampfs« schildern. Die konservative Attitüde mit ihrem apodiktischen Sprachgestus stößt freilich auf Kritik – Irrationalismus, Gegenaufklärung, falsches Pathos sind einige der Stichworte –, beispielhaft zu beobachten etwa an der Diskussion über den Essay *Abschwellender Bocksgesang*, 1993 im *Spiegel* veröffentlicht.

Werke: Marlenes Schwester. Zwei Erzählungen. 1975. – Trilogie des Wiedersehens. 1976. – Die Widmung. Eine Erzählung. 1977. – Groß und klein. Szenen. 1978. – Die Hypochonder. Bekannte Gesichter, gemischte Gefühle. Zwei Theaterstücke. 1979. – Rumor. 1980. – Kalldewey, Farce. 1981. – Paare, Passanten. 1981. – Der Park. 1983. – Der junge Mann. 1984. – Diese Erinnerung an einen, der nur einen Tag zu Gast war. Gedicht. 1985. – Die Fremdenführerin. 1986. – Das Werk. 1987. – Niemand anderes. 1987. – Versuch, ästhetische und politische Ereignisse zusammenzudenken. Texte über Theater 1967–1986. 1987. – Besucher. Drei Stücke. 1988. Erw. 1989. – Fragmente der Undeutlichkeit. 1989. – Kongreß. Die Kette der Demütigungen. 1989. – Angelas Kleider. Nachtstück in zwei Teilen. 1991. – Schlußchor. Drei Akte. 1991. – Theaterstücke. 4 Bde. 1991–2006. – Beginnlosigkeit. Reflexionen über Fleck und Linie. 1992. – Das Gleichgewicht. 1993. – Wohnen Dämmern Lügen. 1994. – Ithaka. Schauspiel nach den Heimkehr-Gesängen der Odyssee. 1996. – Die Fehler des Kopisten. 1997. – Die Ähnlichen. Moral Interludes. Der Kuß des Vergessens. Zwei Theaterstücke. 1998. – Jeffers – Akt I & II. 1998. – Der Aufstand gegen die sekundäre Welt. Bemerkungen zu einer Ästhetik der Anwesenheit. 1999. – Der Gebärdensammler. Texte zum Theater. 1999. – Das Partikular. 2000. – Die Frau und der Narr. Heute abend in Pancomedia. Theaterstück. 2001. – Der Narr und seine Frau heute abend in Pancomedia. 2002. – Unerwartete Rückkehr. 2002. – Die Nacht mit Alice, als Julia ums Haus schlich. 2003. – Der Untenstehende auf Zehenspitzen. 2004. – Die eine und die andere. Stück in zwei Akten. 2005. – Schändung. Nach dem »Titus Andronicus« von Shakespeare. 2005. – Mikado. 2006.

Strauß, Emil, 31. 1. 1866 Pforzheim – 10. 8. 1960 Freiburg i. Br. Der Sohn eines Schmuckfabrikanten studierte 1886–90 ohne Abschluss Philosophie, Germanistik und Nationalökonomie in Freiburg i. Br., Lausanne und Berlin und unternahm danach u. a. in Süddeutschland und Brasilien (1892–93) verschiedene Versuche, als Landwirt reformerische Lebensformen zu verwirklichen. Seit 1925 lebte er als freier Schriftsteller in Freiburg und genoss, seit 1930 Mitglied der NSDAP, im Dritten Reich hohes Ansehen. Während ihm die Stadt Freiburg 1946 die Ehrenbürgerschaft wieder aberkannte, verlieh ihm das Land Baden-Württemberg 1956 den Professorentitel ehrenhalber. Obwohl S. auch Dramen schrieb, steht das dem Realismus des 19. Jh.s und der Neuromantik verpflichtete erzählerische Werk im Mittelpunkt seines dichterischen Schaffens. Zu den bedeutendsten Texten zählen die Schulgeschichte *Freund Hein*, die psychologisch eindringlich das Leiden des Gymnasiasten Heinrich Lindner an den Zwängen der Schule und der Kunst- und Lebensferne seiner Umwelt erzählt, und die von einer Geschichte aus Goethes *Unterhaltungen deutscher Ausgewanderten* angeregte klassizistische Novelle *Der Schleier*. In Romanen wie *Das Riesenspielzeug* oder *Lebenstanz* vertritt er – nicht ohne antizivilisatorische, rassistische und völkische Tendenzen – Vorstellungen einer Erneuerung des Lebens bzw. des dt. Menschen und der Volksgemeinschaft aus dem Bauerntum.

Werke: Menschenwege. 1899. – Engelwirt. 1901. – Freund Hein. 1902. – Kreuzungen. 1904. – Hochzeit. 1908. – Hans und Grete. 1909. – Der nackte Mann. 1912. – Der Spiegel. 1919. – Der Schleier. 1920. – Vaterland. 1923. Neufassung 1936. – Lorenz Lammerdien. 1933. – Das Riesenspielzeug. 1935. – Lebenstanz. 1940. – Dreiklang. 1949. – Ludens. Erinnerungen und Versuche. 1955.

Streeruwitz, Marlene, * 28. 6. 1950 Baden bei Wien. S. wuchs bei ihrer Großmutter, einer Bäuerin, in der Steiermark auf. Nach der Matura studierte sie zunächst Jura, dann Slawistik und Kunstgeschichte. Danach arbeitete sie

u. a. als Redakteurin (Theater, Rundfunk) und schrieb Hörspiele. 1992 erzielte sie ihren Durchbruch als Theaterautorin. Sie lebt in Wien. In ihren Stücken setzt sie sich kritisch mit der spätkapitalistischen Gegenwart auseinander, allerdings weder indoktrinierend noch mit einem zur Identifikation verleitenden Realismus, sondern in einer Form höchster Künstlichkeit. Dabei unterläuft sie Publikumserwartungen ständig, wie bereits die suggestiven Titel *Waikiki-Beach* oder *New York. New York* in die Irre, auf durchaus andere Schauplätze führen: ein Abbruchhaus, eine Bedürfnisanstalt. Das entspricht ihrer durchgängigen Technik der Desillusion; das Streben nach Macht und Geld zerbricht die Illusionen von Liebe, Gemeinsamkeit, Kommunikation, Solidarität, Glück. S. führt eine Gesellschaft vor, in der hinter einer schnell brüchig werdenden Fassade Macht- und Überlebenskämpfe – jeder gegen jeden – stattfinden und, unabhängig auch vom Geschlecht, jeder Opfer und Täter sein kann bzw. ist. Die Sprache der Protagonisten spiegelt diese Brüchigkeit mit ihrem ganze Sätze vermeidenden Stakkatostil, ihrem Gestammel und ihren Floskeln. Auf andere Weise drückt sich in ihrer Prosa die Suche nach einer eigenen Sprache aus. Hier geht es darum, spezifische weibliche Erfahrungen darzustellen, etwa in der Geschichte der alleinerziehenden Mutter Helen, die ihren eigenen Ansprüchen als Mutter, Tochter, Geliebte, Berufstätige in einer sexistischen Umgebung zu genügen sucht und lernt – eine Art feministischer Bildungsroman –, dass sie sich behaupten muss (*Verführungen*). Das geschieht in einer schnörkellosen Sprache ohne Klischees, ohne poetische Umschreibungen, in atemlosen kurzen Sätzen, die dem Leben der Heldin entsprechen. Die Entwicklungsgeschichte einer Frau ist auch das Thema des Romans *Lisa's Liebe*, der von der Aufmachung her die triviale Heftchen- und Kolportageliteratur imitiert und die von diesem Genre – von der Literatur überhaupt? – transportierten Lebenslügen zerstört. Einen Prozess der

Selbstfindung und Selbsterkenntnis stellt auch der »Reisebericht« *Nachwelt* dar, der die zehntägige Reise der Wiener Dramaturgin Margarethe Doblinger nach Los Angeles dokumentiert, die der Recherche für eine Biographie der Alma Mahler-Tochter Anna dient und zugleich die von ihrem Geliebten im Stich gelassene, auf sich selbst gestellte Dramaturgin zu neuen Einsichten, die eigene Person, die Kunst, die Welt betreffend, führt. In *Partygirl*, *Jessica, 30* und *Morire in Levitate* stehen drei weitere Frauen im Mittelpunkt, die an ihrer Weiblichkeit wie an der männlichen Umwelt, der Vergangenheit, der Familie, der Politik leiden: das Partygirl Madelin, das ihren Bruder Roderick liebt, die ›moderne‹ Singlefrau Jessica mit verheiratetem Geliebten, die sich in einem atemlosen inneren Monolog ausspricht, die ehemalige Opernsängerin Geraldine Denner, die beim Spaziergehen ein Selbstgespräch über das Altern bzw. der Angst davor und nicht zuletzt über ihre Familie (einschließlich eines Nazi-Schreibtischtäters) führt.

Werke: Waikiki-Beach. Sloane Square. Zwei Stücke. 1992. – New York. New York. Elysian Park. Zwei Stücke. 1993. – Ocean Drive. 1994. – Tolmezzo. Eine symphonische Dichtung. 1994. – Bagnacavallo. Brahmsplatz. Zwei Stücke. 1995. – Verführungen. 3. Folge. Frauenjahre. 1996. – Sein. Und Schein. Und Erscheinen. Tübinger Poetikvorlesungen. 1997. – Lisa's Liebe. 1.–3. Folge. 1997. – Können. Mögen. Dürfen. Sollen. Wollen. Müssen, Lassen. Frankfurter Poetikvorlesungen. 1998. – Nachwelt. Ein Reisebericht. 1999. – Waikiki-Beach. Und andere Orte. Die Theaterstücke. 1999. – Und. Überhaupt. Stop. Collagen. 2000. – Majakowskiring. Erzählung. 2000. – Partygirl. 2002. – Tagebuch der Gegenwart. 2002. – Jessica, 30. Roman. Drei Kapitel. 2004. – Morire in Levitate. Novelle. 2004. – Gegen die tägliche Beleidigung. Vorlesungen. 2004. – Entfernung. 2006.

Stricker, Der, 1. Hälfte 13. Jh. Sprachliche Indizien verweisen auf eine rheinfränkische Herkunft des Dichters; sein Wirkungsbereich war, wie Anspielungen in seinen Werken nahelegen, v. a. Österreich. Ob der Name als Berufsbezeichnung (Seiler) des Autors bzw. seiner Familie oder metaphorisch (für Dichten) zu verstehen ist, bleibt offen. Seine Schaffenszeit liegt etwa zwischen 1220 und 1250. Eine Werkchronologie lässt sich nicht aufstellen, wenn auch die beiden Versromane *Karl der Große* (12 206 Verse) und *Daniel von dem blühenden Tal* (8483 Verse) meist als Frühwerke bezeichnet werden. Dabei handelt es sich um eine erweiterte und sprachlich modernisierte Bearbeitung des *Rolandslieds* des Pfaffen Konrad bzw. um einen Artusroman, der an die vorgegebenen Gattungsmuster anknüpft und sie (bis an die Grenzen der Parodie) variiert. Als bedeutendste, innovative Leistung des S.s gelten seine kleinen Verserzählungen (etwa 165 Texte zwischen acht und mehr als 1100 Versen), mit denen er Gattungen wie schwankhaftes bzw. moralisch-exemplarisches Märe, Bispel, Fabel und Rede literaturfähig machte. Durchgehender Zug der Kleinepik des S. ist ihre Lehrhaftigkeit auf der Grundlage der theologischen Tugend- und Lasterlehren. Mit den zwölf Schwänken um den *Pfaffen Amîs* schuf er den ersten Schwankzyklus bzw. -roman der dt. Literatur.

Ausgaben: Die Kleindichtung des Strickers. Hrsg. von Wolfgang W. Moelleken [u. a.]. 5 Bde. Göppingen 1973–78. – Karl der Große. Hrsg. von Karl Bartsch. Quedlinburg/Leipzig 1857. Reprogr. Nachdr. mit einem Nachwort von Dieter Kartschoke. Berlin 1965. – Daniel von dem Blühenden Tal. Hrsg. von Michael Resler. Tübingen 1983.

Strittmatter, Erwin, 14. 8. 1912 Spremberg (Niederlausitz) – 31. 1. 1994 Dollgow bei Gransee (Mark Brandenburg). S., Sohn eines Bäckers, machte eine Bäckerlehre, wurde Mitglied der Sozialistischen Arbeiterjugend, übte verschiedene Berufe aus und wurde dann zur Wehrmacht einberufen. Kurz vor Kriegsende desertierte er. Nach 1945 war er zunächst Bäcker; nach der Bodenreform in der SBZ wurde er Kleinbauer und 1947 Bürgermeister mehrerer Gemeinden. Daneben arbeitete er journalistisch und begann zu schreiben. 1951 ging er nach Berlin, zog sich aber

1954 auf eine LPG in der Mark Brandenburg zurück. 1959 wurde er Erster Sekretär des DDR-Schriftstellerverbandes und war anschließend – bis 1983 – einer der Vizepräsidenten. Seit 1957 lebte er mit seiner Frau, der Lyrikerin und Kinderbuchautorin Eva Strittmatter (* 1930), in Dollgow. Obwohl S. auch als Dramatiker Erfolg hatte – mit der von Brecht bearbeiteten »Bauernkomödie« *Katzgraben* (UA 1953) –, war S. an erster Stelle einfalls- und geschichtenreicher Erzähler. In seinem Werk verbinden sich autobiographische Momente mit literarischen Traditionen des 19. Jh.s (poetischer Realismus, Dorfgeschichte) und einem – nicht immer konfliktfreien – Engagement für den sozialistischen Aufbau. Seinen Ruhm begründete der »Bauernroman« *Ole Bienkopp*, der in holzschnittartiger Weise das Leben des Ole Hansen, genannt Bienkopp, schildert, der zwar die Gründung einer LPG durchsetzt, aber – Folge seines einzelgängerischen Starrsinns und der Unbeweglichkeit der Parteibürokratie – letztlich scheitert. Die geschichtliche Entwicklung des Jahrhunderts spiegeln die beiden großen Romantrilogien S.s wider: *Der Wundertäter*, eine Art sozialistischer Bildungsgeschichte, erzählt vom Leben des Journalisten Stanislaus Büdner und demonstriert in seinem dritten, zeitlich bis 1956 reichenden Band kritische Distanz zum Stalinismus; *Der Laden* entwirft in autobiographischer Form eine Chronik der dt. Geschichte seit dem Ersten Weltkrieg, eine Chronik der Provinz (»Tautropfen-Welt-Theater«), bei der die großen geschichtlichen Ereignisse den Hintergrund für die um einen Laden in der Niederlausitz kreisende Alltagsgeschichte bilden.

Werke: Ochsenkutscher. 1950. – Eine Mauer fällt. 1953. – Katzgraben. Szenen aus dem Bauernleben. 1954. – Stücke. 1957. – Der Wundertäter. 3 Bde. 1957, 1973, 1980. Bd. 3 u. d. T.: Büdner und der Meisterfaun. – Die Holländerbraut. 1961. – Ole Bienkopp. 1963. – Schulzenhofer Kramkalender. 1966. – Ein Dienstag im September. 16 Romane im Stenogramm. 1969. – ¾ hundert Kleingeschichten. 1971. – Die blaue Nachtigall oder Der Anfang von etwas. 1972. – Selbstermunterungen. 1981. – Nachtigall-Geschichten. 1981. – Als ich noch ein Pferderäuber war. 1982. – Wahre Geschichten aller Ard(t). Aus Tagebüchern. 1982. – Der Laden. 3 Bde. 1983, 1987, 1992. – Grüner Juni. Eine Nachtigall-Geschichte. 1985. – Die Lage in den Lüften. Aus Tagebüchern. 1990. – Vor der Verwandlung. Aufzeichnungen. 1995. – Geschichten ohne Heimat. Erzählungen und Texte aus dem Nachlaß. Hrsg. von Eva Strittmatter. 2002. – Kalender ohne Anfang und Ende. Notizen aus Piest'any. Hrsg. von E. Strittmatter. 2003.

Strittmatter, Thomas, 18. 12. 1961 St. Georgen (Schwarzwald) – 29. 8. 1995 Berlin. S. studierte von 1981 an Malerei und Graphik an der Kunstakademie Karlsruhe. Daneben sammelte er praktische Film- und Theatererfahrung (Kammerspiele München). Seit 1993 lebte er in Berlin. Sein literarisches Werk umfasst – nach einer ersten Veröffentlichung, die Kurzprosa und Graphik verbindet – Filmdrehbücher, Hörspiele, Theaterstücke und einen Roman. Mit seinem bekanntesten Theaterstück *Viehjud Levi* (UA 1982) setzte er die Tradition des kritischen Volksstücks fort. S. benutzte Erinnerungen und Erzählungen aus seiner Schwarzwälder Heimat, um eine Handlung um die authentische Figur des jüdischen Viehhändlers Levi zu entwickeln, die sein (unbekanntes) Schicksal nach der nationalsozialistischen Machtergreifung zum Gegenstand hat und Fragen nach Schuld und Verantwortung aufwirft. Auch das Stück *Polenweiher* handelt von den Auswirkungen des Nationalsozialismus in einem Schwarzwalddorf. Ausdruck von Trauer über Entfremdung ist der *Raabe Baikal*, der in episodischer, zum Grotesken neigender Erzählweise von zwei Jahren im Leben des jungen Raabe in einem ländlichen Internat, als Lehrling bei einem Steinmetzen und in der Großstadt handelt.

Werke: 3 Bildgeschichten und 2 andere. 1984. – Erste Stücke. 1985. – Raabe Baikal. 1990. – Viehjud Levi und andere Stücke. 1991. – Milchmusik. 1996.

Struck, Karin, 14. 5. 1947 Schlagtow (Mecklenburg) – 6. 2. 2006 München. S. kam mit ihrer Familie 1953 nach Westfalen und studierte ab 1966 Germanistik und Romanistik u. a. in Bochum. Nach ihrem ersten Roman (1973) brach sie die Arbeit an ihrer Dissertation ab. Seitdem lebt sie als freie Schriftstellerin (im Taunus, Münster, Hamburg, Billerbeck/Westfalen). S.s Werk, das im Zusammenhang der aus den Erfahrungen der 68er-Revolte geborenen Frauenbewegung steht, ist stark autobiographisch geprägt. Die Bekenntnishaftigkeit und Emotionalität zeigt sich formal in der Vorliebe für tagebuchartige, assoziative Schreibweisen ohne distanzierende Stilmittel. Ihr erstes und bekanntestes Buch, *Klassenliebe*, verarbeitet die inneren Konflikte, die aus ihrer Herkunft aus der Arbeiterklasse und ihrem Bedürfnis nach intellektueller, emotionaler und sexueller Selbstverwirklichung resultieren. Schreiben als Mittel weiblicher bzw. eigener Identitätsfindung charakterisiert auch die meisten der folgenden Werke, wobei Texte wie *Die Mutter* oder *Lieben* wegen ihrer ins urtümlich-mystische reichenden Feier von Sexualität und Mutterschaft und wegen ihrer Distanz- und Formlosigkeit auch in der Frauenbewegung auf Kritik stießen. Die weibliche, autobiographische Perspektive verlässt S. in dem Roman *Bitteres Wasser*, Ich-Erzählung eines Mannes mit ähnlicher Thematik (Sexualität, Alkoholabhängigkeit, Streben nach Selbstverwirklichung und der Befreiung von fixierten Rollenmustern).

Werke: Klassenliebe. 1973. – Die Mutter. 1975. – Lieben. 1977. – Trennung. 1978. – Die Herberge. 1981. – Kindheits Ende. Journal einer Krise. 1982. – Zwei Frauen. 1982. – Finale. Geschichte eines unentdeckten Pferdes. 1984. – Glut und Asche. Eine Liebesgeschichte. 1985. – Bitteres Wasser. 1988. – Blaubarts Schatten. 1991. – Ich sehe mein Kind im Traum. Plädoyer gegen die Abtreibung. 1992. – Männertreu. 1992. – Ingeborg B. Duell mit dem Spiegelbild. 1993.

Stubenberg, Johann Wilhelm von, 22. 4. 1619 Neustadt an der Mettau (Böhmen) – 15. 3. 1663 Wien. Der aus einem steiermärkischen Adelsgeschlecht stammende protestantische Dichter schloss seine Ausbildung (protestantische Landschaftsschule zu Loosdorf, Hauslehrer) mit einer mehrjährigen Kavalierstour ab (Italien, Frankreich, Niederlande). 1641 konnte er die Erbschaft seines Onkels in Niederösterreich antreten (der väterliche Besitz in Böhmen war konfisziert worden); 1642–57 lebte S. auf der Schallaburg bei Steyr. Die letzten Lebensjahre verbrachte er in Wien. Er unterhielt enge briefliche Beziehungen zu zahlreichen dt. Dichtern (G. Ph. Harsdörffer, S. v. Birken u. a.) und war seit 1648 als »Der Unglückselige« Mitglied der »Fruchtbringenden Gesellschaft«. In Österreich gehörte er zu einem Kreis literarisch interessierter protestantischer Landadeliger; er förderte die junge C. R. v. Greiffenberg, die in seiner Nähe wohnte. Vor allem mit seinen Übertragungen zeitgenössischer ital. und frz. Romane und von Texten Francis Bacons (aus dem Lateinischen) gehört er zu den bedeutendsten und fruchtbarsten Übersetzern seiner Zeit.

Werke: Eromena. 1650–52. [Giovanni Francesco Biondi.] – Wettstreit Der Verzweifelten. 1651. [Giovanni Ambrogio Marini.] – Geschicht-Reden. 1652. [Giovanni Francesco Loredano.] – König Demetrius. 1653. [Luca Assarino.] – Francisci Baconis [...] Getreue Reden: die Sitten- Regiments- und Haußlehre betreffend. 1654. – Francisci Baconi [...] Fürtrefflicher Staats- Vernunfft- und Sitten-Lehr-Schriften [...].1654. – Printz Kalloandro. 1656. [G. A. Marini.] – Geteutscher Samson. 1657. [Ferrante Pallavicino.] – Von menschlicher Vollkommenheit. 1660. [Charles Sorel.-] – Clelia: Eine Römische Geschichte. 1664. [Madeleine de Scudéry.]

Sturz, Helf(e)rich, Peter, 16. 2. 1736 Darmstadt – 12. 11. 1779 Bremen. Nach dem Besuch des Darmstädter Pädagogiums studierte der Sohn eines früh verstorbenen Kabinettsekretärs von 1753 an Kameralwissenschaften und Jura in Jena, Göttingen und Gießen und kam nach verschiedenen Sekretärsstellungen in den 60er-Jahren nach Kopenhagen. Hier war er zunächst Privatsekretär des Grafen Johann Hartwig v. Bernstorff, dann Sekretär im Außenamt. Er verkehrte mit F. G. Klopstock und seinem Kreis. 1768–1769 nahm er als Legationsrat an der Reise König Christians VII. nach England und Frankreich teil; danach hatte er hohe Regierungsämter inne, bis er im Zusammenhang mit der Struensee-Affäre verhaftet und schließlich nach Oldenburg versetzt wurde. Er starb auf einer Dienstreise. Obwohl sich S. mit der Bearbeitung eines engl. Briefromans auch als Dramatiker versuchte, liegt seine wichtigste literarische Leistung auf der von frz. und v. a. engl. Beispielen angeregten Kurzprosa: Essays, Reisebriefe, Anekdoten und biographische »Charakteristiken«, die auf Grund ihrer stilistischen Prägnanz und Geschliffenheit und ihrer vielseitigen Thematik – u. a. Kunst, Literatur, Gesellschaft, Politik – großen Erfolg hatten (recht- und unrechtmäßige Nachdrucke der Sammlungen).

Werke: Julie. Ein Trauerspiel in fünf Aufzügen. 1767. – Erinnerungen aus dem Leben des Grafen Johann Hartwig Ernst von Bernstorf. 1777. – Schriften. Erste Samlung. 1779. – Schriften. Zweite Samlung. 1782.

Suchenwirt, Peter, um 1320/30 – nach 1395 Wien (?). Der österreichische Berufsdichter diente von etwa 1350 bis 1377 als Spruchdichter und Herold verschiedenen österreichischen Herren; danach stand er in Beziehung zum Wiener Hof. 1377–95 ist er als Hausbesitzer in Wien nachweisbar. Im Zentrum seines Werkes, das sich an ein höfisch-ritterliches Publikum wendet, stehen die 23 so genannten Ehrenreden: Nachrufe und Preisreden auf österreichische Herzöge und Adelige in Reimpaaren, die die ritterlichen Taten und Tugenden des Verstorbenen bzw. Adressaten rühmen und anschließend sein Wappen beschreiben. Die Ehrenreden zeichnen ein Bild der bayerisch-österreichischen und der Reichsgeschichte des 14. Jh.s; dieses Bild wird ergänzt durch die anderen politischen Reden, die zu aktuellen Anlässen Stellung nehmen, und durch die moralisch-didaktischen Reden, die zeitgenössische Missstände anprangern. S.s Repertoire enthält ferner geistliche Reden und allegorisierende Minnereden.

Ausgabe: Peter Suchenwirts Werke aus dem vierzehnten Jahrhundert. Hrsg. von Alois Primisser. Wien 1827. Reprogr. Nachdr. Wien 1961.

Sudermann, Hermann, 30.9.1857 Matzicken (Ostpreußen) – 21.11.1928 Berlin. Der Sohn eines Brauereipächters studierte ab 1875 Philologie und Geschichte in Königsberg, wechselte dann 1877 nach Berlin und arbeitete vorübergehend als Redakteur beim liberalen *Deutschen Reichsblatt* (1881–82) und als Hauslehrer, bis ihm der literarische Erfolg ein Leben als freier Schriftsteller ermöglichte. S. begann mit Erzählprosa und erzielte dann mit seinem ersten Theaterstück *Die Ehre* (UA 1889) einen sensationellen Erfolg. Es kontrastiert in vier Akten abwechselnd proletarisches Hinterhaus und herrschaftliches Vorderhaus und zeigt, dass ›Ehre‹ hier wie da käuflich ist. Trotz äußerlich naturalistischer Milieuschilderungen und sozialkritischer Ansätze, die S.s anfängliche Einschätzung als eines bedeutenden naturalistischen Dramatikers erklären, wird das Stück letztlich von der Tradition der frz. Gesellschafts- und Intrigenkomödie geprägt: Situationskomik, Zufälle, Überraschungen, pointierte Dialoge und Aktschlüsse sorgen für Effekte und Amüsement. Eine ähnliche Thematik behandelt in melodramatischer Form S.s erfolgreichstes und mehrfach verfilmtes Stück *Heimat*, das die Rückkehr einer erfolgreichen Opernsängerin in ihr Elternhaus zeigt und – indem analytisch die Vergangenheit aufgehellt wird – die Konflikte zwischen Künstler- und Bürgertum und unterschiedlichen Moralvorstellungen aufrollt. Seit Mitte der 90er-Jahre setzte sich S. ausdrücklich vom Naturalismus ab. Trotz der Angriffe der Kritik, auf die S. mit der Schrift *Verrohung in der Theaterkritik* reagierte, war S. mit seiner umfangreichen Produktion einer der meistgespielten zeitgenössischen Dramatiker. Später wandte sich S. wieder stärker der Erzählprosa zu.

Werke: Frau Sorge. 1887. – Im Zwielicht. 1887. – Der Katzensteg. 1889. – Die Ehre. 1890. – Sodoms Ende. 1891. – Heimat. 1893. – Die Schmetterlingsschlacht. 1895. – Johannes. 1898. – Die drei Reiherfedern. 1899. – Johannisfeuer. 1900. – Es lebe das Leben. 1902. – Verrohung in der Theaterkritik. 1902. – Der Sturmgeselle Sokrates. 1903. – Das hohe Lied. 1908. – Der Bettler von Syrakus. 1911. – Litauische Geschichten. 1917. – Bilderbuch meiner Jugend. 1922. – Dramatische Werke. 6 Bde. 1923. – Der tolle Professor. 1926. – Die Frau des Steffen Tromholt. 1927. – Purzelchen. 1928. – Romane und Novellen. 10 Bde. 1928–30.

Süskind, Patrick, * 26. 3. 1949 Ambach (Starnberger See). Der Sohn des Schriftstellers und Journalisten W. E. Süskind (1901–70) studierte 1968–74 Geschichte in München und Aix-en-Provence und schrieb danach Drehbücher für das Fernsehen. Als Bühnenautor debütierte S. mit dem Monodram *Der Kontrabaß* (UA 1981), in dem der Kontrabassist unterhaltsam über Musik, sich und die Welt monologisiert und sich dabei als frustrierter Kleinbürger zu erkennen gibt. Ein Welterfolg wurde S.s Roman *Das Parfum*, der in klassisch auktorialer Erzählhaltung die Lebensgeschichte eines Monstrums aus dem 18. Jh. erzählt, das über viele Leichen geht, um den Duft einer Jungfrau als »reine Schönheit« zu destillieren, und das mit diesem überirdischen Duft Massen zu beherrschen in der Lage ist. Der elegant erzählte, kulturhistorisch fundierte und durchaus auch kolportagehafte Roman lässt unterschiedliche Deutungen zu (politische Parabel, Künstlerroman u. a.). Im Mittelpunkt seiner kürzeren, novellistisch angelegten Geschichten wie *Die Taube* oder *Die Geschichte von Herrn Sommer* stehen Einzelgänger, die sich krisenhaften Lebenssituationen gegenübersehen. Großen Erfolg hatten die satirischen Schilderungen der bundesrepublikanischen Schickeria in den zusammen mit Helmut Dietl geschriebenen Fernsehserien (*Monaco Franze, Kir Royal*) und dem ebenfalls gemeinsam verfassten Film *Rossini* (1997).

Werke: Der Kontrabaß. 1984. – Monaco Franze. Der ewige Stenz. 1983. [Drehbuch; mit Helmut Dietl.] – Das Parfum. Geschichte eines Mörders. 1985. – Kir Royal. Aus dem Leben eines Klatschreporters. 1986. [Drehbuch; mit H. Dietl.] – Die Taube. 1987. – Die Geschichte von Herrn Sommer. 1991. – Drei Geschichten und eine Betrachtung. 1995. – Rossini. 1997. [Drehbuch; mit H. Dietl.]

T

Tannhäuser, Lied-, Spruch- und Leichdichter des 13. Jh.s. Der späteste datierbare Text stammt aus der Zeit um 1265; ob sich T.s Kreuzlied auf den Kreuzzug von 1228–29 bezieht und den Beginn seines Schaffens markiert, ist ungewiss. Im Allgemeinen wird seine Schaffenszeit eher später, auf etwa 1245–70, angesetzt. T. knüpft insbesondere an Neidhart und Gottfried v. Neifen an. Seine Leichs variieren die komplexe Großform durch ihre Verbindung mit dem Tanz (Tanzleich). Auch die Minnelieder sind z. T. Tanzlieder; sie durchbrechen die Grenzen des höfischen Minnesangs durch parodistische Momente, durch recht konkret-sinnliche Schönheitsbeschreibungen, durch eine Verquickung von Kunst und autobiographischem Detailrealismus. Im Spätmittelalter wurde T. zur Sagenfigur (seit dem 15. Jh. durch die *Tannhäuser-Ballade* dokumentiert).

Ausgaben: Der Dichter Tannhäuser. Leben – Gedichte – Sage. Hrsg. von Johannes Siebert. Halle a. d. S. 1934. Reprogr. Nachdr. Hildesheim / New York 1980. – Tannhäuser. Die lyrischen Gedichte der Hss. C und J. Hrsg. von Helmut Lomnitzer und Ulrich Müller. Göppingen 1973.

Tauler, Johannes, um 1300 Straßburg – 16. 6. 1361 ebd. Der aus einer angesehenen, wohlhabenden Familie stammende T. trat in das Straßburger Dominikanerkloster ein und erhielt den vorgeschriebenen Unterricht in den Artes und der Theologie, ohne aber zu den höheren theologischen Studien (und damit zu einer wissenschaftlichen Laufbahn) zugelassen zu werden. Er wirkte als Seelsorger und Prediger u. a. in Basel, Köln und Straßburg und war mit Mystikern und Mystikerinnen wie Heinrich v. Nördlingen und Margareta Ebner bekannt. Von T. sind rund 80 dt. Predigten überliefert, keine lat. Texte. Als Ausgangspunkt der Verbreitung der Predigten gilt das Kloster St. Gertrud in Köln. Sie wurden sorgfältig gesammelt; der erste Taulerdruck erschien 1498. T. predigte vorwiegend in Frauenklöstern; aus Hinweisen, etwa über die Würde beruflicher Arbeit, lässt sich schließen, dass er auch vor städtisch-bürgerlichem Publikum gepredigt hat. Dabei steht er in der dominikanischen mystischen Tradition, betont jedoch – im Gegensatz etwa zur spekulativen Mystik Meister Eckharts – den seelsorgerischen, auf praktische Lebenslehre gerichteten Aspekt des mystischen Weges. Vorbedingung aller mystischen Bestrebungen ist der schlichte, einfache Glaube; das Versinken im Abgrund Gottes führt über Selbsterkenntnis und Demut. Gefordert ist die immer wieder neu zu vollziehende innere Umkehr (»wesentlich ker«) des Menschen. Die Drucke, eine legendenhafte Taulervita und die (fälschliche) Zuschreibung weiterer Werke trugen zum beträchtlichen Nachruhm T.s unter Katholiken und Protestanten im 16. und 17. Jh. bei.

Ausgaben: Die Predigten Taulers. Hrsg. von Ferdinand Vetter. Berlin 1910. Reprogr. Nachdr. Dublin [u. a.] 1968. – Predigten. Vollst. Ausg. Übertragen und hrsg. von Georg Hofmann. Freiburg i. Br. [u. a.] 1961.

Tersteegen, Gerhard, 25. 11. 1697 Moers – 3. 4. 1769 Mülheim a. d. Ruhr. T. kam aus einem pietistischen Elternhaus, besuchte das Gymnasium und wurde dann Kaufmann und Leinenweber. 1724 übergab er sich, beeinflusst von einer mystischen Bruderschaft, in einem mit eigenem Blut geschriebenen Vertrag Jesus zum Eigentum. Er verband seine mystische Gottsuche – die Einkehr in Gott kann nur in der Stille, Einsamkeit und Selbstgenügsamkeit geschehen – mit einer Tätigkeit als freier Prediger und Seelsorger in kirchlich ungebundenen Gemeinschaften. Auch sein schriftstellerisches Werk steht im Dienst der christlichen Erbauung: Übersetzungen, Prosa, Lieder. Die Lieder, einfach in Form und Sprache, gingen z. T. in

Gesangbücher ein. Große Verbreitung fand das *Geistliche Blumen-Gärtlein* mit erbaulichen Epigrammen, biblischen Betrachtungen und geistlichen Liedern und Andachten.

Werke: Geistliches Blumen-Gärtlein Inniger Seelen. 1729. – Weg der Wahrheit die da ist nach der Gottseligkeit. 1750. – Gedanken über eines Anonymi Buch, Vermischte Werke des Welt-Weisen zu Sanssouci. 1762.

Ausgaben: Des gottseligen Arbeiters im Weinberge des Herrn: Gerhard Tersteegen's gesammelte Schriften. 8 Bde. Stuttgart 1844–45. – Texte zur Geschichte des Pietismus. Abt. 5: Werke. Gerhard Tersteegen. Bd. 1 ff. Göttingen 1979 ff.

Thelen, Albert Vigoleis, 28. 9. 1903 Süchteln (Niederrhein) – 9. 4. 1989 Dülken (Niederrhein). Der Sohn eines Buchhalters und Prokuristen brach 1919 das Gymnasium ab, besuchte die Textilfachschule in Krefeld, arbeitete in verschiedenen Berufen und studierte 1924–27 als Gasthörer v. a. Germanistik und Zeitungswissenschaft in Köln und Münster (hierbei lernte er auch den Artusroman *Wigalois* von Wirnt v. Grafenberg kennen, der ihn zu seinem zweiten Vornamen inspirierte). 1931 ging Th. nach Mallorca, wo er u. a. als Sekretär von Harry Graf Keßler arbeitete. Nach Beginn des span. Bürgerkriegs floh er über Frankreich und die Schweiz nach Portugal. Hier wohnte er auf dem Gut des Mystikers und Dichters Teixeira des Pascõaes und übersetzte einige seiner Werke ins Deutsche. 1947–54 lebte Th. in Amsterdam, 1954–85 in der Schweiz, wo er u. a. als Hausverwalter arbeitete. Nach Verleihung des Bundesverdienstkreuzes Erster Klasse und des Professorentitels kehrte er 1985 nach Deutschland zurück. Th. war ein Außenseiter im Literaturbetrieb. Auch nach Erscheinen seines großen Romans konnte er sich nicht durchsetzen, wie der Misserfolg seiner Lesung bei der Tagung der »Gruppe 47« 1953 belegt. Sein Hauptwerk, *Die Insel des zweiten Gesichts*, weist mit dem Untertitel »Aus den angewandten Erinnerungen des Vigoleis« auf die für Th. eigentümliche Verbindung von autobiographischen bzw. historischen Fakten und romanhaftem Fabulieren. Der Roman erinnert in Erzählweise und der Gestalt des Helden an den Pikaro- oder Schelmenroman und erzählt komisch, weltschmerzlerisch und abschweifend vom Aufenthalt des Vigoleis und seiner Frau Beatrice auf Mallorca 1931–36. Zugleich bietet er ein differenziertes Gesellschaftspanorama. Mit dem folgenden Roman *Der schwarze Herr Bahßetup* konnte Th. seinen Erfolg nicht wiederholen.

Werke: Schloß Pascõaes. 1942. – Die Insel des zweiten Gesichts. Aus den angewandten Erinnerungen des Vigoleis. 1953. – Vigolotria. 1954. – Der Tragelaph. 1955. – Der schwarze Herr Bahßetup. Ein Spiegel. 1956. – Runenmund. 1963. – Glis-Glis. Eine zoognostische Parabel, entstanden als Fingerübungen eines Seh-Gestörten. 1967. – Im Gläs der Worte. 1979. – Saudade. 1986. – Der magische Rand. Eine abtriftige Geschichte. 1989. – Gedichte. 1989. – Poetische Märzkälbereien. Gesammelte Prosa. 1990.

Theobaldy, Jürgen, * 7. 3. 1944 Straßburg. Th. wuchs in Mannheim auf und studierte nach einer kaufmännischen Lehre und Gelegenheitsarbeiten ab 1966 an den Pädagogischen Hochschulen in Freiburg und Heidelberg, dann nach dem Lehrerexamen seit 1970 Germanistik und Politik in Heidelberg, Köln und Berlin. Er entschloss sich jedoch, als freier Schriftsteller zu leben, zunächst in Berlin, seit 1984 in der Schweiz, heute wieder in Berlin. Th.s Lyrik – die ersten Gedichte erschienen 1968 – drückt in Sprache, Form und Inhalt den Protest gegen die bürgerliche Gesellschaft, ihre Konventionen und ihre Dichtungsauffassung aus. Seine Gedichte gehören zur so genannten ›Alltagslyrik‹, lösen sich, beeinflusst auch von der amerikanischen Beat- und Pop-Lyrik, von formalen Zwängen und traditioneller Bild- und Metaphernsprache und wenden sich der alltäglichen Realität, den subjektiven Alltagserfahrungen zu. Seine Romane und Erzählungen befassen sich mit der sozialen Wirklichkeit: der einer Gruppe von Lehrlingen Ende der 50er-Jahre in Mannheim (*Sonntags* *im Kino*), der von ehemaligen 68ern in einer scheiternden Ehe (*Spanische Wände*) oder der Berlins (*Das Festival im Hof*). Mit dem inneren Monolog eines Asylbewerbers, der von einer großen Staubkatastrophe erzählt, beginnt der Roman *Trilogie der nächsten Ziele*, der sich dann mit den zwei weiteren Ich-Erzählern zu einer Art Kriminalgeschichte mit entsprechendem Personal (Waffenhändler, Geldwäscher, Mafiosi) entwickelt.

Werke: Sperrsitz. 1973. – Blaue Flecken. 1974. – Zweiter Klasse. 1976. – Und ich bewege mich doch. Gedichte vor und nach 1968. 1977. [Hrsg.] – Sonntags im Kino. 1978. – Drinks. Gedichte aus Rom. 1979. – Schwere Erde, Rauch. 1980. – Spanische Wände. 1981. Neufassung 1984. – Die Sommertour. 1983. – Midlands. Drinks. 1984. – Das Festival im Hof. Sechs Erzählungen. 1985. – In den Aufwind. 1990. – Der Nachtbildsammler. 1992. – Mehrstimmiges Grün. Gedichte und Prosa. 1994. – Immer wieder alles. 2000. – In der Ferne zitternde Häuser. 2000. – Trilogie der nächsten Ziele. 2003. – Wilde Nelken. 2005.

Thieß, Frank, 13. 3. 1890 Eluisenstein (Livland) – 22. 12. 1977 Darmstadt. Der Sohn eines Bauingenieurs wuchs seit 1893 in Berlin auf und studierte hier und in Tübingen Germanistik, Geschichte und Philosophie (Dr. phil. Tübingen 1913). Nach dem Ersten Weltkrieg arbeitete er als Redakteur beim *Berliner Tageblatt*, als Dramaturg in Stuttgart und als Theaterkritiker in Hannover. Seit 1923 lebte er als freier Schriftsteller in Berlin, nach dem Zweiten Weltkrieg u. a. in Wien, ab 1952 in Darmstadt. Sein umfangreiches Romanschaffen kreist zunächst um erotische und psychologische Konfliktsituationen – z. B. Geschwisterliebe, Pubertät –, die mit Einfühlung dargestellt werden. Im Roman *Die Verdammten*, seinem ersten bedeutenden Erfolg, geschieht dies im Rahmen einer im Baltikum spielenden Familien- und Verfallsgeschichte, im vierteiligen Zyklus *Jugend* (*Der Leibhaftige*, *Das Tor zur Welt*, *Abschied vom Paradies*, *Der Zentaur*) im Kontext der Erwartungen und Schicksale junger Menschen vor und nach dem Ersten Weltkrieg. Eine Reihe von Liebesromanen folgte bis ins Dritte Reich hinein. Am ehesten entspricht die romanhafte Geschichtsdarstellung *Das Reich der Dämonen* mit seiner politische Diktaturen ablehnenden Tendenz Th.' Anspruch, die ›innere Emigration‹ maßgeblich zu vertreten, den er im Briefwechsel mit Th. Mann erhob (nicht ohne Manns »Zugehörigkeit zum deutschen Schrifttum« in Frage zu stellen). Th.' größter Erfolg wurde sein Roman *Tsushima*, der die japanisch-russische Seeschlacht von 1905 beschreibt und mit seiner Verbindung dokumentarischer und dichterischer Mittel als Vorbild vieler ›Tatsachenromane‹ diente.

Werke: Der Tod von Falern. Roman einer sterbenden Stadt. 1921. – Die Verdammten. 1923. – Der Leibhaftige. 1924. – Das Tor zur Welt. 1926. – Abschied vom Paradies. 1927. – Frauenraub. 1927. Neufassung u. d. T.: Katharina Winter. 1949. – Der Zentaur. 1931. – Johanna und Esther. 1933. Neufassung u. d. T.: Gäa. 1957. – Der Weg zu Isabelle. 1934. – Stürmischer Frühling. 1937. – Das Reich der Dämonen. Der Roman eines Jahrtausends. 1941. Neufassung 1946. – Neapolitanische Legende. 1942. – Caruso in Sorrent. 1946. – Puccini. Versuch einer Psychologie seiner Musik. 1947. – Die Straßen des Labyrinths. 1951. – Geister werfen keinen Schatten. 1955. – Verbrannte Erde. 1963. – Freiheit bis Mitternacht. 1965. – Jahre des Unheils. Fragmente erlebter Geschichte. 1972.

Thoma, Ludwig, 21. 1. 1867 Oberammergau – 26. 8. 1921 Rottach (Tegernsee). Der Sohn eines Oberförsters studierte zunächst Forstwissenschaft in Aschaffenburg, dann seit 1887 Jura in München und Erlangen (Dr. jur. 1890). Nach seiner Referendariatszeit in Traunstein und München praktizierte er seit 1894 zunächst in Dachau, später in München als Rechtsanwalt. 1899 gab er die Anwaltspraxis auf und wurde Mitarbeiter, seit 1900 Chefredakteur des *Simplicissimus.* 1906 saß er eine sechswöchige Haftstrafe wegen Beleidigung von Vertretern dt. Sittlichkeitsvereine ab. Seit 1908 lebte er in Rottach und zog sich immer mehr zurück. Im Ersten Weltkrieg meldete er sich freiwillig und vollzog überraschend eine politische Wende nach Rechts. Im *Miesbacher Anzeiger* veröffentlichte er 1920–21 anonym zahlreiche hetzerische antidemokratische und antisemitische Artikel. Th.s literarisches Werk umfasst realistische Dialekterzählungen mit Stoffen aus dem bäuerlichen Leben, die berühmten Reminiszenzen an seine Schulzeit (*Lausbubengeschichten*, *Tante Frieda*), seine Auseinandersetzungen mit gesellschaftlicher Scheinmoral, Obrigkeitsdenken und Spießertum in den Arbeiten für den *Simpicissimus* (einschließlich der später gesammelten Filserbriefe) und eine Reihe von zeit- und gesellschaftskritischen Schauspielen, in denen sich die wilhelminische Gesellschaft spiegelt. Dabei steht den komisch-satirischen Stücken (*Die Medaille*, *Die Lokalbahn*, *Moral*, *Erster Klasse*) als tragisches Pendant das »Volksstück« *Magdalena* (UA Berlin 1912) gegenüber, das Konstellationen des bürgerlichen Trauerspiels in das mit naturalistischen Mitteln dargestellte bäuerliche Milieu transponiert.

Werke: Agricola. Bauerngeschichten. 1897. – Die Medaille. 1901. – Die Lokalbahn. 1902. – Hochzeit. Eine Bauerngeschichte. 1902. – Lausbubengeschichten. 1905. – Andreas Vöst. 1906. – Peter Schlemihl. Gedichte. 1906. – Tante Frieda. Neue Lausbubengeschichten. 1907. – Briefwechsel eines bayerischen Landtagsabgeordneten. 1909. – Moral. 1909. – Erster Klasse. 1910. – Der Wittiber. 1911. – Jozef Filsers Briefwexel. 1912. – Krawall. 1912. – Magdalena. 1912. – Heilige Nacht. 1917. – Erinnerungen. 1919. – Der Ruepp. 1922. – Leute, die ich kannte. 1923.

Ausgaben: Gesammelte Werke. Neue erw. Ausg. 8 Bde. München 1956. – Theater. Sämtliche Bühnenstücke. München 1964. – Sämtliche Beiträge aus dem »Miesbacher Anzeiger«. Krit. hrsg. und kommentiert von Wilhelm Volkert. München 1989.

Thomas, Johann (Anagramm: Matthias Jonsohn), 28. 8. 1624 Leipzig – 2. 3. 1679 Altenburg. Der Sohn eines Juristen studierte seit 1640 in Wittenberg, dann in Leipzig und Jena (Dr. jur. 1648). 1650 erhielt er eine Professur in Jena, von 1652 an stand er als Hofrat in Diensten des Herzogs von Sachsen-Altenburg und wurde mehrfach mit Gesandtschaften betraut. Neben einigen juristischen Arbeiten trat er nur mit einer kleinen Schäfererzählung hervor, einer anmutigen, durch zahlreiche Gedichte akzentuierten Schilderung eines bürgerlichen Ehelebens auf autobiographischer Basis, die zugleich als exemplarische Darstellung einer »keuschen Lieb« zu verstehen ist.

Werk: Lisille. 1663. Erw. u. d. T.: Damon und Lisillen Keuscher Liebes-Wandel In zweyen unterschiedlichen Teilen [...] beschrieben. 1672.
Ausgabe: Damon und Lisille. 1663 und 1665 [recte 1672]. Hrsg. von Herbert Singer und Horst Gronemeyer. Hamburg 1966.

Thomasin von Zerklaere (auch: T. v. Cerclaria), um 1185 – an einem 12. 5., Jahr unbekannt. Der gebildete Kleriker am Hof des Patriarchen von Aquileja (von 1204–18 Wolfger v. Erla) stammte aus einem ital. Ministerialengeschlecht. Sein einziges erhaltenes Werk, das dt. Lehrgedicht *Der welsche Gast* (annähernd 14 800 Verse und ein Prosavorwort), entstand nach eigenen Angaben ab August/September 1215 innerhalb von zehn Monaten; der Anlass ist nicht bekannt. Es handelt sich um eine in zehn Bücher gegliederte, v. a. an den Adel gerichtete konservative Verhaltens- und Tugendlehre unter den leitenden Begriffen *staete*, *maze*, *reht* und *milte* (Freigebigkeit). Dabei lässt Th. die Gegenwart, Politik und Literatur, nicht aus den Augen und ergreift Partei – auch gegen Walther v. der Vogelweide und seine antipäpstliche Polemik. Zahlreiche Handschriften, z. T. illustriert, bezeugen den Erfolg des ersten großen Lehrgedichts in dt. Sprache.

Ausgaben: Der Wälsche Gast. Hrsg. von Heinrich Rückert. Quedlinburg/Leipzig 1852. Reprogr. Nachdr. mit einer Einl. und einem Reg. von Friedrich Neumann. Berlin 1965. – Der Welsche Gast. Hrsg. von Friedrich Wilhelm v. Kries. 4 Bde. Göppingen 1984–85.

Thomasius, Christian, 1. 1. 1655 Leipzig – 28. 9. 1728 Halle a. d. S. Der Sohn des Leipziger Philosophen Jakob Thomasius studierte Jura in Leipzig und Frankfurt a. d. O.

(Dr. jur. utr. 1676). Er lehrte zunächst in Leipzig, bis die Auseinandersetzungen mit der konservativen, orthodox protestantischen Gelehrtenschaft eskalierten und er 1690 die Stadt verlassen musste. Der preußische König richtete für ihn noch im selben Jahr eine Professur in Halle ein; Th. beteiligte sich entscheidend am Aufbau der Universität, die formell 1694 gegründet wurde. Th.' aufklärerische Positionen schlugen sich in allen Gebieten nieder, mit denen er sich wissenschaftlich beschäftigte – Politik und Recht, Philosophie, Religion, Literatur –, und sie hatten praktische Konsequenzen etwa in der Ausbildung eines rationalen Rechts- und Verwaltungssystems in Preußen und der Abschaffung der Hexenprozesse. Seine Vorstellungen vom rechten Vernunftgebrauch und von den Vorurteilen bzw. von deren Überwindung wandten sich ebenso gegen die herrschenden doktrinären Positionen wie seine Versuche, die Universität dem Leben zu öffnen, den Gegensatz von Schule und Welt aufzuheben. Provokativ geschah das 1687 mit der Ankündigung einer Vorlesung in dt. Sprache, die in einer Zeit der Frankophobie ein weltmännisches Bildungsideal nach frz. Vorbild propagierte. Der Öffnung der Wissenschaften dienten auch die von ihm gegründeten *Monatsgespräche*: die erste literaturkritische Zeitschrift in dt. Sprache, die im Rahmen von Unterhaltungen und Reisegesprächen Neuerscheinungen vorstellte und die Erörterung aktueller ästhetischer und politischer Probleme mit satirischen Angriffen auf das pedantische Gelehrtentum seiner Leipziger Kollegen verband.

Werke: Discours Welcher Gestalt man denen Frantzosen in gemeinem Leben und Wandel nachahmen solle? 1687. – Introductio ad philosophiam aulicam. 1688. – Freymüthige Lustige und Ernsthaffte iedoch Vernunfft- und Gesetzmäßige Gedancken oder Monats-Gespräche über allerhand / fürnehmlich aber Neue Bücher. 1688–90. – Einleitung zu der Vernunfft-Lehre. 1691. – Ausübung der Vernunfft-Lehre. 1691. – Einleitung der Sitten-Lehre. 1692. – Ausübung der Sitten-Lehre. 1696. – De crimine magiae. 1701. –

Historische Untersuchung Vom Ursprung und Fortgang Des Inquisitionsprocesses Wieder die Hexen. 1712.

Ausgabe: Ausgewählte Werke. Hrsg. von Werner Schneiders. Hildesheim [u. a.] 1993 ff.

Thümmel, Moritz August von, 27. 5. 1738 Schönefeld bei Leipzig – 26. 10. 1817 Coburg. Der aus sächsischem Landadel stammende Th. ging 1756 nach Leipzig, um Jura, v. a. aber die ›schönen Wissenschaften‹ zu studieren. C. F. Gellert wurde sein Ratgeber, C. F. Weiße sein Freund. Seit 1761 machte er am Hof von Coburg-Saalfeld Karriere (1761 Kammerjunker, 1763 Hofrat, 1764 Geheimer Hofrat, 1768 Sitz und Stimme im Geheimen Ratskollegium); 1772 reiste er in die Niederlande und nach Frankreich, 1774–77 folgte eine zweite große Reise über die Niederlande nach Südfrankreich und Italien. 1776 erbte er 24 000 Reichstaler. Vorwürfen der Unzuverlässigkeit in seinen Amtsgeschäften begegnete er 1783 mit seinem Rücktritt. Von da an lebte er auf seinem Gut Sonneborn bei Gotha, verkehrte an thüringischen Höfen und reiste (1803, 1805 Paris, Niederlande, 1807 Berlin). Th. zeigt eine Vorliebe für die typischen Gattungen der Rokokodichtung wie Verserzählung und komisches Epos. Seinen ersten großen Erfolg hatte er mit dem komischen Epos *Wilhelmine*, das rhythmisierte Prosa verwendet und fürstliche Willkür und Sittenlosigkeit ironisch-satirisch bloßstellt. Seine eigenen Reiseerfahrungen wertete er für seinen großen zehnbändigen Reiseroman aus, der in einer Prosa-Vers-Mischform als fiktives Reisetagebuch eines Hypochonders konzipiert ist und Ironie, Empfindsamkeit, rationale Analyse, Gesellschaftskritik und antiklerikale Satire in der assoziativen Erzählweise Laurence Sternes miteinander verbindet.

Werke: Wilhelmine. 1764. – Die Inoculation der Liebe. 1771. – Reise in die mittäglichen Provinzen von Frankreich im Jahre 1785 bis 1786. 1791–1805. – Sämmtliche Werke. 7 Bde. 1811–19.

Thüring von Ringoltingen, um 1415 Bern (?) – 1483 (?). Der aus einer zum Berner Stadtadel aufgestiegenen, ursprünglich bäuerlichen Familie stammende Th. gehörte seit 1435 dem Großen Rat an, war von 1448 bis 1456 Pfleger des Berner Münsterbaus und ab 1458 mehrfach Schultheiß. Im Streit zwischen Adel und Bürgern 1470 wurde er aus der Stadt verwiesen. Th. ist Verfasser des frühnhd. Prosaromans *Melusine*, den er 1456 auf der Grundlage einer frz. Versbearbeitung des Stoffes abschloss. Dabei ist, wie in der frz. Vorlage, das Melusinenmärchen mit der Geschichte des Hauses von Lusignan (bei Poitiers) verbunden und christlich-moralisierend gedeutet. Der erste Druck des äußerst erfolgreichen Werkes erschien 1474; zahlreiche Melusinendichtungen und -opern schlossen sich bis ins 20. Jh. an.

Ausgaben: Melusine. Nach den Handschriften krit. hrsg. von Karin Schneider. Berlin 1958. – Melusine. In: Romane des 15. und 16. Jh.s. Hrsg. von Jan-Dirk Müller. Frankfurt a. M. 1990. S. 9–176. [Erstdr.]

Tieck, Ludwig, 31. 5. 1773 Berlin – 28. 4. 1853 ebd. T. stammte aus einem gebildeten protestantischen Handwerkerhaus. Nach dem Besuch des Friedrichswerderschen Gymnasiums in Berlin (1782–92) studierte er 1792–94 in Halle, Göttingen und Erlangen (hier mit W. Wackenroder) nominell Theologie, in Wirklichkeit Literatur, Altertumswissenschaft, Kunst und Philosophie. Im Herbst 1794 kehrte er nach Berlin zurück und lebte als freier Schriftsteller. Bei Aufenthalten in Jena kam es zu engen, freundschaftlichen Beziehungen zu den Frühromantikern um Novalis und die Brüder Schlegel. 1802 zog T. auf das Gut eines Freundes bei Ziebingen in der Nähe von Frankfurt a. d. O. Er unternahm zahlreiche Reisen (1805–06 Rom, 1808–10 München, 1813 Prag, 1817 London und Paris u. a.). 1819 siedelte er mit Familie und der Geliebten Henriette v. Finckenstein nach Dresden über

(1825 Hofrat und Dramaturg des Hoftheaters) und nahm bald, auch durch die berühmten Leseabende, eine zentrale Stellung im Dresdener Kulturleben ein. 1842 berief ihn König Friedrich Wilhelm IV. nach Berlin, wo er Musteraufführungen inszenieren sollte (bedeutend nur der *Sommernachtstraum* mit der Musik von Felix Mendelssohn-Bartholdy 1843). Die letzten Berliner Jahre waren eine Zeit zunehmender Vereinsamung, Resignation und Krankheit.

T.s schriftstellerisches Werk ist ebenso umfangreich wie vielseitig. Bereits als Gymnasiast verfasste er Dramen und Erzählungen und arbeitete erfolgreich an der Trivialliteraturproduktion seines Lehrers Friedrich Eberhard Rambach mit. Dann schrieb er regelmäßig Erzählungen für den Almanach *Straußfedern* des Aufklärers F. Nicolai, bis mit dem Briefroman *William Lovell* die erste bedeutende, die frühromantische Phase seines Schaffens einsetzte. Dabei zeigt er sich offen für die unterschiedlichsten Aspekte und Formen der romantischen Literatur: ironisch-satirische Märchenspiele und Literaturkomödien, abgründige und unheimliche, Momente des Schauerromans aufnehmende Erzählungen wie *Der blonde Eckbert* (in: *Volksmährchen*), Volksbuchbearbeitungen in einem scheinbar naiven Erzählton, Annäherungen an die nihilistische Seite der Romantik im *William Lovell*, Entwürfe des Konzepts einer romantischen Kunstreligion in den Beiträgen zu Wackenroders *Herzensergießungen* und in dem ersten Künstlerroman der Romantik, *Franz Sternbalds Wanderungen*, Versuche poetischer Gesamtkunstwerke im Sinn der progressiven Universalpoesie F. Schlegels (z. B. die an Shakespeare und das span. Theater anknüpfende Tragödie *Leben und Tod der heiligen Genoveva*, in: *Romantische Dichtungen*). Die romantische Mittelaltersehnsucht, die vielfach in der Stoffwahl sichtbar wird, fand ihren Ausdruck auch in einer Reihe von Ausgaben und Bearbeitungen »altdeutscher« Dichtungen. Darüber hinaus beschäftigte sich T. mit Shakespeare, übersetzte den *Don Quijote* und edierte die Werke zeitgenössischer Dichter wie Novalis, F. Müller oder H. v. Kleist. Eine Art Zusammenfassung seines frühen Werkes bietet die durch eine Rahmenerzählung verbundene Sammlung *Phantasus*. Seine 1821 einsetzende umfangreiche Novellenproduktion nimmt mit dem Unheimlichen und Wunderbaren Themen der romantischen Phase seines Werkes auf, doch geschieht dies nun dadurch, dass T. »das Wunderbare in die sonst alltäglichen Umstände und Verhältnisse« legt. Seine Zeit- und Gesellschaftsnovellen, oft in Gesprächsform gehalten, geben so ein Bild der biedermeierlichen Welt und registrieren vielfach auch die gesellschaftlichen und wirtschaftlichen Veränderungen der Zeit, ohne die Grenze zum Realismus zu überschreiten. Fern von romantischer Verklärung der Vergangenheit sind die großen historischen Novellen und Romane der Spätzeit wie *Aufruhr in den Cevennen* und *Vittoria Accorombona*, die die Spannweite von T.s Schaffen und zugleich sein Gespür für Zeitströmungen und moderne Themen zeigen.

Werke: Geschichte des Herrn William Lovell. 1795–96. – Peter Lebrecht. Eine Geschichte ohne Abentheuerlichkeiten. 1795–96. – Der gestiefelte Kater. 1797. – Ritter Blaubart. 1797. – Volksmährchen herausgegeben von Peter Leberecht. 1797. – Franz Sternbalds Wanderungen. 1798. – Romantische Dichtungen. 1799. – Leben und Thaten des […] Don Quixote von La Mancha. 1799–1801. [Cervantes-Übers.] – Kaiser Octavianus. 1804. – Minnelieder aus dem Schwäbischen Zeitalter. 1803. – Alt-Englisches Theater. 1811. – Frauendienst. 1812. [Ulrich v. Lichtenstein.] – Phantasus. Eine Sammlung von Mährchen, Schauspielen und Novellen. Bd. 1–2. 1812. Bd. 3. 1816. – Deutsches Theater. 1817. – Gedichte. 1821–23. – Shakespear's Vorschule. Bd. 1. 1823. Bd. 2. 1829. – Der Aufruhr in den Cevennen. 1826. – Schriften. 28 Bde. 1828–54. – Novellenkranz. 1831–35. – Gesammelte Novellen. 14 Bde. 1835–42. – Der junge Tischlermeister. 1836. – Vittoria Accorombona. 1840.

Ausgabe: Schriften in 12 Bänden. Hrsg. von Manfred Frank [u. a.]. Frankfurt a. M. 1985 ff.

Timm, Uwe, * 30. 3. 1940 Hamburg. Nach einer Kürschnerlehre leitete T. zunächst das elterliche Geschäft, holte dann das Abitur nach und studierte in München und Paris Philosophie, Germanistik und Philosophie (Dr. phil. 1971) und anschließend noch Soziologie und Volkswirtschaftslehre. T. lebt als freier Schriftsteller in Herrsching (Ammersee). Sein Engagement in der Studentenbewegung – er war Mitglied des SDS – spiegelt sich in seinen politisch-agitatorischen Gedichten und dem Roman *Heißer Sommer*, der Entwicklungsgeschichte eines Germanistikstudenten zur Zeit der Studentenrevolte, wider. Auch der Roman *Kerbels Flucht*, der die Orientierungslosigkeit nach dem Niedergang der Protestbewegung thematisiert, gehört in diesen Zusammenhang. Zu seinen weiteren, meist komplex konstruierten Werken gehören unmittelbar zeitkritisch-aufklärerische Romane wie *Morenga*, der an den verdrängten Kolonialkrieg des Kaiserreichs in Südwestafrika erinnert, *Der Schlangenbaum*, eine in Südamerika spielende Auseinandersetzung mit Diktatur, Korruption und Entwicklungshilfe, und *Kopfjäger*, ein »Bericht aus dem Innern des Landes«, der von kriminellen Machenschaften in der Wirtschaft und dem Weg des Protagonisten zu sich selbst handelt. Daneben stehen Romane, die das Erzählen von Geschichten oder das Erinnern als Mittel benutzen, um Vergangenheit, Alltag, Beziehungen, Träume und Wünsche zu evozieren und über Geschichte und Kulturgeschichte zu reflektieren (*Der Mann auf dem Hochrad*, *Die Entdeckung der Currywurst*, *Die Johannisnacht*). In dem Roman *Rot* wird der Held – Beerdigungsredner von Beruf – bei der Recherche der Geschichte eines ehemaligen Genossen mit seiner eigenen Achtundsechziger-Vergangenheit konfrontiert, eine Rückwendung T.s zur Thematik seiner frühen Romane. Sie kehrt noch einmal wieder in der Erzählung *Der Freund und der Fremde*; hier erzählt T. von seiner Freundschaft mit dem 1967 bei einer Demonstration gegen den Schah-Besuch in

Berlin erschossenen Benno Ohnesorg, von seiner eigenen, ähnlichen Bildungsgeschichte und von Camus' ›Fremden‹ Meursault (T. promovierte über Camus und Ohnesorg war sein erster Leser). Mit der Familiengeschichte als Spiegel der allgemeinen Geschichte setzt sich das aus Erinnerungen, Zitaten, Episoden, Reflexionen, Geschichtsbetrachtungen mosaikartig zusammengesetzte Buch *Am Beispiel meines Bruders* auseinander, eines wesentlich älteren Bruders, der 1942 als Achtzehnjähriger freiwillig in die Waffen-SS eingetreten und 1943 in der Sowjetunion tödlich verwundet worden war. – T. schreibt auch Kinderbücher (z. B. *Rennschwein Rudi Rüssel*, 1989).

Werke: Widersprüche. 1971. – Heißer Sommer. 1974. – Zeit-Gedichte. 1977. – Morenga. 1978. – Kerbels Flucht. 1980. – Deutsche Kolonien. 1981. – Der Mann auf dem Hochrad. Legende. 1984. – Der Schlangenbaum. 1986. – Vogel, friß die Feige nicht. Römische Aufzeichnungen. 1989. – Kopfjäger. Bericht aus dem Innern des Landes. 1991. – Die Entdeckung der Currywurst. 1993. – Erzählen und kein Ende. Versuch zu einer Ästhetik des Alltags. 1993. – Die Johannisnacht. 1996. – Die Bubi Scholz Story. 1998. – Nicht morgen, nicht gestern. Erzählungen. 1999. – Eine Hand voll Gras. 2000. – Rot. 2001. – Am Beispiel meines Bruders. 2003. – Der Freund und der Fremde. Eine Erzählung. 2005.

Titz, Johann Peter, 10. 1. 1619 Liegnitz – 7. 9. 1689 Danzig. Der Sohn eines Arztes besuchte das Breslauer Elisabeth-Gymnasium und das Gymnasium in Danzig, studierte dann ab 1639 in Rostock, seit 1644 in Königsberg Rechtswissenschaften und später Philologie. Seit 1645 lebte er in Danzig; hier wurde er 1648 Konrektor der Marienschule, 1651 Professor für alte Sprachen am Gymnasium und – nach einem kurzen Studienaufenthalt in Leiden – Professor der Rhetorik (1653) und dazu der Poesie (1656). T.' Hauptwerk ist eine Poetik, die sich recht konservativ an M. Opitz orientiert, aber gleichwohl die von A. Buchner angeregten Erweiterungen (Daktylus) übernimmt. T. verfasste neben einer *Lucretia*-Dichtung in Alexandrinern zahlreiche dt. und neulat. Gelegenheitsdichtungen und übersetzte u. a. Epigramme des Neulateiners John Owen und poetische Alexandrinerepisteln des Niederländers Jacob Cats.

Werke: Zwey Bücher Von der Kunst Hochdeutsche Verse und Lieder zu machen. 1642. – Lucretia, sampt beygefügter Historischer Erklärung der dunckeln Orter. o. J. [1643]. – Florilegii Oweniani centuria [- centuria altera], colligente, versibusque Germanicis experimente. 1643–45. – Leben auß dem Tode / Oder Grabes-Heyrath zwischen Gaurin vnd Rhoden. 1644. [Cats-Übers.] – Knemons Send-Sachreiben an Rhodopen, Poetisch aufgesetzt / Vnd [...] erkläret. 1647. [Cats-Übers.] – Manducatio ad Excerpendum. 1660. – Noctium poeticarum praemetia. 1666. – Noctium poeticarum manipulus. 1670. [Weitere kleinere Sammlungen von lat. Gelegenheitsdichtungen unter demselben Haupttitel 1671, 1684, 1687.]

Toller, Ernst, 1. 12. 1893 Samotschin bei Bromberg (Posen) – 22. 5. 1939 New York. Der Sohn eines jüdischen Kaufmanns begann im Februar 1914 mit dem Jurastudium an der Ausländeruniversität Grenoble, kehrte dann bei Kriegsbeginn über die Schweiz nach Deutschland zurück und meldete sich freiwillig. Anfang 1917 wurde er nach einer Verwundung entlassen und nahm sein Studium in Heidelberg und München wieder auf. In München beteiligte er sich an der Antikriegsbewegung und als Mitglied der USPD an der bayerischen Revolution und der Räteregierung. Nach der Ermordung Kurt Eisners 1919 wurde er Vorsitzender des Zentralrats und Abschnittskommandeur der Roten Garde bei Dachau. Nach dem Scheitern der Revolution wurde T. verhaftet und wegen Hochverrats zu fünf Jahren Festungshaft verurteilt. Nach der Entlassung im Juli 1924 zog er, aus Bayern ausgewiesen, nach Berlin. 1933 emigrierte er und gelangte über die Schweiz, Frankreich und England schließlich in die USA. Im Exil gründete er eine Hilfsaktion für die span. Zivilbevölkerung. Kurz nach dem Sieg Francos erhängte sich T. in seinem New Yorker Hotelzimmer. Während seiner Haftzeit entwickelte sich T. mit Stücken, die die Problematik revolutionären Handelns reflektieren, zu einem der bedeutendsten Dramatiker der Weimarer Republik. Am Anfang steht das expressionistische Stationendrama *Die Wandlung* (UA 1919), ein pathetischer Aufruf in sozialistischem Geist zur Geburt eines neuen Menschen. *Masse Mensch* (UA 1920; spätere Ausgaben schreiben *Masse – Mensch*) wirft vor dem Hintergrund des Scheiterns utopischer Entwürfe die Frage nach der Legitimation von Gewalt und der Verstrickung des politisch Handelnden in Schuld auf und thematisiert den Konflikt zwischen den revolutionären Forderungen der aufgestachelten »Masse« und dem Gewissen des Einzelnen. Das Drama *Die Maschinenstürmer* (UA 1922) nimmt das Thema an einem historischen Beispiel auf. Eine vollständige Absage an den Menschheitsoptimismus des Expressionismus bedeutet das Heimkehrerstück *Der Deutsche Hinkemann* (UA 1923), das mit seinen allegorischen Zügen auch auf den Zustand Deutschlands und seiner Gesellschaft zielt. Konkretes politisches Theater verwirklichte T. in der kritischen Zeitrevue *Hoppla, wir leben!* (UA 1927), die die Verhältnisse in der Weimarer Republik zum Gegenstand hat, und dem Stück über den Matrosenaufstand gegen Ende des Ersten Weltkriegs (*Feuer aus den Kesseln*, UA 1930). Während seine im Exil geschriebenen (und ins Englische übersetzten) Stücke keine Resonanz mehr fanden, gelang T. mit *Eine Jugend in Deutschland* eine literarisch wie zeitgeschichtlich bedeutsame Autobiographie.

Werke: Die Wandlung. Das Ringen eines Menschen. 1919. – Gedichte der Gefangenen. Ein Sonettenkreis. 1921. – Masse Mensch. Ein Stück der sozialen Revolution des 20. Jahrhunderts. 1921. – Die Maschinenstürmer. 1922. – Der Deutsche Hinkemann. 1923. Seit 1924 u. d. T.: Hinkemann. – Der entfesselte Wotan. 1923. – Das Schwalbenbuch. 1924. – Hoppla, wir leben! 1927. – Justiz. Erlebnisse. 1927. – Feuer aus den Kesseln. 1930. – Die blinde Göttin. 1933. – Eine Jugend in Deutschland. 1933. – No More Peace. 1937. – Pastor Hall. 1939.

Ausgabe: Gesammelte Werke. Hrsg. von Wolfgang Frühwald und John Spalek. 5 Bde. München 1978.

Torberg, Friedrich (d. i. F. Kantor), 16. 9. 1908 Wien – 10. 11. 1979 ebd. Der Sohn eines jüdischen Fabrikdirektors besuchte das Gymnasium in Prag und wurde 1928, von M. Brod gefördert, Redakteur beim *Prager Tagblatt*. Bis 1938 lebte T. als Publizist in Prag und Wien, emigrierte dann über die Schweiz und Frankreich 1940 in die USA. Zunächst arbeitete er als Drehbuchautor in Hollywood, dann als Herausgeber von Exilzeitschriften und Berater des Bermann Fischer Verlags in New York (1944–51). Nach seiner Rückkehr lebte er in Breitenfurt bei Wien und Bad Aussee. Bereits in seiner Gymnasialzeit veröffentlichte T. Gedichte und Erzählungen unter dem Pseudonym Torberg, gebildet aus der letzten Silbe des Familiennamens und dem Geburtsnamen seiner Mutter (Berg). Sein erster und zugleich bekanntester Roman *Der Schüler Gerber hat absolviert* steht in der Tradition der kritischen Schulgeschichten und beschreibt psychologisch eindringlich den Weg eines Gymnasiasten in den Suizid. Die späteren Werke setzen sich u. a. mit dem Schicksal der Juden im Nationalsozialismus auseinander (*Mein ist die Rache*; *Hier bin ich, mein Vater*). Großen Erfolg hatte er mit seinen Erinnerungen *Die Tante Jolesch*, die die Zeit zwischen 1918 und 1938 heraufbeschwören.

Werke: Der ewige Refrain. 1929. – Der Schüler Gerber hat absolviert. 1930. Neuaufl. u. d. T.: Der Schüler Gerber. 1954. – ... und glauben, es wäre die Liebe. 1932. – Die Mannschaft. Roman eines Sport-Lebens. 1935. – Abschied. 1937. – Mein ist die Rache. 1943. – Hier bin ich, mein Vater. 1948. – Die zweite Begegnung. 1950. – Fritz von Herzmanowsky-Orlando: Gesammelte Werke. 4 Bde. 1957–63. [Hrsg.] – PPP. Pamphlete, Parodien, Post Scripta. 1964. – Das fünfte Rad am Thespiskarren. Theaterkritiken. 1966–67. – Die Tante Jolesch oder Der Untergang des Abendlandes in Anekdoten. 1975.

Ausgabe: Gesammelte Werke in Einzelausgaben. 19 Bde. München 1962–91.

Trakl, Georg, 3. 2. 1887 Salzburg – 3. 11. 1914 Krakau. Der Sohn eines Eisenhändlers wurde nach der Obersekunda nicht versetzt und machte 1905–08 ein Praktikum in der Salzburger Apotheke »Zum weißen Engel«. Im Herbst 1908 ging er zum Pharmaziestudium nach Wien (Magister 1910). Ab Oktober 1910 absolvierte er hier sein Militärjahr und arbeitete dann wiederum in der Apotheke »Zum weißen Engel«. Im April 1912 begann sein Probedienst als »Medikamentenakzessist« in der Apotheke des Garnisonskrankenhauses in Innsbruck. Am 31.12.1912 trat er eine Stelle im Ministerium für öffentliche Arbeiten in Wien an, die er einen Tag später wieder aufgab; auch den Probedienst im Kriegsministerium, den er im Juli 1913 aufnahm, brach er sofort wieder ab. Unterstützung fand er u. a. bei Ludwig v. Ficker und seiner Frau in Innsbruck, die er 1912 kennen gelernt hatte, und bei K. Kraus; mit ihnen und anderen Freunden machte er im August 1913 eine Venedig-Reise. Im März 1914 reiste T. zu seiner erkrankten Schwester Grete nach Berlin; seine eigene Gesundheit war durch Alkohol- und Drogenkonsum stark beeinträchtigt. Die finanzielle Misere wurde durch eine Spende Ludwig Wittgensteins zur Unterstützung österreichischer Künstler behoben; T. erhielt – wie R. M. Rilke – 20 000 Kronen. Bei Kriegsausbruch wurde er eingezogen und in Galizien stationiert. Nach seinem ersten Einsatz in der Schlacht von Gródek (8.–11. 9. 1914) unternahm er einen Suizidversuch. Daraufhin wurde er zur Untersuchung seines Geisteszustands nach Krakau gebracht. Er starb an einer Überdosis Kokain.

T. stellte 1909 zum ersten Mal eine (ungedruckte) Sammlung von Gedichten zusammen (»Sammlung 1909«), die noch ganz unter dem Einfluss von Jugendstil und Symbolismus steht. In den danach entstandenen Texten, erschienen in den *Gedichten*, setzte sich ein eigener Ton durch. Gedanken und Bilder von Tod und Verfall verbinden sich mit formaler Schönheit und musikalischem Wohlklang. Charakteristisch ist dabei die Reihung von Bildelementen, die »bildhafte Manier, die in vier Strophenzeilen vier einzelne Bildteile zu einem einzigen Eindruck zusammenschmiedet« (T.). Texte wie *Musik in Mirabell* oder *Verklärter Herbst* gehören zu diesem Gedichttyp. Daneben stehen aber bereits Gedichte in freien Rhythmen, die dann in der noch von T. zusammengestellten und genau komponierten Sammlung *Sebastian im Traum* dominieren und die wenigen metrisch regelmäßigen Gedichte in den Hintergrund drängen. Das Buch besteht aus den Zyklen *Sebastian im Traum*, *Herbst des Einsamen*, *Siebengesang des Todes*, *Gesang des Abgeschiedenen* und der Prosadichtung *Traum und Umnachtung*. In der stark verdichteten Motiv- und Bildsprache, die hermetische Züge aufweist, schlagen sich antike Mythen (Orpheus), christliche Vorstellungen und literarische Anspielungen und Zitate (Hölderlin, Novalis, Arthur Rimbaud, Fjodor Dostojewskij) nieder. Dabei kontrastiert T. antikarkadische oder christlich geprägte Paradies- und Erlösungsvorstellungen mit dunklen Bildern des Verfalls und der Fäulnis, der Angst und des Verderbens. Anders als in den reihenden Texten der *Gedichte* ergeben sich bei ständiger Metamorphose der sprachlichen und bildlichen Vorgänge zeitliche Perspektiven, zeigen sich (diskontinuierliche) Bewegungen von paradiesischer Vorzeit zu Erlösung und Apokalypse, hat der Verlauf der Tages- und Jahreszeiten ein Ziel: Herbst, Abend, Nacht – Absterben, Untergang, Tod. Darin kann man einen Reflex der gequälten und gefährdeten Existenz des Dichters sehen, wenn auch angesichts des hermetischen Charakters der Texte direkte Rückschlüsse auf die Biographie des Dichters, etwa im Hinblick auf die (literarisch u. a. auf Richard Wagners *Walküre* verweisende) Inzest-Thematik, kaum möglich sind. Nach *Sebastian im Traum* erschien 1914–15 noch eine Reihe von Gedichten T.s in der von L. v. Ficker herausgegebenen Halbmonatsschrift *Der Brenner*, darunter die Evokation der Schlacht von Gródek (*Am Abend tönen die herbstlichen Wälder*).

Werke: Gedichte. 1913. – Sebastian im Traum. 1915.
Ausgaben: Die Dichtungen. Erste Gesamtausg. Hrsg. von Karl Röck. Leipzig 1917 [recte 1919]. – Dichtungen und Briefe. Hist.-krit. Ausg. Hrsg. von Walther Killy und Hans Szklenar. 2 Bde. Salzburg 1969. 2., erg. Aufl. 1987. – Sämtliche Werke und Briefwechsel. Innsbrucker Ausgabe. Hist.-krit. Ausg. mit den handschriftlichen Texten Trakls. Hrsg. von Eberhard Sauermann und Hermann Zwerschina. Basel / Frankfurt a. M. 1995 ff.

Traven, B. (bis etwa 1921 Ret Marut), 25. 2. 1882 San Francisco (?) bzw. 3. 5. 1890 Chicago (?) – 26. 3. 1969 Mexico City. Über die Herkunft T.s gibt es verschiedene Ansichten. Als gesichert gilt, dass er mit dem Schauspieler und Schriftsteller Ret Marut (wahrscheinlich ebenfalls ein Pseudonym) identisch ist. Marut erscheint seit der Saison 1907/08 auf Theaterprogrammen und von 1917 bis 1921 als Herausgeber der radikalanarchistischen Münchner Zeitschrift *Der Ziegelbrenner.* 1919 ging Marut, von einem standrechtlichen Todesurteil bedroht, in den Untergrund und tauchte 1924 an der Ostküste Mexikos wieder auf. Er lebte zuerst im Staat Tamaulipas, dann in Acapulco und seit 1957 in Mexico City. Hier benutzte er den Namen Traven Torsvan. Als er sich als Berater an der Verfilmung seiner Romane beteiligte, gab er sich als Hal Corves, Beauftragter des Verfassers, aus. Von Mexiko aus schickte T. – nach einem Vorabdruck seines ersten Romans *Die Baumwollpflücker* im *Vorwärts* – der gewerkschaftseigenen Büchergilde Gutenberg seine Romane und Erzählungen, die sie in ihr Programm aufnahm: spannende Abenteuergeschichten mit entschieden sozialkritischer Tendenz vor exotischem Hintergrund, getragen von Sympathie für die Armen, Ausgebeuteten und Unterdrückten. Wie in seinem berühmtesten Buch, *Das Totenschiff*, verbindet sich mit dem Abenteuerlich-Exotischen vielfach die Frage nach der menschlichen Identität. In den 30er-Jahren schrieb T. eine Serie von sechs Romanen, die die Ausbeutung der indianischen Bevölkerung und ihren

Befreiungskampf im Rahmen der mexikanischen Revolution schildert.

Werke: Das Totenschiff. Die Geschichte eines amerikanischen Seemanns. 1926. – Der Wobbly. 1926. [Die Baumwollpflücker.] – Der Schatz der Sierra Madre. 1927. – Der Busch und andere Erzählungen. 1928. – Die Brücke im Dschungel. 1929. – Die Weiße Rose. 1929. – Der Karren. 1931. – Regierung. 1931. – Der Marsch ins Reich der Caoba. 1933. – Die Troza. 1936. – Die Rebellion der Gehenkten. 1936. – Ein General kommt aus dem Dschungel. 1940. – Aslan Norval. 1960.
Ausgabe: Werkausgabe. Hrsg. von Edgar Paessler. 18 Bde. Frankfurt a. M. 1977–82.

Treichel, Hans-Ulrich, * 12. 8. 1952 Versmold (Westfalen). Nach dem Studium der Germanistik, Politologie und Philosophie an der Freien Universität Berlin promovierte T. 1983 mit einer Arbeit über W. Koeppen. 1984 ging er für ein Jahr als Lektor nach Pisa. Anschließend erhielt er eine Stelle als Wissenschaftlicher Mitarbeiter an der FU Berlin, wo er sich 1993 habilitierte. Seit 1995 lehrt er als Professor am Deutschen Literaturinstitut der Universität Leipzig. T. begann als Lyriker, mit Gedichten, die von Melancholie und Skepsis im Hinblick auf Individuum und Gesellschaft geprägt sind und bei denen er sich, ›postmodern‹, kunstvoll und nicht ohne Ironie aus der literarischen Tradition und ihrem Form- und Stilarsenal bedient. Mit dem Band *Der einzige Gast*, charakterisiert durch entschiedene Verknappung und Ernüchterung, endete T.s ›lyrische‹ Phase. Seine Prosa, die von nun im Mittelpunkt seines Schaffens steht, zeichnet sich durch eine distanzierte Erzählweise mit ironischen Untertönen und tragikomischen Zügen aus, die die geschilderten leidvollen Erfahrungen brechen und ihnen die Schwere zu nehmen scheinen. Die Bände *Von Leib und Seele* und *Heimatkunde* enthalten kürzere Prosastücke mit autobiographisch geprägten Episoden aus einem desolaten Familienleben in einer westfälischen Kleinstadt und den beruflichen Anfängen des Ich-Erzählers, jeweils gesehen als Folge von Niederlagen. Auch T.s erste größere Prosaerzählung *Der Verlorene* hat autobiographische Bezüge: eine Familien- und Kindheitsgeschichte um den auf der Flucht aus Ostpreußen ›verlorenen‹ Sohn Arnold und seinen vernachlässigten Bruder, den Ich-Erzähler, die zugleich Einblicke in die Mentalitätsgeschichte der Wirtschaftswunderjahre bietet. Mit *Tristanakkord* ließ T. einen Künstlerroman folgen, eine Parodie auf den Kulturbetrieb, die einen aus der westfälischen Provinz stammenden jungen Akademiker und einen eitlen Komponisten gegenüberstellt und die Defizite beider entlarvt. Im Roman *Der irdische Amor* erzählt T. die komische und traurige Geschichte eines verklemmten Studenten der Kunstgeschichte auf der Suche nach Liebe, die ihn in ein sardisches Bergdorf und wieder – an den eigenen Illusionen gescheitert – zurück nach Berlin führt. In *Menschenflug* kehren Familientraumata und die Geschichte vom verlorenen Sohn auf komisch-melancholische Weise wieder im Fall eines Lehrenden im akademischen Mittelbau und Romanciers, der – voller psychischer Probleme – der Vergangenheit nachgeht.

Werke: Ein Restposten Zukunft. 1979. – Tarantella. 1982. – Aus der Zeit des Schweigens. Neun Lieder für Arthur Rimbaud. Ein Oratorium. 1984. – Fragment ohne Ende. Eine Studie über Wolfgang Koeppen. 1984. – Liebe Not. 1986. – Seit Tagen kein Wunder. 1990. – Das verratene Meer. Musikdrama. 1990. [Nach dem Roman *gogo no eiko* von Yukio Mishima; Musik von Hans Werner Henze.] – Von Leib und Seele. Berichte. 1992. – Der einzige Gast. 1994. – Auslöschungsverfahren. Exemplarische Untersuchungen zur Literatur und Poetik der Moderne. 1995. – Venus und Adonis. Oper in einem Akt für Sänger und Tänzer. 1995. [Musik von H. W. Henze.] – Heimatkunde oder Alles ist heiter und edel. Besichtigungen. 1996. – Der Verlorene. 1998. – Tristanakkord. 2000. – Über die Schrift hinaus. Essays zur Literatur. 2000. – Der Entwurf des Autors. Frankfurter Poetik-Vorlesungen. 2000. – Gespräch unter Bäumen. Gesammelte Gedichte. Hrsg. von Rainer Weiss. 2002. – Der irdische Amor. 2002. – Menschenflug. 2005. – Der Felsen, an dem ich hänge. Essays und andere Texte. 2005.

Tscherning, Andreas, 18. 11. 1611 Bunzlau (Schlesien) – 27. 9. 1659 Rostock. Der mit M. Opitz verwandte T. stammte aus einer Kürschnerfamilie. Er konnte sein 1635 in Rostock begonnenes Studium wegen einer längeren Unterbrechung erst 1645 abschließen (Magister artium). Im selben Jahr wurde er als Professor der Dichtkunst an die Rostocker Universität berufen. T.s Lyrik ist dem Vorbild von Opitz verpflichtet, über dessen Vorstellungen er auch in seiner eigenen Poetik nur vorsichtig hinausging. Sein Studium orientalischer Sprachen schlug sich in Übersetzungen arabischer Sprichwörter nieder.

Werke: LobGesang Uber den frewdenreichen GeburtsTag [...] Jesu Christi. 1635. – Lob des Weingottes. 1636. – Centuria proverbiorum Alis Imperatorum Muslimici distichis Latino-Germanicis expressa. 1641. – Deutscher Getichte Früling. 1642. – Martin Opitzen Judith / auffs neu außgefertiget. 1646. – Vortrab Des Sommers Deutscher Getichte. 1655. – Unvorgreiffliches Bedencken über etliche mißbräuche in der deutschen Schreib- und Sprach-kunst / insonderheit / der edlen Poeterey. 1658.

Tucholsky, Kurt, 9. 1. 1890 Berlin – 21. 12. 1935 Göteborg (Schweden). Der Sohn eines jüdischen Kaufmanns studierte von 1909 an Jura in Berlin und Genf (Sommersemester 1910), begann aber gleichzeitig, sich mit Beiträgen für den sozialdemokratischen *Vorwärts* und seit 1913 für Siegfried Jacobsohns *Schaubühne* (seit 1918 *Weltbühne*) als Schriftsteller zu etablieren. 1915 wurde er in Jena zum Dr. jur. promoviert und danach zum Militär eingezogen. Nach dem Krieg arbeitete er bis 1920 als Chefredakteur der Zeitschrift *Ulk*, danach als freier Schriftsteller und Journalist (abgesehen von einem Intermezzo als Privatsekretär in einer Berliner Bank während der Inflationszeit 1923–24). 1924 ging er als Korrespondent der *Weltbühne* nach Paris, ohne dass das seine Arbeit für andere Organe beeinträchtigt hätte. Nach dem Tod Jacobsohns übernahm er vorübergehend (1926–27) die Redaktion der *Weltbühne*. Seit 1929 lebte er in Hindås (Schweden). Nach der

Machtergreifung Hitlers wurden seine Bücher verbrannt, er selbst ausgebürgert. Er starb nach einem Suizidversuch in einem Göteborger Krankenhaus. Die Erfahrungen des Krieges und die problematische Lage der Weimarer Republik bestärkten T. in seinem linksorientierten politischen Engagement und der Auffassung von der aufklärerischen Funktion der Literatur. Sein publizistisches Schaffen umfasst mehr als 2500 Texte, die ihn als Meister der kleinen Form vom aktuellen politischen Gedicht und Kabarettchanson über das Feuilleton bis hin zur bissigen politischen Satire auf die gefährlichen Relikte aus wilhelminischer Zeit (Militär, Justiz, Beamtenapparat) erweisen. Für die verschiedenen Genres und Rollen, die auch auf das jeweils verschiedene Publikum der Publikationsorgane abgestimmt waren, schuf sich T., z. T. noch im Kaiserreich, die Pseudonyme Ignaz Wrobel (zuständig für Politisch-Satirisches), Peter Panter (Feuilleton), Theobald Tiger (Lyrik, Lieder) und Kaspar Hauser (»sah in die Welt und verstand sie nicht«). Auf die verschiedenen Identitäten – die fünfte ist T. selbst – spielt auch der Titel seines ersten Sammelbandes *Mit 5 PS* an, denen T. zwei weitere folgen ließ. Daneben erschienen als selbständige Publikationen der Reisebericht *Ein Pyrenäenbuch* und das »Bilderbuch« *Deutschland, Deutschland über alles*, eine von John Heartfield vorgenommene aggressive Montage von Fotos und T.-Texten. Aufklärung im Medium des Unterhaltungsromans versuchte T. mit der »Sommergeschichte« *Schloß Gripsholm*, die an sein früheres »Bilderbuch für Verliebte« *Rheinsberg* erinnert.

Werke: Rheinsberg. Ein Bilderbuch für Verliebte. 1912. – Der Zeitsparer. Grotesken von Ignaz Wrobel. 1914. – Fromme Gesänge. Von Theobald Tiger. 1919. – Träumereien an preußischen Kaminen. Von Peter Panter. 1920. – Ein Pyrenäenbuch. 1927. – Mit 5 PS. 1928. – Das Lächeln der Mona Lisa. 1929. – Deutschland, Deutschland über alles. [...] Montiert von John Heartfield. 1929. – Lerne lachen ohne zu weinen. 1931. – Schloß Gripsholm. 1931.

Ausgaben: Gesammelte Werke. Hrsg. von Mary Gerold-Tucholsky und Fritz J. Raddatz. 10 Bde. Reinbek 1975. Erg.-Bde.: Bd. 1. Deutsches Tempo. 1985. Bd. 2. Republik wider Willen. 1989. – Gesamtausgabe. Texte und Briefe. Hrsg. von Antje Bonitz [u. a.]. 22 Bde. Reinbek 1996 ff.

Tumler, Franz, 16. 1. 1912 Gries bei Bozen – 20. 10. 1998 Berlin. Der Sohn eines Gymnasiallehrers wuchs in Linz auf und arbeitete nach der Absolvierung der Lehrerbildungsanstalt als Volksschullehrer in Oberösterreich, bis er sich mit dem Erfolg seines ersten Buches 1935 als freier Schriftsteller etablieren konnte. Ab 1941 leistete er freiwillig Kriegsdienst. Nach dem Krieg lebte er zunächst in der Nähe von Linz, seit 1950 in Berlin. T.s erstes Werk, die Geschichte des Untergangs eines einsamen ladinischen Dorfes im Weltkrieg, machte ihn populär (*Das Tal von Lausa und Duron*). Seine weiteren Werke bis Kriegsende, klassizistisch in Sprache und Ton, zeigen seinen Anschluss an die NS-Ideologie, einen Vorgang, den er später als Reaktion auf Vaterlosigkeit und Heimatverlust zu erklären suchte (*Jahrgang 1912*). Die Auseinandersetzung nach 1945 mit seinem politischen Versagen und seinem konformistischen Schreiben führte ihn zur Kritik des traditionellen Erzählens und zu einem konsequenten Stilwandel. T. stellte nun die Erzählbarkeit der Welt, der Geschichten in Frage, suchte durch Perspektivenwechsel und Mehrstimmigkeit zur Rekonstruktion des ›wirklich‹ Geschehenen zu gelangen und integrierte die Reflexion über das Erzählen in die Erzählung. Die Gegenstände haben dabei häufig einen autobiographischen Hintergrund, die Landschaften der Kindheit (Südtirol, Oberösterreich) erhalten eine besondere Bedeutung. Der Roman *Aufschreibung aus Trient* verbindet Geschichte und Landschaft Südtirols mit der eigenen Familien- und Lebensgeschichte.

Werke: Das Tal von Lausa und Duron. 1935. – Der Ausführende. 1937. – Die Wanderung zum Strom. 1937. – Der Soldateneid. 1939. – Im Jahre 38. 1939. – Der erste Tag. 1940. – Anruf. 1941. –

Auf der Flucht. 1943. – Landschaften des Heimgekehrten. 1948. – Der alte Herr Lorenz. 1949. – Ländliche Erzählungen. 1944. – Heimfahrt. 1950. – Das Hochzeitsbild. 1953. – Ein Schloß in Österreich. 1953. – Der Schritt hinüber. 1956. – Der Mantel. 1959. – Nachprüfung eines Abschieds. 1961. – Volterra. Wie entsteht Prosa? 1962. – Aufschreibung aus Trient. 1965. – Jahrgang 1912. In: Jahr und Jahrgang 1912. Hrsg. von Joachim Karsten. 1967. – Das Land Südtirol. Menschen, Landschaft, Geschichte. 1971. – Sätze von der Donau. 1972. – Pia Faller. 1973. – Landschaften und Erzählungen. 1974. – Album Rom. 1983. – Das Zerteilen der Zeit. 1989.

Turrini, Peter, * 26. 9. 1944 St. Margarethen im Lavanttal (Kärnten). Der Sohn eines aus Italien stammenden Kunsttischlers arbeitete nach der Matura (Klagenfurt 1963) in verschiedenen Berufen. Seit 1971 lebt er als freier Schriftsteller in Wien und Retz (Niederösterreich). T. debütierte mit grellen Dramen (*Rozznjogd*, UA 1971; *Sauschlachten*, UA 1972), die die Beschaffenheit der Welt – Müllhalde – und den gegen Außenseiter gerichteten kleinbürgerlichen Terror bewusst schockierend deutlich machen. Die folgenden Arbeiten für Fernsehen und Theater konkretisierten das soziale und politische Engagement und verfolgten aufklärerische Zielsetzungen. Das gilt für die Fernsehserien *Alpensaga* (gemeinsam mit Wilhelm Pevny; ORF 1976–80), eine »Geschichte des österreichischen Bauernstandes« seit der Jahrhundertwende, und eine entsprechende *Arbeitersaga* (mit Rudi Palla und Dieter Berner; ORF 1988–92). Kritisches politisches Theater – mit heftigen Reaktionen der Betroffenen – zeigt T. in den Stücken *Die Bürger* (UA 1982) und *Die Minderleister* (UA 1988). Während das erste die Hohlheit und Sprachlosigkeit des höheren Bürgertums bloßstellt, führt das zweite in der Art eines Stationendramas drastisch vor, wie Krisenerscheinungen (hier der Stahlwirtschaft) auf Kosten der Schwächsten ausgetragen werden und zur Entsolidarisierung und Entfremdung in Arbeits- und Privatleben führen. Provozierend – auf Katholiken und die katholische

Kirche – wirkte auch das kolportagehafte Stück *Tod und Teufel* (UA 1990), das einen Kleinstadtpfarrer auf der Suche nach der Sünde zeigt, einen Pfarrer, der sich angesichts der Perversionen der Gesellschaft und der katholischen Moral selbst kreuzigt. Die (selbst)zerstörerischen Tendenzen der österreichischen Gesellschaft demonstriert das im dunklen Wienerwald spielende Stück *Schlacht um Wien* (UA 1995).

Werke: Erlebnisse in der Mundhöhle. 1972. – Der tollste Tag. Frei nach Beaumarchais. 1973. – Rozznjogd. 1973. – Sauschlachten. 1973. – Die Wirtin. Frei nach Goldoni. 1978. – Turrini Lesebuch. Stücke, Pamphlete, Filme, Reaktionen. 1978. – Alpensaga. 1980. [Mit Wilhelm Pevny.] – Ein paar Schritte zurück. 1980. – Josef und Maria. 1980. – Die Bürger. 1982. – Turrini Lesebuch zwei. 1983. – Mein Österreich. Reden, Polemiken, Aufsätze. 1988. – Die Minderleister. 1989. – Tod und Teufel. Eine Kolportage. 1990. – Alpenglühen. 1992. – Im Namen der Liebe. 1993. – Die Schlacht um Wien. 1995. – Die Liebe in Madagaskar. 1998. – Die Verhaftung des Johann Nepomuk Nestroy. Eine Novelle. 1998. – Lesebuch 1–3. Bd. 1: Ein irrer Traum. Bd. 2: Das Gegenteil ist wahr. Bd. 3: Zu Hause bin ich nur hier: am Theater. Hrsg. von Silke Hassler und Klaus Siblewski. 1999. – Ich liebe dieses Land. Stück und Materialien. 2001. – Der Riese vom Steinfeld. 2002. – Ein paar Schritte zurück. Gedichte. Hrsg. von Silke Hassler. 2002. – Da Ponte in Santa Fé. 2003. – Der tollste Tag. Und andere Komödien. Hrsg. von S. Hassler. 2003. – Im Namen der Liebe. Gedichte. Hrsg. von S. Hassler. 2005. – Die Eröffnung. Und andere Monologe. Hrsg. von S. Hassler. 2006.

U

Uhland, Ludwig, 26. 4. 1787 Tübingen – 13. 11. 1862 ebd. Der aus einer Familie der württembergischen Oberschicht stammende U. – der Vater war Jurist und Tübinger Universitätssekretär – betrieb nach dem Besuch der Lateinschule von 1801 an philologische Studien an der Universität Tübingen und wechselte dann, als er für die Zulassung alt genug war, zur Rechtswissenschaft (1805–08). Nach seiner Promotion zum Dr. jur. 1810 und einer Parisreise ließ er sich 1811 als Rechtsanwalt in Tübingen nieder, 1812 wechselte er ins Justizministerium in Stuttgart. Nach dem Ausscheiden aus dem Justizdienst praktizierte er seit 1814 wieder als Anwalt. Nachdem er sich bereits mit Schriften und Gedichten am württembergischen Verfassungsstreit beteiligt hatte, begann mit der Wahl 1819 in die württembergische Ständeversammlung seine praktische politische Tätigkeit (bis 1826). In dieser Zeit wandte er sich der Germanistik zu; 1829 erhielt er eine Professur für dt. Sprache und Literatur in Tübingen. Als er 1833 wieder in den Landtag gewählt wurde, gab er die Professur auf, weil ihm die Regierung eine Beurlaubung verweigerte. 1838 schied der nationalliberale Oppositionelle wieder aus der Politik aus, lebte als Privatgelehrter in Tübingen, griff dann aber 1848–49 als Abgeordneter im Frankfurter Parlament erneut in die aktive Politik ein. Er stand zu seinen demokratischen Grundsätzen, als er 1853 den preußischen Orden Pour le mérite und den bayerischen Maximiliansorden ablehnte. Mit seinen wissenschaftlichen Arbeiten über Walther v. der Vogelweide, seinen Sagen- und Mythenforschungen sowie der ersten wissenschaftlich fundierten Volksliedsammlung überhaupt gehört U. zu den bedeutenden Vertretern der frühen Germanistik. Als Dichter erreichte er mit seinen am Volkslied orientierten romantischen Gedichten und den ausdrucksstarken, plastischen Balladen eine große Popularität im 19. Jh. Die politische Haltung seiner *Vaterländischen Gedichte* klingt auch in seinen historischen Dramen an, die indirekt an die uneingelösten liberalen Hoffnungen auf Einheit, Recht und Freiheit erinnern.

Werke: Gedichte. 1815. 9., verm. Aufl. 1835. – Vaterländische Gedichte. 1817. – Ernst, Herzog von Schwaben. 1818. – Ludwig der Baier. 1819. – Walther von der Vogelweide. 1822. – Der Mythus von Thor. 1836. – Alte hoch- und niederdeutsche Volkslieder. 1844–45. – Neun Reden für den Anschluß Oesterreichs an Deutschland. 1848.
Ausgaben: Schriften zur Geschichte der Dichtung und der Sage. Hrsg. von Adelbert v. Keller. 8 Bde. 1865–77. – Werke. Hrsg. von Hartmut Fröschle und Walter Scheffler. 4 Bde. München 1980–84.

Uhse, Bodo, 12. 3. 1904 Rastatt (Baden) – 2. 7. 1963 Berlin (DDR). U. stammte aus einer preußischen Offiziers- und Beamtenfamilie. Er wuchs in Glogau (Schlesien) auf, nahm am Kapp-Putsch 1920 teil und trat 1927 der NSDAP bei; 1927–30 war er als Redakteur bei NS-Zeitungen in Ingolstadt und Itzehoe tätig. 1930 trennte er sich von der NSDAP, schloss sich der KPD an und arbeitete in der Bauernbewegung. Er emigrierte 1933 nach Frankreich, kämpfte 1936–38 im Spanischen Bürgerkrieg und floh 1939 über Frankreich und die USA nach Mexiko; hier war er u. a. Redakteur der Zeitschrift *Freies Deutschland*. Nach seiner Rückkehr 1948 ließ sich U. in Ostberlin nieder und bekleidete verschiedene politische und kulturpolitische Positionen in der DDR (u. a. 1950–52 Vorsitzender des Schriftstellerverbandes, 1950–54 Abgeordneter der Volkskammer). 1963 folgte er P. Huchel als Chefredakteur der Zeitschrift *Sinn und Form*. U.s Romane setzen sich, auch am Beispiel der eigenen Entwicklung, in traditionell realistischer, psychologisch differenzierter Schreibweise mit der dt. Geschichte des 20. Jh.s auseinander. Der Roman *Söldner und Soldat* beschreibt seine eigene Geschichte in der Weimarer Republik bis zu seiner Abkehr vom Nationalsozialismus, während die Zeit vorher bis zur Novemberrevolution Gegenstand des späteren Werkes *Wir Söhne* ist. Als sein bedeutendster Roman gilt *Leutnant Bertram*, der verschiedene Haltungen und Strömungen unter dt. Fliegeroffizieren in den ersten Jahren des Dritten Reiches beschreibt und dessen Protagonist, in Spanien abgeschossen, behaupten kann, dass er kein Faschist sei. Ein auf mehrere Bände geplanter Roman des dt. antifaschistischen Widerstands, *Die Patrioten*, blieb Fragment.

Werke: Bauernkampf gegen Bauernnot. 1931. – Söldner und Soldat. 1935. – Leutnant Bertram. 1943. – Nous, les fils. 1947. Dt. u. d. T.: Wir Söhne. 1948. – Die heilige Kunigunde im Schnee und andere Erzählungen. 1949. – Die Brücke. Drei Erzählungen. 1952. – Die Patrioten. 1. Buch: Abschied und Heimkehr. 1954. Erw. um das Fragment des 2. Buches. 1965. – Tagebuch aus China. 1956. – Mexikanische Erzählungen. 1957. – Gestalten und Probleme. 1959. – Reise in einem blauen Schwan. 1959. – Das Wandbild. 1960. – Sonntagsträumerei in der Alameda. 1961. – Im Rhythmus der Conga. Ein kubanischer Sommer. 1962.
Ausgabe: Gesammelte Werke in Einzelausgaben. Hrsg. von Günter Caspar. 6 Bde. Berlin/Weimar 1974–83.

Ulrich von Etzenbach, 2. Hälfte 13. Jh. Der Autor selbst nennt Böhmen als seine Heimat; seine Romane – *Alexander* (1271–86) und *Wilhelm von Wenden* (um 1290) – entstanden im Auftrag des böhmischen Hofes in Prag und dienten der Verherrlichung des böhmischen Königshauses und der Legitimation seiner Machtansprüche. Der Alexanderroman (28 000 Verse), weitgehend auf der Basis der *Alexandreis* (um 1180) von Walther de Châtillon, zeigt den vorbildlichen Helden als Werkzeug Gottes, als moralisches Exempel und als höfischen Helden. Auch die legendenhaft-erbauliche Ritter-, Bekehrungs- und Familiengeschichte um die Gestalten Wilhelms v. Wenden, des sagenhaften Bekehrers des Wendenlands, und seiner Frau Bene (8000 Verse) unterstreicht den böhmischen

Führungsanspruch im slawischen Raum. Die Quelle ist unbekannt; das Handlungsschema orientiert sich an der Eustachius-Legende.

Ausgaben: Alexander. Hrsg. von Wendelin Toischer. Stuttgart/Tübingen 1888. Reprogr. Nachdr. Hildesheim / New York 1974. – Wilhelm von Wenden. Hrsg. von Hans-Friedrich Rosenfeld. Berlin 1957.

Ulrich von Li(e)chtenstein, um 1200/10 – 26. 1. 1275. Der steirische Adelige spielte eine wichtige Rolle in der Landespolitik und ist als Truchsess der Steiermark (1244/45), Marschall (1267–72) und Landrichter (1272) urkundlich bezeugt. Ein anderes Bild zeichnet sein scheinbar autobiographisches Hauptwerk, der *Frauendienst* (um 1250/55). Hier stellt U. als Erzähler in einer strophisch gegliederten Verserzählung, in die seine Lieder eingefügt sind, seine ›Minnebiographie‹ vor, beschreibt (z. T. mit grotesken Details) seinen vergeblichen Minnedienst und die damit verbundenen Turnierfahrten. Die einzelnen Stationen sind Mustern der lyrischen und epischen Dichtung nachgebildet. Ein zweites Werk U.s, *Frauenbuch* (um 1257), ist eine Minnerede, in der im Gespräch zwischen Ritter und Dame Verhaltensregeln abgehandelt werden, wiederum in einer Mischung aus Ernst und karikierender Übertreibung.

Ausgaben: Ulrich v. Lichtenstein. Mit Anm. von Theodor v. Karajan. Hrsg. von Karl Lachmann. Berlin 1841. – Frauendienst. Hrsg. von Franz Viktor Spechtler. Göppingen 1987. – Frauenbuch. Hrsg. von Christopher Young. Stuttgart 2003.

Ulrich von Zazikhoven (Zatzikhoven), aus dem hochalemannischen Raum stammender Verfasser des um 1195–1200 entstandenen Versromans *Lanzelet* (9144 Verse). Die auf einem nicht erhaltenen frz. Versroman basierende Dichtung verbindet Feenmärchen und Artusroman. Zwei episodenreiche Abenteuerfolgen strukturieren das Werk. Die erste führt den von einer Meerfrau erzogenen Lanzelet in die Welt, wo er nach einer Folge von Abenteuern Iblis, die Tochter des von ihm getöteten Königs Iweret, zur Frau gewinnt. Die zweite kreist um Artus und seine entführte Gemahlin Ginover und führt den in die Gemeinschaft aufgenommenen Helden nach vielen Heldentaten und Liebesabenteuern wieder zu seiner Frau zurück. Ob die zweite Abenteuerfolge, die in dem Herrschaftsantritt Lanzelets endet, eine Überhöhung der ersten darstellt, ist ebenso umstritten wie U.s jeweiliges Verhältnis zur älteren und neueren höfischen Romandichtung.

Ausgabe: Lanzelet. Hrsg. von Karl August Hahn. Frankfurt a. M. 1845. Reprogr. Nachdr. mit Nachw. und Bibliogr. von Frederick Norman. Berlin 1965.

Unruh, Fritz von, 10. 5. 1885 Koblenz – 28. 11. 1970 Diez bei Limburg a. d. Lahn. Der Sohn eines preußischen Generals schlug zunächst die militärische Laufbahn ein, verließ jedoch 1911 nach der Uraufführung seines ersten Dramas *Offiziere* die Armee. Zu Beginn des Ersten Weltkriegs meldete er sich freiwillig, doch unter dem Eindruck der Schlacht von Verdun wurde er zum Pazifisten. Bereits vor der nationalsozialistischen Machtübernahme emigrierte er über Italien nach Frankreich, dann 1940 in die USA. 1962 ließ er sich in Diez nieder. U.s erstes Stück handelt von der Problematik des soldatisch-preußischen Pflichtbegriffs; die Hinwendung zum Pazifismus bezeugt die 1915–16 entstandene einaktige Tragödie *Ein Geschlecht* (UA 1918), die in überhöht-expressiver, bildhafter Verssprache die entmenschlichende Wirkung des Krieges beschwört. Zugleich zeigt sie, wie sich – von einer Gestalt auf die andere einwirkend – eine Wandlung vollzieht und die Vision eines neuen Geschlechts in einer Welt der Liebe und Brüderlichkeit sichtbar wird. *Ein Geschlecht*, eines der bedeutendsten Antikriegsstücke des Expressionismus, wurde in den Jahren der Weimarer Republik häufig gespielt. Die Tragödie war als erster Teil einer Trilogie gedacht: Während das zweite Stück *Platz. Ein Spiel* unmittelbar darauf erschien, wurde das dritte, *Dietrich*, erst 1957 vollendet und in der Werkausgabe gedruckt. Während des Exils schrieb U. einen apokalyptischen Hitlerroman, der großen Erfolg in den USA hatte (*The End is not yet*) und von Y. Goll ins Französische übersetzt wurde. In Deutschland fand der Roman – wie das weitere Schaffen U.s – nur ein geringes Echo.

Werke: Offiziere. 1912. – Louis Ferdinand, Prinz von Preußen. 1913. – Vor der Entscheidung. 1914. – Ein Geschlecht. 1917. – Opfergang. 1919. – Platz. Ein Spiel. 1920. – Flügel der Nike. 1925. – Bonaparte. 1927. – Phaea. Eine Komödie. 1930. – Zero. Komödie. 1932. – The End is not yet. 1947. Dt. u. d. T.: Der nie verlor. 1948. – Fürchtet nichts. 1952. – Der Sohn des Generals. 1957. – Mächtig seid ihr nicht in Waffen. 1957. – Im Haus der Prinzen. 1967. – Kaserne und Sphinx. 1969.

Ausgabe: Sämtliche Werke. Hrsg. von Hanns Martin Elster [u. a.]. 20 Bde. Berlin 1970 ff.

Urzidil, Johannes, 3. 2. 1896 Prag – 2. 11. 1970 Rom. Der Sohn eines deutschnationalen Eisenbahnbeamten und einer jüdischen Mutter studierte von 1914 bis 1919 Germanistik, Slawistik und Kunstgeschichte an der Universität Prag (1916–18 Wehrdienst). Danach arbeitete er bis 1937 als Korrespondent und Redakteur für verschiedene Zeitungen sowie zeitweise als Pressebeirat an der dt. Gesandtschaft in Prag (die Stelle verlor er 1934, als er zwar für eine Autonomie der Sudentendeutschen eintrat, eine Angliederung an das Reich aber ablehnte). 1939 emigrierte er nach London, 1941 nach New York. 1946 erhielt er die US-Staatsbürgerschaft und arbeitete als Lektor und Rundfunkjournalist für die »Stimme Amerikas«. Er starb während einer Lesereise. Nach frühen expressionistischen Gedichten trat U. v. a. als Erzähler und Essayist hervor. Thema ist immer wieder Prag bzw. Böhmen: Arbeiten zur tschechischen Kunstgeschichte, eine Studie über *Goethe in Böhmen*, im Exil entstandene Erzählungen, die z. B. die

Jugend A. Stifters im Böhmerwald in die Erinnerung zurückrufen (*Der Trauermantel*) oder die Stadt Prag und ihre Vergangenheit als europäische Kulturmetropole beschwören (*Die verlorene Geliebte*, *Prager Triptychon*, *Das Elefantenblatt*). Seine Amerikaerfahrungen gingen in den Roman *Das große Hallelujah* ein.

Werke: Sturz der Verdammten. 1919. – Die Stimme. 1930. – Goethe in Böhmen. 1932. Erw. 1962. – Zeitgenössische Maler der Tschechen. 1936. – Der Trauermantel. Eine Erzählung aus Stifters Jugend. 1945. – Über das Handwerk. 1954. – Die verlorene Geliebte. 1956. – Die Memnonsäule. 1957. – Das Glück der Gegenwart. Goethes Amerikabild. 1958. – Denkwürdigkeiten von Gibacht. 1958. – Das große Hallelujah. 1959. – Prager Triptychon. 1960. – Das Elefantenblatt. 1962. – Entführung und sieben andere Ereignisse. 1964. – Da geht Kafka. 1965. Erw. 1966. – Väterliches aus Prag und Handwerkliches in New York. 1969. – Die letzte Tombola. 1971. – Bekenntnisse eines Pedanten. Erzählungen und Essays aus dem autobiographischen Nachlass. 1972.

Uz, Johann Peter, 3. 10. 1720 Ansbach – 12. 5. 1796 ebd. Der Sohn eines Goldschmieds studierte 1739–43 Rechtswissenschaften in Halle und kehrte nach einem weiteren Semester in Leipzig noch 1743 nach Ansbach zurück. Hier lebte er bescheiden als Justizratssekretär (mehr als zehn Jahre unbesoldet) und schließlich als Assessor des Kaiserlichen Landgerichts und widmete sich seiner Leidenschaft, den Büchern (und ihrem Erwerb). Mit J. W. L. Gleim und J. N. Götz hatte er sich in Halle der anakreontischen Poesie zugewandt. Mit Götz legte er die erste dt. Übersetzung der unter dem Namen Anakreons überlieferten Gedichte vor. Seine eigene Dichtung entwickelte sich von den anakreontischen Anfängen weiter. In reflektierenden Gedichten tritt Horaz stärker als Vorbild hervor. Mit seinen philosophischen Oden, z. B. *Theodicee*, *An die Freude* oder die *Dichtkunst*, weist er auf Schiller voraus.

Werke: Die Oden Anakreons in reimlosen Versen. 1746. [Mit J. N. Götz.] – Lyrische Gedichte. 1749. – Sieg des Liebesgottes.

Eine Nachahmung des Popischen Lockenraubes. 1753. – Lyrische und andere Gedichte. 1755. – Versuch über die Kunst stets fröhlich zu seyn. 1760. – Poetische Werke. 1768.

Ausgabe: Sämtliche Poetische Werke. Hrsg. von August Sauer. Stuttgart 1890. Reprogr. Nachdr. Darmstadt 1964.

V

Valentin, Karl (d. i. Valentin Ludwig Fey), 4. 6. 1882 München – 9. 2. 1948 Planegg bei München. Der Sohn eines Möbelspediteurs, in dessen Haus hochdt. gesprochen wurde, machte eine Schreinerlehre und besuchte gleichzeitig eine Varietéschule. Nach dem Tod des Vaters (1902) übernahm er den Betrieb, musste ihn aber 1906 mit Verlust verkaufen. Danach ging er mit einem selbstgebauten großen Orchestrion als Volkssänger auf Tournee (Halle, Leipzig). Erfolg hatte er erst, als er 1907 mit dem Stegreifmonolog *Das Aquarium* den Text in den Mittelpunkt seiner Darbietungen stellte. Er erhielt ein Engagement an der Volkssängerbühne des »Frankfurter Hofs« in München; hier lernte er 1911 Liesl Karlstadt (d. i. Elisabeth Wellano) kennen, mit der er bis 1939 regelmäßig auftrat. Von 1922 an bestritt er Nachtvorstellungen in den Münchner Kammerspielen mit eigenem Programm; Gastspiele gab er v. a. in Berlin und Wien. 1934 steckte er sein Vermögen in ein Anti-Museum, das »Panoptikum«, das bald wegen Erfolglosigkeit schließen musste. 1939 eröffnete er mit einer neuen Partnerin ein Kellerlokal, das er jedoch 1940 auf Druck der Nationalsozialisten wieder schließen musste. Er trat bis Kriegsende nicht mehr auf, danach nur noch selten. V. schrieb mehr als 500 Texte – Monologe, Dialoge, Szenen, Couplets –, die er allerdings bei den Aufführungen ständig veränderte. Das erfolgreichste Stück mit Hunderten von Aufführungen wurde die *Orchesterprobe* (1921). Ausgangspunkt der Texte sind Alltagssituationen oder -ereignisse (oder auch der festliche Ausnahmezustand: *Das Brillantfeuerwerk*, 1926), die dann durch groteske Verzerrungen und Paradoxien ihrer Selbstverständlichkeit beraubt werden und die Widersprüchlichkeit und Abgründigkeit des Lebens sichtbar machen. Wichtigstes

Mittel ist dabei, neben der Darstellungskunst V.s, das Spiel mit der Sprache und ihrer Mehrdeutigkeit. Statt Kommunikation findet hier die Demonstration der Unmöglichkeit von Kommunikation statt. Affinitäten zum absurden Theater bestehen. Zahlreiche Filme und Tonaufnahmen dokumentieren V.s Arbeit.

Werke: Humoristische Zeitungsannonce. o. J. [um 1920.] – Blödsinns-Vorträge. o. J. [um 1920.] – Originalvorträge. 1926. – Valentiniaden. 1941.

Ausgabe: Sämtliche Werke. Hrsg. von Helmut Bachmaier [u. a.]. 8 Bde., 1 Erg.-Bd. München/Zürich 1991–97.

Varnhagen von Ense, Karl August, 21. 2. 1785 Düsseldorf – 10. 10. 1858 Berlin. Der Sohn eines Arztes studierte in mehreren Etappen in Berlin (1799–1803), Halle (1806) und Tübingen (1808–09) Medizin. In den Jahren dazwischen war er Hauslehrer in Berlin und Hamburg; in Berlin nahm er am literarischen Leben teil, betätigte sich zusammen mit A. v. Chamisso als Herausgeber eines Almanachs, war Mitbegründer des »Nordsternbundes«, schrieb gemeinsam mit seinem Freund Wilhelm Neumann einen parodistischen Roman und lernte seine spätere Frau Rahel kennen. Im Frühjahr 1809 brach er das Studium endgültig ab, trat ins österreichische Heer ein und wurde bald darauf verwundet. In den folgenden Jahren schrieb er für Cottas *Morgenblatt*, wurde Sekretär des Fürsten Bentheim und schloss sich 1813 der russ. Armee an. Seit 1814 mit Rahel Levin verheiratet, nahm er als Begleiter des Fürsten Hardenberg am Wiener Kongress teil und wurde in den preußischen Staatsdienst aufgenommen. 1816–19 war er Geschäftsträger bzw. Resident am badischen Hof in Karlsruhe, seit 1819 lebte er, wegen seiner liberalen Vorstellungen in den Ruhestand versetzt, wieder in Berlin. Seine literarische Bedeutung liegt weniger in seinen vergessenen poetischen Texten als vielmehr in seinen biographischen und autobiographischen Werken, v. a. in den Tagebüchern und den *Denkwürdigkeiten des eignen Lebens.*

In diesem wichtigen Beispiel dt. Memoirenliteratur schlagen sich V.s literarische Interessen und Verbindungen ebenso nieder wie seine Vertrautheit mit politischen und diplomatischen Vorgängen. In den Deutungen zurückhaltend, zeichnen sich V.s Berichte, Beschreibungen und Charakteristiken durch genaue Beobachtungen und einen lebendigen, geschliffenen Stil aus, in dem sich Einflüsse klassischer frz. Vorbilder und der Prosa Goethes verbinden.

Werke: Die Versuche und Hindernisse Karls. 1808. – Geschichte der Hamburgischen Begebenheiten während des Frühjahrs 1813. 1813. – Goethe in den Zeugnissen der Mitlebenden. 1823. – Biographische Denkmale. 1824–30. – Zur Geschichtschreibung und Litteratur. 1833. – Rahel. Ein Buch des Andenkens für ihre Freunde. 1834. [Hrsg.] – Denkwürdigkeiten und Vermischte Schriften. Bd. 1–7. 1837–46. Bd. 8–9. 1859. – Schlichter Vortrag an die Deutschen über die Aufgabe des Tages. 1848. – Tagebücher. 14 Bde. 1861–70.

Ausgabe: Werke. Hrsg. von Konrad Feilchenfeldt. 5 Bde. Frankfurt a. M. 1987–94.

Varnhagen von Ense, Rahel (geb. Levin), 19. 5. 1771 Berlin – 7. 3. 1833 ebd. V. war die Tochter eines wohlhabenden jüdischen Kaufmanns und Bankiers. Ihre Bildung erwarb sie autodidaktisch; wichtig wurde insbesondere die Beschäftigung mit der dt. und frz. Literatur. Bereits in den 90er-Jahren entwickelte sich ihre Wohnung im elterlichen Haus zu einem geselligen und kulturellen Zentrum, in dem sich – ständeübergreifend – Prinz Louis Ferdinand v. Preußen, F. Schlegel, C. Brentano u. a. trafen. Zwei Verlobungen mit Adeligen scheiterten. Nach der Niederlage Preußens konnte sie wegen geschäftlicher Schwierigkeiten der Familie den Salon nicht länger aufrechterhalten. 1808 lernte sie Karl August Varnhagen von Ense kennen, 1814 heirateten sie, kurz nachdem sie zum Christentum übergetreten war. Sie begleitete ihren Mann auf den Wiener Kongress und dann nach Karlsruhe, wo dieser 1816–19 Preußen am badischen Hof vertrat. Nach der Rückkehr nach Berlin 1819 war sie Mittelpunkt eines glänzenden Salons, wo sie u. a. mit Heine, aber auch mit dem Metternich-Vertrauten Friedrich v. Gentz verkehrte. Sie trat – wie ihr Mann – verehrungsvoll für Goethe ein und propagierte zugleich utopische Ideen des Saint-Simonismus. Den Literaten des Jungen Deutschland galt sie als Verkörperung ihrer Vorstellungen von weiblicher Emanzipation. Ihr literarisches Werk besteht in Briefen, wohl annähernd 10 000, die sie als eine der bedeutendsten dt. Schriftstellerinnen ausweisen. Sie sind Spiegel der Zeit, ihrer Persönlichkeiten und Ereignisse, ihrer literarischen, kulturellen und politischen Tendenzen; zugleich zeichnen sie das Porträt einer außergewöhnlichen Frau und sind Zeugnis ihrer intuitiven Menschenkenntnis, ihrer Fähigkeit zur Selbstanalyse und ihres kritischen literarischen Urteilsvermögens. Ihr Mann gab unmittelbar nach ihrem Tod eine einbändige Auswahl aus ihren Briefen und Tagebüchern als Privatdruck heraus, die er im folgenden Jahr zu einer dreibändigen, nun auch im Buchhandel erhältlichen Ausgabe erweiterte.

Werk: Rahel. Ein Buch des Andenkens für ihre Freunde. [Hrsg. von K. A. Varnhagen von Ense]. 1833 bzw. 1834.
Ausgabe: Gesammelte Werke. Hrsg. von Konrad Feilchenfeldt [u. a.]. 10 Bde. München 1983.

Vesper, Bernward, 1. 8. 1938 Frankfurt a. d. O. – 15. 5. 1971 Hamburg. Der Sohn des NS-Dichters Will Vesper wuchs in Niedersachsen auf dem elterlichen Gut Triangel auf und studierte von 1961 an Geschichte, Germanistik und Soziologie in Tübingen, seit 1964 in Berlin. In Tübingen lernte er Gudrun Ensslin kennen, mit der er sich politisch im Kampf gegen die Atombombe und im Wahlkampf 1965 für die SPD engagierte. Inzwischen hatte er sich politisch wie schriftstellerisch von seinem Vater gelöst. Seit 1966 gab er die *Voltaire Flugschriften*, seit 1968 die *Edition Voltaire* heraus, Medium von Autoren, die der

Außerparlamentarischen Opposition nahestanden. Nach der Trennung von G. Ensslin, der er nicht zur »Rote-Armee-Fraktion« folgte, wurde V. drogenabhängig. Seit Februar 1971 war er in klinischer Behandlung; während eines Klinikurlaubs nahm er sich das Leben. In den letzten beiden Jahren seines Lebens unternahm V. den Versuch, sich durch Schreiben zu befreien, »diese ganze Kloake von 31 Jahren« erinnernd aufzuarbeiten. Erst 1977 fand sich ein Verleger für den fragmentarischen »Romanessay« *Die Reise*, der von der Kritik als »Nachlaß einer ganzen Generation« bezeichnet wurde. Das Buch geht als Abrechnung mit der bürgerlichen Gesellschaft, als Dokument einer durch autoritär-faschistoide Familienstrukturen, Nationalsozialismus und Restauration geprägten Jugend und ihres gescheiterten Befreiungsversuchs von 1968 weit über die private Dimension hinaus. Ursprünglich sollte das Werk *Der Haß* heißen; später entschied sich V. für *Die Reise*, ein Titel, der die drei ineinander montierten Ebenen des Textes bezeichnet: Bericht einer realen Reise von Tübingen nach Dubrovnik, also durch die als faschistisch betrachtete Gegenwart, eine Reise der Erinnerung in die »Kindheitshölle«, Reise als psychodelischer Trip.

Werke: Gegen den Tod. Stimmen deutscher Schriftsteller gegen die Atombombe. 1964. [Hrsg.] – Die Reise. Romanessay. Hrsg. von Jörg Schröder. 1977. Ausg. letzter Hand besorgt von J. Schröder und Klaus Behnken. 1979.

Vesper, Guntram, * 28. 5. 1941 Frohburg (Sachsen). Der Sohn eines Arztes kam im Alter von 16 Jahren in die Bundesrepublik und studierte nach dem Abitur 1963 zunächst Germanistik und Philosophie (Gießen) und anschließend Medizin (bis zum Physikum) in Göttingen. Er lebt als freier Schriftsteller in Göttingen und Steinheim am Vogelsberg. Neben Lyrik und erzählender Prosa schreibt V. Hör- und Fernsehspiele. Drei Sätze aus dem Prosaband *Nördlich der Liebe und südlich des Hasses* stecken den

Themenbereich seines Werkes ab: »In welcher Welt wir leben. Was wir wollen. Wer wir sind.« Hintergrund seines Schreibens ist das Bewusstsein, in einer beschädigten Welt zu leben. Ein durch Faschismus und Krieg geprägtes Geschichtsbild sowie die eigenen Erfahrungen – verlorene Kindheit, Flucht, Fremdheit – sind die Grundlage seiner »Leidens-Ästhetik« (P. Rühmkorf). In seiner melancholisch gestimmten Lyrik verbinden sich Gegenwart und erinnerte, unerledigte Vergangenheit; Momente der Hoffnung auf Glück ergeben sich allein aus der punktuellen Erfahrung der Schönheit. In seinen Prosabänden zeichnet V. Orte und Landschaften der Angst: etwa in den negativen kurzen »Dorfgeschichten« des Bandes *Kriegerdenkmal ganz hinten* oder in den von einem erzählenden Ich zusammengehaltenen Geschichten, Erinnerungen, Lebensläufen in *Nördlich der Liebe und südlich des Hasses*, die auf Kriminalfällen des 19. Jh.s beruhen. Der (kultur)geschichtlichen Erinnerungsarbeit gilt der Band *Sächsisches Land*, der persönlichen die Aufzeichnungen und Skizzen in *Lichtversuche. Dunkelkammer.* Den zahlreichen Hörspielen liegen, wie bei der Erzählprosa, häufig Kriminalfälle zu Grunde, an denen V. den Zustand von Gesellschaft und Gesellschaftsmoral zu veranschaulichen sucht.

Werke: Am Horizont die Eiszeit. Gedicht-Zyklus. 1963. – Fahrplan. 1964. – Gedichte. 1965. – Kriegerdenkmal ganz hinten. 1970. Erw. 1982. – Reise in eine verhangene Landschaft voller Katastrophen. 1977. – Nördlich der Liebe und südlich des Hasses. 1979. – Die Illusion des Unglücks. 1980. – Nordwestpassage. Ein Poem. 1980. Erw. 1986. – Die Inseln im Landmeer. 1982. Erw. 1984. – Frohburg. Neue Gedichte. 1985. – Laterna magica. 1985. – Dunkelkammer. Fünf Erzählungen aus Deutschland. 1988. – Ich hörte den Namen Jessenin. Frühe Gedichte. 1990. – Sächsisches Land. Orte der Erinnerung. 1991. – Lichtversuche. Dunkelkammer. 1992. – Die Erinnerung an die Erinnerung. Documenta-Gedichte. 1994. – Das Atmen der Bilder. 1997. – Der Riss durch die Erinnerung. Gedichte und Prosa. 2001. – Lichtungen. 2002.

Vesper, Will, 11. 10. 1882 Barmen bei Wuppertal – 14. 3. 1962 Gut Triangel bei Gifhorn (Niedersachsen). Nach dem Abitur 1904 studierte V. in München Germanistik und Geschichte und fand Kontakt zu Verlagen. Im Ersten Weltkrieg war er Soldat, dann wissenschaftlicher Hilfsarbeiter im Generalstab. Von 1918 bis 1920 arbeitete er als Feuilletonredakteur der *Deutschen Allgemeinen Zeitung* in Berlin; danach lebte er als freier Schriftsteller. 1923 wurde er Herausgeber der Zeitschrift *Die Schöne Literatur* (ab 1931 *Die Neue Literatur*), 1931 trat er in die NSDAP ein. Im Dritten Reich gehörte er zu den einflussreichsten Literaturfunktionären und benutzte auch seine Zeitschrift im Kampf gegen »literarische Rassenschande«; an der Bücherverbrennung in Dresden beteiligte er sich als Hauptredner. Nach 1945 wurde sein Gut Triangel, auf dem V. seit 1936 wohnte, Ort entsprechender Traditionspflege (vgl. Bernward Vesper, *Die Reise*). V.s literarisches Werk umfasst zahlreiche Anthologien und popularisierende Ausgaben von Werken dt. Dichter, Nacherzählungen mittelalterlicher Dichtungen, konventionell glatte Lyrik um die üblichen Themen wie Liebe, Natur, Krieg und die ewigen Werte, später ergänzt durch völkische Texte und Führergedichte, das »Volkhafte« betonende historische Romane und Erzählungen mit den Akzenten auf Scholle (rassischem) Blut, Lebensraum usw., nicht zuletzt um der Gegenwart Beispiele für wiederzugewinnende Härte, Strenge und Opferbereitschaft zu vermitteln (*Das harte Geschlecht*).

Werke: Lieder. 1903. – Tristan und Isolde. Ein Liebesroman. Parzival. Ein Abenteuerroman. 1911. – Vom großen Krieg 1914. 1915. – Martin Luthers Jugendjahre. 1918. – Mutter und Kind. 1920. – Die Wanderung des Herrn Ulrich von Hutten. 1922. – Der arme Konrad. 1924. – Der Bundschuh zu Lehen. 1925. – Inschriften und Gedichte. 1928. – Das harte Geschlecht. 1931. – Kranz des Lebens. 1934. – Rufe in die Zeit. Sprüche und Gedichte. 1937. – Bild des Führers. 1942. – Im Flug nach Spanien. 1943. – Dennoch! 1944. – Letzte Ernte. 1962.

Viebig, Clara, 17. 7. 1860 Trier – 31. 7. 1952 Berlin. Die Tochter eines Oberregierungsrats besuchte das Lyzeum in Düsseldorf, hielt sich dann nach dem Abitur und dem Tod des Vaters bei Verwandten auf einem Landgut bei Posen auf und kam 1883 nach Berlin, um an der Musikhochschule Gesang zu studieren. 1896 heiratete sie den jüdischen Verleger Fritz Theodor Cohn; nach dessen Tod (1936) verließ sie zunächst Deutschland und ging nach Brasilien. Im Krieg lebte sie in Schlesien, danach wieder in Berlin. V. war um die Jahrhundertwende eine äußerst erfolgreiche Romanautorin; sie schrieb annähernd 50 Romane und zahlreiche Erzählungen. Stilistisches Vorbild war Emile Zola, dessen *Germinal* sie als »Offenbarung« empfand. Dem naturalistischen Programm gemäß geht es meist um die Beschreibung sozialer Nöte und menschlicher Deformationen, um durch Vererbung bestimmte Schicksale in einem oft vergeblichen Kampf gegen Schicksal, Natur und gesellschaftliche Veränderungen und soziale Bedingtheiten. Dabei zeichnen sich ihre Texte durch genaue Milieubeschreibungen v. a. der unteren Schichten, psychologisch eindringliche Personenschilderungen und die jeweilige Stimmung treffende Landschaftsbilder aus. Ihren ersten Erfolg hatte sie mit den Erzählungen *Kinder der Eifel.* Kirchlichen Protest löste sie mit ihrem ebenfalls in der Eifel spielenden Roman *Das Kreuz im Venn* aus, der sich gegen Aberglauben wandte. Wie sie damit die Eifel als literarische Region erschloss, so machte sie auch andere Gegenden, in denen sie lebte, zum Schauplatz ihrer gelegentlich in die jüngere Vergangenheit zurückgreifenden Romane (Düsseldorf, Posen, Berlin), die bis zu ihren letzten Werken in den 30er-Jahren kaum Entwicklung erkennen lassen.

Werke: Kinder der Eifel. 1897. – Rheinlandstöchter. 1897. – Dilettanten des Lebens. 1898. – Das tägliche Brot. 1900. – Das Weiberdorf. 1900. – Die Wacht am Rhein. 1902. – Das schlafende Heer. 1904. – Einer Mutter Sohn. 1906. – Das Kreuz im Venn.

1908. – Die vor den Toren. 1910. – Töchter der Hekuba. 1917. – Das rote Meer. 1920. – Großstadtnovellen. 1923. – Menschen unter Zwang. 1931. – Insel der Hoffnung. 1933. – Der Vielgeliebte und die Vielgehaßte. 1935.

Vischer, Friedrich Theodor (seit 1870: von), 30. 6. 1807 Ludwigsburg – 14. 9. 1887 Gmunden am Traunsee. Der Pfarrersohn schlug nach der Gymnasialzeit in Stuttgart zunächst die theologische Laufbahn ein (1821 theologisches Seminar Blaubeuren, ab 1825 Tübinger Stift, 1830 Vikariat, 1831 Repetent in Maulbronn, 1833–36 in Tübingen), wechselte aber dann zur Ästhetik und habilitierte sich 1836 in Tübingen (1837 a. o., 1844 o. Professor für Ästhetik). 1848 wurde er als liberaler Abgeordneter ins Frankfurter Parlament gewählt, 1855 folgte er einem Ruf an das Züricher Polytechnikum. 1866 wechselte er als Professor für Ästhetik und dt. Literatur zum Polytechnikum nach Stuttgart. Er starb auf dem Weg nach Venedig; es wäre seine zehnte Italienreise gewesen. V. war ein großer Redner und Polemiker; seine Stuttgarter Vorlesungen waren gesellschaftliche Ereignisse. Als Ästhetiker versuchte er in der Auseinandersetzung mit Hegel eine vollständige Systematik des Schönen im Rahmen einer pantheistischen Weltauffassung zu entwickeln, als vielseitig interessierter Literatur- und Kulturkritiker zielte er auf den »Geist der Wirklichkeit« (»keine Transzendenz, keine Mythen, keine Allegorie«). Seine Neigung zum Satirischen äußerte sich in Epigrammen und einer Parodie von *Faust II*. Philosophische Aspekte und satirisch-groteske Elemente verbinden sich in dem humoristischen Roman *Auch Einer*, der mit seiner segmenthaften, ins Aphoristische übergehenden Form einen durchaus experimentellen Charakter aufweist und mit der Darstellung einer von feindlichen Objekten bevölkerten Wirklichkeit (»Tücke des Objekts«) ein sinnleeres Universum suggeriert.

Werke: Ueber das Erhabene und Komische. 1837. – Kritische Gänge. 1844. – Aesthetik oder Wissenschaft des Schönen.

1846–57. – Kritische Gänge. Neue Folge. 1860–73. – Faust. Der Tragödie dritter Theil. 1862. 2., umgearb. und verm. Aufl. 1886. – Epigramme aus Baden-Baden. 1867. – Der deutsche Krieg 1870–71. 1873. – Auch Einer. Eine Reisebekanntschaft. 1879. – Altes und Neues. 1881. Neue Folge 1889. – Lyrische Gänge. 1882. – Nicht I a. Schwäbisches Lustspiel. 1884.

Ausgabe: Dichterische Werke. 5 Bde. Leipzig 1917.

Voß, Johann Heinrich, 20. 2. 1751 Sommersdorf (Mecklenburg) – 29. 3. 1826 Heidelberg. Der Enkel eines freigelassenen Leibeigenen (Handwerker) und Sohn eines durch den Siebenjährigen Krieg verarmten Gastwirts und Zolleinnehmers musste nach dem Besuch der Lateinschule in Neubrandenburg unter demütigenden Bedingungen eine Hauslehrerstelle annehmen (1769–72), nicht zuletzt Ursache für seinen lebenslangen Hass auf den Adel. Die Beschäftigung mit alter und neuer Literatur half ihm über diese Jahre, bis ihn der Herausgeber des *Göttinger Musenalmanachs* Heinrich Christian Boie 1772 auf Grund eingesandter Gedichte nach Göttingen holte und bei seinem Studium unterstützte: zunächst Theologie, dann alte Sprachen und auch Englisch. Er gehörte zu den Mitbegründern des Hainbundes. Die Herausgeberschaft des Almanachs und Unterstützung durch die Freunde ermöglichte die Heirat mit Ernestine Boie (1777). Auch beruflich etablierte er sich (1778 Schulrektor in Otterndorf, 1782–1802 Rektor der Lateinschule in Eutin). 1802 ging V., nachdem er sich frühzeitig hatte pensionieren lassen, nach Jena, nahm dann – obwohl auch von Weimar umworben – 1805 das Angebot einer Professur in Heidelberg an, die kaum Verpflichtungen mit sich brachte. Die Heidelberger Zeit war nicht zuletzt durch Auseinandersetzungen mit der Romantik und andere polemische Attacken geprägt. Den Mythenforschungen Friedrich Creuzers stellte er eine *Antisymbolik* gegenüber, auf die Konversion seines früheren Freundes und Förderers F. L. zu Stolberg reagierte er mit der Schrift *Wie ward Fritz Stolberg ein Unfreier?* (in:

Sophronizon, 1819). Sein dichterisches Werk hat zwei Schwerpunkte: zum einen die Idyllendichtung – darunter auch zwei Idyllen in niederdt. Hexametern –, die aggressive sozial- und adelskritische Texte (*Die Leibeigenschaft*, *Die Freigelassenen*) sowie klassische bürgerliche Idyllen (*Der siebzigste Geburtstag*, *Luise*) umfasst; zum anderen das äußerst umfangreiche Übersetzungswerk, das in seinen um philologische Genauigkeit und exakte Nachbildung des griech. Hexameters bemühten Übersetzungen der homerischen Epen gipfelt.

Werke: Homers Odüßee übersetzt. 1781. – Gedichte. Bd. 1. 1784. Bd. 2. 1795. – Homers Werke übersetzt. 1794. – Des Publ. Virgilius Maro Landbau. 1795. – Luise. Ein ländliches Gedicht in drei Idyllen. 1795. – Des P. Virgilius Maro Zehn erlesene Idyllen. 1797. – Verwandlungen nach Publius Ovidius Naso. 1798. – Des Publius Virgilius Maro Werke. 1799. – Idyllen. 1801. – Sämtliche Gedichte. 1802. – Zeitmessung der deutschen Sprache. 1802. – Des Quintus Horatius Flaccus Werke. 1806. – Hesiods Werke. 1806. – Theokritos Bion und Moschos. 1807. – Bestätigung der Stolbergischen Umtriebe. 1820. – Aristofanes. 1821. – Antisymbolik. 1824–26.

Ausgabe: Sämmtliche poetische Werke. Hrsg. von Abraham Voß. Leipzig 1835.

Vring, Georg von der, 30. 12. 1889 Brake (Oldenburg) – 29. 2. 1968 München. V. absolvierte das Lehrerseminar in Oldenburg, arbeitete als Lehrer und besuchte dann 1912–1914 die Königliche Kunstschule in Berlin. 1915 wurde er einberufen. Nach dem Krieg war er Zeichenlehrer in Jever, bis ihm literarische Erfolge seit 1927 ein Leben als freier Schriftsteller und Maler ermöglichten (Tessin, Wien, seit 1930 Stuttgart). Er nahm als Oberleutnant am Zweiten Weltkrieg teil, wurde 1943 entlassen und lebte in Schorndorf (Württemberg) und seit 1951 in München, wo er am 1. 3. 1968 tot aus der Isar geborgen wurde. V. trat zunächst v. a. als Erzähler hervor. Auf den Antikriegsroman *Soldat Suhren*, seinen ersten großen Erfolg, ließ er neben weiteren Antikriegsromanen zahlreiche Unterhaltungs- und

Abenteuerromane und Erzählungen mit historischer und autobiographischer Thematik folgen. Dabei bietet seine Heimat an der Weser vielfach den stimmungsvoll-melancholischen Hintergrund. Seit den 40er-Jahren wandte sich V. verstärkt der Lyrik zu und verband dabei Züge der modernen Naturlyrik mit volksliedhaften Elementen der klassisch-romantischen Tradition. Schwermütige Töne charakterisieren die Alterslyrik. Zahlreiche Übersetzungen u. a. von angelsächsischer und frz. Lyrik ergänzen V.s Werk.

Werke: Der Zeuge. 1927. – Soldat Suhren. 1927. – Camp Lafayette. 1929. – Station Marotta. 1931. – Der Wettlauf mit der Rose. 1932. – Das Blumenbuch. Lieder. 1933. – Der Schritt über die Schwelle. 1933. – Einfache Menschen. 1933. – Schwarzer Jäger Johanna. 1934. – Die Lieder des Georg von der Vring. 1939. Erw. 1956. – Dumpfe Trommel, schlag an! Soldatenlieder. 1939. – Der ferne Sohn. 1942. – Oktoberrose. Gesammelte Gedichte. 1942. – Verse für Minette. 1947. – Magda Gött. 1948. – Englisch Horn. Anthologie angelsächsischer Lyrik von den Anfängen bis zur Gegenwart. 1953. [Übers., Hrsg.] – Kleiner Faden blau. 1954. – Die Wege tausendundein. Ein Erinnerungsbuch. 1955. – Der Schwan. Lieder und Gedichte. 1961. – Die Muschel. 1963. – Der Mann am Fenster. 1964. – König Harlekin. 1966. – Gesang im Schnee. 1967.

Ausgaben: Die Gedichte. Gesamtausg. Hrsg. von Christiane Peter und Kristian Wachinger. Ebenhausen 1989. – Nachgelassene Gedichte. Hrsg. von C. Peter und K. Wachinger. Ebenhausen 1991.

Vulpius, Christian August, 23. 1. 1762 Weimar – 26. 6. 1827 ebd. Der Sohn eines Amtsarchivars studierte in Jena und Erlangen Jura, wandte sich daneben aber auch den ›schönen Wissenschaften‹ zu. Um seinen Unterhalt zu sichern, schrieb er Unterhaltungsliteratur und arbeitete zeitweilig als Sekretär. 1790 kam er durch die Vermittlung Goethes, seines späteren Schwagers, nach Weimar, wo er zunächst als Theaterdichter wirkte und sich schließlich im Staatsdienst etablierte (1797 Bibliotheksregistrator, 1800 Sekretär, 1805 Bibliothekar, 1816 Großherzoglicher Rat, 1823 Dr. h. c. Universität Jena). V. war ein ungemein produktiver Schriftsteller. Er schrieb für das Theater (Opern- und Operettenbearbeitungen, Lustspiele, historische Dramen), verfasste Kurzprosa (Liebes- und Abenteuergeschichten, Sagen-, Märchen- und Legendenhaftes) und zahlreiche mit schauerromantischen Momenten durchsetzte Liebes- und Abenteuerromane. Seinen Nachruhm verdankt er dem ungemein erfolgreichen, mehrfach erweiterten und fortgesetzten Räuberroman *Rinaldo Rinaldini*, einer Mischung aus edler Räuberromantik, schaurig-schönen Stimmungsbildern, Weltschmerz und Zivilisationsmüdigkeit.

Werke: Abentheuer des Ritters Palmendos. 1784. – Die Abentheuer des Prinzen Kolloandro. 1785. – Sommer-, Tags-, Nachts- und abentheuerliche Romane. 1788. – Zauberromane. 1790–91. – Romantische Geschichten der Vorzeit. 1792–98. – Aurora. Ein romantisches Gemälde der Vorzeit. 1794–95. – Romantische Wälder. 1796. – Rinaldo Rinaldini der Räuberhauptmann. Eine romantische Geschichte unsers Jahrhunderts. 1798–99. Erw. 1799–1801 und 1802. – Rinaldo Rinaldini. Schauspiel. 1800. – Orlando Orlandini. 1802. – Lucindora, die Zauberin. 1810. – Curiositäten der physisch-litterarisch-artistisch-historischen Vor- und Mitwelt. 10 Bde. 1811–23. [Hrsg.] – Lionardo Monte-Bello, oder der Carbonari-Bund. 1821. – Thüringische Sagen- und Volksmährchen. 1822. – Handwörterbuch der Mythologie der deutschen, benachbarten und nordischen Völker. 1827.

W

Wackenroder, Wilhelm Heinrich, 13. 7. 1773 Berlin – 13. 2. 1798 ebd. Der Sohn eines preußischen Justizbeamten besuchte (zusammen mit L. Tieck) bis 1792 das Friedrichswerdersche Gymnasium, studierte dann zusammen mit diesem im Sommer 1793 in Erlangen. Anschließend setzte er das Studium der Rechte in Göttingen fort (1793–94) und kehrte nach Berlin zurück, um das Referendariat abzuleisten. Er starb, so Tieck später, »am Nervenfieber, eigentlicher fast an der Angst vor dem Examen [...], weil er von den Rechten gar nichts verstand«. Entscheidend für den Durchbruch der romantischen Kunstauffassung, wie sie W.s *Herzensergießungen eines kunstliebenden Klosterbruders* zum ersten Mal literarisch dokumentiert, waren die gemeinsam mit Tieck von Erlangen aus unternommenen Ausflüge und Wanderungen mit ihren Kunst-, Religions- und Natureindrücken (u. a. Nürnberg, Bamberg). In diesem Werk eines fiktiven Mönchs, einer locker komponierten Sammlung von kleinen Abhandlungen, fingierten Briefwechseln, Gemäldebeschreibungen, Biographien alter Maler und einer abschließenden Musikerbiographie, setzt W. der rationalistischen, didaktisch ausgerichteten Kunstauffassung der Aufklärung Vorstellungen einer neuen ästhetischen Erfahrung entgegen, die sich v. a. an der sakral verstandenen Kunst des Mittelalters und der Renaissance orientiert. Kunst erscheint als Sache höherer Offenbarung, rückt in die Nähe der Religion; sie eröffnet neue Erlebnisbereiche, trägt zur Überwindung des modernen Zwiespalts von Geist und Natur bei und ermöglicht so die Erfahrung menschlicher Totalität. Mit diesem Kunstenthusiasmus kontrastiert die abschließende Künstlernovelle *Joseph Berglinger*, die den Konflikt zwischen Kunst und Leben, Künstler und Gesellschaft zum Thema hat. Tieck trug einige Stücke zu den *Herzensergießungen* bei, ebenso zu den von ihm nach W.s Tod edierten *Phantasien über die Kunst.*

Werke: Herzensergießungen eines kunstliebenden Klosterbruders. 1797 [recte 1796]. – Phantasien über die Kunst. Hrsg. von L. Tieck. 1799.
Ausgabe: Sämtliche Werke und Briefe. Hist.-krit. Ausg. Hrsg. von Richard Littlejohns und Silvio Vietta. 2 Bde. Heidelberg 1991.

Wagner, Heinrich Leopold, 19. 2. 1747 Straßburg – 4. 3. 1779 Frankfurt a. M. Der Sohn eines Kaufmanns studierte von 1767 an zunächst Theologie in Halle, dann Jura in Straßburg, wo er Goethe, J. H. Jung-Stilling und J. M. R. Lenz kennen lernte. 1773–74 nahm er aus finanziellen Gründen eine Hofmeisterstelle in Saarbrücken an, wurde aber des Landes verwiesen, als er sich in einen Streit seines Arbeitgebers mit dem Fürsten einmischte. Über Gießen gelangte er 1775 nach Frankfurt, kehrte jedoch nach Straßburg zurück, um sein Studium abzuschließen (Dr. jur. 1776). Er ließ sich in Frankfurt als Advokat nieder, heiratete und starb kurz nach dem Tod seiner Frau an Tuberkulose. Als Schriftsteller nahm W. verschiedene Anregungen auf. Er versuchte sich an einem komisch-satirischen Roman in der Nachfolge der Engländer, schrieb rokokohafte Verserzählungen, verteidigte in einer Farce den *Werther*, übersetzte aus dem Französischen und Englischen, darunter eine antiklassizistische dramaturgische Schrift Louis-Sébastien Merciers, und leistete mit den sozialkritischen Schauspielen *Die Reue nach der That* und *Die Kindermörderinn* zwei wesentliche Beiträge zur Dramatik des Sturm und Drang. Sie zeichnen sich durch milieugetreue Schilderungen und eine auch sprachlich differenzierte Personenzeichnung aus. Bewertet werden die aus Standesunterschieden bzw. Standesdünkel resultierenden Konflikte aus entschieden bürgerlicher Sicht.

Werke: Der Tempel zu Gnidus. 1770. [Montesquieu-Übers.] – Confiskable Erzählungen. 1774. – Phaeton, eine Romanze. 1774. – Prometheus Deukalion und seine Recensenten. 1774. – Die Reue nach der That. 1775. – Die Kindermörderinn. 1776. – Neuer Versuch über die Schauspielkunst. Mit einem Anhang aus Goethes Brieftasche. 1776. [Mercier-Übers.] – Leben und Tod Sebastian Silligs. 1776. – Briefe die Seylerische Schauspielergesellschaft und ihre Vorstellungen zu Frankfurt am Mayn betreffend. 1777. – Voltaire am Abend seiner Apotheose. 1778. – Macbeth ein Trauerspiel [...] nach Schakespear. 1779.

Wagner, Richard, 22. 5. 1813 Leipzig – 13. 2. 1883 Venedig. Der Vater W.s war Polizeibeamter und starb wenige Monate nach der Geburt des Sohnes; die Mutter Johanna Rosine heiratete 1814 den Schauspieler und Maler Ludwig Geyer, der ebenfalls früh starb (1821). Die Familie siedelte nach Dresden über. 1831 begann W. mit dem Studium der Musik an der Leipziger Universität und erhielt 1833 seine erste Stellung als Chordirektor in Würzburg; anschließend war er 1834–36 Musikdirektor in Magdeburg. 1836 heiratete er die Schauspielerin Minna Planer in Königsberg, wohin er ihr nachgereist war. Nach Engagements in Königsberg (1837) und Riga (1837–39) setzte sich das verschuldete Paar über Norwegen und London nach Paris ab (1839–42). Nach einer Zeit der Erfolglosigkeit und Not ging W. 1842 nach Dresden (Uraufführung des *Rienzi*). Von 1843 bis zu seiner Flucht nach Zürich wegen seiner Beteiligung an der Revolution im Mai 1849 amtierte er als Königl. Sächs. Hofkapellmeister. Im Schweizer Exil lernte er Mathilde und Otto Wesendonck kennen; 1860 erlaubte ihm eine Amnestie die Rückkehr nach Deutschland (nach Sachsen erst 1862). Nach einem Aufenthalt in Paris und dem Misserfolg der *Tannhäuser*-Aufführung 1861 folgten zahlreiche Konzertreisen, bis es 1864 zur Begegnung mit König Ludwig II. von Bayern und der Übersiedlung nach München kam. W.s Stellung wurde durch seine provozierend luxuriöse Lebensweise auf Kosten des Fürsten (bzw. des Volkes) schnell unhaltbar. 1866 finanzierte der König

W.s Verbannung nach Triebschen bei Luzern; Cosima v. Bülow, die Tochter Franz Liszts, folgte ihm (Heirat 1870; Minna Wagner war 1866 gestorben). 1868 lernte W. in Leipzig F. Nietzsche kennen. 1872 zog er mit seiner Familie nach Bayreuth (1874 »Haus Wahnfried«, 1876 Eröffnung der Bayreuther Festspiele in Anwesenheit Kaiser Wilhelms I.). Er starb während eines Aufenthalts in Venedig.

W.s literarisches Werk, das Lyrik, Erzählungen, Essays und Textbücher umfasst, besitzt größere künstlerische Bedeutung nur, wo es sich mit seiner Musik verbindet, d. h. in den Texten zu seinen Opern und Musikdramen. Nach Anfängen in der Nachfolge der dt. romantischen Oper bzw. der großen ital. Opera seria (Gaspare Spontini) und der frz. Grand Opéra (Giacomo Meyerbeer), für die *Rienzi* (UA 1842) und die drei romantischen Opern *Der fliegenden Holländer* (UA 1843), *Tannhäuser* (UA 1845) und *Lohengrin* (UA 1850) stehen, formte sich, stark durch literarische Vorstellungen der Romantik geprägt, W.s Konzept eines alle Gattungen umfassenden Gesamtkunstwerks (*Das Kunstwerk der Zukunft*; *Oper und Drama*). Dieses »Drama der Zukunft« erfordert um der Verständlichkeit willen die Ausscheidung des Zufälligen und die Beschränkung auf wenige zentrale Momente, die einen inneren Zusammenhang besitzen und eine überschaubare Einheit bilden. Es geht ihm allein um »das rein Menschliche«. Das bedeutet für W. die Hinwendung zum Mythos, die er mit seinem Hauptwerk *Der Ring des Nibelungen* (Erstaufführung des Gesamtwerks 1876) vollzieht. Zugleich werden zugunsten des deklamatorischen Ausdrucks die traditionellen Opernbauteile wie reinmusikalische Ensembles oder Chöre aus dem Musikdrama verbannt – freilich nicht endgültig. Auch die Einführung des befremdlichen Stabreims, der für die Rhythmisierung der Sprache sorgt, steht im Dienst der angestrebten singenden Deklamation. Die Stoffe stammen, sieht man von der wohl von

Heine übernommenen Holländersage und den *Meistersingern* (UA 1868) ab, im Geist der Romantik aus der mittelalterlichen Dichtung. Eine letzte Steigerung romantischer Nacht- und Todessehnsucht stellt dabei die »Handlung« *Tristan und Isolde* (UA 1865) dar. Für die Werke seit dem *Fliegenden Holländer* gilt, dass sie bei allen Variationen im Einzelnen um ein Grundthema, das der Erlösung, kreisen. Gemeinsam ist ihnen zugleich, dass der Konflikt aus einem Gegeneinander zweier konträrer Welten entsteht. Erlösung bedeutet, diese Spaltung, die auch den gegenwärtigen Weltzustand charakterisiert, zu überwinden, gleichsam durch Selbstvernichtung, durch Negation der Negation im dialektischen Umschlag zum sozialutopischen Heil zu gelangen. Hintergrund sind hier neben romantischen Denkmustern sozialrevolutionäre Gedanken seiner Zeit und die Philosophie Ludwig Feuerbachs.

Werke: Rienzi, der letzte der Tribunen. 1842. – Der fliegende Holländer. 1843. – Tannhäuser und der Sängerkrieg auf Wartburg. 1845. – Die Kunst und die Revolution. 1849. – Das Kunstwerk der Zukunft. 1850. – Lohengrin. 1850. – Oper und Drama. 1852. – Drei Operndichtungen nebst einer Mittheilung an meine Freunde. 1852. – Der Ring des Nibelungen. 1853. – Tristan und Isolde. 1859. – Die Meistersinger von Nürnberg. 1862. – Deutsche Kunst und deutsche Politik. 1868. – Das Judenthum in der Musik. 1869. – Beethoven. 1870. – Lehr- und Wanderjahre. 1871. – Parsifal. Ein Bühnenweihfestspiel. 1877. – Was ist Deutsch? 1881. – Mein Leben. 1911.
Ausgabe: Gesammelte Schriften und Dichtungen. 10 Bde. Leipzig ^{4}1907. 12 Bde. ^{5}1911.

Waiblinger, Wilhelm, 21. 11. 1804 Heilbronn – 17. 1. 1830 Rom. Der Sohn eines Kammersekretärs und einer Pfarrerstochter studierte nach dem Besuch des Stuttgarter Obergymnasiums von Herbst 1822 an Philologie und Theologie am Tübinger Stift, verkehrte mit Hölderlin, dessen erster Biograph er wurde, und musste im September 1826 wegen einer Liebesaffäre das Stift verlassen. Ein kleines Stipendium des Cotta-Verlages ermöglichte ihm die Reise nach Rom. Hier lebte er, zusammen mit einer röm. Lebensgefährtin, in Armut als freier Schriftsteller, schrieb für eine Reihe von dt. Blättern Gedichte, Erzählungen und Reiseskizzen und starb, geschwächt von Armut und Krankheit, im Alter von 25 Jahren. Er entwickelte zahlreiche hochfliegende dichterische Pläne, die meist nicht verwirklicht wurden. Doch schrieb er formgewandte klassizistische Lyrik, begleitete den griech. Freiheitskampf mit Liedern und Versepen und nahm sich Hölderlins *Hyperion* als Vorbild seines Briefromans *Phaeton*. Seine Tübinger Erlebnisse reflektiert der erst 1986 gedruckte satirische Roman *Olura, der Vampyr*; in diesen Kontext gehört auch die Romantiksatire *Drei Tage in der Unterwelt*. Der bedeutendste Teil seines Werkes entstand in Italien: Erzählungen und farbige, subjektive und in ihrer Detailgenauigkeit realistische Schilderungen seiner Erlebnisse und Beobachtungen in Rom und Umgebung sowie auf Reisen nach Neapel und Sizilien, die der Kunst, der Natur und in besonders eindrucksvoller Weise dem Volksleben gelten. Von seinen Bemühungen um das Drama wurde nur das Historienstück *Anna Bullen* gedruckt.

Werke: Lieder der Griechen. 1823. – Phaeton. 1823. – Drei Tage in der Unterwelt. 1826. – Vier Erzählungen aus der Geschichte des jetzigen Griechenlands. 1826. – Anna Bullen. Königin von England. 1829. – Blüthen der Muse aus Rom. 1829. – Taschenbuch aus Italien und Griechenland. 1828–29. – Friedrich Hölderlins Leben, Dichtung und Wahnsinn. 1831. – Gedichte. Hrsg. von Eduard Mörike. 1844.

Ausgabe: Werke und Briefe. Hrsg. von Hans Königer. 6 Bde. Stuttgart 1980–88.

Walahfrid Strabo, 808 oder 809 in Schwaben – 18. 8. 849 an der Loire. W., Sohn armer Eltern, war Klosterschüler auf der Reichenau. Bald nach 825 setzte er seine Ausbildung bei Hrabanus Maurus in Fulda fort. 829 wurde er zum Erzieher Karls des Kahlen bestellt und 838 von dessen Vater Ludwig dem Frommen mit der Abtwürde der Reichenau belohnt. Im Zusammenhang mit dem Kampf zwischen den Söhnen des Kaisers wurde W. vorübergehend vertrieben, konnte jedoch 842 wieder zurückkehren. Er ertrank auf einer Reise an den Hof Karls des Kahlen. Neben theologischen Schriften (u. a. Psalmenkommentar) und Heiligenviten (*Vita S. Galli*, *Vita S. Otmari*) hinterließ W. ein bedeutendes lat. poetisches Werk: lyrische Gedichte und kleinere epigrammatische Texte, angeregt von Ereignissen der Gegenwart, darunter auch ein panegyrisches Gedicht auf die kaiserliche Familie (*De imagine Tetrici*, 829), eine Jenseitsvision in Hexametern (*Visio Wettini*, 826) und ein 444 Hexameter umfassendes Büchlein über den Gartenbau (*Liber de cultura hortorum* bzw. *Hortulus*, um 845), das die einzelnen Pflanzen seines Klostergartens und ihre Heilkraft beschreibt, darüber hinaus aber auch auf eine allegorische Bedeutungsebene zielt.

Ausgabe: [Versdichtungen.] In: Poetae latini aevi Carolini. Hrsg. von Ernst Dümmler. Berlin 1884. Reprogr. Nachdr. Weimar 1964. S. 259–423.

Walden, Herwarth (d. i. Georg Levin), 16. 9. 1878 Berlin – 31. 10. 1941 Saratow (Wolga). Der Sohn eines Arztes erhielt nach dem Abitur eine gründliche musikalische Ausbildung (Komposition, Klavier). 1903 heiratete er E. Lasker-Schüler (Scheidung 1912), 1904 gründete er den »Verein für Kunst«, der Schriftstellern die Möglichkeit gab, aus ihren Werken zu lesen. Seit 1907 war er Geschäftsführer des Vereins, arbeitete als Redakteur verschiedener Zeitschriften und gab »Opern-Wegweiser« heraus. Mit der Gründung der Zeitschrift *Der Sturm* 1910 (bis 1932) begann die erfolgreichste Phase seiner literatur- und kulturpolitischen Aktivitäten: Die Zeitschrift wurde – neben Franz Pfemferts *Aktion* – zum wichtigsten Forum des Expressionismus und Ausgangspunkt weiterer Unternehmungen: »Sturm-Galerie«, »Der Sturm« (Buchverlag), »Sturm-Abende« (Veranstaltungen), »Sturm-Bühne«, »Sturm-Kunstschule«. In den 20er-Jahren engagierte sich W. für die Sowjetunion. 1932 ging er nach Moskau, arbeitete als Sprachlehrer, gab Schulausgaben dt. und russ. Autoren heraus und schrieb für Exilzeitschriften. In der Zeitschrift *Das Wort* erschien sein Beitrag zur Expressionismusdebatte, *Vulgär-Expressionismus*, der den fortschrittlichen Charakter des Expressionismus betonte. Im Zuge stalinistischer Säuberungen wurde W. 1941 verhaftet; er starb im Gefängnis. Sein eigenes literarisches Schaffen steht, wohl zu Recht, im Schatten seiner Leistungen als Anreger und Förderer moderner Literatur und Kunst. Im Gegensatz zur Konzeption einer radikalen »Wort-Kunst«, wie sie im Anschluss an den Futurismus von den »Sturm«-Autoren entwickelt wurde, bleiben seine Romane und Kurzdramen, in denen es v. a. um die Beziehung Mann-Frau geht, eher im Umkreis der Dichtung des Naturalismus und der Jahrhundertwende.

Werke: Das Buch der Menschenliebe. 1916. – Einblick in die Kunst. Expressionismus, Futurismus, Kubismus. 1917. – Weib. 1917. – Die Beiden. 1918. – Die Härte der Weltenliebe. 1918. – Erste Liebe. 1918. – Glaube. 1918. – Kind. 1918. – Letzte Liebe. 1918. – Menschen. 1918. – Trieb. 1918. – Die neue Malerei. 1919.

Waldis, Burk(h)ard, um 1490/95 Allendorf (Werra) – 1556 Abterode (Hessen). Der Sohn einer angesehenen Allendorfer Familie ist zuerst als Franziskaner in Riga nachweisbar (1523). Nach einer Rom-Mission und darauf folgender Verhaftung in Riga verließ er den Orden, schloss sich der Reformation an, wurde Zinngießer und wohl durch Heirat Bürger der Stadt. 1529 war er Geschäftsträger Rigas am Reichskammergericht in Speyer. Ende 1536 wurde er für dreieinhalb Jahre vom Deutschen Orden gefangengesetzt (es ging um Pläne, das Erzstift Riga zu säkularisieren). Danach kehrte er nach Hessen zurück, studierte Theologie in Wittenberg und wurde 1544 Pfarrer in Abterode. Sein Werk umfasst u. a. die 1527 in Riga aufgeführte niederdt. Dramatisierung der Parabel vom verlorenen Sohn, die er im Sinn der lutherischen Rechtfertigungslehre deutete, eine bedeutende poetische Bearbeitung des Psalters, Streitgedichte gegen den Herzog von Braunschweig und Fabeln in Reimpaarversen mit antikatholischer satirischer Tendenz. Daneben legte er eine Neubearbeitung von Maximilians I. *Theuerdank* vor.

Werke: De parabell vam vorlorn Szohn. 1527. – Vrsprung vnd Herkummen der zwölff ersten alten König vnd Fürsten deutscher Nation. 1543. – Esopus, Gantz Neu gemacht, vnd in Reimen gefaßt. 1548. – Der Psalter, In Newe Gesangs weise vnd künstliche Reimen gebracht. 1553. – Die ehr vnd mannlich Thaten, Geschichten [...] des Streitbaren Ritters [...] Tewerdanck. 1553.
Ausgabe: Streitgedichte gegen Herzog Heinrich den Jüngern von Braunschweig. Hrsg. von Friedrich Koldewey. Halle a. d. S. 1883.

Wallraff, Günter, * 1. 10. 1942 Burscheid bei Köln. Der Sohn eines Automobilarbeiters und einer Fabrikantentochter absolvierte nach der Mittleren Reife eine Buchhändlerlehre und arbeitete anschließend als Buchhändler. 1963 wurde er in die Bundeswehr einberufen. Sein Kampf um die Anerkennung als Kriegsdienstverweigerer und die damit verbundenen Schikanen – einschließlich einer Behandlung in einer psychiatrischen Klinik – waren der Auslöser für seinen Entschluss, als Journalist Öffentlichkeit herzustellen und für die Abhängigen einzutreten. Dafür entwickelte er die Methode der verdeckten Beobachtung, d. h., er arbeitete unerkannt in Betrieben und Organisationen, um dann in Reportagen und Dokumentationen darüber zu berichten. Das erforderte, je bekannter er wurde, immer bessere Techniken der Tarnung. Dies wiederum führte gelegentlich dazu, dass die Diskussion über seine Methoden die Brisanz der an die Öffentlichkeit gebrachten Missstände in den Hintergrund drängte. Nach den Industriereportagen weitete W. seine Aktivitäten auf weitere Bereiche der Gesellschaft (Randgruppen, Kirche,

Polizei usw.) und auf das Ausland (Portugal, Griechenland u. a.) aus, immer mit dem Ziel der Aufklärung zum Zweck der Veränderung der bestehenden Verhältnisse. Das geschieht in bewusst kunstlos gehaltenen Texten, die persönliche Beobachtungen, Schilderungen von Beteiligten und dokumentarisches Material montieren. Zu den bekanntesten Büchern zählen die Berichte über seine Tätigkeit bei der »BILD«-Zeitung (*Der Aufmacher*) und über seine Erfahrungen als türkischer Leih- und Gelegenheitsarbeiter Ali (*Ganz unten*). W. war Mitglied der Dortmunder »Gruppe 61« und dann des 1970 daraus hervorgegangenen »Werkkreises Literatur der Arbeitswelt«. W. lebt in den Niederlanden und in Köln.

Werke: »Wir brauchen Dich«. Als Arbeiter in deutschen Industriebetrieben. 1966. – Nachspiele. Szenische Dokumentation. 1968. – 13 unerwünschte Reportagen. 1969. – Neue Reportagen. Untersuchungen und Lehrbeispiele. 1972. – Der Aufmacher. Der Mann, der bei »Bild« Hans Esser war. 1977. Erw. 1982. – Zeugen der Anklage. Die »Bild«-Beschreibung wird fortgesetzt. 1979. – Befehlsverweigerung. Die Bundeswehr- und Betriebsreportagen. 1984. – Enthüllungen, Recherchen, Reportagen und Reden vor Gericht. 1985. – Ganz unten. 1985. Erw. 1988. – Wallraff war da. Ein Lesebuch. 1989. – Enthüllungen. 1992. – Ich – der andere. Reportagen aus vier Jahrzehnten. 2002.

Walser, Martin, * 24. 3. 1927 Wasserburg (Bodensee). Der aus einer Gastwirtsfamilie stammende W. studierte – nach Arbeitsdienst, Flakhelfer-Einsatz und amerikanischer Kriegsgefangenschaft – von 1947 an Literaturwissenschaft, Geschichte und Philosophie in Regensburg und – seit 1948 – Tübingen. Hier promovierte er 1951 mit einer Arbeit über Kafka. Seit 1949 arbeitete W. als Reporter, Redakteur und Hörspielregisseur beim Süddeutschen Rundfunk in Stuttgart. 1957 ließ er sich als freier Schriftsteller in Friedrichshafen am Bodensee nieder; seit 1968 lebt er in Nußdorf bei Überlingen. 1955 erhielt er den Preis der »Gruppe 47«, 1981 den Georg-Büchner-Preis, 1998 den Friedenspreis des deutschen Buchhandels. W. ist in erster

Linie Erzähler, wenn er auch Bühnenerfolge zu verzeichnen hat und Hör- und Fernsehspiele schreibt. Seine Romane und Erzählungen bieten, seit seinem Debüt 1955, eine Art Gesellschaftsgeschichte der Bundesrepublik. Sie wird festgemacht v. a. am Seelenzustand seiner Protagonisten, Anti-Helden in jedem Fall und Mittelstandsfiguren meist, die an sich und der Welt, an privaten Beziehungen, gesellschaftlichen Zwängen und beruflichen Abhängigkeiten und Misserfolgen leiden und über mannigfache Verdrängungsmechanismen verfügen. Bereits der erste Erzählband *Ein Flugzeug über dem Haus*, in dem die parabelhafte Erzählweise mancher Geschichten noch an Kafka erinnert, enthält Satiren auf die Gesellschaft der 50er-Jahre. Daran schließt der Roman *Ehen in Philippsburg* an, der einen satirischen Blick hinter die Kulissen einer süddt. Stadt wirft. In *Halbzeit* macht W. zum ersten Mal seine Gesellschaftsdiagnose an einem Protagonisten fest, dem unaufhaltsam räsonierenden Ich-Erzähler Anselm Kristlein (35 Jahre, Vertreter und Werbetexter, verheiratet, drei Kinder). Dessen Suada vermittelt nicht nur Einblicke in alle Winkel seines Seelenlebens, sondern auch eine Beschreibung der Gesellschaft der BRD der 50er-Jahre und der in ihr weiterwirkenden Vergangenheit. Dabei verweist der Romantitel einerseits auf die Jahrhundertmitte, andererseits spielt W. auf seine Bedeutung im Sport an, denn – das wird im Roman vielfach variiert – das Leben ist ein ständiger Kampf, in dem die menschlichen Werte auf der Strecke bleiben. Kristlein erscheint hier und in den beiden folgenden Romanen der »Kristlein-Trilogie« (*Das Einhorn*, *Der Sturz*) als Opfer seiner eigenen Persönlichkeit und der Gesellschaft, die seine Versuche, sich selbst zu verwirklichen, konsequent verhindert.

Auch in der Folgezeit gruppieren sich Romane zu ›Serien‹ um jeweils denselben Helden: um den Angestellten Franz Horn, der im Geschäftsleben scheitert und sich, seine Deformationen aufschreibend, mit seinem Schicksal arrangiert (*Jenseits der Liebe*, *Brief an Lord Liszt*); um den Studienrat Helmut Halm, der an seinen Minderwertigkeitsgefühlen, dem Älterwerden, seiner Schule und Deutschland überhaupt leidet und dessen Hoffnungen auf ein neues, freies Leben sich nicht erfüllen (*Ein fliehendes Pferd*, *Brandung*); um den Makler Gottlieb Zürn (*Das Schwanenhaus*, *Jagd*), der zur Reihe der erfolglosen, sich mit ihrem Innern beschäftigenden Helden gehört. Von diesen Werken hatte, nicht zuletzt wegen ihrer sprachlichen Ökonomie und präzisen Konstruktion, die Novelle *Ein fliehendes Pferd* besonderen Erfolg. Die Galerie der verletzlichen Helden reicht weiter über den Chauffeur Xaver Zürn, einem bis zur Krankheit leidenden Opfer der Versagensangst (*Seelenarbeit*), bis hin zu Alfred Dorn, der sich weigert, erwachsen zu werden (*Die Verteidigung der Kindheit*). Die Geschichte dieses Helden beruht auf einem realen Vorbild; in einem weiteren Versuch, eine reale Biographie zur Grundlage eines Romans zu machen, schildert W. in *Finks Krieg* den Kampf eines hessischen Ministerialrats gegen die Staatskanzlei, die ihn auf Grund parteipolitischer Intrigen entlassen hatte. Mit dem Roman *Ein springender Brunnen* gelang W. eine eindrucksvolle Beschreibung seiner Kinder- und Jugendzeit sowie der Zeitgeschichte (Aufstieg und Untergang des Dritten Reiches) aus der Sicht des Heranwachsenden. Ein Medienereignis wurde der satirische Roman *Tod eines Kritikers*, in dem sich W. u. a. seinen Frust über eigene Erfahrungen von der Seele schrieb. In dem Roman *Der Augenblick der Liebe* reaktiviert W. den Makler Gottlieb Zürn, der nun eine Art La Mettrie-Experte geworden ist, und verwickelt den alten Mann im Zusammenhang mit der Vorbereitung einer wissenschaftlichen Tagung in San Francisco in eine Liebesaffäre mit einer jungen Frau, die mit der Erfüllung zugleich ihr Ende findet. Wie in seinen Romanen die Protagonisten wiederkehren, so legt W. seine Aphorismen und Gedankensplitter einem wiederkehrenden Herrn

Meßmer in den Mund (*Meßmers Gedanken*, *Meßmers Reisen*).

Ein wesentlicher Teil von W.s dramatischem Werk entstand in den 60er-Jahren. Es nimmt verschiedene Einflüsse auf (absurdes Theater, Brecht) und beschäftigt sich v. a. mit politischen Themen (NS-Vergangenheit, Verdrängung, Kontinuitäten, Kapitalismuskritik). Den größten Erfolg erzielte er mit dem Stück *Die Zimmerschlacht* (UA 1967), das die deformierende Wirkung der bürgerlichen Lebensverhältnisse am Beispiel einer Ehe vorführt. Später thematisierte W. an historischen Beispielen (Bauernkrieg, Goethe) die Frage nach der Rolle der Intellektuellen und Künstler im politischen Prozess. Ein breites essayistisches Werk begleitet W.s künstlerisches Schaffen. Seine Rede 1998 anlässlich der Verleihung des Friedenspreises des deutschen Buchhandels, die sich u. a. mit dem Verhältnis der Deutschen zum Nationalsozialismus und seinen Verbrechen befasste und einen ›Schlussstrich‹ zu verlangen schien, löste heftige Diskussionen aus (*Erfahrungen beim Verfassen einer Sonntagsrede*).

Werke: Ein Flugzeug über dem Haus und andere Geschichten. 1955. – Ehen in Philippsburg. 1957. – Halbzeit. 1960. – Eiche und Angora. Eine deutsche Chronik. 1962. – Der Schwarze Schwan. 1964. – Lügengeschichten. 1964. – Überlebensgroß Herr Krott. Requiem für einen Unsterblichen. 1964. – Das Einhorn. 1966. – Die Zimmerschlacht. 1967. – Ein Kinderspiel. 1970. – Gesammelte Stücke. 1971. – Die Gallistl'sche Krankheit. 1972. – Der Sturz. 1973. – Wie und wovon handelt Literatur. Aufsätze und Reden. 1973. – Das Sauspiel. Szenen aus dem 16. Jahrhundert. 1975. – Jenseits der Liebe. 1976. – Ein fliehendes Pferd. Novelle. 1978. – Seelenarbeit. 1979. – Das Schwanenhaus. 1980. – Selbstbewußtsein und Ironie. Frankfurter Poetik-Vorlesungen. 1981. – Brief an Lord Liszt. 1982. – In Goethes Hand. Szenen aus dem 19. Jahrhundert. 1982. – Gesammelte Geschichten. 1983. – Brandung. 1985. – Meßmers Gedanken. 1985. – Dorle und Wolf. 1987. – Jagd. 1988. – Über Deutschland reden. 1988. Erw. 1990. – Die Verteidigung der Kindheit. 1991. – Das Sofa. Eine Farce. 1992. – Ohne einander. 1993. – Vormittag eines Schriftstellers. 1994. – Kaschmir in Parching. Szenen aus der Gegenwart. 1995. – Finks Krieg. 1996. – Ein springender Brunnen. 1998. – Ich vertraue. Querfeldein. Reden und Aufsätze. 2000. – Der Lebenslauf der Liebe. 2001. – Aus dem Wortschatz unserer Kämpfe. Prosa, Aufsätze, Gedichte. 2002. – Tod eines Kritikers. 2002. – Meßmers Reisen. 2003. – Der Augenblick der Liebe. 2004. – Die Verwaltung des Nichts. 2004. – Leben und Schreiben. Tagebücher 1951–1962. 2005. – Angstblüte. 2006.

Ausgabe: Gesammelte Werke. Hrsg. von Helmuth Kiesel. 12 Bde. Frankfurt a. M. 1997.

Walser, Robert, 15. 4. 1878 Biel (Schweiz) – 25. 12. 1956 Herisau (Schweiz). Der Sohn eines Kaufmanns und Buchbinders machte eine Banklehre in Biel (1892–95), arbeitete dann drei Monate in einer Bank in Basel. Danach war er in verschiedenen Berufen in Deutschland und in der Schweiz tätig. 1905–13 wohnte W. in Berlin bei seinem Bruder, einem erfolgreichen Maler und Bühnenbildner, und etablierte sich als freier Schriftsteller. Nach seiner Rückkehr in die Schweiz lebte er zunächst wieder in Biel, seit 1921 in Bern. 1929 ging er freiwillig in die Heilanstalt Waldau bei Bern, arbeitete aber weiter. Als er 1933 gegen seinen Willen in die Heilanstalt Herisau überführt wurde, hörte er auf zu schreiben. 1936 besuchte ihn der Kritiker und Schriftsteller Carl Seelig (1894–1962) zum ersten Mal; 1944 übernahm er die Vormundschaft. Nach ersten Gedichten und Prosastücken vor und nach der Jahrhundertwende gelang W. in Berlin mit seinen drei Romanen (*Geschwister Tanner*, *Der Gehülfe*, *Jakob von Gunten*) der literarische (nicht finanzielle) Durchbruch. Sie nehmen autobiographische Momente auf und stellen Helden in den Mittelpunkt, die sich – obwohl schwach und machtlos – der Anpassung an die Welt bürgerlicher Tüchtigkeit und ihrer Institutionen verweigern. Dabei schafft W.s Erzählen eine heitere, das alltägliche Leben verklärende Atmosphäre, die etwas Traum- und Märchenhaftes hat und durch die gleichwohl die gesellschaftliche Realität durchscheint. Erzählt *Geschwister Tanner* vom Leben im Angestelltenmilieu und der *Gehülfe* von der Arbeit bei einem skurrilen, erfolglosen Ingenieur und Erfinder (etwa einer »Reklame-Uhr«) und dem Reifungsprozess des jungen Protagonisten Joseph Marti, so ist *Jakob von Gunten* eine Art Anti-Bildungsroman ohne eigentliche Handlung: Es geht um ein etwas merkwürdiges Lehrinstitut in Berlin, das sich schließlich auflöst, und – möglicherweise – um einen Aufbruch des Helden zu neuer Freiheit. Auch hier verfremdet W. die Realität ins Spielerisch-Naive, hinter dem das Abgründige lauert. Die Momente des Traumhaften und Surrealen erinnern an Kafka, der den Roman »ein gutes Buch« nannte. Ein weiterer Roman, 1925 entstanden, wurde aus dem Nachlass veröffentlicht (*Der Räuber*). Neben den Romanen verfasste W. eine große Zahl von kleinen Prosastücken, impressionistische Miniaturen, die in Zeitungen, Zeitschriften und Sammelbänden erschienen und seine große Kunst des Kleinen demonstrieren. Dafür stehen auch seine »Mikrogramme«, die in der Heilanstalt entstanden und aus dem Nachlass ediert wurden.

Werke: Fritz Kocher's Aufsätze. 1904. – Geschwister Tanner. 1907. – Der Gehülfe. 1908. – Gedichte. 1909. – Jakob von Gunten. 1909. – Aufsätze. 1913. – Geschichten. 1914. – Kleine Dichtungen. 1914. – Der Spaziergang. 1917. – Kleine Prosa. 1917. – Poetenleben. 1918 [recte 1917]. – Komödie. 1919. – Seeland. 1919 [recte 1920]. – Die Rose. 1925. – Der Räuber. 1972.
Ausgaben: Das Gesamtwerk. Hrsg. von Jochen Greven. 12 Bde. Genf/Hamburg 1966–75. Mit erw. Nachworten: Sämtliche Werke in Einzelausgaben. 20 Bde. Frankfurt a. M. 1985–86. – Aus dem Bleistiftgebiet. Mikrogramme aus den Jahren 1925–1932. Hrsg. von Bernhard Echte und Werner Morlang. 6 Bde. Frankfurt a. M. 1985–2000. – Feuer. Unbekannte Prosa und Gedichte. Hrsg. von B. Echte. Frankfurt a. M. 2003.

Walter, Otto F., 5. 6. 1928 Rickenbach bei Olten – 24. 9. 1994 Solothurn. W., Sohn eines Verlegers, verließ das Gymnasium vorzeitig und absolvierte eine Buchhändlerlehre in Zürich und ein Volontariat in Köln. 1956–67 arbeitete er im väterlichen Walter Verlag (Olten), ging dann nach Meinungsverschiedenheiten zum Luchterhand Verlag (Neuwied, Berlin, Darmstadt) und leitete hier bis 1973 das literarische Programm. Danach lebte er in Solothurn als Verlagsberater und seit 1982 als freier Schriftsteller. Familienkonstellationen (autoritärer Vater, religiöse katholische Mutter) und die heimatliche Landschaft schlagen sich in seinem erzählerischen Werk nieder. Sein erster Roman, *Der Stumme*, verbindet Vater-Sohn- und Schuldproblematik mit dem Thema der Sprache und der Sprachskepsis: Loth Ferro, verstummt nach dem gewaltsamen Tod der Mutter, geht auf die Suche nach seinem dafür verantwortlichen Vater und findet, als dieser – durch Unfall oder Mord? – ums Leben kommt, seine Sprache wieder. Die folgenden Romane haben meist das fiktive Städtchen Jammers im Kanton Solothurn als Schauplatz und weiten – auch unter dem Eindruck der 68er-Bewegung – das Geschehen über den privaten Bereich hinaus ins Gesellschaftliche. Der Roman *Die ersten Unruhen* zeigt in einer Textcollage ein von Angst und latenter Gewalttätigkeit bestimmtes Bild der Stadt, *Die Verwilderung* stellt traditionelle Bürgerlichkeit der ungebundenen Lebensform einer Gruppe junger Menschen gegenüber. W.s Hauptwerk ist der Familien- und Zeitroman *Zeit des Fasans*. Er erzählt die Verfallsgeschichte der Industriellenfamilie Winter, die einst die Gegend von Jammers beherrschte, und entfaltet daneben ein Panorama der Schweizer Geschichte von den 30er- bis in die 50er-Jahre des 20. Jh.s. W. bricht das traditionelle Erzählen und Erinnern auf, erkundet die Beziehungen zwischen den Personen mit den Deutungsmustern der Psychoanalyse und montiert dokumentarisches und fiktives Material ein. In dieser von dem Sohn Thomas vorgenommenen Rekonstruktion der Familiengeschichte erhält der mögliche Mord an der Mutter, auf den ein Dokument hinzuweisen scheint, eine allgemeine Bedeutung: Es geht um eine Kritik an der männlichen Gewalt und ihrer Ursachen, um die Ablösung des Matriarchats durch das Patriarchat nach dem »Muttermord« mit all den negativen

Folgen für die menschliche Geschichte bis hin zum kapitalistischen Profitwahn der Winters. Die für W. wesentlichen Themen – Sprachohnmacht, männliche Gewalt gegen das Weibliche, Fremdenfeindlichkeit – kehren in der Erzählung *Die verlorene Geschichte*, W.s letztem Werk, wieder.

Werke: Der Stumme. 1959. – Herr Tourel. 1962. – Die ersten Unruhen. Ein Konzept. 1972. – Die Verwilderung. 1977. – Wie wird Beton zu Gras. Fast eine Liebesgeschichte. 1979. – Das Staunen der Schlafwandler am Ende der Nacht. 1983. – Gegenwort. Aufsätze, Reden, Begegnungen. 1988. – Zeit des Fasans. 1988. – Auf der Suche nach der Anderen Schweiz. 1991. – Die verlorene Geschichte. 1993.

Walther von der Vogelweide, um 1170 – um 1230. Nach eigener Angabe lernte W. in Österreich »singen unde sagen«. Über Geburtsort und Stand gibt es keine sicheren Angaben; ungeklärt ist, ob sein Beiname Herkunfts- oder Künstlername ist. Bis 1198 war er dem Hof des Babenberger Herzogs Friedrich I. in Wien verbunden; nach dem Tod seines Gönners verließ er Wien und hielt sich – wie sich aus seiner Sangspruchdichtung schließen lässt – an den Höfen des Stauferkönigs Philipp (1198–1201) und des Welfen Otto IV. (1212/13) sowie im Umkreis Kaiser Friedrichs II. (ab etwa 1213), dem er in einem Spruch um 1220 für ein Lehen dankte, und verschiedener Fürsten- und Adelshöfe (z. B. bei Hermann v. Thüringen) auf. Der einzige sichere außerliterarische Beleg zeigt ihn in der Umgebung des Bischofs von Passau, Wolfger v. Erla, der »Walthero cantori de Vogelweide« am 12. 11. 1203 bei Zeiselmauer (in der Nähe Wiens) fünf große Schillinge für einen Pelzrock auszahlte. Nach einer Notiz in einer Handschrift des 14. Jh.s soll W. im Kreuzgang des Würzburger Stifts Neumünster begraben sein. W. war bereits im Mittelalter als größter dt. Minnesänger und Sangspruchdichter anerkannt. Er führte die Spruchdichtung an das formale Niveau des Minnesangs heran, erweiterte das traditionelle moralisch-didaktische Themenspektrum und machte dabei die Spruchdichtung zu einem Medium der Diskussion aktueller politischer Fragen und der grundsätzlichen politischen Orientierung (z. B. in den *Reichstonsprüchen*) sowie z. T. ätzender politischer (z. B. antipäpstlicher) wie persönlicher Polemik und Satire. Als Minnesänger begann er – etwa um 1190 – im Stil Reinmars und der Hohen Minne; er löste sich jedoch bald von dieser Konzeption – sichtbar etwa in der so genannten ›Walther-Reinmar-Fehde‹ – und erprobte Auswege aus den stereotyp gewordenen Situationen der klagenden Minne. Er setzte dem Konzept der einseitigen Liebe (und dem ästhetisierenden Leiden Reinmars) die Forderung nach (möglicher) Gegenseitigkeit der Liebe entgegen, wobei die Skala von Liedern mit Anklängen an die Pastourelle und ihrer Darstellung der Liebe zu einer sozial nicht ausgezeichneten Frau in einer idyllischen Natur bis zu Liedern der eine ›Herrin‹ verehrenden ›Hohen Minne‹ reicht. Darüber hinaus gibt es differenzierende Lieder, die in der höfischen Sphäre bleiben, doch den Begriff Frau (»wîp«) über den Standesbegriff Herrin (»frouwe«) stellen und ein liebendes Entgegenkommen möglich erscheinen lassen. Eine ›Entwicklung‹ wird man trotz der verschiedenen Akzentuierung des Liebesthemas kaum annehmen können. Neben den Liebesliedern stehen Klagen über den Verfall rechter höfischer Kunst und Lieder mit religiöser Thematik, die v. a. dem Spätwerk angehören, darunter ein streng sakraler Marienleich, Lieder mit Kreuzzugsmotiven, Lieder des Rückblicks, Gedichte der Weltabsage.

Ausgaben: Leich, Lieder, Sangsprüche. 14., völlig neubearb. Aufl. der Ausg. Karl Lachmanns. Hrsg. von Christoph Cormeau. Berlin / New York 1996. – Die Lieder. Hrsg. von Friedrich Maurer. Bd. 1: Die religiösen und politischen Lieder. Tübingen [4]1974. Bd. 2: Die Liebeslieder. Tübingen [3]1969. – Werke. Mhd./Nhd. Hrsg., übers. und komm. von Günther Schweikle. Bd. 1: Spruchlyrik. Bd. 2: Liedlyrik. Stuttgart 1994–98.

Wander, Maxie, 3. 1. 1933 Wien – 20. 11. 1977 Kleinmachnow bei Berlin (DDR). W. stammte aus einer Arbeiterfamilie. Sie verließ die Schule vor dem Abitur und lebte von Gelegenheitsarbeiten. 1958 siedelte sie mit ihrem Mann, dem österreichischen Schriftsteller Fred Wander (1917–2006), in die DDR über. Bekannt wurde sie im Osten wie im Westen mit ihren literarisch überformten Gesprächsprotokollen mit Frauen aus unterschiedlichen Gesellschaftsschichten und Altersgruppen. Deutlich wird, bei allen Rollenzwängen und -konventionen, der Anspruch auf ein eigenes, selbstbestimmtes Leben und die Tatsache, dass auch im Sozialismus in der Frage der Gleichberechtigung eine Diskrepanz zwischen Theorie und gesellschaftlicher Praxis besteht. Auskunft über W., die angesichts einer tödlichen Krebserkrankung zu einer vertieften Reflexion über sich selbst gelangte, geben die von Fred Wander postum herausgegebenen Tagebücher und Briefe.

Werke: Guten Morgen, du Schöne. Protokolle nach Tonband. 1977. In der BRD u. d. T.: Guten Morgen, du Schöne. Frauen in der DDR. Protokolle. 1979. – Provenzalische Reise. 1978. [Mit Fred Wander.] – Tagebücher und Briefe. Hrsg. von F. Wander. 1979. In der BRD u. d. T.: Leben wär' eine prima Alternative. 1980. – Ein Leben ist nicht genug. Tagebuchaufzeichnungen und Briefe. Hrsg. von F. Wander. 1990.

Warbeck, Veit, vor 1490 Schwäbisch Gmünd – 4. 6. 1534 Wittenberg. Der aus einer Patrizierfamilie stammende W. studierte zunächst in Paris (Magister artium 1508), dann seit 1514 in Wittenberg. Vom anfänglichen Jurastudium wechselte er zur Theologie, wurde nach dem Studienabschluss zum Priester geweiht und hielt 1519 seine erste Predigt. Er gehörte zum Schülerkreis Luthers und war mit Georg Spalatin befreundet, der ihm Zugang zum kursächsischen Hof verschaffte (1523 Sekretär des Kurfürsten, 1532 kurfürstlicher Rat und Vizekanzler). Sein einziges bekanntes literarisches Werk ist der frühnhd. Prosaroman *Histori von dem Ritter mit den silbern schlüsseln* *und der schönen Magelonna*, eine Übersetzung bzw. Bearbeitung einer frz. Vorlage aus der Mitte des 15. Jh.s. Die Handlungsstruktur zeigt Anklänge an Legende und antiken Liebesroman und folgt dem Schema von Trennung und Vereinigung, von Leid, Prüfung und glücklichem Ende. Die Übersetzung entstand 1527; Spalatin brachte sie 1535 als didaktisches Exempel zum Druck.

Ausgaben: Die schöne Magelone. Nach der Orig.-Hs. hrsg. von Johannes Bolte. Weimar 1894. – Die schöne Magelona. Hrsg. von Ludwig Erich Schmitt und Renate Noll-Wiemann. Hildesheim / New York 1975.

Wassermann, Jakob, 10. 3. 1873 Fürth – 1. 1. 1934 Altaussee (Steiermark). Der Sohn eines jüdischen Spielwarenfabrikanten bzw. Versicherungsagenten (die Fabrik brannte ab) besuchte die Realschule, war für eine Zeit Versicherungsangestellter in Nürnberg und ging dann – inzwischen volljährig – nach München. Hier wurde er 1894 Sekretär Ernst v. Wolzogens, der sein Talent erkannte, und Mitarbeiter des *Simplicissimus*. 1898 ging er als Theaterkorrespondent der *Frankfurter Zeitung* nach Wien; seit 1919 lebte er in Altaussee. 1933 wurden seine Bücher in Deutschland verboten. W. war einer der erfolgreichsten Romanschriftsteller der ersten Jahrzehnte des 20. Jh.s. Seinen Durchbruch erzielte er mit dem Roman *Die Juden von Zirndorf*, einer Auseinandersetzung mit der jüdischen Identität an einem historischen Beispiel. Das Thema blieb aktuell, aufgenommen u. a. in dem Essay *Mein Weg als Deutscher und Jude*, der von dem Wunsch (und seiner Unmöglichkeit) handelt, beides – Deutscher und Jude – zu sein. Mit traditionell erzählten Romanen wie *Caspar Hauser* und *Das Gänsemännchen* setzte er sich endgültig als Autor des dt. Bildungsbürgertums durch. Die Absage an die Welt des Vaters und seine äußerlichen Werte bestimmt die Handlungsweise des jungen Helden im Roman *Christian Wahnschaffe*, der während des Ersten Weltkrieges entstand. Ähnlich verhält es sich in seinem berühmtesten Roman, *Der Fall Maurizius*, dem mit »der Idee der Gerechtigkeit« ein für W.s Werk auch sonst wichtiges Thema zugrunde liegt. Ausgangspunkt des Romans ist ein lange zurückliegendes Fehlurteil, das der Vater des Helden Etzel Andergast verschuldet hat. Der Staatsanwalt und sein 16-jähriger Sohn verkörpern den Gegensatz von äußerem Recht und Gerechtigkeit, und in der Auflehnung des Sohnes manifestiert sich – über den Einzelfall hinaus – jugendlich-hoffnungsvolle Opposition gegen ein erstarrtes, nur scheinbar moralisch begründetes System der bürokratischen Unterdrückung, der Herzlosigkeit und Selbstgerechtigkeit, wie es der Vater exemplarisch verkörpert. W. führte die Lebensgeschichte Etzels weiter in den Romanen *Etzel Andergast* und *Joseph Kerkhovens dritte Existenz*.

Werke: Die Juden von Zirndorf. 1897. Umgearb. Ausg. 1906. – Die Geschichte der jungen Renate Fuchs. 1900. – Der Moloch. 1903. – Die Kunst der Erzählung. 1904. – Alexander in Babylon. 1905. – Die Schwestern. 1906. – Caspar Hauser oder Die Trägheit des Herzens. 1908. – Der Literat oder Mythos und Persönlichkeit. 1910. – Die Masken Erwin Reiners. 1910. – Die ungleichen Schalen. Fünf Dramen. 1912. – Der Mann von vierzig Jahren. 1913. – Das Gänsemännchen. 1915. – Christian Wahnschaffe. 1919. Umgearb. Ausg. 1932. – Der Wendekreis. 1920–24. – Imaginäre Brücken. Studien und Aufsätze. 1921. – Mein Weg als Deutscher und Jude. 1921. – Gesammelte Studien, Erfahrungen und Reden aus drei Jahrzehnten. 1923. – Faber oder Die verlorenen Jahre. 1924. – Gestalt und Humanität. 1924. – Gesammelte Werke. 11 Bde. 1924–31. – Laudin und die Seinen. 1925. – Das Gold von Caxamalca. 1928. – Der Fall Maurizius. 1928. – Lebensdienst. 1928. – Christoph Columbus. 1929. – Hofmannsthal, der Freund. 1930. – Etzel Andergast. 1931. – Bula Matari. 1932. – Selbstbetrachtungen. 1933. – Joseph Kerkhovens dritte Existenz. 1934.

Ausgabe: Gesammelte Werke. Zürich. 7 Bde. 1944–48.

Weckherlin, Georg Rodolf, 14. 9. 1584 Stuttgart – 13. 2. 1653 London. Das fünfte Kind eines württembergischen Hofbeamten erhielt seine Ausbildung in Stuttgart (1593–

1599 Pädagogium) und an der Tübinger Universität (Immatrikulation als stud. jur. am 24. 4. 1599) sowie am dortigen Collegium illustre, das ein Studium politicum und Unterricht in den modernen Fremdsprachen anbot. Nach einer Bildungsreise trat W. dann ohne formalen Studienabschluss Anfang 1606 in den württembergischen Staatsdienst. Er hielt sich, mit diplomatischen Geschäften betraut, bis 1615 im Ausland auf, vornehmlich in Frankreich (Mömpelgard [Montbéliard], Lyon, Orléans, Paris), dann auch – zwischen 1607 und 1615 – insgesamt drei Jahre lang in England. Hier lernte er Elizabeth Raworth kennen, Tochter des Stadtschreibers von Dover, die er 1616 heiratete, nachdem er in Stuttgart die Stelle eines Sekretärs und Hofhistoriographen des Herzogs erhalten hatte. Die für den protestantischen Südwesten negative Entwicklung nach Ausbruch des Dreißigjährigen Krieges führte W. Ende 1619 mit seiner Familie nach England (Dover, Canterbury und, wahrscheinlich seit 1626, Westminster). Hier stand er zunächst noch als eine Art Agent in württembergischen, dann in pfälzischen Diensten, bis er 1626 in den engl. Staatsdienst trat und als Sekretär des für auswärtige Angelegenheiten zuständigen Staatssekretärs u. a. für Geheimdienstangelegenheiten und Bücherzensur zuständig war. 1630 ließ er sich und seine Kinder einbürgern. Er hielt sich zunächst aus dem Konflikt zwischen König und Parlament heraus, entschied sich aber 1643 aus seiner Gegnerschaft gegen die »Pfaffen« und »Papisten« und einer zunehmend hofkritischen Haltung heraus für das Parlament und wurde 1644 zum Sekretär für auswärtige Angelegenheiten des neu gebildeten Committee of Both Kingdoms ernannt. Zwei Monate nach der Hinrichtung Karls I. (30. 1. 1649) trat er zurück, wurde jedoch noch einmal 1652 für einige Monate als Assistent seines Nachfolgers, des erblindeten John Milton, in den Dienst zurückberufen. In seiner Position als württembergischer Hofdichter, wie man sein Amt in Stuttgart interpretieren darf, hatte er die Aufgabe, prunkvolle Hoffeste zu planen und in repräsentativen Beschreibungen festzuhalten. Hier stehen auch seine ersten Gedichte, die an die Formen- und Bildersprache der Pléiade anknüpfen und am Anfang einer neuen dt. Kunstdichtung im Geist der europäischen Renaissance stehen. Doch mit seiner Übersiedlung nach England wurden, trotz des Erscheinens der gesammelten *Oden vnd Gesänge* (1618–19), seine Wirkungsmöglichkeiten in Deutschland entschieden begrenzt, zumal seine am romanischen Beispiel orientierten metrischen Vorstellungen – Silbenzählung ohne regelmäßige Alternation – durch den Erfolg der Opitz'schen Reformen bald als antiquiert galten. Erst nach mehr als 20 Jahren trat er wieder mit zwei großen Sammlungen *Gaistlicher und Weltlicher Gedichte* hervor, aus denen neben petrarkistischen »Buhlereyen« und kunstvollen, anmutigen Eklogen die in der Zwischenzeit entstandenen aggressiven politischen Gedichte im Dienst der protestantischen Sache herausragen.

Werke: Triumf Newlich bey der F. kindtauf zu Stutgart gehalten. 1616. – Kurtze Beschreibung / Deß [...] Jüngst-gehaltenen Frewden-Fests. 1618. – Beschreibung Und Abriß Des jüngst zu Stutgarten gehaltnen F. Balleths. 1618. – Oden vnd Gesänge. 1618–19. – Gaistliche und Weltliche Gedichte. 1641. Erw. 1648.
Ausgabe: Gedichte. Hrsg. von Hermann Fischer. 3 Bde. Tübingen 1894, 1895, 1907. Reprogr. Nachdr. Hildesheim 1968.

Wedekind, Frank, 24. 7. 1864 Hannover – 9. 3. 1918 München. Der Sohn eines Arztes wuchs seit 1872 in der Schweiz auf und begann nach dem Abitur 1884 mit dem Jurastudium in München. Nach Studienabbruch 1886 leitete er für einige Monate das Reklamebüro der Firma Maggi in der Nähe von Zürich (1886–87), hielt sich dann – materiell abgesichert durch das väterliche Erbe – als freier Schriftsteller in Berlin, München und Paris auf. Auch in den folgenden Jahren wechselte W. häufig den Aufenthaltsort (Berlin, München, Zürich, Dresden, Leipzig), wenn auch München sein Hauptwohnsitz blieb. Er wurde Mitarbeiter des *Simplicissimus*; wegen eines hier erschienenen Gedichtes wurde er 1898 wegen Majestätsbeleidigung verfolgt, floh nach Zürich, stellte sich aber 1899 den dt. Behörden und wurde zu neun Monaten Haft verurteilt. Er trat im 1901 gegründeten Münchner Kabarett »Die Elf Scharfrichter« und auf anderen Bühnen auf und trug seine Gedichte, Balladen und Moritaten mit eigener Lautenbegleitung vor. Außerdem arbeitete er als Schauspieler; seit 1906 widmete er sich vorwiegend dem Schreiben. Allerdings behindert die Zensur immer wieder Aufführungen seiner Stücke; nach Ausbruch des Ersten Weltkriegs konnten sie kaum noch gespielt werden. Sein erstes bedeutendes Drama, die »Kindertragödie« *Frühlings Erwachen*, 1891 in Zürich erschienen, wurde erst 1906 – zensiert – uraufgeführt. Es stellt sich bewusst gegen den Naturalismus und die klassizistische Dramenform und knüpft mit seinen episch gereihten Kurzszenen und der Kontrastierung von lyrisch-expressiver Intensität und ins Groteske gesteigerter Satire an den Sturm und Drang und Dramatiker wie G. Büchner und C. D. Grabbe an. Inhaltlich wendet sich W. am Beispiel der Pubertätsnöte junger Leute inmitten einer verständnislosen Umwelt (Elternhaus, Schule, Kirche) gegen das System bürgerlicher Triebunterdrückung und gegen die prüde, lebensfeindliche Scheinmoral. Damit ist das Stück zugleich ein Plädoyer für die Befreiung der sinnlichen Liebe, für das Leben in einem emphatischen Sinn, für die menschliche Natur und die Schönheit des Leibes. Die *Lulu*-Tragödie mit ihren Teilen *Erdgeist* (UA 1898) und *Die Büchse der Pandora* (UA 1904) nimmt diese Thematik auf, indem sie das »wilde, schöne Tier« Lulu als Verkörperung der Natur gegen Vertreter der (bürgerlichen) Gesellschaft stellt und deren verlogene Moral entlarvt. Satirische Gesellschaftskritik, nun bezogen auf den kapitalistischen Ungeist, leistet die Hochstaplergroteske *Der Marquis von Keith* (UA 1901). Auch die späteren Dramen setzen die Auflösung der geschlossenen Dramenform durch eine vielfach groteske Montage heterogener Elemente fort: von *Musik*, einem »Sittengemälde«, über die Literaturkomödie *Oaha* bzw. *Till Eulenspiegel* bis hin zur Satire auf zerstörerisches Heldentum in *Herakles*. W.s Vorstellungen von der Emanzipation des Körperlichen und seine Kritik am bürgerlichen Erziehungssystem liegt auch dem fragmentarischen Roman *Mine-Haha* zugrunde, der Momente der dt. Bildungsromantradition parodistisch aufnimmt.

Werke: Der Schnellmaler oder Kunst und Mammon. 1889. – Frühlings Erwachen. 1891. – Erdgeist. 1895. – Die Fürstin Russalka. 1897. – Die junge Welt. 1897. – Der Kammersänger. 1899. – Der Liebestrank. 1899. – Der Marquis von Keith. 1901. – Mine-Haha oder Über die körperliche Erziehung der jungen Mädchen. 1903. – Die Büchse der Pandora. 1904. – Musik. 1908. – Oaha. Die Satire der Satire. 1908. Bearb. U. d. T.: Till Eulenspiegel. 1916. – Die Zensur. Theodizee in einem Akt. 1908. – Der Stein der Weisen. 1909. – Schloß Wetterstein. 1910. – Franziska. Ein modernes Mysterium. 1912. – Lulu. Tragödie in fünf Aufzügen und einem Prolog. 1913. [Neubearb. von: Der Erdgeist und Die Büchse der Pandora.] – Simson oder Scham und Eifersucht. 1914. – Bismarck. 1915. – Herakles. 1917. – Lautenlieder. 1920.

Ausgaben: Gesammelte Werke. 9 Bde. München/Leipzig 1912–1921. – Werke. Hrsg. von Manfred Hahn. 3 Bde. Berlin/Weimar 1969. – Werke. Krit. Studienausg. Hrsg. von Elke Austermühl [u. a.]. 8 Bde. mit 3 Doppelbdn. Darmstadt 1994 ff. – Gesammelte Werke. Hrsg. von Walter Schmitz. 10 Bde. Dresden 2003 ff.

Weerth, Georg, 17. 2. 1822 Detmold – 30. 7. 1856 Havanna (Kuba). Nach dem Tod seines Vaters, des lippischen Generalsuperintendenten, musste W. 1836 das Gymnasium in Detmold verlassen und in Elberfeld eine Kaufmannslehre beginnen. Er arbeitete 1840–43 als Buchhalter in Köln und als Privatsekretär in Bonn, ging dann 1843–46 als Kontorist einer Textilfirma nach Bradford in Mittelengland und beschrieb seine Erfahrungen in Briefen, Gedichten und Zeitungsberichten. 1844 lernte er Friedrich

Engels kennen, 1846–48 war er Handelsvertreter in Brüssel und zugleich literarisch höchst produktiv. Während der Revolutionszeit 1848–49 arbeitete er als Feuilletonredakteur der *Neuen Rheinischen Zeitung*. Nach einer dreimonatigen Haftzeit (1850) verlegte er sich wieder auf das Geschäftsleben, unternahm ausgedehnte Reisen nach Spanien und Portugal (1850) sowie Mittel- und Südamerika (1852–56). Er starb am Gelbfieber. W.s Medium war von Anfang an die Zeitung; darauf waren Schreibweise, Struktur und Wirkungsabsicht der Texte gerichtet. Für sie schrieb er seine Reiseberichte, Feuilletons, Reportagen, Analysen und Satiren. Es gibt nur eine einzige (nachträgliche) Buchveröffentlichung. Seine politisch-ökonomische Schulung erhielt er, nach ersten Eindrücken im dt. Geschäftsleben, in England. Davon zeugen neben Briefen und Reportagen die sozialkritischen *Lieder aus Lancashire* (1847). Von größerer literarischer Bedeutung sind seine Satiren: die 1847–48 teilweise in der *Kölnischen Zeitung* und der *Neuen Rheinischen Zeitung* veröffentlichten *Humoristischen Skizzen aus dem deutschen Handelsleben*, eine ebenso kühle wie unerbittliche Analyse kapitalistischen Geschäftsgebarens, und die romanhafte Aristokratensatire *Leben und Thaten des berühmten Ritters Schnapphahnski*. Engels nannte W. »den *ersten* und bedeutendsten Dichter des Proletariats«.

Werke: Leben und Thaten des berühmten Ritters Schnapphahnski. 1849.

Ausgaben: Sämtliche Werke. Hrsg. von Bruno Kaiser. 5 Bde. Berlin [DDR] 1956–57. – Sämtliche Briefe. Hrsg. von Jürgen Wolfgang Goette [u. a.]. 2 Bde. Frankfurt a. M. / New York 1989.

Wegner, Arnim T(heophil), 16. 10. 1886 Wuppertal-Elberfeld – 17. 5. 1978 Rom. W., Sohn eines preußischen Beamten und einer Frauenrechtlerin, wuchs im Rheinland und in Schlesien auf. Er studierte Jura und Volkswirtschaft in Breslau, Zürich, Paris und Berlin (Dr. jur. Breslau 1914). Im Ersten Weltkrieg wurde er als Sanitätsoffizier in

Polen und der Türkei eingesetzt. Als Augenzeuge des Massenmords an den Armeniern protestierte er in einem offenen Brief an den Präsidenten der USA. Nach dem Krieg engagierte er sich in pazifistischen Vereinigungen, unternahm ausgedehnte Reisen (Europa, Naher Osten, Afrika) und arbeitete u. a. als Redakteur der Zeitschrift *Der neue Orient*. In einem Brief vom 11. 4. 1933 an Hitler protestierte er gegen die einsetzende Judenverfolgung. Er wurde verhaftet und in Konzentrationslager gebracht, konnte jedoch 1934 nach England fliehen. 1936 ging er nach Palästina, 1937 nach Italien. Hier lebte er, in Rom und auf der Insel Stromboli, bis zu seinem Tod. Von 1941 bis 1943 lehrte er an der Universität Padua unter falschem Namen. Erst seit den 70er-Jahren wurde W. von der literarischen Öffentlichkeit wieder wahrgenommen. W. begann nach der Jahrhundertwende mit impressionistischen Gedichten und orientierte sich dann mit seinen visionär-pathetischen und auch sozialkritischen Städtegedichten am Expressionismus. Die Erzählungen mit ihren orientalischen und russ. Schauplätzen nehmen seine Reiseeindrücke auf, die er auch direkt in Reiseberichten und -büchern schilderte. In Manifesten vertrat er seine pazifistischen Anschauungen und seine Kritik an politischer Unterdrückung und sozialer Ungerechtigkeit.

Werke: Im Strom verloren. 1903. – Zwischen zwei Städten. 1909. – Gedichte in Prosa. 1910. – Höre mich reden, Anna-Maria. Eine Rhapsodie. 1912. – Das Antlitz der Städte. 1917. – Der Weg ohne Heimkehr. Ein Martyrium in Briefen. 1919. – Im Haus der Glückseligkeit. Aufzeichnungen aus der Türkei. 1920. – Der Ankläger. Aufrufe zur Revolution. 1921. – Der Knabe Hüssein. Türkische Novellen. 1921. – Das Geständnis. 1922. – Die Verbrechen der Stunde – die Verbrechen der Ewigkeit. 1922. – Die Straße mit den tausend Zielen. 1924. – Das Zelt. Aufzeichnungen, Briefe, Erzählungen aus der Türkei. 1926. – Wie ich Stierkämpfer wurde und andere Erzählungen. 1928. – Moni oder die Welt von unten. 1929. – Am Kreuzweg der Welten. 1930. – Fünf Finger über Dir. 1930. – Jagd durch das tausendjährige Land. 1932. – Maschinen im Märchenland. 1932. – Die Silberspur. 1952.

Ausgaben: Fällst du, umarme auch die Erde oder Der Mann, der an das Wort glaubt. Prosa, Lyrik, Dokumente. Wuppertal 1974. – Odyssee der Seele. Ausgewählte Werke. Hrsg. von Ronald Steckel. Wuppertal 1976.

Weinheber, Josef, 9. 3. 1892 Wien-Ottakring – 8. 4. 1945 Kirchstetten (Niederösterreich). Der Sohn einer Näherin und eines Metzgers, die beide früh starben, hatte eine schwere Kindheit und Jugend (Erziehungs-, Waisenhaus) und musste 1908 seine Gymnasialausbildung abbrechen. 1911 trat er in den Postdienst ein, bildete sich autodidaktisch weiter und lernte in den 20er-Jahren auch Griechisch und Latein, um die antike Dichtung im Original lesen zu können. 1918 trat er aus der katholischen Kirche aus. Als Maßnahme gegen das allgemeine Verschweigen seiner Leistungen schloss er sich 1931 der NSDAP an und ließ sich vom österreichischen Ständestaat wie vom NS-Regime vereinnahmen; den »Anschluss« besang er mit einem *Hymnus auf die Heimkehr.* 1932 verließ er den Postdienst, seit 1934 lebte er in Kirchstetten. Trotz privat geäußerter Zweifel zeigte sich W. bis zum Schluss loyal gegenüber dem NS-Regime. Er starb durch eine Überdosis Morphin. Autobiographisch ist der Roman *Das Waisenhaus*, der seine bedrückende Sozialisation schildert. Das expressionistische Drama *Genie* stellt einen tragischen Helden auf die Bühne, der auf dem Weg zu einer höheren Menschlichkeit scheitert, wobei die erhabene Dichterpose ebenso wie das Ringen um die »geistige Höherentwicklung« des Menschen zu den charakteristischen Elementen auch seines späteren Dichtens gehören. Zugleich entwickelte W. Vorstellungen Otto Weiningers (*Geschlecht und Charakter*, 1903) weiter zu einer eigenen Metaphysik der Geschlechter, in der dem Männlichen der Geist, dem Weiblichen die Sprache zugeordnet werden. Diese Pole zu versöhnen, ist Aufgabe der Dichtkunst, die W. in verstärktem Maß als Sprachkunst verstand. Im Zentrum steht dabei das lyrische Werk, das in den Gedichtbüchern der

30er-Jahre gipfelte; berühmt machte ihn 1934 *Adel und Untergang*. W. verfügt einerseits über den hohen Stil und zeichnet sich in seinen Sonetten, Oden, Hymnen und Elegien durch formale und sprachliche Meisterschaft im klassischen Sinn aus, andererseits nimmt er virtuos – auch im Dialekt – heimatliche, volkstümliche Töne auf. Thematisch zeigt sich eine Verschiebung von der Geschlechterdialektik zu einer stärkeren Hervorhebung der heroischen Dichter- und Opferrolle in einer sich verdüsternden Welt.

Werke: Der einsame Mensch. 1920. – Von beiden Ufern. 1923. – Das Waisenhaus. 1924. – Boot in der Bucht. 1926. – Adel und Untergang. 1934. – Vereinsamtes Herz. 1935. – Wien wörtlich. 1935. – Späte Krone. 1936. – O Mensch gib acht! Erbauliches Kalenderbuch für Stadt- und Landleut. 1937. – Zwischen Göttern und Dämonen. 1938. – Kammermusik. 1939. – Dokumente des Herzens. 1944. – Hier ist das Wort. 1947. – Über die Dichtkunst. 1949.
Ausgaben: Sämtliche Werke. Hrsg. von Josef Nadler. 5 Bde. Salzburg 1953–56. – Sämtliche Werke. Hrsg. von Friedrich Jenaczek. 7 Bde. Salzburg 1970 ff.

Weise, Christian, 30. 4. 1642 Zittau – 21. 10. 1708 ebd. W. absolvierte das Zittauer Gymnasium, an dem sein Vater unterrichtete, und studierte dann von 1660 bis 1663 in Leipzig Theologie, daneben auch Philosophie, Rhetorik, Politik, Geschichte und Rechtswissenschaft. Nach seiner Magisterpromotion 1663 hielt er Vorlesungen in mehreren Fachgebieten (Rhetorik, Ethik, Politik, Geschichte, Poetik), blieb jedoch ohne Professur und wechselte deshalb 1668 als Sekretär am Hof des ersten Ministers von Sachsen-Weißenfels in Halle in die Praxis höfischer Politik und Verwaltung. Nach einer kurzen Hofmeistertätigkeit übernahm W. 1670 die Professur für Politik, Rhetorik und Poesie am Gymnasium illustre in Weißenfels, einer Art Ritterakademie, die junge Adelige für den Beamtendienst im absolutistischen Staat ausbildete. 1678 wurde er zum Rektor des Zittauer Gymnasiums berufen. W. gehörte neben C. Thomasius zu den einflussreichsten Schriftstellern in der Übergangsphase zwischen Barock und Frühaufklärung. Sein Ziel war es, die humanistisch-gelehrte Tradition den neuen Berufs- und Lebensbedingungen im Fürstenstaat anzupassen und seine Schüler auf ihre künftige Rolle als Beamte im Staats- und Hofdienst oder im Rahmen der städtischen Kaufmannschaft vorzubereiten. Diese neue Praxis steht unter dem Begriff des ›Politischen‹, der auf der Grundlage einer von akademischer Weltferne befreiten Rhetorik ein auf Erfahrung, Weltklugheit und Selbsterkenntnis basierendes Bildungsideal beschreibt. Diesen Anspruch formulierte W. zum ersten Mal ausführlich im *Politischen Redner*; zahlreiche weitere politische, rhetorische und philosophische Anweisungs- und Lehrbücher bauten auf diesen Gedanken auf. Auch die umfangreiche poetische Produktion ist der politischen Zielsetzung verpflichtet. Das gilt v. a. für den von Weise begründeten Typ des satirischen politischen Romans, der eine eher karge Reisehandlung mit einer Narrenrevue verbindet, und für sein mehr als 60 Stücke umfassendes, nur teilweise gedrucktes dramatisches Schaffen im Rahmen des Zittauer Schultheaters seit 1679. Funktion des Schuldramas war es, politische und historische Kenntnisse zu vermitteln und ein Repertoire von situationsgerechten Handlungsweisen in verschiedenen sozialen Kontexten einzuüben. W.s dramatisches Werk umfasst – der Folge des dreitägigen Spielzyklus entsprechend – Bibeldramen meist nach dem AT, historisch-politische Schauspiele von z. T. brisanter Thematik (*Masaniello*, 1682) und Komödien, die politisches Verhalten auf eine niedrigere soziale Ebene übertragen.

Werke: Der grünen Jugend Uberflüssige Gedancken. 1668. Tl. 2. 1673. [Seit 1678 u. d. T.: Der grünenden Jugend ...] – Die drey Haupt-Verderber In Teutschland. 1671. – Die drey ärgsten Ertz-Narren in der gantzen Welt. 1672. – Die drey Klügsten Leute in der gantzen Welt. 1675. – Der Kluge Hoff-Meister. 1676. – Politischer Redner. 1677. – Neu-Erleuterter Politischer Redner. 1684. – Der Politische Näscher. 1678. – Der gestürtzte Marggraff von Ancre. 1679. – Bäurischer Machiavellus. 1679. – Der Tochter-Mord. Welchen Jephtha [...] begangen hat. 1680. – Kurtzer Bericht vom Politischen Näscher. 1680. – Reiffe Gedancken. 1682. – Zittauisches Theatrum. 1683. – Neue Jugend-Lust / Das ist / Drey Schauspiele. 1684. – Institutiones oratoriae. 1687. – Politische Fragen. 1690. – Lust und Nutz der Spielenden Jugend. 1690. – Curiöse Gedancken Von Deutschen Brieffen. 1691. – Curiöse Gedancken Von Deutschen Versen. 1692. – Gelehrter Redner. 1692. – Freymüthiger und höfflicher Redner. 1693. – Comödien Probe Von Wenig Personen. 1696. – Ausführliche Fragen / über die Tugend-Lehre. 1696. – Curieuse Fragen über die Logica. 1696. – Neue Proben von der vertrauten Redens-Kunst. 1700. – Curieuse Gedancken von den Nouvellen oder Zeitungen. 1703. – Curieuser Körbelmacher. 1705.

Ausgabe: Sämtliche Werke. Hrsg. von John D. Lindberg [seit 1991 Hans-Gert Roloff]. Berlin / New York 1971 ff.

Weisenborn, Günther, 10. 7. 1902 Velbert (Rheinland) – 26. 3. 1969 Berlin. Nach einem Studium der Germanistik, Theaterwissenschaft und Philosophie in Köln und Bonn (Dr. phil. 1927) ging W. zunächst nach Berlin; 1929 wanderte er nach Argentinien aus, kehrte aber ein Jahr später nach Berlin zurück, wo er u. a. mit Brecht an der Dramatisierung von Maxim Gorkis Roman *Die Mutter* arbeitete. 1937 hielt er sich in den USA auf und war als Lokalreporter für die *Deutsche Staatszeitung* tätig. Wieder in Deutschland, führte W. ein Doppelleben und schrieb einerseits scheinbar parteikonforme Literatur, andererseits lieferte er als Kulturredakteur beim Großdeutschen Rundfunk (seit 1941) der Widerstandsgruppe »Rote Kapelle« Informationen. Nach deren Aufdeckung 1942 wurde auch er verhaftet. Die Rote Armee befreite ihn im Mai 1945 aus dem Zuchthaus Luckau (Niederlausitz). Er gehörte zu den Gründern des Hebbel-Theaters in Berlin; hier wirkte er bis 1948 als Dramaturg. 1946–47 war er Mitherausgeber der satirischen Zeitschrift *Ulenspiegel*, von 1951 an Chefdramaturg an den Hamburger Kammerspielen. Auf einer Chinareise 1961 sprach er als erster Westdeutscher mit Mao. Er lebte zuletzt im Tessin und in Berlin. Seinen ersten literarischen Erfolg hatte er mit dem Antikriegsstück *U-Boot S 4* (UA 1928). Im Dritten Reich veröffentlichte er, nachdem die mit R. Huelsenbeck verfasste Komödie *Warum lacht Frau Balsam?* (UA 1933) nach der Premiere verboten worden war, u. a. das Argentinienbuch *Die einsame Herde* und den antikapitalistischen Roman *Die Furie*. Nach dem Krieg wurde der Widerstand gegen das NS-Regime Thema seiner ersten Arbeiten. Das am epischen Theater Brechts orientierte Stück *Die Illegalen* (UA 1946), eines der erfolgreichsten Bühnenwerke der unmittelbaren Nachkriegszeit, handelt in kurzen Szenen realistisch und ohne Illusionen (auch was die Anerkennung der Nachwelt angeht) von der Arbeit einer kleinen Widerstandsgruppe. In *Memorial* erinnert W. an seine Haftzeit, *Der lautlose Aufstand* dokumentiert, basierend auf Material R. Huchs, den dt. Widerstand. Für das Drehbuch zu dem Film *Der 20. Juli* erhielt er 1956 den Bundesfilmpreis. In den 50er-Jahren wandte sich W. gesellschaftlichen und politischen Problemen der Gegenwart zu: etwa in seiner *Göttinger Kantate* gegen die atomare Bewaffnung der Bundeswehr und in seinen Bonn- bzw. Berlin-Romanen (*Auf Sand gebaut*, *Der dritte Blick*).

Werke: Barbaren. Roman einer studentischen Tafelrunde. 1931. – Das Mädchen von Fanö. 1935. – Die einsame Herde. Buch der wilden, blühenden Pampa. 1937. – Die Furie. Roman aus der Wildnis. 1937. – Die Illegalen. Drama aus der deutschen Widerstandsbewegung. 1946. – Historien der Zeit. 1947. – Memorial. 1948. – Ballade vom Eulenspiegel, vom Federle und von der dicken Pompanne. 1949. – Der lautlose Aufstand. Bericht über die Widerstandsbewegung des deutschen Volkes 1933–1945. 1953. Erw. 1954. – Dramatische Balladen. 1955. – Auf Sand gebaut. 1956. – Der dritte Blick. 1956. – Göttinger Kantate. 1958. – Fünfzehn Schnüre Gold. Ein altchinesisches Bühnenstück. 1959. [Bearb.] – Am Yangtse steht ein Riese auf. Notizbuch aus China. 1961. – Der Verfolger. 1961. – Der gespaltene Horizont. Niederschriften eines Außenseiters. 1964.

Ausgabe: Theater. 4 Bde. München [u. a.] 1964–67.

Weiß, Ernst, 28. 8. 1882 Brünn – 14. 6. 1940 Paris. Der Sohn eines jüdischen Textilhändlers studierte Medizin in Prag und Wien. Nach seiner Promotion 1908 ging er nach Bern und Berlin, um sich zum Chirurgen ausbilden zu lassen. 1911 erhielt er eine Stellung in einem Wiener Hospital, die er aber wegen einer Lungentuberkulose aufgeben musste. Er arbeitete 1912–14 als Schiffsarzt (Indien, Japan), im Ersten Weltkrieg wurde er als Regimentsarzt eingesetzt. 1919 gab er seinen Beruf auf; seit 1921 lebte er in Berlin und schrieb neben seinen literarischen Werken aus finanziellen Gründen für verschiedene Zeitungen. 1933 ging er zunächst nach Prag, dann nach Paris, hier u. a. finanziell unterstützt von Th. Mann und S. Zweig. Als die dt. Truppen in Paris einmarschierten, nahm er sich das Leben. W.' Romane und Erzählungen stellen häufig Ärzte in den Mittelpunkt und verbinden die berufliche Karriere-Thematik mit dem Verhältnis der Geschlechter und seinen psychologischen Verstrickungen (*Die Galeere*, *Der Kampf* bzw. *Franziska*, *Georg Letham*). Die Kriegserfahrungen verarbeitet der Roman *Mensch gegen Mensch*, der die Fronterlebnisse eines Sanitäters mit expressionistischem Menschheitspathos schildert. Mit Romanen wie *Der Fall Vukobrankovics*, einer Studie über eine Giftmörderin, und *Boëtius von Orlamünde*, der vom Leben eines verarmten Adeligen erzählt, der zum Industriearbeiter wird, nähert sich W. der Neuen Sachlichkeit. In seinem ersten Exilroman *Der Gefängnisarzt oder Die Vaterlosen* beschreibt er die politischen und sozialen Bedingungen, die den Aufstieg des Nationalsozialismus ermöglichten. Erst postum erschien der Roman *Der Augenzeuge* (aus Gründen des Titelschutzes mit ergänztem Titel), der W. wieder in die Diskussion zurückbrachte. Der Ich-Erzähler, ein Arzt, erzählt von der Heilung eines A. H. von seiner hysterischen Blindheit in einem Lazarett des Ersten Weltkriegs und der von dieser Gestalt ausgehenden Faszination. Die Einsicht in die Gefährlichkeit des Nationalsozialismus bringt dann den Arzt in seinem weiteren, in der Emigration mündenden Leben dazu, sich für die Demokratie zu engagieren.

Werke: Die Galeere. 1913. – Der Kampf. 1916. Überarb. u. d. T.: Franziska. 1919. – Tiere in Ketten. 1918. – Mensch gegen Mensch. 1919. – Das Versöhnungsfest. Eine Dichtung in vier Kreisen. 1920. – Tanja. 1920. – Nahar. 1922. – Die Feuerprobe. 1923. – Der Fall Vukobrankovics. 1924. – Männer in der Nacht. 1925. – Boëtius von Orlamünde. 1928. U. d. T.: Der Aristokrat. 1931. – Dämonenzug. Fünf Erzählungen. 1928. – Das Unverlierbare. Essais. 1928. – Georg Letham. Arzt und Mörder. 1931. – Der Gefängnisarzt oder Die Vaterlosen. 1934. – Der arme Verschwender. 1936. – Der Verführer. 1938. – [Ich] Der Augenzeuge. 1963.

Ausgabe: Gesammelte Werke. Hrsg. von Peter Engel und Volker Michels. 16 Bde. Frankfurt a. M. 1982.

Weiss, Peter, 8. 11. 1916 Nowawes bei Berlin – 10. 5. 1982 Stockholm. Der Sohn eines jüdischen Textilhändlers wuchs in Bremen (1918–29) und Berlin (1929–34) auf. 1934 emigrierte die Familie nach England, 1936 nach Warnsdorf in Böhmen. Bis 1938 besuchte W. die Kunstakademie in Prag, 1939 folgte er der Familie nach Schweden, wo der Vater inzwischen die Leitung einer Textilfabrik übernommen hatte. Seit 1940 lebte W. als Maler in Stockholm, 1947 erschienen seine ersten literarischen Texte in schwedischer Sprache, daneben Collagen und Filme. 1960 trat er mit seinem ersten deutschsprachigen Erzählwerk hervor, das bereits 1952 entstanden war (*Der Schatten des Körpers des Kutschers*). Seitdem arbeitete er nur noch als Schriftsteller. 1982 erhielt er den Georg-Büchner-Preis. Nach dem experimentellen »Mikro-Roman« als dt. Debüt und zwei autobiographischen Erzähltexten (*Abschied von den Eltern*, *Fluchtpunkt*) wandte sich W. dem Theater und damit – im Gegensatz zu den bisher vorherrschenden Innerlichkeitstendenzen – der Auseinandersetzung mit der Welt zu. Das 1964 uraufgeführte *Marat/Sade*-Drama machte ihn berühmt. Das Stück, einer der wichtigsten Theatertexte der Moderne, stellt in einem großen Spektakel – das Irrenhaus als Theater im Theater und Abbild der Welt – am Beispiel der Gestalten Marats und de Sades zwei konträre Positionen dar: dem entschiedenen Verfechter der Revolution und Freund des Volkes steht ein radikaler Individualist und Skeptiker gegenüber, wobei der »Konflikt zwischen dem bis zum Äußersten geführten Individualismus und dem Gedanken an eine politische und soziale Umwälzung« (W.) nicht entschieden wird, wenn sich auch W. im Verlauf von fünf Umarbeitungen um eine Verstärkung der Position Marats bemühte. Den Widerspruch im Stück löste W. für sich zugunsten einer revolutionären sozialistischen Position auf. In der Theaterpraxis schlug sich das nach der oratorienhaften szenischen Dokumentation des Frankfurter Auschwitzprozesses (*Die Ermittlung*, UA 1965) in einer immer entschiedeneren Politisierung nieder: in Stücken über die portugiesische Kolonialpolitik, den Vietnamkrieg oder – auf einer anderen Ebene – in dramatischen Texten über Leo Trotzki und Hölderlin (der Besuch vom jungen Karl Marx erhält). Die epische Auseinandersetzung mit der revolutionären Tradition stellt W.' Hauptwerk, *Die Ästhetik des Widerstands*, dar. Das dreibändige komplexe Werk beschreibt am Handlungsfaden der Entwicklungsgeschichte eines Ich-Erzählers und seiner Suche nach einer politischen und künstlerischen Identität ausführlich und differenziert die widerspruchsvolle Geschichte der Linken sowie die Debatten um eine marxistische Ästhetik seit dem Ende des Ersten Weltkriegs und geht zugleich der politischen Wirkungsmöglichkeit von Kunst nach: »Ästhetik des Widerstands«. Die den Roman einleitende Diskussion über den Fries des Pergamon-Altars mit seiner Darstellung des Kampfes der Götter und Giganten deutet an, was damit gemeint ist: Kunst repräsentiert zwar die Geschichte der Sieger, gibt aber auch – im Sinn der politischen Emanzipation gegen den Strich ausgelegt – die Hoffnung auf Befreiung wieder.

Werke: Från ö till ö. 1947. Dt. u. d. T.: Von Insel zu Insel. 1984. – De besegrade. 1948. Dt. u. d. T.: Die Besiegten. 1985. – Dokument I. 1949. Dt. u. d. T.: Der Fremde. 1980. – Duellen. 1953. Dt. u. d. T.: Das Duell. 1972. – Der Schatten des Körpers des Kutschers. Mikro-Roman. 1960. – Abschied von den Eltern. 1961. – Fluchtpunkt. 1962. – Das Gespräch der drei Gehenden. 1963. – Die Verfolgung und Ermordung Jean Paul Marats dargestellt durch die Schauspielgruppe des Hospizes zu Charenton unter Anleitung des Herrn de Sade. 1964. Rev. Fassung 1965. – Die Ermittlung. Oratorium in elf Gesängen. 1965. – Diskurs über die Vorgeschichte und den Verlauf des langandauernden Befreiungskrieges in Viet Nam als Beispiel für die Notwendigkeit des bewaffneten Kampfes der Unterdrückten gegen ihre Unterdrücker sowie über die Versuche der Vereinigten Staaten von Amerika, die Grundlagen der Revolution zu vernichten. 1968. – Dramen. 2 Bde. 1968. – Gesang vom Lusitanischen Popanz. In: Dramen. Bd. 2. 1968. – Nacht mit Gästen. In: Dramen. Bd. 1. 1968. – Wie dem Herrn Mockinpott das Leiden ausgetrieben wird. In: Dramen. Bd. 1. 1968. – Rapporte. 1968–71. – Trotzki im Exil. 1970. – Hölderlin. 1971. – Die Ästhetik des Widerstands. 1975–81. – Stücke. 1976–77. – Notizbücher 1971–1980. 1981. – Notizbücher 1960–1971. 1982. – Der neue Prozeß. 1984. – Die Situation. Aus dem Schwed. übers. von Wiebke Ankersen. 2000. [Das schwed. Original von 1956 blieb unveröffentlicht.] – Inferno. Stück und Materialien. Hrsg. von Christoph Weiß. 2003.

Ausgabe: Werke. Hrsg. vom Suhrkamp Verlag in Zus.arb. mit Gunilla Palmstierna-Weiss. 6 Bde. Frankfurt a. M. 1991. – Siegfried Unseld / Peter Weiss: Der Briefwechsel. Hrsg. von Rainer Gerlach. Frankfurt a. M. 2006.

Weiße, Christian Felix (Weisse), 28. 1. 1726 Annaberg – 16. 12. 1804 Leipzig. Nach dem Besuch des Altenburger Gymnasiums studierte W., Sohn eines Gymnasialdirektors, von 1754 an Theologie und Philologie, dann auch Rechtswissenschaft in Leipzig. Freundschaftliche Beziehungen zu Lessing, G. W. Rabener, C. F. Gellert u. a. entwickelten sich. Nach einigen Jahren als Hofmeister und einer Parisreise (1759) übernahm W. die Redaktion der *Bibliothek der schönen Wissenschaften und der freyen Künste*; 1761 erhielt er eine Stelle als Kreissteuereinnehmer in Leipzig. W. war ein äußerst vielseitiger und fruchtbarer Schriftsteller. Er begann mit anakreontischen Liedern, schrieb klassizistische

Tragödien, der Typenkomödie verpflichtete Lustspiele und – mit besonderem Erfolg – Singspiele. Er gilt, mit Johann Adam Hiller als wichtigstem Komponisten, als Begründer des dt. Singspiels nach dem Vorbild der engl. ballad opera und des frz. Singspiels. In den späteren Jahren wurde W. ein wichtiger Autor aufklärerischer Kinderliteratur; großen Einfluss hatte er mit der Zeitschrift *Der Kinderfreund*, die eine familiäre Rahmenhandlung mit Binnentexten verschiedener Gattungen verband.

Werke: Scherzhafte Lieder. 1758. – Beytrag zum Deutschen Theater. 1759–68. – Amazonenlieder. 1760. – Die Befreiung von Theben. 1764. – Richard der Dritte. 1765. – Atreus und Thyestes. 1766. – Die verwandelten Weiber, oder Der Teufel ist los. 1766. – Die Liebe auf dem Lande. 1767. – Kleine Lieder für Kinder. 1767. – Lottchen am Hofe. 1767. – Amalia. 1768. – Komische Opern. 1768. – Die Jagd. 1772. – Neues A, B, C, Buch. 1772. – Der Kinderfreund. 24 Tle. 1776–82. – Trauerspiele. 1776–80. – Lustspiele. 1783. – Schauspiele für Kinder. 1792.

Wekhrlin, Wilhelm Ludwig (Pseud.: Anselmus Rabiosus), 7. 7. 1739 (Stuttgart-)Botnang – 24. 11. 1792 Ansbach. Der Pfarrerssohn besuchte wahrscheinlich das Stuttgarter Obergymnasium und wurde anschließend Schreiber in Ludwigsburg. 1766–76 hielt er sich als Schreiber, Publizist und Polizeiagent in Wien auf. Nach seiner Ausweisung lebte er in Augsburg, dann – wieder ausgewiesen – in Nördlingen, nach erneuter Ausweisung in Baldingen bei Nördlingen, bis er als Reaktion auf eine Schmähschrift von seinem Gerichtsherrn, dem Fürsten von Wallerstein, auf Ersuchen des Nördlinger Bürgermeisters 1787 verhaftet und bis 1792 ohne Gerichtsverfahren auf Schloss Hochhaus festgehalten wurde. Danach ging er ins preußische Ansbach, wo er eine Zeitung herausgab, die nach drei Monaten verboten wurde und ihn gehässigen Verfolgungen als angeblichen Jakobiner aussetzte. Seine Ausweisungen und Verhaftungen stehen im Zusammenhang mit seiner journalistischen und publizistischen Tätigkeit; er war ein streitbarer Vertreter der Aufklärung im Geist Voltaires, der Justizskandale anprangerte und die Freiheit der Presse als Voraussetzung einer besseren politischen und wirtschaftlichen Zukunft forderte. Die ironische *Reise durch Ober-Deutschland*, unter W.s Pseudonym erschienen, wirkte »wie ein Komet« auf die »friedlichen Gegenden« Süddeutschlands (Ludwig Schubart 1794); sie steht am Anfang der später populären Gattung des politischen Reiseberichts.

Werke: Denkwürdigkeiten von Wien. 1777. – Reise durch Ober-Deutschland. 1778. – Das Felleisen. 1778. [Zeitung]. – Die Chronologen. 12 Bde. 1779–83. [Zs.] – Almanach der Philosophie auf das Jahr 1783. 1782. – Das Graue Ungeheuer. 12 Bde. 1784–87. [Zs.] – Die affenthewrliche Historia des lächerlichen Pritschmeisters und Erzgauklers Pips von Hasenfuß. 1786. – Hyperboreische Briefe. 1788–90. [Zs.] – Paragrafen. 1790–91. [Zs.] – Ansbachische Blätter. 1792. [Zeitung.]

Ausgabe: Schriften. Hrsg. von Alfred Estermann. 5 Bde. Nendeln/Liechtenstein 1976.

Welk, Ehm (d. i. Emil W.), 29. 8. 1884 Biesenbrow (Uckermark) – 19. 12. 1966 Bad Doberan (Mecklenburg). Der Bauernsohn absolvierte eine kaufmännische Ausbildung, wurde dann aber Journalist und arbeitete nach einem Volontariat in Stettin 1904–34 als Redakteur bzw. Chefredakteur für Zeitungen u. a. in Bremerhaven, Stettin, Braunschweig, Leipzig und zuletzt Berlin (*Die grüne Post*). 1934 wurde er nach einem kritischen Artikel über Goebbels vorübergehend im Konzentrationslager Oranienburg inhaftiert, 1935 erhielt er wieder Schreiberlaubnis, beschränkt auf Unpolitisches. Nach dem Krieg beteiligte er sich am Aufbau der Volkshochschulen in Mecklenburg. Seit 1950 lebte er als freier Schriftsteller in Bad Doberan. In seinen Dramen der 20er-Jahre beschäftigte sich W. unter dem Eindruck der Russischen Revolution mit der Revolutionsproblematik, allerdings unter eher überzeitlichen Gesichtspunkten. So lehnte er denn auch Erwin Piscators

Bearbeitung und Inszenierung seines Störtebeker-Schauspiels *Gewitter über Gottland* (UA 1927) im Sinn eines aktuellen politischen Agitationsstücks ab. Sein Hauptwerk ist der Zyklus von *Kummerow*-Romanen (*Die Heiden von Kummerow, Die Lebensuhr des Gottlieb Grambauer, Die Gerechten von Kummerow*). Die episodisch angelegten Romane erzählen, stark autobiographisch und familiengeschichtlich geprägt, ohne Verklärung in volkstümlich-humoristischer Form vom Leben in einem pommerschen Dorf und seiner vorindustriellen, partriarchalischen Welt. Die humanitäre Haltung, die hier sichtbar wird und ihn trotz des bäuerlichen Sujets von der herrschenden NS-Ideologie abhebt, charakterisiert auch W.s weiteres Erzählwerk, mit dem er den großen Erfolg der *Kummerow*-Bücher allerdings nicht mehr wiederholen konnte.

Werke: Belgisches Skizzenbuch. 1913. – Gewitter über Gottland. 1926. – Kreuzabnahme. 1927. – Michael Knobbe oder Das Loch im Gesicht. 1931. – Die schwarze Sonne. Leben, Schaffen und Sterben deutscher Kolonialhelden. 1933. – Die Heiden von Kummerow. 1937. Überarb. 1948. – Die Lebensuhr des Gottlieb Grambauer. Beichte eines einfältigen Herzens. 1938. Überarb. 1954. – Der hohe Befehl. Opfergang und Bekenntnis des Werner Voß. 1939. Überarb. 1957. – Die Fanfare im Pariser Einzugsmarsch. Eine preußische Novelle. 1942. – Die Gerechten von Kummerow. 1943. Überarb. 1953. – Die stillen Gefährten. Gedanken über das Leben mit Tieren. 1943. – Der Nachtmann. Geschichte einer Fahrt zwischen hüben und drüben. Kein Roman. 1950. – Mein Land das ferne leuchtet. Ein deutsches Erzählbuch aus Erinnerung und Betrachtung. 1952. – Im Morgennebel. 1953. Überarb. 1983. – Mutafo. Das ist das Ding, das durch den Wind geht. 1955. – Der Hammer will gehandhabt sein. Sieben Geschichten und eine halbe. 1958. – Der wackere Kühnemann aus Puttelfingen. Ein Roman aus Zwischendeutschland. 1959.

Wellershoff, Dieter, * 3. 11. 1925 Neuß. W. wurde noch als Gymnasiast 1943 eingezogen; nach dem Krieg holte er das Abitur nach und studierte Germanistik, Kunstgeschichte und Psychologie in Bonn. Er promovierte 1952 mit einer Arbeit über G. Benn. Von 1959 an arbeitete er als Lektor bei Kiepenheuer & Witsch in Köln; seit 1982 lebt er hier als freier Schriftsteller. W. entwickelte Mitte der 60er-Jahre unter dem Einfluss des frz. Nouveau roman das Programm eines »neuen Realismus«, der die Gesellschaft nicht durch Verzerrung, sondern durch »genaues Hinsehen« kritisiere. Seine frühen Romane, die diese Vorstellungen umzusetzen suchen, handeln von der Auflösung von Persönlichkeiten, von Untergang und Selbstzerstörung: zwei Wochen aus dem Alltag einer Familie, minutiös geschildert aus der Perspektive von drei Familienmitgliedern (*Ein schöner Tag*), die allmähliche psychische Desintegration eines in die Kriminalität abgleitenden Mannes (*Die Schattengrenze*) bzw. eines Kriminellen (*Die Schönheit des Schimpansen*). Neue Aspekte ergeben sich in der polyperspektivisch erzählten Geschichte eines Kriminellen, *Einladung an alle*, durch die Einbeziehung dokumentarischen Materials. In dem Roman *Der Sieger nimmt alles* macht er den Versuch, wirtschaftliche Zusammenhänge darzustellen. Die eigene Lebensgeschichte einschließlich der Kriegserfahrungen des Schülers wird Gegenstand der späteren Texte *Die Arbeit des Lebens* und *Der Ernstfall*. Die Geschichte eines prekären Beziehungsgeflechts erzählt der Roman *Der Liebeswunsch* aus der jeweiligen Perspektive der vier Beteiligten. Hinter die Fassade bürgerlicher Realität blicken die zehn Erzählungen des Bandes *Das normale Leben*.

Werke: Am ungenauen Ort. Zwei Hörspiele. 1960. – Ein schöner Tag. 1966. – Die Schattengrenze. 1969. – Literatur und Veränderung. Versuche zu einer Metakritik der Literatur. 1969. – Das Schreien der Katze im Sack. Hörspiele. Stereostücke. 1970. – Einladung an alle. 1972. – Literatur und Lustprinzip. 1973. – Doppelt belichtetes Seestück und andere Texte. 1974. – Die Auflösung des Kunstbegriffs. 1976. – Die Schönheit des Schimpansen. 1977. – Das Verschwinden im Bild. Essays. 1970. – Die Sirene. 1980. – Der Sieger nimmt alles. 1983. – Die Arbeit des Lebens. Autobiographische Texte. 1985. – Wahrnehmung und Phantasie. Essays zur Literatur. 1987. – Der Roman und die Erfahrbarkeit der Welt. 1988. – Blick auf einen fernen Berg. 1991. – Das geordnete Chaos. Essays zur Literatur. 1992. – Zwischenreich. 1993. Erw. 1994. – Der Ernstfall. Innenansichten des Krieges. 1995. – Zikadengeschrei. Novelle. 1995. – Das Schimmern der Schlangenhaut. Existentielle und formale Aspekte des literarischen Textes. Frankfurter Vorlesungen. 1996. – Der Liebeswunsch. 2000. – Der verstörte Eros. Zur Literatur des Begehrens. 2001. – Das normale Leben. 2005.

Ausgabe: Werke. Hrsg. von Keith Bullivant und Manfred Durzak. 6 Bde. Köln 1996–97.

Werder, Diederich von dem, 17. 1. 1584 Werdershausen bei Köthen – 18. 12. 1657 Reinsdorf bei Köthen. Der aus einer reformierten anhaltischen Adelsfamilie stammende W. wurde am Kasseler Hof des Landgrafen Moritz v. Hessen erzogen, studierte Theologie und Jura an der Universität Marburg und stieg dann, nach einer abschließenden Kavalierstour nach Frankreich und Italien (Immatrikulation 1609 in Siena), am hessischen Hof schließlich zum Geheimen Rat und Oberhofmarschall auf. Hier war er auch als Ephorus für die Adelserziehung am Collegium Mauritianum zuständig. Darüber hinaus vertrat er als Diplomat die hessischen Interessen, fiel jedoch nach dem Einfall Tillys in Hessen 1622 in Ungnade und zog sich auf sein Rittergut Reinsdorf zurück. Hier widmete er sich der Verwaltung seines Besitzes und – in enger Verbindung mit Fürst Ludwig v. Anhalt-Köthen – seinen literarischen Interessen. Seine Lyrik, v. a. der religiöse Sonettzyklus *Krieg vnd Sieg Christi*, zeichnet sich durch eine Vorliebe für eine ins manieristisch gesteigerte Sprach- und Formkunst aus. Diese Fähigkeiten kamen ihm auch für seine Übersetzungen aus dem Italienischen zugute, die im Zentrum seines Werkes stehen. In der Tassoübertragung verwandte er erstmals im Deutschen in der Nachbildung der ital. Stanze den dreifach verschränkten Reim. Die Ariostübersetzung in paarweise gereimten Alexandrinern blieb unvollständig. Manieristische Prosa charakterisiert seine Übersetzung von Giovanni Francesco Loredanos höfisch-historischem

Roman *La Dianea*. In Zusammenarbeit mit Fürst Ludwig war er wesentlich an der Gesellschaftspolitik und den Projekten der »Fruchtbringenden Gesellschaft« beteiligt, etwa an Neuauflagen von Werken verstorbener Mitglieder.

Werke: Gottfried von Bulljon, Oder Das Erlösete Jerusalem. 1626. Überarb. Fassung 1651. [Tasso-Übers.] – Krieg vnd Sieg Christi Gesungen In 100. Sonnetten. 1631. – Die BuszPsalmen / in Poesie gesetzt. 1632. – Drey Gesänge Vom Rasenden Rolandt. 1632. Tle. 2–4: 1634–36. [Ariost-Übers.] – Friedens-Rede. 1639. – Dianea oder Rähtselgedicht. 1644. [Loredano-Übers.]

Werfel, Franz, 10. 9. 1890 Prag – 26. 8. 1945 Beverly Hills (Kalifornien). Der aus einer wohlhabenden jüdischen Kaufmanns- und Fabrikantenfamilie stammende W. erhielt eine sorgfältige, durch seine Umgebung stark katholisch geprägte Erziehung. Nach der Matura (1909), einem Volontariat in einer Hamburger Speditionsfirma und dem einjährigen Militärdienst (1911–12) ging W. im Herbst 1912 als Lektor zum Kurt Wolff Verlag in Leipzig. Im Ersten Weltkrieg wurde er zunächst in Galizien eingesetzt, seit 1917 arbeitete er im Kriegspressequartier in Wien. Bis 1938 lebte er, von längeren Reisen und Italienaufenthalten unterbrochen, in Österreich, seit 1929 verheiratet mit Alma Mahler. Er emigrierte 1938 nach Frankreich (Sanary-sur-Mer) und floh 1940 über Spanien und Portugal in die USA. Großen Eindruck auf die Zeitgenossen machte W.s frühe expressionistische Lyrik mit ihren hymnischen Verheißungen von Menschheitserlösung und -verbrüderung. Auch seine frühen Dramen (*Spiegelmensch*, *Bocksgesang*, *Schweiger*) und sein erstes Erzählwerk (*Nicht der Mörder, der Ermordete ist schuldig*) sind dem Geist des Expressionismus verpflichtet. Mit *Verdi. Roman der Oper* beginnt die Reihe der erfolgreichen Romane W.s, die eingängige Psychologie mit einem Sinn für Effekte verbinden. Mit *Barbara oder die Frömmigkeit* wendet er sich der Gegenwart bzw. unmittelbaren Vergangenheit zu und setzt die Lebensgeschichte eines Mannes, der nirgends dazu gehört und damit stellvertretend für seine Zeit steht, in Beziehung zur Geschichte des Untergangs der österreich-ungarischen Monarchie. Gegenwartsbezug haben auch die historischen Romane W.s über den armenischen Widerstandskampf gegen die Türken (*Die vierzig Tage des Musa Dagh*) bzw. über die Verfolgung des jüdischen Propheten Jeremias (*Höret die Stimme*). Die Romane *Der veruntreute Himmel* und *Das Lied der Bernadette*, W.s größter Erfolg, verfolgen die Absicht, in einer Welt »des offiziellen Deismus und inoffiziellen Nihilismus« das »göttliche Geheimnis und die menschliche Heiligkeit« zu verherrlichen. Autobiographische Züge trägt der utopische Roman *Stern der Ungeborenen*, in dessen Zukunftsgesellschaft sich die Ideologien und Katastrophen der Gegenwart spiegeln. Nach den frühen expressionistischen Dramen und einigen historischen Stücken (*Juarez und Maximilian*, *Paulus unter den Juden*) gelang es W., sich mit der »Komödie einer Tragödie« *Jacobowsky und der Oberst* auch im Exil als Dramatiker durchzusetzen (UA New York 1943 in engl. Sprache).

Werke: Der Weltfreund. 1911. – Wir sind. 1913. – Einander. 1915. – Der Gerichtstag. 1919. – Der Spiegelmensch. Magische Trilogie. 1920. – Nicht der Mörder, der Ermordete ist schuldig. Eine Novelle. 1920. – Bocksgesang. 1921. – Schweiger. 1922. – Beschwörungen. 1923. – Juarez und Maximilian. 1924. – Verdi. Roman der Oper. 1924. – Paulus unter den Juden. 1926. – Gedichte. 1927. – Der Abituriententag. 1928. – Barbara oder die Frömmigkeit. 1929. – Das Reich Gottes in Böhmen. 1930. – Die Geschwister von Neapel. 1931. – Die vierzig Tage des Musa Dagh. 1933. – Höret die Stimme. 1937. U. d. T: Jeremias. 1956. – In einer Nacht. 1937. – Der veruntreute Himmel. 1939. – Das Lied von Bernadette. 1941. – Eine blaßblaue Frauenschrift. 1941. – Jacobowsky und der Oberst. 1944. – Stern der Ungeborenen. 1946. – Cella oder die Überwinder. 1954.

Ausgaben: Gesammelte Werke in Einzelbänden. Hrsg. von Adolf D. Klarmann. Frankfurt a. M. 1948–67. – Gesammelte Werke in Einzelbänden. Hrsg. von Knut Beck. Frankfurt a. M. 1990 ff.

Werner, Markus, * 27. 12. 1944 Eschlikon (Thurgau, Schweiz). Nach dem Abitur studierte W. Germanistik, Philosophie und Psychologie an der Universität Zürich. Er promovierte über Max Frisch und war anschließend Lehrer. Seit 1990 arbeitet er als freier Schriftsteller; er lebt heute in Schaffhausen. W.s schriftstellerische Laufbahn begann spät. Seinen ersten Roman, *Zündels Abgang*, veröffentlichte er im Alter von vierzig Jahren. In diesem Roman wie in den anderen gibt es keine spektakuläre Handlung, keine aufregenden Geschehnisse. W. versteht sich als Erzähler alltäglicher Ereignisse und Widrigkeiten, wozu freilich auch der Tod gehört. Er beruft sich auf Zola, der das Banale als das Typische bezeichnet habe. Seine Protagonisten sind sensible Menschen, deren Fremdheit in der Welt sie umso verletzlicher macht und zu Verstörung (*Zündels Abgang*) oder zum Kampf gegen die Gesellschaft und ihre verlogene Moral führen kann (*Froschnacht*), die aber auch – das zeigen die folgenden Romane – den Weg zu zunehmender Selbsterkenntnis und innerer Festigung zu finden vermögen (*Die kalte Schulter*, *Bis bald*, *Festland*). So wird in *Bis bald* das Warten auf eine Herztransplantation für den Patienten Hatt zum Anlass, in einem Monolog seine Kranken- und Lebensgeschichte zu erzählen, dabei sich selbst zu erforschen und schließlich – wie der ›Arme Heinrich‹ in Hartmanns von Aue mittelalterlicher Erzählung – auf die Operation zu verzichten. Rekonstruktion der Vergangenheit und Wiedergewinnung einer Perspektive im Leben ist auch das Thema von *Festland* und der von der Ich-Erzählerin rückblickend festgehaltenen Gespräche mit ihrem Vater. Nach dem Versuch, das Leben des im 19. Jh. von der Schweiz nach Ägypten geflohenen Urgroßvaters des Ich-Erzählers mit stilistischen Anklängen an die Zeit G. Kellers zu rekonstruieren (*Der ägyptische Heinrich*), wandte sich W. in dem kunstvoll konstruierten und durchaus abgründigen Roman *Am Hang* wieder gegenwärtigen Lebensgeschichten zu. Das Buch erzählt von dem scheinbar zufälligen Zusammentreffen des Ich-Erzählers mit einem Fremden, wobei die Implikationen, die sich aus ihren Unterhaltungen ergeben bzw. zu ergeben scheinen, zur wachsenden Verunsicherung des Erzählers führen. Verbunden damit sind, noch stärker als in den früheren Romanen mit ihren kritischen Bemerkungen über die Schweiz, sarkastische Auslassungen über Zeit und den schnelllebigen Zeitgeist. Das geschieht wie in allen Romanen W.s in einer präzisen Sprache, die durch Leichtigkeit, Ironie und Komik stets für Distanz sorgt, auch da, wo es um Vergänglichkeit und Tod geht.

Werke: Bilder des Endgültigen, Entwürfe des Möglichen. Zum Werk Max Frischs. 1975. – Zündels Abgang. 1984. – Froschnacht. 1985. – Die kalte Schulter. 1989. – Bis bald. 1992. – Festland. 1996. – Der ägyptische Heinrich. 1999. – Am Hang. 2004.

Werner, Zacharias, 18. 11. 1768 Königsberg – 17. 1. 1823 Wien. Der Sohn eines Universitätsprofessors studierte seit 1784 Jura und Kameralistik in Königsberg, schloss jedoch sein Studium nicht ab und war von 1793 bis 1806 in untergeordneten Positionen im preußischen Staatsdienst (vorwiegend in Polen) tätig, wobei er u. a. E. T. A. Hoffmann kennen lernte. Nach einem mehrjährigen unsteten Leben (und drei jeweils schnell geschiedenen Ehen) trat er 1810 zum Katholizismus über, sagte sich von seinem früheren dramatischen Schaffen los, empfing 1814 die Priesterweihe und wirkte als eifernder Kanzelredner in Wien und in Niederösterreich. 1821 trat er in den Orden der Redemptoristen ein. W. war eine widerspruchsvolle Persönlichkeit. Er fühlte eine religiöse Berufung zum Dichter mit der Aufgabe, den Menschen das Evangelium der Liebe und eines erneuerten Christentums zu verkünden; zugleich war er in seiner Lebensweise ein Libertin. Seine Dramen verbinden den Formenreichtum der Romantik (L. Tieck) mit einer an Schiller orientierten Theatralik und opernhaften Effekten. Seine Protagonisten erscheinen vielfach in legendenhafter Verklärung, übernatürliche Mächte greifen in das Handlungsgeschehen ein, und in den späteren »romantischen Tragödien« spielt die romantische Sehnsucht nach einem Aufgehen im Unendlichen in der ins Religiöse erhöhten Liebes- und Todesverfallenheit der Protagonisten eine immer stärkere Rolle. Mit seinem 1809 uraufgeführten Einakter *Der vierundzwanzigste Februar* wurde W. Begründer des so genannten Schicksalsdramas. Nach seiner Konversion schrieb er nur noch den Widerruf seines erfolgreichen Lutherdramas und eine biblische Tragödie.

Werke: Vermischte Gedichte. 1789. – Die Söhne des Thales. 1803–04. – Das Kreuz an der Ostsee. 1806. – Martin Luther oder die Weihe der Kraft. 1807. – Attila, König der Hunnen. 1808. – Wanda, Königin der Sarmaten. 1810. – Die Weihe der Unkraft. 1814. – Cunegunde die Heilige. 1815. – Der vierundzwanzigste Februar. 1815. – Geistliche Uebungen für drey Tage. 1818. – Die Mutter der Makkabäer. 1820.
Ausgabe: Sämmtliche Werke. Aus seinem handschriftlichen Nachlasse hrsg. von seinen Freunden. 15 Bde. Grimma o. J. [um 1840].

Wernher, Bruder, 1. Hälfte 13. Jh. Über den Spruchdichter W. gibt es keine außerliterarischen Zeugnisse. Er selbst bezeichnet sich als Laien; der Namensteil ›Bruder‹ könnte darauf verweisen, dass W. zeitweilig als Laienbruder lebte oder auf Pilgerschaft war. Seine Sprüche – es sind 76 Strophen und Melodien zu sechs von neun Tönen überliefert – lassen sich auf Grund von Anspielungen zeitlich zwischen 1217 und 1250 einordnen. Literarisch stehen sie in der Nachfolge Walthers v. der Vogelweide. Sie behandeln in betont didaktischer Weise die traditionellen Themen der Spruchdichtung, die Liebe ausgenommen. Die politischen Sprüche befassen sich kritisch mit dem Verhältnis von Kaiser und Papst, von Kaiser und Fürsten (Parteinahme für Friedrich II.), die ethischen fordern die Tugenden der »triuwe« und der »milte« ein (auf die gerade der Berufsdichter angewiesen ist), die geistlichen nehmen den Charakter von Bußpredigten an und verdichten sich zu Tönen der Weltklage.

Ausgabe: Bruder Wernher. Abbildung und Transkription der gesamten Überlieferung. Hrsg. von Franz Viktor Spechtler. 2 Bde. Göppingen 1982–84.

Wernher der Gärtner (Gartenaere), 2. Hälfte 13. Jh. Verfasser der Verserzählung *Helmbrecht*, die auf die Zeit zwischen 1250 und 1280 angesetzt wird und durch Sprache und Lokalkenntnisse auf den bayerisch-österreichischen Raum verweist und vielleicht für den Hof des Herzogs von Niederbayern (Burghausen am Inn) bestimmt war. Ob der Beiname als Berufs- oder Herkunftsbezeichnung bzw. als Anspielung auf das Vagabundieren (des fahrenden Berufsdichters) zu verstehen ist, bleibt offen. Die Versnovelle (etwa 1930 Reimpaarverse), nur in zwei Handschriften des 15. und 16. Jh.s überliefert, erzählt von Helmbrecht, dem Sohn eines gleichnamigen Meiers (eines reichen Bauern), der gegen alle Mahnungen seinen Stand verlassen und Ritter werden will, in eine Gesellschaft von Raubrittern gerät und seine verdiente Strafe erhält. Als er geblendet und verstümmelt nach Hause kommt, vertreibt ihn der Vater. Bauern hängen ihn auf und zerfetzen seine Haube, das Sinnbild der Anmaßung. Der Verstoß gegen die gottgewollte hierarchische Ordnung wird unnachsichtig geahndet, der Vater selbst erscheint als Werkzeug der erbarmungslosen göttlichen Gerechtigkeit. Bezüge bestehen zur Parabel vom verlorenen Sohn und zum Handlungsmodell des Artusromans, Muster, die hier vor der Folie einer als Verfallszeit geschilderten Gegenwart umgekehrt bzw. ins Negative gewendet werden.

Ausgaben: Helmbrecht. Hrsg. von Friedrich Panzer. 9., umgearb. Aufl. hrsg. von Kurt Ruh. Tübingen 1974. – Helmbrecht. Text, Nacherzählung, Begriffserklärungen. Hrsg. von Klaus Speckenbach. Darmstadt 1974.

Wernicke, Christian, Januar 1661 Elbing (Ostpreußen) – 5. 9. 1725 Kopenhagen. Der Sohn des Elbinger Stadtsekretärs und einer Engländerin studierte seit 1681 in Kiel (u. a. bei D. G. Morhof), unternahm mehrjährige Reisen nach Frankreich und England (wo er als Agent der dän. Krone verhaftet worden und aus der Haft entflohen sein soll) und hielt sich häufig in Hamburg auf, bis er in den Staatsdienst übernommen und 1708 zum dän. Kanzleirat am frz. Hof ernannt wurde. 1724 wurde er nach Kopenhagen zurückberufen; er starb stellungslos und verarmt. W.s dichterisches Werk, von Morhof angeregt und vom frz. und engl. Klassizismus beeinflusst, erschien zwischen 1697 und 1704 und besteht neben vier Eklogen und einem komischen Heldengedicht ausschließlich aus Epigrammen oder »Uberschrifften«. In der letzten Ausgabe sind es 615 Texte in zehn Büchern, die das übliche Repertoire an geistlicher und weltlicher Sitten- und Verhaltenslehre, an Typen-, Standes- und Institutionenkritik enthalten, zugleich aber auch in den literaturkritischen Epigrammen ein frühaufklärerisches Literaturprogramm vorstellen, das sich gegen den barocken Metaphernstil wendet und stattdessen im Geist Nicolas Boileaus auf Vernunft und Natur setzt. Erläuterungen zu den Epigrammen bekräftigen diese Tendenz.

Werke: Uberschriffte Oder Epigrammata. 1697. Wesentlich erw. Ausg. 1701 und 1704. – Ein Helden-Gedicht / Hans Sachs genannt. 1702.

Ausgabe: Epigramme. Hrsg. von Rudolf Pechel. Berlin 1909. Reprogr. Nachdr. New York / London 1970. [Enthält auch die anderen Texte W.s.]

Wetter, Josua, 26. 11. 1622 St. Gallen – 18. 7. 1656 ebd. Der aus einer reformierten Gelehrtenfamilie stammende W. wurde 1642 in Basel zum Magister artium promoviert und nahm dann in Straßburg das Jurastudium auf. 1646 trat er in die St. Galler Kanzlei ein und förderte – im Wettbewerb mit der Theaterpflege der Abtei – das Theaterspiel in der Stadt. Er schloss sich nach neulat. Anfängen in Straßburg ausdrücklich an die neue dt. Barockdichtung an (M. Opitz). Mit seinen beiden Dramen ist er der einzige bedeutende Dramatiker der reformierten Schweiz im 17. Jh. Das erste Stück, *Carle von Burgund*, wurde 1653 vor dem Rathaus in St. Gallen gespielt und weist mit seinen zwölf »Handlungen«, der großen Personenzahl (rund 80 Rollen) und der Beteiligung einer Musikkapelle noch auf die eidgenössischen Bürgerspiele des 16. Jh.s zurück. Dagegen orientiert sich das ein Jahr später aufgeführte Römerdrama *Denckwürdiges Gefecht Der Horatier und Curatier* mit seinem strengen Bau am klassizistischen Drama Corneilles und zeigt überdies stilistische Anklänge an A. Gryphius.

Werke: Kurtze und einfältige Beschreibung Der Statt Sanct-Gallen. 1642. – Deß weyland Großmächtigen und Großmühtigen Hertzogen / Carle von Burgund / etc. vnglücklich geführte Krieg. 1663.

Ausgabe: Karl von Burgund. Denkwürdiges Gefecht der Horatier und Curatier. Hrsg. und mit einem Nachw. vers. von Hellmut Thomke. Bern/Stuttgart 1980.

Weyrauch, Wolfgang, 15. 10. 1904 Königsberg – 7. 11. 1980 Darmstadt. Der Sohn eines Landvermessers arbeitete nach dem Studium der Germanistik, Romanistik und Geschichte (Frankfurt a. M., Berlin) seit 1933 als Journalist und Lektor in Berlin. Nach Krieg und Gefangenschaft war er 1950–58 Lektor bei Rowohlt in Hamburg. Danach lebte er als freier Schriftsteller und Hörspieldramaturg in Gauting bei München, seit 1967 in Darmstadt. Nach ersten Erzählungen und Hörspielen, die existentielle Fragen nach dem rechten Leben aufgriffen, forderte W., geprägt vom Krieg, einen entschiedenen literarischen Neuanfang und suchte ihn, getragen von einem pazifistisch-moralistischen Impetus, in der Kriegserzählung *Auf der bewegten Erde* zu verwirklichen. Er prägte den Begriff »Kahlschlag« (Nachwort zur Anthologie *Tausend Gramm*) im Sinn einer radikalen Erneuerung der Literatur. Verbunden mit formalen Experimenten in Lyrik, Hörspiel und Kurzprosa ist ein humanistisches Engagement, das politische Themen wie die Erinnerung an die NS-Zeit und die Judenverfolgung oder die Warnung vor den Folgen der atomaren Bewaffnung ebenso einschließt wie Probleme des privaten und gesellschaftlichen Zusammenlebens.

Werke: Der Main. Eine Legende. 1934. – Strudel und Quell. 1938. – Eine Inselgeschichte. 1939. – Ein Band für die Nacht. 1939. – Auf der bewegten Erde. 1946. – Von des Glücks Barmherzigkeit. 1946. – Die Liebenden. 1947. – Ende und Anfang. 1949. – Tausend Gramm. Sammlung neuer deutscher Geschichten. 1949. [Hrsg.] – An die Wand geschrieben. 1950. – Bericht an die Regierung. 1953. – Die Minute des Negers. 1953. – Gesang um nicht zu sterben. Neue Gedichte. 1956. – Mein Schiff, das heißt Taifun. 1959. – Dialog mit dem Unsichtbaren. Sieben Hörspiele. 1962. – Die Spur. Neue Gedichte. 1963. – Etwas geschieht. 1966. – Geschichten zum Weiterschreiben. 1969. – Mit dem Kopf durch die Wand. Geschichten, Gedichte, Essays und ein Hörspiel. 1972. Erw. 1977. – Beinahe täglich. Geschichten. 1975. – Kalenderbuch. 365 Tage lesen. 1977. – Fußgänger, B-Ebene, Hauptwache, Rolltreppe, hinauf, hinab. 1978. – Proust beginnt zu brennen. 1985.

Ausgaben: Atom und Aloe. Gesammelte Gedichte. Hrsg. von H. Bender. Frankfurt a. M. 1987.

Wezel, Johann Carl, 31. 10. 1747 Sondershausen (Thüringen) – 28. 1. 1819 ebd. Der Sohn eines Dienstbotenpaars studierte nach dem Besuch des Gymnasiums in Sondershausen 1765–69 in Leipzig zunächst Theologie, dann Rechtswissenschaft, Philosophie und Philologie. Danach hatte er Hofmeisterstellen in Bautzen und Berlin inne und versuchte, sich in Leipzig als freier Schriftsteller zu etablieren. Eine Reise nach Wien, vermutlich Ende 1781, brachte nicht die erhoffte Anstellung am Nationaltheater. Seit 1784 lebte er wieder in Leipzig, seit 1789 in Sondershausen. Depressionen und Verhaltensauffälligkeiten nährten die (falsche) Version vom Wahnsinn des von der Zensur geplagten, gesellschaftlich isolierten und verarmten Agnostikers und Skeptikers. Seine philosophische Position formulierte er auf der Basis des engl. Empirismus (John Locke) und des frz. mechanistischen Materialismus (La Mettrie u. a.) in seinem *Versuch über die Kenntniß des Menschen*, dessen Fortführung nach zwei Bänden die Zensur verhinderte. In seinem literarischen Schaffen – Schauspiele, satirische Erzählungen, Romane, kritische Schriften – nehmen die Romane die erste Stelle ein. Sie gehören zu den Höhepunkten des aufklärerischen Romans in Deutschland und leisten mit ihrem Skeptizismus zugleich einen Beitrag zur Selbstkritik der Aufklärung. Dem an Laurence Sterne orientierten Debut (*Tobias Knaut*) ließ er mit *Belphegor* eine von Voltaires *Candide* inspirierte bittere Satire auf die menschliche Gesellschaft und die Leibniz-Wolff'sche beste aller möglichen Welten und in seiner Version des *Robinson Krusoe* eine deutliche Utopiekritik und eine scharfe Abrechnung mit dem Feudalabsolutismus folgen. Gegen eine übersteigerte Empfindsamkeit und die Idealisierungs- und Moralisierungstendenzen des moralisch empfindsamen Romans wandte er sich u. a. in dem Roman *Wilhelmine Arend*. Als bedeutendste Leistung gilt sein Versuch einer »bürgerlichen Epopee« *Herrmann und Ulrike*, einer Verbindung von Elementen des Liebes- und Bildungsromans und satirischem Gesellschaftsgemälde in einer durch Briefe und Dialogpartien aufgelockerten ›dramatischen‹ Darstellungsform.

Werke: Lebensgeschichte Tobias Knauts des Weisen, sonst der Stammler genannt. 1773–76. – Epistel an die deutschen Dichter. 1775. – Belphegor, oder die wahrscheinlichste Geschichte unter der Sonne. 1776. – Satirische Erzählungen. 1777–78. – Lustspiele. 1778–87. – Die wilde Betty. Eine Ehestandsgeschichte. 1779. – Peter Marks. Eine Ehestandsgeschichte. 1779. – Herrmann und Ulrike. Ein komischer Roman. 1780. – Robinson Krusoe. Neu bearb. 1780. – Ueber Sprache, Wissenschaften und Geschmack der Teutschen. 1781. – Wilhelmine Arend, oder die Gefahr der Empfindsamkeit. 1782. – Kakerlak, oder Geschichte eines Rosenkreuzers aus dem vorigen Jahrhundert. 1784. – Versuch über die Kenntniß des Menschen. 1785.

Ausgabe: Kritische Schriften. Hrsg. von Albert R. Schmitt. 3 Bde. Stuttgart 1971–75.

Wickram, Georg (Jörg W.), um 1505 Colmar – um 1555/60 Burkheim (Kaiserstuhl). Der uneheliche Sohn eines Colmarer Ratsherrn erhielt keine höhere Schulbildung. Er war Ratsdiener der Stadt. 1546 konnte er das Bürgerrecht erwerben. Anfang 1555 übernahm er die Stadtschreiberstelle in Burkheim. Seit den 30er-Jahren trat er literarisch hervor; er leitete das städtische Schauspielwesen in Colmar und bemühte sich um die Gründung einer Meistersingergesellschaft. Wohl in diesem Zusammenhang erwarb er 1546 die (später so genannte) Kolmarer Liederhandschrift. Im Mittelpunkt seines dramatischen Schaffens standen zunächst weltliche Spiele (Narrenthematik), später geistliche Schauspiele mit reformatorischer Ausrichtung. Großen Erfolg hatte er mit den Schwänken des *Rollwagenbüchlins.* Seine literarhistorisch bedeutendste Leistung stellen die fünf Romane dar, die in höfisch-ritterlichem Milieu beginnen und zu bürgerlichen Erziehungs- und Aufstiegsgeschichten übergehen. W. gilt als Begründer des modernen bürgerlichen Prosaromans in Deutschland.

Werke: Die zehn Alter dieser Welt. 1531. [Nach P. Gengenbach.] – Das Narren giessen. 1538. – Ritter Galmy. 1539. – Ein schönes vnd evangelisches Spil von dem verlornen Sun. 1540. – P. Ovidij Nasonis [...] Metamorphosis. 1545. [Bearb. der Übers. Albrechts v. Halberstadt.] – Ein schön vnd nützliches Biblisches Spiel von Tobia. 1551. – Ein Schöne vnd doch klägliche History [Gabriotto und Reinhart]. 1551. – Ein schönes [...] Spyl auß den geschichten der Aposteln gezogen. 1552. – Der Jungen Knaben Spiegel. 1554. – Das Rollwagenbüchlin. 1555. – Der irr Reitende Bilger. 1556. – Von Gůten vnd Bösen Nachbaurn. 1556. – Der Goldtfaden. 1557.

Ausgabe: Sämtliche Werke. Hrsg. von Hans-Gert Roloff. Berlin / New York 1967 ff.

Widmer, Urs, * 21. 5. 1938 Basel. Der Sohn des Kritikers und Übersetzers Walter Widmer promovierte nach einem Studium der Germanistik, Romanistik und Geschichte (Basel, Montpellier, Paris) 1966 mit einer Arbeit über die dt. Prosa nach 1945. Danach arbeitete er als Lektor für den Walter Verlag in Olten und den Suhrkamp Verlag in Frankfurt a. M. 1984 kehrte er in die Schweiz zurück und lebt heute als freier Schriftsteller in Zürich. W. begleitet sein umfangreiches Schaffen mit theoretischen Reflexionen über das Schreiben. Zentrale Punkte sind dabei die Ablehnung bzw. Überwindung des traditionellen Realismus und die utopische Funktion der Literatur. Sein Erzählen zeigt dementsprechend, seit den ersten Erzählungen *Alois* und *Die Amsel im Regen im Garten*, die konsequente Destruktion realistischer Schreibweisen durch die Auflösung fester Raum- und Zeitstrukturen, durch eine Vielfalt der Perspektiven, durch Übergänge in Traumwelten, ins Phantastische und Groteske. Damit verbindet sich die parodistische oder ironische Übernahme von traditionellen Erzählmustern wie solchen des Abenteuer- und Reiseromans. Die Spannung zwischen ›Realismus‹ und utopische Hoffnungen andeutender Phantasie- oder Traumwelt charakterisiert auch W.s Hörspiele und Bühnenstücke. Nach der kaum noch durchschaubaren Komplexität des Romans *Das enge Land* scheint sich W. seit den 80er-Jahren etwas einfacheren, ›wirklichkeitsnäheren‹ Schreibweisen zuzuwenden. Diese Tendenz gipfelt in dem Roman *Im Kongo*, der Momente des Reise-, Abenteuer- und Spionageromans mit Exotismus und Schweizkritik verknüpft, und in der melancholischen, mit großer Leichtigkeit erzählten Geschichte einer unerwiderten Liebe, *Der Geliebte der Mutter*. Gegenstück dazu ist, ebenfalls autobiographisch fundiert, *Das Buch des Vaters*.

Werke: Alois. 1968. – Die Amsel im Regen im Garten. 1971. – Das Normale und die Sehnsucht. Essays und Geschichten. 1972. – Die lange Nacht der Detektive. Kriminalstück in drei Akten.

1973. – Die Forschungsreise. Ein Abenteuerroman. 1974. – Schweizer Geschichten. 1975. – Die gelben Männer. 1976. – Nepal. Stück in der Basler Umgangssprache. 1977. – Vom Fenster meines Hauses aus. 1977. – Züst oder die Aufschneider. Ein Traumspiel. 1980. – Das enge Land. 1981. – Liebesnacht. 1982. – Die gestohlene Schöpfung. Ein Märchen. 1984. – Indianersommer. 1985. – Das Verschwinden der Chinesen im neuen Jahr. 1987. – Stan und Ollie in Deutschland. Alles klar. Zwei Stücke. 1987. – Der Kongreß der Paläolepidopterologen. 1989. – Das Paradies des Vergessens. 1990. – Die sechste Puppe im Bauch der fünften Puppe im Bauch der vierten und andere Überlegungen zur Literatur. 1991. – Der blaue Siphon. 1992. – Der Sprung in der Schüssel. Frölicher – ein Fest. Zwei Stücke. 1992. – Liebesbriefe für Mary. 1993. – Im Kongo. 1996. – Top dogs. 1997. – Vor uns die Sintflut. Geschichten. 1998. – Das Theater. Gesammelte Theaterstücke. 1998. – Der Geliebte der Mutter. 2000. – König der Bücher. Bankgeheimnisse. Zwei Stücke. 2001. – Das Geld, die Arbeit, die Angst, das Glück. 2002. – Das Buch des Vaters. 2004. – Ein Leben als Zwerg. 2006.

Wiechert, Ernst, 18. 5. 1887 Forsthaus Kleinort (Kreis Sensburg) bei Allenstein (Ostpreußen) – 24. 8. 1950 Uerikon (Zürichsee). Der Försterssohn studierte Germanistik, Anglistik und Geographie in Königsberg und unterrichtete nach dem Ersten Weltkrieg, an dem er als Freiwilliger teilnahm, von 1918 bis 1929 an einem Königsberger Gymnasium, dann von 1930 bis 1933 in Berlin-Charlottenburg. 1933 verließ er aus Gesundheitsgründen den Schuldienst und lebte als freier Schriftsteller in Ambach am Starnberger See und, seit 1936, auf Hof Gagert bei Wolfratshausen. 1938 protestierte er in einem Brief gegen die Verhaftung Martin Niemöllers und wurde daraufhin selbst im Konzentrationslager Buchenwald inhaftiert (Juli/August 1938). Enttäuscht von der Nachkriegsentwicklung in Deutschland, ging W. 1948 in die Schweiz. W.s Romane spielen meist in der Landschaft Ostpreußens. Vor diesem melancholisch-stimmungsvollen Hintergrund lässt W. seine Menschen handeln und ihre moralischen Konflikte austragen und bietet – gegen die zivilisatorische Gegenwart gewandt – Hilfe auf der Suche nach dem Sinn des Lebens. Dabei zeigt sich eine deutliche Entwicklung. W. wandelte sich von einem von den Nationalsozialisten zu Recht als geistesverwandt angesehenen Verfasser völkischer Literatur (*Der Totenwolf*) auf der Basis eines konservativen Humanismus und Moralismus zu einem entschiedenen Kritiker der nationalsozialistischen Kulturpolitik. Seine Verweigerungshaltung demonstriert auch die nach der Inhaftierung entstandene entsagungsvolle ostpreußische Idylle *Das einfache Leben* mit ihrer Absage an die ›neue Zeit‹. Der Roman, ein Dokument der ›inneren Emigration‹, war ein großer Erfolg. Die späten Romane *Die Jeromin-Kinder* und *Missa sine nomine* bekräftigen die antizivilisatorische Sicht.

Werke: Die Flucht. 1916. – Der Wald. 1922. – Der Totenwolf. 1924. – Die blauen Schwingen. 1925. – Die Legende vom letzten Wald. 1925. – Der Knecht Gottes Andreas Nyland. 1926. – Der silberne Wagen. 1928. – Die kleine Passion. 1929. – Die Flöte des Pan. 1930. – Jedermann. Geschichte eines Namenlosen. 1932. – Das Spiel vom deutschen Bettelmann. 1933. – Die Majorin. 1934. – Hirtennovelle. 1935. – Wälder und Menschen. Eine Jugend. 1936. – Das einfache Leben. 1939. – Die Jeromin-Kinder. 1945–47. – An die deutsche Jugend. Drei Reden und ein Aufsatz. 1946. – Der Totenwald. Ein Bericht. 1946. – Der weiße Büffel oder Von der großen Gerechtigkeit. 1946. – Jahre und Zeiten. Erinnerungen. 1949. – Missa sine nomine. 1950.
Ausgaben: Sämtliche Werke. 10 Bde. Wien [u. a.] 1957. – Die Novellen und Erzählungen. 1962. – Gesammelte Werke. 5 Bde. München 1980.

Wieland, Christoph Martin, 5. 9. 1733 Oberholzheim bei Biberach – 20. 1. 1813 Weimar. Der aus einem Pfarrhaus stammende W. wuchs in Biberach auf, besuchte von 1747 bis 1750 ein pietistisch gefärbtes Internat bei Magdeburg und verlobte sich nach seiner Rückkehr nach Biberach 1750 mit seiner Kusine Sophie Gutermann, der späteren Frau von La Roche (Auflösung der Verlobung 1753). Ende 1750 ging er zum Jurastudium nach Tübingen, von 1752 bis 1760 hielt er sich in der Schweiz auf, zunächst zwei Jahre als Gast bei J. J. Bodmer, dann als Hauslehrer in Zürich, zuletzt (1759–60) in Bern. 1760 wurde er in Biberach zum Senator und Kanzleiverwalter gewählt, 1765 heiratete er Anna Dorothea von Hillenbrand. Von 1769 bis 1772 lehrte er als Professor der Philosophie an der Universität Erfurt, anschließend wirkte er bis 1775 als Prinzenerzieher am Weimarer Hof. Danach erhielt eine lebenslange Pension und lebte nun als äußerst produktiver freier Schriftsteller (und kinderreicher Hausvater) in Weimar, das sich – auch durch W.s Gründung der Zeitschrift *Der Teutsche Merkur* 1773 – zu einem bedeutenden literarischen Zentrum entwickelte. Während sich trotz Goethes früher Farce *Götter, Helden und Wieland* (1774) ein freundschaftliches Verhältnis zwischen den beiden entwickelte, fand W. in den nationalen Dichtern des Göttinger Hains und später den Frühromantikern radikale Gegner. 1797 siedelte W. auf das Landgut Oßmannstedt über, kehrte jedoch 1803 wieder nach Weimar zurück. 1808 verlieh Napoleon dem Vielgeehrten den Orden der Ehrenlegion. Die *Sämmtlichen Werke* letzter Hand, die in vier verschiedenen, nach Format, Ausstattung und Preis gestaffelten Ausgaben zwischen 1794 und 1811 erschienen, spiegeln in ihren insgesamt 45 Bänden Umfang und Vielseitigkeit seines Lebenswerks, bleiben allerdings seine bedeutenden Übersetzungen schuldig: Shakespeare, Horaz, Lukian, Aristophanes, Xenophon, Cicero u. a.

Die Entwicklung vom Idealisten und platonischen Schwärmer über den angeblich frivolen Rokokodichter und Skeptiker zum humanen Aufklärer und Vorbereiter der Weimarer Klassik, die man bei W. erkannt hat, benennt einige Aspekte seines Schaffens. Er selbst bezeichnete die in der Verserzählung *Musarion* geschilderte »Philosophie der Grazien«, das Ideal einer Vernunft und Gefühl harmonisch miteinander verbindenden, maßvollen Lebensform, als »eine getreue Abbildung« der Gestalt seines Geistes. Die stilistisch virtuosen Verserzählungen –

komische Verserzählungen, Märchen (parodistische) Rittergeschichten – bilden von den frühen *Comischen Erzählungen* bis hin zur scherzhaft-ironischen Klassik des *Oberon* einen wesentlichen Komplex in W.s Werk und bedeuten zugleich den Höhepunkt der Gattung in der dt. Literatur. Auch als Romanautor kommt W. eine prägende Rolle in der Gattungsgeschichte zu. Der Vielfalt der erprobten Formen und Themen reicht von der Satire auf die schwärmerische Verfehlung der Wirklichkeit im *Don Sylvio* über den Bildungsroman *Agathon*, den Staatsroman *Der goldne Spiegel* und die große Gesellschaftssatire der *Abderiten* bis hin zu den späten philosophischen Dialog- und Briefromanen. W. bot damit nicht nur Anregungen für den klassischen Bildungsroman, sondern stellte mit seiner ironischen Erzählweise und seinen enzyklopädischen Erzähltechniken lange nachwirkende Muster bereit. Für das dt. Theater wurde seine Übersetzung von 22 Dramen Shakespeares (1762–66) wichtig; sein Trauerspiel *Lady Johanna Gray* verwandte als erstes dt. Drama den Blankvers. Seine zahlreichen Essays, Aufsätze und Abhandlungen, vielfach zuerst im *Teutschen Merkur* erschienen, behandeln philosophische, ästhetische, poetische, gesellschaftliche und politische Themen. Dazu gehören u. a. *Gedanken über die Ideale der Alten* (1777), die sein Klassikbild demonstrieren, der Essay *Was ist Wahrheit?* (1778) mit seiner Kritik an jeder Art von doktrinärer Einseitigkeit und Starrheit, *Briefe an einen jungen Dichter* (1782–84), die v. a. der dramatischen Kunst gelten, ein Text über *Das Geheimniß des Kosmopoliten-Ordens* (1788), der W.s Weltbürgertum unterstreicht, und die Aufsätze, die sich mit der Französischen Revolution auseinandersetzen. Neben dem *Teutschen Merkur* gründete W. mit dem *Attischen Museum* eine zweite Zeitschrift, in der u. a. seine Übertragungen von vier Komödien des Aristophanes und zwei Tragödien des Euripides erschienen.

Werke: Die Natur der Dinge. 1752. – Anti-Ovid, oder die Kunst zu lieben. 1752. – Der gepryfte Abraham. 1753. – Lady Johanna Gray. 1758. – Sammlung einiger Prosaischer Schriften. 1758. – Shakespeares Theatralische Werke. 1762–66. – Der Sieg der Natur über die Schwärmerey, oder die Abentheuer des Don Sylvio von Rosalva. 1764. – Comische Erzählungen. 1765. – Geschichte des Agathon. 1766–67. Erw. Fassungen 1773 und 1794. – Idris und Zenide. 1768. – Musarion, oder die Philosophie der Grazien. 1768. – Beyträge zur geheimen Geschichte des menschlichen Verstandes und Herzens. 1770. – Die Grazien. 1770. – Der Neue Amadis. 1771. – Der goldne Spiegel, oder die Könige von Scheschian. 1772. – Alceste. 1773. – Der Teutsche Merkur. 1773–1810. [Zs.] – Geschichte des weisen Danischmend und der drei Kalender. 1775. – Neueste Gedichte. 1777–79. – Oberon. 1780. – Geschichte der Abderiten. 1781. – Horazens Briefe. 1782. [Übers.] – Clelia und Sinibald. 1783. – Dschinnistan, oder auserlesene Feen- und Geister-Mährchen. 1786. – Horazens Satyren. 1786. [Übers.] – Lucians von Samosata Sämtliche Werke. 1788–89. [Übers.] – Geheime Nachrichten des Philosophen Peregrinus Proteus. 1791. – Neue Göttergespräche. 1791. – Sämmtliche Werke. 39 Bde. 6 Suppl.-Bde. 1794–1811. – Attisches Museum. 1797–1807. [Zs.] – Agathodämon. 1799. – Aristipp und einige seiner Zeitgenossen. 1800–01. – Euripides Ion [...] übersetzt. 1803. – M. Tullius Cicero's Sämmtliche Briefe. 1808–21. [Übers.]

Ausgaben: Sämmtliche Werke. Hrsg. von Johann Gottfried Gruber. 53 Bde. Leipzig 1818–28. – Gesammelte Schriften. Hrsg. von der Deutschen Kommission der Preußischen Akademie der Wissenschaften. Berlin 1909ff. [Unvollst.] – Werke. Hrsg. von Fritz Martini und Hans Werner Seiffert. 5 Bde. München 1964–68. – Sämmtliche Werke. Hamburger Reprintausg. 14 Bde. Hamburg 1984. [Reprogr. Nachdr. der Ausgabe Leipzig 1794–1811.] – Werke. Hrsg. von Gonthier-Louis Fink [u. a.]. 12 Bde. Frankfurt a. M. 1986ff.

Wienbarg, Ludolf, 25. 12. 1802 Altona – 8. 1. 1872 Schleswig. W., Sohn eines Hufschmieds, studierte 1822–25 Theologie in Kiel und – nach einer aus Geldnot erzwungenen Hauslehrertätigkeit – 1828–29 Philologie und Philosophie in Bonn und Marburg (Promotion 1829). 1830 lernte er Heine, sein Vorbild, kennen und begann mit seiner publizistischen Tätigkeit. 1834 hielt er als Privatdozent Vorlesungen in Kiel, die er in der Druckfassung dem

»jungen Deutschland« widmete. 1835 wurde auch W. vom Publikationsverbot der Jungdeutschen betroffen. 1840–42 war er Redakteur des *Deutschen Literaturblatts.* Später widmete er sich dem Konflikt um Schleswig-Holstein und bekämpfte das Plattdeutsche als Literatursprache. 1868 erhielt er eine Pension der Schillerstiftung. Er starb in der Irrenanstalt Schleswig. W.s politisch orientierte Publizistik, die neben den literaturkritischen und -ästhetischen Arbeiten den wichtigsten Teil seines Schaffens ausmacht, begann mit an Heine orientierten Reiseskizzen. Sein Hauptwerk sind die *Aesthetischen Feldzüge*, die erste Programmschrift des Jungen Deutschland, die Kritik an der »abgestandenen« Restaurationsepoche mit der Hoffnung auf »eine Wiedergebärung der Nation, eine poetische Umgestaltung des Lebens« verbindet und v. a. in der Prosa die Ausdrucksform sieht, in der sich die geforderte Durchdringung von Kunst und Leben vollzieht.

Werke: Paganini's Leben und Charakter. 1830. – Holland in den Jahren 1831 und 1832. 1833. – Aesthetische Feldzüge. 1834. – Wanderungen durch den Thierkreis. 1835. – Zur neuesten Literatur. 1835. – Tagebuch von Helgoland. 1838. – Die Dramatiker der Jetztzeit. 1839. – Der dänische Fehdehandschuh, aufgenommen von Ludolf Wienbarg. 1846. – Darstellungen aus den schleswigholsteinischen Feldzügen. 1850–51. – Das Geheimnis des Wortes. 1852. – Die plattdeutsche Propaganda und ihre Apostel. 1860.

Wiener, Oswald, * 5. 10. 1935 Wien. W. studierte ohne Abschluss Jura, Musikwissenschaft, afrikanische Sprachen und Mathematik, schloss sich der »Wiener Gruppe« an und beteiligte sich bis 1959 an den gemeinschaftlichen experimentellen Produktionen. 1959–67 arbeitete er als Kybernetiker in der Industrie (Olivetti), 1969 zog er nach Berlin und eröffnete die Kneipe »Exil«. Von 1980–85 studierte er Mathematik und Informatik an der TH Berlin (Promotion); 1986 ging er nach Kanada (Dawson City), wo er Forschungen zur künstlichen Intelligenz betrieb. Von 1992 an lehrte er daneben Poetik und künstlerische

Ästhetik an der Kunstakademie Düsseldorf. Er lebt heute abwechselnd in Kanada und Krefeld. 1989 erhielt er den Großen Österreichischen Staatspreis für Literatur. Als W. 1959 die »Wiener Gruppe« verließ, vernichtete er sämtliche Texte. Zehn Jahre später erschien sein bekanntestes Werk, der Roman *die verbesserung mitteleuropas*. Äußerlich handelt es sich um eine Ansammlung von Notizen, Maximen, Skizzen und Gedanken, die mit vorangestelltem »personen- und sachregister« die Form einer wissenschaftlichen Arbeit, aber auch die des Romans – so die Gattungsbezeichnung – zu parodieren scheint. Dabei geht es inhaltlich um Sprachkritik, um die sozialen und politischen Konsequenzen der Normierung der Wirklichkeit durch die Sprache (die die Sprache der Herrschenden ist). Der satirische Vorschlag, die Wirklichkeit durch einen »bio-adapter« zu ersetzen, ist Warnung und Kritik zugleich. Ein Skandal um das österreichische Atomkraftwerk Zwentendorf ist der Stoff, den W. – unter dem Pseudonym Evo Präkogler – in seinem zweiten Roman (*Nicht schon wieder ...!*) zu einem weiteren ironischen Spiel mit Sprache, Wirklichkeit, Simulation und künstlicher Intelligenz nutzt.

Werke: starker toback – kleine fibel für den ratlosen. 1962. [Mit K. Bayer.] – die verbesserung von mitteleuropa. roman. 1969. – Wir möchten auch vom Arno-Schmidt-Jahr profitieren. 1979. – Nicht schon wieder ...! Eine auf einer Floppy gefundene Datei. 1990. – Probleme der Künstlichen Intelligenz. 1990. – Schriften zur Erkenntnistheorie. 1996. – Literarische Aufsätze. 1998.

Williram von Ebersberg, um 1000/10 – 1085. W. erhielt seine Ausbildung als Mönch in Fulda, leitete dann die Schule des Klosters Michelsberg bei Bamberg, bis ihn Kaiser Heinrich III. 1148 als Abt des bayerischen Klosters Ebersbach einsetzte. Sein Hauptwerk ist eine Paraphrase des Hohenliedes, die er 1069 König Heinrich IV. widmete. Es handelt sich um eine doppelte Paraphrase: In einer dreispaltigen Anordnung steht in der Mitte der lat. Bibeltext, links eine poetische Version in gereimten (leoninischen) Hexametern, rechts eine frühmhd. Übertragung mit einem Kommentar in einer dt.-lat. Mischsprache. In der allegorischen Auslegung stützt sich W. auf einschlägige Literatur (v. a. Haimo v. Auxerre). Das Werk, das den Geistlichen die Lehre erleichtern sollte, hatte großen Erfolg (über 40 Handschriften, drei Drucke). W.s Übersetzung bildet auch den Ausgangspunkt des *St. Trudperter Hohenlieds* (um 1150/60), des ersten mystischen Werks in dt. Sprache. Außerdem hinterließ W. eine Reihe von lat. Gedichten in Distichen.

Ausgaben: Willirams deutsche Paraphrase des Hohen Liedes. Hrsg. von Joseph Seemüller. Straßburg 1878. – Sechzehn lateinische Gedichte. Hrsg. von Marie-Luise Dittrich. In: Zeitschrift für dt. Altertum 76 (1939) S. 45–63.

Willkomm, Ernst, 10. 2. 1810 Herwigsdorf bei Zittau (Sachsen) – 24. 5. 1886 Zittau. Der aus einem Pfarrhaus stammende W. studierte von 1830 an in Leipzig Jura, Philologie und Ästhetik, unterhielt Beziehungen zu Autoren des Jungen Deutschland und begann mit journalistischen und literarischen Arbeiten. 1845–46 unternahm er eine Italienreise, 1849 war er Kriegsberichterstatter in Schleswig-Holstein. Von 1849 bis 1852 arbeitete er als Redakteur der *Lübecker Zeitung*, 1852–57 als Feuilletonredakteur in Hamburg (*Jahreszeiten*, *Hamburgischer Korrespondent*). Für materielle Sicherheit sorgte eine Art Pension, die er mit seiner Frau, der Jugendschriftstellerin Anna Marie Christine Rosendahl, betrieb. Nach ihrem Tod 1880 zog W. nach Zittau. Bekannt wurde er mit seinem Briefroman *Die Europamüden*, der im Geist der Jungdeutschen ein kritisches Zeitbild der Restaurationsepoche entwirft und in Amerika das Land der Verheißung erblickt. Literarisch bedeutsamer sind seine Romane der 40er-Jahre mit ihrer kritischen Darstellung der Industriearbeit und des Elends der Ausgebeuteten und Unterdrückten (*Eisen, Gold und Geist*; *Weiße Sclaven*). Formal handelt es sich um Werke nach dem Muster des jungdt. Zeit- und Geheimnisromans. Die späteren Romane zeichnen das Bild eines patriarchalischen Arbeitgeber-Arbeitnehmerverhältnisses. Anders als ehrliche Fabrik- bzw. Fabrikantenarbeit unterliegen Spekulationsgeschäfte heftiger Kritik.

Werke: Julius Kühn. 1833. – Civilisationsnovellen. 1837. – Die Europamüden. Modernes Lebensbild. 1838. – Lord Byron. 1839. – Eisen, Gold und Geist. Ein tragikomischer Roman. 1843. – Weiße Sclaven oder die Leiden des Volkes. 1845. – Die Nachtmahlsbrüder in Rom. Ein Roman. 1847. – Italienische Nächte. Reiseskizzen und Studien. 1847. – Die Familie Ammer. Sittenroman. 1855. – Banco. Ein Roman aus dem Hamburger Leben. 1857. – Rheder und Matrose. Ein Hamburger Roman. 1857. – Dichter und Apostel. 1859. – Männer der Tat. 1861. – Wunde Herzen. 1874. – Jugenderinnerungen. 1887.

Wimpheling, Jakob (Wimpfeling), 25. 7. 1450 Schlettstadt – 15. 11. 1528 ebd. Der Sohn eines wohlhabenden Sattlers studierte nach dem Besuch der einheimischen Lateinschule von 1464 an zunächst in Freiburg i. Br., dann ab 1469 in Heidelberg (1471 Magister artium). Hier lehrte er an der Artistenfakultät und übte verschiedene Ämter aus (1479/80 Dekan, 1481/82 Rektor). 1484–98 war er Domprediger bzw. Domvikar in Speyer und nahm zugleich das Theologiestudium wieder auf (1496 Lizentiat der Theologie). 1498 erhielt er die Professur für Rhetorik und Poesie an der Heidelberger Artistenfakultät, gab sie jedoch 1501 wieder auf und ließ sich ohne Amt in Straßburg nieder, wo er eine fruchtbare editorische und literarische Tätigkeit entfaltete. 1515 kehrte er in seine Heimatstadt zurück. In den letzten Lebensjahren vereinsamte er, da sich viele seiner Schüler der von W. nach anfänglichen Sympathien entschieden abgelehnten Reformation zuwandten. Der Frühhumanist W., theologisch-religiös durchaus konservativ, trat entschieden für die moderne humanistische Bildung ein, gegründet allerdings stärker auf die Kirchenväter als auf die heidnischen antiken Autoren. Er schrieb eine Reihe von poetologischen und rhetorischen Lehrbüchern, warb für sein humanistisches Programm in dem 1480 aufgeführten Prosadialog *Stylpho*, zugleich Beginn der neulat. Humanistenkomödie, und stellte es in verschiedenen Schriften ausführlicher dar. Auf die politische Entwicklung, die ihm das Reich zu schwächen und das Elsass zu bedrohen schienen, reagierte er mit zahlreichen polemischen und historischen Schriften.

Werke: De arte metrificandi. 1584. – Elegantiarum medulla. 1493. – Stylpho. 1494. – Isidoneus Germanicus. 1497. – Adolescentia. 1500. – Germania. 1501. – Epitoma rerum Germanicarum. 1505. – Apologia pro republica christiana. 1506. – Diatriba de proba puerorum institutione. 1514. – Gravamina. 1520.

Winckelmann, Johann Joachim, 9. 12. 1717 Stendal – 8. 6. 1768 Triest. W., Sohn eines Schuhmachers, studierte 1738–40 Theologie in Halle, wechselte dann nach einer Zeit als Hauslehrer zur Medizin (1741–42 Jena). Von 1743 bis 1748 war er Konrektor der Lateinschule in Seehausen, 1748–54 arbeitete er als Bibliothekar bei dem Reichsgrafen Heinrich v. Bünau in Nöthnitz bei Dresden. 1754 konvertierte W. zum Katholizismus, Vorbereitung für seine Absicht, nach Italien zu gehen. Nach einem Aufenthalt in Dresden reiste er 1755 mit einem kursächsischen Stipendium nach Rom. Hier fand er 1757 eine Anstellung als Bibliothekar bei Kardinal Archinto und dann, nach einem Aufenthalt in Florenz (Katalogisierung einer Gemmensammlung), 1759 bei Kardinal Alessandro Albani. Durch dessen Vermittlung erhielt er 1763 dazu das Amt eines Oberaufsehers über alle röm. Altertümer. Auf der Rückreise von einem kurzen Aufenthalt in Deutschland wurde er in einem Gasthof in Triest ermordet. W.s europäischen Ruhm begründete bereits die vor seiner Übersiedlung nach Rom geschriebene kleine Abhandlung *Gedancken über die Nachahmung der Griechischen Wercke*, die am Anfang einer neuen Auffassung der Antike steht. Bei W.

beginnt die Bevorzugung der griech. vor der röm. Antike. Günstige klimatische Bedingungen, politische Freiheit und ein auf Gesundheit und körperliche Schönheit gerichteter Lebensstil sind für W. die Voraussetzungen für die Vollkommenheit der griech. Kunst. Sie – nicht die Natur – ist nachzuahmen, denn hier erscheine die Natur bereits in ihrer idealen Form. Weitreichende Folgen hatte seine klassizistische Formel von der ›edlen Einfalt und stillen Größe‹ der griech. Kunst, die er den barocken Formübersteigerungen entgegenhielt. Für Lessing wurde sie – im Widerspruch – Anlass seiner Überlegungen über die Unterscheidung der Künste (*Laokoon*, 1766). Die systematische und historische Entfaltung dieser Gedanken, die eine ganze Epoche prägten und zu den Voraussetzungen des Humanitätsideals der dt. Klassik gehören, folgte in W.s Hauptwerk, der *Geschichte der Kunst des Altherthums*, und einer Reihe anderer Schriften.

Werke: Gedancken über die Nachahmung der Griechischen Wercke in der Mahlerey und Bildhauer-Kunst. 1755. Verm. Ausg. 1756. – Anmerkungen über die Baukunst der Alten. 1762. – Sendschreiben von den Herculanischen Entdeckungen. 1762. – Abhandlung von der Fähigkeit der Empfindung des Schönen in der Kunst. 1763. – Geschichte der Kunst des Alterthums. 1764. – Versuch einer Allegorie, besonders für die Kunst. 1766. – Anmerkungen über die Geschichte der Kunst des Alterthums. 1767. – Monumenti antichi inediti spiegati ed illustrati. 1767–68.

Ausgaben: Werke. Hrsg. von Carl Ludwig Fernow [u. a.]. 12 Bde. Dresden [ab Bd. 9: Berlin] 1808–25. – Briefe. In Verb. mit Hans Diepolder hrsg. von Walther Rehm. 4 Bde. Berlin 1952–57. – Kunsttheoretische Schriften. 10 Bde. Baden-Baden / Straßburg 1962–71. [Faks.-Dr.]

Winkler, Josef, * 3. 3. 1953 Kamering bei Paternion (Kärnten). W. besuchte die Handelsschule in Villach und die Abendhandelsakademie in Klagenfurt, arbeitete in einem Verlag und 1973–82 in der Klagenfurter Hochschulverwaltung. Seitdem lebt er als freier Schriftsteller in Kärnten. Die Romantrilogie *Das wilde Kärnten*, mit der

W. debütierte, ist eine expressive Auseinandersetzung mit der leidvollen Kindheits- und Jugendgeschichte auf dem Land, geprägt von den übermächtigen patriarchalischen und religiösen Herrschaftsstrukturen, von brutaler Gewalt und Unterdrückung durch den übermächtigen Vater. Die Beschwörung der Vergangenheit, die Erinnerungssegmente verbinden sich assoziativ mit Bildern und Vorstellungen, die um Lust, Grausamkeit, Sexualität, Obszönität, Blasphemie u. a. kreisen. Diesem radikalen Beitrag zu einer kritischen Heimatliteratur folgen Romane wie *Der Leibeigene* oder *Friedhof der bitteren Orangen*, die an zentrale Themen der Trilogie wie (Homo-)Sexualität, Tod und (repressive) Religion anknüpfen. Diese Thematik nehmen die Prosaminiaturen des Bandes *Leichnam, seine Familie belauernd* auf, und auch in den Texten, die Kärnten hinter sich lassen (*Friedhof der bitteren Orangen*, *Domra*, *Natura morta*) kehren sie wieder, erhalten aber in der streng komponierten Prosa der »römische[n] Novelle« ein Gegengewicht durch plastische Bilder römischen Lebens auf den Märkten und um den Petersplatz.

Werke: [Das wilde Kärnten:] Menschenkind. 1979. Der Ackermann aus Kärnten. 1980. Muttersprache. 1982. – Die Verschleppung. Njetotschka Iljaschenko erzählt ihre russische Kindheit. 1983. – Der Leibeigene. 1987. – Friedhof der bitteren Orangen. 1990. – Das Zöglingsheft des Jean Genet. 1992. – Domra. Am Ufer des Ganges. 1996. – Wenn es soweit ist. 1998. – Natura morta. Eine römische Novelle. 2001. – Leichnam, seine Familie belauernd. 2003.

Wirnt von Grafenberg, Verfasser des um 1210 entstandenen Artusromans *Wigalois*. Er stammte wahrscheinlich aus Franken (Gräfenberg) und war wohl ritterlicher Herkunft. Im Werk verweist er auf den Tod eines edlen Fürsten von Meranien, den man als einen 1204 verstorbenen Grafen von Andechs identifiziert, an dessen Hof das Werk möglicherweise entstanden ist. Der Roman (rund 11 700

Verse) basiert auf einer nicht bekannten frz. Vorlage, die dem Dichter, so heißt es in dem Werk, mündlich vermittelt worden sei. *Wigalois* besteht gemäß der Gattungskonvention aus zwei Abenteuerketten. Neu ist aber, dass es keine Entwicklung gibt. Der Held, ein Sohn des Musterritters Gawein (Vorgeschichte), ist von Anfang an vollkommener Artusritter, der seine Vollkommenheit dann nur noch durch seine Siege über seine Gegner bzw. die Kräfte des Bösen jeweils aufs Neue bestätigt. Am Ende werden Recht, Ordnung und vorbildliche christliche Herrschaft wieder restauriert. Zahlreiche Anspielungen stellen den Zusammenhang mit der literarischen Tradition her. Der Roman hatte großen Erfolg, in einer Prosabearbeitung auch als gedrucktes Buch, und sein Verfasser wurde selbst zur literarischen Figur (Konrad v. Würzburg, *Der Welt Lohn*, um 1260).

Ausgabe: Wirnt von Gravenberc. Wigalois der Ritter mit dem Rade. Hrsg. von Johannes M. N. Kapteyn. Bonn 1926.

Wittenwiler, Heinrich, Autor der um 1400 entstandenen episch-didaktischen Dichtung *Der Ring*. Möglicherweise handelt es sich um den urkundlich zwischen 1387 und 1395 bezeugten Notar und Advokaten am Konstanzer Bischofshof, Heinrich von Wittenwil. Das Werk (9700 Reimpaarverse) ist nur in einer Anfang des 15. Jh.s entstandenen Handschrift überliefert, die mit roten und grünen Linien am Rand die verschiedenen Ebenen (»ernst« bzw. »törpelleben«) markiert. W. will, so der Prolog, über den Lauf der Welt Bescheid geben und lehren, »Was man tuon und lassen schol«. Das geschieht in einem großen satirischen Zerrspiegel, der in drei Teilen ritterlich-höfisches Wesen (»hofieren«), das rechte Leben in der Welt und schließlich das Verhalten in Not und Krieg zum Thema macht. Dargestellt wird die enzyklopädische Lebenslehre anhand einer grotesken Liebesgeschichte zwischen dem tölpelhaften Bauernburschen Bertschi Triefnas und der hässlichen Mätzli Rüerenzumph, deren einzelne Stationen – Werbung mit wüstem Bauernturnier, Beratungen über das Für und Wider der Ehe, Hochzeit mit Schlägerei, Krieg zwischen den beteiligten Dörfern – Gelegenheit zur grotesk verfremdeten Präsentation von Belehrendem aus allen Bereichen von Minne- und Ehelehre bis hin zu röm. Militärstrategie bieten. Am Schluss steht der Untergang des Dorfes Lappenhausen; allein Bertschi überlebt und zieht sich als Einsiedler in den Schwarzwald zurück. W.s Mischung von grotesk-schwankhaften und didaktischen Elementen, seine Darstellung einer verkehrten Welt, die menschliches Narrentum im Bild bäurischen Wesens umso deutlicher hervortreten lässt, steht allein in der Literatur der Zeit.

Ausgabe: Heinrich Wittenwilers Ring. Nach der Meininger Handschrift hrsg. von Edmund Wießner. Leipzig 1931. Reprogr. Nachdr. Darmstadt 1964 [u. ö.]. – Der Ring. Frühnhd./Nhd. Nach dem Text von E. Wießner [...] übers. und hrsg. von Horst Brunner. Stuttgart 1991.

Wohmann, Gabriele (geb. Guyot), * 21. 5. 1932 Darmstadt. Die Pfarrerstochter studierte von 1951 an Germanistik, Romanistik und Musikwissenschaft in Frankfurt a. M. Nach dem Abbruch des Studiums 1953, ihrer Heirat und einer kurzen Tätigkeit als Aushilfslehrerin auf Langeoog arbeitete sie 1954–57 als Sprachlehrerin in Darmstadt. Seitdem lebt sie hier als freie Schriftstellerin. Ihre erste Erzählung erschien 1957 in der Zeitschrift *Akzente*. Neben Hörspielen (seit 1964) und Fernsehspielen – in *Entziehung* (ZDF 1973) spielte sie auch die Hauptrolle – erschienen seit ihren Anfängen Hunderte von Kurzgeschichten und zahlreiche Romane, Texte, die weitgehend von einem eher düsteren Themenspektrum geprägt werden. Sie schildern, mit einem Blick für das Detail, die alltägliche Misere, handeln in meist monologischer Weise von Beziehungsproblemen, familiären Unterdrückungsmechanismen, Lieblosigkeit, Trostlosigkeit, Mangel an menschlicher Wärme und Angst vor Einsamkeit und zeigen Menschen, deren Gefühlsleben verkümmert ist und die sich als unfähig erweisen, aus dem Gefängnis ihres Inneren auszubrechen. Eine gewisse Neuorientierung lässt der Roman *Schönes Gehege* erkennen, in dem sich das Schriftstellerehepaar Plath einen privaten Freiraum, »Nester der Zufriedenheit«, geschaffen hat, um sich und einige Freunde gegen die Außenwelt zu behaupten und gegen mögliche persönliche Verluste zu wappnen. Eine wesentliche, im späteren Werk wachsende Bedeutung kommt dem Thema des Todes zu. Nutzt die Ich-Erzählerin in *Ernste Absicht* einen Krankenhausaufenthalt, um sich im Zustand zwischen Leben und Tod über ihr Leben klar zu werden, so zeigt der Roman *Aber das war noch nicht das Schlimmste*, eines ihrer letzten Werke, in zwei Handlungssträngen den unterschiedlichen Umgang mit Tod und Todesangst.

Werke: Jetzt und nie. 1958. – Sieg über die Dämmerung. 1960. – Trinken ist das Herrlichste. 1963. – Abschied für länger. 1965. – Theater von innen. Protokoll einer Inszenierung. 1966. – Die Bütows. 1967. – Ländliches Fest. 1968. – Ernste Absicht. 1970. – Treibjagd. 1970. – Habgier. 1973. – Paulinchen war allein zu Haus. 1974. – So ist die Lage. 1974. – Schönes Gehege. 1975. – Alles zu seiner Zeit. 1976. – Ausflug mit der Mutter. 1976. – Grund zur Aufregung. 1978. – Frühherbst in Badenweiler. 1978. – Heiratskandidaten. Ein Fernsehspiel und drei Hörspiele. 1978. – Ach wie gut, dass niemand weiß. 1980. – Ich weiß das auch nicht besser. 1980. – Das Glücksspiel. 1981. – Ausgewählte Gedichte 1964–1982. 1983. – Ich lese. Ich schreibe. Autobiographische Essays. 1984. – Gesammelte Erzählungen aus dreißig Jahren. 3 Bde. Darmstadt 1986. – Der Flötenton. 1987. – Kassensturz. 1989. – Ein gehorsamer Diener. Drei Hörspiele. 1990. – »Das Salz bitte!« Ehegeschichten. 1992. – Bitte nicht sterben. 1993. – Aber das war noch nicht das Schlimmste. 1995. – Die Schönste im ganzen Land. Frauengeschichten. 1995. – Vielleicht versteht er alles. 1997. – Bleib doch über Weihnachten. 1998. – Schwestern. 1999. – Das Hallenbad. 2000. – Frauen machens am späten Nachmittag. Sommergeschichten. 2000. – Frauen schauen aufs Gesicht. 2000. – Abschied von der Schwester. 2001. – Gut und schön. 2002.

Wolf, Christa (geb. Ihlenfeld), * 18. 3. 1929 Landsberg a. d. Warthe (heute: Gorzów Wielkopolski, Polen). W., Tochter eines Kaufmanns, kam 1945 nach Mecklenburg, studierte nach dem Abitur und Eintritt in die SED 1949–53 Germanistik in Jena und Leipzig und schloss mit einer Diplomarbeit über H. Fallada ab. 1951 heiratete sie den Schriftsteller und Germanisten Gerhard Wolf. Bis 1962 arbeitete sie als wissenschaftliche Mitarbeiterin beim Deutschen Schriftstellerverband und als Lektorin, zuletzt beim Mitteldeutschen Verlag in Halle. Seitdem ist sie freie Schriftstellerin; sie lebte zunächst in Kleinmachnow, 1976 zog sie nach Berlin. 1963–67 war sie Kandidatin des Zentralkomitees der SED; 1989 trat sie aus der SED aus. 1980 erhielt sie den Georg-Büchner-Preis. W. löste sich im Verlauf ihrer schriftstellerischen Entwicklung schnell von den Vorgaben des Sozialistischen Realismus und der Widerspiegelungsästhetik und nahm stattdessen eine neue, »subjektive Authentizität« für sich in Anspruch; Geschichte erscheint im Spiegel persönlicher Erfahrungen: »zu erzählen, das heißt: wahrheitsgetreu zu erfinden auf Grund eigener Erfahrung.« Dem entspricht eine subjektive Erzählweise und eine zunehmende Tendenz zur Selbsterforschung, wobei die Frage nach der Selbstverwirklichung des Individuums nicht nur zur Kritik an der Gegenwart, sondern auch an der (männlich bestimmten) zivilisatorischen Entwicklung überhaupt führt. Ihr erster Roman, *Der geteilte Himmel*, erzählt eine Liebesgeschichte vor dem Hintergrund der Teilung Deutschlands. Hier findet die Heldin nach einer Krise zurück in ihre Rolle in der DDR-Gesellschaft, eine Perspektive, die dem zweiten, in der DDR heftig umstrittenen Roman *Nachdenken über Christa T.* notwendig fehlt: Erinnerungen einer Erzählerin an die an Leukämie verstorbene Freundin, komplexe Rekonstruktion der Vergangenheit des Lebens einer Frau auf der Suche nach Selbstverwirklichung im Kontext der Aufbaujahre der DDR. Ihr nächster Text, *Kindheitsmuster*, knüpft inhaltlich und formal daran an. Gegenstand der autobiographisch geprägten, die eigene Identität erforschenden Rückschau ist jetzt v. a. die Zeit des Nationalsozialismus, die Kindheit und Jugend der Generation W.s entscheidend formte. Diese Erinnerungsarbeit, die zugleich ein Lernprozess ist, geschieht auf komplexe Weise im Wechselspiel erzählerischer und essayistischer Partien. Fragen der Identität, der Emanzipation und der Gesellschaftskritik werden in den folgenden Büchern vor historischem oder mythischem Hintergrund aufgenommen. *Kein Ort. Nirgends* bringt H. v. Kleist und K. v. Günderrode zusammen, mit *Kassandra* und *Medea* arbeitet W. den Gegenwartsbezug antiker Mythen heraus. Es gilt, wie sie in ihren Kassandravorlesungen äußerte, die bisher unterdrückte weibliche »Kehrseite« der Geschichte zum Vorschein zu bringen und eine neue Ästhetik »weiblichen Schreibens« zu entwickeln. Die Veröffentlichung ihrer autobiographischen Erzählungen *Sommerstück* und *Was bleibt* löste eine heftige Diskussion über ihre Rolle in der DDR aus. Autobiographische Grundlage hat auch die Kranken- und Genesungsgeschichte *Leibhaftig*, zugleich eine Erzählung, in der sich das Ende der DDR spiegelt. Das Tagebuch *Ein Tag im Jahr* enthält Aufzeichnungen über Ereignisse und Gedanken jedes 27. Septembers von 1960 bis 2000, eine Art querschnittartiger Rechenschaftsbericht.

Werke: Moskauer Novelle. 1961. – Der geteilte Himmel. 1963. – Nachdenken über Christa T. 1968. – Leben und Schreiben. Aufsätze und Betrachtungen. 1972. – Till Eugenspiegel. Erzählung für den Film. 1972. [Mit Gerhard Wolf.] – Unter den Linden. Drei unwahrscheinliche Geschichten. 1974. – Kindheitsmuster. 1976. – Kein Ort. Nirgends. 1979. – Gesammelte Erzählungen. 1980. – Lesen und Schreiben. Neue Sammlung. Essays, Aufsätze, Reden. 1980. – Kassandra. Erzählung. 1983. – Voraussetzungen einer Erzählung: Kassandra. Frankfurter Poetik-Vorlesungen. 1983. – Ins Ungebundene gehet eine Sehnsucht. Gesprächsraum Romantik. 1985. [Mit G. Wolf.] – Die Dimension des Autors. Essays und

Aufsätze, Reden und Gespräche 1959–1985. 2 Bde. 1986. – Störfall. Nachrichten eines Tages. 1987. – Ansprachen. 1988. – Sommerstück. 1989. – Reden im Herbst. Aktuelle Texte. 1990. – Was bleibt. Erzählung. 1990. – Auf dem Weg nach Tabou. Texte 1990–1994. 1994. – Medea. Stimmen. 1996. – Hierzulande Andernorts. Erzählungen und andere Texte 1994–1998. 1999. – Leibhaftig. 2002. – Ein Tag im Jahr 1960–2000. 2003. – Mit anderem Blick. Erzählungen. 2005.

Ausgabe: Werke. Hrsg. von Sonja Hilzinger. 12 Bde. München 1999–2001.

Wolf, Friedrich, 23. 12. 1888 Neuwied – 5. 10. 1953 Lehnitz bei Oranienburg. W. stammte aus einer bürgerlichen jüdischen Familie, studierte zunächst Kunst, dann Medizin in Tübingen, Bonn und Berlin. 1913–14 arbeitete er als Schiffsarzt, dann bis 1918 als Truppen- bzw. Lazarettarzt. Er wurde zum Kriegsgegner und beteiligte sich an der Rätebewegung in Sachsen. Seit 1921 lebte er als Arzt in Württemberg (Hechingen, Höllsteig am Bodensee, ab 1927 Stuttgart) und verfasste Gesundheitsbroschüren und ein großes Volksgesundheitsbuch. 1928 trat er der KPD bei; 1932 gründete er den »Spieltrupp Südwest«, für den er Agitpropstücke schrieb. 1933 emigrierte er in die Sowjetunion; 1939 wurde er bei einem Versuch, über Frankreich nach Spanien einzureisen, interniert, konnte aber 1941 nach Moskau zurückkehren, da man ihm die russ. Staatsbürgerschaft verliehen hatte. Nach dem Krieg arbeitete er beim kulturellen Aufbau in der SBZ/DDR mit (Rundfunk, Film), 1950–51 vertrat er als Botschafter die DDR in Polen. Nach expressionistischen Anfängen (Lyrik, Prosa, Drama) und dem historischen »Schauspiel aus dem deutschen Bauernkrieg 1514« *Der Arme Konrad* (UA 1924) trat W. als exponierter Vertreter einer proletarischen, unmittelbar in die sozialen und politischen Kämpfe eingreifenden Kunst auf: *Kunst ist Waffe!* überschrieb er einen Vortrag von 1928. Dabei galt sein Interesse v. a. dem Drama. W. behandelte einerseits aktuelle Themen – etwa die sozialen Folgen des Abtreibungsparagraphen 218 (*Cy-*

ankali, UA 1929) –, andererseits dramatisierte er beispielhafte revolutionäre Vorgänge wie den (niedergeschlagenen) Aufstand der *Matrosen von Cattaro* (UA 1931), der zum Ansporn für die Zukunft wird, oder den revolutionären Klassenkampf in China (*Tai Yang erwacht*, UA 1930). Sein erfolgreichstes Stück, *Professor Mamlock* (UA 1934), setzt sich wirkungsvoll (und traditionell ›aristotelisch‹) mit der Machtergreifung der Nationalsozialisten und den Reaktionen darauf auseinander (DEFA-Verfilmung durch W.s Sohn Konrad 1961). Antifaschistisches Engagement zeigen seine im Exil entstandenen Prosaarbeiten (z. B. der Roman *Zwei an der Grenze*). In der DDR konnte er seine Vorkriegserfolge als Dramatiker nicht wiederholen.

Werke: Der Unbedingte. 1919. – Fahrt. 1920. – Die Schwarze Sonne. Phantastische Komödie mit Tanz und Gesang. 1921. – Elemente. Drei Einakter. 1922. – Der Arme Konrad. 1924. – Das Heldenepos des alten Bundes. Aufgespürt in deutschen Worten. 1925. – Kreatur. Roman der Zeit. 1926. – Die Natur als Arzt und Helfer. 1928. – Kampf im Kohlenpott. 1928. – Kunst ist Waffe! Eine Feststellung. 1928. – Cyankali. § 218. 1929. – Die Matrosen von Cattaro. 1930. – Hörspiele. SOS … Rao Rao … Foyn »Krassin« rettet »Italia«. John D. erobert die Welt. 1930. – Doktor Mamlocks Ausweg. Tragödie der westlichen Demokratie. 1935. [= Professor Mamlock.] – Bauer Baetz. Schauspiel vom deutschen Bauern anno 1932. 1932. – Zwei an der Grenze. 1938. – Gefährlicher Beifall. 1941. – Der Russenpelz. Eine Erzählung aus Deutschland 1941–42. 1942. – Heimkehr der Söhne. 1944. – Der Rat der Götter. 1950. [Film.] – So fing es an! Zwei Szenen. 1950. – Tiergeschichten. 1951.

Ausgaben: Gesammelte Werke. Hrsg. von Else Wolf und Walther Pollatschek. 16 Bde. Berlin/Weimar 1960–68.

Wolf, Ror (d. i. Richard W.; Pseud.: Raoul Tranchirer), * 29. 6. 1932 Saalfeld (Thüringen). W. kam 1953 in die BRD, studierte von 1954 an Germanistik, Soziologie und Philosophie in Frankfurt a. M. und arbeitete an der (auch ästhetisch) progressiven Studentenzeitung *Diskus* mit. Danach ging er als Redakteur zum Hessischen Rundfunk (1961–63). Er lebt heute als freier Schriftsteller in Mainz.

W. gehört zu den sprachlich virtuosesten Vertretern der experimentellen Literatur. Sein erster Prosaband *Fortsetzung des Berichts* ist die ins Groteske, Surreale und Monströse sich ausweitende Schilderung einer ländlichen Mahlzeit bzw. der Essensvorgänge. Dass die Idylle immer in die Groteske umschlagen kann, lehren auch seine Moritaten. Gattungserwartungen enttäuscht absichtlich die »Abenteuerserie« *Pilzer und Pelzer*, eine Sammlung kurzer Prosastücke ohne Handlungszusammenhang oder Personenkonturen. W.s Vorliebe für Collagen (Bild und Text) zeigen u. a. *Raoul Tranchirers vielseitiger großer Ratschläger für alle Fälle der Welt* und andere Tranchirer-Arbeiten sowie die ebenso komischen wie entlarvenden Fußball-Bücher. Die Collagetechnik prägt auch seine Hörspiele, die Versatzstücke aus verschiedenen Genres der Trivialliteratur verarbeiten.

Werke: Fortsetzung des Berichts. 1964. – Pilzer und Pelzer. Eine Abenteuerserie. 1967. Erw. 1978. 1988. – Mein famili. 12 moritaten und collagen. 1968. Erw. 1971. – Danke schön. Nichts zu danken. Geschichten. 1969. – Punkt ist Punkt. Fußball-Spiele. 1971. Erw. 1973. – Auf der Suche nach Dr. Q. Hörspiel-Trilogie. 1976. – Die Gefährlichkeit der großen Ebene. 1976. – Die heiße Luft der Spiele. 1980. – Das nächste Spiel ist immer das schwerste. 1982. – Raoul Tranchirers vielseitiger großer Ratschläger für alle Fälle der Welt. 1983. Überarb. 1999. – hans waldmanns abenteuer. sämtliche moritaten von raoul tranchirer mit collagen des verfassers. 1985. – Ausflug an den vorläufigen Rand der Dinge. Prosa 1957–76. 1988. – Raoul Tranchirers Mitteilungen an Ratlose. 1988. Erw. 1997. – Leben und Tod des Kornettisten Bix Beiderbecke aus Nord-Amerika. 1989. – Raoul Tranchirers Welt- und Wirklichkeitslehre aus dem Reich des Fleisches, der Erde, der Luft, des Wassers und der Gefühle. 1990. – Nachrichten aus der bewohnten Welt. 1991. – Tranchirers letzte Gedanken über die Vermehrung der Lust und des Schreckens. 1994. – Aussichten auf neue Erlebnisse. Moritaten, Balladen & andere Gedichte. 1996. – Raoul Tranchirers Enzyklopädie für unerschrockene Leser & ihre überschaubaren Folgen 1983–2002. 2002. – Zwei oder drei Jahre später. Siebenundvierzig Ausschweifungen. 2003. – Raoul Tranchirers Bemerkungen über die Stille. Mit zahlreichen Collagen des Autors. 2005.

Wolfenstein, Alfred, 28. 12. 1883 Halle a. d. S. – 22. 1. 1945 Paris. W. stammte aus einer jüdischen Kaufmannsfamilie und schloss sein Jurastudium in Berlin, seit 1901 Wohnsitz der Familie, um 1910 ab. Nach einem Referendariat lebte er bis 1934 als freier Schriftsteller abwechselnd in Berlin und München. 1933 emigrierte er nach Prag, 1939 floh er nach Paris. Beim Einmarsch der dt. Truppen wurde er auf der Flucht verhaftet, aber nach drei Monaten überraschend wieder freigelassen. Bis Kriegende lebte er in einer Pension in Nizza. 1944 kehrte er nach Paris zurück und nahm sich Anfang 1945 in einem Krankenhaus das Leben, in das er wegen einer Herzkrankheit eingeliefert worden war. 1912 erschienen die ersten Gedichte W.s in der expressionistischen Zeitschrift *Die Aktion*. Im Gegensatz zur hymnisch-ekstatischen Aufbruchsstimmung vieler seiner expressionistischen Zeitgenossen herrschen bei W. zunächst düstere, melancholische Töne vor; er propagiert aber dann im Anschluss an den von ihm übersetzten Percy Bysshe Shelley den »Einklang von Dichtertum und Kämpfertum« im Dienst einer utopischen menschlichen Gemeinschaft. Der reflexive Zug seiner Lyrik tritt in den im Gefängnis entstandenen Texten angesichts der konkreten Leiderfahrung zurück. Von seinen Dramen hatte allein das gegen die Todesstrafe gerichtete Stück *Die Nacht vor dem Beil* (UA 1927) einen gewissen Erfolg auf der Bühne. Im Exil arbeitete er an dem unvollendet gebliebenen autobiographischen Roman *Frank*. Er übersetzte neben Shelley Werke von Gérard de Nerval und Victor Hugo.

Werke: Die Gottlosen Jahre. 1914. – Die Freundschaft. Neue Gedichte. 1917. – Der Lebendige. 1918. – Die Nackten. Eine Dichtung. 1918. – Menschliche Kämpfer. 1919. – Der gute Kampf. Eine Dichtung. 1920. – Jüdisches Wesen und neue Dichtung. 1922. – Mörder und Träumer. Drei szenische Dichtungen. 1923. – Celestina. 1929. – Die Nacht vor dem Beil. 1929. – Die gefährlichen Engel. Dreißig Geschichten. 1936. – Stimmen der Völker. 1938. [Hrsg.]
Ausgabe: Werke. Hrsg. von Hermann Haarmann und Günter Holtz. 5 Bde. Mainz 1982–93.

Wolfgruber, Gernot, * 20. 12. 1944 Gmünd (Niederösterreich). Nach einer abgebrochenen Lehre und Gelegenheitsarbeit holte der Sohn einer Kriegerwitwe das Abitur nach (1968) und studierte Publizistik und Politologie (Abschluss 1974). Seit 1975 lebt W. als freier Schriftsteller in Wien. Er debütierte mit der stark autobiographisch geprägten Geschichte einer Jugend in der österreichischen Provinz (*Auf freiem Fuß*), Beispiel der kritischen Heimatliteratur. Hier und in den folgenden Romanen stellt W. Charaktere vor, deren Vorstellungen von einem glücklichen, erfüllten Leben mit der gesellschaftlichen und psychischen Wirklichkeit kollidieren: Der Geschichte der schwierigen Jugend folgen die Darstellung des Scheiterns der Ausbruchsversuche des Handwerkers Melzer aus dem verhassten kleinbürgerlichen Leben (*Herrenjahre*), die fatale Lebensgeschichte des Arbeiters Georg Klein, der sich nach seinem Aufstieg zum Angestellten nicht mehr zurechtfindet (*Niemandsland*), die Schilderung der Leiden des durchaus erfolgreichen Vertreters für Zahnarztbedarf an den Folgen seiner Erziehung (*Verlauf eines Sommers*). Weitergeführt werden diese Versuche, »die Welt von innen zu beschreiben« (W.), mit großer Konsequenz in dem Roman *Die Nähe der Sonne*, in dem der katastrophale, beschädigte Zustand der Welt als Ursache der Unmöglichkeit eines glücklichen Lebens gleichsam in die Psyche des manisch-depressiven Helden Stefan Zell verlegt wird. Dabei gelingt es W., die psychischen Zustände Zells, sein Schwanken zwischen Apathie, Rauschzuständen und Visionen in Sprache umzusetzen und die Welt bzw. die wahrgenommenen Realitätspartikel in der von seinem Bewusstsein gespiegelten Form sichtbar zu machen.

Werke: Auf freiem Fuß. 1975. – Herrenjahre. 1976. – Der Jagdgast. Ein Drehbuch. 1978. – Niemandsland. 1978. – Auskunftsversuch. 1979. – Verlauf eines Sommers. 1981. – Die Nähe der Sonne. 1985.

Wolfram von Eschenbach, um 1200. Der Epiker und Lyriker bezeichnet sich selbst als Ritter, die Herkunft aus Eschenbach (heute Wolframs-Eschenbach) südöstlich von Ansbach in Franken gilt als wahrscheinlich. In seinen Werken nimmt er u. a. Bezug auf die Herren von Dürne (Sitz: Burg Wildenberg bei Amorbach), auf die Grafen von Wertheim und v. a. Landgraf Hermann I. v. Thüringen, die zu seinen Mäzenen gehörten. W. war in erster Linie Epiker, wenn ihn auch seine Tagelieder als Lyriker von Rang ausweisen. Von seinen drei epischen Dichtungen wurde nur die erste, *Parzival*, vollendet. Dieser Versroman (24 810 Reimpaarverse) entstand etwa zwischen 1200 und 1210 und wurde zum einflussreichsten Roman des dt. Mittelalters. Hauptquelle ist Chrétiens de Troyes unvollendetes Spätwerk *Le conte du Graal* oder *Perceval*. Erweiterungen – u. a. Vorgeschichte – und Modifikationen der Handlung, dazu ein charakteristisches Geflecht von räumlichen, zeitlichen und verwandtschaftlichen Beziehungen sowie Erzählerkommentare und poetologische Reflexionen geben dem *Parzival* jedoch einen eigenen Charakter. Es handelt sich um einen Doppelroman, d. h. W. modifiziert das Strukturschema des Artusromans durch die Kontrastierung zweier Heldenfiguren und damit von höfischem Artusrittertum und religiösem Gralsrittertum. Eingerahmt werden die beiden Abenteuerfolgen um Parzival und Gawan durch die den Orient einbeziehende Geschichte von Parzivals Vater Gahmuret (Buch 1–2), die W. am Schluss (Buch 15–16) mit der Einführung von Parzivals Halbbruder Feirefiz wieder aufnimmt bzw. fortführt. W.s zweites Epos, *Willehalm* (um 1210–20), ist eine Adaption des frz. Heldenepos (»Chanson de geste«) *La Bataille d'Aliscans* (um 1180) im Auftrag Hermanns v. Thüringen, der auch die Vorlage beschaffte. Das Werk bricht nach knapp 14 000 Reimpaarversen unvollendet ab. Im Mittelpunkt stehen Willehalm, Markgraf von Orange, und seine Frau Gyburg, eine getaufte Heidin, die von einem riesigen heidnischen Heer bedroht werden, das sich an Willehalm rächen und Gyburg, eine Königstochter, zurückholen soll. Die Kreuzzugsideologie wird durch die Problematisierung des christlich-heidnischen Gegensatzes, durch die von Gyburg in der so genannten Toleranzrede angesprochene gemeinsame Gotteskindschaft und durch die über die Religionszugehörigkeit hinwegreichenden verwandtschaftlichen Beziehungen in Frage gestellt. Von W.s drittem Epos, nach dem ersten Eigennamen im Text *Titurel* genannt, sind nur zwei Fragmente von 131 bzw. 39 Strophen (bestehend aus vier Langzeilen) erhalten. Personen und Inhalt setzen den *Parzival* voraus, stilistisch steht der *Titurel* dem *Willehalm* näher. Gegenstand der Dichtung ist die Geschichte der Liebe zwischen Sigune und Schionatulander, aus deren tragischem Verlauf – das Ende ist aus dem *Parzival* bekannt – zwei Episoden erzählt werden. Die beiden Fragmente und die Andeutungen im *Parzival* bilden die Grundlage des weit ausholenden und erfolgreichen *Jüngeren Titurel* (um 1260–75) eines gewissen Albrecht, der unter der Maske W.s dichtete.

Ausgaben: Wolfram von Eschenbach. Hrsg. von Karl Lachmann. Berlin 1833. 6. Ausg. Berlin/Leipzig 1926. – Wolfram von Eschenbach. Hrsg. von Albert Leitzmann. 5 Hefte. Halle a. d. S. 1902–06. 5.–7. Aufl. Tübingen 1961–65.

Wolfskehl, Karl, 17. 9. 1869 Darmstadt – 30. 6. 1948 Bayswater-Auckland (Neuseeland). Nach einem Germanistikstudium in Berlin, Leipzig und Gießen promovierte der Sohn einer wohlhabenden jüdischen Familie 1893 in Gießen mit einer Arbeit über *Germanische Werbungssagen.* Seit 1898 lebte er, dank seines Vermögens finanziell unabhängig, als Privatgelehrter und Schriftsteller in München. Mit S. George verband ihn eine lebenslange Freundschaft und Zusammenarbeit (u. a. war er bis 1919 Mitherausgeber der *Blätter für die Kunst*). Zeitweilig schloss er sich auch den »Kosmikern« um Ludwig Klages an, und dank seines geselligen Naturells wurde sein Haus zu einem Zentrum der Schwabinger Boheme. Den ersten Weltkrieg begrüßte er in einem offenen Brief an den Pazifisten Romain Rolland als »von Gott gewollt«. Die Nachkriegsinflation verzehrte einen Großteil seines Vermögens, so dass er 1922–24 eine Hauslehrerstelle in Florenz annehmen und Rezensionen und Essays für Zeitungen und Zeitschriften verfassen musste. 1933 floh er über die Schweiz nach Italien; 1938 verließ er Europa und ging nach Neuseeland. Seine eigene Dichtung steht zunächst unter dem Einfluss Georges (*Ulais*), wenn auch W.s Natur eher zum Hymnischen und Dionysischen neigte. Sein Interesse für Mythen umfasste die nordische Mythologie ebenso wie antike, jüdische und christliche Traditionen und galt dem Ziel, die Trennung zwischen jüdischem Erbe – W. war Mitbegründer der zionistischen Ortsgruppe München – und der dt. Kulturtradition aufzuheben. Mit George zusammen gab er eine große Anthologie dt. Dichtung heraus; daneben edierte und übersetzte er alte dt. Dichtungen und zeigte großes Interesse für Barockliteratur. Die Dichtungen des Exils besinnen sich auf die jüdische Tradition und das jüdische Schicksal »unter dem Bilde Hiob«; seine Bindung an den »deutschen Geist« gab W. deswegen nicht auf.

Werke: Ulais. 1997. – Deutsche Dichtung. 3 Bde. 1900–03. [Hrsg.; mit S. George.] – Gesammelte Dichtungen. 1903. – Saul. 1905. – Älteste deutsche Dichtungen. 1909. Erw. 1920. 1964. [Hrsg., Übers.; mit Friedrich v. der Leyen.] – Die Gedichte des Archipoeta. 1921. [Übers.] – Der Umkreis. Gedichte und Dramatische Dichtungen. 1927. – Bild und Gesetz. Gesammelte Abhandlungen. 1930. – Bücher. Bücher. Bücher. Bücher. Elemente der Bücherliebeskunst. 1932. – Die Stimme spricht. 1934. Erw. 1936. – An die Deutschen. 1947. – Hiob oder Die vier Spiegel. 1950. – Sang aus dem Exil. 1950.

Ausgaben: Gesammelte Werke. Hrsg. von Margot Ruben und Claus Victor Bock. 2 Bde. Hamburg 1960. – Briefe und Aufsätze. München 1925–1933. Hrsg. von M. Ruben. Hamburg 1966. – Briefwechsel aus Neuseeland 1938–1948. Hrsg. von Cornelia Blasberg. 2 Bde. Darmstadt 1988. – Briefwechsel aus Italien 1933–1938. Hrsg. von C. Blasberg. Hamburg 1993. – Gedichte. Essays. Briefe. Hrsg. von C. Blasberg und Paul Hoffmann. Frankfurt a. M. 1999.

Wondratschek, Wolf, * 14. 8. 1943 Rudolstadt (Thüringen). W. wuchs in Karlsruhe auf, studierte ab 1962 in Heidelberg, Göttingen und Frankfurt a. M. Literaturwissenschaft, Philosophie und Soziologie. 1967 brach er das Studium ohne Abschluss ab und lebt seitdem als freier Schriftsteller, meist in München, seit den 90er-Jahren auch in Wien. Neben Lyrik und Kurzprosa umfasst W.s Schaffen Hörspiele, Kinderbücher, Arbeiten für den Film, Reportagen und Essayistisches. Seine ersten Arbeiten – knappe lakonisch-aphoristische Prosatexte – stehen unter dem Eindruck der Studentenbewegung und der Protest- und Subkultur der 60er-Jahre. Innovativ waren seine experimentellen Hörspiele, die die Auflösung der geschlossenen Hörspielform vorantrieben (*Paul oder Die Zerstörung eines Hör-Beispiels*, WDR 1969). Später wandelte sich W. zu einem populären Lyriker und Liederdichter, der Anregungen der Popkultur aufnahm, formal einfach und inhaltlich eingängig – bis hin zum Sentimentalen und Trivialen – schrieb und seine Texte im Buchversand Zweitausendeins vertreiben ließ. Arbeiten seit den 80er-Jahren zeigen ihn in (auch wegen ihrer Sprachform) heftig kritisierten Versen als aggressiven Vertreter traditioneller Geschlechterrollen (*Mexikanische Sonette*, *Carmen*). Danach entdeckte er in der Show- und Halbwelt neue Trivialmythen. Mit den fiktiven *Kelly-Briefen* kehrte W. in einer ironischen, leichten Form zu einem seiner früheren Hauptthemen, der Beziehung von Mann und Frau, zurück. Leichtigkeit und spielerische Künstlichkeit charakterisieren den kleinen Roman – und melancholischen Tagtraum – *Mozarts Friseur.* In *Mara* lässt W. das gleichnamige Cello, eine durchaus reale Arbeit Stradivaris, seine z. T. abenteuerliche Geschichte über drei Jahrhunderte erzählen.

Werke: Früher begann der Tag mit einer Schußwunde. 1969. – Ein Bauer zeugt mit einer Bäuerin einen Bauernjungen, der unbedingt Knecht werden will. 1970. – Paul oder Die Zerstörung eines Hör-Beispiels. Hörspiele. 1971. – Omnibus. 1972. – Chuck's Zimmer. Gedichte/Lieder. 1974. – Das leise Lachen am Ohr eines andern. Gedichte/Lieder 2. 1976. – Männer und Frauen. Gedichte/Lieder 3. 1978. – Letzte Gedichte. 1980. – Die Einsamkeit der Männer. Mexikanische Sonette (Lowry-Lieder). 1986. – Carmen oder bin ich das Arschloch der achtziger Jahre. 1986. – Menschen Orte Fäuste. Reportagen und Stories. 1987. Erw. 1996. – Einer von der Straße. 1992. – Die Gedichte. 1992. – Das Mädchen und der Messerwerfer. Gedichte. 1997. – Kelly-Briefe. 1998. – Die große Beleidigung. Vier Erzählungen. 2001. – Mozarts Friseur. 2002. – Gedichte/Lieder. 2003. – Mara. Eine Erzählung. 2003. – Orpheus in der Sonne. 2003. – Saint Tropez und andere Erzählungen. 2005.

Wühr, Paul, * 10. 7. 1927 München. W. arbeitete von 1949 bis 1983 als Volksschullehrer in Gräfelfing bei München; seit 1986 lebt er bei Passagno (Umbrien). W. ist ein experimenteller Schriftsteller, der sich keiner Richtung oder Strömung zuordnen lässt. Nach zwei Kinderbüchern trat er seit 1963 zunächst als Hörspielautor hervor und wirkte mit seinen Texten, die Aussagen von realen Personen montieren, mit einer Vielzahl von »Stimmen« bestimmte Themen durchspielen und so gleichsam eine Art kollektives Bewusstsein der Gesellschaft sichtbar zu machen suchen, als Pionier des O-Ton-Hörspiels. In den 60er-Jahren arbeitete er an einem Großprojekt, das er *Gegenmünchen* nannte, eine Art poetischer Stadtgeschichte und -beschreibung, die sämtliche Gattungen vereinigt und nach zehn »Gedanken-Gängen« gegliedert ist. Eine Fortschreibung dieses Projekts stellt *Das falsche Buch* dar, in dem eine Vielzahl von Figuren ohne bestimmte Handlung Spielaktionen vorführen, die die ›richtigen‹ Lebensformen (Staat, Partei, Wissenschaft usw.) zugunsten des Kreativen bzw. Falschen unterwandern. In L.s Lyrikbänden verbinden sich die Einzeltexte, die durch unterschiedliche sprachliche und poetische Verfahrensweisen in ihrer Vieldeutigkeit bestärkt werden, zu Großgedichten. Dies geschieht zuletzt in dem universalpoetischen Werk *Salve Res Publica Poetica.*

Werke: Wer kann mir sagen, wer Sheila ist? In: wdr Hörspielbuch 1964. 1964. – Die Rechnung. In: wdr Hörspielbuch 1965. 1965. – Die Hochzeit verlassen. Funkerzählung. In: Rundfunk und Fernsehen 1966. H. 4. – Fensterstürze. In: wdr Hörspielbuch 1968. 1968. – Gegenmünchen. 1970. – So spricht unsereiner. Ein Originaltext-Buch. 1973. – Preislied. Hörspiel aus gesammelten Stimmen. 1974. – Grüß Gott ihr Mütter ihr Väter ihr Töchter ihr Söhne. Gedichte. 1976. – Rede. Ein Gedicht. 1979. – Das falsche Buch. 1983. – Der faule Strick. 1987. – Sage. Ein Gedicht. 1988. – Grüß Gott. Rede. Gedichte. 1990. – Ob. 1991. – Luftstreiche. Ein Buch der Fragen. 1994. – Salve Res Publica Poetica. 1997. – Venus im Pudel. 2000. – Das Lachen eines Falschen. Wiener Vorlesungen zur Literatur. 2002. – An und Für. Gedichte. 2004.

Wyle, Niklas von, um 1415 Bremgarten (Schweiz) – 13. 4. 1479 Stuttgart. Nach dem Studium der Artes in Wien (Baccalaureus 1433) hatte W. Lehrer- und Schreiberstellen in Zürich, Radolfzell und Nürnberg inne, bis er 1447 Leiter der Kanzlei der Reichsstadt Esslingen wurde. Von 1469 bis zu seinem Tod war er Vizekanzler am Hof der Grafen v. Württemberg in Stuttgart. Als Leiter der Esslinger Stadtkanzlei hatte er Kontakt zu zahlreichen bedeutenden Persönlichkeiten, u. a. mit Enea Silvio Piccolomini, dessen Vorstellungen von einem humanistisch-antikisierenden Stil ihn stark beeinflussten. Zugleich wirkte auch die Tradition der mittelalterlichen Artes dictandi, auf der sein Schreiberstudium basierte, auf seine Stilvorstellungen ein. Literarischen Ausdruck fanden sie in seinen Übersetzungen von 18 lat. Texten, die seit 1461 entstanden und 1478 zum ersten Mal zusammen gedruckt wurden. Die meisten der Texte stammen aus dem Umkreis des ital. Renaissancehumanismus (u. a. Poggio Bracciolini, Enea Silvio Piccolomini, Petrarca, Boccaccio). Die Übersetzungsmethode basiert auf der Vorstellung von der Verbindlichkeit des Lateinischen; die Folge der möglichst genauen Nachahmung des Stils der Vorlagen war ein latinisierender Stil mit entsprechender Syntax und Wortstellung. Neben weiteren Drucken des Gesamtwerks erschienen auch Einzeldrucke; am erfolgreichsten war *Von Euriolo und Lucrecia* nach Enea Silvio.

Werk: Translatzion oder Tütschungen. 1478.
Ausgabe: Translationen. Hrsg. von Adelbert v. Keller. Stuttgart 1861. Reprogr. Nachdr. Hildesheim 1967.

Z

Zachariä, Friedrich Wilhelm, 1. 5. 1726 Frankenhausen (Thüringen) – 30. 1. 1777 Braunschweig. Der aus einer Beamtenfamilie stammende Z. studierte von 1743 an die Rechte in Leipzig, setzte 1747 sein Studium in Göttingen fort und lehrte seit 1748 am Collegium Carolinum in Braunschweig die Theorie der ›schönen Wissenschaften‹, Poetik und Mythologie; 1761 wurde er zum Professor ordinarius Poëseos ernannt. Daneben betätigte er sich als Herausgeber von Zeitschriften und Leiter der Buchhandlung des Waisenhauses. 1774 schied er freiwillig aus seinen Ämtern aus; 1775 wurde er Kanonikus am Stift St. Cyriacus. In Leipzig gehörte Z. zunächst zu den Anhängern J. C. Gottscheds, wandte sich aber bereits 1744 den später so genannten oppositionellen ›Bremer Beiträgern‹ zu, die sich an F. G. Klopstock und den Schweizern J. J. Bodmer und J. J. Breitinger orientierten. Seinen Platz in der Literaturgeschichte verdankt Z. seinen kleinen Versepen in der Tradition des komischen Heldengedichts (Nicolas Boileau, Alexander Pope); berühmt wurde *Der Renommiste* mit seiner satirischen Darstellung des Jenaer Studentenlebens, die vom Kontrast zwischen heroischem Alexandrinerpathos und blamabler gesellschaftlicher Wirklichkeit lebt. Neben weiteren komischen Heldengedichten, darunter das auf laute Effekte verzichtende *Schnupftuch*, verfasste Z. u. a. anakreontische Lyrik, Idyllen, Fabeln und ein von John Milton angeregtes religiöses Epos. Darüber hinaus übersetzte er James Thomsons *Seasons* und Miltons *Paradise Lost*.

Werke: Der Renommiste. Ein komisches Heldengedichte. In: Belustigungen des Verstandes und des Witzes. Bd. 1. 1744. – Scherzhafte Epische Poesien nebst einigen Oden und Liedern. 1754. – Die Poesie und Germanien. Ein Gedicht. 1755. – Die Tageszeiten. 1756. [Thomson-Übers.] – Lagosiade, oder die Jagd ohne Jagd. 1757. – Murner in der Hölle. Ein scherzhaftes Heldengedicht. 1757. – Das Verlohrne Paradies aus dem Englischen Johann Miltons in Reymfreye Verse übersetzt. 1760–63. – Die Schöpfung der Hölle. 1760. – Poetische Schriften. 1763–65. – Der Adel des Herzens. 1770. – Fabeln und Erzählungen in Burkard Waldis' Manier. 1771. – Tayti, oder die glückliche Insel. 1777.

Zahl, Peter-Paul, * 14. 3. 1944 Freiburg i. Br. Z., Sohn eines Verlegers, wuchs in der DDR auf, kam 1953 mit seiner Familie ins Rheinland und absolvierte nach der Mittleren Reife eine Druckerlehre. 1954 ging er nach Berlin, um dem Kriegsdienst zu entgehen, und gründete 1967 eine Druckerei und einen kleinen Verlag. Wegen seines Engagements für die APO und seiner linken Druckerzeugnisse wurde er überwacht und häufig mit Ermittlungsverfahren und Hausdurchsuchungen überzogen; 1970 kam es zur Verurteilung wegen des Druckens eines Plakats. Zwei Jahre später floh er bei einer Personenkontrolle; bei der Schießerei wurden er und ein Polizist verletzt. Das erste Urteil von 1974 (4 Jahre Gefängnis) wurde aufgehoben und 1976 auf 15 Jahre verschärft, von denen er 10 Jahre absaß (davon 7 1/2 Jahre in verschärfter Einzelhaft). Das zweite Urteil löste heftige Diskussionen aus und ließ u. a. den Vorwurf der Gesinnungsjustiz laut werden. Seitdem lassen sich die Ansichten über Z. als Schriftsteller und den politischen Kriminalfall Z. kaum noch trennen. Im Gefängnis wurde Literatur für Z. »Instrument zum Überleben«. Nach seiner Entlassung unternahm er mehrere längere Auslandsreisen; 1985 ließ er sich in Jamaika nieder. Z.s literarische Arbeiten stehen unter dem Postulat der politischen Funktion der Literatur. Nach Gedichten, Kurzgeschichten und Flugblättern veröffentlichte Z. 1970 seinen ersten Roman: *Von einem, der auszog, Geld zu verdienen* ist die Geschichte eines Fachhilfsarbeiters, der in seinem rein materiell orientierten Streben scheitert und nach zwei Tagen auch noch aus der DDR abgeschoben wird. Zugleich bieten die Jobs und die Streifzüge des Helden durch Berlin (Kneipen, Demos) genügend Gelegenheit für Kommentare und Parolen. Z.s zweiter Roman, *Die Glücklichen*, entstand im Gefängnis. Er nimmt die Form des Schelmenromans auf und zeichnet durch die Montage von Textmaterial verschiedenster Art, durch mehrere Handlungsebenen und Rollenspiele der Figuren ein komplexes, z. T. verwirrendes Bild der Studentenrevolte und ihrer Nachwirkungen. Seine politische Lyrik erhellt, in den besten Beispielen, aus der individuellen (Gefängnis-)Erfahrung heraus gesellschaftlich-politische Ereignisse und Zusammenhänge. Nach seiner Haftzeit wandte sich Z. – vorbereitet als »Freigänger« durch ein Volontariat an der Berliner Schaubühne – dem Theater zu und schrieb u. a. ein Dokumentarstück über den Hitler-Attentäter Elser, eine Bearbeitung der *Lysistrata* des Aristophanes, Jugendstücke und ein Drama um einen entführten Industriellen, das die Terrorismusdebatte aufnimmt (*Der Erpresser*). In jüngster Zeit schrieb er an einer Serie von Kriminalromanen mit jamaikanischem Hintergrund.

Werke: Elf Schritte zu einer Tat. Erzählung. 1968. – Von einem, der auszog, Geld zu verdienen. 1970. – Eingreifende oder ergriffene Literatur. Zur Rezeption ›moderner Klassik‹. 1976. – Die Barbaren kommen. Lyrik und Prosa. 1976. – Schutzimpfung. Gedichte. 1976. – Wie im Frieden. Erzählungen. 1976. – Waffe der Kritik. Aufsätze – Artikel – Kritiken. 1976. – Alle Türe offen. Gedichte. 1977. – Freiheitstriebtäter. Lyrik, Prosa, Verfügungen, Gesetze, Maßnahmen und 1 Valentiniade. 1979. – Die Glücklichen. Schelmenroman. 1979. – Die Stille und das Grelle. Aufsatzsammlung. 1981. – Johann Georg Elser. Ein deutsches Drama. 1982. – Aber nein, sagte Bakunin und lachte laut. Gedichte. 1983. – Liebesstreik. 1984. – Fritz – A German Hero oder Nr. 447 bricht aus. 1988. – Der Staat ist eine mündelsichere Kapitalanlage. Hetze und Aufsatze 1967–1989. 1989. – Der Erpresser. Eine böse Komödie. 1990. – Der Meisterdieb. 1992. – Der schöne Mann. Kriminalroman. 1994. – Nichts wie weg. Kriminalroman. 1994. – Teufelsdroge Cannabis. 1995. – Lauf um dein Leben. 1996. – Das Ende Deutschlands. 1997. – Geheimnisse der karibischen Küche. 1998. – Der Domraub. Ein Schelmenroman. 2002. – Jamaica. 2002.

Zaimoglu, Feridun, * 4. 12. 1964 Bolu (Türkei). Der Sohn eines Gerbers kam mit seiner Familie als Kind nach Deutschland und wuchs in Berlin, Ludwigshafen und Bonn auf, wo sein Vater – inzwischen Dolmetscher – als Konsulatsangestellter arbeitete. Nach dem Abitur studierte Z. zeitweise und ohne Abschluss Kunst und Medizin in Kiel, hatte als Künstler einige Ausstellungen und arbeitete dann als Journalist und Drehbuchautor. Er lebt in Kiel. 2005 bis Anfang 2006 war er Stipendiat in der Villa Massimo in Rom. Bekannt wurde er mit seiner ersten Buchveröffentlichung *Kanak Sprak*, die die abwertende Bezeichnung »Kanake« selbstbewusst gegen Diskriminierung, Fremdenhass und Anpassungszwänge (Leitkultur!) in Stellung bringt: einerseits Dokumentation eines originellen Großstadtjargons der ins gesellschaftliche Abseits geratenen türkischen Migranten der zweiten und dritten Generation (Z.: »eine Art Creol oder Rotwelsch mit geheimen Codes und Zeichen«), andererseits in der Realisation des Autors durchaus auch ein literarisches Kunstprodukt. Das weibliche Äquivalent dieser Männersprache lieferte Z. mit dem Buch *Koppstoff*. Die Karriere eines Kieler Kleinkriminellen türkischer Herkunft schildert *Abschaum. Die wahre Geschichte von Ertan Ongun*, die in der Verfilmung von Lars Becker den Titel *Kanak Attack* trägt. Z. entzog sich den Klischees der auch vom Fernsehen verbreiteten und verharmlosten ›Kanak Sprak‹-Bewegung, die zur Mode geworden war und ihren sozialkritischen Charakter verloren hatte, und knüpfte mit dem Briefroman *Liebesmale, scharlachrot* an die deutsche literarische Tradition an (*Werther*, *Hyperion*). An Michel Houellebecqs radikale Kritik der Moderne erinnert dagegen der aggressive Roman *German Amok*, in der Tat ein provozierender Amoklauf durch die Berliner Kunst- und Kulturszene, der in einer drohenden Predigt vom Jüngsten Gericht mündet und gleichwohl ein Moment der Hoffnung in der Entwicklung des Protagonisten aufscheinen lässt.

Als differenzierter Erzähler erweist sich Z. dagegen in dem Geschichtenband *Zwölf Gramm Glück* mit den Abteilungen »Diesseits« und »Jenseits«, d. h. Geschichten aus westlichen Großstädten bzw. aus einem orientalischen Land, die kleine Glücksmomente auch im »falschen Leben« versprechen. In dem Roman *Leyla* schildert Z. aus der Perspektive der Protagonistin, eines Mädchens aus einer anatolischen Kleinstadt, das zur Frau heranwächst, den Prozess der Befreiung aus einem traditionsgebundenen Umfeld und patriarchalischer Gewalt und Unterdrückung.

Werke: Kanak Sprak. 24 Mißtöne vom Rande der Gesellschaft. 1995. – Abschaum. Die wahre Geschichte von Ertan Ongun. 1997. – Koppstoff. Kanaka Sprak vom Rande der Gesellschaft. 1998. – Liebesmale, scharlachrot. 2000. – Kopf und Kragen. Kanak-Kultur-Kompendium. 2001. – German Amok. 2002. – Leinwand. 2003. – Zwölf Gramm Glück. Erzählungen. 2004. – Leyla. 2006.

Zech, Paul, 19. 2. 1881 Briesen bei Thorn (Westpreußen) – 7. 9. 1946 Buenos Aires. Z. wuchs in Westfalen auf, brach sein Studium ab und arbeitete 1902–03 in Bergwerken in Belgien und Frankreich, dann bis 1909 im Ruhrgebiet. Nach einer Parisreise 1910 zog er nach Berlin, wo er – unterbrochen durch seinen Einsatz als Soldat an der Westfront (1915–18) – u. a. als Redakteur, Dramaturg und Bibliothekar tätig war. 1933 verlor er seine Stelle als Bibliothekar und wurde vorübergehend inhaftiert; nach seiner Freilassung emigrierte er nach Südamerika. Z. hinterließ ein ungemein umfangreiches Werk, das wesentlich dem Expressionismus verpflichtet ist. Zu seinen wichtigsten Texten gehört die expressionistische Lyrik, die vielfach in der strengen Form des Sonetts – die düstere Arbeitswelt des Bergbaus und der Hüttenwerke oder Großstadtszenerien schildert. Dabei erscheint häufig die Natur als Gegenbild zur Industrie- und Großstadtwelt; die sozialen Konflikte können nur durch Menschlichkeit und Verbrüderung – so auch der Titel eines Schauspiels – eine Lösung finden. Für seine Antikriegsgedichte erhielt Z. 1918 den Kleist-Preis. Von seinen zahlreichen Dramen hatte das Rimbaud-Stück *Das trunkene Schiff* – er selbst übersetzte neben vielen anderen Werken der frz. Literatur Texte Arthur Rimbauds – den größten Erfolg. Seine Exildichtung – z. T. erst postum veröffentlicht – nimmt mit dem Gegensatz von Großstadt und unberührter Natur (Urwald) Themen der früheren Dichtung auf, zeigt aber auch anders als sein Werk vor 1933 deutliches politisches Engagement.

Werke: Waldpastelle. 1910. Erw. u. d. T.: Der Wald. 1920. – Das schwarze Revier. 1909. Überarb. 1913. 1922. – Die eiserne Brücke. 1914. – Der schwarze Baal. 1917. – Vor Cressy an der Marne. 1918. – Das Grab der Welt. Eine Passion wider den Krieg auf Erden. 1919. – Der feurige Busch. Neue Gedichte 1912–1917. 1919. – Verbrüderung. 1921. – Das trunkene Schiff. 1924. – Die Geschichte einer armen Johanna. 1925. – Peregrins Heimkehr. 1925. – Rotes Herz der Erde. Ausgewählte Balladen, Gedichte, Gesänge. 1929. – Neue Welt. Verse der Emigration. 1939. – Das rote Messer. Begegnungen mit Tieren und seltsamen Menschen. 1953. – Deutschland, dein Tänzer ist der Tod. Ein Tatsachen-Roman. 1980. – Michael M. irrt durch Buenos Aires. 1985. – Von der Maas bis an die Marne. Ein Kriegstagebuch. 1986.
Ausgabe: Vom schwarzen Revier zur neuen Welt. Gesammelte Gedichte. Hrsg. von Henry A. Smith. München 1983.

Zesen, Philipp von, 8. 10. 1619 Priorau bei Dessau – 13. 11. 1689 Hamburg. Z. stammte aus einem lutherischen Pfarrhaus und besuchte nach dem Gymnasium in Halle die Universität Wittenberg (Magister 1641). Hier beeinflusste A. Buchner seine poetologischen Vorstellungen entscheidend. Über Hamburg gelangte Z. 1642 in die Niederlande, wo er 1642/43 die »Deutschgesinnete Genossenschaft«, eine Sprachgesellschaft, gründete. Versuche, in Deutschland Fuß zu fassen, scheiterten trotz akademischer Qualifikation, Aufnahme in die »Fruchtbringende Gesellschaft« (1648) und Nobilitierung (1655) nicht zuletzt auf Grund einer heftigen Rufmordkampagne. Amsterdam wurde für viele Jahre seine zweite Heimat (Bürgerrecht 1662). Die letzten Jahre seines Lebens verbrachte er, von 1683/84 an, in Hamburg. Der Produktionszwang, dem sich der unfreiwillig ›freie‹ Schriftsteller ausgesetzt sah, führte zu einem kaum überschaubaren, auch zahlreiche Übersetzungen (ins Deutsche und ins Niederländische) umfassenden Werk, das weitreichende literarische, poetologische, sprachliche, religiös-erbauliche, historische und mythologische Interessen sichtbar werden lässt. Z.s eigenwillige Orthographie und seine Fremdwortverdeutschungen sorgten bereits bei den Zeitgenossen für Spott (»Tageleuchter« für Fenster), obwohl sich manches durchaus bewährte (»Anschrift«). Mit seinen poetologischen Schriften, seiner die Klangwirkung der Sprache betonenden Lyrik und der Kunstprosa seiner Romane gehört Z. zu den bedeutendsten deutschen Autoren des 17. Jh.s.

Werke: Deutscher Helicon. 1640. Erw. Ausg. 1641, 1649, 1656. – FrühlingsLust. 1642. – Poetischer Rosen-Wälder Vorschmack. 1642. – Hooch-Deutsche Spraach-übung. 1643. – Liebesbeschreibung Lysanders und Kalisten. 1644. [Übers. nach Vital d'Audigiuer.] – Adriatische Rosemund. 1645. – Ibrahims oder Des Durchleuchtigen Bassa Und Der Beständigen Isabellen Wunder-Geschichte. 1645. [Übers. nach Madeleine de Scudéry.] – Die Afrikanische Sofonisbe. 1647. [Übers. nach François du Soucy, Sieur de Gerzan.] – Dichterische Jugendflammen. 1651. – Rosen-mând. 1651. – Gekreutzigter Liebsflammen oder Geistlicher Gedichte Vorschmack. 1653. – Moralia Horatiana. 1656. – Salomons [...] Geistliche Wohl-lust oder Hohes Lied. 1657. – Niederländischer Leue. 1660. – Die verschmähete / doch wieder erhöhete Majestäht. 1661. – Beschreibung der Stadt Amsterdam. 1664. – Des Geistlichen Standes Urteile wider den Gewissenszwang in Glaubenssachen. 1665. – Des Weltlichen Standes Handlungen / und Urteile [...]. 1665. – Das Hochdeutsche Helikonische Rosentahl. 1669. – Assenat; das ist derselben / und des Josefs Heilige Stahts- Lieb- und Lebens-geschicht. 1670. – Dichterisches Rosen- und Liljen-tahl. 1670. – Simson / eine Helden- und Liebes-Geschicht. 1679. – Der erdichteten Heidnischen Gottheiten [...] Herkunft und Begäbnisse. 1688.

Ausgabe: Sämtliche Werke. Unter Mitw. von Ulrich Maché und Volker Meid hrsg. von Ferdinand van Ingen. Berlin / New York 1972 ff.

Ziegler und Kliphausen, Heinrich Anshelm von (Zigler, Klipphausen), 6. 1. 1663 Radmeritz bei Görlitz – 8. 9. 1697 Liebertwolkwitz bei Leipzig. Z. stammte aus einer alten sächsischen Adelsfamilie. Nach dem Besuch des Görlitzer Gymnasiums (1679–82) studierte er in Frankfurt a. d. O. Jura, Geschichte, Sprachen und Poesie, brach jedoch 1684 nach dem Tod seines Vaters sein Studium ab und widmete sich fortan, nachdem er Sabine von Lindenau, die Tochter des sächsischen Oberküchenmeisters, geheiratet hatte, der Verwaltung und Vermehrung des ererbten und erheirateten Besitzes sowie seinen literarischen und historischen Interessen. Mit der *Asiatischen Banise*, der dramatischen Inszenierung einer Liebes- und Staatsgeschichte vor exotischem Hintergrund, gelang ihm der populärste dt. höfisch-historische Barockroman, der weit ins 18. Jh. hinein wirkte. Ein moralisierendes Gegenstück zu den erotischen *Helden-Briefen* Hoffmannswaldaus stellen Z.s poetische Briefwechsel zwischen biblischen Gestalten dar. Für den Weißenfelser Hof und den Komponisten Johann Philipp Krüger schrieb er den Text zur Oper *Die Lybische Thalestris* (Aufführung am 6. 11. 1696). Außerdem zählen zwei historische Kompendien, riesige polyhistorische Kuriositätenkabinette, zu seinem Werk; das zweite wurde von Philipp Balthasar Sinold v. Schütz vollendet und erschien postum.

Werke: Die Asiatische Banise / Oder Das blutig- doch muthige Pegu. 1689. – Helden-Liebe Der Schrifft Alten Testaments. 1690. – Täglicher Schau-Platz der Zeit. 1695. – Die Lybische Thalestris. 1696. – Historisches Labyrinth der Zeit. 1701.

Zincgref, Julius, Wilhelm, 3. 6. 1591 Heidelberg – 12. 11. 1635 St. Goar. Der Sohn eines kurfürstlichen Rats studierte Philologie, Philosophie und Rechtswissenschaften in Heidelberg und promovierte dort nach einer fünfjährigen Studienreise (Schweiz, Frankreich, England, Niederlande) 1619 zum Dr. jur. Nach der Eroberung Heidelbergs durch kaiserliche Truppen 1622 lebte er zunächst in Straßburg, später als Landschreiber in Kreuznach und Alzey in der Pfalz. In der Literaturgeschichte ist er v. a. bekannt als Herausgeber der *Teutschen Poemata* (1624) von M. Opitz und der daran angehängten Sammlung *Auserleßener geticht anderer Teutscher Poeten*. Sein eigenes Werk umfasst ein bedeutendes Emblembuch mit Radierungen von Matthäus Merian, das Friedrich V. v. der Pfalz gewidmet ist und eine kalvinistisch geprägte Staatslehre enthält, ein erfolgreiches kleines Buch mit satirischen »Schulbossen«, das die Auswüchse des akademischen Lebens anprangert, und eine später vielfach erweiterte große Apophthegmata-Sammlung. Mit einer Reihe von Flugschriften und anderen Texten beteiligte er sich auch an der aktuellen politischen Publizistik.

Werke: Facetiae Pennalium. 1618. Erw. u. d. T.: Vermehrete Schulbossen. 1624. – Triga amico-poetica sive [...] Iuvenilia poetica. 1619. – Emblematum ethico-politicorum centuria. 1619. – Quotlibetisches Weltkefig. 1623. – Der Teutschen Scharpfsinnige kluge Sprüch. 1626. Tl. 2. 1631.
Ausgabe: Gesammelte Schriften. Hrsg. von Dieter Mertens und Theodor Verweyen. Tübingen 1978 ff.

Zinzendorf, Nikolaus Ludwig Graf von, 26. 5. 1700 Dresden – 9. 5. 1760 Herrnhut. Der pietistisch erzogene Adelige besuchte das Pädagogium in Halle (1710–16), studierte Jura in Wittenberg (1716–19) und unternahm anschließend Bildungsreisen in die Niederlande und nach Paris. Von 1721 bis 1727 war er als Hof- und Justizrat in Dresden tätig und verfolgte zugleich seine Vorstellungen einer »philadelphischen«, die konfessionellen Schranken relativierenden religiösen Gemeinschaft, indem er Exulanten erlaubte, sich auf seinem privaten Gut Hutberg in der Oberlausitz anzusiedeln. Daraus ging 1727 die Brüdergemeine Herrnhut hervor, die sich zu einem neuen Zentrum des Pietismus entwickelte. 1736 wurde Z. aus Sachsen ausgewiesen, doch nach Aufhebung der Verbannung 1747 fanden die Herrnhuter 1749 Anerkennung als Augsburgische Konfessionsverwandte. Z. unternahm ausgedehnte Missionsreisen zu den Indianern Nordamerikas und auf die westindischen Inseln und lebte zeitweise in London. Er hinterließ neben zahlreichen religiösen Schriften etwa 2000 Lieder, die seit den 20er-Jahren in verschiedenen Lieder- und Gesangbüchern erschienen (z. B. *Berthelsdorfer Gesangbuch*, 1725; *Gesangbuch der Gemeine in Herrn-Huth*, 1735). Daneben gab Z. selbst eine eigene Gedichtsammlung heraus, von der nur der erste Teil erschien. Sie enthält neben den Kirchenliedern auch Gelegenheitsdichtungen. Im Zentrum der gefühlsbetonten, bekenntnishaften geistlichen Lieddichtung steht die Passion Christi, verbunden mit einem ausgeprägten (und häufig kritisierten) Blut- und Wundenkult.

Werke: Sammlung Geistlicher und Lieblicher Lieder. 1725. – Teutscher Gedichte Erster Theil. 1735. – Kleinere Schriften. 1740. – Sammlung Einiger Kinderreden. 1758.

Ausgabe: Hauptschriften. Hrsg. von Erich Beyreuther und Gerhard Meyer. 6 Bde. Hildesheim 1962–63. 14 Erg.-Bde. Ebd. 1964–72.

Zoderer, Joseph, * 25. 11. 1935 Meran. Z. verbrachte seine Kindheit in Meran und – seit 1940 – in Graz. 1949 kehrte die Familie nach Südtirol zurück, während Z. 1948–52 ein Internat in der Ostschweiz besuchte. Nach der Matura in Südtirol 1957 studierte Z. bis 1963 Jura, Philosophie, Psychologie und Theaterwissenschaft in Wien und arbeitete neben dem Studium (und danach) als Journalist. 1971–81 war er Rundfunkredakteur bei der RAI in Bozen. Seit 1981 lebt er als freier Schriftsteller in Terenten (Südtirol). Er begann mit kritischen Dialektgedichten. Sein erster Roman, die autobiographisch geprägte Internatsgeschichte *Das Glück beim Händewaschen*, schildert die Erfahrungen einer mühsamen Identitäts- und Heimatsuche eines emigrierten Südtirolers in der Schweiz, der schließlich Vergangenheit und Gegenwart hinter sich lässt. Um Identität und Heimat geht es auch in Z.s bekanntestem Roman *Die Walsche*, der von einer Südtirolerin erzählt, die sich bei einem Besuch in ihrem Heimatdorf als Fremde fühlt und auch so behandelt wird und sich durch Rückbesinnung auf die Vergangenheit ihrer selbst zu vergewissern sucht. Trotz der Kritik an dem beschränkten, nationalistischen Heimatgefühl der Bergbauern überwiegen die leisen Töne, ist das Buch in erster Linie Ausdruck einer tiefgreifenden Entfremdung. Auch Romane wie *Lontano* oder *Dauerhaftes Morgenrot* nehmen diese Thematik der Selbstfindung, eines durch äußere Anstöße wie Reisen, Trennung oder Tod ausgelösten Such- und Erkenntnisprozesses auf. In Form einer Familiengeschichte, die die 2. Hälfte des 20. Jh.s durchzieht, thematisiert der Roman *Der Schmerz der Gewöhnung* den Nationalitätenkonflikt in Südtirol und stellt zugleich, auch mit einer Reihe von Rückbezügen auf frühere Texte, eine Summe von Z.s Werk dar. Das Gefühl der Fremdheit der Heimat gegenüber, ein wichtiges Motiv in seinem Schaffen, führt in der titelgebenden Erzählung des Bandes *Der Himmel über Meran* zur täglich gestellten Frage ohne Antwort, warum er denn »unter diesem geteilten Südtiroler Himmel herumlaufe«.

Werke: S Maul auf der Erd oder Dreckknuidelen kliabn. Südtiroler Mundarttexte. 1974. – Die elfte Häutung. 1975. – Das Glück beim Händewaschen. 1976. – Pappendeckelgedichte. 1979. – Die Walsche. 1982. – Lontano. 1984. – Sandra Morello. Bilder 1982–1984. Joseph Zoderer Tagebuchtexte 1982–84. 1984. – Dauerhaftes Morgenrot. 1987. – L'Abandono. 1991. – Das Schildkrötenfest. 1995. – Das Frühwerk. Bd. 1: Schlaglöcher. Dauerwellenroman. 1993 [recte 1995]. Bd. 2: Die Ponys im zweiten Stock. 1994 [recte 1995]. Bd. 3: Der andere Hügel. 1995. – Der Schmerz der Gewöhnung. 2002. – Der Himmel über Meran. Erzählungen. 2005.

Zollinger, Albin, 24. 1. 1895 Zürich – 7. 11. 1941 ebd. Z. wuchs in der Schweiz und in Argentinien (1903–07) auf und unterrichtete nach einer Lehrerausbildung 1912–16 bis zu seinem Lebensende als Volksschullehrer im Kanton Zürich (seit 1923 in Zürich-Oerlikon). 1936–37 war er daneben Redakteur der Zeitschrift *Die Zeit*. Sein Werk umfasst neben publizistischen und essayistischen Arbeiten eher traditionelle romantisierende Natur- und Liebeslyrik und eine Reihe stark autobiographisch geprägter Romane. Sieht man vom ersten Roman ab, der um einen dem Wahnsinn verfallenen Mörder zur Zeit Ludwigs XIV. kreist (*Die Gärten des Königs*), handelt es sich um Künstler- und Entwicklungsromane, die den Künstler auf dem Weg zu sich selbst zeigen (*Das halbe Leben*), von dem Scheitern in einer Ehe erzählen (*Die große Unruhe*) oder den Künstler im Kampf mit seiner verständnislosen Umgebung darstellen (*Pfannenstiel*). Der letzte Roman, *Pfannenstiel*, verbindet die Geschichte des Künstlers, der angesichts der dem Land von außen drohenden Gefahr dann doch wieder zu sich selbst findet, mit dezidierter Schweizkritik. Der postume zweite Teil des Werks (*Bohnenblust*) stellt eine auf dem Bauerntum beruhende neue Gemeinschaftsutopie vor.

Werke: Die Gärten des Königs. 1921. – Der halbe Mensch. 1929. – Gedichte. 1933. – Sternfrühe. 1936. – Die große Unruhe. 1939. – Haus des Lebens. 1939. – Stille des Herbstes. 1939. – Pfannenstiel. Die Geschichte eines Bildhauers. 1940. – Bohnenblust oder Die Erzieher. 1941. – Der Fröschlacher Kuckuck. Leben und Taten einer Stadt in zwanzig Abenteuern. 1941.

Ausgaben: Werke. 6 Bde. Hrsg. von Felix Müller [u. a.]. 6 Bde. Zürich 1981–84. – Briefe. Hrsg. von Silvia Weimar. Zürich 1987.

Zschokke, Heinrich, 22. 3. 1771 Magdeburg – 27. 6. 1848 Gut Blumenhalde bei Aarau. Der früh verwaiste Sohn eines Tuchmachers besuchte das Gymnasium in Magdeburg. 1787 wurde er von der Schule verwiesen und ging nach Schwerin. Hier war er zunächst als Privatlehrer tätig, bis er sich 1788 einer wandernden Theatertruppe anschloss und großen Erfolg als Theaterdichter hatte (v. a. mit seinem auf dem gleichnamigen eigenen Roman basierenden

Räuberstück *Abällino der große Bandit*). Seit 1790 studierte er in Frankfurt a. d. O. Theologie und lehrte hier nach der Promotion 1792 als Privatdozent. 1795 reiste er über Frankreich in die Schweiz, die seine neue Heimat wurde. Hier leitete er zuerst eine Erziehungsanstalt in Reichenau (Graubünden); 1798–1801 hatte er verschiedene hohe politische Ämter inne. Seit 1802 lebte er in Aarau. Als Herausgeber mehrerer Zeitschriften bemühte er sich um die politische Volksaufklärung. Nach den Werken im Stil der Räuber- und Schauerromantik entwickelte sich Z. zu einem Schriftsteller mit ausgesprochen aufklärerisch-erzieherischen, vom politischen Liberalismus geprägten Tendenzen. Sein ungemein erfolgreiches Werk umfasst Romane, darunter historische in der Nachfolge Sir Walter Scotts, Erzählungen, historische, politische, volkspädagogische und autobiographische Schriften. Ergebnis eines Dichterwettstreits während einer Wanderung 1802 mit H. v. Kleist und Ludwig Wieland war die Erzählung *Der zerbrochene Krug*.

Werke: Die schwarzen Brüder. 1791–95. – Abällino der große Bandit. 1793. – Die Männer der Finsterniß. 1795. – Abällino der große Bandit. 1795. [Drama.] – Meine Wallfahrt nach Paris. 1796–97. – Schauspiele. 1804. – Stunden der Andacht. 1809–16. – Das Goldmacher-Dorf. 1817. – Des Schweizerlands Geschichten für das Schweizer Volk. 1822. – Ausgewählte Werke. 40 Bde. 1825–28. – Ausgewählte historische Schriften. 16 Bde. 1830. – Die klassischen Stellen der Schweiz. 1836. – Ausgewählte Novellen und Dichtungen. 5., durchaus verm. Original-Aufl. 6 Bde. Aarau 1841. – Eine Selbstschau. 1842.

Ausgaben: Gesammelte Schriften. Hrsg. von Emil Zschokke. 36 Bde. Aarau ^{2}1856–59. – Werke. Auswahl aus den Erzählungen. Hrsg. von Hans Bodmer. 12 Tle. Berlin [u. a.] 1910.

Zuckmayer, Carl, 27. 12. 1896 Nackenheim (Rheinhessen) – 18. 1. 1977 Visp (Wallis). Der Sohn eines Fabrikanten ging in Mainz zur Schule und meldete sich bei Ausbruch des Ersten Weltkriegs nach einem Notabitur freiwillig. 1918–20 studierte Z. in Frankfurt a. M. und Heidelberg (u. a. Jura, Volkswirtschaft, Kunstgeschichte, Zoologie), brach dann das Studium ab und arbeitete als Regieassistent und Dramaturg in Berlin, Kiel, München und wieder Berlin. Nach seinem ersten großen Bühnenerfolg 1925 und seiner Heirat mit der Schauspielerin Alice Frank, geb. von Herdan, im selben Jahr lebte er als freier Schriftsteller in Berlin bzw. auf der 1926 erworbenen »Wiesmühl« bei Henndorf in der Nähe von Salzburg. 1933 erhielt er Aufführungs- und Publikationsverbot. Nach dem »Anschluss« Österreichs 1938 emigrierte er über die Schweiz in die USA (1939). Nach einem Zwischenspiel als Drehbuchautor und Dozent pachtete er 1941 eine Farm in Vermont. 1946 kehrte er im Dienst der amerikanischen Regierung nach Deutschland zurück. In den folgenden Jahren hielt er sich abwechselnd in den USA und in Deutschland auf; 1958 ließ er sich in Saas-Fée in der Schweiz nieder. Nach expressionistischen Anfängen (Lyrik, Prosa, Drama) erzielte Z. mit der Komödie *Der fröhliche Weinberg* (UA 1925), ausgezeichnet mit dem Kleist-Preis, seinen Durchbruch als Dramatiker. Angeregt u. a. von der Tradition des Volksstücks und E. E. Niebergalls Dialektkomödie *Datterich*, gelang Z. eine wirkungsvolle Verbindung von traditioneller, schwankhafter Liebesintrige, rheinhessisch-derbem Vitalismus und aktueller Satire auf völkische Klischees, versoffene Kolonialkriegsveteranen, jüdische Weinhändler und steife, bestechliche, reaktionäre Bürokraten. Mit Stücken wie *Schinderhannes* (UA 1927), dem balladesken Drama vom edlen Räuber, und dem »Seiltänzerstück« *Katharina Knie* (UA 1928) setzte Z., mit zunehmend sentimentalen Zügen, die Reihe der Volksstücke fort, bis ihm mit dem *Hauptmann von Köpenick* (UA 1931) eine bruchlose Verbindung von Komödie und Zeitsatire (auf wilhelminische Obrigkeitsgläubigkeit und preußischen Kadavergehorsam) gelang. Nach historisierenden Dramen wie *Der Schelm von Bergen* oder *Bellmann* versuchte Z. in dem Stück *Des Teufels General* (UA

1946) eine vieldiskutierte Auseinandersetzung mit dem Dritten Reich. Sie bleibt problematisch durch ihre Verlagerung von einer historisch kritischen auf eine metaphysische Ebene (einschließlich eines Gottesgerichts am Ende) und durch die deutliche Sympathie für die Kraftnatur des Fliegerhelden, der sich den Nazis um des Fliegens willen verschrieben hat. Themen weiterer Zeitstücke der Nachkriegsjahre sind Widerstand und Verrat an einem Beispiel der frz. Résistance (*Der Gesang im Feuerofen*, UA 1950) und der Konflikt um den Gebrauch der Atomkraft am Fall des Atomspions Klaus Fuchs (*Das kalte Licht*, UA 1955). Nach Erzählungen und Romanen, die meist in bäuerlichem Milieu spielen und volkstümliche Züge aufweisen, hatte Z. seinen größten Erfolg als Prosaautor mit der Autobiographie *Als wär's ein Stück von mir*, der bereits ein engl. autobiographischer Text vorausgegangen war (*Second Wind*). Zu seinen erfolgreichen Arbeiten für den Film gehört u. a. das Drehbuch zur Verfilmung von H. Manns *Professor Unrat* (*Der blaue Engel*, 1930).

Werke: Kreuzweg. 1921. – Der Baum. 1926. – Der fröhliche Weinberg. 1925. – Ein Bauer aus dem Taunus und andere Geschichten. 1927. – Schinderhannes. 1927. – Katharina Knie. Ein Seiltänzerstück. 1929. – Der Hauptmann von Köpenick. Ein deutsches Märchen. 1930. – Eine Liebesgeschichte. 1934. – Der Schelm von Bergen. 1934. – Salwàre oder die Magdalena von Bozen. 1936. – Bellmann. 1938. U. d. T.: Ulla Winblad oder Musik und Leben des Carl-Michael Bellmann. 1953. – Herr über Leben und Tod. 1938. – Second Wind. 1940. – Der Seelenbräu. 1945. – Des Teufels General. 1946. – Die Deutschen Dramen. 1947. – Gedichte 1918–1948. 1948. – Barbara Blomberg. 1949. – Der Gesang im Feuerofen. 1950. – Das kalte Licht. 1955. – Die Fastnachtsbeichte. 1959. – Gedichte. 1960. – Die Uhr schlägt eins. Ein historisches Drama aus der Gegenwart. 1961. – Das Leben des Horace A. Tabor. Ein Stück aus den Tagen der letzten Könige. 1964. – Als wär's ein Stück von mir. Horen der Freundschaft. 1966. – Der Rattenfänger. Eine Fabel. 1975. – Deutschlandbericht für das Kriegsministerium der Vereinigten Staaten von Amerika. Hrsg. von Gunther Nickel [u. a.]. Göttingen 2004.

Ausgaben: Werkausgabe 1920–1975. 10 Bde. Frankfurt a. M. 1976. – Gesammelte Werke in Einzelbänden. Hrsg. von Knut Beck und Maria Guttenbrunner-Zuckmayer. Frankfurt a. M. 1995 ff.

Zweig, Arnold, 10. 11. 1887 Glogau (Schlesien) – 26. 11. 1968 Berlin (DDR). Der Sohn eines jüdischen Sattlermeisters studierte 1907–14 ohne Abschluss Germanistik, Kunstgeschichte, moderne Sprachen und andere Fächer u. a. in Breslau, Göttingen und schließlich Berlin. Seine zionistische Haltung hinderte ihn nicht daran, den Ersten Weltkrieg begeistert zu begrüßen und sich freiwillig zu melden. Nach einem Einsatz an der Westfront (Verdun) arbeitete er in der Presseabteilung des Oberbefehlshabers Ost. Er kehrte als entschiedener Pazifist zurück und lebte zunächst als freier Schriftsteller am Starnberger See. 1923 übernahm er die Redaktion der *Jüdischen Rundschau* in Berlin, 1933 floh er über Prag, Wien, die Schweiz und Südfrankreich nach Palästina (Haifa). Nach seiner Rückkehr 1948 ließ er sich in Ostberlin nieder. Hier war er 1949–67 Abgeordneter der DDR-Volkskammer und 1950–53 Präsident der Akademie der Künste. Z.s Frühwerk umfasst eine Reihe von Dramen, die seine intensive Beschäftigung mit dem jüdischen Glauben dokumentieren (für *Ritualmord in Ungarn* erhielt er 1915 den Kleist-Preis), und erzählende Texte. Der bedeutendste, der Roman *Novellen um Claudia*, steht mit seiner psychologisch feinfühligen Darstellung von Liebes- und Ehekonflikten noch im Kontext der ästhetischen Auffassungen der Jahrhundertwende. Die Erfahrung des Krieges bewirkte die Wandlung zum humanistisch engagierten Erzähler. Dabei griff Z. zu den traditionellen Mitteln des realistischen Romans, um sich mit dem Krieg und seinen menschlichen und moralischen Konsequenzen auseinanderzusetzen. Seinen literarischen Ruhm begründete der 1927 in der *Frankfurter Zeitung* vorabgedruckte Roman *Der Streit des Sergeanten Grischa*, der an einem exemplarisch zugespitzten Fall zeigt, wie der Militarismus die rechtlichen und moralischen Grundlagen des Staates pervertiert. Der Roman wurde Ausgangspunkt eines – unvollendeten – Zyklus, der unter dem Titel *Der große Krieg der weißen Männer* die einzelnen Phasen des Ersten Weltkriegs bis zur Oktoberrevolution behandelt. Dies geschieht im Anschluss an den Lebensweg des Literaten Bertin, der bereits im ersten Roman als einer der Vertreter von Moral und Recht eingeführt worden war. Vollendet wurden die Romane *Junge Frau von 1914*, *Erziehung vor Verdun*, *Einsetzung eines Königs* und – mit großem zeitlichen und künstlerischen Abstand folgend – *Die Feuerpause* und *Die Zeit ist reif*. Im Exil in Palästina entstand der Roman *Das Beil von Wandsbek*, der die Konsequenzen des Faschismus u. a. für Mitläufer in psychologisch eindringlicher Weise schildert; der Roman erschien zuerst in hebräischer Übersetzung.

Werke: Vorfrühling. 1909. – Novellen um Claudia. 1912. – Abigail und Nabal. 1913. Bearb. Fassung 1920. – Die Bestie. 1914. – Ritualmord in Ungarn. Jüdische Tragödie. 1914. U. d. T.: Die Sendung Semaels. 1918. – Das Ostjüdische Antlitz. 1920. – Gerufene Schatten. 1923. – Das neue Kanaan. 1925. – Die Umkehr des Abtrünnigen. 1925. U. d. T.: Die Umkehr. 1927. – Juden auf der deutschen Bühne. 1927. – Der Streit um den Sergeanten Grischa. 1928 [recte 1927]. – Junge Frau von 1914. 1931. – De Vriendt kehrt heim. 1932. – Bilanz der deutschen Judenheit 1933. 1934. – Erziehung vor Verdun. 1935. – Einsetzung eines Königs. 1937. – Ha-Kardon shel Wandsbek. 1943. Dt. u. d. T.: Das Beil von Wandsbek. 1947. – Die Feuerpause. 1954. – Die Zeit ist reif. 1957.

Ausgaben: Ausgewählte Werke in Einzelausgaben. 16 Bde. Berlin/Weimar 1957–67. Lizenzausg. Frankfurt a. M. 1972–87. – Werke. Berliner Ausgabe. Hrsg. von der Humboldt-Universität und der Akademie der Künste. Wiss. Leitung Frank Hörnigk und Julia Bernhard. Berlin/Weimar 1996 ff.

Zweig, Stefan, 28. 11. 1881 Wien – 23. 2. 1942 Petropolis bei Rio de Janeiro. Z. stammte aus einem großbürgerlichen jüdischen Elternhaus und promovierte nach dem Studium der Romanistik, Germanistik und Philosophie in Berlin und Wien 1904 mit einer Arbeit über Hippolyte Taine zum Dr. phil. Bis 1914 reiste er durch viele europäische und außereuropäische Länder. Im Ersten Weltkrieg war er im Kriegspressequartier in Wien beschäftigt; nach dem Krieg ließ er sich in Salzburg nieder. Aus Protest gegen den Austrofaschismus verließ er Österreich 1934 und emigrierte nach London (engl. Staatsbürger 1940); 1941 ließ er sich in Brasilien nieder, wo er und seine Frau sich das Leben nahmen. Nach dem lyrischen Frühwerk, der Neuromantik und dem Impressionismus verpflichtet, hatte Z. literarischen Erfolg mit an der Psychoanalyse Freuds orientierten Erzählwerken (Novellen, Erzählungen, ein Roman): Geschichten erotischer Bedrängungen und Gefährdungen (*Amok*, *Verwirrung der Gefühle*), emotionaler Konflikte (*Ungeduld des Herzens*) oder existentieller Bewährung (*Schachnovelle*). Die Wendung zum Pazifismus, die der Krieg bewirkt hatte, dokumentiert das Drama *Jeremias* (UA 1918). Einen bedeutenden Stellenwert in Z.s Schaffen nimmt die literarische Gestaltung der Geschichte und ihrer Repräsentanten ein. Dabei betonte er in zahlreichen Romanen über historische Persönlichkeiten gegenüber der nationalistischen Heroisierung der Geschichte die Menschlichkeit und das innere Heldentum der Protagonisten. Zu einem Bestseller entwickelten sich seine Essays *Sternstunden der Menschheit*, die – durchaus personalisiert – geschichtsträchtige Momente beschreiben. Seine Autobiographie *Die Welt von Gestern* verbindet seine Lebensgeschichte mit einem (geistesgeschichtlich geprägten) Bild der Epoche.

Werke: Die Liebe der Erika Ewald. 1904. – Erstes Erlebnis. Vier Geschichten aus Kinderland. 1911. – Jeremias. 1917. – Angst. 1920. – Amok. Novellen der Leidenschaft. 1922. – Sternstunden der Menschheit. Fünf [später: Zwölf] historische Miniaturen. 1927. Erw. 1943. – Verwirrung der Gefühle. 1927. – Joseph Fouché. Bildnis eines politischen Menschen. 1929. – Marie Antoinette. 1932. – Triumph und Tragik des Erasmus von Rotterdam. 1934. – Maria Stuart. 1935. – Castellio gegen Calvin oder Ein Gewissen gegen die Gewalt. 1936. – Begegnungen mit Büchern, Menschen, Städten. 1937. – Magellan. 1938. – Ungeduld des Herzens. 1939 [recte 1938]. – Brasilien. 1941. – Schachnovelle. 1941. – Die Welt von Gestern. Erinnerungen eines Europäers. 1942. – Amerigo. 1944. – Rausch der Verwandlung. Roman aus dem Nachlaß. Hrsg. von Knut Beck. 1982.

Ausgaben: Gesammelte Werke in Einzelbänden. Hrsg. von Knut Beck. Frankfurt a. M. 36 Bde. 1981–90. – Briefe. Hrsg. von K. Beck [u. a.]. 4 Bde. Frankfurt a. M. 1995 ff.

Zwerenz, Gerhard, * 3. 6. 1925 Gablenz (Sachsen). Z. meldete sich nach einer Kupferschmiedlehre 1942 freiwillig zur Wehrmacht, desertierte 1944 und wurde nach der Rückkehr aus sowjetischer Gefangenschaft 1948 Volkspolizist. 1952–56 studierte er in Leipzig Philosophie bei Ernst Bloch, ging aber dann 1957, als Mitglied der antistalinistischen Opposition in Misskredit geraten, in den Westen. Er lebt heute als freier Schriftsteller in Schmitten (Taunus); von 1994 bis 1998 saß Z. für die PDS im Deutschen Bundestag. In der Bundesrepublik hatte der enttäuschte Kommunist, der sich als DDR-Exilliterat verstand und seine Position zwischen den Fronten in dem autobiographischen Roman *Kopf und Bauch* beschrieb, in den frühen 60er-Jahren seine ersten Erfolge mit polemischen Essaybänden, Satiren und Erzählungen. Die Zuwendung zu BRD-Themen verstärkte sich im Zug der Studentenrevolte; mit dem neopikaresken Roman *Casanova*, Roman eines unangepassten Menschen in verschiedenen Gesellschaftssystemen und Satire auf den bundesrepublikanischen Literaturbetrieb zugleich, erzielte er seinen Durchbruch als Romancier. Die mit dem *Casanova*-Roman verbundene Thematisierung des Sexuellen nahm in der Folgezeit (auch unter Pseudonymen) z. T. extreme Formen an. Provozierend wirkte er auch mit dem Roman *Die Erde ist unbewohnbar wie der Mond*, in dem ein jüdischer Grundstücksspekulant im Mittelpunkt steht. Seit den 80er-Jahren produziert Z. Unterhaltungsliteratur in großem Stil, lässt aber auch immer wieder kritische und satirische Beiträge zur bundesrepublikanischen Befindlichkeit erscheinen, etwa die Politsatire *Der Bunker* oder Auseinandersetzungen mit dem Antisemitismus (*Die Rückkehr des toten Juden nach Deutschland*) bzw. dem (verharmlosenden, verherrlichenden) Umgang mit dem Zweiten Weltkrieg (*Soldaten sind Mörder*).

Werke: Aufs Rad geflochten. 1959. – Ärgernisse. Von der Maas bis an die Memel. 1961. – Gesänge auf dem Markt. Phantastische Geschichten und Liebeslieder. 1962. – Wider die deutschen Tabus. Kritik der reinen Unvernunft. 1962. – Heldengedenktag. Dreizehn Versuche in Prosa, eine ehrerbietige Haltung einzunehmen. 1964. – Walter Ulbricht. 1966. – Casanova oder Der kleine Herr in Krieg und Frieden. 1966. – Erbarmen mit den Männern. 1968. – Bürgertum und Pornographie. 106 Fußnoten. 1971. – Kopf und Bauch. Die Geschichte eines Arbeiters, der unter die Intellektuellen gefallen ist. 1971. – Bericht aus dem Landesinnern. City, Strecke, Siedlung. 1972. – Der plebejische Intellektuelle. 1972. – Die Erde ist unbewohnbar wie der Mond. 1973. – Der Widerspruch. Autobiographischer Bericht. 1974. – Die Quadriga des Mischa Wolf. 1975. – Politische Schriften. Aristotelische und Brechtsche Dramatik. Ärgernisse. Die Lust am Sozialismus. 1975. – Vorbereitungen zur Hochzeit. 1975. – Salut für einen alten Poeten. Rückblick aus dem Jahr 1994 auf die goldenen siebziger Jahre. 1980. – Der langsame Tod des Rainer Werner Fassbinder. 1982. – Der Bunker. 1983. – Die Rückkehr des toten Juden nach Deutschland. 1986. – Soldaten sind Mörder. Die Deutschen und der Krieg. 1988. – Vergiß die Träume Deiner Jugend nicht. Eine autobiographische Deutschlandsaga. 1989. – Die neue Weltordnung. 1994. – Das Großelternkind. 1996. – Krieg im Glashaus oder Der Bundestag als Windmühle. 2000.

Literaturhinweise

Das folgende Verzeichnis enthält weiterführende biographische Nachschlage- und Sammelwerke. Mit ihrer Hilfe lassen sich die in *Reclams Lexikon der deutschsprachigen Autoren* gewonnenen Informationen ergänzen und vertiefen; zugleich können die genannten Werke, etwa die vielbändigen, den ganzen Bereich der deutschen Literaturgeschichte umfassenden Kompendien, die älteren Schriftsteller- und Gelehrtenlexika oder die stärker spezialisierten Lexika, als Ausgangspunkt für biographische Recherchen dienen, die weniger bekannte oder inzwischen völlig vergessene Gestalten der deutschen Literatur- und Geistesgeschichte betreffen. Neben einigen allgemeinen biographischen Lexika finden sich hier vor allem Schriftstellerinnen- bzw. Schriftstellerlexika. Für literaturgeschichtliche und literaturwissenschaftliche Fragen stehen andere Hilfsmittel zur Verfügung.

Allgemeine biographische Lexika

Jöcher, Christian Gottlieb: Allgemeines Gelehrten-Lexikon. 4 Tle. Leipzig 1750–51. Fortsetzungs- und Erg.-Bde. 1–7 hrsg. von Johann Christoph Adelung [u. a.]. Leipzig [u. a.] 1784–1897. – Reprogr. Nachdr. Hildesheim 1970.

Allgemeine Deutsche Biographie. 55 Bde., Reg.-Bd. Leipzig 1875–1912. – Reprogr. Nachdr. Berlin 1967–71.

Neue deutsche Biographie. Hrsg. von der Historischen Kommission bei der Bayerischen Akademie der Wissenschaften. Berlin 1953ff.

Deutsche Biographische Enzyklopädie (DBE). Hrsg. von Walther Killy und Rudolf Vierhaus. 12 Bde. München [u. a.] 1995–2000.

Österreichisches Biographisches Lexikon 1815–1950. Hrsg. von der Österreichischen Akademie der Wissenschaften. Graz/Köln 1954ff.

Allgemeine Schriftsteller- und Schriftstellerinnenlexika zur deutschsprachigen Literatur

Kosch, Wilhelm: Deutsches Literatur-Lexikon. Biographisch-bibliographisches Handbuch. 3., völlig neu bearb. Aufl. hrsg. von Bruno Berger und Heinz Rupp [u. a.]. Bern/München 1968ff.

Lexikon deutschsprachiger Schriftsteller. Von den Anfängen bis zur Gegenwart. Hrsg. von Günter Albrecht [u. a.]. Neubearb. von Kurt Böttcher [u. a.]. Leipzig 1987.

Wilpert, Gero von: Deutsches Dichterlexikon. Biographisch-bibliographisches Handwörterbuch zur deutschen Literaturgeschichte. 3., erw. Aufl. Stuttgart 1988.

Deutsche Dichter. Leben und Werk deutschsprachiger Autoren. Hrsg. von Gunter E. Grimm und Frank Rainer Max. 8 Bde. Stuttgart 1988–90.

Literaturlexikon. Autoren und Werke deutscher Sprache. Hrsg. von Walther Killy. 15 Bde. Gütersloh/München 1988–93.

Metzler Autoren Lexikon. Deutschsprachige Dichter und Schriftsteller vom Mittelalter bis zur Gegenwart. Hrsg. von Bernd Lutz und Benedikt Jeßing. 3., aktual. und erw. Aufl. Stuttgart/Weimar 2004.

Historische bzw. zeitlich oder geographisch begrenzte biographische und bio-bibliographische Werke

Neumeister, Erdmann: De Poetis Germanicis. [1695.] Hrsg. von Franz Heiduk und Günter Merwald. Bern/München 1978.

Das gelehrte Teutschland oder Lexikon der jetzt lebenden teutschen Schriftsteller. Angefangen von Georg Christoph Hamberger, fortgef. von Johann Georg Meusel. 11 Bde., Reg.-Bd. Lemgo [5]1796–1827. 12 Suppl.-Bde. Lemgo 1808–34. – Reprogr. Nachdr. Hildesheim 1965–66.

Meusel, Johann Georg: Lexikon der vom Jahr 1750 bis 1800 verstorbenen teutschen Schriftsteller. 15 Bde. Leipzig 1802–16. – Reprogr. Nachdr. Hildesheim 1967.

Jördens, Karl Heinrich: Lexikon deutscher Dichter und Prosaisten. 6 Bde. Leipzig 1806–11. – Reprogr. Nachdr. Hildesheim / New York 1970.

Brümmer, Franz: Lexikon der deutschen Dichter und Prosaisten vom Beginn des 19. Jahrhunderts bis zur Gegenwart. 8 Bde. Leipzig [6]1913. – Reprogr. Nachdr. Nendeln (Liechtenstein) 1975.

Friedrichs, Elisabeth: Literarische Lokalgrößen 1700–1900. Verzeichnis der in regionalen Lexika und Sammelwerken aufgeführten Schriftsteller. Stuttgart 1967.

*

Die deutsche Literatur des Mittelalters. Verfasserlexikon. 2., völlig neu bearb. Aufl. hrsg. von Kurt Ruh [u. a.]. 10 Bde. Berlin 1978–99.

Deutsche Dichter der frühen Neuzeit (1450–1600). Ihr Leben und Werk. Hrsg. von Stephan Füssel. Berlin 1993.

Deutsche Dichter des 17. Jahrhunderts. Ihr Leben und Werk. Hrsg. von Harald Steinhagen und Benno v. Wiese. Berlin 1984.

Dünnhaupt, Gerhard: Personalbibliographien zu den Drucken des Barock. 2., verb. und wesentlich verm. Aufl. des Bibliographischen Handbuches der Barockliteratur. 6 Bde. Stuttgart 1990–93.

Deutsche Dichter des 18. Jahrhunderts. Ihr Leben und Werk. Hrsg. von Benno v. Wiese. Berlin 1977.

Deutsche Dichter der Romantik. Ihr Leben und Werk. Hrsg. von Benno v. Wiese. Berlin [2]1983.

Deutsche Dichter des 19. Jahrhunderts. Ihr Leben und Werk. Hrsg. von Benno v. Wiese. Berlin [2]1979.

Deutsche Dichter der Moderne. Ihr Leben und Werk. Hrsg. von Benno v. Wiese. Berlin [3]1975.

Deutsche Dichter des 20. Jahrhunderts. Hrsg. von Hartmut Steinecke. Berlin 1994.

Autorenlexikon deutschsprachiger Literatur des 20. Jahrhunderts. Hrsg. von Manfred Brauneck unter Mitarb. von Wolfgang Beck. Überarb. und erw. Neuausg. Reinbek 1995.

Deutsches Literatur-Lexikon. Das 20. Jahrhundert. Biographisch-bibliographisches Handbuch. Begründet von Wilhelm Kosch. Hrsg. von Carl Ludwig Lang [u. a.]. Bern/München 2000 ff.

Hillesheim, Jürgen / Michael, Elisabeth: Lexikon nationalsozialistischer Dichter. Biographien – Analysen – Bibliographien. Würzburg 1993.

Sarkowicz, Hans / Mentzer, Alf: Literatur in Nazi-Deutschland. Ein biografisches Lexikon. Hamburg/Wien 2000. Erw. 2002.

Deutsche Dichter der Gegenwart. Ihr Leben und Werk. Hrsg. von Benno v. Wiese. Berlin 1973.
KLG. Kritisches Lexikon zur deutschsprachigen Gegenwartsliteratur. Hrsg. von Heinz Ludwig Arnold. München 1978ff. [Loseblattsammlung.]
Lexikon der deutschsprachigen Gegenwartsliteratur seit 1945. Begr. von Hermann Kunisch [...], neu hrsg. von Thomas Kraft. 2 Bde. München 2003.

*

Schriftsteller der DDR. Hrsg. von Günter Albrecht [u. a.]. Leipzig 1974.
Literatur der Deutschen Demokratischen Republik. Einzeldarstellungen. Von einem Autorenkollektiv unter der Leitung von Hans Jürgen Geerdts. 2 Bde. Berlin 1976–79.
Jäger, Andrea: Schriftsteller aus der DDR. Ausbürgerungen und Übersiedlungen von 1961 bis 1989. Autorenlexikon. Frankfurt a. M. 1995.
Giebisch, Hans / Gugitz, Gustav: Bio-bibliographisches Literaturlexikon Österreichs von den Anfängen bis zur Gegenwart. Wien 1964.
Katalog-Lexikon zur österreichischen Literatur des 20. Jahrhunderts. Tl. 1. Bd. 1–2: AutorInnen A–Z. Tl. 2. Bd. 1–2: Lieferbare Titel. Wien 1995.
Handbuch österreichischer Autorinnen und Autoren jüdischer Herkunft. 18. bis 20. Jahrhundert. Hrsg. von der Österreichischen Nationalbibliothek. Redaktion: Susanne Blumesberger. 3 Bde. München 2002.
Schweizer Schriftsteller der Gegenwart. Bern 1962.
Schriftstellerinnen und Schriftsteller der Gegenwart. [Schweiz.] Aarau [u. a.] 1988.
Lexikon der Schweizer Literaturen. Hrsg. von Pierre-Olivier Walzer. Basel 1991.

Schriftstellerinnenlexika

Schindel, Carl Wilhelm Otto August von: Die deutschen Schriftstellerinnen des neunzehnten Jahrhunderts. 3 Tle. Leipzig 1823–25. – Reprogr. Nachdr. Hildesheim / New York 1978.
Lexikon deutscher Frauen der Feder. Eine Zusammenstellung der

seit dem Jahre 1840 erschienenen Werke weiblicher Autoren, nebst Biographieen der lebenden [...]. Hrsg. von Sophie Pataky. 2 Bde. Berlin 1898. – Reprogr. Nachdr. Pforzheim 1987.
Metzler Autorinnen Lexikon. Hrsg. von Ute Hechtfischer [u. a.]. Stuttgart/Weimar 1998.
Woods, Jean M. / Fürstenwald, Maria: Schriftstellerinnen, Künstlerinnen und gelehrte Frauen des Barock. Ein Lexikon. Stuttgart 1984.
Friedrichs, Elisabeth: Die deutschsprachigen Schriftstellerinnen des 18. und 19. Jahrhunderts. Ein Lexikon. Stuttgart 1981.
Lexikon deutschsprachiger Schriftstellerinnen 1800–1945. Hrsg. von Gisela Brinker-Gabler [u. a.]. München 1986.
Wall, Renate: Lexikon deutschsprachiger Schriftstellerinnen im Exil 1933–1945. 2 Bde. Freiburg i. Br. 1995.

Lexika deutsch-jüdischer Autorinnen und Autoren

Lexikon deutsch-jüdischer Autoren. Archiv Bibliographia Judaica. Redaktionelle Leitung Renate Heuer. München [u. a.] 1992ff.
Metzler Lexikon der deutsch-jüdischen Literatur. Jüdische Autorinnen und Autoren deutscher Sprache von der Aufklärung bis zur Gegenwart. Hrsg. von Andreas B. Kilcher. Stuttgart/Weimar 2000.

Speziallexika

Lexikon der Kinder- und Jugendliteratur. Hrsg. von Klaus Doderer. 3 Bde., Erg.-Bd. Weinheim/Basel 1975–82. – Sonderausg. 1984.
Handbuch zur Kinder- und Jugendliteratur. Hrsg. von Theodor Brüggemann [u. a.]. 4 Bde. Stuttgart 1982–98.
Kinder- und Jugendliteratur. Ein Lexikon. Hrsg. von Kurt Franz [u. a.]. 3 Bde. Meitingen 1995ff. [Loseblattsammlung.]
Lexikon der Reise- und Abenteuerliteratur. Hrsg. von Friedrich Schegk und Heinrich Wimmer. Meitingen 1988ff. [Loseblattsammlung.]